Tratado de Direito Penal

Tratado de Direito Penal

Cezar Roberto Bitencourt

Volume 1

PARTE GERAL
(Arts. 1º a 120)

31ª edição
revista e atualizada
2025

- O autor deste livro e a editora empenharam seus melhores esforços para assegurar que as informações e os procedimentos apresentados no texto estejam em acordo com os padrões aceitos à época da publicação, *e todos os dados foram atualizados pelo autor até a data da entrega dos originais à editora.* Entretanto, tendo em conta a evolução das ciências, as atualizações legislativas, as mudanças regulamentares governamentais e o constante fluxo de novas informações sobre os temas que constam do livro, recomendamos enfaticamente que os leitores consultem sempre outras fontes fidedignas, de modo a se certificarem de que as informações contidas no texto estão corretas e de que não houve alterações nas recomendações ou na legislação regulamentadora.

- Data do fechamento do livro: 14/10/2024

- O autor e a editora se empenharam para citar adequadamente e dar o devido crédito a todos os detentores de direitos autorais de qualquer material utilizado neste livro, dispondo-se a possíveis acertos posteriores caso, inadvertida e involuntariamente, a identificação de algum deles tenha sido omitida.

- Direitos exclusivos para a língua portuguesa
  Copyright ©2025 by
  Saraiva Jur, um selo da SRV Editora Ltda.
  Uma editora integrante do GEN | Grupo Editorial Nacional
  Travessa do Ouvidor, 11
  Rio de Janeiro – RJ – 20040-040

- **Atendimento ao cliente: https://www.editoradodireito.com.br/contato**

- Reservados todos os direitos. É proibida a duplicação ou reprodução deste volume, no todo ou em parte, em quaisquer formas ou por quaisquer meios (eletrônico, mecânico, gravação, fotocópia, distribuição pela Internet ou outros), sem permissão, por escrito, da **SRV Editora Ltda.**

- Capa: IDÉE arte e comunicação
  Diagramação: Fabricando Ideias Design Editorial

- **OBRA COMPLETA 978-85-5360-767-9**
  DADOS INTERNACIONAIS DE CATALOGAÇÃO NA PUBLICAÇÃO (CIP)
  VAGNER RODOLFO DA SILVA – CRB-8/9410

B624t	Bitencourt, Cezar Roberto	
	Tratado de direito penal – volume 1 – parte geral / Cezar Roberto Bitencourt. – 31. ed. – São Paulo : Saraiva Jur, 2025.	
	1.104 p.	
	ISBN 978-85-5362-762-2 (impresso)	
	1. Direito. 2. Direito penal. I. Título.	
2024-3242	CDD 345	
	CDU 343	

Índices para catálogo sistemático:
1. Direito penal   345
2. Direito penal   343

PUBLICAÇÕES DO AUTOR

Tratado de direito penal — parte geral, 31. ed., São Paulo, Saraiva, 2025, v. 1.
Tratado de direito penal — parte especial, 25. ed., São Paulo, Saraiva, 2025, v. 2.
Tratado de direito penal — parte especial, 21. ed., São Paulo, Saraiva, 2025, v. 3.
Tratado de direito penal — parte especial, 19. ed., São Paulo, Saraiva, 2025, v. 4.
Tratado de direito penal — parte especial, 19. ed., São Paulo, Saraiva, 2025, v. 5.
Tratado de direito penal — parte especial, 3. ed., São Paulo, Saraiva, 2025, v. 6.
Direito penal das licitações, 2. ed., São Paulo, Saraiva, 2021.
Reforma Penal da Lei Anticrime, São Paulo, Saraiva, 2021.
Código Penal comentado, 10. ed., São Paulo, Saraiva, 2019.
Falência da pena de prisão — causas e alternativas, 6. ed., São Paulo, Saraiva, 2025 (no prelo).
Tratado de direito penal econômico, São Paulo, Saraiva, 2016, v. 1.
Tratado de direito penal econômico, São Paulo, Saraiva, 2016, v. 2.
Comentários à Lei de Organização Criminosa: Lei n. 12.850/2013 (em coautoria com Paulo César Busato), São Paulo, Saraiva, 2014.
Crimes contra o sistema financeiro nacional e contra o mercado de capitais, 4. ed., São Paulo, Saraiva, 2023.
Crimes contra a ordem tributária (em coautoria com Luciana de Oliveira Monteiro), São Paulo, Saraiva, 2. ed., 2023.
Erro de tipo e erro de proibição, 6. ed., São Paulo, Saraiva, 2013.
Penas alternativas, 4. ed., São Paulo, Saraiva, 2013.
Crimes contra as finanças públicas e crimes de responsabilidade de prefeitos, 2. ed., São Paulo, Saraiva, 2010.
Reforma penal material de 2009 — crimes sexuais, sequestro relâmpago, Rio de Janeiro, Lumen Juris, 2010.
Direito Penal no terceiro milênio — estudos em homenagem ao Prof. Francisco Muñoz Conde (Organizador), Rio de Janeiro, Lumen Juris, 2008.
Teoria geral do delito — uma visão panorâmica da dogmática penal brasileira, Coimbra, Almedina Editora, 2007.

Crimes falimentares, São Paulo, Saraiva, 2023 (no prelo).

Juizados Especiais Criminais Federais — análise comparativa das Leis 9.099/95 e 10.259/2001, 2. ed., São Paulo, Saraiva, 2005.

Direito penal econômico aplicado (em coautoria com Andrei Z. Schmidt), Rio de Janeiro, Lumen Juris, 2004.

Teoria geral do delito (bilíngue) (em coautoria com Francisco Muñoz Conde), 2. ed., São Paulo, Saraiva, 2004.

Código Penal anotado (em coautoria com Luiz R. Prado), São Paulo, Revista dos Tribunais.

Elementos de direito penal — parte especial (em coautoria com Luiz R. Prado), São Paulo, Revista dos Tribunais.*

Elementos de direito penal — parte geral (em coautoria com Luiz R. Prado), São Paulo, Revista dos Tribunais.*

Juizados Especiais Criminais e alternativas à pena de prisão, Porto Alegre, Livraria do Advogado Ed.*

Lições de direito penal, Porto Alegre, Livraria do Advogado Ed.*

Teoria geral do delito, São Paulo, Revista dos Tribunais.*

---

* Títulos esgotados.

Aos meus pais,
Getúlio e Albertina,
pelo esforço na minha formação.

ABREVIATURAS

ADPCP	—	*Anuario de Derecho Penal y Ciencias Penales* (Espanha)
AICPC	—	*Anuario del Instituto de Ciencias Penales y Criminológicas* (Venezuela)
CF	—	Constituição Federal do Brasil
CLT	—	Consolidação das Leis do Trabalho
COC	—	Centro de Observação Criminológica
CP	—	Código Penal brasileiro
CPC	—	*Cuadernos de Política Criminal* (Espanha)
CPP	—	Código de Processo Penal brasileiro
CTB	—	Código de Trânsito Brasileiro, antigo Código Nacional de Trânsito (CNT)
CTN	—	Código Tributário Nacional
DP	—	*Doctrina Penal Argentina*
IBCCrim	—	Instituto Brasileiro de Ciências Criminais
ILANUD	—	*Instituto Latinoamericano para la Prevención del Delito y Tratamiento del Delincuente* (ONU, Costa Rica)
LCP	—	Lei das Contravenções Penais
LEP	—	Lei de Execução Penal
NPP	—	*Nuevo Pensamiento Penal* (Argentina)
PPU	—	*Promociones y Publicaciones Universitarias*
REEP	—	*Revista de la Escuela de Estudios Penitenciarios* (Espanha)
REP	—	*Revista de Estudios Penitenciarios* (Espanha)
RIDP	—	*Revue Internationale de Droit Pénal* (Paris)
RIPC	—	*Revista Internacional de Política Criminal* (ONU)

ÍNDICE

Publicações do Autor V
Abreviaturas IX
Nota do Autor à 30ª Edição XXXV
Nota do Autor à 26ª Edição XXXVII
Nota do Autor à 25ª Edição XXXIX
Nota do Autor à 20ª Edição XLI
Nota do Autor à 17ª Edição XLIII

PRIMEIRA PARTE
FUNDAMENTOS E HISTÓRIA DO DIREITO PENAL

CAPÍTULO I | CONCEITO DE DIREITO PENAL

1. Considerações introdutórias 1
2. Conceito de Direito Penal 2
3. Caracteres do Direito Penal 3
4. Direito Penal objetivo e Direito Penal subjetivo 5
5. Direito Penal comum e Direito Penal especial 6
6. Direito Penal substantivo e Direito Penal adjetivo 7
7. Direito Penal num Estado Democrático de Direito 7

CAPÍTULO II | PRINCÍPIOS LIMITADORES DO PODER PUNITIVO ESTATAL

1. Considerações introdutórias 15
2. Princípio da legalidade e princípio da reserva legal 16
   - 2.1. Princípio da legalidade e as leis vagas, indeterminadas ou imprecisas 17
3. Princípio da intervenção mínima 20
   - 3.1. Princípio da fragmentariedade 22
4. Princípio da irretroatividade da lei penal 23
5. Princípio da adequação social 24
6. Princípio da insignificância 27
7. Princípio da ofensividade 30
8. Princípio de culpabilidade 32

9.	Princípio da proporcionalidade	34
10.	Princípio de humanidade	39
11.	Princípio da presunção de inocência: grande retrocesso na orientação jurisprudencial do Supremo Tribunal Federal	41
12.	Princípio da proibição do retrocesso	45
	12.1. A correção do retrocesso adotado pelo STF no julgamento do HC 126.292	48

CAPÍTULO III | HISTÓRIA DO DIREITO PENAL

1.	Considerações introdutórias	50
2.	Direito Penal Romano	53
3.	Direito Penal Germânico	55
4.	Direito Penal Canônico	56
5.	Direito Penal comum	58
6.	Período humanitário. Os reformadores	59
	6.1. Cesare de Beccaria	61
	6.2. John Howard	63
	6.3. Jeremias Bentham	64
7.	História do Direito Penal brasileiro	67
	7.1. Período colonial	67
	7.2. Código Criminal do Império	68
	7.3. Período republicano	69
	7.4. Reformas contemporâneas	70
	7.5. Perspectivas para o futuro	71

CAPÍTULO IV | A EVOLUÇÃO EPISTEMOLÓGICA DO DIREITO PENAL: PRIMEIRA FASE

1.	Considerações introdutórias	73
2.	As correntes do pensamento positivista e sua repercussão na Ciência do Direito Penal	74
3.	Escola Clássica	75
4.	Escola Positiva	81
	4.1. Cesare Lombroso (1835-1909)	82
	4.2. Rafael Garofalo (1851-1934)	83
	4.3. Enrico Ferri (1856-1929)	84
5.	*Terza scuola* italiana	85
6.	Escola moderna alemã	86
7.	Escola Técnico-Jurídica	88
8.	Escola correcionalista	89

9. Defesa social 91
10. Crise do pensamento positivista 91

CAPÍTULO V | A EVOLUÇÃO EPISTEMOLÓGICA DO DIREITO PENAL: REFINAMENTO DA ELABORAÇÃO JURÍDICO-DOGMÁTICA
1. O modelo neokantista 93
2. O ontologismo do finalismo de Welzel 96
3. Pós-finalismo: o normativismo funcionalista 100
    3.1. O sistema teleológico-funcional de Direito Penal formulado por Roxin 100
    3.2. A radicalização da sistemática funcional na proposta de Jakobs ... 102
    3.3. Considerações críticas 105

CAPÍTULO VI | TEORIAS SOBRE FUNÇÕES, FINS E JUSTIFICAÇÕES DA PENA
1. Generalidades.. 108
2. Teorias sobre a pena... 110
3. Teorias absolutas ou retributivas da pena......................... 111
    3.1. Teoria de Kant 113
    3.2. Teoria de Hegel 116
    3.3. Outras teses retribucionistas da pena 117
    3.4. Considerações críticas 118
4. Teorias relativas ou preventivas da pena 120
    4.1. A prevenção geral 121
        4.1.1. A prevenção geral negativa........................... 121
        4.1.2. A prevenção geral positiva 125
        4.1.3. A prevenção geral positiva fundamentadora... 127
    4.2. A prevenção especial 130
5. A teoria mista ou unificadora da pena............................. 133
    5.1. A teoria unificadora dialética de Roxin................... 135
6. Modernas teorias de justificação da pena 137
    6.1. A prevenção geral positiva limitadora..................... 138

CAPÍTULO VII | SISTEMAS PENITENCIÁRIOS
1. Sistema pensilvânico ou celular 142
    1.1. Origens históricas 142
    1.2. Características e objetivos do sistema................... 143
2. Sistema auburniano... 144
    2.1. Origens históricas 144
    2.2. Características e objetivos do sistema................... 145

XIII

    2.3. Sistemas pensilvânico e auburniano: semelhanças e diferenças ... 146
3. Sistemas progressivos 148
    3.1. Sistema progressivo inglês ou *mark system* 148
    3.2. Sistema progressivo irlandês... 149
    3.3. Sistema de Montesinos.. 151
4. Algumas causas da crise do sistema progressivo........................... 151

CAPÍTULO VIII | A NORMA PENAL

1. Considerações preliminares 154
2. Técnica legislativa do Direito Penal: normas incriminadoras e não incriminadoras 157
3. Fontes do Direito Penal 159
4. Da interpretação das leis penais 165
    4.1. As diversas modalidades de interpretação em matéria penal .. 167
        4.1.1. Interpretação quanto às fontes: autêntica, jurisprudencial e doutrinária... 167
        4.1.2. Interpretação quanto aos meios: gramatical, histórica, lógica e sistemática.. 170
        4.1.3. Interpretação quanto aos resultados: declarativa, extensiva e restritiva 175
5. A analogia e sua aplicação *in bonam partem*............................... 176
    5.1. Analogia e interpretação analógica: processo integrativo *versus* processo interpretativo.. 178
    5.2. Analogia *in bonam partem*... 179
6. Leis penais em branco 181
7. Funções e conteúdo da norma penal... 183

CAPÍTULO IX | LEI PENAL NO TEMPO

1. Considerações introdutórias.. 185
2. Princípios da lei penal no tempo.. 186
    2.1. Irretroatividade da lei penal 186
    2.2. Retroatividade e ultratividade da lei mais benigna 187
3. Hipóteses de conflitos de leis penais no tempo 189
    3.1. Continuidade normativo-típica e suas limitações: irretroatividade da lei penal mais grave.. 193
        3.1.1. O princípio da continuidade normativo-típica e a irretroatividade da lei penal...................................... 193
        3.1.2. Impossibilidade de aplicar-se o princípio da continuidade delitiva típica quando a lei revogadora tipificar crime mais grave 198

4. Lei intermediária e conjugação de leis	200
5. Leis excepcionais e temporárias	201
6. Retroatividade das leis penais em branco	203
7. Retroatividade e lei processual	205
8. Tempo do crime	207
8.1. Retroatividade da lei penal mais grave em crime "continuado" ou "permanente": Súmula 711 do STF	208

CAPÍTULO X | LEI PENAL NO ESPAÇO

1. Princípios dominantes	211
2. Conceito de território nacional	213
3. Lugar do crime	215
4. Extraterritorialidade	216
5. Lei penal em relação às pessoas	218
5.1. Imunidade diplomática	218
5.2. Imunidade parlamentar	219
5.3. Da imunidade parlamentar a partir da Emenda Constitucional n. 35/2001	221
5.4. A imunidade processual e prisional	222
6. Extradição	223
6.1. Conceito e espécies de extradição	224
6.2. Princípios e condições da extradição	225
6.3. Requisitos para a concessão de extradição	226
6.4. Procedimento do processo de extradição	228
6.5. Limitações à extradição	229
7. Deportação e expulsão	231
8. O Tribunal Penal Internacional	231
8.1. Tribunal Penal Internacional, prisão perpétua e princípio de humanidade	235
9. Controle jurisdicional de convencionalidade das leis	238

CAPÍTULO XI | CONFLITO APARENTE DE NORMAS

1. Considerações gerais	244
2. Princípios regentes do conflito aparente de normas	244
2.1. Princípio da especialidade	245
2.2. Princípio da subsidiariedade	245
2.3. Princípio da consunção	246
3. Antefato e pós-fato impuníveis	248

SEGUNDA PARTE
TEORIA GERAL DO DELITO

CAPÍTULO XII | A EVOLUÇÃO DA TEORIA GERAL DO DELITO
1. Considerações preliminares 251
2. O modelo positivista do século XIX 252
3. O modelo neokantista 254
4. O ontologismo do finalismo de Welzel 256
5. Pós-finalismo: os modelos funcionalistas 259

CAPÍTULO XIII | CONCEITO DE CRIME
1. Antecedentes da moderna teoria do delito 262
2. O conceito clássico de delito 263
3. O conceito neoclássico de delito 265
4. O conceito de delito no finalismo 266
5. O conceito analítico de crime 267
6. A definição legal de crime no Brasil 269
7. Classificação das infrações penais 270
    - 7.1. Classificação tripartida e bipartida 270
    - 7.2. Crimes doloso, culposo e preterdoloso 270
    - 7.3. Crimes comissivo, omissivo e comissivo-omissivo 271
    - 7.4. Crimes instantâneo e permanente 271
    - 7.5. Crimes material, formal e de mera conduta 272
    - 7.6. Crimes de dano e de perigo 273
    - 7.7. Crimes unissubjetivo e plurissubjetivo 274
    - 7.8. Crimes unissubsistente e plurissubsistente 274
    - 7.9. Crimes comum, próprio e de mão própria 274
    - 7.10. Crimes de ação única, de ação múltipla e de dupla subjetividade 275
    - 7.11. Crimes complexos 275
    - 7.12. Crimes permanentes e crimes de efeitos permanentes 276

CAPÍTULO XIV | A CONDUTA PUNÍVEL
1. Considerações gerais 279
2. Teorias da ação 281
    - 2.1. Teoria causal-naturalista da ação 281
    - 2.2. Teoria final da ação 282
    - 2.3. Teoria social da ação 285
        - 2.3.1. Inconsistência das controvérsias entre as teorias final e social do conceito de ação 287

		2.4. Teoria da ação significativa	289
3.	Ausência de ação e de omissão		292
4.	Os sujeitos da ação		295
	4.1.	Os sujeitos ativo e passivo da ação	295
	4.2.	A pessoa jurídica como sujeito ativo do crime	296

CAPÍTULO XV | A OMISSÃO E SUAS FORMAS

1.	Considerações gerais		301
2.	Crimes omissivos próprios		302
3.	Crimes omissivos impróprios ou comissivos por omissão		303
	3.1.	Pressupostos fundamentais do crime omissivo impróprio	304
4.	Fontes originadoras da posição de garantidor		305
	4.1.	Obrigação legal de cuidado, proteção ou vigilância	305
	4.2.	De outra forma, assumir a responsabilidade de impedir o resultado	306
	4.3.	Com o comportamento anterior, cria o risco da ocorrência do resultado	307

CAPÍTULO XVI | RELAÇÃO DE CAUSALIDADE E IMPUTAÇÃO OBJETIVA

1.	Considerações gerais			309
2.	Teoria da equivalência das condições ou *conditio sine qua non*			310
3.	Limitações do alcance da teoria da *conditio sine qua non*			312
	3.1.	Localização do dolo e da culpa no tipo penal		312
	3.2.	Causas (concausas) absolutamente independentes		313
		3.2.1. Causas relativamente independentes		313
	3.3.	Superveniência de causa relativamente independente que, por si só, produz o resultado		315
4.	Outras teorias da causalidade			317
5.	A relevância causal da omissão			319
6.	A teoria da imputação objetiva e âmbito de aplicação			320
	6.1.	Considerações críticas		330

CAPÍTULO XVII | TIPO E TIPICIDADE

1.	Fases da evolução da teoria do tipo		332
2.	Tipo e tipicidade		337
	2.1.	Noção de tipo	337
	2.2.	Juízo de tipicidade	338
	2.3.	Tipicidade	339
	2.4.	Funções do tipo penal	339
3.	Bem jurídico e conteúdo do injusto		341
4.	Elementos estruturais do tipo		342

CAPÍTULO XVIII | TIPO DE INJUSTO DOLOSO

1. Tipo objetivo 345
   1.1. O autor da ação 345
   1.2. Ação ou omissão 346
   1.3. Resultado 346
   1.4. Nexo causal e imputação objetiva 347
2. Tipo subjetivo 347
   2.1. Elemento subjetivo geral: dolo 348
      2.1.1. Definição de dolo 348
      2.1.2. Teorias do dolo 349
      2.1.3. Elementos do dolo 351
      2.1.4. Espécies de dolo: direto e eventual 353
   2.2. Elemento subjetivo especial do tipo ou elemento subjetivo especial do injusto 357
      2.2.1. Delitos de intenção 358
      2.2.2. Delitos de tendência 359
      2.2.3. Momentos especiais de ânimo 360
      2.2.4. Especiais motivos de agir 360
3. Erro de tipo 362
4. Princípios da adequação social e da insignificância 362
   4.1. Princípio da adequação social 362
   4.2. Princípio da insignificância 363

CAPÍTULO XIX | TIPO DE INJUSTO CULPOSO

1. Definição do tipo de injusto culposo 364
2. Elementos do tipo de injusto culposo 367
   2.1. Inobservância do cuidado objetivo devido e princípio da confiança 367
   2.2. Produção de um resultado e nexo causal 369
   2.3. Previsibilidade objetiva do resultado 370
   2.4. Conexão interna entre desvalor da ação e desvalor do resultado 371
3. Modalidades de culpa 372
4. Espécies de culpa 374
   4.1. Culpa consciente ou com representação 375
   4.2. Culpa inconsciente ou sem representação 376
   4.3. Culpa imprópria ou culpa por assimilação 376
5. Distinção entre dolo eventual e culpa consciente 378
6. Concorrência e compensação de culpas 379
7. Crime preterdoloso e crime qualificado pelo resultado 380

CAPÍTULO XX | A ANTIJURIDICIDADE

1. Considerações gerais. Antecedentes da antijuridicidade 381
2. Terminologia: antijuridicidade e injusto. Antinormatividade e antijuridicidade. Ilicitude e antijuridicidade 383
3. Antijuridicidade formal e antijuridicidade material 384
   3.1. Concepção unitária de antijuridicidade 386
4. Antijuridicidade genérica e antijuridicidade específica 387
   4.1. Antijuridicidade penal e antijuridicidade extrapenal: ilicitude única e independência de instâncias 389
5. Desvalor da ação e desvalor do resultado 392

CAPÍTULO XXI | CAUSAS DE JUSTIFICAÇÃO

1. Excludentes de antijuridicidade ou causas de justificação 395
2. Elementos objetivos e subjetivos das causas de justificação 397
3. Consentimento do ofendido como causa supralegal de justificação .. 398
4. Excesso nas causas de justificação 401
5. Estado de necessidade 402
   5.1. Estado de necessidade "justificante" e estado de necessidade "exculpante" 404
      5.1.1. Estado de necessidade e colisão de deveres 407
   5.2. Requisitos do estado de necessidade 409
      5.2.1. Existência de perigo atual e inevitável 410
      5.2.2. Direito (bem jurídico) próprio ou alheio 411
      5.2.3. Não provocação voluntária do perigo 412
      5.2.4. Inevitabilidade do perigo por outro meio 413
      5.2.5. Inexigibilidade de sacrifício do bem ameaçado 413
      5.2.6. Elemento subjetivo: finalidade de salvar o bem do perigo 414
      5.2.7. Ausência de dever legal de enfrentar o perigo 414
   5.3. Causa de diminuição de pena (minorante) 415
6. Legítima defesa 415
   6.1. Considerações gerais 415
   6.2. Fundamento e natureza jurídica 416
   6.3. Conceito e requisitos 417
      6.3.1. Agressão injusta, atual ou iminente 417
      6.3.2. Direito (bem jurídico) próprio ou alheio 420
      6.3.3. Meios necessários, usados moderadamente (proporcionalidade) 420

	6.3.4. Elemento subjetivo: *animus defendendi*	422
6.4.	Legítima defesa sucessiva e recíproca	422
6.5.	Legítima defesa e estado de necessidade	423
6.6.	Legítima defesa de vítima mantida refém durante prática de crimes	423
7.	Outras excludentes de criminalidade	426
7.1.	Estrito cumprimento de dever legal	427
7.2.	Exercício regular de direito	428
7.3.	*Offendiculas*	430
7.4.	O excesso nas causas de justificação à luz da Reforma Penal de 1984	430

CAPÍTULO XXII | A CULPABILIDADE

1.	Considerações introdutórias	433
2.	Culpabilidade como predicado do crime	435
3.	Antecedentes das modernas teorias da culpabilidade	438
4.	Teoria psicológica da culpabilidade	438
	4.1. Crítica à teoria psicológica	440
5.	Precursores da teoria psicológico-normativa da culpabilidade	441
6.	Teoria psicológico-normativa da culpabilidade	443
	6.1. Crítica à teoria psicológico-normativa	444

CAPÍTULO XXIII | TEORIA NORMATIVA PURA DA CULPABILIDADE: SIGNIFICADO, CRISE E EVOLUÇÃO

1.	Considerações genéricas	446
2.	Definição e fundamento da culpabilidade normativa pura	448
3.	Elementos da culpabilidade normativa pura	453
	3.1. Imputabilidade	453
	3.2. Possibilidade de conhecimento da ilicitude do fato	454
	3.3. Exigibilidade de obediência ao Direito	455
4.	A importância da teoria finalista da ação para a teoria normativa pura da culpabilidade	456
5.	Os problemas do livre-arbítrio na fundamentação da reprovação de culpabilidade	457
6.	Crise da teoria normativa pura da culpabilidade	462
7.	O conceito funcional de culpabilidade	463
	7.1. Culpabilidade e prevenção na visão de Roxin	463
	7.2. Culpabilidade e prevenção na visão de Jakobs	465
8.	A teoria da motivabilidade pelas normas	466

CAPÍTULO XXIV | EXCLUDENTES DE CULPABILIDADE

1. Inimputabilidade e culpabilidade diminuída 470
   - 1.1. Imputabilidade e sistemas adotados 470
   - 1.2. Inimputabilidade 472
     - 1.2.1. Responsabilidade do menor de idade pela prática de ato infracional (ECA) 473
     - 1.2.2. Maioridade penal: movimento criminalizador 474
   - 1.3. Doença mental ou desenvolvimento mental incompleto ou retardado 478
   - 1.4. Culpabilidade diminuída 480
   - 1.5. Consequências jurídico-penais 481
2. Coação moral irresistível e obediência hierárquica 482
   - 2.1. Coação moral irresistível 483
   - 2.2. Obediência hierárquica 485
     - 2.2.1. Tratamento da obediência hierárquica no Código Penal Militar 487
3. A emoção e a paixão 488
4. A embriaguez e substâncias de efeitos análogos 490
   - 4.1. Generalidades e *actio libera in causa* 490
   - 4.2. Formas ou modalidades de embriaguez 494
     - 4.2.1. Embriaguez não acidental: intencional ou culposa 494
     - 4.2.2. Embriaguez acidental: caso fortuito ou força maior ... 495
     - 4.2.3. Embriaguez preordenada 497
     - 4.2.4. Embriaguez habitual e patológica 498
5. Erro de proibição 498
6. Caso fortuito e força maior 499

CAPÍTULO XXV | ERRO DE TIPO E ERRO DE PROIBIÇÃO

1. Considerações introdutórias 501
2. Ausência de conhecimento da ilicitude e ignorância da lei 502
3. Teorias do dolo e da culpabilidade 505
4. Teoria dos elementos negativos do tipo 510
5. Erro de tipo e erro de proibição 511
   - 5.1. Erro sobre elementos normativos especiais da ilicitude 514
6. Erro sobre pressuposto objetivo da causa de justificação 517
   - 6.1. Um erro *sui generis*: considerações críticas 519
   - 6.2. "Erro culposo" não se confunde com "crime culposo" 520
7. Modalidades de erro sobre a ilicitude 522
   - 7.1. Erro de proibição direto 523

7.2. Erro mandamental 523
7.3. Erro de proibição indireto 524
8. A discutível escusabilidade de determinados erros...................... 525

CAPÍTULO XXVI | CRIME CONSUMADO E CRIME TENTADO
1. Crime consumado 528
2. Tentativa 529
3. *Iter criminis* 530
4. Distinção entre atos preparatórios e atos executórios 532
5. Natureza e tipicidade da tentativa 534
6. Elementos da tentativa 534
7. Espécies ou formas de tentativas 536
8. Punibilidade da tentativa 537
9. Infrações que não admitem tentativa 537
10. Desistência voluntária 539
11. Arrependimento eficaz 540
12. Natureza jurídica da desistência voluntária e do arrependimento eficaz.... 541
13. Crime impossível ou tentativa inidônea 542
    13.1. Punibilidade do crime impossível 543
14. Crime putativo 543
15. Flagrante provocado 543

CAPÍTULO XXVII | CONCURSO DE PESSOAS
1. Introdução 547
2. Teorias sobre o concurso de pessoas 548
3. Causalidade física e psíquica 551
4. Requisitos do concurso de pessoas 553
5. Autoria 554
    5.1. Conceito extensivo de autor 555
    5.2. Conceito restritivo de autor 556
    5.3. Teoria do domínio do fato 558
6. Autoria mediata 560
7. Coautoria 562
8. Participação em sentido estrito 562
    8.1. Espécies de participação 563
    8.2. Fundamento da punibilidade da participação 565
    8.3. Princípio da acessoriedade da participação 566
9. Concurso em crime culposo 568

10.	Concurso em crimes omissivos	569
11.	Autoria colateral	570
12.	Multidão delinquente	571
13.	Participação impunível	572
14.	Punibilidade do concurso de pessoas	572
	14.1. Participação de menor importância	573
	14.2. Cooperação dolosamente distinta	574
15.	Comunicabilidade das circunstâncias, condições e elementares	575

TERCEIRA PARTE
CONSEQUÊNCIAS JURÍDICAS DO DELITO

CAPÍTULO XXVIII | HISTÓRIA E EVOLUÇÃO DA PENA DE PRISÃO

1.	Considerações introdutórias	577
2.	A Antiguidade	578
3.	A Idade Média	580
4.	A Idade Moderna	582
5.	Causas que levaram à transformação da prisão-custódia em prisão--pena	585
6.	Início e fim de um mito	593
7.	Análise político-criminal da reincidência	598
8.	O objetivo ressocializador na visão da Criminologia Crítica	600
	8.1. Algumas sugestões de Alessandro Baratta para combater a delinquência	602
9.	O objetivo ressocializador "mínimo"	608

CAPÍTULO XXIX | PENAS PRIVATIVAS DE LIBERDADE

1.	Considerações gerais	610
2.	Reclusão e detenção	615
3.	Regimes penais	617
	3.1. Regras do regime fechado	617
	3.2. Regras do regime semiaberto	618
	3.2.1. Concessão de trabalho externo, desde o início da pena	619
	3.3. Regras do regime aberto	622
	3.4. Regras do regime disciplinar diferenciado	622
4.	Regime inicial	623
	4.1. Regime inicial nos crimes hediondos	626
5.	Prisão domiciliar	627
6.	Progressão e regressão de regimes	628

6.1. Pressuposto da progressão: existência de estabelecimento penal adequado 628
6.2. Progressão de regime 630
   6.2.1. Inconstitucionalidade do art. 112 da LEP com redação determinada pela Lei n. 13.964/2019 relativa à progressão de regime nos crimes hediondos 632
   6.2.2. A progressão nos crimes hediondos a partir da Lei n. 9.455/97 634
   6.2.3. A progressão nos crimes hediondos a partir da Lei n. 11.464/2007 638
   6.2.4. Progressão de regime antes do trânsito em julgado de decisão condenatória (Súmula 716 do STF) 639
6.3. Regressão de regime 640
6.4. Requisitos da progressão de regime 640
7. Exame criminológico 643
   7.1. Exame criminológico e exame de personalidade 644
   7.2. Obrigatoriedade do exame criminológico 645
8. Detração penal 647
9. Trabalho prisional 649
10. Remição pelo trabalho e pelo estudo 650
    10.1. Remição pelo trabalho em regime aberto: possibilidade segundo os princípios da isonomia e da analogia 653
    10.2. Prática de falta grave pode revogar a remição de até 1/3 (um terço) da pena remida 656
    10.3. Prescrição de falta grave praticada após cinco anos de remição 657
11. Regime disciplinar diferenciado 657
    11.1. Considerações preliminares 657
    11.2. A previsão legal do regime disciplinar diferenciado 660
12. Unificação de penas: ilegalidade da alteração do marco inicial dos benefícios 665

CAPÍTULO XXX | PENAS RESTRITIVAS DE DIREITOS

1. Considerações gerais 667
2. Antecedentes das penas alternativas 668
3. Cominação e aplicação das penas alternativas 672
4. Impossibilidade da execução antecipada de pena restritiva de direitos 675
5. Requisitos ou pressupostos necessários à substituição 677
   5.1. Novos aspectos nos critérios orientadores da substituição 682

		5.1.1. Substituição nos crimes culposos................................	682
		5.1.2. Anormalidade das circunstâncias: (in)suficiência da substituição da pena de prisão no homicídio culposo de trânsito..	682
		5.1.3. Substituição nas penas de até um ano de prisão.........	687
		5.1.4. Substituição nas penas de até seis meses de prisão......	688
		5.1.5. Limitação de substituição de pena de prisão em crimes específicos	688
6.	Espécies de penas restritivas		689
	6.1.	Prestação pecuniária	689
		6.1.1. Definição e destinatários da "prestação pecuniária"...	689
		6.1.2. Injustificada limitação da "compensação": condenação em ação reparatória	690
		6.1.3. Possibilidade de estender a "compensação" às conciliações cíveis..	690
		6.1.4. Sanção penal fixada em salários mínimos: duvidosa constitucionalidade	690
	6.2.	Perda de bens e valores	691
		6.2.1. Distinção entre "confisco-pena" e "confisco-efeito da condenação"	691
		6.2.2. Limites do confisco	692
	6.3.	Prestação de outra natureza (inominada)	692
		6.3.1. Natureza consensual dessa "conversão"	693
		6.3.2. "Conversão" somente da "prestação pecuniária": seu fundamento..	693
	6.4.	Limitação de fim de semana...	694
	6.5.	Prestação de serviços à comunidade ou a entidades públicas..	697
	6.6.	Interdição temporária de direitos	702
7.	Penas restritivas como incidente de execução		708
8.	Conversão das penas restritivas de direitos................................		710
	8.1.	Novos aspectos relativos à conversão................................	710
		8.1.1. Coercibilidade da conversão....................................	711
		8.1.2. Limite temporal da conversão e detração penal.........	711
		8.1.3. Ressalva: *quantum* mínimo de conversão.................	711
		8.1.4. Exclusão das penas pecuniárias da "conversibilidade" à pena de prisão	712
	8.2.	Causas gerais de conversão...	713
	8.3.	Causas especiais de conversão..	716

9. Consentimento do condenado	719
10. Crimes hediondos e a Lei n. 9.714/98	720
11. Conflito político-criminal entre as Leis n. 9.714/98 e 9.099/95	723
11.1. Lesão corporal leve dolosa, ameaça e constrangimento ilegal..	724
12. Limites das novas penas alternativas e a suspensão condicional do processo	724
12.1. Divergência quanto aos requisitos de admissibilidade	726
13. Novas penas alternativas e prisão processual: incompatibilidade	727

CAPÍTULO XXXI | APLICAÇÃO SUBSTITUTIVA DAS PENAS RESTRITIVAS DE DIREITOS NAS LEIS N. 9.503/97 E 9.605/98

1. Considerações gerais	730
2. Aplicação dos institutos penais da Lei n. 9.099/95 aos crimes tipificados no Código de Trânsito Brasileiro: interpretação do art. 291	730
2.1. Interpretação e aplicação do art. 291 e parágrafo único, conforme a redação originária do CTB (antes da alteração produzida pela Lei n. 11.705/2008)	732
2.2. Interpretação e aplicação do art. 291 após a alteração produzida pela Lei n. 11.705/2008	737
2.3. Interpretação e aplicação do art. 291 após a entrada em vigor da Lei n. 12.971/2014	740
3. Aplicação *substitutiva* ou *alternativa* das penas "restritivas de direitos" nas infrações definidas na Lei Ambiental (Lei n. 9.605/98)	741
3.1. Aplicação dos postulados da Lei n. 9.099/95 nas infrações penais definidas na Lei Ambiental (Lei n. 9.605/98)	742
3.1.1. A transação penal na nova Lei Ambiental	742
3.1.2. Prévia composição ou prévia reparação do dano	743
3.1.3. Comprovada impossibilidade de composição do dano	745
3.1.4. A suspensão condicional do processo	745
3.1.5. Limites constitucionais da transação penal	747

CAPÍTULO XXXII | A PENA DE MULTA

1. Considerações gerais	749
2. Origens das penas pecuniárias	750
3. Conceito e tipos de penas pecuniárias	751
4. Origem do sistema dias-multa	754
5. O Direito Penal positivo brasileiro	756
5.1. Cominação e aplicação da pena de multa	756
5.2. O sistema dias-multa	757

5.3.	Limites da pena de multa	757
5.4.	Multa substitutiva	759
5.5.	Dosimetria da pena de multa — sistema trifásico adotado pela Reforma Penal de 1984	759
5.6.	As três fases do cálculo da pena de multa	761
6.	Aplicação na legislação extravagante	764
7.	Fase executória da pena pecuniária	765
7.1.	Pagamento da multa	765
7.2.	Formas de pagamento da multa	766
7.3.	Conversão da multa na versão da Reforma Penal de 1984	767
7.4.	Destinação do resultado da multa penal	769
8.	Prescrição da pena de multa e a inércia estatal	770

CAPÍTULO XXXIII | CIRCUNSTÂNCIAS AGRAVANTES E ATENUANTES LEGAIS OBRIGATÓRIAS

1.	Considerações preliminares	772
2.	Circunstâncias agravantes genéricas de aplicação obrigatória	773
2.1.	A definição legal do instituto da reincidência	773
2.2.	A motivação agravante, quando não constitui ou qualifica o crime	774
2.2.1.	Ter o agente cometido o crime: a) por motivo fútil ou torpe	775
2.3.	Finalidades agravantes, quando não constituem ou qualificam o crime	776
2.4.	Modos agravantes, quando não constituem ou qualificam o crime	777
2.5.	Meios que sempre agravam a pena, quando não constituem ou qualificam o crime	778
2.6.	Outras agravantes, quando não constituem ou qualificam o crime	782
2.6.1.	Contra ascendente, descendente, irmão ou cônjuge (II, *e*)	782
2.6.2.	Com abuso de autoridade ou prevalecendo-se de relações domésticas, de coabitação ou de hospitalidade, ou com violência contra a mulher na forma da lei específica (II, *f*)	783
2.6.3.	Com abuso de poder ou violação de dever inerente a cargo, ofício, ministério ou profissão (II, *g*)	784
2.6.4.	Contra criança, maior de 60 anos, enfermo ou mulher grávida (II, *h*)	785
2.6.5.	Quando o ofendido estava sob a imediata proteção da autoridade (II, *i*)	786

      2.6.6. Em ocasião de incêndio, naufrágio, inundação ou qualquer calamidade pública, ou de desgraça particular do ofendido (II, *j*) 786
      2.6.7. Em estado de embriaguez preordenada (II, *l*) 787
3. Agravantes na hipótese de concurso de pessoas 788
   3.1. Promover, organizar a cooperação no crime ou dirigir a atividade dos demais agentes 788
   3.2. Coage ou induz outrem à execução material do crime 789
   3.3. Instigue ou determine a cometer o crime alguém sujeito à sua autoridade ou não punível em virtude de condição ou qualidade pessoal 790
   3.4. Execute o crime, ou nele participe, mediante paga ou promessa de recompensa 792
4. Circunstâncias atenuantes genéricas de aplicação obrigatória 793
   4.1. Ser o agente menor de 21 anos, na data do fato, ou maior de 70 anos, na data da sentença (I) 793
   4.2. O desconhecimento da lei como atenuante legal (II) 794
   4.3. Motivo de relevante valor social ou moral (III, *a*) 795
      4.3.1. Por motivo de relevante valor social 795
      4.3.2. Por motivo de relevante valor moral 796
   4.4. Arrependimento eficiente ou reparação do dano (III, *b*) 796
   4.5. Coação a que podia resistir, ou em cumprimento de ordem de autoridade superior (III, *c*) 796
   4.6. Ou sob a influência de violenta emoção, provocada por ato injusto da vítima (III, *c*) 798
   4.7. Confissão espontânea (III, *d*) 801
   4.8. Influência de multidão em tumulto (III, *e*) 803
5. Atenuantes inominadas, anteriores ou posteriores ao crime 803

CAPÍTULO XXXIV | APLICAÇÃO DA PENA
1. Individualização da pena aplicável 805
2. Circunstâncias e elementares do crime 806
3. Circunstâncias judiciais 807
   3.1. Circunstâncias judiciais nos denominados "crimes societários" 811
4. Circunstâncias legais: atenuantes e agravantes genéricas 813
   4.1. Circunstâncias preponderantes no concurso de agravantes e atenuantes 814
5. Causas de aumento e de diminuição da pena 815
6. A existência simultânea de qualificadoras não autoriza sua conversão em agravantes ou causas de aumento 816

7. Dosimetria da pena 825
   7.1. Pena-base: circunstâncias judiciais 826
       7.1.1. Critério de proporcionalidade matemática na valoração de circunstâncias judiciais 828
   7.2. Pena provisória: agravantes e atenuantes 830
       7.2.1. Pena aquém do mínimo: uma garantia constitucional 830
   7.3. Pena definitiva 834

CAPÍTULO XXXV | APLICAÇÃO DE PENA NOS CRIMES JULGADOS PELO TRIBUNAL DO JÚRI

1. Considerações preliminares 836
2. Inconstitucionalidade da não quesitação de agravantes aos jurados . 837
3. Considerações sobre a metodologia na fixação da pena no Tribunal do Júri 840
4. Três vetoriais judiciais negativas: circunstâncias, culpabilidade e consequências do crime 842
5. Reconhecimento e análise de agravantes legais — pena provisória ... 845
   5.1. A indevida conversão da 2ª qualificadora em agravante genérica (art. 61, II, *a*) 846
   5.2. Promover, organizar a cooperação no crime ou dirigir a atividade dos demais agentes 849
6. Prisão automática decorrente de condenação pelo Tribunal do Júri.. 851
7. Autorização excepcional de prisão pelo Tribunal do Júri com condenação superior a 15 anos de reclusão 854

CAPÍTULO XXXVI | CONCURSO DE CRIMES

1. Considerações introdutórias.. 857
2. Sistemas de aplicação da pena 857
3. Espécies de concurso de crimes... 858
   3.1. Concurso material.. 858
   3.2. Concurso formal.. 858
   3.3. Crime continuado 859
       3.3.1. Origem histórica 859
       3.3.2. Definição do crime continuado 859
       3.3.3. Natureza jurídica do crime continuado 860
       3.3.4. Teorias do crime continuado 861
       3.3.5. Requisitos do crime continuado 862
       3.3.6. Crime continuado específico 864
       3.3.7. A (ir)retroatividade no crime continuado 864
4. Dosimetria da pena no concurso de crimes........................... 865

5.	Erro na execução — *aberratio ictus*	866
	5.1. Qualidades da vítima	867
6.	Resultado diverso do pretendido	868
7.	Limite de cumprimento da pena de prisão	868
	7.1. A questionável elevação em um terço do máximo de cumprimento de pena	869
	7.2. Desesperança do condenado e elevação de risco de motins e assassinatos	871
	7.3. Unificação de penas para crimes praticados em períodos com vigência de limites distintos	872

CAPÍTULO XXXVII | SUSPENSÃO CONDICIONAL DA PENA

1.	Origem e desenvolvimento do instituto	874
2.	Conceito e denominação do instituto	875
3.	Natureza jurídica	877
4.	A suspensão condicional no Direito positivo brasileiro	879
	4.1. Requisitos ou pressupostos necessários	881
	4.2. Espécies de suspensão condicional	885
	4.2.1. Condições do *sursis*	887
	4.3. O período de prova	887
	4.3.1. Causas de revogação obrigatória	888
	4.3.2. Causas de revogação facultativa	890
	4.4. Prorrogação do período de prova	892
5.	Extinção da pena privativa de liberdade	892

CAPÍTULO XXXVIII | LIVRAMENTO CONDICIONAL

1.	Origem e desenvolvimento do livramento condicional	893
2.	Conceito e caracteres da liberdade condicional	895
3.	Natureza jurídica da liberdade condicional	896
4.	A liberdade condicional no Direito brasileiro	897
5.	Requisitos ou pressupostos necessários	898
	5.1. Requisitos ou pressupostos objetivos	898
	5.2. Requisitos ou pressupostos subjetivos	902
	5.3. Requisito específico	907
6.	Condições do livramento condicional	909
	6.1. Condições de imposição obrigatória	909
	6.2. Condições de imposição facultativa	911
7.	Causas de revogação do livramento condicional	913

		7.1. Causas de revogação obrigatória	913
		7.2. Causas de revogação facultativa	915
8.	Suspensão do livramento condicional		916
9.	Efeitos de nova condenação		917
10.	Prorrogação do livramento e extinção da pena		919

CAPÍTULO XXXIX | EFEITOS DA CONDENAÇÃO E REABILITAÇÃO

1.	Efeitos gerais da condenação	920
2.	Efeitos extrapenais	920
	2.1. Efeitos genéricos	920
	2.2. Confisco travestido de efeito da condenação	923
	2.2.1. Inconstitucionalidade inquestionável do art. 91-A	923
	2.2.2. Ilegalidade do confisco de bens de terceiros	926
	2.2.3. Indispensável instrução paralela e forma procedimental desse confisco do art. 91-A	926
	2.2.4. Distinção entre "confisco-pena" e "confisco-efeito da condenação"	927
	2.2.5. Limites inexistentes do confisco previsto no art. 91-A	928
	2.3. Efeitos específicos	929
	2.4. Perda de cargo ou função pública, por condenação criminal a pena inferior a um ano	932
3.	Reabilitação e seu alcance	934
	3.1. Pressupostos e requisitos necessários	935
	3.2. Efeitos da reabilitação	936
	3.3. Revogação da reabilitação	938
	3.4. Competência e recurso	938

CAPÍTULO XL | MEDIDAS DE SEGURANÇA

1.	Considerações introdutórias	939
2.	Diferenças entre pena e medida de segurança	940
3.	Princípio da legalidade	940
4.	Pressupostos ou requisitos para aplicação da medida de segurança	940
5.	Espécies de medidas de segurança	941
6.	Tipos de estabelecimentos	942
7.	Prescrição e extinção da punibilidade	943
8.	Prazo de duração da medida de segurança: limites mínimo e máximo	944
9.	Execução, suspensão e extinção da medida de segurança	946
10.	Substituição da pena por medida de segurança	947
11.	Verificação da cessação de periculosidade	949

CAPÍTULO XLI | A AÇÃO PENAL

1. Considerações introdutórias 950
2. Espécies de ação penal 951
   2.1. Ação penal pública 951
   2.2. Ação penal privada 952
3. Representação criminal e requisição do Ministro da Justiça 954
   3.1. Irretratabilidade da representação 954
4. Decadência do direito de queixa e de representação 955
   4.1. Renúncia ao direito de queixa 957
   4.2. A renúncia nos Juizados Especiais Criminais 958
5. Perdão do ofendido 959
   5.1. Divisão, extensão e aceitação do perdão 959
   5.2. Limites temporais do perdão e da renúncia 960
6. A ação penal nos crimes complexos 961

CAPÍTULO XLII | DA EXTINÇÃO DA PUNIBILIDADE

1. Considerações gerais 962
2. Causas extintivas da punibilidade 963
   2.1. Morte do agente 963
   2.2. Anistia, graça e indulto 963
      2.2.1. Dos limites e da natureza jurídico-constitucional do indulto 964
   2.3. *Abolitio criminis* 967
   2.4. Prescrição, decadência e perempção 968
   2.5. Renúncia e perdão 968
   2.6. Retratação do agente 968
   2.7. Perdão judicial 969

CAPÍTULO XLIII | PRESCRIÇÃO

1. Considerações introdutórias 971
2. Fundamentos políticos da prescrição 973
3. Espécies de prescrição: da pretensão punitiva e da pretensão executória 974
   3.1. Prescrição da pretensão punitiva 975
      3.1.1. Prescrição da pretensão punitiva abstrata 975
   3.2. Prescrição da pretensão punitiva retroativa 976
      3.2.1. Supressão de parcela da prescrição retroativa: inconstitucionalidade manifesta 979
   3.3. Supressão de parcela do lapso prescricional e violação do princípio da proporcionalidade 983

	3.4.	Violação da garantia constitucional da duração razoável do processo	988
	3.5.	Prescrição da pretensão punitiva intercorrente ou subsequente	993
	3.6.	Prescrição da pretensão executória	994
4.	Termo inicial da prescrição		995
5.	Causas modificadoras do curso prescricional		1001
6.	Causas suspensivas da prescrição (art. 116)		1001
	6.1.	Enquanto não for resolvida questão prejudicial (inciso I do art. 116)	1001
	6.2.	Enquanto o agente cumpre pena no exterior (inciso II do art. 116)	1001
	6.3.	Na pendência de embargos de declaração ou de recursos aos Tribunais Superiores, quando inadmissíveis (acrescido pela Lei n. 13.964/2019)	1002
	6.4.	Enquanto não cumprido ou não rescindido o acordo de não persecução penal (art. 28-A — acrescido pela Lei n. 13.964/2019 no CPP)	1003
		6.4.1. Juízo de suficiência da prevenção e reprovação do crime	1005
		6.4.2. A questionável constitucionalidade do "acordo de não persecução penal"	1008
		6.4.3. A homologação judicial do acordo e a obrigação legal de confessar	1009
	6.5.	Imunidade parlamentar (art. 53, § 2º)	1012
	6.6.	Delação premiada em crimes praticados por organização criminosa	1012
	6.7.	Outras causas suspensivas da prescrição	1012
		6.7.1. Suspensão condicional do processo	1013
		6.7.2. Citação por edital, sem comparecimento ou constituição de defensor	1013
		6.7.3. Citação através de rogatória de acusado no estrangeiro	1014
		6.7.4. Suspensão da prescrição nos termos do art. 366 do CPP: correção da Súmula 415 do STJ	1015
7.	Causas interruptivas da prescrição		1017
	7.1.	Recebimento da denúncia ou da queixa (I)	1017
	7.2.	Pronúncia e sua confirmação (II e III)	1018
	7.3.	Publicação da sentença ou acórdão condenatório recorríveis (IV)	1018
	7.4.	Publicação de sentença condenatória recorrível	1018

XXXIII

7.5.	Publicação de acórdão condenatório recorrível....................	1019
	7.5.1. Acórdão condenatório não se confunde com acordão confirmatório...	1020
	7.5.2. Início ou continuação do cumprimento da pena (V)...	1023
	7.5.3. Início da execução provisória da pena não interrompe a prescrição...	1023
7.6.	Reincidência (VI)	1024
8. Considerações especiais sobre as causas interruptivas da prescrição.		1026
8.1.	Recebimento da denúncia: causas de rejeição e absolvição sumária..	1026
8.2.	Recebimento da denúncia: contraditório antecipado e reflexos na prescrição	1028
9. Causas redutoras do prazo prescricional...		1029
10. Prescrição da pena de multa...		1030
11. A anulação parcial de sentença penal condenatória é ilegal e viola a Súmula 401 do STJ..		1031
12. A prescrição penal na improbidade administrativa..........................		1032
12.1. Prazo prescricional aplicável ao terceiro.................................		1034
Bibliografia		1035

NOTA DO AUTOR À 30ª EDIÇÃO

Esgotada a edição do ano anterior, sempre tem se justificado o lançamento de nova edição, com as atualizações necessárias, seja pela publicação de novos diplomas legais, seja por nova ou inusitada interpretação do Supremo Tribunal Federal. Nesta oportunidade, temos a satisfação de publicar a 30ª edição desta obra, o que não deixa de ser um marco editorial. Com todas as vênias, isso muito nos orgulha, pois, quando iniciamos sua publicação, lembramos bem, ficaríamos muito satisfeitos se lográssemos alguma reedição de qualquer volume.

Ao editarmos a trigésima publicação desta obra, temos duas manifestações especiais a fazer: inicialmente agradecer a acolhida generosa, e por mais de 30 anos, do nosso trabalho, o qual começamos no início da década de 90, despretensiosamente, somente com a Parte Geral. Contudo, sua generosa acolhida levou-nos à necessidade de aprofundar nossas reflexões, para atender sua crescente demanda. Nesta oportunidade, desejamos agradecer, em primeiro lugar, a nossa prestigiosa Editora Saraiva, que há tantos anos não mede esforços para colocar, anualmente, as novas edições, sempre atualizadas, à disposição do público especializado; em segundo lugar, aos professores de direito penal, pela preferência de nosso trabalho, e, finalmente, a todos os profissionais de direito que nos gratificam com a utilização de nossas obras jurídicas.

Enfim, todo o nosso trabalho justifica-se pelo constante apoio e estímulo de nossos leitores, professores, juristas e, especialmente, estudantes deste nosso imenso País, e nos estimula a manter a filosofia de oferecer ao público-alvo, anualmente, esta obra sempre o mais atualizada possível!

Mais uma vez, nosso muito obrigado.

O autor.

NOTA DO AUTOR À 26ª EDIÇÃO

Agradecemos a compreensão e agilidade da prestigiosa Editora Saraiva que, prontamente, suspendeu a impressão em curso para 2020 de nosso *Tratado de Direito Penal* e nos concedeu o período natalino para que pudéssemos atualizar os cinco volumes, principalmente os três primeiros, que sofreram alterações significativas das Leis n. 13.964 e 13.968, ambas publicadas nos dias 24 e 26 de dezembro, respectivamente.

No primeiro volume trabalhamos o insignificante acréscimo relativo à legítima defesa de terceiros, que já existia no *caput* do art. 25; a definição do juiz de execução para executar a pena de multa considerada dívida de valor, como defendemos há décadas; o pequeno acréscimo nas condições do livramento condicional e o inconstitucional acréscimo do art. 91-A, que cria, sub-repticiamente, a inconstitucional "pena de confisco" travestida de "efeito da condenação". Examinamos, ainda, com mais profundidade as novas *causas suspensivas da prescrição* acrescidas no art. 116, que abordamos no capítulo da prescrição. No entanto, aprofundamos o exame das alterações acrescidas no art. 112 da LEP, sobre as quais sustentamos sua inconstitucionalidade porque, na nossa concepção, suprimem a possibilidade de "progressão nos crimes hediondos". Tecemos fundadas considerações sobre essa inconstitucionalidade, no capítulo da pena de prisão, que, certamente, acabará sendo declarada pelo STF, como já ocorreu relativamente à Lei n. 8.072 (que criou os crimes hediondos), no julgamento do HC 82.959.

No segundo volume, os acréscimos sugeridos pelo Projeto de Lei n. 13.964 nos arts. 121 e 141 foram vetados. No entanto, a Lei n. 13.968 alterou, profundamente, o art. 122, acrescentando ao estímulo ao suicídio a *automutilação*, redefinindo, inclusive, o crime anterior, com o acréscimo de vários parágrafos e incisos. Esse capítulo do volume segundo tivemos que reescrever por completo, com sérias críticas à elaboração do novo texto legal, principalmente por não ter sido criado um tipo penal autônomo dedicado exclusivamente à automutilação, que é, por certo, uma conduta extremamente grave e necessita de uma disciplina adequada para combater e reprimir um *modismo* que está se espalhando perigosamente entre a juventude, não apenas no Brasil, mas também no exterior.

No terceiro volume, com pequenas alterações, além da mudança da natureza da ação penal no crime de estelionato, houve, basicamente, o acréscimo de uma *causa especial de aumento* no crime de roubo, qual seja o *emprego de arma de uso restrito ou proibido*. No quarto volume, por sua vez, não houve alterações

XXXVII

legais, mas fizemos as correções e ajustes de entendimentos, e, finalmente, no quinto volume, houve somente uma correção na pena do crime de concussão (art. 316), elevando a pena máxima para 12 anos, com o objetivo de adequá-la às penas aplicadas ao peculato e aos crimes de corrupção (ativa e passiva), considerados de mesma gravidade.

Assim, desejando um feliz Ano Novo a todos, encerramos nossas atualizações na noite de sábado, dia 4 de janeiro de 2020. Em breve os volumes atualizados do nosso *Tratado* estarão disponíveis nas principais livrarias e *e-commerces*.

Que Deus abençoe a todos nós!
Rio de Janeiro, 4 de janeiro de 2020.

O autor

NOTA DO AUTOR À 25ª EDIÇÃO

Atingimos, com esta publicação, a 25ª edição do 1º volume do nosso *Tratado de Direito Penal*, correspondendo a um quarto de século de edições renovadas e atualizadas, não apenas dogmaticamente, mas também acompanhando a trepidante sucessão legislativa de nosso país, inclusive desfigurando nosso prestigioso Código Penal. Essa nossa trajetória iniciou-se, despretensiosamente, com o lançamento de nosso *Lições de Direito Penal*, que apenas tinha o objetivo de oferecer, na época, uma alternativa bibliográfica aos nossos alunos de graduação na Pontifícia Universidade Católica do Rio Grande do Sul (PUCRS). A partir de algumas edições do nosso *Manual de Direito Penal* pela prestigiosa Editora Saraiva, ante a persistente insistência do seu então Diretor Editorial Dr. Antônio Luiz, acabamos aceitando trabalhar toda a Parte Especial do Código Penal, surgindo, assim, o nosso *Tratado de Direito Penal*, com cinco volumes.

Ao longo desses 25 anos, sempre nos preocupamos em manter a atualidade desta obra, registrando, em todo esse período, as mais importantes transformações produzidas tanto no âmbito do Direito Penal brasileiro como no âmbito do Direito Penal europeu continental, especialmente alemão, espanhol, português e italiano. Essa nossa preocupação fundamenta-se na pretensão de transmitirmos a todos os nossos leitores a importância do *pensar* e *estruturar* o Direito Penal da culpabilidade a partir de uma *lógica racional, argumentativa e sistemática*, cuja origem remonta ao *idealismo alemão de finais do século XVIII*, mas que ainda perdura nos países ocidentais cultivadores da dogmática jurídico-penal, sob a égide legitimadora e limitadora dos valores e postulados do Estado Democrático de Direito.

Sob essa perspectiva, apresentamos, nesta edição comemorativa dos 25 anos de nosso *Tratado de Direito Penal*, não só a atualização de importantes reformas legislativas, mas também uma ampla revisão de temas fundamentais para a compreensão do Direito Penal, aliás, o que vem ocorrendo desde a 17ª edição, como, por exemplo, a *evolução epistemológica do Direito Penal e o desenvolvimento da dogmática, as modernas teorias legitimadoras da pena, o alcance e a aplicação prática da teoria da imputação objetiva, os avanços no estudo da culpabilidade e no tratamento do erro*, entre tantos outros aspectos de especial transcendência para os estudiosos da Ciência Penal.

Mantendo essa linha, a preparação desta 25ª edição foi feita com o propósito de renovar, visando à melhor compreensão do *estágio atual da evolução da Ciência do Direito Penal*, sem perder de vista a necessária análise crítica de como os avanços da dogmática jurídico-penal repercutem na aplicação prática das normas contidas no Código Penal brasileiro.

A publicação de novas edições anuais dos cinco volumes de nosso Tratado, ao longo de todos esses anos, não é uma opção comercial ou editorial, mas uma imposição acadêmico-científica para manter o compromisso com nosso público leitor da atualidade do conteúdo desta obra. Grande parcela de nossos leitores encontra-se engajada na preparação e participação de concursos públicos, e necessita de um trabalho em dia, no mínimo, para uma última revisão, daí a necessidade urgente de trazer a público uma edição sempre atualizada, o que não pode ser feito em uma simples tiragem de edição anterior.

Todo o nosso trabalho justifica-se pelo constante apoio e estímulo de nossos leitores, professores, juristas e especialmente dos estudantes deste nosso imenso Brasil, que nos recomendam manter a filosofia de oferecer ao público-alvo esta obra sempre o mais atualizada possível! Por essas razões, nesta edição, desejamos fazer *um agradecimento especial a todos os professores de Direito Penal deste país*, que, sem dúvida nenhuma, são os grandes responsáveis pelo êxito de nosso trabalho editorial, sem os quais, certamente, não teríamos atingido a inestimável repetição anual das sucessivas edições, e, muito menos, assegurando a aceitação de nossas lições, a consagração do nosso pensamento em matéria penal. Como professor universitário — de graduação e de pós-graduação —, sabemos o que significa a adoção e recomendação, pelo professor, de determinadas obras e de determinado autor, especialmente quando se trata de Direito Penal, que, para nós, é uma verdadeira religião, com seguidores de fé, que acabam perpetuando a orientação crítica adotada, pois os alunos de hoje serão os professores de amanhã e, Deus queira, continuarão a nos recomendar também aos seus futuros alunos.

Assim, deixamos registrada aqui a nossa gratidão aos professores de Direito Penal, lembrando que, para nós — e certamente também para eles —, o magistério superior sempre foi um sacerdócio, tanto que, quando começamos a lecionar em nossa querida PUCRS, no início da década de 1980, dizíamos, entre nós, que, se fosse preciso, pagaríamos para lecionar, tamanho era o prazer e a satisfação de ensinar! Graças a Deus, no entanto, isso nunca foi necessário, pois os dirigentes da PUC nunca souberam dessa nossa disposição!

Brasília, escaldante verão de 2019.

O autor

NOTA DO AUTOR À 20ª EDIÇÃO

Esgotada a edição anterior, o lançamento desta nova edição tornou-se necessário, com o surgimento de novos diplomas legais: Lei n. 12.694, de 24-7-2012, que altera, dentre outros diplomas legais, também nosso Código Penal, mais especificamente o seu art. 91, que cuida "dos efeitos da condenação"; Lei n. 12.650, de 17-5-2012, que acrescenta um quinto inciso no art. 111 do Código Penal, e ambas não podiam deixar de ser incluídas nesta obra. Não se trata de uma opção comercial ou editorial, mas de uma imposição acadêmico-científica para manter o compromisso com nosso público de atualidade do conteúdo desta obra. Grande parcela de nossos leitores encontra-se engajada na preparação e participação de concursos públicos, e necessita de um trabalho em dia, no mínimo, para uma última revisão, daí a necessidade urgente de trazer a público uma edição atualizada, e isso não pode ser feito em uma simples tiragem de edição anterior.

São dois diplomas legais que alteram institutos penais relevantes da parte geral. O "confisco" — *perda em favor da União* — do produto ou proveito do crime (art. 91, II, *b*), ampliado pela Lei n. 12.694, de 24-7-2012, que autoriza a "perda de bens ou valores equivalentes ao produto ou proveito do crime quando estes não forem encontrados ou quando se localizarem no exterior". Em outros termos, não mais apenas o "produto ou proveito do crime" podem ser confiscados, mas o magistrado poderá decretar também a "perda em favor da União" de bens e valores equivalentes ao produto ou proveito do crime "quando estes não forem encontrados ou quando se localizarem no exterior" (§ 1º). Por outro lado, a prescrição nos *crimes contra a dignidade sexual de crianças e adolescentes*, segundo a Lei n. 12.650, de 17-5-2012, somente se iniciará quando a vítima completar 18 anos, e visa assegurar a proteção ao bem jurídico — *dignidade sexual do menor* — pois o termo inicial da prescrição punitiva é a data em que este completa 18 anos, quando poderá exercer o *direito de representar*, ainda que a violência sexual tenha ocorrido durante sua *infância ou adolescência*.

Todo o nosso trabalho justifica-se pelo constante apoio e estímulo de nossos leitores, professores, juristas e especialmente estudantes deste nosso imenso País, que nos estimulam a manter a filosofia de oferecer ao público-alvo esta obra sempre o mais atualizada possível!

Brasília, primavera de 2013.

NOTA DO AUTOR À 17ª EDIÇÃO

Alcançamos com esta publicação a 17ª edição do 1º volume do nosso *Tratado de Direito Penal*, o qual iniciamos, despretensiosamente, procurando somente oferecer uma alternativa bibliográfica aos nossos alunos de graduação.

A preparação desta nova edição foi feita com o propósito de renovação, visando à melhor compreensão do *estágio atual da evolução da Ciência do Direito Penal*, sem perder de vista a necessária análise crítica de como os avanços da dogmática jurídico-penal repercutem na aplicação prática das normas contidas no Código Penal brasileiro.

Sempre nos preocupamos em manter a atualidade desta obra, registrando, ao longo dos últimos 16 anos, as mais importantes transformações produzidas tanto no âmbito do Direito Penal brasileiro como no âmbito do Direito Penal europeu continental. Tudo isso com o objetivo de transmitir a todos os nossos leitores a importância de *pensar* e *estruturar* o Direito Penal a partir de uma *lógica racional, argumentativa e sistemática*, cuja origem remonta ao *idealismo alemão de finais do século XVIII*, mas que ainda perdura nos países ocidentais cultivadores da dogmática jurídico-penal, sob a égide legitimadora e limitadora dos valores e postulados do Estado Democrático de Direito.

Com essa perspectiva, apresentamos, nesta edição, não só a atualização de importantes reformas legislativas, mas uma ampla revisão de temas fundamentais para a compreensão do Direito Penal, como, por exemplo: a *evolução epistemológica do Direito Penal e o desenvolvimento da dogmática*, as *modernas teorias legitimadoras da pena*, o *alcance e aplicação prática da teoria da imputação objetiva*, os *avanços no estudo da culpabilidade e no tratamento do erro*, entre tantos outros aspectos de especial transcendência para o estudioso da Ciência Penal. Os resultados alcançados são fruto de um longo período de debates mantidos com uma de minhas mais talentosas discípulas, a Professora Luciana de Oliveira Monteiro, Doutora em Direito Penal pela Universidade Pablo de Olavide de Sevilha, a quem agradeço a inestimável colaboração na revisão dos novos conteúdos incluídos nesta edição. A professora Luciana defendeu, no final do ano passado, sua *Tese de Doutorado* nessa universidade espanhola, obtendo a nota máxima, com distinção, de cuja banca examinadora tivemos a honra de participar.

Brasília, escaldante verão de 2012.

FUNDAMENTOS E HISTÓRIA DO DIREITO PENAL
PRIMEIRA PARTE

CONCEITO DE DIREITO PENAL — I

Sumário: 1. Considerações introdutórias. 2. Conceito de Direito Penal. 3. Caracteres do Direito Penal. 4. Direito Penal objetivo e Direito Penal subjetivo. 5. Direito Penal comum e Direito Penal especial. 6. Direito Penal substantivo e Direito Penal adjetivo. 7. Direito Penal num Estado Democrático de Direito.

1. Considerações introdutórias

Falar de Direito Penal é falar, de alguma forma, de violência. No entanto, modernamente, sustenta-se que a criminalidade é um fenômeno social normal. Durkheim[1] afirma que o delito não ocorre somente na maioria das sociedades de uma ou outra espécie, mas sim em todas as sociedades constituídas pelo ser humano. Assim, para Durkheim, o *delito* não só é um *fenômeno social normal*, como também cumpre outra função importante, qual seja, a de manter aberto o canal de transformações de que a sociedade precisa. Sob um outro prisma, pode-se concordar, pelo menos em parte, com Durkheim: as relações humanas são contaminadas pela violência, necessitando de normas que as regulem. E o f*ato social* que contrariar o ordenamento jurídico constitui *ilícito jurídico*, cuja modalidade mais grave é o *ilícito penal*, que lesa os bens mais importantes dos membros da sociedade.

Quando as infrações aos direitos e interesses do indivíduo assumem determinadas proporções, e os demais meios de controle social mostram-se insuficientes ou ineficazes para harmonizar o convívio social, surge o *Direito Penal* com sua natureza *peculiar de meio de controle social formalizado*, procurando resolver conflitos e suturando eventuais rupturas produzidas pela desinteligência dos homens.

A denominação *Direito Penal* é mais tradicional no direito contemporâneo, com larga utilização, especialmente nos países ocidentais. *Direito Criminal* também foi uma terminologia de grande aplicação, especialmente no século passado; hoje se encontra em desuso, com exceção dos anglo-saxões, que preferem a expressão *criminal law*. Durante sua evolução foram sugeridas outras denominações

---

1. E. Durkheim, *Las reglas del método sociológico*, Espanha, Morata, 1978, p. 83.

que, contudo, não obtiveram a preferência doutrinária nem foram adotadas pelos ordenamentos positivos das nações desenvolvidas.[2]

2. Conceito de Direito Penal

O Direito Penal apresenta-se, por um lado, como *um conjunto de normas jurídicas que tem por objeto a determinação de infrações de natureza penal e suas sanções correspondentes — penas e medidas de segurança*. Por outro lado, apresenta-se como um conjunto de valorações e princípios que orientam a própria aplicação e interpretação das normas penais[3]. Esse conjunto de normas, valorações e princípios, devidamente sistematizados, têm a finalidade de tornar possível a convivência humana, ganhando aplicação prática nos casos ocorrentes, observando rigorosos princípios de justiça. Com esse sentido, recebe também a denominação de *Ciência Penal*, desempenhando igualmente uma função criadora, liberando-se das amarras do texto legal ou da dita *vontade estática do legislador*, assumindo seu verdadeiro papel, reconhecidamente valorativo e essencialmente crítico, no contexto da modernidade jurídica. Pois, como esclarece Zaffaroni[4], com a expressão "Direito Penal" designam-se — conjunta ou separadamente — duas coisas distintas: 1) *o conjunto de leis penais, isto é, a legislação penal*; e 2) *o sistema de interpretação dessa legislação, ou seja, o saber do Direito Penal*.

Direito Penal — como ensinava Welzel[5] — "é aquela parte do ordenamento jurídico que fixa as características da ação criminosa, vinculando-lhe penas ou medidas de segurança". Ou, no magistério de Mezger[6], "Direito Penal é o conjunto de normas jurídicas que regulam o exercício do poder punitivo do Estado, associando ao delito, como pressuposto, a pena como consequência". As definições de Direito Penal se sucedem, mantendo, de modo geral, a mesma essência. Elencaremos, somente para consultas, outras definições semelhantes: Maggiore[7], "Direito Penal é o sistema de normas jurídicas, por força das quais o autor de um delito (réu) é submetido a uma perda ou diminuição de direitos pessoais"; Cuello Calón[8], "Direito Penal é o conjunto de normas estabelecidas pelo Estado que

---

2. Dorado Montero, *Direito protetor dos criminosos*; De Lucca, *Princípios de Criminologia*; Puglia, *Direito repressivo* etc.
3. Santiago Mir Puig, *Derecho Penal*; Parte General, 8ª ed., Barcelona, Reppertor, 2010, p. 42-43.
4. Zaffaroni, *Manual de Derecho Penal*, 6ª ed., Buenos Aires, Ediar, 1991, p. 41.
5. Welzel, *Derecho Penal alemán*, 3ª ed. castellana da 12ª ed. alemán, Santiago, Ed. Jurídica de Chile, 1987, p. 11.
6. Mezger, *Tratado de Derecho Penal*, 2ª ed., Madrid, Revista de Derecho Privado, 1946, v. 1, p. 27-8.
7. Maggiore, *Diritto Penale*, 5ª ed., Bologna, Zanichelli, 1949, v. 1, t. 1, p. 4.
8. Cuello Calón, *Derecho Penal*, Barcelona, Bosch, 1960, t. 1, p. 8.

definem os delitos, as penas e as medidas de correção e de segurança com as quais são sancionados".

Na mesma direção seguem as definições dos principais penalistas pátrios: Magalhães Noronha[9] definia o Direito Penal como "o conjunto de normas jurídicas que regulam o poder punitivo do Estado, tendo em vista os fatos de natureza criminal e as medidas aplicáveis a quem os pratica". Para Frederico Marques[10], Direito Penal "é o conjunto de normas que ligam ao crime, como fato, a pena como consequência, e disciplinam também as relações jurídicas daí derivadas, para estabelecer a aplicabilidade de medidas de segurança e a tutela do direito de liberdade em face do poder de punir do Estado". E, acrescentava Frederico Marques, para dar uma noção precisa do Direito Penal, é indispensável que nele se compreendam todas as relações jurídicas que as normas penais disciplinam, inclusive as que derivam dessa sistematização ordenadora do delito e da pena.

3. Caracteres do Direito Penal

O Direito Penal regula as relações dos indivíduos em sociedade e as relações destes com a mesma sociedade. Como meio de controle social altamente formalizado, exercido sob o monopólio do Estado, a *persecutio criminis* somente pode ser legitimamente desempenhada de acordo com normas preestabelecidas, legisladas de acordo com as regras de um sistema democrático. Por esse motivo os bens protegidos pelo Direito Penal não interessam ao indivíduo, exclusivamente, mas à coletividade como um todo. A relação existente entre o autor de um crime e a vítima é de natureza secundária, uma vez que esta não tem o direito de punir. Mesmo quando dispõe da *persecutio criminis* não detém o *ius puniendi*, mas tão somente o *ius accusationis,* cujo exercício exaure-se com a sentença penal condenatória. Consequentemente, o Estado, mesmo nas chamadas ações de exclusiva iniciativa privada, é o titular do *ius puniendi*, que tem, evidentemente, caráter público.

Mas, afinal, especificamente, o que deve distinguir o Direito Penal dos demais ramos do Direito? Qual deve ser o seu critério diferencial?

Uma das *principais características* do moderno Direito Penal é o seu caráter fragmentário, no sentido de que representa a *ultima ratio* do sistema para a proteção daqueles bens e interesses de maior importância para o indivíduo e a sociedade à qual pertence. Além disso, o Direito Penal se caracteriza pela forma e finalidade com que exercita dita proteção. Quanto à forma, o Direito Penal se caracteriza pela imposição de sanções específicas — penas e medidas de segurança — como resposta aos conflitos que é chamado a resolver. Quanto à finalidade, existe hoje um amplo reconhecimento por parte da doutrina, como veremos com maior

---

9. Magalhães Noronha, *Direito Penal*, 15ª ed., São Paulo, Saraiva, 1978, v. 1, p. 12.
10. Frederico Marques, *Curso de Direito Penal*, São Paulo, Saraiva, 1954, v. 1, p. 11.

detalhe no Capítulo V, de que por meio do Direito Penal o Estado tem o objetivo de produzir efeitos tanto sobre aquele que delinque como sobre a sociedade que representa. Pode-se, nesse sentido, afirmar que o Direito Penal caracteriza-se pela sua *finalidade preventiva:* antes de punir o infrator da ordem jurídico-penal, procura motivá-lo para que dela não se afaste, estabelecendo normas proibitivas e cominando as sanções respectivas, visando evitar a prática do crime. Também o Direito Penal, a exemplo dos demais ramos do Direito, traz em seu bojo a avaliação e medição da *escala de valores* da vida em comum do indivíduo, a par de estabelecer ordens e proibições a serem cumpridas. Falhando a *função motivadora* da norma penal[11], transforma-se a sanção abstratamente cominada, através do *devido processo legal,* em sanção efetiva, tornando aquela *prevenção genérica,* destinada a todos, numa realidade concreta, atuando sobre o indivíduo infrator, o que vem a ser caracterizado como a finalidade de *prevenção especial,* constituindo a manifestação mais autêntica do seu caráter coercitivo.

Mas, como dizia Magalhães Noronha[12], "é o Direito Penal ciência cultural normativa, valorativa e finalista". Na clássica divisão entre ciências naturais e culturais, o Direito Penal pertence a esta classe, qual seja, à das ciências do *dever ser* e não à do *ser,* isto é, à das ciências naturais.

É *ciência normativa* porque tem como objeto o estudo da norma, do Direito positivo e a sistematização de critérios de valoração jurídica. Isto é, a Ciência do Direito Penal tem como objeto o estudo do conjunto dos preceitos legais e dos critérios de ponderação jurídica que estruturam o "dever-ser", bem como as consequências jurídicas do não cumprimento dos preceitos normativos, enquanto as ciências causais-explicativas, como a Criminologia e a Sociologia Criminal, preocupam-se com a análise da gênese do crime, das causas da criminalidade, numa interação entre crime, homem e sociedade.

Porém, a ciência penal, como dizia Welzel[13], é uma ciência "prática" — está dirigida à práxis — não só porque serve à administração da Justiça, mas também porque, num sentido mais profundo, constitui uma teoria do atuar humano, justo e injusto, de forma que as suas raízes atingem os conceitos fundamentais da filosofia prática. Assim, embora não se trate de uma ciência experimental, o Direito Penal não deixa, modernamente, de preocupar-se com a gênese e com as consequências do crime, assumindo também uma *função criadora,* preocupando-se não só com o campo puramente normativo, mas também com as causas do fenômeno criminal e o seu impacto sobre a sociedade.

O Direito Penal também é *valorativo.* Sua atuação está pautada não em regras aritméticas sobre o que é certo ou errado, mas, sim, a partir de uma escala de

---

11. Muñoz Conde, *Derecho Penal y control social,* Sevilla, Fundación Universitaria de Jerez, 1995, p. 31 e s.
12. Magalhães Noronha, *Direito Penal,* cit., v. 1, p. 5.
13. Welzel, *Derecho Penal alemán,* cit., p. 11.

valores consolidados pelo ordenamento jurídico que integra, os quais, por sua vez, são levados à prática por meio de critérios e princípios jurídicos que são próprios do Direito Penal. Nesse sentido, o Direito Penal estabelece as suas próprias normas, que dispõe em escala hierárquica, de tal forma que não resultem incompatíveis com as normas de natureza constitucional e supranacional. O Direito Penal tem igualmente *caráter finalista*, na medida em que visa à proteção dos bens jurídicos fundamentais. Essa característica pode ser também interpretada a partir da perspectiva *funcional*, incorporando ao âmbito das pretensões do Direito Penal a garantia de sobrevivência da ordem jurídica.

E, finalmente, o Direito Penal é *sancionador*, uma vez que protege a ordem jurídica cominando sanções. O Direito Penal, segundo Zaffaroni[14], é *predominantemente sancionador e excepcionalmente constitutivo*. Sancionador no sentido de que não cria bens jurídicos, mas acrescenta a sua tutela penal aos bens jurídicos regulados por outras áreas do Direito. E será, ainda que excepcionalmente, *constitutivo*, quando protege bens ou interesses não regulados em outras áreas do Direito, como, por exemplo, a *omissão de socorro*, os maus-tratos de animais, as *tentativas brancas*, isto é, que não produzem qualquer lesão etc.

Na verdade, é preciso reconhecer a *natureza constitutiva e autônoma* do Direito Penal — e não simplesmente acessória —, pois mesmo quando tutela bens já cobertos pela proteção de outras áreas do ordenamento jurídico, ainda assim, o faz de forma peculiar, dando-lhes nova feição e com distinta valoração[15]. Bettiol[16], depois de analisar detidamente o caráter constitutivo, original e autônomo do Direito Penal, conclui, afirmando: "é mister proclamar antes de tudo a plena e absoluta autonomia do Direito Penal por razões lógicas, ontológicas e funcionais. Qualquer outra consideração peca por formalismo ou encontra justificações históricas apenas aparentes".

4. Direito Penal objetivo e Direito Penal subjetivo

Tem-se definido o ordenamento jurídico-positivo como "o conjunto de normas criadas ou reconhecidas por uma comunidade politicamente organizada que garanta sua efetividade mediante a força pública"[17].

O poder de criar ou de reconhecer eficácia a tais normas é um atributo da soberania, e sua *positividade* depende de um *ato valorativo da vontade soberana*, que garanta seu cumprimento coercitivamente. O *Direito positivo* recebe esse nome exatamente pelo fato de que é "posto" pelo poder político. Nesses termos,

---

14. Zaffaroni, *Manual*, cit., p. 57.
15. Nesse sentido também é o entendimento de Paulo José da Costa Jr., *Curso de Direito Penal*, São Paulo, Saraiva, 1991, v. 1, p. 3.
16. Giuseppe Bettiol, *Direito Penal*, trad. Paulo José da Costa Jr. e Alberto Silva Franco, 2ª ed., São Paulo, Revista dos Tribunais, v. 1, p. 114.
17. M. Cobo del Rosal e R. S. Vives Antón, *Derecho Penal*; Parte General, 3ª ed., Valencia, Tirant lo Blanch, 1991, p. 33.

evidentemente que o Direito Penal é *Direito positivo*, na medida em que a sua obrigatoriedade não depende da anuência individualizada dos seus destinatários, mas da vontade estatal soberana que o impõe, e o seu cumprimento está garantido pela *coerção*, aliás, com a sua forma mais eloquente, que é a pena.

E a noção de Direito Penal objetivo coincide, justamente, com a ideia de conjunto de normas penais positivadas, isto é, constitui-se do conjunto de preceitos legais que regulam o exercício de *ius puniendi* pelo Estado, definindo crimes e cominando as respectivas sanções penais. Uma definição precisa a respeito é a oferecida por Roxin, de acordo com o qual "O Direito Penal se compõe da soma de todos os preceitos que regulam os pressupostos ou consequências de uma conduta cominada com uma pena ou com uma medida de segurança"[18].

O conteúdo específico das normas penais e sua interpretação serão analisados no Capítulo VI, entretanto, já aqui podemos adiantar que o Direito Penal objetivo está formado por dois grandes grupos de normas: por um lado, por normas penais não incriminadoras que estão, em regra, localizadas na Parte Geral do Código Penal, estabelecendo pautas para o exercício do *jus puniendi*, que serão estudadas neste volume 1 do nosso *Tratado de Direito Penal*, dedicado à Parte Geral do Direito Penal material; por outro lado, o Direito Penal objetivo está formado por normas penais incriminadoras, dispostas na Parte Especial do Código Penal, definindo as infrações penais e estabelecendo as correspondentes sanções, que serão estudadas nos demais volumes do nosso *Tratado de Direito Penal*.

Por sua vez, o *Direito Penal subjetivo*[19] emerge do bojo do próprio Direito Penal objetivo, constituindo-se no direito a castigar ou *ius puniendi*, cuja titularidade exclusiva pertence ao Estado, soberanamente, como manifestação do seu *poder de império*. O Direito Penal subjetivo, isto é, o direito de punir, é limitado pelo próprio *Direito Penal objetivo*, que, através das normas penais positivadas, estabelece os lindes da atuação estatal na prevenção e persecução de delitos. Além disso, o exercício do *ius puniendi* está limitado por uma série de princípios e garantias assegurados constitucionalmente, como veremos com maior detalhe no Capítulo II.

5. Direito Penal comum e Direito Penal especial

Roberto Lyra[20] definiu Direito Penal especial como uma "especificação, um complemento do direito comum, com um corpo autônomo de princípios, com espírito e diretrizes próprias".

O melhor critério para distinguir *Direito Penal comum* e *Direito Penal especial*, a nosso juízo, é a consideração dos órgãos que devem aplicá-los jurisdicio-

---

18. *Derecho Penal*, Fundamentos. La estructura de la teoría del delito, trad. Diego-Manuel Luzón Pena, Miguel Díaz y García Conlledo y Javier de Vicente Remensal, Madrid, Civitas, 1997, t. I, p. 41.
19. Aníbal Bruno, *Direito Penal*, 3ª ed., Rio de Janeiro, Forense, 1967, v. 1, p. 19.
20. Roberto Lyra, *Introdução ao estudo do Direito Criminal*, 1946, p. 52.

nalmente[21]: se a norma penal objetiva pode ser aplicada através da justiça comum, sua qualificação será de Direito Penal comum; se, no entanto, somente for aplicável por órgãos especiais, constitucionalmente previstos, trata-se de norma penal especial. Atendendo a esse critério teremos, no Brasil, Direito Penal comum, Direito Penal militar e Direito Penal eleitoral. Frederico Marques e Damásio de Jesus[22] não aceitam a classificação do Direito Penal eleitoral como Direito Penal especial; o primeiro, porque a competência da Justiça Eleitoral para julgar crimes eleitorais é complementar e acessória; o segundo, porque a quase totalidade dos juízes eleitorais pertence à justiça comum. A nosso juízo, contudo, tanto a Justiça Militar quanto a Eleitoral são órgãos especiais, com estruturas próprias e jurisdições especializadas; logo, ambas caracterizam a especialidade do Direito Penal.

Cumpre destacar que a distinção entre *Direito Penal comum* e *Direito Penal especial* não deve ser confundida com legislação penal comum — Código Penal — e com legislação penal especial, também conhecida como legislação extravagante, que é constituída pelos demais diplomas legais que não se encontram no Código Penal.

6. Direito Penal substantivo e Direito Penal adjetivo

Esta é uma distinção já superada, mas que merece ser lembrada. Direito Penal substantivo, também conhecido como *Direito material*, é o Direito Penal propriamente dito, constituído tanto pelas normas que regulam os institutos jurídico-penais, definem as condutas criminosas e cominam as sanções correspondentes (Código Penal), como pelo conjunto de valorações e princípios jurídicos que orientam a aplicação e interpretação das normas penais. Direito Penal adjetivo, ou formal, por sua vez, é o *direito processual*, que tem a finalidade de determinar a forma como deve ser aplicado o Direito Penal, constituindo-se em verdadeiro *instrumento* de aplicação do Direito Penal substantivo.

É bom salientar, como lembrava Asúa[23], que o Direito Penal Processual possui autonomia e conteúdo próprios, não devendo ser considerado como integrante do Direito Penal *stricto sensu*, e somente a utilização, por algumas Universidades, como disciplinas de uma mesma cátedra tem motivado essa conceituação unitária.

7. Direito Penal num Estado Democrático de Direito

O Direito Penal pode ser concebido sob diferentes perspectivas, dependendo do sistema político por meio do qual um Estado soberano organiza as relações

---

21. Nesse sentido era o entendimento de Magalhães Noronha, *Direito Penal*, cit., v. 1, p. 9, e de Frederico Marques, *Curso de Direito Penal*, cit., p. 20.
22. Frederico Marques, *Curso de Direito Penal*, cit., p. 21, e Damásio E. de Jesus, *Direito Penal*, 12ª ed., São Paulo, Saraiva, 1988, v. 1, p. 8.
23. Luiz Jiménez de Asúa, *Tratado de Derecho Penal*, v. 1, p. 49.

entre os indivíduos pertencentes a uma determinada sociedade, e da forma como exerce o seu poder sobre eles. Nesse sentido, o Direito Penal pode ser estruturado a partir de uma concepção autoritária ou totalitária de Estado, como instrumento de persecução aos inimigos do sistema jurídico imposto, ou a partir de uma concepção Democrática de Estado, como instrumento de controle social limitado e legitimado por meio do consenso alcançado entre os cidadãos de uma determinada sociedade.

Tomando como referência o sistema político instituído pela Constituição Federal de 1988, podemos afirmar, sem sombra de dúvidas, que o Direito Penal no Brasil deve ser concebido e estruturado a partir de uma concepção democrática do Estado de Direito, respeitando os princípios e garantias reconhecidos na nossa Carta Magna. Significa, em poucas palavras, submeter o exercício do *ius puniendi* ao império da lei ditada de acordo com as regras do consenso democrático, colocando o Direito Penal a serviço dos interesses da sociedade, particularmente da proteção de bens jurídicos fundamentais, para o alcance de uma justiça equitativa.

Nesse sentido, na exposição dos temas que compõem a Parte Geral do Direito Penal — desde os Fundamentos, passando pela Teoria Geral do Delito, até o estudo das Consequências Jurídicas do Delito —, levaremos sempre em consideração esse desiderato; ou seja, o propósito de defender um Direito Penal humano, legitimável por meio do respeito aos direitos e garantias individuais, mesmo quando nos vejamos frustrados, na prática, com a falta de recursos ou a má gestão na administração da Justiça. Esse ponto de partida é indicativo do nosso repúdio àquelas concepções sociais comunitaristas, *predominantemente imperialistas e autoritárias*, reguladoras de *vontades* e *atitudes internas*, como ocorreu, por exemplo, com o *nacional-socialismo* alemão. Esse tipo de proposta apoia-se na compreensão do delito como *infração do dever*, desobediência ou rebeldia da vontade individual contra a vontade coletiva personificada na vontade do Estado. Entendimento que consideramos inadmissível, inclusive quando a ideia de *infração de dever* apresenta-se renovada pelo arsenal teórico da vertente mais radical do *pensamento funcionalista*. Essa postura revela o nosso posicionamento acerca da função do Direito Penal num Estado Democrático de Direito, qual seja, a *proteção subsidiária de bens jurídicos fundamentais*. Felizmente, esse entendimento vem sendo predominante na doutrina brasileira[24].

Essa visão do Direito Penal nos permitirá deduzir, como veremos no próximo Capítulo, os limites do poder punitivo estatal. Contudo, para uma exata

---

24. Francisco de Assis Toledo, *Princípios básicos de Direito Penal*, 5ª ed., São Paulo, Saraiva, 1995, p. 3 e 6; Frederico Marques, *Tratado de Direito Penal*, Campinas, Millennium, 1999, v. III, p. 143; Basileu Garcia, *Instituições de Direito Penal*, 4ª ed., São Paulo, Max Limonad, 1976, v. I, t. II, p. 406; Damásio E. de Jesus, *Direito Penal*; Parte Geral, 19ª ed., São Paulo, Saraiva, 1995, v. 1, p. 456-457.

compreensão do significado e alcance dos princípios limitadores do *ius puniendi* em um Estado Democrático de Direito, é necessário explicar, ainda que de maneira sucinta, o conceito de bem jurídico para o Direito Penal.

O bem jurídico não pode identificar-se simplesmente com a *ratio legis*, mas deve possuir um sentido social próprio, anterior à norma penal e em si mesmo preciso, caso contrário, não seria capaz de servir a sua função sistemática, de parâmetro e limite do preceito penal, e de contrapartida das causas de justificação na hipótese de conflito de valorações[25]. Vejamos as etapas iniciais da construção desse entendimento.

O *conceito de bem jurídico* somente aparece na história dogmática em princípios do século XIX. Diante da concepção dos iluministas, que definiam o fato punível como *lesão de direitos subjetivos*, Feuerbach sentiu a necessidade de demonstrar que em todo preceito penal existe um *direito subjetivo*, do particular ou do Estado, como objeto de proteção[26]. Binding, por sua vez, apresentou a primeira depuração do conceito de bem jurídico, concebendo-o como *estado valorado* pelo legislador. Von Liszt, concluindo o trabalho iniciado por Binding, transportou o centro de gravidade do conceito de bem jurídico do direito subjetivo para o "interesse juridicamente protegido", com uma diferença: enquanto Binding ocupou-se, superficialmente, do bem jurídico, Von Liszt viu nele um conceito central da estrutura do delito. Como afirmou Mezger, "existem numerosos delitos nos quais não é possível demonstrar a lesão de um direito subjetivo e, no entanto, se lesiona ou se põe em perigo um bem jurídico"[27].

Atualmente, o conceito de *bem jurídico* desempenha uma *função* essencial de *crítica* do Direito Penal: por um lado, funciona como fio condutor para a fundamentação e limitação da criação e formulação dos tipos penais; por outro lado, auxilia na aplicação dos tipos penais descritos na Parte Especial, orientando a sua interpretação e o limite do âmbito da punibilidade[28]. Ocorre que, diante do atual momento de expansão do Direito Penal, resulta, como mínimo, uma tarefa complexa deduzir o conceito e conteúdo de bem jurídico, como objeto de proteção do Direito Penal. Com efeito, atravessamos um período de transição entre a tradicional *concepção pessoal de bem jurídico* e posturas que prescindem do dogma do bem jurídico para a legitimação do exercício do *ius puniendi* estatal.

De acordo com a *teoria pessoal de bem jurídico*, herdeira dos ideais liberais do Iluminismo, desenvolvida notadamente por Hassemer, o bem jurídico deve ser

---

25. Jescheck, *Tratado*, p. 351-353.
26. Jescheck, *Tratado*, cit., p. 350.
27. Mezger, *Tratado de Derecho Penal*, v. I, p. 399.
28. Esse é o entendimento majoritário da doutrina especializada. Veja a respeito Roland Hefendehl (ed.), *La teoría del bien jurídico, ¿Fundamento de legitimación del Derecho Penal o juego de abalorios dogmático?*, Madrid-Barcelona, Marcial Pons, 2007.

concebido *como um interesse humano concreto*, necessitado de proteção pelo Direito Penal. Isto é, como bens do homem, imprescindíveis para a sua sobrevivência em sociedade, como a vida, a saúde, a liberdade ou a propriedade. Sob essa perspectiva, os *bens jurídicos coletivos* (por exemplo, a paz pública ou a saúde pública) somente serão admitidos como objeto de proteção pelo Direito Penal, na medida em que possam ser *funcionais ao indivíduo*[29]. Dessa forma, o Direito Penal abarcaria essencialmente delitos de resultado e delitos de perigo que representassem uma grave ameaça para a incolumidade de bens jurídicos individuais, operando como um limite claro e preciso do âmbito de incidência do poder punitivo do Estado[30]. Com o fortalecimento do *funcionalismo*, passa-se a questionar o entendimento restritivo sobre o conceito de bem jurídico; sustenta-se que o Direito Penal não estaria legitimado para atuar preventivamente frente a problemas que afetassem as condições de convivência em sociedade, tais como os ataques e as ameaças ao meio ambiente, os atos terroristas, os abusos da atividade empresarial contra a fiabilidade e segurança das transações financeiras, ou das relações de consumo, entre outros.

Com efeito, uma compreensão classificatória do conceito de bem jurídico, delimitadora *a priori* do que pode ou não ser conceituado como bem jurídico penal, vem fracassando na doutrina, porque se revela incapaz de abarcar a compreensão do fenômeno delitivo que se vem impondo ultimamente por meio das linhas do pensamento funcionalista. Não significa, contudo, sentenciar de morte o conceito de bem jurídico, nem o abandono de sua função crítica, pelo contrário, ainda hoje é possível sustentar que o conceito de bem jurídico "desempenha um papel produtivo importante já no nível primário de averiguação da estrutura do delito, e, num segundo plano (no segundo nível), na determinação do marco de ações compreendidas no tipo como 'de menosprezo do bem jurídico'"[31]. Em outros termos, o

---

29. Winfried Hassemer, *¿Puede haber delitos que no afecten a un bien jurídico penal?*, trad. de Beatriz Spínola Tártaro, *In*: Roland Hefendehl (ed.), *La teoría del bien jurídico*, cit., p. 96, reiterou uma série de postulados já conhecidos desde a formulação de sua teoria pessoal do bem jurídico: a) o bem jurídico é irrenunciável como instrumento de política criminal, b) deveria estar centrado como núcleo negativo tradicional de crítica ao Direito Penal, c) os bens jurídicos coletivos ou universais são bens jurídicos em sentido penal, d) os bens universais devem ser funcionais à pessoa, e) uma política criminal moderna e divagadora, com a utilização de bens jurídicos vagos e generalizadores, produz danos ao conceito tradicional de bem jurídico.
30. Gerhard Seher, *La legitimación de normas penales basada en principios y el concepto de bien jurídico*, *In*: Roland Hefendehl (ed.), *La teoría del bien jurídico*, cit., p. 73-74.
31. Bernd Schünemann, *El principio de protección de bienes jurídicos como punto de fuga de los límites constitucionales de los tipos penales y de su interpretación*, *In*: Roland Hefendehl (ed.), *La teoría del bien jurídico*, cit., p. 199.

conceito de bem jurídico continua sendo determinante no processo exegético de determinação da matéria proibida e da própria estrutura do delito.

Qual seria, então, a formulação mais adequada do *conceito de bem jurídico-penal*, compatível tanto com a sua função crítica e limitadora do exercício do *ius puniendi* estatal como com a *perspectiva funcional*, hoje predominante na concepção de sistema de Direito Penal?

Uma proposta interessante é a formulada por Schünemann, para quem o *bem jurídico-penal* deve ser conceituado e compreendido como uma "diretriz normativa" que pode ser deduzida com apoio no raciocínio desenvolvido pela moderna filosofia da linguagem[32]. Com efeito, para esse autor, se partirmos do conceito de *contrato social* e da ideia de que o Estado deve assegurar a possibilidade de *livre desenvolvimento dos indivíduos*, é possível deduzir, por meio do método analítico da *filosofia da linguagem*, as coordenadas do que o Estado pode proteger por meio do Direito Penal, e do que não está legitimado a proteger[33].

Em uma linha similar, mas sem recorrer expressamente ao *método analítico da filosofia da linguagem*, Roxin defende que: "em um Estado democrático de Direito, que é o modelo de Estado que tenho como base, as normas penais somente podem perseguir a finalidade de assegurar aos cidadãos uma coexistência livre e pacífica garantindo ao mesmo tempo o respeito de todos os direitos humanos. Assim, e na medida em que isso não possa ser alcançado de forma mais grata, o Estado deve garantir penalmente não só as condições individuais necessárias para tal coexistência (como a proteção da vida e da integridade física, da liberdade de atuação, da propriedade etc.), mas também das instituições estatais que sejam imprescindíveis a tal fim (uma Administração da justiça que funcione, sistemas fiscais e monetários intactos, uma Administração sem corrupção etc.). Chamo 'bens jurídicos' a todos os objetos que são legitimamente protegidos pelas normas sob essas condições"[34].

Na nossa concepção essa é a vertente mais adequada na conceituação de bem jurídico-penal. E com essa base defendemos que a exegese do Direito Penal está estritamente vinculada à dedução racional daqueles bens essenciais para a coexistência livre e pacífica em sociedade. O que significa, em última instância, que a noção de bem jurídico-penal é fruto do consenso democrático em um Estado de Direito. A proteção de bem jurídico, como fundamento de um *Direito Penal*

---

32. *El principio de protección de bienes jurídicos como punto de fuga de los límites constitucionales de los tipos penales y de su interpretación*, In: Roland Hefendehl (ed.), *La teoría del bien jurídico*, cit., p. 202-203.
33. Confira a argumentação de Schünemann *in* Roland Hefendehl (ed.), *La teoría del bien jurídico*, cit., p. 200-226.
34. Claus Roxin, *¿Es la protección de bienes jurídicos una finalidad del Derecho Penal?*, In: Roland Hefendehl (ed.), *La teoría del bien jurídico*, cit., p. 447.

liberal, oferece, portanto, um critério material extremamente importante e seguro na construção dos tipos penais, porque, assim, "será possível distinguir o delito das simples atitudes interiores, de um lado, e, de outro, dos fatos materiais não lesivos de bem algum"[35]. O bem jurídico deve ser utilizado, nesse sentido, como *princípio interpretativo* do Direito Penal num Estado Democrático de Direito e, em consequência, como o ponto de partida da estrutura do delito.

Por outro lado, a visão do Direito Penal num Estado Democrático de Direito condiciona, em grande medida, as funções que atribuímos à pena, temática que será abordada com maior profundidade mais adiante, quando do estudo das teorias da pena. Entretanto, podemos adiantar aqui o sentido que pretendemos atribuir às funções da pena num Estado Democrático de Direito.

O Direito Penal, segundo sustentava Welzel, tem *função ético-social* e *função preventiva*. A função ético-social é exercida por meio da proteção dos valores fundamentais da vida social, que deve configurar-se com a proteção de *bens jurídicos*. Os *bens jurídicos* são bens vitais da sociedade e do indivíduo, que merecem proteção legal exatamente em razão de sua significação social. O Direito Penal objetiva, assim, assegurar a validade dos *valores ético-sociais* positivos e, ao mesmo tempo, o reconhecimento e a proteção desses valores, que, em outros termos, caracterizam o conteúdo *ético-social* positivo das normas jurídico-penais[36]. A soma dos bens jurídicos constitui, afinal, a *ordem social*. O valor ético-social de um bem jurídico, no entanto, não é determinado de forma isolada ou abstratamente; ao contrário, sua configuração será avaliada em relação à totalidade do ordenamento social. A função ético-social é inegavelmente a mais importante do Direito Penal, e, baseada nela, surge a sua segunda função, que é a *preventiva*.

Na verdade, o Direito Penal protege, dentro de sua função ético-social, o comportamento humano daquela maioria capaz de manter uma mínima vinculação ético-social, que participa da construção positiva da vida em sociedade por meio da família, escola e trabalho. O Direito Penal funciona, num primeiro plano, garantindo a segurança e a estabilidade do juízo ético-social da comunidade, e, em um segundo, reage, diante do caso concreto, contra a violação ao ordenamento jurídico-social com a imposição da pena correspondente. Orienta-se o Direito Penal, segundo a escala de valores da vida em sociedade, destacando aquelas ações que contrariam essa escala social, definindo-as como comportamentos desvaliosos, apresentando, assim, os limites da liberdade do indivíduo na vida comunitária. A violação desses limites, quando adequada aos princípios da tipicidade e da culpabilidade, acarretará a responsabilidade penal do agente. Essa consequência jurídico-penal da infração ao ordenamento produz como resultado ulterior o *efeito preventivo* do Direito Penal, que caracteriza a sua segunda função.

---

35. Cobo del Rosal e Vives Antón, *Derecho Penal*, cit., p. 247.
36. Hans Welzel, *Derecho Penal alemán*, cit., p. 11-12.

Enfim, para Welzel, o Direito Penal tem como objetivo a proteção dos valores ético-sociais da ordem social. Na verdade, a função principal do Direito Penal, sustentava o catedrático de Munich, é a *função ético-social*, e a *função preventiva* surge como consequência lógica daquela. Essa orientação de Welzel foi duramente combatida por grande parte da doutrina por priorizar a *finalidade eticizante* do Direito Penal, ignorando a *função protetora de bens jurídicos* fundamentais, a despeito de ser acompanhado por grandes doutrinadores, como Stratenwerth[37], Jescheck[38], Cerezo Mir[39], entre outros. Defendendo-se dessa acusação, Welzel afirmava que a orientação que sustentava abrangia a *proteção de bens jurídicos*, que apenas se concretizava pela proteção de valores ético-sociais[40]. Mais recentemente, Hassemer reconheceu que a visão de Welzel era mais abrangente na medida em que visava à *proteção de bens jurídicos* através da proteção de valores de caráter ético-social[41].

A pena deve manter-se dentro dos limites do Direito Penal do fato e da proporcionalidade, e somente pode ser imposta mediante um procedimento cercado de todas as garantias jurídico-constitucionais. Hassemer[42] afirma que "através da pena estatal não só se realiza a luta contra o delito, como também se garante a juridicidade, a formalização do modo social de sancionar o delito. Não faz parte do caráter da pena a função de resposta ao desvio (o Direito penal não é somente uma parte do controle social). A juridicidade dessa resposta (o Direito Penal caracteriza-se por sua formalização) também pertence ao caráter da pena".

A *formalização* do Direito Penal tem lugar por meio da vinculação com as normas e objetiva limitar a intervenção jurídico-penal do Estado em atenção aos direitos individuais do cidadão. O Estado não pode — a não ser que se trate de um Estado totalitário — invadir a esfera dos direitos individuais do cidadão, ainda e quando haja praticado algum delito. Ao contrário, os limites em que o Estado deve atuar punitivamente devem ser uma realidade concreta. Esses limites referidos materializam-se através dos *princípios da intervenção mínima, da proporcionalidade, da ressocialização, da culpabilidade* etc. Assim, o conceito de prevenção geral positiva será legítimo "desde que compreenda que deve integrar todos estes limites harmonizando suas eventuais contradições recíprocas: se se compreender que uma razoável afirmação do Direito Penal em um Estado social

---

37. Stratenwerth, *Derecho Penal*, p. 2.
38. Jescheck, *Tratado de Derecho Penal*, p. 7.
39. Cerezo Mir, *Curso de Derecho Penal*, p. 19.
40. Winfried Hassemer & Francisco Muñoz Conde, *Introducción a la criminología*, Valencia, Tirant lo Blanch, 1989, p. 100.
41. Hassemer & Muñoz Conde, *Introducción a la criminología*, p. 101-102.
42. Hassemer, *Los fines de la pena*, p. 136.

e democrático de Direito exige respeito às referidas limitações"[43]. A onipotência jurídico-penal do Estado deve contar, necessariamente, com freios ou limites que resguardem os invioláveis direitos fundamentais do cidadão. Este seria o sinal que caracterizaria o Direito Penal de um Estado pluralista e democrático. A pena, sob este sistema estatal, teria reconhecida, como finalidade, a prevenção geral e especial, devendo respeitar aqueles limites, além dos quais há a negação de um Estado de Direito social e democrático.

Esses *princípios*, que por opção político-criminal denominamos *limitadores do poder repressivo estatal*, serão, em seu conjunto, examinados no próximo Capítulo.

---

43. Santiago Mir Puig, *Los fines de la pena,* cit., p. 58.

# PRINCÍPIOS LIMITADORES DO PODER PUNITIVO ESTATAL | II

Sumário: 1. Considerações introdutórias. 2. Princípio da legalidade e princípio da reserva legal. 2.1. Princípio da legalidade e as leis vagas, indeterminadas ou imprecisas. 3. Princípio da intervenção mínima. 3.1. Princípio da fragmentariedade. 4. Princípio da irretroatividade da lei penal. 5. Princípio da adequação social. 6. Princípio da insignificância. 7. Princípio da ofensividade. 8. Princípio de culpabilidade. 9. Princípio da proporcionalidade. 10. Princípio de humanidade. 11. Princípio da presunção de inocência: grande retrocesso na orientação jurisprudencial do Supremo Tribunal Federal. 12. Princípio da proibição do retrocesso. 12.1. A correção do retrocesso adotado pelo STF no julgamento do HC 126.292.

1. Considerações introdutórias

As ideias de igualdade e de liberdade, apanágios do *Iluminismo*, deram ao Direito Penal um caráter formal menos cruel do que aquele que predominou durante o *Estado Absolutista*, impondo limites à intervenção estatal nas liberdades individuais. Muitos desses *princípios limitadores* passaram a integrar os Códigos Penais dos países democráticos e, afinal, receberam assento constitucional, como garantia máxima de respeito aos direitos fundamentais do cidadão.

Hoje poderíamos chamar de princípios reguladores do controle penal, princípios constitucionais fundamentais de garantia do cidadão, ou simplesmente de *Princípios Fundamentais de Direito Penal de um Estado Social e Democrático de Direito*. Todos esses princípios são garantias do cidadão perante o poder punitivo estatal e estão amparados pelo novo texto constitucional de 1988. Eles estão localizados já no preâmbulo da nossa Carta Magna, onde encontramos a proclamação de princípios como a liberdade, igualdade e justiça, que inspiram todo o nosso sistema normativo, como fonte interpretativa e de integração das normas constitucionais, orientador das diretrizes políticas, filosóficas e, inclusive, ideológicas da Constituição[1], que, como consequência, também são orientativas para a interpretação das normas infraconstitucionais em matéria penal.

Ademais, no art. 1º, III, da Constituição, encontramos a declaração da *dignidade da pessoa humana* como fundamento sobre o qual se erige o Estado

---

1. Alexandre de Morais, *Direito Constitucional*, 8ª ed., São Paulo, Atlas, 2000, p. 46-47.

Democrático de Direito, o que representa o inequívoco reconhecimento de todo indivíduo pelo nosso ordenamento jurídico, como sujeito autônomo, capaz de autodeterminação e passível de ser responsabilizado pelos seus próprios atos. Trazendo consigo a consagração de que toda pessoa tem a legítima pretensão de ser respeitada pelos demais membros da sociedade e pelo próprio Estado, que não poderá interferir no âmbito da vida privada de seus súditos, exceto quando esteja expressamente autorizado a fazê-lo. De maneira similar, na declaração dos objetivos fundamentais da República Federativa do Brasil, encontramos no art. 3º, I, da Constituição, uma clara intenção *que também orienta a atividade jurisdicional em matéria penal*, qual seja, o propósito de construir uma sociedade livre e justa. Nesse sentido, também podemos afirmar que entre os princípios norteadores das relações internacionais estabelecidos no art. 4º da Constituição, *a prevalência dos direitos humanos* representa um inquestionável limite para o exercício do poder punitivo estatal, inclusive contra aqueles delitos que possuem um *caráter transfronteiriço* e, especialmente, para o cumprimento das medidas de cooperação internacional em matéria penal.

Mas é no art. 5º da nossa Carta Magna onde encontramos princípios constitucionais específicos em matéria penal, cuja função consiste em orientar o legislador ordinário para a adoção de um sistema de controle penal voltado para os direitos humanos, embasado em um Direito Penal da culpabilidade, um *Direito Penal mínimo* e garantista, como veremos nas seguintes epígrafes.

2. Princípio da legalidade e princípio da reserva legal

A gravidade dos meios que o Estado emprega na repressão do delito, a drástica intervenção nos direitos mais elementares e, por isso mesmo, fundamentais da pessoa, o caráter de *ultima ratio* que esta intervenção deve ter, impõem necessariamente a busca de um princípio que controle o poder punitivo estatal e que confine sua aplicação em limites que excluam toda arbitrariedade e excesso do poder punitivo[2].

O *princípio da legalidade* constitui uma *efetiva* limitação ao poder punitivo estatal. Embora seja hoje um princípio fundamental do Direito Penal, seu reconhecimento percorreu um longo processo, com avanços e recuos, não passando, muitas vezes, de simples "fachada formal" de determinados Estados[3]. Feuerbach, no início do século XIX, consagrou o princípio da legalidade através da fórmula latina *nullum crimen, nulla poena sine lege*. O princípio da legalidade é um imperativo que não admite desvios nem exceções e representa uma conquista da

---

2. Francisco Muñoz Conde e Mercedez García Arán, *Lecciones de Derecho Penal*, Sevilla, 1991, p. 74. Para aprofundar a análise sobre esse tema, consultar Maurício Antonio Ribeiro Lopes, *Princípio da legalidade penal*, São Paulo, Revista dos Tribunais, 1994.
3. Muñoz Conde e García Arán, *Lecciones*, cit., p. 75.

consciência jurídica que obedece a exigências de justiça, que somente os regimes totalitários o têm negado[4].

Em termos bem esquemáticos, pode-se dizer que, pelo princípio da legalidade, a elaboração de normas incriminadoras é função exclusiva da lei, isto é, nenhum fato pode ser considerado crime e nenhuma pena criminal pode ser aplicada sem que antes da ocorrência desse fato exista uma lei definindo-o como crime e cominando-lhe a sanção correspondente. A lei deve definir com precisão e de forma cristalina a conduta proibida. Assim, seguindo a orientação moderna, a Constituição brasileira de 1988, ao proteger os direitos e garantias fundamentais, em seu art. 5º, inc. XXXIX, determina que "não há crime sem lei anterior que o defina, nem pena sem prévia cominação legal".

Quanto ao princípio de reserva legal, este significa que a regulação de determinadas matérias deve ser feita, necessariamente, por meio de lei formal, de acordo com as previsões constitucionais a respeito. Nesse sentido, o art. 22, I, da Constituição brasileira estabelece que compete privativamente à União legislar sobre Direito Penal.

A adoção expressa desses princípios significa que o nosso ordenamento jurídico cumpre com a exigência de segurança jurídica postulada pelos iluministas. Além disso, para aquelas sociedades que, a exemplo da brasileira, estão organizadas por meio de um sistema político democrático, o princípio de legalidade e de reserva legal representam a garantia política de que nenhuma pessoa poderá ser submetida ao poder punitivo estatal, se não com base em leis formais que sejam fruto do consenso democrático.

2.1. *Princípio da legalidade e as leis vagas, indeterminadas ou imprecisas*

Para que o *princípio de legalidade* seja, na prática, efetivo, cumprindo com a finalidade de estabelecer quais são as condutas puníveis e as sanções a elas cominadas, é necessário que o legislador penal evite ao máximo o uso de expressões vagas, equívocas ou ambíguas. Nesse sentido profetiza Claus Roxin, afirmando que: "uma lei indeterminada ou imprecisa e, por isso mesmo, pouco clara não pode proteger o cidadão da arbitrariedade, porque não implica uma autolimitação do *ius puniendi* estatal, ao qual se possa recorrer. Ademais, contraria o princípio da divisão dos poderes, porque permite ao juiz realizar a interpretação que quiser, invadindo, dessa forma, a esfera do legislativo"[5].

Assim, objetiva-se que o princípio de legalidade, como garantia material, ofereça a necessária segurança jurídica para o sistema penal. O que deriva na

---

4. Milton Cairoli Martinez, *Curso de Derecho Penal uruguayo*, 2ª ed., 2ª reimpr., Montevideo, Fundación de Cultura Universitaria, 1990, t. 1, p. 99.
5. Claus Roxin, *Derecho Penal*, p. 169.

correspondente exigência, dirigida ao legislador, de determinação das condutas puníveis, que também é conhecida como *princípio da taxatividade* ou mandato de determinação dos tipos penais.

Não se desconhece, contudo, que, por sua própria natureza, a ciência jurídica admite certo grau de *indeterminação*, visto que, como regra, todos os termos utilizados pelo legislador admitem várias interpretações. De fato, o legislador não pode abandonar por completo os *conceitos valorativos*, expostos como *cláusulas gerais*, os quais permitem, de certa forma, uma melhor adequação da norma de proibição com o comportamento efetivado. O tema, entretanto, pode chegar a alcançar proporções alarmantes quando o legislador utiliza excessivamente *conceitos que necessitam de complementação valorativa*, isto é, não descrevem efetivamente a *conduta proibida*, requerendo, do magistrado, um juízo valorativo para complementar a descrição típica, com graves violações à segurança jurídica.

Na verdade, uma técnica legislativa correta e adequada ao princípio de legalidade deverá evitar ambos os extremos, quais sejam, tanto a proibição total da utilização de conceitos normativos gerais como o exagerado uso dessas cláusulas gerais valorativas, que não descrevem com precisão as condutas proibidas. Sugere-se que se busque um meio-termo que permita a proteção dos bens jurídicos relevantes contra aquelas condutas tidas como gravemente censuráveis, de um lado, e o uso equilibrado das ditas *cláusulas gerais* valorativas, de outro lado, possibilitando, assim, a abertura do Direito Penal à compreensão e regulação da realidade dinâmica da vida em sociedade, sem fissuras com a exigência de segurança jurídica do sistema penal, como garantia de que a total *indeterminação* será inconstitucional. Outra questão que sempre suscitou um amplo debate na doutrina se refere às dúvidas quanto à constitucionalidade das *leis penais em branco*. Tema que, mesmo estando relacionado com os princípios de legalidade e de reserva legal, será analisado, por questões didáticas, quando do estudo das normas penais. Vários critérios, arrolados por Claus Roxin[6], vêm sendo propostos para encontrar esse equilíbrio, como, por exemplo: 1º) Conforme o *Tribunal Constitucional Federal alemão*, a exigência de determinação legal aumentaria junto com a quantidade de pena prevista para o tipo penal (como se a legalidade fosse necessária somente para os delitos mais graves) e a consagração pela jurisprudência de uma lei indeterminada atenderia ao mandamento constitucional (ferindo o princípio constitucional da divisão dos poderes e a garantia individual). 2º) Haveria inconstitucionalidade quando o legislador, dispondo da possibilidade de uma redação legal mais precisa, não a adota. Embora seja um critério razoável, ignora que nem toda previsão legal menos feliz pode ser tachada de inconstitucional. 3º) O *princípio da ponderação*, segundo o qual os *conceitos necessitados de complementação valorativa* serão admissíveis se *os interesses* de uma justa solução

---

6. Claus Roxin, *Derecho Penal*, p. 172.

do caso concreto forem *preponderantes* em relação ao *interesse da segurança jurídica*. Este critério é objetável porque relativiza o princípio da legalidade. Os pontos de vista da justiça e da necessidade de pena devem ser considerados dentro dos limites da reserva legal, ou estar-se-ia renunciando o princípio da determinação em favor das concepções judiciais sobre a Justiça. Enfim, todos esses critérios sugeridos são insuficientes para disciplinar os limites da permissão do uso de *conceitos necessitados de complementação mediante juízos valorativos*, sem violar o princípio constitucional da legalidade.

Por esse motivo, estamos de acordo com Claus Roxin[7] quando sugere que a solução correta deverá ser encontrada mediante os "princípios da interpretação em Direito Penal". Segundo esses princípios, "um preceito penal será suficientemente preciso e determinado se e na medida em que do mesmo se possa deduzir um claro fim de proteção do legislador e que, com segurança, o teor literal siga marcando os limites de uma extensão arbitrária da interpretação". No entanto, a despeito de tudo, os textos legais em matéria penal continuam abusando do uso excessivo de expressões valorativas, dificultando, quando não violando, os *princípios de legalidade e da reserva legal*.

Um importante exemplo da aplicação prática do princípio da taxatividade em matéria penal foi o julgamento no qual o Supremo Tribunal Federal decidiu que "Tendo em vista a legalidade e a taxatividade da norma penal (art. 5º, XXXIX, CF), a alteração promovida pela Lei 13.964/2019 no art. 112 da LEP não autoriza a incidência do percentual de 60% (inc. VII) aos condenados reincidentes não específicos para o fim de progressão de regime. Diante da omissão legislativa, impõe-se a analogia *in bonam partem*, para aplicação, inclusive retroativa, do inciso V do art. 112 (lapso temporal de 40%) ao condenado por crime hediondo ou equiparado sem resultado morte reincidente não específico" (STF, ARE 1327963 RG, Rel. Min. Gilmar Mendes, Tribunal Pleno, julgado em 16/09/2021, publicado em 13/02/2023).

Vale apontar que a Lei n. 10.792/2003, que altera dispositivos da Lei n. 7.210/84, de Execução Penal, ao criar o regime disciplinar diferenciado (RDD) de cumprimento de pena, viola flagrantemente o *princípio da legalidade penal*, criando, disfarçadamente, uma sanção penal cruel e desumana sem tipo penal definido correspondente. O princípio de legalidade exige que a norma contenha a descrição hipotética do comportamento proibido e a determinação da correspondente sanção penal, com alguma precisão, como forma de impedir a imposição a alguém de uma punição arbitrária sem uma correspondente infração penal. É intolerável que o legislador ordinário possa regular de forma tão vaga e imprecisa o teor das faltas disciplinares que afetam o regime de cumprimento de pena,

---

7. Claus Roxin, *Derecho Penal*, p. 172.

submetendo o condenado ao regime disciplinar diferenciado. O abuso no uso de expressões como "alto risco para a ordem e a segurança do estabelecimento penal ou da sociedade" ou "recaiam fundadas suspeitas de envolvimento ou participação, a qualquer título" (art. 52, § 1º, incisos I e II), sem declinar que "tipo de conduta" poderia criar o referido "alto risco" ou caracterizar "suspeitas fundadas", representa, portanto, uma flagrante afronta ao princípio de legalidade, especialmente no que diz respeito à legalidade das penas, como demonstramos ao analisarmos as penas privativas de liberdade. Recentemente, a Lei n. 13.964/2019 aprofundou as violações ao princípio da legalidade causadas pela redação anterior dos dispositivos indicados. Isso porque no art. 52, § 1º, inciso II passou a constar que o RDD pode ser aplicado nas hipóteses de "envolvimento ou participação, a qualquer título, em organização criminosa, associação criminosa ou milícia privada, independentemente da prática de falta grave". Assim, foram ampliadas as espécies de agrupamento de indivíduos cuja participação poderia ensejar a aplicação do regime, bem como tornou possível que ele seja aplicado independentemente da prática de falta grave, reduzindo ainda mais a taxatividade do referido instituto.

Vale também indicar que todas as condições aplicáveis ao regime tornaram-se mais incisivas, como o aumento do limite de duração de 365 dias para dois anos (art. 52, inciso I) e a possibilidade de que o regime seja prorrogado sucessivamente, por períodos de um ano, quando o preso "continua apresentando alto risco para a ordem e a segurança do estabelecimento penal de origem ou da sociedade" e "mantém os vínculos com organização criminosa, associação criminosa ou milícia privada, considerados também o perfil criminal e a função desempenhada por ele no grupo criminoso, a operação duradoura do grupo, a superveniência de novos processos criminais e os resultados do tratamento penitenciário" (art. 52, § 4º, incisos I e II). Como se pode observar, as modificações legislativas indicadas adotam previsões menos taxativas e consequências mais graves, em violação ao princípio da legalidade, especialmente no que se refere à taxatividade.

3. Princípio da intervenção mínima

O princípio da legalidade impõe limites ao arbítrio judicial, mas não impede que o Estado — observada a reserva legal — crie tipos penais iníquos e comine sanções cruéis e degradantes. Por isso, impõe-se a necessidade de limitar ou, se possível, eliminar o arbítrio do legislador no que diz respeito ao conteúdo das normas penais incriminadoras.

O *princípio da intervenção mínima*, também conhecido como *ultima ratio*, orienta e limita o poder incriminador do Estado, preconizando que a *criminalização* de uma conduta só se legitima se constituir meio necessário para a prevenção de ataques contra bens jurídicos importantes. Ademais, se outras formas de sanção ou outros meios de controle social revelarem-se suficientes para a tutela desse bem, a sua criminalização é inadequada e não recomendável. Assim, se para o restabelecimento da ordem jurídica violada forem suficientes medidas civis ou administrativas, são estas as que devem ser empregadas, e não as penais. Por isso, o Direito Penal deve ser a *ultima ratio* do sistema normativo, isto é, deve atuar somente quando os demais ramos do Direito revelarem-se incapazes de dar a tutela devida a bens relevantes na vida do indivíduo e da própria sociedade. Como preconizava Maurach, "na seleção dos recursos próprios do Estado, o Direito Penal deve representar a *ultima ratio legis*, encontrar-se em último lugar e entrar somente quando resulta indispensável para a manutenção da ordem jurídica"[8]. Assim, o Direito Penal assume uma *feição subsidiária*, e a sua intervenção se justifica quando — no dizer de Muñoz Conde — "fracassam as demais formas protetoras do bem jurídico previstas em outros ramos do direito"[9]. A razão desse princípio — afirma Roxin — "radica em que o castigo penal coloca em perigo a existência social do afetado, se o situa à margem da sociedade e, com isso, produz também um dano social"[10].

Antes, portanto, de se recorrer ao Direito Penal deve-se esgotar todos os meios extrapenais de controle social, e somente quando tais meios se mostrarem inadequados à tutela de determinado bem jurídico, em virtude da gravidade da agressão e da importância daquele para a convivência social, justificar-se-á a utilização daquele meio repressivo de controle social.

Apesar de o princípio da intervenção mínima ter sido consagrado pelo Iluminismo, a partir da Revolução Francesa, "a verdade é que, a partir da segunda década do século XIX, as normas penais incriminadoras cresceram desmedidamente, a ponto de alarmar os penalistas dos mais diferentes parâmetros culturais"[11]. Os legisladores contemporâneos, nas mais diversas partes do mundo, têm abusado da criminalização e da penalização, em franca contradição com o princípio em exame, levando ao descrédito não apenas o Direito Penal, mas a sanção criminal, que acaba perdendo sua força intimidativa diante da "inflação legislativa" reinante nos ordenamentos positivos.

Hassemer, falando sobre um *Direito Penal Funcional*, particularmente sobre a *moderna criminalidade*, reflete: "nestas áreas, espera-se a intervenção imediata do Direito Penal, não apenas depois que se tenha verificado a inadequação de

---

8. Reinhart Maurach, *Tratado de Derecho Penal,* trad. Juan Córdoba Roda, Barcelona, Ariel, 1962, t. 1, p. 31.
9. Muñoz Conde, *Introducción al Derecho Penal*, Barcelona, Bosch, 1975, p. 60. Ver especialmente sobre o princípio da subsidiariedade.
10. Claus Roxin *et alii*, *Introducción al Derecho Penal y al Derecho Procesal Penal*, Barcelona, Ariel Derecho, 1989, p. 23.
11. Luiz Luisi, *Os princípios constitucionais penais*, Porto Alegre, Sérgio A. Fabris Editor, 1991, p. 27.

outros meios de controle não penais. O venerável princípio da subsidiariedade ou da *ultima ratio* do Direito Penal é simplesmente cancelado para dar lugar a um Direito Penal visto como *sola ratio* ou *prima ratio* na solução social de conflitos: a resposta surge para as pessoas responsáveis por estas áreas cada vez mais frequentemente como a primeira, senão a única saída para controlar os problemas"[12]. Quando nos referimos à proteção subsidiária de bens jurídicos como limite do *ius puniendi* estatal, avançamos, portanto, ainda mais na restrição do âmbito de incidência do Direito Penal. Pois o *caráter subsidiário* da proteção indica que a intervenção coercitiva somente terá lugar para prevenir as agressões mais graves aos bens jurídicos protegidos, naqueles casos em que os meios de proteção oferecidos pelos demais ramos do ordenamento jurídico se revelem insuficientes ou inadequados para esse fim. Com esse esclarecimento acerca do papel central que ocupa a proteção subsidiária de bens jurídicos na exegese de todo o sistema de Direito Penal, estamos, portanto, em condições de explicar os demais princípios limitadores do poder punitivo estatal.

3.1. *Princípio da fragmentariedade*

A fragmentariedade do Direito Penal é corolário do princípio da intervenção mínima e da reserva legal, como destaca Eduardo Medeiros Cavalcanti[13]: "o significado do princípio constitucional da intervenção mínima ressalta o caráter fragmentário do Direito Penal. Ora, este ramo da ciência jurídica protege tão somente valores imprescindíveis para a sociedade. Não se pode utilizar o Direito Penal como instrumento de tutela de todos os bens jurídicos. E neste âmbito, surge a necessidade de se encontrar limites ao legislador penal".

Nem todas as ações que lesionam bens jurídicos são proibidas pelo Direito Penal, como nem todos os bens jurídicos são por ele protegidos. O Direito Penal limita-se a castigar as ações mais graves praticadas contra os bens jurídicos mais importantes, decorrendo daí o seu *caráter fragmentário*, uma vez que se ocupa somente de uma parte dos bens jurídicos protegidos pela ordem jurídica. Isso, segundo Régis Prado, "é o que se denomina *caráter fragmentário* do Direito Penal. Faz-se uma tutela seletiva do bem jurídico, limitada àquela tipologia agressiva que se revela dotada de indiscutível relevância quanto à gravidade e intensidade da ofensa"[14].

O Direito Penal — já afirmava Binding — não constitui um "sistema exaustivo" de proteção de bens jurídicos, de sorte a abranger todos os bens que constituem o universo de bens do indivíduo, mas representa um "sistema descontínuo"

---

12. Winfried Hassemer, *Três temas de Direito Penal*, Porto Alegre, Publicações Fundação Escola Superior do Ministério Público, 1993.
13. *Crime e sociedade complexa*, Campinas, LZN, 2005, p. 302.
14. Régis Prado, *Direito Penal Ambiental*, São Paulo, Revista dos Tribunais, 1992, p. 52.

de seleção de ilícitos decorrentes da necessidade de criminalizá-los ante a indispensabilidade da proteção jurídico-penal[15]. O *caráter fragmentário* do Direito Penal — segundo Muñoz Conde[16] — apresenta-se sob três aspectos: em primeiro lugar, defendendo o bem jurídico somente contra ataques de especial gravidade, exigindo determinadas intenções e tendências, excluindo a punibilidade da prática imprudente de alguns casos; em segundo lugar, tipificando somente parte das condutas que outros ramos do Direito consideram antijurídicas e, finalmente, deixando, em princípio, sem punir ações que possam ser consideradas como imorais, tais como o incesto, a homossexualidade, a infidelidade no matrimônio ou a mentira.

Resumindo, "caráter fragmentário" do Direito Penal significa que o Direito Penal não deve sancionar todas as condutas lesivas dos bens jurídicos, mas tão somente aquelas condutas mais graves e mais perigosas praticadas contra bens mais relevantes. Além disso, como veremos mais adiante, o princípio de fragmentariedade repercute de maneira decisiva tanto na determinação da função que deve cumprir a norma penal como na delimitação de seu conteúdo específico.

4. Princípio da irretroatividade da lei penal

Há uma regra dominante em termos de conflito de leis penais no tempo. É a da *irretroatividade da lei penal*, sem a qual não haveria nem segurança e nem liberdade na sociedade, em flagrante desrespeito ao *princípio da legalidade* e da anterioridade da lei, consagrado no art. 1º do Código Penal e no art. 5º, inc. XXXIX, da Constituição Federal.

A irretroatividade, como princípio geral do Direito Penal moderno, embora de origem mais antiga, é consequência das ideias consagradas pelo *Iluminismo*, insculpida na Declaração Francesa dos Direitos do Homem e do Cidadão, de 1789. Embora conceitualmente distinto, o princípio da irretroatividade ficou desde então incluído no *princípio da legalidade,* constante também da Declaração Universal dos Direitos do Homem, de 1948[17]. Desde que uma lei entra em vigor até que cesse a sua vigência rege todos os atos abrangidos pela sua destinação. "Entre estes dois limites — entrada em vigor e cessação de sua vigência — situa-se a sua eficácia.

---

15. Jescheck, *Tratado de Derecho Penal,* Barcelona, Bosch, 1981, v. 1, p. 73; Palazzo esclarece que fragmentariedade não significa, obviamente, deliberada lacunosidade na tutela de certos bens e valores e na busca de certos fins, mas antes limites necessários a um totalitarismo de tutela, de modo pernicioso para a liberdade (Palazzo, *Il principio di determinatezza nel Diritto Penale,* Padova, CEDAM, 1979, p. 414).
16. Muñoz Conde, *Introducción al Derecho Penal,* cit., p. 72.
17. José Cerezo Mir, *Curso de Derecho Penal español,* 3ª ed., Madrid, Tecnos, 1990, v. 1, p. 178.

Não alcança, assim, os fatos ocorridos antes ou depois dos dois limites extremos: não retroage e nem tem ultra-atividade. É o princípio *tempus regit actum*"[18].

Contudo, a despeito do *supra* afirmado, o princípio da irretroatividade vige somente em relação à lei mais severa. Admite-se, no Direito intertemporal, a aplicação retroativa da lei mais favorável (art. 5º, XL, da CF). Assim, pode-se resumir a questão no seguinte princípio: *o da retroatividade da lei penal mais benigna*. A lei nova que for mais favorável ao réu sempre retroage.

Finalmente, cumpre lembrar que as leis temporárias ou excepcionais constituem exceções ao princípio da irretroatividade da lei penal, e são ultra-ativas. Mesmo esgotado seu período de vigência, terão aplicação aos fatos ocorridos durante a sua vigência. São leis de vida curta e cujos processos, de regra, estendem-se para além do período de sua vigência. Retirar-lhes a ultra-atividade afastar-lhes-ia a força intimidativa.

5. Princípio da adequação social

Segundo Welzel[19], o Direito Penal tipifica somente condutas que tenham uma certa *relevância social;* caso contrário, não poderiam ser delitos. Deduz-se, consequentemente, que há condutas que por sua "adequação social" não podem ser consideradas criminosas. Em outros termos, segundo esta teoria, as condutas que se consideram "socialmente adequadas" não se revestem de tipicidade e, por isso, não podem constituir delitos.

O tipo penal implica uma *seleção de comportamentos* e, ao mesmo tempo, uma *valoração* (o típico já é penalmente relevante). Contudo, também é verdade, certos comportamentos em si mesmos típicos carecem de relevância por serem correntes no meio social, pois muitas vezes há um descompasso entre as normas penais incriminadoras e o socialmente permitido ou tolerado. Por isso, segundo Stratenwerth, "é incompatível criminalizar uma conduta só porque se opõe à concepção da maioria ou ao padrão médio de comportamento"[20]. A *tipicidade* de um comportamento proibido é enriquecida pelo *desvalor da ação* e pelo *desvalor do resultado* lesando efetivamente o bem juridicamente protegido, constituindo o que se chama de *tipicidade material*. Donde se conclui que o comportamento que se amolda a determinada descrição típica formal, porém materialmente irrelevante, adequando-se ao *socialmente permitido* ou tolerado, não realiza materialmente a descrição típica. Mas, como afirma Jescheck[21], "só se pode falar

---

18. Damásio de Jesus, *Direito Penal*, 16ª ed., São Paulo, Saraiva, 1992, v. 1, p. 60.
19. Welzel, *Derecho Penal alemán*, 12ª ed. chilena, Santiago, Ed. Jurídica de Chile, 1987, p. 83.
20. Stratenwerth, *Derecho Penal*; Parte General, trad. Gladys Romero, Madrid, Edersa, 1982, p. 6.
21. Jescheck, *Tratado*, cit., v. 1, p. 343.

de exclusão da tipicidade de uma ação por razão de adequação social se faltar o conteúdo *típico* do injusto".

Durante muito tempo discutiu-se qual seria a natureza jurídica da chamada "adequação social" e de qual seria a sua localização entre as categorias sistemáticas do delito, concretamente, se afastaria a *tipicidade* ou se eliminaria a *antijuricidade* de determinadas condutas típicas[22]. O próprio Welzel[23], seu mais destacado defensor, vacilou sobre seus efeitos, admitindo-a, inicialmente, como *excludente da tipicidade*, depois como *causa de justificação* e, finalmente, outra vez, como *excludente da tipicidade*. Por último, conforme anota Jescheck[24], Welzel acabou aceitando o princípio da "adequação social" somente como *princípio geral de interpretação*, entendimento até hoje seguido por respeitáveis penalistas[25].

De acordo com Martínez Escamilla, o que se pretende por meio do pensamento da adequação social é identificar quando um comportamento perigoso é adequado para a produção de um determinado resultado típico, delimitando, assim, a *tipicidade da conduta*. Uma conduta seria, desde a perspectiva objetiva, adequada para a produção de um determinado resultado típico quando aumentasse, de maneira significativa, as possibilidades de produção daquele. E, desde a perspectiva subjetiva, ou pessoal daquele que atua, a adequação se estabelece por meio do *juízo de previsibilidade*. Ou seja, observando se o *risco gerado pela conduta* (objetivamente adequado para a produção do resultado) era, além disso, *ex ante*, previsível para aquele que atuou[26].

Mediante esse *juízo de prognóstico* se consolidou o entendimento de que é necessário levar em consideração os conhecimentos do autor para valorar a relevância típica de uma conduta. De fato, como destaca Feijoo Sánchez, "tradicionalmente o *topos* da 'previsibilidade objetiva' serviu para limitar a imputação de resultados quando o autor carecia do conhecimento da perigosidade geral de sua conduta. O melhor exemplo é o dos casos em que alguém decide criar um risco com conhecimento de seu alcance, mas esse comportamento adquire uma maior lesividade devido às peculiaridades físicas da vítima (hemofílicos, tampa do crânio anormalmente frágil, gravidez não evidente, propensão anormal à trombose,

---

22. Gonzalo Rodriguez Mourullo, *Derecho Penal*; Parte General, Madrid, Civitas, 1978, p. 262.
23. Cerezo Mir, Nota em *El nuevo sistema del Derecho Penal*, de Welzel, Barcelona, Ariel, 1964, nota n. 11, p. 53; Rodriguez Mourullo, *Derecho Penal*, cit., p. 263.
24. Jescheck, *Tratado*, cit., v. 1, p. 343, nota n. 30.
25. José Manuel Gomez Benitez, *Teoría Jurídica del Delito — Derecho Penal*, Madrid, Civitas, 1988, p. 165; Muñoz Conde, *Teoria Geral do Delito*, cit., p. 46; Hans Welzel, *Derecho Penal alemán*, cit., p. 86, entre outros.
26. Margarita Martínez Escamilla, *La imputación objetiva* del resultado, Madrid, Edersa, 1992, p. 79.

problemas vertebrais anormais, problemas cardiovasculares, síndrome de Reuter etc.). Nestes casos, o autor conhece o risco de lesões mais leves, mas com respeito às lesões mais graves ou à morte carece de qualquer dado que lhe indique a perigosidade abstrata de sua conduta"[27]. Além disso, o pensamento da *adequação social* tem o propósito de corrigir os excessos da *teoria da equivalência das condições*, limitando a sua eficácia. Com efeito, a adequação social parte de um juízo de previsibilidade *ex ante*, que concorre com um juízo de valoração *ex post*, acerca da adequação entre o resultado produzido e a conduta adequada previamente identificada como *causa*.

Nesse sentido pode-se afirmar que a adequação social divide-se em um *duplo juízo de valoração*: um juízo *ex ante*, que pretende excluir do âmbito do injusto (negando o desvalor de ação) a conduta que não seja gerada em condições de *previsibilidade* de produção de um resultado típico; e um juízo *ex post*, que pretende excluir do âmbito do injusto consumado (negando o desvalor de resultado) a conduta que, mesmo sendo adequada desde a perspectiva *ex ante*, não se verifica no resultado, pois, conhecidas todas as circunstâncias do caso, se demonstra que outros fatores incidiram para a sua produção[28].

O certo é que as imprecisões semânticas e terminológicas do critério da "adequação social" — diante das mais variadas possibilidades de sua ocorrência — desaconselham utilizá-lo como único critério delimitador da tipicidade de uma conduta, sendo recomendável complementá-lo por meio de outros que sejam mais exatos. Nesse sentido, a ideia da *adequação social*, na melhor das hipóteses, não passa de um *princípio interpretativo, em grande medida inseguro e relativo*, o que explica por que os mais destacados penalistas internacionais[29] não o aceitam nem como uma autêntica causa *excludente da tipicidade* nem como *causa de justificação*. Aliás, nesse sentido, é muito ilustrativa a conclusão de Jescheck[30], ao afirmar que "a ideia da adequação social resulta, no entanto, num critério inútil para restringir os tipos penais, quando as regras usuais de interpretação possibilitam a sua delimitação correta. Nestes casos, é preferível a aplicação dos *critérios de interpretação* conhecidos, pois, dessa forma, se obtêm resultados comprováveis, enquanto a *adequação social* não deixa de ser um princípio relativamente inseguro, razão pela qual só em última instância deveria ser utilizado". Existem, entretanto, autores que, sendo menos pessimistas quanto à utilidade do pensamento da adequação social,

---

27. Bernardo José Feijoo Sánchez, *Homicidio y lesiones imprudentes*: requisitos y límites materiales, Zaragoza, Edijus, 1999, p. 192-193.
28. Mirentxu Corcoy Bidasolo, *El delito imprudente*. Criterios de imputación del resultado, Montevideo-Buenos Aires: B de F, 2005, p. 434-436.
29. Muñoz Conde, *Teoria Geral do Delito*, cit., p. 46; Jescheck, *Tratado*, cit., v. 1, p. 343; Zaffaroni, *Manual*, cit., p. 476; Rodriguez Mourullo, *Derecho Penal*, cit., p. 263.
30. Jescheck, *Tratado*, cit., v. 1, p. 343.

defendem a validez desse princípio, pelo menos, como primeiro filtro normativo de valoração da relevância típica de uma conduta perigosa, como é o caso de Martínez Escamilla e Corcoy Bidasolo. Para essas autoras, o *juízo de tipicidade* pode ser complementado através de outros institutos, como o *risco permitido*, e através dos critérios desenvolvidos pela *teoria da imputação objetiva*[31], que serão analisados na *Segunda Parte* desta obra, quando do estudo da tipicidade.

Também, na nossa ótica, a consideração de uma conduta como adequada para a produção de um resultado não é, realmente, suficiente para decidir sobre a relevância típica do comportamento, pois toda conduta pode ser perigosa em algum sentido e pode, em abstrato, ser apta a produzir algum resultado típico. Esse obstáculo não constitui, sem embargo, um motivo para o completo abandono da orientação *da adequação social*, pois, como veremos quando do estudo da tipicidade, ele é de utilidade como primeiro filtro de restrição dos riscos juridicamente relevantes.

6. Princípio da insignificância

O *princípio da insignificância* foi cunhado pela primeira vez por Claus Roxin em 1964, que voltou a repeti-lo em sua obra *Política Criminal y Sistema del Derecho Penal*, partindo do velho adágio latino *minima non curat praetor*[32].

A tipicidade penal exige uma ofensa de alguma gravidade aos bens jurídicos protegidos, pois nem sempre qualquer ofensa a esses bens ou interesses é suficiente para configurar o injusto típico. Segundo esse princípio, que Klaus Tiedemann chamou de *princípio de bagatela*, é imperativa uma *efetiva proporcionalidade* entre a *gravidade* da conduta que se pretende punir e a *drasticidade da intervenção estatal*. Amiúde, condutas que se amoldam a determinado tipo penal, sob o ponto de vista formal, não apresentam nenhuma *relevância material*. Nessas circunstâncias, pode-se afastar liminarmente a tipicidade penal porque em verdade o bem jurídico não chegou a ser lesado.

Não é outro o entendimento de Carlos Vico Mañas, para quem tal princípio funda-se "na concepção material do tipo penal, por intermédio do qual é possível alcançar, pela via judicial e sem macular a segurança jurídica do pensamento sistemático, a proposição político-criminal da necessidade de descriminalização de condutas que, embora formalmente típicas, não atingem de forma socialmente relevante os bens jurídicos protegidos pelo Direito Penal"[33].

---

31. Martínez Escamilla, *La imputación objetiva*, cit., p. 101-104. Corcoy Bidasolo, *El delito imprudente*, cit., p. 291-294.
32. Claus Roxin, *Política Criminal y sistema del Derecho Penal*, Barcelona, Bosch, 1972, p. 53.
33. Carlos Vico Mañas, *O princípio da insignificância como excludente da tipicidade no direito penal*, São Paulo, Saraiva, 1994, p. 81.

Deve-se ter presente que a *seleção dos bens jurídicos* tuteláveis pelo Direito Penal e os *critérios* a serem utilizados nessa seleção constituem *função* do Poder Legislativo, sendo vedada aos intérpretes e aplicadores do direito essa função, privativa daquele Poder Institucional. Agir diferentemente constituirá violação dos sagrados *princípios constitucionais* da reserva legal e da *independência dos Poderes*. O fato de determinada conduta tipificar uma infração penal de *menor potencial ofensivo* (art. 98, I, da CF) não quer dizer que tal conduta configure, por si só, o *princípio da insignificância*. Os delitos de lesão corporal leve, de ameaça, injúria, por exemplo, já sofreram a *valoração* do legislador, que, atendendo às necessidades sociais e morais históricas dominantes, determinou as consequências jurídico-penais de sua violação. Os limites do desvalor da ação, do desvalor do resultado e as sanções correspondentes já foram valorados pelo legislador. As ações que lesarem tais bens, embora menos importantes se comparados a outros bens como a vida e a liberdade sexual, são *social e penalmente relevantes*.

Questão interessante é a aplicação do *princípio da insignificância* a determinados crimes, em razão da natureza ou importância do bem jurídico tutelado. Assim, por exemplo, nos crimes contra a Administração Pública, nos crimes de trânsito, ou, quem sabe, nos crimes de tráfico (pequeno) de entorpecentes. A importância, simplesmente, do bem jurídico tem levado significativo segmento jurisprudencial a não aceitar o reconhecimento da insignificância da conduta infracional em determinados crimes, v.g., nos crimes contra a administração pública. No entanto, tecnicamente, não há que se fazer essa restrição.

Com efeito, a *insignificância* ou irrelevância não é sinônimo de pequenos crimes ou pequenas infrações, mas se refere à gravidade, extensão ou intensidade da ofensa produzida a determinado bem jurídico penalmente tutelado, independentemente de sua importância. A *insignificância* reside na *desproporcional* lesão ou ofensa produzida ao bem jurídico tutelado, com a gravidade da sanção cominada. A insignificância situa-se no abismo que separa o grau da ofensa produzida (mínima) ao bem jurídico tutelado e a gravidade da sanção que lhe é cominada. É nesse paralelismo — mínima ofensa e desproporcional punição — que deve ser valorada a necessidade, justiça e proporcionalidade de eventual punição do autor do fato.

Por isso, não vemos grande diferença entre um pequeno furto e uma insignificante ofensa a determinado bem jurídico da administração pública, por exemplo (funcionário público que aceita de alguém um modesto brinde de Natal, sem alterar sua conduta). Com efeito, repetindo, em outros termos, o que dissemos inicialmente, *a tipicidade penal exige ofensa de alguma gravidade aos bens jurídicos tutelados, pois não é qualquer ofensa a tais bens suficiente para configurar o injusto típico*. É indispensável uma *efetiva proporcionalidade* entre a *gravidade* da conduta que se pretende punir e a *drasticidade da intervenção estatal (pena aplicável)*. Não raro, condutas que se amoldam, formalmente, a determinado tipo penal não apresentam nenhuma *relevância material*. Nessas circunstâncias, pode não se configurar a tipicidade material porque, a rigor, o bem jurídico não chegou a ser lesado. O tipo penal deve ser valorado, no seu aspecto material, como instituto concebido com conteúdo valorativo, distinto de seu aspecto puramente formal, de cunho puramente diretivo. Por isso se deve considerar materialmente atípicas as condutas de inegável irrelevância (insignificância) para a sociedade como um todo.

Nesse sentido é o magistério de Carlos Vico Mañas, para quem "o princípio da insignificância surge como instrumento de interpretação restritiva do tipo penal que, de acordo com a dogmática moderna, não deve ser considerado apenas em seu aspecto formal, de subsunção do fato à norma, mas, primordialmente, em seu conteúdo material, de cunho valorativo, no sentido da sua efetiva lesividade ao bem jurídico tutelado pela norma penal, o que consagra o postulado da fragmentariedade do direito penal"[34]. Em outros termos, a *irrelevância* ou *insignificância* de determinada conduta deve ser aferida não apenas em relação à importância do bem juridicamente atingido, mas especialmente em relação ao *grau de sua intensidade*, isto é, *pela extensão da lesão produzida*, como, por exemplo, nas palavras de Roxin, "mau-trato não é qualquer tipo de lesão à integridade corporal, mas somente uma lesão relevante; uma forma delitiva de injúria é só a lesão grave a pretensão social de respeito. Como *força* deve ser considerada unicamente um obstáculo de certa importância, igualmente também a ameaça deve ser *sensível* para ultrapassar o umbral da criminalidade"[35].

Por razões semelhantes, em uma recente e incipiente modificação jurisprudencial, o Superior Tribunal de Justiça admitiu a aplicabilidade do *princípio da insignificância* em crimes contra a Administração Pública, superando parcialmente a Súmula 599/STJ, para a qual "o princípio da insignificância é inaplicável aos crimes contra a administração pública". Nesse sentido, há um julgado do STJ destacando que "No Supremo Tribunal Federal não prevalece a orientação de que o cometimento de conduta em prejuízo da Administração Pública impede, aprioristicamente, a incidência do princípio da bagatela — o que deve ser avaliado segundo as peculiaridades do caso concreto. [...] Conforme já decidiu esta Corte, em determinadas hipóteses, nas quais for ínfima a lesão ao bem jurídico tutelado — como na espécie —, admite-se afastar a aplicação do entendimento sedimentado na Súmula 599/STJ" (STJ, RHC 153.480/SP, Rel. Min. Laurita Vaz, 6ª T., julgado em 24/5/2022, *DJe* de 31/5/2022). De forma semelhante, no Tema Repetitivo n. 1143 do STJ, foi firmada a tese de que "O princípio da insignificância é aplicável ao crime de contrabando de cigarros quando a quantidade apreendida não ultrapassar 1.000 (mil) maços, seja pela diminuta reprovabilidade da conduta,

---

34. Carlos Vico Mañas, *O princípio da insignificância*, cit., p. 56.
35. Claus Roxin, *Política Criminal*, cit., p. 53.

seja pela necessidade de se dar efetividade à repressão ao contrabando de vulto, excetuada a hipótese de reiteração da conduta, circunstância apta a indicar maior reprovabilidade e periculosidade social da ação" (STJ, REsp 1.977.652/SP, Rel. Min. Sebastião Reis Júnior, 3ª Seção, julgado em 13/9/2023, *DJe* de 19/9/2023).

Concluindo, a *insignificância da ofensa* afasta a *tipicidade*. Mas essa insignificância só pode ser valorada através da *consideração global* da ordem jurídica. Como afirma Zaffaroni[36], "a insignificância só pode surgir à luz da função geral que dá sentido à ordem normativa e, consequentemente, a norma em particular, e que nos indica que esses pressupostos estão excluídos de seu âmbito de proibição, o que resulta impossível de se estabelecer à simples luz de sua consideração isolada".

7. Princípio da ofensividade

Para que se tipifique algum crime, em sentido material, é indispensável que haja, pelo menos, um *perigo concreto*, real e efetivo de dano a um bem jurídico penalmente protegido. Somente se justifica a intervenção estatal em termos de *repressão penal* se houver efetivo e concreto ataque a um interesse socialmente relevante, que represente, no mínimo, perigo concreto ao bem jurídico tutelado. Por essa razão, são *inconstitucionais todos os chamados crimes de perigo abstrato*, pois, no âmbito do Direito Penal de um Estado Democrático de Direito, somente se admite a existência de infração penal quando há efetivo, real e concreto perigo de lesão a um bem jurídico determinado. Em outros termos, o legislador deve abster-se de tipificar como crime ações incapazes de lesar ou, no mínimo, colocar em perigo concreto o bem jurídico protegido pela norma penal. Sem afetar o bem jurídico, no mínimo colocando-o em risco efetivo, não há infração penal.

O *princípio da ofensividade* no Direito Penal tem a pretensão de que seus efeitos tenham reflexos em dois planos: no primeiro, *servir de orientação à atividade legiferante*, fornecendo substratos político-jurídicos para que o legislador adote, na elaboração do tipo penal, a exigência indeclinável de que a conduta proibida represente ou contenha verdadeiro conteúdo ofensivo a bens jurídicos socialmente relevantes; no segundo plano, *servir de critério interpretativo*, constrangendo o intérprete legal a encontrar em cada caso concreto indispensável lesividade ao bem jurídico protegido.

Constata-se, nesses termos, que o *princípio da ofensividade* (ou lesividade) exerce dupla função no Direito Penal em um Estado Democrático de Direito: a) *função político-criminal* — esta função tem caráter preventivo-informativo, na medida em que se manifesta nos momentos que antecedem a elaboração dos diplomas legislativo-criminais; b) *função interpretativa ou dogmática* — esta

---

36. Zaffaroni, *Manual*, cit., p. 475.

finalidade manifesta-se *a posteriori*, isto é, quando surge a oportunidade de operacionalizar-se o Direito Penal, no momento em que se deve aplicar, *in concreto*, a norma penal elaborada. Nesse sentido, destaca com propriedade Luiz Flávio Gomes: "É uma função que pretende ter natureza 'material' e significa constatar *ex post factum* (depois do cometimento do fato) a concreta presença de uma lesão ou de um perigo concreto de lesão ao bem jurídico protegido"[37]. Em outras palavras, a primeira função do princípio da ofensividade é limitadora do *ius puniendi* estatal, dirigindo-se especificamente ao legislador, antes mesmo de realizar sua atividade-fim, qual seja, elaborar leis; a segunda configura uma limitação ao próprio Direito Penal, destinando-se ao aplicador da lei, isto é, ao juiz, que é, em última instância, o seu intérprete final.

A despeito da clareza de cada função, não se pode imaginar que se trate de funções incomunicáveis e inalteráveis, sempre com destinatários específicos, como mencionado acima. Aliás, em Direito, convém que se repita, nada é estanque, inalterável e definitivo; não se trata, como se tem repetido, de uma ciência exata. Com efeito, devem-se conceber as duas funções mencionadas como complementares; nesses termos, quando, por exemplo, o legislador, no exercício de sua função legislativa, criminalizar condutas ignorando a necessidade de possuírem conteúdo lesivo, como exige o princípio em exame, essa omissão deve, necessariamente, ser suprida pelo juiz ou intérprete.

Tal interpretação deixa claro que a atribuição do legislador de legislar, isto é, elaborar os diplomas legais, a despeito da previsão constitucional, não é absoluta e não esgota em definitivo o direito de estabelecer o limite do *ius puniendi* estatal. Com efeito, como essa atividade parlamentar pode apresentar-se de forma incompleta ou imperfeita ou, por alguma razão, mostrar-se insatisfatória, vaga, exageradamente extensa ou inadequada no âmbito de um Estado Democrático de Direito, o juiz, no exercício de sua função jurisdicional, deve corrigir eventual imperfeição da norma legislativa para adequá-la aos princípios norteadores dessa modalidade de Estado de Direito.

O fundamento para essa correção no desvio legislativo, por violar princípios garantistas consagrados em nosso ordenamento político-jurídico, está assegurado na própria Carta Magna. A harmonia do sistema jurídico exige que seus diplomas legais mantenham correção com os ditames emanados da própria Constituição Federal. Eventuais equívocos ou desvios de rumo devem ser recompostos, dentro do *devido processo legal*, pelo Poder Judiciário, que é, em última instância, o Guardião da própria Constituição.

---

37. Luiz Flávio Gomes, *Princípio da ofensividade no Direito Penal*, São Paulo, Revista dos Tribunais, 2002, p. 99.

Por fim, o *princípio da ofensividade* não se confunde com o *princípio da exclusiva proteção de bens jurídicos*, segundo o qual não compete ao Direito Penal tutelar valores puramente morais, éticos ou religiosos[38]; como *ultima ratio*, ao Direito Penal se reserva somente a proteção de bens fundamentais para a convivência e o desenvolvimento da coletividade. A diferença entre ambos pode ser resumida no seguinte: no princípio da exclusiva proteção de bens jurídicos, há uma séria limitação aos interesses que podem receber a tutela do Direito Penal; no princípio da ofensividade, somente se admite a configuração da infração penal quando o *interesse* já selecionado (reserva legal) sofre um ataque (ofensa) efetivo, representado por um perigo concreto ou dano.

8. Princípio de culpabilidade

Segundo o *princípio de culpabilidade*, em sua configuração mais elementar, "não há crime sem culpabilidade". No entanto, o Direito Penal primitivo caracterizou-se pela *responsabilidade objetiva*, isto é, pela simples produção do resultado. Porém, essa forma de responsabilidade objetiva está praticamente erradicada do Direito Penal contemporâneo, vigindo o princípio *nullum crimen sine culpa*.

A *culpabilidade*, como afirma Muñoz Conde, não é um fenômeno isolado, individual, afetando somente o autor do delito, mas é um *fenômeno social;* "não é uma qualidade da ação, mas uma característica que se lhe atribui, para poder ser imputada a alguém como seu autor e fazê-lo responder por ela. Assim, em última instância, será a correlação de forças sociais existentes em um determinado momento que irá determinar os limites do culpável e do não culpável, da liberdade e da não liberdade"[39]. Dessa forma, não há uma *culpabilidade* em si, individualmente concebida, mas uma culpabilidade em relação aos demais membros da sociedade, propugnando-se, atualmente, por um fundamento social, em vez de psicológico, para o conceito de culpabilidade. Ainda, segundo Muñoz

---

38. Luiz Flávio Gomes, *Princípio da ofensividade no Direito Penal*, São Paulo, Revista dos Tribunais, 2002, p. 43: "A função principal do princípio de exclusiva proteção de bens jurídicos é a de delimitar uma forma de direito penal, o direito penal do bem jurídico, daí que não seja tarefa sua proteger a ética, a moral, os costumes, uma ideologia, uma determinada religião, estratégias sociais, valores culturais como tais, programas e governo, a norma penal em si etc. O direito penal, em outras palavras, pode e deve ser conceituado como um conjunto normativo destinado à tutela de bens jurídicos, isto é, de relações sociais conflitivas valoradas positivamente na sociedade democrática. O princípio da ofensividade, por sua vez, nada diz diretamente sobre a missão ou forma do direito penal, senão que expressa uma forma de compreender ou de conceber o delito: o delito como ofensa a um bem jurídico. E disso deriva, como já afirmamos tantas vezes, a inadmissibilidade de outras formas de delito (mera desobediência, simples violação da norma imperativa etc.)".
39. Muñoz Conde, *Derecho Penal y control social*, Sevilla, Fundación Universitaria de Jerez, 1985, p. 63.

Conde, a culpabilidade "não é uma categoria abstrata ou a histórica, à margem, ou contrária às finalidades preventivas do Direito Penal, mas a culminação de todo um processo de elaboração conceitual, destinado a explicar por quê, e para quê, em um determinado momento histórico, recorre-se a um meio defensivo da sociedade tão grave como a pena, e em que medida se deve fazer uso desse meio"[40].

Atribui-se, em Direito Penal, um triplo sentido ao conceito de culpabilidade, que precisa ser liminarmente esclarecido.

Em primeiro lugar, a culpabilidade, como *fundamento da pena*, significa um *juízo de valor* que permite atribuir responsabilidade pela prática de um fato típico e antijurídico a uma determinada pessoa para a consequente aplicação de pena. Para isso, exige-se a presença de uma série de requisitos — *capacidade de culpabilidade, consciência da ilicitude* e *exigibilidade da conduta* — que constituem os elementos positivos específicos do conceito dogmático de culpabilidade, e que deverão ser necessariamente valorados para, dependendo do caso, afirmar ou negar a culpabilidade pela prática do delito. A ausência de qualquer desses elementos é suficiente para impedir a aplicação de uma sanção penal. Em segundo lugar, entende-se a *culpabilidade* como *elemento da determinação* ou medição da pena. Nessa acepção a culpabilidade funciona não como *fundamento da pena*, mas como *limite desta*, de acordo com a gravidade do injusto. Desse modo, o limite e a medida da pena imposta devem ser proporcionais à gravidade do fato realizado, aliado, é claro, a determinados critérios de política criminal, relacionados com a finalidade da pena. E, finalmente, em terceiro lugar, entende-se a culpabilidade, como *conceito contrário à responsabilidade objetiva*. Nessa acepção, o princípio de culpabilidade impede a atribuição da responsabilidade penal objetiva. Ninguém responderá por um resultado absolutamente imprevisível se não houver obrado, pelo menos, com dolo ou culpa.

Da adoção do princípio de culpabilidade em suas três dimensões derivam importantes consequências materiais: a) *inadmissibilidade da responsabilidade objetiva pelo simples resultado;* b) somente cabe *atribuir responsabilidade penal pela prática de um fato típico e antijurídico, sobre o qual recai o juízo de culpabilidade, de modo que a responsabilidade é pelo fato e não pelo autor;* c) *a culpabilidade é a medida da pena*. Com essa configuração, não cabe a menor dúvida de que o princípio de culpabilidade representa uma garantia fundamental dentro do processo de atribuição de responsabilidade penal, repercutindo diretamente na composição da culpabilidade enquanto categoria dogmática. Esse entendimento acerca da especial transcendência do princípio de culpabilidade vem sendo, entretanto, fragmentado, em virtude do avanço das *teorias funcionalistas* e sua progressiva radicalização. Com efeito, a partir do momento em que Roxin

---

40. Muñoz Conde, *Teoria Geral do Delito,* trad. Juarez Tavares e Luiz Régis Prado, Porto Alegre, Sérgio A. Fabris Editor, 1988, p. 129.

diagnosticou que os elementos que compõem o *juízo de culpabilidade* não são suficientes para a determinação da pena, e que, para este fim, seria necessário levar em consideração a *finalidade preventiva da pena*, produziu-se um movimento de ruptura com a tradicional compreensão da culpabilidade, cuja máxima expressão foi alcançada através do pensamento de Jakobs.

Mediante a sua concepção de sistema penal — como veremos com maior detalhe na Segunda Parte desta obra, quando do estudo mais detalhado do *funcionalismo* e da culpabilidade como categoria sistemática do delito —, é possível, de certa forma, inverter a ordem de prioridades do Direito Penal. Este deixaria de ser um *sistema normativo* primordialmente garantista, orientado à proteção de bens jurídicos, para assumir a preceptiva função de proteção da vigência contrafática da norma, estando, nesse sentido, muito mais preocupado com a *eficácia simbólica da aplicação da pena* do que com a consecução de uma solução materialmente justa do conflito gerado pelo delito. Com efeito, um importante setor da doutrina estrangeira especializada, com o qual estamos de acordo, adverte que, *através da radicalização do discurso funcionalista* de Jakobs, vem-se debilitando progressivamente o valor das justificações deontológicas legitimadoras da norma penal e da imposição de pena com base no *princípio de culpabilidade*[41].

9. Princípio da proporcionalidade

A Declaração dos Direitos do Homem e do Cidadão, de 1789, já exigia expressamente que se observasse a *proporcionalidade* entre a gravidade do crime praticado e a sanção a ser aplicada, *in verbis*: "a lei só deve cominar penas estritamente necessárias e proporcionais ao delito" (art. 15). No entanto, o *princípio da proporcionalidade* é uma consagração do constitucionalismo moderno (embora já fosse reclamado por Beccaria), sendo recepcionado, como acabamos de referir, pela Constituição Federal brasileira, em vários dispositivos, tais como: exigência da individualização da pena (art. 5º, XLVI), proibição de determinadas modalidades de sanções penais (art. 5º, XLVII), admissão de maior rigor para infrações mais graves (art. 5º, XLII, XLIII e XLIV). Exige-se moderação, contudo, como destacam Edilson Bonfim e Fernando Capez[42], para *infrações de menor potencial ofensivo* (art. 98, I).

---

41. Confira a esse respeito Winfried Hassemer, *Persona, mundo y responsabilidad*. Bases para una teoría de la imputación en Derecho Penal, Valencia, Tirant lo Blanch, 1999, p. 99-117; Bernardo Feijoo Sánchez, *Retribución y prevención general. Un estudio sobre la teoría de la pena y las funciones del Derecho Penal*, Montevideo-Buenos Aires, B de F, 2007, p. 453 e s.; Jesús María Silva Sánchez, *Aproximación al Derecho Penal contemporáneo*, 2ª ed., Montevideo-Buenos Aires, B de F, 2010, p. 465-472.
42. Edilson Mougenot Bonfim e Fernando Capez, *Direito Penal*; Parte Geral, São Paulo, Saraiva, 2004, p. 130.

Desde o *Iluminismo* procura-se eliminar, dentro do possível, toda e qualquer intervenção desnecessária do Estado na vida privada dos cidadãos. Nesse sentido, ilustra Mariângela Gama de Magalhães Gomes, afirmando: "No entanto, o conceito de proporcionalidade como um princípio jurídico, com índole constitucional, apto a nortear a atividade legislativa em matéria penal, vem sendo desenvolvido, ainda hoje, a partir dos impulsos propiciados, principalmente, pelas obras iluministas do século XVIII e, posteriormente, pela doutrina do direito administrativo"[43]. Com efeito, as ideias do Iluminismo e do Direito Natural diminuíram o autoritarismo do Estado, assegurando ao indivíduo um novo espaço na ordem social. Essa orientação, que libertou o indivíduo das velhas e autoritárias relações medievais, implica necessariamente a recusa de qualquer forma de intervenção ou punição desnecessária ou exagerada. A mudança filosófica de concepção do indivíduo, do Estado e da sociedade impôs, desde então, maior respeito à dignidade humana e a consequente proibição de excesso. Nessa mesma orientação filosófica inserem-se os princípios garantistas, como o da proporcionalidade, o da razoabilidade e o da lesividade.

O modelo político consagrado pelo Estado Democrático de Direito determina que todo o Estado — em seus três Poderes, bem como nas funções essenciais à Justiça — resulta *vinculado* em relação aos fins eleitos para a prática dos atos legislativos, judiciais e administrativos. Em outros termos, toda a atividade estatal é sempre vinculada axiomaticamente pelos princípios constitucionais explícitos e implícitos. As consequências jurídicas dessa *constituição dirigente* são visíveis. A primeira delas verifica-se pela consagração do *princípio da proporcionalidade*, não como simples critério interpretativo, mas como garantia legitimadora/limitadora de todo o ordenamento jurídico infraconstitucional. Assim, deparamo-nos com um *vínculo constitucional* capaz de limitar os *fins* de um ato estatal e os *meios* eleitos para que tal finalidade seja alcançada. Conjuga-se, pois, a união harmônica de três fatores essenciais: a) *adequação teleológica*: todo ato estatal passa a ter uma finalidade política ditada não por princípios do próprio administrador, legislador ou juiz, mas sim por valores éticos deduzidos da Constituição Federal — vedação do arbítrio (*Ubermassverbot*); b) *necessidade* (*Erforderlichkeit*): o meio não pode exceder os limites indispensáveis e menos lesivos possíveis à conservação do fim legítimo que se pretende; c) *proporcionalidade "stricto sensu"*: todo representante do Estado está, ao mesmo tempo, obrigado a fazer uso de meios adequados e de abster-se de utilizar meios ou recursos desproporcionais[44].

---

43. Mariângela Gama de Magalhães Gomes, *O princípio da proporcionalidade no Direito Penal*, São Paulo, Revista dos Tribunais, 2003, p. 40-41.
44. V. Paulo Bonavides, *Curso de Direito Constitucional*, 6ª ed., São Paulo, Malheiros, 1994, p. 356-397.

O campo de abrangência, e por que não dizer de influência do *princípio da proporcionalidade*, vai além da simples confrontação das consequências que podem advir da aplicação de leis que não observam dito princípio. Na verdade, modernamente a aplicação desse princípio atinge inclusive o exercício imoderado de poder, inclusive do próprio poder legislativo no ato de legislar. Não se trata, evidentemente, de questionar a motivação interna da *voluntas legislatoris*, e tampouco de perquirir a finalidade da lei, que é *função privativa* do Parlamento. Na verdade, a evolução dos tempos tem nos permitido constatar, com grande frequência, o uso abusivo do "poder de fazer leis *ad hocs*", revelando, muitas vezes, contradições, ambiguidades, incongruências e falta de razoabilidade, que contaminam esses diplomas legais com o vício de inconstitucionalidade. Segundo o magistério do Ministro Gilmar Mendes[45], "a doutrina identifica como típica manifestação do excesso de poder legislativo a violação do princípio da proporcionalidade ou da proibição de excesso (*Verhältnismässigkeitsprinzip*; *Ubermassverbot*), que se revela mediante contraditoriedade, incongruência e irrazoabilidade ou inadequação entre meios e fins. No Direito Constitucional alemão, outorga-se ao princípio da proporcionalidade (*Verhältnismässigkeit*) ou ao princípio da proibição de excesso (*Ubermassverbot*) qualidade de norma constitucional não escrita, derivada do Estado de Direito".

Esses excessos precisam encontrar, dentro do sistema político-jurídico, alguma forma ou algum meio de, se não combatê-los, pelo menos questioná-los. A única possibilidade, no Estado Democrático de Direito, sem qualquer invasão das atribuições da esfera legislativa, é por meio do *controle de constitucionalidade* pelo Poder Judiciário. "A função jurisdicional nesse controle — adverte o doutrinador argentino Guillermo Yacobucci — pondera se a decisão política ou jurisdicional em matéria penal ou processual penal, restritiva de direitos, está justificada constitucionalmente *pela importância do bem jurídico protegido e a inexistência, dentro das circunstâncias, de outra medida de menor lesão particular*"[46] (grifo do original). O exame do respeito ou violação do princípio da proporcionalidade passa pela observação e apreciação de necessidade e adequação da providência legislativa, numa espécie de relação "custo-benefício" para o cidadão e para a própria ordem jurídica. *Pela necessidade* deve-se confrontar a possibilidade de, com meios menos gravosos, atingir igualmente a mesma eficácia na busca dos objetivos pretendidos; e, *pela adequação*, espera-se que a providência legislativa adotada apresente aptidão suficiente para atingir esses objetivos.

---

45. Gilmar Ferreira Mendes, *Direitos fundamentais e controle de constitucionalidade*, 3ª ed., São Paulo, Saraiva, 2004, p. 47.
46. Guillermo Yacobucci, *El sentido de los principios penales...*, p. 339.

Nessa linha, destaca Gilmar Mendes[47], a modo de conclusão: "em outros termos, o meio não será necessário se o objetivo almejado puder ser alcançado com a adoção de medida que se revele a um só tempo adequada e menos onerosa. Ressalte-se que, na prática, adequação e necessidade não têm o mesmo *peso* ou *relevância* no juízo de ponderação. Assim, apenas o que é *adequado* pode ser *necessário*, mas o que é *necessário* não pode ser *inadequado* — e completa Gilmar Mendes — de qualquer forma, um juízo definitivo sobre a proporcionalidade da medida há de resultar da rigorosa ponderação e do possível equilíbrio entre o significado da intervenção para o atingido e os objetivos perseguidos pelo legislador (*proporcionalidade em sentido estrito*)".

Em matéria penal, mais especificamente, segundo Hassemer, a exigência de *proporcionalidade* deve ser determinada mediante "um juízo de ponderação entre a carga 'coativa' da pena e o fim perseguido pela cominação penal"[48]. Com efeito, pelo princípio da proporcionalidade na relação entre crime e pena deve existir um equilíbrio — *abstrato* (legislador) e *concreto* (judicial) — entre a gravidade do injusto penal e a pena aplicada[49]. Ainda segundo a doutrina de Hassemer, o princípio da proporcionalidade não é outra coisa senão "uma concordância material entre ação e reação, causa e consequência jurídico-penal, constituindo parte do postulado de Justiça: ninguém pode ser incomodado ou lesionado em seus direitos com medidas jurídicas desproporcionadas"[50].

Os princípios da *proporcionalidade* e da *razoabilidade* não se confundem, embora estejam intimamente ligados e, em determinados aspectos, completamente identificados. Na verdade, há que se admitir que se trata de princípios fungíveis e que, por vezes, utiliza-se o termo "razoabilidade" para identificar o princípio da proporcionalidade, a despeito de possuírem origens completamente distintas: o princípio da proporcionalidade tem origem germânica, enquanto a razoabilidade resulta da construção jurisprudencial da Suprema Corte norte-americana. *Razoável* é aquilo que tem aptidão para atingir os objetivos a que se propõe, sem, contudo, representar excesso algum.

Pois é exatamente o *princípio da razoabilidade* que afasta a invocação do exemplo concreto mais antigo do princípio da proporcionalidade, qual seja, a "lei do talião", que, inegavelmente, sem qualquer razoabilidade, também adotava o

---

47. Gilmar Ferreira Mendes, *Direitos fundamentais,* cit., p. 50. Para quem desejar aprofundar-se nessa matéria, recomendamos essa excelente obra do digno e culto Ministro Gilmar Mendes.
48. Winfried Hassemer, *Fundamentos del Derecho Penal,* trad. Francisco Muñoz Conde e Luis Arroyo Sapatero, Barcelona, Bosch, 1984, p. 279.
49. Luiz Régis Prado, *Curso de Direito Penal brasileiro,* 3ª ed., São Paulo, Revista dos Tribunais, 2002, p. 122.
50. Winfried Hassemer, *Fundamentos de Derecho Penal,* p. 279.

princípio da proporcionalidade. Assim, *a razoabilidade exerce função controladora* na aplicação do princípio da proporcionalidade. Com efeito, é preciso perquirir se, nas circunstâncias, é possível adotar outra medida ou outro meio menos desvantajoso e menos grave para o cidadão.

Para a aplicação da pena proporcionalmente adequada, a *dogmática penal* socorre-se também da culpabilidade, aqui *não como fundamento* da pena, mas *como limite* desta; nas excludentes de criminalidade ou causas justificadoras igualmente se fazem presentes os princípios não apenas da proporcionalidade como também da razoabilidade; isso fica claro no enunciado do *estado de necessidade* (art. 24), que exige o perigo para o direito próprio ou alheio cujo sacrifício *não era razoável* exigir. Em outros termos, exige-se a *proporcionalidade* entre a gravidade do perigo e a lesão que se pode produzir para salvar o bem pretendido. Por outro lado, só se admite a invocação da *legítima defesa* (art. 25) se houver o *emprego dos meios necessários, usados com moderação*[51]. Em outras palavras, a exigência da *necessidade* dos meios e de que estes não ultrapassem os limites necessários para repelir a injusta agressão outra coisa não é que a consagração do princípio da proporcionalidade.

Em recente julgamento, o Supremo Tribunal Federal invocou diversos princípios de Direito Penal, e sobretudo o princípio da proporcionalidade, para declarar a inconstitucionalidade da pena cominada ao tipo penal do art. 273, § 1º-B, do Código Penal, de dez a quinze anos de reclusão, revalidando a pena anteriormente cominada, de um a três anos de reclusão: "A desproporcionalidade da pena prevista para o delito do art. 273, § 1º-B, do CP, salta aos olhos. A norma pune o comércio de medicamentos sem registro administrativo do mesmo modo que a falsificação desses remédios (CP, art. 273, *caput*), e mais severamente do que o tráfico de drogas (Lei n. 11.343/2006, art. 33), o estupro de vulnerável (CP, art. 217-A), a extorsão mediante sequestro (CP, art. 159) e a tortura seguida de morte (Lei n. 9.455/1997, art. 1º, § 3º). [...] É inconstitucional a aplicação do preceito secundário do art. 273 do Código Penal à hipótese prevista no seu § 1º-B, I, que versa sobre a importação de medicamento sem registro no órgão de vigilância sanitária. Para esta situação específica, fica repristinado o preceito secundário do art. 273, na sua redação originária" (STF, RE 979.962, Rel. Min. Roberto Barroso, Tribunal Pleno, julgado em 24/03/2021, publicado em 14/06/2021).

Para concluir, com base no *princípio da proporcionalidade* é que se pode afirmar que um *sistema penal* somente estará justificado *quando a soma das violências* — crimes, vinganças e punições arbitrárias — *que ele pode prevenir* for superior à das violências constituídas pelas penas que cominar. Enfim, é

---

51. Luiz Régis Prado, *Curso de Direito Penal brasileiro*, p. 123.

indispensável que os direitos fundamentais do cidadão sejam considerados indisponíveis (e intocáveis), afastados da livre disposição do Estado, que, além de respeitá-los, deve garanti-los.

10. Princípio de humanidade

Por *dignidade da pessoa humana* pode-se considerar, segundo Maria Garcia, a "compreensão do ser humano na sua integridade física e psíquica, como autodeterminação consciente, garantida moral e juridicamente"[52]. Dignidade da pessoa humana é um bem superior aos demais e essencial a todos os direitos fundamentais do Homem, que atrai todos os demais valores constitucionais para si. A Constituição brasileira elevou, para Valério de Oliveira Mazzuoli, a dignidade da pessoa humana a valor fundante da ordem normativa interna, reflexo do movimento expansionista dos direitos humanos iniciado no período pós-Segunda Guerra[53]. O princípio da dignidade da pessoa humana, segundo Artur Cortez Bonifácio, "é um dos princípios de maior grau de indeterminação e também uma das fontes mais recorridas da Constituição, especialmente por: justificar as ações do Estado Democrático de Direito em favor dos direitos fundamentais, consolidando um encadeamento lógico-jurídico de um modelo de democracia voltada para a justiça social; conferir um sentido unitário à Constituição; ou realizar uma ponderação de valores tendo em conta as normas e valores constitucionais"[54].

O princípio de humanidade do Direito Penal é o maior entrave para a adoção da pena capital e da prisão perpétua. Esse princípio sustenta que o poder punitivo estatal não pode aplicar sanções que atinjam a dignidade da pessoa humana ou que lesionem a constituição físico-psíquica dos condenados[55]. A proscrição de penas cruéis e infamantes, a proibição de tortura e maus-tratos nos interrogatórios policiais e a obrigação imposta ao Estado de dotar sua infraestrutura carcerária de meios e recursos que impeçam a degradação e a *dessocialização* dos condenados são corolários do princípio de humanidade. Segundo Zaffaroni, esse princípio determina "a inconstitucionalidade de qualquer pena ou consequência do delito que crie uma deficiência física (morte, amputação, castração ou esterilização,

---

52. Maria Garcia, *Limites da ciência*: a dignidade da pessoa humana, a ética da responsabilidade, São Paulo, Revista dos Tribunais, 2004, p. 211.
53. Valério de Oliveira Mazzuoli, *O controle jurisdicional de convencionalidade das leis*, 2ª ed., São Paulo, Revista dos Tribunais, 2011, p. 128.
54. Artur Cortez Bonifácio, *O direito constitucional internacional e a proteção dos direitos fundamentais*, São Paulo, Método, 2008, p. 174-175.
55. Victor Roberto Prado Saldarriaga, *Comentarios al Código Penal de 1991*, Lima, Alternativas, 1993, p. 33; José Miguel Zugaldía Espinar, *Fundamentos de Derecho Penal*, Granada, Universidad de Granada, 1990, p. 196.

intervenção neurológica etc.), como também qualquer consequência jurídica inapagável do delito"[56].

O princípio de humanidade — afirma Bustos Ramirez — recomenda que seja reinterpretado o que se pretende com "reeducação e reinserção social", uma vez que se forem determinados coativamente implicarão atentado contra a pessoa como ser social[57]. Contudo, não se pode olvidar que o Direito Penal não é necessariamente *assistencial* e visa primeiramente à *Justiça distributiva*, responsabilizando o delinquente pela violação da ordem jurídica. E isso, na lição de Jescheck[58], "não pode ser conseguido sem dano e sem dor, especialmente nas penas privativas de liberdade, a não ser que se pretenda subverter a hierarquia dos valores morais e utilizar a prática delituosa como oportunidade para premiar, o que conduziria ao reino da utopia. Dentro destas fronteiras, impostas pela natureza de sua missão, todas as relações humanas reguladas pelo Direito Penal devem ser presididas pelo princípio de humanidade".

A Constituição Federal de 1988 assegura aos presos "o respeito à integridade física e moral" (art. 5º, XLIX), vedando a aplicação de pena de natureza cruel e degradante (art. 5º, XLVII, *e*). Nesse sentido, destaca, com propriedade, o magistrado argentino Guillermo Yacobucci, que "a própria dignidade do homem determina a existência do 'princípio pelo qual ninguém pode legalmente consentir que se lhe aflija um sério dano corporal'"[59]. No entanto, o *regime disciplinar diferenciado* — prevendo isolamento celular de até dois anos, prorrogável por períodos sucessivos de um ano — comina punição *cruel* e *desumana* e, portanto, inaplicável no Brasil. Na realidade, esse tipo de regime, que constitui verdadeira sanção criminal, promove a destruição moral, física e psicológica do preso, que, submetido a isolamento prolongado, pode apresentar depressão, desespero, ansiedade, raiva, alucinações, claustrofobia e, a médio prazo, psicoses e distúrbios afetivos profundos e irreversíveis.

Com efeito, o *regime disciplinar diferenciado* — instituído pela Lei n. 10.792/2003 e ampliado pela Lei n. 13.964/2019 — viola o *objetivo ressocializador* do sentenciado, vigente na sociedade contemporânea desde o Iluminismo. A Lei de Execução Penal (LEP), já em seu art. 1º, destaca como objetivo do cumprimento de pena a *reintegração social* do condenado, que é indissociável da execução da sanção penal. Portanto, qualquer modalidade de cumprimento de

---

56. Eugenio Raúl Zaffaroni, *Manual de Derecho Penal*; Parte General, 6ª ed., Buenos Aires, Ediar, 1991, p. 139.
57. Juan Bustos Ramirez, *Manual de Derecho Penal*, 3ª ed., Barcelona, Ariel, 1989, p. 386.
58. Jescheck, *Tratado*, cit., v. 1, p. 36.
59. Guillermo Yacobucci, *El sentido de los principios penales*, Buenos Aires, Editorial Ábaco de Rodolfo Depalma, 2002, p. 215.

pena em que não haja a concomitância dos dois objetivos legais, quais sejam, o *castigo* e a *reintegração social*, com observância apenas do primeiro, mostra-se ilegal e contrária à Constituição Federal. Assim, o *regime disciplinar diferenciado* constitui o exemplo mais marcante e mais recente na legislação brasileira de *violação do princípio de humanidade da pena*, não passando de forma cruel e degradante de cumprimento de pena; representa, na verdade, *autêntica vingança social*, e tem o castigo como único objetivo, desprezando por completo a recuperação social, primado declarado da pena privativa de liberdade. Espera-se que os tribunais superiores, na primeira oportunidade que tiverem, reconheçam a inconstitucionalidade desse diploma legal.

Concluindo, nesse sentido, nenhuma pena privativa de liberdade pode ter uma finalidade que atente contra a incolumidade da pessoa como ser social, o que violaria flagrantemente o princípio da dignidade humana, postulado fundamental da Carta da República.

11. Princípio da presunção de inocência: grande retrocesso na orientação jurisprudencial do Supremo Tribunal Federal

Veja-se, por questões puramente didáticas, a nefasta contradição de nossa Excelsa Corte: no dia 17 de fevereiro de 2009, por sete votos a quatro, o Supremo Tribunal Federal decidiu que um acusado só pode ser preso *depois de sentença condenatória transitada em julgado* (HC 84.078), em obediência ao disposto no inciso LVII do art. 5º da CF. Essa decisão reafirmou o conteúdo expresso de nossa Carta Magna, qual seja, a consagração do princípio da presunção de inocência. Ou seja, ao determinar que enquanto houver recurso pendente não poderá ocorrer execução de sentença condenatória, estava atribuindo, por consequência, efeito suspensivo aos recursos especiais e extraordinários. Tratava-se, por conseguinte, de decisão coerente com o Estado Democrático de Direito, comprometido com o respeito às garantias constitucionais, com a segurança jurídica e com a concepção de que somente a sentença judicial definitiva, isto é, transitada em julgado, poderá iniciar o cumprimento de pena imposta.

O Supremo Tribunal Federal orgulha-se de ser o guardião da Constituição Federal, e tem sido prestigiado pelo ordenamento jurídico brasileiro, que lhe atribui essa missão. Mas o fato de ser o guardião de nossa Carta Magna não lhe atribui a sua titularidade. Isto é, o STF não é o dono da Constituição, tampouco tem o direito de reescrevê-la a seu bel-prazer, como vem fazendo nos últimos anos, com suas interpretações contraditórias, equivocadas e, especialmente, contrariando o que vinha afirmando nos últimos 25 anos.

Essa postura autoritária que vem assumindo ultimamente, como órgão plenipotenciário, não o transforma em uma Instituição mais identificada com a sociedade brasileira. Pelo contrário, cria enorme insegurança jurídica, agride o bom senso, fere os sentimentos democráticos e republicanos e gera insustentável insegurança jurídica na coletividade brasileira. As garantias constitucionais são flagrantemente desrespeitadas, vilipendiadas, reinterpretadas e até negadas, como ocorreu no julgamento do HC 126.292, ocorrido no dia 17 de fevereiro de 2016.

Nesse dia, afirmamos, numa linguagem um tanto inadequada[60], que "o STF rasgou a Constituição Federal e jogou no lixo" os direitos assegurados de todo cidadão brasileiro que responde a um processo criminal, determinando que aproximadamente um terço dos condenados, provavelmente inocentes, cumpram pena indevidamente, segundo as estatísticas relativas a reformas pelos Tribunais Superiores.

Com efeito, ignorando os Tratados Internacionais recepcionados pelo ordenamento jurídico brasileiro e a previsão expressa em nossa Constituição (art. 5º, LVII)[61], que garantem o *princípio da presunção de inocência*, o STF passou a negar sua vigência, a partir dessa fatídica decisão, autorizando a *execução antecipada de decisões condenatórias*, mesmo pendentes recursos aos Tribunais Superiores. Trata-se de um dia em que o Supremo Tribunal Federal escreveu a página mais sombria de sua história, ao negar a vigência de Texto Constitucional expresso que estabelece como marco da *presunção de inocência* o trânsito em julgado de decisão condenatória. Trânsito em julgado é um instituto processual com conteúdo específico, significado próprio e conceito inquestionável, não admitindo alteração ou relativização de nenhuma natureza.

Nessa linha de pensamento, destacamos a sempre lúcida manifestação do Ministro Marco Aurélio. Acompanhando a Ministra Rosa Weber e questionando os efeitos da decisão, que repercutiria diretamente nas garantias constitucionais, pontificou: "Reconheço que a época é de crise maior, mas justamente nessa quadra de crise maior é que devem ser guardados parâmetros, princípios, devem ser guardados valores, não se gerando instabilidade porque a sociedade não pode viver aos sobressaltos, sendo surpreendida. Ontem, o Supremo disse que não poderia haver execução provisória, em jogo, a liberdade de ir e vir. Considerado o mesmo texto constitucional, hoje ele conclui de forma diametralmente oposta".

O decano do STF, Ministro Celso de Mello, na mesma linha do Ministro Marco Aurélio, manteve seu entendimento anterior, qual seja, *contrário à execução antecipada* da pena antes do trânsito em julgado de decisão condenatória, afirmando que a reversão do entendimento leva à "esterilização de uma das principais conquistas do cidadão: de jamais ser tratado pelo poder público como se

---

60. Cezar Roberto Bitencourt e Vania Barbosa Adorno Bitencourt, Em dia de terror, Supremo rasga a Constituição no julgamento de um HC. Disponível em: <www.conjur.com.br>, 18 de fevereiro de 2016. Acesso em: 9 out. 2016.
61. "Ninguém será considerado culpado até o trânsito em julgado de sentença penal condenatória."

culpado fosse". E completou seu voto afirmando que a presunção de inocência não se "esvazia progressivamente" conforme o julgamento dos processos pelas diferentes instâncias. O Presidente do STF, Ricardo Lewandowski, também votou contra a possibilidade da execução provisória da pena e destacou que lhe causava "estranheza" a decisão da Corte. Lewandowski lembrou que a decisão do tribunal agravará a crise no sistema carcerário brasileiro, aliás, crise para a qual, acrescentamos nós, a Corte Suprema nunca olhou, e também nunca se preocupou com a inconstitucional violação da dignidade humana no interior das prisões brasileiras, especialmente nos chamados "Presídios Federais".

Mas a essa altura os novos Ministros do STF, que não o integravam nos idos de 2009, já haviam mudado a orientação da Corte Suprema, numa espécie de insurreição dos novos contra os antigos!

Com essa decisão, lamentavelmente, em *retrocesso histórico*, o STF volta atrás e ignora o texto expresso da Constituição Federal, bem como os Tratados Internacionais que subscreveu. Com a Declaração dos Direitos do Homem e do Cidadão, em 1971, o *princípio da presunção de inocência* ganhou repercussão e importância universal. Ratificou, em outros termos, a Declaração dos Direitos Humanos, da ONU, em 1948, segundo a qual "toda pessoa acusada de delito tem direito a que se presuma sua inocência, enquanto não se prova sua culpabilidade, de acordo com a lei e em processo público no qual se assegurem todas as garantias necessárias para sua defesa" (art. 11).

Ademais, o Brasil votou na Assembleia Geral da ONU de 1948, e aprovou a *Declaração dos Direitos Humanos*, na qual estava insculpido, repetindo, o princípio da *presunção de inocência*, embora somente com a Constituição Federal de 1988 o nosso país tenha incorporado expressamente a *presunção de inocência* como princípio basilar do seu ordenamento jurídico. Por outro lado, com a aprovação pelo Congresso Nacional, pelo Decreto Legislativo n. 27/92, e com a Carta de Adesão do governo brasileiro, anuiu-se à Convenção Americana sobre Direitos Humanos, mais conhecida como *Pacto de São José da Costa Rica*, que estabeleceu, em seu art. 8º, I, o *Princípio da Presunção de Inocência*: "Toda pessoa acusada de delito tem direito a que se presuma sua inocência enquanto não se comprove legalmente sua culpa". Pois essa comprovação, no sistema brasileiro, somente se concretiza com o trânsito julgado da sentença condenatória, por força constitucional.

Na verdade, o Brasil tem dois textos legais, no plano constitucional, que asseguram o princípio da presunção de inocência, na medida em que o art. 5º, § 2º, da CF/88 atribui essa condição/natureza de constitucional a Tratado Internacional devidamente aprovado no País. E, não se pode negar, tanto o Pacto de São José da Costa Rica como o art. 5º, LVII, da CF/88 reconhecem a vigência desse princípio.

A presunção de inocência é um dos princípios basilares do Direito brasileiro, responsável por tutelar a liberdade dos indivíduos, sendo previsto, repetindo, pelo art. 5º, LVII, da Constituição de 1988: "Ninguém será considerado culpado até o trânsito em julgado de sentença penal condenatória". Tendo em vista que a Constituição Federal é nossa lei suprema, toda a legislação infraconstitucional deverá absorver e obedecer a tal princípio. Ou seja, o Texto Constitucional brasileiro foi eloquentemente incisivo: exige como marco da presunção de inocência o "trânsito em julgado de sentença penal condenatória", indo além, portanto, da maior parte da legislação internacional similar. Certamente, a nossa Constituição Federal é mais garantista que as demais, mas foi a extensão que nosso legislador constituinte quis dar a essa cláusula pétrea. Deve-se respeitá-la!

Não se ignora, diga-se de passagem, que o Estado brasileiro tem direito e interesse em punir indivíduos que tenham condutas que contrariem a ordem jurídica, podendo impor sanção àqueles que cometem ilícitos. No entanto, esse direito-dever de punir do Estado deve conviver e respeitar a liberdade pessoal, um bem jurídico do qual o cidadão não pode ser privado senão dentro dos limites legais. Ora, os princípios e garantias consagrados no Texto Constitucional não podem ser ignorados ou desrespeitados, e a Suprema Corte está aí para reafirmá-los, defendê-los e impedir decisões que os contrariem, reformando-as ou cassando-as, exatamente o contrário do que fez nesse julgamento.

Na verdade, como destaca José Roberto Machado[62]: "As questões afetas aos direitos humanos devem ser analisadas na perspectiva do reconhecimento e consolidação de direitos, de modo que uma vez reconhecido determinado direito como fundamental na ordem interna, ou, em sua dimensão global na sociedade internacional, inicia-se a fase de consolidação. A partir daí, não há mais como o Estado regredir ou retroceder diante dos direitos fundamentais reconhecidos, o processo é de agregar novos direitos ditos fundamentais ou humanos".

Aliás, o próprio Supremo Tribunal Federal, dos bons tempos, já se posicionou adotando o *princípio da vedação ao retrocesso*, destacando que por tal princípio se impõe ao Estado o impedimento de abolir, restringir ou inviabilizar sua concretização por inércia ou omissão. No entanto, com a decisão prolatada no HC 126.292, contrariou essa sua própria decisão, ao restringir, alterar e revogar garantias sociais e humanitárias já incorporadas no Estado Democrático de Direito, violando, nessa decisão, também o *princípio da proibição do retrocesso*. A *Convenção Americana sobre Direitos Humanos* de 1969 contém cláusula que impede, expressamente, que tratados posteriores sejam "interpretados no sentido de limitar o gozo e exercício de quaisquer direitos ou liberdades que possam ser

---

62. José Roberto Machado, Direitos humanos: princípio da vedação do retrocesso ou proibição de regresso. Disponível em: <http://blog.ebeji.com.br/direitos-humanos-principio-da-vedacao-do-retrocesso-ou-proibicao-de-regresso/>. Acesso em: 17 fev. 2016.

reconhecidos em virtude de lei de qualquer dos Estados-partes ou em virtude de Convenções em que seja parte um dos referidos Estados" (art. 29, *b*).

Finalmente, para a inconformidade de todos os ardorosos defensores de um Estado Democrático de Direito, parece que chegamos ao fundo do poço em termos de violação do Texto Constitucional por quem — STF — teria a função de respeitá-la e fazê-la ser respeitada, com a negativa da cautelar, por maioria simples, no julgamento do dia 5 de outubro de 2016, das Ações Declaratórias de Constitucionalidade n. 43 e 44. Somente o Ministro Dias Toffoli mudou seu entendimento para acompanhar a atual minoria. Mas, como se realizou apenas o exame liminar da cautelar postulada, espera-se que para o julgamento final das referidas ADCs mais algum Ministro reflita melhor e acompanhe a hoje minoria, defendendo a aplicabilidade integral, sem reservas, do atual Texto Constitucional.

12. Princípio da proibição do retrocesso

Os princípios e garantias consagrados no texto constitucional não podem ser ignorados ou desrespeitados, e o Supremo Tribunal Federal, que é o guardião da Constituição, está aí para reafirmá-los, defendê-los e impedir decisões que os contrariem, reformando-as ou cassando-as, exatamente como tem feito a partir da Carta Magna de 1988, salvo raras e honrosas exceções (HC 126.292)[63].

Na verdade, como destaca José Roberto Machado: "As questões afetas aos direitos humanos devem ser analisadas na perspectiva do reconhecimento e consolidação de direitos, de modo que uma vez reconhecido determinado direito como fundamental na ordem interna, ou, em sua dimensão global na sociedade internacional, inicia-se a fase de consolidação. A partir daí, não há mais como o Estado regredir ou retroceder diante dos direitos fundamentais reconhecidos, o processo é de agregar novos direitos ditos fundamentais ou humanos"[64].

Aliás, o próprio Supremo Tribunal Federal, dos bons tempos, já se posicionou adotando o *princípio da vedação ao retrocesso*, destacando que, por tal princípio, impõe-se ao Estado o impedimento de abolir, restringir ou inviabilizar sua concretização por inércia ou omissão, *verbis*:

"A PROIBIÇÃO DO RETROCESSO SOCIAL COMO OBSTÁCULO CONSTITUCIONAL À FRUSTRAÇÃO E AO INADIMPLEMENTO, PELO PODER

---

63. Como fez, em 2016, no julgamento do *Habeas Corpus* n. 126.292 em que relativizou o princípio da "presunção de não culpabilidade", ignorando que a nossa Constituição o assegura "até o trânsito em julgado da sentença penal condenatória", consagrada no inciso LVII da CF, *verbis*: "ninguém será considerado culpado até o trânsito em julgado de sentença penal condenatória".

64. José Roberto Machado. *Direitos humanos*: princípio da vedação do retrocesso ou proibição de regresso, disponível em <http://blog.ebeji.com.br/direitos-humanos-principio--da-vedacao-do-retrocesso-ou-proibicao-de-regresso/>. Acesso em: 17 fev. 2016.

PÚBLICO, DE DIREITOS PRESTACIONAIS. — O princípio da proibição do retrocesso impede, em tema de direitos fundamentais de caráter social, que sejam desconstituídas as conquistas já alcançadas pelo cidadão ou pela formação social em que ele vive. — A cláusula que veda o retrocesso em matéria de direitos a prestações positivas do Estado (como o direito à educação, o direito à saúde ou o direito à segurança pública, v.g.) traduz, no processo de efetivação desses direitos fundamentais individuais ou coletivos, obstáculo a que os níveis de concretização de tais prerrogativas, uma vez atingidos, venham a ser ulteriormente reduzidos ou suprimidos pelo Estado. Doutrina. Em consequência desse princípio, o Estado, após haver reconhecido os direitos prestacionais, assume o dever não só de torná-los efetivos, mas, também, se obriga, sob pena de transgressão ao texto constitucional, a preservá-los, abstendo-se de frustrar — mediante supressão total ou parcial — os direitos sociais já concretizados" (ARE-639.337 — Rel. Min. Celso de Mello).

Aliás, com a decisão prolatada no HC 126.292, contrariou sua própria orientação (ARE 639.337) no sentido de não poder restringir, alterar ou revogar garantias sociais e humanitárias já incorporadas no Estado Democrático de Direito. A Convenção Americana sobre Direitos Humanos de 1969 contém cláusula que impede, expressamente, que tratados posteriores sejam "interpretados no sentido de limitar o gozo e exercício de quaisquer direitos ou liberdades que possam ser reconhecidos em virtude de lei de qualquer dos Estados-partes ou em virtude de Convenções em que seja parte um dos referidos Estados" (art. 29, *b*).

Com efeito, ignorando os Tratados Internacionais recepcionados pelo ordenamento jurídico brasileiro e a previsão expressa em nossa Constituição (art. 5º, LVII), que garantem o *princípio da não culpabilidade*, o STF passou a negar sua vigência, a partir dessa fatídica decisão, autorizando a *execução antecipada de decisões condenatórias*, mesmo pendentes recursos aos Tribunais Superiores. Trata-se de um dia em que o Supremo Tribunal Federal escreveu a mais negra página de sua história, ao *negar a vigência de Texto Constitucional* expresso que estabelece como marco da presunção de inocência (não culpabilidade) o trânsito em julgado de decisão condenatória. Aliás, trânsito em julgado é um instituto processual com conteúdo específico, significado próprio e conceito inquestionável, não admitindo alteração ou relativização de nenhuma natureza, e nem mesmo *argumento falacioso* do tipo "precisa ser interpretado".

No entanto, nessa linha de pensamento, destacamos a sempre lúcida manifestação do Ministro Marco Aurélio. Acompanhando a Ministra Rosa Weber, e questionando os efeitos da decisão, que repercutiria diretamente nas garantias constitucionais, pontificou: "Reconheço que a época é de crise maior, mas justamente nessa quadra de crise maior é que devem ser guardados parâmetros, princípios, devem ser guardados valores, não se gerando instabilidade porque a sociedade não pode viver aos sobressaltos, sendo surpreendida. Ontem, o Supremo disse que não poderia haver execução provisória, em jogo, a liberdade de ir e vir. Considerado o mesmo texto constitucional, hoje ele conclui de forma diametralmente oposta".

O decano, Ministro Celso de Mello, na mesma linha do Ministro Marco Aurélio, manteve seu entendimento anterior, qual seja, contrário à execução antecipada da pena antes do trânsito em julgado de decisão condenatória, afirmando que a reversão do entendimento leva à "esterilização de uma das principais conquistas do cidadão: de jamais ser tratado pelo poder público como se culpado fosse". E completou seu voto afirmando que a *presunção de inocência* não se "esvazia progressivamente" conforme o julgamento dos processos pelas diferentes instâncias. O Presidente do STF, Ricardo Lewandowski, também votou contra a possibilidade da *execução provisória* da pena e destacou que lhe causava "estranheza" a decisão da Corte. Lewandowski lembrou que a decisão do tribunal agora agravará a crise no sistema carcerário brasileiro, aliás, crise para a qual, acrescentamos nós, a Corte Suprema nunca olhou, e também nunca se preocupou com a inconstitucional violação da dignidade humana nos porões dos presídios brasileiros, inclusive alguns subterrâneos, como ocorre no Estado do Rio de Janeiro.

Para concluir, os organismos internacionais de proteção dos direitos humanos desconhecem que o Brasil, que se intitula um Estado Constitucional e Democrático de Direito, em pleno século XXI, continua a adotar *prisões subterrâneas*, de fazer inveja às masmorras da Idade Média, sem adotar qualquer medida saneadora, fechando os olhos para essas absurdas violações da dignidade da pessoa humana, como se elas não existissem. E os eventuais *habeas corpus* que chegam à nossa Suprema Corte alegando tantas e tantas inconstitucionalidades, inclusive dessa natureza, têm sido sistematicamente negados, em muitas dessas vezes sob o "extraordinário" argumento da "dificuldade de superar a Súmula 691", que impede a apreciação de *habeas corpus* decorrente de negativa liminar proferida pelo Tribunal da Cidadania?

Mas isso, nas atuais circunstâncias, também não seria nada demais, mesmo em um Estado Republicano, na medida em que, no quotidiano, o STF tem negado sistematicamente jurisdição a inúmeros cidadãos, pobres ou ricos, em nome de um simples verbete sumular (691), que resolveu construir para obstaculizar uma das mais sagradas garantias constitucionais, que é o *habeas corpus*. Com efeito, poucos Ministros de nossa Corte Constitucional têm se preocupado com a gravidade da coação, com a aberração da decisão anterior, e com grande esforço superam a maldita súmula.

Na verdade, o que se pode esperar do ordenamento jurídico de um País dito republicano cuja Corte Suprema — única com função jurisdicional — ignora qualquer violência, agressão ou coação ilegal tão somente para preservar um maldito verbete que em má hora resolveram editar? Enfim, o que pode restar aos defensores dos direitos humanos, das garantias fundamentais, que acreditam nas cláusulas pétreas, e que defendem as Instituições Democráticas, senão apenas filosofar, pensando que "ainda há juízes em Berlim"?!

12.1. *A correção do retrocesso adotado pelo STF no julgamento do HC 126.292*

Após a Constituição de 1988 assegurar que "ninguém será considerado culpado até o trânsito em julgado de sentença penal condenatória", o Supremo Tribunal Federal deliberou (7 a 4), em 2009, que era inconstitucional a execução antecipada da pena (HC 84.078). Voltou a debruçar-se sobre o mesmo tema em fevereiro de 2016, no *Habeas Corpus* 126.292, pelo mesmo placar (7 a 4), desafortunadamente, desrespeitando o texto constitucional, o plenário alterou novamente a jurisprudência dominante, admitindo a possibilidade de antecipar o cumprimento de pena, a partir da confirmação de prisão pela 2ª instância. Nessa oportunidade, a reviravolta foi comandada pelo saudoso conterrâneo Ministro Teori Zavascki.

O mais grave foi que ocorreu, além da negativa de um *habeas corpus* individual, a agravação da situação do paciente, algo inconcebível no âmbito de um *habeas corpus* individual do paciente e, como é consabido, o Estado pode negá-lo, mas não pode agravar a situação do paciente, porque esse instituto é exclusivo da defesa. Referida decisão trouxe consigo a insegurança jurídica a todo cidadão que precisasse desse remédio heroico, ou seja, passou-se a temer a possibilidade de agravar a situação de impetrantes, posto que nunca dantes havia ocorrido esse tipo de reversão. Esse grave precedente gerou grande desentendimento na Corte, tanto que os próprios ministros passaram a decidir, monocraticamente, de formas as mais variadas possíveis.

Finalmente, por maioria simples, em outubro de 2019 o STF concluiu o julgamento das ADCs 43, 44 e 54 reconhecendo a constitucionalidade do art. 283 do CPP que, em termos semelhantes repete a dicção do texto constitucional. Em outros termos, por 6 a 5 os dignos ministros decidiram que não é possível a execução da pena após decisão condenatória confirmada em 2ª instância. Em outros termos, a Suprema Corte, por maioria, reiterou que não é possível a execução da pena com decisão condenatória confirmada em 2ª instância. O que surpreende, nessa maioria mínima, é a dificuldade de cinco ministros conseguirem ler o texto expresso constante do inciso LVII da CF, segundo o qual, "ninguém será considerado culpado até o trânsito em julgado de sentença penal condenatória", com a agravante de que, pelo menos dois deles, são reconhecidos como grandes constitucionalistas, ambos com cátedras em duas excepcionais universidades públicas brasileiras.

Sem querer ser saudosista, mas resgatando as origens dessa previsão constitucional, destacamos que os constituintes originários com muita luta, depois de muitos debates, houveram por bem *assegurar a proibição da execução antecipada da pena*, garantindo que ela somente poderá ser cumprida após o trânsito em julgado de sentença penal condenatória. A clareza solar desse dispositivo constitucional, além de ser uma cláusula pétrea, não admite que nem a mais ousada elucubração hermenêutico-constitucional possa dar-lhe outra interpretação que não aquela que o constituinte brasileiro atribuiu ao referido texto constitucional. Não lhes socorre tampouco a invocação de previsões distintas de constituições de outros países, na medida em que cada país é regido por sua própria Carta Magna e não pelas de outros países, considerando-se que o Brasil é uma República autônoma, independente e tem seu próprio ordenamento jurídico-constitucional. A nossa exigiu, como se vê, o trânsito em julgado de sentença penal condenatória, muitas outras, no entanto, contentam-se com a previsão de confirmação em segunda instância, mas a nossa foi além exigindo o esgotamento da prestação jurisdicional (trânsito em julgado).

Por outro lado, é inverídica a afirmação de que nenhuma outra constituição tem previsão similar a nossa e ainda que, *ad argumentandum*, fosse verdadeira essa assertiva, não invalidaria a garantia constitucional que nosso constituinte decidiu atribuir aos brasileiros. Na verdade, a Constituição portuguesa de 1976, no inciso 2º de seu artigo 32 determina que, "Todo o arguido se presume inocente até ao trânsito em julgado da sentença de condenação, devendo ser julgado no mais curto prazo compatível com as garantias de defesa". Praticamente a mesma garantia assegurada em nossa constituição, com termos similares, e com a vantagem de que referida constituição já assegura aos portugueses a garantia da duração razoável do processo desde 1976.

Espera-se, por fim, que o STF, como guardião da Constituição Federal, assegure-lhe sua estabilidade, mormente das garantias fundamentais, posto que a cada alteração da composição da Suprema Corte volta-se a questionar determinadas cláusulas pétreas, particularmente esta. No entanto, um dos maiores argumentos invocados por alguns ministros, dentre os quais, o Ministro Luiz Fux, atual presidente da Suprema Corte, foi a estabilidade da interpretação do texto constitucional, que há pouco havia sido alterado (com o HC 126.292). Pois bem, por esse forte argumento espera-se que o digno Presidente do STF (2020 a 2022) lembre-se desse seu fundamento e o defenda no presente-futuro.

HISTÓRIA DO DIREITO PENAL | III

Sumário: 1. Considerações introdutórias. 2. Direito Penal Romano. 3. Direito Penal Germânico. 4. Direito Penal Canônico. 5. Direito Penal comum. 6. Período humanitário. Os reformadores. 6.1. Cesare de Beccaria. 6.2. John Howard. 6.3. Jeremias Bentham. 7. História do Direito Penal brasileiro. 7.1. Período colonial. 7.2. Código Criminal do Império. 7.3. Período republicano. 7.4. Reformas contemporâneas. 7.5. Perspectivas para o futuro.

1. Considerações introdutórias

A história do Direito Penal consiste na análise do direito repressivo de outros períodos da civilização, comparando-o com o Direito Penal vigente. É inquestionável a importância dos estudos da história do Direito Penal, permitindo e facilitando um melhor conhecimento do direito vigente. A importância do conhecimento histórico de qualquer ramo do Direito facilita inclusive a exegese, que necessita ser contextualizada, uma vez que a conotação que o Direito Penal assume, em determinado momento, somente será bem entendida quando tiver como referência seus antecedentes históricos.

As diversas fases da evolução da *vingança penal* deixam claro que não se trata de uma progressão sistemática, com princípios, períodos e épocas caracterizadores de cada um de seus estágios. A doutrina mais aceita tem adotado uma tríplice divisão, que é representada pela *vingança privada, vingança divina* e *vingança pública*, todas elas sempre profundamente marcadas por forte sentimento religioso/espiritual. A despeito da divergência, sem qualquer precisão, o mais importante, ao menos para ilustrar, é que se tenha noção, ainda que superficial, do que caracterizou cada uma dessas fases.

Nas sociedades primitivas, os fenômenos naturais maléficos eram recebidos como manifestações divinas ("totem") revoltadas com a prática de atos que exigiam reparação. Nessa fase, punia-se o infrator para desagravar a divindade. A infração totêmica, ou, melhor dito, a desobediência, levou a coletividade a punir o infrator para desagravar a entidade. O castigo aplicável consistia no sacrifício da própria vida do infrator. Na verdade, a pena em sua origem distante representa o simples revide à agressão sofrida pela coletividade, absolutamente *desproporcional*, sem qualquer preocupação com algum conteúdo de Justiça.

Esta *fase*, que se convencionou denominar *fase da vingança divina*, resultou da grande influência exercida pela religião na vida dos povos antigos. O princípio que domina a repressão é a satisfação da divindade, ofendida pelo crime. Pune-se com rigor, antes com notória crueldade, pois o castigo deve estar em relação com a grandeza do deus ofendido[1]. A impregnação de sentido místico no Direito Penal ocorreu desde suas origens mais remotas, quando se concebia a repressão ou castigo do infrator como uma satisfação às divindades pela ofensa ocorrida no grupo social[2]. Trata-se do direito penal religioso, teocrático e sacerdotal, e tinha como finalidade a purificação da alma do criminoso por meio do castigo. O castigo era aplicado, por delegação divina, pelos sacerdotes, com penas cruéis, desumanas e degradantes, cuja finalidade maior era a intimidação. Pode-se destacar como legislação típica dessa fase o *Código de Manu*, embora legislações com essas características tenham sido adotadas no *Egito* (Cinco Livros), na *China* (Livro das Cinco Penas), na *Pérsia* (Avesta), em *Israel* (Pentateuco) e na *Babilônia*.

Esse era, enfim, o espírito dominante nas leis dos povos do Oriente antigo (além da Babilônia, China, Índia, Israel, Egito, Pérsia etc.). Além da severidade, que era sua característica principal, decorrente do caráter teocrático, esse direito penal era aplicado pelos sacerdotes. Evoluiu-se, posteriormente, para a vingança privada, que poderia envolver desde o indivíduo isoladamente até o seu grupo social, com sangrentas batalhas, causando, muitas vezes, a completa eliminação de grupos. Quando a infração fosse cometida por membro do próprio grupo, a punição era o banimento (perda da paz), deixando-o à mercê de outros grupos, que fatalmente o levariam à morte. Quando, no entanto, a violação fosse praticada por alguém estranho ao grupo, a punição era a "vingança de sangue", verdadeira guerra grupal.

Com a evolução social, para evitar a dizimação das tribos, surge a *lei de talião*, determinando a reação proporcional ao mal praticado: *olho por olho, dente por dente*. Esse foi o maior exemplo de tratamento igualitário entre infrator e vítima, representando, de certa forma, a primeira tentativa de humanização da sanção criminal. A *lei de talião* foi adotada no Código de Hamurabi (Babilônia), no Êxodo (hebreus) e na Lei das XII Tábuas (romanos)[3]. No entanto, com o passar do tempo, como o número de infratores era grande, as populações iam ficando deformadas, pela perda de membro, sentido ou função, que o Direito talional

---

1. Magalhães Noronha, *Direito Penal*; Parte Geral, 33ª ed., São Paulo, Saraiva, v. 1, 1998, p. 21.
2. Recomenda-se, a quem se interessar pelo tema, a leitura de Fustel de Coulanges, *Cidade Antiga*, 8ª ed., Porto, Livraria Clássica Editora, 1954.
3. Heleno Cláudio Fragoso, *Lições de Direito Penal*, Rio de Janeiro, Forense, 1985, v. 1, p. 26.

propiciava. Assim, evoluiu-se para a *composição*, sistema através do qual o infrator *comprava* a sua liberdade, livrando-se do castigo. A composição, que foi largamente aceita, na sua época, constitui um dos antecedentes da moderna reparação do Direito Civil e das penas pecuniárias do Direito Penal.

Mas, com a melhor organização social, o Estado afastou a *vindita privada*, assumindo o poder-dever de manter a ordem e a segurança social, surgindo a *vingança pública*, que, nos seus primórdios, manteve absoluta identidade entre poder divino e poder político. A primeira finalidade reconhecida desta fase era garantir a segurança do soberano, por meio da aplicação da sanção penal, ainda dominada pela crueldade e desumanidade, característica do direito criminal da época. Mantinha-se ainda forte influência do aspecto religioso, com o qual o Estado justificava a proteção do soberano. A Grécia, por exemplo, era governada em nome de Zeus; a Roma Antiga recebeu, segundo se acredita, a Lei das XII Tábuas.

Finalmente, superando as fases da vingança divina e da vingança privada, chegou-se à *vingança pública*. Nesta fase, o objetivo da repressão criminal é a segurança do soberano ou monarca pela sanção penal, que mantém as características da crueldade e da severidade, com o mesmo objetivo intimidatório.

Na Grécia Antiga, em seus primórdios, o crime e a pena continuaram a se inspirar no sentimento religioso. Essa concepção foi superada com a contribuição dos filósofos, tendo Aristóteles antecipado a necessidade do livre-arbítrio, verdadeiro embrião da ideia de culpabilidade, firmado primeiro no campo filosófico para depois ser transportado para o jurídico. Platão — com as *Leis* — antecipou a finalidade da pena como meio de defesa social, que deveria intimidar pelo rigorismo, advertindo os indivíduos para não delinquir. Ao lado da *vingança pública*, os gregos mantiveram por longo tempo as vinganças divina e privada, formas de vingança que ainda não mereciam ser denominadas *Direito Penal*.

Na Roma Antiga, a pena também manteve seu caráter religioso e foi, igualmente, palco das diversas formas de vingança. Mas logo os romanos partiram para a separação entre direito e religião. Considerando, no entanto, a importância na evolução posterior do direito, não apenas no campo penal, que Roma representa, faremos sua análise em tópico especial, a exemplo do que faremos com o Direito Germânico, Canônico etc. De qualquer sorte, em nenhuma dessas fases de vingança houve a liberação total do caráter místico ou religioso da sanção penal, tampouco se conheceu a responsabilidade penal individual, que somente a partir das conquistas do Iluminismo passou a integrar os mandamentos mais caros do Direito Penal.

2. Direito Penal Romano

O Direito Romano oferece um ciclo jurídico completo, constituindo até hoje a maior fonte originária de inúmeros institutos jurídicos. Roma é tida como síntese da sociedade antiga, representando um elo entre o mundo antigo e o moderno[4]. No período da fundação de Roma (753 a.C.), a pena era utilizada com aquele caráter sacral que já referimos, confundindo-se a figura do Rei e do Sacerdote, que dispunham de poderes ilimitados, numa verdadeira simbiose de direito e religião. Durante a primitiva organização jurídica da Roma monárquica prevaleceu o direito consuetudinário, que era rígido e formalista. A Lei das XII Tábuas (séc. V a.C.) foi o primeiro código romano escrito, que resultou da luta entre patrícios e plebeus. Essa lei inicia o período dos diplomas legais, impondo-se a necessária limitação à *vingança privada*, adotando a *lei de talião*, além de admitir a *composição*[5].

Ainda nos primeiros tempos da realeza surge a distinção entre os crimes públicos e privados, punidos pelos *ius publicum* e *ius civile,* respectivamente. *Crimes públicos* eram a traição ou conspiração política contra o Estado *(perduellio)* e o assassinato *(parricidium)*, enquanto os demais eram crimes privados — *delicta* — por constituírem ofensas ao indivíduo, tais como furto, dano, injúria etc. O julgamento dos crimes públicos, que era atribuição do Estado, através do magistrado, era realizado por tribunais especiais, cuja sanção aplicada era a pena de morte. Já o julgamento dos crimes privados era confiado ao próprio particular ofendido, interferindo o Estado somente para regular o seu exercício. Os crimes privados pertenciam ao Direito privado e não passavam de simples fontes de obrigações. Na época do império surge uma nova modalidade de crime, os *crimina extraordinaria,* "fundada nas ordenações imperiais, nas decisões do Senado ou na prática da interpretação jurídica, que resulta na aplicação de uma pena individualizada pelo arbítrio judicial à relevância do caso concreto"[6].

O núcleo do Direito Penal Romano clássico surge com o conjunto de leis publicadas ao fim da República (80 a.C.), com as *leges Corneliae* e *Juliae,* que criaram uma verdadeira tipologia de crimes, para a sua época, catalogando aqueles comportamentos que deveriam ser considerados criminosos. As *leges Corneliae* preocuparam-se basicamente com aqueles crimes praticados nas relações interpessoais dos cidadãos — patrimoniais, pessoais etc. —, enquanto as *leges Juliae* preocuparam-se, fundamentalmente, com os crimes praticados

---

4. Luiz Régis Prado e Cezar Roberto Bitencourt, *Elementos de Direito Penal*, São Paulo, Revista dos Tribunais, 1995, v. 1, p. 20.
5. Teodoro Mommsen, *Derecho Penal Romano*, Bogotá, Temis, 1976, p. 89.
6. Luiz Régis Prado e Cezar Roberto Bitencourt, *Elementos de Direito Penal*, cit., v. 1, p. 21.

contra o Estado, seja pelos particulares, seja pelos próprios administradores, destacando-se os crimes de corrupção dos juízes, do parlamento, prevaricação, além de alguns crimes violentos, como sequestro, estupro etc.

Duas ou três décadas antes de Cristo desaparece a vingança privada, sendo substituída pela administração estatal, que passa a exercer o *ius puniendi*, ressalvando o poder conferido ao *pater familiae*, mas agora já com restrições.

O fundamento da pena, pode-se afirmar, era essencialmente retributivo, embora, nesse período final, apareça já bastante atenuado, vigindo o princípio da reserva legal, pois as leis *Corneliae* e *Juliae* exigiam que os fatos incriminados e as sanções correspondentes estivessem previamente catalogados[7].

A pena de morte, que praticamente havia desaparecido, pois, até a era de Adriano (117-138 d.C.), ressurge com grande força, no século II d.C., com o aparecimento dos chamados crimes extraordinários, tais como furto qualificado, estelionato, extorsão, aborto, exposição de infante. A esses crimes pode-se acrescentar os crimes essencialmente religiosos, como blasfêmia, heresia, bruxaria etc. A prisão era conhecida na Antiguidade tão somente como prisão-custódia, como depósito, uma espécie de antessala do suplício, onde os condenados aguardavam para a execução da pena propriamente dita.

Nessa época, os romanos dominavam institutos como o dolo e a culpa, agravantes e atenuantes na medição da pena. Como destacava Heleno Fragoso[8], "o Direito Penal Romano aparece no *Corpus Juris Civilis* do imperador Justiniano, especialmente nos livros 47 e 48 do Digesto (533 d.C.), chamados *libri terribiles*, e no livro IX do Codex (534 d.C.). Igualmente, no livro IV, das Institutas, título 1 a 5 e 18". O Direito repressivo dessa compilação é basicamente o da época clássica, tendo por base as leis de Sila, César e Augusto.

Destacamos algumas das principais características do Direito Penal Romano[9]:

a) a afirmação do caráter público e social do Direito Penal; b) o amplo desenvolvimento alcançado pela doutrina da imputabilidade, da culpabilidade e de suas excludentes; c) o elemento subjetivo doloso se encontra claramente diferenciado. O dolo — *animus* —, que significava a vontade delituosa, que se aplicava a todo campo do direito, tinha, juridicamente, o sentido de *astúcia* — *dolus malus* —, reforçada, a maior parte das vezes, pelo adjetivo má, *o velho dolus malus*, que era enriquecido pelo requisito da consciência da injustiça[10]; d) a teoria da tentativa, que não teve um desenvolvimento completo, embora se admita que era punida nos chamados crimes extraordinários; e) o reconhecimento, de modo excepcional, das causas de justificação (legítima defesa e estado de necessidade);

---

7. Fragoso, *Lições*, cit., v. 1, p. 29.
8. Fragoso, *Lições*, cit., v. 1, p. 30.
9. Luiz Régis Prado e Cezar Roberto Bitencourt, *Elementos de Direito Penal*, cit., v. 1, p. 20.
10. Teodoro Mommsen, *Derecho Penal Romano*, cit., p. 61.

f) a pena constituiu uma reação pública, correspondendo ao Estado a sua aplicação; g) a distinção entre *crimina publica*, *delicta privata* e a previsão dos *delicta extraordinaria*; h) a consideração do *concurso de pessoas*, diferenciando a autoria e a participação[11].

Finalmente, nesse período, os romanos não realizaram uma sistematização dos institutos de Direito Penal. No entanto, a eles remonta a origem de inúmeros institutos penais que na atualidade continuam a integrar a moderna dogmática jurídico-penal. Na verdade, os romanos conheceram o nexo causal, dolo, culpa, caso fortuito, inimputabilidade, menoridade, concurso de pessoas, penas e sua medição. Não procuraram defini-los, trabalhavam-nos casuisticamente, isoladamente, sem se preocupar com a criação, por exemplo, de uma Teoria Geral de Direito Penal.

3. Direito Penal Germânico

O Direito Germânico primitivo não era composto de leis escritas, caracterizando-se como um Direito consuetudinário. O Direito era concebido como uma *ordem de paz* e a sua transgressão como *ruptura da paz*, pública ou privada, segundo a natureza do crime, privado ou público. A reação à *perda da paz*, por crime público, autorizava que qualquer pessoa pudesse matar o agressor. Quando se tratasse de crime privado, o transgressor era entregue à vítima e seus familiares para que exercessem o direito de vingança, que assumia um autêntico *dever* de vingança de sangue[12]. Essa *política criminal* germânica, em seus primórdios, representava uma verdadeira guerra familiar, evoluindo para um direito pessoal a partir do século IX, para, finalmente, em 1495, com o advento da *Paz Territorial Eterna*, ser definitivamente banida.

Os povos germânicos também conheceram a *vingança de sangue*, "que somente em etapas mais avançadas, com o fortalecimento do poder estatal, foi sendo gradativamente substituída pela composição, voluntária, depois obrigatória"[13]. Com a instalação da Monarquia, começa a extinção paulatina da vingança de sangue. A *compositio* consistia, em geral, no dever de compensar o prejuízo sofrido com uma certa importância em *pecunia*, objetivando a supressão da vingança privada, que, em determinados casos, mais que um direito, era um

---

11. Sebastian Soler, *Derecho Penal argentino*, Buenos Aires, TEA, 1970, p. 53; Luiz Jiménez de Asúa, *Tratado de Derecho Penal*, 3ª ed., Buenos Aires, Losada, 1964, v. 1, p. 284-5.
12. Jescheck, *Tratado de Derecho Penal*, v. 1, p. 128 e s.; Jiménez de Asúa, *Tratado*, cit., v. 1, p. 286 e s.
13. Luiz Régis Prado, *Multa penal*, São Paulo, Revista dos Tribunais, 1993, p. 31 e s.

dever da vítima ou de sua *Sippe* de vingar as ofensas recebidas. Consagra-se, desse modo, a vingança, hereditária e solidária, da família[14].

As leis bárbaras definiam detalhadamente as formas, meios, tarifas e locais de pagamentos, segundo a qualidade das pessoas, idade, sexo, e ainda de acordo com a natureza da lesão. Era quase uma indenização tarifária. As leis bárbaras, que deram o perfil do Direito Germânico do século VI (500 d.C.), são as seguintes: *Lex Salica* (séc. VI); *Lex Rupiaria* (séc. VI); *Pactus* (séc. VII); *Lex Alamannorum* (séc. VIII); caracterizaram-se por um sistema de composição peculiar e cabalmente delineado, que se converteu na base de todo o seu ordenamento punitivo. Esse corpo legislativo, na verdade, representava apenas a formalização do direito costumeiro[15].

A *composição* representava um misto de ressarcimento e pena: parte destinava-se à vítima ou seus familiares, como indenização pelo crime, e parte era devida ao tribunal ou ao rei, simbolizando o *preço da paz*. Aos infratores insolventes, isto é, àqueles que não podiam pagar pelos seus crimes, eram aplicadas, em substituição, penas corporais.

Só tardiamente o Direito Germânico acabou adotando a pena de talião, por influência do Direito Romano e do Cristianismo. A responsabilidade objetiva também é característica do Direito Germânico. Há uma apreciação meramente objetiva do comportamento humano, onde o que importa é o resultado causado, sem questionar se resultou de dolo ou culpa ou foi produto de caso fortuito, consagrando-se a máxima: *o fato julga o homem*. Mais tarde, por influência do Direito Romano, começa-se a exigir um vínculo psicológico. Em relação ao aspecto procedimental, adotava-se um direito ordálico (provas de água fervendo, de ferro em brasa etc.)[16].

4. Direito Penal Canônico

A influência do Cristianismo no Direito Penal, com a proclamação da liberdade de culto, pelo imperador Constantino (313 d.C.), veio a consolidar-se com a declaração do imperador Teodósio I, transformando-o na única religião do Estado (379 d.C.). O Cristianismo ingressou na Monarquia franca em 496 d.C., com a conversão de Clodovéu, surgindo a repressão penal de crimes religiosos e a jurisdição eclesiástica, protegendo os interesses de dominação[17].

---

14. Von Liszt, *Tratado de Derecho Penal*, Madrid, Ed. Reus, 1927 e 1929, t. 2, p. 158-9; Fragoso, *Lições*, cit., p. 31.
15. Fragoso, *Lições*, cit., v. 1, p. 31.
16. Luiz Régis Prado e Cezar Roberto Bitencourt, *Elementos de Direito Penal*, cit., v. 1, p. 23.
17. Fragoso, *Lições*, cit., p. 32.

O Direito Canônico — ordenamento jurídico da Igreja Católica Apostólica Romana — é formado pelo *Corpus Juris Canonici*, que resultou do *Decretum Gratiani* (1140), sucedido pelos decretos dos Pontífices Romanos (séc. XII), de Gregório IX (1234), de Bonifácio VIII (1298) e pelas Clementinas, de Clemente V (1313). O Papa João Paulo II, em 25 de janeiro de 1983, promulgou o atual Código de Direito Canônico[18]. Primitivamente, o Direito Penal Canônico teve caráter disciplinar. Aos poucos, com a crescente influência da Igreja e consequente enfraquecimento do Estado, o Direito Canônico foi-se estendendo a religiosos e leigos, desde que os fatos tivessem conotação religiosa[19]. A jurisdição eclesiástica aparecia dividida em: *ratione personae* e *ratione materiae*. Pela primeira — em razão da pessoa — o religioso era julgado sempre por um tribunal da Igreja, qualquer que fosse o crime praticado; na segunda — em razão da matéria — a competência eclesiástica era fixada, ainda que o crime fosse cometido por um leigo.

A classificação dos delitos era a seguinte: a) *delicta eclesiastica* — ofendiam o direito divino, eram da competência dos tribunais eclesiásticos, e eram punidos com as *poenitentiae*; b) *delicta mere secularia* — lesavam somente a ordem jurídica laica, eram julgados pelos tribunais do Estado e lhes correspondiam as sanções comuns. Eventualmente, sofriam punição eclesiástica com as *poenae medicinales*; c) *delicta mixta* — violavam as duas ordens (religiosa e laica) e eram julgados pelo tribunal que primeiro deles tivesse conhecimento. Pela Igreja eram punidos com as *poene vindicativae*[20].

O Direito Canônico contribuiu consideravelmente para o surgimento da prisão moderna, especialmente no que se refere às primeiras ideias sobre a reforma do delinquente. Precisamente do vocábulo "penitência", de estreita vinculação com o Direito Canônico, surgiram as palavras "penitenciário" e "penitenciária"[21]. Essa influência veio completar-se com o predomínio que os conceitos teológico--morais tiveram, até o século XVIII, no Direito Penal, já que se considerava que o crime era um pecado contra as leis humanas e divinas.

Sobre a influência do Direito Canônico nos princípios que orientaram a prisão moderna[22], afirma-se que as ideias de fraternidade, redenção e caridade da Igreja foram transladadas ao direito punitivo, procurando corrigir e reabilitar o

---

18. Luiz Régis Prado e Cezar Roberto Bitencourt, *Elementos de Direito Penal*, cit., v. 1, p. 24.
19. Jiménez de Asúa, *Tratado de Derecho Penal*, cit., v. 1, p. 289; Fragoso, *Lições*, cit., p. 32.
20. Cuello Calón, *Derecho Penal*, Barcelona, Bosch, 1980, t. 1, p. 75.
21. Garrido Guzman, *Compendio de Ciencia Penitenciaria*, Universidad de Valencia, 1976, p. 48.
22. Dario Melossi e Massimo Pavarini, *Cárcel y fábrica — los orígenes del sistema penitenciario*, 2ª ed., México, 1985, p. 21-2.

delinquente. Os mais entusiastas manifestam que, nesse sentido, as conquistas alcançadas em plena Idade Média não têm logrado solidificar-se, ainda hoje, de forma definitiva, no direito secular. Entre elas, menciona-se a *individualização* da pena conforme o caráter e temperamento do réu. Seguindo a tradição canônica, na qual se fazia distinção entre pena vindicativa e pena medicinal, pode-se encontrar as iniciativas penitenciárias de Filippo Franci e as reflexões de Mabillon durante o século XVII, as realizações dos Papas Clemente XI e Clemente XII[23].

5. Direito Penal comum

Na Europa, o *ius commune*, afirma Delmas Marty[24], feito de costumes locais, de Direito Feudal, de Direito Romano, de Direito Canônico e de Direito Comercial, foi acompanhado nos séculos XII a XVI do nascimento dos Direitos Nacionais. O renascimento dos estudos romanísticos dá lugar ao fenômeno chamado de *recepção*. Nessa época destacou-se o trabalho dos comentadores dos textos romanos à luz do Direito Canônico e do Direito local ou estatutário. Assim, surgiram os glosadores (1100-1250) e os pós-glosadores (1250-1450), especialmente na Itália. Dentre os primeiros, merecem referência Irnério, fundador da Escola dos Glosadores; Azo, autor de *Summa Codicis;* Accursio, autor da compilação *Magna Glosa*; Guido de Suzzara e Rolandino Romanciis, autores das primeiras obras de Direito Penal. Já entre os pós-glosadores — mais preocupados com o Direito comum (*generalis consuetudo*) — cabe destacar Alberto Gandino, autor de *Tratactus de Maleficiis*; Jacob de Belvisio; Bartolo de Sassoferrato e seu discípulo Baldo de Ubaldis. E, nos séculos XVI, XVII e XVIII, as figuras de Hippolito de Marsilii; André Tiraqueau, autor de *De Poenis Temperandis*; Jean Imbert, autor de *Pratique Judiciare*; Julio Claro de Alexandria, autor de *Practica Civilis et Criminalis*; Tiberius Decianus, autor de *Tratactus Criminalis*; Diego Covarrubias Leiva, autor de *De Homicidio e De Poenis*, cuja obra exerceu grande influência na Alemanha, entre outros[25].

Nesse período histórico, por influência dos glosadores e pós-glosadores, surgiram importantes diplomas legais que aspiravam alcançar o *status* de Direito comum, com o consequente fortalecimento do poder político entre os povos germânicos, especialmente a partir do século XII. Entre os mais importantes destacam-se a *Constitutio Moguntina*, de Frederico II (1235), e a *Constitutio*

---

23. Ver: Cezar Roberto Bitencourt, *Falência da pena de prisão — causas e alternativas*, São Paulo, Revista dos Tribunais, 1993, p. 26-8. Filippo Franci fundou em Florença, em 1667, o famoso *Hospício de San Felipe Neri*. Em 1703, o Papa Clemente XI fundou, em Roma, a "Casa de Correção de São Miguel".
24. Mireille Delmas Marty, *Pour un Droit Commume*, Librairie du XX Siècle, 1994.
25. Jiménez de Asúa, *Tratado de Derecho Penal*, cit., v. 1, p. 304 e s.; Luiz Régis Prado e Cezar Roberto Bitencourt, *Elementos de Direito Penal*, cit., v. 1, p. 25.

Criminalis Carolina (1532), de Carlos V, sobre a qual desenvolveu-se o Direito Penal medieval na Alemanha[26]. A importância da *Carolina* reside na atribuição definitiva do poder punitivo ao Estado, que, na época, apresentava-se profundamente enfraquecido, estabelecendo a denominada *cláusula salvatória*. Outros diplomas legais, posteriormente, reforçaram o direito local, como o *Codex Iuris Bavarici* (1751), na Baviera, a *Constitutio Criminalis Theresiana* (1768), na Áustria. Na Itália, nos séculos XIII, XV e XVIII, as *Constituciones Sicilianas* (1231), a *Pragmatica Napolitana* (séc. XV) e as *Constituciones Piamontesas* (1770), respectivamente. Na França, também a partir do início do século XIII, os diplomas legais se multiplicaram[27].

Esse movimento de unificação das normas que deveriam ser aplicadas dentro dos nascentes Estados Nacionais não significou, contudo, a sistematização de um Direito justo. Com efeito, Aníbal Bruno destacava, com muita propriedade, que, "... nesse longo e sombrio período da história penal, o absolutismo do poder público, com a preocupação da defesa do príncipe e da religião, cujos interesses se confundiam, e que introduziu o critério da razão de Estado no Direito Penal, o arbítrio judiciário, praticamente sem limites, não só na determinação da pena, como ainda, muitas vezes, na definição dos crimes, criavam em volta da justiça punitiva uma atmosfera de incerteza, insegurança e justificado terror. Justificado por esse regime injusto e cruel, assente sobre a iníqua desigualdade de punição para nobres e plebeus, e seu sistema repressivo, com a pena capital aplicada com monstruosa frequência e executada por meios brutais e atrozes, como a forca, a fogueira, a roda, o afogamento, a estrangulação, o arrastamento, o arrancamento das vísceras, o enterramento em vida, o esquartejamento; as torturas, em que a imaginação se exercitava na invenção dos meios mais engenhosos de fazer sofrer, multiplicar e prolongar o sofrimento; as mutilações, como as de pés, mãos, línguas, lábios, nariz, orelhas, castração; os açoites"[28].

Finalmente, a Revolução Francesa, com seu movimento reformador, foi o marco das lutas em prol da humanização do Direito Penal.

6. Período humanitário. Os reformadores

As características da legislação criminal na Europa em meados do século XVIII — *século das luzes* — vão justificar a reação de alguns pensadores agrupados em torno de um movimento de ideias que têm por fundamento a razão e a humanidade. As leis em vigor inspiravam-se em ideias e procedimentos de excessiva

---

26. Fragoso, *Lições*, cit., v. 1, p. 34.
27. Maria Paz Alonso Romero, *Historia del Proceso Penal Ordinario en Castilla*, p. 36, apud Luiz Régis Prado e Cezar Roberto Bitencourt, *Elementos de Direito Penal*, cit., v. 1, p. 26.
28. Aníbal Bruno, *Direito Penal*, Rio de Janeiro, Forense, 1967, v. 1, p. 88-9.

crueldade, prodigalizando os castigos corporais e a pena capital. O Direito era um instrumento gerador de privilégios, o que permitia aos juízes, dentro do mais desmedido arbítrio, julgar os homens de acordo com a sua condição social. Inclusive os criminalistas mais famosos da época defendiam em suas obras procedimentos e instituições que respondiam à dureza de um rigoroso sistema repressivo.

A reforma dessa situação não podia esperar mais. É na segunda metade do século XVIII, quando começam a remover-se as velhas concepções arbitrárias: os filósofos, moralistas e juristas dedicam suas obras a censurar abertamente a legislação penal vigente, defendendo as liberdades do indivíduo e enaltecendo os princípios da dignidade do homem[29].

As correntes iluministas e humanitárias, das quais Voltaire, Montesquieu e Rousseau foram fiéis representantes, realizam uma severa crítica dos excessos imperantes na legislação penal, propondo que o fim do estabelecimento das penas não deve consistir em atormentar a um ser sensível. A pena deve ser proporcional ao crime, devendo-se levar em consideração, quando imposta, as circunstâncias pessoais do delinquente, seu grau de malícia e, sobretudo, produzir a impressão de ser eficaz sobre o espírito dos homens, sendo, ao mesmo tempo, a menos cruel para o corpo do delinquente[30].

Esse movimento de ideias, definido como *Iluminismo*, atingiu seu apogeu na Revolução Francesa, com considerável influência em uma série de pessoas com um sentimento comum: a reforma do sistema punitivo. O Iluminismo, aliás, foi uma concepção filosófica que se caracterizou por ampliar o domínio da razão a todas as áreas do conhecimento humano. O Iluminismo representou uma tomada de posição cultural e espiritual de parte significativa da sociedade da época, que tinha como objetivo a difusão do uso da razão na orientação do progresso da vida em todos os seus aspectos. Em outros termos, esse movimento, também conhecido como a era da Ilustração, é resultado da concorrência de duas correntes distintas.

Não esquecendo o grande destaque que tiveram os filósofos franceses, como Montesquieu, Voltaire, Rousseau, entre outros, que pugnam contra a situação reinante na defesa veemente da liberdade, igualdade e justiça[31], na seara político-criminal, fizeram coro com esse movimento, particularmente, Beccaria, Howard e Bentham, seguidos por Montesinos, Ladirzábal e Conceptión Arenal. Façamos uma pequena síntese dos três que julgamos mais expressivos para a seara do Direito Penal.

---

29. Garrido Guzman, *Manual de Ciencia Penitenciaria*, Madrid, Edersa, 1983, p. 86.
30. Casas Fernandes, *Voltaire criminnalista*, Madrid, 1931, p. 27.
31. Garraud, *Traité*, I, p. 150-3, apud Luiz Régis Prado e Cezar Roberto Bitencourt, *Elementos de Direito Penal*, cit., p. 28.

6.1. *Cesare de Beccaria*

Cesar Bonessana, Marquês de Beccaria (Milão, 1738-1794), publica em 1764 seu famoso *Dei Delitti e delle Pene*, inspirado, basicamente, nas ideias defendidas por Montesquieu, Rousseau, Voltaire e Locke. Os postulados formulados por Beccaria marcam o início definitivo do Direito Penal moderno, da Escola Clássica de Criminologia, bem como o da Escola Clássica de Direito Penal[32]. Alguns autores, inclusive, chegam a considerar Beccaria como um antecedente, mediato, dos delineamentos da Defesa Social, especialmente por sua recomendação de que "é melhor prevenir o crime do que castigar".

A obra de Beccaria deve ser examinada dentro do contexto cultural que prevalecia em todos os campos do saber. As ideias filosóficas que a informam não devem ser consideradas como um conjunto de ideias originais. Trata-se, na verdade, de uma associação do *contratualismo* com o *utilitarismo*. O grande mérito de Beccaria foi falar claro, dirigindo-se não a um limitado grupo de pessoas doutas, mas ao grande público. Dessa forma, conseguiu, através de sua eloquência, estimular os *práticos* do Direito a reclamarem dos legisladores uma reforma urgente.

Em realidade, muitas das reformas sugeridas por Beccaria foram propostas por outros pensadores. O seu êxito deve-se ao fato de constituir o primeiro delineamento consistente e lógico sobre uma bem elaborada teoria, englobando importantes aspectos penológicos. Beccaria constrói um sistema criminal que substituirá o desumano, impreciso, confuso e abusivo sistema criminal anterior. Seu livro[33], de leitura fácil, foi oportunamente formulado com um estilo convincente, expressando os valores e esperanças de muitos reformadores de prestígio de seu tempo. Sugeria mudanças que eram desejadas e apoiadas pela opinião pública. Surgiu exatamente no tempo em que deveria surgir. A Europa estava preparada para receber a mensagem do livro em 1764. Serviu para destroçar muitos costumes e tradições da sociedade do século XVIII, especialmente através da ação dos protagonistas da nova ordem. Inegavelmente Voltaire impulsionou muitas das ideias de Beccaria. Não é exagero afirmar que o livro de Beccaria teve importância vital na preparação e amadurecimento do caminho da reforma penal dos últimos séculos.

Beccaria menciona claramente o *contrato social* nos dois primeiros capítulos de sua obra[34]. "Desta forma, os homens se reúnem e livremente criam uma

---

32. José A. Sainz Cantero, *Lecciones de Derecho Penal*; Parte General, Barcelona, Bosch, 1979, p. 99.
33. Publicou sua obra pela primeira vez, anonimamente, em julho de 1764, segundo Garrido Guzman, *Manual*, cit., p. 89.
34. Cesare de Beccaria, *De los delitos y de las penas*, Madrid, Alianza Editorial, 1968, p. 27.

sociedade civil, e a função das penas impostas pela lei é precisamente assegurar a sobrevivência dessa sociedade." Historicamente, a teoria do contrato social ofereceu um marco ideológico adequado para a *proteção da burguesia* nascente, já que, acima de todas as coisas, insistia em recompensar a atividade proveitosa e castigar a prejudicial.

Pode-se considerar que a teoria clássica do Contrato Social (o utilitarismo) fundamenta-se em três pressupostos fundamentais: 1) Postula um consenso entre homens racionais acerca da moralidade e a imutabilidade da atual distribuição de bens. 2) Todo comportamento ilegal produzido em uma sociedade — produto de um *contrato social* — é essencialmente patológico e irracional: comportamento típico de pessoas que, por seus defeitos pessoais, não podem celebrar contratos. 3) Os teóricos do contrato social tinham um conhecimento especial dos critérios para determinar a racionalidade ou irracionalidade de um ato. Tais critérios iriam definir-se através do conceito de utilidade[35]. Essa teoria do contrato pressupõe a igualdade absoluta entre todos os homens. Sob essa perspectiva nunca se questionava a imposição da pena, os alcances do livre-arbítrio, ou o problema das relações de dominação que podia refletir uma determinada estrutura jurídica[36].

Beccaria tinha uma concepção utilitarista da pena. Procurava um exemplo para o futuro, mas não uma vingança pelo passado, celebrizando a máxima de que "é melhor prevenir delitos que castigá-los". Não se subordinava à ideia do útil ao justo, mas, ao contrário, subordinava-se à ideia do justo ao útil[37]. Defendia a proporcionalidade da pena e a sua humanização. O objetivo preventivo geral, segundo Beccaria, não precisava ser obtido através do terror, como tradicionalmente se fazia, mas com a *eficácia e certeza* da punição. Nunca admitiu a vingança como fundamento do *ius puniendi*.

Embora Beccaria tenha concentrado mais o seu interesse sobre outros aspectos do Direito Penal, expôs também algumas ideias sobre a prisão que contribuíram para o processo de humanização e racionalização da pena privativa de liberdade[38]. Não renuncia à ideia de que a prisão tem um sentido punitivo e sancionador, mas já insinua uma finalidade reformadora da pena privativa de liberdade. Os princípios reabilitadores ou ressocializadores da pena têm como antecedente importante os delineamentos de Beccaria, já que a humanização do Direito Penal e da pena são um requisito indispensável. As ideias expostas por Beccaria, em seus aspectos fundamentais, não perderam vigência, tanto sob o ponto de vista jurídico como criminológico. Muitos dos problemas que suscitou continuam sem solução.

---

35. Taylor, Walton e Young, *La nueva criminología*, Argentina, Amorrotu, 1977, p. 20.
36. Para aprofundar a análise da obra de Beccaria, Howar e Bentham e, inclusive, a interpretação sobre *O contrato social*, veja-se o nosso *Falência da pena de prisão*, cit., p. 3842.
37. Filippo Gramatica, *Princípios de Derecho Penal subjetivo*, Madrid, Ed. Reus, 1941, p. 152.
38. Garrido Guzman, *Compendio*, cit., p. 57.

6.2. *John Howard*

A nomeação de John Howard (Londres, 1725-1790) como *sheriff de Bedfordshire*, e posteriormente como *alcaide* do referido condado inglês (1773), motivou a sua preocupação pelos problemas penitenciários. Foi Howard quem inspirou uma corrente penitenciarista preocupada em construir estabelecimentos apropriados para o cumprimento da pena privativa de liberdade. Suas ideias tiveram uma importância extraordinária, considerando-se o conceito predominantemente vindicativo e retributivo que se tinha, em seu tempo, sobre a pena e seu fundamento. Howard teve especial importância no longo processo de humanização e racionalização das penas[39].

Com profundo sentido humanitário, nunca aceitou as condições deploráveis em que se encontravam as prisões inglesas. Afirma-se que Howard encontrou as prisões inglesas em péssimas condições, porque, com o desenvolvimento econômico que a Inglaterra já havia alcançado, era desnecessário que a prisão cumprisse uma finalidade econômica e, portanto, indiretamente socializante, devendo circunscrever-se a uma função punitiva e terrorífica[40]. Embora não tenha conseguido transformações substanciais na realidade penitenciária do seu país, é inquestionável que suas ideias foram muito avançadas para o seu tempo. Insistiu na necessidade de construir estabelecimentos adequados para o cumprimento da pena privativa de liberdade, sem ignorar que as prisões deveriam proporcionar ao apenado um regime higiênico, alimentar e assistência médica que permitissem cobrir as necessidades elementares.

Howard propunha incipientes princípios de classificação, considerando três classes de pessoas submetidas a encarceramento: a) os *processados*, que deveriam ter um regime especial, já que a prisão só servia como meio assecuratório e não como castigo; b) os *condenados*, que seriam sancionados de acordo com a sentença condenatória imposta; e c) os *devedores*. Embora propusesse uma classificação elementar, não há a menor dúvida de que tem o mérito de sugerir uma ordem que, apesar de pouco elaborada, continua sendo uma necessidade iniludível em qualquer regime penitenciário contemporâneo. Insistiu na necessidade de

---

39. Elías Neuman, *Evolución de la pena privativa de libertad y régimenes carcelarios*, Buenos Aires, Pannedille, 1971, p. 71. Cuello Calón afirma que "Beccaria realizou sua obra com pluma de papel, na paz do seu gabinete de trabalho, enquanto que Howard visitou grande número de prisões europeias, vendo de perto sua vida horrível, empreendendo longas e perigosas viagens a países distantes, teve estreitos contatos com os encarcerados e arriscou sua saúde e a sua vida expondo-se ao contágio das enfermidades carcerárias que, finalmente, causaram a sua morte".
40. Darío Melossi e Massimo Pavarini, *Cárcel y fábrica*, cit., p. 73-4.

que as mulheres ficassem separadas dos homens, e os criminosos jovens, dos delinquentes maduros[41].

Howard assinalou, quiçá por vez primeira, a conveniência da fiscalização por magistrados da vida carcerária. "A administração de uma prisão — dizia — é coisa muito importante para abandoná-la completamente aos cuidados de um carcereiro. Em cada condado, em cada cidade, é preciso que um *inspetor* eleito por eles ou nomeado pelo Parlamento cuide da ordem das prisões"[42]. Nessa citação pode-se encontrar as linhas fundamentais da figura do *Juiz das Execuções criminais*. Howard soube compreender a importância que tinha o controle jurisdicional sobre os poderes outorgados ao carcereiro. Tinha consciência da facilidade com que se pode cometer abusos e práticas desumanas no meio carcerário.

Com Howard, inegavelmente, nasce o penitenciarismo. Sua obra marca o início da luta interminável para alcançar a humanização das prisões e a reforma do delinquente. Jiménez de Asúa qualifica Howard como um correcionalista prático, considerando que as suas ideias determinam o início definitivo do progresso dos preceitos penitenciários[43].

6.3. *Jeremias Bentham*

Jeremias Bentham (Londres, 1748-1832) foi um dos primeiros autores a expor com meditada ordem sistemática as suas ideias[44]. A sua contribuição no campo da Penologia mantém-se vigente ainda em nossos dias. Não faz muitas recomendações positivas, mas as suas sugestões ou críticas são corretas no que se refere à prática dos castigos absurdos e desumanos. Sempre procurou um sistema de controle social, um método de controle de comportamento humano de acordo com um princípio ético. Esse princípio é proporcionado pelo utilitarismo, que se traduzia na procura da felicidade para a maioria ou simplesmente da felicidade maior. Um ato possui utilidade se visa a produzir benefício, vantagem, prazer, bem-estar, e se serve para prevenir a dor. Bentham considera que o homem sempre busca o prazer e foge da dor. Sobre esse princípio fundamentou a sua teoria da pena. Uma das limitações que se pode atribuir à teoria utilitária é que muitas vezes aquilo que proporciona alegria à maioria pode não proporcioná-la à minoria. É muito difícil igualar os conceitos sobre o prazer[45].

---

41. C. Hibber, *Las raíces del mal — una historia social del crimen y su represión*, Espanha, E. Luiz Caralt, 1975, p. 160.
42. Apud Cuello Calón, *La intervención del juez*, p. 252-3.
43. Jiménez de Asúa, *Tratado de Derecho Penal*, cit., v. 1, p. 58.
44. Sainz Cantero, *La Ciencia del Derecho Penal y su evolución*, Barcelona, Bosch, 1975, p. 61.
45. Cezar Roberto Bitencourt, *Falência da pena de prisão*, cit., p. 51.

Bentham, ao expor suas ideias sobre o famoso "Panótico", foi o primeiro autor consciente da importância da arquitetura penitenciária. Inegavelmente exerceu uma influência notável sobre esta. Embora Bentham desse muita importância à prevenção especial, considerava que esta finalidade devia situar-se em um segundo plano, com o objetivo de cumprir o propósito exemplificante da pena. Bentham utilizava os termos "prevenção geral" e "especial".

Considerava que o fim principal da pena era prevenir delitos semelhantes: "o negócio passado não é mais problema, mas o futuro é infinito: o delito passado não afeta mais que a um indivíduo, mas os delitos futuros podem afetar a todos. Em muitos casos é impossível remediar o mal cometido, mas sempre se pode tirar a vontade de fazer mal, porque por maior que seja o proveito de um delito sempre pode ser maior o mal da pena"[46]. O efeito preventivo geral é preponderante, embora admitisse o fim correcional da pena. A importância que dava aos aspectos externos e cerimoniais da pena, destacando o valor simbólico da resposta estatal, é coerente com a importância que Bentham concebia sobre o objetivo preventivo geral da pena.

Em coerência com os postulados iluministas, Bentham não via na crueldade da pena um fim em si mesmo, iniciando um progressivo abandono do conceito tradicional, que considerava que a pena devia causar profunda dor e sofrimento. Esse entendimento não significava, contudo, o abandono da finalidade retributiva da pena, mas sim a clara preponderância da finalidade preventivo-geral. Suas ideias sobre o objetivo reabilitador da pena privativa de liberdade devem entender-se em um contexto retributivo, no qual a pena continua sendo vista como a retribuição do mal causado pela prática do delito, mas com preeminência da prevenção geral. Como limite da retribuição e do fim de reabilitação, considerava que a pena era um mal que não devia exceder o dano produzido pelo delito[47]. Neste aspecto, o seu pensamento já refletia o que hoje entendemos como princípio da proporcionalidade. Aceitava a necessidade de que o castigo fosse um mal, mas como um meio para prevenir danos maiores à sociedade. Já não se tratava de que a pena constituísse um mal desprovido de finalidades.

Interessou-se vivamente pelas condições das prisões e pelo problema penitenciário. Considerava que as prisões, salvo raras exceções, apresentavam as "melhores condições" para infestar o corpo e a alma. As prisões, com as suas condições inadequadas e ambiente de ociosidade, despojam os réus de sua honra e de hábitos laboriosos, os quais "saem dali para serem impelidos outra vez ao

---

46. Jeremias Bentham, *Principios de legislación y jurisprudencia*, Espanha, 1834, p. 288.
47. Jeremias Bentham, *Principios de legislación y jurisprudencia*, cit., p. 6.

delito pelo aguilhão da miséria, submetidos ao despotismo subalterno de alguns homens geralmente depravados pelo espetáculo do delito e o uso da tirania"[48].

Em seus comentários sobre a prisão, Bentham sugeria uma ideia incipiente sobre o que atualmente se denomina *subcultura carcerária*. Nesses termos afirmava: "A opinião que nos serve de regra e de princípio é a das pessoas que nos cercam. Estes homens segregados assimilam linguagem e costumes, e por um consentimento tácito e imperceptível fazem suas próprias leis, cujos autores são os últimos dos homens: porque em uma sociedade semelhante os mais depravados são mais audazes e os mais malvados são mais temidos e respeitados. Composto deste modo, esta população apela da condenação exterior e revoga suas sentenças"[49]. Percebe-se aqui o agudo sentido de observação de Bentham, que já antevia o surgimento da chamada subcultura carcerária.

Mas a sua contribuição mais importante, sob o aspecto penológico, foi a concepção do "panótico". Quando Bentham expôs os fundamentos de seu desenho enfatizou especialmente os problemas de segurança e controle do estabelecimento penal. Ao descrevê-lo, Bentham afirmava: "... Uma casa de Penitência, segundo o plano que lhes proponho, deveria ser um edifício circular, ou melhor dizendo, dois edifícios encaixados um no outro. Os quartos dos presos formariam o edifício da circunferência com seis andares e podemos imaginar esses quartos com umas pequenas celas abertas pela parte interna, porque uma grade de ferro bastante larga os deixa inteiramente à vista. Uma galeria em cada andar serve para a comunicação e cada pequena cela tem uma porta que se abre para a galeria. Uma torre ocupa o centro e esta é o lugar dos inspetores: mas a torre não está dividida em mais do que três andares, porque está disposta de forma que cada um domine plenamente dois andares de celas. A torre de inspeção está também rodeada de uma galeria coberta com uma gelosia transparente que permite ao inspetor registrar todas as celas sem ser visto. Com uma simples olhada vê um terço dos presos, e movimentando-se em um pequeno espaço pode ver a todos em um minuto. Embora ausente a sensação da sua presença é tão eficaz como se estivesse presente... Todo o edifício é como uma colmeia, cujas pequenas cavidades podem ser vistas todas desde um ponto central. O inspetor invisível reina como um espírito"[50]. O nome "panótico" expressa "em uma só palavra a sua utilidade essencial, que é a faculdade de ver com um olhar tudo o que nele se faz".

Bentham fez muitos esforços para que o seu projeto se materializasse, mas quase sempre sem sucesso. Alguns desses fracassos produziram grandes perdas

---

48. Jeremias Bentham, *Principios de legislación y jurisprudencia*, cit., p. 51. Do mesmo autor, *El panóptico — el ojo del poder*, Espanha, La Piqueta, 1979, p. 35.
49. Bentham, *El panóptico*, cit., p. 56.
50. Bentham, *El panóptico*, cit., p. 36.

em sua fortuna pessoal. Depois de muitos esforços, inaugurou-se em Millbank (Inglaterra — 1816) uma prisão inspirada nas ideias fundamentais de Bentham[51]. Mas foi nos Estados Unidos onde as suas ideias arquitetônicas tiveram maior acolhida, ainda que não em sua total concepção[52]. O mesmo aconteceu em Costa Rica, onde a prisão mais importante, conhecida como "Penitenciária Central", edificada no início do século, seguiu algumas das características mais importantes do panótico.

A respeito da situação penitenciária de sua época, Bentham conseguiu que suas críticas servissem para diminuir o castigo bárbaro e excessivo que se produzia nas prisões inglesas.

7. História do Direito Penal brasileiro

Faremos uma pequena síntese da história do Direito Penal brasileiro, que, num primeiro período, regeu-se pela legislação portuguesa, e, só num segundo período, por legislação genuinamente brasileira. No entanto, essa história também pode, didaticamente, ser resumida em três fases principais: período colonial, Código Criminal do Império e período republicano.

7.1. *Período colonial*

Antes do domínio português, na primitiva civilização brasileira adotava-se a vingança privada, sem qualquer uniformidade nas reações penais[53]. No entanto, Bernardino Gonzaga afirmava que os nossos silvícolas não desconheceram o talião, ainda que de modo empírico, a composição e a expulsão da tribo. Relativamente às formas punitivas predominavam as sanções corporais, sem tortura[54]. Na verdade, o primitivismo de nossos silvícolas não autoriza falar em uma verdadeira organização jurídico-social. Havia simplesmente regras consuetudinárias (tabus), comuns ao mínimo convívio social, transmitidas verbalmente e quase sempre dominadas pelo misticismo[55].

A partir do descobrimento do Brasil, em 1500, passou a vigorar em nossas terras o Direito lusitano. Nesse período, vigoravam em Portugal as *Ordenações Afonsinas*, publicadas em 1446, sob o reinado de D. Afonso V, consideradas como primeiro código europeu completo. Em 1521, foram substituídas pelas Ordenações Manuelinas, por determinação de D. Manuel I, que vigoraram até o advento da Compilação de Duarte Nunes de Leão, em 1569, realizada por determinação do

---

51. John Lewis Gillin, *Criminology and penology*, USA, 1929, p. 275.
52. Elías Neuman, *Evolución de la pena*, cit., p. 80.
53. João Bernardino Gonzaga, *O Direito Penal indígena*, São Paulo, Max Limonad, s. d., p. 120.
54. João Bernardino Gonzaga, *O Direito Penal indígena*, cit., p. 126-8.
55. João Bernardino Gonzaga, *O Direito Penal indígena*, cit., p. 21.

rei D. Sebastião. Os ordenamentos jurídicos referidos não chegaram a ser eficazes, em razão das peculiaridades reinantes na imensa colônia[56]. Na realidade, havia uma inflação de leis e decretos reais destinados a solucionar casuísmos da nova colônia; acrescidos dos poderes que eram conferidos com as cartas de doação, criavam uma realidade jurídica muito particular. O arbítrio dos donatários, na prática, é que estatuía o Direito a ser aplicado, e, como cada um tinha um critério próprio, era catastrófico o regime jurídico do Brasil Colônia[57].

Pode-se afirmar, sem exagero, que se instalou tardiamente um regime jurídico despótico, sustentado em um neofeudalismo luso-brasileiro, com pequenos senhores, independentes entre si, e que, distantes do poder da Coroa, possuíam um ilimitado poder de julgar e administrar os seus interesses. De certa forma, essa fase colonial brasileira reviveu os períodos mais obscuros, violentos e cruéis da História da Humanidade, vividos em outros continentes.

Formalmente, a lei penal que deveria ser aplicada no Brasil, naquela época, era a contida nos 143 títulos do Livro V das Ordenações Filipinas, promulgadas por Filipe II, em 1603. Orientava-se no sentido de uma ampla e generalizada criminalização, com severas punições. Além do predomínio da pena de morte, utilizava outras sanções cruéis, como açoite, amputação de membros, as galés, degredo etc. Não se adotava o princípio da legalidade, ficando ao arbítrio do julgador a escolha da sanção aplicável. Esta rigorosa legislação regeu a vida brasileira por mais de dois séculos. O Código Filipino foi ratificado em 1643 por D. João IV e em 1823 por D. Pedro I[58].

7.2. *Código Criminal do Império*

A Constituição brasileira de 1824 determinou a urgente e imperiosa necessidade de elaboração de "um Código Criminal, fundado nas sólidas bases da justiça e da equidade" (art. 179, XVIII). Em 1827, Bernardo Pereira de Vasconcellos e José Clemente Pereira apresentaram, individualmente, um projeto de código criminal, ambos de excelente qualidade. Preferiu-se, no entanto, o de Bernardo Pereira de Vasconcellos "por ser aquele que, mais amplo ao desenvolvimento das máximas jurídicas e equitativas, e por mais munido na divisão das penas, cuja prudente variedade muito concorria para a bem regulada distribuição delas, poderia mais facilmente levar-se a possível perfeição com menor número de retoques acrescentados àqueles que já a comissão lhe dera, de acordo com seu ilustre

---

56. Luiz Régis Prado e Cezar Roberto Bitencourt, *Elementos de Direito Penal*, cit., v. 1, p. 40; Augusto Thompson, *Escorço histórico do Direito Criminal luso-brasileiro*, São Paulo, Revista dos Tribunais, 1976, p. 76.
57. Luiz Régis Prado e Cezar Roberto Bitencourt, *Elementos de Direito Penal*, cit., v. 1, p. 40.
58. Fragoso, *Lições*, cit., v. 1, p. 57.

autor"[59]. Em 1830, o imperador D. Pedro I sancionou o Código Criminal, *primeiro código autônomo da América Latina*. Destacava Aníbal Bruno que o novo texto fundou-se nas ideias de Bentham, Beccaria e Mello Freire, no Código Penal francês de 1810, no Código da Baviera de 1813, no Código Napolitano de 1819 e no Projeto de Livingston de 1825. Todavia, não se filiou estritamente a qualquer deles, "tendo sabido mostrar-se original em mais de um ponto"[60].

Com efeito, o Código Criminal do Império surgiu como um dos mais bem elaborados, influenciando grandemente o Código Penal espanhol de 1848 e o Código Penal português de 1852, por sua clareza, precisão, concisão e apuro técnico. Dentre as grandes inovações, nosso Código consagrou, como destacam Régis Prado e Zaffaroni, o sistema dias-multa em seu art. 55, tido, equivocadamente, como de origem nórdica[61].

O Código de Processo Criminal somente surgiu em 1832.

7.3. *Período republicano*

Com o advento da República, Batista Pereira foi encarregado de elaborar um projeto de código penal, que foi aprovado e publicado em 1890, portanto, antes da Constituição de 1891. Como tudo que se faz apressadamente, este, espera-se, tenha sido o pior Código Penal de nossa história; ignorou completamente "os notáveis avanços doutrinários que então se faziam sentir, em consequência do movimento positivista, bem como o exemplo de códigos estrangeiros mais recentes, especialmente o Código Zanardelli. O Código Penal de 1890 apresentava graves defeitos de técnica, aparecendo atrasado em relação à ciência de seu tempo". As críticas não se fizeram esperar e vieram acompanhadas de novos estudos objetivando sua substituição.

Os equívocos e deficiências do Código Republicano acabaram transformando-o em verdadeira colcha de retalhos, tamanha a quantidade de leis extravagantes que, finalmente, se concentraram na conhecida *Consolidação das Leis Penais* de Vicente Piragibe, promulgada em 1932.

Nesse longo período de vigência de um péssimo código (1890-1932) não faltaram projetos pretendendo substituí-lo. João Vieira de Araújo apresentou o primeiro em 1893, sem êxito. Em 1913, foi Galdino Siqueira, um dos maiores penalistas brasileiros de todos os tempos, que elaborou o seu projeto, que nem chegou a ser apreciado pelo Parlamento. Em 1928, Virgílio de Sá Pereira publicou

---

59. Galdino Siqueira, *Tratado de Direito Penal*, Rio de Janeiro, Konfino, 1947, v. 1, p. 69-70.
60. Aníbal Bruno, *Direito Penal*, cit., v. 1, p. 179.
61. Luiz Régis Prado, *Multa penal*, cit., p. 44 e 72; Zaffaroni, *Tratado de Derecho Penal*, Buenos Aires, Ediar, 1980, t. 1, p. 374.

o seu projeto completo de código penal, que também não obteve êxito. Finalmente, durante o *Estado Novo*, em 1937, Alcântara Machado apresentou um projeto de código criminal brasileiro, que, apreciado por uma Comissão Revisora, acabou sendo sancionado, por decreto de 1940, como Código Penal, passando a vigorar desde 1942 até os dias atuais, embora parcialmente reformado.

7.4. Reformas contemporâneas

Desde 1940, dentre as várias leis que modificaram nosso vigente Código Penal, duas, em particular, merecem destaque: a Lei n. 6.416, de 24 de maio de 1977, que procurou atualizar as sanções penais, e a Lei n. 7.209, de 11 de julho de 1984, que instituiu uma nova parte geral, com nítida influência finalista.

O conhecido Projeto Nélson Hungria, de 1963, que pretendia substituir o Código Penal de 1940, devidamente revisado, foi promulgado pelo Decreto-lei n. 1.004, de 21 de outubro de 1969, retificado pela Lei n. 6.016/73. O Código Penal de 1969, como ficou conhecido, teve sua vigência sucessivamente postergada, até final revogação pela Lei n. 6.578/78, constituindo o exemplo tragicômico da mais longa *vacatio legis* de que se tem notícias.

A Lei n. 7.209/84, que reformulou toda a Parte Geral do Código de 1940, humanizou as sanções penais e adotou penas alternativas à prisão, além de reintroduzir no Brasil o festejado sistema dias-multa[62]. No entanto, embora tenhamos um dos melhores elencos de alternativas à pena privativa de liberdade, a falta de vontade política de nossos governantes, que não dotaram de infraestrutura nosso sistema penitenciário, tornou, praticamente, inviável a utilização da melhor política criminal — penas alternativas —, de há muito consagrada nos países europeus. A falta de estrutura do sistema, de certa forma, empobreceu a criatividade dos Judiciários — estaduais e federal — na busca de solução de meios adequados para operacionalizar a aplicação, pelo menos, da prestação de serviço à comunidade, nos limites da reserva legal. Essa alternativa, a que melhor êxito tem na Europa, a partir da bem-sucedida experiência inglesa (1972), não demanda maiores custos, como bem demonstra a extraordinária experiência utilizada com sucesso na área metropolitana de Porto Alegre, desde 1987.

As manifestações insistentes que se têm ouvido, de porta-vozes do Ministério da Justiça, sobre penas alternativas, seriam alvissareiras, se viessem acompanhadas de *orçamento adequado* e de *efetiva criação da infraestrutura* necessária. Caso contrário, teremos mais um diploma legal a não ser cumprido, incentivando ainda mais a impunidade, com o consequente aumento da insegurança social. Criar alternativas à prisão, sem oferecer as correspondentes condições de

---

62. Cezar Roberto Bitencourt, *Falência da pena de prisão*, cit., p. 2478.

infraestrutura para o seu cumprimento, é uma irresponsabilidade governamental que não se pode mais tolerar.

Com efeito, a escassez de políticas públicas que sirvam de suporte para a progressiva *diminuição* da repressão penal, unida à ineficácia do sistema penal, produzem o incremento da violência e, em consequência, o incremento da demanda social em prol da *maximização* do Direito Penal. Essa foi a experiência vivida no Brasil durante alguns anos da década de 1990, pautada por uma *política criminal do terror*, característica do Direito Penal simbólico, patrocinada pelo *liberal* Congresso Nacional, sob o império da democrática Constituição de 1988, com a criação de *crimes hediondos* (Lei n. 8.072/90), *criminalidade organizada* (Lei n. 9.034/95) e *crimes de especial gravidade*. Essa tendência foi, sem embargo, arrefecida quando veio a lume a Lei n. 9.099/95, que disciplinou os Juizados Especiais Criminais, recepcionando a *transação penal*, destacando a composição cível, com efeitos penais, além de instituir a suspensão condicional do processo. Posteriormente, a Lei n. 9.714/98 ampliou a aplicação das denominadas *penas alternativas* para abranger crimes, praticados sem violência, cuja pena de prisão aplicada não seja superior a quatro anos. Desde então vivemos em uma permanente tensão entre avanços e retrocessos em torno da *função* que deve desempenhar o Direito Penal na sociedade brasileira, especialmente porque o legislador penal nem sempre tem demonstrado respeito aos *princípios constitucionais* que impõem limites para o exercício do *ius puniendi* estatal. Exemplo significativo desses *retrocessos autoritários* encontra-se na Lei n. 10.792/2003, que criou o *regime disciplinar diferenciado*, cujas sanções não se destinam a fatos, mas a determinadas *espécies de autores*, impondo *isolamento celular* de até um ano, não em decorrência da prática de determinado crime, mas porque, na *avaliação subjetiva* de determinada *instância de controle*, representam "alto risco" social ou carcerário, ou então porque há "suspeitas" de participação em "organização criminosa, associação criminosa ou milícia privada, independentemente da prática de falta grave", prescrição capaz de fazer inveja ao proscrito *nacional-socialismo alemão* das décadas de 30 e 40 do século passado.

7.5. *Perspectivas para o futuro*

Diante do panorama de incertezas relatado, resulta, pelo menos, alentadora a tendência que vem se desenvolvendo, desde o início do novo século, em direção à efetividade dos direitos e garantias previstos na nossa Constituição. Claro exemplo disso é o acréscimo do § 3º ao art. 5º, da Carta Magna, introduzido pela Emenda Constitucional n. 45/2004, em matéria de Direitos Humanos. Especificamente em matéria penal, abre-se ao progressivo movimento de *internacionalização do Direito Penal* e Processual Penal, na busca da construção do velho ideal de *justiça universal*.

Pode-se afirmar, com efeito, que, atualmente, pretende-se reinventar o *Direito comum*, eliminando, de certa forma, as fronteiras entre as nações, pois, ao vermos a profusão de normas dos diversos ordenamentos jurídicos e o fluxo contínuo de pessoas e capitais como consequência da globalização, sentimos a necessidade de um *Direito comum*, em todos os sentidos do termo. Mas de um direito acessível a todos, que não seja imposto de cima como uma *verdade revelada*, detida somente pelos intérpretes oficiais, mas consagrada a partir da base, como *verdade compartilhada*, portanto, relativa e evolutiva. *Comum* igualmente aos diferentes setores do Direito para assegurar a coerência de cada sistema, apesar da especialização crescente das regras, *comum*, enfim, aos diferentes Estados, na perspectiva de uma harmonização que não suporia renunciar a sua identidade cultural e jurídica. Por isso, podemos afirmar que vivemos uma etapa de *recriação* do Direito comum, mas sem aquelas conotações do Direito comum da Idade Média.

Os desafios neste âmbito não são, sem embargo, poucos, porque também o fenômeno delitivo ultrapassa as fronteiras dos Estados nacionais, demandando uma resposta penal adequada e consensual entre os países que se veem afetados pela *internacionalização da criminalidade*. Os esforços em prol da internacionalização do Direito Penal e Processual Penal atendem, portanto, a uma demanda real e legítima no contexto do *mundo globalizado*, mas não tem sido fácil alcançar verdadeiras soluções de consenso, porque o descompasso entre as legislações penais dos diferentes países ainda é grande. Basta analisar a longa trajetória percorrida desde os *Juízos de Nuremberg* após a Segunda Guerra Mundial, passando pelos Tribunais *ad hoc* instaurados pela ONU, até a assinatura do *Tratado de Roma em 1998*, que culminou com a criação do *Tribunal Penal Internacional*. Além das dificuldades de aplicação de algumas normas estabelecidas no próprio Estatuto de Roma, que entram em franca contradição com as limitações constitucionais (v. g., a adoção de prisão perpétua), impostas ao exercício do *ius puniendi*, como veremos mais adiante. Dificuldades que hoje são amplamente discutidas em virtude do acréscimo do § 4º ao art. 5º de nossa Constituição, com a EC n. 45/2004, que determina a sujeição do Brasil à jurisdição do Tribunal Penal Internacional.

O nosso apego aos Direito Humanos, unido ao presente caminhar em prol da efetividade material dos direitos e garantias individuais, em suma, alenta a nossa perspectiva de um futuro *menos cruel* para o Direito Penal. Esse caminho haverá de estar guiado pelo *pluralismo jurídico*, sem perder de vista a perspectiva de que a construção legítima do Direito e de seu sistema repressor depende, intrinsecamente, da paulatina consolidação do sistema democrático como reflexo de uma convivência social em condições materiais de igualdade. Somos os atuais agentes deste processo de transição, os artífices desse projeto de futuro.

A EVOLUÇÃO EPISTEMOLÓGICA DO DIREITO PENAL: PRIMEIRA FASE — IV

Sumário: 1. Considerações introdutórias. 2. As correntes do pensamento positivista e sua repercussão na Ciência do Direito Penal. 3. Escola Clássica. 4. Escola Positiva. 4.1. Cesare Lombroso (1835-1909). 4.2. Rafael Garofalo (1851-1934). 4.3. Enrico Ferri (1856-1929). 5. *Terza scuola* italiana. 6. Escola moderna alemã. 7. Escola Técnico-Jurídica. 8. Escola correcionalista. 9. Defesa social. 10. Crise do pensamento positivista.

1. Considerações introdutórias

Tão importante quanto a História do Direito Penal é o processo de sistematização do conjunto de valorações e princípios que orientam a própria aplicação e interpretação das normas penais, ou, mais precisamente, o estudo dessa sistematização, qual seja, da elaboração da dogmática jurídico-penal. Destaca Muñoz Conde que por meio da dogmática jurídica *conhecemos* o Direito positivo, e, especificamente em matéria penal, a dogmática "trata de averiguar o conteúdo das normas penais, seus pressupostos, suas consequências, de delimitar e distinguir os fatos puníveis dos não puníveis, de conhecer, definitivamente, o que a vontade geral expressa na lei quer punir e como quer fazê-lo. Nesse sentido, a dogmática jurídico-penal cumpre uma das mais importantes funções jurídicas em um Estado de Direito: a de garantir os direitos fundamentais do indivíduo frente ao poder arbitrário do Estado que, mesmo estando ajustado a certos limites, necessita de controle e da segurança desses limites"[1].

Com efeito, pela dogmática jurídico-penal podemos chegar à elaboração de conceitos que, uma vez integrados, permitem a configuração de um sistema de Direito Penal para a resolução dos conflitos gerados pelo fenômeno delitivo[2]. Nesse sentido, concordamos com Silva Sánchez que o estudo da dogmática proporciona "uma segurança jurídica que de outro modo seria inexistente"[3], e que,

---

1. Muñoz Conde & García Aran, *Derecho Penal, Parte General*, 8ª ed., Valencia, Tirant lo Blanch, 2010, p. 190.
2. Silva Sánchez, *Aproximación al Derecho Penal contemporáneo*, 2ª ed., Montevideo-Buenos Aires, B de F, 2010.
3. Silva Sánchez, *Aproximación al Derecho Penal contemporáneo*, cit., p. 64.

para o conhecimento das categorias jurídicas, "a dogmática jurídico-penal constitui a *ciência do Direito penal por excelência*"[4]. O referencial mais significativo do valor da dogmática penal é a construção da Teoria Geral do Delito, que será objeto de análise na Segunda Parte desta obra. Mas antes do estudo dessa temática necessitamos analisar as diferentes linhas do pensamento que foram determinantes da elaboração da dogmática jurídico-penal. Não houve, contudo, um processo linear de evolução do pensamento sistemático, porque também está vinculado às vicissitudes políticas, sociais, culturais e econômicas das sociedades, desde o advento do *Iluminismo* até nossos dias. Realizaremos, contudo, a exposição somente das mais importantes etapas da evolução epistemológica do Direito Penal. Por questões didáticas, começaremos, neste Capítulo, com o estudo das escolas penais que antecederam o que conhecemos como *moderna dogmática penal* para, no Capítulo seguinte, aprofundarmos o estudo de seu desenvolvimento e consolidação.

2. As correntes do pensamento positivista e sua repercussão na Ciência do Direito Penal

Na perspectiva filosófica, o *positivismo* é uma corrente do pensamento que propõe fazer das *ciências experimentais* o modelo por excelência de produção do conhecimento humano em substituição às especulações metafísicas ou teológicas. O *método científico indutivo* seria, com esse ponto de partida, a autêntica fonte do saber humano, de modo que toda produção científica estaria submetida ao *método causal explicativo*[5]. Essa corrente filosófica foi desenvolvida a princípios do século XIX, especialmente pelo francês Auguste Comte (1798-1857) e pelo inglês John Stuart Mill (1806-1873), influenciando a compreensão do fenômeno delitivo e do Direito Penal dessa época.

Com efeito, no século XIX surgiram inúmeras correntes de pensamento estruturadas de forma sistemática, segundo determinados princípios fundamentais. A principal característica desse período é o repúdio do caráter científico das valorações jurídicas do delito e a consequente substituição destas pelo *método da sociologia*, da antropologia, biologia etc., com o consequente desenvolvimento da *Criminologia* como ciência autônoma dedicada ao estudo do delito[6]. A visão criminológica do fenômeno delitivo não foi, contudo, compartilhada por todos os pensadores do Direito Penal dessa época. Como destaca Muñoz Conde, em reação ao *positivismo científico*, surgiu o *positivismo jurídico*, reivindicando o

---

4. Silva Sánchez, *Aproximación al Derecho Penal contemporáneo*, cit., p. 66.
5. Muñoz Conde & García Aran, *Derecho Penal*, cit., p. 188.
6. Muñoz Conde & García Aran, *Derecho Penal*, cit., p. 188; Silva Sánchez, *Aproximación al Derecho Penal contemporáneo*, cit., p. 67.

estudo do delito sob o ponto de vista exclusivamente jurídico[7]. O *positivismo jurídico* foi, portanto, o resultado dessa nova mentalidade no âmbito da doutrina jurídica: encontrou no dado real do direito positivo o material empírico suscetível de observação científica e adotou perante ele um *método descritivo* e classificatório assemelhado, em parte, ao utilizado pelas ciências naturais. O positivismo, enquanto *cientificismo*[8], convenceu-se de que a certeza que dominava as ciências físico-experimentais — *método positivo* — absorveria e resolveria todas as questões que a sociedade apresentasse, cabendo à ciência a função de reorganizar a sociedade ordenadamente. Nessa linha de entendimento, a missão da *nascente dogmática penal* consistia na exegese e sistematização do Direito positivo por meio do *método indutivo*: "trata-se de deduzir da lei a solução aplicável ao caso mediante a 'construção jurídica', isto é, através da abstração progressiva dos conceitos específicos aos mais gerais"[9]. Existia, nesse sentido, um ponto de encontro entre as diferentes correntes positivistas: o *método indutivo, causal explicativo*, aplicado para a elaboração de conceitos.

Essas diferentes correntes, que se convencionou denominar *Escolas Penais*, abarcaram concepções das mais variadas para a explicação do delito e justificação da pena e, por isso, foram definidas como "o corpo orgânico de concepções contrapostas sobre a legitimidade do direito de punir, sobre a natureza do delito e sobre o fim das sanções"[10]. Nas epígrafes seguintes faremos uma análise, ainda que sintética, dessas correntes que impulsionaram a moderna dogmática penal. Embora o debate das escolas não integre propriamente a dogmática, não se pode ignorar que em torno do Direito Penal "continuam a atuar as forças propulsoras da sua evolução, que se revela no dissídio entre essas correntes"[11]. Com acerto, afirmava Aníbal Bruno, "os tempos modernos viram nascer do pensamento filosófico-jurídico em matéria penal as chamadas *Escolas Penais*"[12].

3. Escola Clássica

Não houve uma *Escola Clássica* propriamente, entendida como um corpo de doutrina comum, relativamente ao direito de punir e aos problemas fundamentais apresentados pelo crime e pela sanção penal. Com efeito, é praticamente

---

7. Muñoz Conde & García Aran, *Derecho Penal*, cit., p. 188.
8. *Cientificismo* ou *cientismo* é uma orientação filosófica do final do século XIX, que afirmava que a ciência nos faz conhecer a totalidade das coisas que existem e que esse conhecimento é suficiente para satisfazer todas as aspirações humanas. Não deixa de ser uma forma de positivismo.
9. Silva Sánchez, *Aproximación al Derecho Penal contemporáneo*, cit., p. 86.
10. Luiz Jiménez de Asúa, *Tratado de Derecho Penal*, 3ª ed., Buenos Aires, Losada, 1964, v. 2, p. 31.
11. Aníbal Bruno, *Direito Penal*, Rio de Janeiro, Forense, 1967, p. 77-8.
12. Aníbal Bruno, *Direito Penal*, cit., p. 77.

impossível reunir os diversos juristas, representantes dessa corrente, que pudessem apresentar um conteúdo homogêneo. Na verdade, a denominação *Escola Clássica* não surgiu, como era de esperar, da identificação de uma linha de pensamento comum entre os adeptos do positivismo jurídico, mas foi dada, com conotação pejorativa, por aqueles positivistas que negaram o caráter científico das valorações jurídicas do delito.

Os postulados consagrados pelo Iluminismo, que, de certa forma, foram sintetizados no *célebre opúsculo* de Cesare de Beccaria, *Dos Delitos e das Penas* (1764), serviram de fundamento básico para a nova doutrina, que representou a humanização das Ciências Penais. A crueldade que comandava as sanções criminais em meados do século XVIII exigia uma verdadeira revolução no sistema punitivo então reinante. A partir da segunda metade desse século, "os filósofos, moralistas e juristas, dedicam suas obras a censurar abertamente a legislação penal vigente, defendendo as liberdades do indivíduo e enaltecendo os princípios da dignidade do homem"[13].

Desse movimento filosófico resultaram duas teorias, com fundamentos distintos: de um lado, o jusnaturalismo, de Grócio, com sua ideia de um direito natural, superior e resultante da própria natureza humana, imutável e eterno; de outro lado, o contratualismo, de Rousseau, sistematizado por Fichte, e sua concepção de que o Estado, e por extensão a ordem jurídica, resulta de um grande e livre acordo entre os homens, que cedem parte dos seus direitos no interesse da ordem e segurança comuns. Representavam, na verdade, doutrinas opostas, uma vez que para a primeira — jusnaturalista — o Direito decorria da eterna razão e, para a segunda — contratualista —, tinha como fundamento o acordo de vontades[14]. No entanto, coincidiam no fundamental: na existência de um sistema de normas jurídicas anterior e superior ao Estado, contestando, dessa forma, a legitimidade da tirania estatal. Propugnavam pela restauração da dignidade humana e o direito do cidadão perante o Estado, fundamentando ambas, dessa forma, o individualismo, que acabaria inspirando o surgimento da Escola Clássica[15].

O próprio Beccaria mencionava claramente o contrato social nos dois primeiros capítulos de sua obra[16]. Essa teoria do Contrato Social pressupõe a igualdade absoluta entre todos os homens. Sob essa perspectiva, se questionava a imposição

---

13. Cezar Roberto Bitencourt, *Falência da pena de prisão*, cit., p. 37.
14. Aníbal Bruno, *Direito Penal*, cit., p. 80-1.
15. Bettiol, *Direito Penal*, trad. Paulo José da Costa Jr. e Alberto Silva Franco, São Paulo, Revista dos Tribunais, 1977, v. 1, p. 17-8; Aníbal Bruno, *Direito Penal*, cit., p. 81.
16. Cesare de Beccaria, *De los delitos y de las penas*, Madrid, Alianza Editorial, 1968, p. 27: "As leis são as condições em que os homens isolados e independentes uniram-se em sociedade, cansados de viver em um contínuo estado de guerra e de gozar de uma liberdade que não tinham certeza da utilidade de conservá-la".

da pena, os alcances do livre-arbítrio, ou o problema das relações de dominação que podia refletir uma determinada estrutura jurídica. Sob a concepção de que o delinquente rompeu o pacto social, cujos termos supõe-se que tenha aceito, considera-se que se converteu em inimigo da sociedade. Essa inimizade levá-lo-á a suportar o castigo que lhe será imposto.

Na verdade, como já havíamos adiantado, a teoria clássica do Contrato Social (utilitarismo) fundamenta-se em três pressupostos básicos: 1) postula um consenso entre os homens racionais acerca da moralidade e da imutabilidade da atual distribuição de bens. Esse ponto é um dos que originam distintas posições em relação aos afãs reformadores e reabilitadores da pena privativa de liberdade; 2) todo comportamento ilegal produzido em uma sociedade — produto de um contrato social — é essencialmente patológico e irracional, comportamento típico de pessoas que, por seus defeitos pessoais, não podem celebrar contratos. Essa é outra ideia que se encontra intimamente vinculada aos delineamentos reabilitadores da pena, visto que se chega a pensar que o delito é expressão de alguma patologia, o que justificaria, senão a imposição da pena, pelo menos a procura de um meio "curativo" ou reabilitador. Com efeito, dentro da teoria clássica, essa patologia harmoniza-se melhor com a irremediável imposição de uma sanção; 3) os teóricos do contrato social tinham um conhecimento especial dos critérios para determinar a racionalidade ou irracionalidade de um ato. Esses critérios seriam definidos através do conceito de utilidade[17].

Modernamente, os anseios reformistas e ressocializadores questionam a racionalidade desse contrato e a legitimidade da resposta estritamente punitiva. Na verdade, apesar da evolução liberal da Escola Clássica, a teoria do Contrato Social representou um marco ideológico adequado para a proteção da burguesia nascente, insistindo, acima de tudo, em recompensar a atividade proveitosa e castigar a prejudicial. Em outras palavras, não fez mais do que legitimar as formas modernas de tirania[18]. Mas essa crítica não deve ser desenvolvida neste momento, em que nos ocupamos exclusivamente da evolução epistemológica do Direito Penal[19].

A Escola Clássica encontrou adeptos em diversos países do continente europeu ao longo do século XIX, todos preocupados em oferecer uma explicação das causas do delito e dos efeitos da pena sob uma perspectiva jurídica.

Tal como se desenvolveu na Itália, distinguiu-se em dois grandes períodos: a) teórico-filosófico — sob a influência do Iluminismo, de cunho nitidamente utilitarista, pretendeu adotar um Direito Penal fundamentado na necessidade social.

---

17. I. Taylor *et alii*, *La nueva criminología*, Argentina, Amorrotu, 1977, p. 21.
18. I. Taylor *et alii*, *La nueva criminología*, cit., p. 20-1; Pierre Chaunu, *El rechazo de la vida*, Madrid, ESPASA-CALPE, 1979, p. 150.
19. Para aprofundar o exame dessa crítica, ver nosso *Falência da pena de prisão*, cit., p. 39-41.

Este período, que iniciou com Beccaria, foi representado por Filangieri, Romagnosi e Carmignani; b) ético-jurídico — numa segunda fase, período em que a metafísica jusnaturalista passa a dominar o Direito Penal, acentua-se a exigência ética de retribuição, representada pela sanção penal. Foram os principais expoentes desta fase Pelegrino Rossi, Francesco Carrara e Pessina. No entanto, indiscutivelmente, os dois maiores expoentes desta escola foram Beccaria e Carrara: se o primeiro foi o precursor do Direito Penal liberal, o segundo foi o criador da dogmática penal. Mas, na verdade, Carrara é quem simboliza a expressão definitiva da Escola Clássica, eternizando sua identificação como a "Escola Clássica de Carrara".

Como destacava Aníbal Bruno, "Não tem Carrara a originalidade de alguns dos seus predecessores. O que nêle *(sic)* se distingue é a lógica jurídica, o poder de dialética com que expõe e justifica o seu programa e a admirável capacidade de sistematização, que fêz *(sic)* dele o expositor máximo e consolidador da escola e um dos maiores penalistas de todos os tempos"[20]. Para o mestre de Pisa, o crime era composto de uma força física e uma força moral, o que corresponderia, em termos atuais, ao elemento objetivo e ao elemento subjetivo.

Carrara tinha como fundamento básico o direito natural, de onde emanavam direitos e deveres, cujo equilíbrio cabe ao Estado garantir[21]. Para Carrara, "a pena não é mais do que a sanção do preceito ditado pela lei eterna: a qual sempre visa à conservação da humanidade e à tutela dos seus direitos, sempre procede da norma do justo: sempre corresponde aos sentimentos da consciência universal"[22].

Carrara enunciava os princípios fundamentais de sua escola, como sendo, em síntese, os seguintes: 1) *crime é um ente jurídico* — buscando encontrar uma fórmula para sintetizar o seu pensamento, afirmou que o crime não é um ente de fato, é um ente jurídico; não é uma ação, é uma infração. É "um ente jurídico, porque sua essência deve consistir necessariamente na violação de um direito. Mas o direito é congênito ao homem, porque foi dado por Deus à humanidade desde a sua criação, para que aquela pudesse cumprir seus deveres na vida terrena"[23]; 2) *livre-arbítrio como fundamento da punibilidade*. A responsabilidade penal somente é admissível quando estiver embasada no livre-arbítrio, na culpa moral do cidadão. É indispensável a presença de uma vontade livre e consciente orientando a realização da conduta[24]; 3) *a pena como meio de tutela jurídica e retribuição da culpa moral*. O primeiro objetivo da pena é a restauração da ordem

---

20. Aníbal Bruno, *Direito Penal*, cit., p. 88. Para uma análise mais abrangente da Escola Clássica consultar, entre outras, essa obra de Aníbal Bruno.
21. Carrara, *Programa de Derecho Criminal*, Bogotá, Temis, 1971, v. 1, p. 19.
22. Francesco Carrara, *Programa*, cit., v. 2, § 610.
23. Carrara, *Programa*, cit., v. 1, p. 5 e 50-1.
24. Carrara, *Programa*, cit., v. 1, p. 30 e s.

externa da sociedade, que foi violada pelo crime, produto de uma vontade livre e consciente. E, como o crime tem sua essência na violação do direito, a sua repressão também, surgindo do direito, deverá ter como razão fundamental a tutela jurídica ou defesa do direito[25]; 4) *princípio da reserva legal*. Como a função da lei é tutelar bens jurídicos selecionados pela sociedade, quem infringe a tutela social infringirá, claro, também a lei. Mas uma ação converte-se em crime somente quando se choca com uma lei[26].

No mesmo período, surge na Alemanha uma corrente preocupada com os problemas penais, seguindo, mais ou menos, a doutrina italiana. A corrente alemã distinguia-se pelo rigor meticuloso com que analisava todos os aspectos e pela tendência filosófica investigatória. Essa tendência facilitou o engajamento da filosofia geral ou jurídica, ganhando a extraordinária contribuição de Kant (1724-1804) e Hegel (1770-1831), que examinamos no capítulo das Teorias da Pena. Posteriormente acresceram-se o neokantismo e a filosofia dos valores.

É comum entre os penalistas a afirmação de que com Feuerbach (1775-1833) — autor do *Tratado de Direito Penal* (1801) — nasce a moderna ciência do Direito Penal na Alemanha. Feuerbach — jusfilósofo — iniciou na filosofia e depois dedicou-se ao Direito Penal. Tendo inicialmente se filiado a Kant, com seu imperativo categórico, libertou-se depois, entendendo que a pena não é uma medida retributiva, mas preventiva, elaborando sua famosa teoria da *coação psicológica*[27]. O fundamento da ameaça é a necessidade de segurança jurídica. A execução da pena nada mais é do que a concretização da ameaça, que a reafirma e lhe dá seriedade, demonstrando a todos que não se trata de uma ameaça vã. Ao contrário de Kant, assumiu uma posição determinista, dispensando o livre-arbítrio para fundamentar o seu sistema. Ademais, foi dele a fórmula latina consagrada até nossos dias: *nullum crimen, nulla poena sine lege*. A consagração do seu prestígio e de sua teoria da "coação psicológica" ficou plasmada no Código da Baviera (1813), que foi de sua autoria.

A partir das contribuições de Feuerbach, a doutrina penal alemã divide-se em três direções: de um lado os seguidores do pensamento de Kant, de outro lado os adeptos ao pensamento de Hegel e, por último, os defensores da corrente histórica do Direito. Kant, opondo-se à corrente utilitarista do Iluminismo, concebeu a pena como um imperativo categórico, numa autêntica retribuição ética. Hegel, por sua vez, reelaborou a retribuição ética de Kant, transformando-a em retribuição jurídica. Como o crime é a negação do direito, a pena é a negação do crime, ou seja, a reafirmação do direito. Nesses termos, as duas negações devem ser iguais, para que a segunda anule a primeira. Hegel contestava a teoria de

---

25. Carrara, *Programa*, cit., v. 1, p. 6.
26. Carrara, *Programa*, cit., v. 2, p. 43-5.
27. Cezar Roberto Bitencourt, *Falência da pena de prisão*, cit., p. 115.

Feuerbach, que, segundo aquele, tratava o homem como a um cão, quando este é ameaçado com um bastão. Mas, de certa forma, na busca da proporcionalidade, tanto Kant quanto Hegel admitem uma orientação talional[28].

A corrente histórica, sem, no entanto, distanciar-se das posições anteriores, mantendo a preocupação pelo estudo especulativo do Direito Penal, enriquece-o com a investigação e a fundamentação dogmática. O advento do Código Penal alemão de 1871 fortaleceu a exegese e a dogmática. A orientação mais importante desse dogmatismo é a conservadora histórico-positiva. Nessa corrente situou-se um dos mais eruditos penalistas alemães, Karl Binding (1841-1920), cujo pensamento representou na Alemanha, como destaca Mir Puig, uma primeira versão do positivismo jurídico, que preferiu a cientificidade, excluindo os *juízos de valor* e limitando seu objeto ao Direito positivo[29]. Para Binding a pena é direito e dever do Estado. Para ele, na aplicação da pena deve ser considerado o fato e não o delinquente; mas a pena deve ser proporcional à culpabilidade. O dogmatismo sustentado por Binding representou uma oposição às liberais renovadoras ideias que Von Liszt estava introduzindo na Alemanha.

Enfim, foram os clássicos, sob o comando do insuperável Carrara, que começaram a construir a elaboração do exame analítico do crime, distinguindo os seus vários componentes. Esse processo lógico-formal utilizado pelos clássicos foi o ponto de partida para toda a construção dogmática da Teoria Geral do Delito, com grande destaque para a vontade culpável. A pena era, para os clássicos, uma medida repressiva, aflitiva e pessoal, que se aplicava ao autor de um fato delituoso que tivesse agido com capacidade de querer e de entender. Os autores clássicos limitavam o Direito Penal entre os extremos da imputabilidade e da pena retributiva, cujo fundamento básico era a culpa. Preocupada em preservar a soberania da lei e afastar qualquer tipo de arbítrio, a Teoria Geral do Delito limitava duramente os poderes do juiz, quase o transformando em mero executor legislativo[30].

O histórico Código Zanardelli, de 1889, adotou as ideias fundamentais da Escola Clássica, constituindo-se num verdadeiro marco de "típica expressão de uma concepção liberal moderna que reconhecia a livre realização dos direitos individuais, mas sabia também tutelar a autoridade do Estado"[31]. Receberam as

---

28. Cezar Roberto Bitencourt, *Falência da pena de prisão*, cit., p. 103 e 106.
29. Mir Puig, *Introducción a las bases*, cit, p. 188 e s. Mir Puig qualifica o positivismo de Binding como "normativismo" no sentido de ter limitado seu objeto de estudo às normas jurídico-positivas, excluindo-o de toda consideração filosófica ou da realidade não jurídica. Trata-se, como se constata, de um sentido completamente diferente ao que atualmente se atribui à terminologia "normativismo".
30. Aníbal Bruno, *Direito Penal*, cit., p. 81.
31. Bettiol, *Direito Penal*, v. 1, cit., p. 26.

mesmas influências os Códigos Penais da Áustria (1852); da Bélgica (1867); da Hungria (1871); da Suécia (1864) e de Portugal (1886)[32].

4. Escola Positiva

Durante o predomínio do pensamento positivista no campo da filosofia, no fim do século XIX, surge a Escola Positiva, coincidindo com o nascimento dos estudos biológicos e sociológicos. A Escola Positiva surgiu no contexto de um acelerado desenvolvimento das ciências sociais (Antropologia, Psiquiatria, Psicologia, Sociologia, Estatística etc.). Esse fato determinou de forma significativa uma nova orientação nos estudos criminológicos. Ao abstrato *individualismo* da Escola Clássica, a Escola Positiva opõs a necessidade de defender mais enfaticamente o corpo social contra a ação do delinquente, priorizando os interesses sociais em relação aos individuais.

Por isso, a ressocialização do delinquente passa a um segundo plano. A aplicação da pena passou a ser concebida como uma reação natural do organismo social contra a atividade anormal dos seus componentes. O fundamento do direito de punir assume uma posição secundária, e o problema da responsabilidade perde importância, sendo indiferente a liberdade de ação e de decisão no cometimento do fato punível. Admitindo o delito e o delinquente como patologias sociais, dispensava a necessidade de a responsabilidade penal fundar-se em conceitos morais. A pena perde seu tradicional caráter *vindicativo-retributivo*, reduzindo-se a um provimento utilitarista; seus fundamentos não são a natureza e a gravidade do crime, mas a personalidade do réu, sua capacidade de adaptação e especialmente sua perigosidade[33].

A corrente positivista pretendeu aplicar ao Direito os mesmos métodos de observação e investigação que se utilizavam em outras disciplinas (Biologia, Antropologia etc.). No entanto, logo se constatou que essa metodologia era inaplicável em algo tão circunstancial como a norma jurídica. Essa constatação levou os positivistas a concluírem que a atividade jurídica não era científica e, em consequência, proporem que a consideração jurídica do delito fosse substituída por uma sociologia ou antropologia do delinquente, chegando, assim, ao verdadeiro nascimento da Criminologia, independente da dogmática jurídica[34].

Os principais fatores que explicam o surgimento da Escola Positiva são os seguintes:

---

32. Luiz Régis Prado e Cezar Roberto Bitencourt, *Elementos de Direito Penal*, Parte Geral, São Paulo, Revista dos Tribunais, 1995, v. 1, p. 31.
33. Fausto Costa, *El delito y la pena en la Historia de la Filosofía*, México, UTEHA, 1953, p. 153.
34. Manuel Grosso Galvan, Nueva criminología y dogmática jurídico-penal, *CPC*, n. 10, 1980, p. 14.

a) a ineficácia das concepções clássicas relativamente à diminuição da criminalidade; b) o descrédito das doutrinas espiritualistas e metafísicas e a difusão da filosofia positivista; c) a aplicação dos métodos de observação ao estudo do homem, especialmente em relação ao aspecto psíquico; d) os novos estudos estatísticos realizados pelas ciências sociais (Quetelet e Guerri) permitiram a comprovação de certa regularidade e uniformidade nos fenômenos sociais, incluída a criminalidade; e) as novas ideologias políticas que pretendiam que o Estado assumisse uma função positiva na realização nos fins sociais, mas, ao mesmo tempo, entendiam que o Estado tinha ido longe demais na proteção dos direitos individuais, sacrificando os direitos coletivos[35].

A Escola Positiva apresenta três fases, distintas, predominando determinado aspecto em cada uma, tendo também um expoente máximo. São elas: a) *fase antropológica*: Cesare Lombroso *(L'Uomo Delinquente)*; b) *fase sociológica*: Enrico Ferri *(Sociologia Criminale)*; e c) *fase jurídica*: Rafael Garofalo *(Criminologia)*[36].

4.1. Cesare Lombroso (1835-1909)

Lombroso — com inegável influência de Comte e Darwin[37] — foi o fundador da Escola Positivista Biológica, destacando-se, sobretudo, seu conceito sobre o criminoso atávico. Partia da ideia básica da existência de um criminoso nato, cujas anomalias constituiriam um tipo antropológico específico. Ao longo dos seus estudos foi modificando sucessivamente a sua teoria (atavismo, epilepsia, loucura moral). Em seus últimos estudos, Lombroso reconhecia que o crime pode ser consequência de múltiplas causas, que podem ser convergentes ou independentes. Todas essas causas, como ocorre com qualquer fenômeno humano, devem ser consideradas, e não se atribuir causa única. Essa evolução no seu pensamento permitiu-lhe ampliar sua tipologia de delinquentes: a) nato; b) por paixão; c) louco; d) de ocasião; e) epilético.

Mas, apesar do fracasso de sua teoria, Cesare Lombroso teve o mérito de fundar a *Antropologia criminal*, com o estudo antropológico do criminoso, na tentativa de encontrar uma explicação causal do comportamento antissocial. Suas primeiras experiências começaram na análise que realizou nos soldados do exército italiano, onde constatou uma diferença acentuada entre os bons e maus soldados: os segundos tinham o corpo coberto de tatuagens, normalmente com desenhos obscenos. Complementadas com outras investigações, concluiu que a

---

35. Sainz Cantero, *La ciencia del Derecho Penal y su evolución*, Barcelona, Bosch, 1975, p. 79.
36. Luiz Régis Prado e Cezar Roberto Bitencourt, *Elementos de Direito Penal*, cit., v. 1, p. 32.
37. Christopher Hibber, *Las raíces del mal — una historia social del crimen y su represión*, Espanha, E. Luiz Caralt, 1975, p. 209.

constituição física, particular de cada delinquente, o identificava. Impressionado e ao mesmo tempo insatisfeito, abandonou o estudo puramente teórico da Universidade Italiana, onde cursava o quarto ano de medicina, incursionando no estudo experimental de Viena, podendo desenvolver suas teorias antropológicas.

O criminoso nato de Lombroso seria reconhecido por uma série de estigmas físicos: assimetria do rosto, dentição anormal, orelhas grandes, olhos defeituosos, características sexuais invertidas, tatuagens, irregularidades nos dedos e nos mamilos etc. Lombroso chegou a acreditar que o criminoso nato era um tipo de subespécie do homem, com características físicas e mentais, crendo, inclusive, que fosse possível estabelecer as características pessoais das diferentes espécies de delinquentes: ladrões, assassinos, tarados sexuais etc. Experimentalmente, contudo, não conseguiu comprovar[38]. Os estudos de Lombroso sobre as causas biopsíquicas do crime contribuíram decisivamente no desenvolvimento da sociologia criminal, destacando os fatores antropológicos. Com isso iniciaram-se estudos diferentes sobre as causas do delito, transformando, inclusive, os conceitos tradicionais sobre a pena privativa de liberdade. Uma das contribuições mais importantes dos estudos de Lombroso — além da teoria do criminoso nato — foi trazer para as ciências criminais a observação do delinquente através do estudo indutivo-experimental.

4.2. *Rafael Garofalo (1851-1934)*

Garofalo foi o jurista da primeira fase da Escola Positiva, cuja obra fundamental foi sua *Criminologia*, publicada em 1885[39]. Como ocorre com todos os demais autores positivistas, deixa transparecer em sua obra a influência do darwinismo e das ideias de Herbert Spencer. Conseguiu, na verdade, dar uma sistematização jurídica à Escola Positiva, estabelecendo, basicamente, os seguintes princípios: a) a periculosidade como fundamento da responsabilidade do delinquente; b) a prevenção especial como fim da pena, que, aliás, é uma característica comum da corrente positivista; c) fundamentou o direito de punir sobre a teoria da Defesa Social, deixando, por isso, em segundo plano os objetivos reabilitadores; d) formulou uma definição sociológica do crime natural, uma vez que pretendia superar a noção jurídica. A importância do conceito natural de delito residia em permitir ao cientista criminólogo a possibilidade de identificar a conduta que lhe interessasse mais.

As contribuições de Garofalo, na verdade, não foram tão expressivas como as de Lombroso e Ferri e refletiam um certo ceticismo quanto à readaptação do homem criminoso. Esse ceticismo de Garofalo justificava suas posições radicais em favor

---

38. Christopher Hibber, *Las raíces del mal*, cit., p. 209 e 213.
39. Heleno Fragoso, *Lições de Direito Penal*; Parte Geral, Rio de Janeiro, Forense, 1985, v. 1, p. 46.

da pena de morte[40]. Partindo das ideias de Darwin, aplicando a seleção natural ao processo social (darwinismo social), sugere a necessidade de aplicação da pena de morte aos delinquentes que não tivessem absoluta capacidade de adaptação, que seria o caso dos "criminosos natos". Sua preocupação fundamental não era a correção (recuperação), mas a incapacitação do delinquente (prevenção especial, sem objetivo ressocializador), pois sempre enfatizou a necessidade de eliminação do criminoso. Enfim, insistiu na necessidade de individualizar o castigo, fato que permitiu aproximar-se das ideias correcionalistas. A ênfase que dava à defesa social talvez justifique seu desinteresse pela ressocialização do delinquente.

4.3. *Enrico Ferri (1856-1929)*

Ferri consolidou o nascimento definitivo da Sociologia Criminal. Na investigação que apresentou na Universidade de Bolonha (1877) — seu primeiro trabalho importante — sustentou a teoria sobre a inexistência do livre-arbítrio, considerando que a pena não se impunha pela capacidade de autodeterminação da pessoa, mas pelo fato de ser um membro da sociedade[41]. De certa forma, Ferri adota, como Lombroso, a concepção de Romagnosi sobre a Defesa Social, através da intimidação geral. Por essa tese de Ferri, passava-se da responsabilidade moral para a responsabilidade social[42]. Mais adiante, quando publica a terceira edição de sua *Sociologia Criminal*, adere às ideias de Garofalo sobre prevenção especial e à contribuição de Lombroso ao estudo antropológico, criando o conteúdo da doutrina que se consubstanciou nos princípios fundamentais da Escola Positiva[43].

Apesar de seguir a orientação de Lombroso e Garofalo, deixando em segundo plano o objetivo ressocializador (correcionalista), priorizando a Defesa Social, Ferri assumiu uma postura diferente em relação à recuperação do criminoso. Contrariando a doutrina de Lombroso e Garofalo, Ferri entendia que a maioria dos delinquentes era readaptável[44]. Considerava incorrigíveis apenas os criminosos habituais, admitindo, assim mesmo, a eventual correção de uma pequena minoria dentro desse grupo.

Apesar do predomínio na Escola Positiva da ideia de Defesa Social, não deixou de marcar o início da preocupação com a ressocialização do criminoso. Para Ranieri, a finalidade reeducativa da pena define-se claramente a partir da

---

40. José Anton Oneca, Las teorías penales italianas en la posguerra, *ADPCP*, 1967, p. 21.
41. Enrico Ferri, *Sociología Criminal*, Espanha, Centro Editorial de Góngora, 1909, t. 2, p. 3.
42. Eduardo Novoa Monreal, *La evolución del Derecho Penal en el presente siglo*, Venezuela, Jurídica Venezolana, 1977, p. 36-7.
43. Fragoso, *Lições*, cit., v. 1, p. 46.
44. Enrico Ferri, *Sociología Criminal*, cit., t. 1, p. 181-3.

Escola Positiva[45]. Compreendia o Direito Penal como expressão de exigência social e como aplicação jurídica dos dados fornecidos pela antropologia, sociologia, psicologia criminal e criminologia. Esta última tida como espinha dorsal da corrente positivista[46].

Em síntese, são os seguintes os aspectos principais da Escola Positiva: a) o Direito Penal é um produto social, obra humana; b) a responsabilidade social deriva do determinismo (vida em sociedade); c) o delito é um fenômeno natural e social (fatores individuais, físicos e sociais); d) a pena é um meio de defesa social, com função preventiva; e) o método é o indutivo ou experimental; e f) os objetos de estudo do Direito Penal são o crime, o delinquente, a pena e o processo[47].

A Escola Positiva teve enorme repercussão, destacando-se como algumas de suas contribuições: a) a descoberta de novos fatos e a realização de experiências ampliaram o conteúdo do direito; b) o nascimento de uma nova ciência causal-explicativa: a criminologia; c) a preocupação com o delinquente e com a vítima; d) uma melhor individualização das penas (legal, judicial e executiva); e) o conceito de periculosidade; f) o desenvolvimento de institutos como a medida de segurança, a suspensão condicional da pena e o livramento condicional; e g) o tratamento tutelar ou assistencial do menor[48].

5. *Terza scuola* italiana

A Escola Clássica e a Escola Positiva foram as duas únicas escolas que possuíam posições extremas e filosoficamente bem definidas. Posteriormente, surgiram outras correntes que procuravam uma conciliação dos postulados das duas predecessoras. Nessas novas escolas intermediárias ou ecléticas reuniram-se alguns penalistas orientados por novas ideias, mas que evitavam romper completamente com as orientações das escolas anteriores, especialmente os primeiros ecléticos. Enfim, essas novas correntes representaram a evolução dos estudos das ciências penais, mas sempre com uma certa prudência, como recomenda a boa doutrina e o pioneirismo de novas ideias.

A primeira dessas correntes ecléticas surgiu com a *terza scuola* italiana, também conhecida como *escola crítica*, a partir do famoso artigo publicado por Manuel Carnevale, *Una Terza Scuola di Diritto Penale in Italia*, em 1891. Integraram também essa nova escola, que marcou o início do positivismo crítico,

---

45. Silvio Ranieri, Orígenes y evolución de la Escuela Positiva, *REP*, 1971, p. 1701-2.
46. João Bernardino Gonzaga, Considerações sobre o pensamento da Escola Positiva, *Ciência Penal* 3, p. 383.
47. Luiz Régis Prado e Cezar Roberto Bitencourt, *Elementos de Direito Penal*, cit., v. 1, p. 33.
48. Luiz Régis Prado e Cezar Roberto Bitencourt, *Elementos de Direito Penal*, cit., v. 1, p. 33.

Bernardino Alimena (*Naturalismo Critico e Diritto Penale*) e João Impallomeni (*Istituzioni di Diritto Penale*)[49]. A *terza scuola* acolhe o princípio da responsabilidade moral e a consequente distinção entre imputáveis e inimputáveis, mas não aceita que a responsabilidade moral fundamente-se no livre-arbítrio, substituindo-o pelo *determinismo psicológico*: o homem é determinado pelo motivo mais forte, sendo imputável quem tiver capacidade de se deixar levar pelos motivos. A quem não tiver tal capacidade deverá ser aplicada medida de segurança e não pena. Enfim, para Impallomeni, a imputabilidade resulta da *intimidabilidade* e, para Alimena, resulta da *dirigibilidade* dos atos do homem[50]. O crime, para esta escola, é concebido como um fenômeno social e individual, condicionado, porém, pelos fatores apontados por Ferri. O fim da pena é a defesa social, embora sem perder seu caráter aflitivo, e é de natureza absolutamente distinta da medida de segurança.

6. Escola moderna alemã

O mestre vienense Franz von Liszt contribuiu com a mais notável das correntes ecléticas, que ficou conhecida como *Escola Moderna Alemã*, a qual representou um movimento semelhante ao positivismo crítico da *terza scuola italiana*, de conteúdo igualmente eclético. Esse movimento, também conhecido como escola de política criminal ou escola sociológica alemã, contou ainda com a contribuição decisiva do belga Adolphe Prins e do holandês Von Hammel, que, com Von Liszt, criaram, em 1888, a União Internacional de Direito Penal, que perdurou até a Primeira Guerra Mundial. O trabalho dessa organização foi retomado em 1924, por sua sucessora, a Associação Internacional de Direito Penal, a maior entidade internacional de Direito Penal atualmente em atividade, destinada a promover, por meio de congressos e seminários, estudos científicos sobre temas de interesse das ciências penais[51].

Von Liszt (1851-1919) foi discípulo de grandes mestres, dentre os quais os mais destacados foram Adolf Merkel e Rudolf von Ihering, recebendo grande influência deste último, inclusive quanto à *ideia de fim do Direito*, que motivou toda a orientação do sistema que Liszt viria a construir. Von Liszt, além de jurista, foi também grande político austríaco, tendo liderado, na sua juventude, o Partido Nacional-Alemão da juventude acadêmica austríaca. Nunca perdeu o interesse pela política, que na verdade determinou sua postura jurídico-científica, levando-o a conceber o Direito Penal como política criminal. Catedrático austríaco, posteriormente catedrático alemão, especialmente em Marburg (1882),

---

49. Fragoso, *Lições*, cit., v. 1, p. 49.
50. Aníbal Bruno, *Direito Penal*, cit., p. 111; Luiz Régis Prado e Cezar Roberto Bitencourt, *Elementos de Direito Penal*, cit., v. 1, p. 33.
51. Fragoso, *Lições*, cit., v. 1, p. 48.

concluiu sua cátedra na Universidade de Berlim, quando se aposentou em 1916, vindo a falecer em 1919. Autor de inúmeras obras jurídicas, publicou o seu extraordinário *Tratado do Direito Penal alemão*, em 1881, que teve vinte e duas edições, consagrando-se como o grande dogmático e sistematizador do Direito Penal alemão. Von Liszt encarregou-se, digamos assim, da segunda versão do positivismo jurídico, dividindo a utilização de um método descritivo/classificatório que excluía o filosófico e os juízos de valor, mas se diferenciava ao apresentar ligações à consideração da realidade empírica não jurídica: *o positivismo de Von Liszt foi um positivismo jurídico com matizes naturalísticas.*

Em 1882, Von Liszt ofereceu ao mundo jurídico o seu famoso *Programa de Marburgo — A ideia do fim no Direito Penal*, verdadeiro marco na reforma do Direito Penal moderno, trazendo profundas mudanças de política criminal, fazendo verdadeira revolução nos conceitos do Direito Penal positivo até então vigentes. Como grande dogmático que se revelou, sistematizou o Direito Penal, dando-lhe uma complexa e completa estrutura, admitindo a fusão com outras disciplinas, como a criminologia e a política criminal. Por isso é possível afirmar que a moderna teoria do delito nasce com Von Liszt. Com efeito, Von Liszt enfatizou a já antiga ideia, originária do positivismo, "de fim no Direito Penal", no seu *Programa de Marburgo*, oferecendo-lhe novo e forte conteúdo político-dogmático. Para Von Liszt, o Direito Penal deve sempre orientar-se segundo o fim, o objetivo a que se destina. O Direito Penal deve apresentar uma utilidade, um efeito útil, que seja capaz de ser registrado e captado pela estatística criminal. Para ele, a pena *justa* é a pena necessária. Embasado nessas ideias, partiu para a reforma do sistema penal alemão.

Inicialmente, Von Liszt não admitia o livre-arbítrio, que substituía pela *normalidade* que deveria conduzir o indivíduo, e deixou em segundo plano a finalidade retributiva da pena, priorizando a prevenção especial. Von Liszt incluiu na sua ampla concepção de ciências penais a criminologia e a penologia (esta expressão criada por ele): a criminologia, para ele, teria a missão de explicar as causas do delito, enquanto a penologia estudaria as causas e os efeitos da pena. Embora conhecedor das teorias de Lombroso, Ferri e Garofalo, com os quais não concordava, com seu *Programa de Marburgo* passou a defender a *prevenção especial*, ganhando grande repercussão internacional[52]. A moderna escola de Von Liszt logo entraria em choque com os seguidores da escola clássica, que tinha seu principal representante na Alemanha, Karl Binding (1841-1920), o mais autêntico seguidor das teorias de Kant e Hegel. Seguiram-lhe Radbruch e Ebherardt Schimidt, que se opunham duramente aos adeptos da escola clássica, como Binding, Beling e Birkmayer. A influência liberal de Von Liszt foi retomada posteriormente por penalistas adeptos do *neokantismo marburguiano*, como Stammler e

---

52. Aníbal Bruno, *Direito Penal*, cit., p. 114.

Graf Zu Dohna, da *filosofia cultural* do sudoeste da Alemanha, como Radbruch, M. E. Mayer e Erik Wolf, ou da *filosofia dos valores*, como Sauer. No entanto, a luta de escolas perdeu importância na década de vinte do século XX, sendo lembrada mais por seu valor histórico.

Enfim, as principais características da moderna escola alemã podem ser sintetizadas nas seguintes: a) *adoção do método lógico-abstrato e indutivo-experimental* — o primeiro para o Direito Penal e o segundo para as demais ciências criminais. Prega a necessidade de distinguir o Direito Penal das demais ciências criminais, tais como Criminologia, Sociologia, Antropologia etc.; b) *distinção entre imputáveis e inimputáveis* — o fundamento dessa distinção, contudo, não é o livre-arbítrio, mas a normalidade de determinação do indivíduo. Para o imputável a resposta penal é a pena, e para o perigoso, a medida de segurança, consagrando o chamado duplo-binário; c) *o crime é concebido como fenômeno humano-social e fato jurídico* — embora considere o crime um fato jurídico, não desconhece que, ao mesmo tempo, é um fenômeno humano e social, constituindo uma realidade fenomênica; d) *função finalística da pena* — a sanção retributiva dos clássicos é substituída pela pena finalística, devendo ajustar-se à própria natureza do delinquente. Mesmo sem perder o caráter retributivo, prioriza a finalidade preventiva, particularmente a prevenção especial; e) *eliminação ou substituição das penas privativas de liberdade de curta duração* — representa o início da busca incessante de alternativas às penas privativas de liberdade de curta duração, começando efetivamente a desenvolver uma verdadeira política criminal liberal[53].

7. Escola Técnico-Jurídica

Os positivistas pretendiam utilizar no Direito Penal o método positivo das ciências naturais, isto é, realizar os estudos jurídico-penais através da observação e verificação da realidade, além de sustentarem que a pessoa do delinquente deveria ser posta no centro da ciência penal, pois, segundo Ferri, o juiz julga o réu e não o crime. Em outros termos, os positivistas, num primeiro momento, confundiam os campos do Direito Penal, da Política Criminal e da Criminologia. Havia, na realidade, uma excessiva preocupação com os aspectos antropológicos e sociológicos do crime, em prejuízo do jurídico.

Reagindo a essa confusão metodológica criada pela Escola Positiva, surge o chamado *tecnicismo jurídico-penal*. Arturo Rocco profere na Itália, em 1905, sua célebre aula magna, na Universidade de Sassari[54], abordando o problema do método no estudo do Direito Penal, a qual continha as linhas gerais do que, por

---

53. Luiz Régis Prado e Cezar Roberto Bitencourt, *Elementos de Direito Penal*, cit., v. 1, p. 34; Franz von Liszt, *Tratado de Derecho Penal*, Madrid, Ed. Reus, 1927, v. 2, p. 6 e s.
54. Arturo Rocco, Il problema e il metodo della scienza del Diritto Penale, *Rivista di Diritto e Procedura Penale*, 1910.

sugestão do próprio Rocco, passou a chamar-se *Escola Técnico-Jurídica*. E essa nova orientação caracteriza muito mais uma corrente de renovação metodológica do que propriamente uma escola, na medida em que procurou restaurar o critério propriamente jurídico da ciência do Direito Penal[55], cujo maior mérito foi apontar o verdadeiro objeto do Direito Penal, qual seja, o crime, como fenômeno jurídico. Sem negar a importância das pesquisas causal-explicativas sobre o crime, sustenta, apenas, que o Direito, sendo uma ciência normativa, seu método de estudo é o técnico-jurídico ou lógico-abstrato. Sustentou-se que a Ciência Penal é autônoma, com objeto, método e fins próprios, não podendo ser confundida com outras ciências causal-explicativas ou políticas. O Direito Penal é entendido como uma "exposição sistemática dos princípios que regulam os conceitos de delito e de pena, e da consequente responsabilidade, desde um ponto de vista puramente jurídico"[56].

Pode-se apontar como as principais características da Escola Técnico-Jurídica: a) o delito é pura relação jurídica, de conteúdo individual e social; b) a pena constitui uma reação e uma consequência do crime (tutela jurídica), com função preventiva geral e especial, aplicável aos imputáveis; c) a medida de segurança — preventiva — deve ser aplicável aos inimputáveis; d) responsabilidade moral (vontade livre); e) método técnico-jurídico; e f) recusa o emprego da filosofia no campo penal[57].

São apontados como alguns dos mais importantes defensores dessa corrente: Rocco, Manzini, Massari, Delitala, Vannini e Conti. No entanto, o tecnicismo jurídico iniciou-se na Alemanha, com os estudos do extraordinário Karl Binding, que, com sua vastíssima obra, deu sentido próprio à Ciência do Direito Penal moderno[58]. A partir de Binding, falecido em 1920, a doutrina alemã começa a desenvolver os estudos de dogmática jurídico-penal de forma insuperável, chegando até nossos dias como, indiscutivelmente, a mais evoluída.

8. Escola correcionalista

A Escola correcionalista aparece na Alemanha, em 1839, com a dissertação de Karl Roder, *Comentatio an poena malum esse debeat*, tendo como fundamento o sistema filosófico de Krause, pertencente ao movimento do idealismo romântico alemão, durante a primeira metade do século XIX[59]. No entanto, na Espanha foi onde encontrou os seus principais seguidores, que cultuaram o famoso

---

55. Aníbal Bruno, *Direito Penal*, cit., p. 118.
56. Jiménez de Asúa, *Tratado de Derecho Penal*, cit., v. 2, p. 126.
57. Luiz Régis Prado e Cezar Roberto Bitencourt, *Elementos de Direito Penal*, cit., v. 1, p. 36; Jiménez de Asúa, *Tratado de Derecho Penal*, cit., v. 2, p. 124 e s.
58. Fragoso, *Lições*, cit., v. 1, p. 50.
59. Manuel de Rivacoba y Rivacoba, *El correcionalismo penal*, Argentina, Editora Córdoba, 1989, p. 22 e 26.

correcionalismo espanhol — de matiz eclético —, destacando-se, dentre eles, Giner de los Ríos, Alfredo Calderón, Concepción Arenal, Rafael Salillas e Pedro Dorado Montero, este último o mais destacado, com seu *El Derecho Protector de los Criminales*[60]. Dorado Montero, como ressalta Rivacoba y Rivacoba, não pertenceu à Escola correcionalista, embora a tenha desenvolvido e aperfeiçoado na Espanha.

A maior característica da escola correcionalista é fixar a correção ou emenda do delinquente como fim único e exclusivo da pena. Aliás, como o próprio Carlos Roder afirmava: "A teoria correcional vê na pena somente o meio racional e necessário para ajudar a vontade, injustamente determinada, de um membro do Estado, a ordenar-se por si mesma"[61]. Para os correcionalistas, a pena não se dirige ao homem em abstrato, mas ao homem real, vivo e concreto, que se tornou responsável por um determinado crime, revelador de uma determinação defeituosa de vontade[62]. Na verdade, a sua finalidade é trabalhar sobre a causa do delito, isto é, a vontade defeituosa, procurando convertê-la segundo os ditames do direito. O correcionalismo, de fundo ético-panteísta, apresentou-se como uma doutrina cristã, tendo em conta a moral e o direito natural[63].

Em outros termos, o delinquente, para os correcionalistas, é um ser anormal, incapaz de uma vida jurídica livre, constituindo-se, por isso, em um perigo para a convivência social, sendo indiferente a circunstância de tratar-se ou não de imputável. Como se constata, não dá nenhuma relevância ao livre-arbítrio. O criminoso é um ser limitado por uma anomalia de vontade, encontrando no delito o seu sintoma mais evidente, e, por isso, a sanção penal é vista como um bem. Dessa forma, o delinquente tem o direito de exigir a sua execução e não o dever de cumpri-la. Ao Estado cabe a função de assistência às pessoas necessitadas de auxílio (incapazes de autogoverno). Para tanto, o órgão público deve atuar de dois modos: a) restringindo a liberdade individual (afastamento dos estímulos delitivos); e b) corrigindo a vontade defectível. O importante não é a punição do delito, mas sim a cura ou emenda do delinquente. A administração da justiça deve visar ao saneamento social (higiene e profilaxia social) e o juiz ser entendido como médico social[64].

Estas são outras das principais características do correcionalismo: a) a pena idônea é a privação de liberdade, que deve ser indeterminada; b) o arbítrio

---

60. Luiz Régis Prado e Cezar Roberto Bitencourt, *Elementos de Direito Penal*, cit., v. 1, p. 36; Cerezo Mir, *Curso de Direito...*, p. 88-91.
61. Carlos David Augusto Roder, *Las doctrinas fundamentales reinantes sobre el delito y la pena en sus interiores contradicciones*, trad. Francisco Giner, Madrid, 1876.
62. Rivacoba y Rivacoba, *El correcionalismo penal*, cit., p. 32.
63. Zaffaroni, *Tratado de Derecho Penal*, Buenos Aires, Ediar, 1980, t. 1, p. 269-71.
64. Pedro Dorado Montero, *Bases para un nuevo Derecho Penal*, Buenos Aires, Depalma, 1973, p. 63-76.

judicial deve ser ampliado em relação à individualização da pena; c) a função da pena é de uma verdadeira tutela social; d) a responsabilidade penal como responsabilidade coletiva, solidária e difusa[65].

9. Defesa social

A primeira teoria de defesa social aparece somente no final do século XIX com a revolução positivista, embora se possa encontrar antecedentes remotos do movimento defensivista na filosofia grega e no próprio Direito Canônico medieval[66].

Em 1945, Fílippo Gramatica funda, na Itália, o Centro Internacional de Estudos de Defesa Social, objetivando renovar os meios de combate à criminalidade. Para Gramatica, o Direito Penal deve ser substituído por um *direito de defesa social*, com o objetivo de adaptar "o indivíduo à ordem social"[67]. No entanto, a primeira sistematização da Defesa Social foi elaborada por Adolphe Prins. Marc Ancel publica, em 1954, *A nova defesa social*, que se constituiu em um verdadeiro marco ideológico, que o próprio Marc Ancel definiu como "uma doutrina humanista de proteção social contra o crime"[68]. Esse movimento político-criminal pregava uma nova postura em relação ao homem delinquente, embasada nos seguintes princípios: a) filosofia humanista, que prega a *reação social* objetivando a proteção do ser humano e a garantia dos direitos do cidadão; b) análise crítica do sistema existente e, se necessário, sua contestação; c) valorização das ciências humanas, que são chamadas a contribuir, interdisciplinarmente, no estudo e combate do problema criminal[69].

10. Crise do pensamento positivista

Após o estudo das diferentes correntes do positivismo, é fácil constatar os motivos do seu declínio. O principal deles consiste na visão formalista e causal explicativa do Direito Penal, proporcionada pela pretensão de fundamentar e legitimar o sistema penal a partir do *método indutivo*. Como vimos, o *positivismo* pretendeu aplicar ao Direito os mesmos métodos de observação e investigação que eram utilizados nas *disciplinas experimentais* (física, biologia, antropologia

---

65. Luiz Régis Prado e Cezar Roberto Bitencourt, *Elementos de Direito Penal*, cit., v. 1, p. 37; Dorado Montero, *Bases para un nuevo Derecho Penal*, cit., p. 61 e s.; Jiménez de Asúa, *Tratado de Derecho Penal*, cit., v. 2, p. 133 e s.
66. Marc Ancel, *A nova defesa social*, Rio de Janeiro, Forense, p. 29 e s.; Prado e Bitencourt, *Elementos de Direito Penal*, cit., v. 1, p. 37.
67. *Principios de Derecho Penal subjetivo*, Madrid, Ed. Reus, 1941, p. 124.
68. *A nova defesa social*, cit., p. 446.
69. Luiz Régis Prado e Cezar Roberto Bitencourt, *Elementos de Direito Penal*, cit., v. 1, p. 38; João Marcello Araújo Júnior, Os grandes movimentos da Política Criminal de nosso tempo — aspectos, in *Sistema penal para o terceiro milênio*, Rio de Janeiro, Forense, 1993, p. 67-9.

etc.). Logo se percebeu, no entanto, que essa metodologia era inaplicável em algo tão circunstancial como a norma jurídica. Essa constatação levou os positivistas a concluírem apressadamente que a atividade não era científica e, em consequência, proporem que a consideração do delito fosse substituída por uma *sociologia* ou *antropologia do delinquente*, chegando, dessa forma, ao nascimento da *Criminologia*, independentemente da dogmática jurídica[70].

Com efeito, a preocupação com a produção de um conhecimento estritamente *científico* conduziu os juristas dessa época a uma disputa acerca do autêntico conteúdo da Ciência do Direito Penal. Como vimos nas epígrafes anteriores, houve uma grande polêmica em torno das duas grandes vertentes que abrangem a Ciência Penal: a criminológica e a jurídico-dogmática. A vertente criminológica, voltada para a explicação do delito como fenômeno social, biológico e psicológico, não era capaz de resolver questões estritamente jurídicas, como a diferença entre tentativa e preparação do delito, em que casos a imprudência é punível, os limites das causas de justificação etc.[71]. A vertente jurídico-dogmática, por sua vez, ao considerar que a Ciência do Direito Penal tem por objeto somente o direito positivo e, como missão, a análise e sistematização das leis e normas para a construção jurídica através do *método indutivo*, não foi capaz de determinar o conteúdo material das normas penais, nem de compreender o fenômeno delitivo como uma realidade social, permanecendo em um insustentável formalismo[72].

Há um claro entendimento, na atualidade, de que a Ciência do Direito Penal abrange tanto a Criminologia como a Dogmática, e que os conhecimentos produzidos por esses ramos se inter-relacionam na configuração da *Política Criminal* mais adequada para a persecução de crimes. Essa diferenciação permitiu o avanço da construção jurídico-dogmática a partir dos estudos de Von Liszt e Binding, mas sem os *equívocos do método positivista*, como veremos no capítulo seguinte.

---

70. Manuel Grosso Galvan, Nueva criminología y dogmática jurídico-penal, *CPC* n. 10, 1980, p. 14.
71. Muñoz Conde & García Aran, *Derecho Penal*, cit., p. 187-189.
72. Muñoz Conde & García Aran, *Derecho Penal*, cit., p. 189; Silva Sánchez, *Aproximación al Derecho Penal contemporáneo*, cit., p. 87.

A EVOLUÇÃO EPISTEMOLÓGICA DO DIREITO PENAL: REFINAMENTO DA ELABORAÇÃO JURÍDICO-DOGMÁTICA

V

Sumário: 1. O modelo neokantista. 2. O ontologismo do finalismo de Welzel. 3. Pós-finalismo: o normativismo funcionalista. 3.1. O sistema teleológico-funcional de Direito Penal formulado por Roxin. 3.2. A radicalização da sistemática funcional na proposta de Jakobs. 3.3. Considerações críticas.

1. O modelo neokantista

A insuficiência do *positivismo* foi constatada — no campo jurídico — muito antes na ciência jurídico-penal, especialmente em sua modalidade *naturalista-sociológica* iniciada por Von Liszt com sua "direção moderna"; ao contrário da ciência jurídico-civil, não houve necessidade de aguardar a transformação das condições econômico-sociais iniciada com a inflação que destroçou a República de Weimar e consumou-se com o segundo pós-guerra[1]. Como destaca Mir Puig, "talvez o precoce abandono do positivismo em nossa ciência penal tenha sido favorecido pela circunstância de que alguns dos filósofos do direito aos quais se deve a introdução do neokantismo na metodologia jurídica — especialmente *Radbruch* e *Sauer* — eram, ao mesmo tempo, penalistas. Mas, sem dúvida, foram as exigências específicas da dogmática penal que decidiram o giro do positivismo a um método no qual novamente a *valoração* e a perspectiva *material* foram recepcionadas"[2].

A reação contra a mentalidade positivista foi extremamente forte no final do século XIX, provocando o surgimento de duas orientações filosóficas: o *historicismo* e o *neokantismo*. O primeiro procurava distinguir as *ciências* entre *naturais* e *espirituais*, baseadas em seu objeto; o *historicismo*, na verdade, é uma corrente filosófica *relativista* (Wilhelm Dilthey) que tem por objeto a realidade histórico-social, não admitindo a derivação de fatos espirituais da ordem mecânica da natureza. O segundo — o *neokantismo* —, por sua vez, procurou distinguir as

---

1. Karl Larenz, *Metodología de la ciencia del derecho*, trad. de Enrique Gimbernat Ordeig, España, 1966, p. 98 e s.
2. Santiago Mir Puig, *Introducción a las bases del derecho penal*, 2ª ed., Montevidéu/Buenos Aires, Editorial IB de F, 2003, p. 207.

ciências pelo seu *método*, e representou a superação do *positivismo*, sem implicar, necessariamente, a sua negação. Com efeito, a premissa do neokantismo não é muito diferente da dos positivistas, pois, como estes, também sustentava a completa separação entre conhecimentos *puros* (*a priori*) e conhecimentos *empíricos* (*a posteriori*), tanto que Welzel chegou a chamá-lo de "teoria complementar do positivismo jurídico"[3].

Essa delimitação transportada para a ciência jurídica leva à categórica separação entre *ser* e *dever ser* do Direito. Contudo, ao contrário dos *positivistas* — que atribuíam prioridade ao *ser* do Direito —, os *neokantistas* propõem um conceito de ciência jurídica que supervalorize o *dever ser*. Assim, com a introdução de considerações *axiológicas* e *materiais*, o *neokantismo* substitui o método indutivo e formalista do positivismo, passando a ter, como objetivo, a compreensão do conteúdo dos fenômenos e categorias jurídicas, muito além de sua simples definição formal ou explicação causal. O neokantismo leva em consideração, para atingir esse desiderato, a *dimensão valorativa* do jurídico; não faz, contudo, dessa dimensão valorativa um *objeto* de estudo em si mesmo[4].

O neokantismo deu origem a duas correntes de grande repercussão no campo jusfilosófico: a *Escola de Marburgo* (Cohen, Notarp, Stammler) e a *Escola de Baden* ou "*Sudocidental*" *alemã* (Rickert, Mayer, Radbruch e Sauer)[5].

A contribuição de Hermann Cohen — na Escola de Marburgo — refere-se especialmente à relação entre ciência jurídica e ética nas ciências do espírito. Mas foi com o aporte oferecido por Rudolf Stammler[6] e com os novos delineamentos propostos por Del Vecchio e Radbruch[7] que o *neokantismo* ganha contornos mais definidos. Para Stammler, que é considerado o fundador da moderna *Filosofia do Direito*, só o *método formal*, o princípio da harmonia absoluta, a ideia de justiça (abstrata) têm valor *a priori*; todas as proposições justas têm somente uma validade relativa e condicionada: a justiça das mesmas decorre exclusivamente de sua *forma*, isto é, de que os elementos concretos que contém se achem ordenados conforme a ideia formal de harmonia. Dessa forma, o *neokantismo* procura, metodologicamente, reconciliar os conceitos de direito positivo e direito ideal,

---

3. Hans Welzel, *Introducción*, p. 198-199.
4. Hans Welzel, *Introducción*, p. 196; Silva Sánchez, *Aproximación al Derecho Penal contemporáneo*, Barcelona, Bosch Editor, 1992, p. 55.
5. Santiago Mir Puig, *Introducción a las bases del Derecho Penal*, cit., p. 212; Luiz Régis Prado, *Curso de Direito Penal*, 5ª ed., São Paulo, Revista dos Tribunais, 2005, p. 101.
6. Karl Larenz, *Metodología de la ciencia del derecho*, Barcelona, Ariel, 2001, p. 104 (há tradução portuguesa, publicada em Portugal); Rudolf Stammler, *Tratado de Filosofía del Derecho*, trad. de W. Roces. Madri, Reus, 1930.
7. Giorgio Del Vecchio, *Lições de Filosofia do Direito*; Gustav Radbruch, *Filosofia do Direito*, 6ª ed., Coimbra, Arménio Amado, 1997.

com Direito e justiça. Stammler destacou, como esclarece Andrei Zenkner Schmidt, a ideia de que a ciência jurídica opera a partir de um *querer*, ou seja, a partir de um método desenvolvido que resulta da relação entre *meio* e *fim*, em que o *temporalmente ulterior* (o fim) é condicionante do *temporalmente anterior* (o meio). Por isso, ao lado das ciências naturais, mas independentemente delas, o Direito deve promover e construir uma ciência dos fins humanos[8]. Em outros termos, o direito deve apreender e orientar unitariamente os seus fins, de acordo com um plano constante e claro.

No entanto, para a *Escola de Baden* — Ocidental-Sul —, de cunho cultural, característica do Direito é sua referência a *valores* que busca certos *fins* (aspecto teleológico). O direito é *uma realidade cultural*, ou seja, uma realidade referida *a valores*. Esta vertente do neokantismo ofereceu uma *fundamentação metodológica* que permitiu uma melhor compreensão dos institutos jurídico-penais como *conceitos valorativos*, sem por isso renunciar à pretensão de cientificidade. Vários penalistas que também eram filósofos do Direito, especialmente Radbruch, destacaram a utilidade deste enfoque metódico para a dogmática jurídico-penal, *determinando* uma reinterpretação de todos os conceitos da teoria jurídico-penal.[9]

Com efeito, a preocupação em oferecer um conteúdo material ao Direito Penal, de cunho valorativo, conduziu a uma mudança significativa na configuração do sistema penal. Como destaca Silva Sánchez, através do *método do neokantismo* o processo de conhecimento das categorias sistemáticas deixou de estar vinculado a uma compreensão *a priori* da realidade, e passou a estar diretamente condicionado pelas circunstâncias históricas, sociais e culturais de cada sociedade. Essa perspectiva produziu uma modificação essencial, como veremos no estudo da *teoria geral do delito*, possibilitando a compreensão *valorativa da causalidade*, a introdução de elementos subjetivos no tipo, a atribuição de conteúdo material à antijuridicidade e a elaboração da concepção *normativa da culpabilidade*. Esse entendimento, no entanto, foi levado a extremos tais que a atribuição de conteúdo valorativo ao Direito Penal derivou em um *subjetivismo epistemológico* e um *relativismo axiológico* difíceis de sustentar, porque, mesmo reconhecendo a importância da ruptura com o *formalismo* e o *pragmatismo* do pensamento positivista, o *método do neokantismo* não permitia que o processo de conhecimento das categorias do delito — tipicidade, antijuridicidade e culpabilidade — alcançasse resultados estáveis[10]. Em outras palavras, o modelo

---

8. Andrei Zenkner Schmidt, *O método do Direito Penal sob uma perspectiva interdisciplinar*, Rio de Janeiro, Lumen Juris, 2007, p. 39.
9. Santiago Mir Puig, *Introducción a las bases del derecho penal*, 2ª ed., Montevideo, Editorial IB de F, 2003, p. 218 e s.
10. Silva Sánchez, *Aproximación al Derecho Penal contemporáneo*, 2ª ed., Montevideo-Buenos Aires, B de F, 2010, p. 90-91.

neokantista não oferecia um conteúdo normativo preciso, imprescindível para o alcance de segurança jurídica na aplicação do Direito Penal.

Apesar das críticas, o *neokantismo* teve o mérito de indicar o rumo a seguir no processo de elaboração da dogmática jurídico-penal, por isso, concordamos com Silva Sánchez quando sustenta que esse mérito consiste em "mostrar as ineludíveis referências valorativas da construção conceitual no Direito Penal, e que a caracterização desses valores não é devida a fatores inerentes ao objeto em termos absolutos, universais, ou imutáveis, mas, sim, a fatores condicionados subjetiva e culturalmente"[11].

2. O ontologismo do finalismo de Welzel

A orientação finalista da dogmática jurídico-penal representa uma mudança radical em relação ao *positivismo jurídico* formalista e ao *relativismo axiológico* do neokantismo[12]. De um lado, diferencia-se do positivismo jurídico na medida em que rejeita a premissa de que o estudo do Direito positivo constitua o objeto essencial da dogmática penal; de outro lado, difere do neokantismo, na medida em que critica a volatilidade de suas considerações valorativas. Como alternativa a esses inconvenientes, o *método finalista* parte da ideia de que o objeto fundamental da dogmática jurídico-penal, sobre o qual se constroem as categorias sistemáticas do delito, são as estruturas lógico-objetivas. Essas estruturas, pertencentes ao mundo da realidade, do *ontológico*, integrariam a natureza permanente das coisas, vinculando o legislador e a ciência do Direito, independentemente de como o indivíduo as conhece[13]. Na realidade, a configuração das estruturas lógico-objetivas pressupõe, como base filosófica, a adoção, pelo finalismo, de uma proposta metodológica radicalmente distinta da que caracterizou o neokantismo[14]. Nesse sentido, destaca Mir Puig que o *subjetivismo metodológico* e o *relativismo valorativo* constituíram os dois pontos centrais da crítica de Welzel ao neokantismo. A passagem do subjetivismo ao objetivismo constitui o fundamento metodológico da teoria do delito desenvolvida pelo finalismo[15].

Com razão, admite Sergio Moccia[16] que um dos grandes méritos do finalismo, reconhecido por penalistas do mundo inteiro, reside no fato de, num período em

---

11. Silva Sánchez, *Aproximación al Derecho Penal contemporáneo*, cit., p. 92.
12. Silva Sánchez, *Aproximación al Derecho Penal contemporáneo*, cit., p. 92.
13. Silva Sánchez, *Aproximación al Derecho Penal contemporáneo*, cit., p. 94.
14. Córdoba Roda, *Una nueva concepción del delito. La doctrina finalista*, Barcelona, 1963, p. 10.
15. Santiago Mir Puig, *Introducción a las bases*, cit., p. 226; Santiago Mir Puig, *Derecho Penal*, p. 181.
16. Sergio Moccia, *El derecho penal entre ser y valor — función de la pena y sistemática teleológica*, Montevideo/Buenos Aires, Editorial IB de F, 2003, p. 19.

que imperava um terrível positivismo jurídico, correspondente à onipotência do Estado nazista, ter favorecido a "busca de princípios e valores, que devem ser independentes da vontade estatal e que se tem de fazer-lhes oposição". Na mesma linha, reconhece Mir Puig, que a limitação ontológica defendida pelo finalismo havia encontrado um ambiente favorável na Alemanha pós-guerra, quando se sentiu a necessidade de estabelecer limites ao poder que impedissem a repetição de excessos abomináveis como os do III Reich[17]. Houve então na Alemanha, pode-se dizer, *um certo renascimento do Direito natural*, como limite clássico ao Direito positivo, e *o ontologismo de Welzel* buscou também na natureza das coisas limites à liberdade de decisão do legislador[18]. No entanto, a despeito de reconhecer como elogiável e irrenunciável a vontade de estabelecer limites ao poder, sustenta Mir Puig que o ontologismo não era a via adequada.

Com efeito, Welzel desenvolveu sua doutrina finalista (entre 1930 e 1960)[19] — como resume Andrei Schmidt[20] — baseado no método *fenomenológico* de investigação, sustentando a formulação de um conceito *pré-jurídico* de pressupostos materiais (dentre os quais a conduta humana) existentes antes da valoração humana e, por isso, precedentes a qualquer valoração jurídica: para contrapor-se ao subjetivismo epistemológico do *neokantismo*, afirmava Welzel que não é o homem, com a colaboração de suas categorias mentais, quem determina a ordem do real, mas sim o próprio homem que se encontra inserido numa *ordem real* correspondente a estruturas *lógico-objetivas* (não subjetivas)[21].

Indiscutivelmente o Direito Penal se ocupa de fatos dotados de *significado valorativo* e tais fatos lhe importam exatamente por seu *significado* e não por sua dimensão físico-naturalística. No entanto, destaca Mir Puig, não foi esse o objeto da crítica de Welzel ao *neokantismo*, mas seu ponto de partida *metodológico subjetivista* segundo o qual o *caráter valorativo* de um fato não está no fato em si,

---

17. Cláudio Brandão, *Teoria jurídica do crime*, Rio de Janeiro, Forense, 2001, p. 23: "Através da teoria finalista, Welzel objetivava romper com o direito penal nazista. Para isto, não era suficiente retornar ao estágio dogmático anterior ao nazismo, mas era preciso modificar a própria dogmática".
18. Santiago Mir Puig, *Introducción a las bases del Derecho Penal*, cit., p. 224-226. Mir Puig destaca que a obra de Welzel, que na Espanha intitulou-se *Introducción a la filosofía del Derecho*, 2ª ed., 1971 (trad. de González Vicén), teve como subtítulo o que na edição original alemã era seu título: *Derecho natural y Justicia material*. Nele Welzel não aceitou o Direito natural clássico, mas dividiu com este, como objetivo central da obra, a busca de limites na natureza do ser.
19. Santiago Mir Puig, *Derecho Penal*, cit., p. 140, 155 e 181.
20. Andrei Zenkner Schmidt, *O método do Direito Penal*: perspectiva interdisciplinar, Rio de Janeiro, Lumen Juris, 2007, p. 60.
21. Santiago Mir Puig, *Derecho Penal*, cit., p. 155-156 e 181.

mas naquilo que lhe é atribuído pelos homens[22]. Contrariamente, sustentou Welzel que o significado dos fatos procede da sua forma de ser. Mas o que isso significa? Significa que para Welzel a forma como conhecemos a realidade, o *método de conhecimento*, não tem a função de configurar o próprio objeto do conhecimento, como pensavam os *neokantistas*, mas, ao contrário, o objeto do conhecimento, como realidade *a priori*, é o que determina o método. Assim, uma vez descobertas as estruturas lógico-objetivas permanentes do ser, o método de produção do conhecimento será de natureza *dedutivo-abstrata*. E qual a repercussão dessa mudança metodológica na elaboração da dogmática jurídico-penal? Essa nova perspectiva deve ser entendida a partir do significado da ação humana para Welzel, que, diferentemente dos neokantianos, é concebida como uma "estrutura lógico-objetiva" cuja natureza consistia em estar guiada pela *finalidade humana*[23].

Com efeito, para Welzel, "ação humana é exercício de atividade final. A ação é, portanto, um acontecer *'final'* e não puramente *'causal'*. A *'finalidade'* ou o caráter final da ação baseia-se em que o homem, graças a seu saber causal, pode prever, dentro de certos limites, as consequências possíveis de sua conduta. Em razão de seu saber causal prévio pode dirigir os diferentes atos de sua atividade de tal forma que oriente o acontecer causal exterior a um *fim* e assim o determine finalmente"[24]. A atividade final — prosseguia Welzel — é uma atividade dirigida conscientemente em função do *fim*, enquanto o *acontecer causal* não está dirigido em função do fim, mas é a resultante causal da constelação de causas existentes em cada caso. Esse ponto de partida foi decisivo no processo de sistematização e elaboração dedutiva das categorias sistemáticas do delito, como veremos no estudo da teoria geral do delito, oferecendo um referente estável para a interpretação e aplicação das normas penais, e a consequente garantia de segurança jurídica das decisões judiciais em matéria penal.

Em suma, o aspecto decisivo do *finalismo* consiste em que uma vez identificadas as estruturas lógico-objetivas através do *método fenomenológico*, próprio

---

22. Santiago Mir Puig, *Introducción a las bases,* cit., p. 226 e s. Para os *neokantianos* os fatos culturais suporiam a aplicação de formas *a priori* específicas configuradoras de significado cultural, como os valores, que seriam aportados, portanto, por nossa mente. Certamente, isto suporia uma subjetivização importante do questionamento kantiano, no sentido de que já não dependeria somente da subjetividade relativa, própria da estrutura da razão pura, idêntica em todo ser humano, mas que variaria segundo os indivíduos, como os valores variam de acordo com estes. Contra esta subjetivização da *epistemologia kantiana* — não contra esta — dirigiu-se a crítica de Welzel, conforme destaca Mir Puig.
23. Silva Sánchez, *Aproximación al Derecho Penal contemporáneo,* cit., p. 96.
24. Hans Welzel, *Derecho Penal alemán,* trad. Juan Bustos Ramirez e Sergio Yáñez Pérez, Santiago, Jurídica de Chile, 1970, p. 53; *El nuevo sistema del Derecho Penal,* trad. de Cerezo Mir, Montevideo/Buenos Aires, Editorial IB de F, 2004, p. 25.

do *ontologismo*, estas vinculam a construção dogmática[25]. No entanto, o próprio Welzel deixou certas dúvidas acerca da preeminência do seu *método* sobre outros, admitindo que uma mesma coisa pode ser contemplada em mais de um de seus aspectos possíveis; da mesma forma, a *ação humana* pode ser considerada sob o ponto de vista *causal-naturalístico*, ou sob ponto de vista espiritual[26], de acordo com o que queremos examinar.

Além disso, o enfoque *ontologista do finalismo* é questionável à luz da evolução da filosofia, tendo levado tanto as correntes hermenêuticas como as analíticas a abandonarem a pretensão de apreender *essências* próprias do ontologismo. De uma ou de outra forma, passou-se a reconhecer que a aproximação com o mundo está fundamentalmente dependente da *linguagem* utilizada para a ele nos referirmos. As palavras não são puros reflexos necessários das coisas, mas apenas nosso modo de vê-las. Ao darmos nome a uma *coisa*, elegemos que parte da realidade caberá dentro desse nome. Nem mesmo a *realidade física* decide antes da linguagem onde começa uma coisa e onde começa outra: a natureza não está dividida nas coisas que nós distinguimos com palavras. O alcance e o sentido das palavras não são impostos, mas resultam do consenso no processo de conhecimento, ou seja, são *convencionais*. No mundo da cultura, a liberdade criadora das palavras é maior que qualquer construção humana, porque os elementos culturais são criações coletivas consensuais através de palavras. Indiscutivelmente, a linguagem é a criação cultural básica, paradigma de todas as demais. E no mundo globalizado em que vivemos, onde as sociedades se caracterizam pela pluralidade cultural, estando sujeitas a mudanças contínuas em virtude dos intensos fluxos de pessoas e intercâmbio de informações, já não é possível sustentar a *razoabilidade da argumentação jurídica* partindo de estruturas lógico-objetivas imutáveis.

Questiona-se, por fim, a suficiência do finalismo, como sintetiza Mir Puig[27]: o ontologismo finalista parte de um *objetivismo essencialista*, que desconhece que os conceitos que temos não são puros reflexos necessários da realidade, mas construções humanas baseadas em um consenso social contingente. Não basta para isso a intenção de cada indivíduo. Nas palavras de Silva Sánchez, "a natureza das coisas não impõe uma solução concreta no âmbito jurídico, somente se limita a fixar um marco (aquele que é basicamente proporcionado pelo núcleo dos conceitos previamente estabelecidos) que restringe os termos da criação dos conceitos jurídicos. Em última instância, é o legislador que, guiado pelas suas representações valorativas, determina qual dos aspectos da realidade pré-jurídica deseja adotar como fundamento da regulação normativa"[28]. Nesse sentido, *junto*

---

25. Silva Sánchez, *Aproximación al Derecho Penal contemporáneo*, cit., p. 100.
26. Mir Puig, *Introducción a las bases*, cit., p. 232.
27. Santiago Mir Puig, *Derecho Penal*, cit., p. 181.
28. Silva Sánchez, *Aproximación al Derecho Penal contemporáneo*, cit., p. 105.

ao fático deve-se reconhecer, portanto, o papel decisivo do *normativo* na construção da dogmática jurídico-penal.

Apesar das críticas, não se pode negar a necessidade de uma base empírica nos fatos relevantes para o Direito Penal, nem a necessidade de respeitar os condicionamentos da realidade para que os *princípios normativos do Direito Penal* possam influir adequadamente no comportamento humano e nas relações sociais.

3. Pós-finalismo: o normativismo funcionalista

Até agora vimos os estágios da evolução epistemológica do Direito Penal que se caracterizam pela reivindicação de *certo purismo metodológico* na construção da dogmática jurídico-penal: o *positivismo jurídico*, voltado exclusivamente à exegese e sistematização do Direito positivo; o *neokantismo*, preocupado com a dimensão axiológica da elaboração jurídica; e o *finalismo*, adstrito ao ontologismo e ao *método dedutivo-abstrato* na construção da dogmática. Como observamos, nenhuma destas propostas é isenta de problemas, ao mesmo tempo que todas elas apresentam aspectos positivos que devem ser levados em consideração como objeto de estudo da dogmática jurídico-penal. Justamente por isso as correntes dogmáticas do *pós-finalismo* se caracterizam em maior ou menor medida pela tentativa de conciliar aqueles aspectos que antes se apresentavam como contrapostos, isto é, carregam consigo a marca do *ecletismo metodológico*[29].

Como ponto em comum entre elas, podemos destacar a marcada tendência de *normativização dos conceitos*, isto é, a elaboração de conceitos com base em *juízos de valor*, e a orientação do sistema penal a finalidades político-criminais. Para um adequado entendimento dessa etapa da evolução epistemológica do Direito Penal, que foi iniciada na segunda metade do século XX e se prolonga até nossos dias, começaremos com a análise crítica das duas propostas que representam os maiores referenciais neste âmbito: as correntes do *normativismo funcionalista* de Roxin e Jakobs.

3.1. *O sistema teleológico-funcional de Direito Penal formulado por Roxin*

As bases fundamentais da proposta de Roxin aparecem, pela primeira vez, em 1970, através da publicação de *Kriminalpolitik und Strafrechtssystem*[30]. Nessa obra, Roxin destaca o valor fundamental da construção sistemática de

---

29. Veja a esse respeito a análise de Silva Sánchez, *Aproximación al Derecho Penal contemporáneo*, cit., p. 100-115.
30. Obra traduzida para o espanhol por Francisco Muñoz Conde, publicada com o título *Política criminal y sistema del Derecho Penal*, Barcelona, Bosch, 1972. Finalmente, foi traduzida para o português, no Brasil, por Luís Greco, e publicada com o título *Política criminal e sistema jurídico-penal*. Rio de Janeiro-São Paulo, Renovar, 2002.

conceitos para a dogmática jurídico-penal, ao mesmo tempo que aponta os problemas surgidos ao longo do processo de sistematização dogmática, para finalmente apontar que "o caminho correto só pode ser deixar as decisões valorativas político-criminais introduzirem-se no sistema do direito penal", de tal forma que "submissão ao direito e adequação a fins político-criminais (*Kriminalpolitische Zweckmäβigkeit*) não podem contradizer-se, mas devem ser unidas numa síntese, da mesma forma que *Estado de Direito* e *Estado Social* não são opostos inconciliáveis, mas compõem uma unidade dialética"[31].

Com esse ponto de partida, Roxin pretende evidenciar que o Direito Penal não deve ser estruturado deixando de lado a análise dos efeitos que produz na sociedade sobre a qual opera, isto é, alheio à realização dos fins que o legitimam. Por isso, sustenta que quando as soluções alcançadas no caso concreto, por aplicação dos conceitos abstratos deduzidos da sistematização dogmática, sejam insatisfatórias, elas podem ser corrigidas de acordo com os *princípios garantistas* e as *finalidades político-criminais* do sistema penal. Em outras palavras, a configuração do sistema de Direito Penal passa a ser estruturada *teleologicamente*, atendendo a finalidades valorativas[32].

Desse modo, a dogmática deixa de estar estritamente vinculada à exegese do Direito positivo, ou a conceitos deduzidos da natureza das coisas, para incorporar, como parâmetro valorativo, as finalidades que o Direito Penal busca alcançar, permitindo, em última instância, que a solução do caso concreto se amolde em maior medida às finalidades do sistema penal. Nas palavras do autor, "quando as finalidades regentes do sistema convertem-se diretamente em configuradoras do sistema, fica garantida de antemão a justiça na decisão do caso concreto [...] já que toda constelação de casos é reconduzida ao fim da lei"[33]. Com base nesse postulado, Roxin defende que o *sistema* poderá inclusive chegar a descartar aquelas soluções que, mesmo sendo coerentes com a dedução sistemática, sejam incompatíveis com seus *princípios garantistas e fins político-criminais*.

Essa abertura do sistema penal às finalidades que o Direito Penal busca alcançar, permite caracterizar a proposta de Roxin como *teleológico-funcional*, repercutindo de maneira decisiva nas categorias sistemáticas do delito, como veremos no estudo da *teoria geral do delito*, pois estas passam a ser vistas como verdadeiros *instrumentos de valoração político-criminal*. Com efeito, essa perspectiva do sistema de Direito Penal apresenta-se como "um sistema aberto, apto para uma permanente remodelação em função das consequências político-criminais e

---

31. Roxin, *Política criminal*, cit., p. 20.
32. Roxin, Claus. *Derecho Penal — Fundamentos. La estructura de la teoría del delito*, trad. de Diego-Manuel Luzón Peña, Miguel Díaz y García Conlledo y Javier de Vicente Remesal, Madrid, Civitas, 1997, p. 217.
33. Roxin, *Derecho Penal*, cit., p. 217.

da evolução dos conhecimentos", cuja finalidade última consiste em proporcionar um modelo mais explicativo e racional da dogmática jurídico-penal para o alcance de "uma aplicação segura e confiável do Direito, e uma redução da intervenção penal e de sua intensidade a limites estritamente necessários"[34].

A abertura do sistema a considerações valorativas é um claro *resgate da tradição metodológica do neokantismo*, agora revitalizada com base nos princípios garantistas limitadores do *ius puniendi*, reconhecidos pela Constituição, e na *finalidade preventivo-geral da pena*, que será analisada no próximo capítulo. Essa orientação conduz a uma *ampla normatização dos conceitos* e a um distanciamento do *ontologismo*, produzindo certa flexibilização do conteúdo das categorias sistemáticas do delito, antes submetidas a um rigoroso processo de elaboração dogmática, própria do método do finalismo. Por isso, não são poucas as críticas no sentido de que com o funcionalismo a *dogmática penal apresenta um menor grau de rigor e cientificidade*, pois, na medida em que aquela pretende atender a valores e fins, que se modificam com as transformações sociais e culturais, *afasta-se progressivamente da suposta neutralidade e imutabilidade das construções dogmáticas*[35]. Essa tendência atinge seu mais alto grau de radicalização através do pensamento de Jakobs, como veremos na epígrafe seguinte.

3.2. A radicalização da sistemática funcional na proposta de Jakobs

Günther Jakobs apresenta em 1983 sua concepção igualmente *normativista* de Direito Penal, sob uma perspectiva distinta da de Roxin, mas também diametralmente oposta ao *ontologismo finalista*[36]. Comparativamente, o *normativismo dualista* (teleológico-funcional), defendido por Roxin, admite que a sua lógica objetiva seja acrescida de uma razão prática, onde os valores protegidos pelo sistema penal estejam limitados por um substrato material fático externo ao próprio sistema (ou seja, o Direito Penal, ao elaborar conceitos jurídico-penais, está sujeito a alguns limites materiais de fora do sistema penal); no entanto, o *normativismo monista* (funcionalista-sistêmico), sustentado por Jakobs, caracteriza-se pela radicalização do critério funcional, de modo que os parâmetros necessários para o desenvolvimento estrutural do sistema penal — e, por conseguinte, da dogmática — encontram-se no interior do próprio sistema, não se sujeitando a

---

34. Silva Sánchez, *Aproximación al Derecho Penal contemporáneo*, cit., p. 103.
35. Veja a respeito a análise de Silva Sánchez, *Aproximación al Derecho Penal contemporáneo*, cit., p. 113-115.
36. Günther Jakobs, *Derecho Penal*; Parte Geral, trad. de Joaquin Cuello Contreras e José Luís Serrano Gonzalez de Murillo, Madri, Marcial Pons, 1995 (trad. da 2ª ed. alemã *Strafrecht, Allgemeiner Teil, Die Grundlagen und die Zurechnungslehre*, de 1991; a 1ª foi publicada em 1983).

limites externos. Em outros termos, o *normativismo* de Jakobs é muito mais radical que o de Roxin: este admite que o *normativismo* encontre limites na realidade empírica e em critérios valorativos, a qual teria suas próprias exigências e condicionaria as construções jurídicas e as soluções a que deve conduzir; postula, ademais, uma dogmática do Direito Penal aberta a princípios *político-criminais* a partir dos quais interpreta as normas jurídico-positivas[37]. Jakobs, por sua vez, incorporando fundamentalmente a *teoria dos sistemas sociais* de Luhmann[38], concebe o Direito Penal como um *sistema normativo fechado*, autorreferente (autopoietico) e limita a dogmática jurídico-penal à análise *normativo-funcional* do Direito positivo, em função da finalidade de prevenção geral positiva da pena, com a exclusão de considerações empíricas não normativas e de valorações externas ao sistema jurídico positivo[39].

Como veremos no próximo capítulo, para Jakobs, a pena se justifica como *reação ante a infração de uma norma* e deve, por isso, ser *definida positivamente*: "É uma mostra da vigência da norma à custa de um responsável" e sua missão consiste na "estabilização da norma lesada"[40], isto é, "na manutenção da norma como modelo de orientação para os contatos sociais"[41]. Sob essa perspectiva, Jakobs sustenta que o Direito Penal deve ser entendido e sistematizado em função dessa finalidade, ou seja, em função da *reafirmação da vigência da norma*. Por esse motivo, Jakobs afirma que *a legitimação material do Direito Penal* reside na necessidade de conservação da própria sociedade e do Estado, como garantia das "expectativas imprescindíveis para o funcionamento da vida social", de tal forma que o verdadeiro bem jurídico-penal a proteger seria "a firmeza das expectativas essenciais frente à decepção"[42].

A *compreensão simbólica do Direito Penal* é levada a extremos tais que o *conceito de bem jurídico* perde substancialmente o seu conteúdo material e sua

---

37. Claus Roxin, *Política criminal y sistema del Derecho penal*, trad. de Muñoz Conde, 1972, orientação seguida, desde então, em seus trabalhos posteriores, inclusive em seu famoso *Tratado de Direito Penal*, de todos conhecido, com tradução espanhola.
38. A obra de Niklas Luhmann, *Rechtssoziologie*, t. I e II, 1972, é referida por Jakobs, *Derecho Penal*, cit., p. 9-19, na fundamentação de seu *sistema de Direito Penal*. Para uma aproximação às bases da *teoria dos sistemas sociais* de Luhmann e sua integração na explicação do Direito Penal, veja, entre outros, Andrei Zeknner Schmidt, *Considerações sobre um modelo teleológico-garantista a partir do viés funcional normativista*. In: Gamil Föppel (Coord.). *Novos desafios do Direito Penal no terceiro milênio*. Estudos em homenagem ao Prof. Fernando Santana. Rio de Janeiro: Lumen Juris, 2008, p. 290-302.
39. Günther Jakobs, *Sociedad, normas y personas en un Derecho Penal funcional*, trad. de Cancio Meliá y Feijoo Sánchez, Madri, Civitas, 1996, p. 25 e 28.
40. Jakobs, *Derecho Penal*, cit., p. 9.
41. Jakobs, *Derecho Penal*, cit., p. 14.
42. Jakobs, *Derecho Penal*, cit., p. 45.

função de crítica do Direito Penal. Como acabamos de referir, para Jakobs, o verdadeiro *bem jurídico-penal* a ser protegido é *a validez fática das normas*, porque somente assim se pode esperar o respeito aos bens que interessam ao indivíduo e ao convívio social[43]. Quando, por exemplo, faz alusão ao objeto de proteção do Direito Penal no crime de homicídio, Jakobs argumenta que a provocação da morte não constitui propriamente a lesão do *bem jurídico-penal*, mas tão só a lesão de *um bem*. Em sua ótica, a conduta de matar adquire sentido para o Direito Penal, não porque lesa o bem vida, mas na medida em que representa uma oposição à norma subjacente do delito de homicídio, isto é, na medida em que o autor da conduta dá causa ao resultado morte com *conhecimento* (dolo) ou com a *cognoscibilidade* (culpa) de que escolhe realizar um comportamento que pode provocar consequências, em lugar de escolher realizar uma conduta inócua. Nas próprias palavras de Jakobs: "A norma obriga a eleger a organização da qual não se produzam danos, mas se o autor se organiza de modo que cause um dano a ele imputável, seu projeto de configuração do mundo se opõe ao da norma. Somente esse ponto de vista eleva o bem jurídico-penal à esfera em que se desenvolve a interação social que interessa ao Direito Penal: a esfera da *significação* do comportamento (criminoso) enquanto negação do *significado* das normas, e o reforço da preservação do significado da norma através da reação punitiva"[44].

Na verdade, esse *normativismo radical* de Jakobs, além de cientificamente desnecessário, dificulta sobremodo qualquer tentativa de *limitar o poder punitivo estatal*, para atender aos reais interesses — não apenas simbólicos — da sociedade[45]. Com efeito, a elaboração dogmática perde, sob essa perspectiva, capacidade crítica e torna-se, em suma, contraproducente como instrumento de garantia individual frente aos excessos do exercício do *ius puniendi* estatal. Nesse sentido, acompanhando Schunemann, a procedente crítica de Schmidt: "O limite imposto ao sistema é o limite necessário para que ele se torne estável, e, aqui, chegaremos à perigosa conclusão de que, em relação à validade do Direito Penal, os fins poderiam justificar os meios. Consequentemente, um Direito penal cujas finalidades sejam buscadas, exclusivamente, em atenção à prevenção-geral-positiva (reintegração do ordenamento jurídico), poderá legitimar um sistema de máxima intervenção ilimitada e, ao mesmo tempo em que possui condições de se acomodar bem às novas demandas impostas pela pós-modernidade ao Direito

---

43. Jakobs, *Derecho Penal*, cit., p. 45, 58.
44. Jakobs, *Derecho Penal*, cit., p. 46.
45. Para aprofundar o exame crítico do funcionalismo de Jakobs, veja-se, preferencialmente: Santiago Mir Puig, *Introducción a las bases del Derecho Penal*; Jesús Maria Silva Sánchez, *Aproximación al Derecho Penal contemporáneo*, e, no Brasil, Andrei Zenkner Schmidt, *O método da ciência penal: perspectiva interdisciplinar*, Rio de Janeiro, Lumen Juris, 2007.

Penal, possuiria o risco de abrir completamente as comportas para qualquer sistema político buscar a sua legitimação"[46]. Como veremos no estudo da teoria geral do delito, o *normativismo radical* de Jakobs repercute drasticamente nas categorias dogmáticas, provocando sua progressiva fragmentação.

3.3. Considerações críticas

A controvérsia em torno de uma fundamentação ontológica ou normativa do sistema jurídico-penal, ainda não se encontra definitivamente decidida em favor do *normativismo*, quer seja o de *natureza político-criminal*, quer seja o de *natureza sistêmica*. E isso porque as investigações ditas normativistas têm distanciado cada vez mais o sistema jurídico-penal de dados prévios ontológicos e de estruturas lógico-reais sobre os quais o *finalismo welzeliano* pretendia fundamentar o Direito Penal. Apesar das críticas contra a ideia de um sistema fundado em *leis ontológicas*, deve-se reconhecer que este apresentava, como virtude, a resistência ao *arbítrio judicial* e legal, sendo, por isso, garantidor da liberdade individual.

Trata-se, como se constata, de um movimento com dois vértices: o primeiro, de natureza moderada — sustentado por Roxin —, que procura fundamentar o sistema penal de caracteres teleológicos e axiológicos (*normativismo funcional teleológico*); o segundo, mais radical — defendido por Jakobs —, que postula a total renormativização do sistema penal, com fundamento sistêmico (*normativismo sistêmico*). Distinguem-se, basicamente, a partir da renormativização total do sistema e suas categorias e no grau de relativização (ou absolutização) do aspecto *metodológico funcionalista*[47]. A diferença mais significativa, no entanto, reside nas *referências funcionais* mediante as quais atribuem conteúdo aos conceitos. O *normativismo teleológico* (Roxin) preocupa-se com os *fins do Direito Penal*, enquanto o *normativismo sistêmico* (Jakobs) se satisfaz com os *fins da pena*, isto é, com as consequências do Direito Penal. Em síntese, a *orientação teleológica funcional* norteia-se por *finalidades político-criminais*, priorizando valores e princípios garantistas; a *orientação funcionalista sistêmica*, por sua vez, leva em consideração *somente necessidades sistêmicas* e o Direito Penal é que deve ajustar-se a elas.

Claus Roxin, na verdade, parte da ideia de que todas as *categorias* do sistema jurídico-penal baseiam-se em princípios reitores normativos político-criminais, que, no entanto, não contêm, ainda, a solução para os problemas concretos; esses princípios, porém, serão aplicados à "matéria jurídica", aos dados empíricos, e, dessa forma, chegarão a conclusões diferenciadas e adequadas à realidade. À luz de tal procedimento, sob uma perspectiva político-criminal, uma *estrutura ontológica* como a da *ação finalista* parece em parte relevante e em parte irrelevante, e, por isso, necessita ser complementada por *critérios valorativos* orientados a

---

46. Andrei Zenkner Schmidt, *O método da ciência penal...*, p. 85.
47. Silva Sánchez, *Aproximación al Derecho Penal contemporáneo*, cit., p. 68.

partir da finalidade do Direito Penal. Assim, por exemplo, a *finalidade do autor* é decisiva quando se quer saber se há tentativa de homicídio ou um disparo meramente acidental, pois o *injusto da tentativa* fundamenta-se, mesmo que não exclusivamente, na *finalidade* do autor. No entanto, a modalidade do *controle finalista* é irrelevante quando se pretende responder à pergunta quanto a se aquele que dispara contra alguém em *legítima defesa putativa* comete ou não uma ação dolosa de homicídio. Em outras hipóteses, a *finalidade* humana deve ser complementada por critérios de *imputação objetiva,* quando o que importa é saber se uma lesão de um bem jurídico desejada, ou cujo risco foi assumido pelo autor, representa ou não a *realização de um risco permitido.*

Tem-se criticado essa orientação de Roxin no sentido de que a vinculação do Direito Penal às decisões político-criminais do legislador nem sempre conduz ao alcance da justiça material. Isso porque aquelas decisões podem ir de encontro às garantias fundamentais do Direito Penal de um Estado Democrático de Direito, de tal sorte que a ciência do Direito Penal "nem sempre parte de decisões político-criminais adequadas"[48]. A propósito, recorda Mir Puig que "a política criminal depende de cada modelo de Estado. Importa, pois, desvendar claramente a vinculação axiológica da teoria do delito e seus conceitos a uma determinada concepção filosófico-política do Direito Penal como incumbência do Estado"[49]. Nesses termos, dita *praxis* tanto pode ser identificada com a *ideologia de Estados democráticos,* garantidores das liberdades, como pode ser identificada com a *ideologia de Estados totalitários* ou *ditatoriais,* sendo efetivamente preocupante, mas que tampouco uma *concepção ontológica do Direito Penal* ou inclusive um conceito finalista de ação pode evitar. A essa crítica, no entanto, — assegura Roxin — que o único instrumento de defesa contra tais excessos estatais é a existência e a invocação de direitos humanos e de *liberdades invioláveis* que se consolidaram, pelo menos teoricamente, em grande parte do mundo ocidental; na Alemanha — acrescenta — eles foram acolhidos pela Constituição, de modo que o seu respeito e sua realização efetiva são cogentes para qualquer dogmática penal que argumente político-criminalmente.

A Constituição Federal brasileira, a exemplo da similar alemã, também recepcionou esses mesmos preceitos de respeito aos direitos humanos e às liberdades fundamentais, restando a lamentar, apenas, que lá (Alemanha) a Constituição é respeitada, aqui (Brasil), no entanto, ela é *reformada* ou *emendada* ao sabor dos interesses palacianos para adequar-se à política que interesse aos governantes de plantão. Assim, os argumentos sustentados por Roxin para a aplicabilidade de seu sistema de Direito Penal são válidos para a Alemanha, mas podem ser questionados naqueles ordenamentos jurídicos em que, a exemplo do brasileiro, é comum o desrespeito à Constituição sob a alegação de que faltam os recursos necessários

---

48. Moreno Hernández/Roxin, § 22 BIV, p. 863, nota de rodapé 126.
49. Santiago Mir Puig, *Derecho Penal,* cit., p. 140.

para a implementação das garantias constitucionais em matéria penal, ou qualquer outra argumentação menos nobre. Ora, tem toda razão Claus Roxin: uma *política criminal* que pretenda fundamentar o sistema de direito penal tem de recepcionar em seu bojo os direitos humanos e as liberdades fundamentais internacionalmente reconhecidos. No entanto, isso pode não ocorrer de maneira real e efetiva — como é o caso brasileiro — os preceitos e interpretações deixam de estar vinculados a uma finalidade político-criminal legítima, e não passam de elementos de exercício do poder, deslegitimando, consequentemente, o sistema jurídico penal.

Essa crítica torna-se ainda mais contundente quando passamos a valorar a proposta de Jakobs que, como vimos, além de distanciar-se dos referentes ontológicos da realidade empírica, rejeita as limitações externas ao próprio sistema de Direito Penal. Essa orientação jakobsiana conduz, naqueles ordenamentos jurídicos de *ideologia autoritária* ou naqueles em que não estão consolidados direitos e garantias individuais, a um endurecimento do Direito Penal em prol de sua eficácia simbólica.

Ante todo o exposto, devemos analisar com grande cuidado a repercussão prática dessas propostas na elaboração da dogmática jurídico-penal, cujo maior referencial é a *teoria geral do delito*, pois a flexibilização das categorias dogmáticas em função de finalidades político-criminais variáveis pode resultar contraproducente na sistematização racional do conhecimento jurídico-penal[50]. Por isso, *não devemos renunciar ao grande legado deixado pelo finalismo* na construção da dogmática jurídico-penal, substituindo-o por uma sistematização pautada exclusivamente nos resultados que se pretende alcançar. No nosso entendimento, a elaboração dogmática deve ser o resultado da síntese entre os *postulados filosófico/jurídicos* que legitimam e limitam o exercício do *ius puniendi* estatal num Estado Democrático de Direito — tratados, em linhas gerais, no Capítulo II —, e *as pretensões de estabilidade normativa* através da aplicação eficaz das normas penais. Assim, reconhecemos o valor decisivo da proposta de *abertura metodológica* formulada por Roxin. Entretanto, como veremos no estudo das categorias dogmáticas do delito e das normas do Código Penal brasileiro, não adotamos uma aplicação direta (integral) do modelo roxiniano, porque as peculiaridades e incoerências de nosso sistema penal requerem um esforço interpretativo e argumentativo *diferenciado*, adequados à realidade brasileira. Mas antes de analisarmos essas questões, adentraremos no estudo das *teorias da pena* com o objetivo de esclarecer quais são as finalidades *legitimáveis* da pena em nosso ordenamento jurídico, e como elas podem repercutir na elaboração dogmática.

---

50. Veja a este respeito a exaustiva análise de Silva Sánchez, *Aproximación al Derecho Penal contemporáneo*, cit., p. 115-192.

TEORIAS SOBRE FUNÇÕES, FINS E JUSTIFICAÇÕES DA PENA — VI

Sumário: 1. Generalidades. 2. Teorias sobre a pena. 3. Teorias absolutas ou retributivas da pena. 3.1. Teoria de Kant. 3.2. Teoria de Hegel. 3.3. Outras teses retribucionistas da pena. 3.4. Considerações críticas. 4. Teorias relativas ou preventivas da pena. 4.1. A prevenção geral. 4.1.1. A prevenção geral negativa. 4.1.2. A prevenção geral positiva. 4.1.3. A prevenção geral positiva fundamentadora. 4.2. A prevenção especial. 5. A teoria mista ou unificadora da pena. 5.1. A teoria unificadora dialética de Roxin. 6. Modernas teorias de justificação da pena. 6.1. A prevenção geral positiva limitadora.

1. Generalidades

Pena e Estado são conceitos intimamente relacionados entre si. O desenvolvimento do Estado está intimamente ligado ao da pena. Para uma melhor compreensão da sanção penal, deve-se analisá-la levando-se em consideração o *modelo socioeconômico* e a *forma de Estado* em que se desenvolve esse sistema sancionador[1].

Convém registrar que a uma concepção de Estado corresponde uma de pena, e a esta, uma de culpabilidade. Destaque-se a utilização que o Estado faz do Direito Penal, isto é, da pena, para facilitar e regulamentar a convivência dos homens em sociedade. Apesar de existirem outras formas de controle social — algumas mais sutis e difíceis de limitar que o próprio Direito Penal[2] —, o Estado utiliza a pena para proteger de eventuais lesões determinados bens jurídicos, assim considerados, em uma organização socioeconômica específica. Estado, pena e culpabilidade formam conceitos dinâmicos inter-relacionados, a tal ponto que a uma determinada teoria de Estado corresponde uma teoria da pena, e com base na função e finalidade que seja atribuída a esta, é possível deduzir um específico conceito dogmático de culpabilidade. Assim como evolui a forma de Estado, o Direito Penal também evolui, não só no plano geral, como também em cada um dos seus conceitos

---

1. Juan Bustos Ramirez e H. Hormazábal Malarée, Pena y Estado, *Bases críticas de un nuevo Derecho Penal*, Bogotá, Temis, 1982, p. 114.
2. Muñoz Conde, *Derecho Penal y control social*, Jerez, Fundación Universitaria de Jerez, 1985, p. 40.

fundamentais. E como vimos nos capítulos anteriores, esta evolução esteve sempre marcada pelo contexto social, cultural e político de um determinado momento da história, de modo que as modificações na concepção do Estado e do Direito Penal podem ser vistas como a expressão do *espírito do seu tempo*. Da mesma forma, as teorias da pena sofreram, ao longo da história, uma forte influência do contexto político, ideológico e sociocultural nos quais se desenvolveram.

Atualmente podemos afirmar que a concepção do direito penal está intimamente relacionada com os *efeitos que ele deve produzir*, tanto sobre o indivíduo que é objeto da persecução estatal, como sobre a sociedade na qual atua. Além disso, é quase unânime, no mundo da ciência do Direito Penal, a afirmação de que a pena justifica-se por sua necessidade. Muñoz Conde[3] acredita que sem a pena não seria possível a convivência na sociedade de nossos dias. Coincidindo com Gimbernat Ordeig[4], entende que a pena constitui um recurso elementar com que conta o Estado, e ao qual recorre, quando necessário, para tornar possível a convivência entre os homens. Nesse sentido é possível deduzir que as modernas concepções do direito penal estão vinculadas às ideias de *finalidade* e *função*, o que explica sua estrita relação com as teorias da pena, meio mais característico de intervenção do Direito Penal. Por isso a importância do estudo das teorias da pena e a consequente reflexão crítica acerca das finalidades e funções que esta deve e pode desempenhar no marco atual das sociedades democráticas. Vale a pena esclarecer que os conceitos de *fim* e *função* não serão referidos nessa obra como sinônimos. Adotamos aqui a distinção de base sociológica referida tanto por Ferrajoli como por Feijoo Sánchez, segundo a qual o fim ou finalidade da pena está relacionado com os efeitos sociais buscados desde a perspectiva jurídico-normativa de tipo axiológico, enquanto a função da pena está relacionada com a análise descritiva dos efeitos sociais produzidos, inclusive quando estes se distanciam das finalidades previamente postuladas para a pena[5].

Como veremos ao longo deste capítulo, no decurso histórico do Direito Penal, da pena e do Estado[6], observam-se notórias rupturas, entre as quais se encontra a transição das concepções retributivas da pena às orientações utilitaristas (preventivas gerais ou especiais), passando por teorias unificadoras, até chegar às

---

3. Muñoz Conde, *Introducción al Derecho Penal*, Barcelona, Bosch, 1975, p. 33 e s.
4. Gimbernat Ordeig, *¿Tiene un futuro la dogmática de la culpabilidad?*, p. 115, apud *Estudios de Derecho Penal*, 2ª ed., Madrid, Civitas, 1981.
5. Luigi Ferrajoli, *Derecho y razón. Teoría del garantismo penal*, Madrid, Trotta, 1995, p. 322; Bernardo Feijoo Sánchez, *Retribución y prevención general. Un estudio sobre la teoría de la pena y las funciones del Derecho Penal*, Montevideo-Buenos Aires, B de F, 2007, p. 56-57.
6. Bustos Ramirez e Hormazábal Malarée, Pena y Estado, *Bases críticas de un Derecho Penal*, Bogotá, Temis, 1982, p. 114.

concepções mais modernas da prevenção geral positiva[7]. Ao longo desta evolução, a pena deixou de ser explicada e justificada com base em argumentos polarizados, seja pela perspectiva retribucionista, seja pela perspectiva utilitarista, para passar a ser entendida a partir de uma compreensão abrangente das diferentes finalidades e funções que ela deve e pode desempenhar, respectivamente, num Estado democrático de Direito. Para o entendimento adequado do estágio atual do debate acerca dessas questões, é necessário analisar as diversas explicações e justificações teóricas que a doutrina tem dado à pena.

2. Teorias sobre a pena

Interessa-nos destacar, principalmente, alguns aspectos da passagem de uma concepção retributiva da pena a uma formulação preventiva desta. Justifica-se, por isso, um exame das diversas teorias que explicam o sentido, função e finalidade das penas, pelo menos das três vertentes mais importantes: teorias absolutas, teorias relativas (prevenção geral e prevenção especial) e teorias unificadoras ou ecléticas. Analisaremos também outras modernas teorias da pena, como as da prevenção geral positiva, em seu duplo aspecto, limitadora e fundamentadora[8].

É bom esclarecer, desde já, que o *conceito de pena* não se confunde com a teorização acerca da *finalidade da pena* e da *função* que esta desempenha na sociedade. Em realidade, a pergunta sobre *o que é a pena* antecede tanto a indagação sobre *para quê a pena* como a análise descritiva da *função que esta desempenha numa sociedade concreta*[9]. Com efeito, como adverte Mir Puig: "convém antes de mais nada, para evitar graves e frequentes equívocos, distinguir a *função* do *conceito* de pena, como hoje insistem Rodriguez Devesa e Schimidhauser, desde o Direito Penal, e Alf Ross, desde a Teoria Geral do Direito, ainda que com terminologia distinta da que aqui empregamos. Segundo seu 'conceito' a pena é um 'mal' que se impõe 'por causa da prática de um delito': conceitualmente, a pena é um 'castigo'. Porém, admitir isto não implica, como consequência inevitável, que a *função* — isto é, fim essencial — da pena seja a retribuição"[10]. De maneira similar, Feijoo Sánchez afirma que: "Concluir que a pena é necessariamente retributiva não permite adotar, por si só, conclusão alguma sobre como deve ser entendido o sentido da pena estatal"[11].

---

7. Santiago Mir Puig, *Función fundamentadora de la prevención general positiva*, ADPC, 1986, p. 48 e s.
8. Santiago Mir Puig, *Función fundamentadora*, cit., p. 49.
9. Nesse sentido: Ferrajoli, *Derecho y razón*, cit., p. 321-324; Feijoo Sánchez, *Retribución y prevención general*, cit., p. 44-45.
10. Santiago Mir Puig, *Función fundamentadora*, cit., p. 61.
11. *Retribución y prevención general*, cit., p. 49.

Sucede que essa diferenciação entre *conceito* e *justificação* da pena nem sempre foi entendida pela doutrina. Com efeito, a confusão que durante muito tempo foi feita acerca dessas duas perspectivas é altamente responsável pelas disputas que ao longo dos últimos dois séculos foram travadas acerca da melhor forma de explicar e justificar a imposição da pena pelo Estado. Certamente não temos o objetivo de reproduzir aqui este debate, mas sim de relatar as suas mais importantes etapas. Dito isso, podemos passar ao exame das teorias absolutas da pena, também chamadas retribucionistas.

3. Teorias absolutas ou retributivas da pena

A característica essencial das teorias absolutas consiste em conceber a pena como um mal, um castigo, como retribuição ao mal causado através do delito, de modo que sua imposição estaria *justificada*, não como meio para o alcance de fins futuros, mas pelo valor axiológico intrínseco de punir o fato passado: *quia peccatum*[12]. Por isso também são conhecidas como teorias retributivas.

Entende-se melhor uma ideia de pena em sentido absoluto quando se analisa conjuntamente com o tipo de Estado que lhe dá vida. As características mais significativas do Estado absolutista eram a identidade entre o soberano e o Estado, a unidade entre a moral e o Direito, entre o Estado e a religião, além da metafísica afirmação de que o poder do soberano era-lhe concedido diretamente por Deus[13]. A teoria do Direito divino pertence a um período em que não somente a religião, mas também a teologia e a política confundiam-se entre si, em que "até para fins utilitários era obrigatório encontrar-se um fundamento religioso se se pretendesse ter aceitação"[14]. Na pessoa do rei concentrava-se não só o Estado, mas também todo o poder legal e de justiça. A ideia que então se tinha da pena era a de ser um castigo com o qual se expiava o mal (pecado) cometido. De certa forma, no regime do Estado absolutista, impunha-se uma pena a quem, agindo contra o soberano, rebelava-se também, em sentido mais que figurado, contra o próprio Deus.

O Estado absolutista é conhecido também como um Estado de transição. É o período necessário de transição entre a sociedade da baixa Idade Média e a sociedade liberal. Ocorre, nesse período, um aumento da burguesia e um considerável acúmulo de capital. Obviamente, diante do efetivo desenvolvimento que essa nova classe social estava experimentando, fazia-se necessária a implementação de meios para proteger o capital, produto da pujança dos novos capitalistas. Compreende-se, então, por que o Estado absoluto concentrou ao seu redor, e com

---

12. Ferrajoli, *Derecho y razón*, cit., p. 253.
13. Fritz Kerm, *Derechos del rey, derechos del pueblo*, trad. Angel Lopez-Arno, Madrid, 1955, p. 98.
14. John Neville Figgis, *El derecho divino de los reyes*, trad. Edmundo O'Orgmann, México, Fondo de Cultura Económica, 1970, p. 20.

uso ilimitado, o poder necessário para o desenvolvimento posterior do capitalismo. Nesse sentido, "a pena não podia ter senão as mesmas características e constituir um meio a mais para realizar o objetivo capitalista"[15].

Com o surgimento do mercantilismo, o Estado absoluto inicia um processo de decomposição e debilitamento. Isso dá margem a uma revisão da até então estabelecida concepção de Estado, caracterizada pela vinculação existente entre o Estado e o soberano e entre este e Deus. Surge o Estado burguês, tendo como fundo a teoria do *contrato social*. O Estado é uma expressão soberana do povo e, com isso, aparece a divisão de poderes. Com esta concepção liberal de Estado, a pena já não pode continuar mantendo seu fundamento baseado na já dissolvida identidade entre Deus e soberano, religião e Estado. A pena passa então a ser concebida como "a retribuição à perturbação da ordem (jurídica) adotada pelos homens e consagrada pelas leis. A pena é a necessidade de restaurar a ordem jurídica interrompida. À expiação sucede a retribuição, a razão Divina é substituída pela razão de Estado, a lei divina pela lei dos homens"[16] (laicização).

O Estado, tendo como objetivo político a teoria do contrato social, reduz sua atividade em matéria jurídico-penal à obrigação de evitar a luta entre os indivíduos agrupados pela ideia do consenso social. O indivíduo que contrariava esse contrato social era qualificado como traidor, uma vez que com sua atitude não cumpria o compromisso de conservar a organização social, produto da liberdade natural e originária. Passava a não ser considerado mais como parte desse conglomerado social e sim como um rebelde cuja culpa podia ser retribuída com uma pena.

Segundo este esquema retribucionista, é atribuída à pena, exclusivamente, a difícil incumbência de realizar a Justiça. A pena tem como fim fazer justiça, nada mais. A culpa do autor deve ser compensada com a imposição de um mal, que é a pena[17], e o fundamento da sanção estatal está no questionável livre-arbítrio, entendido como a capacidade de decisão do homem para distinguir entre o justo e o injusto. Isto se entende quando lembramos da "substituição do divino pelo humano" operada nesse momento histórico, dando margem à implantação do positivismo legal[18].

O fundamento ideológico das teorias absolutas da pena baseia-se "no reconhecimento do Estado como guardião da justiça terrena e como conjunto de ideias morais, na fé, na capacidade do homem para se autodeterminar e na ideia de que

---

15. Jescheck, *Tratado de Derecho Penal*, trad. Mir Puig e Muñoz Conde, Barcelona, Bosch, 1981, v. 1, p. 96.
16. Bustos Ramirez e Hormazábal Malarée, Pena y Estado, *Bases críticas de un Derecho Penal*, cit., p. 120.
17. Claus Roxin, *Sentido y límites*, p. 12.
18. Bustos Ramirez e Hormazábal Malarée, Pena y Estado, *Bases críticas de un Derecho Penal*, cit., p. 120-1.

a missão do Estado perante os cidadãos deve limitar-se à proteção da liberdade individual. Nas teorias absolutas coexistem, portanto, ideias liberais, individualistas e idealistas"[19]. Em verdade, nesta proposição retribucionista da pena está subentendido um fundo filosófico, sobretudo de ordem ética, que transcende as fronteiras terrenas pretendendo aproximar-se do divino.

Entre os defensores das teses absolutistas ou retribucionistas da pena destacaram-se dois dos mais expressivos pensadores do idealismo alemão: Kant, cujas ideias a respeito do tema que examinamos foram expressadas em sua obra *A metafísica dos costumes*[20], e Hegel, cujo ideário jurídico-penal se extrai de seus *Princípios da Filosofia do Direito*[21]. Além de Kant e Hegel, a antiga ética cristã também manteve uma posição semelhante.

3.1. Teoria de Kant

Destacam-se tradicionalmente Kant e Hegel como os principais representantes das teorias absolutas da pena. No entanto, é notória uma particular diferença entre uma e outra formulação: enquanto em Kant a *justificação* da pena é de ordem ética, com base no valor moral da lei penal infringida pelo autor culpável do delito, em Hegel é de ordem jurídica, com base na necessidade de reparar o direito através de um mal que restabeleça a norma legal violada[22].

De acordo com as reflexões kantianas, quem não cumpre as disposições legais não é digno do direito de cidadania. Nesses termos, é obrigação do soberano castigar "impiedosamente" aquele que transgrediu a lei. Kant entendia a lei como um imperativo categórico, isto é, como aquele mandamento que "representasse uma ação em si mesma, sem referência a nenhum outro fim, como objetivamente necessária"[23].

Os imperativos encontram sua expressão no "dever-ser", manifestando dessa forma essa relação de uma lei objetiva da razão com uma vontade que, por sua configuração subjetiva, não é determinada forçosamente por tal lei. Os imperativos, sejam categóricos ou hipotéticos, indicam aquilo que resulte bom fazer ou omitir, não obstante se diga "que nem sempre se faz algo só porque representa ser bom fazê-lo". Seguindo o discurso kantiano, é bom "o que determina a

---

19. Jescheck, *Tratado*, cit., v. 1, p. 96.
20. Immanuel Kant, *Fundamentación metafísica de las costumbres*, trad. Garcia Morente, 8ª ed., Madrid, 1983; *Principios metafísicos de la doctrina del Derecho*, México, 1978.
21. G. F. Hegel, *Filosofía del Derecho*, Espanha, 1975.
22. Ferrajoli, *Derecho y razón*, cit., p. 254.
23. Kant, *Fundamentación metafísica de las costumbres*, cit., p. 61. Kant afirma que "todos os imperativos mandam, seja hipoteticamente, seja categoricamente. Os hipotéticos são aqueles que 'representam a necessidade prática de uma ação possível, como meio de conseguir outra coisa que se queira (ou que seja possível que se queira)'".

vontade por meio de representações da razão e, consequentemente, não por causas subjetivas e sim objetivas, isto é, por fundamentos que são válidos para todo ser racional como tal"[24].

Uma das formas pelas quais se apresenta o imperativo categórico diz que "não devo obrar nunca mais de modo que possa querer que minha máxima deva converter-se em lei universal"[25]. Para Rodriguez Paniagua[26], esta alegação kantiana se explica da seguinte forma: "essa lei universal ou geral a que se refere o imperativo categórico não é nenhuma lei determinada; nem sequer é uma lei que tenha um conteúdo determinado: é a própria lei na relação universal ou geral, a universalidade ou generalidade dos motivos das ações, é a legalidade sem mais nem menos". Em relação a isso, Kant considera que sua concepção sobre a moralidade é partilhada de modo geral. Mesmo assim, o filósofo idealista alemão opina que não basta a "legalidade das ações"; precisa-se, além do mais, "que o respeito a essa lei geral ou universal de moralidade seja o motivo concreto que impulsiona a vontade". A relação que Kant estabelece entre Direito e moral é palpável. Isso pode ser uma consequência da exigência moral de que o Direito seja acatado, de forma que os deveres jurídicos convertam-se em morais indiretamente; ademais, assim, acontece que "alguns deveres jurídicos se convertem em morais indiretamente porque a moral exige também, por sua vez, essa ação que preceitua o Direito"[27].

Segundo Kant, Direito é o conjunto de condições através das quais o arbítrio de um pode concordar com o arbítrio de outro, seguindo uma lei universal ou geral. Daí se deduz seu princípio universal de Direito que diz: "é justa toda ação que por si, ou por sua máxima, não é um obstáculo à conformidade da liberdade de arbítrio de todos com a liberdade de cada um segundo leis universais"[28]. Admite, pois, que o Direito deve levar em consideração as ações das pessoas na medida em que estas possam gerar influência recíproca e, além disso, aceitar que junto ao Direito se encontre a possibilidade de coação: "o Direito e a faculdade de obrigar são, pois, a mesma coisa". De certa forma, a concepção kantiana do Direito representa uma decadência ou deficiência em relação à moralidade, o que, de alguma forma, se assemelha à aspiração marxista de eliminação do Direito e do Estado, o que ocorreria "quando a educação do homem e as circunstâncias estivessem preparadas para isso". Essa forma de entender o fenômeno decadente do Direito em relação à moral esclarece-se um pouco se não se esquece que o

---

24. Kant, *Fundamentación metafísica de las costumbres*, cit., p. 96.
25. Kant, *Fundamentación metafísica de las costumbres*, cit., p. 96.
26. José María Rodriguez Paniagua, *Historia del pensamiento jurídico*, cit., p. 246.
27. *Historia del pensamiento jurídico*, cit., p. 250.
28. Kant, *Principios metafísicos*, cit., p. 32.

Estado, segundo a visão de Kant, educa concretamente para a moralidade, ou melhor, busca essa passagem da teoria do Direito à teoria da virtude[29].

Essas considerações gerais sobre as proposições filosóficas de Kant permitirão introduzir-nos em sua ideia de Direito Penal, ou, seguindo sua terminologia, do direito de castigar. "A pena jurídica, *poena forensis*, — afirma Kant — não pode nunca ser aplicada como um simples meio de procurar outro bem, nem em benefício do culpado ou da sociedade; mas deve sempre ser contra o culpado pela simples razão de haver delinquido: porque jamais um homem pode ser tomado como instrumento dos desígnios de outro, nem ser contado no número das coisas como objeto de direito real". O homem, na tese kantiana, não é uma coisa suscetível de instrumentalização. O homem não é, pois, "algo que possa ser usado como simples meio: deve ser considerado, em todas as ações, como fim em si mesmo"[30]. Consequentemente, pretender que o Direito de castigar o delinquente encontre sua base em supostas razões de utilidade social não seria eticamente permitido.

Dentro do esquema filosófico kantiano, a pena deve ser aplicada somente porque houve infringência à lei. Seu objetivo é simplesmente realizar a Justiça porque "quando a justiça é desconhecida, os homens não têm razão de ser sobre a Terra"[31]. Essa crença no império da Justiça levou Kant à elaboração do seu conhecidíssimo exemplo: se uma sociedade civil chegasse a dissolver-se, com o consentimento geral de todos os seus membros, como, por exemplo, os habitantes de uma ilha decidissem abandoná-la e dispersar-se, o último assassino mantido na prisão deveria ser executado antes da dissolução, a fim de que cada um sofresse a pena de seu crime e que o homicídio não recaísse sobre o povo que deixasse de impor esse castigo, pois poderia ser considerado cúmplice desta violação pura da Justiça.

Kant não ignorou um aspecto importante da pena: sua espécie e medida. Depois de se perguntar pelo grau e espécie de castigo que a justiça pública devia impor como princípio e como regra, a balança de seus juízos inclinou-se pelo *ius talionis*. Seus argumentos eram: "o mal não merecido que fazes a teu semelhante, o fazes a ti mesmo; se o desonras, desonras-te a ti mesmo; se o maltratas ou o matas, maltratas-te ou te matas a ti mesmo". Dessa forma, Kant afirma que não há nada melhor do que o *ius talionis* para expressar a qualidade e a quantidade da pena, "mas com a condição, bem entendida, de ser apreciada por um tribunal (não pelo julgamento particular)"[32].

---

29. Konstantin Stoyanovitch, *El pensamiento marxista*, cit., especialmente p. 117 e s.
30. Kant, *Principios metafísicos*, cit., p. 167; *Fundamentación metafísica de las costumbres*, cit., p. 85.
31. Kant, *Principios metafísicos*, cit., p. 167.
32. Kant, *Principios metafísicos*, cit., p. 168.

Em síntese, Kant considera que o réu deve ser castigado pela única razão de haver delinquido, sem nenhuma consideração sobre a utilidade da pena para ele ou para os demais integrantes da sociedade. Com esse argumento, Kant nega toda e qualquer função preventiva — especial ou geral — da pena. A aplicação da pena decorre da simples infringência da lei penal, isto é, da simples prática do delito.

3.2. Teoria de Hegel

O pensamento de Hegel tem um ponto de partida distinto ao de Kant, na medida em que busca *não um conceito imutável de pena*, mas, sim, um conceito relacionado com sua teoria de Estado. A tese de Hegel resume-se em sua conhecida frase: "a pena é a negação da negação do Direito". A fundamentação hegeliana da pena é — ao contrário da kantiana — essencialmente jurídica, na medida em que para Hegel a pena encontra sua justificação na necessidade de restabelecer a vigência da "vontade geral", simbolizada na ordem jurídica e que foi negada pela vontade do delinquente. Isso significa, na afirmação de Mir Puig, que, "se a 'vontade geral' é negada pela vontade do delinquente, ter-se-á de negar esta negação através do castigo penal para que surja de novo a afirmação da vontade geral"[33]. A pena vem, assim, retribuir ao delinquente pelo fato praticado, e de acordo com o *quantum* ou intensidade da negação do direito, será também o *quantum* ou intensidade da nova negação que é a pena.

Sugere-se que, para se fazer uma análise das proposições de Hegel a respeito da pena, deve-se partir da sua seguinte afirmação: "o que é racional é real e o que é real é racional". Segundo o pensamento de Hegel, o Direito vem a ser a expressão da vontade racional — *vontade geral* —, uma vez que, sendo uma organização racional, significa uma liberação da necessidade. A racionalidade e a liberdade são, pois, para Hegel, a base do Direito. O delito, entendido como a negação do Direito, é a manifestação de uma vontade irracional — *vontade particular* —, configurando assim essa comum contradição entre duas vontades[34].

Manifestada a vontade irracional do delinquente através da prática de uma ação que representa uma lesão do direito, isto é, o delito, este deve ser "aniquilado, negado, expiado pelo sofrimento da pena, que desse modo, restabelece o direito lesado"[35]. Na ideia hegeliana de Direito Penal, é evidente a aplicação de seu método dialético, tanto que podemos dizer, neste caso, que a "tese" está representada pela vontade geral, ou, se preferir, pela ordem jurídica; a "antítese" resume-se no delito como a negação do mencionado ordenamento jurídico, e, por último, a "síntese" vem a ser a negação da negação, ou seja, a pena como castigo do delito.

Aceitando que a pena venha a restabelecer a ordem jurídica violada pelo delinquente, igualmente se deve aceitar que a pena não é somente um "mal" que

---

33. Mir Puig, *Derecho Penal*; Parte General, Barcelona, PPU, 1985, p. 36.
34. Bustos Ramirez, *Manual de Derecho Penal*, 3ª ed., Barcelona, Ed. Ariel, 1989, p. 23.
35. Roxin, *Sentido y límites*, cit., p. 12.

se deve aplicar só porque antes houve outro mal, porque seria — como afirma o próprio Hegel — "irracional querer um prejuízo simplesmente porque já existia um prejuízo anterior"[36]. A imposição da pena implica, pois, o restabelecimento da ordem jurídica quebrada. Aliás, na opinião de Hegel, "somente através da aplicação da pena trata-se o delinquente como um ser 'racional' e 'livre'. Só assim ele será honrado dando-lhe não apenas algo justo em si, mas lhe dando o seu *Direito*: contrariamente ao inadmissível modo de proceder dos que defendem princípios preventivos, segundo os quais se ameaça o homem como *quando se mostra um pau a um cachorro*, e o homem, por sua honra e sua liberdade, não deve ser tratado como um cachorro"[37].

Como Kant, também Hegel atribui um conteúdo talional à pena. No entanto, apesar de Hegel supor que a ação realizada determina a pena, não o faz fixando sua modalidade, como ocorre no sistema talional, mas apenas demonstra, exclusivamente, sua equivalência. Para Hegel, a pena é a lesão, ou melhor, a maneira de compensar o delito e recuperar o equilíbrio perdido. Compreende que, na hora de determinar a natureza e medida da pena, seja difícil aplicar de modo literal o princípio da lei de talião, embora isso não elimine a justiça do princípio em relação à necessária identidade valorativa da lesão do Direito, por obra da vontade do delinquente, e da lesão da vontade do delinquente com a aplicação da pena[38].

3.3. *Outras teses retribucionistas da pena*

Kant e Hegel foram os mais expressivos, mas não os únicos defensores das teorias absolutas da pena. Dentro da doutrina internacional podem-se constatar algumas outras opiniões semelhantes. Em caráter meramente enunciativo nos ocuparemos de algumas dessas concepções.

Carrara, em seu conhecido *Programa de Direito Criminal*, escreveu que "o fim primário da pena é o restabelecimento da ordem externa da sociedade"[39]. Essa concepção de Carrara aproxima-se muito da defendida por Hegel. O delito, na visão de Carrara, "agrava a sociedade ao violar suas leis e ofende a todos os cidadãos ao diminuir neles o sentimento de segurança...", de forma que, para evitar novas ofensas por parte do delinquente, a pena deve ser aplicada para poder "reparar este dano com o restabelecimento da ordem, que se vê alterada

---

36. Octavio de Toledo y Ubieto, *Sobre el concepto de Derecho Penal*, Madrid, Universidad Complutense, 1981, p. 202-3.
37. Hegel, *Filosofía del Derecho*, cit.
38. Etcheverry, *La controversia filosófica*, p. 48; Bustos Ramirez, *Manual de Derecho Penal*, cit., p. 23; Ulrich Klug, *Para una crítica*, p. 37.
39. Carrara, *Programa de Derecho Criminal*, trad. Ortega Torres, Bogotá, Temis, 1971, v. 1, p. 615.

pela desordem do delito"[40]. Tanto Carrara, como outros representantes da escola clássica italiana, insistiram na importância das *teorias retributivas* com o intuito de garantir que a imposição de pena estivesse sempre vinculada à reprovação de culpabilidade ante a prática de um delito, de acordo com a máxima *nulla poena sine crimine*[41].

Binding também considerou a pena como retribuição de um mal por outro mal. Segundo Binding, a questão radica em confirmar a prevalência do poder do Direito, para o qual se requer a redução do culpado pela força. Despreza-se, consequentemente, qualquer outro fim da pena, como expressão de força do Estado. Para Mezger, a pena é "a irrogação de um mal que se adapta à gravidade do fato cometido contra a ordem jurídica. É, portanto, retribuição e, necessariamente, a privação de bens jurídicos". Segundo Welzel, "a pena aparece presidida pelo postulado da retribuição justa, isto é, que cada um sofra o que os seus atos valem"[42].

Houve também uma concepção retribucionista na antiga ética cristã. Uma teoria da pena que se fundamenta na retribuição do fato (pecado) cometido, que necessita de castigo para sua expiação, identifica-se melhor com argumentações religiosas do que jurídicas. Como destaca Jescheck[43], a antiga ética cristã defendeu uma teoria retributiva da pena, constatável em duas direções distintas: de um lado, a teoria de dois reinos, e, de outro, a teoria da analogia *entis*. A primeira refere-se à ideia de uma ordem universal criada por Deus. A segunda parte da identidade entre o ser divino e o humano. Segundo Jescheck, o conteúdo das mencionadas teorias é o seguinte: "Esta teoria — a dos dois reinos — foi mantida por um setor da teologia protestante e pela antiga teoria católica. O sentido da pena está enraizado para Althaus *nela mesma como manutenção da ordem eterna ante e sobre o delinquente*. E, para *Trilhaas*, encerrado na ideia de expiação, o sentido da pena, sem considerar os seus fins, orienta-se unicamente em relação ao bem propriamente e a pena, sem efeitos secundários, afeta somente ao delinquente"[44].

Mais recentemente, o Papa Pio XII, citando a teoria da *analogia entis*, em sua mensagem ao VI Congresso Internacional de Direito Penal, afirmou: "O Juiz Supremo, em seu julgamento final, aplica unicamente o princípio da retribuição. Este há de possuir, então, um valor que não deve ser desconhecido".

3.4. *Considerações críticas*

O grande valor da *teoria retribucionista* de Kant consiste no estabelecimento de limites à pena estatal a partir da consideração da liberdade e da dignidade da

---

40. Carrara, *Programa*, cit., v. 1, p. 616-8.
41. Ferrajoli, *Derecho y razón*, cit., p. 255-256.
42. Welzel, *Derecho Penal alemán*, p. 326.
43. H. H. Jescheck, *Tratado de Derecho Penal*, cit., p. 97.
44. *Tratado de Derecho Penal*, cit., p. 97.

pessoa. A máxima do pensamento kantiano, segundo a qual o homem é um *fim em si mesmo* e não pode ser utilizado como *meio* para outros *fins*, representa uma das mais importantes contribuições garantistas do *idealismo alemão*, formando parte do patrimônio jurídico da Europa continental e dos países ocidentais de tradição liberal e democrática. Por isso, nenhuma teoria da pena pode, nos dias de hoje, apresentar-se desvinculada da garantia individual expressada pelo *princípio de culpabilidade*, derivado constitucionalmente dos valores assegurados pelo Estado Democrático de Direito[45].

Também encontramos na *teoria retributiva* de Hegel o reconhecimento do valor da dignidade humana, da liberdade individual e mostras de aplicação do *princípio de culpabilidade*, na medida em que a pena se *justifica* como retribuição adequada ao autor do injusto culpável. Além disso, encontramos vestígios de aplicação da ideia de *proporcionalidade* como critério limitador do caráter retributivo da pena, no sentido de que deve existir uma *equivalência valorativa* entre delito e pena[46]. Para Hegel, no entanto, essa equivalência valorativa está vinculada com os interesses e fins da "vontade geral" personificados na figura do Estado, de tal modo que o fator decisivo para a determinação do tipo e da medida da pena não é a gravidade do injusto em si, mas, sim, a perigosidade da ação criminosa para a sociedade, de acordo com suas circunstâncias históricas, culturais e políticas[47]. É por isso que, segundo Feijoo Sánchez, "Hegel mantém somente um conceito absoluto ou universal de pena, enquanto a concreta configuração da mesma é relativa, de acordo com a estabilidade da sociedade"[48]. Interpretação que o leva a concluir que *a teoria retributiva hegeliana compõe a base das modernas teorias neorretribucionistas, orientadas à prevenção geral positiva*[49].

Em suma, a principal virtude das teorias absolutas de caráter retribucionista reside no estabelecimento de limites à imposição de pena, como garantia do indivíduo frente ao arbítrio estatal. As *teorias retribucionistas* incorreram, no entanto, num mesmo equívoco teórico, qual seja, confundir a questão relacionada com o *fim geral justificador* da pena (legitimação externa), isto é, *por que castigar*, que não pode ser outro senão um *fim utilitário* de prevenção de crimes no futuro, com a questão relacionada com a *distribuição da pena* (legitimação interna), ou seja, *quando castigar*, que, olhando para o fato passado, admite uma resposta retributiva, como garantia de que a condição necessária da pena é o cometimento

---

45. Feijoo Sánchez, *Retribución y prevención general*, cit., p. 94-95.
46. Feijoo Sánchez, *Retribución y prevención general*, cit., p. 123-126.
47. Ferrajoli, *Derecho y razón*, cit., p. 105. Feijoo Sánchez, *Retribución y prevención general*, cit., p. 110-113.
48. *Retribución y prevención general*, cit., p. 112.
49. Feijoo Sánchez, *Retribución y prevención general*, cit., p. 112-113.

de um crime⁵⁰. Como manifesta Ferrajoli a respeito, ao atribuir à sanção penal o *fim de retribuir ou reparar* o mal causado pelo delito, as *teorias retribucionistas* deixam sem resposta a questão de *por que está justificado castigar*, e essa falta de *justificação* externa da pena permite, como efeito adverso, a legitimação de sistemas autoritários de direito penal máximo[51].

4. Teorias relativas ou preventivas da pena

Para as teorias relativas a pena se justifica, não para retribuir o fato delitivo cometido, mas, sim, para prevenir a sua prática. Se o castigo ao autor do delito se impõe, segundo a lógica das teorias absolutas, somente porque delinquiu, nas teorias relativas a pena se impõe para que não volte a delinquir. Ou seja, a pena deixa de ser concebida como um fim em si mesmo, sua *justificação* deixa de estar baseada no fato passado, e passa a ser concebida como *meio para o alcance de fins futuros e a estar justificada pela sua necessidade: a prevenção de delitos*. Por isso as teorias relativas também são conhecidas como *teorias utilitaristas* ou como teorias preventivas[52].

A formulação mais antiga das teorias relativas costuma ser atribuída a Sêneca, que, se utilizando de *Protágoras* de Platão, afirmou: "nenhuma pessoa responsável é castigada pelo pecado cometido, mas sim para que não volte a pecar"[53]. Mas é através do pensamento jusnaturalista e contratualista do século XVII que as teorias relativas se desenvolvem. Os ideais liberais que serviram de base para a construção do estado de direito e, com ele, do direito penal moderno, formaram o caldo de cultivo das teorias relativas da pena. Tendência que se consolidou no período do iluminismo, a ponto de converter-se "na base comum de todo o pensamento penal reformador"[54]. Tanto para as teorias absolutas, como para as teorias relativas, a pena é considerada um mal necessário. No entanto, para as relativas, essa necessidade da pena não se baseia na ideia de realizar justiça, mas na finalidade, já referida, de inibir, tanto quanto possível, a prática de novos fatos delitivos.

A finalidade preventiva da pena divide-se — a partir de Feuerbach[55] — em duas direções bem-definidas: prevenção geral e prevenção especial. Essas duas grandes vertentes da prevenção se diferenciam em função dos destinatários da prevenção: o destinatário da prevenção geral é o coletivo social, enquanto o destinatário da prevenção especial é aquele que delinquiu. Além disso, essas duas

---

50. Ferrajoli, *Derecho y razón*, cit., p. 255.
51. *Derecho y razón*, cit., p. 256-257.
52. Ferrajoli, *Derecho y razón*, cit., p. 258.
53. Winfried Hassemer, *Fundamentos de Derecho Penal*, Barcelona, Bosch, 1984, p. 347.
54. Ferrajoli, *Derecho y razón*, cit., p. 259.
55. Mir Puig, *Introducción a las bases...*, p. 65.

vertentes da prevenção são atualmente subdivididas em função da natureza das prestações da pena, que podem ser positivas ou negativas. Assim, adotando a classificação proposta por Ferrajoli, existem basicamente quatro grupos de teorias preventivas: a) as teorias da prevenção geral positiva; b) as teorias da prevenção geral negativa; c) as teorias da prevenção especial positiva; e d) as teorias da prevenção especial negativa[56].

Para um adequado entendimento das teorias preventivas da pena realizaremos uma exposição vinculada à evolução do pensamento preventivo. Por isso, começaremos com a exposição das teorias preventivas que prevaleceram à época da escola clássica e da escola positiva, indicando como evoluíram com o tempo.

4.1. *A prevenção geral*

As teorias da prevenção geral têm como fim a prevenção de delitos incidindo sobre os membros da coletividade social. Quanto ao modo de alcançar este fim, as teorias da prevenção geral são classificadas atualmente em duas versões: de um lado, a *prevenção geral negativa* ou intimidatória, que assume a função de dissuadir os possíveis delinquentes da prática de delitos futuros através da ameaça de pena, ou predicando com o exemplo do castigo eficaz; e, de outro lado, a *prevenção geral positiva*, que assume a função de reforçar a fidelidade dos cidadãos à ordem social a que pertencem[57].

Começaremos com a exposição da *teoria da prevenção geral negativa* ou intimidatória, porque esta corresponde, cronologicamente, à concepção mais antiga da prevenção geral. A exposição da *teoria da prevenção geral positiva* será realizada mais adiante, porque temporalmente corresponde a uma etapa posterior da evolução do pensamento penológico.

4.1.1. A prevenção geral negativa

Entre os defensores da teoria preventiva geral negativa da pena destacam-se Bentham, Beccaria, Filangieri, Schopenhauer e Feuerbach[58]. Feuerbach foi o formulador da "teoria da coação psicológica", uma das primeiras representações

---

56. *Derecho y razón*, cit., p. 263.
57. Ferrajoli, *Derecho y razón*, cit., p. 263; Feijoo Sánchez, *Retribución y prevención general*, cit., p. 127.
58. Jeremias Bentham, *Teorías de las penas y de las recompensas*, Paris, 1826; Beccaria, *De los delitos y de las penas*, Madrid, Alianza Editorial, 1968, p. 78, que em seu tempo já afirmava que "a missão do Direito Penal é prevenir delitos". A obra de Filangieri, chamada *Ciencia de la legislación,* com uma tradução espanhola, foi publicada em Madrid em 1822; Bustos Ramirez e Hormazábal Malarée, Pena y Estado, *Bases críticas de un nuevo Derecho Penal*, cit., p. 121; a obra de Feuerbach chama-se *Lehrbuch des peinlichen rechts*, 11ª ed., 1832, citada por Mir Puig em *Introducción a las bases*, cit., p. 65.

jurídico-científicas da prevenção geral. Essa teoria é fundamental para as explicações da função do Direito Penal. Analisemo-la.

A teoria defendida por Feuerbach[59] sustenta que é através do Direito Penal que se pode dar uma solução ao problema da criminalidade. Isto se consegue, de um lado, com a cominação penal, isto é, com a ameaça de pena, avisando aos membros da sociedade quais as ações injustas contra as quais se reagirá; e, por outro lado, com a aplicação da pena cominada, deixa-se patente a disposição de cumprir a ameaça realizada. A elaboração do iniciador da moderna ciência do Direito Penal significou, em seu tempo, a mais inteligente fundamentação do direito punitivo. Na concepção de Feuerbach, a pena é, efetivamente, uma ameaça da lei aos cidadãos para que se abstenham de cometer delitos; é, pois, uma "coação psicológica" com a qual se pretende evitar o fenômeno delitivo. Já não se observa somente a parte, muitas vezes cruel, da execução da pena (que nesse caso serve somente para confirmar a ameaça), mas se antepõe à sua execução a cominação penal. Presumia-se, assim, que "o homem racional e calculista encontra-se sob uma coação, que não atua fisicamente, como uma cadeia a que deveria prender-se para evitar com segurança o delito, mas psiquicamente, levando-o a pensar que não vale a pena praticar o delito que se castiga"[60].

Essas ideias prevencionistas desenvolveram-se no período do Iluminismo. São teorias que surgem na transição do Estado absoluto ao Estado liberal. Segundo Bustos Ramirez e Hormazábal Malarée[61], essas ideias tiveram como consequência levar o Estado a fundamentar a pena utilizando os princípios que os filósofos do Iluminismo opuseram ao absolutismo, isto é, de Direito Natural ou de estrito laicismo: livre-arbítrio ou medo (racionalidade). Em ambos, substitui-se o poder físico, poder sobre o corpo, pelo poder sobre a alma, sobre a psique. O pressuposto antropológico supõe um indivíduo que a todo momento pode comparar, calculadamente, vantagens e desvantagens da realização do delito e da imposição da pena. A pena, conclui-se, apoia a razão do sujeito na luta contra os impulsos ou motivos que o pressionam a favor do delito e exerce uma coerção psicológica ante os motivos contrários ao ditame do Direito.

A prevenção geral fundamenta-se, nesse momento, em duas ideias básicas: a ideia da intimidação, ou da utilização do medo, e a ponderação da racionalidade do homem. Essa teoria valeu-se dessas ideias fundamentais para não cair no terror e no totalitarismo absoluto. Teve, necessariamente, de reconhecer, por um

---

59. Winfried Hassemer, *Fundamentos de Derecho Penal*, cit., p. 380.
60. Angel Torio Lopez, El sustracto antropológico de las teorías penales, *Revista de la Facultad de Derecho de la Universidad Complutense* (separata), n. 11, Madrid, 1986, p. 675.
61. Bustos Ramirez e Hormazábal Malarée, Pena y Estado, *Bases críticas de un nuevo Derecho Penal*, cit., p. 122.

lado, a capacidade racional absolutamente livre do homem — que é uma ficção como o livre-arbítrio —, e, por outro lado, um Estado absolutamente racional em seus objetivos, que também é uma ficção[62].

Para a teoria da prevenção geral, a ameaça da pena produz no indivíduo uma espécie de motivação para não cometer delitos. Ante esta postura encaixa-se muito bem a crítica que se tem feito contra o suposto poder atuar racional do homem, cuja demonstração sabemos ser impossível. Por outro lado, essa teoria não leva em consideração um aspecto importante da psicologia do delinquente: sua confiança em não ser descoberto. Disso se conclui que o pretendido temor que deveria infundir no delinquente, a ameaça de imposição de pena, não é suficiente para impedi-lo de realizar o ato delitivo. A teoria ora em exame não demonstrou os efeitos preventivos gerais proclamados. É possível aceitar que o homem médio em situações normais seja influenciado pela ameaça da pena. Mesmo assim, a experiência confirma, isso não acontece em todos os casos, estando aí, como exemplos, os delinquentes profissionais, os habituais ou os impulsivos ocasionais. Resumindo, "cada delito já é, pelo só fato de existir, uma prova contra a eficácia da prevenção geral"[63].

Para Sauer[64], outra importante censura à prevenção geral surge de sua exigência para legisladores e magistrados de estabelecer e aplicar, respectivamente, penas muito elevadas que chegam, inclusive, a superar a medida da culpabilidade do autor do delito.

As teorias preventivas, como as retributivas, não conseguem sair de outro entrave: sua impossibilidade de demonstrar quais são os comportamentos diante dos quais o Estado tem legitimidade para intimidar, e, assim sendo, não definem também o âmbito do punível. Segundo Feijoo Sánchez, a teoria da prevenção geral negativa apresenta como principal inconveniente o fato de que "somente se ocupa do cumprimento da legalidade mediante coação, sem levar em consideração o problema da legitimidade"[65]. Nessa mesma linha crítica, Ferrajoli[66] e Roxin[67] afirmam que a *prevenção geral* não é capaz de outorgar fundamento ao poder estatal de aplicar sanções jurídico-penais, nem pode estabelecer os limites necessários para as consequências que essa atividade traz consigo.

Além disso, ao falarmos da *prevenção geral negativa*, não podemos deixar de mencionar os problemas empíricos ou criminológicos que suas diretrizes

---

62. Bustos Ramirez, *Estado actual de la teoría...*, p. 158.
63. Roxin, *Sentido y límites*, cit., p. 18.
64. Guillermo Sauer, *Derecho Penal*, trad. Juan del Rosal e José Cerezo, Barcelona, Bosch, 1956, p. 19.
65. *Retribución y prevención general*, cit., p. 146.
66. *Derecho y razón*, cit., p. 277-278.
67. Roxin, *Sentido y límites*, cit., p. 25.

enfrentam. Muitas das objeções que se fazem à prevenção geral decorrem da impossibilidade de constatação empírica da função intimidatória da pena. Dentre essas objeções, podem-se destacar as seguintes:

1º) *Conhecimento da norma jurídica por seu destinatário*

De acordo com o pensamento preventivo-geral os destinatários do Direito Penal devem conhecer as ações tipificadas como delito e as consequências da prática de atos criminosos. O conhecimento desses dois fatores — cominação penal e execução da pena —, seria a explicação da eficácia do processo motivador e do consequente êxito da finalidade de prevenção de delitos através da intimidação. Constata-se, no entanto, que os cidadãos normalmente têm uma concepção vaga e imprecisa do Direito Penal, comportam-se conforme ao Direito, sem ter, na prática, conhecimento da cominação penal e da possibilidade de execução da pena, de modo que este resultado agradável não se deve a nenhum destes fatores, mas sim às regras difusas do convício social[68].

2º) *A motivação do destinatário das normas*

Os destinatários da norma penal devem sentir-se motivados em seus comportamentos, sob pena de o seu conhecimento, simplesmente, ser estéril. Com efeito, "o conhecimento da norma deve incidir sobre o comportamento humano, para poder ser uma solução do problema jurídico-penal"[69]. Mas essa *capacidade de motivação da norma*, no entanto, não fica imune a críticas. Entre outras objeções, demonstrou-se a ideia de um *homo oeconomicus*, que avalia vantagens e desvantagens de sua ação e, consequentemente, desiste de cometê-la, porque o sistema jurídico-penal, com a cominação de pena e a possibilidade de executá-la, leva à conclusão (suposição) de que não vale a pena praticá-la. Infelizmente, essa imagem construída do *homo oeconomicus*, que a fórmula da prevenção geral supõe, não corresponde à realidade, pois os autores de delitos dificilmente realizam um cálculo racional acerca das consequências de seus atos criminosos antes de cometê-los.

3º) *Idoneidade dos meios preventivos*

Admite-se a existência de pessoas que conhecem a norma jurídico-penal e sua execução, sendo também pessoas motiváveis. Fica, no entanto, sem resposta a interrogação sobre se a demonstrada conformidade com o prescrito pelo Direito, isto é, a adequação dos comportamentos com os mandamentos legais é consequência da cominação penal e da possibilidade de execução da pena, ou não. Em todo caso, não se duvida que a pena intimida e por isso deve nos preocupar a proporcionalidade das cominações penais duras e seu efeito intimidatório, isto é, não se pode castigar amedrontando, desmedidamente (embora isso ocorra), com

---

68. Hassemer, *Fundamentos de Derecho Penal*, cit., p. 382 e 384.
69. Hassemer, *Fundamentos de Derecho Penal*, cit., p. 384.

autêntico Direito Penal do terror. O fim de intimidação é mesmo criticável pelo fato de possibilitar a imposição de penas excessivas e resultados autoritários, especialmente porque até hoje não foi possível demonstrar a eficácia empírica do endurecimento das penas em prol da função de prevenção geral de delitos. Seu método simples e unitário de motivação através de práticas dissuasórias não é capaz de garantir o necessário equilíbrio entre merecimento e necessidade de pena. E, infelizmente, na atualidade, utiliza-se em demasia a agravação desproporcional de penas em nome de uma discutível prevenção geral.

Apesar das críticas, estamos de acordo com Ferrajoli quando destaca que a finalidade de prevenção geral negativa ao menos é capaz de assegurar o fundamento teórico-racional de três princípios garantistas: a) serve para fundamentar o princípio de legalidade, pois se a função do Direito Penal é prevenir delitos, a melhor forma de alcançar esta meta de maneira racional é indicando expressamente as hipóteses de realização de uma conduta típica; b) serve de base ao princípio de materialidade dos delitos, pois somente é possível prevenir comportamentos exteriores, não estados de ânimo ou intenções subjetivas; c) serve de base ao princípio de culpabilidade e de responsabilidade individual, na medida em que somente os comportamentos conscientes, voluntários e culpáveis são passíveis de prevenção através da ameaça de pena[70]. Todos eles defendidos por Feuerbach, o maior representante da teoria da prevenção geral negativa, cujo legado é inquestionável.

4.1.2. A prevenção geral positiva

A teoria da prevenção geral positiva propõe uma mudança de perspectiva quanto ao alcance dos fins preventivos: estes já não estariam projetados para reeducar aquele que delinquiu, nem estariam dirigidos a intimidar delinquentes potenciais. A finalidade preventiva seria agora alcançada através de uma mensagem dirigida a toda a coletividade social, em prol da "internalização e fortalecimento dos valores plasmados nas normas jurídico-penais na consciência dos cidadãos"[71]. A pena passa, então, a assumir uma *finalidade pedagógica* e comunicativa de reafirmação do sistema normativo, com o objetivo de oferecer estabilidade ao ordenamento jurídico.

A teoria da prevenção geral positiva propugna, basicamente, três efeitos distintos, que podem aparecer inter-relacionados: o efeito de aprendizagem através da motivação sociopedagógica dos membros da sociedade; o efeito de reafirmação da confiança no Direito Penal; e o efeito de pacificação social quando a

---

70. *Derecho y razón*, cit., p. 277-278.
71. Rafael Alcácer Guirao, *Los fines del Derecho Penal. Una aproximación desde la filosofía política*. Anuario de Derecho Penal y Ciencias Penales, 1998, p. 392.

pena aplicada é vista como solução ao conflito gerado pelo delito[72]. O desenvolvimento atual dessas ideias deu lugar à subdivisão da teoria da prevenção geral positiva em duas grandes vertentes: de um lado, a *prevenção geral positiva fundamentadora* e, de outro, a *prevenção geral positiva limitadora*[73]. Antes, contudo, de iniciarmos a discussão dessas vertentes, analisaremos nesta epígrafe *as primeiras versões da prevenção geral positiva*, de modo a alcançar um adequado entendimento do pensamento preventivo. Ademais, com o objetivo de dar seguimento à evolução do pensamento penológico, deixaremos para analisar a vertente da prevenção geral positiva limitadora no final deste capítulo.

As primeiras versões da *teoria da prevenção geral positiva* têm por base uma *concepção comunitarista de Estado*, inspirada no pensamento hegeliano, que pressupõe a existência de uma comunidade ética de valores, ou de uma consciência jurídica comum que deve ser reforçada ante a prática de um delito. *Essa tese foi desenvolvida como reação à teoria da prevenção geral negativa*, enfrentando o argumento de que somente seria possível manter a ordem social e o respeito às normas através de coação[74]. Sob essa perspectiva o delito passa a ser definido como um distanciamento subjetivo da comunidade, o *juízo de culpabilidade* é visto como uma reprovação ética do comportamento que afronta o ordenamento jurídico, e a pena é utilizada para restabelecer a consciência jurídica comum[75].

Como defensores da nascente *prevenção geral positiva*, influenciados pelo pensamento totalitarista do nacional-socialismo alemão dos anos 30 do século XX, encontramos autores como H. Mayer e Mezger[76]. Esses autores entendiam que a pena destinava-se a produzir efeitos sociopedagógicos sobre a coletividade.

A doutrina especializada também considera Welzel como precursor da prevenção geral positiva em função do seu pensamento sobre a função ético-social do Direito Penal, e sua concepção normativa da culpabilidade[77]. Na ótica de Welzel[78], o Direito Penal cumpre uma *função ético-social* para a qual, mais importante que a proteção de bens jurídicos, é a garantia de vigência real dos valores de ação da atitude jurídica. A *proteção de bens jurídicos* constituiria somente uma função de prevenção negativa. A mais importante missão do Direito Penal é, no entanto, de natureza ético-social. Ao proscrever e castigar a violação de

---

72. Roxin, *Derecho Penal*, cit., p. 91-92.
73. Mir Puig, *La función de la pena*, cit., p. 49 e s.
74. Feijoo Sánchez, *Retribución y prevención general*, cit., p. 268-269.
75. Feijoo Sánchez, *Retribución y prevención general*, cit., p. 269.
76. Alcácer Guirao, *Los fines del Derecho Penal. Una aproximación desde la filosofía política*, cit. p. 393-394; Feijoo Sánchez, *Retribución y prevención general*, cit., p. 269.
77. Alcácer Guirao, *Los fines del Derecho Penal. Una aproximación desde la filosofía política*, cit., p. 392-393; Feijoo Sánchez, *Retribución y prevención general*, cit., p. 270-277.
78. Welzel, *Derecho Penal alemán*, cit., p. 11, 15 e 327.

valores fundamentais, o Direito Penal expressa, da forma mais eloquente de que dispõe o Estado, a vigência de ditos valores, conforme o juízo ético-social do cidadão, e fortalece sua atitude permanente de fidelidade ao Direito. Como veremos no estudo dessa categoria sistemática do delito, para Welzel o *juízo de culpabilidade* supõe um desvalor ético-social que está relacionado com a *falta de fidelidade do autor do delito com o ordenamento jurídico-penal*. Por isso, para esse autor alemão *a retribuição da culpabilidade por meio da pena tinha como consequência o reforço da fidelidade ao direito por parte dos cidadãos*.

Kaufmann e Hassemer[79] também se manifestaram a respeito da proposição de Welzel. Kaufmann entendeu que essa função ético-social, atribuída por Welzel ao Direito Penal, deve ser entendida como "um aspecto positivo da prevenção geral, e a caracteriza como *socialização* dirigida a uma atitude fiel ao Direito". Destaca três elementos importantes da prevenção geral: um de tipo "informativo" (o que está proibido), outro de "manutenção de confiança" (na capacidade da ordem jurídica de permanecer e impor-se), e o terceiro representado pelo fortalecimento de uma "atitude interna de fidelidade ao direito". Kaufmann não considera que a *retribuição justa* deva substituir a prevenção geral positiva, mas, ao contrário, acredita que aquela é pressuposto desta. Hassemer, por sua vez, também considera o pensamento de Welzel muito próximo ao que poderia ser denominado prevenção geral. Mas, para ele, ao conceito de prevenção é inerente uma função "limitadora" da intervenção penal. Nesses termos, cabe reconhecer que no pensamento de Welzel a prevenção geral positiva não representa propriamente o fim da pena, mas somente um efeito latente desta. Como esclarece Feijoo Sánchez, Welzel sempre defendeu uma *concepção retributiva da pena*, na medida em que somente uma *retribuição justa* pode chegar a influir na formação e estabilização da consciência jurídica coletiva[80].

Estas primeiras versões da *prevenção geral positiva* foram duramente criticadas, na medida em que *a identificação da finalidade da pena* com a promoção de comportamentos socialmente valiosos, e com a reafirmação da fidelidade ao sistema degenerou na cruel experiência do regime nazista.

4.1.3. A prevenção geral positiva fundamentadora

Com os avanços das pesquisas sociológicas, a teoria da prevenção geral positiva alcança uma dimensão muito mais ampla, de modo que a finalidade de reafirmação da fidelidade e da confiança da comunidade no Direito passa a ocupar o centro da fundamentação de todo o sistema penal[81]. A radicalização

---

79. Mir Puig, *La función de la pena*, cit., p. 52-53.
80. *Retribución y prevención general*, cit., p. 278-279.
81. Veja a este respeito a exaustiva análise de Feijoo Sánchez, *Retribución y prevención general*, cit., p. 312 e s.

dessa perspectiva alcança o seu apogeu através do pensamento de Jakobs que, partindo da concepção ético-social formulada inicialmente por Welzel, e da necessidade de integração social através das normas, desenvolve uma perspectiva funcional do Direito Penal com base na teoria dos sistemas sociais de Luhmann[82]. Nesses termos, embora coincida com Welzel em buscar na coletividade sua manutenção fiel aos mandamentos do Direito, nega que com isso se queira proteger determinados valores de ações e bens jurídicos. Como consequência, os referentes valorativos que conformam a identidade do sistema resultam excluídos da discussão sobre a pena, de tal forma que a pena deixa de estar integrada no sistema de valores que legitima e limita o exercício do *ius puniendi* estatal.

Ao Direito Penal, segundo Jakobs, corresponde garantir a função *orientadora* das normas jurídicas. Partindo do conceito de Direito, expressado pelo sociólogo Luhmann, Jakobs entende que as normas jurídicas buscam estabilizar e institucionalizar as experiências sociais, servindo, assim, como uma orientação da conduta que os cidadãos devem observar nas suas relações sociais. Quando ocorre a infração de uma norma — destaca Jakobs —, convém deixar claro que esta continua a existir, mantendo sua vigência, apesar da infração. Caso contrário, abalaria a confiança na norma e sua função orientadora. "A pena serve para destacar com seriedade, e de forma 'cara' para o infrator, que a sua conduta não impede a manutenção da norma"[83]. Assim, enquanto o delito é negativo, na medida em que infringe a norma, fraudando expectativas, a pena, por sua vez, é positiva na medida em que afirma a vigência da norma ao negar sua infração.

As críticas à teoria da prevenção geral positiva fundamentadora não se fizeram esperar. Dentre seus autores destacamos, entre outros, Mir Puig, Muñoz Conde, Alessandro Baratta e Luzón Peña[84].

Para Mir Puig, com uma teoria da prevenção geral positiva fundamentadora, como a defendida por Jakobs, de certa forma, se está permitindo, quando não obrigando, a utilização da pena, mesmo quando a proteção dos bens jurídicos seja desnecessária, baseado na ideia tradicional de prevenção geral ou de prevenção especial[85]. Com efeito, se a função única reconhecida ao Direito Penal fosse a de confirmar a confiança depositada nas normas jurídico-penais, por que razão não seria suficiente uma simples declaração a respeito? Por que é necessária a

---

82. Jakobs, *Derecho Penal*, Parte General — fundamentos y teoría de la imputación, Madrid, Marcial Pons, 1995, p. 8-14.
83. Jakobs, *Derecho Penal*, cit., p. 14.
84. Mir Puig, *La función de la pena*, cit.; Muñoz Conde, *Derecho Penal y control social*, Sevilla, Fundación Universitaria de Jerez, 1985; e Baratta, *Integración-prevención — una nueva fundamentación de la pena dentro de la teoría sistémica*, Buenos Aires, Doctrina Penal, 1985, p. 3 e s.
85. Mir Puig, *La función de la pena*, cit., p. 54.

imposição de um mal como a pena, se o que se busca não é a intimidação, mas evitar possíveis dúvidas sobre a vigência da norma violada?

Baratta, criticamente, apresentou objeções sob o ponto de vista interno e externo da teoria. Sob o ponto de vista interno, afirmava Baratta, a teoria em exame não explica por que a estabilização de expectativas deve ocorrer através da imposição de um castigo e não através de outros meios menos graves e funcionalmente equivalentes[86]. Logo, sob a perspectiva extrassistemática, a crítica de Baratta rotulou a tese de Jakobs de "conservadora e legitimadora da atual tendência de expansão e intensificação da resposta penal diante dos problemas sociais". Acrescentou, ainda, que "fica claro que a teoria da prevenção-integração faz parte de um modelo tecnocrático do saber social, que pode ser considerado alternativo ao modelo crítico, no qual atualmente se inspiram a criminologia crítica e os movimentos por uma reforma radical e alternativa do sistema penal"[87].

Muñoz Conde[88], por sua vez, considera a teoria da prevenção geral positiva fundamentadora imersa na teoria sistêmica do Direito Penal. Sem ignorar o fato de que a teoria sistêmica proporciona um valioso instrumento para o estudo dos fenômenos sociais, entre os quais se inclui o Direito Penal como meio de controle social, referida teoria não é válida para a valoração e crítica dos referidos fenômenos.

Por outro lado, não se pode ignorar que o modelo tecnocrático proposto pela teoria sistêmica culmina com uma concepção preventiva fundamentadora do Direito Penal, na qual, como diz Muñoz Conde[89], "o centro de gravidade desloca-se da subjetividade do indivíduo para a subjetividade do sistema". Muñoz Conde acrescenta que "o caráter conflitivo da convivência social e o coativo das normas jurídicas — neste caso, as penas — desaparece em um *entramado* técnico, segundo o qual o desvio social ou o delito são qualificados como simples *complexidade* que deve ser reduzida. A solução do conflito realiza-se onde ele se manifesta, mas não onde se produz, deixando inalteradas suas causas produtoras. Em última análise, a teoria sistêmica conduz a uma espécie de *neorretribucionismo*, onde o Direito Penal justifica-se intrassistematicamente, legitimando e reproduzindo um sistema social que nunca é questionado".

Resumindo, a teoria da prevenção geral positiva na versão fundamentadora não constitui uma alternativa real que satisfaça as atuais necessidades da teoria da pena. É criticável também sua pretensão de impor ao indivíduo, de forma coativa, determinados padrões éticos, algo inconcebível em um Estado social e democrático de Direito. É igualmente questionável a eliminação dos limites do

---

86. Baratta, *Integración-prevención*, cit., p. 16 e s.
87. Baratta, *Integración-prevención*, cit., p. 21 e s.
88. Muñoz Conde, *Derecho Penal y control social*, cit., p. 19 e 29.
89. Muñoz Conde, *Derecho Penal y control social*, cit., p. 122.

ius puniendi, tanto formal como materialmente, fato que conduz à legitimação e desenvolvimento de uma política criminal carente de legitimidade democrática.

4.2. A prevenção especial

A teoria da prevenção especial procura evitar a prática do delito, mas, ao contrário da prevenção geral, dirige-se exclusivamente ao delinquente em particular, objetivando que este não volte a delinquir. De acordo com a classificação sugerida por Ferrajoli, as teorias da prevenção especial podem ser formalmente divididas em teorias da prevenção especial positiva, dirigidas à reeducação do delinquente, e teorias da prevenção especial negativa, voltadas à eliminação ou neutralização do delinquente perigoso[90]. Vale ressaltar que essas vertentes da prevenção especial não foram apresentadas de forma contraposta, nem se excluem entre si, podendo concorrer mutuamente para o alcance do fim preventivo, de acordo com a personalidade corrigível ou incorrigível daquele que delinque.

Segundo Feijoo Sánchez, não seria necessário distinguir entre uma prevenção especial positiva e uma prevenção especial negativa, uma vez que em sociedades como a espanhola não se cogitam penas de eliminação ou de neutralização, mas, sobretudo, penas voltadas para a ressocialização, reeducação, reabilitação ou reinserção social do delinquente e seu tratamento[91]. Contudo, no nosso entendimento, a classificação sugerida por Ferrajoli é mais adequada à descrição da evolução das teorias da prevenção especial, e muito mais condizente com a realidade da aplicação da pena, especialmente se levarmos em consideração a necessidade de recordar os aspectos negativos do fim de eliminação ou neutralização. Não se pode ignorar que a *justificação* da atrocidade das penas com o fim de intimidação, ou de defesa social, não pertence somente ao passado[92], pois em diversas partes do mundo ainda se aplicam sanções como a prisão perpétua, a pena de morte, as penas corporais, a lapidação ou o apedrejamento. A neutralização e a eliminação daquele que delinque não foram banidas do direito penal em prol da *ressocialização*, por isso deve-se insistir nessa diferenciação, porque conhecendo *as distintas vertentes da prevenção especial* e seus efeitos, estaremos em condições de estabelecer limites a qualidade e quantidade das penas aplicáveis em um Estado constitucional e Democrático de Direito.

Várias correntes defenderam uma postura preventivo-especial da pena ao longo da história. Na França, por exemplo, pode-se destacar a teoria da Nova Defesa Social, de Marc Ancel; na Alemanha, a prevenção especial é conhecida desde os tempos de Von Liszt; e, na Espanha, foi a Escola correcionalista, de

---

90. *Derecho y razón*, cit., p. 264.
91. Feijoo Sánchez, *Retribución y prevención general*, cit., p. 167.
92. Ferrajoli, *Derecho y razón*, cit., p. 385-387.

inspiração krausista, a postulante da prevenção especial[93]. Independentemente do interesse que possa despertar cada uma dessas correntes, foi o pensamento de Von Liszt que deu origem, na atualidade, a comentários de alguns penalistas sobre um "retorno a Von Liszt"[94]. As linhas mestras do pensamento de Von Liszt são encontradas em seu *Programa de Marburgo*. A necessidade de pena, segundo Von Liszt, mede-se com critérios preventivos especiais, segundo os quais a aplicação da pena obedece a uma ideia de ressocialização e reeducação do delinquente à intimidação daqueles que não necessitem *ressocializar-se* e também para neutralizar os incorrigíveis[95]. Essa tese pode ser sintetizada em três palavras: *intimidação, correção e inocuização*.

O Projeto Alternativo ao Código Penal Alemão, de 1966 — segundo reconhecem Eberhard Schmidt e Roxin —, aderiu às teses de Von Liszt. Esta volta aos postulados de Von Liszt significou, como se tem afirmado, a retomada dos ideais da prevenção especial[96]. As ideias de Von Liszt e as novas expressões da prevenção especial são o resultado de diversos fatores diretamente ligados à crise do Estado liberal. O binômio pena-Estado viu-se afetado pelo desenvolvimento industrial e científico, pelo crescimento demográfico, pela migração massiva do campo às grandes cidades e, inclusive, pelo fracasso das revoluções de 1848, dando lugar ao estabelecimento da produção capitalista. São conhecidas as condições de exploração e miséria que viveram homens, mulheres e até crianças na crise da era industrial. A natural inconformidade que a situação descrita trazia representou, sem dúvida, um perigo potencial para a nova ordem estabelecida. Certamente "as aspirações sociais dos *despossuídos* que até então somente haviam se manifestado espontaneamente por motivos de necessidade, encontram, a partir de 1848, um respaldo político-científico"[97].

O interesse jurídico-penal já não será o de restaurar a ordem jurídica ou a intimidação geral dos membros do corpo social. A pena, segundo esta nova concepção, deveria concretizar-se em outro sentido: o da defesa da nova ordem, a

---

93. Jescheck, *Tratado*, cit., p. 100; Mir Puig, *Introducción a las bases*, cit., p. 68. Para o estudo aprofundado das correntes da prevenção especial confira Ferrajoli, *Derecho y razón*, cit., p. 264-274; Feijoo Sánchez, *Retribución y prevención general*, cit., p. 167-195.
94. Mir Puig, *Introducción a las bases*, cit., p. 70.
95. Cobo del Rosal e Vives Antón, *Derecho Penal*, 3ª ed., Valencia, Tirant lo Blanch, 1991, p. 688.
96. O artigo de Roxin foi publicado por Luzón Peña sob o título Franz Von Liszt y la concepción político-criminal del proyecto alternativo, in *Problemas básicos del Derecho Penal*, Madrid, Ed. Reus, 1976, e na versão portuguesa *Problemas fundamentais de Direito Penal*, Coimbra, Ed. Vega, 1986; De Toledo y Ubieto, *Sobre el concepto de Derecho Penal*, cit., p. 211.
97. Bustos Ramirez e Hormazábal Malarée, Pena y Estado, *Bases críticas de un nuevo Derecho Penal*, cit., p. 124.

defesa da sociedade. O delito não é apenas a violação à ordem jurídica, mas, antes de tudo, um *dano social*, e o delinquente é um *perigo social* (um anormal) que põe em risco a nova ordem. Essa defesa social referia-se a alguns dos setores sociais: o econômico e o laboral. Trata-se da passagem de um Estado guardião a um Estado intervencionista, suscitada por uma série de conflitos caracterizados pelas graves diferenças entre possuidores e não possuidores dos meios de produção, pelas novas margens de liberdade, igualdade e disciplina estabelecidas.

Sob essa configuração intervencionista do Estado encontra-se o *idealismo positivista* como base fundamentadora: a ciência (positiva) fundamentava a ordem, a disciplina, a organização. A partir de então, o *controle social* se exerceria tendo como base fundamental os argumentos científicos em voga: há homens "bons", ou seja, normais e não perigosos, e há homens "maus", ou perigosos e anormais. Invocava-se, compreensivelmente, a defesa da sociedade contra atos destes homens "anormais" ou perigosos e, em razão de seus antecedentes atentatórios à sociedade, previa-se-lhes medidas *ressocializadoras* ou inocuizadoras[98].

A *prevenção especial* não busca a intimidação do grupo social nem a retribuição do fato praticado, visando apenas aquele indivíduo que já delinquiu para fazer com que não volte a transgredir as normas jurídico-penais. Os partidários da prevenção especial preferem falar de medidas[99] e não de penas. A pena, segundo dizem, implica a liberdade ou a capacidade racional do indivíduo, partindo de um conceito geral de igualdade. Já medida supõe que o delinquente é um sujeito perigoso ou diferente do sujeito normal, por isso, deve ser tratado de acordo com a sua periculosidade. Como o castigo e a intimidação não têm sentido, o que se pretende, portanto, é *corrigir, ressocializar* ou *inocuizar*[100].

Assim como acontece com a prevenção geral, também a prevenção especial é alvo de grandes objeções doutrinárias. Com efeito, uma pena fundamentada exclusivamente em critérios preventivo-especiais termina por infringir importantes princípios garantistas, especialmente a necessidade de proporcionalidade entre o delito e a pena, e deriva num Direito Penal de autor difícil de sustentar. Com efeito, os pressupostos sobre os quais se apoiam as medidas de ressocialização são imprecisos, as técnicas de prognóstico são mutáveis e inseguras, sem que até hoje se haja demonstrado a eficácia empírica do fim reeducacional. Além disso, os fins da prevenção especial seriam ineficazes — argumenta-se — diante daquele delinquente que, apesar da gravidade do fato delitivo por ele praticado, não necessite de intimidação, reeducação ou inocuização, em razão de não haver a menor probabilidade de reincidência, o que, nestes casos, levaria à impunidade do autor[101].

---

98. Bustos Ramirez, *El pensamiento criminológico...*, p. 16-17.
99. Mir Puig, *La función de la pena...*, p. 28.
100. Bustos Ramirez, *Estado actual*, cit., p. 165.
101. Mir Puig, *La función de la pena*, cit., p. 70.

Alguns méritos, porém, lhe são reconhecidos. Sob o ponto de vista político-criminal, por exemplo, é possível sustentar a finalidade de prevenção especial, não como um fim em si mesmo, mas, sim, voltada para a ressocialização do delinquente durante o período de cumprimento da pena. Ao mesmo tempo que com a execução da pena se cumprem os objetivos de prevenção geral, isto é, de intimidação, com a pena privativa de liberdade busca-se a chamada *ressocialização* do delinquente. Cumpre esclarecer que essa finalidade hoje já não é vista sob a perspectiva terapêutica. O debate sobre a prevenção especial, destaca Feijoo Sánchez, na atualidade está muito mais preocupado em evitar os *efeitos dessocializadores* da pena privativa de liberdade (v.g., com o contato com criminosos perigosos, o estigma da pena, a perda de oportunidades de trabalho, isolamento social etc.), do que propriamente com a *ressocialização* a qualquer preço do delinquente encarcerado. Dito graficamente, "... os aspectos preventivo-especiais não são levados em consideração por um setor dominante da doutrina como legitimadores da pena, mas sim como delimitadores de sua execução com o fim de evitar os efeitos negativos da pena privativa de liberdade"[102]. Essa tendência é decisiva para a diversificação das espécies de pena e para a humanização do regime de cumprimento, em prol da garantia dos direitos fundamentais, especialmente o valor da dignidade humana. Trata-se, inclusive, de uma tendência que tem especial relevância no ordenamento jurídico brasileiro, visto que a Lei n. 7.210/84, também conhecida como Lei de Execução Penal, destaca em diversos trechos a importância da prevenção especial positiva, por visar à reintegração social do indivíduo. É o caso, por exemplo, de seu art. 1º, no qual se destaca que "A execução penal tem por objetivo efetivar as disposições de sentença ou decisão criminal e proporcionar condições para a harmônica integração social do condenado e do internado" e de seu art. 112, § 1º, para qual o "apenado só terá direito à progressão de regime se ostentar boa conduta carcerária".

5. A teoria mista ou unificadora da pena

As teorias mistas ou unificadoras tentam agrupar em um conceito único os fins da pena. Esta corrente tenta recolher os aspectos mais destacados das teorias absolutas e relativas. Merkel foi, no começo do século XX, o iniciador desta teoria eclética na Alemanha, e, desde então, é a opinião mais ou menos dominante. No dizer de Mir Puig[103], entende-se que a retribuição, a prevenção geral e a prevenção especial são distintos aspectos de um mesmo e complexo fenômeno que é a pena. As teorias unificadoras partem da crítica às soluções monistas, ou seja, às teses sustentadas pelas teorias absolutas ou relativas da pena. Sustentam que essa "unidimensionalidade, em um ou outro sentido, mostra-se formalista e

---

102. *Retribución y prevención general*, cit., p. 213.
103. Mir Puig, *Derecho Penal*, cit., p. 46.

incapaz de abranger a complexidade dos fenômenos sociais que interessam ao Direito Penal, com consequências graves para a segurança e os direitos fundamentais do Homem"[104]. Este é um dos argumentos básicos que ressaltam a necessidade de adotar uma teoria que abranja a pluralidade funcional desta. Assim, esta orientação estabelece marcante diferença entre *fundamento* e *fim* da pena.

Em relação ao fundamento da pena, sustenta-se que a sanção punitiva não deve "fundamentar-se" em nada que não seja o fato praticado, qual seja, o delito. Com esta afirmação, afasta-se um dos principais equívocos das teorias preventivas: a prioridade outorgada à *justificação externa* da pena — *por que se pune* — sem antes oferecer resposta à questão da sua justificação interna — *quando se pune*. Com efeito, sob o argumento da prevenção geral negativa, a intimidação através da pena, inibindo o resto da comunidade de praticar delitos, não é capaz de explicar por que a prática de um delito por um sujeito culpável é condição necessária da pena. Por sua vez, a *teoria da prevenção geral positiva* não é capaz de oferecer uma *justificação da pena* com base em valores que imponham limites tangíveis ao exercício do *ius puniendi* estatal. Tampouco sob o argumento preventivo-especial da pena é possível explicar satisfatoriamente quando é legítimo punir, pois para esta teoria, como já vimos, a pena tem como base não a prática de um fato passado, mas aquilo que o delinquente "pode" vir a realizar se não receber o tratamento a tempo.

Segundo Mir Puig[105], as teorias mistas ou unificadoras atribuem ao Direito Penal uma função de proteção à sociedade e é a partir dessa base que as correntes doutrinárias se diversificam. Mir Puig distingue duas direções: de um lado, a *posição conservadora*, representada pelo Projeto Oficial do Código Penal Alemão de 1962, caracterizada pelos que acreditam que a proteção da sociedade deve ter como base a *retribuição justa* e, na determinação da pena, os fins preventivos desempenham um papel exclusivamente complementar, sempre dentro da linha retributiva; de outro lado, surge a corrente *progressista*, materializada no chamado Projeto Alternativo Alemão, de 1966, que inverte os termos da relação: o fundamento da pena é a defesa da sociedade, ou seja, a proteção de bens jurídicos, e a retribuição corresponde à função apenas de estabelecer o limite máximo de exigências de prevenção, impedindo que tais exigências elevem a pena para além do merecido pelo fato praticado. Nesse sentido é possível deduzir que as teorias unificadoras aceitam a retribuição e o princípio da culpabilidade *como critérios limitadores da intervenção da pena* como sanção jurídico-penal. A pena não pode, pois, ir além da responsabilidade decorrente do fato praticado.

As várias versões unificadoras limitaram-se, inicialmente, a essas teorias justapondo o fundamento retributivo com os fins preventivos, especiais e gerais, da pena,

---

104. De Toledo y Ubieto, *Sobre el concepto de Derecho Penal*, cit., p. 217.
105. Mir Puig, *Derecho Penal*, cit., p. 46.

reproduzindo, assim, as insuficiências das concepções monistas da pena. Posteriormente, em uma segunda etapa, a atenção da doutrina jurídico-penal fixa-se na procura de outras construções que permitam unificar os fins preventivos gerais e especiais a partir dos diversos estágios da norma (cominação, aplicação e execução). Enfim, essas teorias centralizam o fim do Direito Penal "na ideia de prevenção. A retribuição, em suas bases teóricas, seja através da culpabilidade ou da proporcionalidade (ou de ambas ao mesmo tempo), desempenha um papel apenas limitador (máximo e mínimo) das exigências de prevenção"[106].

Na opinião de Roxin, a intenção de sanar estes defeitos, justapondo simplesmente três concepções distintas, tem forçosamente de fracassar, e a razão é que "a simples adição não só destrói a lógica imanente à concepção, como também aumenta o âmbito de aplicação da pena, que se converte assim em meio de reação apto a qualquer emprego. Os efeitos de cada teoria não se suprimem entre si, absolutamente, mas, ao contrário, se multiplicam"[107]. Isso, como o próprio Roxin reconhece, não é aceitável, nem mesmo teoricamente.

5.1. *A teoria unificadora dialética de Roxin*

Como alternativa aos problemas referidos, Roxin propõe uma *teoria unificadora dialética*, que parte da diferenciação entre o *fim da pena*, que se impõe na valoração de um caso concreto, e o *fim do direito penal*. A questão é colocada nos seguintes termos: "Se o direito penal tem que servir à proteção subsidiária de bens jurídicos e, com isso, ao livre desenvolvimento do indivíduo, assim como à preservação de uma determinada ordem social que parta deste princípio, então, mediante este propósito, somente se determina quais condutas podem ser sancionadas pelo Estado. Sem embargo, com isso não se está de antemão definido que efeitos deveriam surtir a pena para cumprir com a missão do direito penal"[108].

Sob essa perspectiva, Roxin[109] defende que o *fim da pena* somente pode ser de tipo *preventivo*, no sentido de que a pena somente pode perseguir o *fim de prevenir delitos*, pois dessa forma se lograria alcançar a proteção da liberdade individual e do sistema social que justificam as normas penais. Nessa linha de entendimento, manifesta, ademais, que tanto a *prevenção especial*, como a *prevenção geral* devem figurar como *fins da pena*. A pena declarada numa sentença condenatória deverá ser adequada para alcançar ambas as finalidades preventivas. E deverá fazê-lo da melhor forma possível, isto é, equilibrando ditas finalidades. Assim, de um lado, a pena deverá atender ao *fim de ressocialização* quando seja

---

106. Quintero Olivares, *Curso de Derecho Penal*, p. 129. Para o estudo aprofundado das teorias unificadoras confira Feijoo Sánchez, *Retribución y prevención general*, cit., p. 233-260.
107. Roxin, *Sentido y límites*, cit., p. 26.
108. *Derecho Penal*, cit., p. 81.
109. *Derecho Penal*, cit., p. 95-98.

possível estabelecer uma cooperação com o condenado, não sendo admitida uma reeducação ou ressocialização forçada. Aqui Roxin manifesta sua adesão à *prevenção especial positiva* e sua rejeição às medidas de *prevenção especial negativa*. De outro lado, a pena deverá projetar seus efeitos sobre a sociedade, pois com a imposição de penas se demonstra a eficácia das normas penais motivando os cidadãos a não infringi-las. A pena teria, sob essa ótica, mais que um fim intimidatório, o *fim de reforçar a confiança da sociedade* no funcionamento do ordenamento jurídico através do cumprimento das normas, o que produziria, finalmente, como efeito, a pacificação social. Dessa forma, Roxin manifesta sua adesão a uma *compreensão mais moderna da prevenção geral*, combinando aspectos da *prevenção geral negativa* e aspectos da *prevenção geral positiva*.

Nos casos de conflito entre ambas as finalidades, isto é, nos casos em que estas indicam diferentes quantidades de pena, Roxin defende que *deve prevalecer a finalidade preventivo-especial*, de ressocialização, como *garantia individual indicativa da redução da quantidade de pena*, frente às finalidades *preventivo-gerais* que, normalmente, conduzem a um aumento da pena. Entretanto, matiza que a primazia do *fim preventivo especial* somente pode ser atendida até certo ponto, pois a pena não pode ser reduzida a ponto de tornar a sanção ínfima e inútil para o restabelecimento da confiança da sociedade no ordenamento jurídico. Nas palavras de Roxin, "o limite inferior do marco penal atende à consideração do mínimo preventivo geral"[110]. E isso porque, na opinião de Roxin, a cominação penal, ou seja, a prescrição de mandamentos e proibições, atende ao fim preventivo-geral para a motivação dos indivíduos.

Além disso, Roxin renuncia à ideia de *retribuição*, seja como fim legitimável da pena, seja como seu fundamento ou essência. Esta postura se mantém com base no argumento de que "as instituições jurídicas [neste caso, a pena] não têm essência alguma independente de seus fins, ao contrário, essa essência se determina mediante o fim que se queira alcançar"[111]. E com esse entendimento Roxin sustenta que "do fato de que o castigo radica numa reprovação social não se deduz que a pena seja essencialmente retribuição, nem tampouco unicamente a produção de um mal, pois da desaprovação de uma conduta pode-se derivar igualmente a consequência de que dita desaprovação tende a evitar sua repetição no sentido da influência ressocializadora"[112].

Com essa renúncia a toda retribuição, o *princípio de culpabilidade* passa a ocupar uma função secundária — não fundamentadora — na *teoria unificadora dialética* de Roxin. Isto é, o *princípio de culpabilidade* deixa de estar vinculado à *ideia de retribuição da culpabilidade*, e passa a exercer tão só o papel de *limite*

---

110. *Derecho Penal*, cit., p. 97.
111. *Derecho Penal*, cit., p. 99.
112. *Derecho Penal*, cit., p. 99.

máximo da pena aplicada ao caso concreto, no sentido de que a duração desta não pode ultrapassar a medida da culpabilidade, mesmo quando os *fins preventivos* o aconselhem. Ou, dito graficamente, "a sensação de justiça à qual corresponde um grande significado para a estabilização da consciência jurídico-penal exige que ninguém pode ser castigado com maior dureza do que merece; e merecida é somente uma pena conforme com a culpabilidade"[113]. Em contrapartida, sob a perspectiva dos fins da pena, Roxin defende que não existe impedimento nenhum a que a pena seja fixada, no caso concreto, em limite inferior ao grau de culpabilidade. Dessa forma, *a pena adequada à culpabilidade nunca poderá ser aumentada, mas pode ser reduzida de acordo com fins preventivos*.

O próprio Roxin resume a sua teoria nos seguintes termos: "a pena serve aos fins de prevenção especial e geral. Limita-se em sua magnitude pela medida da culpabilidade, mas pode ser fixada abaixo deste limite quando seja necessário por exigências preventivo-especiais, e a isso não se oponham as exigências mínimas preventivo-gerais"[114].

As consequências alcançadas por Roxin são, em grande medida, adequadas no momento de *individualização judicial da pena*; contudo, é criticável o esvaziamento que sua postura produz no conteúdo material da culpabilidade, relativizando a importância desta na determinação da medida da pena. Por que se somente uma pena justa, adequada à culpabilidade, permite cumprir com a finalidade preventivo-geral, o que autoriza deduzir tanto a *necessidade* como a *possibilidade de prevenção* é a culpabilidade enquanto fundamento da pena.

6. Modernas teorias de justificação da pena

A grande repercussão das propostas formuladas por Roxin e Jakobs, num contexto em que determinadas *teorias sociológicas* ganharam uma significativa projeção no âmbito do direito penal, revigorou o debate acerca do conceito de pena e sua justificação. Com efeito, ante a enorme profusão de publicações e propostas renovadoras, somente um trabalho monográfico e específico sobre as *modernas teorias da pena* seria capaz de abordar, com um mínimo de rigor, todos os argumentos com que a *justificação da pena* vem sendo construída na atualidade[115].

Por esse motivo, nos limitaremos a expor aquelas propostas que confluem com a perspectiva garantista que consideramos mais acertada. Referimo-nos ao conjunto de propostas que a doutrina convencionou agrupar sob a denominação de *teoria da prevenção geral positiva limitadora*, cujo conteúdo analisaremos na

---

113. *Derecho Penal*, cit., p. 100.
114. *Derecho Penal*, cit., p. 103.
115. Como é o caso dos trabalhos exaustivos de Alcácer Guirao, *Anuario de Derecho Penal y Ciencias Penales*, cit., e Feijoo Sánchez, *Retribución y prevención general*, cit., referidos em notas anteriores ao longo deste capítulo.

epígrafe seguinte. Com isso, não desprezamos a importância e valor das propostas que partem de uma *nova compreensão da prevenção geral negativa ou de intimidação*, defendidas magistralmente por autores como Silva Sánchez[116] e Couso Salas[117], que também assumem uma perspectiva garantista dirigida à redução da violência estatal. Entretanto, pelos motivos que serão expostos adiante, consideramos mais adequada à realidade do ordenamento jurídico brasileiro a visão integradora formulada pela *teoria da prevenção geral positiva limitadora*.

6.1. *A prevenção geral positiva limitadora*

Em contrapartida à prevenção geral *fundamentadora*, sustenta-se uma prevenção geral positiva *limitadora*[118]. A defesa dessa orientação baseia-se, fundamentalmente, em que a prevenção geral deve expressar-se com *sentido limitador do poder punitivo* do Estado, isto é, como uma *afirmação razoável do direito* em um Estado constitucional e democrático de Direito.

Extremamente importante para esta orientação teórica é a consideração do Direito Penal como um meio a mais de controle social que, ao contrário dos demais, caracteriza-se pela sua formalização. Precisamente, pela formalização de base democrática do *controle social*, no sentido de que o exercício do poder punitivo por parte do Estado vê-se limitado pelos princípios e garantias reconhecidos democraticamente pela sociedade sobre a qual opera. Isso significa que, apesar de ser denominada uma *teoria* preventiva, de base relativista, com vistas ao futuro, não abandona o *princípio de culpabilidade* como fundamento da imposição de pena pelo fato passado, assumindo, portanto, e sem contradições teóricas, a ideia da *retribuição da culpabilidade* como pressuposto lógico da finalidade preventiva de delitos[119].

Nesse sentido a pena, como forma de castigar ou sancionar formalmente, submete-se a determinados pressupostos e limitações, aos quais não se subordinam as demais sanções. A pena deve manter-se dentro dos limites do Direito Penal do fato e da *proporcionalidade*, e somente pode ser imposta através de um procedimento cercado de todas as garantias jurídico-constitucionais. Hassemer[120] afirma que "através da pena estatal não só se realiza a luta contra o delito, como também

---

116. *Aproximación al derecho penal contemporáneo*, cit., p. 386 e s.
117. *Fundamentos del derecho penal de la culpabilidad. Historia, teoría y metodología*, Valencia, Tirant lo Blanch, 2006, p. 356 e s.
118. Mir Puig, *La función de la pena*, cit., p. 54. Podem ser considerados seguidores da teoria preventiva geral limitadora: Hassemer, *Los fines de la pena...*, p. 132; do mesmo autor: *Fundamentos de Derecho Penal*, cit., p. 300; Roxin, *La determinación de la pena...*, p. 93 e s.
119. Feijoo Sánchez, *Retribución y prevención general*, cit., p. 516.
120. Hassemer, *Los fines de la pena*, cit., p. 136.

se garante a juridicidade, a formalização do modo social de sancioná-lo. Não faz parte do caráter da pena a função de resposta ao desvio (o Direito Penal não é somente uma parte do controle social). A juridicidade dessa resposta (o Direito Penal caracteriza-se por sua formalização) também pertence ao caráter da pena".

A formalização do Direito Penal tem lugar através da vinculação com as normas e objetiva limitar a intervenção jurídico-penal do Estado em atenção aos direitos individuais do cidadão. O Estado não pode — a não ser que se trate de um Estado totalitário — invadir a esfera dos direitos individuais do cidadão, ainda e quando haja praticado algum delito. Ao contrário, os limites em que o Estado deve atuar punitivamente devem ser uma realidade concreta. Esses limites referidos materializam-se através dos princípios da intervenção mínima, da proporcionalidade, da ressocialização, da culpabilidade etc. Assim, o conceito de prevenção geral positiva será legítimo "desde que compreenda que deve integrar todos estes limites harmonizando suas eventuais contradições recíprocas: se se compreender que uma razoável afirmação do Direito Penal em um Estado social e democrático de Direito exige respeito às referidas limitações"[121].

O que se pretende evidenciar com esses argumentos é que a *prevenção geral positiva limitadora* está em condições de legitimar a existência de um instituto jurídico como a pena, isto é, que uma compreensão da prevenção geral positiva ajustada aos valores e princípios do Estado democrático de direito é capaz de responder razoavelmente à pergunta *por que castigar*[122]. De modo que a finalidade de proteção de bens jurídicos, que legitima as normas penais, vê-se integrada como substrato valorativo da finalidade de prevenção da pena, evitando que esta possa ser desvirtuada, pelo menos no plano teórico. Sob essa perspectiva é possível oferecer não só garantias ao indivíduo, mas, ao mesmo tempo, um grau razoável de estabilidade ao sistema normativo.

Um claro exemplo dessa perspectiva *limitadora* é a proposta de Hassemer. A função da pena, segundo Hassemer[123], é a prevenção geral positiva: "a reação estatal perante fatos puníveis, protegendo, ao mesmo tempo, a consciência social da norma. *Proteção efetiva* deve significar atualmente duas coisas: a ajuda que obrigatoriamente se dá ao delinquente, dentro do possível, e a limitação desta ajuda imposta por critérios de *proporcionalidade* e consideração à vítima. A *ressocialização* e a retribuição pelo fato são apenas instrumentos de realização do fim geral da pena: a prevenção geral positiva. No fim secundário de ressocialização fica destacado que a sociedade corresponsável e atenta aos fins da pena não tem nenhuma legitimidade para a simples imposição de um mal. No conceito limitador da responsabilidade pelo fato, destaca-se que a persecução de um

---

121. Mir Puig, *La función de la pena*, cit., p. 58.
122. Feijoo Sánchez, *Retribución y prevención general*, cit., p. 516.
123. Hassemer, *Los fines de la pena*, cit., p. 137.

fim preventivo tem um limite intransponível nos direitos do condenado". Uma teoria da prevenção geral positiva não só pode apresentar os limites necessários para os fins ressocializadores, como também está em condições de melhor fundamentar a retribuição pelo fato.

A principal finalidade, pois, a que deve dirigir-se a pena, uma vez que se dá o pressuposto da atribuição de culpabilidade, é a prevenção geral positiva no sentido limitador exposto, sem deixar de lado as necessidades de prevenção especial, no tocante à ressocialização do delinquente. Entende-se que o conteúdo da ressocialização não será o tradicionalmente concebido, isto é, com a imposição de forma coativa (arbitrária) da *reeducação*, mas sim vinculado a *não dessocialização*. A ressocialização do delinquente implica um processo comunicacional e interativo entre indivíduo e sociedade. Não se pode ressocializar o delinquente sem colocar em dúvida, ao mesmo tempo, o conjunto social normativo ao qual se pretende integrá-lo. Caso contrário, estaríamos admitindo, equivocadamente, que a ordem social é perfeita, o que, no mínimo, é discutível[124].

Quanto aos efeitos da postura assumida na determinação ou individualização judicial da pena, o primeiro aspecto a levar em consideração, como pressuposto lógico da finalidade de prevenção geral positiva limitadora, é a atribuição de culpabilidade ao autor do fato passado. A pena, então, deverá pautar-se de acordo com o desvalor do injusto praticado e as circunstâncias pessoais do autor. Esse ponto de partida implica a aplicação dos princípios de proporcionalidade, igualdade e humanidade[125].

No momento de conformar o tipo e regime concreto de pena, entra em consideração o *fim de ressocialização* (prevenção especial). Por razões de prevenção especial será possível justificar a diversificação do tipo de pena a ser executada e, inclusive, uma redução da quantidade de pena abaixo dos limites inicialmente fixados pela exigência de proporcionalidade. O contrário, contudo, não será permitido, ou seja, não cabe aumentar a quantidade de pena com base na finalidade de ressocialização, pois o limite máximo da pena está determinado pelo princípio de proporcionalidade e o respeito a outras garantias individuais. A diminuição da pena e/ou sua diversificação *em prol da ressocialização* encontram, contudo, como limite, a necessidade de estabilização do sistema (prevenção geral positiva), de modo que apesar da clara tendência de reduzir a intensidade da intervenção estatal, esta não pode resultar na completa frustração da eficácia preventivo-geral da pena[126].

---

124. Muñoz Conde, *Derecho Penal y control social*, cit., p. 96-97.
125. Silva Sánchez, *Aproximación al Derecho Penal contemporáneo*, cit., p. 412-418.
126. Silva Sánchez, *Aproximación al Derecho Penal contemporáneo*, cit., p. 469-471.

A onipotência jurídico-penal do Estado deve contar, portanto, necessariamente com freios ou limites que resguardem os invioláveis direitos fundamentais do cidadão. Este é o sinal que caracterizaria o Direito Penal de um Estado pluralista e democrático de direito e o que possibilitaria entender a prevenção geral positiva limitadora da pena como finalidade legitimável desta.

SISTEMAS PENITENCIÁRIOS VII

Sumário: 1. Sistema pensilvânico ou celular. 1.1. Origens históricas. 1.2. Características e objetivos do sistema. 2. Sistema auburniano. 2.1. Origens históricas. 2.2. Características e objetivos do sistema. 2.3. Sistemas pensilvânico e auburniano: semelhanças e diferenças. 3. Sistemas progressivos. 3.1. Sistema progressivo inglês ou *mark system*. 3.2. Sistema progressivo irlandês. 3.3. Sistema de Montesinos. 4. Algumas causas da crise do sistema progressivo.

Os primeiros sistemas penitenciários surgiram nos Estados Unidos, embora não se possa afirmar, como faz Norval Morris[1], "que a prisão constitui um invento norte-americano". Esses sistemas penitenciários tiveram, além dos antecedentes inspirados em concepções mais ou menos religiosas, já referidas, um antecedente importantíssimo nos estabelecimentos de Amsterdam, nos *Bridwells* ingleses, e em outras experiências similares realizadas na Alemanha e na Suíça. Estes estabelecimentos não são apenas um antecedente importante dos primeiros sistemas penitenciários, como também marcam o nascimento da pena privativa de liberdade, superando a utilização da prisão como simples meio de custódia.

Acompanhando a sua evolução, examinaremos a seguir os sistemas pensilvânico, auburniano e progressivo.

1. Sistema pensilvânico ou celular

1.1. *Origens históricas*

A primeira prisão norte-americana foi construída pelos *quacres* em *Walnut Street Jail*, em 1776[2]. O início mais definido do sistema filadélfico começa sob a influência das sociedades integradas por *quacres* e os mais respeitáveis cidadãos da Filadélfia, e tinha como objetivo reformar as prisões. Entre as pessoas que mais influenciaram podem-se citar Benjamin Franklin e William Bradford[3]. Benjamin

---

1. Norval Morris, *El futuro de las prisiones...*, p. 20. Morris afirma que a prisão constitui um invento norte-americano, por obra dos *quacres* da Pensilvânia, na última década do século XVIII.
2. Luís Garrido Guzman, *Compendio de Ciencia Penitenciaria*, Universidad de Valencia, 1976, p. 81.
3. Marco del Pont, *Penología y sistema carcelario*, Buenos Aires, Depalma, 1974, v. 1, p. 61.

Franklin difundiu as ideias de Howard, especialmente no que se refere ao isolamento do preso, que será uma das características fundamentais do sistema celular pensilvânico[4].

1.2. Características e objetivos do sistema

Foi precisamente a associação antes referida que, com sua contínua e incisiva opinião pública, fez com que as autoridades iniciassem, em 1790, a organização de uma instituição na qual "isolamento em uma cela, a oração e a abstinência total de bebidas alcoólicas deveriam criar os meios para salvar tantas criaturas infelizes"[5]. Ordenou-se, através de uma lei, a construção de um edifício celular no jardim da prisão (preventiva) de *Walnut Street* (construída em 1776), com o fim de aplicar o *solitary confinement* aos condenados. Não se aplicou, contudo, o sistema celular completo; impôs-se o isolamento em celas individuais somente aos mais perigosos, os outros foram mantidos em celas comuns; a estes, por sua vez, era permitido trabalhar conjuntamente durante o dia. Aplicou-se a rigorosa lei do silêncio. As ideias aplicadas pelos *quacres* no sistema filadélfico não se originam somente em suas convicções teológicas e morais, mas também foram influenciadas pelas ideias de Howard e de Beccaria[6].

O sistema filadélfico, em suas ideias fundamentais, não se encontra desvinculado das experiências promovidas na Europa a partir do século XVI. Segue as linhas fundamentais que os estabelecimentos holandeses e ingleses adotaram. Também apanhou parte das ideias de Beccaria, Howard e Bentham, assim como os conceitos religiosos aplicados pelo Direito Canônico.

A experiência iniciada em *Walnut Street*, onde já começaram a aparecer claramente as características do regime celular, sofreu em poucos anos graves estragos e converteu-se em um grande fracasso. A causa fundamental do fracasso foi o extraordinário crescimento da população penal que se encontrava recolhida na prisão de *Walnut Street*. Ao enfrentarem esses fracassos e retrocessos, a Sociedade de Pensilvânia e a Sociedade de Filadélfia, para o alívio das misérias das prisões públicas, ambas inspiradas nos *quacres*, solicitaram uma nova oportunidade a um sistema fundado na separação[7]. As pressões foram aceitas e construídas duas novas prisões, nas quais os prisioneiros foram encarcerados separadamente: a penitenciária Ocidental — *Western Penitentiary* — em Pittsburgh, em 1818, seguindo o desenho panótico de J. Bentham, e a

---

4. Marco del Pont, *Penología y sistema carcelario*, cit., p. 60.
5. Dario Melossi e Massimo Pavarini, *Cárcel y fábrica — los orígenes del sistema penitenciario*, 2ª ed., México, 1985, p. 168.
6. Norval Morris, *El futuro de las prisiones*, cit., p. 21.
7. C. Hibber, *Las raíces del mal — una historia social del crimen y su represión*, Espanha, E. Luiz Caralt, 1975, p. 178.

penitenciária Oriental — *Eastern Penitentiary* —, que foi concluída em 1829, seguindo o desenho de John Haviland. Na prisão ocidental *(Western)* foi utilizado um regime de isolamento absoluto, onde não se permitia sequer o trabalho nas celas. Em 1829, concluiu-se que esse regime era impraticável, e, por essa razão, ao inaugurar a prisão oriental *(Eastern)*, no mesmo ano, decidiu-se aliviar o isolamento individual, permitindo algum trabalho na própria cela. Por isso é que Von Hentig afirma que o verdadeiro sistema filadélfico inicia-se realmente em 1829, com a conclusão da penitenciária Oriental *(Eastern Penitentiary)*, na qual se aplica um rigoroso isolamento[8]. A permissão de algum trabalho na cela não diminui o problema do isolamento, uma vez que se tratava de trabalhos tediosos e frequentemente sem sentido. Por outro lado, nem sempre esse trabalho na cela pôde ser realizado.

As características essenciais dessa forma de purgar a pena fundamentam-se no isolamento celular dos intervalos, a obrigação estrita do silêncio, a meditação e a oração. Esse sistema de vigilância reduzia drasticamente os gastos com vigilância, e a segregação individual impedia a possibilidade de introduzir uma organização do tipo industrial nas prisões. Sob um ponto de vista ideológico, Melossi e Pavarini interpretam o sistema celular como uma estrutura ideal que satisfaz as exigências de qualquer instituição que requeira a presença de pessoas sob uma vigilância única, que serve não somente às prisões, mas às fábricas, hospitais, escolas etc.[9]. Já não se trataria de um sistema penitenciário criado para melhorar as prisões e conseguir a recuperação do delinquente, mas de um eficiente instrumento de dominação servindo, por sua vez, como modelo para outro tipo de relações sociais.

2. Sistema auburniano

Uma das razões que levaram ao surgimento do sistema auburniano foi a necessidade e o desejo de superar as limitações e os defeitos do regime celular.

2.1. *Origens históricas*

Em 1796 o governador John Jay, de Nova York, enviou uma comissão à Pensilvânia para estudar o sistema celular[10]. Nesse mesmo ano ocorreram mudanças importantes nas sanções penais, substituindo-se a pena de morte e os castigos corporais pela pena de prisão, consequência direta das informações colhidas pela comissão anteriormente referida. Em 1797 foi inaugurada a prisão de Newgate. Como referido estabelecimento era muito pequeno, foi impossível desenvolver o sistema de confinamento solitário. E, diante dos resultados insatisfatórios,

---

8. Hans von Hentig, *La pena*, Madrid, ESPASA-CALPE, 1967, v. 1, p. 222.
9. Dario Melossi e Massimo Pavarini, *Cárcel y fábrica*, cit., p. 169.
10. John Lewis Gillin, *Criminology*, p. 279.

em 1809 foi proposta a construção de outra prisão no interior do Estado para absorver o número crescente de delinquentes. A autorização definitiva, porém, para a construção da prisão de Auburn só ocorreu em 1816. Uma parte do edifício destinou-se ao regime de isolamento. De acordo com uma ordem em 1821, os prisioneiros de Auburn foram divididos em três categorias: 1ª) a primeira era composta pelos mais velhos e persistentes delinquentes, aos quais se destinou um isolamento contínuo; 2ª) na segunda situavam-se os menos incorrigíveis; somente eram destinados às celas de isolamento três dias na semana e tinham permissão para trabalhar; 3ª) a terceira categoria era integrada pelos que davam maiores esperanças de serem corrigidos. A estes somente era imposto o isolamento noturno, permitindo-lhes trabalhar juntos durante o dia, ou sendo destinados às celas individuais um dia na semana[11]. As celas eram pequenas e escuras, e não havia possibilidade de trabalhar nelas. Essa experiência de estrito confinamento solitário resultou em grande fracasso: de oitenta prisioneiros em isolamento total contínuo, com duas exceções, os demais resultaram mortos, enlouqueceram ou alcançaram o perdão. Uma comissão legislativa investigou esse problema em 1824, e recomendou o abandono do sistema de confinamento solitário. A partir de então se estendeu a política de permitir o trabalho em comum dos reclusos, sob absoluto silêncio e confinamento solitário durante a noite. Esses são os elementos fundamentais que definem o sistema auburniano, cujas bases, segundo Cuello Calón, foram estabelecidas no Hospício de San Miguel de Roma, na prisão de Gante[12].

2.2. *Características e objetivos do sistema*

O sistema de Auburn — *silent system* — adota, além do trabalho em comum, a regra do silêncio absoluto. Os detentos não podiam falar entre si, somente com os guardas, com licença prévia e em voz baixa. Neste silêncio absoluto Foucault vê uma clara influência do modelo monástico, além da disciplina obreira[13]. Esse silêncio, ininterrupto, mais que propiciar a meditação e a correção, é um instrumento essencial de poder, permitindo que uns poucos controlem uma multidão[14]. O modelo auburniano, da mesma forma que o filadélfico, pretende, consciente ou inconscientemente, servir de modelo ideal à sociedade, um microcosmos de uma sociedade perfeita onde os indivíduos se encontrem isolados em sua existência moral, mas são reunidos sob um enquadramento hierárquico estrito, com o fim de resultarem produtivos ao sistema.

---

11. John Lewis Gillin, *Criminology*, cit., p. 280.
12. Cuello Calón, *La moderna penología*, Barcelona, Bosch, 1958, p. 312.
13. Michel Foucault, *Vigilar y castigar*, México, Siglo XXI, 1976, p. 240.
14. Melossi e Pavarini, *Cárcel y fábrica*, cit., p. 208.

Foucault não aceita o modelo auburniano como instrumento propiciador da reforma ou a correção do delinquente, tal como consideraram os mais otimistas; ao contrário, considera-o um meio eficaz para a imposição e manutenção do poder. Nesse sentido afirma que: "este jogo de isolamento, de reunião sem comunicação e da lei garantida por um controle ininterrupto deve readaptar o criminoso como indivíduo social: educa-o para uma atividade útil e resignada, e lhe restitui alguns hábitos de sociabilidade"[15].

Um dos pilares do *silent system* foi o trabalho. Nesse sentido pode-se afirmar que o trabalho no projeto auburniano foge, de certa forma, tanto a sua original dimensão ideológica como pedagógica: ideologicamente como única atividade capaz de satisfazer as necessidades do "não proprietário", pedagogicamente como modelo educativo que permitirá ao proletário incorporar-se à força de trabalho. No entanto, esse propósito caiu por terra. Uma das causas desse fracasso foi a pressão das associações sindicais que se opuseram ao desenvolvimento de um trabalho penitenciário[16]. A produção nas prisões representava menores custos ou podia significar uma competição ao trabalho livre. Esse fator originou a oposição dos sindicatos ao trabalho produtivo que pretendia impulsionar o *silent system*.

Outro aspecto negativo do sistema auburniano — uma de suas características — foi o rigoroso regime disciplinar aplicado. A importância dada à disciplina deve-se, em parte, ao fato de que o *silent system* acolhe, em seus pontos, estilo de vida militar[17]. A razão é simples: a nova instituição necessita organizar e gerir uma vida coletiva complexa. A influência da disciplina e da mentalidade militar tem sido uma constante nas prisões, desde sua origem. Insiste-se na necessidade de as prisões não adotarem uma mentalidade castrense, embora persista essa influência nos sistemas penitenciários de muitos países, especialmente no Brasil.

Tradicionalmente se criticou, no sistema auburniano, a aplicação de castigos cruéis e excessivos. Esses castigos refletem a exacerbação do desejo de impor um controle estrito, uma obediência irreflexiva. No entanto, considerava-se justificável esse castigo porque se acreditava que propiciaria a recuperação do delinquente.

2.3. Sistemas pensilvânico e auburniano: semelhanças e diferenças

Não há radicais diferenças entre o sistema auburniano e o filadélfico, apesar de que a polêmica que existiu entre as vantagens e inconvenientes de ambos pudesse levar a outra conclusão. Os sistemas impediam que os reclusos pudessem comunicar-se entre si e os separavam em celas individuais durante a noite. A

---

15. Michel Foucault, *Vigilar y castigar*, cit., p. 241.
16. Melossi e Pavarini, *Cárcel y fábrica*, cit., p. 204.
17. Melossi e Pavarini, *Cárcel y fábrica*, cit., p. 205.

diferença principal reduz-se ao fato de que no regime celular a separação dos reclusos ocorria durante todo o dia; no auburniano, eram reunidos durante algumas horas, para poderem dedicar-se a um trabalho produtivo[18].

O sistema celular fundamentou-se basicamente em inspiração mística e religiosa. O sistema auburniano, por sua vez, inspira-se claramente em motivações econômicas. Os dois sistemas adotam um conceito predominantemente punitivo e retributivo da pena.

As concepções variam de propósitos de acordo com o desenvolvimento histórico-social. Para os homens do século XIX, o castigo dentro de certas condições era considerado como um meio apropriado para a correção do delinquente. Não negavam a necessidade do castigo e consideravam que este podia conseguir a reforma e o arrependimento do delinquente. Essa concepção nasce a partir do momento em que a pena privativa de liberdade converteu-se em sanção penal propriamente dita. Os dois sistemas tinham ideias ou uma ideologia que evidenciava a finalidade ressocializadora do recluso, fosse através do isolamento, do ensino dos princípios cristãos, da dedicação ao trabalho, do ensino de um ofício, ou mesmo pela imposição de brutais castigos corporais.

Diante da polêmica entre as vantagens e desvantagens dos dois sistemas, a Europa inclinou-se pelo regime celular e os Estados Unidos pelo auburniano. Naquele período a Europa não necessitava do trabalho prisional produtivo, em razão do desenvolvimento das forças produtivas. Interessava-lhe, nas circunstâncias, um regime fechado, que atendia melhor às exigências do cárcere punitivo[19]. A oferta de mão de obra não era insuficiente, por essa razão não era necessário que a prisão a suprisse. A Europa necessitava que a prisão servisse de instrumento para intimidar e diminuir a delinquência. Esses propósitos coincidiam plenamente com os resultados que o sistema celular propiciava.

O sistema auburniano impõe-se nos EUA não só porque oferece maiores vantagens que o filadélfico, mas porque o desenvolvimento das forças produtivas, assim como as condições imperantes do desenvolvimento econômico, o permitiam. O *silent system* era economicamente mais vantajoso que o celular, já que permitia alojar maior número de pessoas na prisão, diminuindo os custos de construção[20]. Por outro lado, o trabalho que podia ser desenvolvido no sistema auburniano era mais eficiente e produtivo. O sistema auburniano — afastadas sua rigorosa disciplina e sua estrita regra do silêncio — constitui uma das bases do sistema progressivo, ainda aplicado em muitos países.

---

18. John Lewis Gillin, *Criminology*, cit., p. 285.
19. Melossi e Pavarini, *Cárcel y fábrica*, cit., p. 72-3.
20. John Lewis Gillin, *Criminology*, cit., p. 286.

3. Sistemas progressivos

No decurso do século XIX impõe-se definitivamente a pena privativa de liberdade, que continua sendo a espinha dorsal do sistema penal atual. O predomínio da pena privativa de liberdade coincide com o progressivo abandono da pena de morte[21]. O apogeu da pena privativa de liberdade coincide igualmente com o abandono dos regimes celular e auburniano[22] e a adoção do regime progressivo. A essência deste regime consiste em distribuir o tempo de duração da condenação em períodos, ampliando-se em cada um os privilégios que o recluso pode desfrutar de acordo com sua boa conduta e o aproveitamento demonstrado do tratamento reformador. Outro aspecto importante é o fato de possibilitar ao recluso reincorporar-se à sociedade antes do término da condenação. A meta do sistema tem dupla vertente: de um lado pretende constituir um estímulo à boa conduta e à adesão do recluso ao regime aplicado, e, de outro, pretende que este regime, em razão da boa disposição anímica do interno, consiga paulatinamente sua reforma moral e a preparação para a futura vida em sociedade[23].

O regime progressivo significou, inquestionavelmente, um avanço penitenciário considerável. Ao contrário dos regimes auburniano e filadélfico, deu importância à própria vontade do recluso, além de diminuir significativamente o rigorismo na aplicação da pena privativa de liberdade.

3.1. *Sistema progressivo inglês ou* mark system

Os autores, em geral, concordam que a obra desenvolvida pelo capitão Alexander Maconochie, no ano de 1840, na Ilha Norfolk, na Austrália, governador da referida ilha, modificaria a filosofia penitenciária[24]. Muitos, no entanto, consideram que o efetivo criador do sistema progressivo foi o Coronel Manuel Montesinos de Molina, ao ser nomeado governador do presídio de Valência em 1834[25]. Para essa ilha australiana a Inglaterra enviava seus criminosos mais perversos, quer dizer, aqueles que, depois de haver cumprido pena de *transportation* nas colônias penais australianas, voltavam a delinquir. A severidade do regime a que eram submetidos não era suficiente para impedir as fugas e os sangrentos motins que se sucediam.

---

21. Jescheck, *Tratado de Derecho Penal*, p. 1061.
22. Carlos García Valdés, *Introducción a la penología*, Madrid, Universidad Compostela, 1981, p. 86.
23. Francisco Bueno Arus, *Panorama comparativo*, p. 392.
24. Garrido Guzman, *Manual de Ciencia Penitenciaria*, Madrid, Edersa, 1983, p. 134; Elías Neuman, *Evolución de la pena privativa de libertad y régimenes carcelarios*, Buenos Aires, Pannedille, 1971, p. 131; Cuello Calón, *La moderna penología*, cit., p. 313.
25. Garrido Guzman, *Manual de Ciencia Penitenciaria*, cit., p. 119.

Esse sistema foi denominado pelos ingleses *sistema progressivo* ou *mark system* (ou sistema de vales). O sistema de Maconochie consistia em medir a duração da pena por uma soma de trabalho e de boa conduta imposta ao condenado. Referida soma era representada por certo número de marcas ou vales, de tal maneira que a quantidade de vales que cada condenado necessitava obter antes de sua liberação deveria ser proporcional à gravidade do delito. Diariamente, segundo a quantidade de trabalho produzido, creditavam-se-lhe uma ou várias marcas, deduzidos os suplementos de alimentação ou de outros fatores que lhe eram feitos. Em caso de má conduta impunha-se-lhe uma multa. Somente o excedente dessas marcas, o remanescente desses "débitos-créditos" seria a pena a ser cumprida.

O sistema progressivo, idealizado por Alexander Maconochie, dividia-se em três períodos:

1º) *Isolamento celular diurno e noturno* — chamado período de provas, que tinha a finalidade de fazer o apenado refletir sobre seu delito. O condenado podia ser submetido a trabalho duro e obrigatório, com regime de alimentação escassa.

2º) *Trabalho em comum sob a regra do silêncio* — durante esse período o apenado era recolhido em um estabelecimento denominado *public workhouse*, sob o regime de trabalho em comum, com a regra do silêncio absoluto, durante o dia, mantendo-se a segregação noturna. Esse período é dividido em classes, no qual o condenado, possuindo determinado número de marcas e depois de um certo tempo, passa a integrar a classe seguinte. Assim ocorria "até que, finalmente, mercê da sua conduta e trabalho, chega à primeira classe, onde obtinha o *ticket of leave*, que dava lugar ao terceiro período[26], quer dizer, a liberdade condicional".

3º) *Liberdade condicional* — neste período o condenado obtinha uma liberdade limitada, uma vez que a recebia com restrições, às quais devia obedecer, e tinha vigência por um período determinado. Passado esse período sem nada que determinasse sua revogação, o condenado obtinha sua liberdade de forma definitiva.

3.2. *Sistema progressivo irlandês*

Os sistemas progressivos, em seus diversos matizes, procuram corresponder ao inato desejo de liberdade dos reclusos, estimulando-lhes a emulação que haverá de conduzi-los à liberdade. Exatamente aí está a grande diferença com os sistemas pensilvânico e auburniano, que somente pretendiam disciplinar o regime interior das prisões e a eventual correção dos reclusos no transcurso de tempo prefixado na sentença. Em que pese o sucesso alcançado pelo sistema de Maconochie, era necessário que se fizesse uma melhor preparação do recluso para voltar à liberdade plena.

---

26. Elías Neuman, *Evolución de la pena*, cit., p. 133.

Walter Crofton, diretor das prisões na Irlanda, tido por alguns como o verdadeiro criador do sistema progressivo, fez a introdução desse sistema na Irlanda, com uma modificação fundamental, dando origem ao que se denominou *sistema irlandês*. Crofton foi, na realidade, um *aperfeiçoador* do sistema progressivo inglês de Maconochie — introduzido primeiro na Austrália, depois na Inglaterra[27]. Conhecendo o sistema inglês, ao ser encarregado de inspecionar as prisões irlandesas, em 1854, Crofton, querendo preparar o recluso para seu regresso à sociedade, introduziu "uma ideia original que foi o estabelecimento de 'prisões intermediárias'. Na realidade, tratava-se de um período intermediário entre as prisões e a liberdade condicional, considerada como um meio de prova da aptidão do apenado para a vida em liberdade".

O regime irlandês ficou, assim, composto de quatro fases:

1ª) *Reclusão celular diurna e noturna* — nos mesmos termos do sistema inglês, sem comunicações, com alimentação reduzida e sem qualquer favor, era cumprida em prisões centrais ou locais.

2ª) *Reclusão celular noturna e trabalho diurno em comum* — com a obrigação de manter rigoroso silêncio, consagrado no sistema auburniano. Aqui também não apresenta novidade ou diferença do sistema inglês. Nesta fase, como no regime anterior, os apenados também se dividem em classes e obtêm a progressão através das marcas ou acumulação de pontos. A passagem de uma classe para outra, aqui como no sistema inglês, significava uma evolução do isolamento celular absoluto para um estágio mais liberal, propiciando a aquisição gradual de privilégios e recompensas materiais, maior confiança e liberdade.

3ª) *Período intermediário* — assim denominado por Crofton, ocorria entre a prisão comum em local fechado e a liberdade condicional. Esse período era executado em prisões especiais, onde o preso trabalhava ao ar livre, no exterior do estabelecimento, em trabalhos preferencialmente agrícolas. Nesse período — que foi a novidade criada por Crofton — a disciplina era mais suave, e era cumprido "em prisões sem muro nem ferrolhos, mais parecidas com um asilo de beneficência do que com uma prisão"[28]. Muitas vezes os apenados viviam em barracas desmontáveis, como trabalhadores livres dedicando-se ao cultivo ou à indústria.

4ª) *Liberdade condicional* — com as mesmas características do sistema inglês, o preso recebia uma liberdade com restrições, e com o passar do tempo e o cumprimento das condições impostas, obtinha, finalmente, a liberdade definitiva.

O sistema irlandês alcançou grande repercussão e foi adotado em inúmeros países e, segundo Ribot, "o êxito do sistema era devido, em primeiro lugar, às raras qualidades de inteligência e de caráter do novo diretor, e também à influência dos

---

27. Elías Neuman, *Evolución de la pena*, cit., p. 134.
28. Elías Neuman, *Evolución de la pena*, cit.

aperfeiçoamentos introduzidos por ele na prática do sistema inglês"[29]. Apesar da difusão e do predomínio que o sistema progressivo alcançou, nas últimas décadas (especialmente a partir do Congresso de Berlim em 1933), sua efetividade tem sido questionada e sofreu modificações substanciais. Por exemplo, na ordenança alemã de 22 de julho de 1940, prescindiu-se desse regime de execução penal. Também na Suécia foi abandonado, especialmente a partir da Lei de Execução Penal, de 21 de dezembro de 1945, embora sem suprimir o conceito de progressividade no tratamento dos reclusos. Também na Dinamarca, a partir de 1947, o regime progressivo foi simplificado e recebeu maior flexibilidade.

3.3. *Sistema de Montesinos*

Em 1835, o coronel Manuel Montesinos e Molina foi nomeado "governador" do presídio de Valência. Possuía qualidades pessoais adequadas para alcançar uma eficiente e humanitária direção de um centro penal. Entre suas qualidades mais marcantes encontram-se sua poderosa força de vontade e sua capacidade para influir eficazmente no espírito dos reclusos. Sua penetrante vontade e grandes dotes de liderança lograram disciplinar os reclusos, não pela dureza do castigo, mas pelo exercício de sua autoridade moral. Diminuiu o rigor dos castigos e preferiu orientar-se pelos princípios de um poder disciplinar racional[30].

Um dos aspectos mais interessantes da obra prática de Montesinos refere-se à importância que deu às relações com os reclusos, fundadas em sentimentos de confiança e estímulo, procurando construir no recluso uma definida autoconsciência. A ação penitenciária de Montesinos planta suas raízes em um genuíno sentimento em relação "ao outro", demonstrando uma atitude "aberta" que permitisse estimular a reforma moral do recluso[31]. Possuía uma firme "esperança" nas possibilidades de reorientar o próximo, sem converter-se em uma prejudicial ingenuidade, encontrando o perfeito equilíbrio entre o exercício da autoridade e a atitude pedagógica que permitia a correção do recluso.

4. Algumas causas da crise do sistema progressivo

Hoje se pode dizer que o sistema progressivo encontra-se em crise[32] e que vai sendo substituído, ao menos formalmente, por um tratamento de "individualização científica", embora a aplicação de princípios científicos não resolva todos os problemas que encerra o comportamento delitivo. Uma das causas da crise do sistema progressivo deve-se à irrupção, nas prisões, dos conhecimentos

---

29. Garrido Guzman, *Manual de Ciencia Penitenciaria*, cit., p. 136.
30. Amancio Tome Ruiz, *El Coronel Montesinos...*, p. 69.
31. Cezar Roberto Bitencourt, *Falência da pena de prisão — causas e alternativas*, São Paulo, Revista dos Tribunais, 1993, p. 87.
32. Francisco Bueno Arus, *Panorama comparativo*, cit., p. 323.

criminológicos, o que propiciou a entrada de especialistas muito diferentes dos que o regime progressivo clássico necessitava. Essa mudança conduziu a uma transformação substancial dos sistemas penitenciários.

Enrico Ferri[33] admitia que o sistema progressivo tinha algumas vantagens, já que era, na sua opinião, menos ruim que os outros. No entanto, Ferri advertia que era necessário levar em consideração que o sistema irlandês havia dado bons resultados, especialmente no que se refere à diminuição das reincidências, pelo fato de que, na Irlanda, grande parte dos liberados condicionalmente emigrava para a América.

Ao regime progressivo podem-se assinalar, entre outras, as seguintes limitações:

a) A efetividade do regime progressivo é uma ilusão, diante das poucas esperanças sobre os resultados que se podem obter de um regime que começa com um controle rigoroso sobre toda a atividade do recluso, especialmente no regime fechado.

b) No fundo, o sistema progressivo alimenta a ilusão de favorecer mudanças que sejam progressivamente automáticas. O afrouxamento do regime não pode ser admitido como um método social que permita a aquisição de um maior conhecimento da personalidade e da responsabilidade do interno.

c) Não é plausível, muito menos em uma prisão, que o recluso esteja disposto a admitir voluntariamente a disciplina imposta pela instituição penitenciária.

d) O maior inconveniente que tem o sistema progressivo clássico é que as diversas etapas se estabelecem de forma rigidamente estereotipada.

e) O sistema progressivo parte de um conceito retributivo. Através da aniquilação inicial da pessoa e da personalidade humana pretende que o recluso alcance sua readaptação progressiva, por meio do gradual afrouxamento do regime, condicionado à prévia manifestação de "boa conduta", que muitas vezes é só aparente.

A crise do regime progressivo levou a uma profunda transformação dos sistemas carcerários. Essa transformação realiza-se através de duas vertentes: por um lado a individualização penitenciária (individualização científica), e, por outro, a pretensão de que o regime penitenciário permita uma vida em comum mais racional e humana, como, por exemplo, estimulando-se o regime aberto[34]. Nos últimos tempos houve significativo aumento da sensibilidade social em relação aos direitos humanos e à dignidade do ser humano. A consciência moral está mais exigente nesses temas. Essa maior conscientização social não tem ignorado os problemas que a prisão apresenta e o respeito que merece a dignidade

---

33. Ferri, *Sociología Criminal*, Madrid, Ed. Reus, 1908, p. 316.
34. Elías Neuman, *Evolución de la pena*, cit.

dos que, antes de serem criminosos, são seres humanos. Um bom exemplo desse processo é o interesse da ONU pelos problemas penitenciários, chegando inclusive a estabelecer as famosas *Regras Mínimas* para o tratamento dos reclusos (Genebra, 1955). Também vale a pena citar os distintos pactos sobre direitos humanos, sendo os mais importantes: Declaração Americana de Direitos e Deveres do Homem (Bogotá, 1948); Declaração Universal dos Direitos Humanos (Paris, 1948); Convenção Europeia para a Garantia dos Direitos Humanos (1950); Pactos de Direitos Civis e Políticos, assim como de Direitos Econômicos, Sociais e Culturais das Nações Unidas (Nova York, 1966), e a Convenção Americana de Direitos Humanos (São José, 1969). Outro exemplo da crescente importância dos direitos humanos, embora pouco respeitados, especialmente em relação à pena de prisão, vale a pena citar, é o trabalho da Anistia Internacional.

Todo este ambiente de crescente conscientização tem levado a um questionamento mais rigoroso do sentido teórico e prático da pena privativa de liberdade, contribuindo ainda mais para o debate sobre a crise dessa espécie de pena[35].

---

35. Para uma análise mais completa dos *Sistemas Penitenciários*, ver nosso *Falência da pena de prisão*, cit.

A NORMA PENAL | **VIII**

Sumário: 1. Considerações preliminares. 2. Técnica legislativa do Direito Penal: normas incriminadoras e não incriminadoras. 3. Fontes do Direito Penal. 4. Da interpretação das leis penais. 4.1. As diversas modalidades de interpretação em matéria penal. 4.1.1. Interpretação quanto às fontes: autêntica, jurisprudencial e doutrinária. 4.1.2. Interpretação quanto aos meios: gramatical, histórica, lógica e sistemática. 4.1.3. Interpretação quanto aos resultados: declarativa, extensiva e restritiva. 5. A analogia e sua aplicação *in bonam partem*. 5.1. Analogia e interpretação analógica: processo integrativo *versus* processo interpretativo. 5.2. Analogia *in bonam partem*. 6. Leis penais em branco. 7. Funções e conteúdo da norma penal.

1. Considerações preliminares

Como vimos no primeiro capítulo desta obra, o Direito Penal é definido como um conjunto de normas jurídicas cuja função primordial consiste na *proteção subsidiária de bens jurídicos*. Mas de que forma se estruturam as normas jurídico-penais para o alcance desse fim? Quais são os fatores determinantes da técnica legislativa adotada pelo legislador penal para o enunciado das normas contidas no Código Penal?

Tradicionalmente, quando a doutrina se refere à norma penal, menciona a clássica distinção entre *norma primária* e *norma secundária*. As normas primárias seriam aquelas que se dirigem aos cidadãos estabelecendo a proibição de cometer delitos, e as normas secundárias seriam aquelas dirigidas aos juízes, determinando-lhes a imposição de sanções penais para aqueles que os cometem[1]. Esta questão foi objeto de um profundo debate, especialmente depois que Binding formulou a sua *teoria das normas*.

Lembramos que para esse autor *lei* e *norma* são questões absolutamente distintas. Sustentava Binding a necessidade de distinguir entre normas de Direito Público geral, prévias ao Direito Penal, dirigidas aos cidadãos, e leis penais, dirigidas aos juízes, ordenando-lhes a aplicação de sanções penais sempre e quando se cometessem delitos. Nesse sentido, o delinquente não infringia propriamente

---

1. Jesús Maria Silva Sánchez, *Aproximación al Derecho Penal contemporáneo*, 2ª ed., Montevideo-Buenos Aires, B de F, 2010, p. 506.

a lei penal, mas com sua conduta infratora das normas dirigidas a todos os cidadãos, ao contrário, realizava exatamente o que a lei previa como pressuposto para a imposição de pena. Violava, na verdade, algo que está por detrás da lei: a norma jurídica[2]. Nessa linha, sustentava o insuperável mestre germânico, *a norma cria o antijurídico*; a lei, o delito. A disposição legal compõe-se de *preceitos* e *sanções*, e a *norma*, prévia ao Direito Penal, é proibitiva ou imperativa (daí nascem a *ação* e a *omissão*) e está dirigida a todos como pressuposto para a aplicação de pena.

Embora essa concepção de Binding tenha recebido a adesão de Von Liszt, quando estabeleceu a distinção entre antijuridicidade material e formal, acabou não vingando nem na doutrina germânica nem na doutrina internacional. Em realidade, a despeito da inconfundível diferença que um e outro conceito encerram, não existe aquela conotação que Binding atribuiu à lei. Deve-se reconhecer, com efeito, que a lei é a *fonte* da norma penal. A *norma*, pode-se afirmar, é o conteúdo daquela. Nesse sentido, estamos de acordo com Silva Sánchez quando afirma que nem as normas primárias, nem as normas secundárias são independentes dos enunciados penais legais. As normas penais, em realidade, "Não constituem mais que uma interpretação dos enunciados legais, dos quais podem distinguir-se conceitualmente, mas não quanto ao seu momento de surgimento, conteúdo ou natureza"[3].

Quanto ao seu conteúdo, a lei penal contém uma *norma* que pode ter característica proibitiva ou mandamental, permissiva, explicativa ou complementar. Nesse sentido, as normas contidas no bojo de um Código Penal não são exclusivamente incriminadoras, isto é, normas que têm a finalidade exclusiva de punir aquele que viola as proibições ou mandamentos penais. Há outras normas, despidas de proibições e mandamentos, que têm caráter permissivo, explicativo ou complementar daquelas conhecidas como normas incriminadoras, normalmente encontráveis na Parte Geral do Código Penal. Esse entendimento se harmoniza, ademais, com o conceito de Direito Penal objetivo enunciado anteriormente.

Arturo Rocco e Biagio Petrocelli, pode-se afirmar, foram os primeiros estudiosos a apresentar uma classificação das diferentes normas penais. Petrocelli[4] agrupou as normas penais sob o aspecto da imperatividade da seguinte forma: a) *normas imperativas* — contêm o preceito sancionado pela pena; b) *normas permissivas* — tornam lícito o que, normalmente, é ilícito; c) *normas finais* — disciplinam as condições de determinado fim relativo à aplicação da norma imperativa.

---

2. Veja, a esse respeito, Santiago Mir Puig, *Derecho Penal*, Parte General, 8ª ed., Barcelona, PPU, 2010, p. 63-64; e Silva Sánchez, *Aproximación al Derecho Penal contemporáneo*, cit., p. 512-517.
3. Silva Sánchez, *Aproximación al Derecho Penal contemporáneo*, cit., p. 523.
4. Biagio Petrocelli, *Principi di Diritto Penale*, v. 1, p. 103 e 104.

A nosso juízo, a classificação mais adequada é aquela que começa por estabelecer a distinção entre normas penais incriminadoras e não incriminadoras.

As *normas penais incriminadoras* têm a função de definir as infrações penais, *proibindo* (crimes comissivos) ou *impondo* (crimes omissivos) a prática de condutas, sob a ameaça expressa e específica de pena, e, por isso, são consideradas normas penais em sentido estrito[5]. Essas normas, segundo uma concepção universal, compõem-se de dois preceitos: 1) *preceito primário*, que encerra a norma proibitiva ou mandamental, ou, em outros termos, que descreve, com objetividade, clareza e precisão, a infração penal, comissiva ou omissiva; 2) *preceito secundário*, que representa a cominação abstrata, mas individualizada, da respectiva sanção penal. O preceito primário do art. 121 do CP é representado pela seguinte proibição: "Matar alguém"; o preceito secundário, que completa essa norma incriminadora, acrescenta: "Pena — reclusão, de 6 (seis) a 20 (vinte) anos". Assim, quem praticar a conduta descrita no preceito primário (que, segundo Binding, realizava a prescrição legal) arcará com sua consequência direta, sofrendo a sanção penal prevista pelo preceito secundário.

As *normas penais não incriminadoras* são aquelas que estabelecem regras gerais de interpretação e aplicação das normas penais em sentido estrito, repercutindo tanto na delimitação da infração penal como na determinação da sanção penal correspondente. Representam autênticas garantias dentro do procedimento de atribuição de responsabilidade penal, na medida em que pautam a atividade jurisdicional no exercício do *jus puniendi* estatal. As normas penais não incriminadoras podem ser permissivas, complementares ou explicativas.

As *normas permissivas* são aquelas que se opõem ao *preceito primário* da norma incriminadora, autorizando a realização de uma conduta em abstrato proibida[6]. As *normas permissivas* não constituem, contudo, a revogação do preceito primário de uma norma incriminadora, mas sim autênticas regras de exceção para os casos em que, apesar da adequação entre a conduta realizada e a infração penal, não existe uma contraposição valorativa entre aquela conduta e o ordenamento jurídico. Como veremos mais adiante, no estudo das categorias sistemáticas do delito, as *normas permissivas* expressam um *juízo de valor* acerca da antijuridicidade da conduta, em um determinado contexto de conflito de interesse, são as chamadas *causas de justificação*, e, como tal, não se confundem, nem revogam as normas incriminadoras. Essas últimas somente oferecem os elementos necessários para a configuração da *tipicidade*. Com essa base, poderemos chegar, portanto, a entender a diferença valorativa entre *comportamento típico e antijurídico* e *comportamento típico e justificado*.

---

5. Rogério Greco, *Direito Penal*; lições, 2ª ed., Belo Horizonte, Impetus, 2000, p. 32.
6. Silva Sánchez, *Aproximación al Derecho Penal contemporáneo*, cit., p. 526.

Por último, as normas penais *explicativas e complementares* correspondem àquelas proposições jurídicas que esclarecem, limitam ou complementam as normas penais incriminadoras dispostas na Parte Especial: seja na determinação da infração penal, esclarecendo ou complementando o preceito primário; ou na determinação da consequência jurídica, esclarecendo, limitando ou complementando o preceito secundário. Assim, por exemplo, de acordo com o art. 31 do Código Penal, sabemos que a *conduta do partícipe* não é punível se o crime não chega, pelo menos, a ser tentado. O que representa uma clara restrição do alcance do preceito primário da norma penal incriminadora. De maneira similar, sabemos que, de acordo com o art. 26 do Código Penal, o enfermo mental é isento de pena, se ao tempo da infração penal não era inteiramente capaz de entender o caráter ilícito do fato ou de determinar-se de acordo com esse entendimento; ou que, de acordo com o art. 59 do mesmo diploma legal, a determinação e a medição da pena se estabelecem de acordo com a culpabilidade do agente. Esses preceitos representam uma evidente limitação e explicação, respectivamente, do preceito secundário da norma penal incriminadora.

2. Técnica legislativa do Direito Penal: normas incriminadoras e não incriminadoras

Por meio das ditas *normas incriminadoras*, o Direito Penal descreve aquelas condutas que considera ilícitas, atribuindo-lhes as sanções respectivas. O legislador, modernamente, não diz de forma expressa que é *proibido matar*, é *proibido furtar* ou, enfim, é proibido lesar determinado bem jurídico; ao contrário, prescreve que a morte de alguém é punida com determinada sanção, que a subtração de coisa alheia recebe certa punição etc. Em outros termos, não há um imperativo expresso nas normas incriminadoras, mas ressalta tal proibição, que se encontra *latente* no bojo dos dispositivos legais. Trata-se, na verdade, de um *modus faciendi* muito peculiar ao Direito Penal, por meio do qual a norma imperativa fica oculta no texto legal, aflorando somente por via indireta. Essa peculiaridade da técnica legislativo-penal decorre fundamentalmente da necessidade inafastável da prévia descrição da conduta proibida, em obediência ao primado *nullum crimen sine lege*. Por outro lado, a descontinuidade, ou, em outros termos, o caráter fragmentário do Direito Penal, que se projeta através de molduras de condutas proibidas, representadas por figuras típicas especiais, facilita e até recomenda a utilização dessa técnica legislativa. Enfim, quando o Direito Penal prescreve as condutas contrárias à ordem jurídica, constrói a norma penal com duplo preceito, primário e secundário, que encerra o ato proibido e a respectiva sanção e as condições necessárias para sua aplicação.

No entanto, quando estabelece *normas não incriminadoras*, isto é, quando não tipifica condutas puníveis, o Direito Penal não utiliza a mesma técnica, mas formula *proposições jurídicas* das quais se extrai o conteúdo da respectiva norma, seja ela permissiva, explicativa ou complementar. Essa técnica encontra-se na Parte

Geral do Código Penal e sua função, como vimos acima, está relacionada com a interpretação e delimitação do alcance da norma penal incriminadora. Com efeito, como destacam Muñoz Conde & García Arán, o fundamento desses tipos de proposições jurídicas não é outro que o de evitar repetições desnecessárias, ao longo da Parte Especial, no enunciado de regras comuns que repercutem na caracterização da infração penal e/ou na determinação da correspondente sanção[7].

Por outro lado, nos ramos do Direito que não apresentam o caráter fragmentário, ou seja, onde o ilícito não sofre solução de continuidade, o preceito primário pode ser genérico e amplo, como ocorre com o *ilícito civil*, quando, por exemplo, determina a obrigação de reparar o dano a "quem violar direito ou causar prejuízo a outrem"; enquanto no Direito Penal, para cada norma proibitiva há uma descrição específica e pormenorizada da conduta infratora.

Foi em razão dessa peculiar técnica do Direito Penal que Binding sustentou que quem praticava uma infração penal não violava a lei, mas infringia tão somente a norma que dela emerge. Assim, quem matasse alguém não violaria o art. 121 do Código Penal, ao contrário, sua conduta amoldar-se-ia à prescrição legal; violaria, em verdade, a norma subjacente à lei, isto é, o princípio penal que proíbe matar alguém. O crime, por isso, não seria uma violação da *lei penal*, mas da *norma* que o dispositivo legal contém. Dessa forma, Binding distinguiu *norma* e lei penal, sustentando que aquela cria o ilícito, e esta, o crime. Na *norma* estaria o preceito (proibitivo ou positivo em forma de ordem), e na lei encontrar-se-ia a descrição da conduta; exatamente esta é que atribuiria ao Estado o poder punitivo.

Na verdade, Binding empregava esse conceito de norma para as proibições e mandatos que descrevem as condutas penalmente típicas, e não usava o critério para definir os preceitos não penais. No entanto, a despeito de o âmbito do ilícito extrapenal ser mais abrangente que o do ilícito penal, não apresentam, na essência, diferenças significativas. Enfim, Binding acabava por definir como norma somente as *proibições* e *mandatos* relativos à conduta punível. Essa construção de Binding, a despeito de seu brilho invulgar, não logrou aceitação irrestrita nem na doutrina germânica nem na dos demais países ocidentais. Com efeito, como vimos acima, não há essa diferença apontada por Binding entre *lei* e *norma* penal. Como destacava Frederico Marques, "norma é, antes, o direito objetivo (a denominada *norma agendi*), enquanto à lei se reserva o significado de fonte formal da norma. Nas normas, a ordem jurídica encontra sua forma de expressão, pois o Direito é 'um complexo de normas'; na lei, por seu turno, a norma encontra sua forma reveladora"[8]. Contudo, não se pode negar, a teoria de Binding relativamente à norma jurídica repercutiu profundamente na moderna dogmática penal, especialmente quanto à separação entre *tipo* e *antijuridicidade*. Com efeito, como veremos

---

7. *Derecho Penal*, Parte General, 8ª ed., Valencia, Tirant lo Blanch, 2010, p. 37.
8. Frederico Marques, *Tratado de Direito Penal*, p. 114.

adiante, quando do estudo das categorias sistemáticas do delito, determinada conduta que encontre correspondência na descrição legal nem sempre representa uma infração da norma, a despeito de sua adequação típica. Por exemplo, uma ação em estado de necessidade, embora aparentemente típica, não é contrária à norma, uma vez que a legislação penal também está composta por normas permissivas, que autorizam o agir humano diante de determinadas circunstâncias excepcionais. Reflexos teve também no âmbito da *culpabilidade*, ao admitir relevância ao *desconhecimento da norma*, distinguindo-o do *desconhecimento da lei*, a que não se atribui qualquer importância[9].

Pode-se concluir, enfim, que a *norma penal* está contida na lei penal. E é através da lei penal que o legislador enuncia normas incriminadoras, definindo a infração penal e cominando a respectiva sanção; e, igualmente, normas não incriminadoras, estabelecendo pautas e limites para o exercício do *jus puniendi* estatal, através de normas permissivas, complementares e explicativas.

3. Fontes do Direito Penal

Pelo nosso vernáculo, fonte é o lugar onde nasce água. *Fonte*, em linguagem codificada, significa lugar de origem, do nascimento ou surgimento de alguma coisa, de alguma teoria, de algum princípio, enfim, de determinado ordenamento jurídico, político, social, cultural etc. O Direito Penal também tem suas fontes[10].

Por "fonte do Direito" deve-se entender a origem primária, a gênese das normas jurídicas. Poderia ser, em outros termos, todo e qualquer fato ou acontecimento que propicie o surgimento da norma jurídica. Kelsen, no entanto, atribui outro sentido à expressão *fonte do direito*, concebendo-a como fundamento de validade jurídico-positiva das normas de direito[11].

Fontes do direito, enfim, são todas as formas ou modalidades por meio das quais são criadas, modificadas ou aperfeiçoadas as normas de um ordenamento jurídico. Não examinaremos, neste contexto, a classificação dessas fontes[12], que

---

9. Paulo César Busato e Sandro Montes Huapaya, *Introdução ao Direito Penal*; fundamentos para um sistema penal democrático, Rio de Janeiro, Lumen Juris, 2003, p. 118.
10. Sobre a distinção entre fontes da legislação penal e do Direito Penal, ver Eugenio Raúl Zaffaroni e Nilo Batista, *Direito Penal brasileiro — I*, Rio de Janeiro, Revan, 2003, p. 185.
11. Hans Kelsen, *Teoria pura do direito*, trad. J. Batista Machado, Coimbra, Arménio Amado Editora, 1974, p. 258.
12. Eugenio Raúl Zaffaroni e Nilo Batista, *Direito Penal brasileiro — I*, Rio de Janeiro, Revan, 2003, p. 183/184: "1. O uso corrente da expressão *direito penal* para designar tanto o saber penal quanto seu objeto (a legislação penal) cria uma equivocidade considerável em torno das chamadas *fontes*, equivocidade essa para a qual as diversas classificações de tais fontes contribuem. Embora não convenha aprofundar o debate em torno da questão geral (das chamadas *fontes do direito*), é necessário precisar alguns conceitos elementares

não despertam tanto interesse nos limites da teoria da lei penal. Limitar-nos-emos à classificação mais comum, qual seja, entre *fontes materiais* (fontes de produção) e *fontes formais* (fontes de conhecimento ou cognição): as primeiras relacionam-se à origem do direito, e as outras, às formas de manifestação das normas jurídicas[13].

O *Estado é a única fonte de produção* — fonte material — do Direito Penal. O instrumento para materializar sua vontade é a lei. No passado, a Igreja, o *pater familias* e a sociedade também se apresentavam como fontes do direito. A Constituição Federal de 1988 prescreve em seu art. 22, I, que compete à União legislar em matéria penal. Essa é a mais autêntica *fonte material* de Direito Penal. Consagrando o princípio da representatividade, a Constituição Federal declara expressamente em seu art. 1º, parágrafo único: "Todo o poder emana do povo, que o exerce por meio de representantes eleitos ou diretamente, nos termos desta Constituição". Como destacamos na exposição dos princípios de legalidade e reserva legal (que são coisas distintas), a organização da nossa sociedade por meio de um sistema político democrático representa a garantia político/institucional de que nenhuma pessoa poderá ser submetida ao poder punitivo estatal, se não com base em leis que sejam fruto do consenso democrático. Dessa forma, a

---

para o tratamento do assunto no âmbito penal. Mantendo a nítida distinção entre o objeto do saber penal (a legislação penal) e o próprio saber penal (o direito penal), convém sustentar uma distinção primária entre as fontes de um e de outro. 2. A legislação penal abarca as leis penais manifestas, latentes e eventuais. Através delas o poder punitivo pode ser exercido dentro de uma irracionalidade relativa ou cair na irracionalidade grosseira, vale dizer, a programação legal do exercício do poder punitivo pode ser constitucional (irracional, mas lícita) ou inconstitucional (irracional e ilícita). As leis penais inconstitucionais ou ilícitas também fazem parte do horizonte do direito penal, pois devem integrar seu objeto de conhecimento (para ressaltar sua inconstitucionalidade e orientar as agências judiciais nesse sentido). Implica uma confusão de planos, nada inofensiva, assimilar a proposição segundo a qual 'fonte da legislação penal *só deve ser* a lei formal' com aquela que afirma que 'só *é* sua fonte a lei formal'. O primeiro enunciado (normativo) é verdadeiro, mas o segundo (fático) é falso. Este segundo será realizado à medida que aumentar o nível de respeito ao princípio da legalidade formal expresso no primeiro. Se ambos os níveis se confundem, não há como incluir o grau de realização da legalidade formal na realidade e, por conseguinte, como *comparar o que é com o que deve ser*, tarefa indispensável para impulsionar a realização do princípio. A identificação do ser com o dever ser não é apenas acrítica, mas também anticrítica (porque a partir da premissa obstrui todas as suas possibilidades: se se dá por realizado o dever ser, este perde toda capacidade transformadora, esquecendo que o dever ser não passa de um ser que ainda não é".
13. José Frederico Marques, *Tratado de Direito Penal*, v. 1, p. 133: "Distinguem-se, assim, as fontes do Direito, em materiais ou formais, conforme se refiram ao conteúdo da norma, em sua gênese e produção (fontes materiais) ou em sua maneira de revelarem as regras e preceitos impostos obrigatóriamente (*sic*) à obediência de todos (fontes formais)".

fonte de produção legítima de Direito Penal, em nosso ordenamento jurídico, é o *legislador federal* através das regras do sistema político democrático.

Pela importância dos *bens jurídicos* que protege e pela gravidade das sanções que comina, o Direito Penal distingue-se dos demais ramos do direito positivo. Por essa razão, mais que qualquer outro, ao Direito Penal, que se caracteriza por dogmas e princípios fundamentais, somente a lei, como fonte formal, pode dar a certeza e a precisão que seus elevados fins exigem. Inegavelmente, num *sistema legalista* escrito e estrito como o nosso, particularmente no campo penal, a *fonte* por excelência do Direito Penal é a *lei formal*, como destaca Régis Prado, "norma geral e abstrata emanada do Poder Legislativo (Câmara dos Deputados e Senado), detentor único da competência para legislar nessa matéria"[14]. Nessa mesma linha pontificava o argentino Carlos Fontán Balestra: "Em matéria penal, em nosso regime institucional, não existe outra fonte do direito a não ser a lei. Os costumes, a jurisprudência e a doutrina podem ter influência mais ou menos direta na sanção e modificação das leis, mas não são fontes do Direito Penal"[15]. A lei, nos Estados Democráticos de Direito, constitui a expressão suprema da vontade do Estado, fonte primária do direito, a que outras fontes se condicionam e subordinam. Enfim, somente na *lei formal* as normas penais podem encontrar fundamento político-jurídico para sua obrigatoriedade. Estão fora, evidentemente, desse conceito de lei formal os decretos, regulamentos, resoluções, portarias ou medidas provisórias.

Mas essas ditas *fontes formais* (ou de conhecimento) podem ser *mediatas* e *imediatas*. Fonte imediata é a *lei*, já destacamos, e como *fontes formais mediatas* apontam-se, de modo geral, os *costumes*, a *jurisprudência, a doutrina* e os *princípios gerais de direito*. Sucintamente, vejamos cada uma delas:

a) *Os costumes*

Segundo entendimento mais ou menos pacífico da doutrina, o *costume* consiste na reiteração constante e uniforme de uma regra de conduta. No entanto, para qualificá-lo como *princípio consuetudinário*, não basta a repetição mecânica de tais atos; é necessário que sejam orientados por um aspecto subjetivo: *a convicção de sua necessidade jurídica*. Sem a convicção da necessidade de sua prática, o costume é reduzido a um simples uso social, sem o caráter de exigibilidade.

A despeito da importância que *os costumes* tiveram no passado, e de ainda reconhecermos seu valor como *instrumento cultural* auxiliar na elaboração do ordenamento jurídico, não podem ser admitidos como fonte formal imediata do

---

14. Luiz Régis Prado, *Curso de Direito Penal*, p. 133.
15. Carlos Fontán Balestra, *Derecho Penal*; introducción y parte general, Buenos Aires, Editora Arayú, 1953, p. 105.

Direito Penal. Na verdade, nenhuma norma tipicamente penal pode ser validamente constituída pelos costumes. O costume tem somente uma função subsidiária; embora importante e até necessária, não é ele fonte constitutiva de normas penais incriminadoras.

Conquanto não haja unanimidade na doutrina, o princípio *nullum crimen, nulla poena sine lege* impede que qualquer outra *fonte* crie crimes e comine sanções penais. Esse mesmo fundamento impede que o costume sirva de *elemento integrador* das leis penais na hipótese de lacunas. No entanto, embora o costume não possa ser erigido a *fonte primária* de normas incriminadoras, não deixa de ter grande importância e validade como *elemento de interpretação*. Com efeito, "há expressões em tipos penais que pelo costume é que se interpretam, expressões como *honra, decoro* (*sic*)*, reputação, etc.*"[16]. Outras vezes, o *costume* pode ter também *função subsidiária*, para completar a lei penal, por exemplo, quando esta se refere a *norma* de outro ramo do direito, que tenha o costume como fonte. Frederico Marques[17] concebia os costumes como fontes secundárias, nos seguintes termos: "Os costumes são modos secundários de revelação das normas jurídicas, constituindo, com os princípios gerais do direito, as fontes secundárias do Direito Penal".

Por fim, são inegáveis a influência e a importância do *costume* nas normas penais não incriminadoras, por exemplo, nas excludentes de antijuridicidade ou eximentes de culpabilidade. Não raro o fundamento da justificativa reside no costume, na prática uniforme e constante de acordo com os interesses sociais e culturais de determinada comunidade[18].

Confrontado com a lei, o costume pode apresentar três aspectos distintos: a) *secundum legem* — é o costume que encontra suporte legal; b) *praeter legem* — é o costume supletivo ou integrativo, destinado a suprir eventuais lacunas da lei, consoante previsão da Lei de Introdução às Normas do Direito Brasileiro (art. 4º); c) *contra legem* — é o costume formado em sentido contrário ao da lei. Essa modalidade de costume levaria à não aplicação da lei em razão de seu descompasso com a realidade histórico-cultural.

Questão que não raro surge refere-se à possibilidade de os costumes revogarem alguma lei penal. Na verdade, o costume *contra legem* não tem nenhuma eficácia, pois somente uma lei pode revogar outra lei. A despeito de algum entendimento em sentido contrário, sustentamos tratar-se de um grande equívoco do passado, completamente superado pela própria evolução político-criminal, que encontrou outros mecanismos para a solução desse tipo de questões, como o

---

16. Aníbal Bruno, *Direito Penal*, 3ª ed., Rio de Janeiro, Forense, 1967, v. 1, p. 189.
17. José Frederico Marques, *Tratado de Direito Penal*, p. 135.
18. Aníbal Bruno, *Direito Penal*, v. 1, p. 190.

princípio da *adequação social*, que mantém intacta a segurança dogmática do direito penal da culpabilidade. Por outro lado, a Lei de Introdução às Normas do Direito Brasileiro (art. 2º) prescreve que *uma lei terá vigor até que outra a modifique ou revogue*. Aníbal Bruno[19] era mais contundente, quanto à impossibilidade de os costumes revogarem a lei, tendo afirmado categoricamente: "Nem pode ter ação derrogatória ou ab-rogatória. Mesmo se determinada norma penal deixa de ser por longo tempo aplicada, ou porque a ela não recorre o ofendido, com o seu direito de queixa, ou porque não a torna efetiva, o poder judicante, essa prática, por mais constante e uniforme que se apresente, não ab-roga o dispositivo penal, que permanece válido, capaz de ser utilizado em qualquer tempo, com plena eficácia".

Enfim, os costumes *secundum legem* e *praeter legem* poderão ter validade para o Direito Penal, pois não pretendem criar ou agravar normas incriminadoras, mas buscam tão somente ajustar as demais normas às concepções sociais dominantes. O costume *contra legem* poderá, no máximo, contribuir para a interpretação da norma e, nesse sentido, inserir-se no conhecido princípio da adequação social[20].

b) *A jurisprudência*

A jurisprudência não pode igualmente constituir *fonte formal* do Direito Penal porque o juiz, ao julgar, aplica o direito àquele caso concreto. A jurisprudência, entendida como a repetição de decisões num mesmo sentido, tem grande importância na consolidação e pacificação das decisões dos tribunais. Contudo, não cria o direito, que emana da lei: as decisões judiciais, em qualquer nível de jurisdição, não criam direitos, declaram-nos[21]. Não era outro o magistério de João Mendes Júnior[22], que, a seu tempo, pontificava: "A jurisprudência dos tribunais nunca teve senão valor de interpretação doutrinária, quando, por obscuridade ou

---

19. Aníbal Bruno, *Direito Penal*, cit., p. 188-189. No mesmo sentido, Magalhães Noronha, *Direito Penal*, 33ª ed., São Paulo, Saraiva, 1998, v. 1, p. 50.
20. Remetemos o leitor para o que escrevemos sobre o *princípio da adequação social* no Capítulo II deste mesmo exemplar.
21. Raúl Zaffaroni e Nilo Batista, *Direito Penal*, p. 187: "O direito penal seria muito pobre se pretendesse negar a importância dos dados históricos, dos critérios jurisprudenciais, da informação política, social e econômica, da localização na história das ideias e no quadro da dinâmica cultural, enfim de todo aporte científico que possa esclarecer o efeito real da norma na prática do sistema penal, bem como contribuir para a compreensão e a crítica ideológica da norma ou do entendimento de sua função. Qualquer ciência que pretenda fechar-se para a interdisciplinaridade exibe precária segurança autonômica, é desprestigiada pelo próprio crescente autismo discursivo e perde eficácia em razão de não produzir inteligibilidades para seu objeto".
22. João Mendes Júnior, *Direito judiciário*, 2ª ed., p. 24-25.

deficiência da lei positiva, há uma *razão de duvidar*, exigindo uma *razão de decidir*, não só *induzida* da solução de *casos idênticos* como, principalmente, *deduzida* dos princípios e preceitos gerais de direito. Em todo caso, a regra é que *non exemplis sed legibus judicandum est*, isto é, o juiz deve julgar, não pelos arestos, mas pelas leis" (grifos do original).

Jiménez de Asúa, criticando o entendimento de que o juiz, ao individualizar a norma, cria o direito, adverte que, nesse caso, também o criaria o funcionário das prisões. O juiz decide dentro dos limites que a lei permite para punir o homicídio, por exemplo. Se isso fosse criar o direito, também o seria a correção disciplinar que o diretor da prisão impõe ao prisioneiro faltoso. No entanto — prossegue Asúa —, ninguém jamais disse que o funcionário das prisões cria o direito[23].

Não se pode negar, contudo, a extraordinária importância interpretativa que a jurisprudência tem, pois é ela que, em última análise, diz o que é direito. E, para finalizar, para os fins práticos e até políticos de um pleito ou de uma causa, uma decisão oportuna é muito mais importante, representativa e significativa, e tem muito mais eficácia que todo um diploma legal, especialmente quando emanadas com força vinculante pelo Supremo Tribunal Federal.

c) *A doutrina*

Doutrina é o resultado da atividade intelectual dos doutrinadores, isto é, o resultado da produção científica de cunho jurídico-penal na elaboração da chamada dogmática penal, realizada pelos pesquisadores-doutrinadores, que objetivam *sistematizar* as normas jurídicas, construindo conceitos, princípios, critérios e teorias que facilitem a interpretação e aplicação das leis vigentes. A doutrina, através de estudos e pesquisas, elabora e emite juízos de valor, apresenta sugestões procurando iluminar e facilitar o trabalho dos aplicadores da lei.

É exatamente essa contribuição intelectual da doutrina que facilita a atualização e evolução da jurisprudência e a modernização das próprias leis. A história tem demonstrado que a doutrina, através do estudo e construção da dogmática penal, normalmente, antecipa-se à evolução *político-jurídica* da jurisprudência, que, lógica e necessariamente, secunda aquela. Nesse sentido, Magalhães Noronha se pronunciava: "A doutrina não é fonte formal do direito penal. É, porém, de grande utilidade na interpretação da lei, estudando-a desde o nascedouro, acompanhando-a na evolução, examinando os elementos jurídicos e metajurídicos que a informam"[24].

---

23. Luiz Jiménez de Asúa, *Princípios de Derecho Penal — la ley y el delito*, Buenos Aires, Abeledo-Perrot, 1990, p. 88-89.
24. Magalhães Noronha, *Direito Penal*, cit., p. 52.

A doutrina tem também servido de orientação ao próprio legislador, mostrando-lhe ou antecipando-lhe os caminhos que deve seguir no futuro, na busca do ideal de justiça, como destacava Magalhães Noronha: "Apontando defeitos, mostrando lacunas, indicando aperfeiçoamento etc., a *communis opinio doctorum* presta relevante serviço na elaboração da nova lei, pois o legislador não pode ter ouvidos moucos para os erros da anterior e às necessidades da porvindoura, apontados por aquela"[25].

O trabalho crítico da doutrina faz eco nos tribunais, na sociedade, nas universidades e particularmente na comunidade científica, que é o grande laboratório construtivo de um mundo melhor e mais humano. No entanto, os ensinamentos contidos nos tratados jurídicos, nas lições dos professores, nas conclusões dos Congressos, apesar de serem de grande importância, não têm força vinculativa capaz de obrigar o intérprete a segui-los.

Concluindo, enfim, somente a *lei formal* é fonte imediata das normas penais incriminadoras. Contudo, fora desses limites, deve-se admitir a existência das chamadas *fontes mediatas*, que, indiretamente, penetram no Direito Penal através de novas leis — a despeito da independência dos poderes, os legisladores não ignoram as contribuições dos costumes, da doutrina, da jurisprudência e dos princípios gerais de direito[26].

4. Da interpretação das leis penais

Interpretação e *aplicação da lei* são conceitos que, embora distintos, não deixam de interpenetrar-se e de se complementar mutuamente. O processo interpretativo deve expressar com clareza e objetividade o verdadeiro sentido e o alcance mais preciso da norma legal, considerando todas as suas relações e conexões dentro de um contexto jurídico e político-social.

Interpretar é descobrir o real sentido e o verdadeiro alcance da norma jurídica. Não bastassem as frequentes ambiguidades do texto legal, imperfeição e falta de terminologia adequada ou redação obscura, o aplicador do direito sempre estará *interpretando* a norma, para encontrar seu melhor significado[27]. Não se pode esquecer que os textos legais são e devem ser gerais e genéricos, pois é impossível ao legislador abranger todas as hipóteses que o cotidiano social pode nos oferecer. No entanto, advertia Bettiol, "as normas, na verdade, não vivem como 'mônadas' isoladas, como meras individualidades entre as quais não há nenhuma relação de parentesco, mas se reagrupam entre si com base em critérios teleológicos superiores aos escopos singulares próprios de cada uma das normas".

---

25. Magalhães Noronha, *Direito Penal*, cit., p. 52.
26. Miguel Polaino Navarrete, *Derecho Penal*, p. 407.
27. Maria Helena Diniz, *Curso de Direito Civil*, p. 57.

Incontáveis situações fatalmente surgirão, sem que haja uma previsão legal específica e que reclame sua adequação à ordem jurídica pelo aplicador da lei. E essa adequação o magistrado deverá fazer por meio da interpretação[28].

A *interpretação*, na ótica de Miguel Reale, é um momento de intersubjetividade: o ato interpretativo do aplicador, procurando captar o ato de outrem, no sentido de se apoderar de um significado objetivamente verdadeiro. Para o intérprete, aquilo que se interpreta consiste em algo objetivo, porém o aplicador da norma não a reproduz, mas contribui, de certa forma, para constituí-la em seus valores expressivos. Num momento subsequente, a duplicidade inicial — sujeito e objeto — passa a ser uma "intersubjetividade", na medida em que o ato interpretativo deixa de ser uma coisa, passando a ser outro ato: as "intencionalidades objetivadas", que constituem o domínio próprio da interpretação.

A interpretação não pode em hipótese alguma desvincular-se do ordenamento jurídico e do contexto histórico-cultural no qual está inserido. Não pode, por conseguinte, divorciar-se da concepção de Estado, no caso brasileiro, Estado Democrático de Direito, que será o limite territorial da jurisdição do intérprete.

Para atingir suas finalidades, a interpretação socorre-se de alguns métodos ou processos interpretativos que, longe de serem excludentes, podem vir a se complementar. O Direito Penal não exige nenhum método particular de interpretação, diferente da interpretação jurídica geral. Assim, qualquer processo idôneo de hermenêutica pode ser aplicado no âmbito do direito criminal. Afora os limites determinados pelo princípio da legalidade, os resultados poderão ir até onde uma legítima e idônea interpretação os conduza.

É equivocada a afirmação de que a interpretação para determinados sujeitos ou certos casos deve ser *mais benévola*; tampouco se justifica que em determinada circunstância ou para determinados casos a interpretação deva ser *mais rigorosa*. Na verdade, não se pode perder de vista que a finalidade da interpretação é descobrir o verdadeiro significado ou o melhor sentido da norma jurídica, isto é, um sentido claro, preciso e certo, que será o mesmo para todos os casos e para todos os sujeitos que caibam dentro de sua compreensão. Como destacava Aníbal Bruno[29], não pode ser, por orientação predeterminada, severa ou benigna, mas correta ou errada, conforme traduza, com fidelidade ou não, a vontade da lei. De outra forma, não será interpretação, mas deformação dessa vontade.

O domínio de aplicação daqueles conhecidos adágios, tais como *in dubio pro reo*, é o do exame e valoração da prova, e não o do campo da interpretação da norma jurídica[30].

---

28. Miguel Reale, *O direito como experiência*, São Paulo, Saraiva, 1968, p. 240-2.
29. Aníbal Bruno, *Direito Penal*, cit., p. 207.
30. Silvio Ranieri, *Manuale di Diritto Penale*, Padova, 1952, v. 1, p. 49, n. 2.

O processo interpretativo desenvolve-se de inúmeras formas, métodos, meios e procedimentos. Pode-se *interpretar* segundo o órgão de onde procede (autêntica, jurisprudencial ou doutrinária); é possível realizar uma interpretação segundo os meios utilizados (gramatical, histórica, lógica e sistemática); e, por fim, a interpretação pode ser segundo seus resultados (declarativa, extensiva ou restritiva). Enfim, há diversos métodos, meios e formas de interpretar[31]. Adiante, descreveremos as principais formas de interpretação em matéria penal.

4.1. *As diversas modalidades de interpretação em matéria penal*

Qualquer lei, por mais clara que seja, deve sempre ser *interpretada*, para ser ajustada ao caso concreto. A simples afirmação de que *a lei é clara* já implica uma *interpretação*. O decantado aforismo latino *in claris non fit interpretatio* não tem o significado que muitos procuram atribuir-lhe, da desnecessidade de interpretar as leis quando estas se apresentam claras e inequívocas. Na realidade, o verdadeiro sentido do referido aforismo latino é outro: procura evitar que se complique o que é simples. Assim, diante da clareza do texto legal, devem-se evitar outras formas de interpretação que não correspondam ao verdadeiro sentido da norma, cuja clareza e limpidez revelam-se de plano.

Desde Savigny distinguem-se quatro aspectos da interpretação: gramatical, lógico, histórico e sistemático. Com Ihering e a *jurisprudência de interesses* ganha espaço um novo aspecto da interpretação: o da finalidade da lei, o aspecto teleológico. Na realidade, existem vários modos ou formas de interpretação: a) quanto às *fontes*; b) quanto aos *meios*; c) quanto aos *resultados*. Vamos examiná-los.

4.1.1. Interpretação quanto às fontes: autêntica, jurisprudencial e doutrinária

Quanto às *fontes*, a interpretação pode ser *autêntica, jurisprudencial* e *doutrinária*. A interpretação *autêntica* é fornecida pelo próprio Poder Legislativo[32], isto é, pelo *Poder* que elabora o diploma legal, por isso também pode ser denominada *legislativa*. O legislador edita nova lei para esclarecer o conteúdo e o significado de outra já existente. Essa interpretação conferida pelo legislador é, em princípio, obrigatória, especialmente quando proveniente de outra lei, que é a dita *norma interpretativa*, e, nesse particular, distingue-se da interpretação judicial e doutrinária. Às vezes o legislador insere essa interpretação no próprio texto legal, como ocorre, por exemplo, com a concepção de *casa* para a tutela penal no crime de *violação de domicílio* (art. 150, §§ 4º e 5º, do CP) ou a

---

31. Para quem pretender aprofundar o estudo desse tema, recomendamos os especialistas, tais como Tércio Sampaio Ferraz Jr., Aníbal Bruno, Giuseppe Bettiol, entre outros.
32. Washington de Barros Monteiro, *Curso de Direito Civil*, 33ª ed., São Paulo, Saraiva, 1995, v. 1, p. 35.

definição de *funcionário público* para efeitos penais (art. 327 do CP); nessas hipóteses diz-se que a interpretação autêntica é *contextual*.

Outros aspectos, embora não sejam decisivos, podem ser considerados na *interpretação autêntica*, tais como: os trabalhos das comissões, trabalhos preparatórios — quando publicados, são instrumentos importantes para auxiliar na interpretação do real sentido da nova lei elaborada.

Essa espécie de interpretação tem sido recepcionada com reservas, em razão das consequências que pode produzir. Com efeito, a lei interpretativa é uma anomalia, e não se pode admiti-la como irrefutável e definitiva; costuma-se atribuir autonomia à lei, comparando-se ao fruto que, retirado da árvore, assume identidade própria, independente de sua fonte produtora. Pode-se, portanto, concluía Washington de Barros Monteiro[33], atribuir-lhe significado diverso daquele que lhe empresta o Poder que a editou.

O *aspecto temporal* da lei interpretativa também oferece algumas dificuldades hermenêuticas. Afinal, poderá retroagir ou somente será aplicável aos fatos futuros? Na verdade, se a *lei interpretativa* limitar-se a aclarar o sentido e o alcance do dispositivo legal ou diploma interpretado, pode ser aplicada retroativamente a todos os fatos abrangidos por esse diploma. Havendo alguma inovação no novo diploma legal, contudo, fica vedada sua retroatividade, salvo quando tiver natureza mais benéfica.

A *interpretação jurisprudencial*, por sua vez, é produzida pelos tribunais por meio da reiteração de suas decisões. Como destacava Antonio Fabrício Leiria[34], "a hermenêutica dos tribunais, quando repetida e uniforme sobre a aplicação da lei a casos determinados, dá origem à jurisprudência". *Jurisprudência* é o conjunto de decisões judiciais sobre determinado tema, reiteradas de forma mais ou menos frequente. *Jurisprudência*, em outros termos, é a declaração do direito, em caráter individual e vinculada ao caso concreto, ao contrário da lei, que é genérica e abstrata. A jurisprudência, no dizer de Miguel Reale, se "processa através do exercício da jurisdição, em virtude de uma sucessão harmônica de decisões dos tribunais"[35]. *Interpretação jurisprudencial* é a orientação firmada pelos tribunais relativamente a determinada norma, sem, contudo, conter força vinculante[36]. É através dela que a lei encontra seu destino, isto é, encontra-se com o fato

---

33. *Curso de Direito Civil*, cit., p. 35.
34. Antonio José Fabrício Leiria, *Teoria e aplicação da lei penal*, São Paulo, Saraiva, 1981, p. 53.
35. Miguel Reale, *Lições preliminares de direito*, São Paulo, Saraiva, 1987, p. 167.
36. Essa afirmação não ignora as inovações legislativas que emprestam força vinculante a determinadas decisões dos tribunais superiores em relação a algumas matérias (súmulas vinculantes).

concreto e com a realidade da vida, impondo o direito e regulando o equilíbrio das relações humanas.

A interpretação judicial ou jurisprudencial não tem coercibilidade genérica, valendo, porém, de forma cogente para o caso submetido a julgamento. O direito protegido pela norma legal manifesta-se objetivamente por meio da interpretação judicial, concretizando o direito, por isso se afirma que direito é aquilo que o Poder Judiciário diz ser. Embora a repetição maior ou menor de julgamentos dos tribunais não tenha força vinculativa, sua uniformidade reiterada acaba sendo absorvida e acatada quer pela primeira instância, quer pelos demais tribunais. Quando determinadas decisões adquirem unanimidade nos tribunais superiores, tratando-se de matéria relevante, acabam sendo sumuladas (v. Súmulas do STF e do STJ). Inclusive, no âmbito do STF há previsão que torna possível a edição e a publicação de súmulas, conforme art. 103-A da Constituição da República: "O Supremo Tribunal Federal poderá, de ofício ou por provocação, mediante decisão de dois terços dos seus membros, após reiteradas decisões sobre matéria constitucional, aprovar súmula que, a partir de sua publicação na imprensa oficial, terá efeito vinculante em relação aos demais órgãos do Poder Judiciário e à administração pública direta e indireta, nas esferas federal, estadual e municipal, bem como proceder à sua revisão ou cancelamento, na forma estabelecida em lei". Quanto a seu objeto, a disposição é expressa nesse sentido: "A súmula terá por objetivo a validade, a interpretação e a eficácia de normas determinadas, acerca das quais haja controvérsia atual entre órgãos judiciários ou entre esses e a administração pública que acarrete grave insegurança jurídica e relevante multiplicação de processos sobre questão idêntica" (art. 103-A, § 1º).

A interpretação jurisprudencial ou judicial vincula o caso concreto que foi objeto da decisão, pela força da coisa julgada. A interpretação dos tribunais orienta o procedimento dos juízes na melhor aplicação da lei, pois conta com a grande carga de experiência jurídica vivenciada por aqueles órgãos judicantes. Contudo, excluída a hipótese da famigerada súmula vinculante, os magistrados não são obrigados a acatar as decisões proferidas por outro juiz sobre determinada norma jurídica, mesmo que seja de grau superior. Esse aspecto é saudável, na medida em que preserva a independência do juiz, caso contrário seria uma forma disfarçada e inconstitucional de impedir o direito do cidadão de submeter a lesão a seu direito à apreciação do Poder Judiciário. No entanto, a *jurisprudência sumulada* pelos tribunais superiores não deixa de catalisar o pensamento dos magistrados na interpretação e aplicação das normas jurídicas. As súmulas procuram, na verdade, padronizar e dinamizar a distribuição jurisdicional.

Por fim, a *interpretação doutrinária* é produzida pelos doutrinadores, que interpretam a lei à luz de seus conhecimentos técnicos, com a autoridade de cultores da ciência jurídica. Em outros termos, a interpretação doutrinária é realizada pelos escritores e comentadores da legislação em geral e do direito. Quando se chega à uniformização do entendimento dos doutrinadores pode-se denominá-la *communis opinio doctorum*. Antonio José Fabrício Leiria[37], saudoso professor gaúcho, destacava que, "ao lado da hermenêutica dos tribunais, desenvolve-se a interpretação doutrinária, procedida pelos jurisconsultos, professores, advogados e, como acentua Eduardo Couture, pela *realização espontânea do direito*, que consiste na livre realização de atos humanos, para o ajuste da conduta social às normas jurídicas vigentes".

A exemplo das outras fontes interpretativas, não tem força vinculante, no entanto indica o caminho a seguir, serve para fundamentar as decisões jurisprudenciais, e sua autoridade, sempre relativa, é proporcional à importância dos méritos científicos individuais do intérprete. Contudo, sua importância não decorre somente da autoridade do intérprete (doutrinador), independente de seu prestígio, mas do grau de cientificidade e da força dos argumentos geradores do maior ou menor nível de convicção. Ademais, tem grande valor científico, pois através da doutrina se traçam os pilares do sistema jurídico-penal[38]. No entanto, perdoem-nos os leitores, mas somos obrigados a invocar novamente, por sua autoridade, o magistério de Fabrício Leiria, que pontificava: "Ainda que destituída daquela força de obrigatoriedade que se contém na interpretação dos tribunais, ela é a que mais amplamente visualiza o direito. Nas suas pesquisas de natureza científica e filosófica, estabelece relacionamentos entre os princípios gerais que informam o sistema legislativo. Como expressão mais alta da cultura jurídica de um povo, a interpretação doutrinária orienta juízes e legisladores na execução das tarefas que lhes são próprias".

Enfim, fazemos coro com o entendimento de Antonio Fabrício Leiria, admitindo que a *interpretação doutrinária*, representada pelo ensinamento dos "jurisconsultos", configura-se como fator primordial da correta aplicação da lei e do aprimoramento da ciência jurídica. Basta lembrar a importância da contribuição, somente para exemplificar, que deram Tobias Barreto, Nélson Hungria, Aníbal Bruno e tantos outros, somente para ficar na seara penal.

4.1.2. Interpretação quanto aos meios: gramatical, histórica, lógica e sistemática

Estes, pode-se afirmar sem dúvida alguma, são os *critérios clássicos de interpretação* da norma penal[39]. E essa nos parece razão suficiente para dispensar atenção maior a essas modalidades de interpretação, que ora passamos a examinar.

---

37. Antonio José Fabrício Leiria, *Teoria e aplicação da lei penal*, cit., p. 54.
38. Giuseppe Bettiol, *Direito Penal*, cit., p. 156.
39. Enrique Gimbernat Ordeig, *Conceito e método da ciência do Direito Penal*, trad. José Carlos Gobbis Pagliuca, São Paulo, Saraiva, p. 44 e s.

I — Interpretação gramatical ou literal (filológica)

Gramatical, também conhecida como *literal*, é a interpretação que se fixa no significado das palavras contidas no texto legal; em outros termos, a interpretação gramatical[40] procura o sentido da lei através da função gramatical dos vocábulos, do significado literal das palavras utilizadas pelo legislador, ignorando, muitas vezes, que o sentido técnico de determinados termos não corresponde ao literal que a gramática normalmente lhe empresta. Assim, destacava Fabrício Leiria, "por este prisma de visualização, examina-se a morfologia das palavras que o texto legal encerra, para encontrar o mais correto sentido dos termos. Pesquisa-se a evolução dos vocábulos através dos tempos, para situá-los em função de uma terminologia técnica ou vulgar. Como notas que simbolizam o pensamento, tendo em vista as variações semânticas, procura-se estabelecer a harmonia entre as palavras que se concentram no texto legal. Estuda-se o relacionamento lógico que as palavras da lei guardam entre si, para fazer valer o direito"[41]. Realmente, por esse método de interpretação, deve-se atribuir ao texto legal o sentido comum da linguagem, partindo-se da presunção de que o legislador o tenha preferido. Tratando-se, no entanto, de termos jurídicos, inevitavelmente se deve dar preferência à linguagem técnica[42].

Dentro das diferentes formas de *interpretação*, costuma-se atribuir o menor grau hierárquico à *interpretação gramatical*. O intérprete que se atém à letra fria da lei como único critério, sem se preocupar com os demais, é um mau intérprete ou um mau aplicador do texto legal, é um "formalista". No entanto, normalmente, quase sempre se inicia o processo interpretativo pela interpretação gramatical. Aliás, nesse sentido é a manifestação de Larenz, que afirma: "Toda interpretação de um texto há de iniciar-se com o sentido literal. Por tal entendemos o significado de um termo ou de uma cadeia de palavras no uso linguístico geral ou, no caso de que seja possível constatar um tal uso, no uso linguístico especial do falante concreto, aqui no da lei respectiva"[43]. Por isso, nesse *método interpretativo*, recomenda-se que nunca se olvidem duas regras básicas: a) *a lei não tem palavras supérfluas*; b) *as expressões contidas na lei têm conotação técnica e não vulgar*. No entanto, somente a própria interpretação poderá esclarecer quando determinada expressão aparece na lei em seu sentido comum ou em sentido técnico-jurídico. Com efeito, não raro as palavras são utilizadas não no sentido técnico que apresentam em outros ramos do

---

40. Para aprofundar o exame da interpretação literal, veja-se: Karl Larenz, *Metodologia da ciência do direito*, 3ª ed., Lisboa, Calouste Gulbenkian, 1997, p. 450-62.
41. Antonio José Fabrício Leiria, *Teoria e aplicação da lei penal*, cit., p. 55.
42. Carlos Maximiliano, *Hermenêutica e aplicação do direito*, Rio de Janeiro, Forense, 1979, p. 109.
43. Karl Larenz, *Metodologia da ciência do direito*, cit., p. 450-51.

direito, mas com específico significado jurídico-penal, como ocorre, por exemplo, com a definição de funcionário público (art. 327 do CP). Nessas hipóteses, é secundário o sentido que referido termo tem para este ou aquele ramo do direito; importa o significado mais adequado aos fins pretendidos pelo Direito Penal[44]. Socorremo-nos, pelo menos ilustrativamente, mais uma vez de Larenz, que pontifica: "O arrimo ao uso linguístico é o mais evidente, porque se pode aceitar que aquele que quer dizer algo usa as palavras no sentido em que comumente são entendidas. O legislador serve-se da linguagem corrente porque e na medida em que se dirige ao cidadão e deseja ser entendido por ele. Para além disso, serve-se em grande escala de uma linguagem técnico-jurídica especial, na qual ele se pode expressar com mais precisão, e cujo uso o dispensa de muitos esclarecimentos circunstanciais".

No entanto, mesmo a linguagem técnica utilizada pelo legislador apoia-se na linguagem geral comum, uma vez que o direito dirige-se a todos e, por isso, não pode renunciar a um mínimo de compreensibilidade geral. Por outro lado, ante o princípio da taxatividade, deve-se observar que em Direito Penal o sentido literal das palavras utilizadas pelo legislador exerce função de garantia e, por isso mesmo, nunca pode ser ignorado. A letra da lei jamais deve ser descartada quando está em jogo a imposição de uma sanção penal: *nullum crimen sine lege*. Ao contrário do que normalmente se pensa, a interpretação gramatical não ignora a *ratio legis* por completo.

Karl Larenz, no âmbito do direito privado, afirma categoricamente: "O sentido literal possível (...) assinala o limite da interpretação"[45]. No Direito Civil, prossegue Larenz[46], podem-se ultrapassar os limites do significado literal possível: mas então já não estaremos diante da interpretação, e sim do *desenvolvimento aberto do Direito*. Em se tratando, pois, de Direito Penal, esses limites interpretativos são bem mais estreitos do que aqueles permitidos na seara do direito privado. Enfim, a interpretação deve procurar ajustar-se aos princípios constitucionais e aos valores jurídicos fundamentais, dentro dos estritos limites legais.

II — Interpretação histórica

É indiscutível a importância da *interpretação histórica*. Graças a ela podemos compreender as razões e os fundamentos de determinado instituto, desta ou daquela norma jurídica. O aspecto histórico é importante para entendermos o sentido e a razão de determinada política criminal, para compreendermos por

---

44. Giuseppe Bettiol, *Direito Penal*, cit., v. 1, p. 157.
45. Karl Larenz, *Metodología de la ciencia del derecho*, trad. Enrique Gimbernat Ordeig, España, 1966, p. 256.
46. Larenz, *Metodología*, cit., p. 286.

que em determinado momento o legislador adotou determinada orientação legislativa etc. No entanto, a maior ou menor importância do elemento histórico dependerá de dar-se preferência à finalidade que o legislador histórico perseguia ou à finalidade objetiva da lei (interpretação teleológica)[47].

A doutrina, de modo geral, arrola inúmeros aspectos que podem figurar como *elementos históricos*, que desfrutam de mais ou menos importância no processo interpretativo, tais como a *exposição de motivos*, os trabalhos preparatórios à elaboração de uma lei, os trabalhos das comissões legislativas, as atas de sessões parlamentares, as atas das sessões das comissões especiais, os debates realizados sobre o tema etc. Sobre essas fontes Karl Larenz acrescenta: "Onde essas fontes não bastem, a história total do nascimento da lei deve servir para possibilitar a extração de conclusões sobre os motivos, sobre as esperanças e sobre as representações concretas em relação à norma — a ser inferida desses motivos e esperanças — dos autores da lei. 'À história do nascimento' de uma lei pertencem as circunstâncias econômicas e sociais que os autores da lei tinham diante de si, os afãs reformadores que o legislador quis tomar em consideração, a situação jurídica anterior, o estado da ciência do Direito do qual se originou, o pensamento e o modo de expressão da época. Aqui a história do Direito e, mais, a história econômica, social e política se convertem em ciências auxiliares da ciência do Direito"[48].

Por fim, destaque-se a importância da ligação entre a legislação atual e a pretérita. Toda lei faz parte da evolução do direito, sendo indiscutível a importância de conhecer as origens remotas dos institutos jurídicos. O elemento histórico abrange o conhecimento não apenas do presente, mas também do passado de uma lei, como a lei que fora derrogada. Anton Oneca[49] lembrava que as leis novas costumam ser uma reforma mais ou menos ampla das anteriores, mas nem sempre são mais claras, pois às vezes o novo diploma legal, ao corrigir o texto anterior, deixa-o mais obscuro e deficiente em relação a outras aplicações inadvertidas aos reformadores.

O exame, enfim, desses elementos históricos, embora não seja vinculante, oferece ao intérprete valiosos dados históricos que não podem ser desprezados no *ato interpretativo*. Na verdade, o ideal é que ocorra aqui um entrelaçamento entre a interpretação histórica e a teleológica, perquirindo a "vontade histórica objetivada na lei"; ou seja, devem-se considerar o contexto histórico e os motivos que justificaram seu surgimento.

---

47. Enrique Gimbernat Ordeig, *Conceito e método da ciência do Direito Penal*, cit., p. 49.
48. Karl Larenz, *Metodología de la ciencia del derecho*, cit., p. 262.
49. Anton Oneca, *Derecho Penal*; Parte General, 1949, p. 98.

III — Interpretação lógico-sistemática

A interpretação sistemática também é conhecida como *lógico-sistemática*. Segundo Gimbernat Ordeig[50], não há problema nessa denominação, desde que não se ignore que, quando se destaca o critério lógico, cuida-se de uma interpretação que procura superar as possíveis contradições entre os diversos preceitos penais.

No processo interpretativo como um todo, partindo do aspecto literal, o intérprete envolve-se com a *lógica* e procura descobrir os fundamentos político-jurídicos da norma em exame. Procura relacionar a lei que examina com outras que dela se aproximam, ampliando seu ato interpretativo. Busca encontrar o verdadeiro sentido da lei, em seu aspecto mais geral, dentro do sistema legislativo, afastando eventuais contradições. A essa altura, depara-se o intérprete com o *elemento sistemático*, investigando o sentido global do direito, que a lei expressa apenas parcialmente. Assim, busca-se situar a norma no conjunto geral do sistema que a engloba, para justificar sua razão de ser. Amplia-se a visão do intérprete, aprofundando-se a investigação até as origens do sistema, situando a norma como parte de um todo.

O critério lógico-sistemático de interpretação constitui valoroso instrumento de garantia da unidade conceitual de todo o ordenamento. Na verdade, somente se pode encontrar o verdadeiro sentido de uma norma se lhe for dada interpretação contextualizada. Com efeito, a ciência jurídico-penal constrói sistemas e microssistemas que auxiliam e facilitam a aplicação da lei penal. Importante destacar, no entanto, neste momento, que o legislador, por vezes, tem-se mostrado como um péssimo sistematizador. Aliás, desde o início da última década do milênio passado tem-se encarregado de destruir a harmonia que o sistema penal brasileiro apresentava. Mas ainda assim o intérprete não pode ignorar esse importante aspecto da interpretação, que deve encontrar seu norte dentro do sistema como um todo.

Por fim, convém registrar que, modernamente, abrandou-se o rigorismo interpretativo de outrora. Dessa forma, todos os métodos interpretativos são válidos no marco do Direito Penal contemporâneo, desde que não se ignorem as peculiaridades do Direito Penal, sempre regido pelo princípio da legalidade (não admite analogia, costumes ou princípios gerais do direito nas normas incriminadoras). Sem lei não há crime nem pena.

---

50. Gimbernat Ordeig, *Conceito e método da ciência do direito penal*, cit., p. 49.

4.1.3. Interpretação quanto aos resultados: declarativa, extensiva e restritiva

Finalmente, quanto aos *resultados*, a interpretação pode ser *declarativa, extensiva e restritiva*[51]. A primeira modalidade, a *declarativa*, expressa tão somente o sentido linguístico, literal, do texto interpretado, que seria a concordância entre o resultado da interpretação gramatical e o da lógico-sistemática. Na interpretação declarativa o texto não é ampliado nem restringido, correspondendo exatamente a seu real significado. Vicente Ráo preconizava que a *interpretação declarativa* "afirma a coincidência da norma com o sentido exato do preceito"[52].

A exemplo do que ocorre com a classificação das sentenças, que, segundo os processualistas, todas elas, independentemente de sua espécie, encerram uma grande *carga declaratória*, assim também acontece com a interpretação, que é sempre *declarativa*, já que sua finalidade é, em última instância, declarar o direito. Na verdade, na chamada interpretação declarativa *stricto sensu*, o intérprete limita-se a encontrar e declarar a vontade da lei, que coincide com as palavras contidas no texto legal. Por isso, nesses casos, o intérprete limita-se a uma simples declaração do direito, sem maiores investigações.

A *interpretação restritiva* procura reduzir ou limitar o alcance do texto interpretado na tentativa de encontrar seu verdadeiro sentido, porque se trata de uma exigência jurídica. Com efeito, é restritiva a interpretação quando se procura minimizar o sentido ou alcance das palavras que objetivam refletir o direito contido na norma jurídica. Nesse particular, discordamos da distinção que procura fazer Régis Prado quando examina as interpretações declarativa, restritiva e extensiva, ao afirmar que podem ser "*restrita* ou *lata*, conforme se tome em sentido limitado ou em sentido amplo uma expressão de diferentes significados. Essa distinção não se confunde com os conceitos de interpretação extensiva ou restritiva, pois se trata aqui somente de eleger, entre os significados possíveis de uma palavra, aquele que mais se adapte à *mens legis*. Na interpretação restritiva, de seu turno, a conclusão é de que o legislador se exprimiu de forma ampliativa, foi além de seu pensamento"[53]. *Venia concessa*, parece-nos um simples jogo de palavras, pois não vemos essa distinção que o nobre penalista paranaense

---

51. Sobre interpretação "estrita" e "ampla", ver Karl Larenz, *Metodologia da ciência do direito*, trad. José Lamego, 3ª ed., Lisboa, Fundação Calouste Gulbenkian, 1997, p. 500-3.
52. Vicente Ráo, *O direito e a vida dos direitos*, v. 2, p. 592, apud José Frederico Marques, *Tratado de Direito Penal*, São Paulo, Saraiva, 1964, v. 1, p. 171.
53. Luiz Régis Prado, *Curso de Direito Penal brasileiro*; Parte Geral, 3ª ed., São Paulo, Revista dos Tribunais, v. 1, 2002, p. 153.

pretende exprimir. Nesse sentido, dispensando-nos de argumentar, invocamos, mais uma vez, o magistério de Fabrício Leiria, quando discorria sobre as interpretações declarativa, restritiva e extensiva. Em relação à *restritiva*, assim concluiu: "Os termos da lei apresentam-se como que indicando um sentido mais amplo no seu querer, *'Lex dixit plus potius quam voluit'* (a lei diz mais do que quer). Em tais casos, o intérprete, valendo-se de elementos lógicos, sistemáticos, teleológicos ou históricos, procura limitar a amplitude da lei, restringindo a sua aplicação"[54]. Mais, certamente, não precisa ser dito.

Finalmente, a interpretação quanto aos resultados também pode ser *extensiva*, e, nesse caso, ocorre uma situação inversa à que acabamos de abordar: as palavras do texto legal dizem menos do que sua vontade, isto é, o sentido da norma fica aquém de sua expressão literal. Essa interpretação ocorre sempre que o intérprete amplia o sentido ou alcance da lei examinada. Enfim, como reconhecia Washington de Barros Monteiro, "nem sempre é feliz a expressão usada pelo legislador. Acontece algumas vezes que ele diz menos ou mais do que pretendia dizer *(minus dixit quam voluit — plus dixit quam voluit)*"[55].

5. A analogia e sua aplicação *in bonam partem*

Os problemas da *interpretação*, segundo Jiménez de Asúa, "foram postos embaixo do tapete jurídico diante do problema da analogia. Ela agitou as mansas águas dos velhos princípios e dos vetustos aforismos, e mesmo quando a repudiamos de plano em nossa disciplina, temos de agradecer-lhe a revisão das antigas máximas"[56].

Ao mesmo tempo que o indivíduo é objeto de transformações, porque vive em um contexto em mutação, também é sujeito de transformações, porque é capaz de direcionar processos causais e provocar mudanças no mundo circundante. É nessa realidade, nesse fenômeno mutante e transformador que o direito deve espargir seus efeitos. O Direito Penal recolhe dessa realidade dinâmica apenas uma parte — aquela que se relaciona com a atividade humana — e, ao fazê-lo, normalmente não a abrange por completo, ou seja, toda a realidade que compõe a atividade humana e suas consequências. O direito é uma realidade dinâmica, que está em permanente movimento, acompanhando as relações humanas, modificando-as, adaptando-as às novas exigências e necessidades da vida[57]. As normas, por mais completas que sejam, representam apenas uma parte do direito, não podendo identificar-se com ele.

---

54. Antonio José Fabrício Leiria, *Teoria e aplicação da lei penal*, cit., p. 57.
55. Washington de Barros Monteiro, *Curso de Direito Civil*, cit., p. 36.
56. Luiz Jiménez de Asúa, *Princípios de Derecho Penal*, cit., p. 121.
57. Edmond Picard, *O direito puro*, Lisboa, Ibero-Americana, 1942, p. 87.

Na verdade, nenhuma legislação, por mais abrangente e completa que seja, é capaz de contemplar todas as hipóteses que a complexidade da vida social pode apresentar ao longo do tempo. O direito é lacunoso sob o aspecto dinâmico, já que se encontra em constante transformação, pois vive em sociedade, evolui com ela, recebendo permanentemente os influxos de novos fatos: as normas são sempre insuficientes para disciplinar toda a variedade de fatos que a vida é pródiga em oferecer. Nenhum sistema jurídico positivo é imune à presença de lacunas, especialmente um ramo fragmentário como é o Direito Penal. Como destacava Aníbal Bruno, "A vida, na sua evolução, se distancia do Direito legislado, ultrapassa-o e vai criar, assim, outras lacunas no sistema jurídico. Se novas leis não ocorrem para cobri-las, é ao juiz que cabe preenchê-las por meio do processo da analogia"[58].

A *analogia* não se confunde com a *interpretação extensiva* ou mesmo com a *interpretação analógica*. A *analogia*, convém registrar desde logo, não é propriamente forma de *interpretação*, mas de *aplicação* da norma legal. A *função* da analogia não é, por conseguinte, *interpretativa*, mas *integrativa* da norma jurídica. Com a analogia procura-se aplicar determinado preceito ou mesmo os próprios princípios gerais do direito a uma hipótese não contemplada no texto legal, isto é, com ela busca-se colmatar uma lacuna da lei. Na verdade, a *analogia* não é um *meio de interpretação*, mas de *integração* do sistema jurídico. Nessa hipótese, não há um texto de lei obscuro ou incerto cujo sentido exato se procure esclarecer. Há, com efeito, a ausência de lei que discipline especificamente essa situação.

A finalidade da *interpretação* é encontrar a "vontade" da lei, ao passo que o objetivo da *analogia*, contrariamente, é suprir essa "vontade", o que, convenhamos, só pode ocorrer em circunstâncias carentes de tal vontade. A analogia, na verdade, como pontificava Bettiol[59], "consiste na extensão de uma norma jurídica de um caso previsto a um caso não previsto com fundamento na semelhança entre os dois casos, porque o princípio informador da norma que deve ser estendida abraça em si também o caso não expressamente nem implicitamente previsto".

A doutrina tem dividido o instituto da analogia em duas espécies: *analogia legis* e *analogia juris*. Ocorre a primeira hipótese quando se aplica uma *norma legal* a determinado fato não contemplado no texto legal, e a segunda quando o que se aplica são os *princípios gerais de direito*. A analogia é um processo que pretende cobrir essa lacuna, não criando uma nova lei, mas aplicando lei que discipline casos semelhantes. Ela não implica, por conseguinte, a criação de nova norma jurídica, mas o reconhecimento de um direito que já existe no sistema jurídico (*analogia legis*).

---

58. Aníbal Bruno, *Direito Penal*, 3ª ed., Rio de Janeiro, Forense, 1967, t. 1, p. 208.
59. Giuseppe Bettiol, *Direito Penal*, trad. (da 8ª ed. it.) Paulo José da Costa Jr. e Alberto Silva Franco, 2ª ed., São Paulo, Revista dos Tribunais, 1977, v. 1, p. 165.

Distingue-se, na verdade, a analogia da *interpretação extensiva* porque ambas têm objetos distintos: aquela visa à aplicação de lei lacunosa; esta objetiva interpretar o sentido da norma, ampliando seu alcance. Nesse sentido, era esclarecedor o magistério de Magalhães Noronha, que, referindo-se à interpretação extensiva, sentenciava: "Aqui o intérprete se torna senhor da vontade da lei, conhece-a e apura-a, dando, então, um sentido mais amplo aos vocábulos usados pelo legislador, para que correspondam a essa vontade; na analogia — prosseguia Magalhães Noronha — o que se estende e amplia é a própria vontade legal, com o fito de se aplicar a um caso concreto uma norma que se ocupa de caso semelhante"[60].

Em síntese, a analogia supre uma lacuna do texto legal, ao passo que a *interpretação extensiva* procura harmonizar o texto legal com sua finalidade, isto é, com a chamada *volunta legis*.

O recurso à analogia não é ilimitado, sendo excluído das seguintes hipóteses: a) *nas leis penais incriminadoras* — como essas leis, de alguma forma, sempre restringem a liberdade do indivíduo, é inadmissível que o juiz acrescente outras limitações além daquelas previstas pelo legislador. Em matéria penal, repetindo, somente é admissível a analogia quando beneficia a defesa; b) *nas leis excepcionais*, os fatos ou aspectos não contemplados pelas normas de exceção são disciplinados pelas de caráter geral, sendo desnecessário apelar a esse recurso integrativo (que pressupõe a não contemplação em lei alguma do caso a decidir); c) *nas leis fiscais* — estas têm caráter similar às penais, sendo recomendável a não admissão do recurso à analogia para sua integração.

5.1. *Analogia e interpretação analógica: processo integrativo versus processo interpretativo*

A *analogia* tampouco se confunde com a *interpretação analógica* (que é uma espécie de interpretação extensiva), na medida em que esta decorre de determinação expressa da própria lei. Não se trata de *analogia* em sentido estrito, como *processo integrativo* da norma lacunosa, mas de "interpretação por analogia", isto é, de um *processo interpretativo* analógico previamente determinado pela lei, ou seja, um *meio* indicado para *integrar* o preceito normativo dentro da própria norma, estendendo-o a situações análogas, como ocorre, por exemplo, no art. 71 do CP, quando determina "pelas condições de tempo, lugar, maneira de execução e outras semelhantes". Não é incomum a lei dispor que, além dos casos especificados, o preceito se aplique a outros análogos ou semelhantes. Completa-se o conteúdo da norma com um processo de *interpretação extensiva*, aplicando-se analogicamente aos casos semelhantes que se apresentem, por determinação da

---

60. Magalhães Noronha, *Direito Penal*, 33ª ed., São Paulo, Saraiva, 1998, v. 1, p. 75.

própria norma[61]; como destacava Jiménez de Asúa, "é a própria lei que a ordena e, por isso, não se trata de *analogia*, mas de *interpretação analógica*, posto que ela se vincula à própria vontade da lei"[62] (grifos acrescentados).

Essa técnica — *interpretação analógica* —, utilizada em muitos dispositivos penais, não deixa de ser *uma espécie de interpretação extensiva*, conhecida como *interpretação analógica*, em que a própria lei determina que se amplie seu conteúdo ou alcance, e fornece critério específico para isso. A "interpretação analógica", repetindo, é *processo interpretativo*, distinguindo-se, portanto, da "analogia", que é *processo integrativo* e tem por objeto a aplicação de lei. No mesmo sentido, o penalista espanhol Polaino Navarrete afirma: "Por interpretação analógica deve-se entender a interpretação de um preceito por outro que prevê caso análogo, quando no último aparece claro o sentido que no primeiro está obscuro: com este entendimento, se a considera como uma espécie de interpretação sistemática. Distinta da interpretação analógica é a aplicação da lei por analogia, que consiste em fazer aplicável a norma a um caso semelhante, mas não compreendido na letra nem no pensamento da lei"[63].

Por isso, a *interpretação analógica*, ao contrário da *analogia*, pode ser, e normalmente é, aplicada às normas penais incriminadoras. Estas, em obediência ao princípio *nullum crimen, nulla poena sine lege*, não podem ter suas lacunas integradas ou colmatadas pela *analogia, em obediência exatamente* ao princípio *nullum crimen sine praevia lege*.

Concluindo com o magistério de Asúa, *interpretação analógica* e *analogia* são coisas distintas, "porque a interpretação é o descobrimento da vontade da lei em seus próprios textos, ao passo que com a analogia não se interpreta uma disposição legal, que em verdade não existe, mas, ao contrário, aplica-se ao caso concreto uma regra que disciplina um caso semelhante. Naquela falta a expressão literal, mas não a vontade da lei, e na analogia falta também a vontade desta"[64].

5.2. *Analogia* in bonam partem

Os Estados Democráticos de Direito não podem conviver com diplomas legais que, de alguma forma, violem o *princípio da reserva legal*. Assim, é inadmissível que dela resulte a definição de novos crimes ou de novas penas ou, de qualquer modo, se agrave a situação do indivíduo. Dessa forma, as normas penais não incriminadoras, que não são alcançadas pelo princípio *nullum crimen nulla poena sine lege*, podem perfeitamente ter suas lacunas integradas ou complementadas

---

61. Aníbal Bruno, *Direito Penal*, 3ª ed., Rio de Janeiro, Forense, 1967, t. 1, p. 213.
62. Luiz Jiménez de Asúa, *Principios de Derecho Penal*, cit., p. 140.
63. Miguel Polaino Navarrete, *Derecho Penal*; fundamentos científicos del Derecho Penal, Barcelona, Bosch, 1996, v. 1, p. 416.
64. Luiz Jiménez de Asúa, *Principios de Derecho Penal*, cit., p. 122.

pela *analogia*, desde que, em hipótese alguma, agravem a situação do infrator[65]. Trata-se, nesses casos, da conhecida analogia *in bonam partem*.

Essa orientação *político-criminal* não se fundamenta em razões sentimentais ou puramente humanitárias, mas, como destacava Aníbal Bruno, "em princípios jurídicos, que não podem ser excluídos do Direito Penal, e mediante os quais situações anômalas podem escapar a um excessivo e injusto rigor"[66].

Alguns países, como a Rússia, a Dinamarca e a Alemanha do período nazista, no passado, no início do século XX, abandonaram o *princípio de reserva legal*, livres desse obstáculo para admitir a analogia mesmo para a definição de crimes e cominação de penas. No entanto, a *analogia* que era utilizada na Rússia e na Dinamarca era distinta daquela acolhida pela Alemanha nacional-socialista. Naqueles dois países havia sempre a exigência de um texto legal expresso a ser aplicado e supervisionado pelo Poder Judiciário. Contrariamente, no entanto, na Alemanha do *nacional-socialismo*, segundo Mezger, não se tratava nem da *analogia legal* nem da analogia jurídica, ambas influenciadas por uma concepção positiva da lei, mas de uma analogia que se baseava em uma concepção que tem por fonte não a lei, mas o "são sentimento do povo"[67].

De acordo com Jiménez de Asúa, na Alemanha hitlerista não existiu propriamente analogia, na medida em que se aplicava o "direito livre", sob o pretexto de buscar o espírito de Hitler nas leis[68].

O princípio adotado pelo nacional-socialismo relativo à interpretação da lei penal era muito significativo: "As leis penais devem ser interpretadas de acordo com o seu espírito e seu fim. Estes devem ser esclarecidos sobre a base das manifestações do Fürher, do 'são sentimento do povo' e dos pensamentos jurídicos que se encontram na base das leis".

Terminada a II Guerra Mundial, finalmente, foi abolido aquele famigerado princípio do "são sentimento do povo" (§ 2º do Código Penal alemão, nova concepção de 1935). Assim, a partir de 1945 (ratificada pela Lei n. 1 do Chefe Superior das Forças Aliadas e pelo Proclama n. 3 do Conselho de Controle dos Princípios Transformadores da Justiça), voltou a ser proibida a punição por analogia.

Concluindo, em nome do Direito Penal liberal e de um Estado Democrático de Direito, jamais se deve admitir qualquer violação ao primado do *princípio da*

---

65. Giorgio Marinucci e Emilio Dolcini, *Corso di Diritto Penale*, 3ª ed., Milano, Giuffrè, 2001, p. 187 *usque* 207.
66. Aníbal Bruno, *Direito Penal*, cit., p. 211.
67. Segundo Jiménez de Asúa, "Peters determinou finalmente o que é esse 'são sentimento do povo': 'controle e criação do Direito'; 'o são sentimento do povo baseia-se na moral'" (*Principios de Derecho Penal*, cit., p. 137).
68. Luiz Jiménez de Asúa, *Principios de Derecho Penal*, cit., p. 137.

reserva legal. Por isso, o aplicador da lei, o magistrado, deve buscar o melhor sentido da lei, sem criá-la, sendo-lhe facultada, inclusive, em determinadas circunstâncias a *interpretação extensiva* da lei penal. A *interpretação analógica*, nos termos em que expusemos anteriormente, é perfeitamente admissível pelo próprio ordenamento jurídico nacional. Permanece, contudo, a vedação absoluta do emprego da analogia, em razão do mesmo princípio da legalidade, salvo quando for para beneficiar a defesa.

6. Leis penais em branco

A maioria das *leis penais incriminadoras*, ou seja, aquelas que descrevem condutas típicas, compõe-se de *leis completas*, integrais, possuindo *preceitos* e *sanções*; consequentemente, referidas leis podem ser aplicadas sem a complementação de outras. Há, contudo, algumas leis incompletas, com preceitos genéricos ou *indeterminados*, que precisam da complementação de outras leis, sendo conhecidas, por isso mesmo, como *normas penais em branco*. Na linguagem figurada de Binding[69], "a lei penal em branco é um corpo errante em busca de sua alma". Trata-se, na realidade, de leis de conteúdo *incompleto*, vago, impreciso, também denominadas *leis imperfeitas*, por dependerem de complementação por outra *norma jurídica* (lei, decreto, regulamento, portaria, resolução etc.), para concluírem a descrição da conduta proibida. A falta ou inexistência dessa dita *norma complementadora* impede que a descrição da conduta proibida se complete, ficando em aberto a descrição típica. Dito de outra forma, a *norma complementar* de uma lei penal em branco *integra o próprio tipo penal*, uma vez que esta é imperfeita, e, por conseguinte, incompreensível por não se referir a uma conduta juridicamente determinada e, faticamente, identificável. Um claro exemplo pode ser encontrado no art. 268 do Código Penal, que descreve como conduta proibida "infringir determinação do poder público, destinada a impedir introdução ou propagação de doença contagiosa". Para a delimitação do conteúdo exato dessa proibição torna-se necessário acudir às determinações dos Poderes Legislativo e Executivo em matéria de prevenção de doenças contagiosas.

A doutrina tem distinguido, com fundamento na origem legislativa das *leis*, a sua classificação em leis penais em branco, *em sentido lato* e *em sentido estrito*. Segundo Pablo Rodrigo Alflen da Silva, "nas leis penais em branco em *sentido estrito*, há fonte formal *heteróloga*, pois remetem a individualização (especificação) do preceito a regras cujo autor é um órgão distinto do poder legislativo[70], o qual realiza o preenchimento do 'branco' por meio de sua individualização, v. g., através de atos administrativos" e nas "leis penais em branco em sentido amplo, em que há fonte formal *homóloga*, são aquelas que recorrem a regulamentações da

---

69. Apud Soler, *Derecho Penal argentino*, Buenos Aires, TEA, 1976, v. 1, p. 122.
70. José Frederico Marques, *Tratado de Direito Penal*, São Paulo: Saraiva.

mesma lei ou de outra lei, ou seja, originadas da mesma instância legislativa, contanto que possam ser pronunciadas por remissões (externas ou internas) expressas e concludentes"[71]. Em outros termos, *leis penais em branco em sentido lato* são aquelas cujo complemento é originário da mesma fonte formal da lei incriminadora. Nessa hipótese, a fonte encarregada de elaborar o complemento é a mesma fonte da norma penal em branco. Constata-se que há *homogeneidade de fontes* legislativas. *Leis penais em branco em sentido estrito*, por sua vez, são aquelas cuja complementação é originária de outra instância legislativa, diversa da lei a ser complementada. Diz-se que há *heterogeneidade de fontes*, ante a diversidade de origem legislativa.

No entanto, a *fonte legislativa* (Poder Legislativo, Poder Executivo etc.) que complementa a *lei penal em branco* deve, necessariamente, respeitar os limites que esta impõe, para não violar uma possível *proibição de delegação de competência* na lei penal material, definidora do tipo penal, em razão do *princípio constitucional de legalidade* (art. 5º, II e XXXIX, da CF/88), do mandato de reserva legal (art. 22, I) e do *princípio da tipicidade estrita* (art. 1º do CP). Em outros termos, é indispensável que essa integração ocorra nos parâmetros estabelecidos pelo *preceito da lei penal em branco*. É inadmissível, por exemplo, uma remissão total do legislador penal a um ato administrativo, sem que o núcleo essencial da conduta punível esteja descrito no preceito primário da lei incriminadora, sob pena de violar o *princípio da reserva legal* de crimes e respectivas sanções (art. 1º do CP). Com efeito, as *leis penais incriminadoras* devem ser interpretadas de acordo com o bem jurídico protegido e o alcance de dita proteção, isto é, sempre levando em consideração a sua finalidade (teleologia), que deve ser estabelecida pelo legislador penal. A *validez* da norma complementar decorre da *autorização* concedida pela norma penal em branco, como se fora uma espécie de *mandato*, devendo-se observar os seus estritos termos, cuja desobediência ofende o princípio constitucional da legalidade. Por esse motivo também é proibido no âmbito das leis penais em branco o recurso a *analogia*, assim como *a interpretação analógica*.

Com esse entendimento, o delito tipificado no art. 268 do Código Penal não se configura com qualquer infração de determinação do poder público em matéria de prevenção de doença contagiosa, mas somente com aquelas infrações que, pela sua gravidade, representem um perigo concreto de introdução ou propagação de doença contagiosa, afetando a incolumidade do bem jurídico saúde pública.

Por último, de acordo com Zaffaroni e Pierangelli, "A lei formal ou material que completa a lei penal em branco integra o tipo penal, de modo que, se a lei penal em branco remete a uma lei que ainda não existe, não terá validade e

---

[71]. Pablo Rodrigo Alflen da Silva, *Leis penais em branco e o Direito Penal do Risco*, Rio de Janeiro, Lumen Juris, 2004, p. 67 e 68.

vigência até que a lei que a completa seja sancionada"⁷². Aliás, tratando-se de *lei penal em branco*, a própria denúncia do *Parquet* deve identificar qual lei complementar satisfaz a elementar exigida pela norma incriminadora, ou seja, deve constar da narrativa fático-jurídica qual lei desautoriza a prática da conduta imputada, sob pena de se revelar inepta, pois a falta de tal descrição impede o aperfeiçoamento da adequação típica.

7. Funções e conteúdo da norma penal

As funções da norma penal devem ser entendidas levando em consideração tanto o sistema de convivência que o Direito Penal fomenta como os efeitos de sua incidência sobre os membros de uma determinada sociedade. Com esse ponto de partida, concordamos com Muñoz Conde & García Arán quando afirmam que a norma penal tem a função de proteger as condições elementares da convivência humana, e motivar aos indivíduos a que se abstenham de desrespeitar essas condições mínimas. "*Proteção e motivação* ou, melhor dito, proteção através da motivação, são as funções inseparáveis e interdependentes da norma penal"⁷³.

Em consonância com os princípios limitadores do exercício do *ius puniendi* estatal esboçados *supra*, e com a concepção de Direito Penal que defendemos, a *função* de proteção da norma penal consiste na *proteção subsidiária* de bens jurídicos. Além disso, a norma penal exerce a *função de motivação* do comportamento adequado ao Direito em sociedade, estabelecendo pautas mínimas de conduta que devem ser atendidas em benefício do *bem-estar social*. A interiorização dessas normas pelos membros da sociedade produz-se através de ameaça da imposição coercitiva de sanções penais. Certamente, essa não é uma função exclusiva do Direito Penal, pois existem esferas informais de *controle social* que exercem claramente dita função. Sem embargo, o Direito Penal é *a única instância de controle social formalizado* que pode exercê-la através de meios coercitivos formais, isto é, através da imposição de pena. Esse entendimento se ajusta perfeitamente com o caráter fragmentário e de *ultima ratio* do Direito Penal, pois é, precisamente, pelo fato de que suas normas se aplicam em último caso para a proteção dos bens jurídicos mais relevantes para a sociedade, que lhe é permitida a utilização dos meios mais drásticos de coerção.

Esse entendimento sobre as funções da norma penal revela-se, ademais, compatível com o conteúdo valorativo e imperativo que a norma penal expressa. Com efeito, a norma penal deve ser concebida como norma de valoração na medida em que contém um *juízo de valor* acerca do justo e do injusto. E essa valoração está pautada a partir da função de proteção de bens jurídicos. Por

---

72. Eugénio Raúl Zaffaroni e José Henrique Pierangelli, *Manual de Direito Penal Brasileiro...*, p. 452.
73. Muñoz Conde & García Arán, *Derecho Penal*, cit., p. 58, cursivas no original.

outro lado, a norma penal expressa mandados e proibições de caráter imperativo, incidindo sobre a conduta de seus destinatários, para que atuem em conformidade com o Direito. Nesse sentido, a norma penal é concebida como norma de determinação e seu objetivo é fomentar, através da *motivação coercitiva*, as condições de convivência pacífica em sociedade. Deve-se, de fato, admitir que o conteúdo imperativo da norma penal está vinculado com a *função preventivo-geral da pena* que, por sua vez, há de estar limitada pelo conteúdo valorativo da norma penal, cujo referente material consiste na *proteção subsidiária* de bens jurídicos.[74]

---

74. Muñoz Conde & García Arán, *Derecho Penal*, cit., p. 59-64; Mir Puig, *Derecho Penal*, cit., p. 68-71; Silva Sánchez, *Aproximación al Derecho Penal contemporáneo*, cit., p. 540-568.

LEI PENAL NO TEMPO | IX

Sumário: 1. Considerações introdutórias. 2. Princípios da lei penal no tempo. 2.1. Irretroatividade da lei penal. 2.2. Retroatividade e ultratividade da lei mais benigna. 3. Hipóteses de conflitos de leis penais no tempo. 3.1. Continuidade normativo-típica e suas limitações: irretroatividade da lei penal mais grave. 3.1.1. O princípio da continuidade normativo-típica e a irretroatividade da lei penal. 3.1.2. Impossibilidade de aplicar-se o princípio da continuidade delitiva típica quando a lei revogadora tipificar crime mais grave. 4. Lei intermediária e conjugação de leis. 5. Leis excepcionais e temporárias. 6. Retroatividade das leis penais em branco. 7. Retroatividade e lei processual. 8. Tempo do crime. 8.1. Retroatividade da lei penal mais grave em crime "continuado" ou "permanente": Súmula 711 do STF.

1. Considerações introdutórias

Assim como nenhuma forma de manifestação de vida consegue evitar a ação corrosiva e implacável do tempo, a lei penal também nasce, vive e morre. E, desde que uma lei entra em vigor, ela rege todos os atos abrangidos por sua destinação, até que cesse a sua vigência. A lei anterior, como regra, perde sua vigência quando entra em vigor uma lei nova regulando a mesma matéria. E, como diz Damásio de Jesus[1], "entre estes dois limites — entrada em vigor e cessação de sua vigência — situa-se a sua eficácia. Não alcança, assim, os fatos ocorridos antes ou depois dos dois limites extremos: não retroage nem tem ultra-atividade. É o princípio *tempus regit actum*". Em outros termos, a lei aplicável à repressão da prática do crime é a lei vigente ao tempo de sua execução. Essa é uma garantia do cidadão: além da segurança jurídica, garante-se-lhe que não será surpreendido por leis *ad hoc*, criminalizando condutas, inclusive *a posteriori*, que até então não eram tipificadas como crime.

O *princípio da irretroatividade penal*, talvez um dos mais importantes em matéria de aplicação da lei penal, já era defendido pelos integrantes da Escola Clássica. A despeito de sua importância político-constitucional, nem sempre esse princípio recebeu apoio incondicional dos grandes pensadores, havendo doutrinadores de escol que o conceberam com muitas reservas, conforme demonstra a

---

1. Damásio de Jesus, *Direito Penal*, 12ª ed., São Paulo, Saraiva, 1988, v. 1, p. 61-2.

literatura especializada[2]. Contudo, o dinamismo do Direito Penal, que procura acompanhar a evolução cultural dos povos, percebeu que, ao menos em tese, as leis novas são melhores que as mais antigas e teriam melhores condições para fazer justiça. Essa natureza dinâmica do Direito determinou a necessidade de conciliar, no âmbito da sucessão de leis no tempo, o princípio *tempus regit actum* com o da aplicação da lei posterior, sempre que for mais favorável ao indivíduo. Diante dessa necessidade, procurou-se temperar aquele velho princípio para adequá-lo às necessidades modernas, determinando que *a lei penal não retroage, salvo para beneficiar o infrator* (retroatividade da lei penal mais benigna), que, finalmente, foi recepcionado pela Constituição Federal do Brasil de 1988 (art. 5º, XL). A Reforma Penal de 1984, que alterou toda a Parte Geral do Código de 1940, adotou expressamente essa orientação prescrevendo no parágrafo único do seu art. 2º: "A lei posterior, que de qualquer modo favorecer o agente, aplica-se aos fatos anteriores, ainda que decididos por sentença condenatória transitada em julgado".

Pode acontecer, no entanto, que infração penal iniciada sob a vigência de uma lei venha a consumar-se sob a vigência de outra; ou, então, que o sujeito pratique conduta criminosa sob a vigência de uma lei, e a sentença condenatória venha a ser prolatada sob a vigência de outra, que comine pena distinta da primeira; ou, ainda, que durante a execução da pena surja lei nova regulando o mesmo fato e determinando sanção mais suave.

Afinal, qual a lei a ser aplicada: a do tempo da prática do fato ou a posterior? Essa é uma questão aparentemente simples relativa ao chamado *direito intertemporal*, mas que, no quotidiano, pode apresentar inúmeras dificuldades para a solução do conflito de leis penais no tempo. Alguns princípios procuram oferecer a solução para aquelas que são consideradas as hipóteses mais comuns em matéria criminal.

2. Princípios da lei penal no tempo

Alguns princípios do chamado *direito intertemporal* procuram resolver as questões que naturalmente surgem com a sucessão das leis penais no tempo. Vejamos alguns desses princípios a seguir.

2.1. *Irretroatividade da lei penal*

Há uma regra dominante em termos de conflito de leis penais no tempo. É a da *irretroatividade* da lei penal, sem a qual não haveria nem segurança nem liberdade na sociedade, em flagrante desrespeito ao princípio da legalidade e da

---

2. Edilson Mougenot Bonfim e Fernando Capez, *Direito Penal*..., p. 184: "Como se vê, pese embora se reconheça na atualidade a irrenunciabilidade do princípio da irretroatividade da lei penal, nas fileiras contrárias já lutaram expoentes de brilho e escol, idealistas, não se negue, mas que acabaram fragorosamente vencidos pelas conquistas da humanidade inerentes ao moderno Estado Democrático de Direito".

anterioridade da lei, consagrado no art. 1º do Código Penal e no art. 5º, XXXIX, da Constituição Federal.

O fundamento dessa proibição, sustenta Jescheck[3], é a ideia de *segurança jurídica*, que se consubstancia num dos princípios reitores do Estado de Direito, segundo o qual as normas que regulam as infrações penais não podem modificar-se após as suas execuções em prejuízo do cidadão. No entanto, mais importante do que esse fundamento geral é a *razão estritamente penal*, qual seja, a de que a promulgação de leis *ad hoc* pode facilmente estar contaminada pela comoção que a prática de um delito produz e, muitas vezes, analisada posteriormente, mostra-se excessivamente grave. A tudo isso acrescenta Jescheck[4] que se deve considerar, ademais, "a ideia de que o delinquente somente pode *motivar-se* pelo comando normativo quando este existir no momento da prática delitiva".

Ademais, o princípio da irretroatividade da lei penal também tem a finalidade de proteger o indivíduo contra o próprio legislador, impedindo-o de criminalizar novas condutas, já praticadas por aquele, que, desconhecendo tal circunstância, não tem como nem por que evitá-la. Na verdade, a irretroatividade penal é corolário do *princípio da anterioridade da lei penal*, segundo o qual uma lei penal incriminadora somente pode ser aplicada a determinado fato caso estivesse em vigor antes da sua prática. Esse princípio, conhecido como *nullum crimen, nulla poena sine praevia lege*, que foi cunhado por Feuerbach no início do século XIX, encontra-se insculpido no art. 1º do nosso Código Penal e acabou recepcionado pela atual Constituição brasileira (art. 5º, XXXIX).

O princípio da irretroatividade da lei penal limita-se às normas penais de caráter material, entre as quais se incluem aquelas relativas às medidas de segurança, que, indiscutivelmente, integram a seara do direito penal material[5].

2.2. *Retroatividade e ultratividade da lei mais benigna*

No *conflito de leis penais no tempo*, é indispensável investigar qual a que se apresenta mais *favorável* ao indivíduo tido como infrator. A lei anterior, quando for mais favorável, terá *ultratividade* e prevalecerá mesmo ao tempo de vigência da lei nova, apesar de já estar revogada. O inverso também é verdadeiro, isto é, quando a lei posterior for mais benéfica, retroagirá para alcançar fatos cometidos antes de sua vigência.

O princípio da irretroatividade vige, com efeito, somente em relação à lei mais severa. Admite-se, no *direito transitório*, a aplicação retroativa da lei mais benigna, hoje princípio consagrado em nossa Constituição Federal (art. 5º, XL).

---

3. Jescheck, *Tratado de Derecho Penal*, v. 1, p. 184.
4. Jescheck, *Tratado*, cit., p. 184.
5. Luis Jiménez de Asúa, *Principios de Derecho Penal. La ley y el delito...*, p. 157.

Assim, pode-se resumir o *conflito do direito intertemporal* no seguinte princípio: *o da retroatividade e ultratividade da lei mais benigna*. A lei penal mais benéfica, repetindo, não só é *retroativa*, mas também *ultrativa*. A eficácia ultrativa da *norma penal mais benéfica*, sob o império da qual foi praticado o fato delituoso, deve prevalecer sempre que, havendo sucessão de leis penais no tempo, constatar-se que o diploma legal anterior era mais benéfico ao agente. Esses efeitos *retroativo* e *ultrativo*, consagrados pela Constituição, que configurarem lei penal mais benigna, aplicam-se às normas de Direito Penal material, tais como nas hipóteses de reconhecimento de causas extintivas da punibilidade, tipificação de novas condutas, cominação de penas, alteração de regimes de cumprimento de penas, ou a qualquer norma penal que, de qualquer modo, agrave a situação jurídico-penal do indiciado, réu ou condenado, conforme já reconheceu o próprio Supremo Tribunal Federal em sede de repercussão geral[6].

Mas o que deve ser entendido por *lei mais benigna*? Como se pode apurar a maior benignidade da lei?

Toda lei penal, seja de natureza processual, seja de natureza material, que, de alguma forma, amplie as garantias de liberdade do indivíduo, reduza as proibições e, por extensão, as consequências negativas do crime, seja ampliando o campo da licitude penal, seja abolindo tipos penais, seja refletindo nas excludentes de criminalidade ou mesmo nas dirimentes de culpabilidade, é considerada lei mais benigna, digna de receber, quando for o caso, os atributos da *retroatividade* e da própria *ultratividade* penal. Nesse sentido, Edilson Bonfim e Fernando Capez acrescentam, com acerto: "Do mesmo modo, qualquer regra que diminua ou torne a pena mais branda ou a comute em outra de menor severidade também será mais benéfica"[7].

Por outro lado, toda lei penal, que, de alguma forma, *represente um gravame aos direitos de liberdade*, que agrave as consequências penais diretas do crime, criminalize condutas, restrinja a liberdade, provisoriamente ou não, caracteriza *lei penal mais grave* e, consequentemente, não pode retroagir.

Há, no entanto, situações difíceis de ser selecionadas. De acordo com a lição de Asúa[8], são inúteis regras casuísticas e abstratas sobre a lei mais benigna, pois o problema tem de se decidir em cada caso concreto, comparando-se em cada fato real o resultado da aplicação das várias leis. Somente o exame acurado de cada caso concreto poderá nos dar a solução, pois uma disposição aparentemente mais favorável ao agente pode ser, na realidade, mais severa. Quando, por fim,

---

6. STF, ARE 1327963 RG, Rel. Min. Gilmar Mendes, Tribunal Pleno, julgado em 16/09/2021, publicado em 13/02/2023.
7. Edilson Mougenot Bonfim e Fernando Capez, *Direito Penal*; Parte Geral.
8. Asúa, *La ley y el delito*, Buenos Aires, Ed. Sudamericana, 1967, p. 154.

restar dúvida insuperável sobre qual das normas aplicáveis é a mais benéfica, sustentamos que a melhor solução será ouvir o próprio interessado, isto é, aquele que sofrerá as consequências da lei penal, devidamente assistido por seu defensor. No direito comparado, encontramos solução semelhante no Código Penal espanhol (art. 2º, 2, da Ley Orgánica 10/95).

3. Hipóteses de conflitos de leis penais no tempo

A regra geral é a *atividade* da lei penal no período de sua vigência. A *extra-atividade* é exceção a essa regra, que tem aplicação quando, no conflito intertemporal, se fizer presente uma norma penal mais benéfica. São espécies dessa atividade estendida a *retroatividade e ultratividade*. Esses dois efeitos ocorrem: quando a *lei revogada* for mais benéfica, ela terá *ultratividade*, aplicando-se ao fato cometido durante sua vigência; no entanto, se a *lei revogadora* for a mais benigna, esta será aplicada *retroativamente*.

O *sistema penal* brasileiro procura resolver as situações de conflitos temporais que a lei penal pode apresentar, inserindo normas específicas, tanto no Código Penal como na Lei de Introdução ao Código de Processo Penal (art. 13 do Decreto-Lei n. 3.931/41), na Lei de Execução Penal (art. 66, I, da Lei n. 7.210/84), e também na própria Constituição Federal (art. 5º, XXXIX e XL).

O Código Penal, como diploma material, prescreve:

"Art. 2º Ninguém pode ser punido por fato que lei posterior deixa de considerar crime, cessando em virtude dela a execução e os efeitos penais da sentença condenatória. Parágrafo único. A lei posterior, que de qualquer modo favorecer o agente, aplica-se aos fatos anteriores, ainda que decididos por sentença condenatória transitada em julgado".

O Código Penal, nos dispositivos supratranscritos, refere-se somente à *retroatividade*, porque está disciplinando a aplicação da lei penal em relação à data do fato criminoso. No entanto, quando a lei posterior for mais grave, não retroagirá, sendo a lei anterior que adquirirá ultratividade, devendo ser aplicada, mesmo na vigência de outra lei. Nesses termos, aplica-se o princípio *tempus regit actum*, como regra; mas se aplica, como exceção, a lei penal posterior, sempre que beneficiar o agente.

As prováveis hipóteses de choques entre a lei nova e a anterior são as seguintes:

a) *Abolitio criminis* — Ocorre *abolitio criminis* quando a lei nova deixa de considerar crime fato anteriormente tipificado como ilícito penal. A lei nova retira a característica de ilicitude penal de uma conduta precedentemente incriminada. Nessa hipótese, partindo da presunção de que a lei nova é a mais adequada, e de que o Estado não tem mais interesse na punição dos autores de tais condutas, aquela retroage para afastar as consequências jurídico-penais a que estariam sujeitos os autores (art. 2º do CP).

A *abolitio criminis* configura uma situação de lei penal posterior mais benigna, que deve atingir, inclusive, fatos definitivamente julgados, mesmo em fase de execução. A *abolitio criminis* faz desaparecer todos os efeitos penais, permanecendo os civis. Bonfim e Capez elencam os efeitos práticos da *abolitio criminis*; por sua pertinência, pedimos *venia* para transcrever: "O inquérito policial ou o processo são imediatamente trancados e extintos, uma vez que não há mais razão de existir; se já houve sentença condenatória, cessam imediatamente sua execução e todos os seus efeitos penais, principais e secundários; os efeitos extrapenais (*sic*), no entanto, subsistem, em face do disposto no art. 2º, *caput*, do Código Penal, segundo o qual cessam apenas os efeitos penais da condenação"[9]. Na hipótese de *abolitio criminis* não subsiste, na verdade, nem a execução da pena, que é seu efeito principal, mesmo transitada em julgado. Aliás, se o condenado já tiver cumprido a pena, inclusive, terá sua folha de antecedentes inteiramente corrigida, para dela afastar a condenação que existiu, por fato que não é mais crime.

Há situações em que a descriminalização de uma conduta é determinada por meio de uma decisão judicial, especialmente quando ela é proveniente de julgamento pelo STF, ao considerar inconstitucional determinado preceito incriminador. Embora seja possível questionar essa forma de descriminalização sob a perspectiva das competências entre os Poderes Legislativo e Judiciário, bem como do ativismo judicial, trata-se de um modelo cuja aplicação vem sendo gradativamente ampliada. Um dos exemplos mais recentes foi o julgamento do Recurso Extraordinário n. 635.659 pelo STF, ocasião em que o Plenário, por maioria, decidiu "declarar a inconstitucionalidade, sem redução de texto, do art. 28 da Lei n. 11.343/2006, de modo a afastar do referido dispositivo todo e qualquer efeito de natureza penal, ficando mantidas, no que couber, até o advento de legislação específica, as medidas ali previstas" (STF, RE 635.659, Tribunal Pleno, Rel. Min. Gilmar Mendes, julgado em 26/6/2024, decisão publicada em 26/6/2024, acórdão pendente de publicação).

b) *Novatio legis* incriminadora — A *novatio legis* incriminadora, ao contrário da *abolitio criminis*, considera crime fato anteriormente não incriminado. A *novatio legis* incriminadora é irretroativa e não pode ser aplicada a fatos praticados antes da sua vigência, segundo o velho aforisma *nullum crimen sine praevia lege*, hoje erigido a dogma constitucional (art. 5º, XXXIX, da CF e art. 1º do CP).

Nessas circunstâncias, o autor do fato não praticou crime, uma vez que, no momento da execução, sua conduta era indiferente para o Direito Penal. Nesse sentido, pontificava o saudoso Assis Toledo (*Princípios básicos de Direito Penal...*, p. 31), *in verbis*: "A lei penal mais grave não se aplica aos fatos ocorridos antes de sua vigência, seja quando cria figura penal até então inexistente, seja quando

---

9. Bonfim e Capez, *Direito Penal...*, cit., p. 191.

se limita a agravar as consequências jurídico-penais do fato, isto é, a pena ou a medida de segurança. Há, pois, uma proibição de retroatividade das normas mais severas de direito penal material".

c) *Novatio legis in pejus* — Lei posterior que de qualquer modo agravar a situação do sujeito não retroagirá (art. 5º, XL, da CF). Se houver um conflito entre duas leis, a anterior, mais benigna, e a posterior, mais severa, aplicar-se-á a mais benigna: a anterior será ultra-ativa, por sua benignidade, e a posterior será irretroativa, por sua severidade. A lei menos favorável, seja anterior, seja posterior, denomina-se *lex gravior* e, como tal, não pode ser aplicada a fatos ocorridos antes de sua vigência.

Não esquecendo, a lei penal não retroagirá, salvo para beneficiar o réu.

d) *Novatio legis in mellius* — Pode ocorrer que a *lei nova*, mesmo sem descriminalizar, dê tratamento mais favorável ao sujeito. Mesmo que a sentença condenatória encontre-se em fase de execução, prevalece a *lex mitior* que, de qualquer modo, favorece o agente, nos estritos termos do parágrafo único do art. 2º do CP. O dispositivo citado deixa claro que a retroatividade é incondicional. Mirabete lembra que tal previsão não fere o princípio constitucional que preserva a coisa julgada (art. 5º, XXXVI, da CF), pois essa norma constitucional protege as garantias individuais e não o direito do Estado enquanto titular do *ius puniendi*[10].

A *lex mitior* — seja *abolitio criminis,* seja qualquer alteração *in mellius* — retroage e aplica-se imediatamente aos processos em andamento, aos fatos delituosos cujos processos ainda não foram iniciados e, inclusive, aos processos com decisão condenatória já transitada em julgado. Aspecto que merece também pequena consideração é a situação da *lex mitior* durante o período de *vacatio legis*: afinal, aplica-se retroativamente ou não? No momento em que é publicado um novo texto legal, este passa a existir no mundo jurídico, representa o novo pensamento do legislador sobre o tema de que se ocupa, produto, evidentemente, de novas valorações sociais. Assim, não sendo possível ignorar a existência do novo diploma legal, bem como as transformações que ele representa no ordenamento jurídico-penal, a sua imediata eficácia é inegável, e não pode ser obstaculizada a sua aplicação retroativa quando configurar lei penal mais benéfica, mesmo que ainda se encontre em *vacatio legis*. Hungria, a seu tempo, já sustentava orientação nesse sentido: "A lei em período de *vacatio* não deixa de ser lei posterior, devendo, pois, ser aplicada, desde logo, se mais favorável ao réu"[11]. Modernamente, na mesma linha, Silva Franco[12] corrobora esse entendimento: "O efeito retroativo da norma penal benévola, determinado em nível constitucional, parte, portanto,

---

10. Mirabete, *Manual de Direito Penal*, São Paulo, Atlas, 1990, v. 1, p. 62.
11. Nélson Hungria, *Comentários ao Código Penal*..., p. 119, nota 9.
12. Alberto Silva Franco, *Código Penal e sua interpretação*..., p. 48.

da publicação da lei sucessiva ao fato criminoso, lei essa que está desde então, porque existente no mundo jurídico, dotada de imediata eficácia e que não pode ser obstaculizada por nenhum outro motivo".

Questão igualmente interessante a definir é a *competência* da autoridade judiciária que deve aplicar a lei penal mais benéfica. Afinal, a quem competirá essa atividade jurisdicional? Essa definição dependerá de cada caso concreto, como veremos a seguir:

a) *Juiz de primeiro grau — processo de conhecimento:* quando o processo criminal encontrar-se em andamento, até a prolatação da sentença respectiva. Com a publicação da sentença o juiz esgota sua atividade jurisdicional, não podendo mais atuar no referido processo.

b) *Fase recursal — instância superior:* encontrando-se o processo em grau de recurso, a competência para examinar a hipótese de lei penal mais benéfica, anterior ou posterior, é do Tribunal ao qual se destina o recurso, mesmo quando os autos ainda não tenham subido. O juiz do processo de conhecimento esgota sua jurisdição com a publicação da sentença, e, enquanto pender recurso, não se pode falar em juiz da execução, especialmente se considerado o princípio da presunção de inocência assegurado pela Constituição Federal.

c) *Fase executória (com trânsito em julgado):* nesta hipótese, podem-se citar *duas orientações* a respeito. Pela primeira, *compete* ao juiz da execução criminal, segundo dispõe a Súmula 611 do Supremo Tribunal Federal, que tem o seguinte enunciado: "Transitada em julgado a sentença condenatória, compete ao juízo das execuções a aplicação de lei mais benigna".

Quando a lei mais benigna consistir em lei nova, a Lei de Introdução ao Código de Processo Penal dá respaldo legal a essa interpretação pretoriana, estabelecendo: "A aplicação da lei nova a fato julgado por sentença condenatória irrecorrível, nos casos previstos no art. 2º e seu parágrafo único, do Código Penal, far-se-á mediante despacho do juiz, de ofício, ou a requerimento do condenado ou do Ministério Público" (art. 13 da Lei de Introdução ao Código de Processo Penal). Mais recentemente, a Lei de Execução Penal, na mesma linha, estabelece: "Compete ao juiz da execução: aplicar aos casos julgados lei posterior que de qualquer modo favorecer o condenado" (art. 66, I, da Lei n. 7.210/84).

Esse é o entendimento majoritário da doutrina, embora, convém que se registre, os dois diplomas legais citados refiram-se sempre a "lei posterior" mais benigna, não havendo nada a respeito da anterior com ultra-atividade. No entanto, nessa hipótese, aplica-se a analogia *in bonam partem*.

Pelo segundo entendimento, cabe ao Tribunal conhecer, decidir e aplicar, por meio da revisão criminal. Essa posição é defendida fundamentalmente por

Alberto Silva Franco[13], para quem algumas complexidades excepcionais justificariam o deslocamento da competência nos termos propostos. Para sustentar seu entendimento, Silva Franco invoca as hipóteses de *participação de menor importância* ou *participação em fatos menos graves*, que, segundo pensa, demandariam exame mais aprofundado da prova, para o qual o juiz da execução não estaria aparelhado. Conclui que entendimento contrário transformaria "o juiz da execução penal em um 'superjuiz', invadindo, inclusive, seara privativa da Segunda Instância".

Adotamos o entendimento que sustenta a *competência do juiz da execução*, que, a nosso juízo, é o juiz natural para conhecer e julgar todos os conflitos, direitos, ações e exceções, após o início da execução penal, que interessarem ao sentenciado, afora o fato de, com essa providência, evitar-se a supressão de um grau de jurisdição. Nada impede, contudo, que a excepcionalidade do caso concreto recomende, nessa hipótese, a competência de uma Instância Superior.

3.1. Continuidade normativo-típica e suas limitações: irretroatividade da lei penal mais grave

3.1.1. O princípio da continuidade normativo-típica e a irretroatividade da lei penal

Aplica-se o *princípio da continuidade normativo-típica* quando uma lei é revogada, mas a conduta nela incriminada é mantida em outro dispositivo legal da lei revogadora, não ocorrendo, via de regra, a conhecida figura da *abolitio criminis*, a qual extingue, simplesmente, o crime anterior. Em outros termos, *continuidade normativo-típica* significa a manutenção do caráter proibido da conduta, porém com o deslocamento do conteúdo criminoso para outro tipo penal. A vontade do legislador é que referida conduta permaneça criminalizada, por isso não configura a *abolitio criminis*. Em sentido semelhante é o entendimento de Rogério Sanches Cunha, que, com muita propriedade, distingue ambos os institutos: "A *abolitio criminis* representa supressão formal e material da figura criminosa, expressando o desejo do legislador em não considerar determinada conduta como criminosa. Foi o que aconteceu com o *crime de sedução*, revogado, formal e materialmente, pela Lei n. 11.106/2005". E prossegue Sanches Cunha: "O princípio da continuidade normativo-típica, por sua vez, significa a manutenção do caráter proibido da conduta, porém com o deslocamento do conteúdo criminoso para outro tipo penal. A intenção do legislador, nesse caso, é que a conduta permaneça criminosa"[14].

---

13. Alberto Silva Franco, *Código Penal e sua interpretação*..., p. 48.
14. Rogério Sanches Cunha, *Manual de Direito Penal*, Salvador, JusPodivm, 2013, p. 106.

Nessa mesma linha, tem decidido o Supremo Tribunal Federal, aplicando, nesta hipótese, corretamente o princípio da "continuidade normativo-típica":

> "Inexistência de *abolitio criminis* da figura típica prevista no art. 89 da Lei n. 8.666/93, pois a evolução legislativa produzida pelo Congresso Nacional em defesa da higidez das contratações públicas efetuou o fenômeno jurídico conhecido como 'continuidade normativo-típica', estabelecendo na nova lei as elementares dos tipos penais utilizados pelo Ministério Público no momento do oferecimento da denúncia; mantendo, dessa forma, as condutas descritas no campo da ilicitude penal. 2. Tipicidade e continuidade normativo-típica. Inexistente alteração substancial na descrição da conduta anteriormente narrada pelo novo tipo penal, que mantém a estrita correlação com as elementares anteriormente previstas pela lei revogada entre os crimes previstos no antigo art. 89 da Lei n. 8.666/93 e no atual art. 337-E do Código Penal. 3. Agravo Regimental a que se nega provimento" (STF, HC 225554 AgR, Rel. Min. Alexandre de Moraes, 1ª T., julgado em 25/04/2023, publicado em 27/04/2023).

Na hipótese mencionada no acórdão, a decisão é impecável. No denominado *princípio da continuidade normativo-típica* ocorre a manutenção do *caráter proibido da tipificação anterior*, apenas com o *deslocamento formal* do conteúdo criminoso para outro tipo penal contido em uma *lei posterior revogadora*, tácita ou expressamente, da tipificação anterior. O objetivo do legislador, nessa hipótese, não é excluir referida tipificação do ordenamento jurídico, mas aperfeiçoá-la, atualizá-la ou, inclusive, ampliar ou diminuir a sua abrangência, sem desnaturá-la, mantendo a sua natureza proibitória. Contudo, quando lei posterior visa ampliar sua abrangência ou agravar a sanção imposta, não é aplicável esse princípio, em razão da proibição de retroatividade de lei penal mais grave. Em outros termos, o legislador deseja que a conduta anterior *permaneça proibida (criminosa)*, ainda que em outro dispositivo legal, mesmo com pequena alteração material ou formal, desde que não a desfigure e não agrave a figura anterior. Mas essa transmutação não se confunde com a *abolitio criminis*, pois esta apenas revoga a anterior, excluindo-a do ordenamento jurídico.

Aplicar-se-á o *princípio da continuidade normativo-típica* mesmo quando a lei posterior revogadora *reduza a gravidade da infração penal anterior*, seja excluindo alguma elementar constitutiva do tipo penal, seja reduzindo simplesmente a própria sanção penal cominada. A vontade do legislador, nessa hipótese, além de manter a criminalização da mesma conduta, é garantir a proteção penal do bem jurídico afetado.

Por outro lado, a *continuidade normativo-típica* só pode ocorrer *com lei posterior revogadora da anterior*, ainda que parcialmente, mas que mantenha a tipificação da mesma conduta, inclusive com novas elementares constitutivas do tipo penal em outro dispositivo legal, desde que não agrave sua punição. Dito de outra forma, não pode haver hiato nenhum entre uma lei e outra (revogada e revogadora), ainda que seja de apenas um dia, porque, nessa hipótese, *entraria em vigor a revogação da lei anterior*, sendo inaplicável a lei nova a fatos anteriores à sua vigência, mesmo que entre em vigor apenas um dia pós haver cessado a vigência da anterior, porque isso implicaria a *retroatividade de lei penal incriminadora* para alcançar fato anterior à sua vigência.

Assim, na admissibilidade do denominado *princípio da continuidade normativo-típica* não há supressão do conteúdo penal de uma norma criminalizadora, isto é, da conduta tipificada em determinado tipo penal, e, por consequência, não se configura a *abolitio criminis*. O que ocorre, segundo essa "teoria", a rigor, é uma *migração do conteúdo da norma penal* para um novo tipo penal, mantendo-se, contudo, a *criminalização* da mesma conduta. Haveria, segundo o entendimento doutrinário-jurisprudencial dominante, apenas a *revogação formal do artigo*, permanecendo, porém, a *proibição penal* do mesmo fato típico, apenas em outro dispositivo legal acrescentado pela lei revogadora.

Contudo, na nossa ótica, essa questão não é assim tão simples, e não se aplica a todos os casos, como boa parte da doutrina e da própria jurisprudência dos tribunais pretende fazer crer. Admitimos essa *continuidade normativo-típica* somente em tese, na medida em que as condutas novas, que, digamos, substituem a conduta revogada, podem acrescentar novas elementares tipificadoras mais graves ou aumentar a sua punição e, assim, agravam a tipificação normativa anterior, esbarrando na irretroatividade do direito penal. Imagine-se, por exemplo, uma nova lei que redefina o crime de *sequestro e cárcere privado* (art. 148 do CP), revogando o conteúdo desse artigo, e inclua, em sua nova constituição típica, elementares como "com o emprego de arma" ou "mediante violência grave". Certamente, a inclusão de elementares típicas que agravem a conduta anterior, ou mesmo que ampliem a sua punição, impede, por si só, que se adote o denominado *princípio da continuidade normativo-típica*, ante a *irretroatividade de norma penal mais grave* (art. 5º, XL, da CF). A rigor, trata-se de *outra infração penal*, ainda que mantenha o mesmo *nomen iuris* e estrutura semelhante, mas a inclusão de elementares mais graves e com majoração de pena desnatura a infração anterior, não se podendo falar em *continuidade normativo-típica*. Porém, ainda que se possa sustentar que há continuidade normativo-típica, *ad argumentandum tantum*, ela não pode retroagir, posto que a inclusão de novas elementares constitutivas e da sua majoração demonstra a inexistência da propalada continuidade normativa, além de sua irretroatividade constituicional.

Esses aspectos *demandam uma reflexão teórica* mais acurada, pois não se apresenta como dogma inquestionável em um Estado Democrático de Direito, ao contrário do que parece ser o entendimento pacífico da maioria doutrinário-jurisprudencial, especialmente porque qualquer das duas circunstâncias — novas elementares típicas e/ou elevação da pena cominada — agrava a situação anterior, e ambas, ou qualquer delas, não podem retroagir por vedação legal (art. 1º do CP) e constitucional. E, convenhamos, tanto a inclusão de novas elementares típicas quanto a elevação da pena anteriormente prevista *não podem ter efeito retroativo*, como já demonstrado. E, nessas condições, a denominada *continuidade normativo-típica* é absolutamente inaplicável, porque de c*ontinuidade* não se trata, já que não há que se falar em *continuidade* do que não existia, *in caso*, de pena mais elevada e de elementar constitutiva do tipo inexistente na lei anterior.

Essa maior gravidade e maior punição são intoleráveis, não podendo retroagir para alcançar fatos passados, inclusive por expressa vedação constitucional (art. 5º, XXXIX e XL, da CF). Em outros termos, a denominada *continuidade normativo-típica* recomenda, no plano teórico, maior reflexão e, no plano prático, impede que se faça tábula rasa sobre essa questão, pelo contrário, como veremos adiante, o cotejamento deverá ser feito, criteriosamente, caso a caso. Uma coisa, contudo, é absolutamente certa: *lei penal mais grave jamais poderá retroagir* para atingir fatos anteriores à sua vigência, sem qualquer exceção, haja ou não a discutível continuidade típica (vide art. 1º do CP).

No âmbito jurisprudencial, o Superior Tribunal de Justiça também andou adotando o princípio da *continuidade normativo-típica*, embora nem sempre com acerto técnico-jurídico desejável. Referimo-nos especialmente a uma decisão relativa ao crime de *atentado violento ao pudor* que era previsto no art. 214 do CP, com cominação de pena de dois a sete anos de reclusão, o qual foi expressamente revogado pela Lei n. 12.015/2009. A redefinição operada por essa lei deslocou a conduta que era tipificada no art. 214 para uma das duas modalidades do crime de *estupro*, com punição excessivamente mais grave (art. 213). Certamente, nessa redefinição jurídica do crime previsto no art. 214 do CP houve *abolitio criminis* relativamente ao crime de *atentado violento ao pudor*, contrariamente ao entendimento esposado pelo colendo STJ no *Habeas Corpus* 217.531/SP, *com todas as vênias*. A rigor, a redefinição operada pela Lei n. 12.015/2009 não representou somente o deslocamento para uma das duas modalidades do crime de *estupro*, mas implementou-se uma figura muito mais grave e com pena muito superior, de seis a dez anos de reclusão, que não pode retroagir para alcançar fatos anteriores punidos com menor gravidade, como o revogado *atentado violento ao pudor*. Por isso, em hipóteses como essa, não há como, juridicamente, à luz do texto constitucional, sustentar a aplicação da *continuidade normativa típica*, ante a inegável ocorrência de *abolitio criminis*. Um Estado Democrático de Direito não pode ignorar garantias constitucionais para continuar punindo crimes revogados a nenhum pretexto e sob nenhuma interpretação supostamente salvadora do ordenamento jurídico, sob pena de virar ditadura judicial.

No entanto, a despeito dessa maior gravidade do novo tipo penal, que *não pode retroagir para aplicar-se a fatos anteriores*, o Superior Tribunal de Justiça admitiu como configurada a *continuidade normativa típica*, nos seguintes termos:

> "O delito de atentado violento ao pudor, antes tipificado no art. 214 do Código Penal, com a reforma introduzida na legislação penal, foi aglutinado no art. 213 do mesmo Código, não havendo falar em *abolitio criminis*. Precedentes do STJ e do STF. 3. Em respeito ao princípio da continuidade normativa, não há que se falar em *abolitio criminis* em relação ao delito do art. 214 do Código

Penal, após a edição da Lei n. 12.015/2009. Os crimes de estupro e de atentado violento ao pudor foram reunidos em um único dispositivo" (STJ, HC 238.917/SP, Rel. Min. Ribeiro Dantas, 5ª T., julgado em 14/3/2017, *DJe* de 22/3/2017).

No mesmo sentido:

"Apesar da revogação da Lei n. 8.666/93 pela Lei n. 14.133/2021, os crimes cometidos em prejuízo dos procedimentos licitatórios ou das contratações diretas realizadas pela Administração Pública não foram revogados. Especificamente em relação crime previsto no art. 89 da Lei n. 8.666/93, em continuidade típico-normativa, agora encontra-se em vigor no art. 337-E do Código Penal" (STJ, AgRg no HC 858.804/BA, Rel. Min. Messod Azulay Neto, 5ª T., julgado em 17/6/2024, *DJe* de 20/6/2024).

No entanto, no plano doutrinário, com o compromisso de levarmos ao público especializado o melhor entendimento, *venia concessa*, não há como subscrever esse entendimento do Tribunal da Cidadania, pela singela razão de que a Lei n. 12.015/2009 cominou uma pena de seis a dez anos de reclusão para o novo tipo penal (crime de estupro do art. 213), quando a pena cominada para o crime de *atentado violento ao pudor* era de dois a sete anos de reclusão. Nessas condições, por todo o exposto, é impossível a aplicabilidade da nova pena a fatos cometidos antes da vigência da nova lei, posto que essa punição mais grave não pode retroagir para atingir fatos anteriores à sua entrada em vigor. Não há como negar que, nessa hipótese, o Tribunal da Cidadania cometeu grave equívoco de interpretação, ao admitir a aplicabilidade do *princípio da continuidade normativo-típica*, pois a agravação da pena cominada pela lei nova é absolutamente inaplicável a fatos cometidos antes de sua entrada em vigor, ante o salutar princípio constitucional da *irretroatividade da lei penal mais grave* (art. 5º, XXXIX e XL, da CF), aliás, repetidos nos arts. 1º e 2º do Código Penal. Caso contrário, estaremos rasgando a nossa Carta Constitucional.

Em outros termos, as penas previstas para o crime de estupro, na dicção da Lei n. 12.015/2009, *não podem ser aplicadas retroativamente* ao revogado crime de atentado violento ao pudor (art. 214), porque, *como norma penal mais grave*, não pode retroagir para ser aplicada a fatos anteriores à sua vigência: uma coisa é a vedação constitucional expressa de aplicação retroativa de sanção penal mais grave, outra coisa, muito diferente, é a eventual interpretação doutrinário-jurisprudencial criando uma construção artificial para manter a punição de crime já revogado. Essa reengenharia interpretativa deve observar estritamente o princípio constitucional da irretroatividade da lei penal mais grave.

Ora, essa vedação constitucional (e legal) *impedindo a retroatividade de sanção penal mais grave*, inexistente na data do crime, é uma garantia dos Estados Democráticos de Direito, como é o Brasil, e objetiva, exatamente, evitar sua aplicação retroativa a fatos praticados antes da vigência da nova lei penal. E o cumprimento dessa garantia constitucional deve passar, necessariamente, pelo crivo do Poder Judiciário, que não tem o direito de flexibilizar a observância de garantias constitucionais, especialmente a *irretroatividade penal*, quer com a criação de novos crimes, quer com a aplicação de penas mais graves, inexistentes na data em que o fato criminoso foi praticado. Por isso, nessas hipóteses, é, repita-se, absolutamente inaplicável a construção doutrinário-jurisprudencial do *princípio da continuidade normativo-típica*, salvo nas hipóteses estritas em que não se caracterize efetiva retroatividade de lei penal mais grave.

Algo semelhante ocorreu com a tipificação, no Código Penal, da *apropriação indébita financeira*, na qual houve apenas uma transmutação de diplomas legais, mantendo-se a mesma criminalização. Nesse aspecto, o Supremo Tribunal Federal houve-se com absoluto acerto, aplicando corretamente o *princípio da continuidade normativo-típica*, nos seguintes termos:

> "*Abolitio Criminis*. Inocorrência. Princípio da continuidade normativo-típica. Precedentes. (...). 1. A jurisprudência desta Suprema Corte alinhou-se no sentido de que, nos moldes do princípio da continuidade normativo-típica, o art. 3º da Lei n. 9.983/2000 apenas transmudou a base legal de imputação do crime de apropriação indébita previdenciária para o Código Penal (art. 168-A), não tendo havido alteração na descrição da conduta anteriormente incriminada na Lei n. 8.212/90. (...)" (STF, AI 804.466 AgR/SP, 1ª T., Rel. Min. Dias Toffoli, j. 13-12-2011).

No mesmo sentido:

> "A revogação da lei penal não implica, necessariamente, descriminalização de condutas. Necessária se faz a observância ao princípio da continuidade normativo-típica, a impor a manutenção de condenações dos que infringiram tipos penais da lei revogada quando há, como *in casu*, correspondência na lei revogadora" (STF, HC 106.155/RJ, 1ª T., Rel. p/ acórdão Min. Luiz Fux, j. 4-10-2011).

3.1.2. Impossibilidade de aplicar-se o princípio da continuidade delitiva típica quando a lei revogadora tipificar crime mais grave

A questão que se deve colocar, de plano, é a (im)possibilidade de aplicar-se, ou não, o *princípio da continuidade delitiva típica* na revogação de uma *contravenção penal* por lei posterior que cria conduta similar, mas tipificando-a como crime. Essa questão, aparentemente simples, esbarra em um *dogma penal-constitucional* intransponível que impede a adoção do referido princípio: *a irretroatividade de lei penal mais grave* mesmo que se trate de dois crimes, com muito mais razão quando a infração revogada é mera contravenção penal. Como vimos anteriormente, o STJ convalidou essa condenação julgando *agravo regimental* do impetrante (no *Habeas Corpus* 680.738), que fora denunciado pela prática da *contravenção* prevista no art. 65 da Lei das Contravenções Penais (perturbação da tranquilidade), mas acabou sendo condenado pelo crime do art. 147-A. Esse novo crime (pena de seis meses a dois anos) foi incluído no Código Penal pela Lei n. 14.132, de 31 de março de 2021, que revogou, expressamente, a contravenção referida.

A nosso juízo, *venia concessa*, o Tribunal da Cidadania equivocou-se profundamente nesse julgamento ao aplicar retroativamente lei penal mais grave, violando não apenas o disposto no art. 1º do Código Penal, mas, também, *princípios constitucionais* que impedem a retroatividade de lei penal mais grave (art. 5º, XXXIX e XL), independentemente do argumento utilizado e/ou da autoridade do Tribunal que a aplique.

Poder-se-ia questionar argumentando-se que se trata de choque de dois princípios e que demandaria a aplicação do *conflito aparente de normas* para solucioná-lo. No entanto, não se trata de mero *aparente conflito de normas*, mas de um real e instransponível choque de normas de grandezas distintas e que não pode ser resolvido com mero conflito aparente de normas. Com efeito, esbarra-se em um dos mais sagrados princípios constitucionais de todos os tempos do direito penal constitucional, qual seja, o da *irretroatividade da lei penal mais grave*. Assim, qualquer tentativa de superá-lo, ignorá-lo, minimizá-lo ou relativizá-lo configurará grave infração constitucional, por violação a esse princípio histórico do direito penal da culpabilidade, sendo duplamente assegurado tanto em nossa Constituição Federal (incisos supramencionados) quanto no próprio Código Penal (arts. 1º e 2º).

Com efeito, o inciso XXXIX do art. 5º determina que "não há crime sem lei anterior que o defina, nem pena sem prévia cominação legal". Essa previsão não é apenas um *princípio constitucional*, mas um legado eternizado como a maior garantia penal constitucional para todos os tempos de qualquer democracia que se preze! Nenhuma constituição de qualquer Estado constitucional moderno pode dele abrir mão. E, não satisfeito com esse verdadeiro dogma constitucional, o constituinte brasileiro de 1988 o ratifica no inciso seguinte: "a lei penal não retroagirá, salvo para beneficiar o infrator" (inc. XL). Convenhamos, converter uma *contravenção* em crime prevista por lei posterior não beneficia réu nenhum! Logo, essa transformação de contravenção em crime não pode ser admitida, ainda mais retroativamente, sob a ótica tanto constitucional quanto legal, nos termos dos arts. 1º e 2º do CP. Postas essas questões, configura-se uma dupla barreira intransponível, legal e constitucional.

Como, então, pretender ignorar o *princípio constitucional da irretroatividade da lei penal*, mediante mera *interpretação jurisprudencial* ou construção puramente interpretativa, seja a que título for, para *assegurar* a aplicação da lei penal ou para não beneficiar eventual infrator, não importa. O dogma constitucional da *irretroatividade da lei penal mais grave* não admite exceções, equívocos ou qualquer ponderação, devendo ser cumprido estritamente, como garantia constitucional de qualquer cidadão. Na hipótese, a situação apresenta-se ainda mais grave, pela diferença absurda da gravidade da nova tipificação, transformando mera *contravenção penal* em crime com punição muito superior, prevista por lei posterior. Nunca, sob nenhum pretexto ou fundamento, pode-se converter fato anterior, menos grave — mera contravenção penal —, em crime mais grave, tipificado *retroativamente*, ao contrário do que, *in casu*, admitiu o Superior Tribunal de Justiça no julgamento do HC 680.738.

4. Lei intermediária e conjugação de leis

Problema interessante surge quando há uma sucessão de leis penais, e a mais favorável não é nem a lei do tempo do fato nem a última, mas uma intermediária, isto é, uma lei que não estava vigendo nem ao tempo do fato delitivo nem no momento da solução do caso. Um setor da doutrina considera que não pode ser aplicada a *lei intermediária*, pois a lei penal não se refere a ela expressamente, além do que não estava em vigor em nenhum momento essencial — nem no do fato nem no do julgamento[15]. Contudo, de acordo com os princípios gerais do Direito Penal intertemporal, deve-se aplicar a lei mais favorável. Se a lei intermediária for a mais favorável, deverá ser aplicada. Assim, a lei posterior, mais rigorosa, não pode ser aplicada pelo princípio geral da irretroatividade, como também não pode ser aplicada a lei da época do fato, mais rigorosa. Por princípio excepcional, só poderá ser aplicada a lei intermediária, que é a mais favorável. Nessa hipótese, a lei intermediária tem dupla extra-atividade: é, ao mesmo tempo, retroativa e ultra-ativa!

Finalmente, uma outra questão tormentosa a ser analisada no conflito intertemporal: na busca da lei mais favorável, é possível *conjugar os aspectos favoráveis* da lei anterior com os aspectos favoráveis da lei posterior?

Alguns autores da doutrina nacional e estrangeira opõem-se a essa possibilidade, porque isso representaria a criação de uma terceira lei, travestindo o juiz de legislador[16]. Bustos Ramirez[17], contrariamente, admite a combinação de leis no campo penal, pois, como afirma, nunca há uma lei estritamente completa, enquanto há leis especialmente incompletas, como é o caso da norma penal em branco; consequentemente, o juiz sempre está configurando uma terceira lei, que, a rigor, não passa de simples interpretação integrativa, admissível na atividade judicial, favorável ao réu. No mesmo sentido era o entendimento de Frederico Marques, segundo o qual, se é permitido escolher o "todo" para garantir tratamento mais favorável ao réu, nada impede que se possa selecionar parte de um todo e parte de outro, para atender a uma regra constitucional que deve estar acima de pruridos

---

15. Nesse sentido: Cerezo Mir, *Curso de Derecho Penal español*, Madrid, Tecnos, 1985, v. 1, p. 225; R. Mourullo, *Derecho Penal*, Madrid, Civitas, 1978, p. 136. Contra: Bustos Ramirez, *Manual de Derecho Penal*, 3ª ed., Barcelona, Ed. Ariel, 1987, p. 87; Cobo-Vives, *Derecho Penal*, p. 160; Anton Oneca, *Direito Penal...*, p. 107, pois o art. 24 não se opõe à aplicação da lei intermediária (referem-se ao Código espanhol).
16. Cerezo Mir, *Curso*, cit., v. 1, p. 224; R. Mourullo, *Derecho Penal*, cit., p. 411.
17. Bustos Ramirez, *Manual*, cit., p. 98.

de lógica formal[18]. Não era outro o entendimento do saudoso Assis Toledo, que professava: "Em matéria de direito transitório, não se pode estabelecer dogmas rígidos como esse da proibição da combinação de leis. Nessa área, a realidade é muito mais rica do que pode imaginar a nossa 'vã filosofia'... parece-nos que uma questão de direito transitório — saber que normas devem prevalecer para regular determinado fato, quando várias apresentam-se como de aplicação possível — só pode ser convenientemente resolvida com a aplicação dos princípios de hermenêutica, sem exclusão de qualquer deles. E se, no caso concreto, a necessidade de prevalência de certos princípios superiores conduzir à combinação de leis, não se deve temer este resultado desde que juridicamente valioso. Estamos pois de acordo com os que profligam, como regra geral, a alquimia de preceitos de leis sucessivas, quando umas se destinam a substituir as outras"[19].

A nosso juízo, esse é o melhor entendimento, que permite a combinação de duas leis, aplicando-se sempre os dispositivos mais benéficos. O Supremo Tribunal Federal teve oportunidade de examinar essa matéria e decidiu pela possibilidade da *conjugação de leis* para beneficiar o acusado[20].

Em outubro de 2013, no entanto, o STJ publicou, dentre outras, a Súmula 501, com o seguinte verbete: "É cabível a aplicação retroativa da Lei n. 11.343/2006, desde que o resultado da incidência das suas disposições, na íntegra, seja mais favorável ao réu do que o advindo da aplicação da Lei n. 6.368/1976, sendo vedada a combinação de leis". A única novidade nessa súmula limita-se ao seu final, qual seja, a vedação de conjugação de leis, para retirar seu conteúdo mais benéfico ao infrator. Estaria o STJ fazendo uma discriminação para a Lei de Tóxicos, isto é, limitando essa interpretação restritiva da conjugação de leis mais benéficas somente em relação a esse diploma legal (Lei n. 11.343/2006). A despeito de o texto mencionar expressamente referido diploma legal, acreditamos que o Tribunal da Cidadania estará ampliando sua interpretação restritiva para abranger outros diplomas legais.

Logicamente, por nossa colocação anterior, e na mesma linha daquela interpretação mencionada do STF (HC 69.033-5), discordamos de mais esse entendimento sumular do Superior Tribunal de Justiça. Mas esse é, desafortunadamente, o seu atual entendimento sumulado.

5. Leis excepcionais e temporárias

As leis excepcionais e temporárias são leis que vigem por período predeterminado, pois nascem com a finalidade de regular circunstâncias transitórias especiais

---

18. Frederico Marques, *Curso de Direito Penal*, São Paulo, Saraiva, 1954, v. 1, p. 192.
19. Francisco de Assis Toledo. *Princípios básicos de Direito Penal*, 4ª ed., São Paulo, Saraiva, 1991, p. 38.
20. HC 69.033-5, Rel. Min. Marco Aurélio, *DJU*, 13 mar. 1992, p. 2925.

que, em situação normal, seriam desnecessárias. *Leis temporárias* são aquelas cuja vigência vem previamente fixada pelo legislador, e são *leis excepcionais* as que vigem durante situações de emergência.

Dizia Grispigni, com acerto, que não devem ser confundidas as *leis temporárias* com o caráter contingente e transeunte que certas leis penais podem apresentar, caráter político-social que não diz respeito à natureza da lei[21]. As leis temporárias e excepcionais, nos termos do art. 3º do CP, têm ultratividade. Frederico Marques, analisando o conteúdo e a estrutura dessas leis, afirmava que "por ter sido elaborada em função de acontecimentos anormais, ou em razão de uma eficácia previamente limitada no tempo, não se pode esquecer que a própria tipicidade dos fatos cometidos sob seu império inclui o fator temporal como pressuposto da ilicitude punível ou da agravação da sanção"[22]. Em outros termos, a circunstância de o fato ter sido praticado durante o prazo fixado pelo legislador (temporária) ou durante a situação de emergência (excepcional) constitui elemento temporal do próprio fato típico.

Jescheck classifica como *uma exceção ao princípio da retroatividade da lei mais favorável* quando a lei anterior é uma *lei temporal*, pois "uma lei deste tipo é aplicável aos fatos puníveis praticados sob sua vigência, embora tenha deixado de viger (§ 2º, IV), pois a derrogação de uma lei temporal vem condicionada somente pelo desaparecimento do motivo que a originou e não por uma mudança na concepção jurídica. Caso contrário, a lei temporal perderia autoridade na medida em que fosse aproximando-se o termo final de sua vigência"[23].

Alguns autores brasileiros[24], embora reconhecendo a *conveniência* da exclusão da retroatividade de lei penal mais benéfica em relação às leis excepcionais e temporárias, têm sustentado a *inconstitucionalidade* do art. 3º do Código Penal, diante da previsão do art. 5º, XL, da CF, *in verbis*: "A lei penal não retroagirá, salvo para beneficiar o réu". Contudo, não estamos convencidos do acerto dessa interpretação. Referido dispositivo precisa ser analisado também em seu contexto histórico. Em primeiro lugar, não se pode esquecer que o *princípio da irretroatividade da lei penal* é uma conquista histórica do moderno Direito Penal, que se mantém prestigiado em todas as legislações modernas, como garantia fundamental do cidadão. Essa é a *regra geral* que o constituinte de 1988 apenas procurou elevar à condição de dogma constitucional. Em segundo lugar, deve-se destacar que o enunciado constitucional citado encerra duas premissas: 1ª) a

---

21. Filipo Grispigni, *Diritto Penale*, 2ª ed., Milano, 1947, v. 1, p. 358.
22. Frederico Marques, *Curso*, cit., v. 1.
23. Jescheck, *Tratado*, cit., p. 188. No mesmo sentido, Mezger, *Derecho Penal*; Parte General, México, Cardenas Editor e Distribuidor, 1985, p. 73; Pierangeli, *Escritos jurídico-penais*, São Paulo, Revista dos Tribunais, 1992, p. 166.
24. Paulo José da Costa Jr., *Curso de Direito Penal*, São Paulo, Saraiva, 1991, v. 1, p. 29.

irretroatividade da lei penal constitui-se na premissa maior, um princípio geral histórico elevado à condição de dogma constitucional; 2ª) a retroatividade da lei penal mais benéfica constitui-se na premissa menor, a exceção. Como se vê, o badalado dispositivo constitucional consagra uma regra geral e uma exceção: regra geral — irretroatividade da lei penal; exceção — retroatividade quando beneficiar o réu. Assim, como o que precisa vir expresso é a exceção e não a regra geral, não se pode exigir exceção da exceção para excluir da retroatividade benéfica as leis examinadas.

Nesse sentido era o entendimento de Frederico Marques[25], que sentenciava: "Entendida a lei temporária ou excepcional como descrição legal de figuras típicas onde o *tempus delicti* condiciona a punibilidade ou maior punibilidade de uma conduta, a sua ultra-atividade não atinge os princípios constitucionais de nosso Direito Penal intertemporal. A *lex mitior* que for promulgada ulteriormente para um crime que a lei temporária pune mais severamente não retroagirá porque as situações tipificadas são diversas". E prosseguia o saudoso mestre, afirmando que, nessas hipóteses, nem se poderá falar em *lex mitior*, que só existirá, efetivamente, se abranger no seu conteúdo normativo não só a conduta mas também as circunstâncias anômalas da lei excepcional ou temporária, que se acrescentam à ação para torná-la punível ou agravar a sua sanção.

Nos crimes permanentes ou continuados aplicar-se-á a lei posterior em vigor, desde que ainda perdure a permanência ou a continuidade, mas resultam impuníveis a continuidade dos atos precedentes à entrada em vigor da lei.

6. Retroatividade das leis penais em branco

Como vimos no capítulo anterior, a maioria das *leis penais incriminadoras* compõe-se de *normas completas*, integrais, possuindo *preceitos* e *sanções*. Há, contudo, algumas leis incompletas, com preceitos genéricos ou *indeterminados*, que precisam da complementação de outras normas, sendo conhecidas, por isso mesmo, como *leis penais em branco*. A delimitação e constitucionalidade das leis penais em branco sempre foi objeto de debate na doutrina em função do *princípio de legalidade e de reserva legal*. E, em virtude dessa problemática, surge uma questão inevitável: a lei penal em branco retroage ou não? Por outro lado, não seriam inconstitucionais as leis *penais em branco* estrito senso, isto é, aquelas complementadas por normas de categorias inferiores à lei ordinária, sem, portanto, passar pela elaboração do regular e devido *processo legislativo* (art. 22, I, da CF)? Aliás, não poucas vezes, essas normas inferiores surgem no bojo de simples portarias, regulamentos, resoluções etc., como ocorre, por exemplo, com a hipótese de *substância entorpecente e drogas afins*, ou, mais abrangentemente, com

---

25. Frederico Marques, *Curso*, cit., v. 1, p. 202.

as normativas do Banco Central e do Conselho Monetário Nacional relativamente aos crimes financeiros, particularmente, o de *evasão de divisas*.

Indiscutivelmente, referidos órgãos não têm legitimidade e tampouco *autorização constitucional* para elaborar leis com conteúdo incriminador, como vem ocorrendo desde as últimas décadas do século passado.

Primeiramente, precisamos discorrer sobre a questão da *retroatividade* das normas ditas integradoras ou complementadoras. O tema é profundamente controvertido, tanto na doutrina nacional quanto na estrangeira. Os argumentos são os mais variados em ambas as direções. A nosso juízo, contudo, a polêmica tem como fundamento maior a definição que se atribua a "lei penal em branco". Como pontificava Magalhães Noronha[26], a lei penal em branco não é destituída de preceito. Ela contém um comando, provido de sanção, de se obedecer ao complemento preceptivo que existe ou existirá em outra lei. Com efeito, a *lei penal em branco* válida é aquela que contém o núcleo essencial da conduta punível descrito no preceito primário da lei incriminadora, sob pena de violar o *princípio da reserva legal* de crimes e respectivas sanções (art. 1º do CP). Nesses termos, a *validez* da lei complementar decorre da *autorização* concedida pela *lei penal em branco*, como se fora uma espécie de *mandato*, devendo-se observar os seus estritos termos, cuja desobediência ofende o *princípio constitucional da legalidade*. Aliás, tratando-se de *lei penal em branco*, a própria denúncia do *Parquet* deve identificar qual lei complementar satisfaz a elementar exigida pela norma incriminadora, ou seja, deve constar da narrativa fático-jurídica qual lei desautoriza a prática da conduta imputada, sob pena de se revelar inepta, pois a falta de tal descrição impede a demonstração do aperfeiçoamento da adequação típica.

Do exposto, devemos diferenciar duas situações completamente distintas no momento de analisar a *retroatividade das leis penais em branco*: de um lado, os casos em que a lei penal incriminadora permanece, com seu preceito *sui generis* e sua sanção, modificando-se somente a *norma complementadora,* e, de outro, os casos em que a própria *lei penal incriminadora* é reformada ou revogada.

As mudanças ocorrem, de regra, na norma complementar. E, em relação a essa norma, continua perfeitamente válida a lição de Soler quando afirmava que "só influi a variação da norma complementar quando importe verdadeira alteração da *figura abstrata do Direito Penal,* e não mera circunstância que, na realidade, deixa subsistente a norma; assim, por exemplo, o fato de que uma lei tire de certa moeda o seu caráter, nenhuma influência tem sobre as condenações existentes por falsificação de moeda, pois não variou o objeto abstrato da tutela

---

26. Magalhães Noronha, *Direito Penal*, 2ª ed., São Paulo, 1963, v. 1, p. 48.

penal; não variou a norma penal que continua sendo idêntica"[27]. Mas, quando a alteração afeta a própria *lei penal incriminadora*, seja seu preceito primário, seja seu preceito secundário, então são válidas todas as considerações acerca da retroatividade e ultratividade da lei penal mais benigna.

Concluindo, as leis *penais em branco* não são revogadas em consequência da revogação de seus complementos. Tornam-se apenas temporariamente inaplicáveis por carecerem de elemento indispensável à configuração da tipicidade[28]. Recuperam, contudo, *validez e eficácia* com o surgimento de *nova norma integradora*, que, sendo mais grave, a nosso juízo, não pode retroagir para atingir fato praticado antes de sua existência.

Quanto à questionada *constitucionalidade* de normas complementares de outras, tidas como incompletas, pode-se afirmar, de plano, que o legislador deve agir com criteriosa cautela, *evitando eventual ampliação da conduta incriminada* na norma que pretende complementar. Não se pode esquecer, por outro lado, que a *norma integradora* não pode alterar ou ultrapassar os limites estabelecidos pelo preceito da *lei penal em branco*, que é a incriminadora. Sua função restringe-se a especificações e detalhamentos secundários, que podem ser transitórios, temporários e até fugazes. Se a *norma complementar*, especialmente se tiver cunho ou natureza administrativa, ultrapassar o "claro da lei penal" (criando, ampliando ou agravando o comando legal), como já afirmamos, estará violando o *princípio nullum crimen nulla poena sine lege*, e, por consequência, desrespeitando o princípio constitucional da reserva legal (art. 5º, XXXIX, da CF). Logo, estar-se-á diante de *norma complementadora flagrantemente inconstitucional*, não por ser norma integradora, mas por ultrapassar os limites que lhe são reservados como tal, alterando o comando legal, que é exclusivo da lei incriminadora (elaborada pelo Congresso Nacional, sob o crivo do devido processo legislativo), mesmo carente de complemento normativo. Não se trata de *insegurança jurídica* ou indeterminação, mas de violação mesmo da garantia constitucional dos *princípios da legalidade e da tipicidade estrita*, que ficariam altamente comprometidos.

7. Retroatividade e lei processual

A lei processual não se submete ao princípio da *extra-atividade* da lei penal mais benéfica (ultratividade e retroatividade). É pacífico o entendimento doutrinário-jurisprudencial de que, em matéria processual, vige o princípio *tempus regit actum*, que se relaciona aos atos do processo, ao contrário do princípio

---

27. Soler, *Derecho Penal argentino*, cit., p. 193.
28. João Mestieri, *Teoria elementar do Direito Criminal*; Parte Geral, Rio de Janeiro, Editora do Autor, 1990, p. 109.

tempus comissi delicti, que está relacionado ao fato delitivo[29]. Isso implica afirmar que a nova lei processual aplica-se de imediato, sem efeito retroativo, respeitando-se, portanto, a validade dos atos praticados sob a vigência da lei processual anterior.

Entende-se, no âmbito do *direito intertemporal*, como lei processual aquela que disciplina o processo e o procedimento, sem relação direta com o direito de punir do Estado. É bom frisar que o princípio *tempus regit actum* aplica-se, sem exceção, tão somente às normas que regem a realização dos atos processuais, isto é, as que se destinam a regular a formalização processual e a organização judiciária, *lato sensu*. Em qualquer caso em que uma lei dita processual, posterior à prática do crime, determine a diminuição de garantias ou de direitos fundamentais ou implique qualquer forma de restrição da liberdade, não terá vigência o princípio *tempus regit actum*, aplicando-se, nessas hipóteses, a legislação vigente na época do crime. Isso pode ocorrer, por exemplo, em matéria de prescrição, prisão preventiva, prisão provisória etc.

O princípio da irretroatividade da lei penal limita-se às *normas penais de caráter material*, entre as quais se incluem aquelas que de qualquer modo atingem algum direito fundamental do cidadão ou restringem sua liberdade, como é o caso das que proíbem a liberdade provisória, tornam crimes inafiançáveis etc., ao contrário do que entendeu a 2ª Turma do Supremo Tribunal Federal no HC 71.009[30], referindo-se à proibição de liberdade provisória. O fato de o STF, por uma de suas turmas, ter admitido, circunstancialmente, a retroatividade de norma semelhante não altera sua natureza jurídica, ou seja, norma que *proíbe a liberdade provisória* é de direito material, a despeito dessa decisão do STF, que, episodicamente, invocou razões de política criminal para fundamentar, dentre outras, tal decisão.

Sustentamos, finalmente, que também são alcançadas pela *irretroatividade* aquelas normas conhecidas como *híbridas*[31], na expressão de Claus Roxin, ou seja, leis penais que disciplinam matéria tanto de natureza penal quanto de natureza processual penal; aliás, é irrelevante a natureza — material ou processual — das *normas penais repressivas* para esse efeito, pois toda e qualquer norma penal que cause algum gravame na situação do agente é, por determinação constitucional, irretroativa. Nesses termos, decisão sobre sua natureza, se processual ou penal material, não passa de reflexão meramente acadêmica, que não tem o condão de alterar sua essência. Em sentido semelhante, o STF reconheceu que uma lei penal híbrida — a qual passou a exigir representação da vítima como

---

29. Cobo e Vives Antón, *Derecho Penal*, 3ª ed., Valencia, Tirant lo Blanch, 1991, p. 162 — ver último parágrafo.
30. Publicado no *DJU* de 17-6-1994.
31. Claus Roxin, *Derecho Penal*, p. 164-5.

condição de procedibilidade no crime de estelionato (art. 171, § 5º do CP) — deveria retroagir, por ser mais benéfica ao acusado:

> "A expressão 'lei penal' contida no art. 5º, inciso XL, da Constituição Federal é de ser interpretada como gênero, de maneira a abranger tanto leis penais em sentido estrito quanto leis penais processuais que disciplinam o exercício da pretensão punitiva do Estado ou que interferem diretamente no *status* libertatis do indivíduo. 3. O § 5º do art. 171 do Código Penal, acrescido pela Lei n. 13.964/2019, ao alterar a natureza da ação penal do crime de estelionato de pública incondicionada para pública condicionada à representação como regra, é norma de conteúdo processual-penal ou híbrido, porque, ao mesmo tempo em que cria condição de procedibilidade para ação penal, modifica o exercício do direito de punir do Estado ao introduzir hipótese de extinção de punibilidade, a saber, a decadência (art. 107, inciso IV, do CP). 4. Essa inovação legislativa, ao obstar a aplicação da sanção penal, é norma penal de caráter mais favorável ao réu e, nos termos do art. 5º, inciso XL, da Constituição Federal, deve ser aplicada de forma retroativa a atingir tanto investigações criminais quanto ações penais em curso até o trânsito em julgado" (STF, HC 180421 AgR, Rel. Min. Edson Fachin, 2ª T., julgado em 22/06/2021, publicado em 06/12/2021).

Em outros termos, toda lei penal, seja de natureza processual, seja de natureza material, que, de alguma forma, *amplie* as garantias de liberdade do indivíduo, *reduza* as proibições e, por extensão, as consequências negativas do crime, seja ampliando o campo da licitude penal, seja abolindo tipos penais, seja refletindo nas excludentes de criminalidade ou mesmo nas dirimentes de culpabilidade, é considerada *lei mais benigna*, digna de receber, quando for o caso, os atributos da *retroatividade* e da própria *ultra-atividade* penal. Por outro lado, toda lei penal (material ou processual) que, de alguma forma, *represente um gravame aos direitos de liberdade*, que agrave as consequências penais diretas do crime, *criminalize* condutas, *restrinja* a liberdade, provisoriamente ou não, *reduza* os meios de defesa, *simplifique* os procedimentos penais, ou *limite* a produção de provas, caracteriza *lei penal mais grave* e, consequentemente, *não pode retroagir*.

Quando, por fim, *restar dúvida* insuperável sobre qual das normas aplicáveis é a mais *benéfica*, sustentamos que a melhor solução será ouvir o próprio interessado, isto é, aquele que sofrerá as consequências da lei penal, devidamente assistido por seu defensor. No direito comparado, encontramos solução semelhante no Código Penal espanhol (art. 2º, 2, da Ley Orgánica 10/95).

8. Tempo do crime

Seguindo a orientação do Código Penal português, a Reforma Penal de 1984 define expressamente o tempo do crime: "Art. 4º Considera-se praticado o crime no momento da ação ou omissão, ainda que outro seja o momento do resultado".

Adota-se, assim, a *teoria da atividade*, pois é nesse momento que o indivíduo exterioriza a sua vontade violando o preceito proibitivo. Isso evita o absurdo de uma conduta, praticada licitamente sob o império de uma lei, poder ser considerada crime, em razão de o resultado vir a produzir-se sob o império de outra lei incriminadora. O Código, implicitamente, adota algumas exceções à teoria da atividade, como, por exemplo: o marco inicial da prescrição abstrata começa a partir do dia em que o crime se consuma; nos crimes permanentes, do dia em que cessa a permanência; e nos de bigamia, de falsificação e alteração de assentamento do registro civil, da data em que o fato se torna conhecido (art. 111).

8.1. Retroatividade da lei penal mais grave em crime "continuado" ou "permanente": Súmula 711 do STF

Equiparando o tratamento do *crime continuado* e do *crime permanente*, o Supremo Tribunal Federal editou a Súmula 711 com o seguinte conteúdo: "A lei penal mais grave aplica-se ao crime continuado ou ao crime permanente, se a sua vigência é anterior à cessação da continuidade ou da permanência".

Considerando que *crime continuado* e *crime permanente* são institutos distintos, *equipará-los*, especialmente para ampliar a punibilidade de ambos, é uma opção de alto risco, ferindo princípios sagrados, como o da *irretroatividade da lei penal mais grave*. O *crime permanente* é uma entidade jurídica única, cuja execução alonga-se no tempo, e é exatamente essa característica, isto é, manter-se por algum período mais ou menos longo, realizando-se no plano fático (e esse fato exige a mantença do elemento subjetivo, ou seja, do dolo), que se justifica que sobrevindo lei nova, mesmo mais grave, tenha aplicação imediata, pois o fato, em sua integralidade, ainda está sendo executado. É necessário, convém destacar, que entre em vigor o novo diploma legal mais grave antes de cessar a *permanência* da infração penal, isto é, antes de cessar a sua execução.

Mas o que acabamos de dizer nada tem que ver com o princípio constitucional da *irretroatividade da lei penal* mais grave (art. 5º, XL, da CF), pois se trata, em verdade, da incidência imediata de lei nova a fato que está acontecendo no momento de sua entrada em vigor. Assim, não é a *lei nova* que *retroage*, mas o *caráter permanente* do fato delituoso, que se protrai no tempo, e acaba recebendo a incidência legal em parte de sua execução e a expande para toda sua fase executória; nesse entendimento, repita-se, não há nenhuma contradição e tampouco violação ao mandamento constitucional, pois não se poderá pretender que apenas um *fragmento da conduta* (realizado sob o império da nova lei) seja punido pela lei atual, deixando o restante para a lei anterior, na medida em que o crime realmente é único e não havia se consumado. Nesse particular, não merece qualquer reparo a Súmula 711 do STF.

Contudo, apresentamos seriíssimas restrições à indigitada Súmula 711, relativamente à entidade *crime continuado*, na medida em que não se pode confundir alhos com bugalhos: nunca se poderá perder de vista que o instituto do *crime continuado* é integrado por diversas ações, cada uma em si mesma criminosa, que a lei considera, por motivos de política criminal, como um crime único. Não se pode esquecer, por outro lado, que "o crime continuado é uma *ficção jurídica* concebida por razões de política criminal, que considera que os crimes subsequentes devem ser tidos como continuação do primeiro, estabelecendo, em outros termos, um tratamento unitário a uma pluralidade de atos delitivos, determinando uma forma especial de puni-los"[32]. Admitir, como pretende a Súmula 711 do STF, a *retroatividade de lei penal mais grave* para atingir *fatos praticados antes de sua vigência*, não só viola o *secular princípio da irretroatividade da lei penal*, como ignora o fundamento da *origem do instituto do crime continuado*, construído pelos glosadores e pós-glosadores, qual seja, o de *permitir que os autores do terceiro furto pudessem escapar da pena de morte*[33]. Com efeito, a longa elaboração dos glosadores e pós-glosadores teve a finalidade exclusiva de beneficiar o infrator e jamais prejudicá-lo. E foi exatamente esse mesmo fundamento que justificou o disposto no art. 5º, XL, da Constituição Federal: *a lei penal não retroagirá, salvo para beneficiar o infrator*. Não se pretenderá, certamente, insinuar que o enunciado da Súmula 711 do STF relativamente ao crime continuado beneficia o infrator!

Por certo, mesmo no Brasil de hoje, ninguém ignora que o *crime continuado* é composto por mais de uma ação em si mesmas criminosas, praticadas em momentos, locais e formas diversas, que, por *ficção jurídica*, são consideradas crime único, tão somente para efeitos de dosimetria penal. O texto da Súmula 711, determinando a *aplicação retroativa de lei penal mais grave*, para a hipótese de crime continuado, estará impondo pena (mais grave) inexistente na data do crime para aqueles fatos cometidos antes de sua vigência. Por outro lado, convém destacar que o art. 119 do Código Penal determina que, em se tratando de concurso de crimes, a *extinção da punibilidade* incidirá em cada um dos crimes, isoladamente. Essa previsão resta prejudicada se for dada eficácia plena à indigitada Súmula 711. Nesse sentido, já se havia pacificado o entendimento do Superior Tribunal de Justiça, consoante se pode perceber do seguinte aresto: "Consolidado o entendimento de que, no crime continuado, o termo inicial da

---

32. Cezar Roberto Bitencourt, *Tratado de Direito Penal*, 29ª ed., São Paulo, Saraiva, 2023, v. 1, p. 851.
33. Zagrebelski, *Reato continuato*, 2ª ed., Milano, 1976, p. 8: o "*statuto di Valsassina* de 1343" estabeleceu a pena de morte para o terceiro furto.

prescrição é considerado em relação a cada delito componente, isoladamente"[34]. Também é esse o entendimento do STJ até os dias de hoje: "Tratando-se de vários fatos praticados em continuidade delitiva, e considerando-se que a prescrição incide sobre a pena de cada crime isoladamente, nos termos do art. 119 do Código Penal, tem-se que a prescrição de parte dos delitos não enseja a dos demais, que não foram alcançados pelo prazo prescricional"[35]. Dessa forma, aplicando-se retroativamente a lei posterior mais grave, alterar-se-á, consequentemente, o lapso prescricional dos fatos anteriores, afrontando o princípio da reserva legal.

Enfim, a nosso juízo, *venia concessa*, é inconstitucional a Súmula 711, editada pelo Supremo Tribunal Federal, no que se refere ao *crime continuado*.

---

[34]. RHC 6.502/MG, 5ª T., Rel. José Dantas, j. 5-2-1998, v. u.
[35]. STJ, AgRg no HC 811.018/GO, Rel. Min. Reynaldo Soares da Fonseca, 5ª T., julgado em 25/4/2023, *DJe* de 28/4/2023.

LEI PENAL NO ESPAÇO   X

Sumário: 1. Princípios dominantes. 2. Conceito de território nacional. 3. Lugar do crime. 4. Extraterritorialidade. 5. Lei penal em relação às pessoas. 5.1. Imunidade diplomática. 5.2. Imunidade parlamentar. 5.3. Da imunidade parlamentar a partir da Emenda Constitucional n. 35/2001. 5.4. A imunidade processual e prisional. 6. Extradição. 6.1. Conceito e espécies de extradição. 6.2. Princípios e condições da extradição. 6.3. Requisitos para a concessão de extradição. 6.4. Procedimento do processo de extradição. 6.5. Limitações à extradição. 7. Deportação e expulsão. 8. O Tribunal Penal Internacional. 8.1. Tribunal Penal Internacional, prisão perpétua e princípio de humanidade. 9. Controle jurisdicional de convencionalidade das leis.

1. Princípios dominantes

A lei penal, em decorrência do princípio de soberania, vige em todo o território de um Estado politicamente organizado. No entanto, pode ocorrer, em certos casos, para um combate eficaz à criminalidade, a necessidade de que os efeitos da lei penal ultrapassem os limites territoriais para regular fatos ocorridos além de sua soberania, ou, então, a ocorrência de determinada infração penal pode afetar a ordem jurídica de dois ou mais Estados soberanos. Surge, assim, a necessidade de limitar a eficácia espacial da lei penal, disciplinando qual lei deve ser aplicada em tais hipóteses.

A aplicação da lei penal no espaço é regida pelos seguintes princípios[1]:

a) *Princípio da territorialidade*

Pelo princípio da territorialidade, aplica-se a lei penal brasileira aos fatos puníveis praticados no território nacional, independentemente da nacionalidade do agente, da vítima ou do bem jurídico lesado. A lei brasileira adota essa diretriz como regra geral, ainda que de forma atenuada ou temperada (art. 5º, *caput*, do CP), uma vez que ressalva a validade de convenções, tratados e regras internacionais.

O princípio da territorialidade é a principal forma de delimitação do âmbito de vigência da lei penal. O fundamento desse princípio é a *soberania política* do Estado, que, segundo Juarez Cirino dos Santos, apresenta três caracteres: "a

---

1. Jiménez de Asúa, *Tratado de Derecho Penal*, 3ª ed., Buenos Aires, Losada, 1964, v. 2, p. 750 e s.

plenitude, como totalidade de competências sobre questões da vida social; a *autonomia*, como rejeição de influências externas nas decisões sobre essas questões; e a *exclusividade*, como monopólio do poder nos limites de seu território"[2].

b) *Princípio real, de defesa ou de proteção*

Esse princípio permite a extensão da jurisdição penal do Estado titular do bem jurídico lesado, para além dos seus limites territoriais, fundamentado na nacionalidade do bem jurídico lesado (art. 7º, I, do CP), independentemente do local em que o crime foi praticado ou da nacionalidade do agente infrator. Protege-se, assim, determinados bens jurídicos que o Estado considera fundamentais.

Em tempos de "economia global", os interesses nacionais têm sido violados, desrespeitados e, às vezes, até ultrajados no estrangeiro, com grande frequência. Por isso, esse princípio adquire grande importância na seara do *Direito Penal no espaço*, ante a necessidade de o Estado, cada vez mais, proteger seus interesses além-fronteiras.

c) *Princípio da nacionalidade ou da personalidade*

Aplica-se a lei penal da nacionalidade do agente, pouco importando o local em que o crime foi praticado. O Estado tem o direito de exigir que o seu nacional no estrangeiro tenha determinado comportamento. Esse princípio pode apresentar-se sob duas formas: *personalidade ativa* — caso em que se considera somente a nacionalidade do autor do delito (art. 7º, II, *b*, do CP); *personalidade passiva* — nesta hipótese importa somente se a vítima do delito é nacional (art. 7º, § 3º, do CP).

Esse princípio tem por objetivo impedir a impunidade de nacionais por crimes praticados em outros países, que não sejam abrangidos pelo critério da territorialidade.

d) *Princípio da universalidade ou cosmopolita*

Por esse princípio, as leis penais devem ser aplicadas a todos os homens, onde quer que se encontrem. Esse princípio é característico da cooperação penal internacional, porque permite a punição, por todos os Estados, de todos os crimes que forem objeto de tratados e de convenções internacionais. Aplica-se a lei nacional a todos os fatos puníveis, sem levar em conta o lugar do delito, a nacionalidade de seu autor ou do bem jurídico lesado (ex.: art. 7º, II, *a*, do CP). A competência aqui é firmada pelo critério da prevenção.

Segundo João Mestieri, "o fundamento desta teoria é ser o crime um mal universal, e por isso todos os Estados têm interesse em coibir a sua prática e proteger os bens jurídicos da lesão provocada pela infração penal"[3].

---

2. Juarez Cirino dos Santos, *Direito Penal*, Rio de Janeiro, Forense, 1985, p. 47.
3. João Mestieri, *Teoria elementar de Direito Criminal*; Parte Geral, Rio de Janeiro, Editora do Autor, 1990, p. 117.

e) *Princípio da representação ou da bandeira*

Trata-se de um princípio subsidiário, e, quando houver deficiência legislativa ou desinteresse de quem deveria reprimir, aplica-se a lei do Estado em que está registrada a embarcação ou a aeronave ou cuja bandeira ostenta aos delitos praticados em seu interior (art. 7º, II, *c*, do CP)[4].

f) *Princípios adotados pelo Código Penal brasileiro*

O Código Penal brasileiro adotou, como regra, o *princípio da territorialidade* e, como exceção, os seguintes princípios: a) real ou de proteção (art. 7º, I e § 3º); b) universal ou cosmopolita (art. 7º, II, *a*); c) nacionalidade ativa (art. 7º, II, *b*); d) nacionalidade passiva (art. 7º, § 3º); e) representação (art. 7º, II, *c*).

2. Conceito de território nacional

O conceito de território nacional, em sentido jurídico, deve ser entendido como âmbito espacial sujeito ao poder soberano do Estado[5]. "O território nacional — efetivo ou real — compreende: a superfície terrestre (solo e subsolo), as águas territoriais (fluviais, lacustres e marítimas) e o espaço aéreo correspondente. Entende-se, ainda, como sendo território nacional — por extensão ou flutuante — as embarcações e as aeronaves, por força de uma ficção jurídica"[6]. Em sentido estrito, território abrange solo (e subsolo) contínuo e com limites reconhecidos, águas interiores, mar territorial (plataforma continental) e respectivo espaço aéreo[7].

Não há nenhuma dificuldade na delimitação do território quando se trata de solo ocupado, sem solução de continuidade e com limites reconhecidos. Algumas dificuldades podem surgir quando os limites internacionais são representados por montanhas ou rios. Quando os limites são fixados por *montanhas* dois critérios podem ser utilizados: o da linha das *cumeadas* e o do *divisor de águas*. Quando os limites fronteiriços entre dois países forem fixados por um rio, no caso internacional, podem ocorrer as seguintes situações: a) quando o rio pertencer a um dos Estados, a fronteira passará pela margem oposta; b) quando o rio pertencer aos dois Estados há duas soluções possíveis: 1) a divisa pode ser uma *linha mediana* do leito do rio, determinada pela equidistância das margens; 2) a divisa acompanhará a linha de maior profundidade do rio, conhecida como *talvegue*.

---

4. Jescheck, *Tratado de Direito Penal*, p. 226.
5. Jiménez de Asúa, *Tratado*, cit., v. 2, p. 771; Fragoso, *Lições de Direito Penal*; Parte Geral, Rio de Janeiro, Forense, 1985, p. 114; Antonio José Fabrício Leiria, *Teoria e aplicação da lei penal*, p. 102.
6. Luiz Régis Prado e Cezar Roberto Bitencourt, *Elementos de Direito Penal*; Parte Especial, São Paulo, Revista dos Tribunais, 1995, v. 1.
7. Mirabete, *Manual de Direito Penal*, São Paulo, Atlas, 1990, v. 1, p. 73.

Nada impede, no entanto, que um rio limítrofe de dois Estados seja *comum* aos dois países. Nesse caso, o rio será *indiviso*, cada Estado exercendo normalmente sua soberania sobre ele. Em princípio, os mesmos critérios que acabamos de enunciar são aplicáveis quando os limites territoriais ocorrerem através de lago ou lagoa. Normalmente, o divisor é determinado por uma linha imaginária equidistante das margens.

O *mar territorial* constitui-se da faixa ao longo da costa, incluindo o leito e o subsolo, respectivos, que formam a plataforma continental. Os governos militares, ignorando os limites do alcance de seu arbítrio, estabeleceram os limites do *mar territorial brasileiro* em 200 milhas, a partir da baixa-mar do litoral continental e insular (Decreto-lei n. 1.098/70). De um modo geral os demais países nunca chegaram a admitir as duzentas milhas, limitando-se a reconhecer o domínio sobre as 12 milhas marítimas. Aliás, as 12 milhas acabaram sendo, finalmente, fixadas pela Lei n. 8.617, de 4 de janeiro de 1993.

Os navios podem ser *públicos* ou *privados*. *Navios públicos* são os de guerra, os em serviços militares, em serviços públicos (polícia marítima, alfândega etc.), e aqueles que são colocados a serviço de Chefes de Estados ou representantes diplomáticos. *Navios privados*, por sua vez, são os mercantes, de turismo etc. Os *navios públicos*, independentemente de se encontrarem em mar territorial brasileiro, mar territorial estrangeiro ou em alto-mar, são considerados *território nacional*. Por isso, qualquer crime cometido dentro de um desses navios, indiferentemente de onde se encontrem, deverá ser julgado pela Justiça brasileira (art. 5º, § 1º, 1ª parte). Pela mesma razão, os crimes praticados em navios públicos estrangeiros, em águas territoriais brasileiras, serão julgados de acordo com a lei da bandeira que ostentem. No entanto, o marinheiro de um navio público que descer em um porto estrangeiro e lá cometer um crime será processado de acordo com a lei local, e não segundo a lei do Estado a que pertence seu navio.

Os *navios privados* têm um tratamento diferente: a) quando em alto-mar, seguem a lei da bandeira que ostentam; b) quando estiverem em portos ou mares territoriais estrangeiros, seguem a lei do país em que se encontrem (art. 5º, § 1º, 2ª parte).

O espaço aéreo, que também integra o conceito de território nacional, é definido por três teorias: a) absoluta liberdade do ar — nenhum Estado domina o ar, sendo permitido a qualquer Estado utilizar o espaço aéreo, sem restrições; b) soberania limitada ao alcance das baterias antiaéreas — representaria, concretamente, os limites do domínio do Estado; c) soberania sobre a coluna atmosférica — o país subjacente teria domínio total sobre seu espaço aéreo, limitado por linhas imaginárias perpendiculares, incluindo o mar territorial.

O Código Brasileiro de Aeronáutica, com as modificações do Decreto n. 34/67, adota a teoria da soberania sobre a coluna atmosférica. As *aeronaves*, a exemplo dos navios, também podem ser públicas e privadas. E a elas aplicam-se os mesmos princípios examinados quanto aos navios (art. 5º, §§ 1º e 2º).

3. Lugar do crime

Nem sempre será fácil apurar o lugar do crime, tarefa importante para possibilitar a adoção do princípio da territorialidade, suas exceções, e definir, enfim, os demais princípios reguladores de competência e jurisdição.

Algumas teorias procuram precisar o *locus commissi delicti*:

a) *Teoria da ação ou da atividade* — Lugar do delito é aquele em que se realizou a conduta típica. O defeito dessa teoria reside na exclusão da atuação do Estado em que o bem jurídico tutelado foi atingido e, à evidência, onde o delito acabou produzindo os seus maiores efeitos nocivos.

b) *Teoria do resultado ou do evento* — Lugar do delito é aquele em que ocorreu o evento ou o resultado, isto é, onde o crime se consumou, pouco importando a ação ou intenção do agente. A crítica a essa teoria reside na exclusão da atuação do Estado onde a ação se realizou, que tem justificado interesse na repressão do fato.

c) *Teoria da intenção* — Lugar do delito é aquele em que, segundo a intenção do agente, devia ocorrer o resultado. A insuficiência dessa teoria manifesta-se nos crimes culposos e preterdolosos[8].

d) *Teoria do efeito intermédio ou do efeito mais próximo* — Lugar do delito é aquele em que a energia movimentada pela atuação do agente alcança a vítima ou o bem jurídico.

e) *Teoria da ação a distância ou da longa mão* — Lugar do delito é aquele em que se verificou o ato executivo.

f) *Teoria limitada da ubiquidade* — Lugar do delito tanto pode ser o da ação como o do resultado.

g) *Teoria pura da ubiquidade, mista ou unitária* — Lugar do crime tanto pode ser o da ação como o do resultado, ou ainda o lugar do bem jurídico atingido[9]. Essa é a teoria adotada pelo Direito brasileiro: "Considera-se praticado o crime no lugar em que ocorreu a ação ou a omissão, no todo ou em parte, bem como onde se produziu ou deveria produzir-se o resultado" (art. 6º do CP).

Com a doutrina mista evita-se o inconveniente dos conflitos negativos de jurisdição (o Estado em que ocorreu o resultado adota a teoria da ação e vice-versa) e soluciona-se a questão do crime a distância, em que a ação e o resultado realizam-se em lugares diversos. A eventual duplicidade de julgamento é

---

8. Wiliam Wanderley Jorge, *Curso de Direito Penal*; Parte Geral, 6ª ed., Rio de Janeiro, Forense, 1986, p. 156.
9. Nélson Hungria, *Comentários ao Código Penal*, Rio de Janeiro, Forense, 1978, v. 1, p. 133-5.

superada pela regra constante do art. 8º do Código Penal, que estabelece a compensação de penas, uma modalidade especial de detração penal.

Por fim, a definição do *lugar do crime*, contida no referido art. 6º, deixa uma possível lacuna, quando, por exemplo, se produzir no território brasileiro "parte" do resultado, e a ação ou omissão tenha sido praticada fora do território nacional e o agente não tenha pretendido que o resultado aqui se produzisse. Ocorre que o texto legal refere-se a "parte" da ação ou omissão, mas não faz o mesmo em relação ao resultado, e "parte" do resultado não se pode confundir com todo este.

4. Extraterritorialidade

As situações de aplicação extraterritorial da lei penal brasileira estão previstas no art. 7º e constituem exceções ao princípio geral da territorialidade (art. 5º). As hipóteses são as seguintes: a) *extraterritorialidade incondicionada*; b) *extraterritorialidade condicionada*.

a) *Extraterritorialidade incondicionada* — Aplica-se a lei brasileira sem qualquer condicionante (art. 7º, I, do CP), na hipótese de crimes praticados fora do território nacional, ainda que o agente tenha sido julgado no estrangeiro (art. 7º, I, do CP), com fundamento nos princípios de defesa (art. 7º, I, *a, b* e *c*, do CP) e da universalidade (art. 7º, I, *d*, do CP). Os casos de *extraterritorialidade incondicional* referem-se a crimes: 1) *contra a vida ou a liberdade do Presidente da República*; 2) *contra o patrimônio ou a fé pública da União, do Distrito Federal, de Estado, Território, Município, empresa pública, sociedade de economia mista, autarquia ou fundação instituída pelo Poder Público*; 3) *contra a administração pública, por quem está a seu serviço*; 4) *de genocídio, quando o agente for brasileiro ou domiciliado no Brasil*.

A importância dos bens jurídicos, objeto da proteção penal, justifica, em tese, essa *incondicional* aplicação da lei brasileira. Nesses crimes, o Poder Jurisdicional brasileiro é exercido independentemente da concordância do país onde o crime ocorreu. É desnecessário, inclusive, o ingresso do agente no território brasileiro, podendo, no caso, ser julgado à revelia. A circunstância de o *fato ser lícito* no país onde foi praticado ou se encontrar *extinta a punibilidade* será irrelevante. A excessiva preocupação do direito brasileiro com a punição das infrações relacionadas no inciso I do art. 7º levou à consagração de um injustificável e odioso *bis in idem*, nos termos do § 1º do mesmo dispositivo, que dispõe: "*Nos casos do inciso I, o agente é punido segundo a lei brasileira, ainda que absolvido ou condenado no estrangeiro*"[10]. Nenhum Estado Democrático de Direito pode ignorar o *provimento jurisdicional* de outro Estado Democrático de Direito, devendo, no

---

10. José Cirilo de Vargas, *Instituições de Direito Penal*; Parte Geral, Belo Horizonte, Del Rey, 1997, t. 1, p. 128.

mínimo, *compensar* a sanção aplicada no estrangeiro, mesmo que de natureza diversa. Menos mal que o disposto no art. 8º corrige, de certa forma, essa anomalia, prevendo a compensação da pena cumprida no estrangeiro.

b) *Extraterritorialidade condicionada* — Aplica-se a lei brasileira quando satisfeitos certos requisitos (art. 7º, II e §§ 2º e 3º, do CP), com base nos princípios da universalidade (art. 7º, II, *a*, do CP), da personalidade (art. 7º, II, *b*, do CP), da bandeira (art. 7º, II, *c*, do CP) e da defesa (art. 7º, § 3º, do CP). As hipóteses de *extraterritorialidade condicionada* referem-se a crimes: 1) *que, por tratado ou convenção, o Brasil obrigou-se a reprimir*; 2) *praticados por brasileiros*; 3) *praticados em aeronaves ou em embarcações brasileiras, mercantes ou de propriedade privada, quando em território estrangeiro e aí não sejam julgados*; 4) *praticados por estrangeiros contra brasileiro fora do Brasil*.

A primeira hipótese de *extraterritorialidade condicionada* refere-se à *cooperação penal internacional* que deve existir entre os povos para prevenir e reprimir aquelas infrações penais que interessam a toda a comunidade internacional. Os *tratados e convenções internacionais* firmados pelo Brasil e homologados pelo Congresso Nacional ganham *status* de legislação interna e são de aplicação obrigatória. A segunda hipótese, de *extraterritorialidade condicionada*, refere-se a *crimes praticados por brasileiros*, no exterior. Como vimos, pelo princípio da *nacionalidade* ou *personalidade* o Estado tem o direito de exigir que o seu nacional no estrangeiro tenha comportamento de acordo com seu ordenamento jurídico. Pelo mesmo princípio, aplica-se a lei brasileira, sendo indiferente que o crime tenha sido praticado no estrangeiro. Por outro lado, em hipótese alguma o Brasil concede extradição de brasileiro nato. Assim, para se evitar eventual impunidade, não se concedendo extradição, é absolutamente correto que se aplique a lei brasileira. O terceiro caso refere-se a crimes praticados em aeronaves e embarcações brasileiras, mercantes ou privadas, quando no estrangeiro e aí não tenham sido julgados (art. 7º, *c*). Neste caso, na verdade, o agente está sujeito à soberania do Estado onde o crime foi praticado. No entanto, se referido Estado não aplicar sua lei, é natural que o Brasil o faça, para evitar a impunidade[11]. Essa orientação fundamenta-se no *princípio da representação* e aplica-se, subsidiariamente, somente quando houver deficiência legislativa (lacuna) ou desinteresse de quem deveria reprimir. Esse princípio era desconhecido antes do Código Penal de 1969.

Aplicar-se-á a lei brasileira, ainda, quando o crime praticado por estrangeiro contra brasileiro, fora do Brasil, reunir, além das condições já referidas, mais as seguintes: a) *não tiver sido pedida ou tiver sido negada a extradição*; b) *houver requisição do Ministro da Justiça* (art. 7º, § 3º). As *condições* para a aplicação da lei brasileira, nessas hipóteses, são as seguintes: a) *entrada do agente no território*

---

11. José Cirilo de Vargas, *Instituições do Direito Penal*, cit., p. 130.

nacional; b) *o fato ser punível também no país em que foi praticado*; c) *estar o crime incluído entre aqueles que a lei brasileira autoriza a extradição*; d) *o agente não ter sido absolvido no estrangeiro ou não ter aí cumprido a pena*; e) *não ter sido perdoado no estrangeiro ou, por outro motivo, não estar extinta a punibilidade, segundo a lei mais favorável* (art. 7º, § 2º).

5. Lei penal em relação às pessoas

O princípio da territorialidade, como vimos, faz ressalvas aos tratados, convenções e regras de Direito internacional, dando origem às *imunidades diplomáticas*. Há igualmente exceções decorrentes de normas de Direito público interno que originam as *imunidades parlamentares*.

As imunidades — diplomáticas e parlamentares — não estão vinculadas à pessoa autora de infrações penais, mas às funções eventualmente por ela exercidas, não violando, assim, o preceito constitucional da igualdade de todos perante a lei.

5.1. *Imunidade diplomática*

A imunidade diplomática impõe limitação ao princípio *temperado* da territorialidade (art. 5º do CP). Segundo Fragoso, "a concessão de privilégios a representantes diplomáticos, relativamente a ilícitos por eles praticados, é antiga praxe no direito das gentes, fundando-se no respeito e consideração ao Estado que representam e na necessidade de cercar sua atividade de garantia para o perfeito desempenho de sua missão diplomática"[12]. Trata-se de "privilégios outorgados aos representantes diplomáticos estrangeiros, observando sempre o princípio da mais estrita reciprocidade"[13]. A Convenção de Viena, promulgada no Brasil pelo Decreto n. 56.435/65, estabelece para o diplomata imunidade de jurisdição penal, ficando sujeito à jurisdição do Estado a que representa (art. 31).

A natureza jurídica desse privilégio, no âmbito do Direito Penal, constitui *causa pessoal de exclusão de pena*[14]. No entanto, essa imunidade pode ser renunciada pelo Estado acreditante e não pelo agente diplomático, em razão da própria natureza do instituto.

A imunidade se estende a todos os agentes diplomáticos e funcionários das organizações internacionais (ONU, OEA etc.), quando em serviço, incluindo os familiares. Estão excluídos desse privilégio os empregados particulares dos agentes diplomáticos. Como lembra Mirabete, "os cônsules, agentes

---

12. Fragoso, *Lições*, cit., p. 130.
13. Nélson Hungria, *Comentários ao Código Penal*, cit., v. 1, p. 156.
14. Fragoso, *Lições*, cit., p. 131; Antonio José Fabrício Leiria, *Teoria e aplicação da lei penal*, cit., p. 118-9.

administrativos que representam interesses de pessoas físicas ou jurídicas estrangeiras, embora não se impeça tratado que estabeleça imunidade, têm apenas imunidade de jurisdição administrativa e judiciária *pelos atos realizados no exercício das funções consulares*"[15].

5.2. *Imunidade parlamentar*

Para que o Poder Legislativo possa exercer seu *munus* público com liberdade e independência, a Constituição assegura-lhe algumas prerrogativas, dentre as quais se destacam as *imunidades*. A imunidade, como prerrogativa parlamentar, é do Parlamento, e somente por via reflexa pode ser entendida como uma prerrogativa de caráter pessoal[16]. Logo, a imunidade, por não ser um direito do parlamentar, mas do próprio Parlamento, é irrenunciável.

A imunidade parlamentar é um privilégio ou prerrogativa de Direito público interno e de cunho personalíssimo (no sentido de que não pode ser estendida a ninguém), decorrente da função exercida. O termo inicial da imunidade ocorre com a diplomação do parlamentar (art. 53, § 1º, da CF) e encerra-se com o término do mandato. As imunidades parlamentares podem ser de duas espécies:

a) *Imunidade material* — Depois de incontáveis modificações no texto constitucional, assegura-se a imunidade material, que também é denominada *imunidade absoluta* (penal, civil, disciplinar e política) e refere-se à *inviolabilidade* do parlamentar (senador, deputado federal, estadual, vereador), no exercício do mandato, por suas opiniões, palavras e votos (arts. 53, *caput*, 27, § 1º, e 29, VIII, da CF). A inviolabilidade pela manifestação do pensamento tem sido considerada elementar nos regimes democráticos e inerente ao exercício do mandato. Preocupado com a distinção que se faz, no direito brasileiro, entre os conceitos de "inviolabilidade" (imunidade material) e "imunidade formal", Alberto Toron adverte que, "como entre nós está consagrado o uso da expressão inviolabilidade para designar a imunidade material, é inadmissível a confusão de uma e outra expressões. De outra parte, é perfeitamente aceitável o emprego do vocábulo inviolabilidade, desde que concebida dentro de uma sistemática que não infrinja outros valores do Estado Democrático de Direito".[17]

b) *Imunidade formal* — Também denominada *imunidade relativa* ou *processual*, refere-se à prisão, ao processo, a prerrogativas de foro (arts. 53, § 4º, e 102, I, *b*, da CF; art. 84 do CPP), isto é, refere-se ao processo e julgamento (art. 53, §§ 1º e 3º, da CF). A imunidade material e formal foi estendida ao deputado estadual (art. 27, § 1º, da CF). Contudo, segundo entendimento do Supremo Tribunal

---

15. Mirabete, *Manual*, cit., v. 1, p. 80.
16. Alberto Zacharias Toron, *Inviolabilidade penal dos vereadores*, São Paulo, Saraiva, 2004, p. 401.
17. Alberto Zacharias Toron, *Inviolabilidade penal dos vereadores*, cit., p. 401.

Federal, as imunidades e prerrogativas concedidas aos deputados estaduais limitam-se às autoridades judiciárias dos respectivos Estados-membros, dispondo na Súmula 3 o seguinte: "A imunidade concedida a Deputado Estadual é restrita à Justiça do Estado-membro".

Os vereadores também são invioláveis por suas opiniões, palavras e votos, mas somente no exercício do mandato e na circunscrição do Município (art. 29, VIII, da CF). Porém, não têm imunidade processual nem gozam de foro privilegiado. Ao contrário do que ocorria com os parlamentares federais e estaduais, aos quais a própria jurisprudência admitia ampliar suas prerrogativas, as dos vereadores eram restritas, ficando tal orientação prevista na EC n. 1, de 31 de março de 1992. No entanto, como destaca com muita propriedade Alberto Zacharias Toron, é indispensável que se interprete adequadamente o que seja no "exercício do mandato". "Aqui está em jogo — sustenta Toron — a demarcação da amplitude da cobertura constitucional deferida aos parlamentares federais e estaduais e, particularmente, aos vereadores"[18].

A imunidade material ou inviolabilidade "exclui da incidência penal determinadas pessoas, retirando-lhes a qualidade de destinatários da lei criminal". Já a imunidade formal ou processual resguarda o Legislativo, "impondo, como condição de procedibilidade, prévia licença da Casa Legislativa para o parlamentar ser processado"[19]. Por fim, a inviolabilidade acarreta a atipicidade da conduta e a imunidade impede o desenvolvimento do processo e suspende a prescrição[20].

---

18. Alberto Zacharias Toron, *Inviolabilidade penal dos vereadores*, cit., p. 403. Acrescenta, ainda, Toron: "10) O trabalho, enfocando a razão de ser da inviolabilidade, sustenta ponto de vista diverso do acolhido pela jurisprudência, isto é, o manto protetor da inviolabilidade deve fazer-se presente quando as opiniões e palavras estejam vinculadas a trabalhos desenvolvidos na Casa Legislativa. Isso significa dizer que se o vereador conceder entrevista para os meios de comunicação ou escrever um artigo para a imprensa sobre assunto desenvolvido no âmbito da Câmara estará protegido. Já, ao contrário, se sentir sua opinião, ainda que sobre assunto da política, mas desvinculado de suas atividades, não estará acobertado pela inviolabilidade. Sob esse aspecto, o trabalho apresenta como conclusão uma proposta restritiva em relação à aplicação da inviolabilidade. Sem embargo, identificado o nexo entre o conceito emitido pelo parlamentar e o exercício do mandato, não se pode querer confinar a expressão do pensamento do Vereador à circunscrição do Município em que exerça o mandato. A natureza dos meios de comunicação torna essa regra especiosa e uma interpretação sistemática, aliada à própria *ratio essendi* da inviolabilidade, impõe que a proteção vigore ainda que o Vereador se expresse fora da sua circunscrição territorial ou que sua alocução ultrapasse as 'fronteiras municipais'".
19. Luiz Vicente Cernicchiaro, *Direito Penal na Constituição*, 3ª ed., São Paulo, Revista dos Tribunais, 1995, p. 183.
20. Em 20 de dezembro de 2001 foi promulgada a Emenda Constitucional n. 35, com o seguinte teor:

5.3. Da imunidade parlamentar a partir da Emenda Constitucional n. 35/2001

Antes da vigência da Emenda Constitucional n. 35/2001, a *imunidade parlamentar* limitava-se, na verdade, à *inviolabilidade penal*[21]. Essa emenda constitucional deu ao *caput* do art. 53 da Constituição Federal a seguinte redação: "Os Deputados e Senadores são invioláveis, civil e penalmente, por quaisquer de suas opiniões, palavras e votos". Com essa redação, a EC n. 35 estendeu expressamente a *inviolabilidade* para o campo *civil*, razão pela qual os parlamentares também passam a não responder pelos *danos materiais e morais* decorrentes de suas manifestações representadas por palavras, opiniões e votos. Em outros termos, o pedido de reparação civil por danos materiais ou morais decorrentes de opiniões, palavras e votos passa a ser *juridicamente impossível*.

A bem da verdade, antes mesmo da vigência da EC n. 35 o Superior Tribunal de Justiça já havia reconhecido, em favor dos parlamentares, a inviolabilidade civil[22], uma vez que, embora não fosse expressamente prevista no Texto Constitucional, não havia, por outro lado, qualquer proibição em sentido contrário. A despeito de

---

"Art. 1º O art. 53 da Constituição Federal passa a vigorar com as seguintes alterações: 'Art. 53. Os Deputados e Senadores são invioláveis, civil e penalmente, por quaisquer de suas opiniões, palavras e votos. § 1º Os Deputados e Senadores, desde a expedição do diploma, serão submetidos a julgamento perante o Supremo Tribunal Federal. § 2º Desde a expedição do diploma, os membros do Congresso Nacional não poderão ser presos, salvo em flagrante de crime inafiançável. Nesse caso, os autos serão remetidos dentro de vinte e quatro horas à Casa respectiva, para que, pelo voto da maioria de seus membros, resolva sobre a prisão. § 3º Recebida a denúncia contra o Senador ou Deputado, por crime ocorrido após a diplomação, o Supremo Tribunal Federal dará ciência à Casa respectiva, que, por iniciativa de partido político nela representado e pelo voto da maioria de seus membros, poderá, até a decisão final, sustar o andamento da ação. § 4º O pedido de sustação será apreciado pela Casa respectiva no prazo improrrogável de quarenta e cinco dias do seu recebimento pela Mesa Diretora. § 5º A sustação do processo suspende a prescrição, enquanto durar o mandato. § 6º Os Deputados e Senadores não serão obrigados a testemunhar sobre informações recebidas ou prestadas em razão do exercício do mandato, nem sobre as pessoas que lhes confiaram ou deles receberam informações. § 7º A incorporação às Forças Armadas de Deputados e Senadores, embora militares e ainda que em tempo de guerra, dependerá de prévia licença da Casa respectiva. § 8º As imunidades de Deputados ou Senadores subsistirão durante o estado de sítio, só podendo ser suspensas mediante o voto de dois terços dos membros da Casa respectiva, nos casos de atos praticados fora do recinto do Congresso Nacional, que sejam incompatíveis com a execução da medida'. Art. 2º Esta Emenda Constitucional entra em vigor na data de sua publicação" (publicada no *DOU* de 21-12-2001).
21. O art. 53, *caput*, da CF tinha a seguinte redação: "Os Deputados e Senadores são invioláveis por suas opiniões, palavras e votos".
22. STJ, ROMS 8.967-SP, Rel. Min. José Delgado, *DJU* de 22-3-1999, p. 54.

o Texto emendado referir-se apenas à inviolabilidade penal e civil, acreditamos não haver nenhum óbice a estendê-la aos âmbitos administrativo e político, na medida em que a nova redação constitucional refere-se a "quaisquer de suas opiniões, palavras e votos", ao contrário do Texto anterior, que se limitava a "suas opiniões, palavras e votos".

Por outro lado, embora a locução "quaisquer de suas opiniões" possa sugerir que todas as manifestações do parlamentar estariam acolhidas pela inviolabilidade penal, inclusive quando proferidas fora do exercício funcional, não se lhe pode atribuir tamanha abrangência; conflitaria, com efeito, com os princípios éticos orientadores de um Estado Democrático de Direito, no qual *a igualdade* assume o *status* de princípio dos princípios, além de divorciar-se de sua verdadeira finalidade, qual seja, a de assegurar o exercício pleno e independente da função parlamentar. Assim, conquanto o *nexo funcional* não se encontre expresso, quer-nos parecer que se trata de *pressuposto básico* legitimador da *inviolabilidade parlamentar*, cuja ausência transformaria a inviolabilidade em privilégio odioso. Na realidade o interesse em preservar e assegurar a liberdade e independência do parlamentar não pode institucionalizar arbitrariedades e abusos manifestos.

Contudo, é indiferente que as manifestações sejam praticadas dentro ou fora do Congresso Nacional, desde que haja *nexo funcional*, inclusive para aquelas manifestações proferidas através da mídia. Na visão do Supremo Tribunal Federal, "a garantia da imunidade parlamentar, que deve ser compreendida de forma extensiva para a garantia do adequado desempenho de mandatos parlamentares, não alcança os atos que sejam praticados sem claro nexo de vinculação recíproca do discurso com o desempenho das funções parlamentares (teoria funcional) ou nos casos em que for utilizada para a prática de flagrantes abusos, usos criminosos, fraudulentos ou ardilosos" (STF, AgRg na Petição 8.242/DF, julgado em 10/10/2020, publicado em 03/05/2022).

No entanto, o parlamentar que se licencia (afasta-se do Parlamento) para ocupar algum cargo na Administração Pública não está acobertado pela *imunidade parlamentar*, embora mantenha o foro especial por prerrogativa de função. Nesse sentido, ficou prejudicada a Súmula 4 do STF, que tinha a seguinte redação: "Não perde a imunidade parlamentar o congressista nomeado Ministro de Estado".

5.4. *A imunidade processual e prisional*

Antes da vigência da EC n. 35/2001, com um controle legislativo prévio, a *imunidade processual* impedia que o parlamentar, desde a expedição do diploma, pudesse ser processado criminalmente sem *prévia licença* da Casa de origem (Câmara ou Senado)[23]. Tratava-se de um ato vinculado e unilateral. O pedido de licença era

---

23. Art. 53, § 1º, da CF.

encaminhado pelo STF depois de oferecida a denúncia ou queixa. A licença do Parlamento constituía, em outros termos, uma *condição de procedibilidade*.

Representando mudança radical, a EC n. 35 deu a seguinte redação ao § 3º do art. 53: "Recebida a denúncia contra o Senador ou Deputado, por crime ocorrido após a diplomação, o Supremo Tribunal Federal dará ciência à Casa respectiva, que, por iniciativa de partido político nela representado e pelo voto da maioria de seus membros, poderá, até a decisão final, sustar o andamento da ação". O controle legislativo passou a ser exercido *a posteriori*, mudando toda a sistemática. O STF não mais depende de autorização para iniciar processo criminal contra todo e qualquer parlamentar autor de infração criminal; agora, ao contrário, o Senado ou a Câmara terão, necessariamente, de agir para sustá-lo. Volta-se a ter, praticamente, o mesmo sistema que fora implantado pela EC n. 22/82.

Resumindo, a *imunidade processual parlamentar* limita-se à possibilidade de sustar processo criminal em andamento, e não a impedir que determinado processo possa ser instaurado. A imunidade processual "não constitui obstáculo para qualquer *ato investigatório* (investigação administrativa ou criminal), que (era e) é presidido por ministro pertencente ao STF (STF, Recl. 511-PB, Celso de Mello, *DJU* de 15-2-1995)"[24]. Em outros termos, o Parlamento não pode suspender qualquer tipo de investigação criminal, mas somente, por maioria, sustar processo criminal instaurado.

A EC n. 35/2001 passou a assegurar também a *imunidade prisional* nos seguintes termos: "Desde a expedição do diploma, os membros do Congresso Nacional não poderão ser presos, salvo em flagrante de crime inafiançável. Nesse caso, os autos serão remetidos dentro de vinte e quatro horas à Casa respectiva, para que, pelo voto da maioria de seus membros, resolva sobre a prisão" (§ 2º do art. 53). Constata-se, de plano, que por *crime afiançável* jamais poderá o parlamentar ser preso. Contudo, deverá ser processado normalmente, pois não existe imunidade material absoluta, mas desde que o fato não tenha conexão com o exercício do mandato.

Nos *crimes inafiançáveis,* por sua vez, admite-se somente a prisão em flagrante delito ou, como qualquer cidadão, mediante mandado judicial. Assim, está completamente afastada toda e qualquer prisão provisória (temporária, preventiva, decorrente de pronúncia, de decisão recorrível ou mesmo de prisão civil).

6. Extradição

Segundo o Congresso Internacional de Direito Comparado de Haia, 1932, a extradição é "uma obrigação resultante da solidariedade internacional na

---

24. Luiz Flávio Gomes e Alice Bianchini, *Juizados Criminais Federais, seus reflexos nos Juizados Estaduais e outros estudos*, São Paulo, Revista dos Tribunais, 2002, p. 101.

luta contra o crime", por meio da qual um Estado entrega a outro alguém acusado ou condenado pela prática de determinado crime, para que seja julgado, ou para que a pena seja executada. Dessa definição constata-se que a *extradição* é um instrumento de cooperação internacional na repressão de combate à criminalidade, que se globalizou muito antes da própria economia. A extradição — doutrinava Frederico Marques[25] —, como ato de cooperação internacional, regula-se fundamentalmente pelas normas convencionais do *Direito das Gentes*, uma vez que o primado deste é reconhecido expressamente pela nossa ordem jurídica.

6.1. *Conceito e espécies de extradição*

Extraditar significa entregar a outro país um indivíduo, que se encontra refugiado, para fins de ser julgado ou cumprir a pena que lhe foi imposta. Em outros termos, extradição é "o ato pelo qual um Estado entrega um indivíduo acusado de fato delituoso ou já condenado como criminoso à justiça de outro Estado, competente para julgá-lo e puni-lo"[26]. A extradição pode ser: a) *ativa*: em relação ao Estado que a reclama; b) *passiva*: em relação ao Estado que a concede; c) *voluntária*: quando há anuência do extraditando; d) *imposta*: quando há oposição do extraditando; e) *reextradição*: ocorre quando o Estado que obteve a extradição (requerente) torna-se requerido por um terceiro Estado, que solicita a entrega da pessoa extraditada[27].

As fontes legislativas relativas à extradição são a Lei n. 13.445, de 24 de maio de 2017 — conhecida como Lei de Migração —, que revogou a Lei n. 6.815/80 (Estatuto do Estrangeiro) e o disposto no art. 22, XV, da CF. Num passado mais ou menos recente, em meados do século XX, sustentava-se que se não houvesse lei ou tratado não se poderia conceder a extradição e que a *reciprocidade* e o *direito costumeiro*, por si sós, não autorizavam a entrega do infrator estrangeiro[28]. Constata-se, como se sabe, que os tempos modernos alteraram completamente esse entendimento político-doutrinário e o *princípio da reciprocidade* assumiu a condição de dispensar a existência de lei ou tratado internacional para viabilizar a extradição, como demonstramos adiante.

O princípio básico, por fim, que orienta o instituto da extradição reside no fato de que a punição do crime deve ser feita no local em que foi praticado, como resposta da comunidade ao abalo que a infração penal lhe causou.

---

25. José Frederico Marques, *Tratado de Direito Penal*, 2ª ed., São Paulo, Saraiva, 1964, v. 1, p. 323.
26. Hildebrando Accioly, *Manual de Direito Internacional Público*, p. 89.
27. Cerezo Mir, *Curso de Derecho Penal español*, Madrid, Tecnos, p. 221.
28. José Frederico Marques, *Tratado de Direito Penal*, cit., p. 328.

6.2. Princípios e condições da extradição

A extradição é condicionada a princípios e condições. Seus princípios informadores são os seguintes:

I — *Quanto ao delito*:

a) *Princípio da legalidade* (art. 96, I, da Lei n. 13.445/2017 — Lei de Migração): por esse princípio não haverá extradição se o crime imputado ao extraditando não estiver especificado em tratado ou convenção internacional.

Esse princípio, contudo, encontra-se mitigado pelo *princípio da reciprocidade*, segundo o qual, na ausência de tratado ou convenção entre os dois países envolvidos (requerente e requerido), basta que o país requerente assuma o compromisso de dar o mesmo tratamento ao país requerido, em casos semelhantes, quando a posição de ambos se inverter.

b) *Princípio da especialidade*: significa que o extraditado não poderá ser julgado por fato diverso daquele que motivou a extradição.

Esse é um compromisso político que o Estado requerido, isto é, aquele que concede a extradição, normalmente tem dificuldade de controlar, na medida em que não tem ingerência na soberania interna do país requerente. Confia-se na lealdade que deve existir entre países amigos, embora nada impeça que, como veremos adiante, o país requerente solicite a *extensão dos fundamentos* do pedido de extradição para incluir a solução de outras infrações atribuídas ao extraditando.

c) *Princípio da identidade da norma* (art. 82, II, da Lei de Migração): o fato que origina o pedido de extradição deve consistir em crime também no país ao qual a extradição foi solicitada.

Esse princípio, conhecido também como o da *dupla incriminação*, constitui, na verdade, *pressuposto* do pedido de extradição, e, por isso, se o fato imputado não for punido como crime em qualquer dos dois Estados — requerente ou requerido — não será permitida a extradição. Nesse princípio (dupla incriminação) inclui-se também a *prescrição*, ou seja, não pode ter transcorrido o lapso prescricional do fato objeto da extradição tanto no país requerente como no requerido. Em outros termos, a *dupla incriminação* refere-se tanto à tipificação do fato imputado quanto à sua punibilidade.

Enfim, repetindo, é indispensável não só que o fato seja típico tanto no Brasil quanto no país estrangeiro, como também que não tenha ocorrido a prescrição de sua punibilidade, sendo indiferentes, contudo, a qualificação do crime, a quantidade de pena etc.

II — *Quanto à pena e à ação penal*:

a) *Princípio da comutação* (art. 96, III, da Lei de Migração): como corolário do princípio de humanidade, a extradição concedida pelo Brasil é condicionada à não aplicação de pena de morte, prisão perpétua ou pena corporal. Se o país que a requerer tiver a cominação de tais penas para o delito imputado, terá de comutá-las em pena privativa de liberdade, respeitado o limite máximo de cumprimento de 30 (trinta) anos previsto na legislação brasileira.

b) *Princípio da jurisdicionalidade* (art. 82, VIII, da Lei de Migração): pretende impedir que o extraditando seja julgado, no país requerente, por Tribunal ou Juízo de exceção. Implicitamente procura garantir o princípio do *juiz natural*.

c) *Princípio "non bis in idem"* (arts. 82, III, e 96, II, da Lei de Migração): há dois aspectos a considerar: em primeiro lugar, um conflito positivo de competência, que impede a concessão da extradição quando o Brasil for igualmente competente para julgar o caso; em segundo lugar, a necessidade de assumir a obrigação de computar o tempo de prisão que foi imposta no Brasil, em decorrência do pedido de extradição (art. 96, II, da Lei de Migração).

d) *Princípio da reciprocidade* (art. 100, parágrafo único, V, da Lei de Migração): a extradição executória institui-se basicamente sobre o princípio da reciprocidade, que convém a dois Estados soberanos, especialmente por dois aspectos: de um lado, porque o delito deve ser punido na comunidade onde foi praticado, e, de outro lado, porque expulsa do território nacional um delinquente, naturalmente indesejável, que um Estado estrangeiro deseja julgar e punir[29].

As condições para a concessão da extradição vêm enumeradas no art. 82 (condições negativas) e no art. 83 (condições positivas) da Lei de Migração.

6.3. *Requisitos para a concessão de extradição*

Além dos princípios que fundamentam o instituto da extradição, para a sua concreção, é indispensável a satisfação dos seguintes requisitos, muitos dos quais se confundem com os próprios princípios:

1º) *Exame prévio pelo Supremo Tribunal Federal* (art. 102, I, *g*, da CF).

Pela Constituição Federal, a decisão jurídica sobre a concessão de extradição compete ao plenário do Supremo Tribunal Federal (decisão irrecorrível, posto que procedida pelo plenário de nossa Corte Suprema).

A ação de extradição é de *natureza constitutiva*, objetivando a formalização de um título que autoriza o Poder Executivo a entregar um estrangeiro a outro país soberano para responsabilizá-lo pela prática de crime. Essa autorização do STF não vincula, contudo, o Poder Executivo, que goza de *discricionariedade* para examinar a conveniência e oportunidade da medida. No entanto, se o STF negar o pedido de extradição, não poderá o Poder Executivo extraditar o estrangeiro, por maior que seja o seu interesse ou compromisso politicamente assumido com o país requerente.

Em alguns países — não é o caso do Brasil — o *exame jurídico* da extradição é atribuição do Poder Executivo; aqui, o exame jurídico pertence ao Supremo

---

29. Wiliam Wanderley Jorge, *Curso de Direito Penal*, cit., p. 176-7.

Tribunal Federal, enquanto o *exame político* reside na esfera de atribuição do Poder Executivo brasileiro. O controle de legalidade do pedido de extradição não está condicionado à concordância do extraditando, sendo, portanto, irrelevante o seu assentimento ou dissentimento na sua concessão.

2º) *Existência de convenção ou tratado firmado com o Brasil ou, na sua falta, o oferecimento de reciprocidade.*

Os *tratados* e *convenções*, via de regra, decorrem da manifestação de vontade do Presidente da República (art. 84 da CF), que, posteriormente, devem ser referendados pelo Congresso Nacional (art. 49, I, da CF). Pelo *princípio da reciprocidade*, que é um instituto de política de solidariedade internacional, o Brasil compromete-se a, no futuro, em situações semelhantes, conceder extradição para o mesmo país.

Havendo conflito entre *tratado internacional* e *lei interna*, segundo entendimento do STF, deve prevalecer a vontade da lei interna quando for mais recente.

3º) *Existência de sentença final condenatória ou decreto de prisão cautelar.*

É indispensável que a sentença condenatória imponha pena privativa de liberdade (a condenação a *penas alternativas* não autoriza o pedido de extradição). Antes desse estágio processual (trânsito em julgado), exige-se que exista decreto de prisão preventiva ou qualquer outra modalidade de prisão cautelar, determinada por autoridade competente do Estado estrangeiro requerente.

4º) *Ser o extraditando estrangeiro.*

A Constituição Federal de 1988 não permite a extradição de brasileiros, independentemente de ser nato ou naturalizado, nos termos do seu art. 5º, LI. Para o *brasileiro naturalizado*, no entanto, há duas exceções: a) *ter sido obtida a naturalização após o fato que motivou o pedido de extradição*; b) *quando for comprovado o envolvimento com tráfico de entorpecentes e drogas afins*; neste caso, exige-se sentença penal condenatória com trânsito em julgado. Nessas duas hipóteses, para *brasileiro naturalizado*, será admitida, excepcionalmente, a extradição.

A proibição de extradição de nacionais, contudo, não tem a finalidade de consagrar a impunidade, tanto que o Brasil fica obrigado a processar e julgar os nacionais que pratiquem crimes fora do país, nos termos do princípio da nacionalidade. A "Convenção para a repressão ao tráfico de pessoas e lenocínio", assinada pelo Brasil, também exige que os nacionais, quando não for permitida a extradição, sejam processados e julgados em seus países de origem: *"os nacionais de um Estado, que não admite a extradição de nacionais, devem ser punidos por tais delitos pelos tribunais do seu próprio país. O mesmo se aplica caso não seja admitida a extradição de estrangeiro acusado do tráfico de pessoas ou lenocínio"* (ratificada pelo art. 9º do Dec. n. 6/58).

5º) *O fato imputado deve constituir crime perante o Estado brasileiro e o Estado requerente.*

Neste requisito está consagrado o princípio da *dupla tipicidade* ou da *dupla incriminação*, sobre o qual já discorremos acima. É insuficiente que se trate de *contravenção penal*, sendo necessário que a conduta seja tipificada como crime nos dois países. O próprio STF já se manifestou nesse sentido: "Estando o pedido de extradição fundamentado em condutas suficientemente descritas, e sendo os crimes pelos quais responde o extraditando no Estado requerente correlatos com ilícitos previstos no Código Penal brasileiro, revela-se satisfeito o requisito da dupla tipicidade" (STF, Ext 1699, Rel. Min. Nunes Marques, 2ª T., julgado em 19/06/2023, publicado em 03/07/2023). É indiferente que o mesmo crime receba *nomen juris* distinto nos dois países. Para assegurar o respeito à *dupla tipicidade*, o Brasil, ao conceder a extradição, tem imposto *cláusulas limitadoras*, de forma a vincular a atuação do Estado estrangeiro com relação ao extraditando. De regra, essas cláusulas são as seguintes: *a) não ser preso ou processado por fatos anteriores ao pedido; b) aplicar o princípio da detração (descontar na prisão ou medida de segurança o tempo de prisão provisória ou administrativa que teve no Brasil); c) não aplicar pena de morte (salvo em caso de guerra, como permite o Brasil) e de prisão perpétua; d) não entregar o extraditando a outro país, salvo se houver a concordância do Brasil; e) não agravar a pena do extraditando por motivo político.*

A imposição dessas cláusulas limitadoras, além de demonstrar a preocupação brasileira com as garantias e os direitos fundamentais, decorre do *princípio da especialidade*. Com efeito, por esse princípio, repetindo, *o extraditando somente poderá ser processado no país requerente pelos fatos autorizados no próprio processo de extradição*. No entanto, *o país requerente pode ampliar o fundamento* do pedido de extradição para abranger outros crimes que não integram o pedido original. Neste caso, o pedido original pode surgir como uma armadilha, facilitando a extradição e, depois que esta já se concretizou, o país requerente toma a iniciativa de pedir a extensão dos seus efeitos para investigar, processar e julgar, por outros crimes que não estavam incluídos no pedido inicial.

Há ainda mais os seguintes requisitos, que apenas mencionaremos: *a) a pena máxima para o crime imputado ao extraditando deve ser superior a um ano, pela legislação brasileira; b) o crime imputado ao extraditando não pode ser político ou de opinião; c) o extraditando não pode estar sendo processado, nem pode ter sido condenado ou absolvido no Brasil pelo mesmo fato em que se fundar o pedido; d) o Brasil deve ser incompetente para julgar a infração, segundo as suas leis, e o Estado requerente tem de provar a sua competência; e) o extraditando, no exterior, não pode ser submetido a tribunal de exceção.*

6.4. *Procedimento do processo de extradição*

Quando se inicia o processo de extradição, o extraditando preso é encaminhado à autoridade judiciária competente, segundo dispõem o art. 84, § 3º, da Lei de Migração e o art. 208 do Regimento Interno do STF. O entendimento do

STF, nesses casos, é de não admitir prisão domiciliar, liberdade vigiada, prisão--albergue nem mesmo as chamadas medidas alternativas. Na realidade, o STF tem considerado essa privação de liberdade como uma espécie de *prisão preventiva*, embora seja de natureza obrigatória. Afora essa prisão obrigatória (que para alguns tem natureza administrativa), o Estado estrangeiro pode postular, cautelarmente, a *prisão preventiva* do extraditando e, nesse caso, terá 90 dias para formalizar o pedido de extradição, a não ser que tratado bilateral estabeleça prazo diverso (entre Brasil e Argentina, esse prazo é fixado em 45 dias).

A tramitação do processo de extradição tem prioridade no STF, podendo ser precedido somente por *habeas corpus*, que é a prioridade número um. *A defesa do extraditando é limitada e circunscreve-se, fundamentalmente, a três aspectos:* a) erro quanto à identidade da pessoa extraditanda; b) defeito formal dos documentos apresentados pelo Estado estrangeiro; e c) ilegalidade do pedido de extradição.

6.5. *Limitações à extradição*

O princípio geral de que toda pessoa pode ser extraditada sofre algumas exceções. A principal limitação em relação à pessoa é a da *não extradição de nacionais*: o *brasileiro nato* não pode ser extraditado em nenhuma hipótese, enquanto o *brasileiro naturalizado* poderá ser extraditado por crime comum praticado antes da naturalização ou por envolvimento comprovado em tráfico ilícito de entorpecentes e drogas afins (art. 5º, LI, da CF e art. 82, I, da Lei de Migração). O nacional não extraditado responde perante a Justiça brasileira (art. 7º, II e § 2º, do CP). A análise da legalidade e admissibilidade do pedido de extradição é da competência exclusiva do STF (arts. 102, I, *g*, da CF e 90 da Lei de Migração).

Em relação aos delitos religiosos, de imprensa, fiscais e puramente militares, a lei brasileira não é precisa. Na verdade, estabelece um regime facultativo, embora a doutrina e a jurisprudência dominantes manifestem-se no sentido de não se conceder a extradição por tais infrações[30]. O mesmo não ocorre com o crime político ou de opinião, em que a proibição constitucional é expressa (arts. 5º, LII, da CF e 82, VII, da Lei de Migração).

Em relação aos crimes políticos, o entendimento dominante é o de que somente será proibida a extradição quando se tratar de crime *político puro*. Em geral as leis não definem o que deve ser entendido por delinquência política. Sobre o conceito de delito político, a doutrina aponta três teorias: a *objetiva*, a *subjetiva* e a *mista*. De acordo com a primeira, o que importa é a natureza do bem jurídico (v. g., organização político-jurídica do Estado). Para a teoria subjetiva, o decisivo é o fim perseguido pelo autor, qualquer que seja a natureza dos

---

30. Luiz Régis Prado e Luiz Alberto Araújo, alguns aspectos das limitações ao direito de extraditar, *RT*, 564/282; Nélson Hungria, *Comentários ao Código Penal*, cit., v. 1, p. 165.

bens lesados. A teoria mista — combinação das anteriores — requer que tanto o bem jurídico atacado como o *objetivo* do agente sejam de caráter político. O delito político pode ser entendido como: a) *delito político puro:* quando os aspectos objetivos e subjetivos são de ordem política. Ele se dirige contra a organização política estatal sem causar, em princípio, dano às pessoas, bens ou interesses privados, e não possui relação com a prática de delito comum; b) *delito político relativo:* quando o delito comum é dominado por motivação política. Em relação a este último, a lei brasileira adotou o *critério da prevalência*, segundo o qual se concederia extradição quando o delito comum constituísse o fato principal (art. 82, § 4º, da Lei de Migração). Em que pese o caráter contingente da noção de delito político, pode ser conceituado como *todo ato lesivo à ordem política, social ou jurídica interna ou externa do Estado.*

No entanto, a proibição de extradição não alcança o delito de terrorismo. A definição de terrorismo nos foi apresentada pelo Conselho Europeu, no ano de 1977, quando tratou desse tema especificamente, nos termos seguintes: a) as infrações definidas na Convenção de Haia para a repressão ao apoderamento ilícito de aeronave; b) as infrações definidas na Convenção de Montreal para a repressão de atos ilícitos dirigidos contra a segurança da aviação civil; c) a tomada de refém ou o sequestro arbitrário; d) o atentado contra pessoa que tem proteção diplomática; e) a utilização de bombas, granadas e outros instrumentos que acarretem perigo às pessoas. O ato terrorista se caracteriza pela intenção do agente de criar, por meio de sua ação, um clima de insegurança, de medo na sociedade ou nos grupos que busca atingir[31]. É tratado como crime comum para fins de extradição.

Os delitos contra a humanidade — considerados delitos comuns — não gozam do direito de asilo e permitem a extradição, bem como os crimes de guerra, contra a paz e o genocídio, por violarem normas internacionais. Finalmente, estando satisfeitos os princípios, requisitos e as demais condições legais previstas nas legislações ordinário-constitucionais de cada país, nos tratados e convenções ou, se for o caso, na adoção do princípio de reciprocidade, a extradição de estrangeiro não pode ser negada.

Por fim, é importante destacar que o STF vem restringindo a possibilidade de extradição de estrangeiros que estejam em território nacional e que possuam filho economicamente dependente. Esse posicionamento foi tomado em julgado proferido em repercussão geral, nos seguintes termos: "O § 1º do art. 75 da Lei n. 6.815/80 não foi recepcionado pela Constituição Federal de 1988, sendo vedada a expulsão de estrangeiro cujo filho brasileiro foi reconhecido ou adotado posteriormente ao fato ensejador do ato expulsório, uma vez comprovado estar

---

31. Giulio Ubertis, Reato politico. Terrorismo, Estradizione passiva, *L'Indice Penale*, 2/269, 1987.

a criança sob guarda do estrangeiro e deste depender economicamente" (STF, RE 608898, julgado em 25/06/2020, publicado em 07/10/2020).

7. Deportação e expulsão

A deportação e a expulsão são medidas administrativas de polícia com a finalidade comum de obrigar o estrangeiro a deixar o território nacional. A primeira consiste na *retirada compulsória* do estrangeiro para o país de sua nacionalidade ou procedência ou para outro que consinta em recebê-lo (art. 47 da Lei de Migração). Verifica-se a deportação nos casos de situação migratória irregular de estrangeiro (art. 50 da Lei de Migração). Poderá dar causa à expulsão a condenação com sentença transitada em julgado relativa à prática de: a) crime de genocídio, crime contra a humanidade, crime de guerra ou crime de agressão (nos termos do Estatuto de Roma do Tribunal Penal Internacional — Dec. n. 4.388/2002); b) crime comum doloso passível de pena privativa de liberdade, consideradas a gravidade e as possibilidades de ressocialização em território nacional (art. 54, § 1º, da Lei de Migração). *A expulsão não é pena, mas medida preventiva de polícia*[32]. Constitui medida administrativa, adotada pelo Estado, com suporte no poder político e fundamentada no legítimo direito de defesa da soberania nacional[33]. Cabe à autoridade competente resolver sobre a expulsão, a duração do impedimento de reingresso e a suspensão ou a revogação dos efeitos da expulsão (art. 54, § 2º, da Lei de Migração). O art. 55 da Lei de Migração arrola as causas impeditivas da expulsão.

8. O Tribunal Penal Internacional

Vêm de longa data os esforços dos povos para a criação de uma Justiça supranacional, cuja competência não ficasse restrita aos limites territoriais das respectivas soberanias, para julgar crimes que atentem contra a humanidade e a ordem internacional. Na narrativa histórica de Jescheck[34], os primeiros passos em direção à formalização da persecução penal internacional estão intimamente relacionados com os acontecimentos que desestabilizaram a paz mundial ao longo do século XX. O primeiro exemplo de tentativa de criação de uma instância judicial internacional em matéria penal remonta ao final da 1ª Guerra Mundial, levando à posterior proposição de um Tribunal Internacional para a repressão do terrorismo, que nunca chegou a ser ratificado, fracassando com o advento da 2ª Guerra Mundial. Outra tentativa ocorreu com o final da 2ª Guerra Mundial, quando as quatro principais potências vencedoras — França, Inglaterra, Estados

---

32. Hildebrando Accioly, *Manual*, cit., p. 88; Bento de Faria, *Código Penal brasileiro comentado*, Rio de Janeiro, Record Ed., 1961, v. 1, p. 85.
33. Antonio José Fabrício Leiria, *Teoria e aplicação da lei penal*, cit., p. 135-6.
34. H. H. Jescheck, *El Tribunal Penal Internacional*, *Revista Penal*, n. 8, 2001, p. 53-9.

Unidos e União Soviética — decidiram punir os principais responsáveis pelos crimes contra a paz, os crimes de guerra e os crimes contra a humanidade, instituindo um *Tribunal Militar Internacional* que seria competente para o processo e o julgamento desses crimes. Essa decisão foi formalizada na *Carta de Londres*, também conhecida como Estatuto de Londres do Tribunal Militar Internacional, publicada em 8 de agosto de 1944.

Apesar de as regras contidas na Carta de Londres em matéria penal e processual penal terem sido inicialmente estabelecidas para os processos contra os líderes da Alemanha nazista, os conhecidos *processos de Nuremberg*, essas mesmas regras foram também aplicadas na persecução penal de crimes praticados no Japão. As decisões tomadas nos *juízos de Nuremberg* foram reconhecidas por meio do voto unânime da Assembleia Geral da ONU em 11-12-1946. A partir daí, a *Carta de Londres* serviu de base aos posteriores Tribunais Militares Internacionais instituídos pela ONU, como ocorreu com a extinta Iugoslávia (Resolução da ONU n. 827/1993), para julgamento dos crimes de genocídio, de lesa-majestade e crimes de guerra; e em Ruanda (Resolução da ONU n. 955/1994), para o julgamento de delitos similares[35].

O grande problema, nessa época, como ressalta Jescheck[36], era que os delitos perseguidos eram processados e julgados com total *parcialidade*, ou seja, pelos próprios vencedores, pelos tribunais *ad hoc*, soluções que desatenderam às garantias mínimas e necessárias para todo e qualquer procedimento penal. Com efeito, como garantir a *presunção de inocência* do acusado, quando os membros do tribunal são designados diretamente pelos países vencedores do conflito bélico que é objeto de julgamento? Como garantir a devida segurança jurídica quando tanto o tribunal como o procedimento que este há de seguir são instituídos para julgar somente os vencidos e nunca os vencedores? Sempre houve, portanto, grande e procedente oposição à criação de *Tribunais Especiais* para julgar situações específicas, como ocorreu nos casos que acabamos de mencionar, pois foram criadas, *a posteriori*, as regras para julgamento de fatos passados, violando flagrantemente o *princípio de legalidade*.

Com o fortalecimento dos organismos internacionais, particularmente da Organização das Nações Unidas (ONU), os ideais de justiça universal ganharam contornos mais definidos, ante o reconhecimento da gravidade de determinados delitos internacionais e a necessidade premente de encontrar-se instrumento legal capaz de combatê-los com a eficácia desejada, evitando-se, ao mesmo tempo, os condenados Juízos ou Tribunais de Exceção. O passo indispensável na evolução do processo de internacionalização do Direito Penal destinou-se, portanto, à

---

35. Luiz Régis Prado, *Curso de Direito Penal brasileiro*, 6ª ed., São Paulo, Revista dos Tribunais, 2006, p. 215.
36. Jescheck, *El Tribunal Penal Internacional*, cit., p. 53-9.

criação de um *Tribunal Penal Internacional*, permanente e imparcial, capaz de levar a cabo, sem vínculos político-ideológicos comprometedores, a tarefa de distribuição de uma *justiça material internacional*. Com efeito, não se ignora a cada vez mais frequente grande ocorrência de um sem-número de atrocidades contra a humanidade, em diversas partes do mundo, principalmente, como destaca Paulo César Busato, "sob o emprego de aparatos estatais, que permanecem sem resposta por falta de interesse interno do próprio Estado em responsabilizar penalmente as ações de seus mandatários"[37]. A repetição de situações como essas aumentaram a necessidade e conveniência da criação de um Tribunal Penal Internacional permanente, especialmente com as grandes transformações produzidas pela globalização e os reflexos que tais mudanças produzem no âmbito do Direito Penal. Atendendo a esses auspícios, a *Conferência Diplomática*, convocada pela ONU (Roma), aprovou, em 17 de julho de 1998, com o voto favorável de 120 representantes de Estados, o *Estatuto do Tribunal Penal Internacional*, que ficou conhecido como o *Estatuto de Roma*[38]. Essa iniciativa "representou — como reconhece Régis Prado[39] — o ápice de um longo e árduo processo em busca da consolidação de uma justiça criminal supranacional, com competência para processar e julgar os autores (pessoas físicas) de delitos graves e caráter internacional, isto é, que extrapolam as fronteiras dos Estados e versam sobre bens jurídicos universais, próprios da humanidade e de toda a comunidade internacional (v. g., crimes de genocídio, lesa-majestade, de guerra e agressão — art. 5º do Estatuto)".

Por fim, resta registrar os termos da integração do Estatuto de Roma ao nosso ordenamento jurídico. O Estatuto de Roma foi assinado pelo Brasil em 7 de fevereiro de 2000, ratificado por meio do Decreto Legislativo n. 112, de 6 de junho de 2002, e, finalmente, promulgado no Brasil por meio do Decreto do Executivo n. 4.388, de 25 de setembro de 2002. A integração do Estatuto de Roma ao nosso ordenamento jurídico encontra amparo no § 4º do art. 5º da Constituição Federal, que reconhece o caráter supranacional do Tribunal Penal

---

37. Paulo César Busato, *Tribunal penal internacional e expansão do direito penal*.
38. Valério de Oliveira Mazzuoli, *Tribunal Penal Internacional e o Direito Brasileiro*, São Paulo, Ed. Premier, 2005, p. 33-4: "Foi aprovado por 120 Estados, com apenas 7 votos contrários — Estados Unidos, Israel, China, Filipinas, Índia, Sri Lanka e Turquia — e 21 abstenções. Não obstante a sua posição original, os Estados Unidos e Israel, levando em conta a má repercussão internacional ocasionada pelos votos em contrário, acabaram assinando o Estatuto em 31 de dezembro de 2000. Todavia, a ratificação do Estatuto, por essas mesmas potências, tornou-se praticamente fora de cogitação após os atentados terroristas de 11 de setembro de 2001 em Nova York e Washington, bem como após as operações de guerra subsequentes no Afeganistão e Palestina".
39. Luiz Régis Prado, *Curso de Direito Penal brasileiro*, cit., p. 215.

Internacional. De acordo com o § 4º, o Brasil "se submete à Jurisdição de Tribunal Penal Internacional a cuja criação tenha manifestado adesão".

É necessário, contudo, matizar que o exercício da jurisdição da Corte Supranacional está submetido ao *princípio da complementariedade*, nos termos do art. 1º do Estatuto de Roma. Isso significa que os organismos de justiça penal internacional e os respectivos mecanismos de cooperação penal internacional, mencionados no Estatuto de Roma para a persecução penal, somente deverão atuar quando um Estado nacional não promover a investigação e a persecução dos crimes de competência do Tribunal Penal Internacional, praticados em seu território ou por seus nacionais. Como reconhece expressamente o STF a respeito, a jurisdição do Tribunal Internacional é adicional e complementar à do Estado, ficando, pois, condicionada à incapacidade ou à omissão do sistema judicial interno. O Estado brasileiro tem, assim, o dever de exercer em primeiro lugar sua jurisdição penal contra os responsáveis por crimes de *genocídio, contra a humanidade, crimes de guerra e os crimes de agressão*, assumindo a comunidade internacional a responsabilidade subsidiária, no caso de omissão ou incapacidade daquela[40].

Além disso, existe uma série de aspectos que devem ser levados em consideração para uma adequada compatibilização das normas contidas no Estatuto de Roma, tanto com os direitos e garantias expressos na nossa Constituição como com os reconhecidos em *tratados* e *convenções internacionais* aprovados pelo Congresso Nacional, com força de *emenda constitucional* (§ 3º do art. 5º da CF 1988, acrescentado pela EC n. 45/2004).

Segundo Valério Mazzuoli[41], a "cláusula aberta no § 2º do art. 5º da Carta de 1988 sempre admitiu o ingresso dos Tratados internacionais de proteção dos direitos humanos no *mesmo grau* hierárquico das normas constitucionais. Portanto, segundo sempre defendemos, o fato de esses direitos se encontrarem em tratados internacionais jamais impediu a sua caracterização como direitos de *status* constitucional". Essa disposição constitucional recebeu um complemento um tanto contraditório com a Emenda Constitucional n. 45, de 8 de dezembro de 2004, que acrescentou o § 3º ao art. 5º da Constituição, com a seguinte redação: "Os tratados e convenções internacionais sobre direitos humanos que forem aprovados, em cada Casa do Congresso Nacional, em dois turnos, por três quintos dos votos dos respectivos membros, serão equivalentes às emendas

---

40. De acordo com a decisão proferida pelo Min. Celso de Mello, na Pet. 4.625, publicada em 4-8-2009, sobre o pedido de detenção e entrega do Presidente do Sudão, formulado pelo Tribunal Penal Internacional ao Governo Brasileiro.
41. Valério de Oliveira Mazzuoli, O novo § 3º do art. 5º da Constituição e sua eficácia, *Revista de Informação Legislativa*, n. 167, Brasília, Senado Federal, Secretaria de Editoração e Publicações, jul./set. 2005, p. 95.

constitucionais"[42]. Atendido esse requisito procedimental, a norma internacional passa a integrar o nosso Direito interno e, como tal, também será abrangida pela análise acerca da compatibilidade das normas do Estatuto de Roma com os direitos e garantias constitucionais, especialmente as cláusulas pétreas.

Essa temática é objeto de acalorado debate do qual fazem parte a doutrina internacional, a doutrina nacional e o próprio STF. Como manifestou o Ministro Celso de Mello "cabe assinalar que se registram algumas dúvidas em torno da suficiência, ou não, da cláusula inscrita no § 4º do art. 5º da Constituição, para efeito de se considerarem integralmente recebidas, por nosso sistema constitucional, todas as disposições constantes do Estatuto de Roma, especialmente se se examinarem tais dispositivos convencionais em face das cláusulas que impõem limitações materiais ao poder reformador do Congresso Nacional (CF, art. 60, § 4º)" (Pet. 4.625).

Certamente não temos o propósito de realizar um exame detalhado dos problemas que suscita a recepção das normas do Estatuto de Roma, somente indicaremos na seguinte epígrafe aqueles aspectos que consideramos de maior interesse, na medida em que representam uma clara afronta a determinadas garantias reconhecidas pela nossa Constituição, especialmente aquelas definidas como *cláusulas pétreas* (art. 60, § 4º).

8.1. *Tribunal Penal Internacional, prisão perpétua e princípio de humanidade*

Não se questiona a necessidade de o Direito Penal manter-se ligado às mudanças sociais, respondendo adequadamente às interrogações de hoje, sem retroceder ao dogmatismo hermético de ontem. Quando a sua intervenção se *justificar*, deve responder eficazmente. A *questão decisiva, porém, será: de quanto de sua tradição e de suas garantias o Direito Penal deverá abrir mão a fim de manter essa atualidade?* Na verdade, o Direito Penal não pode — a nenhum título e sob nenhum pretexto — renunciar às conquistas históricas consubstanciadas nas garantias fundamentais referidas ao longo deste trabalho. Efetivamente, um *Estado* que se quer *Democrático de Direito* é incompatível com um *Direito Penal funcional*, que ignore as liberdades e garantias fundamentais do cidadão, asseguradas pela Constituição Federal. Aliás, a própria *Constituição* adota a *responsabilidade penal subjetiva* e consagra *a presunção de inocência, o devido processo legal, o contraditório e a ampla defesa*, preservando, inclusive, a *dignidade humana* (art. 5º, III, da CF). Ademais, a Carta Magna brasileira *proíbe expressamente as sanções perpétuas*, capitais, cruéis e degradantes (art. 5º, XLVII) e elevou

---

42. Para aprofundar o entendimento sobre essa matéria, ver um extraordinário ensaio de Valério de Oliveira Mazzuoli, citado na nota anterior, onde faz um percuciente exame sobre o verdadeiro sentido do § 3º do art. 5º da CF, acrescentado pela EC n. 45/2004.

essas garantias à condição de *cláusulas pétreas* (art. 60, § 4º, IV). Em outros termos, referidas garantias não podem ser suprimidas ou revistas, nem mesmo através de emendas constitucionais.

Enfim, a *pena de morte* e a *prisão perpétua* são expressamente proibidas pela nossa Lei Maior, ressalvando, somente, a pena de morte, para a hipótese de *guerra declarada* (arts. 5º, XLVII, *a*, e 84, XIX). Simplificando, a pena de *prisão perpétua* — que não recebe a mesma ressalva conferida à pena de morte — não pode ser instituída no Brasil, quer através de Tratados Internacionais, quer através de Emendas Constitucionais.

Por outro lado, não se pode ignorar que o Tribunal Penal Internacional (TPI), considerando-se o contexto internacional, representa uma grande conquista da civilização contemporânea, na medida em que disciplina os conflitos internacionais, limita as sanções penais e define as respectivas competências. Se já existisse referido Tribunal Penal, certamente, o episódio Pinochet não teria o espectro que adquiriu. A *previsão excepcional da pena de prisão perpétua*, pelo referido estatuto internacional, não o desqualifica nem o caracteriza como desumano ou antiético, por duas razões fundamentais: a) de um lado, porque teve, acima de tudo, o objetivo de evitar que, para os mesmos crimes, se cominasse a pena de morte; b) de outro lado, porque a *prisão perpétua* ficou circunscrita aos denominados crimes de genocídio, crimes de guerra, crimes contra a humanidade e de agressão.

No entanto, considerando sua função humanizadora e pacificadora das relações internacionais, especialmente para aqueles países que adotam a pena de morte (que não é o caso do Brasil), o TPI é uma instituição que precisa e deve ser prestigiada, reconhecida e acatada por todos os países democráticos, inclusive pelo Brasil. No entanto, por ora, não passa de um sonho a acalentar, uma visão romântica da *Justiça Universal*, posto que, nos termos em que se encontra — adotando a pena de prisão perpétua —, exigiria a reforma de dezenas de constituições de países democráticos, caracterizando *retrocessos* que negariam todas as conquistas *iluministas*. Assim, será mais fácil revisar o Estatuto de Roma do que pretender a revisão de tantas constituições espalhadas pelo mundo, permitindo, por exemplo, a adesão ao Tribunal Internacional, *com ressalvas*.

O *princípio de humanidade* do Direito Penal é o maior entrave para a adoção da *pena capital* e da *prisão perpétua*, dificultando sobremodo a legitimação constitucional da ratificação do Brasil ao Tribunal Penal Internacional que, entre suas sanções, prescreve a *pena de prisão perpétua*, proscrita pela Constituição Federal (art. 5º, XLVII, *b*). Esse princípio sustenta que o poder punitivo estatal não pode aplicar sanções que atinjam a *dignidade da pessoa humana* ou que lesionem a constituição físico-psíquica dos condenados. A proscrição de penas cruéis e infamantes, a proibição de tortura e maus-tratos nos interrogatórios policiais e a obrigação imposta ao Estado de dotar sua infraestrutura carcerária de meios e recursos que impeçam a degradação e a *dessocialização* dos condenados são corolários do *princípio de humanidade*, que não se compatibiliza com *penas perpétuas*. Segundo Zaffaroni[43], esse princípio determina "a inconstitucionalidade de qualquer pena ou consequência do delito que crie uma deficiência física (morte, amputação, castração ou esterilização, intervenção neurológica etc.), como também qualquer consequência jurídica inapagável do delito". O *princípio de humanidade* — afirmava Bustos Ramirez[44] — recomenda que seja reinterpretado o que se pretende com "reeducação e reinserção social", posto que se forem determinados coativamente implicarão atentado contra a pessoa como ser social. Um sistema penal — repetindo — somente estará *justificado* quando a soma das violências — crimes, vinganças e punições arbitrárias — que ele pode prevenir for superior à das violências constituídas pelas penas que cominar. É, enfim, indispensável que os direitos fundamentais do cidadão sejam considerados *indisponíveis*, afastados da livre disposição do Estado, que, além de respeitá-los, deve garanti-los.

Enfim, nenhuma pena privativa de liberdade pode ter uma finalidade que atente contra a incolumidade da pessoa como ser social, como ocorre, evidentemente, com *a pena de prisão perpétua*. Por outro lado, não estamos convencidos de que o Direito Penal, que se fundamenta na *culpabilidade*, seja instrumento eficiente para combater *a criminalidade moderna* e, particularmente, a *criminalidade internacional*. A insistência de governantes em utilizar o Direito Penal como panaceia de todos os males não resolverá a insegurança de que é tomada a população, e o máximo que se conseguirá será *destruir* o Direito Penal, se forem eliminados seus princípios fundamentais. Por isso, a sugestão de Hassemer, de criação de um *Direito de Intervenção*, para o combate da criminalidade moderna e, especialmente, da criminalidade contra a humanidade, merece, no mínimo, profunda reflexão.

Por derradeiro, considerando a importância que assume o *Tribunal Penal Internacional*, a despeito de nossas restrições, as quais se limitam à admissão da prisão perpétua, para quem desejar aprofundar-se nesse tema sugerimos alguns bons autores sobre esse tema, tais como Kai Ambos, Valério de Oliveira Mazzuoli, Carlos Eduardo Adriano Japiassu, Paulo César Busato, dentre outros[45].

---

43. Eugenio Raúl Zaffaroni, *Manual de Derecho Penal*, 6ª ed., Buenos Aires, Ediar, 1991, p. 139.
44. Juan Bustos Ramirez, *Manual de Derecho Penal*, 3ª ed., Barcelona, Ed. Ariel, 1989, p. 386.
45. Kai Ambos, *Direito Penal Internacional*; Parte General, Montevideo, Konrad Adenauer, 2005; Kai Ambos e Salo de Carvalho (org.), *O Direito Penal no Estatuto de Roma*, Rio de Janeiro, Lumen Juris, 2005; Kai Ambos e Carlos Eduardo Adriano Japiassu, *Tribunal Penal Internacional*, Rio de Janeiro, Lumen Juris, 2005; Carlos Eduardo Adriano Japiassu, *O Tribunal Penal Internacional*, Rio de Janeiro, Lumen Juris, 2004.

9. Controle jurisdicional de convencionalidade das leis

Para a vigência e validade da produção jurídica normativa interna é necessária a sua compatibilidade com o texto constitucional, sob pena de configurar vício de *inconstitucionalidade*, o qual pode ser questionado pela via *difusa* (de *exceção* ou *defesa*) ou pela via concentrada (ou *abstrata*) de Controle. A primeira pode ser promovida por qualquer cidadão (sempre que se fizer presente em um caso *concreto*), em qualquer juízo ou tribunal brasileiro; a segunda, por meio de Ação Direta de Inconstitucionalidade perante o Supremo Tribunal Federal, que só pode ser promovida por um dos legitimados previstos no art. 103 da própria Constituição.

A Emenda Constitucional n. 45/2004, que acrescentou o § 3º ao art. 5º da Constituição, criou a possibilidade de os Tratados Internacionais de Direitos Humanos receberem a *equivalência de emendas constitucionais*, desde que aprovados pelo Congresso Nacional, com um *quorum* qualificado (três quintos, por duas vezes, em cada casa legislativa). Assim, observado esse procedimento legislativo, passam de um *status* materialmente constitucional para a condição (agora *formal*) de tratados "equivalentes às emendas constitucionais"[46]; logicamente, desde que referidos tratados encontrem-se *ratificados* e *em vigor* no plano internacional.

Segundo Valério de Oliveira Mazzuoli, esse acréscimo constitucional trouxe ao ordenamento jurídico brasileiro uma nova modalidade de controle à *normalidade interna*, até então desconhecida em nosso meio, qual seja, o controle de *convencionalidade* das leis. E destaca, pioneiramente[47], Mazzuoli: "Ora, à medida que os tratados de direitos humanos ou são *materialmente* constitucionais (art. 5º, § 2º) ou *material e formalmente* constitucionais (art. 5º, § 3º), é lícito entender que, para além do clássico 'controle de constitucionalidade', deve ainda existir

---

46. Valério de Oliveira Mazzuoli, *O controle jurisdicional da convencionalidade das leis*, 2ª ed., São Paulo, Revista dos Tribunais, 2011, p. 73.
47. "É ainda necessário deixar claro, notadamente ao leitor brasileiro e interamericano, que a ideia de 'controle de convencionalidade' tem origem francesa e data do início da década de 1970. Não foram os autores pátrios citados, tampouco a Corte Interamericana de Direitos Humanos, que por primeiro se utilizaram dessa ideia de controle e o seu consequente (e já conhecido) neologismo. Tal se deu originariamente quando o Conselho Constitucional francês, na Decisão n. 74-54 DC, de 15 de janeiro de 1975, entendeu não ser competente para analisar a convencionalidade preventiva das leis (ou seja, a compatibilidade destas com os tratados ratificados pela França, notadamente — naquele caso concreto — a Convenção Europeia de Direitos Humanos de 1950), pelo fato de não se tratar de um controle de *constitucionalidade* propriamente dito, o único em relação ao qual teria competência dito Conselho para se manifestar a respeito" (Valério de Oliveira Mazzuoli, *O controle jurisdicional da convencionalidade das leis*, p. 81-82).

(doravante) um 'controle de convencionalidade' das leis, que é a compatibilização das normas de direito interno com os tratados de direitos humanos ratificados pelo governo e em vigor no país"[48].

Logo, de acordo com esse entendimento de Mazzuoli, a Constituição não é o único paradigma de controle da produção normativa interna, mas *também* os tratados internacionais de direitos humanos em vigor no Brasil. Esse controle, segundo o mesmo autor, denomina-se *controle de convencionalidade* das leis, o qual pode ocorrer tanto por via de ação (controle concentrado ou abstrato) como por via de exceção (controle difuso ou concreto). No entanto, na visão de Mazzuoli, "para que haja o controle pela via de ação (controle concentrado) devem os tratados de direitos humanos ser aprovados pela sistemática do art. 5º, § 3º, da Constituição (ou seja, devem ser *equivalentes* às emendas constitucionais), e para que haja o controle pela via de exceção (controle difuso) basta sejam esses tratados ratificados e estarem em vigor no plano interno, pois, por força do art. 5º, § 2º, da mesma Carta, já têm eles *status* de norma constitucional"[49].

Dito de outra forma, toda a lei que conflita com a Constituição é *inconstitucional*, e, por isso mesmo, *inválida*; tratando-se de lei anterior à Constituição de 1988, segundo nossa Corte Suprema, fala-se em não recepção (ou invalidade). Por outro lado, a lei que conflita com os Tratados Internacionais de Direitos Humanos, também é *inválida*, apesar de vigente, mas, nessa hipótese, segundo a orientação de Mazzuoli, *inconvencional*. E toda lei inválida, mesmo vigente, é inaplicável, por faltar-lhe exatamente o requisito da *validez*, embora satisfaça o de *vigência*. Como conclui Luiz Flávio Gomes: "Na era do ED [Estado de Direito] a produção da legislação ordinária (da lei) achava-se cercada tão somente de limites formais (legitimidade para legislar, *quorum* mínimo de aprovação de uma lei, procedimento para sua edição, forma de publicação etc.). De acordo com o novo paradigma do ECD [Estado Constitucional de Direito] a produção legislativa (agora) encontra limites formais e materiais, ou seja, não pode violar o núcleo essencial de cada direito, não pode fazer restrições desarrazoadas aos direitos fundamentais etc."[50].

Por outro lado, Mazzuoli ainda distingue, para fins internos, os demais tratados internacionais não relacionados aos direitos humanos, que teriam apenas nível de *supralegalidade*, ou seja, esses outros tratados, formalizada sua receptividade, estarão acima da lei e abaixo da Constituição, em uma zona

---

48. Valério de Oliveira Mazzuoli, O *controle jurisdicional da convencionalidade das leis*, p. 73.
49. Valério de Oliveira Mazzuoli, O *controle jurisdicional da convencionalidade das leis*, p. 151.
50. Luiz Flávio Gomes, Estado constitucional de direito e a nova pirâmide jurídica, cit., p. 65, apud Valério de Oliveira Mazzuoli, O *controle jurisdicional da convencionalidade das leis*, p. 120.

intermediária. Assim, segundo essa concepção, seriam *paradigmas de controle normativo interno*, não apenas a Constituição (controle de constitucionalidade), mas também os tratados internacionais de direitos humanos (controle de convencionalidade) e os tratados internacionais comuns (controle de supralegalidade). Resultam dessas distinções quatro modalidades de controle interno: de legalidade, de supralegalidade, de convencionalidade (difuso e concentrado) e de constitucionalidade (difuso e concentrado)[51]. Nesse sentido, destaca Luiz Flávio Gomes em seu prefácio à obra de Mazzuoli, *in verbis*:

"Para Valério, pode-se também concluir que, doravante, a produção normativa doméstica conta com um duplo limite vertical material: *a*) a Constituição e os tratados de direitos humanos (1º limite) e *b*) os tratados internacionais comuns (2º limite) em vigor no país. No caso do primeiro limite, relativo aos tratados de direitos humanos, estes podem ter sido ou não aprovados com o *quorum* qualificado que o art. 5º, § 3º, da Constituição prevê. Caso não tenham sido aprovados com essa maioria qualificada, seu *status* será de norma (somente) materialmente constitucional, o que lhes garante serem paradigma apenas do controle difuso de convencionalidade; caso tenham sido aprovados (e entrado em vigor no plano interno, após sua ratificação) pela sistemática do art. 5º, § 3º, tais tratados serão materialmente e *formalmente* constitucionais, e assim servirão também de paradigma do controle concentrado (para além, é claro, do difuso) de convencionalidade"[52].

Sintetizando, a partir da Emenda Constitucional n. 45, a *validade* de toda lei ordinária está condicionada à dupla compatibilidade vertical material, isto é, deve ser compatível com a Constituição e *com* os Tratados de Direitos Humanos vigentes no País. Em outros termos, se conflitar com aquela ou com qualquer destes, não terá *validade*, a despeito de estar vigente: em relação à primeira, por

---

51. Valério de Oliveira Mazzuoli, *O controle jurisdicional da convencionalidade das leis*, p. 132: "A compatibilidade do direito doméstico com os tratados internacionais de direitos humanos em vigor no país faz-se por meio do *controle de convencionalidade*, que é complementar e coadjuvante (jamais *subsidiário*) do conhecido controle de constitucionalidade. (...). O controle de convencionalidade tem por finalidade compatibilizar verticalmente as normas domésticas (as espécies de leis, *lato sensu*, vigentes no país) com os tratados internacionais de direitos humanos ratificados pelo Estado e em vigor no território nacional. Já o *controle de supralegalidade*, que estudaremos mais à frente, é a compatibilização das leis com os tratados internacionais *comuns* que se situam acima delas, por deterem *status* supralegal".
52. Luiz Flávio Gomes, Prefácio. In: Valério de Oliveira Mazzuoli, *O controle da convencionalidade das leis*, 2ª ed., São Paulo, Revista dos Tribunais, 2011, p. 13.

inconstitucionalidade, e, em relação a qualquer destes, por *inconvencionalidade*, neologismo resgatado por Mazzuoli[53].

Estamos de acordo com Mazzuoli, quando sustenta que o conflito das leis ordinárias com os tratados internacionais de direitos humanos não pode ser confundido com controle *de constitucionalidade* porque estes ostentam *equivalência* de emenda constitucional (art. 5º, § 3º). Pois, também para nós, como é o entendimento pacífico de nossa Suprema Corte, somente quando há afronta *direta* à própria Constituição pode-se falar em controle *de constitucionalidade*. Nessa linha de raciocínio, enfatiza Mazzuoli:

"Ainda que os tratados de direitos humanos (*material e formalmente* constitucionais) sejam *equivalentes* às emendas constitucionais, tal não autoriza a chamar de controle 'de constitucionalidade' o exercício de compatibilidade vertical que se exerce em razão deles, notadamente no caso de o texto constitucional permanecer incólume de qualquer violação legislativa (ou seja, no caso de a lei *não violar* a Constituição propriamente, mas apenas o *tratado* de direitos humanos). Em suma, doravante se falará em controle de constitucionalidade apenas para o estrito caso de (in)compatibilidade vertical das leis com a Constituição, e em controle de convencionalidade para os casos de (in)compatibilidade legislativa com os tratados de direitos humanos (formalmente constitucionais ou não) em vigor no país"[54].

Um caso interessante a respeito do tema diz respeito ao cabimento de Recurso Extraordinário no STF, nos termos do art. 102, III, *a*, da Constituição, segundo o qual compete ao STF julgar mediante essa modalidade de recurso as causas julgadas em única ou última instância, "quando a decisão recorrida contrariar dispositivo desta Constituição". Para Mazzuoli (examinaremos esse aspecto logo adiante) sempre que a Constituição se referir a qualquer norma do texto, doravante deve ser entendida *a norma constitucional* acrescida dos *tratados de direitos* humanos em vigor no Estado. Para que a Justiça brasileira não retire dos cidadãos o direito amplo de defesa, seria interessante que a nossa Carta Magna recebesse Emenda ampliando o fundamento constitucional para esse recurso excepcional também para o *controle de convencionalidade* (*v.g.* art. 102, III, que poderia ficar com a seguinte redação: "*a*) contrariar dispositivo desta Constituição *ou de Tratado ou*

---

53. "Não se trata de técnica *legislativa* de compatibilização dos trabalhos do Parlamento com os instrumentos de direitos humanos ratificados pelo governo, nem de mecanismo *internacional* de apuração dos atos do Estado em relação ao cumprimento de suas obrigações internacionais, mas sim de meio *judicial* de declaração de invalidade de leis incompatíveis com tais tratados, tanto por via de exceção (controle *difuso* ou *concreto*) como por meio de ação direta (controle *concentrado* ou *abstrato*)" (*O controle jurisdicional da convencionalidade das leis*, p. 82).
54. Valério de Oliveira Mazzuoli, *O controle jurisdicional da convencionalidade das leis*, p. 73-74.

Convenção Internacional sobre direitos humanos aprovados nos termos do art. 5º, § 3ª)". Mas não temos esperança que o Congresso Nacional tome essa providência, e tampouco que receba o apoio do Supremo Tribunal Federal.

Para Mazzuoli, repetindo, uma vez aprovado determinado tratado de direitos humanos pelo *quorum* qualificado do art. 5º, § 3º, passa a ser *formalmente constitucional*, e, ao mesmo tempo, paradigma de controle (concentrado) de convencionalidade. Consequentemente, como *equivalente à emenda constitucional*, fica autorizada a propositura (no STF) de todas as *ações constitucionais* existentes, garantidoras da estabilidade da Constituição e das normas a ela equiparadas[55].

Com efeito, a partir da Emenda Constitucional n. 45/2004 deve-se interpretar que a locução "guarda da Constituição" constante do art. 102, I, *a*, abrange, além do texto da Constituição, também as normas constitucionais equiparadas, como são os *tratados de direitos humanos*, hoje, material e formalmente constitucionais. "Assim — prossegue Mazzuoli —, ainda que a Constituição silencie a respeito de um determinado direito, mas estando esse mesmo direito previsto em tratado de direitos humanos *constitucionalizado* pelo rito do art. 5º, § 3º, passa a caber, no Supremo Tribunal Federal, o controle concentrado de constitucionalidade/convencionalidade (*v.g.*, uma ADIn) para compatibilizar a norma infraconstitucional com os preceitos do tratado constitucionalizado. Aparece, aqui, a possibilidade de invalidação *erga omnes* das leis domésticas incompatíveis com as normas dos tratados de direitos humanos"[56].

Num primeiro momento, pareceu-nos contraditória essa afirmação de Mazzuoli, considerando a clara distinção que faz entre *controle de constitucionalidade* e *controle de convencionalidade*, como demonstramos inicialmente. Afinal, para o referido autor, ficou claro que são institutos diferentes. Preocupou-nos a contundência taxativa da distinção, pois, a ser como nos pareceu primeiramente, se

---

55. Valério de Oliveira Mazzuoli, *O controle jurisdicional da convencionalidade das leis*, p. 146-147: "... quando o texto constitucional (no art. 102, I, *a*) diz competir precipuamente ao Supremo Tribunal Federal a 'guarda da Constituição', cabendo-lhe julgar originariamente as ações diretas de inconstitucionalidade (ADIn) de lei ou ato normativo federal ou estadual ou a ação declaratória de constitucionalidade (ADECON) de lei ou ato normativo federal, está autorizando que os legitimados próprios para a propositura de tais ações (constantes do art. 103 da Carta) ingressem com essas medidas sempre que *a Constituição* ou *qualquer norma a ela equivalente* (*v.g.*, um tratado de direitos humanos internalizado com *quorum* qualificado) estiver sendo violada por quaisquer normas infraconstitucionais. A partir da Emenda Constitucional n. 45/2004, é necessário entender que a expressão 'guarda da Constituição', utilizada pelo art. 102, I, *a*, alberga, além do texto da Constituição propriamente dita, também as normas constitucionais por equiparação, como é o caso dos tratados de direitos humanos formalmente constitucionais".
56. Valério de Oliveira Mazzuoli, *O controle jurisdicional da convencionalidade das leis*, p. 147.

poderia enfrentar dificuldade para fundamentar o cabimento de *Recurso Extraordinário* (art. 102, III, *a*), salvo se o Parlamento brasileiro fizer o acréscimo que mencionamos. Contudo, após melhor reflexão da sua explicação, nos pareceu que a questão é mais de *forma* que de *substância*, e, fundamentalmente, um aprimoramento terminológico válido. A seguinte afirmação esclarece o entendimento, no particular, de nosso autor, *in verbis*: "A rigor, não se estaria, aqui, diante de controle de *constitucionalidade* propriamente dito (porque, no exemplo dado, a lei infraconstitucional é *compatível* com a Constituição), mas sim diante do controle de *convencionalidade* das leis, o qual se operacionaliza no plano jurídico tomando-se por empréstimo uma ação do controle concentrado de constitucionalidade (*v.g.*, uma ADIn, uma ADECON ou uma ADPF), na medida em que o tratado-*paradigma* em causa é *equivalente* a uma norma constitucional"[57].

Trata-se, enfim, de nossa pequena reflexão a respeito dessa temática assaz interessante e, como sempre, magistralmente desenvolvida por Valério de Oliveira Mazzuoli.

---

57. Valério de Oliveira Mazzuoli, *O controle jurisdicional da convencionalidade das leis*, p. 147.

CONFLITO APARENTE DE NORMAS | XI

Sumário: 1. Considerações gerais. 2. Princípios regentes do conflito aparente de normas. 2.1. Princípio da especialidade. 2.2. Princípio da subsidiariedade. 2.3. Princípio da consunção. 3. Antefato e pós-fato impuníveis.

1. Considerações gerais

Sob a denominação *conflito aparente de normas*, encontramos os casos em que a uma mesma conduta ou fato podem ser, *aparentemente*, aplicadas mais uma norma penal. A definição ou conceituação do *conflito aparente de normas* é altamente polêmica, a começar por sua denominação, que alguns pensadores também tratam por *concurso aparente de normas* ou de leis. Jescheck[1] considera a terminologia tradicional "concurso de leis" uma expressão equívoca, preferindo substituí-la por "unidade de lei", uma vez que se aplica somente uma das leis em questão, a que chama de *lei primária*, e a *lei deslocada* não aparece no julgamento.

Evidentemente que não se trata de *conflito efetivo* de normas, sob pena de o Direito Penal deixar de constituir um *sistema*, ordenado e harmônico, onde suas normas apresentam entre si uma relação de dependência e hierarquia, permitindo a aplicação de uma só lei ao caso concreto, excluindo ou absorvendo as demais.

No entanto, ao contrário do que faz com o concurso de crimes, a lei não regula as situações de *concurso aparente de normas*, devendo a solução ser encontrada através da interpretação, pressupondo, porém, a unidade de conduta ou de fato, pluralidade de normas coexistentes e relação de hierarquia ou de dependência entre essas normas.

2. Princípios regentes do conflito aparente de normas

Tradicionalmente se distinguem várias categorias de concurso de leis, que, no entanto, têm mais valor classificatório do que prático. A doutrina majoritária apresenta os seguintes princípios para solucionar o conflito em exame: especialidade, subsidiariedade e consunção. Há ainda alguns autores que arrolam também

---

1. Jescheck, *Tratado de Derecho Penal*, p. 1034. A doutrina espanhola, em geral, também adota a tradicional denominação "concurso de leis", conforme Santiago Mir Puig, em Adiciones de Derecho español, no *Tratado de Derecho Penal* de Jescheck, cit., p. 1041.

a *alternatividade*, que, a rigor, não soluciona conflito algum de normas, pois, na verdade, não há conflito aparente. Vejamos cada um desses princípios.

2.1. *Princípio da especialidade*

Considera-se *especial* uma norma penal, em relação a outra *geral*, quando reúne todos os elementos desta, acrescidos de mais alguns, denominados *especializantes*. Isto é, a norma especial acrescenta elemento próprio à descrição típica prevista na norma geral. Assim, como afirma Jescheck[2], "toda a ação que realiza o tipo do delito especial realiza também necessariamente, ao mesmo tempo, o tipo do geral, enquanto o inverso não é verdadeiro". A regulamentação especial tem a finalidade, precisamente, de excluir a lei geral e, por isso, deve precedê-la (*lex specialis derogat lex generalis*). O princípio da especialidade evita o *bis in idem*, determinando a prevalência da norma especial em comparação com a geral, e pode ser estabelecido *in abstracto*, enquanto os outros princípios exigem o confronto *in concreto* das leis que definem o mesmo fato.

Há relação de especialidade entre o tipo básico e os tipos derivados, sejam qualificados ou privilegiados. Assim, os furtos qualificados e privilegiados constituem preceitos especiais em relação ao furto simples. Há igualmente especialidade quando determinada lei descreve como crime único dois pressupostos fáticos de crimes distintos, como, por exemplo, o crime de roubo, que nada mais é do que o furto praticado com violência ou grave ameaça à pessoa.

Alguns autores acrescentam a alternatividade como outro princípio do conflito de normas, que, a nosso juízo, é desnecessário, ante a ausência do conflito aparente. Haveria alternatividade quando dois tipos contêm elementos incompatíveis entre si, excluindo-se mutuamente, como seriam exemplos o furto e a apropriação indébita. Ora, o fundamento do concurso de leis é a coincidência parcial das normas penais. Sendo, pois, incompatíveis, afastam, por razões lógicas, o referido conflito[3]. Na realidade, ou não se trata de fato único, mas de fatos múltiplos, que se excluem mutuamente, assim como as disposições legais que lhes correspondem, ou então se trata de fatos que se enquadram nos critérios da especialidade ou da subsidiariedade.

2.2. *Princípio da subsidiariedade*

Há relação de primariedade e subsidiariedade entre duas normas quando descrevem graus de violação de um mesmo bem jurídico, de forma que a norma subsidiária é afastada pela aplicabilidade da norma principal. Frequentemente se estabelece a punibilidade de determinado comportamento para ampliar ou reforçar a proteção jurídico-penal de certo bem jurídico, sancionando-se com

---

2. Jescheck, *Tratado*, cit., p. 1035, *lex specialis derogat legi generali*.
3. Nesse sentido é o entendimento de Jescheck, *Tratado*, cit., p. 1036.

graduações menos intensas diferentes níveis de desenvolvimento de uma mesma ação delitiva[4]. A rigor, a figura típica subsidiária está contida na principal.

Para se constatar a relação primariedade-subsidiariedade deve-se analisar o fato *in concreto*. Como advertia Oscar Stevenson[5], "a aplicabilidade da norma subsidiária e a inaplicabilidade da principal não resultam da relação lógica e abstrata de uma com a outra, mas do juízo de valor do fato em face delas".

O fundamento material da subsidiariedade reside no fato de distintas proposições jurídico-penais protegerem o mesmo bem jurídico em diferentes estádios de ataque. Na lição de Hungria[6], "a diferença que existe entre especialidade e subsidiariedade é que, nesta, ao contrário do que ocorre naquela, os fatos previstos em uma e outra norma não estão em relação de espécie e gênero, e se a pena do tipo principal (sempre mais grave que a do tipo subsidiário) é excluída por qualquer causa a pena do tipo subsidiário pode apresentar-se como 'soldado de reserva' e aplicar-se pelo *residuum*".

A subsidiariedade pode ser tácita ou expressa. Será expressa quando a norma em seu próprio texto condiciona a sua aplicação à não aplicação de outra norma mais grave, como, por exemplo, o crime do art. 132 do CP, que o legislador de forma explícita diz se o fato não constitui crime mais grave. A subsidiariedade será tácita quando determinada figura típica funcionar como elemento constitutivo, majorante ou meio prático de execução de outra figura mais grave. Assim, o crime de dano (art. 163) é subsidiário do furto com destruição ou rompimento de obstáculo; a violação de domicílio (art. 150) do crime de furto ou roubo, com entrada em casa alheia; o constrangimento ilegal (art. 146) dos crimes em que há emprego de violência ou grave ameaça etc.[7].

A estrutura lógica da subsidiariedade não é a da subordinação, mas a da interferência[8] de normas.

2.3. *Princípio da consunção*

Pelo princípio da consunção, ou absorção, a norma definidora de um crime constitui meio necessário ou fase normal de preparação ou execução de outro crime. Em termos bem esquemáticos, há *consunção* quando o fato previsto em determinada norma é compreendido em outra, mais abrangente, aplicando-se somente esta. Na relação consuntiva, os fatos não se apresentam em relação de

---

4. Stratenwerth, *Derecho Penal*; Parte General, trad. Gladys Romero, Madrid, Edersa, 1982, p. 346, n. 1.188.
5. Oscar Stevenson, Concurso aparente de normas penais, in *Estudos de Direito e Processo Penal em homenagem a Nélson Hungria*, Rio de Janeiro, Forense, 1962, p. 39.
6. Hungria, *Comentários ao Código Penal*, Rio de Janeiro, Forense, v. 1, p. 147.
7. Oscar Stevenson, Concurso aparente, in *Estudos*, cit., p. 39.
8. Jescheck, *Tratado*, cit., p. 1036.

gênero e espécie, mas de *minus* e *plus,* de continente e conteúdo, de todo e parte, de inteiro e fração[9].

Por isso, o crime consumado absorve o crime tentado, o crime de perigo é absorvido pelo crime de dano. A norma consuntiva constitui fase mais avançada na realização da ofensa a um bem jurídico, aplicando-se o princípio *major absorbet minorem*[10]. Assim, as lesões corporais que determinam a morte são absorvidas pela tipificação do homicídio, ou o furto com arrombamento em casa habitada absorve os crimes de dano e de violação de domicílio etc. A norma *consuntiva* exclui a aplicação da norma *consunta,* por abranger o delito definido por esta[11]. Há consunção quando o crime-meio é realizado como uma fase ou etapa do crime-fim, onde vai esgotar seu potencial ofensivo, sendo, por isso, a punição somente da conduta criminosa final do agente. Caso contrário, não será aplicada a consunção, como ocorre na situação descrita pela Súmula 664 do STJ, qual seja, de que "é inaplicável a consunção entre o delito de embriaguez ao volante e o de condução de veículo automotor sem habilitação".

Não convence o argumento de que é impossível *a absorção* quando se tratar de bens jurídicos distintos. A prosperar tal argumento, jamais se poderia, por exemplo, falar em absorção nos *crimes contra o sistema financeiro* (Lei n. 7.492/86), na medida em que todos eles possuem uma objetividade jurídica específica. É conhecido, entretanto, o entendimento do TRF da 4ª Região, no sentido de que *o art. 22 absorve o art. 6º da Lei n. 7.492/86*[12]. Na verdade, a diversidade de bens jurídicos tutelados não é obstáculo para a configuração da consunção. Inegavelmente — exemplificando — são diferentes os bens jurídicos tutelados na invasão de domicílio para a prática de furto, e, no entanto, somente o crime-fim (furto) é punido, como ocorre também na falsificação de documento para a prática de estelionato, não se punindo aquele, mas somente este (Súmula 17/STJ)[13]. No conhecido enunciado da *Súmula 17* do STJ, convém que se destaque, reconheceu-se que o *estelionato* pode absorver a *falsificação de documento*. Registre-se, por sua pertinência, que a pena do art. 297 *é de 2 a 6 anos de reclusão, ao passo que a pena do art. 171 é de 1 a 5 anos.* Não se questionou, contudo, que tal circunstância impediria a absorção, mantendo-se em plena vigência a referida súmula.

---

9. Oscar Stevenson, Concurso aparente, in *Estudos,* cit., p. 41.
10. Damásio, *Direito Penal*, São Paulo, Saraiva, p. 99.
11. Sobre a impunibilidade do "antefato" e "pós-fato", ver Aníbal Bruno, *Direito Penal*, Rio de Janeiro, Forense, 1967, p. 263; também Oscar Stevenson, Concurso aparente, in *Estudos*, cit., p. 42.
12. TRF da 4ª Região, Proc. 200104010804291/PR, 7ª T., Rel. Maria de Fátima Freitas Labarrère, j. em 26-10-2004, *DJU*, 17-11-2004, p. 838.
13. Súmula 17 do STJ: "Quando o falso se exaure no estelionato, sem mais potencialidade lesiva, é por este absorvido".

Não é, por conseguinte, a diferença dos bens jurídicos tutelados, e tampouco a disparidade de sanções cominadas[14], mas a razoável inserção na linha causal do crime final, com o esgotamento do dano social no último e desejado crime, que faz as condutas serem tidas como únicas (consunção) e punindo-se somente o crime último da cadeia causal, que efetivamente orientou a conduta do agente.

Para Jescheck, há consunção quando o conteúdo do injusto e da própria culpabilidade de uma ação típica inclui também outro fato ou outro tipo penal, expressando o desvalor do ocorrido em seu conjunto[15]. Nesse sentido, professava Aníbal Bruno afirmando: "O fato definido em uma lei ou disposição de lei pode estar compreendido no fato previsto em outra, de sentido mais amplo. Então, é essa disposição mais larga que vem aplicar-se à hipótese. É o princípio da consunção. Pode ocorrer isso quando o fato previsto em uma norma figura como elemento constitutivo do tipo delituoso definido em outra, conduta inicial, meio para realizá-lo ou parte do todo que ele representa"[16].

Concluindo, o princípio fundamental para a solução do conflito aparente de normas é o *princípio da especialidade*, que, por ser o de maior rigor científico, é o mais adotado pela doutrina. Os demais princípios são subsidiários e somente devem ser lembrados quando o primeiro não resolver satisfatoriamente o conflito.

3. Antefato e pós-fato impuníveis

O *princípio da consunção* tem abrangência maior do que aquela tradicionalmente reconhecida, como simples "conflito aparente de normas", podendo atingir, inclusive, a *pluralidade de fatos*, adotando critérios valorativos.

Um *fato típico* pode não ser punível quando anterior ou posterior a outro mais grave, ou quando integrar a fase executória de outro crime. Um fato anterior ou posterior que não ofenda novo bem jurídico muitas vezes é absorvido pelo fato principal, não se justificando, juridicamente, sua punição autônoma. Podem ser lembrados, como exemplos de *fato anterior impunível*, a falsificação do cheque para a obtenção da vantagem indevida no crime de estelionato; de *fato posterior*, a venda que o ladrão faz do produto do furto a terceiro de boa-fé. Outras vezes, determinados fatos são considerados meios necessários e integrantes normais do *iter criminis* de uma ação principal.

---

14. *O Superior Tribunal de Justiça voltou a aplicar a pena de* estelionato tentado, desprezando a existência do *crime-meio de falsidade (a despeito da menor pena do estelionato* — CComp 30.090/SP).

15. Jescheck & Weingend, *Tratado de Derecho Penal*, 5ª ed., Granada, Comares Editorial, 2002, p. 792-793.

16. Aníbal Bruno, *Direito Penal*; Parte Geral, 3ª ed., Rio de Janeiro, Forense, 1967, v. 1, p. 262.

Casos como esses não se confundem com o *conflito aparente de normas*, que examinamos neste capítulo, embora, convém ressaltar, tais fatos sejam absorvidos pelo principal, a exemplo do que ocorre com o princípio da consunção. Com efeito, apesar da possibilidade de configurar uma *pluralidade de ações*, em sentido naturalista, que ofendam o mesmo bem jurídico e, normalmente, sejam orientadas pelo mesmo motivo que levou à prática do ato principal; apesar de, a princípio, ser possível a punição autônoma, pois legalmente previstos como figuras típicas, não passam, *in concreto*, de *simples preliminares* (fatos anteriores) ou *meros complementos* (fatos posteriores) do fato principal. Nesses casos, *a punição do fato principal* abrangê-los-á, tornando-os, isoladamente, impuníveis. Destacava Aníbal Bruno que "o fato posterior deixa de ser punido quando se inclui, como meio ou momento de preparação no processo unitário, embora complexo, do fato principal, ação de passagem, apenas, para a realização final. Assim, a posse de instrumentos próprios para furto ou roubo é consumida pelo furto que veio a praticar-se; as tentativas improfícuas se absorvem no crime que, enfim, se consumou"[17]. Os fatos posteriores que significam um "aproveitamento" do anterior, aqui considerado como principal, são por este consumidos.

Para alguns autores, como Wessels, nas hipóteses de *antefato impunível* ocorre uma espécie de *subsidiariedade tácita*[18]. Não nos parece a definição mais adequada, considerando esse entendimento em termos de consequências, isto é, sob o ponto de vista prático, pois não decorre nenhuma alteração *in concreto*. É como se fosse, *mutatis mutandis*, uma operação matemática, na qual a ordem dos fatores não altera o produto, chegando-se, em ambos os casos, ao mesmo resultado. Contudo, quando se trata de *pós-fato impunível*, inegavelmente, estamos diante do *princípio da consunção*. Normalmente, esse episódio ocorre com atos que são adequados ao *exaurimento* do crime consumado, que, no entanto, também estão previstos como *crimes autônomos*. Com efeito, a punição daquele absorve a destes. Assim, no exemplo clássico do ladrão que, de posse da *res furtiva*, a deteriora pelo seu uso, a *punição* pela lesão resultante do furto (art. 155) absorve a punição pela lesão decorrente do *dano* (art. 163). Em outro caso de grande importância, o STJ entendeu o seguinte sobre pós-fato impunível e aplicação do princípio da consunção:

> "De acordo com o raciocínio desenvolvido pelas duas Turmas que compõem a Terceira Seção deste Superior Tribunal, como a existência da construção efetivada pelo agente logicamente impede a regeneração da flora antes existente no lugar, as condutas previstas nos arts. 38-A e 48 da Lei n. 9.605/1998 constituem mero pós-fato impunível do ato de construir em local não edificá-

---

17. Aníbal Bruno, *Direito Penal*, 3ª ed., Rio de Janeiro, Forense, 1967, v. 1, p. 263-4.
18. Johannes Wessels, *Direito Penal*, trad. Juarez Tavares, Porto Alegre, Sergio A. Fabris, Editor, 1976, p. 181.

vel, tudo a ensejar a aplicação do princípio da consunção ao caso" (STJ, AgRg no REsp 1.954.736/SC, Rel. Min. Rogerio Schietti Cruz, 6ª T., julgado em 17/4/2023, publicado em 19/4/2023).

Destaca Wessels[19], no entanto, com acerto, que, se o agente vende a coisa para terceiro de boa-fé, comete *estelionato* em concurso material com crime de *furto*, pois produziu nova lesão autônoma e independente contra vítima diferente, com outra conduta que não era consequência natural e necessária da anterior.

Em síntese, deve-se considerar absorvido pela figura principal tudo aquilo que, enquanto ação — anterior ou posterior —, seja concebido como necessário, assim como tudo o que dentro do sentido de uma figura constitua o que normalmente acontece (*quod plerumque accidit*). No entanto, o ato posterior somente será impune quando com segurança possa ser considerado como tal, isto é, seja um autêntico ato posterior e não uma ação autônoma executada em outra direção, que não se caracteriza somente quando praticado contra outra pessoa, mas pela natureza do fato praticado em relação à capacidade de absorção do fato anterior.

---

19. Johannes Wessels, *Direito Penal*, cit., p. 181.

TEORIA GERAL DO DELITO	Segunda Parte
A EVOLUÇÃO DA TEORIA GERAL DO DELITO	**XII**

Sumário: 1. Considerações preliminares. 2. O modelo positivista do século XIX. 3. O modelo neokantista. 4. O ontologismo do finalismo de Welzel. 5. Pós-finalismo: os modelos funcionalistas.

1. Considerações preliminares

Como vimos na Primeira Parte desta obra, quando analisamos a evolução epistemológica do Direito Penal, a dogmática jurídico-penal é a disciplina que se ocupa da sistematização do conjunto de valorações e princípios que orientam a própria aplicação e interpretação das normas penais. Seu principal objeto de estudo é a *teoria geral do delito*, também referida pela doutrina especializada como *teoria do fato punível*[1], em cujo núcleo estão as normas inscritas na Parte Geral do Código Penal que nos auxiliam a identificar e delimitar os pressupostos gerais da *ação punível* e os correspondentes requisitos de imputação. O conhecimento dos temas abrangidos pela teoria geral do delito é, por isso, extraordinariamente importante, pois somente através do entendimento dos *elementos que determinam a relevância penal de uma conduta*, e das regras que estabelecem *quem*, *quando* e *como* deve ser punido, estaremos em condições de exercitar a prática do Direito Penal. Assim sendo, dedicaremos esta *Terceira Parte* especificamente ao estudo da *teoria geral do delito*, e das normas que compõem a Parte Geral do nosso Código Penal. Começaremos, ainda neste Capítulo, pela análise de como a *teoria geral do delito* evoluiu ao longo dos anos, na elaboração das *categorias sistemáticas do delito*. A perspectiva que adotamos tem o propósito de identificar o entendimento mais adequado acerca dessas categorias, atendendo ao disposto nas normas do Código Penal, mas sem perder de vista os postulados do *Direito Penal garantista* num Estado Democrático de Direito.

A *teoria geral do delito* não foi concebida como uma construção dogmática acabada, pelo contrário, é fruto de um longo processo de elaboração que acompanha a *evolução epistemológica do Direito Penal* e apresenta-se, ainda hoje, em

---

1. Claus Roxin, *Derecho Penal. Parte General — Fundamentos. La estructura de la teoría del delito*, trad. de Diego-Manuel Luzón Peña, Miguel Díaz y García Conlledo y Javier de Vicente Remesal, Madrid, Civitas, 1997, t. I, p. 192.

desenvolvimento. O consenso francamente majoritário da doutrina no sentido de que a *conduta punível* pressupõe uma *ação típica, antijurídica e culpável*, além de eventuais requisitos específicos de punibilidade, é fruto da construção das categorias sistemáticas do delito — *tipicidade, antijuridicidade e culpabilidade* — que serão analisadas individualmente. O conteúdo, o significado e os limites de cada uma dessas categorias, assim como a forma com que elas se relacionam, foram e continuam sendo debatidos sob diferentes pontos de vista teóricos. Vejamos, em linhas gerais, como evoluíram os conceitos básicos da teoria do delito.

2. O modelo positivista do século XIX

A definição dogmática de crime é produto da elaboração inicial da doutrina alemã, a partir da segunda metade do século XIX, que, sob a influência do *método analítico*, próprio do "moderno pensamento científico", foi trabalhando no aperfeiçoamento dos diversos elementos que compõem o delito, com a contribuição de outros países, como Itália, Espanha, Portugal, Grécia, Áustria e Suíça. O *conceito clássico de delito* foi produto desse pensamento jurídico característico do *positivismo científico*, que afastava completamente qualquer contribuição das valorações filosóficas, psicológicas e sociológicas[2]. Essa orientação, que pretendeu resolver todos os problemas jurídicos nos limites exclusivos do Direito positivo e de sua interpretação, deu um tratamento exageradamente *formal* ao comportamento humano que seria definido como delituoso. Assim, a *ação*, concebida de forma puramente naturalística, estruturava-se com um tipo objetivo-descritivo; a *antijuridicidade* era puramente objetivo-normativa e a *culpabilidade*, por sua vez, apresentava-se subjetivo-descritiva. Em outros termos, Von Liszt e Beling elaboraram o *conceito clássico de delito*, representado por um movimento corporal (ação), produzindo uma modificação no mundo exterior (resultado). Essa concepção simples, clara e também didática, fundamentava-se num *conceito de ação* eminentemente naturalístico, que vinculava a *conduta* ao *resultado* mediante o *nexo de causalidade*. Essa *estrutura clássica* do delito mantinha em partes absolutamente distintas o *aspecto objetivo*, representado pela tipicidade e antijuridicidade, e o *aspecto subjetivo*, representado pela culpabilidade.

O *positivismo jurídico* do século XIX tinha, além de sua pretensão de cientificidade, um significado político razoável. De um lado, as aspirações humanísticas do Iluminismo haviam-se convertido, em parte, em Direito Positivo, de tal modo que postular a subordinação da doutrina jurídica ao Direito vigente era optar por uma certa realização histórica dos ideais iluministas[3]. No entanto,

---

2. Diego-Manuel Luzón Peña, *Curso de Derecho Penal*; Parte Geral, Madri, Universitas, 1996, p. 228.
3. Mir Puig, *Introducción a las bases del Derecho Penal*, 2ª ed., Montevideo, Editorial IB de F, 2003, p. 275 e s.

adverte Silva Sánchez[4] que para compreender a doutrina de Von Liszt não se pode ignorar que ele atribuía à ciência dogmática uma dupla vertente: a de *ciência sistemática*, que opera de forma semelhante à concebida por Binding (análise, síntese das proposições jurídicas, construção do sistema); e, em segundo lugar, a de *ciência prática*.

Por outro lado, reconhece Mir Puig, a subordinação ao Direito positivo realizava a garantia da segurança jurídica — um dos valores fundamentais do Direito, que, por sua vez, configurava o princípio basilar do Estado de Direito: o império da lei, que se traduzia no *princípio de legalidade*. O formalismo e a exclusão de *juízos de valor* do método positivista não deixava de ser uma forma a mais de analisar, reconstruir e aplicar o Direito, que, ademais, dificultava o risco de sua manipulação subjetiva por parte do intérprete. Com Von Liszt, o *naturalismo* oferecia, por outro lado, à elaboração dogmática uma base sólida, a realidade cientificamente observável, que também contribuiria para a segurança jurídica. Ao mesmo tempo, colocava o Direito atrás do fato e a serviço da vida real, abrindo uma brecha no sistema jurídico pela qual podia penetrar a realidade e que evitava a concepção do Direito como um fim em si mesmo. Como esclarece, porém, Régis Prado[5], o objeto da ciência do direito positivista era somente o direito positivado, que era composto, abrangido e limitado pelos códigos e leis, os quais não estavam infensos a considerações éticas, sociais, políticas ou filosóficas, antepondo-se a toda e qualquer referência de natureza jusnaturalista.

De todas as críticas que se fez ao positivismo — pode-se discordar de muitas delas — a mais procedente é aquela que recai sobre a sua *incapacidade* de admitir a invalidade de uma norma *formalmente* produzida, mas *materialmente* incompatível com o ordenamento jurídico vigente. Silva Sánchez sintetiza as objeções à dogmática de cunho positivista nos seguintes termos: reprova-se, de um lado, sua *inaptidão* para cumprir as funções de uma "disciplina prática" para orientar-se ante a realidade dos problemas penais na busca de soluções justas (politicamente satisfatórias). Por outro lado, e sob uma perspectiva substancialmente distinta, observa-se sua *inidoneidade* para afrontar uma análise científica da matéria normativa jurídico-penal.

Concluindo, o decurso do tempo e a superveniência de novas correntes doutrinárias determinaram o abandono das premissas fundamentais do positivismo jurídico: o objeto da ciência jurídica não pode estar limitado tão somente ao direito positivo e, por fim, não se lhe pode atribuir simplesmente sua análise e sistematização através do método (indutivo) de construção jurídica.

---

4. Jesús María Silva Sánchez, *Aproximación al Derecho Penal contemporáneo*, Barcelona, Bosch, 1992, p. 53.
5. Luiz Régis Prado, *Curso de Direito Penal brasileiro*, p. 99.

Nesse sentido, destaca Vives Antón[6] que "as regras jurídicas projetam-se para fora de si mesmas, e a 'teoria' do direito não pode elaborar-se sem pressupostos 'metateoréticos'. E, consequentemente, não se pode elaborar uma separação taxativa entre *direito positivo* e *direito ideal* ao qual este remete como fundamento legitimador".

3. O modelo neokantista

A despeito da grande preocupação científico-naturalista de Von Liszt, ficaram claras as insuficiências do conceito positivista de ciência para o Direito Penal. A verdade é que a *reação neokantiana* que se produziu na teoria jurídica alemã em princípios do século XX chegou primeiro, como já referimos, ao Direito Penal e depois ao Direito Privado, e na versão da filosofia dos valores, especialmente *antinaturalista* da escola ocidental-sul, mais que na direção formalista da Escola de Marburgo. De qualquer sorte, a impossibilidade de explicar satisfatoriamente os elementos estruturais da teoria jurídica do delito teve um papel fundamental na recepção dessa influência.

Com essa interpretação valorativa do *neokantismo* foram inevitáveis as significativas alterações produzidas na teoria geral do delito, originando uma ruptura epistemológica na dogmática penal. Foi o *neokantismo* da escola "sudocidental", inquestionavelmente, que ofereceu uma *fundamentação metodológica* que permitiu uma melhor compreensão dos institutos jurídico-penais como *conceitos valorativos*, sem por isso renunciar à pretensão de cientificidade. Vários penalistas que também eram filósofos do Direito, especialmente Radbruch, destacaram a utilidade deste enfoque metódico para a dogmática jurídico-penal, *determinando* uma reinterpretação de todos os conceitos da teoria jurídico-penal[7].

Com efeito, aquela formulação *clássica do conceito de crime*, atribuída a Liszt e Beling, sofreu profunda transformação, embora sem abandonar completamente seus princípios fundamentais, justificando-se, dessa forma, a denominação conceito neoclássico. Esse *conceito neoclássico* correspondia à influência no campo jurídico da *filosofia neokantiana, que priorizava* o *normativo* e *axiológico*. Substituiu a *coerência formal* de um pensamento jurídico circunscrito em si mesmo por um conceito de delito voltado para os *fins pretendidos pelo Direito Penal* e pelas *perspectivas valorativas* que o embasam (*teoria teleológica do delito*). Como afirma Jescheck, "o modo de pensar próprio desta fase veio determinado de forma essencial pela *teoria do conhecimento* do neokantismo (Stammler, Rickert, Lask) que, junto ao método científico-naturalístico do observar e

---

6. Vives Antón, *Dos problemas del positivismo jurídico,* apud Silva Sánchez, *Aproximación al Derecho Penal contemporáneo,* p. 54.
7. Santiago Mir Puig, *Introducción a las bases,* cit., p. 218 e s.

descrever, restaurou a metodologia própria das ciências do espírito, caracterizada pelo compreender e valorar"[8].

Com essa orientação neokantiana, todos os elementos do *conceito clássico de crime* sofreram um *processo de transformação*, a começar pelo *conceito de ação*, cuja concepção, puramente *naturalística*, constituía o ponto mais frágil do *conceito clássico de crime*, especialmente nos *crimes omissivos*, nos *crimes culposos* e na *tentativa*, conforme demonstraremos logo adiante. A *tipicidade*, por sua vez, com o descobrimento dos *elementos normativos*, que encerram um *conteúdo de valor*, bem como o reconhecimento da existência dos *elementos subjetivos do tipo*, afastaram definitivamente uma concepção clássica do tipo, determinada por fatores puramente objetivos. A *antijuridicidade*, igualmente, que representava a simples *contradição formal* a uma norma jurídica, passou a ser concebida sob um *aspecto material*, exigindo-se uma determinada danosidade social. Esse novo entendimento permitiu *graduar o injusto* de acordo com a gravidade da lesão produzida[9]. Dessa forma, onde não houver lesão de interesse algum, o fato não poderá ser qualificado de antijurídico[10].

Essa reformulação transformou o *tipo penal*, que era puramente descritivo de um processo exterior, em *tipo de injusto*, contendo, algumas vezes, *elementos normativos* e, outras vezes, *elementos subjetivos*[11]. A *antijuridicidade, por sua vez,* deixou de ser a simples e lógica contradição da conduta com a norma jurídica, num puro conceito formal, começando-se a adotar um *conceito material de antijuridicidade*, representado pela danosidade social, com a introdução de *considerações axiológicas* e teleológicas, permitindo a interpretação restritiva de condutas antijurídicas. A *culpabilidade,* finalmente, também passou por transformações nesta *fase teleológica*, recebendo de Frank a "reprovabilidade", pela

---

8. Jescheck, *Tratado de Derecho Penal*, trad. de Mir Puig e Muñoz Conde, Barcelona, Bosch, 1981, v. I, p. 277.
9. Santiago Mir Puig, *Introducción a las bases,* cit., p. 207-209: Com efeito, a ação, a antijuridicidade e a culpabilidade — as três categorias básicas do conceito de delito de Von Liszt — nenhuma delas podia ser entendida adequadamente sem seu significado valorativo. Constatou-se, destaca Mir Puig, que a *ação* não era só movimento físico, mas uma *conduta* que interessava ao Direito Penal em função de seu significado social, que pode depender de sua intenção. Mais evidente a situação da *antijuridicidade* que não podia limitar-se a mera descrição de uma causação, mas representava, inegavelmente, um *juízo de desvalor*, que também depende de aspectos significativos do fato não puramente causais. Do mesmo modo — continua Mir Puig — o significado negativo do conceito de *culpabilidade* não podia substituir-se pela simples constatação de uma conexão psicológica quase causal entre o fato produzido e a mente do autor, como se demonstra com a inexistência de tal vínculo psicológico na *culpa inconsciente.*
10. Jescheck, *Tratado de Derecho Penal*, cit., p. 279.
11. Luzón Peña, *Curso de Derecho Penal*, p. 233.

formação da vontade contrária ao dever, facilitando a solução das questões que a *teoria psicológica da culpabilidade* não pode resolver[12].

Enfim, o neokantismo patrocinou a reformulação do velho conceito de ação, atribuindo *nova função* ao tipo penal, além da transformação material da antijuridicidade e a redefinição da culpabilidade, sem alterar, no entanto, o conceito de crime, como a *ação típica, antijurídica e culpável*. Enquanto teoria do direito, como destaca Andrei Zenkner Schmidt, o *neokantismo* teve o mérito de constatar a necessidade de harmonizar a convivência entre *ser* e *dever ser* do Direito; e enquanto teoria do Direito penal, por sua vez, teve a grande virtude de superar a ideia de *crime como um fenômeno físico* causador de um resultado naturalístico: o crime é identificado axiologicamente por categorias jurídicas[13].

Finalmente, a superação do método científico-positivista é inegavelmente um mérito que ninguém pode retirar do neokantismo, especialmente quando demonstrou que toda *realidade* traz em seu bojo um *valor* preestabelecido (*cultura*), permitindo a constatação de que o Direito positivo não contém em si mesmo um sentido *objetivo* que deve ser, simplesmente, "descoberto" pelo intérprete. Ao contrário, as normas jurídicas, como um produto cultural, têm como pressupostos *valores* prévios, e o próprio intérprete que, por mais que procure adotar certa neutralidade, não estará imune a maior ou menor influência desses *valores*[14].

4. O ontologismo do finalismo de Welzel

Como já indicamos no estudo da evolução epistemológica do Direito Penal, Welzel desenvolveu sua doutrina finalista (entre 1930 e 1960) sustentando a formulação de um conceito *pré-jurídico* de pressupostos materiais, dentre os quais a conduta humana, precedentes a qualquer valoração jurídica. Para contrapor-se ao subjetivismo epistemológico do *neokantismo*, afirmava Welzel que não é o homem, com a colaboração de suas categorias mentais, quem determina a ordem do real, mas sim o próprio homem que se encontra inserido numa *ordem real* correspondente a estruturas *lógico-objetivas* (não subjetivas)[15].

Indiscutivelmente o Direito Penal se ocupa de fatos dotados de *significado valorativo* e tais fatos lhe importam exatamente por seu *significado* e não por sua dimensão físico-naturalística. No entanto, destaca Mir Puig, não foi esse o objeto da crítica de Welzel ao *neokantismo*, mas seu ponto de partida *metodológico subjetivista* segundo o qual o *caráter valorativo* de um fato não está no

---

12. Jescheck, *Tratado de Derecho Penal*, cit., p. 280.
13. Andrei Zenkner Schmidt, *O método do Direito Penal*: perspectiva interdisciplinar, Rio de Janeiro, Lumen Juris, 2007, p. 42.
14. Andrei Zenkner Schmidt, *O método do Direito Penal*, cit., p. 55-57.
15. Santiago Mir Puig, *Derecho Penal*, cit., p. 155-156 e 181.

fato em si, mas naquilo que lhe é atribuído pelos homens[16]. Contrariamente, sustentou Welzel que o significado dos fatos procede da sua forma de ser. Assim, uma vez descobertas as estruturas lógico-objetivas permanentes do ser, o método de produção do conhecimento será de natureza *dedutivo-abstrata*. E qual a repercussão dessa mudança metodológica na elaboração da dogmática jurídico-penal? Essa nova perspectiva deve ser entendida a partir do significado da ação humana para Welzel, que, diferentemente dos neokantianos, é concebida como uma "estrutura lógico-objetiva" cuja natureza consistia em estar guiada pela *finalidade humana*[17].

Com efeito, para Welzel, "ação humana é exercício de atividade final. A ação é, portanto, um acontecer *'final'* e não puramente *'causal'*. A *'finalidade'* ou o caráter final da ação baseia-se em que o homem, graças a seu saber causal, pode prever, dentro de certos limites, as consequências possíveis de sua conduta. Em razão de seu saber causal prévio pode dirigir os diferentes atos de sua atividade de tal forma que oriente o acontecer causal exterior a um *fim* e assim o determine finalmente"[18]. A atividade final — prosseguia Welzel — é uma atividade dirigida conscientemente em função do *fim*, enquanto o *acontecer causal* não está dirigido em função do fim, mas é a resultante causal da constelação de causas existentes em cada caso. Esse ponto de partida foi decisivo no processo de sistematização e elaboração dedutiva das categorias sistemáticas do delito, oferecendo um referente estável para a interpretação e aplicação das normas penais, e a consequente garantia de segurança jurídica das decisões judiciais em matéria penal.

A contribuição mais marcante do finalismo, aliás, que já havia sido iniciada pelo *neokantismo*, foi a retirada de todos os elementos subjetivos que integravam a culpabilidade, nascendo, assim, uma *concepção puramente normativa*. O finalismo deslocou o *dolo* e a *culpa* para o *injusto*, retirando-os de sua tradicional localização — a culpabilidade —, levando, dessa forma, a *finalidade* para o centro do *injusto*[19]. Concentrou na culpabilidade somente aquelas circunstâncias que condicionam a *reprovabilidade* da conduta contrária ao

---

16. Santiago Mir Puig, *Introducción a las bases,* cit., p. 226 e s. Para os *neokantianos*, os fatos culturais suporiam a aplicação de formas *a priori* específicas configuradoras de significado cultural, como os valores, que seriam aportados, portanto, por nossa mente. Certamente, isso suporia uma subjetivização importante do questionamento kantiano, no sentido de que já não dependeria somente da subjetividade relativa, própria da estrutura da razão pura, idêntica em todo ser humano, mas que variaria segundo os indivíduos, como os valores variam de acordo com estes. Contra esta subjetivização da *epistemologia kantiana* — não contra esta — dirigiu-se a crítica de Welzel, conforme destaca Mir Puig.
17. Silva Sánchez, *Aproximación al Derecho Penal contemporáneo*, cit., p. 96.
18. Hans Welzel, *Derecho Penal alemán,* cit., p. 53; *El nuevo sistema,* cit., p. 25.
19. Luzón Peña, *Curso de Derecho Penal,* cit., p. 237; Santiago Mir Puig, *Derecho Penal*; Parte Geral, Barcelona, PPU, 1985, p. 470.

Direito, e o objeto da reprovação situa-se no injusto. Devem-se ao finalismo, inegavelmente, os avanços inquestionáveis da dogmática penal, podendo-se destacar, por exemplo, duas grandes conquistas, que, a rigor, não dependem do conceito finalista de ação, mas do qual tiveram um impulso fundamental para sua consolidação universal (reconhecidos por causalistas, não causalistas e até por funcionalistas, como Roxin).

Em primeiro lugar, o finalismo contribuiu decisivamente para o descobrimento do *desvalor da ação*, como elemento constitutivo do injusto penal, e para melhor delimitação da própria culpabilidade e de outros pressupostos da responsabilidade penal. Hoje, no entanto, ao contrário do que apregoava o finalismo, pode-se constatar que a *finalidade* é apenas um dentre vários fatores que determinam o *injusto penal*. Ademais, a *finalidade* representa apenas uma parte do *desvalor da ação*, porque, segundo a ótica do normativismo funcional, este consiste principalmente na *criação de um risco não permitido*, que independe dos fins do autor. Mas, de qualquer forma, deve-se reconhecer que o *finalismo* percebeu, com acerto, que a *representação* e os *fins do autor* exercem um papel importante na determinação do injusto, inclusive, é bom que se diga, nos próprios *crimes omissivos*.

Em segundo lugar, como o próprio Roxin reconhece, o *finalismo* possibilitou uma concepção mais adequada dos diversos tipos de crimes. O fato de o homicídio doloso representar um injusto penal distinto do de um homicídio culposo somente ganha esse destaque se a *finalidade* e o dolo forem integrados ao tipo, sendo irrelevante que a distinção entre homicídio doloso e culposo deva ser tratada como problema do injusto ou da culpabilidade. O *injusto da tentativa*, por exemplo, nem sequer chega a integrar um tipo penal se não se levar em consideração a intenção finalista do autor. Ademais, a distinção entre *autor* e *partícipe* no plano do injusto, tendo como base o *domínio do fato*, somente poderá ser realizada se o dolo for considerado elemento integrante do tipo. É bem verdade — critica Claus Roxin — que a locução "domínio final do fato", utilizada por Welzel, induz a erro, uma vez que dá a impressão de que a *finalidade* seja algo peculiar ao *domínio do fato*, a despeito de *instigador* e *cúmplice* também agirem finalisticamente. A verdade é que todos os coparticipantes devem agir com dolo para que se possa perguntar quem, dentre eles, tem o *domínio do fato* e quem não o tem. Por outro lado, se o tipo for reduzido à causalidade, a distinção entre autoria e participação ficaria reduzida a vagas, deficientes e incertas considerações de culpabilidade e de medição da pena, com sérios riscos ao dogma da responsabilidade penal subjetiva.

No entanto, o próprio Welzel deixou certas dúvidas acerca da preeminência do seu *método* sobre outros, admitindo que uma mesma coisa pode ser contemplada em mais de um de seus aspectos possíveis; da mesma forma, a *ação humana* pode ser considerada sob o ponto de vista *causal-naturalístico*, ou sob o ponto de vista espiritual[20], de acordo com o que queremos examinar. Além disso, como já indicamos, o enfoque *ontologista do finalismo* é questionável à luz da evolução da filosofia, tendo levado tanto as correntes hermenêuticas como as analíticas a abandonarem a pretensão de apreender *essências* próprias do ontologismo. No mundo globalizado em que vivemos, onde as sociedades se caracterizam pela pluralidade cultural, estando sujeitas a mudanças contínuas em virtude dos intensos fluxos de pessoas e intercâmbio de informações, já não é possível sustentar a *razoabilidade da argumentação jurídica* partindo de estruturas lógico-objetivas imutáveis.

Questiona-se, por fim, a suficiência do finalismo, como sintetiza Mir Puig[21]: o ontologismo finalista parte de um *objetivismo essencialista*, que desconhece que os conceitos que temos não são puros reflexos necessários da realidade, mas construções humanas baseadas em um consenso social contingente. Não basta para isso a intenção de cada indivíduo. Nesse sentido, *junto ao fático* deve-se reconhecer, portanto, o papel decisivo do *normativo* na construção da dogmática jurídico-penal. A relevância da crítica deve-se ao fato de que a partir dos postulados do finalismo, especialmente nas primeiras formulações do pensamento welzeliano, não era possível explicar de maneira satisfatória a punibilidade dos delitos cometidos de maneira culposa, na medida em que o comportamento humano, nesses casos, não pode ser visto como um acontecimento causal guiado pela finalidade humana. Sendo, também, insatisfatório para a explicação da omissão, dado que a delimitação da conduta punível neste âmbito depende de valorações normativas.

Apesar das críticas, não se pode negar a necessidade de uma base empírica nos fatos relevantes para o Direito Penal, nem a necessidade de respeitar os condicionamentos da realidade para que os *princípios normativos do Direito Penal* possam influir adequadamente no comportamento humano e nas relações sociais.

5. Pós-finalismo: os modelos funcionalistas

A evolução da teoria do delito a partir dos *modelos funcionalistas* caracteriza-se, principalmente, pela tendência de normativização dos conceitos, isto é, pela elaboração de conceitos com base em *juízos de valor*, e pela orientação do sistema penal a finalidades político-criminais. Trata-se, como indicamos na Primeira Parte desta obra, de um movimento com dois vértices: o primeiro, de natureza moderada — sustentado por Roxin —, que procura fundamentar o sistema penal com *caracteres teleológicos* e *axiológicos* (normativismo funcional teleológico); o segundo, mais radical — defendido por Jakobs —, que postula a total renormativização do sistema penal, *com fundamento sistêmico* (normativismo

---

20. Mir Puig, *Introducción a las bases*, cit., p. 232.
21. Santiago Mir Puig, *Derecho Penal,* cit., p. 181.

sistêmico). Distinguem-se, basicamente, a partir da renormativização total do sistema e suas categorias e no grau de relativização (ou absolutização) do *aspecto metodológico funcionalista*[22]. A diferença mais significativa, no entanto, reside nas referências funcionais mediante as quais atribuem conteúdo aos conceitos. O *normativismo teleológico* (Roxin) preocupa-se com os fins do Direito Penal, ao passo que o *normativismo sistêmico* (Jakobs) se satisfaz *com os fins da pena*, isto é, com as consequências do Direito Penal. Em síntese, a *orientação teleológica funcional* norteia-se por finalidades político-criminais, priorizando valores e princípios garantistas; a *orientação funcionalista sistêmica*, por sua vez, leva em consideração somente necessidades sistêmicas e o Direito Penal é que deve ajustar-se a elas.

Claus Roxin, na verdade, parte da ideia de que todas as categorias do sistema jurídico-penal baseiam-se em princípios reitores normativos político-criminais, que, no entanto, não contêm, ainda, a solução para os problemas concretos; esses princípios, porém, serão aplicados à "matéria jurídica", aos dados empíricos, e, dessa forma, chegarão a conclusões diferenciadas e adequadas à realidade. À luz de tal procedimento, sob uma perspectiva político-criminal, uma estrutura ontológica como a da ação finalista parece em parte relevante e em parte irrelevante, e, por isso, necessita ser complementada por critérios valorativos orientados a partir da finalidade do Direito Penal. Assim, por exemplo, a finalidade do autor é decisiva quando se quer saber se há tentativa de homicídio ou um disparo meramente acidental, pois o injusto da tentativa fundamenta-se, mesmo que não exclusivamente, na finalidade do autor. No entanto, a modalidade do controle finalista é irrelevante quando se pretende responder à pergunta quanto a se aquele que dispara contra alguém em legítima defesa putativa comete ou não uma ação dolosa de homicídio. Em outras hipóteses, a finalidade humana deve ser complementada por critérios de *imputação objetiva*, quando o que importa é saber se uma lesão de um bem jurídico desejada, ou cujo risco foi assumido pelo autor, representa ou não a realização de um risco permitido.

Com essa perspectiva normativa não se produz uma profunda alteração do entendimento analítico de delito, enquanto ação típica, antijurídica e culpável, mas no seio dos *modelos funcionalistas,* as categorias sistemáticas do delito admitem certa flexibilidade e seu conteúdo pode chegar a ser fragmentado e modificado em função das *finalidades político-criminais* outorgadas ao sistema penal. Justamente por isso tem-se criticado os *modelos funcionalistas* no sentido de que a vinculação do Direito Penal às decisões político-criminais do legislador nem sempre conduz ao alcance da justiça material. No entanto, essa *praxis* tanto pode ser identificada com a *ideologia dos Estados democráticos de direito*, garantidores das liberdades, como pode ser identificada com a *ideologia de Estados*

---

22. Silva Sánchez, *Aproximación al Derecho Penal contemporáneo*, cit., p. 68.

totalitários ou *ditatoriais*, o que realmente é preocupante, mas tampouco uma *concepção ontológica* do Direito Penal (ou inclusive um conceito finalista de ação) pode evitar. Essa crítica torna-se ainda mais contundente diante do *modelo funcionalista de Jakobs*, o qual, como vimos, além de distanciar-se dos referentes ontológicos da realidade empírica, rejeita as limitações externas ao próprio sistema de Direito Penal. Essa orientação jakobsiana conduz a um endurecimento do Direito Penal em prol de sua *eficácia simbólica*, naqueles ordenamentos jurídicos de *ideologia autoritária* ou naqueles em que os direitos e garantias individuais não estão devidamente consolidados.

Roxin, no entanto, assegura que é possível evitar tais excessos estatais através da invocação de direitos humanos e de liberdades invioláveis que se consolidaram, pelo menos teoricamente, em grande parte do mundo ocidental; na Alemanha — acrescenta — eles foram acolhidos pela Constituição, de modo que o seu respeito e sua realização efetiva são cogentes para qualquer dogmática penal que argumente político-criminalmente. Contudo, a flexibilização das categorias dogmáticas em função de finalidades político-criminais variáveis pode resultar contraproducente na sistematização racional do conhecimento jurídico-penal, como acontece, por exemplo, no âmbito da tipicidade como consequência da excessiva valorização da *teoria da imputação objetiva*, ou nas dificuldades que possam surgir na *valoração individualizada do injusto* como consequência da *relativização do conteúdo material da culpabilidade*. Por isso, não devemos renunciar ao grande legado deixado pelo finalismo na construção da dogmática jurídico-penal, substituindo-o por uma sistematização pautada exclusivamente nos resultados que se pretende alcançar.

Como já evidenciamos, no nosso entendimento, a elaboração dogmática deve ser o resultado da síntese entre os postulados filosófico-jurídicos que legitimam e limitam o exercício do *ius puniendi* estatal num Estado Democrático de Direito, e as pretensões de estabilidade normativa através da aplicação eficaz das normas penais. Assim, reconhecemos o valor decisivo da proposta de *abertura metodológica* formulada por Roxin, contudo, como veremos no estudo das categorias dogmáticas do delito e das normas do Código Penal brasileiro, não adotamos integralmente o modelo roxiniano, porque as peculiaridades e incoerências de nosso sistema penal requerem um esforço interpretativo e argumentativo *diferenciado*, adequados à realidade brasileira.

CONCEITO DE CRIME | XIII

Sumário: 1. Antecedentes da moderna teoria do delito. 2. O conceito clássico de delito. 3. O conceito neoclássico de delito. 4. O conceito de delito no finalismo. 5. O conceito analítico de crime. 6. A definição legal de crime no Brasil. 7. Classificação das infrações penais. 7.1. Classificação tripartida e bipartida. 7.2. Crimes doloso, culposo e preterdoloso. 7.3. Crimes comissivo, omissivo e comissivo-omissivo. 7.4. Crimes instantâneo e permanente. 7.5. Crimes material, formal e de mera conduta. 7.6. Crimes de dano e de perigo. 7.7. Crimes unissubjetivo e plurissubjetivo. 7.8. Crimes unissubsistente e plurissubsistente. 7.9. Crimes comum, próprio e de mão própria. 7.10. Crimes de ação única, de ação múltipla e de dupla subjetividade. 7.11. Crimes complexos. 7.12. Crimes permanentes e crimes de efeitos permanentes.

1. Antecedentes da moderna teoria do delito

Fazendo uma síntese da evolução da moderna teoria do delito, analisaremos sucintamente três fases desse desenvolvimento: o conceito clássico de delito, o conceito neoclássico de delito e conceito finalista de delito. Contudo, as três fases apresentam uma certa integração, na medida em que nenhuma delas estabeleceu um marco de interrupção completo, afastando as demais concepções. Daí decorre a importância de uma análise histórico-dogmática.

A atual concepção quadripartida do delito, concebido como *ação, típica, antijurídica* e *culpável* (essa concepção pode ser definida como tripartida, considerando somente os predicados da ação, tipicidade, antijuridicidade e culpabilidade), é produto de construção recente, mais precisamente do final do século XIX. Anteriormente, o *Direito comum* conheceu somente a distinção entre *imputatio facti* e *imputatio iuris*[1]. Como afirmava Welzel, "a dogmática do Direito Penal tentou compreender, primeiro (desde 1884), o conceito do injusto, partindo da distinção: *objetivo-subjetivo*. Ao injusto deviam pertencer, exclusivamente, os

---

1. Bustos Ramirez, *Manual de Derecho Penal*, 3ª ed., Barcelona, Ed. Ariel, 1989, p. 131; Diego-Manuel Luzón Peña, *Curso de Derecho Penal*; Parte General, Madrid, Editorial Universitas, 1996, p. 224; Francisco Muñoz Conde e Mercedez García Arán, *Derecho Penal*; Parte General, 3ª ed., Valencia, Tirant lo Blanch, 1996, p. 216-21.

caracteres externos objetivos da ação, enquanto os elementos anímicos subjetivos deviam constituir a *culpabilidade*"[2].

Na verdade, a distinção entre *injusto* e *imputação do fato* (Stubel) começou a ser esboçada na primeira metade do século XIX, seguindo-se uma *classificação tripartida* (ação, antijuridicidade e culpabilidade), realizada por *Luden*, que, posteriormente, como se sabe, foi sistematizada por Von Liszt e Beling[3], com a inclusão, por este último, da tipicidade. No entanto, num primeiro momento, *antijuridicidade* e *culpabilidade* confundiam-se em um conceito superior de *imputação*, teoria sustentada por Puffendorf (séc. XVII), com a finalidade de distinguir o fato, como obra humana, do puro acaso.

Foi Ihering, em 1867, quem desenvolveu o conceito de antijuridicidade objetiva para o Direito Civil, mas a adequação desse instituto ao Direito Penal foi obra de Liszt e Beling, com o abandono da antiga *teoria da imputação*. A elaboração dos primeiros contornos do conceito de culpabilidade coube a Merkel, que conseguiu reunir dolo e culpa sob o conceito de determinação de vontade contrária ao dever[4]. A *tipicidade* foi o último predicado que se somou na construção da forma quadripartida do conceito de delito, permitindo a Beling, seu autor, formular a seguinte definição: "delito é a ação típica, antijurídica, culpável, submetida a uma cominação penal adequada e ajustada às condições de dita penalidade"[5].

Enfim, a definição atual de crime é produto da elaboração inicial da doutrina alemã, a partir da segunda metade do século XIX, que, sob a influência do método *analítico*, próprio do moderno pensamento científico, foi trabalhando no aperfeiçoamento dos diversos elementos que compõem o conceito de delito, com a contribuição de outros países, como Itália, Espanha, Portugal, Grécia, Áustria e Suíça.

2. O conceito clássico de delito

Von Liszt e Beling elaboraram o *conceito clássico de delito*, representado por um movimento corporal (ação), produzindo uma modificação no mundo exterior (resultado). Uma estrutura simples, clara e também didática, fundamentava-se num *conceito de ação* eminentemente naturalístico, que vinculava a *conduta* ao *resultado* através do *nexo de causalidade*. Essa *concepção clássica* do delito mantinha em partes absolutamente distintas o *aspecto objetivo*, representado pela tipicidade e antijuridicidade, e o *aspecto subjetivo*, representado pela

---

2. Hans Welzel, *Derecho Penal alemán*, trad. Juan Bustos Ramirez e Sergio Yáñez Pérez, Santiago, Ed. Jurídica de Chile, 1970, p. 89.
3. H. H. Jescheck, *Tratado de Derecho Penal*, p. 272.
4. Luzón Peña, *Curso de Derecho Penal*, cit., p. 225; Welzel, *Derecho Penal alemán*, cit., p. 73.
5. Apud Jescheck, *Tratado*, cit., p. 273-4.

culpabilidade. Aliás, como afirmava Welzel, na 2ª edição do *Tratado* de Liszt (1884) foi desenvolvida pela primeira vez, claramente, a separação entre a antijuridicidade e a culpabilidade, de acordo com os critérios objetivos e subjetivos[6].

O *conceito clássico de delito* foi produto do pensamento jurídico característico do *positivismo científico*, que afastava completamente qualquer contribuição das valorações filosóficas, psicológicas e sociológicas[7]. Essa orientação, que pretendeu resolver todos os problemas jurídicos nos limites exclusivos do Direito positivo e de sua interpretação, deu um tratamento exageradamente formal ao comportamento humano que seria definido como delituoso. Assim, a *ação*, concebida de forma puramente naturalística, estruturava-se com um tipo objetivo-descritivo, a *antijuridicidade* era puramente objetivo-normativa e a *culpabilidade*, por sua vez, apresentava-se subjetivo-descritiva.

No conceito clássico de delito, seus quatro elementos estruturais eram entendidos da seguinte forma:

a) *Ação* — Era um conceito puramente descritivo, naturalista e causal, valorativamente neutro. Era um conceito essencialmente objetivo, embora se sustentasse que tinha origem na vontade, não se preocupava com o conteúdo desta, mas tão somente com o aspecto objetivo da causação do resultado externo.

Sob a influência do *positivismo naturalista* foi que Von Liszt definiu a ação como a *inervação muscular* produzida por energias de um impulso cerebral, que, comandadas pelas leis da natureza, provocam uma transformação no mundo exterior.

b) *Tipicidade* — O tipo e a tipicidade representavam o caráter externo da ação, compreendendo somente os aspectos objetivos do fato descrito na lei. Deixa fora do tipo e da tipicidade todas as circunstâncias subjetivas ou internas do delito, que pertenceriam à culpabilidade.

Na primeira fase, o tipo e a tipicidade apresentavam um caráter descritivo, valorativamente neutro, como foi inicialmente concebido por Beling (1906). No entanto, pouco tempo depois (1915), Mayer, mesmo mantendo o caráter descritivo inicial, acrescentou que a tipicidade, na verdade, era um *indício da antijuridicidade,* isto é, toda conduta típica é provavelmente antijurídica, salvo se ocorrer uma *causa de justificação*, cuja constatação pertenceria a uma etapa seguinte de avaliação.

c) *Antijuridicidade* — É um elemento objetivo, valorativo e formal. A constatação da antijuridicidade implica um *juízo de desvalor,* isto é, uma valoração negativa da ação. No entanto, o caráter valorativo recai somente sobre o aspecto objetivo, a provocação de resultados externos negativos, indesejáveis juridicamente.

---

6. Welzel, *Derecho Penal alemán*, cit., p. 89.
7. Luzón Peña, *Curso de Derecho Penal*, cit., p. 228.

Enfim, a antijuridicidade *é um juízo valorativo puramente formal*: basta a comprovação de que a conduta é típica e de que não concorre nenhuma causa de justificação.

d) *Culpabilidade* — Que era concebida como o *aspecto subjetivo do crime*, também tinha caráter puramente descritivo, pois se limitava a comprovar a existência de um *vínculo subjetivo* entre o autor e o fato. A diversidade de intensidade desse nexo psicológico faz surgir as formas ou espécies de culpabilidade, dolosa e culposa.

3. O conceito neoclássico de delito

A formulação clássica do conceito de delito, atribuída a Liszt e Beling, sofreu profunda transformação, embora sem abandonar completamente seus princípios fundamentais, justificando-se, dessa forma, a denominação *conceito neoclássico*. Esse *conceito* corresponde à influência no campo jurídico da *filosofia neokantiana*, dando-se especial atenção ao *normativo* e *axiológico*. Foi substituída a *coerência formal* de um pensamento jurídico circunscrito em si mesmo por um conceito de delito voltado para os fins pretendidos pelo Direito Penal e pelas perspectivas valorativas que o embasam (*teoria teleológica do delito*). Como afirma Jescheck, "o modo de pensar próprio desta fase veio determinado de forma essencial pela *teoria do conhecimento* do neokantismo (Stammler, Rickert, Lask) que, junto ao método científico-naturalístico do observar e descrever, restaurou a metodologia própria das ciências do espírito, caracterizada pelo compreender e valorar"[8].

Com essa nova orientação, todos os elementos do *conceito clássico de crime* sofreram um *processo de transformação*, a começar pelo *conceito de ação*, cuja concepção, puramente naturalística, constituía o ponto mais frágil do *conceito clássico de crime*, particularmente nos *crimes omissivos,* nos *crimes culposos* e na *tentativa,* conforme demonstraremos logo adiante. A *tipicidade*, por sua vez, com o descobrimento dos *elementos normativos*, que encerram um conteúdo de valor, bem como o reconhecimento da existência dos *elementos subjetivos do tipo*, afastaram definitivamente uma concepção clássica do tipo, determinada por fatores puramente objetivos[9]. A *antijuridicidade*, igualmente, que representava a simples *contradição formal* a uma norma jurídica, passou a ser concebida sob um *aspecto material*, exigindo-se uma determinada danosidade social. Esse novo entendimento permitiu *graduar o injusto* de acordo com a gravidade da lesão produzida. Dessa forma, onde não houver lesão de interesse algum, o fato não poderá ser qualificado de antijurídico. A *teoria da antijuridicidade material*

---

8. Jescheck, *Tratado*, cit., p. 277.
9. Luzón Peña, *Curso de Derecho Penal*, cit., p. 232; Jescheck, *Tratado*, cit., p. 278-9.

permitiu, inclusive, o desenvolvimento de novas causas de justificação, além das legalmente previstas[10].

Com essa reformulação, o *tipo*, até então puramente descritivo de um processo exterior, passou a ser um instituto pleno de sentido, convertendo-se em *tipo de injusto*, contendo, muitas vezes, *elementos normativos*, e, outras vezes, *elementos subjetivos*[11]. A *antijuridicidade* deixou de ser concebida apenas como a simples e lógica contradição da conduta com a norma jurídica, num puro conceito formal, começando-se a trabalhar um *conceito material de antijuridicidade*, representado pela danosidade social. O conceito material de antijuridicidade permite a introdução de considerações axiológicas e teleológicas, que facilitam a interpretação restritiva de condutas antijurídicas. A *culpabilidade* também foi objeto de transformações nesta *fase teleológica*, recebendo de Frank a "reprovabilidade", pela *formação da vontade contrária ao dever*, facilitando a solução das questões que a *teoria psicológica da culpabilidade* não pode resolver[12]. A evolução definitiva da culpabilidade — que agora se poderia denominar tradicional — foi propiciada pelo *finalismo welzeliano*, que redimensionou todos os conceitos da teoria do delito.

Enfim, a teoria neoclássica do delito caracterizou-se pela reformulação do velho conceito de ação, nova atribuição à função do tipo, pela transformação material da antijuridicidade e redefinição da culpabilidade, sem alterar, contudo, o conceito de crime, como a *ação típica, antijurídica e culpável*.

4. O conceito de delito no finalismo

Welzel, a partir dos anos trinta, em fases distintas, procurou conduzir a *ação humana* ao conceito central da teoria do delito, considerado do ponto de vista ontológico. Começando pelo abandono do pensamento logicista e abstrato das concepções anteriores, corrigiu as falhas e contradições existentes e, aos poucos, foi superando algumas lacunas que foram surgindo na evolução da construção de sua nova teoria. Convém destacar, contudo, que o surgimento do *sistema finalista* praticamente coincide, cronologicamente, com as origens da *teoria social* da ação, e também com o auge do *direito penal de autor*[13]. Opondo-se ao *conceito causal* de ação e, especialmente, à separação entre *a vontade* e *seu conteúdo*, Welzel elaborou o *conceito finalista*. A *teoria final da ação*, como ficou conhecida, tem o mérito de eliminar a injustificável separação dos aspectos objetivos e

---

10. Jescheck, *Tratado*, cit., p. 279.
11. Luzón Peña, *Curso de Derecho Penal*, cit., p. 233.
12. Jescheck, *Tratado*, cit., p. 280.
13. Luzón Peña, *Curso de Derecho Penal*, cit., p. 237.

subjetivos da ação e do próprio injusto, transformando, assim, o *injusto naturalístico* em *injusto pessoal*[14].

Com o *finalismo*, a teoria do delito encontra um dos mais importantes marcos de sua evolução. A contribuição mais marcante do finalismo, como já indicamos, foi a retirada de todos os elementos subjetivos que integravam a culpabilidade, nascendo, assim, uma *concepção puramente normativa*. O finalismo deslocou o *dolo* e a *culpa* para o *injusto*, retirando-os de sua tradicional localização — a culpabilidade —, levando, dessa forma, a *finalidade* para o centro do *injusto*. Concentrou na culpabilidade somente aquelas circunstâncias que condicionam a *reprovabilidade* da conduta contrária ao Direito, e o objeto da reprovação (conduta humana) situa-se no injusto[15]. Essa nova estrutura sustentada pelo finalismo trouxe inúmeras consequências, dentre as quais se pode destacar: a distinção entre tipos dolosos e culposos, dolo e culpa não mais como elementos ou espécies de culpabilidade, mas como integrantes da ação e do injusto pessoal, além da criação de uma culpabilidade puramente normativa.

Welzel deixou claro que, para ele, o *crime* só estará completo com a presença da *culpabilidade*[16]. Dessa forma, também para o finalismo, *crime* continua sendo a *ação típica, antijurídica e culpável*. Como sustenta Muñoz Conde, que acrescenta a punibilidade em sua definição de crime, "esta definição tem caráter sequencial, isto é, o peso da imputação vai aumentando na medida em que se passa de uma categoria a outra (da tipicidade à antijuridicidade, da antijuridicidade à culpabilidade etc.), tendo, portanto, de se tratar em cada categoria dos problemas que lhes são próprios"[17].

5. O conceito analítico de crime

Além dos conhecidos conceitos *formal* (crime é toda a ação ou omissão proibida por lei, sob a ameaça de pena) e *material* (crime é a ação ou omissão que contraria os valores ou interesses do corpo social, exigindo sua proibição com a ameaça de pena), faz-se necessária a adoção de um *conceito analítico* de crime. Os conceitos formal e material são insuficientes para permitir à dogmática penal a realização de uma análise dos elementos estruturais do conceito de crime.

A elaboração do *conceito analítico* começou com Carmignani (1833), embora encontre antecedentes em Deciano (1551) e Bohemero (1732). Para Carmignani, a *ação delituosa* compor-se-ia do concurso de uma *força física* e de uma *força*

---

14. Günther Jakobs, *Derecho Penal*; Parte General — fundamentos y teoría de la imputación, Madrid, Marcial Pons, 1995, p. 162.
15. Luzón Peña, *Curso de Derecho Penal*, cit., p. 237; Santiago Mir Puig, *Derecho Penal*; Parte General, Barcelona, PPU, 1985, p. 470.
16. Welzel, *Derecho Penal alemán*, cit., p. 79.
17. Muñoz Conde e García Arán, *Derecho Penal*, cit., p. 215.

moral. Na força física estaria a ação executora do dano material do delito, e na força moral situar-se-ia a culpabilidade e o dano moral da infração penal. Essa construção levou ao *sistema bipartido* do conceito clássico de crime, dividido em aspectos objetivo e subjetivo[18], que perdurou até o surgimento do conhecido *sistema clássico Liszt-Beling*. A despeito de certa imprecisão sobre o período do surgimento do conceito analítico de delito, é certo, contudo, que sua elaboração somente veio a completar-se com a contribuição decisiva de Beling (1906), com a introdução do elemento *tipicidade*. Embora a inicialmente confusa e obscura definição desses elementos estruturais, que se depuraram ao longo do tempo, o conceito analítico predominante passou a definir o crime como *a ação típica, antijurídica e culpável*[19].

O próprio Welzel, na sua revolucionária transformação da teoria do delito, manteve o conceito analítico de crime. Deixa esse entendimento muito claro ao afirmar que "o conceito da culpabilidade acrescenta ao da ação antijurídica — tanto de uma ação dolosa como não dolosa — um novo elemento, que é o que a converte em delito"[20]. Com essa afirmação Welzel confirma que, para ele, a *culpabilidade* é um elemento constitutivo do crime, sem a qual *este* não se aperfeiçoa.

Esse conceito analítico de crime continua sendo sustentado em todo o continente europeu, por finalistas e não finalistas. Para Cerezo Mir, o mais autêntico seguidor de Welzel na Espanha, a ação ou omissão típica e antijurídica para constituir crime tem de ser culpável[21]. Na verdade, somente uma ação humana pode ser censurável, somente ela pode ser objeto do juízo de censura. Não se pode confundir o objeto da valoração com a valoração do objeto, como bem salientou Dohna[22]. Assim, *objeto da valoração é a conduta humana*, tida como censurável. E valoração do objeto é o *juízo de censura* que se faz sobre a ação que se valora.

As *consequências do finalismo* na evolução do conceito de delito, como já admitia Jescheck, no final da década de setenta, "se reconhecem como acertadas e em si mesmas defensáveis, inclusive em setores alheios ao conceito final de ação"[23]. No Brasil, no entanto, a primeira obra finalista surge somente em 1970,

---

18. Apud Fragoso, *Lições de Direito Penal*; Parte Geral, Rio de Janeiro, Forense, 1985, p. 146. Juarez Tavares destaca a imprecisão do período de surgimento do conceito analítico, admitindo como provável o final do século XIX (*Teorias do delito*, São Paulo, Revista dos Tribunais, 1980, p. 1 e 12).
19. Juarez Tavares, *Teorias do delito*, cit., p. 1.
20. Welzel, *El nuevo sistema del Derecho Penal*, trad. Cerezo Mir, Barcelona, Ed. Ariel, 1964, p. 79.
21. José Cerezo Mir, *Curso de Derecho Penal español*, Madrid, Tecnos, 1985, v. 1, p. 267.
22. Welzel, *Derecho Penal alemán*, cit., p. 199.
23. Jescheck, *Tratado*, cit., p. 286.

na qual João Mestieri, analisando os crimes contra a vida, faz a divisão entre tipo objetivo e tipo subjetivo[24].

6. A definição legal de crime no Brasil

A Lei de Introdução ao Código Penal brasileiro (Decreto-lei n. 3.914/41) faz a seguinte definição de crime: "Considera-se crime a infração penal a que a lei comina pena de reclusão ou detenção, quer isoladamente, quer alternativa ou cumulativamente com a pena de multa; contravenção, a infração a que a lei comina, isoladamente, pena de prisão simples ou de multa, ou ambas, alternativa ou cumulativamente". Essa lei de introdução, sem nenhuma preocupação científico-doutrinária, limitou-se apenas a destacar as características que distinguem as infrações penais consideradas crimes daquelas que constituem contravenções penais, as quais, como se percebe, restringem-se à natureza da pena de prisão aplicável. Ao contrário dos Códigos Penais de 1830 (art. 2º, § 1º) e 1890 (art. 7º), o atual Código Penal (1940, com a Reforma Penal de 1984) não define crime, deixando a elaboração de seu conceito à doutrina nacional. As experiências anteriores, além de serem puramente formais, eram incompletas e defeituosas, recomendando o bom senso o abandono daquela prática[25].

Todos os elementos estruturais do conceito analítico de crime, que adotamos, como *ação típica, antijurídica e culpável*, serão amplamente analisados nos capítulos seguintes. Não acompanhamos, por óbvio, o entendimento que foi dominante no Brasil, segundo o qual "crime é a ação típica e antijurídica", admitindo a culpabilidade somente como mero pressuposto da pena[26].

Ao contrário de alguns autores, não incluímos a punibilidade no conceito analítico de crime, porque aquela não faz parte do crime, constituindo somente sua consequência[27]. Como ressaltava, acertadamente, Assis Toledo, "a pena criminal, como sanção específica do Direito Penal, ou a possibilidade de sua aplicação, não pode ser *elemento constitutivo*, isto é, *estar dentro* do conceito de crime"[28]. Dessa forma, a eventual exclusão da punibilidade, quer por falta de uma *condição objetiva*, quer pela presença de uma *escusa absolutória*, não exclui o conceito de crime já perfeito e acabado.

---

24. João Mestieri, *Curso de Direito Criminal*; Parte Especial, Rio de Janeiro, p. 18; Juarez Tavares, *Teorias do delito*, cit., p. 107.
25. Heleno Fragoso, *Lições*, cit., p. 144.
26. Por todos, Damásio de Jesus, *Direito Penal*, São Paulo, Saraiva, p. 395-6.
27. Juarez Tavares, *Teorias do delito*, cit., p. 1.
28. Assis Toledo, *Princípios básicos de Direito Penal*, 4ª ed., São Paulo, Saraiva, 1991, p. 81.

7. Classificação das infrações penais

7.1. Classificação tripartida e bipartida

Apesar das várias classificações existentes de crimes, analisaremos, sucintamente, aquelas que apresentam maior interesse prático. A doutrina encarrega-se de classificar e definir uma grande variedade de crimes, dentre os quais destacamos apenas alguns, quer por abrangerem o maior número de comportamentos proibidos, quer por ocorrerem com maior frequência na sociedade, ou mesmo, sob o ponto de vista prático, por apresentarem maior relevância relativamente ao significado, importância e alcance do estado de flagrância. Nesse sentido, consideramos especialmente relevantes, dentre outros, aqueles definidos como crimes doloso, culposo ou preterdoloso; crimes instantâneo, permanente e com efeitos permanentes, comissivo ou omissivo; crimes material, formal e de mera conduta; entre outros, como veremos adiante.

Alguns países, como Alemanha, França e Rússia, utilizam uma divisão tripartida na classificação das infrações penais, dividindo-as em crimes, delitos e contravenções, segundo a gravidade que apresentem. A divisão mais utilizada, porém, pelas legislações penais, inclusive pela nossa, é a bipartida ou dicotômica, segundo a qual as condutas puníveis dividem-se em *crimes* ou *delitos* (como sinônimos) e *contravenções*, que seriam espécies do gênero infração penal.

Ontologicamente não há diferença entre *crime* e *contravenção*. As contravenções, que por vezes são chamadas de *crimes-anões*, são condutas que apresentam menor gravidade em relação aos crimes, por isso sofrem sanções mais brandas. O fundamento da distinção é puramente *político-criminal* e o critério é simplesmente quantitativo ou extrínseco, com base na sanção assumindo caráter formal. Com efeito, nosso ordenamento jurídico aplica a pena de prisão, para os crimes, sob as modalidades de reclusão e detenção, e, para as contravenções, quando for o caso, a de prisão simples (Decreto-lei n. 3.914/41). Assim, o critério distintivo entre crime e contravenção é dado pela natureza da pena privativa de liberdade cominada.

7.2. Crimes doloso, culposo e preterdoloso

Essa classificação refere-se à natureza do elemento volitivo caracterizador da infração penal. Diz-se o crime *doloso*, segundo definição do nosso Código Penal, quando o agente quis o resultado ou assumiu o risco de produzi-lo; *culposo*, quando o agente deu causa ao resultado por imprudência, negligência ou imperícia (art. 18 do CP). *Preterdoloso* ou preterintencional é o crime cujo resultado total é mais grave do que o pretendido pelo agente. Há uma conjugação de dolo (no antecedente) e culpa (no subsequente): o agente quer um *minus* e produz um *majus*[29].

7.3. Crimes comissivo, omissivo e comissivo-omissivo

O crime *comissivo* consiste na realização de uma ação positiva visando a um resultado tipicamente ilícito, ou seja, no fazer o que a lei proíbe. A maioria dos crimes previstos no Código Penal e na legislação extravagante é constituída pelos delitos de ação, isto é, pelos *delitos comissivos*. Já o crime *omissivo próprio* consiste no fato de o agente deixar de realizar determinada conduta, tendo a obrigação jurídica de fazê-lo; configura-se com a simples abstenção da conduta devida, quando podia e devia realizá-la, independentemente do resultado. A inatividade constitui, em si mesma, crime (omissão de socorro). No crime *omissivo impróprio* ou comissivo por omissão, a omissão é o meio através do qual o agente produz um resultado. Nestes crimes, o agente responde não pela omissão simplesmente, mas pelo resultado decorrente desta, a que estava, juridicamente, obrigado a impedir (art. 13, § 2º, do CP).

7.4. Crimes instantâneo e permanente

Crime *instantâneo* é o que se esgota com a ocorrência do resultado. Segundo Damásio, é o que se completa num determinado instante, sem continuidade temporal[30] (lesão corporal). Instantâneo não significa praticado rapidamente, mas significa que uma vez realizados os seus elementos nada mais se poderá fazer para impedir sua ocorrência. Ademais, o fato de o agente continuar beneficiando-se com o resultado, como no furto, não altera a sua qualidade de instantâneo. *Permanente* é aquele crime cuja consumação se alonga no tempo, dependente da atividade do agente, que poderá cessar quando este quiser (cárcere privado, sequestro). Crime permanente não pode ser confundido com *crime instantâneo de efeitos permanentes* (homicídio, furto), cuja permanência não depende da continuidade da ação do agente.

O *crime permanente* é uma entidade jurídica única, cuja execução alonga-se no tempo. É exatamente essa característica, isto é, manter-se por algum período, mais ou menos longo, realizando-se no plano fático (e esse fato exige a mantença do elemento subjetivo, ou seja, do dolo). Por essa característica de *permanência* se justifica que, sobrevindo lei nova, mesmo mais grave, tenha aplicação imediata, pois o fato, em sua integralidade, ainda está sendo executado. É necessário, convém destacar, que entre em vigor o novo diploma legal mais grave antes de cessar a *permanência* da infração penal, isto é, antes de cessar a sua execução.

---

29. Hungria, *Comentários ao Código Penal*, Rio de Janeiro, Forense, p. 44.
30. Damásio, *Direito Penal*, cit., p. 170.

Mas o que acabamos de dizer nada tem que ver com o princípio constitucional da *irretroatividade da lei penal* mais grave (art. 5º, XL, CF), pois se trata, em verdade, da incidência imediata de lei nova sobre fato que está acontecendo no momento de sua entrada em vigor. Assim, não é a *lei nova* que *retroage*, mas o *caráter permanente* do fato delituoso que se protrai no tempo, acaba recebendo a incidência legal em parte de sua execução e a expande para toda a sua fase executória; nesse entendimento, repita-se, não há nenhuma contradição, tampouco violação ao mandamento constitucional, pois não se poderá pretender que apenas um *fragmento da conduta* (realizado sob o império da nova lei) seja punido pela lei atual, deixando o restante para a lei anterior, na medida em que o crime realmente é único e não havia se consumado.

Nesse particular, não merece qualquer reparo a Súmula 711 do Supremo Tribunal Federal, o que já não ocorre em relação ao *crime continuado*, crítica que fizemos no capítulo em que abordamos a continuidade delitiva.

7.5. *Crimes material, formal e de mera conduta*

O crime *material* ou de resultado descreve a conduta cujo resultado integra o próprio tipo penal, isto é, para a sua consumação é indispensável a produção de um resultado separado do comportamento que o precede. O fato típico se compõe da conduta humana e da modificação do mundo exterior por ela operada. O resultado material que integra a descrição típica pode ser tanto *de dano* como *de perigo* concreto para o bem jurídico protegido. A não ocorrência do resultado caracteriza a tentativa. Nos crimes materiais a ação e o resultado são, em regra, cronologicamente distintos (v.g., homicídio, furto).

O crime *formal* também descreve um resultado, que, contudo, não precisa verificar-se para ocorrer a consumação. Basta a ação do agente e a vontade de concretizá-lo, configuradoras do dano potencial, isto é, do *eventus periculi* (ameaça, a injúria verbal). Afirma-se que no crime formal o legislador antecipa a consumação, satisfazendo-se com a simples ação do agente, ou, como dizia Hungria, "a consumação antecede ou alheia-se ao *eventus damni*"[31]. Seguindo a orientação de Grispigni, Damásio distingue do crime formal o *crime de mera conduta*, no qual o legislador descreve somente o comportamento do agente, sem se preocupar com o resultado (desobediência, invasão de domicílio). Os crimes formais distinguem-se dos de mera conduta — afirma Damásio — porque "estes são sem resultado; aqueles possuem resultado, mas o legislador antecipa a consumação à sua produção"[32]. A lei penal se satisfaz com a simples atividade do agente.

---

31. Hungria, *Comentários*, cit., p. 43.
32. Damásio, *Direito Penal*, cit., p. 168.

Na verdade, temos dificuldade de constatar com precisão a diferença entre *crime formal* e de *mera conduta* porque se trata de uma classificação imprecisa, superada pela moderna dogmática jurídico-penal. Com efeito, como já referimos, os crimes de resultado abrangem tanto os resultados de dano como os *resultados de perigo*. Nesses termos, os crimes ditos *formais* podem constituir *crimes de resultado de perigo* para o bem jurídico protegido pela norma penal. Na realidade, a classificação que consideramos mais adequada, em função da técnica legislativa utilizada na redação dos tipos penais, é aquela que distingue os *crimes de resultado* dos *crimes de mera conduta*, por que o elemento a ser considerado, nesse âmbito, é se, para a consumação do crime, há a exigência da produção de algum tipo de resultado: nos crimes materiais podem ser diferenciadas as espécies de resultado (de dano ou de perigo, como veremos no tópico seguinte), enquanto nos *crimes de mera conduta*, a simples ação ou omissão já é suficiente para a sua consumação.

7.6. *Crimes de dano e de perigo*

Crime de *dano* é aquele para cuja consumação é necessária a superveniência de um resultado material que consiste na lesão efetiva do bem jurídico. A ausência desta pode caracterizar a tentativa ou um indiferente penal, como ocorre com os crimes materiais (homicídio, furto, lesão corporal). Crime de *perigo* é aquele que se consuma com a superveniência de um resultado material que consiste na simples criação do perigo real para o bem jurídico protegido, sem produzir um dano efetivo. Nesses crimes, o elemento subjetivo é o *dolo de perigo*, cuja vontade limita-se à criação da situação de perigo, não querendo o dano, nem mesmo eventualmente[33].

O *perigo*, nesses crimes, pode ser *concreto* ou *abstrato*. Concreto é aquele que precisa ser comprovado, isto é, deve ser demonstrada a situação efetiva de risco ocorrida no caso concreto ao bem juridicamente protegido. O perigo é reconhecível por uma valoração da probabilidade de superveniência de um dano para o bem jurídico que é colocado em uma situação de risco, no caso concreto. O perigo *abstrato* pode ser entendido como aquele que é presumido *juris et de jure*. Nesses termos, o perigo não precisaria ser provado, pois seria suficiente a simples prática da ação que se pressupõe perigosa. Ocorre que esse entendimento contraria o *princípio de ofensividade*, como já indicamos no segundo capítulo desta obra. Se o legislador penal pretende admitir a existência de *crimes de perigo abstrato*, é necessário ajustar, com a maior precisão possível, *o âmbito da conduta punível*, sem deixar de lado os *princípios limitadores do exercício do poder punitivo estatal* (princípios desenvolvidos no segundo capítulo), com o fim

---

33. Hungria, *Comentários*, cit., p. 43.

de evitar uma expansão desmedida do Direito Penal[34]. Significa, em outros termos, que nos delitos de *perigo abstrato* é necessário demonstrar, pelo menos, a *idoneidade* da conduta realizada pelo agente para produzir um potencial resultado de dano ao bem jurídico, visto desde uma perspectiva genérica.

7.7. Crimes unissubjetivo e plurissubjetivo

Crime *unissubjetivo* é aquele que pode ser praticado pelo agente individualmente — que também admite o concurso *eventual* de pessoas —, constituindo a regra geral das condutas delituosas previstas no ordenamento jurídico-penal. Crime *plurissubjetivo*, por sua vez, é o crime de *concurso necessário*, isto é, aquele que por sua estrutura típica exige o concurso de, no mínimo, duas pessoas. A conduta dos participantes pode ser *paralela* (associação criminosa), *convergente* (bigamia), ou *divergente* (rixa).

7.8. Crimes unissubsistente e plurissubsistente

O crime *unissubsistente* constitui-se de ato único. O processo executivo unitário, que não admite fracionamento, coincide temporalmente com a consumação, sendo impossível, consequentemente, a tentativa (injúria verbal). Os delitos formais (para aqueles que aceitam esta classificação) e de mera conduta, de regra, são unissubsistentes. Contrariamente, no crime *plurissubsistente* sua execução pode desdobrar-se em vários atos sucessivos, de tal sorte que a ação e o resultado típico separam-se espacialmente, como é o caso dos crimes materiais, que, em geral, são plurissubsistentes.

7.9. Crimes comum, próprio e de mão própria

Crime *comum* é o que pode ser praticado por qualquer pessoa (lesão corporal, estelionato, furto). Crime *próprio* ou *especial* é aquele que exige determinada qualidade ou condição pessoal do agente. Pode ser *condição jurídica* (acionista); *profissional ou social* (comerciante); *natural* (gestante, mãe); *parentesco* (descendente) etc.[35]. Crime *de mão própria* é aquele que só pode ser praticado pelo agente pessoalmente, não podendo utilizar-se de interposta pessoa (falso testemunho, prevaricação). A distinção entre crime próprio e crime de mão própria, segundo Damásio[36], consiste no fato de que, "nos crimes próprios, o sujeito ativo pode determinar a outrem a sua execução (autor), embora possam ser cometidos apenas por um número limitado de pessoas; nos crimes de mão própria, embora possam ser praticados por qualquer pessoa, ninguém os comete por intermédio de outrem".

---

34. Muñoz Conde e García Arán, *Derecho Penal*, cit., 8ª ed., 2010, p. 303.
35. Hungria, *Comentários*, cit., p. 54; Damásio, *Direito Penal*, cit., p. 166.
36. Damásio, *Direito Penal*, cit., p. 151.

7.10. *Crimes de ação única, de ação múltipla e de dupla subjetividade*

Crime *de ação única* é aquele que contém somente uma modalidade de conduta, expressa pelo verbo núcleo do tipo (matar, subtrair). Crime *de ação múltipla* ou *de conteúdo variado* é aquele cujo tipo penal contém várias modalidades de condutas, e, ainda que seja praticada mais de uma, haverá somente um único crime (arts. 122, 180 e 234 do CP e arts. 33 e 34 da Lei n. 11.343/2006).

Fala-se também em crimes de *dupla subjetividade passiva*, quando são vítimas, ao mesmo tempo, dois indivíduos, como, por exemplo, a *violação de correspondência*, no qual são sujeitos passivos remetente e destinatário.

Os crimes tentado, consumado, exaurido, putativo, impossível, habitual, falho e de ensaio foram definidos no capítulo da tentativa.

7.11. *Crimes complexos*

Sinteticamente, pode-se afirmar que o *crime complexo* representa a soma ou fusão de dois crimes. Na verdade, o crime complexo ofende mais de um bem jurídico ao mesmo tempo. Exemplo: o crime de roubo representa a fusão do crime de subtração (art. 155) com o de lesão corporal ou ameaça (arts. 129 ou 147). Caso semelhante ocorre com a injúria real (art. 140, § 2º), na qual há a fusão da injúria (art. 140, *caput*) com a lesão corporal (art. 129) e vias de fato (art. 21 da LCP), entre outros.

O conteúdo do art. 101 do Código Penal, que define o *crime complexo*, constitui *norma especial*, e não geral, a despeito de estar localizado em sua *Parte Geral*. A definição legal de *crime complexo*, como estamos sustentando, não só constitui *norma especial* como também *específica*, uma vez que sua aplicação destina-se a todos os *crimes complexos* distribuídos pela Parte Especial do Código Penal e pela legislação extravagante, desde que não disponha de forma diversa (art. 12 do CP).

A rigor, as previsões sobre a iniciativa da ação penal (pública condicionada ou de iniciativa privada) constantes, por exemplo, dos arts. 225, 145 etc. são como, poderíamos dizer, uma *subespécie* (complementar) daquela regra geral do art. 100, segundo a qual *a ação penal é pública* "salvo quando a lei expressamente a declara privativa do ofendido". Logo, não teria sentido o afastamento do conteúdo do art. 101 por previsões sobre a natureza da ação penal, lá da parte especial, as quais, em razão do *princípio da excepcionalidade*, devem ser sempre expressas. Em outros termos, interpretação em sentido contrário *esvaziaria a finalidade* da previsão do art. 101, que poderia, inclusive, ser suprimida do Código Penal por absoluta inutilidade, pois não teria nenhuma outra hipótese de sua aplicação. A razão é simples: sem aquela ressalva expressa na parte especial do Código Penal, a que estamos nos referindo, todos os crimes seriam de ação pública incondicionada, sendo absolutamente desnecessária a definição do crime complexo.

Ademais, essa *interpretação sistemática* que damos ao art. 101 do CP resolve, por exemplo, a delicada questão sobre a natureza da ação penal do crime de estupro praticado com violência real (especialmente quando há lesão grave ou morte da vítima), além de observar o *princípio da razoabilidade* assegurando a harmonia hermenêutica do ordenamento jurídico nacional, muito embora atualmente o art. 225 do Código Penal determine que "Nos crimes definidos nos Capítulos I e II deste Título, procede-se mediante ação penal pública incondicionada", incluindo, portanto, o crime de estupro.

Por fim, concluindo, a natureza da ação penal do *crime complexo* segue a natureza da ação penal pública dos fatos que o compõem, e, por exemplo, tanto a lesão corporal grave quanto o homicídio, na hipótese do estupro qualificado, são crimes de *ação pública incondicionada*. Seria uma *irracionalidade* sustentar que, no crime de *matar alguém*, pelo simples fato de estar vinculado a outro crime (igualmente grave, no caso, estupro), a *persecutio criminis* não poderia ser pública incondicionada. Interpretação como essa afrontaria o sistema penal, deixaria a descoberto um dos bens jurídicos mais valiosos, *a vida*, quiçá o mais importante de todos (sua perda torna irrelevante os demais, no plano pragmático), além de violar o *princípio da razoabilidade*. Foi, a nosso juízo, interpretando sob essa ótica que o Supremo Tribunal Federal sentiu-se obrigado a editar a *Súmula 608* — que de qualquer forma teve sua importância reduzida diante da nova disposição do art. 225 do CP, acima transcrita — para assegurar a valoração sistemática do nosso Código Penal de 1940, cuja parte especial continua em vigor.

7.12. Crimes permanentes e crimes de efeitos permanentes

Permanente é aquele crime cuja consumação se alonga no tempo, dependente da atividade do agente, que poderá cessar quando este quiser (cárcere privado, sequestro etc.). Crime permanente não pode ser confundido com *crime instantâneo de efeitos permanentes* (homicídio, furto), cuja permanência não depende da continuidade da ação do agente. Na mesma linha já era o entendimento de Magalhães Noronha, que pontificava: "*Crime permanente* é aquele cuja consumação se prolonga no tempo, dependente da atividade, ação ou omissão, do sujeito ativo, como sucede no *cárcere privado*. Não se confunde com o *delito instantâneo de efeitos permanentes*, em que a permanência do efeito não depende do prolongamento da ação do delinquente: homicídio, furto etc."[37].

Na verdade, o que caracteriza a *permanência* de uma conduta criminosa não é a *durabilidade dos efeitos*, tampouco a repetição da *atividade* pelo agente, mas sim a *extensão da fase consumatória* propriamente da mesma ação do agente. A repetição de atividade (ou ação) pelo agente — *receber mensalmente* —, por exemplo, vantagem indevida, não é elementar constitutiva de *crime permanente*,

---

37. E. Magalhães Noronha, *Direito Penal*, 16ª ed., São Paulo, Saraiva, 1978, v. 1, p. 118.

mas tão somente consequência de uma ação executada. Consequentemente, os *crimes instantâneos de efeitos permanentes* não admitem, na sequência, a prisão em flagrante, exatamente porque se trata de *crime instantâneo*, e os efeitos que produzem é que *são permanentes*; além disso, não é a conduta criminosa que tem natureza permanente, o que caracterizaria o crime permanente.

O crime permanente, como se sabe, protrai no tempo sua consumação. Exemplo típico é o crime de sequestro: enquanto o sequestrador não liberta a vítima, o delito está sendo consumado e, pois, é delito permanente, pelo que o sujeito ativo pode ser preso em flagrante. Sobre "o elemento subjetivo, nos crimes permanentes, cumpre lembrar que a permanência decorre de um *non facere quod debetur*, pelo que o agente está, sem sombra de dúvida, desobedecendo à norma que o manda remover a situação antijurídica que criou. O agente deve, assim, ter a possibilidade de alterar essa situação ilícita. *Tanto isso é exato que na bigamia não há crime de caráter permanente porque a situação criada pelo agente não pode ser desfeita por ato ou comportamento seu*", como ensinava o saudoso José Frederico Marques[38].

Com efeito, o *crime instantâneo de efeitos permanentes*, ao contrário do que ocorre com o *crime permanente*, não possibilita ao sujeito ativo reduzir ou diminuir seus efeitos. Não há como retornar, não há como fazer cessar os efeitos da ação que já foi praticada. Em outros termos, não há como fazer cessar a ação, pois esta já se esgotou, é instantânea, e os seus efeitos é que são permanentes, v. g., o homicídio! O que se reveste do caráter de permanência é a fruição da vantagem pecuniária, mas esta não é a conduta (o crime), é somente a sua consequência, o exaurimento do crime. Com efeito, o *exaurimento* do crime pode desdobrar-se em parcelas ou ser mensal, o que não desnatura o crime instantâneo transformado em permanente, pois a conduta lesiva foi uma e já se consumou.

Fazem irrepreensível interpretação sobre esse crime as decisões refletidas nos acórdãos do (STJ) AgRg no REsp 1860685/PR e do (STF) HC 177942 AgR, respectivamente. Essas duas ementas dão preciosa interpretação quanto à natureza do crime de *estelionato previdenciário*, concebendo-o como *crime instantâneo de efeitos permanentes*. Vejamos, no que aqui interessa, a essência de cada ementa. A decisão da Sexta Turma do Superior Tribunal de Justiça, tendo como Relator o Ministro Rogério Schietti Cruz, arrematou:

> "(...) O STJ entende que o estelionato praticado contra o INSS, na circunstância de intermediação realizada por terceiros para concessão irregular de benefícios, é considerado crime instantâneo de efeitos permanentes" (STJ, AgRg no REsp 1.860.685/PR, Rel. Min. Rogerio Schietti Cruz, 6ª T., julgado em 16/6/2020, publicado em 26/6/2020)

---

38. *Tratado de Direito Penal*, 1ª ed. atual., Campinas, Bookseller, 1997, v. II, p. 366.

Não é outro o entendimento do Supremo Tribunal Federal, reiterado em vários acórdãos, dos quais destacamos a ementa do HC 177942 AgR, que teve como Relator o Ministro Roberto Barroso:

"A orientação jurisprudencial do Supremo Tribunal Federal é no sentido de que o crime de estelionato previdenciário praticado por terceiro não beneficiário tem natureza de crime instantâneo de efeitos permanentes, devendo ser mantida a causa de aumento prevista no art. 71 do Código Penal" (STF, HC 177942 AgR, Rel. Min. Roberto Barroso, 1ª T., julgado em 29/05/2020, publicado em 15/06/2020).

Nessa mesma linha do Ministro Rogério Schietti Cruz já decidiram, com absoluto acerto, os Ministros Cezar Peluso e Marco Aurélio Mello, nos HCs 82.965-1/RN e 84.998/RS, respectivamente.

A CONDUTA PUNÍVEL | XIV

Sumário: 1. Considerações gerais. 2. Teorias da ação. 2.1. Teoria causal-naturalista da ação. 2.2. Teoria final da ação. 2.3. Teoria social da ação. 2.3.1. Inconsistência das controvérsias entre as teorias final e social do conceito de ação. 2.4. Teoria da ação significativa. 3. Ausência de ação e de omissão. 4. Os sujeitos da ação. 4.1. Os sujeitos ativo e passivo da ação. 4.2. A pessoa jurídica como sujeito ativo do crime.

1. Considerações gerais

O Código Penal brasileiro, a exemplo dos códigos de outros países, não apresenta um conceito de ação ou omissão, deixando-o implícito; atribui sua elaboração à doutrina. No entanto, a *sistematização* do Direito Penal, a partir de Von Liszt, utiliza o critério da classificação em ação e omissão[1].

A Ciência do Direito Penal alemão esforçou-se na tentativa de formular um conceito amplo de ação que abrangesse também a omissão, e atribuiu-lhe funções relevantes na teoria do delito. A configuração da ação, como elemento básico do delito, ganha os primeiros contornos na obra de Luden, em 1840, recebendo melhor definição no Manual de Berner em 1857[2]. Nessa época, já se falava em *ação antijurídica e culpável*, embora sem distinguir claramente uma coisa da outra, o que só veio a ocorrer, a partir de 1867, com a definição de Ihering, reconhecendo a antijuridicidade, no Direito Civil, como um elemento objetivo, representando a contrariedade ao juridicamente desejável. Esse conceito de antijuridicidade foi transplantado para o Direito Penal, basicamente por Von Liszt (1881), sendo acrescido da *culpabilidade*, por exigência da responsabilidade subjetiva, própria do Direito Penal. No entanto, como destacou Welzel, a separação clara entre antijuridicidade e culpabilidade somente aparece, realmente, em 1884, na 2ª edição do *Tratado* de Von Liszt.

---

1. Von Liszt, *Tratado de Derecho Penal*, Madrid, Ed. Reus, p. 283, nota n. 1.
2. Luzón Peña, *Curso de Derecho Penal*; Parte General, Madrid, Ed. Universitas, 1996, p. 225; Jescheck, *Tratado de Derecho Penal*, trad. da 4ª ed. por José Luis Manzanares Samaniego, Granada, Comares, 1993, p. 197.

Radbruch, já em 1904, foi o primeiro a destacar a impossibilidade de se elaborar um *conceito genérico* que englobasse ação e omissão[3]. Parte-se da orientação de que a ação deve cumprir, em primeiro lugar, a *função* de elemento básico, *unitário*, da teoria do delito, à qual se acrescentam, como atributos, todas as comprovações ou valorações do juízo jurídico-penal. Dessa *função*, afirma Cerezo Mir, "deriva-se a necessidade de que o conceito de ação seja suficientemente amplo para que compreenda todas as formas de conduta relevantes para o Direito Penal (ação e omissão, condutas dolosas ou culposas). A ação deve cumprir, além disso, a *função* de elemento de união ou enlace de todas as fases do juízo jurídico-penal (tipicidade, antijuridicidade, culpabilidade)"[4].

Para desempenhar a função de elemento de união com os demais elementos constitutivos do crime, os conceitos de *ação* e de *omissão* devem ser *valorativamente neutros*, no sentido de não prejulgarem aqueles elementos (tipicidade, antijuridicidade e culpabilidade). No entanto, essa função de *elemento básico*, ao contrário do que se imaginou, erroneamente, por exagero do *pensamento sistemático*, não implica a necessidade de pertencerem à ação ou à omissão todos os elementos do *tipo do injusto,* doloso ou culposo. Como afirma Cerezo Mir, "a função como elemento básico fica satisfeita se o conceito de ação ou omissão permite uma interpretação satisfatória, convincente, de todos os tipos de injusto"[5]. Por último, a ação deve cumprir uma função limitadora, excluindo, antecipadamente, aquelas formas de condutas que careçam de relevância para o Direito Penal.

O *resultado* não pertence à ação, mas ao tipo, naqueles crimes que o exigem (crimes materiais). Ação e omissão, em sentido estrito, constituem as duas formas básicas do fato punível, cada uma com sua estrutura específica, distinta: a primeira viola uma proibição (crime comissivo), a segunda descumpre uma ordem (crime omissivo). *Omissão*, como assinalou Armin Kaufmann, "é a não ação com possibilidade concreta de ação; isto é, a não realização de uma ação finalista que o autor podia realizar na situação concreta"[6].

Façamos, a seguir, uma análise das três principais teorias que polemizam o conceito de ação. Acrescemos, por ora, a título ilustrativo, a teoria da ação significativa.

---

3. Apud Cerezo Mir, *Curso de Derecho Penal español*, Madrid, Tecnos, 1985, v. 1, p. 290, nota n. 85.
4. Cerezo Mir, *Curso de Derecho Penal español*, cit., p. 273.
5. Cerezo Mir, *Curso de Derecho Penal español*, cit., p. 291.
6. Apud Cerezo Mir, *Curso de Derecho Penal español*, cit., p. 293.

2. Teorias da ação

2.1. *Teoria causal-naturalista da ação*

O conceito causal de ação foi elaborado por Von Liszt no final do século XIX, em decorrência da influência do pensamento científico-natural na Ciência do Direito Penal. Na verdade, o conceito causal foi desenvolvido por Von Liszt e Beling, e fundamentado mais detidamente por Radbruch[7].

Para Von Liszt, a *ação* consiste numa modificação causal do mundo exterior, perceptível pelos sentidos, e produzida por uma manifestação de vontade, isto é, por uma ação ou omissão voluntária. Mais precisamente, nas próprias palavras de Von Liszt, "a volição que caracteriza a manifestação de vontade e, por conseguinte, a ação significa, simplesmente, no sentido desta concepção, o impulso da vontade. Pode-se defini-la fisiologicamente como a *inervação*, e pode-se concebê-la psicologicamente como aquele fenômeno da consciência pelo qual estabelecemos as causas"[8]. Em termos bem esquemáticos, *ação* é movimento corporal voluntário que causa modificação no mundo exterior. A *manifestação de vontade*, o *resultado* e a *relação de causalidade* são os três elementos do conceito de ação. Abstrai-se, no entanto, desse conceito o *conteúdo da vontade*, que é deslocado para a culpabilidade (dolo ou culpa).

Com efeito, o conceito causal de ação fracionava a ação, como sustentava Welzel, dividindo-a no *processo causal* "externo", objetivo — ação e resultado —, de um lado, e no *conteúdo da vontade*, processo "interno", subjetivo, de outro lado, para melhor satisfazer a separação exigida pela dogmática entre antijuridicidade e culpabilidade[9]. Sobre essa construção surgiu, por volta de 1900, o *sistema liszt-beling-radbruch*, que ficou conhecido como o *sistema clássico*. No entanto, ainda no início do século XX, com o descobrimento de *elementos subjetivos* na antijuridicidade e, particularmente, com o reconhecimento de que na *tentativa* o dolo é *um elemento subjetivo do injusto*, desintegrou-se o sistema clássico, que se fundamentava nessa distinção básica entre *causal-objetivo* e *anímico-subjetivo*. Ora, se o *dolo* pertence ao *injusto da tentativa*, não pode ser somente *elemento da culpabilidade* na *consumação*, especialmente quando se admite que a distinção entre *tentativa* e *consumação* carece de relevância material[10]. Dificuldade igualmente insuperável enfrentou o conceito causal de ação em

---

7. Hans Welzel, *Derecho Penal alemán*, trad. Juan Bustos Ramirez e Sergio Yáñez Pérez, Santiago, Ed. Jurídica de Chile, 1970, p. 61.
8. Von Liszt, *Tratado*, cit., t. 2, p. 285-6; Günther Jakobs, *Derecho Penal*; Parte General — fundamentos y teoría de la imputación, Madrid, Marcial Pons, 1995, p. 160.
9. Welzel, *Derecho Penal alemán*, cit., p. 62.
10. Jakobs, *Derecho Penal*, cit., p. 161.

relação ao *crime culposo*, especialmente com a compreensão de que o fator decisivo do injusto, nesses crimes, é o *desvalor da ação*[11].

Segundo Mezger, "*a teoria jurídico-penal da ação* limita-se a perguntar o *que* foi causado pelo querer do agente, qual é o *efeito* produzido por dito querer. Todos os efeitos do querer do sujeito que atua são partes integrantes da ação. Para a teoria jurídico-penal da ação é irrelevante se estes efeitos são também conteúdo da consciência e do querer do agente, e até que ponto o são". Dizia Mezger, citando Beling, que "para se afirmar que existe uma ação basta a certeza de que o sujeito atuou voluntariamente. O *que* quis (ou seja, o conteúdo de sua vontade) é por ora irrelevante: o conteúdo do ato de vontade somente tem importância no problema da culpabilidade"[12].

Constata-se que, ao contrário de Von Liszt, "Mezger acusa a influência da *filosofia neokantiana* na Ciência do Direito Penal alemão, e considera que o conceito causal de ação não é um conceito puramente neutro, pois leva implícito um elemento valorativo, ao exigir que o fazer ou deixar de fazer sejam voluntários"[13].

A teoria causal da ação, que teve boa acolhida em muitos países, foi praticamente abandonada pela dogmática alemã, começando com a advertência do próprio Radbruch, que, já no início do século XX, destacou que o conceito causal de ação era inaplicável à *omissão*, conforme já referimos. Falta *nesta* uma relação de causalidade entre a não realização de um movimento corporal e o resultado. Nessas circunstâncias, o conceito causal de ação não pode cumprir a função de elemento básico, unitário, do sistema da teoria do delito.

Finalmente, em relação aos *crimes culposos*, a teoria não teve melhor sorte; com a compreensão de que o decisivo do injusto nos crimes culposos é o *desvalor da ação*, a doutrina causal da ação fica também superada[14].

2.2. *Teoria final da ação*

Welzel elaborou o *conceito finalista* em oposição ao conceito *causal* de ação, e principalmente à insustentável separação entre a *vontade e seu conteúdo*. Atribui-se à *teoria final da ação* o mérito de ter superado a taxativa separação dos aspectos objetivos e subjetivos da ação e do próprio injusto, transformando,

---

11. Welzel, *El nuevo sistema del Derecho Penal*, trad. Cerezo Mir, Barcelona, Ed. Ariel, 1964, p. 36.
12. Edmund Mezger, *Tratado de Derecho Penal*, trad. José Arturo Rodriguez Muñoz, Madrid, Revista de Derecho Privado, 1935, t. 1, p. 220-1; Welzel, *Derecho Penal alemán*, cit., p. 62; Jakobs, *Derecho Penal*, cit., p. 160.
13. Cerezo Mir, *Curso de Derecho Penal español*, cit., p. 274; Mezger, *Tratado*, cit., p. 191, ver nota do tradutor.
14. Welzel, *El nuevo sistema*, cit., p. 36.

assim, o *injusto naturalístico* em *injusto pessoal*[15]. O próprio Welzel admite que, para a elaboração da doutrina da ação final, foi decisiva a *teoria da ação* desenvolvida por Samuel von Puffendorf (1636-1694), cujas raízes remontam a Aristóteles. Puffendorf entendia como *ação humana* somente aquela dirigida pelas específicas capacidades humanas, isto é, pelo *intelecto* e pela *vontade*[16]. Welzel afirmou que as sugestões para a formulação da doutrina da ação finalista não as recebeu de Nicolai Hartmann, como se aprega, mas da *psicologia do pensamento*, e a primeira delas foi da obra de Richard Honigswald. E, acrescentava Welzel, a pouca clareza da estrutura da ação na *ética* de Nicolai Hartmann incitou-o a reformular o pensamento em seu livro *Naturalismo e filosofia dos valores no Direito Penal* (1935), passando a utilizar o termo "finalidade" em lugar da expressão mais complexa "intencionalidade de sentido"[17].

Para Welzel, "ação humana é exercício de atividade final. A ação é, portanto, um acontecer '*final*' e não puramente '*causal*'. A '*finalidade*' ou o caráter final da ação baseia-se em que o homem, graças a seu saber causal, pode prever, dentro de certos limites, as consequências possíveis de sua conduta. Em razão de seu saber causal prévio pode dirigir os diferentes atos de sua atividade de tal forma que oriente o acontecer causal exterior a um fim e assim o determine finalmente"[18]. A atividade final — prosseguia Welzel — é uma atividade dirigida conscientemente em função do fim, enquanto o acontecer causal não está dirigido em função do fim, mas é a resultante causal da constelação de causas existentes em cada caso. A finalidade é, por isso — dito graficamente — "vidente", e a causalidade é "cega"[19].

Segundo Welzel, a *vontade* é a espinha dorsal da ação final, considerando que a *finalidade* baseia-se na *capacidade de vontade* de prever, dentro de certos limites, as consequências de sua intervenção no curso causal e de dirigi-lo, por conseguinte, conforme a um plano, à consecução de um fim. Sem a vontade, que dirige o suceder causal externo, convertendo-o em uma ação dirigida finalisticamente, a ação ficaria destruída em sua estrutura e seria rebaixada a um *processo causal* cego. A *vontade final*, sustentava Welzel, como fator que configura *objetivamente* o acontecer real, pertence, por isso, à ação[20].

---

15. Jakobs, *Derecho Penal*, cit., p. 162.
16. Welzel, *Derecho Penal alemán*, cit., p. 60.
17. Cerezo Mir, *Curso de Derecho Penal español*, cit., p. 276, nota n. 18. Maurach, no entanto, afirma que o finalismo de Welzel encontra sua origem na filosofia de Honigwald (*Bases de la filosofía del pensamiento*) e em Nicolai Hartmann (*El problema del ser espiritual*) (cf. Maurach e Zipf, *Derecho Penal*, cit., p. 255).
18. Welzel, *Derecho Penal alemán*, cit., p. 53, e *El nuevo sistema*, cit., p. 25.
19. Welzel, *El nuevo sistema*, cit., p. 25.
20. Welzel, *El nuevo sistema*, cit., p. 26.

Nesses termos, *ação* é o comportamento humano voluntário conscientemente dirigido a um fim. A ação compõe-se de um comportamento exterior, de conteúdo psicológico, que é a vontade dirigida a um fim, da representação ou antecipação mental do resultado pretendido, da escolha dos meios e a consideração dos efeitos concomitantes ou necessários e o movimento corporal dirigido ao fim proposto[21].

A direção final de uma ação realiza-se em duas fases:

1ª) *subjetiva* (ocorre na esfera intelectiva): a) antecipação do fim que o agente quer realizar (objetivo pretendido); b) seleção dos meios adequados para a consecução do fim (meios de execução); c) consideração dos efeitos concomitantes relacionados à utilização dos meios e o propósito a ser alcançado (consequências da relação meio/fim); 2ª) *objetiva* (ocorre no mundo real): execução da ação real, material, efetiva, dominada pela determinação do fim e dos meios na esfera do pensamento. Em outros termos, o agente põe em movimento, segundo um plano, o processo causal, dominado pela finalidade, procurando alcançar o objetivo proposto. Se, por qualquer razão, não se consegue o domínio final ou não se produz o resultado, a ação será apenas tentada[22].

Segundo a concepção finalista, somente são produzidas finalisticamente aquelas consequências a cuja realização se estende a direção final. Em outros termos, a *finalidade* — vontade de realização — compreende, segundo Welzel, o fim, as consequências que o autor considera necessariamente unidas à obtenção do fim, e aquelas previstas por ele como possíveis e com cuja produção contava. Ficam fora da vontade de realização, por conseguinte, aquelas consequências que o autor prevê como possíveis, mas confia sinceramente que não se produzam[23].

A *crítica* mais contundente sofrida pela *teoria finalista* refere-se aos *crimes culposos*, cujo resultado se produz de forma puramente causal, não sendo abrangido pela vontade do autor. Essas críticas levaram Welzel a reelaborar sua concepção de *culpa*, inicialmente, em 1949, através do critério da *finalidade potencial*. Nos delitos culposos, dizia Welzel, há uma "causação que seria evitável mediante uma atividade finalista"[24]. No entanto, as contundentes e procedentes críticas de Mezger, Niese e Rodríguez Muñoz, segundo os quais a constatação da *evitabilidade* da causação, através de uma atividade finalista, já implica o *juízo de culpabilidade*, obrigaram Welzel a abandonar o critério da *finalidade potencial*,

---

21. Heleno Cláudio Fragoso, *Lições de Direito Penal*, 15ª ed., Rio de Janeiro, Forense, 1994, p. 149.
22. Welzel, *El nuevo sistema*, cit., p. 26-7.
23. Welzel, *El nuevo sistema*, cit., p. 27-8; Cerezo Mir, *Curso de Derecho Penal español*, cit., p. 277.
24. Welzel, *Derecho Penal alemán*, cit., p. 184; Cerezo Mir, *Curso de Derecho Penal español*, cit., p. 278, nota n. 28.

e reestruturar a sua concepção, admitindo a existência de *uma ação finalista real nos crimes culposos*, cujos *fins* são, geralmente, irrelevantes para o Direito Penal[25]. Com efeito, nos crimes culposos, na verdade, decisivos são os *meios* utilizados ou a *forma* de sua utilização, ainda que a *finalidade* pretendida seja em si mesma irrelevante para o Direito Penal. Assim, Welzel passou a afirmar que "o conteúdo decisivo do injusto nos delitos culposos consiste, por isso, na divergência entre a ação realmente empreendida e a que devia ter sido realizada em virtude do cuidado necessário"[26].

Enfim, nos *crimes culposos*, compara-se precisamente a direção finalista da *ação realizada* com a direção finalista *exigida pelo Direito*. O *fim* pretendido pelo agente geralmente é irrelevante, mas não os *meios* escolhidos ou a *forma* de sua utilização. Como exemplifica Cerezo Mir, "o homem que dirige um veículo e causa, de forma não dolosa, a morte de um pedestre, realiza uma ação finalista: conduzir o veículo. O *fim* da ação — ir a um lugar determinado — é jurídico-penalmente irrelevante. O *meio* escolhido — o automóvel — também o é, neste caso. No entanto, é jurídico-penalmente relevante a *forma* de utilização do meio se o motorista, por exemplo, o conduz em velocidade excessiva"[27].

Essa *concepção welzeliana* de ação traz consigo algumas *consequências transcendentais*, dentre as quais destacamos: a) a inclusão do *dolo* (*sem a consciência da ilicitude*) e da *culpa* nos tipos de injustos (doloso ou culposo); b) o conceito pessoal de injusto — leva em consideração os *elementos pessoais* (relativos ao autor): o *desvalor pessoal* da ação do agente, que se manifesta pelo *dolo de tipo* (*desvalor doloso; tipo de injusto doloso*) ou pela *culpa* (*desvalor culposo; tipo de injusto culposo*). E ao *desvalor da ação* corresponde um *desvalor do resultado*, consistente na lesão ou perigo de lesão do bem jurídico tutelado; c) a culpabilidade puramente normativa[28].

2.3. Teoria social da ação

Os esforços de Eb. Schmidt para afastar do conceito causal de ação a excessiva influência do *naturalismo*, ainda na década de 1930, deram origem ao *conceito social de ação*. Segundo Eb. Schmidt, para quem ao Direito Penal interessa somente o *sentido social* da ação, o *conceito final de ação* determina o sentido

---

25. Cerezo Mir, *Curso de Derecho Penal español*, cit., p. 278 e nota n. 30; Jakobs, *Derecho Penal*, cit., p. 165-7. Ver análise crítica dessa questão em Enrique Gimbernat Ordeig, *Delitos cualificados por el resultado y causalidad*, Madrid, ECERA, 1990, p. 80 e s.
26. Welzel, *El nuevo sistema*, cit., p. 36 e 69; Maurach e Zipf, *Derecho Penal*, cit., p. 259-60; no mesmo sentido, Cerezo Mir, *Curso de Derecho Penal español*, cit., p. 280.
27. Cerezo Mir, *Curso de Derecho Penal español*, cit., p. 279.
28. Luiz Régis Prado e Cezar Roberto Bitencourt, *Elementos de Direito Penal; Parte Geral*, São Paulo, Revista dos Tribunais, 1995, v. 1, p. 71-2.

da ação de forma extremamente unilateral em função da vontade individual, quando deveria fazê-lo de uma forma objetiva do ponto de vista social. A esse argumento crítico de Eb. Schmidt, Welzel respondeu afirmando que "o sentido social de uma ação determina-se não só pelo resultado, mas também pela direção da vontade que o autor emprega na ação. Nenhuma doutrina da ação pode ignorar este fato"[29].

Com efeito, a *teoria social da ação* surgiu como uma via intermediária, por considerar que a direção da ação não se esgota na causalidade e na determinação individual, devendo ser questionada a direção da ação de forma objetivamente genérica. Esta teoria tem a pretensão de apresentar uma solução conciliadora entre a pura consideração ontológica e a normativa, sem excluir os conceitos causal e final de ação. Mas, antes de atingir o atual desenvolvimento, passou por vários estágios, cujas variantes levaram Maurach a admitir que até se pode falar em várias teorias sociais da ação[30], cuja amplitude de sua base de conhecimento constitui simultaneamente sua força e sua debilidade.

Na verdade, inicialmente Eb. Schmidt definiu a *ação* como "uma conduta arbitrária para com o mundo social externo", recebendo logo a adesão de outros autores, que foram reelaborando o conceito primitivo. Assim, para Engisch, *ação* é a "causação voluntária de consequências calculáveis e socialmente relevantes". Percebe-se, no entanto, que essas concepções apresentam, em realidade, *um caráter nitidamente causal*, e que também o resultado integra essa definição de ação. Somente a partir do conceito apresentado por Maihofer, para quem ação é "todo comportamento objetivamente dominável dirigido a um resultado social objetivamente previsível"[31], aparece um visível distanciamento do *naturalismo*. Às definições de Engisch e Maihofer, Welzel respondeu afirmando que não se trata de um conceito de ação, mas de uma doutrina da *imputação objetiva* (causal) de resultado, semelhante à teoria da causalidade adequada[32].

---

29. Welzel, *El nuevo sistema*, cit., p. 39; Cerezo Mir, *Curso de Derecho Penal español*, cit., p. 284 e notas n. 59 e 60; Maurach e Zipf, *Derecho Penal*, cit., p. 260; Günther Jakobs, *Derecho Penal*, cit., p. 170, nota n. 63. Segundo Gallas, a teoria social merece a mesma oposição da finalista, pois não se trata de uma teoria da ação, mas de uma teoria da ação típica, isto é, do desvalor da ação (apud Gimbernat Ordeig, *Delitos cualificados*, cit., p. 122).
30. Maurach e Zipf, *Derecho Penal*, cit., p. 267; no mesmo sentido, Jakobs, *Derecho Penal*, cit., p. 170.
31. Apud Gimbernat Ordeig, *Delitos cualificados*, cit., p. 121 e nota n. 36: "A teoria social denomina ao finalismo de teoria subjetivo-final da ação. Para esta há ação se *o autor* dirige sua vontade ao resultado; para aquela, se o comportamento está dirigido objetivamente ao resultado: *um observador prudente* decide, independentemente da vontade que haja tido o autor, se a ação está dirigida à consequência, se esta é objetivamente previsível".
32. Welzel, *El nuevo sistema*, cit., p. 40-1; Cerezo Mir, *Curso de Derecho Penal español*, cit., p. 285.

No entanto, *o polimento final do conceito social de ação* chegou com as contribuições de Maurach, Jescheck e Wessels. Jescheck reúne, no "comportamento humano socialmente relevante", o atuar final do comportamento doloso e o comportamento objetivamente dirigível de natureza imprudente. Wessels, por sua vez, define a ação como "a conduta socialmente relevante, dominada ou dominável pela vontade humana"[33]. Na sua definição Wessels considera *a estrutura pessoal da conduta e com isso as circunstâncias ontológicas*. Assim, tanto Jescheck, considerando "a finalidade somente segundo a vontade do autor", como Wessels, integrando na sua definição a meta subjetivamente desejada pelo autor, incluem em suas concepções elementos finais e sociais no conceito de ação.

Como destaca Maurach, a exposição de Jescheck sobre o *conceito social de ação* esclarece, na verdade, a *pouca utilidade do conceito de relevância social*, na medida em que os argumentos decisivos de Jescheck não são obtidos a partir da interpretação do conceito de relevância social, mas a partir do conceito de *conduta*, a qual define como "toda resposta do homem a uma exigência situacional reconhecida ou, ao menos reconhecível, mediante a realização de uma possibilidade de reação de que dispõe em razão de sua liberdade"[34]. E só posteriormente Jescheck define o conceito de *relevância social*. Por isso, conclui Maurach, fica evidenciado que *o conceito de conduta humana* não se deduz da *relevância social*, mas que esta lhe constitui somente *um atributo adicional*, razão pela qual a *relevância social*, por si só, é insuficiente para integrar um conteúdo razoável do conceito de ação. Isso justifica, por outro lado, que para definir o conceito social de ação se utilize a *estrutura finalista*[35]. No entanto, não se pode desconhecer que a teoria social, além de sedimentar o distanciamento do *causalismo*, possibilita uma correção ao exagerado *subjetivismo* unilateral do *finalismo*, que corre o risco de esquecer-se do desvalor do resultado.

2.3.1. Inconsistência das controvérsias entre as teorias final e social do conceito de ação

Afinal, quais os elementos que devem integrar um conceito de ação próprio para o Direito Penal, para torná-lo *satisfatoriamente abrangente* e desempenhar as *funções* que dele se espera?

Da análise que acabamos de fazer das três teorias, constatamos que cada uma destaca determinados elementos da ação, aqueles que consideram mais relevantes, para uma adequada aplicação do Direito Penal. Assim, a *teoria causal* leva à imputação do resultado e ao desvalor do resultado; a *teoria finalista destaca* a natureza intencional da ação e o desvalor desta; e, finalmente, a

---

33. Jescheck, *Tratado*, cit., p. 295-6; Wessels, *Derecho Penal alemán*, cit., p. 22.
34. Jescheck, *Tratado*, cit., p. 296.
35. Maurach e Zipf, *Derecho Penal*, cit., p. 263-7.

teoria social insere o contexto social geral na valoração da ação. Em outros termos, a *teoria causal* da ação não considera a essência da ação humana, mas a possibilidade de atribuir determinado resultado a dita ação. As *teorias final* e *social*, ao contrário, valorizam a essência da ação humana em si, embora sob pontos de vista distintos: a *teoria final* da ação em relação ao fenômeno humano interno, e a teoria social enquanto acontecimento na vida social comum[36]. Na verdade, os dois pontos de vista não se excluem, mas se complementam. A *teoria social* — nos termos definidos por Maurach, Wessels e Jescheck — e a *teoria final* coincidem em seus resultados práticos: na classificação dos elementos estruturais do fato punível, nas diferentes fases do crime e na localização do dolo e da culpa no tipo penal.

Seguindo essa orientação, e considerando a dificuldade de *encontrar* um conceito de ação jurídico-penal *satisfatório*, Maurach afirma que *"uma ação em sentido jurídico-penal é uma conduta humana socialmente relevante, dominada ou dominável por uma vontade final e dirigida a um resultado"*[37]. Com esse conceito, Maurach pretende satisfazer as *funções* exigidas do conceito de ação: fundamento idôneo para a teoria do ilícito, atribui à perspectiva causal um lugar adequadamente fora da ação, admite atribuir um conteúdo ao tipo e à antijuridicidade e permite elaborar um conceito de culpabilidade apropriado.

Enfim, ante essa coincidência no resultado é absolutamente improdutivo aprofundar as controvérsias entre as teorias final e social sobre o conceito de ação. Ao contrário, seria recomendável buscar a união entre ambas destacando os postulados comuns, como fazem Maurach, Jescheck e, mais recentemente, Jakobs, que define a ação como "a causação do resultado individualmente evitável"[38], pois os postulados fundamentais das duas teorias — *exercício de atividade final* e *um agir socialmente relevante* — não se excluem, mas se complementam, embora acentuando aspectos diferentes da ação[39].

---

36. Maurach e Zipf, *Derecho Penal*, cit., p. 267.
37. Maurach e Zipf, *Derecho Penal*, cit., p. 265 e 269. Ver, sobre um supraconceito comum de ação, em Jakobs, *Derecho Penal*, cit., p. 176.
38. Maurach e Zipf, *Derecho Penal*, cit., p. 268; Jescheck, *Tratado*, cit., p. 296; Jakobs, *Derecho Penal*, cit., p. 174: "A causação do resultado individualmente evitável é o supraconceito que engloba o atuar doloso e (individualmente) imprudente. O conhecimento da execução da ação e, no caso, de suas consequências (no dolo), ou a cognoscibilidade individual (na imprudência), como condição da evitabilidade, pertencem à ação e, portanto, ao injusto".
39. Maurach e Zipf, *Derecho Penal*, cit., p. 269. Muñoz Conde, não se conformando também com a insuficiência do conceito de relevância social, considerando-o ambíguo e pré-jurídico, sugere que se aceite a concepção de Roxin, "que concebe a ação como um conjunto de dados fáticos e normativos que são a expressão *da personalidade*, isto é, da

Com isso queremos dizer que adotamos o ponto de partida finalista na conceituação da ação humana relevante para o Direito Penal, pois somente *a manifestação exterior da ação humana voluntária*, guiada por uma *finalidade*, pode vir a constituir um ilícito penal. Não significa, contudo, que a ação humana somente seja relevante em função da finalidade com que se atua, pois, em determinados casos, o aspecto relevante da ação humana para o Direito Penal vincula-se aos *meios* eleitos para o alcance dos *fins* propostos, ou aos *efeitos* concomitantes à realização desse fim[40]. Tampouco significa que com esse ponto de partida *o conceito de ação* e a *teoria do delito* estejam inevitavelmente subordinados ao sistema finalista, pois como vimos no estudo da evolução epistemológica do Direito Penal (e da evolução da teoria geral do delito), a dogmática jurídico-penal não está adstrita ao ontologismo, nem ao método dedutivo/abstrato, mas depende de valorações acerca da *causalidade* e da *finalidade* humana. Dessa forma, *o conceito de ação deve ser entendido também pelo seu significado, com base em considerações valorativas de caráter normativo*. Essa concepção foi desenvolvida pelos defensores da *teoria da ação significativa*, que passamos a analisar a seguir.

2.4. Teoria da ação significativa

Seguindo os pensamentos de Wittgenstein (filosofia da linguagem) e Habermas[41] (teoria da ação comunicativa), Vives Antón formulou o *conceito significativo de ação*, que apresenta uma nova interpretação conceitual e aponta na direção de um novo paradigma para o conceito de conduta penalmente relevante. Esse denominado conceito significativo de ação teria sido atingido a partir de dois pontos distintos: a) *da análise da filosofia da linguagem de Wittgenstein*, de um lado; e b) *da teoria da ação comunicativa de Habermas*, de outro. Com efeito, segundo Paulo César Busato, "de um lado, Vives Antón, partindo de uma análise da filosofia da linguagem de Wittgenstein e da teoria da ação comunicativa de Habermas, chegou a um conceito significativo de ação identificando-a, como veremos em seguida, com o 'sentido de um substrato normativo'"[42]. Sob outra perspectiva — prossegue Busato — "conectada com o desenvolvimento de um aspecto dogmático das lições de Welzel, George Fletcher também alcançou um conceito que se pode denominar 'significativo' de ação, ainda que ele prefira a denominação 'intersubjetivo'. De qualquer modo, o próprio Fletcher identificou

---

parte anímico-espiritual do ser humano" (Muñoz Conde e García Arán, *Derecho Penal*; Parte General, 3ª ed., Valencia, Tirant lo Blanch, 1996, p. 232).
40. Muñoz Conde e García Arán, *Derecho Penal*, cit., 8ª ed., 2010, p. 216.
41. Jürgen Habermas, *Teoría de la acción comunicativa*, trad. de Manuel Jiménez Redondo, Madrid, Ed. Taurus, 1987, v. I.
42. Paulo César Busato, *Direito Penal e ação significativa*, Rio de Janeiro, Lumen Juris, 2005, p. 151-2.

os pontos comuns entre sua proposta e a proposta de Vives, o que nos permite a conclusão de que trata-se (*sic*) de concepções bastante coincidentes"[43].

Essa concepção tem a pretensão de traçar uma nova perspectiva dos conceitos e *significados* básicos do Direito Penal. Essa proposta de sistema penal repousa nos princípios do *liberalismo político* e tem como pilares dois conceitos essenciais: *ação* e *norma*, unidos em sua construção pela ideia fundamental de "liberdade de ação". O *conceito significativo de ação*, na ótica de seus ardorosos defensores como Vives Antón, Zugaldía Espinar[44] e Paulo César Busato[45], identifica-se melhor com um moderno Direito Penal, respondendo aos anseios de uma nova dogmática e respeitando os direitos e garantias fundamentais do ser humano. Reconhecem, no entanto, que sua perspectiva metodológica não se encontra plenamente desenvolvida, embora — sustentam — suas propostas político-criminais sejam sensíveis à crítica do próprio Sistema e prometam bases bastante seguras e mais adequadas a uma interpretação humanista do direito penal garantista. Na verdade, parece-nos que está surgindo uma nova e promissora *teoria da ação* que, certamente, revolucionará toda a *teoria geral do delito*, a exemplo do que ocorreu, a seu tempo, com o finalismo de Welzel.

Vives Antón — depois de uma revisão crítica da *filosofia da ação*[46], desde a concepção cartesiana da mente até o *funcionalismo sociológico* e psicológico — parte de um exame da *teoria da ação comunicativa*[47]. Vives Antón questiona o entendimento da ação no direito penal como consequência da concepção cartesiana[48]. Na verdade, segundo essa concepção, a *ação* era entendida como um fato composto de um *aspecto físico* (movimento corporal) e de um *aspecto mental* (a vontade). Em razão da contribuição da mente era possível distinguir ontologicamente os fatos humanos dos fatos naturais e dos fatos dos animais. No entanto, a evolução da *filosofia da ação* admite o abandono de concepções ontológicas e uma mudança na concepção da ação. Renuncia-se a um *conceito ontológico*, como algo que ocorre, que as pessoas fazem e que constitui o substrato do valorado nas normas. Por conseguinte, para que se possa avaliar se existe uma ação não é necessário o socorro de parâmetros psicofísicos, mediante o recurso da experiência.

---

43. Paulo César Busato, *Direito Penal e ação significativa*, cit., p. 152.
44. José Miguel Zugaldía Espinar, *Fundamentos de derecho penal*, Valencia, Tirant lo Blanch, 1993.
45. Tomás S. Vives Antón, *Fundamentos del sistema penal*, Valencia, Tirant lo Blanch, 1996, p. 313-34; Paulo César Busato, *Direito Penal e ação significativa*, cit., p. 152.
46. Tomás S. Vives Antón, *Fundamentos del sistema penal*, Valencia, Tirant lo Blanch, 1996, p. 143-84.
47. Tomás S. Vives Antón, *Fundamentos del sistema penal*, cit., p. 184-98.
48. Tomás S. Vives Antón, *Fundamentos del sistema penal*, cit., p. 148-51.

A ação deve ser entendida de forma diferente, não como "o que as pessoas fazem", mas como *o significado do que fazem*, isto é, como um sentido. Todas as ações não são meros acontecimentos, mas têm um sentido (significado), e, por isso, não basta descrevê-las, é necessário entendê-las, ou seja, interpretá-las. Diante dos fatos, que podem explicar-se segundo as leis físicas, químicas, biológicas ou matemáticas, as ações humanas hão de ser *interpretadas* segundo as regras ou normas.

De acordo com estes *pressupostos*, não existe um conceito universal e ontológico de ação. Não há um modelo matemático, nem uma fórmula lógica, nem qualquer classe de teoria científica experimentada e verificada que nos permita oferecer um conceito de ação humana válido para todas as diferentes espécies de ações que o ser humano pode realizar. E mais que isso: as ações não existem antes das normas (regras) que as definem. Fala-se da ação de furtar porque existe antes uma norma que define essa ação. Sintetizando, a ação, cada ação, possui um *significado* determinado, certas práticas sociais (regras ou normas) que identificam um comportamento humano perante outros.

Dessa forma, o primeiro aspecto a considerar é a identificação com algum tipo de ação, que determina por sua vez "a aparência de ação". Esse é o ponto de partida para definir se podemos dizer que existe uma ação; e, em segundo lugar, decidir se estamos diante de uma ação daquelas definidas na norma correspondente (subtrair, lesionar, ofender etc.), o que somente poderá ser levado a cabo em função do contexto em que elas se desenvolvem, isto é, com base em uma valoração da ação global, integrada pelos *aspectos causais, finais*, e *pelo contexto intersubjetivo* em que aquela se desenvolve, outorgando-lhe um específico sentido social e jurídico[49]. Ao *tipo de ação* pertencem todos os *pressupostos da ação* que cumpram uma função definidora da espécie de ação de que se trate.

O conceito de ação vinha sofrendo nos anos setenta do século XX um questionamento constante. Não se atribui, no último quarto desse século, à conduta um papel fundamental na teoria do delito, nem se lhe exige o desempenho de várias funções conceituais, tampouco se pretende construir um conceito geral, anterior (pré-jurídico) e imutável de conduta (como, por exemplo, os conceitos clássicos de ação: causal, final e social de ação). Todos esses esforços hoje não são considerados válidos[50]. Parte-se, portanto, da consideração de que a *conduta* é uma condição decisiva, mas não nos interessam as condutas em geral, nem discutir se houve ou não uma *conduta*, mas nos importa tão somente se a conduta *in concreto* que examinamos foi realizada com as características exigidas na lei penal. Em outros termos, é estéril a discussão sobre um conceito geral de ação

---

49. Paulo César Busato, *Direito Penal e ação significativa*, cit., p. 149, 179 e 180.
50. Giorgio Marinucci, *El delito como 'acción' — crítica de um dogma*, trad. de José Eduardo Sainz-Cantero Caparrós, Madrid, Marcial Pons, 1998, p. 94-5.

válido para todas as possíveis formas de ação humana, porque, em realidade, interessa-nos somente se o agente *agiu* (atuou) na forma descrita na lei penal.

Por tudo isso, atualmente o *conceito de ação* (conduta ou comportamento) resume-se na ideia de *conduta típica*, isto é, não há um conceito geral de ação, mas tantos conceitos de ação como espécies de condutas relevantes (típicas) para o Direito Penal, segundo as diversas características com as que são descritas normativamente. Em outros termos, não se acredita que existam ações como se se tratasse de objetos, e que seu conceito pode ser formulado como uma ideia prévia, superior e comum às normas, capaz de abranger todas as espécies de ações: quer dizer, *não existem ações prévias às normas*, de modo que se possa dizer que exista a ação de matar, se previamente não existir uma norma que defina matar como conduta relevante para o Direito Penal. Assim, não existe a ação do "xeque--mate" se antes não houver as regras do jogo de xadrez; não existe a *ação de impedimento* (na linguagem futebolística), sem que antes exista uma norma regulamentar que defina o que é *impedimento*. Concluindo, primeiro são as normas (regras) que definem o que entendemos socialmente por esta ou aquela ação. A partir daí, segundo essas regras, podemos identificar que matar constitui um homicídio, que subtrair coisa alheia móvel tipifica o crime de furto ou que determinados comportamentos *significam* ou possuem um sentido jurídico, social e cultural que chamamos crime de homicídio, de corrupção, de prevaricação etc., ou, na linguagem desportiva, atacar o rei inimigo sem deixar-lhe saída é "xeque--mate" ou posicionar-se adiante dos zagueiros adversários, antes do lançamento, é impedimento.

Resumindo, somente se pode perguntar se houve *ação humana* relevante para o Direito Penal quando se puder relacioná-la a determinado tipo penal (homicídio, furto, corrupção). Somente se houver a reunião dos elementos exigidos pela norma penal tipificadora teremos o *significado* jurídico do que denominamos crime de homicídio, roubo, estelionato etc. Assim, pois, a concepção *significativa da ação*, que constitui um dos pressupostos fundamentais desta orientação, sustenta que os fatos humanos somente podem ser compreendidos por meio das normas, ou seja, o seu *significado* existe somente em virtude das *normas*, e não é prévio a elas; por isso mesmo é que se fala em *tipo de ação*, em vez de falar simplesmente em ação ou omissão ou até mesmo em ação típica.

3. Ausência de ação e de omissão

A simples *vontade de delinquir* não é punível, se não for seguida de um comportamento externo. Nem mesmo o fato de outras pessoas tomarem conhecimento da *vontade criminosa* será suficiente para torná-la punível. É necessário que o agente, pelo menos, *inicie a execução* da ação que pretende realizar.

Do conceito de ação e de omissão devem ficar fora todos os *movimentos corporais* ou atitudes passivas que careçam de relevância ao Direito Penal, para que, assim, possam cumprir a *função limitadora* exigida pela dogmática jurídico-penal. Além disso, quando o movimento corporal do agente não for orientado pela consciência e vontade não se pode falar em ação. No entanto, não se pode perder de vista que, como lembrava Biagio Petrocelli, o *processo volitivo*, no quotidiano, aparece "muitas vezes abreviado, ou pela potência impulsiva do estímulo, ou por uma particular intensidade e segurança da deliberação", ou, ainda, "eliminado pelo hábito, vinculando diretamente a ação à sua ideia"[51].

Há *ausência de ação*, segundo a doutrina dominante, em três grupos de casos:

a) *Coação física irresistível ("vis absoluta")*

Quem atua obrigado por uma *força irresistível* não age voluntariamente. Quem atua, nessas circunstâncias, não é *dono* do ato material praticado, não passando de *mero instrumento* realizador da vontade do *coator*. Nesse particular, o Código Penal brasileiro reconhece e pune a figura do *autor mediato* (art. 22).

O Código Penal de 1969 fazia distinção entre *coação física* e *coação moral*, afirmando: nesta não há culpabilidade, naquela não há autoria (art. 23). Nesse sentido já era o entendimento de Jiménez de Asúa, segundo o qual, "em geral, pode-se dizer que toda conduta que não seja voluntária — no sentido de espontânea — e motivada, supõe ausência de ação humana. Assim, a força irresistível material. Importa advertir que nem a demência nem a coação moral (medo insuperável) podem significar falta de ação..."[52].

Nesse sentido, a *coação física* exclui a própria ação, enquanto a *coação moral* exclui a culpabilidade, desde que irresistíveis, claro. Tanto *demência* quanto a *coação moral* poderão constituir excludentes de culpabilidade, dependendo, logicamente, do grau de intensidade com que se apresentem.

b) *Movimentos reflexos*

São *atos reflexos*, puramente somáticos, aqueles em que o movimento corpóreo ou sua ausência é determinado por estímulos dirigidos diretamente ao sistema nervoso. Nestes casos, o estímulo exterior é recebido pelos centros sensores, que o transmitem diretamente aos centros motores, sem intervenção da vontade, como ocorre, por exemplo, em um ataque epilético. Com efeito, os *atos reflexos* não dependem da vontade, são autônomos, independentes da *faculdade psíquica* que conduz o agir voluntário, e, como se sabe, sem a presença de uma *vontade consciente* condutora do agir final não há ação penalmente relevante.

---

51. Biagio Petrocelli, *La colpevolezza*, 1951, p. 49, apud Luiz Luisi, *O tipo penal, a teoria finalista e a nova legislação penal*, Porto Alegre, Sérgio A. Fabris, Editor, 1987, p. 87.
52. Jiménez de Asúa, *Principios de Derecho Penal*, cit., p. 220.

No entanto, como sustenta Muñoz Conde, os atos em *curto-circuito* e as *reações explosivas* não se confundem com *movimentos reflexos*, pois neles existe vontade, ainda que de maneira fugaz[53], sendo, portanto, suscetíveis à dominação finalística. Nos atos em *curto-circuito* e nas *reações explosivas* a velocidade com que surge o *elemento volitivo* é tão grande que, por vezes, se torna impossível controlá-lo. Mas esse aspecto poderia ser examinado na culpabilidade, particularmente na *imputabilidade*, como uma espécie de *transtorno mental transitório*.

c) *Estados de inconsciência*

Em termos jurídico-penais, *consciência*, na lição de Zaffaroni, "é o resultado da atividade das funções mentais. Não se trata de uma faculdade do psiquismo humano, mas do resultado do funcionamento de todas elas"[54]. Quando essas funções mentais não funcionam adequadamente se diz que há *estado de inconsciência*, que é incompatível com a *vontade*, e sem vontade não há ação. A doutrina tem catalogado como exemplos daquilo que chama de *estados de inconsciência* o *sonambulismo*, a *embriaguez letárgica*, a *hipnose* etc. Como, nesses casos, os atos praticados não são orientados pela vontade, consequentemente não podem ser considerados ações penalmente relevantes.

A *embriaguez letárgica*, de regra, tem sido analisada como excludente de culpabilidade, mais especialmente da *imputabilidade*, como *transtorno mental transitório*. No entanto, essa solução é absolutamente incorreta, na medida em que a *embriaguez letárgica* constitui o grau máximo da embriaguez, sendo impossível qualquer resquício da existência de vontade. E, como sem vontade não há ação, a *embriaguez letárgica* exclui a própria ação. O posicionamento sobre essa questão tem sérias consequências práticas: sendo admitida como excludente da ação, impedirá a configuração da participação *stricto sensu* (teoria da acessoriedade limitada) e da responsabilidade civil, afastando, por conseguinte, todos os efeitos jurídico-penais decorrentes de uma ação ilícita. Contudo, nos *estados de inconsciência*, se o agente se coloca voluntariamente nessa condição, para delinquir, responderá normalmente pelo ato praticado, segundo o princípio da *actio libera in causa*, a qual examinamos, ainda que sucintamente, no capítulo em que abordamos as *causas excludentes de culpabilidade*.

O *conceito finalista* de ação já implica uma seleção das condutas humanas que podem ser objeto de valoração pelo Direito Penal. Uma conduta não finalista — *força irresistível, movimentos reflexos e estados de inconsciência* — não pode ser jurídico-penalmente considerada como uma *conduta humana*[55]. Enfim,

---

53. Raúl Peña Cabrera, *Tratado de Derecho Penal*, Lima, Ediciones Jurídicas, 1994, v. 3, p. 296; Muñoz Conde, *Teoria Geral do Delito*, trad. Juarez Tavares e Luiz Régis Prado, Porto Alegre, Sérgio A. Fabris, Editor, 1988, p. 18.
54. Zaffaroni, *Manual de Derecho Penal*, 6ª ed., Buenos Aires, Ediar, 1991, p. 363.
55. Cerezo Mir, *Curso de Derecho Penal español*, cit., p. 291-2.

o *conceito de ação*, na concepção finalista, cumpre uma função limitadora, excluindo todo o movimento corporal ou toda atividade passiva (omissiva) que não respondam ao conceito de ação ou de omissão, que ficam excluídos do âmbito do Direito Penal.

4. Os sujeitos da ação

4.1. *Os sujeitos ativo e passivo da ação*

a) *Sujeito ativo*

Por ser o crime uma *ação humana*, somente o ser vivo, nascido de mulher, pode ser autor de crime, embora em tempos remotos tenham sido condenados, como autores de crimes, animais, cadáveres e até estátuas[56]. A *conduta* (ação ou omissão), pedra angular da Teoria do Crime, é produto exclusivo do Homem. A capacidade de ação, e de culpabilidade, exige a presença de uma *vontade*, entendida como *faculdade psíquica* da pessoa individual, que somente o ser humano pode ter.

Sujeito ativo é quem pratica o fato descrito como crime na norma penal incriminadora. Para ser considerado sujeito ativo de um crime é preciso executar total ou parcialmente a figura descritiva de um crime. O Direito positivo tem utilizado uma variada terminologia para definir o sujeito ativo do crime, alterando segundo o diploma legal e, particularmente, segundo a fase procedimental. O *Código Penal* utiliza *agente* (art. 14, II), *condenado* (art. 34) e *réu* (art. 44, II) para definir o sujeito ativo do crime; o *Código de Processo Penal*, por sua vez, utiliza *indiciado* (art. 5º, § 1º, *b*), *acusado* (art. 185) e *querelado* (art. 51).

A literatura jurídico-penal apresenta ainda outras terminologias, como *denunciado, sentenciado, preso, recluso, detento* e, finalmente, *criminoso* ou *delinquente*. Normalmente, a lei penal, ao tipificar as condutas proibidas, não se refere ao sujeito ativo do crime. Esses crimes são chamados de *crimes comuns*, isto é, podem ser praticados por qualquer pessoa. Algumas vezes, no entanto, os tipos penais requerem determinada condição ou qualidade do sujeito ativo. Estes são os chamados *crimes especiais ou próprios*, como, por exemplo, o peculato.

b) *Sujeito passivo*

Sujeito passivo é o titular do bem jurídico atingido pela conduta criminosa. Sujeito passivo do crime pode ser: o *ser humano* (ex.: crimes contra a pessoa); o *Estado* (ex.: crimes contra a Administração Pública); a *coletividade* (ex.: crimes contra a saúde pública); e, inclusive, pode ser a *pessoa jurídica* (ex.: crimes contra o patrimônio).

---

56. João José Leal, *Curso de Direito Penal*, Porto Alegre, Sérgio A. Fabris Editor, 1991, p. 147.

Sob o aspecto formal, o Estado é sempre o sujeito passivo do crime, que poderíamos chamar de sujeito passivo *mediato*. Sob o aspecto material, sujeito passivo direto é o titular do bem ou interesse lesado. Nada impede, no entanto, que o próprio Estado seja o sujeito passivo imediato, direto, como ocorre quando o Estado é o titular do interesse jurídico lesado, como, por exemplo, segundo a doutrina majoritária, nos crimes contra a Administração Pública.

A análise pormenorizada dos sujeitos do delito, ativo e passivo, deve-se realizar no estudo da parte especial, em cada figura típica.

4.2. A pessoa jurídica como sujeito ativo do crime

A inadmissibilidade da *responsabilidade penal* das pessoas jurídicas — *societas delinquere non potest* — remonta a Feuerbach e Savigny. Os dois principais fundamentos para não se reconhecer a capacidade penal desses *entes abstratos* são: *a falta de capacidade "natural" de ação* e *a carência de capacidade de culpabilidade*.

Mais recentemente, os autores contemporâneos mantêm, majoritariamente, o entendimento contrário à responsabilidade penal da pessoa jurídica. Maurach já sustentava a incapacidade penal das pessoas jurídicas, afirmando que "... o reconhecimento da capacidade penal de ação da pessoa jurídica conduziria a consequências insustentáveis. Isso já era assim, segundo o conceito tradicional de ação. Com muito mais razão, uma concepção similar seria inaceitável de acordo com os critérios do finalismo, os quais distanciam o conceito de ação do mero *provocar* um resultado penalmente relevante e apresentam a ação de modo incomparavelmente mais forte, como um produto original do indivíduo, isto é, do homem em particular. Mesmo a partir de uma perspectiva mais *realista* não é possível equiparar a vontade da 'associação' com a vontade humana, na qual se apoia a ação"[57]. Nessa linha de raciocínio, conclui Maurach que a incapacidade penal de ação da pessoa jurídica decorre da essência da *associação e da ação*. Seguindo a mesma orientação, Jescheck enfatiza que "as pessoas jurídicas e as associações sem personalidade somente podem atuar através de seus órgãos, razão pela qual elas próprias não podem ser punidas. Frente a elas carece, ademais, de sentido a *desaprovação ético-social* inerente à pena, visto que a reprovação de culpabilidade somente pode ser formulada a pessoas individualmente responsáveis, e não perante membros de uma sociedade que não participaram do fato nem perante a uma massa patrimonial"[58].

Contudo, todos esses aspectos dogmáticos não impediram que o legislador espanhol passasse a adotar uma espécie *sui generis* de *imputação de responsabilidade penal* às pessoas jurídicas (art. 31 bis do CP, introduzido pela LO n. 5/2010).

---

57. Maurach e Zipf, *Derecho Penal*, cit., p. 238.
58. Jescheck, *Tratado*, cit., p. 300.

Segundo esse novo dispositivo do Código Penal espanhol, a *responsabilidade penal da pessoa jurídica* não está fundamentada na *capacidade de ação*, porque aquela não a tem, mas pela prática de determinados crimes (aqueles que o legislador especifica taxativamente no Código Penal), por pessoas físicas, que atuam em nome e em benefício da pessoa jurídica. Segundo Muñoz Conde, é necessário constatar os seguintes requisitos: "em primeiro lugar, o crime deve ser cometido por uma pessoa física vinculada à pessoa jurídica, que se encontre em uma destas duas situações: a) ser representante, administrador de fato ou de direito, ou empregado com faculdade para obrigar a pessoa jurídica, ou b) ser empregado submetido à autoridade dos anteriores e cometer o delito porque aqueles não exerceram o devido controle sobre as atividades do agente. Em segundo lugar, o crime deve ser cometido *em nome ou por conta* da pessoa jurídica, e, ademais, em seu proveito, o que constitui a base da imputação. Estão excluídos, consequentemente, os *crimes individuais* desvinculados da atividade da pessoa jurídica, ou cometidos em benefício próprio ou de terceiros"[59].

Para significativo setor da doutrina espanhola, trata-se de um "*novo* Direito Penal", construído para as pessoas jurídicas, distinguindo-se, por conseguinte, dos critérios utilizados para as pessoas físicas. Na realidade, essa construção do legislador espanhol não passa de um grotesco simulacro de direito, porque de direito penal não se trata, na medida em que adota responsabilidade por fato de outrem. De plano, constata-se que essa previsão legal espanhola afronta toda a estrutura da dogmática penal, especialmente de um *direito penal da culpabilidade*, que se pauta pela responsabilidade penal subjetiva e individual. Trata-se, na verdade, de uma *engenhosa construção ficcionista* do legislador espanhol, capaz de fazer inveja aos maiores ilusionistas da pós-modernidade, negando toda a histórica evolução dogmática/garantista de um *direito penal da culpabilidade*, que não abre mão da responsabilidade penal subjetiva. Na verdade, o legislador espanhol criou uma espécie de *responsabilidade penal delegada* (v.g., a revogada Lei de Imprensa, pelo STF), isto é, pura ficção, incompatível com as categorias sistemáticas da teoria do delito, bem aos moldes de autêntica *responsabilidade penal objetiva*.

Com efeito, o legislador espanhol adota uma *presunção objetiva de responsabilidade penal*, satisfazendo-se com a simples *realização de um injusto típico como fundamento da pena*, o que é incompatível com a atual concepção tripartida do delito, como conduta típica, antijurídica *e culpável*. Com efeito, com a reforma introduzida no Código Penal espanhol, abre-se a possibilidade de imputar a prática de um crime, com a correspondente imposição de pena, sem que seja necessário indagar sobre a concreta posição individual daquele que teria

---

59. Muñoz Conde, *Derecho Penal. Parte Especial*, Valencia, Tirant lo Blanch, 2010, p. 630 (grifos no original).

infringido as normas penais, ou seja, sem valorar as circunstâncias de imputabilidade e exigibilidade. Dito de outra forma, o legislador espanhol está desprezando, com essa previsão legal, o *atributo da culpabilidade,* que outra coisa não é senão a adoção de *autêntica responsabilidade penal objetiva.*

Surpreendentemente, Muñoz Conde, revelando certa complacência, faz o seguinte comentário: "no caso das pessoas jurídicas, a diferenciação entre injusto e culpabilidade não é tão nítida como no caso das pessoas físicas", porque "para as pessoas jurídicas é exigível uma posição comum e igual frente ao ordenamento jurídico, sem que pareça aplicável aos entes coletivos uma concreta valoração de suas circunstâncias 'pessoais' e 'individuais' que são atributo e exigência dos seres humanos"[60]. No entanto, para tranquilidade de todos, Muñoz Conde, assim como Mir Puig, não compartilham dessa orientação retrógrada e equivocada do legislador espanhol, cuja evolução exige a atenção de todos os *experts* no universo abrangido pelo sistema jurídico romano/germânico.

No Brasil, a *obscura previsão* do art. 225, § 3º, da Constituição Federal, relativamente ao *meio ambiente,* tem levado alguns penalistas a sustentarem, *equivocadamente,* que a Carta Magna consagrou a *responsabilidade penal da pessoa jurídica.* No entanto, a *responsabilidade penal* ainda se encontra limitada à *responsabilidade subjetiva* e individual. Nesse sentido manifesta-se René Ariel Dotti, afirmando que, "no sistema jurídico positivo brasileiro, a responsabilidade penal é atribuída, exclusivamente, às pessoas físicas. Os crimes ou delitos e as contravenções não podem ser praticados pelas pessoas jurídicas, posto que a *imputabilidade* jurídico-penal é uma qualidade inerente aos seres humanos"[61]. A *conduta* (ação ou omissão), pedra angular da Teoria Geral do Crime, é produto essencialmente do homem. A doutrina, quase à unanimidade, repudia a hipótese de a conduta ser atribuída à pessoa jurídica. Nesse sentido também é o entendimento atual de Muñoz Conde, para quem a capacidade de ação, de culpabilidade e de pena exige a presença de uma *vontade,* entendida como *faculdade psíquica da pessoa individual,* que não existe na pessoa jurídica, mero *ente fictício* ao qual o Direito atribui capacidade para outros fins distintos dos penais[62].

Para responder à tese de pequeno segmento da doutrina brasileira, de que a atual Constituição consagrou a responsabilidade penal da pessoa jurídica, trazemos à colação o disposto no seu art. 173, § 5º, que, ao regular a *Ordem Econômica e Financeira,* dispõe: "A lei, sem prejuízo da *responsabilidade individual dos dirigentes* da pessoa jurídica, *estabelecerá a responsabilidade desta,* sujeitando-a *às punições compatíveis com sua natureza,* nos atos praticados contra a ordem

---

60. Muñoz Conde e García Arán, *Derecho Penal,* cit., 8ª ed., 2010, p. 631.
61. René Ariel Dotti, A incapacidade criminal da pessoa jurídica, *Revista Brasileira de Ciências Criminais,* 11/201, 1995.
62. Muñoz Conde e García Arán, *Derecho Penal,* cit., 8ª ed., 2010, p. 222 e 627.

econômica e financeira e contra a economia popular" (grifamos). Dessa previsão pode-se tirar as seguintes conclusões: 1ª) a *responsabilidade pessoal* dos dirigentes não se confunde com a *responsabilidade da pessoa jurídica*; 2ª) a Constituição não dotou a pessoa jurídica de *responsabilidade penal*. Ao contrário, condicionou a sua responsabilidade à aplicação de sanções compatíveis com a sua natureza.

Enfim, a *responsabilidade penal continua a ser pessoal* (art. 5º, XLV). Por isso, quando se identificar e se puder *individualizar* quem são os *autores físicos* dos fatos praticados em nome de uma pessoa jurídica, tidos como criminosos, aí sim deverão ser responsabilizados penalmente. Em não sendo assim, corre-se o risco de termos de nos contentar com uma pura *penalização formal das pessoas jurídicas*, que, ante a dificuldade probatória e operacional, esgotaria a real atividade judiciária, em mais uma comprovação da *função simbólica* do Direito Penal, pois, como denuncia Raúl Cervini[63], "a '*grande mídia*' incutiria na opinião pública a suficiência dessa satisfação básica aos seus anseios de justiça, enquanto as pessoas físicas verdadeiramente responsáveis poderiam continuar tão impunes como sempre, atuando através de outras sociedades". Com efeito, ninguém pode ignorar que por trás de uma pessoa jurídica sempre há uma pessoa física, que utiliza aquela como simples "fachada", pura cobertura formal. Punir-se-ia a aparência formal e deixar-se-ia a realidade livremente operando encoberta em outra fantasia, uma nova pessoa jurídica, com novo CNPJ.

Mas isso não quer dizer que o ordenamento jurídico, no seu conjunto, deva permanecer impassível diante dos abusos que se cometam, mesmo através de *pessoa jurídica*. Assim, além de sanção efetiva aos *autores físicos* das condutas tipificadas (que podem facilmente ser substituídos), deve-se punir severamente também e, particularmente, as *pessoas jurídicas*, com sanções próprias a esse gênero de entes morais. A experiência dolorosa nos tem demonstrado a necessidade dessa punição. Klaus Tiedemann relaciona cinco modelos diferentes de punir as pessoas jurídicas, quais sejam: "responsabilidade civil", "medidas de segurança", sanções administrativas, verdadeira responsabilidade criminal e, finalmente, medidas mistas. Essas medidas mistas, não necessariamente penais, Tiedemann[64] exemplifica com: a) dissolução da pessoa jurídica (uma espécie de pena de morte); b) *corporation's probation* (imposição de condições e intervenção no funcionamento da empresa); c) a imposição de um administrador etc. E, em relação às medidas de segurança, relaciona o "confisco" e o "fechamento do estabelecimento".

---

63. Raúl Cervini, Macrocriminalidad económica — apuntes para una aproximación metodológica, *Revista Brasileira de Ciências Criminais*, 11/77, 1995.
64. Klaus Tiedemann, Responsabilidad penal de personas jurídicas y empresas en derecho comparado, *Revista Brasileira de Ciências Criminais*, número especial, 1995.

No mesmo sentido, conclui Muñoz Conde[65], "concordo que o atual Direito Penal disponha de um arsenal de meios específicos de reação e controle jurídico-penal das pessoas jurídicas. Claro que estes meios devem ser adequados à própria natureza destas entidades. Não se pode falar de penas privativas de liberdade, mas de sanções pecuniárias; não se pode falar de inabilitações, mas sim de suspensão de atividades ou de dissolução de atividades, ou de intervenção pelo Estado. Não há, pois, por que se alarmar tanto, nem rasgar as próprias vestes quando se fale de responsabilidade das pessoas jurídicas: basta simplesmente ter consciência de que unicamente se deve escolher a via adequada para evitar os abusos que possam ser realizados".

Concluindo, como tivemos oportunidade de afirmar, "o Direito Penal não pode — a nenhum título e sob nenhum pretexto — abrir mão das conquistas históricas consubstanciadas nas suas garantias fundamentais. Por outro lado, não estamos convencidos de que o Direito Penal, que se fundamenta na culpabilidade, seja instrumento eficiente para combater a *moderna criminalidade* e, particularmente, *a delinquência econômica*"[66]. Por isso, a sugestão de Hassemer[67], de criar um novo Direito, ao qual denomina *Direito de intervenção*, que seria um meio-termo entre Direito Penal e Direito Administrativo, que não aplique as pesadas sanções de Direito Penal, especialmente a pena privativa de liberdade, mas que seja eficaz e possa ter, ao mesmo tempo, garantias menores que as do Direito Penal tradicional, para combater a *criminalidade moderna,* merece, no mínimo, uma profunda reflexão.

---

65. Muñoz Conde, Principios político-criminales que inspiran el tratamiento de los delitos contra el orden socioeconómica en el proyecto de Código Penal español de 1994, *Revista Brasileira de Ciências Criminais,* v. 11, jul./set. 1995, p. 16-7.
66. Cezar Roberto Bitencourt, *Juizados Especiais Criminais e alternativas à pena de prisão,* 3ª ed., Porto Alegre, Livr. do Advogado Ed., 1997, p. 48.
67. Hassemer, *Três temas de Direito Penal,* Porto Alegre, Publicações Fundação Escola Superior do Ministério Público, p. 59 e 95.

A OMISSÃO E SUAS FORMAS XV

Sumário: 1. Considerações gerais. 2. Crimes omissivos próprios. 3. Crimes omissivos impróprios ou comissivos por omissão. 3.1. Pressupostos fundamentais do crime omissivo impróprio. 4. Fontes originadoras da posição de garantidor. 4.1. Obrigação legal de cuidado, proteção ou vigilância. 4.2. De outra forma, assumir a responsabilidade de impedir o resultado. 4.3. Com o comportamento anterior, cria o risco da ocorrência do resultado.

1. Considerações gerais

O Direito Penal contém normas proibitivas e normas imperativas (mandamentais). A infração das normas imperativas constitui a essência do crime omissivo. A conduta que infringe uma norma mandamental consiste em não fazer a ação ordenada pela referida norma. Logo, a omissão em si mesma não existe, juridicamente, pois somente a omissão de uma ação determinada pela norma configurará a essência da omissão.

Tipifica-se o *crime omissivo* quando o agente não faz o que pode e deve fazer, que lhe é juridicamente ordenado. Portanto, o crime omissivo consiste sempre na omissão de uma determinada ação que o sujeito tinha obrigação de realizar e que podia fazê-lo[1]. O crime omissivo divide-se em *omissivo próprio* e *omissivo impróprio*. Os primeiros são *crimes de mera conduta*, como, por exemplo, a omissão de socorro, aos quais não se atribui resultado algum, enquanto os segundos, os omissivos impróprios, são *crimes de resultado*, como veremos adiante.

Os *crimes omissivos próprios* são obrigatoriamente previstos em tipos penais específicos, em obediência ao princípio da reserva legal[2], dos quais são exemplos característicos os previstos nos arts. 135, 244, 269 etc. Os *crimes omissivos impróprios*, por sua vez, como crimes de resultado, não têm uma *tipologia específica*, inserindo-se na tipificação comum dos crimes de resultado, como o homicídio, a lesão corporal etc. Na verdade, nesses crimes *não há uma causalidade fática*, mas *jurídica*, em que *o omitente*, devendo e podendo, não impede

---

1. Francisco Muñoz Conde e Mercedes García Arán, *Derecho Penal*; Parte General, 3ª ed., Valencia, Tirant lo Blanch, 1996, p. 253.
2. Juarez Tavares, *Crimes omissivos*, p. 70-1.

o resultado. Com efeito, apesar de se tratar de crime material, o agente responde pelo resultado não por tê-lo causado, mas por não ter evitado sua ocorrência, estando juridicamente obrigado a fazê-lo, pois, nesses crimes, o *não impedimento,* quando possível, equivale, para o Direito Penal, a causar o resultado. Convém destacar, desde logo, que o *dever de evitar o resultado* é sempre um *dever* decorrente de uma norma jurídica, não o configurando deveres puramente éticos, morais ou religiosos[3].

2. Crimes omissivos próprios

Os *crimes omissivos próprios* ou puros, enfatizando, consistem numa desobediência a uma *norma mandamental,* norma esta que determina a prática de uma conduta, que não é realizada. Há, portanto, a *omissão* de *um dever de agir* imposto normativamente, quando possível cumpri-lo, sem risco pessoal.

Nesses *crimes omissivos* basta a *abstenção,* é suficiente a desobediência ao *dever de agir* para que o delito se consume. O resultado que eventualmente surgir dessa omissão será irrelevante para a consumação do crime, podendo representar somente o seu exaurimento, pois responderá pelo resultado quem lhe deu *causa,* que, na hipótese, não foi o *omitente;* pode em alguns casos, quando houver previsão legal, configurar uma *majorante* ou uma *qualificadora.* Exemplo típico é o da *omissão de socorro,* quando o agente deixa de prestar *assistência* nas condições previstas no art. 135: com a simples abstenção consuma-se o crime de omissão de socorro. Pode acontecer, porém, que a pessoa em perigo, à qual foi omitido socorro, venha a sofrer uma lesão grave ou até morrer, concretizando uma consequência danosa, produzida por um processo causal estranho ao agente, no qual se negou a interferir. Nesse caso, o agente continua responsabilizado por *crime omissivo próprio,* isto é, pela simples omissão, pela *mera inatividade.* O eventual *resultado* morte ou lesão grave, nessa hipótese, constituirá somente uma *majorante da pena do crime de omissão de socorro,* como prevê excepcionalmente o dispositivo específico (art. 135, parágrafo único, do CP); pelo crime de *homicídio* ou de *lesão grave* responderá o seu *causador,* que, na hipótese em exame, não pode ser o omitente.

Embora, via de regra, os *delitos omissivos próprios* dispensem a investigação sobre a relação de causalidade, porque são delitos de *mera conduta,* em relação a essa majorante, nesses crimes, também é indispensável que se analise o *nexo causal* entre a *conduta omissiva* e o *resultado* determinante da majoração de pena. Enfim, devemos indagar: a ação omitida teria evitado o resultado? Resultado que, diga-se de passagem, não tinha obrigação de impedir, mas que ocorreu em virtude de sua abstenção, *por não ter desviado ou obstruído o processo causal em*

---

3. Muñoz Conde e García Arán, *Derecho Penal,* cit., p. 253; Juarez Tavares, *Crimes omissivos,* cit., p. 43.

andamento. A sua obrigação era de agir, e não de evitar o resultado, mas, nesse caso, atribui-se, por previsão legal específica, uma majorante pelo *desvalor do resultado*. No entanto, como essa *majorante* decorre de um resultado material, é indispensável comprovar a *relação de causalidade* (de não impedimento) entre a omissão e o resultado ocorrido.

Em outros termos, deve-se fazer o *juízo hipotético de acréscimo*, isto é, se o agente não tivesse se omitido, ou seja, se houvesse prestado socorro o resultado ainda assim teria ocorrido? Em caso positivo, constata-se que a conduta omissiva do agente foi irrelevante, pois se tivesse agido não teria obtido êxito, não se podendo atribuir a ocorrência do resultado à omissão praticada, não havendo, portanto, relação de causa e efeito entre resultado e omissão; em caso negativo, ou seja, se o agente não se houvesse omitido, o resultado morte ou lesão grave não teria ocorrido; nessa hipótese, a omissão realmente concorreu para o *não impedimento* de dito resultado, ficando claro, por conseguinte, a "relação de causalidade" (ficção jurídica), justificando-se, politicamente, a majoração legal.

3. Crimes omissivos impróprios ou comissivos por omissão

Há, no entanto, outro tipo de crime omissivo, o *comissivo por omissão* ou *omissivo impróprio*, no qual o *dever de agir* é para *evitar um resultado concreto*. Nesses crimes, o agente não tem simplesmente a obrigação de agir, mas a *obrigação de agir para evitar um resultado*, isto é, deve agir com a *finalidade* de impedir a ocorrência de determinado evento. Nos crimes *comissivos por omissão* há, na verdade, *um crime material*, isto é, um crime de resultado. São elementos dessa modalidade de omissão, segundo o art. 13, § 2º, do nosso Código Penal[4]: a) a abstenção da atividade que a norma impõe; b) a superveniência do resultado típico em decorrência da omissão; c) a existência da situação geradora do dever jurídico de agir (figura do garantidor).

Nos *crimes comissivos* estamos diante de uma *norma proibitiva*. Sempre que um determinado *desenvolvimento causal* for favorável, o Direito, em virtude dos fins a que se propõe, *ordena* que o homem não interfira nesse *processo causal* para, com a sua interferência, não vir a ocasionar um resultado indesejável, um resultado socialmente danoso. O direito *ordena-lhe*, portanto, uma abstenção, proíbe que aja, para não causar um prejuízo.

Já nos crimes *comissivos por omissão*, existe uma norma, que Novoa Monreal chama de *norma de dever de segundo grau*[5], dirigida a um grupo restrito de

---

4. O novo Código Penal espanhol, Lei Orgânica n. 10/95, adotou em seu art. 11 uma orientação semelhante à brasileira, embora mais restritiva, não incluindo a nossa previsão constante da alínea *b*.
5. Eduardo Novoa Monreal, *Fundamentos de los delitos de omisión*, Buenos Aires, Depalma, 1984, p. 139.

sujeitos. *Norma* esta que impõe um *dever de agir, para impedir que processos alheios ao sujeito*, estranhos a ele, venham a ocasionar um resultado lesivo. Essa norma, mandamental, é dirigida a um grupo restrito, enquanto a *norma proibitiva* dirige-se a todos aqueles que podem ser sujeitos ativos do crime. Enfim, a norma de *mandado de segundo grau* dirige-se apenas àquelas pessoas que têm uma *especial relação de proteção* com o bem juridicamente tutelado. Devem, em primeiro lugar, logicamente, abster-se de praticar uma conduta que o lese, como qualquer outro; em segundo lugar, devem também *agir* para evitar que outros *processos causais* possam ocasionar algum dano.

Esses sujeitos relacionados assim de maneira especial, com determinados interesses jurídicos, são chamados de *garantidores*, que, segundo Sauer, devem prevenir, ajudar, instruir, defender e proteger o bem tutelado ameaçado[6]. São a *garantia* de que um resultado lesivo não ocorrerá, pondo em risco ou lesando um interesse tutelado pelo Direito. Essa questão foi debatida na doutrina durante longo tempo, aliás, desde a obra de Feuerbach, principalmente em virtude da ausência de previsão legal que orientasse o intérprete na identificação do garantidor. A *figura do garantidor* era, portanto, pura elaboração doutrinário-jurisprudencial. A doutrina criou uma série de condições ou hipóteses que poderiam ser consideradas *as fontes* do dever de evitar o resultado[7].

No Código de 1940, nos encontrávamos nessa situação, na qual a figura do *garantidor* era simples produto de elaboração doutrinária, não havendo nenhuma norma legal que permitisse identificá-lo. A *Reforma Penal* de 1984, finalmente, regulou expressamente — quando tratou da relação de causalidade — as hipóteses em que o *agente assume a condição de garantidor*.

3.1. *Pressupostos fundamentais do crime omissivo impróprio*

a) *Poder agir*: o *poder agir* é um pressuposto básico de todo comportamento humano. Também na omissão, evidentemente, é necessário que o sujeito tenha a *possibilidade física* de agir, para que se possa afirmar que *não agiu voluntariamente*[8]. É insuficiente, pois, o *dever de agir*. É necessário que, além do dever, haja também a *possibilidade física* de agir, ainda que com risco pessoal. Essa possibilidade física falta, por exemplo, na hipótese de *coação física irresistível*, não se podendo falar em *omissão penalmente relevante*, porque o *omitente* não tem a possibilidade física de agir. Aliás, a rigor, nem pode ser chamado de *omitente*, porque lhe falta a própria vontade, e sem vontade não há ação, ativa ou passiva.

---

6. Guillermo Sauer, *Derecho Penal*, Barcelona, Bosch, 1956, p. 156; Juarez Tavares, *Crimes omissivos*, cit., p. 781.
7. Zaffaroni, *Manual de Derecho Penal*, 6ª ed., Buenos Aires, Ediar, 1991, p. 456.
8. Juarez Tavares, *Crimes omissivos*, cit., p. 75.

b) *Evitabilidade do resultado*: mas, ainda que o omitente tivesse a possibilidade de agir, fazendo-se um *juízo hipotético de eliminação* — seria um juízo hipotético de acréscimo —, imaginando-se que a conduta devida foi realizada, precisamos verificar se o resultado teria ocorrido ou não. Ora, se a realização da *conduta devida* impede o resultado, considera-se a sua omissão *causa* desse resultado. No entanto, se a realização da conduta devida não impediria a ocorrência do resultado, que, a despeito da ação do agente, ainda assim se verificasse, deve-se concluir que a omissão não deu "causa" a tal resultado. E a ausência dessa *relação de causalidade*, ou melhor, no caso, *relação de não impedimento*, desautoriza que se atribua o resultado ao omitente, sob pena de consagrar-se uma odiosa *responsabilidade objetiva*, como acabou fazendo o Código de Trânsito Brasileiro (art. 304, parágrafo único).

c) *Dever de impedir o resultado*: mas, se o agente podia agir e se o resultado desapareceria com a conduta omitida, ainda assim não se pode *imputar* o resultado ao sujeito que se absteve. É necessária uma *terceira condição*, ou seja, é preciso que o sujeito tivesse o *dever de evitar o resultado*, isto é, o *especial dever de impedi-lo* ou, em outros termos, que ele fosse *garantidor* da sua não ocorrência. Até a vigência, inclusive, de nosso Código Penal de 1940, não dispúnhamos de nenhuma determinação legal clara nesse sentido.

A Reforma Penal de 1984 (parte geral), cedendo à antiga elaboração doutrinária, ao regular a *figura do garantidor*, determina que o *dever de agir,* para evitar o resultado, incumbe a quem: a) *tenha por lei obrigação de cuidado, proteção ou vigilância*; b) *de outra forma, assumiu a responsabilidade de impedir o resultado*; c) *com seu comportamento anterior, criou o risco da ocorrência do resultado* (art. 13, § 2º).

4. Fontes originadoras da posição de garantidor

Vejamos cada uma dessas *fontes* da posição de garantidor, que, equivocadamente, nosso Código define como hipóteses de "omissão relevante" (art. 13, § 2º), dando a falsa impressão de que, nos crimes *omissivos próprios*, a "omissão não é penalmente relevante".

4.1. *Obrigação legal de cuidado, proteção ou vigilância*

A primeira fonte do dever de evitar o resultado é a *obrigação de cuidado, proteção ou vigilância* imposta por lei. É um *dever legal*, decorrente de lei, aliás, o próprio texto legal o diz. *Dever* esse que aparece numa série de situações, como, por exemplo, o *dever de assistência* que se devem mutuamente os cônjuges, que devem os pais aos filhos, e assim por diante. Há também um *dever legal* daquelas pessoas que exercem determinadas atividades, as quais têm implícita a *obrigação de cuidado*, proteção ou *vigilância* ao bem alheio, como, por exemplo, policial, médico, bombeiro etc.

Nesses casos, portanto, se o sujeito, em virtude de sua abstenção, descumprindo o *dever de agir*, não obstruir o *processo causal* que se desenrola diante dele, digamos assim, é considerado, pelo Direito Penal, como se o tivesse causado. Isso ocorre, por exemplo, naqueles casos tão debatidos, quase sempre chamados pela mídia de *omissão de socorro*, em que médicos negam-se a atender determinado paciente em perigo de vida, e que em virtude dessa omissão vem a morrer. O crime que praticam, na verdade, não é *omissão de socorro*, mas *homicídio*, ainda que culposo, porque o *médico* tem essa *especial função de garantir* a não superveniência de um resultado letal, e esse *dever* lhe é imposto pela ordem jurídica.

4.2. *De outra forma, assumir a responsabilidade de impedir o resultado*

Durante muito tempo se falou em *dever contratual*. Ocorre, porém, que o *contrato* não esgota todas as possibilidades de assunção de responsabilidades. Pode não existir contrato e o sujeito ter *de fato* assumido uma determinada responsabilidade para com outrem. Por outro lado, pode existir contrato e esse contrato não ser válido, o que equivale *a sua inexistência*. O debate sobre esses aspectos poderia arrastar-se indefinidamente, questionando a existência, inexistência ou validade da obrigação assumida, praticamente anulando eventuais efeitos que pudessem ser alcançados pelo Direito Penal.

De qualquer forma, o que importa é que o sujeito *voluntariamente* se tenha colocado na condição de *garantidor*, assumindo, por qualquer meio, esse compromisso. E não é necessário que essa posição dure por determinado período de tempo, podendo ser transitória, podendo existir somente pelo espaço de algumas horas, por exemplo. Lembramos um exemplo que ocorre com frequência: em locais, digamos, menos favorecidos, onde as mulheres não têm condições de pagar babá para seus filhos, é comum que uma vizinha se ofereça para cuidar do filho da outra, enquanto esta se ausenta, rapidamente. A *assunção da responsabilidade* de cuidar da criança, portanto, *uma obrigação de cuidado* assumida voluntariamente, torna essa vizinha *garantidora*. E essa obrigação existirá até o momento em que a mãe voltar e retomar o cuidado do próprio filho. Nesse espaço de tempo, essa vizinha é *garantidora* da segurança e proteção desse menor. Portanto, se omitir uma conduta necessária para impedir um *processo causal*, que pode produzir um resultado lesivo, será responsável por esse resultado, porque tinha o *especial dever* de impedi-lo. Da mesma forma, o médico de plantão, embora já se tenha esgotado o seu turno, não poderá abandonar o serviço enquanto o seu substituto não tiver chegado e assumido regularmente a sua função.

Por fim, na plenária da "I Jornada de Direito e Processo Penal", de 2020, coerentemente no Enunciado 29, acordaram que: "A responsabilidade a título de *omissão imprópria* deve observar a assunção fática e real de competências que fundamentam a posição de garantidor".

4.3. Com o comportamento anterior, cria o risco da ocorrência do resultado

Nesses casos, o sujeito coloca em andamento, com a sua atividade anterior, *um processo* que chamaríamos *de risco*, ou, então, com seu comportamento, *agrava um processo já existente*. Não importa que o tenha feito voluntária ou involuntariamente, dolosa ou culposamente; importa é que com sua ação ou omissão originou uma *situação de risco* ou agravou uma situação que já existia. Em virtude desse comportamento anterior, surge-lhe a *obrigação de impedir* que essa *situação de perigo* evolua para uma *situação de dano* efetivo, isto é, que venha realmente ocorrer um resultado lesivo ao bem jurídico tutelado.

Nessas situações, especialmente quando ocorre *culpa*, e não *dolo*, pode haver certa dificuldade em determinar se se trata de *crime culposo comissivo por omissão*, portanto, que só pode ser praticado por quem é *garantidor*, ou se, ao contrário, trata-se de um *crime culposo comissivo*, simplesmente. A doutrina alemã arrola uma série de hipóteses em que poderia haver dúvida quanto à interpretação sobre a existência de *crime comissivo por omissão* ou simplesmente *comissivo*. Podem ocorrer, na verdade, duas hipóteses: 1ª) *uma conduta omissiva do agente seguida de uma conduta comissiva*; 2ª) *uma conduta comissiva seguida de uma conduta omissiva*. Um desses exemplos é aquele em que uma pessoa oferece a outra um copo d'água, sem ferver, quando, na localidade, grassava uma epidemia de tifo, que a outra pessoa desconhecia. Essa outra toma a água sem ferver, contrai a doença e morre. Aqui há *uma conduta omissiva anterior*, primitiva, que é o fato de não ter fervido a água antes de oferecê-la, sabendo da existência de uma epidemia de tifo. A seguir há uma segunda conduta, agora ativa, *comissiva*, que é *oferecer* o copo d'água naquelas circunstâncias. Nesse caso, há uma *omissão* e uma *ação* posterior. A solução mais correta, a nosso juízo, é considerar o *crime comissivo* quando podemos relacionar o resultado com uma conduta ativa imediatamente anterior a ele, ficando a omissão como a conduta remota. Em sentido inverso, deve-se considerar crime *omissivo impróprio* quando podemos relacionar o resultado com uma *conduta omissiva* imediatamente anterior, ficando a conduta ativa como remota. Nesse exemplo citado, portanto, teríamos um *crime culposo comissivo*, e não *omissivo impróprio*.

O contrário também pode acontecer, isto é, *a uma conduta ativa do sujeito seguir-se uma omissão*. Nessa hipótese, sim, teríamos a situação contemplada na letra *c* do § 2º do art. 13 (omissão imprópria). Por exemplo, o sujeito, imprevidentemente, coloca um vidro de remédio ao alcance de uma criança que mora no local, que apanha o frasco, toma o medicamento e passa mal. O sujeito percebe o que está ocorrendo e não a socorre. Consequentemente, se omite de uma obrigação que lhe incumbe, em virtude de, com a *conduta anterior*, ter criado a situação de perigo. E em decorrência de sua *omissão* a criança morre. Nesse caso, há um *crime comissivo por omissão* (omissivo impróprio), porque o que relacionamos ao resultado não é a conduta anterior — a ação de deixar o remédio —, mas, ao contrário, o que relacionamos diretamente ao resultado é a *omissão* que se seguiu à conduta primitiva. Na realidade, o sujeito criou com sua ação uma *situação de risco* e depois absteve-se de evitar que esse risco se transformasse em dano efetivo. Nessa hipótese, há um *crime comissivo por omissão*. E note-se que não tem de ser necessariamente culposo. A conduta anterior pode ter sido culposa, e no exemplo foi, mas a omissão posterior pode ser dolosa, e no exemplo foi, isto é, um homicídio doloso, por omissão imprópria.

No entanto, não se pode esquecer que, nas hipóteses de homicídio culposo e de lesão corporal culposa, o agir precedentemente culposo, lesando bens jurídicos pessoais (vida e integridade física), não transforma o agente em *garantidor*, diante da especialidade das majorantes previstas nos arts. 121, § 4º, e 129, § 7º, respectivamente[9]. Contudo, a omissão de socorro, se ocorrer, não constituirá o crime autônomo previsto no art. 135 do Código Penal, mas consistirá nas majorantes previstas nos respectivos dispositivos antes referidos.

Por fim, como os *pressupostos fático-jurídicos* que configuram a *condição de garantidor* são elementos constitutivos do tipo omissivo impróprio, devem ser abrangidos pelo dolo. Por isso, o agente deve ter *consciência da sua condição* de garantidor da não ocorrência do resultado[10]. O erro sobre os pressupostos fáticos dessa condição constitui *erro de tipo,* e o erro sobre o *dever* de impedir o resultado constitui *erro de proibição,* quando inevitável, com as respectivas consequências.

---

9. Juarez Tavares, *Crimes omissivos*, cit., p. 72.
10. Fragoso, *Lições de Direito Penal*; Parte Geral, Rio de Janeiro, Forense, p. 233.

RELAÇÃO DE CAUSALIDADE E IMPUTAÇÃO OBJETIVA | XVI

Sumário: 1. Considerações gerais. 2. Teoria da equivalência das condições ou *conditio sine qua non*. 3. Limitações do alcance da teoria da *conditio sine qua non*. 3.1. Localização do dolo e da culpa no tipo penal. 3.2. Causas (concausas) absolutamente independentes. 3.2.1. Causas relativamente independentes. 3.3. Superveniência de causa relativamente independente que, por si só, produz o resultado. 4. Outras teorias da causalidade. 5. A relevância causal da omissão. 6. A teoria da imputação objetiva e âmbito de aplicação. 6.1. Considerações críticas.

1. Considerações gerais

O homem vive em um mundo que pode ser chamado de *mundo cinético*, um mundo em movimento, dinâmico, um mundo que, na expressão de Helmut Mayer, move a si mesmo. E esse movimento se dá em virtude de forças, de energias, que ocasionam as transformações que atingem inclusive o próprio homem. Mas, ao mesmo tempo que o homem é *objeto de transformações*, porque vive em um contexto em mutação, é também *sujeito de transformações*, porque é capaz, com sua atividade, que também é energia, que também é força transformadora, de *direcionar processos causais* e provocar mudanças no mundo circundante. Essa realidade, esse fenômeno mutante e transformador não é ignorado pela ordem jurídica. O Direito Penal, no entanto, recolhe dessa realidade dinâmica apenas uma parte — aquela que se relaciona com a atividade humana —, e, ao fazê-lo, não a abrange por completo, isto é, não regula toda a realidade que compõe a atividade humana e suas consequências. O Direito Penal limita-se a regular a atividade humana (parte dela), uma vez que os demais *processos naturais* não podem ser objeto de regulação pelo Direito, porque são *forças ou energias cegas*, enquanto a atividade humana é uma *energia inteligente*.

No Código Penal há previsão de infrações chamadas de crimes de *mera atividade* ou de *mera conduta*, os quais se consumam com a simples realização de um comportamento, comissivo ou omissivo, não se dando importância às suas eventuais consequências. Outras vezes, ao contrário, o Código engloba, na sua descrição, a conduta humana e a consequência por ela produzida, isto é, o resultado, de tal forma que só haverá *crime consumado* quando esse *resultado* se concretizar.

Em razão dessa *integração na descrição típica de ação e resultado*, surge a necessidade de identificar-se um terceiro elemento, que é a *relação causal* entre aqueles dois, que examinaremos a seguir[1]. Essa relação de causalidade, enquanto categoria geral, é *elemento da ação*, visto que toda ação utiliza-se do processo causal, de natureza ôntica[2]. Algumas teorias procuram identificar, demarcar e explicar a natureza, conteúdo e limites dessa *relação de causalidade*. Por razões puramente didáticas, analisaremos, em primeiro lugar, a teoria adotada expressamente pelo nosso ordenamento jurídico, para, em segundo lugar, mencionar aquelas outras que serviram de antecedente lógico à *teoria da imputação objetiva*, deixando para o final deste Capítulo a análise, desde uma perspectiva crítica, das principais características da teoria da imputação objetiva e de suas vertentes.

2. Teoria da equivalência das condições ou *conditio sine qua non*

Dentro da parcela da atividade humana que o Direito Penal *valora negativamente*, como conduta indesejada, somente uma parcela menor — os crimes de resultado — apresenta relevância à questão da *relação de causalidade*. Nesses delitos, deve-se indagar a respeito da existência de um *nexo de causalidade* entre a ação do agente e o resultado produzido. Assim, nosso Código, com redação determinada pela Reforma Penal de 1984 (Lei n. 7.209/84), repetindo, no particular, a orientação contida na versão original do Código de 1940, determina no art. 13 que: "*o resultado, de que depende a existência do crime, somente é imputável a quem lhe deu causa. Considera-se causa a ação ou omissão sem a qual o resultado não teria ocorrido*".

A primeira parte do dispositivo está afirmando que a *relação de causalidade* limita-se aos *crimes de resultado* (materiais)[3]. A segunda parte — *considera-se causa a ação ou omissão sem a qual o resultado não teria ocorrido* — consagra a adoção da teoria da equivalência das condições, também conhecida como teoria da *conditio sine qua non,* para determinar a relação de causalidade. Foram precursores dessa teoria John Stuart Mill e Von Buri[4], para os quais não há nenhuma base científica para distinguir *causa* e *condição*. É uma teoria que não distingue como prevalente ou preponderante nenhum dos diversos antecedentes

---

1. Para uma análise mais abrangente, veja-se, por todos, Paulo José da Costa Jr., *Comentários ao Código Penal,* São Paulo, Saraiva, 1986, v. 1, p. 74 e s.
2. Welzel, *Derecho Penal alemán*, Santiago, Ed. Jurídica de Chile, 1970, p. 66.
3. Cerezo Mir não gosta da classificação de crimes formais e crimes materiais (José Cerezo Mir, *Curso de Derecho Penal español*, Madrid, Tecnos, 1985, v. 1, p. 342, nota n. 2).
4. Apud Paulo José da Costa Jr., *Comentários ao Código Penal*, cit., v. 1, p. 85. Segundo Maurach, o estudo dessa teoria foi iniciado por Glaser, na Áustria, cabendo a Von Buri somente a sua introdução na Alemanha (*Tratado de Derecho Penal*, p. 229).

causais de um determinado resultado. Todo fator — seja ou não atividade humana — que contribui, de alguma forma, para a ocorrência do evento é causa desse evento. *Causa*, para essa teoria, é a soma de todas as *condições*, consideradas no seu conjunto, produtoras de um resultado[5].

Para que se possa verificar se determinado antecedente é *causa* do *resultado*, deve-se fazer o chamado *juízo hipotético de eliminação*, que consiste no seguinte: imagina-se que o comportamento em pauta não ocorreu, e procura-se verificar se o resultado teria surgido mesmo assim, ou se, ao contrário, o resultado desapareceria em consequência da inexistência do comportamento suprimido. Se se concluir que o resultado teria ocorrido mesmo com a supressão da conduta, então não há nenhuma relação de *causa e efeito* entre um e outra, porque mesmo suprimindo esta o resultado existiria. Ao contrário, se, eliminada mentalmente a conduta, verificar-se que o resultado não se teria produzido, evidentemente essa conduta é *condição* indispensável para a ocorrência do resultado e, sendo assim, é sua *causa*.

Mas a *teoria da equivalência das condições* tem a desvantagem de levar *ad infinitum* a pesquisa do que seja *causa*: todos os agentes das condições anteriores responderiam pelo crime! Na verdade, se remontarmos todo o *processo causal*, vamos descobrir que uma série de antecedentes bastante remotos foram condições indispensáveis à ocorrência do resultado. No exemplo clássico do *homicida* que mata a vítima com um tiro de revólver, evidentemente que sua conduta foi necessária à produção do evento; logo, é causa. Mas o *comerciante* que lhe vendeu a arma também foi indispensável na ocorrência do evento; então, também é *causa*. Se remontarmos ainda mais, teríamos de considerar *causa* a fabricação da arma, e até os pais do criminoso, que o geraram, seriam *causadores*. Mas essa conclusão, evidentemente, se tornaria inconciliável com os propósitos do Direito Penal.

Em vista disso, procura-se limitar o alcance dessa teoria, utilizando-se outros critérios que permitam identificar, entre as contribuições causais do resultado, aquelas que sejam, desde uma perspectiva *normativa*, relevantes para a proteção do bem jurídico[6]. Esses critérios poderão ser estabelecidos de distintas formas: a) por institutos do estudo dogmático-penal, como, por exemplo, os elementos subjetivos do tipo, com o objetivo de aferir se havia pelo menos previsibilidade de que a conduta realizada poderia produzir um resultado típico; b) por considerações valorativas acerca da causalidade, como, por exemplo, as *concausas* absolutamente independentes, ou a superveniência de causas relativamente independentes que,

---

5. Luiz Regis Prado e Cezar Roberto Bitencourt, *Elementos de Direito Penal*, Parte Geral, São Paulo, Revista dos Tribunais, 1995, v. 1, p. 73.
6. Confira a esse respeito Carmen López Peregrín, *La complicidad en el delito*, Valencia, Tirant lo Blanch, 1997, p. 169-186, 221-227.

por si sós, produzem o resultado, como veremos a seguir; c) ou por postulados das *teorias da imputação objetiva*, que serão analisados mais adiante.

Em qualquer caso, a concepção puramente naturalística funcionará — e não se pode ignorar esse aspecto — como *limite mínimo* do nexo causal, e não como critério definitivo de imputação jurídica. Assim, a *exclusão da causalidade física* impedirá o posterior reconhecimento de *um vínculo de imputação normativo*.

3. Limitações do alcance da teoria da *conditio sine qua non*

Como podemos observar, a principal crítica dirigida à teoria da equivalência das condições consiste em que esta não é capaz de oferecer critérios valorativos que auxiliem na delimitação das condutas relevantes sob a perspectiva jurídico-penal. Realmente, a tentativa de extrair consequências jurídicas diretamente de considerações acerca da *causalidade* constitui uma dificuldade reiteradamente apontada pela doutrina, pois representa uma confusão entre o plano *causal ontológico* e o *plano jurídico*[7]. Para superar essa dificuldade, foi desenvolvida uma série de critérios que, sem renunciar ao ponto de partida *causal ontológico*, auxiliam na redefinição do *conceito jurídico de tipicidade*, mais especificamente na redefinição *da causalidade*.

3.1. *Localização do dolo e da culpa no tipo penal*

A *relação de causalidade* entre a conduta humana e o resultado, que interessa ao Direito Penal, é sempre aquela que pode ser *valorada por meio* do *vínculo subjetivo* do agente. Isto é, a *causalidade relevante,* desde a perspectiva jurídico-penal, é aquela que pode ser prevista, ou seja, *previsível*, ou, ainda, aquela que pode ser mentalmente antecipada pelo agente. Em outros termos, a cadeia causal, aparentemente infinita sob a ótica puramente naturalística, será sempre limitada pelo dolo ou pela culpa[8]. Toda conduta que não for orientada pelo dolo ou pela culpa estará na seara do acidental, do fortuito ou da força maior, não podendo configurar crime, situando-se fora, portanto, do alcance do Direito Penal material.

Com a consagração da *teoria finalista da ação*, situando o *dolo* ou, quando for o caso, a *culpa*, no tipo penal, consolidou-se um primeiro limite à *teoria da equivalência das condições*. Ora, segundo essa orientação, pode ser que alguém dê causa a um resultado, *mas sem agir com dolo ou com culpa*. E fora do dolo ou da culpa entramos na órbita do *acidental*, portanto, fora dos limites do

---

7. Margarita Martínez Escamilla, *La imputación objetiva*, Madrid, Edersa, 1992, p. 4 e s.; Diego Manuel Luzón Peña, *Curso de Derecho Penal*, Madrid, Universitas, 1996, p. 365-71; López Peregrín, *La complicidad*, cit., p. 178-82; Francisco Muñoz Conde e Mercedes García Arán, *Derecho Penal*, Parte General, 8ª ed., Valencia, Tirant lo Blanch, 2010, p. 246.
8. Assis Toledo, *Princípios básicos de Direito Penal*, 4ª ed., São Paulo, Saraiva, 1991, p. 113.

Direito Penal. E isso porque a *relevância típica das contribuições causais ao resultado* depende da existência de, pelo menos, previsibilidade *ex ante* da produção do resultado e da correspondente possibilidade de evitar que o mesmo seja produzido. Com efeito, uma pessoa pode ter dado *causa* a determinado resultado, e não ser possível imputar-se-lhe a responsabilidade por esse fato, por não ter agido nem dolosa nem culposamente, isto é, não ter agido tipicamente; essa atividade permanece fora da esfera do Direito Penal, sendo impossível imputá-la a alguém pela falta de dolo ou culpa, a despeito da existência de uma relação causal objetiva, constituindo, por conseguinte, a primeira limitação à teoria da *conditio sine qua non*.

3.2. *Causas (concausas) absolutamente independentes*

Há outras limitações ao *nexo de causalidade*, formuladas no âmbito das teorias da causalidade, as chamadas *condições* que, de forma absolutamente independente, *causam* o resultado que se analisa. Essas *condições preexistentes, concomitantes* ou *supervenientes* à conduta podem *auxiliá-la* na produção do evento ou *produzi-lo* de maneira total, absolutamente independente da conduta que se examina. São condições — concausas — *preexistentes* aquelas que ocorrem antes da existência da conduta, isto é, antes da realização do comportamento humano; *concomitantes*, quando ocorrem simultaneamente com a conduta e, finalmente, uma concausa é *superveniente* quando se manifesta depois da conduta. As *concausas*, quaisquer delas, podem ser constituídas por outras condutas ou simplesmente por um fato natural.

Qualquer que seja a *concausa* — preexistente, concomitante ou superveniente —, poderá *produzir o resultado* de forma *absolutamente independente* do comportamento que examinamos. Nesses casos, fazendo-se aquele *juízo hipotético de eliminação*, verificaremos que a conduta não contribuiu em nada para a produção do evento. Nessas circunstâncias, a *causalidade da conduta* é excluída pela própria disposição do art. 13, *caput*, do CP. A doutrina é fértil em exemplos: concausa *preexistente*, totalmente independente da conduta — ocorre quando alguém, pretendendo *suicidar-se*, ingere uma substância venenosa, e, quando já está nos estertores da morte, *recebe um ferimento*, que não apressa sua morte, que não a determina nem a teria causado. Essa segunda conduta, a do *ferimento*, não é *causa*, portanto, do resultado morte, porque, se a eliminarmos, hipoteticamente, o resultado morte ocorreria da mesma forma e nas mesmas circunstâncias, e por uma condição estranha e independente dessa segunda condição. *O mesmo raciocínio aplica-se a uma causa concomitante ou superveniente.*

3.2.1. Causas relativamente independentes

Quaisquer que sejam as *concausas* — preexistentes, concomitantes ou supervenientes —, podem atuar de tal forma que, poderíamos dizer, *auxiliam* ou *reforçam* o *"processo causal"* iniciado com o comportamento do sujeito. Há, portanto, aquilo que se diria uma soma de esforços, *uma soma de energias*, que produz o resultado. Por exemplo, a vítima de um determinado ferimento, que, pela sua natureza ou por sua localização, não é um ferimento mortal, é portadora de *hemofilia*, que, no caso, é uma *condição preexistente*, pois já existia antes da conduta do sujeito, podendo vir a morrer em consequência de hemorragia. Não se pode afirmar que, suprimindo hipoteticamente o ferimento, a morte teria ocorrido da mesma forma. Na hipótese, o ferimento foi, portanto, *condição indispensável* à ocorrência do resultado. Evidentemente que esse resultado foi *facilitado* pela deficiência da vítima, que era hemofílica. Mas a hemofilia sozinha, isoladamente, não teria causado a morte da forma como ocorreu. Há, nessa hipótese, uma *causa preexistente*, hemofilia, que se *soma* à conduta do sujeito, e ambas, juntas, vão determinar o evento. O mesmo ocorre quando se tratar de causa concomitante ou superveniente.

Se dois indivíduos, um ignorando a conduta do outro, com a intenção de matar, ministram, separadamente, quantidade de veneno insuficiente para produzir a morte da mesma vítima, mas em razão do efeito produzido pela soma das doses ministradas esta vem a morrer, qual seria a solução recomendada pela *teoria da equivalência das condições*, consagrada pelo direito brasileiro? Responderiam ambos por tentativa, desprezando-se o resultado morte? Responderiam ambos por homicídio doloso, em coautoria? Ou responderia cada um, isoladamente, pelo homicídio doloso?

Outra vez, devemos socorrer-nos do *juízo hipotético de eliminação*: se qualquer dos dois não tivesse ministrado a sua dose de veneno, a morte teria ocorrido da forma como ocorreu? Não, evidentemente que não, pois uma dose, isoladamente, era insuficiente para produzir o resultado morte. Na hipótese, cada uma das doses foi *condição indispensável* à ocorrência do resultado, ainda que, isoladamente, não pudessem produzi-lo. É verdade que esse resultado só foi alcançado pela *soma das duas doses*. Há, nesse caso, uma *soma de energias*, que acabou produzindo o resultado. As duas doses de veneno *auxiliaram-se* na formação do *processo causal* produtor do resultado, unilateralmente pretendido e, conjuntamente, produzido. Houve algum vínculo subjetivo entre os dois agentes, concorrendo um na conduta do outro? Não; inclusive, um desconhecia a atividade do outro. Logo, não há que se falar em *concurso de pessoas*, em qualquer de suas modalidades. A nosso juízo, configuram-se *causas (concausas) relativamente independentes*, pois a supressão de qualquer delas inviabiliza a obtenção do resultado pretendido, razão pela qual ambos devem responder individualmente pelo *homicídio doloso consumado*. Trata-se de uma modalidade de *autoria colateral*, na qual não há vínculo subjetivo entre os autores, por isso não há coautoria. A hipótese de *causa superveniente relativamente independente que, por si só, produz o resultado* fica completamente afastada, na medida em que, pelo *juízo hipotético de eliminação*, suprimida qualquer das doses, anterior ou posterior, não importa, o resultado morte não se teria produzido. Por outro lado, nenhuma das duas doses criou um *novo nexo de causalidade*, inserindo-se, ambas, no mesmo *fulcro causal*. Há, nesse caso, uma *soma de esforços*, que se *aliam*, e as duas doses, juntas, vão determinar o evento.

Portanto, temos até agora *duas alternativas*: ou excluímos a causalidade do comportamento humano, porque um *juízo hipotético de eliminação* nos permite essa exclusão, e atribuímos a causação do resultado a um fator estranho à conduta, na hipótese, uma *concausa* absolutamente independente; ou não excluímos esse vínculo de causalidade, porque, pelo juízo hipotético de eliminação, a conduta foi necessária à produção do evento, ainda que *auxiliada* por outras forças, na hipótese, uma *concausa relativamente independente*.

3.3. *Superveniência de causa relativamente independente que, por si só, produz o resultado*

Há, no entanto, *uma terceira alternativa*, e é exatamente esta que vem disciplinada no § 1º do art. 13 do CP. Esse parágrafo exclui, desde logo, as causas *preexistentes* ou *concomitantes*, *referindo-se, portanto, somente às supervenientes*. Quando ocorrer uma daquelas causas ditas preexistentes ou concomitantes, só haverá as duas alternativas já referidas: ou são *absolutamente independentes* e excluem a relação causal, ou são *relativamente independentes* e se aliam à conduta, não excluindo o nexo de causalidade.

Tratando-se, porém, de *causas supervenientes* temos as duas alternativas referidas, e mais uma, a que vem disciplinada no dispositivo citado, que diz o seguinte: "*A superveniência de causa relativamente independente exclui a imputação quando, por si só, produziu o resultado; os fatos anteriores, entretanto, imputam-se a quem os praticou*" (§ 1º do art. 13).

A leitura preliminar desse dispositivo leva-nos, à primeira vista, a desconfiar que essa previsão legal é pleonástica, porque, se é *uma causa superveniente que*, "*por si só*", *produziu o resultado*, pode-se entender que é *independente da conduta*, e, portanto, o problema já estaria resolvido pelo *caput* do art. 13. Com o *juízo hipotético de eliminação* atribuiríamos o resultado a essa causa independente e afastaríamos o *nexo de causalidade* entre a conduta anterior e o resultado subsequente. Mas, como se afirma que a lei não contém palavras inúteis ou desnecessárias, devemos buscar o real significado da norma. E, realmente, constatamos que o legislador refere-se aqui a uma independência *relativa*, e não absoluta.

Mas ainda se poderá perguntar: se uma *causa* é *relativamente independente*, como poderá causar, *por si só*, o resultado? A situação deve ser interpretada da seguinte forma: quando alguém coloca em andamento determinado *processo causal* pode ocorrer que sobrevenha, no decurso deste, uma nova condição — produzida por uma atividade humana ou por um acontecer natural — que, *em vez de se inserir no fulcro* aberto pela conduta anterior, *provoca um novo nexo de causalidade*. Embora se possa estabelecer uma conexão entre a conduta primitiva e o resultado final, a segunda causa, a *causa superveniente*, é de tal ordem que determina a ocorrência do resultado, *como se tivesse agido sozinha*, pela anormalidade, pelo inusitado, pela imprevisibilidade da sua ocorrência.

Quando estamos, portanto, diante de uma *causa superveniente*, e queremos verificar se a *conduta anterior* é *causa* ou não, devemos partir, obrigatoriamente, do *juízo hipotético de eliminação*: excluímos mentalmente a conduta anterior e verificamos se o resultado teria ocorrido. Se a resposta for não, podemos afirmar que há uma *conexão causal* entre a conduta anterior e o resultado.

Mas, em se tratando da ocorrência de *causa superveniente*, teremos de suspeitar da possibilidade de tratar-se de causa superveniente nos termos do § 1º do art. 13. Por isso, temos de formular uma segunda pergunta: essa *causa superveniente* se insere no fulcro aberto pela conduta anterior, *somando-se* a ela para a produção do resultado, ou não? Se a resposta for afirmativa, *não excluirá o nexo de causalidade* da conduta anterior, porque a *causa posterior* simplesmente *somou--se à conduta anterior* na produção do resultado. Ao contrário, se respondermos que não, isto é, que a causa superveniente *causou isoladamente* o evento, estaríamos resolvendo a situação com base no § 1º, afastando a relação de causalidade da conduta anterior. Nesse caso, o autor da conduta anterior responderá pelos atos praticados que, em si mesmos, constituírem crimes, segundo seu elemento subjetivo.

Os seguintes exemplos podem auxiliar no esclarecimento da questão:

a) Suponhamos que uma pessoa é esfaqueada por "A", sofrendo lesão corporal. Socorrida e medicada, a vítima é orientada quanto aos cuidados a tomar, mas não obedece à prescrição médica, e, em virtude dessa falta de cuidado, o ferimento infecciona, gangrena e ela morre. Há aí uma conduta anterior, que é o ferimento, e uma *causa superveniente*, que é a infecção e a gangrena. Suprimindo-se o ferimento, a morte teria ocorrido? Não, pois sem ferimento não haveria o que infeccionar. Logo, podemos estabelecer uma relação entre a conduta anterior e o evento posterior.

Mas, como ocorreu uma causa superveniente, temos de fazer a segunda indagação: essa *causa superveniente*, que foi a infecção, somou-se ao ferimento anterior para produzir a morte, ou produziu-a de forma inusitada, de maneira totalmente imprevisível, inesperada? Por algum tempo, chegamos a sustentar que, nessa hipótese, *teria havido uma soma de esforços*, ou de energias, que, unidas, produziram o resultado morte, e que, por isso, o autor do ferimento, na hipótese, *responderia*, portanto, por esse resultado. No entanto, refletindo melhor, concluímos que atribuir a responsabilidade pela morte da vítima, descuidada, omissa e relapsa, a um simples ferimento que, com os cuidados básicos, não teria tido consequência alguma, constituiria uma inadmissível responsabilidade penal objetiva. Na verdade, a displicência da vítima criou um novo fluxo causal, inusitado, inesperado, causando, por si só, o resultado morte, ajustando-se, por conseguinte, ao disposto no art. 13, § 1º, ora em exame. O autor da lesão leve responderá somente por esse crime, nada mais.

b) Outro exemplo em que também *poderíamos excluir a relação de causalidade* da conduta anterior: uma pessoa, que foi ferida por "A", é levada ao hospital para ser medicada, mas a ambulância que a conduz envolve-se em um acidente de trânsito, projetando a vítima, que bate a cabeça no meio-fio da calçada e morre. Nesse caso, excluindo-se a conduta do ferimento, teria ocorrido o resultado morte? Se a vítima não tivesse sido ferida, *teria morrido naquele local e daquela maneira*? Não, nem estaria na ambulância, não teria sido projetada e muito menos batido a cabeça. Não se pode dizer que a conduta anterior não foi condição indispensável para a ocorrência do resultado subsequente. Foi. Mas houve também uma *causa superveniente*, o acidente que projetou a vítima para fora da ambulância. Assim, temos de perguntar se *essa causa superveniente aliou-se ao ferimento, somando energias na produção do resultado morte*, ou se a vítima morreu exclusivamente em virtude da segunda causa. Evidentemente que ela morreu de comoção cerebral, de maneira, portanto, inusitada, anormal, *imprevisível em relação à conduta primitiva*. Nessa hipótese, não houve, portanto, *soma de energias* entre as "causas", anterior e posterior. A segunda *causa* — superveniente e relativamente independente — produziu, por si só, o resultado morte.

A doutrina costuma dizer que, nesse caso, o *perigo* criado pelo comportamento do sujeito não chega ao dano final, *porque uma causa superveniente determina o surgimento de um novo perigo, de modo a determinar o dano final*. Essa situação então se enquadraria na previsão do § 1º do art. 13, *havendo a superveniência de uma causa relativamente independente da conduta anterior*. Nesse caso, realmente há uma *independência relativa*, porque se a vítima não estivesse ferida não se teria acidentado naquele local e daquela maneira; pois essa *concausa, por si só*, ocasionou o resultado, excluindo então a imputação relativamente ao fato anterior.

A pessoa que feriu não é autora de homicídio, mas causou somente uma lesão dolosa ou culposa ou, quem sabe, uma tentativa de homicídio, segundo o *elemento subjetivo* que orientou sua ação antecedente. Ou, ainda, não se lhe imputarão os fatos antecedentes, se o ferimento inicial da vítima, por exemplo, tiver sido acidental, isto é, sem dolo e sem culpa. O resultado morte, por fim, produzido pelo traumatismo craniano, em decorrência do acidente da ambulância, poderá ser imputado ao motorista desta, se resultar comprovado que sua conduta foi dolosa ou culposa.

4. Outras teorias da causalidade

Para uma exata compreensão do significado e alcance da *teoria da imputação objetiva*, e suas versões, é necessário mencionar, ainda que de forma sucinta, aquelas teorias sobre a causalidade que, com o avanço da dogmática penal, evoluíram à categoria de *princípio normativo de imputação objetiva*. Referimo-nos à *teoria da adequação*, também conhecida como *teoria da causalidade adequada*, e à teoria da *causa juridicamente relevante*, ou *da relevância típica*.

A *teoria da causalidade adequada* fundamenta-se originalmente no *juízo de possibilidade* ou de probabilidade da relação causal, formulados por Von Bar e Von Kries[9]. Ela parte do pressuposto de que *causa adequada* para a produção de um resultado típico (aspecto objetivo) não é somente a causa identificada a partir da teoria da equivalência das condições, mas, sim, aquela que era previsível *ex ante*, de acordo com os conhecimentos experimentais existentes e as circunstâncias do caso concreto, conhecidas ou cognoscíveis pelo sujeito cuja conduta se valora (aspecto subjetivo).

Martínez Escamilla e López Peregrín destacam que essa teoria permitiria excluir do âmbito da responsabilidade penal os *cursos causais irregulares* e aqueles resultados valorativos insatisfatórios[10]. Imaginemos, por exemplo, que uma pessoa morra em decorrência de uma ferida leve causada intencionalmente por um terceiro. Sob a perspectiva estritamente *causal*, não é possível negar o nexo entre a conduta de quem realizou a lesão leve e o resultado morte (embora o aspecto subjetivo afaste essa consequência). Entretanto, por meio da *teoria da adequação*, seria possível excluir o resultado morte do nexo de imputação quando faltasse para o autor da lesão a *previsibilidade objetiva* da possibilidade de produção daquele resultado concreto (imaginemos que o autor da lesão dolosa não saiba que a vítima era hemofílica). Essa teoria apresenta, sem embargo, a inconveniência do alto grau de indefinição acerca dos parâmetros valorativos necessários para medir algo como previsível ou imprevisível[11]. Como veremos mais adiante, com a evolução da dogmática penal, essa teoria passou a ser complementada por outros institutos, como as noções de *risco permitido* e *risco tipicamente relevante*. É bem verdade que, no caso da *hemofilia*, desconhecida pelo agente, estamos diante de uma *condição preexistente*, pois existia antes da conduta do sujeito, facilitando a ocorrência do resultado. Há, nessa hipótese, uma *causa preexistente*, relativamente independente, a hemofilia (não abrangida pelo dolo, é verdade), que se *soma* à conduta do sujeito, e ambas, juntas, vão determinar o resultado (item 3.2.1).

Já para a *teoria da causa juridicamente relevante*, referida por Mezger, a relevância jurídica de uma determinada conduta, considerada inicialmente como causa de um resultado nos termos da *teoria da equivalência das condições*, deve ser abordada pela *interpretação do tipo penal* de que se trate. Essa ideia,

---

9. Luiz Regis Prado e Cezar Roberto Bitencourt, *Elementos de Direito Penal*, cit., p. 74.
10. Martínez Escamilla, *La imputación objetiva*, cit., p. 82; López Peregrín, *La complicidad*, cit., p. 181.
11. López Peregrín, *La complicidad*, cit., p. 181.

entretanto, não foi desenvolvida, deixando apenas indicada a necessidade da utilização de critérios valorativos de imputação para a delimitação da tipicidade[12].

Em qualquer caso, ambas as teorias representaram um importante passo para a posterior consolidação do seguinte entendimento: as questões acerca da *causalidade* não devem ser confundidas com o *juízo valorativo de imputação* de um resultado típico.

5. A relevância causal da omissão

Em relação à *ação* não há maior dificuldade em se estabelecer o *nexo de causalidade*, porque há algo sensorialmente perceptível, que é o movimento corpóreo do agente, a sua atividade. O problema é diferente quando o agente permanece inativo, isto é, quando o agente não coloca em andamento um determinado processo causal. Estamos nos referindo aos *crimes omissivos*[13], sem ignorar que nem todos esses crimes envolvem o problema da causalidade[14], como é o caso dos omissivos próprios.

Os *crimes omissivos próprios*, repisando, consistem simplesmente numa desobediência a uma norma mandamental, norma esta que determina a prática de uma conduta, que não é realizada. Há somente a *omissão* de *um dever de agir*, imposto normativamente, por isso, via de regra, os *delitos omissivos próprios* dispensam a investigação sobre a *relação de causalidade*, porque são delitos de mera atividade, ou melhor, *inatividade*[15], que não produzem qualquer resultado naturalístico. Há, no entanto, outro tipo de crime omissivo, como já afirmamos, o *comissivo por omissão* ou *omissivo impróprio*, no qual o *dever de agir* é para *evitar um resultado concreto*. Nesses crimes, o agente não tem simplesmente a obrigação de agir, mas a *obrigação de agir para evitar um resultado*, isto é, deve agir com a *finalidade* de impedir a ocorrência de determinado evento. Nos crimes comissivos por omissão há, na verdade, um crime material, isto é, um crime de resultado, exigindo, consequentemente, a presença de um *nexo causal* entre a ação omitida (esperada) e o resultado.

---

12. López Peregrín, *La complicidad*, cit., p. 181-2.
13. Pe. Antônio Vieira, *Os sermões*: "A omissão é o pecado que se faz não fazendo. Por uma omissão perde-se um aviso, por um aviso perde-se uma ocasião, por uma ocasião perde-se um negócio, por um negócio perde-se um reino".
14. Luiz Régis Prado e Cezar Roberto Bitencourt, *Elementos de Direito Penal*, cit., v. 1, p. 76: "Os tipos penais expressam-se normativamente em proibições e mandatos ou ordens, cuja infração dá lugar a delitos de estrutura diversa: a) *tipo de injusto comissivo*: a ação viola uma proibição (*delito comissivo*); b) *tipo de injusto omissivo*: a omissão transgride um imperativo, uma ordem de atuar (*delito omissivo*)".
15. Juarez Tavares, *Crimes omissivos*, cit., p. 23.

A possibilidade de imputar o resultado ao sujeito que se abstém de uma conduta devida significa reconhecer a existência de um *nexo de causalidade*, a exemplo da *ação ativa*, ou, ao contrário, significa apenas o reconhecimento de uma *causalidade jurídica*, portanto, de uma ficção do Direito?

Na doutrina predomina o entendimento de que *na omissão não existe causalidade*, considerada sob o aspecto naturalístico. Como já afirmava Sauer, sob o ponto de vista científico, natural e lógico, "do nada não pode vir nada". No entanto, o próprio Sauer admitia a *causalidade na omissão*, concluindo que "a omissão é causal quando a ação esperada (sociologicamente) provavelmente teria evitado o resultado"[16]. Na verdade, existe tão somente um *vínculo jurídico*, diante da equiparação entre *omissão* e *ação*. E toda a *equiparação* feita pelo Direito, quando não se fundamenta na realidade, nada mais é do que uma *ficção jurídica*.

Na *omissão* ocorre o desenrolar de uma *cadeia causal* que não foi determinada pelo sujeito, que se desenvolve de maneira estranha a ele, da qual é um mero observador. Acontece que a lei lhe determina a obrigação de intervir nesse processo, impedindo que produza o resultado que se quer evitar. Ora, se o agente não intervém, não se pode dizer que *causou* o resultado, que foi produto daquela energia estranha a ele, que determinou o processo causal. Na verdade, o sujeito não o *causou*, mas como não o *impediu* é equiparado ao verdadeiro causador do resultado. Portanto, na *omissão imprópria* não há o *nexo de causalidade*, há o nexo de *"não impedimento"*[17]. A *omissão* relaciona-se com o resultado pelo seu não impedimento e não pela sua causação. E esse *não impedimento* é erigido pelo Direito à condição de *causa*, isto é, como se fosse a causa real. Dessa forma, determina-se a imputação objetiva do fato.

Determinados o nexo de causalidade e a relevância típica da conduta, necessitamos ainda, para responsabilizar alguém, analisar a ilicitude e a culpabilidade, logicamente. Assim, o *nexo de causalidade* é um primeiro passo na indagação da existência de uma infração penal que, finalmente, para poder ser atribuída a alguém, precisa satisfazer os requisitos da tipicidade, da antijuridicidade e da culpabilidade.

6. A teoria da imputação objetiva e âmbito de aplicação

Como lembra Mir Puig[18], todo tipo doloso requer certos requisitos mínimos na conduta externa, que devem ser estudados na teoria geral do tipo doloso — e que geralmente são comuns a todo tipo objetivo, inclusive aos crimes culposos.

---

16. Guillermo Sauer, *Derecho Penal*, Barcelona, Bosch, 1956, p. 149-50 (§ 16, II).
17. Ver, em sentido semelhante: Jescheck, *Tratado de Derecho Penal*, Barcelona, Bosch, 1981, v. 2, p. 826; Zaffaroni, *Manual de Derecho Penal*, 6ª ed., Buenos Aires, Ediar, 1991, p. 453.
18. Santiago Mir Puig, *Derecho Penal*, p. 216.

Porém, a *imputação do tipo objetivo* somente é um problema da parte geral quando o tipo requer um resultado no mundo exterior separado, no tempo e no espaço, da ação do autor. Nos crimes de *mera atividade*, como o de falso testemunho, de ameaça, de injúria, a imputação do tipo objetivo se esgota na subsunção dos elementos do tipo respectivo, que deve ser tratado na Parte Especial[19].

Como já afirmamos, a *relação de causalidade* não é o único elemento relevante para *a imputação objetiva do resultado* à conduta humana precedente. A *teoria da imputação objetiva* não tem, contudo, a pretensão de resolver a *relação de causalidade*, tampouco de substituir ou eliminar a função da *teoria da conditio sine qua non*. Objetiva não mais que *reforçar*, do ponto de vista *normativo*, a atribuição de um resultado penalmente relevante a uma conduta. Em outros termos, não pretende fazer prevalecer um *conceito jurídico* de imputação sobre um *conceito natural* (pré-jurídico) de causalidade, mas acrescentar-lhe conceitos normativos limitadores de sua abrangência. Com efeito, nos crimes de ação (os materiais), a *relação de causalidade*, embora necessária, não é suficiente para a *imputação objetiva* do resultado. Nos crimes comissivos por omissão, a *imputação objetiva* não requer uma relação de causalidade propriamente, mas apenas que o sujeito não tenha impedido o resultado quando podia e devia fazê-lo, em razão de sua *condição de garante*.

Enfim, a *relação de causalidade* não é suficiente nos *crimes de ação*, nem sempre é necessária nos *crimes de omissão* e é absolutamente irrelevante nos *crimes de mera atividade*. Portanto, a teoria da *imputação objetiva* tem espaço e importância reduzidos.

Para a *teoria da imputação objetiva*, o resultado de uma conduta humana somente pode ser objetivamente imputado a seu autor quando tenha criado a um bem jurídico uma situação de risco juridicamente proibido (não permitido) e tal risco se tenha concretizado em um resultado típico[20]. Em outros termos, somente é admissível a imputação objetiva do fato se o resultado tiver sido *causado* pelo risco não permitido criado pelo autor[21]. Em síntese, determinado resultado somente pode ser imputado a alguém como obra sua e não como mero produto do azar[22]. A teoria objetiva estrutura-se, basicamente, sobre um conceito fundamental: o *risco permitido*. Permitido o risco, isto é, sendo socialmente tolerado, não cabe a imputação; se, porém, o risco for proibido, caberá, em princípio, a imputação objetiva do resultado.

---

19. Claus Roxin, *Direito Penal*, p. 345.
20. Hans-Heinrich Jescheck, *Tratado de Derecho Penal*; Parte General, trad. José Luis Manzanares Samaniego, 4ª ed., Granada, Editorial Comares, 1993, p. 258.
21. Claus Roxin, *Derecho Penal*, p. 373.
22. Luzón Peña, *Derecho Penal*, p. 377; Jescheck, *Tratado de Derecho Penal*, p. 258.

A *teoria da imputação objetiva* pode ser vista, sob essa perspectiva, como uma evolução da ideia da *causa juridicamente relevante*, na medida em que dá um passo adiante, em relação à proposta referida por Mezger, e oferece critérios normativos para a delimitação da tipicidade objetiva. Por outro lado, a *teoria da imputação objetiva* pode ser vista como uma *evolução da teoria da adequação*, na medida em que *aperfeiçoa o critério da previsibilidade objetiva* em prol de uma melhor delimitação da conduta típica relevante. Apresenta-se, nesse sentido, como uma teoria capaz de abordar os requisitos valorativos necessários para aferir a tipicidade objetiva de uma conduta, sem incorrer na clássica confusão entre o *plano causal ontológico* e o *plano normativo*[23].

Para Martínez Escamilla, essa teoria hoje representa um contraponto ao *método ontológico do finalismo* e se estrutura a partir de considerações eminentemente valorativas, relacionadas com determinadas concepções de sistema penal, concretamente, com *concepções funcionalistas*[24]. Quanto à sua origem, atribui-se a Larenz a primeira aproximação aos problemas tratados no âmbito da *teoria da imputação objetiva*[25], e a Honig e a Roxin o moderno entendimento dessa teoria[26], como uma *teoria da imputação objetiva do resultado*[27].

Para Roxin, "um resultado causado pelo agente somente pode ser imputado ao tipo objetivo se a conduta do autor criou um perigo para o bem jurídico *não coberto pelo risco permitido*, e se esse perigo também se realizou no resultado concreto"[28]. Dessa forma, estabelece Roxin, os postulados básicos da teoria da imputação objetiva, gerando um amplo debate na doutrina que, apesar de aceitá-la em termos gerais, divergem quanto a: a) aos critérios que devem integrar o *juízo de imputação objetiva* do resultado; b) ao conteúdo de cada um desses critérios; e c) no seu âmbito de aplicabilidade.

---

23. Luiz Regis Prado e Cezar Roberto Bitencourt, *Elementos de Direito Penal*, cit., p. 74-5.
24. *La imputación objetiva*, cit., p. 34.
25. Martínez Escamilla, *La imputación objetiva*, cit., p. 19-22; e Carlos Suárez González e Manuel Cancio Meliá, *Estudio preliminar*. In: Günther Jakobs, *La imputación objetiva en Derecho Penal*, Madrid, Civitas, 1996, p. 22-8.
26. Embora, no plano filosófico, se possa vislumbrar resquício de imputação objetiva do resultado, enquanto teoria da imputação, nas obras de Platão (*República*) e Aristóteles (*Ética*), no campo do direito moderno, destaca Juarez Tavares: "inicia-se ela com a obra de Larenz, que busca discutir acerca da teoria da imputação em Hegel e no direito penal, em particular, com um livro de Hardwig" (Tavares, *Teoria do injusto penal...*, p. 223). A partir daí, começaram a surgir as mais variadas proposições em torno do tema, mais ou menos extravagantes, chegando-se ao extremo com Günther Jakobs, que propõe a *reformulação da teoria do crime*, transformando-a em *teoria da imputação* (Günther Jakobs, *Derecho Penal*, p. 226 e 237).
27. López Peregrín, *La complicidad*, cit., p. 183.
28. *Derecho Penal*, cit., p. 363.

Vejamos, exemplificativamente, algumas dessas (as mais relevantes) divergências existentes. Na concepção de Roxin, *a teoria da imputação objetiva* estabelece três requisitos básicos para a imputação objetiva do resultado, que representam, em realidade, três grandes grupos de problemas: a) *a criação de um risco jurídico-penal relevante, não coberto pelo risco permitido*; b) *a realização desse risco no resultado*; e c) *que o resultado produzido entre no âmbito de proteção da norma penal*[29].

O primeiro requisito, (i) *a criação de um risco jurídico-penal relevante*, visa identificar se a conduta praticada pelo agente infringe alguma norma do *convívio social*, e pode ser valorada como tipicamente relevante. Concretamente, se se trata de *uma conduta perigosa*, idônea para a produção de um resultado típico, *não coberta pelo risco permitido*. Em caso afirmativo, pode-se dizer que a conduta representa a *criação de um risco jurídico-penal proibido*, sendo, nesse sentido, relevante para o Direito Penal. Em caso negativo, isto é, se a conduta praticada não é idônea para a produção do resultado típico, ou, sendo idônea, está permitida pelo ordenamento jurídico, então fica afastada a relevância típica da conduta, que não poderá sequer ser punida a título de tentativa. Uma vez constatada a relevância típica da conduta praticada, é necessário analisar se o agente pode ser responsabilizado pela prática de um crime consumado, ou seja, se está presente o segundo requisito, (ii) a *realização do risco proibido no resultado*. A responsabilidade pelo delito consumado deve ser inicialmente inferida pela constatação da *relação de causalidade* entre a conduta do agente e o resultado típico. Além disso, é necessário demonstrar se o resultado típico representa, *precisamente*, a realização do risco proibido criado ou incrementado pelo agente. Quanto ao terceiro requisito, (iii) *âmbito de proteção da norma*, trata-se de um *limitador da imputação objetiva*, que visa à *interpretação restritiva dos tipos penais*, de tal modo que, em determinados casos, seja possível negar a imputação do resultado, inclusive quando os outros dois requisitos estejam presentes. Como adverte Roxin[30], no momento de valorar se o resultado é a realização do risco não permitido, é necessário estabelecer uma correspondência entre a *finalidade*, o *alcance da norma de cuidado* (sob a perspectiva *ex ante*) e o resultado, de modo que *não se pode imputar o resultado à conduta se a norma de cuidado era insuficiente ou inadequada para evitar o resultado finalmente produzido*. Ou seja, apesar de a conduta gerar um risco tipicamente relevante, não amparado por um risco permitido, não haverá imputação se se verificar, *ex post,* que os cuidados exigidos, *ex ante,* não eram suficientes nem adequados para evitar o *resultado desvalorado*, na medida em que fatores imprevisíveis ou desconhecidos (*ex ante*) também interferiram na produção do resultado típico.

---

29. *Derecho Penal*, cit., p. 365-87.
30. *Derecho Penal*, cit., p. 378.

Sem embargo, para Wolfgang Frisch, as questões relacionadas com o *risco proibido* são parte da teoria do injusto e, como tal, não entram no âmbito da teoria da imputação objetiva, que estaria restrita a um marco de aplicação mais estrito, qual seja, o da determinação da relação entre a conduta típica e o resultado. Nas palavras desse autor, "a temática normativa da *imputação objetiva do resultado* começa unicamente quando se dá previamente resposta (na verificação do caso, afirmativamente) aos problemas *normativos do risco proibido*, referidos ao injusto do comportamento. Seu objeto não é a questão dos princípios em virtude dos quais devem ser determinados o *risco proibido*, ou os casos que devem ser considerados como exemplos de criação de um perigo aprovado ou desaprovado"[31].

Por outro lado, Jakobs propõe um desenvolvimento da *teoria da imputação objetiva* também distinto. Atribui, em princípio, uma finalidade similar à formulada por Roxin para a teoria da imputação objetiva. Com efeito, na concepção de Jakobs, essa teoria tem a missão de identificar "as propriedades objetivas gerais da conduta imputável"[32]. Entretanto, opta por uma *via metodológica* diferente à de Roxin, para determinar os *critérios de imputação objetiva*, estreitamente vinculada à sua *concepção funcional normativista* do sistema penal. Essa concepção vem sendo duramente criticada pela doutrina especializada por conduzir a *um juízo de valor eminentemente formal e abstrato* da relevância típica da conduta, carente de um referente material estável e empírico contrastável, para fins de delimitação da conduta punível[33]. Além disso, questiona-se o alcance que essa teoria assume na formulação de Jakobs, que pretende *reinterpretar, em sua totalidade, o conteúdo e significado dos elementos que compõem o injusto penal*, ultrapassando os limites da relevância típica de uma determinada conduta para projetar-se, inclusive, sobre o tratamento da *autoria* e *participação* no delito[34].

A teoria da imputação objetiva, a nosso juízo, tem grande utilidade para a delimitação da tipicidade nos crimes de resultado, isto é, para aqueles casos em que a descrição dos elementos do tipo exige que a consumação do delito somente ocorra com um resultado no mundo exterior separado, no tempo e no espaço, do comportamento que o precede (os denominados crimes materiais). Nesse

---

31. Wolfgang Frisch, *Comportamiento típico e imputación del resultado*, tradução da edição alemã (Heidelberg, 1988) por Joaquín Cuello Contreras e José Luis Serrano González de Murillo, Madrid, Marcial Pons, 2004, p. 65.
32. *Derecho Penal*, cit., p. 224.
33. Rafael Alcácer Guirao, *La tentativa inidónea. Fundamento de punición y configuración del injusto*, Granada, Comares, 2000, p. 351.
34. Suárez González e Cancio Meliá, in: *La imputación objetiva*, cit., p. 39-50; Jakobs, *Derecho Penal*, cit., p. 226 e 237; idem, *La imputación objetiva*, cit., p. 147 e s.; Juarez Tavares, *Teoria do injusto penal*, Belo Horizonte, Del Rey, 1998, p. 223.

âmbito, *os critérios de imputação objetiva* servem tanto para a delimitação da(s) conduta(s) penalmente relevante(s) como para a atribuição do resultado típico àquela(s) conduta(s) que se identifique(m) como relevante(s) para o Direito Penal, e apta(s) para a produção do resultado. Com essa configuração, estamos de acordo com Roxin, Jakobs, Martínez Escamilla, Mir Puig, entre outros, no sentido de que a *teoria da imputação objetiva* encerra um *duplo juízo de imputação*: (i) um juízo *ex ante* sobre a relevância típica da conduta, e (ii) um juízo *ex post*, sobre a possibilidade de atribuição do resultado típico àquela conduta.

Nos crimes de *mera atividade*, como o de falso testemunho, de ameaça, de injúria, entre outros, a imputação do tipo objetivo esgota-se no primeiro juízo de imputação, ou seja, uma vez que se constate que o *risco proibido criado pelo comportamento do sujeito* apresenta a idoneidade para ofender o bem jurídico protegido, isto é, com subsunção dos elementos do tipo respectivo, de acordo com os elementos descritos na Parte Especial[35].

E quais são, exatamente, esses critérios que, em linhas gerais, conformam o primeiro e o segundo juízos de imputação?

No nosso entendimento, o *primeiro juízo de imputação* (relevância típica da conduta) está diretamente vinculado à valoração da *criação de um risco proibido*. Vale advertir, desde logo, que as considerações sobre a *criação de um risco* jurídico-penalmente relevante não constituem uma descoberta da teoria da imputação objetiva. Em realidade, desde que Welzel destacou que o ilícito penal não poderia ser explicado somente como *desvalor do resultado*, e que a lesão ou exposição ao perigo de um determinado bem jurídico somente interessa se, previamente, se identifica uma conduta relevante para o Direito Penal, os estudiosos da dogmática penal vêm se preocupando com os requisitos que identificam a perigosidade da conduta *ex ante* e sua relevância típica, isto é, o *desvalor da ação*[36]. O mérito da teoria da imputação objetiva consiste em haver sistematizado critérios para este fim desde uma perspectiva normativa, consolidando na doutrina o entendimento de que *as valorações jurídico-penais não devem estar limitadas a considerações ontológicas*. Cabe, sem embargo, destacar que, com a afirmação da necessidade de identificar a criação de um *risco jurídico-penalmente relevante*, somente estamos indicando o problema normativo que deve ser resolvido, e não, propriamente, os critérios que nos auxiliam na sua resolução. Com efeito, existe ampla discussão acerca de quais seriam esses critérios, bastando, por exemplo, comparar as diferenças existentes entre a postura de Jakobs e a de Roxin.

---

35. Claus Roxin, *Direito Penal*, p. 345.
36. Martínez Escamilla, *La imputación objetiva*, cit., p. 76-7; López Peregrín, *La complicidad*, cit., p. 230-3.

Apesar das divergências, quanto à relevância *ex ante* da conduta, destacamos que ela poderá ser aferida pelos critérios que consideramos realmente úteis para este fim, e que passamos a analisar a seguir. Em primeiro lugar, é necessário realizar um *juízo de valor* acerca da perigosidade da conduta, nos termos da teoria da adequação social. Ou seja, entendendo a *perigosidade* como característica da ação, reconhecível e possível de valorar desde a perspectiva *ex ante*, e que constitui um *requisito básico do desvalor da ação*. Dessa forma, analisaremos — elaborando um *juízo de probabilidade* —, se o risco criado pela conduta, objetivamente adequado para a produção do resultado, é, ademais, previsível *ex ante* para o sujeito que o realiza.

Ultrapassado esse primeiro filtro valorativo, o passo seguinte consiste em identificar se o risco *ex ante* adequado à produção do resultado é, de fato, *um risco permitido*, ou se constitui *um risco proibido*. É nesse momento que começamos a valorar se a conduta corresponde, ou não, à prática de uma atividade lícita, socialmente útil, realizada dentro do limite mínimo da prudência, isto é, atendendo aos cuidados minimamente necessários para a vida em sociedade. Esse *critério* pode ser explicado por meio da *função preventiva do Direito Penal*, no sentido de que este não tem a finalidade de proteger de maneira absoluta os bens jurídicos relevantes para a sociedade, mas somente de maneira residual e fragmentária.

Pode ocorrer, no entanto, que, apesar de a conduta do sujeito ser adequada para a produção do resultado e de representar *a criação de um risco proibido*, não deve ser considerada relevante para efeitos penais. Referimo-nos aos casos em que a conduta realizada represente *uma diminuição do risco de lesão* do bem jurídico. Este critério, proposto por Roxin, aplica-se às hipóteses em que o sujeito *modifica o curso causal e diminui a situação de perigo já existente* para o bem jurídico, e, portanto, melhora a situação do objeto da ação[37]. Assim, de acordo com esse critério, "Apesar de ser causa do resultado, quem pode desviar a pedra que vê voar em direção à cabeça de outrem, sem a tornar inócua, mas fazendo-a atingir uma parte do corpo menos perigosa, não comete lesões corporais. Tampouco as comete o médico que, através de suas medidas, consegue unicamente postergar a morte de seu paciente"[38]. E a aplicação desse critério possibilitaria decidir, já no âmbito da tipicidade, a relevância penal da conduta, não sendo necessário, nesses casos, indagar sobre a caracterização de uma *causa de justificação*.

Com relação ao *segundo juízo de imputação*, neste âmbito, trata-se de verificar se o resultado típico pode ser atribuído à conduta previamente identificada como relevante. Para este fim, são úteis os seguintes critérios sistematizados pela teoria da imputação objetiva que passamos a analisar a seguir.

---

37. Claus Roxin, *Derecho Penal*, cit., p. 365.
38. Claus Roxin, *Funcionalismo e imputação objetiva no Direito Penal*, tradução e introdução de Luís Greco, Rio de Janeiro, São Paulo, Renovar, 2002, p. 313.

Em primeiro lugar, é necessário constatar a relação de causalidade nos termos da teoria da *conditio sine qua non*. Esta constitui, como já advertimos, o primeiro fator a levar em consideração: se a conduta não pode ser vista como causa do resultado, não há que seguir indagando sobre a relevância típica do comportamento[39]. Superado esse primeiro requisito, isto é, constatado que a conduta deu causa ao resultado, desde uma *perspectiva naturalista*, passamos a indagar se esse resultado representa, desde uma *perspectiva normativa*, justamente a realização do *risco proibido criado pelo autor*, ou se outros fatores interferiram na sua produção. A esse respeito são precisas as palavras de Frisch, segundo o qual "os resultados que não possam ser concebidos como a realização do risco típico desaprovado, criado pelo autor, ficam excluídos como resultado típico imputável ao (obrar do) autor"[40].

E de que forma demonstra-se essa *relação de risco* que integra o *segundo juízo de imputação*? Mediante quais critérios?

Nesse âmbito, não encontramos um elenco de critérios devidamente definidos. Em realidade, com a afirmação de que deve ser constatada a *relação de risco* para a imputação objetiva do resultado, somente logramos identificar o problema que deve ser resolvido desde a perspectiva normativa, e não, propriamente, os critérios que são válidos para esse fim. Com efeito, com esse ponto de partida, vem sendo utilizada uma série de critérios para resolver antigos problemas que já vinham sendo suscitados pelas *teorias da causalidade*. Entre os critérios utilizados, valem destacar o *juízo de adequação do resultado*, a *teoria da evitabilidade*, o critério do *incremento do risco* e o critério do *fim de proteção da norma*.

Como primeiro degrau de valoração, devemos analisar se existe uma relação de adequação entre o resultado produzido e a conduta que representa a criação de um risco proibido. O *juízo de adequação* será agora realizado não como um juízo de prognóstico sobre a previsibilidade da produção do resultado desde a perspectiva *ex ante*, mas desde a perspectiva *ex post*, ou seja, uma vez conhecidas todas as circunstâncias do fato, para que seja possível aferir se o resultado foi realmente produzido pela conduta (*ex ante*) adequada e jurídico-penalmente relevante, ou se foi provocado pelo *desvio do curso causal*, pela concorrência de outros fatores causais, ou pela ação de elementos imprevisíveis[41].

---

39. Martínez Escamilla, *La imputación del resultado*, cit., p. 168; Wolfgang Frisch, *Comportamiento típico e imputación del resultado*, tradução da edição alemã (Heidelberg, 1988) por Joaquín Cuello Contreras e José Luis Serrano González de Murillo, Madrid, Marcial Pons, 2004, p. 551.
40. *Comportamiento típico e imputación del resultado*, cit., p. 550-1.
41. Corcoy Bidasolo, *El delito imprudente*, cit., p. 436; Mir Puig, *Derecho* Penal, cit., p. 246-50.

Esse critério é, sem embargo, insuficiente para valorar a relação de risco quando *ex post* se constata que o resultado se produziria de qualquer forma, inclusive se o autor tivesse adotado um comportamento conforme o Direito. Dito de outra forma, para aqueles casos em que existe *desvalor de ação*, o autor com o seu comportamento cria um *risco proibido*, mas, desde a perspectiva *ex post*, se observa que o resultado não poderia ser evitado, nem mesmo na hipótese de que o risco houvesse permanecido dentro dos limites permitidos. Assim, por exemplo, imaginemos o caso do gerente de uma fábrica de pincéis que entrega a seus trabalhadores pelos de cabra que não foram previamente esterilizados, contraindo os trabalhadores um bacilo que acabou por provocar a morte de quatro deles, e que, finalmente, fique demonstrada a inutilidade das medidas convencionais de esterilização para evitar o contágio[42]. A questão de fundo suscitada por esse caso é formulada por Martínez Escamilla nos seguintes termos: "*Que relevância possui para a imputação objetiva de um resultado o fato de que com segurança, probabilidade ou possibilidade, esse mesmo resultado também se produzisse com o comportamento conforme o direito?*"[43].

Nesses casos, a discussão gira em torno da possibilidade de imputação de resultados não planificados, pelo menos a título de imprudência. Deve a conduta ser punida (sem ignorar o *princípio da excepcionalidade do crime culposo*)? Ou a impossibilidade de evitar o resultado afasta, inclusive, o *desvalor de ação*? Na opinião de Frisch, quando, desde a perspectiva *ex post*, chega-se à conclusão de que um acontecimento perigoso não poderia ser controlado com uma medida de cuidado planificável (no exemplo referido, por meio da esterilização dos pelos de cabra, utilizando os métodos convencionais), *o comportamento que deu lugar a esse risco não entra no âmbito do risco proibido*, pois faltaria, para o autor desse comportamento, a possibilidade de evitar o resultado. E isso porque "Os perigos em virtude dos quais é desaprovada a ação estão também caracterizados [...] por aspectos instrumentais (possibilidade e probabilidade de evitar o resultado); se, com referência ao fato real, não se realiza *ex post* o critério instrumental determinante, fica assim verificado, ao mesmo tempo, que não se realizou nenhum curso causal que a norma tenha que (ou possa) prevenir, e, portanto, nem mesmo o perigo desaprovado pela norma"[44].

O *juízo de evitabilidade* nos conduz, portanto, a isentar de responsabilidade nesses casos. Mas, enquanto existir margem de *dúvida sobre a evitabilidade do resultado*, isto é, quando não se souber, com segurança, se a conduta realizada

---

42. Esse caso paradigmático, amplamente discutido pela doutrina especializada para a explicação do critério do incremento do risco, foi referido inicialmente por Roxin, e pode ser visto na obra *Funcionalismo e imputação objetiva*, cit., p. 332.
43. *La imputación objetiva*, cit., p. 193.
44. *Comportamiento típico e imputación del resultado*, cit., p. 566-7.

dentro do *risco permitido* poderia evitar o resultado típico (no exemplo citado, imaginemos que não se pudesse determinar com certeza a ineficácia das medidas de desinfecção dos pelos de cabra), as soluções serão divergentes.

Para Roxin, se o autor ultrapassa o *risco permitido* e, dessa forma, incrementa as possibilidades de acontecimento do resultado típico, então este resultado deve ser imputado àquela conduta perigosa[45]. Mediante o *critério do incremento do risco* poderíamos chegar, portanto, justamente a uma solução contrária ao princípio *in dubio pro reo*, sendo, nesse sentido, favorável à imputação do resultado à conduta. Essa concepção roxiniana é criticada por Martínez Escamilla — com o qual fazemos coro —, que considera o *critério do incremento do risco* carente, em última instância, de referências normativas que fundamentem os resultados a que conduz[46].

Com essa perspectiva crítica, a doutrina especializada considera mais adequado solucionar os casos duvidosos por meio do *critério do fim de proteção da norma*, refletindo sobre os riscos que a norma penal pretende e pode evitar. Mediante esse critério, não poderá ser atribuído um resultado típico a uma conduta perigosa se a medida de proteção, *ex ante* adequada para evitar o resultado típico, é considerada *ex post* inadequada para evitá-lo. Na verdade, não entraria no *âmbito de proteção da norma de cuidado* evitar resultados impossíveis de controlar, de maneira *ex ante* planificada: assim, ficaria afastada a imputação do resultado, mesmo estando demonstrado o *nexo de causalidade* entre a conduta e o resultado[47]. Ocorre que, inclusive entre os autores que defendem esse critério, não existe unanimidade quanto ao seu alcance. E essa é uma questão de especial importância, porque repercute diretamente no *juízo de valoração* acerca da atribuição, ou não, de responsabilidade penal. Se entendermos, como Martínez Escamilla, que no caso dos pelos de cabra a finalidade da norma de cuidado (o dever de esterilização) abrange, de modo geral, o dever de evitar ou diminuir os riscos de contágio de enfermidades pela manipulação de ditos pelos, então esse critério fundamenta a relação de risco e justifica a imputação do resultado ao empresário que infringiu a referida norma de cuidado. Entretanto, se entendemos, como Corcoy Bidasolo[48], que a norma de cuidado corresponde ao dever de

---

45. *Funcionalismo e imputação objetiva*, cit., p. 338-41.
46. *La teoría de la imputación objetiva*, cit., p. 219-33. O critério do incremento do risco também é criticado por Jakobs, *Derecho Penal*, cit., p. 285-7; Feijoo Sánchez, *Resultado lesivo e imprudência*, cit., p. 162-71. Corcoy Bidasolo também realiza uma análise crítica desse critério e indica que ele deve ser complementado pelo critério do fim de proteção da norma (*El delito imprudente*, cit., p. 519-20).
47. Veja, a esse respeito, Martínez Escamilla, *La imputación objetiva*, cit., p. 262-8; Corcoy Bidasolo, *El delito imprudente*, cit. p. 564-74.
48. *El delito imprudente*, cit., p. 564-74.

cuidado a ser observado no caso concreto, com conhecimento de todas as circunstâncias existentes (*ex ante* e *ex post*), então o conteúdo e a finalidade do *dever de cuidado* se limitariam ao âmbito da capacidade desta norma de efetivamente controlar ou evitar os riscos de contágio da enfermidade específica transmitida pela, até então desconhecida, bactéria, quando da manipulação dos pelos de cabra. Considerando que a esterilização convencional não era apta a evitar o específico contágio produzido, porque era desconhecida essa possibilidade, então esse dever não se circunscreve no âmbito do fim de proteção da norma; logo, não é possível demonstrar o nexo entre a criação do risco proibido e o resultado produzido, nem justificar a imputação do resultado ao empresário, porque a norma de cuidado no caso, *ex ante* aplicável, não tinha por finalidade evitar aquele tipo de contágio, nem, finalmente, o resultado produzido.

6.1. *Considerações críticas*

Os reflexos da *teoria da imputação objetiva* e suas versões devem ser muito mais modestos do que o *furor de perplexidades* que andou causando no continente latino-americano. Afinal, as únicas *certezas,* até agora, apresentadas pela teoria da imputação objetiva são a *incerteza* dos seus enunciados, a imprecisão dos seus conceitos e a insegurança dos resultados a que pode levar quando comparamos as inúmeras propostas formuladas pela doutrina a respeito! Aliás, o próprio Claus Roxin, maior expoente da teoria em exame, afirma que "o conceito de risco permitido é utilizado em múltiplos contextos, mas sobre seu significado e posição sistemática reina a mais absoluta falta de clareza"[49]. Por isso, sem se opor às inquietudes e às investigações que se vêm realizando, já há alguns anos, recomenda-se cautela e muita reflexão no que se refere aos progressos e resultados "miraculosos" sustentados por determinado segmento de *aficionados* de tal teoria.

Na realidade, a teoria da imputação objetiva *tem natureza complementar*, uma vez que não despreza de todo a solução oferecida pela teoria da *conditio*, pois admite essa solução causal. Propõe-se, na verdade, a discutir e a propor *critérios normativos limitadores dessa causalidade*, sendo desnecessário, consequentemente, projetar critérios positivos, mostrando-se suficientes somente critérios negativos de atribuição. Nesse sentido, afirma, com muita propriedade, Juarez Tavares que "a teoria da imputação objetiva, portanto, não é uma teoria para atribuir, senão para restringir a incidência da proibição ou determinação típica sobre determinado sujeito. Simplesmente, por não acentuarem esse aspecto, é que falham no exame do injusto inúmeras concepções que buscam fundamentá-lo"[50]. E, nessa mesma linha, afirma Paulo Queiroz que ela "*é mais uma teoria da*

---

49. Roxin, *Derecho Penal*, cit., p. 371.
50. Juarez Tavares, *Teoria do injusto penal*, Belo Horizonte, Del Rey, 2000, p. 222-3.

'*não imputação*' *do que uma teoria* '*da imputação*'"[51]. Na verdade, a teoria da imputação objetiva, mais que *imputar*, tem a finalidade de *delimitar* o âmbito e os reflexos da *causalidade física*.

Por fim, as dificuldades ainda existentes na sistematização dos *critérios de imputação objetiva* não desvirtuam, contudo, o grande *mérito* dessa teoria, qual seja, a consolidação na dogmática penal da utilização de *considerações normativas*, próprias do discurso jurídico, já na delimitação da tipicidade. De tal forma que sempre que realizarmos o juízo de subsunção de uma conduta em face de um delito de resultado, deveremos analisar se a conduta sobre a qual recai o *juízo de tipicidade* cria um risco proibido (desvalor e ação) e, para a atribuição do delito consumado, se esse risco se realizou no resultado típico (desvalor de resultado). A eleição dos *critérios valorativos* é certamente discutível, mas não a necessidade de realizar esse *duplo juízo de imputação*.

---

51. Paulo Queiroz, Crítica à teoria da imputação objetiva, *Boletim do ICP*, n. 11, dez. 2000, p. 3.

TIPO E TIPICIDADE | XVII

Sumário: 1. Fases da evolução da teoria do tipo. 2. Tipo e tipicidade. 2.1. Noção de tipo. 2.2. Juízo de tipicidade. 2.3. Tipicidade. 2.4. Funções do tipo penal. 3. Bem jurídico e conteúdo do injusto. 4. Elementos estruturais do tipo.

1. Fases da evolução da teoria do tipo

Em fins do século XVIII, a doutrina alemã cunhou a expressão *Tatbestand*, equivalente à latina *corpus delicti*, concebendo o delito com todos os seus elementos e pressupostos de punibilidade[1]. A moderna compreensão do tipo, como categoria sistemática autônoma, foi, no entanto, criada por Beling, em 1906, sendo difundida pela obra *Die Lehre Von Verbrechen*. A elaboração do conceito de tipo proposto por Beling revolucionou completamente o Direito Penal, constituindo um marco a partir do qual se reelaborou todo o conceito analítico de crime[2]. Com efeito, o maior mérito de Beling foi tornar a *tipicidade* independente da *antijuridicidade* e da *culpabilidade*, contrariando o sentido originário do *Tatbestand* inquisitorial que não fazia essa distinção. O conceito de *Tatbestand* pertencia ao Direito Processual Penal, representando o *corpus delicti* desenvolvido pelos processualistas, com caráter predominantemente objetivo[3].

A evolução do conceito de tipo, invocando a lição de Jiménez de Asúa, pode ser analisada nas seguintes fases:

---

1. Luiz Jiménez de Asúa, *Principios de Derecho Penal — la ley y el delito,* Buenos Aires, Abeledo-Perrot, 1990, p. 237; João Mestieri, *Teoria Elementar do Direito Criminal*; Parte Geral, Rio de Janeiro, Editora do Autor, 1990, p. 155.
2. Francisco Muñoz Conde, *Introducción al Derecho Penal*, Barcelona, Bosch, 1975, p. 168-70; Juarez Tavares, *Teorias do delito*, São Paulo, Revista dos Tribunais, 1980, p. 21; Hans Welzel, A dogmática no Direito Penal, *Revista de Direito Penal*, 13/14, p. 7: "em 1867, Ihering desenvolveu o conceito da 'antijuridicidade objetiva' e dele se distinguiu mais ou menos em 1880, o da culpabilidade 'subjetiva', enquanto que o conceito de tipo foi elaborado, apenas em 1906, por Beling".
3. Antonio Luis Chaves de Camargo, *Tipo penal e linguagem*, Rio de Janeiro, Forense, 1982, p. 7.

1ª) *Fase da independência*

Já referimos que antes de Beling o *Tatbestand* compreendia o delito na sua integralidade, com todos os seus elementos. Beling, porém, concebeu a *tipicidade* com função meramente descritiva, completamente separada da antijuridicidade e da culpabilidade. A função do tipo, para Beling, era definir delitos, e por isso se caracterizava pela sua natureza objetiva e neutra, isto é, livre de valor. O caráter objetivo do tipo significava a ausência de elementos subjetivos ou anímicos que, nessa época, integravam a culpabilidade; o caráter neutro, por sua vez, significava a ausência de valorações legais ou normativas que pudessem estar relacionadas com o *juízo de antijuridicidade*[4]. Nesses termos, o *juízo de tipicidade* limitava-se à constatação da adequação objetiva do fato à norma penal incriminadora, passando-se, num segundo momento, para a *análise valorativa*, característica da antijuridicidade, e, posteriormente, à análise do vínculo subjetivo e da *reprovabilidade* da conduta, que constitui a culpabilidade.

O *tipo penal*, na concepção inicial de Beling, esgotava-se na descrição da imagem externa de uma ação determinada, ou seja, tinha uma função meramente descritiva, competindo à *norma* a valoração da conduta. Por isso, uma ação pode ser típica e não ser antijurídica (contrária à norma), ante a existência de uma causa de *justificação*. Beling distinguiu, em síntese, dentro do *injusto objetivo*, a tipicidade da *antijuridicidade*. Assim, a *proibição* era de causar o resultado típico, e a antijuridicidade representava a contradição entre a causação desse resultado com a ordem jurídica, que se comprovava com a ausência de causa justificadora[5]. Asúa lembra que a *teoria da tipicidade*, exposta por Beling, não recebeu acolhida favorável na doutrina alemã, que menosprezou sua importância, taxando-a de inútil complicação. O seu grande mestre Binding foi também o seu maior crítico e, consequentemente, foi quem procedeu a maior injustiça para com Beling. Sem o magistral *Tratado*, de Max Ernest Mayer, a tipicidade, que no estrangeiro era completamente desconhecida, teria sido esquecida[6].

2ª) *Fase da* ratio cognoscendi *da antijuridicidade*

A segunda fase da teoria da tipicidade surge com o *Tratado de Direito Penal*, de Mayer, já referido, publicado em 1915. Para Mayer, a *tipicidade* não tem simplesmente função descritiva de caráter objetivo, mas constitui *indício da antijuridicidade*. Mayer mantém a independência entre tipicidade e antijuridicidade, mas sustenta que o fato de uma conduta ser típica já representa um

---

4. Roxin, *Derecho Penal — Fundamentos. La estructura de la teoría del delito*, trad. Diego-Manuel Luzón Peña, Miguel Díaz y García Conlledo e Javier de Vicente Remesal, Madrid, Civitas, 1997, t. I, p. 279.
5. Zaffaroni, *Manual de Derecho Penal*, 6ª ed., Buenos Aires, Ediar, 1991, p. 328; Welzel, *Derecho Penal alemán*, Santiago, Ed. Jurídica de Chile, 1970, p. 79.
6. Jiménez de Asúa, *Principios de Derecho Penal*, cit., p. 237-8.

indício de sua antijuridicidade. Para facilitar o cumprimento dessa *função indiciária*, Mayer admitiu a inclusão de *elementos normativos no tipo*, que não seriam meramente descritivos, mas, sim, *juízos de valor* que, de certa forma, prejulgavam a antijuridicidade[7].

Seguindo a colocação de Mayer, quem realiza o tipo já antecipa que, provavelmente, também infringiu o Direito, embora esse indício não se insira na proibição. Em outros termos, como salienta Juarez Tavares, "o tipo tem, antes de tudo, um caráter formal, não sendo mais do que um objeto, composto de caracteres conceituais objetivo-descritivos do delito, sobre o qual, posteriormente (na antijuridicidade), incidirá um juízo de valor, deduzido das normas jurídicas em sua totalidade"[8].

Mayer considerou a *tipicidade* como o *primeiro pressuposto da pena*, admitindo a antijuridicidade como o segundo, sendo aquela indício desta[9]. Enfim, para Mayer, a tipicidade é a *ratio cognoscendi* da antijuridicidade, isto é, a adequação do fato ao tipo faz surgir o indício de que a conduta é antijurídica, o qual, no entanto, cederá ante a configuração de uma *causa de justificação*. Por isso, o tipo é somente a *ratio cognoscendi* da antijuridicidade e, como tal, independente dela.

A constatação da existência de *elementos normativos do tipo*, trazidos por Mayer, também foi adotada por Mezger, o qual passou a defender que o tipo era uma categoria sistemática *totalmente normativa*, que continha um *juízo provisório do injusto*[10]. Como manifesta Roxin, essa compreensão valorativa do tipo abriu caminho à discussão sobre a necessidade de manter o tipo como categoria sistemática autônoma frente à antijuridicidade, o que já era indicativo da crise da concepção de Beling[11]. Com a teoria dos *elementos subjetivos do injusto*, enunciada por Hegler e Mayer e desenvolvida por Mezger[12], decretaram definitivamente a falência do conceito de tipo descritivo-objetivo de Beling, em que pese a grande contribuição que, a seu tempo, representou. O tipo, na verdade, passou a ser o resultado de *juízos de valor*.

3ª) *Fase da* ratio essendi *da antijuridicidade*

Em 1931 Mezger traz a público seu famoso *Tratado de Direito Penal*, por meio do qual é difundida a estrutura bipartida do delito[13]. Na sua definição de delito, visando combater a "neutralidade valorativa" do conceito de tipo de Beling,

---

7. Jiménez de Asúa, *Principios de Derecho Penal*, cit., p. 238.
8. Juarez Tavares, *Teorias do delito*, cit., p. 23.
9. Damásio de Jesus, *Direito Penal*, São Paulo, Saraiva, p. 232. Como procuramos demonstrar no capítulo da culpabilidade, não só esta mas todo o crime com os seus elementos são pressupostos da pena, como já admitia Mayer, no início do século XX.
10. Roxin, *Derecho Penal*, cit., p. 282.
11. Roxin, *Derecho Penal*, cit., p. 282-283.
12. Mezger, *Tratado*, p. 375 e s.; Juarez Tavares, *Teorias do delito*, cit., p. 38.
13. Welzel, *Derecho Penal alemán*, cit., p. 80.

Mezger inclui a tipicidade na antijuridicidade, de forma que crime, para ele, é a "ação tipicamente antijurídica e culpável". Para Mezger, a tipicidade é muito mais que indício, muito mais que *ratio cognoscendi* da antijuridicidade, constituindo, na realidade, a base desta, isto é, a sua *ratio essendi*. Assim, tipicidade e antijuridicidade aparecem vinculadas de tal forma que a primeira é a razão de ser da segunda. Na verdade, Mezger destaca que "a antijuridicidade da ação é uma característica do delito, mas não uma característica do tipo, pois podem existir ações que não são antijurídicas. Mas, em contrapartida, é essencial à antijuridicidade a tipificação"[14]. Por essa doutrina de Mezger, passa-se a ter "ação típica, antijuridicidade típica, culpabilidade típica"[15].

Como se atribui ao tipo a função constitutiva da antijuridicidade, negada esta nega-se também a tipicidade. E, neste particular, a construção de Mezger assemelha-se à chamada *teoria dos elementos negativos do tipo*, que inclui as *causas de justificação no próprio tipo*. A concepção de Mezger pressupõe a existência de uma *antijuridicidade penal* distinta da *antijuridicidade geral*, absolutamente inadmissível no atual estágio da dogmática penal. Com efeito, se a antijuridicidade realmente *dependesse* da tipicidade, o legislador, ao tipificar uma conduta, *criaria* para ela uma antijuridicidade especificamente penal, diferente da antijuridicidade geral, o que possibilitaria que uma conduta pudesse estar *justificada* para o Direito Penal e continuasse sendo antijurídica para outro ramo do ordenamento jurídico. No entanto, essa suposta autonomia da antijuridicidade penal não existe, pelo contrário, como veremos oportunamente, o *juízo de antijuridicidade* é transversal e válido para todo o ordenamento jurídico, de modo que uma conduta autorizada por uma *causa de justificação* está permitida para todos os ramos do ordenamento jurídico.

Outro inconveniente da postura de Mezger refere-se à função constitutiva da tipicidade que perde sua razão de ser. Isto é, deixa de ter sentido a função de seleção do âmbito do punível pelo Direito Penal em relação a determinadas condutas que já eram consideradas ilícitas antes de o legislador criminalizá-las. Por exemplo, a *sonegação de impostos* já constituía conduta ilícita, antes da vigência das Leis n. 4.729/65 e 8.137/90, sujeita a sanções administrativo-fiscais. Segundo a doutrina de Mezger, a tipificação criminal dessa conduta pelas referidas leis seria, agora, constitutiva de sua antijuridicidade especificamente penal. Ora, como a sonegação já era considerada antijurídica antes de sua tipificação, isso significaria que a *antijuridicidade penal* constituída pelo tipo penal é diferente da *antijuridicidade geral*, que antes se lhe reconhecia. Se essa proposição fosse certa, a administração poderia continuar perseguindo a sonegação fiscal inclusive quando ficasse demonstrado, no curso do processo

---

14. Jiménez de Asúa, *Principios de Derecho Penal*, cit., p. 238-9.
15. Mezger, *Tratado*, cit., p. 80, § 15.

penal, que não houve sonegação alguma ou que esta estava *justificada* pela incidência de uma causa excludente da ilicitude. No entanto, a antijuridicidade é uma só para todo o ordenamento jurídico, de modo que, na hipótese de descaracterização do suposto típico, a conduta deve ser também reconhecida como lícita pela administração.

Por mais que Mezger tenha negado as consequências apontadas de sua doutrina, não obteve êxito na tentativa de demonstrar o contrário. Por isso, de um modo geral, concluem os doutrinadores que a concepção de Mayer, definindo a tipicidade como *ratio cognoscendi* da antijuridicidade, é a que melhor se adapta ao Direito Penal[16]. Praticado um *fato típico*, presume-se antijurídico até prova em contrário. Em tese, todo fato típico é também antijurídico, desde que não concorra uma *causa de justificação*.

4ª) *Fase defensiva*

Beling ressaltou na fase inicial de sua elaboração conceitual a importância do *princípio da legalidade*. Mas o extraordinário de sua obra foi a *forma* que deu à construção da figura delitiva, qual seja, uma pluralidade de elementos (tipicidade, antijuridicidade e culpabilidade) independentes e harmônicos, formando um todo unitário.

Diante das contundentes, e muitas vezes injustas, críticas recebidas, Beling *reformulou* sua teoria do tipo em 1930, mantendo, contudo, seu papel independente de *função descritiva*, e reconhecendo, inclusive, a importância de algumas sugestões recebidas de seus críticos. Nesse novo trabalho, *La doctrina del delito tipo*, elaborado em homenagem a Frank, Beling estabeleceu a distinção entre tipo de delito *(Deliktypus)* e *Tatbestand* ou figura reitora *(Leitbild)*. Ao tipo de delito — *Deliktypus* — correspondem todas as características internas e externas de cada figura legal. Todos os delitos-tipos são puramente descritivos porque neles ainda não se expressa a valoração jurídica que os qualifica como antijurídicos. O *Tatbestand*, por sua vez, como figura ideal, não se encontra alojado nem na parte objetiva nem na subjetiva do delito, sendo um *modelo conceitual* extraído do acontecimento externo[17].

Com essa reformulação, Beling pretendia superar alguns problemas apresentados na sua primeira formulação, como, por exemplo, com a tentativa e a participação em sentido estrito, pois a tentativa caracteriza-se pela incompleta realização do tipo, enquanto o partícipe, de regra, não integra a realização perfeita da figura delitiva.

---

16. Zaffaroni, *Manual*, cit., p. 382; Enrique Cury, *Derecho Penal*; Parte General, Santiago, Ed. Jurídica de Chile, 1982, p. 233.
17. Cobo del Rosal e Vives Antón, *Derecho Penal*, 3ª ed., Valencia, Tirant lo Blanch, 1991, p. 242.

5ª) *Fase do finalismo: tipicidade complexa*

Finalmente, com o surgimento do *finalismo*, pode-se até falar em uma *quinta fase*, que não chegou a ser destacada por Asúa, na qual se admitem *tipos dolosos* e *tipos culposos*, com dolo e culpa integrantes destes. O tipo, na visão finalista, passa a ser uma *realidade complexa*, formada por uma parte objetiva — tipo objetivo —, composta pela descrição legal, e outra parte subjetiva — tipo subjetivo —, constituída pela *vontade reitora*, com dolo ou culpa, acompanhados de quaisquer outras características subjetivas. A parte objetiva forma o *componente causal*, e a parte subjetiva o *componente final*, que domina e dirige o componente causal[18].

2. Tipo e tipicidade

2.1. *Noção de tipo*

A *fragmentariedade* do Direito Penal tem como consequência uma construção tipológica individualizadora de condutas que considera gravemente lesivas de determinados bens jurídicos que devem ser tutelados. A lei, ao definir crimes, limita-se, frequentemente, a dar uma descrição objetiva do comportamento proibido, cujo exemplo mais característico é o do *homicídio*, "matar alguém". No entanto, em muitos delitos, o legislador utiliza-se de outros recursos, doutrinariamente denominados *elementos normativos* ou *subjetivos do tipo*, que levam implícito um juízo de valor.

A *teoria do tipo* criou a *tipicidade* como característica essencial da dogmática do delito, fundamentando-se no *conceito causal* de ação, concebida por Von Liszt[19]. Reconhecendo, desde logo, a *unidade do delito*, destacamos a necessidade metodológica de distinguir os estágios ou degraus valorativos que permitem a atribuição de responsabilidade penal, quais sejam, a *tipicidade, a antijuridicidade* e a *culpabilidade*, facilitando o estudo, a compreensão e a análise do fenômeno delitivo na sua totalidade.

Tipo é o conjunto dos elementos do fato punível descrito na lei penal. O tipo exerce uma função *limitadora* e *individualizadora* das condutas humanas penalmente relevantes. É uma construção que surge da imaginação do legislador, que descreve legalmente as ações que considera, em tese, delitivas. Tipo é um modelo abstrato que descreve um comportamento proibido. Cada tipo possui características e elementos próprios que os distinguem uns dos outros, tornando-os todos *especiais*, no sentido de serem inconfundíveis, inadmitindo-se a adequação de uma conduta que não lhes corresponda perfeitamente. Cada tipo desempenha

---

18. João Mestieri, *Teoria Elementar do Direito Criminal*, cit., p. 157.
19. Franz von Liszt, *Tratado de Derecho Penal*, Madrid, Ed. Reus, t. 2, p. 285.

uma função particular, e a falta de correspondência entre uma conduta e um tipo não pode ser suprida por analogia ou interpretação extensiva.

O tipo, como conjunto dos elementos do injusto característicos de uma determinada classe de delito, compreende a descrição dos elementos que identificam a conduta proibida pela norma; mas não alcança a descrição dos elementos do *tipo permissivo*, que caracterizam as *causas de justificação*. Portanto, quando nos referimos tecnicamente ao tipo penal, nos referimos ao tipo de delito, que, na definição de Welzel, "é a descrição concreta da conduta proibida (do conteúdo da matéria da norma). É uma figura puramente conceitual"[20].

Nesses termos, optamos claramente por manter o tipo como categoria sistemática autônoma frente à antijuridicidade. Ademais, seguindo o modelo valorativo escalonado do fenômeno delitivo, entendemos que o conceito de tipo não tem o mesmo significado de *crime*, pois, para identificar uma conduta como crime, é necessário, ainda, analisar se a conduta típica é antijurídica e culpável. Seguindo essa linha de raciocínio, *crime* não se confunde com *injusto*, embora ambos tenham caráter substantivo. Na afirmação de Jescheck, *injusto* é a conduta valorada de antijurídica[21]. Com efeito, injusto é toda e qualquer conduta típica e antijurídica, mesmo que não seja culpável. Em outros termos, só é *crime o injusto culpável*. Logo, o *injusto*, ainda que seja uma conduta antijurídica, pode não se completar como *crime* efetivamente, pela falta da culpabilidade[22].

2.2. *Juízo de tipicidade*

Há uma *operação intelectual* de conexão entre a infinita variedade de fatos possíveis da vida real e o modelo típico descrito na lei. Essa operação, que consiste em analisar se determinada conduta se adapta aos requisitos descritos na lei, para qualificá-la como infração penal, chama-se "juízo de tipicidade", que, na afirmação de Zaffaroni, "cumpre uma função fundamental na sistemática penal. Sem ele a teoria ficaria sem base, porque a antijuridicidade deambularia sem estabilidade e a culpabilidade perderia sustentação pelo desmoronamento do seu objeto"[23].

Quando o resultado desse juízo for positivo significa que a conduta analisada reveste-se de *tipicidade*. No entanto, *a contrario sensu*, quando o *juízo de tipicidade* for negativo estaremos diante da *atipicidade* da conduta, o que significa que a conduta não é relevante para o Direito Penal, mesmo que seja ilícita perante outros ramos jurídicos (v. g., civil, administrativo, tributário etc.).

---

20. Welzel, *Derecho Penal alemán*, cit., p. 76: "Não há tipos antijurídicos, mas somente realizações antijurídicas do tipo"; Cobo del Rosal e Vives Antón, *Derecho Penal*, cit., p. 244.
21. Jescheck, *Tratado de Derecho Penal*, p. 315.
22. Nesse sentido, ver Assis Toledo, *Princípios básicos de Direito Penal*, 4ª ed., São Paulo, Saraiva, 1991, p. 119.
23. Zaffaroni, *Tratado de Derecho Penal*, p. 172.

2.3. *Tipicidade*

A tipicidade é uma decorrência natural do princípio da reserva legal: *nullum crimen nulla poena sine praevia lege*. Tipicidade é a conformidade do fato praticado pelo agente com a moldura abstratamente descrita na lei penal. "Tipicidade é a correspondência entre o fato praticado pelo agente e a descrição de cada espécie de infração contida na lei penal incriminadora"[24]. Um fato para ser adjetivado de típico precisa adequar-se a um modelo descrito na lei penal, isto é, a conduta praticada pelo agente deve *subsumir-se na moldura descrita na lei*.

A adequação típica pode operar-se de forma imediata ou de forma mediata. A *adequação típica imediata* ocorre quando o fato se subsume imediatamente no modelo legal, sem a necessidade da concorrência de qualquer outra norma, como, por exemplo, matar alguém: essa conduta praticada por alguém amolda-se imediatamente ao tipo descrito no art. 121 do CP, sem precisar do auxílio de nenhuma outra norma jurídica. No entanto, a *adequação típica mediata*, que constitui exceção, necessita da concorrência de outra norma, de caráter extensivo, normalmente presente na Parte Geral do Código Penal, que amplie a abrangência da figura típica. Nesses casos, o fato praticado pelo agente não vem a se adequar direta e imediatamente ao modelo descrito na lei, o que somente acontecerá com o auxílio de outra norma ampliativa, como ocorre, por exemplo, com a tentativa e a participação em sentido estrito, bem como com o crime *omissivo impróprio*, que exige a conjugação do tipo de proibição violado com a *norma extensiva* do art. 13, § 2º, e suas alíneas. Na hipótese da *tentativa*, há uma ampliação temporal da figura típica, e no caso da *participação* a ampliação é espacial e pessoal da conduta tipificada.

2.4. *Funções do tipo penal*

De um modo geral, atribuem-se inúmeras funções ao tipo penal, dentre as quais destacam-se como fundamentais as seguintes: a função indiciária, a função de garantia e a função diferenciadora do erro.

a) *Função indiciária*

O tipo circunscreve e delimita a conduta penalmente ilícita. A circunstância de uma ação ser típica indica que, provavelmente, será também antijurídica. A realização do tipo já antecipa que, provavelmente, também há uma infringência do Direito, embora esse *indício* não integre a proibição. Enfim, como vimos na concepção de Mayer, a tipicidade é a *ratio cognoscendi* da antijuridicidade, isto é, a adequação do fato ao tipo faz surgir o indício de que a conduta é antijurídica, e essa *presunção* somente cederá ante a configuração de uma *causa de justificação*.

---

24. Damásio de Jesus, *Direito Penal*, cit., p. 228.

No entanto, não se pode ignorar, a *função indiciária* do tipo fica fortemente enfraquecida nos *crimes culposos* e nos *crimes comissivos por omissão*, em que o tipo é aberto, não contendo a descrição completa da conduta ilícita.

b) *Função de garantia (fundamentadora e limitadora)*

O tipo de injusto é a expressão mais elementar, ainda que parcial, da segurança decorrente do princípio de legalidade, consagrado pela fórmula latina *nullum crimen sine lege*. A garantia do princípio de legalidade está expressamente reconhecida, tanto no art. 5º, XXXIX, da CF de 1988, como no art. 1º do Código Penal. Todo cidadão, antes de realizar um fato, deve ter a possibilidade de saber se sua ação é ou não punível. Essa função de determinar a punibilidade das condutas proibidas já fora atribuída pelo próprio Beling e incorporada por Welzel, segundo o qual "o tipo tem a função de descrever de forma objetiva a execução de uma ação proibida"[25].

Em verdade, o tipo cumpre, além da *função fundamentadora* do injusto, também uma *função limitadora* do âmbito do penalmente relevante. Assim, tudo o que não corresponder a um determinado tipo de injusto será penalmente irrelevante. Nesse sentido, apoiando-se em Lang-Hinrichsen e Engisch, Claus Roxin definiu o conceito que abrange todas as circunstâncias a que se refere o princípio *nullum crimen sine lege* como "tipo de garantia"[26]. Com essa definição, Roxin faz uma expressa alusão ao significado político-criminal do tipo, no sentido de que somente por meio da descrição típica da conduta proibida é possível garantir a estruturação de um Direito Penal do fato, e que não seja admissível um Direito Penal de autor.

c) *Função diferenciadora do erro*

A teoria do tipo tem igualmente função importante diante da teoria do erro jurídico-penal. Hoje é indiscutível que o dolo do agente deve abranger todos os elementos constitutivos do tipo penal. Quando o *processo intelectual-volitivo* não atinge um dos componentes da ação descrita na lei, o dolo não se aperfeiçoa, isto é, não se completa.

O autor somente poderá ser punido pela prática de um fato doloso quando conhecer as circunstâncias fáticas que o constituem[27]. O eventual desconhecimento de um ou outro elemento constitutivo do tipo constitui erro de tipo, excludente do dolo, e, por extensão, da própria tipicidade, quando se tratar de erro inevitável. Essa modalidade de erro, à evidência, não se confunde com o *erro de proibição*, qual seja, quando o agente sabe o que faz, mas imagina que sua ação é permitida.

---

25. Apud Claus Roxin, *Teoría del tipo penal*, Buenos Aires, Depalma, 1979, p. 170.
26. Claus Roxin, *Teoría del tipo penal*, cit., p. 170.
27. Claus Roxin, *Teoría del tipo penal*, cit., p. 171.

3. Bem jurídico e conteúdo do injusto

Admite-se atualmente que o *bem jurídico* constitui a base da *estrutura e interpretação* dos tipos penais. O bem jurídico, no entanto, não pode identificar-se simplesmente com a *ratio legis*, mas deve possuir um *sentido social próprio,* anterior à norma penal e em si mesmo decidido, caso contrário, não seria capaz de servir a sua função sistemática, de parâmetro e limite do preceito penal e de contrapartida das *causas de justificação* na hipótese de conflito de valorações[28]. A proteção de bem jurídico, como fundamento de um Direito Penal liberal, oferece um critério material, extremamente importante e seguro na construção dos tipos penais, porque, assim, "será possível distinguir o delito das simples atitudes interiores, de um lado, e, de outro, dos fatos materiais não lesivos de bem algum"[29].

O *conceito de bem jurídico* somente aparece na história dogmática em princípios do século XIX. Diante da concepção dos Iluministas, que definiam o fato punível como *lesão de direitos subjetivos,* Feuerbach sentiu a necessidade de demonstrar que em todo preceito penal existe um direito subjetivo, do particular ou do Estado, como objeto de proteção[30]. Binding, por sua vez, apresentou a primeira depuração do conceito de bem jurídico, concebendo-o como *estado valorado* pelo legislador. Von Liszt, concluindo o trabalho iniciado por Binding, transportou o centro de gravidade do conceito de bem jurídico do direito subjetivo para o "interesse juridicamente protegido", com uma diferença: enquanto Binding ocupou-se, superficialmente, do bem jurídico, Von Liszt viu nele um conceito central da estrutura do delito. Como afirmou Mezger, "existem numerosos delitos nos quais não é possível demonstrar a lesão de um direito subjetivo e, no entanto, se lesiona ou se põe em perigo um bem jurídico"[31].

No atual estágio da teoria do delito, deve-se partir do ponto de vista de que no tipo somente se admitem aqueles elementos que fundamentam o conteúdo

---

28. Jescheck, *Tratado*, cit., p. 351-3: o conceito de bem jurídico exerce funções distintas em Direito Penal: a) o bem jurídico deve ser o conceito central do tipo, em torno do qual devem girar todos os elementos objetivos e subjetivos e, portanto, constitui importante instrumento de interpretação. Por isso responde-se sempre negativamente sobre a existência de tipos penais desprovidos de bens jurídicos; b) o bem jurídico, como pedra angular da estrutura dos tipos penais, permite as condições necessárias para a classificação e formação dos diversos grupos de tipos penais. Toda a parte especial está estruturada e organizada mais ou menos em torno de espécies diferentes de bens jurídicos protegidos, permitindo a classificação e hierarquização dos valores protegidos, formação de capítulos, títulos etc.; c) o bem jurídico definido tem influência decisiva nas configurações de legítima defesa, estado de necessidade, configuração do crime continuado etc.
29. Cobo del Rosal e Vives Antón, *Derecho Penal*, cit., p. 247.
30. Jescheck, *Tratado*, cit., p. 350.
31. Mezger, *Tratado*, cit., v. 1, p. 399.

material do injusto. O tipo tem a finalidade precípua de identificar o bem jurídico protegido pelo legislador.

Se uma *concepção predominantemente liberal* concede ao Direito Penal uma *função protetora de bens e interesses*, uma *concepção comunitarista* pode, por sua vez, degenerar numa orientação *predominantemente imperialista* e, portanto, reguladora de vontades e atitudes internas, como ocorreu, por exemplo, com o *nacional-socialismo* alemão. A primeira concepção destaca a importância do bem jurídico, a segunda apoia-se na *infração do dever*, na desobediência, na rebeldia da vontade individual contra a vontade coletiva. Agora, se um *Estado Social* pretende ser também um *Estado de Direito* terá de outorgar proteção penal à ordem de valores constitucionalmente assegurados, rechaçando os *postulados funcionalistas* protetores exclusivamente de um determinado *status quo*[32].

Como vimos no Capítulo I, o conceito de *bem jurídico* está relacionado à *finalidade* de preservação das condições individuais necessárias para uma coexistência livre e pacífica em sociedade, garantindo, ao mesmo tempo, o respeito de todos os direitos humanos. Nesses termos, a criação de normas e a exegese do Direito Penal estão estritamente vinculadas à dedução racional daqueles bens essenciais. Significa, em última instância, que a noção de *bem jurídico-penal* é fruto do consenso democrático em um Estado de Direito. A proteção de bem jurídico, como fundamento de um *Direito Penal liberal*, oferece, portanto, um critério material extremamente importante e seguro na construção dos tipos penais. O bem jurídico deve ser utilizado, nesse sentido, como *princípio interpretativo* do Direito Penal num Estado Democrático de Direito e, em consequência, como o *ponto de partida da estrutura do delito*. Finalmente, como o ponto de partida da estrutura do delito é o tipo de injusto, este representa a lesão ou perigo de lesão do bem juridicamente protegido.

4. Elementos estruturais do tipo

Como o tipo penal abrange todos os elementos que fundamentam o *injusto*, na descrição da ação típica está implícito um *juízo de valor*. Assim, o tipo penal, contrariamente ao que imaginou Beling em sua concepção inicial, não se compõe somente de elementos puramente objetivos, mas é integrado, por vezes, também de elementos *normativos* e *subjetivos*. Assim, o tipo compõe-se de elementos descritivos, normativos e subjetivos:

a) *Elementos objetivos-descritivos*

Os elementos objetivos são identificados pela simples constatação sensorial, isto é, podem facilmente ser compreendidos somente com a percepção dos sentidos. Referem-se a objetos, seres, animais, coisas ou atos perceptíveis pelos

---

32. Cobo del Rosal e Vives Antón, *Derecho Penal*, cit., p. 249.

sentidos. Os elementos objetivos não oferecem, de regra, nenhuma dificuldade, a não ser a sua cada vez menor utilização na definição das infrações penais.

b) *Elementos normativos*

Mayer foi o primeiro a admitir a existência de elementos normativos no tipo penal[33], cuja teoria foi posteriormente desenvolvida por Mezger, apesar da posição negativa inicial de Beling. *Elementos normativos* são aqueles para cuja compreensão é insuficiente desenvolver uma atividade meramente cognitiva, devendo-se realizar uma *atividade valorativa*. São circunstâncias que não se limitam a descrever o natural, mas implicam um *juízo de valor*. O legislador penal pode valer-se de elementos normativos para descrever objetos, situações, circunstâncias ou estados que somente podem ser compreendidos através de um juízo de valor. E também pode valer-se de elementos normativos mais complexos, que implicam a antecipação, dentro do âmbito da tipicidade, da valoração da ilicitude, sendo, por isso, chamados de "*elementos normativos especiais da ilicitude*". Eles constituem elementos *sui generis* do fato típico, na medida em que são, ao mesmo tempo, caracterizadores da ilicitude. São exemplos característicos de elementos normativos expressões tais como "indevidamente" (arts. 151, § 1º, II; 162; 316; 317; 319 etc.); "sem justa causa" (arts. 153; 154; 244; 246; 248); "sem permissão legal" (art. 292); "sem licença da autoridade competente" (arts. 166 e 253); "fraudulentamente" (art. 177, *caput*); "sem autorização" (art. 282); "documento" (arts. 297; 298; 299); "funcionário público" (arts. 312; 331 e 333); "decoro" (art. 140); "coisa alheia" (arts. 155; 157) etc. Esses tipos penais foram denominados por Asúa *tipos anormais*.

c) *Elementos subjetivos*

Como fruto da *teoria final da ação*, os elementos subjetivos do tipo permitem compreender a ação ou omissão típica não só como um processo causal cego, mas como um processo causal dirigido pela vontade humana para o alcance de um fim. De tal forma que, no momento de realizar o *juízo de subsunção* de uma conduta a um concreto tipo penal, é necessário também analisar o conteúdo dessa vontade, isto é, sua relevância típica. Nesse sentido, os elementos subjetivos são dados ou "circunstâncias que pertencem ao campo psíquico-espiritual e ao mundo de representação do autor"[34], que se projetam sobre os elementos objetivos do tipo, e manifestam-se como vontade regente da ação.

São constituídos pelo elemento subjetivo geral — dolo — e *elementos subjetivos especiais do tipo* — elementos subjetivos do injusto — que, por razões metodológicas, serão analisados quando examinarmos o *tipo subjetivo do injusto*. Existem, entretanto, casos em que, mesmo sendo o *fim* pretendido pelo autor

---

33. Cf. Bustos Ramirez, *Manual de Derecho Penal*, 3ª ed., Barcelona, Ed. Ariel, 1989, p. 16.
34. Wessels, *Direito Penal*; Parte Geral, Porto Alegre, Sérgio A. Fabris, Editor, 1976, p. 34.

da conduta típica absolutamente irrelevante para o Direito Penal, *o legislador desaprova a utilização pouco cuidadosa dos meios voluntariamente escolhidos* para o alcance desse fim, e até mesmo a imprevisão dos efeitos concomitantes no momento de atuar. Por isso é que, no nível sistemático da tipicidade, realiza-se a diferenciação entre *tipo de injusto doloso* e *tipo de injusto culposo*[35].

Por último, antes de concluir este Capítulo, pode-se mencionar, apenas ilustrativamente, que setores da doutrina europeia destacam que determinados tipos penais apresentam alguns *elementos subjetivos específicos* — distintos dos elementos subjetivos do injusto[36] — que não apenas fundamentam ou agravam o tipo de injusto, como também refletem maior culpabilidade do agente. Referidos elementos, configurados objetiva ou subjetivamente, constituiriam o denominado "tipo de culpabilidade". Reconhecem, no entanto, que "suas diferenças com os *elementos subjetivos do tipo de injusto* não são claras como seria desejável, embora se possa afirmar, de um modo geral, que os elementos do tipo de culpabilidade incidem somente na maior gravidade do limite penal aplicável a uma concreta figura delitiva, e que sua ausência não exclui a punibilidade do crime em questão: na verdade o convertem em outro crime..."[37]. E, mais adiante, sugerindo que *causas modificativas da pena*, algumas das conhecidas *agravantes genéricas*, também poderiam integrar esse "tipo de culpabilidade", conclui, lucidamente, Muñoz Conde: "No entanto, o caráter predominantemente subjetivo de muitos desses elementos acrescenta suas dificuldades probatórias, e sua indeterminação os converte em grave fonte de arbitrariedade no momento da determinação da pena. Por isso, deve-se rechaçar ou interpretá-las muito restritivamente quando ocorrerem claramente em algum crime concreto"[38].

Ficamos satisfeitos com esse reconhecimento crítico de Muñoz Conde, além da interpretação antes referida sobre esses ditos *elementos subjetivos especiais distintos* não contribuírem em nada com nosso sistema jurídico, que tem regras claras e bem definidas sobre a dosimetria da pena.

---

35. Muñoz Conde e García Arán, *Derecho Penal*, cit., p. 265-6.
36. O ponto de partida para estabelecer essa distinção deve ser a referência ao tipo objetivo e ao bem jurídico protegido, uma vez que o tipo subjetivo projeta-se sobre os elementos descritivos e normativos que compõem o tipo objetivo.
37. Muñoz Conde e García Arán, *Derecho Penal*, cit., p. 361.
38. Muñoz Conde e García Arán, *Derecho Penal*, cit., p. 362.

TIPO DE INJUSTO DOLOSO | XVIII

Sumário: 1. Tipo objetivo. 1.1. O autor da ação. 1.2. Ação ou omissão. 1.3. Resultado. 1.4. Nexo causal e imputação objetiva. 2. Tipo subjetivo. 2.1. Elemento subjetivo geral: dolo. 2.1.1. Definição de dolo. 2.1.2. Teorias do dolo. 2.1.3. Elementos do dolo. 2.1.4. Espécies de dolo: direto e eventual. 2.2. Elemento subjetivo especial do tipo ou elemento subjetivo especial do injusto. 2.2.1. Delitos de intenção. 2.2.2. Delitos de tendência. 2.2.3. Momentos especiais de ânimo. 2.2.4. Especiais motivos de agir. 3. Erro de tipo. 4. Princípios da adequação social e da insignificância. 4.1. Princípio da adequação social. 4.2. Princípio da insignificância.

1. Tipo objetivo

No exame do *tipo do injusto punível* partimos da concepção que o classifica em tipo objetivo e tipo subjetivo. Como os crimes dolosos caracterizam-se pela coincidência entre o que o autor quer e o que realiza, parece-nos, por isso, metodologicamente correto analisar separadamente os aspectos objetivos e subjetivos do comportamento humano tipificado. Ou, numa linguagem finalista, separá-los em *tipo objetivo* e *tipo subjetivo*.

O tipo objetivo descreve todos os elementos objetivos que identificam e limitam o teor da proibição penal: o sujeito ativo, a conduta proibida, o objeto da conduta, as formas e meios da ação, o resultado, a relação de causalidade, as circunstâncias do fato etc. Isso quer dizer que o tipo objetivo constitui o referente fático sobre o qual se projeta a vontade reitora da ação, elemento do tipo subjetivo. Como sustentava Welzel, "o tipo objetivo não é objetivo no sentido de alheio ao subjetivo, mas no sentido de *objetivado*. Compreende aquilo do tipo que tem de se encontrar objetivado no mundo exterior"[1].

Faremos, neste tópico, uma análise sucinta de cada um dos elementos que compõem o tipo objetivo.

1.1. *O autor da ação*

O delito como obra da ação humana sempre tem um autor, que é identificado como o sujeito ativo que realiza a ação proibida ou omite a ação esperada[2]. Como regra geral, os tipos não caracterizam objetivamente o autor, limitando-se

---

[1]. Hans Welzel, *Derecho Penal alemán*, Santiago, Ed. Jurídica de Chile, 1970, p. 93.
[2]. Francisco Muñoz Conde e Mercedes García Arán, *Derecho Penal*; Parte General, 8ª ed., Valencia, Tirant lo Blanch, 2010, p. 259.

a utilizar uma fórmula neutra, que admite qualquer pessoa como autora, como, por exemplo, "matar alguém". Em outros termos, qualquer pessoa pode ser autora do crime de homicídio (como também dos crimes de furto, roubo, dano etc.) independentemente de qualidades ou condições pessoais que ostente. Esses são os chamados *crimes comuns*, que não exigem qualquer qualidade ou condição pessoal ou especial do autor da infração penal.

Em muitos crimes, porém, o *autor* recebe uma *individualização especial*, que o distingue do anonimato, exigindo-lhe determinada *qualidade* ou *condição pessoal*, como ocorre, por exemplo, no denominado *crime próprio ou especial*. Pode ser *condição jurídica* (acionista), *profissional* ou *social* (comerciante), biológica (gestante, mãe), *de parentesco* (ascendente, descendente).

1.2. *Ação ou omissão*

O núcleo objetivo de todo crime é a descrição de uma conduta, que pode ser realizada mediante *ação* ou *omissão*. Os tipos penais podem descrever: a) simplesmente uma *atividade ou inatividade humana*, sem a necessidade de um resultado externo para que a conduta seja punida como delito consumado, ou então b) uma atividade humana que produz determinado resultado, sem o qual a conduta somente poderá ser punida como tentativa. Na primeira hipótese teríamos os *crimes formais*, também conhecidos como crimes de mera atividade ou, no caso, de omissão própria, e, na segunda, os *crimes materiais* ou de resultado. Os crimes de resultado podem ser realizados mediante comissão ativa ou em comissão por omissão (omissão imprópria). Além disso, podem ser diferenciados entre delitos de lesão e delitos de perigo.

Mas nem sempre a descrição típica é concisa e objetiva. Frequentemente os tipos penais apresentam outros elementos que complementam a ação típica descrita, tais como referências à vítima, ao autor, aos meios ou formas especiais de execução, condições de lugar, tempo, maneira de execução ou outras circunstâncias objetivas do fato. No entanto, o estudo pormenorizado desses *elementos acidentais* do tipo, por assim dizer, deve ser realizado na parte especial, em cada figura delituosa.

1.3. *Resultado*

A distinção entre *ação*, como simples manifestação de vontade, e *resultado*, como consequência externa derivada dessa manifestação, tem grande importância dogmático-penal em múltiplos aspectos, como veremos.

Nos *crimes materiais*, a ação, ao se realizar, sempre modifica alguma coisa, produzindo um resultado que está separado no tempo e no espaço da ação que o precede. Como já havíamos indicado, nos crimes materiais o resultado faz parte da descrição típica, de modo que sem ele o delito não pode ser punido como consumado. Para Cerezo Mir, ao contrário da corrente majoritária, o resultado produzido pela atividade finalista, como produto da vontade, pertence à ação[3].

---

3. Cerezo Mir, *Curso de Derecho Penal español*, Madrid, Tecnos, 1990, v. 2, p. 342.

O resultado, numa *concepção naturalística*, é representado por uma sensível modificação no mundo exterior. Segundo esse entendimento, admitem-se crimes sem resultado, na medida em que o legislador penal descreve condutas típicas que se consumam, antecipadamente, sem a necessidade de que se produza um resultado natural, como é o caso, entre outros, dos delitos tipificados nos arts. 130 a 135 do Código Penal. No entanto, se identificamos o *resultado*, com o conceito jurídico de ofensa (dano ou perigo) a um *bem jurídico* tutelado pela norma penal, forçoso é concluir, como corolário do *princípio de ofensividade*, que *não há crime sem resultado*. Cabe esclarecer, no entanto, que a *ofensa* ao bem jurídico não é o mesmo que o resultado da ação em termos naturalísticos, mas, sim, a valoração jurídica desse. Em outras palavras, não devemos confundir o *desvalor do resultado*, que deve existir necessariamente em todos os tipos de crime, inclusive na tentativa, com o *resultado propriamente dito*, de lesão ou de perigo, presente somente nos crimes materiais.

1.4. *Nexo causal e imputação objetiva*

Nos *crimes de resultado* deve existir, como demonstramos em capítulo precedente, uma *relação de causalidade* entre ação e resultado. Esse é o primeiro passo para a imputação objetiva do resultado à conduta do autor[4] (imputação puramente objetiva).

Nos chamados crimes de resultado (crimes materiais), o *tipo de injusto objetivo* somente se realiza quando entre a ação e o resultado houver um *nexo de causalidade*. No entanto, deve-se ter presente a advertência de Wessels, para quem "nos delitos de resultado a existência do nexo causal é o mais importante, mas não o único pressuposto da imputação. Fundamento da *imputação objetiva* do resultado socialmente danoso é a *causalidade da ação* para a ocorrência do resultado típico, mas nem toda causação é, na espécie, juridicamente relevante, de forma que fundamente a responsabilidade jurídico-penal"[5]. Com efeito, além da *relação de causalidade*, é necessário demonstrar que o *resultado* constitui precisamente a realização do *risco proibido* criado pelo autor através de sua conduta. Ou seja, é necessário demonstrar que no caso se cumprem os requisitos valorativos de imputação objetiva.

2. Tipo subjetivo

O *tipo subjetivo* abrange todos os aspectos subjetivos do tipo de conduta proibida que, concretamente, produzem o tipo objetivo. O tipo subjetivo é constituído de um *elemento geral* — dolo —, que, por vezes, é acompanhado de

---

4. Muñoz Conde, *Teoria Geral do Delito*, Porto Alegre, Sérgio A. Fabris, Editor, 1988, p. 22.
5. Wessels, *Direito Penal*; Parte Geral, cit., p. 40.

elementos especiais — intenções e *tendências —,* que são *elementos acidentais*[6], conhecidos como elementos subjetivos especiais do injusto ou do tipo penal.

Os *elementos subjetivos* que compõem a estrutura do tipo penal assumem transcendental importância na definição da conduta típica, pois é através do *animus agendi* que se consegue identificar e qualificar a *atividade comportamental* do agente. Somente conhecendo e identificando a intenção — vontade e consciência — do agente poder-se-á classificar um comportamento como típico, especialmente quando a figura típica exige, também, um *especial fim de agir*, que constitui o conhecido *elemento subjetivo especial do tipo*, que, para a corrente tradicional, denominava-se *dolo específico* (terminologia completamente superada).

Examinamos, a seguir, o elemento subjetivo geral (dolo) e os elementos subjetivos especiais do tipo.

2.1. *Elemento subjetivo geral: dolo*

2.1.1. Definição de dolo

Dolo é a *consciência* e a *vontade* de realização da conduta descrita em um tipo penal, ou, na expressão de Welzel, "dolo, em sentido técnico penal, é somente a vontade de ação orientada à realização do tipo de um delito"[7]. O dolo, puramente natural, constitui o elemento central do *injusto pessoal* da ação, representado pela *vontade consciente* de ação dirigida imediatamente contra o mandamento normativo. Embora a Reforma Penal de 1984 tenha afastado a *intensidade do dolo* da condição de circunstância judicial de medição da pena, não se pode negar, contudo, que uma ação praticada com *dolo intenso* será muito mais desvaliosa que outra realizada com dolo normal ou de menor intensidade, como, p. ex., com *dolo eventual*, a despeito de o legislador ter equiparado as duas espécies de dolo (direto e eventual). Com efeito, pela definição do nosso Código Penal, o crime é considerado doloso "quando o agente *quis* o resultado ou *assumiu* o risco de produzi-lo" (art. 18, I). Essa previsão legal equipara *dolo direto* e *dolo eventual, o que não impede, contudo, que o aplicador da lei considere sua distinção ao fazer a dosimetria da pena.*

O dolo, enfim, elemento essencial da ação final, compõe o tipo subjetivo. Pela sua definição, constata-se que o dolo é constituído por dois elementos: um

---

6. Para uma análise mais aprofundada, ver *Los elementos subjetivos del tipo — bases metodológicas*, de José Luis Díez Ripollés, Valencia, Tirant lo Blanch, 1990.
7. Welzel, *Derecho Penal alemán*, cit., p. 95; Basileu Garcia, *Instituições de Direito Penal*, São Paulo, Max Limonad, 1982, v. 1, p. 277: "O dolo vem a ser a vontade, que tem o agente, de praticar um ato, previsto como crime, consciente da relação de causalidade entre a ação e o resultado".

cognitivo, que é o conhecimento ou consciência do fato constitutivo da ação típica; e um *volitivo*, que é a vontade de realizá-la. O primeiro elemento, o *conhecimento* (representação), é pressuposto do segundo, a *vontade*, que não pode existir sem aquele[8].

A *consciência* elementar do dolo deve ser *atual*, efetiva, ao contrário da *consciência da ilicitude*, que pode ser *potencial*. Mas a *consciência do dolo* abrange somente a representação *dos elementos integradores do tipo penal*, ficando fora dela a *consciência da ilicitude*, que hoje, como elemento normativo, está deslocada para o interior da culpabilidade. É desnecessário o conhecimento da configuração típica, sendo suficiente o conhecimento das circunstâncias de fato necessárias à composição da figura típica. Sintetizando, em termos bem esquemáticos, *dolo é a vontade de realizar o tipo objetivo, orientada pelo conhecimento de suas elementares no caso concreto*.

A doutrina finalista deslocou, repetindo, o *elemento normativo*, que se situava no dolo — a consciência da ilicitude — para a culpabilidade, como elemento indispensável ao juízo de reprovação.

2.1.2. Teorias do dolo

A histórica divergência doutrinária na definição do dolo levou ao surgimento de algumas teorias, que, pelo exagero discordante, distorcem, muitas vezes, o verdadeiro sentido que seus autores pretendiam emprestar-lhes. Essa divergência deve-se em grande parte à necessidade de distinguir entre dolo direto, dolo eventual e culpa consciente, para uma adequada valoração do injusto praticado. O conteúdo da divergência gira, basicamente, em torno da discussão acerca do elemento preponderante do dolo, ou seja, o elemento cognitivo, ou o volitivo. Vejamos uma síntese dessas teorias:

a) *Teoria da vontade ou do consentimento*

Para essa teoria, tida como clássica, *dolo* é a vontade dirigida ao resultado. Para Carrara, seu mais ilustre defensor, o dolo "consiste na intenção mais ou

---

8. Santiago Mir Puig, *Direito Penal — fundamentos e teoria do delito*, trad. de Claudia Viana Garcia e José Carlos Nobre Porciúncula Neto, São Paulo, Revista dos Tribunais, 2007, p. 210-211: referindo-se ao que denomina "dolo completo", Mir Puig afirma: "a nosso juízo, o *dolo completo* exige a 'consciência da antijuridicidade', mas é conveniente distinguir três graus ou níveis de dolo: o dolo típico, que somente exige o conhecimento e a vontade do fato típico, o dolo referido ao fato típico sem os pressupostos típicos de uma causa de justificação e o dolo completo, que ademais pressupõe o conhecimento da antijuridicidade (*dolus malus*). Ao estudar o tipo doloso importa unicamente o primeiro nível de 'dolo típico', que corresponde ao conceito de dolo natural usado pelo finalismo".

menos perfeita de praticar um ato que se conhece contrário à lei"[9]. A *essência do dolo* deve estar na *vontade*, não de violar a lei, mas de realizar a ação e obter o resultado. Essa teoria não nega a existência da representação (consciência) do fato, que é indispensável, mas destaca, sobretudo, a importância da vontade de causar o resultado. Na verdade, *vontade* e *consciência* (representação) são, numa linguagem figurada, uma espécie de *irmãs siamesas*, uma não vive sem a outra, pois a previsão sem vontade é algo completamente inexpressivo, indiferente ao Direito Penal, e a *vontade* sem representação, isto é, sem previsão, é absolutamente impossível, eis que vazia de conteúdo.

A *vontade*, para essa teoria, como critério aferidor do *dolo eventual*, pode ser traduzida na posição do autor de *assumir* o *risco* de produzir o resultado representado como possível, na medida em que "assumir" equivale a *consentir*, que nada mais é que uma forma de *querer*. O *consentimento*[10] do autor na produção do resultado seria, ademais, o fator decisivo para diferenciar o *dolo eventual* da *culpa consciente*, pois, nesta, apesar do conhecimento da perigosidade da conduta e da probabilidade de produção do resultado típico, o autor da conduta atua porque considera seriamente que o resultado não chegará a produzir-se[11].

b) *Teoria da representação*

Embora a teoria da vontade seja a mais adequada para extremar os limites entre dolo e culpa, mostra-se insuficiente, especialmente naquelas circunstâncias em que o autor demonstra somente uma *atitude de indiferença* ou de desprezo para com a ordem jurídica.

Segundo a teoria da representação, cujos principais defensores, em sua fase inicial, foram Von Liszt e Frank, para a existência do dolo é suficiente a *representação subjetiva* ou a previsão do resultado como certo ou provável. Essa é uma teoria hoje completamente desacreditada, e até mesmo seus grandes defensores, Von Liszt e Frank, acabaram, enfim, reconhecendo que somente a representação do resultado era insuficiente para exaurir a noção de dolo, sendo necessário um momento de mais intensa ou íntima relação psíquica entre o agente e o resultado, que, inegavelmente, identifica-se na vontade. Na definição de dolo eventual, Von Liszt e Frank, enfim, acabaram aderindo à teoria da vontade, ao admitirem a insuficiência da simples representação do resultado, exigindo, nesse caso,

---

9. Francesco Carrara, *Programa de Derecho Criminal*, Bogotá, Temis, 1971, v. 1, § 69, p. 73.
10. Decidimos deixar de abordar individualmente a *teoria do consentimento*, considerando que, segundo respeitáveis autores, como, v. g., Roxin, Muñoz Conde, Mir Puig, não é verdadeiramente um teoria autônoma, podendo ser interpretada, no máximo, como uma vertente das teorias da vontade.
11. Muñoz Conde e García Arán, *Derecho Penal*, cit., p. 271-272; Mir Puig, *Derecho Penal*, cit., p. 263; Roxin, *Derecho Penal*, cit., p. 430-432.

o consentimento do agente[12]. E *consentir*, como já afirmamos, nada mais é do que uma forma de querer. Na verdade, a simples representação da probabilidade de ofensa a um bem jurídico não é suficiente para se demonstrar que o agente tenha *assumido o risco* de produzir determinado resultado, uma vez que, embora sua produção seja provável, poderá o agente, apostando em sua sorte ou na sua habilidade, acreditar seriamente que o resultado não acontecerá, o que, como se sabe, caracterizaria a *culpa consciente*.

As divergências das duas teorias anteriores foram importantes para chegar-se à conclusão de que dolo é, ao mesmo tempo, representação e vontade. Pois é através da constatação desses dois elementos estruturais do dolo que o operador jurídico poderá chegar à conclusão de que o autor da conduta típica tomou uma *decisão contra o bem jurídico*[13].

Pode-se afirmar que o legislador penal brasileiro manifestou sua adesão expressa à *teoria da vontade* ou do consentimento, na medida em que no art. 18 do nosso Código Penal destaca que se diz doloso o crime "quando o agente quis o resultado ou assumiu o risco de produzi-lo". Contudo, no nosso entendimento, essa orientação acerca do dolo somente é admissível quando o *conteúdo da vontade* (enquanto querer ou assumir a produção do resultado) estiver vinculado ao *conhecimento atual dos elementos objetivos do tipo* (consciência ou representação), como veremos na seguinte epígrafe.

2.1.3. Elementos do dolo

O dolo, com a estrutura que o finalismo lhe atribuiu, voltou a ser um dolo puramente natural, que se compõe somente de dois elementos: um cognitivo ou intelectual, e outro volitivo (vontade), *sendo-lhe extirpado* o elemento normativo (*consciência da ilicitude*), como veremos a seguir.

a) *Elemento cognitivo ou intelectual*

Para a configuração do dolo exige-se a *consciência* (previsão ou representação) daquilo que se pretende praticar. Essa *consciência* deve ser *atual*, isto é, deve estar presente no momento da ação, quando ela está sendo realizada. É insuficiente, segundo Welzel[14], a *potencial consciência* das circunstâncias objetivas do tipo, uma vez que prescindir da atualidade da consciência equivale a destruir a linha divisória entre dolo e culpa, convertendo aquele em mera ficção.

A *previsão*, isto é, a representação, deve abranger correta e completamente todos os elementos essenciais e constitutivos do tipo, sejam eles descritivos ou

---

12. Apud Nélson Hungria, *Comentários ao Código Penal*, Rio de Janeiro, Forense, 1978, v. 1, t. 2, p. 115.
13. Muñoz Conde e García Arán, *Derecho Penal*, cit., p. 273.
14. Welzel, *Derecho Penal alemán*, cit., p. 96.

normativos. Enfim, a *consciência* (previsão ou representação) abrange "a realização dos elementos descritivos e normativos, do nexo causal e do evento (delitos materiais), da lesão ao bem jurídico, dos elementos da autoria e da participação, dos elementos objetivos das circunstâncias agravantes e atenuantes que supõem uma maior ou menor gravidade do injusto (*tipo qualificado ou privilegiado*) e dos elementos acidentais do tipo objetivo"[15]. Além do *conhecimento* dos elementos positivos exigidos pelo tipo objetivo, o dolo deve abranger também o conhecimento dos "caracteres negativos", isto é, de elementos, tais como "sem consentimento de quem de direito" (art. 164 do CP), "sem licença da autoridade competente" (art. 166 do CP), da *inexistência de nascimento* (art. 241 do CP) etc. Por isso, quando o *processo intelectual-volitivo* não atinge um dos componentes da ação descrita na lei, o dolo não se aperfeiçoa, isto é, não se completa.

Mas essa *previsão*, gizando, constitui somente a *consciência dos elementos integradores do tipo penal*, ficando fora dela a *consciência da ilicitude*, que hoje está deslocada para o interior da culpabilidade. É desnecessário o conhecimento da configuração típica, sendo suficiente o conhecimento das circunstâncias de fato necessárias à composição do tipo.

O dolo, como veremos ao abordarmos a culpabilidade, é o *dolo natural*, despojado completamente de todo e qualquer elemento normativo.

b) *Elemento volitivo (vontade)*

A *vontade*, incondicionada, deve abranger a ação ou omissão (conduta), o resultado e o nexo causal. A vontade pressupõe a previsão, isto é, a representação, na medida em que é impossível querer algo conscientemente senão aquilo que se previu ou representou na nossa mente, pelo menos, parcialmente[16]. A *previsão* sem vontade é algo completamente inexpressivo, indiferente ao Direito Penal, e a vontade sem representação, isto é, sem previsão, é absolutamente impossível. Nesse sentido, destacava Welzel: "o dolo como simples resolução é penalmente irrelevante, visto que o direito penal não pode atingir o puro ânimo. Somente nos casos em que conduza a um fato real e o governe, passa a ser penalmente relevante".

A vontade de realização do tipo objetivo pressupõe a possibilidade de *influir no curso causal*[17], pois tudo o que estiver fora da possibilidade de influência concreta do agente pode ser desejado ou esperado, mas não significa querer realizá-lo. Somente pode ser objeto da norma jurídica, proibitiva ou mandamental, algo que o agente possa realizar ou omitir[18]. Dessa forma, o dolo, puramente psicológico,

---

15. Luiz Regis Prado e Cezar Roberto Bitencourt, *Elementos de Direito Penal*, cit., v. 1, p. 86.
16. Magalhães Noronha, *Direito Penal*, São Paulo, Saraiva, 1985, v. 1, p. 132.
17. Welzel, *Derecho Penal alemán*, cit., p. 97.
18. Bacigalupo, *Causas de exclusão da ação...*, p. 113.

completa-se com a *vontade* e a *consciência* da ação, do resultado tipificado como injusto e da relação de causalidade, sem qualquer outro elemento constitutivo.

2.1.4. Espécies de dolo: direto e eventual

O surgimento das diferentes espécies de dolo é ocasionado pela necessidade de a *vontade* consciente abranger o objetivo pretendido pelo agente, o meio utilizado, a relação de causalidade, bem como o resultado. A partir da relação entre a *vontade* e os *elementos constitutivos do tipo* podemos classificar as espécies de dolo em *dolo direto* e *dolo eventual* (dolo indireto). Afirma Juarez Tavares, com acerto, que "não há mesmo razão científica alguma na apreciação da terminologia de dolo de ímpeto, dolo alternativo, dolo determinado, dolo indireto, dolo específico ou dolo genérico, que podem somente trazer confusão à matéria e que se enquadram ou entre os elementos subjetivos do tipo ou nas duas espécies mencionadas"[19]. Por essa razão, nos limitamos a trabalhar, no estudo da teoria do delito, com os conceitos de dolo direto e dolo eventual.

a) *Dolo direto ou imediato*

No *dolo direto* o agente *quer* o resultado representado como *fim* de sua ação. A vontade do agente é dirigida à realização do fato típico. O objeto do dolo direto é o *fim proposto*, os *meios escolhidos* e os *efeitos colaterais* representados como necessários à realização do fim pretendido. Assim, o dolo direto compõe-se de três aspectos, quais sejam, representação, querer e anuir, nos seguintes termos: 1) a *representação* do resultado, dos meios necessários e das consequências secundárias; 2) o *querer* a ação, o resultado, bem como os meios escolhidos para a sua consecução; 3) o *anuir* na realização das consequências previstas como certas, necessárias ou possíveis, decorrentes do uso dos meios escolhidos para atingir o fim proposto ou da forma de utilização desses meios.

O dolo direto em relação ao *fim proposto* e aos *meios escolhidos* é classificado como de primeiro grau, e em relação aos *efeitos colaterais*, representados como *necessários*, é classificado como de segundo grau. Como sustenta Juarez Cirino dos Santos, "o *fim proposto* e os *meios escolhidos* (porque necessários ou adequados à realização da finalidade) são abrangidos, *imediatamente*, pela vontade consciente do agente: essa *imediação* os situa como objetos do *dolo direto*"[20].

Já os *efeitos colaterais* representados como *necessários* (em face da natureza do fim proposto, ou dos meios empregados) são abrangidos, *mediatamente*, pela

---

19. Juarez Tavares, *Espécies de dolo...*, Revista, cit., p. 22. No mesmo sentido, José Cirilo de Vargas, *Instituições de Direito Penal*; Parte Geral, Belo Horizonte, Del Rey, 1997, t. 1, p. 277.
20. Juarez Cirino dos Santos, *Direito Penal*, Rio de Janeiro, Forense, 1985, p. 76; Luiz Luisi, *O tipo penal, a teoria finalista e a nova legislação penal*, Porto Alegre, Sérgio A. Fabris, Editor, 1987, p. 65.

vontade consciente do agente, mas a sua *produção necessária* os situa, também, como objetos do dolo direto: não é a relação de *imediatidade*, mas a relação de *necessidade* que os inclui no dolo direto. O agente pode até lamentar, ou deplorar, a sua ocorrência, mas *se os representa* como efeitos colaterais necessários (e, portanto, como parte *inevitável* da ação típica), então constituem objeto do *dolo direto* (vê-se, aqui, a insuficiência do critério definidor de dolo direto na lei penal brasileira: *quis o resultado)*[21]. Enfim, quando se trata do *fim* diretamente desejado pelo agente, denomina-se *dolo direto de primeiro grau*, e, quando o resultado é desejado como consequência necessária do meio escolhido ou da natureza do fim proposto, denomina-se *dolo direto de segundo grau* ou *dolo de consequências necessárias*. As duas modalidades de dolo direto (de primeiro e de segundo graus) são abrangidas pela definição do Código Penal brasileiro (art. 18, I, primeira parte). Haverá *dolo direto de primeiro grau*, por exemplo, quando o agente, querendo matar alguém, desfere-lhe um tiro para atingir o fim pretendido. No entanto, haverá *dolo direto de segundo grau* quando o agente, querendo matar alguém, coloca uma bomba em um táxi, que explode, matando todos (motorista e passageiros). Inegavelmente, a morte de todos foi *querida* pelo agente, como *consequência necessária* do meio escolhido. Em relação à vítima visada o dolo direto foi de primeiro grau; em relação às demais vítimas o dolo direto foi de segundo grau.

Convém destacar, desde logo, para evitar equívocos, que a simples presença, em uma mesma ação, de *dolo direto de primeiro grau* concomitantemente com *dolo direto de segundo grau*, não configura, por si só, *concurso formal impróprio* de crimes, pois a *duplicidade* dos referidos graus no dolo direto não altera a *unidade de elemento subjetivo*. Com efeito, essa distinção de graus do elemento subjetivo reflete a *intensidade* do dolo e não sua *diversidade* (ou pluralidade), pois os dois eventos, como ocorre no exemplo dos irmãos xifópagos[22], são apenas um perante a consciência e a vontade do agente, não caracterizando, por conseguinte, os conhecidos "desígnios autônomos", configurador do concurso formal

---

21. Juarez Cirino dos Santos, *Direito Penal*, cit., p. 76.
22. Cezar Roberto Bitencourt, *Tratado de Direito Penal — Dos crimes contra a pessoa*, 23ª ed., São Paulo, Saraiva, 2023, p. 30: "Questão interessante refere-se aos gêmeos xifópagos: haverá um ou dois homicídios? Não se ignora que o agente tanto pode pretender matar apenas um dos xifópagos como, com uma única ação, visar a morte de ambos. Como regra, ainda que a ação do agente objetive a morte somente de um dos irmãos, responderá o agente por duplo homicídio doloso, pois seu ato acarretará, por necessidade lógica e biológica, a supressão da vida de ambos, na medida em que, geralmente, a morte de um implica a morte dos dois. Nesse caso, a morte dos irmãos xifópagos decorre de dolo direto. Em relação à vítima visada, o dolo direto é de primeiro grau, e, em relação ao outro, o dolo direto é de segundo grau".

impróprio[23]. Haverá, contudo, pluralidade de elementos subjetivos, se a conduta do agente for orientada pelo dolo de suprimir a vida de ambos.

b) *Dolo eventual*

Haverá *dolo eventual* quando o agente não quiser diretamente a realização do tipo, mas aceitá-la como possível ou até provável, *assumindo o risco* da produção do resultado (art. 18, I, *in fine*, do CP), isto é, não se importando com sua ocorrência. No dolo eventual o agente prevê o resultado como *provável* ou, ao menos, como *possível*, mas, apesar de prevê-lo, age aceitando o *risco* de produzi-lo[24], por considerar mais importante sua ação que o resultado. Como afirmava Hungria[25], *assumir o risco* é alguma coisa mais que ter consciência de correr o risco: é consentir previamente no resultado, caso este venha efetivamente a ocorrer. Essa espécie de dolo tanto pode existir quando a intenção do agente dirige-se a um *fim penalmente típico* como quando dirige-se a um resultado extratípico.

A *consciência* e a *vontade*, que representam a essência do dolo direto, como seus elementos constitutivos, também devem estar presentes no *dolo eventual*. Para que este se configure é insuficiente a mera *ciência da probabilidade do resultado* ou a atuação consciente da possibilidade concreta da produção desse resultado, como sustentaram os defensores da *teoria da probabilidade*. É indispensável uma determinada *relação de vontade* entre o resultado e o agente: a *anuência* ao resultado, isto é, aceitá-lo como provável, sem se importar com sua ocorrência, sendo-lhe indiferente; *anuir* ou *consentir* no resultado é uma forma de querê-lo. A ausência dessa forma de "querer" impede a configuração do dolo eventual, a despeito da previsibilidade do resultado. É exatamente esse *elemento volitivo* que distingue o dolo da culpa. A simples previsão da possibilidade de um resultado gravoso é característica da culpa e não do dolo.

---

23. Ver, neste mesmo volume, no capítulo em que abordamos o concurso de crimes: "Mas o concurso formal também pode ser impróprio (imperfeito). Nesse tipo de concurso, o agente deseja a realização de mais de um crime, tem consciência e vontade em relação a cada um deles. Ocorre aqui o que o Código Penal chama de 'desígnios autônomos', que se caracteriza pela unidade de ação e multiplicidade de determinação de vontade, com diversas individualizações. Os vários eventos, nesse caso, não são apenas um, perante a consciência e a vontade, embora sejam objeto de uma única ação. Por isso, enquanto no concurso formal próprio adotou-se o sistema de exasperação da pena, pela unidade de desígnios, no concurso formal impróprio aplica-se o sistema do cúmulo material, como se fosse concurso material, diante da diversidade de intuitos do agente (art. 70, § 2º). Enfim, o que caracteriza o crime formal é a unidade de conduta, mas o que justifica o tratamento penal mais brando é a unidade do elemento subjetivo que impulsiona a ação".
24. Aníbal Bruno, *Direito Penal*, Rio de Janeiro, Forense, 1967, p. 73. Para uma análise mais aprofundada do *dolo eventual*, ver María del Mar Díaz Pita, *El dolo eventual*, Valencia, Tirant lo Blanch, 1994.
25. Nélson Hungria, *Comentários ao Código Penal*, cit., v. 1, t. 2, p. 122.

Como lucidamente sustenta Alberto Silva Franco: "Tolerar o resultado, consentir em sua provocação, estar a ele conforme, assumir o risco de produzi-lo não passam de formas diversas de expressar um único momento, o de aprovar o resultado alcançado, enfim, o de querê-lo"[26]. Com todas as expressões — aceita, anui, assume, admite o risco ou o resultado — pretende-se descrever um *complexo processo psicológico* em que se misturam elementos intelectivos e volitivos, conscientes e inconscientes, impossíveis de ser reduzidos a um conceito unitário de dolo. No entanto, como a distinção entre *dolo eventual* e *culpa consciente* paira sob uma penumbra, uma zona gris, é fundamental que se estabeleça com a maior clareza possível essa região fronteiriça, diante do tratamento jurídico diferenciado que se dá às duas categorias.

A distinção entre *dolo eventual* e *culpa consciente* é questão puramente jurídica, que envolve conhecimento dogmático, sendo, portanto, insuscetível de ser deixada à apreciação de *juízes de fato*, que julgam fatos, como fatos, enquanto fatos. Na dúvida intransponível entre dolo eventual e culpa consciente deve-se, necessariamente, optar pela menos grave, a culpa consciente. Em sentido semelhante, era o magistério do saudoso Assis Toledo, *in verbis*: "por outro lado, transferir para o júri a decisão sobre se a hipótese dos autos é de dolo eventual ou culpa consciente, em relação ao evento morte, será (isto sim, 'no mínimo') uma temeridade, ante as dificuldades óbvias de compreensão desses conceitos por parte de pessoas leigas. A matéria comporta-se, perfeitamente, no âmbito da sentença de impronúncia ou de desclassificação, nos expressos termos do art. 410 do CPP, seja por inexistir dúvida razoável a respeito, seja por estar diretamente relacionada com a competência do juízo, que deverá julgar o mérito da causa (arts. 410, §§ 1º e 2º, do CPP, e 5º, XXXVIII, *d*, da CF)"[27].

O dolo eventual não se confunde com a *mera esperança* ou simples desejo de que determinado resultado ocorra, como no exemplo trazido por Welzel, do sujeito que manda seu desafeto a um bosque, durante uma tempestade, na esperança de que seja atingido por um raio[28]. Contudo, se o agente não conhece com certeza os elementos requeridos pelo tipo objetivo, mas, mesmo na dúvida sobre a sua existência, age, aceitando essa possibilidade, estará configurado o dolo eventual.

Sinteticamente, procura-se distinguir o dolo direto do eventual, afirmando-se que "o primeiro é a vontade por *causa* do resultado; o segundo é a vontade *apesar* do resultado". Frank, em sua conhecida *teoria positiva do conhecimento*,

---

26. Alberto Silva Franco *et alii*, *Código Penal e sua interpretação jurisprudencial*, 6ª ed., São Paulo, Revista dos Tribunais, 1997, p. 284.
27. Francisco de Assis Toledo, *A morte do Índio Pataxó*. Seleções Jurídicas COAD/ADV, 1997, p. 12-3.
28. Welzel, *Derecho Penal alemán*, cit., p. 97.

sintetiza a definição de dolo eventual, nos termos seguintes: "se o agente diz a si próprio: *seja como for, dê no que der, em qualquer caso, não deixo de agir*, é responsável a título de dolo eventual"[29]. No entanto, nosso Código equiparou-os quanto aos seus efeitos, nos precisos termos da Exposição de Motivos do Código Penal de 1940, da lavra do Ministro Francisco Campos, *in verbis*: "O *dolo eventual* é, assim, plenamente equiparado ao *dolo direto*. É inegável que arriscar-se conscientemente a produzir um evento vale tanto quanto querê-lo: ainda que sem interesse nele, o agente o ratifica *ex ante*, presta anuência ao seu advento".

2.2. *Elemento subjetivo especial do tipo ou elemento subjetivo especial do injusto*

Pode figurar nos tipos penais, ao lado do dolo, uma série de características subjetivas que os integram ou os fundamentam. A doutrina clássica denominava, impropriamente, o *elemento subjetivo geral* do tipo *dolo genérico* e o *especial fim de agir*, de que depende a ilicitude de certas figuras delituosas, *dolo específico*. O próprio Welzel esclareceu que: "Ao lado do dolo, como momento geral *pessoal-subjetivo*, que produz e configura a ação como acontecimento dirigido a um fim, apresentam-se, frequentemente, no tipo *especiais* momentos subjetivos, que dão colorido num determinado sentido ao conteúdo ético-social da ação"[30]. Assim, o *tomar* uma coisa alheia é uma atividade dirigida a um fim por imperativo do dolo; no entanto, seu sentido ético-social será completamente distinto se aquela atividade tiver como *fim* o uso passageiro ou se tiver o desígnio de apropriação.

Na realidade, o *especial fim*, embora amplie o aspecto subjetivo do tipo, não integra o dolo nem com ele se confunde, uma vez que, como vimos, o *dolo* esgota-se com a *consciência* e a *vontade* de realizar a ação com a finalidade de obter o resultado delituoso, ou na *assunção do risco* de produzi-lo. O *especial fim de agir* que integra determinadas definições de delitos condiciona ou fundamenta a *ilicitude* do fato, constituindo, assim, *elemento subjetivo do tipo* de ilícito, de forma autônoma e independente do dolo. A denominação correta, por isso, é *elemento subjetivo especial do tipo* ou *elemento subjetivo especial do injusto*, que se equivalem, porque pertencem, ao mesmo tempo, à ilicitude e ao tipo que a ela corresponde[31].

A ausência desses *elementos subjetivos especiais* descaracteriza o tipo subjetivo, independentemente da presença do dolo. Enquanto o dolo deve materializar-se no fato típico, os elementos subjetivos especiais do tipo especificam o dolo, sem necessidade de se concretizarem, sendo suficiente que existam no

---

29. Apud Nélson Hungria, *Comentários ao Código Penal*, cit., v. 1, t. 2, p. 118.
30. Welzel, *Derecho Penal*, trad. de F. Balestra, p. 83.
31. Fragoso, *Lições de Direito Penal*, Rio de Janeiro, Forense, 1985, p. 175.

psiquismo do autor[32], isto é, desde que a conduta tenha sido orientada por essa finalidade específica.

A grande variedade de alternativas possíveis das mais diversas formas de elementos subjetivos especiais do tipo impede que se possa realizar, com segurança, a sua classificação. No entanto, *assumindo o risco* da insuficiência, destacamos a classificação mais comum: delitos de intenção, delitos de tendência e momentos especiais de ânimo.

2.2.1. Delitos de intenção

A evolução dogmática do Direito Penal nos revela que determinado ato poderá ser justo ou injusto, dependendo da *intenção* com que o agente o pratica. Um comportamento, que externamente é o mesmo, pode ser *justo* ou *injusto*, segundo o seu aspecto interno, isto é, de acordo com a *intenção* com que é praticado. Assim, por exemplo, quando o ginecologista toca a região genital da paciente com fins terapêuticos exercita, legitimamente, sua nobre profissão de médico; se o faz, no entanto, com intenções voluptuárias, sua conduta é ilícita.

Delitos de intenção requerem um agir com ânimo, finalidade ou *intenção adicional* de obter um resultado ulterior ou uma ulterior atividade, distintos da simples realização dolosa dos elementos objetivos do tipo. Trata-se, portanto, de uma finalidade ou ânimo que vai além da realização do tipo. As *intenções especiais* integram a estrutura subjetiva de determinados tipos penais, exigindo do autor a persecução de um objetivo compreendido no tipo, mas que não precisa ser alcançado efetivamente. Faz parte do tipo de injusto uma *finalidade transcendente* — um especial fim de agir —, como, por exemplo, *para si ou para outrem* (art. 157); *com o fim de obter* (art. 159); *em proveito próprio ou alheio* (art. 180) etc. Como tivemos oportunidade de afirmar, "esta espécie de elemento subjetivo do tipo dá lugar, segundo o caso, aos atos chamados delitos de *resultado cortado* e delitos *mutilados de dois atos*. Os primeiros consistem na realização de um ato visando à produção de um resultado, que fica fora do tipo e sem a intervenção do autor"[33] (ex.: arts. 131 — perigo de contágio de moléstia grave; 159 — extorsão mediante sequestro, do CP). Nesses tipos penais, o legislador corta a ação em determinado momento do processo executório, consumando-se o crime independentemente de o agente haver atingido o propósito pretendido, como era o caso do *crime de rapto* (art. 219), hoje descriminalizado. Consumava-se o crime com o simples rapto, independentemente da prática de atos libidinosos, desde que a prática de tais atos tivesse orientado a conduta. Os segundos — *delitos mutilados*

---

32. Juarez Cirino dos Santos, *Direito Penal*, cit., p. 80.
33. Luiz Régis Prado e Cezar Roberto Bitencourt, *Elementos de Direito Penal*, cit., v. 1, p. 88; em sentido semelhante, ver Bustos Ramirez, *Manual de Derecho Penal*, 3ª ed., Barcelona, Ariel, 1989, p. 186.

de dois atos — consumam-se quando o autor realiza o primeiro ato com o objetivo de levar a termo o segundo. O autor quer alcançar, após ter realizado o tipo, o resultado que fica fora dele (ex.: arts. 289 — moeda falsa; 290 — crimes assimilados ao de moeda falsa, do CP).

Em síntese, em ambos os casos — *delitos de resultado cortado e delitos mutilados de dois atos* —, a consumação é antecipada, ocorrendo com a simples atividade típica unida à intenção de produzir um resultado ou efetuar uma segunda atividade, independentemente da produção ou ocorrência desse ulterior resultado ou atividade.

2.2.2. Delitos de tendência

Nos *delitos de tendência* a ação encontra-se envolvida por determinado *ânimo* cuja ausência impossibilita a sua concepção. Nesses crimes, não é somente a *vontade* do autor que determina o caráter lesivo do acontecer externo, mas outros extratos específicos, inclusive inconscientes. Com efeito, "não se exige a persecução de um resultado ulterior ao previsto no tipo, senão que o autor confira à ação típica um sentido (ou tendência) subjetivo não expresso no tipo, mas deduzível da natureza do delito (ex.: *o propósito de ofender* — arts. 138, 139, 140, CP; *propósito de ultrajar* — art. 212, CP)"[34]. Honestamente, temos dificuldade em constatar, nessas hipóteses, algo que caracterize ou possa ser identificado como uma *tendência* do sujeito ativo, representado pelo *fim especial de ofender* ou ultrajar alguém. Por outro lado, identificá-las ou classificá-las como crimes de "tendência" não acresce nem diminui absolutamente nada em termos dogmáticos, mormente para um direito penal da culpabilidade que repele fundamentos ou injunções identificados com o direito penal do autor. No entanto, a despeito dessas dificuldades, esse aspecto fica mais fácil de ser percebido nos denominados "crimes sexuais".

A ação, nesses crimes, deve expressar uma *tendência subjetiva* do agente, indispensável para se compreender os crimes sexuais, por exemplo. No magistério de Welzel, "*a tendência especial de ação*, sobretudo se trata aqui da tendência voluptuosa nos delitos de lascívia. Ação lasciva é exclusivamente a lesão objetiva do pudor levada a efeito com tendência subjetiva voluptuosa"[35]. Esses crimes são chamados também de crimes de *tendência intensificada*, nos quais o tipo requer o ânimo ou tendência de realizar a própria conduta típica, sem transcendê-la, como ocorre nos delitos de intenção[36], embora, pessoalmente, tenhamos certa

---

34. Luiz Régis Prado e Cezar Roberto Bitencourt, *Elementos de Direito Penal*, cit., v. 1, p. 88.
35. Welzel, *Derecho Penal alemán*, p. 115.
36. Diego-Manuel Luzón Peña, *Curso de Derecho Penal*; Parte General, Madrid, Editorial Universitas, 1996, p. 396.

dificuldade de ver, como regra geral, essa "tendência especial de ação" de que falava Welzel.

2.2.3. Momentos especiais de ânimo

Características como "sem escrúpulos", "sem consideração", "satisfazer instinto sexual", "inescrupulosamente" e outras semelhantes assinalam *estados anímicos especiais* que não constituem grau de responsabilidade pessoal pelo fato, e, por isso, os inimputáveis também podem agir com essas características especiais de ânimo. Como afirmava Welzel, "trata-se, pois, de elementos subjetivos do injusto que fundamentam ou reforçam o juízo de desvalor social do fato"[37]. Maurach não concordava com essa classificação, afirmando que se trata de autênticos elementos típicos objetivos que reclamam congruência do dolo[38]. Estamos de pleno acordo com Maurach, pois todas essas expressões mencionadas constituem verdadeiras *elementares típicas*, sendo algumas *normativas* e outras *subjetivas*, o que não impede, contudo, que possam representar ou identificar circunstâncias especiais anímicas. Algumas dessas elementares são subjetivas porque se referem a características do sujeito ativo, mas não significam que representem o elemento subjetivo orientador da conduta praticada.

Na verdade, a excessiva utilização pelo legislador de categorias subjetivadoras da descrição típica, além do dolo propriamente, é uma forma disfarçada de ultrapassar, com roupagem de legitimidade, os limites taxativos do *princípio da reserva legal*. Essa *ideologia subjetivadora* na elaboração do preceito primário da norma penal, além de inadequada, é extremamente perigosa, pois esses *estados anímicos*, como *ser egoísta*, *cruel* ou *malvado*, entre outros, podem existir independentemente da relevância de lesão objetiva de bens jurídicos tutelados. E, nessas circunstâncias, quando a conduta é penalmente irrelevante, a tipificação desses estados anímicos pode conduzir à punição do simples ânimo, independentemente de qualquer fato, que é inadmissível no Direito Penal da Culpabilidade.

2.2.4. Especiais motivos de agir

Por último, merece destacar que os *motivos de agir*, regra geral, constituem *elemento subjetivo especial do tipo ou do injusto*. Pertencem também, a nosso juízo, ao tipo subjetivo esses *motivos*, e, especialmente, por que, como afirmava Maurach, nem sempre seja clara a diferença entre *motivos* e *intenções*: o motivo impulsiona, a intenção atrai[39]. A verdade é que os motivos têm caracteres

---

37. Welzel, *Derecho Penal alemán*, cit., p. 116.
38. Maurach, *Derecho Penal*; Parte General, Buenos Aires, Astrea, 1994, v. 1, § 22, V, p. 396.
39. Maurach, *Derecho Penal*, cit., p. 396.

anímicos e impulsionam as realizações de condutas, como, por exemplo, *motivo torpe, motivo fútil, motivo nobre, relevante valor social ou moral* etc.

Os motivos constituem a fonte motriz da vontade criminosa. Como afirmava Pedro Vergara, "os motivos determinantes da ação constituem toda a soma dos fatores que integram a personalidade humana e são suscitados por uma representação cuja ideomotricidade tem o poder de fazer convergir, para uma só direção dinâmica, todas as nossas forças psíquicas"[40]. Essas *elementares constitutivas* do tipo, necessariamente, devem ser abrangidas pelo dolo, mesmo que não se realizem, sendo suficiente que orientem a conduta do agente, como destacamos no início deste tópico.

Muitas vezes, no entanto, *os motivos de agir* encontram-se *fora do tipo penal* específico, sem qualquer vinculação dogmática, devendo, nesses casos, receber outro tratamento, por que não se tratam de *elementares típicas*, exercendo outra função dogmática, tais como circunstâncias *agravantes* (genéricas ou especiais), *causas de aumento* ou de *diminuição de pena* (causas modificativas da pena). Em nosso sistema legal, esses "motivos especiais", que não constam do tipo penal, cuja ausência tampouco o descaracterizam, só podem ser valorados no momento da dosimetria da pena (arts. 59 a 68 do CP). Esses motivos, digamos, "extratípicos", não se confundem com aqueles que são elementos constitutivos de determinados tipos penais e que, evidentemente, devem receber tratamento diferenciado, como acabamos de referir. Pela mesma razão, o *erro* sobre os "motivos extratípicos" não transforma a conduta dolosa em culposa, como também o *erro inevitável* sobre eles não exclui a tipicidade, pois do tipo não fazem parte.

Deixamos claro, ademais, que os *elementos subjetivos especiais* do injusto — dentre os quais se incluem os *motivos* típicos —, como também os extratípicos, não fazem parte do dolo e tampouco com ele se confundem, embora ampliem o aspecto subjetivo do tipo. Lembramos, por outro lado, que esse aspecto dos *elementos subjetivos especiais do injusto*, bem como daqueles *motivos extratípicos*, interessam mais especificamente à Parte Especial, onde, casuisticamente, devem ser abordados. Nesse particular, concordamos com Muñoz Conde, quando afirma: "essa problemática pertence mais à Parte Especial e ao estudo da figura delitiva concreta que a exija, ou ao estudo das circunstâncias modificativas genéricas da responsabilidade penal (arts. 21, 22 e 23)"[41]. Assim, deixamos de endossar, *venia concessa*, o entendimento de Roxin e Muñoz Conde, no sentido de que determinados motivos especiais ou tendências pertenceriam à culpabilidade, embora nada impeça, é verdade, que sejam objeto de valoração para a formação do juízo de reprovação.

---

40. Pedro Vergara, *Dos motivos determinantes no Direito Penal*, 2ª ed., Rio de Janeiro, Forense, 1980, p. 563-4.
41. Muñoz Conde e García Arán, *Derecho Penal*, cit., p. 362.

3. Erro de tipo

Erro de tipo é aquele que recai sobre circunstância elementar da descrição típica. É a falsa percepção da realidade sobre um elemento constitutivo do crime. O erro de tipo *essencial* sempre exclui o dolo, permitindo, quando for o caso, a punição pelo crime culposo, uma vez que a culpabilidade permanece intacta. O erro de tipo *inevitável* exclui a tipicidade não por falta do tipo objetivo, mas por carência do tipo subjetivo.

Pela complexidade e importância do tema, e pela correlação com o erro de proibição, e ainda por razões didáticas, abordamos mais detalhadamente as duas espécies de erro em capítulo próprio, para onde remetemos o leitor.

4. Princípios da adequação social e da insignificância

4.1. *Princípio da adequação social*

O tipo penal implica *uma seleção de comportamentos* e, ao mesmo tempo, *uma valoração* da conduta criminalizada (o típico já é penalmente relevante). Contudo, também é verdade, certos comportamentos, em si mesmos típicos, carecem de relevância por serem correntes no meio social, pois, muitas vezes, há um descompasso entre as normas penais incriminadoras e o socialmente permitido ou tolerado. Por isso, segundo Stratenwerth, "é incompatível criminalizar uma conduta só porque se opõe à concepção da maioria ou ao padrão médio de comportamento"[42].

As consequências da chamada "adequação social", contudo, não encontraram ainda o seu porto seguro. Discute-se se afastaria a tipicidade ou simplesmente eliminaria a antijuridicidade de determinadas condutas típicas. O próprio Welzel[43], seu mais destacado defensor, vacilou sobre seus efeitos, admitindo inicialmente como excludente da tipicidade, depois como causa de justificação e, finalmente, outra vez, como excludente da tipicidade. Por último, conforme anota Jescheck[44], Welzel acabou aceitando o princípio da "adequação social" somente como "princípio geral de interpretação", entendimento até hoje seguido por respeitáveis penalistas[45].

O certo é que a imprecisão do critério da "adequação social" — diante das mais variadas possibilidades de sua ocorrência —, que, na melhor das hipóteses,

---

42. Stratenwerth, *Derecho Penal*; Parte General, Madrid, Edersa, 1982, p. 6.
43. Cerezo Mir, nota em *El nuevo sistema del Derecho Penal*, de Welzel, nota n. 11, p. 53; Rodriguez Mourullo, *Derecho Penal*, Madrid, Civitas, 1978, p. 263.
44. Jescheck, *Tratado de Derecho Penal*, p. 343, nota n. 30.
45. Gomez Benitez, *Teoría Jurídica del Delito*, Madrid, Civitas, 1988, p. 165; Muñoz Conde, *Teoria Geral do Delito*, cit., p. 46; Welzel, *Derecho Penal*, cit., p. 86.

não passa de um *princípio sempre inseguro e relativo*, explica por que os mais autorizados penalistas internacionais — como Muñoz Conde, Jescheck, Zaffaroni e Rodriguez Mourullo, entre outros[46] — não o aceitam nem como excludente da tipicidade nem como causa de justificação. Aliás, nesse sentido, é muito ilustrativa a conclusão de Jescheck ao afirmar que "a ideia da adequação social resulta, no entanto, num critério inútil para restringir os tipos penais, quando as regras usuais de interpretação possibilitam a sua delimitação correta. Nestes casos, é preferível a aplicação dos *critérios de interpretação* conhecidos, pois, desta forma, se obtêm resultados comprováveis, enquanto a adequação social não deixa de ser um princípio relativamente inseguro, razão pela qual só em última instância deveria ser utilizado".

4.2. *Princípio da insignificância*

Segundo esse princípio, é necessária uma efetiva *proporcionalidade* entre a gravidade da conduta que se pretende punir e a drasticidade da intervenção estatal. Frequentemente, condutas que se amoldam a determinado tipo penal, sob o ponto de vista formal, não apresentam nenhuma relevância material, por não produzirem uma ofensa significativa ao bem jurídico tutelado. Nessas circunstâncias, pode-se afastar liminarmente a tipicidade penal porque em verdade o bem jurídico não chegou a ser lesado.

A *insignificância* de determinada conduta deve ser aferida não apenas em relação à importância do bem jurídico atingido, mas especialmente *em relação ao grau de sua intensidade*, isto é, pela extensão da lesão produzida. Por razões como essa, parece-nos inadequado afastar, *a priori*, a admissibilidade do reconhecimento da insignificância tão somente em razão da natureza do bem jurídico tutelado, como sustentam algumas decisões jurisprudenciais. Sugerimos, até por equidade e política criminal democrática, que o exame casuístico nunca deve ser desprezado.

Concluindo, a insignificância da ofensa afasta a tipicidade. Mas essa insignificância só pode ser valorada através da consideração global da ordem jurídica. Esses dois princípios, adequação social e insignificância, foram mais bem desenvolvidos em capítulo específico que trata dos Princípios Fundamentais do Direito Penal, para onde remetemos o leitor.

---

46. Muñoz Conde, *Teoria Geral do Delito*, cit., p. 46; Jescheck, *Tratado*, cit., p. 343; Zaffaroni, *Manual de Derecho Penal*, 6ª ed., Buenos Aires, Ediar, 1991, p. 476; Rodriguez Mourullo, *Derecho Penal*, cit., p. 263.

TIPO DE INJUSTO CULPOSO — XIX

Sumário: 1. Definição do tipo de injusto culposo. 2. Elementos do tipo de injusto culposo. 2.1. Inobservância do cuidado objetivo devido e princípio da confiança. 2.2. Produção de um resultado e nexo causal. 2.3. Previsibilidade objetiva do resultado. 2.4. Conexão interna entre desvalor da ação e desvalor do resultado. 3. Modalidades de culpa. 4. Espécies de culpa. 4.1. Culpa consciente ou com representação. 4.2. Culpa inconsciente ou sem representação. 4.3. Culpa imprópria ou culpa por assimilação. 5. Distinção entre dolo eventual e culpa consciente. 6. Concorrência e compensação de culpas. 7. Crime preterdoloso e crime qualificado pelo resultado.

1. Definição do tipo de injusto culposo

Culpa é a inobservância do dever objetivo de cuidado manifestada numa conduta produtora de um resultado não querido, mas objetivamente previsível. A culpa, *stricto sensu*, tem suas raízes no Direito Romano, mais especificamente na *Lex Aquilia*[1]. No entanto, somente bem mais tarde o instituto da *culpa* foi recepcionado pelo Direito Penal, por meio de *senatus consultus*, depois de ter sido aperfeiçoado no Direito Privado.

O conteúdo estrutural do *tipo de injusto culposo* é diferente do *tipo de injusto doloso*: neste, é punida a conduta dirigida a um *fim ilícito*, enquanto no injusto culposo pune-se a *conduta mal dirigida*, normalmente destinada a um fim penalmente irrelevante, quase sempre lícito. O *núcleo do tipo de injusto* nos delitos culposos consiste na divergência entre a ação efetivamente praticada e a que devia realmente ter sido realizada, em virtude da observância do dever objetivo de cuidado.

A *direção finalista* da ação, nos crimes culposos, não corresponde à diligência devida, havendo uma contradição essencial entre o *querido* e o *realizado* pelo agente. Como afirma Cerezo Mir, "o fim perseguido pelo autor é geralmente irrelevante, mas não os meios escolhidos, ou a forma de sua utilização"[2]. O agente que conduz um veículo e causa, de forma não dolosa, a morte de um pedestre

---

1. Giulio Bataglini, *Direito Penal*, trad. Paulo José da Costa Jr., Armida Bergamini Miotto e Ada Pellegrini Grinover, São Paulo, Saraiva, 1973, v. 1, p. 296.
2. José Cerezo Mir, *Curso de Derecho Penal español*, Madrid, Tecnos, 1985, v. 1, p. 279.

realiza uma ação finalista: conduzir o veículo. O *fim da ação* — ir a um lugar determinado — é jurídico-penalmente irrelevante. O *meio* escolhido, o veículo, neste caso, também o é. No entanto, será jurídico-penalmente relevante a *forma* de utilização do meio se o agente, por exemplo, conduzir a uma velocidade excessiva, superando o limite de velocidade permitido.

A *tipicidade* do crime culposo decorre da realização de uma *conduta não diligente*, isto é, *descuidada*, causadora de uma lesão ou de perigo concreto a um bem jurídico-penalmente protegido. Contudo, a falta do cuidado objetivo devido, configurador da imprudência, negligência ou imperícia, é de natureza objetiva. Em outros termos, no plano da tipicidade, trata-se, apenas, de analisar se o agente agiu com o cuidado necessário e normalmente exigível. No entanto, o emprego adequado da diligência necessária deve ser aferido nas condições concretas, existentes no momento do fato, além da necessidade objetiva, naquele instante, de proteger o bem jurídico. Dito de outra forma, no momento de determinar se a conduta do autor se ajusta ao tipo de injusto culposo é necessário indagar, sob a perspectiva *ex ante*, se no momento da ação ou da omissão era possível, para qualquer pessoa no lugar do autor, identificar o *risco proibido* e ajustar a conduta ao cuidado devido (cognoscibilidade ou *conhecimento do risco proibido* e previsibilidade da produção do resultado típico). A indagação, contudo, sobre se o agente tinha *as condições necessárias* ou *adequadas*, isto é, se *podia*, no caso concreto, ter adotado as cautelas devidas, somente deverá ser analisada no plano da culpabilidade (exigibilidade de conduta conforme ao direito).

Por outro lado, nada impede que uma conduta seja *tipicamente culposa* e, no entanto, não seja antijurídica. Pode o agente realizar uma *conduta culposa típica*, mas encontrar-se ao abrigo de uma *excludente de antijuridicidade*. Por exemplo, o corpo de bombeiros, chamado com urgência para estancar um grande incêndio em uma refinaria, no percurso, atinge, involuntariamente, e sem tê-lo previsto, um pedestre, ferindo-o gravemente. À evidência que se encontrava em estado de necessidade *(observados, claro, seus requisitos)*[3]. Em outros termos, a configuração da tipicidade, também nos crimes culposos, funciona como indício da antijuridicidade, que somente é afastada ante a ocorrência de uma *causa excludente*, como ocorre nos crimes dolosos.

A *culpabilidade* nos crimes culposos tem a mesma estrutura da culpabilidade dos crimes dolosos: imputabilidade, consciência potencial da ilicitude e exigibilidade de comportamento conforme ao Direito. O questionamento sobre as *condições pessoais* do agente, para se constatar se *podia agir* com a diligência necessária e se lhe era *exigível*, nas circunstâncias concretas, tal conduta, é objeto do *juízo de culpabilidade*. A *inexigibilidade* de outra conduta, a exemplo do

---

3. Fabio Roberto D'Avila, Lineamentos estruturais do crime culposo, in *Crime e sociedade*, Curitiba, Ed. Juruá, 1988.

que pode acontecer nos crimes dolosos, também é perfeitamente admissível, como excludente (dirimente) de culpabilidade, nos crimes culposos. Quando um indivíduo, por exemplo, realiza uma conduta, sem observar os cuidados devidos, mas que, no caso concreto, apresentava-se impraticável ou de difícil observância, ou, em outros termos, era inexigível outra conduta, não pode ser *censurável* por eventual resultado danoso que, involuntariamente, produzir.

Embora a estrutura da culpabilidade do crime culposo seja exatamente a mesma do crime doloso (imputabilidade, consciência potencial da ilicitude e exigibilidade de conduta conforme ao Direito), distinguem-se quanto ao grau de intensidade. Com efeito, o nível de censura, isto é, o *grau de reprovabilidade* de um crime doloso, é muito superior ao de um crime culposo; este, sabidamente, é muito menos grave que aquele. Nesse sentido manifestou-se Assis Toledo: "Já a culpabilidade de um agente que age culposamente, por corresponder a um tipo de injusto evidentemente menos grave, é, por sua vez, de menor gravidade, podendo situar-se em uma escala descendente que vai desde hipóteses mais sérias (culpa consciente) até limites mínimos, extremos, de culpa inconsciente que, em certas circunstâncias, pode configurar a culpa levíssima equiparável, em direito penal, ao fortuito"[4].

Assim como a *tipicidade* do crime culposo se define pela divergência entre a ação efetivamente praticada e a que devia ter sido realizada, e a *antijuridicidade* pela inobservância do cuidado objetivo devido (contradição com a ordem jurídica), a *culpabilidade* tem a *previsibilidade subjetiva* como um de seus pressupostos. Nesse sentido, manifestava-se o próprio Welzel, afirmando que, enquanto a chamada previsibilidade *objetiva* constitui a tipicidade e antijuridicidade da ação, a chamada previsibilidade *subjetiva* constitui um elemento da *reprovabilidade* da ação típica e antijurídica. Quando o agente realiza efetivamente o *juízo de causalidade adequada*, ao empreender a ação, age, com referência ao resultado possível, com *culpa consciente*, e, se podia, no entanto, realizar esse juízo sem tê-lo efetivamente realizado, age com *culpa inconsciente*[5].

Nada impede, por outro lado, que possa ocorrer *erro de proibição* nos crimes culposos, quando, por exemplo, o erro incidir sobre a existência e *os limites* do dever objetivo de cuidado. Aliás, não é nada incomum a dúvida, no tráfego de veículos, sobre o direito de prioridade ou a obrigação de esperar. De qualquer sorte, elemento característico da conduta punível, seja dolosa ou culposa, é a *reprovabilidade*.

---

4. Francisco de Assis Toledo, *Princípios básicos de Direito Penal*, 5ª ed., São Paulo, Saraiva, 2002, p. 294.
5. Welzel, Culpa e delitos de circulação, *Revista de Direito Penal*, n. 3, Rio de Janeiro, 1971, p. 38.

2. Elementos do tipo de injusto culposo

O injusto culposo, como já referimos, tem uma estrutura completamente diferente do injusto doloso, não contendo o chamado *tipo subjetivo*, em razão da natureza normativa da culpa[6]. Seguindo essa orientação, Juarez Tavares sustenta que "o delito culposo contém, em lugar do tipo subjetivo, uma característica normativa aberta: *o desatendimento ao cuidado objetivo exigível ao autor*"[7]. Não se desconhece, no entanto, a existência de um certo *componente subjetivo* no crime culposo, formado pela *relação volitiva final* e um *componente objetivo* expresso na *causalidade*. Mas, como a *relevância da ação* é aferida através de um *juízo comparativo* entre a conduta realizada e aquela que era imposta pelo dever objetivo de cuidado, não tem sentido a divisão do tipo penal em objetivo e subjetivo, sendo irrelevante a relação volitiva final para a realidade normativa.

O tipo de injusto culposo apresenta os seguintes elementos constitutivos: *inobservância do cuidado objetivo devido; produção de um resultado e nexo causal; previsibilidade objetiva do resultado; conexão interna entre desvalor da ação e desvalor do resultado.*

2.1. *Inobservância do cuidado objetivo devido e princípio da confiança*

Em 1930, Engisch destacou que entre a simples conexão causal da ação e o resultado e a culpabilidade havia um terceiro elemento fundamental, para configurar o crime culposo: *o dever objetivo de cuidado*[8]. Dever objetivo de cuidado consiste em reconhecer o perigo para o bem jurídico tutelado e preocupar-se com as possíveis consequências que uma conduta descuidada pode produzir-lhe, deixando de praticá-la, ou, então, executá-la somente depois de adotar as necessárias e suficientes precauções para evitá-lo.

O *essencial* no tipo de injusto culposo não é a simples *causação do resultado*, mas sim a *forma* em que a ação causadora se realiza. Por isso, a *observância do dever objetivo de cuidado*, isto é, a diligência devida, constitui o elemento fundamental do tipo de injusto culposo, cuja análise constitui uma questão preliminar no exame da culpa. Na dúvida, impõe-se o dever de abster-se da realização da

---

6. Welzel, *Derecho Penal alemán*, Santiago, Ed. Jurídica de Chile, 1970, p. 187.
7. Juarez Tavares, *Direito Penal da negligência*, São Paulo, Revista dos Tribunais, 1985, p. 134. No mesmo sentido, Heitor da Costa Junior, *Teoria dos Delitos Culposos*, Rio de Janeiro, Lumen Juris, 1988, p. 69.
8. Muñoz Conde, *Teoria Geral do Delito*, Porto Alegre, Sérgio A. Fabris, Editor, 1988, p. 70.

conduta, pois quem se arrisca, nessa hipótese, age com *imprudência*, e, sobrevindo um resultado típico, torna-se autor de um crime culposo.

A avaliação da *inobservância do cuidado objetivamente devido* resulta na comparação da *direção finalista real* com a *direção finalista exigida* para evitar as lesões dos bens jurídicos. A infração desse dever de cuidado representa o injusto típico dos crimes culposos. No entanto, é indispensável investigar o que teria sido, *in concreto*, para o agente, o dever de cuidado. E, como segunda indagação, deve-se questionar se a ação do agente correspondeu a esse comportamento "adequado". Somente nesta segunda hipótese, quando negativa, surge a *reprovabilidade da conduta*.

Na vida em sociedade, é natural que cada indivíduo se comporte como se os demais também se comportassem corretamente. Para a avaliação, *in concreto*, da conduta correta de alguém, não se pode, de forma alguma, deixar de considerar aquilo que, nas mesmas circunstâncias, seria lícito esperar de outrem. Esse critério regulador da conduta humana recebe a denominação de *princípio da confiança* (*Vertrauensgrundsatz*).

Como o *dever objetivo de cuidado* dirige-se a todos, nada mais justo esperar que cada um se comporte com a prudência e inteligência necessárias para a convivência harmônica de toda a coletividade. As relações sociais não são orientadas pela desconfiança, com a presunção de que o semelhante não cumprirá com suas obrigações de cidadão. Por razões como essas é que o *dever objetivo de cuidado* dirige-se a todos, indistintamente, visto num plano puramente objetivo. À evidência, só quem observa corretamente o dever objetivo de cuidado pode invocar a seu favor o *princípio da confiança*. Assim, por exemplo, em um cruzamento de trânsito, a quem trafega pela via principal é lícito supor que o outro motorista, que está na via secundária, aguardará sua passagem, em respeito às normas convencionais de trânsito (princípio da confiança). Ao motorista da via secundária, que deve aguardar a passagem de quem trafega na via principal, não é assegurado invocar o *princípio da confiança*, pela singela razão de que, para ele, nas circunstâncias, esse princípio não existe.

A análise dessas questões deve ser, no entanto, extremamente criteriosa, na medida em que uma ação meramente arriscada ou perigosa não implica necessariamente a violação do dever objetivo de cuidado. Com efeito, além das normas de cuidado e diligência será necessário que o *agir descuidado* ultrapasse os limites de perigos *socialmente aceitáveis* na atividade desenvolvida. No plano da culpa *stricto sensu*, é fundamental estabelecer um marco diferencial entre o *fato culposo punível* e o *fato impunível* decorrente do *risco juridicamente tolerado*. Existem comportamentos perigosos que, a despeito do *risco*, são imprescindíveis na vida social contemporânea e, por seu caráter emergencial, não podem ser evitados. Nessas circunstâncias, mesmo que perigosa, a ação deve ser praticada e aceitos eventuais resultados negativos, que, por si mesmos, não significam que tenha havido erro, mas pura decorrência natural da gravidade da situação.

Não se ignora que determinadas atividades trazem na sua essência determinados graus de perigo. No entanto, o progresso e as necessidades quotidianas autorizam a assunção de certos riscos que são da natureza de tais atividades, como, por exemplo, médico-cirúrgica, tráfego de veículos, construção civil em arranha-céus etc. Nesses casos, somente quando faltar a *atenção e cuidados especiais*, que devem ser empregados, ou quando houver um *incremento ilícito do risco inicialmente permitido*, poder-se-á falar de *culpa*. À evidência, convém registrar, quanto mais perigosa for a atividade maior deve ser a prudência e vigilância do agente, não apenas em razão das previsões regulamentares, mas também em razão das sugestões da experiência do dia a dia e da própria experiência científica.

A teoria da ação finalista permite, a nosso juízo, uma melhor compreensão do injusto dos tipos culposos. É inegável, contudo, que um elemento essencial dos crimes culposos — o resultado produzido — fica fora da ação, constituindo, assim, a maior dificuldade da *doutrina finalista* nos crimes culposos. Como destaca Cerezo Mir, "o resultado fica fora do nexo final, pois não estava incluído na vontade de realização e em muitos casos (culpa inconsciente) não havia sido sequer previsto"[9].

2.2. *Produção de um resultado e nexo causal*

O resultado integra o injusto culposo. Como tivemos oportunidade de afirmar, "o crime culposo não tem existência real sem o resultado. Há crime culposo quando o agente não quer e nem assume o risco da produção de um resultado, previsível, mas que mesmo assim ocorre. Se houver inobservância de um dever de cuidado, mas se o resultado não sobrevier, não haverá crime"[10]. Assim, a norma de cuidado pode ter sido violada, a conduta pode ter sido temerária, mas, por felicidade, pode não se configurar um delito culposo, por faltar-lhe o resultado, que o tipificaria.

Por fim, é indispensável que o resultado seja consequência da inobservância do cuidado devido, que este seja a causa daquele, ou, de acordo com a teoria da imputação objetiva, que o resultado típico seja a realização do risco proibido criado pela conduta do autor. Com efeito, quando, hipoteticamente, for observado o dever de cautela, e ainda assim o resultado ocorrer, não se poderá falar em crime culposo[11]. Atribuir-se, nessa hipótese, a responsabilidade ao *agente*

---

9. Cerezo Mir, *Curso de Derecho Penal español*, cit., p. 280.
10. Cezar Roberto Bitencourt, *Lições de Direito Penal*, 3ª ed., Porto Alegre, Livr. do Advogado Ed., 1995, p. 80.
11. Heitor da Costa Junior, *Teoria dos Delitos Culposos*, cit., p. 66; Wessels, *Direito Penal*; Parte Geral, Porto Alegre, Sérgio A. Fabris, Editor, 1976, p. 153.

cauteloso constituirá autêntica *responsabilidade objetiva*, pela ausência de nexo causal. Os *limites* da norma imperativa encontram-se no poder de cumprimento pelo sujeito; por isso, o *dever de cuidado* não pode ir além desses limites. A *inevitabilidade* do resultado exclui a própria tipicidade. Em outros termos, é indispensável que a *inobservância do cuidado devido* seja a causa do resultado tipificado como crime culposo. Por isso, não haverá crime culposo quando o agente, não observando o dever de cuidado devido, envolver-se em um evento lesivo, que se verificaria mesmo que a diligência devida tivesse sido adotada.

2.3. *Previsibilidade objetiva do resultado*

O resultado deve ser objetivamente previsível. O aferimento da ação típica deve obedecer às condições concretas, existentes no momento do fato e da necessidade objetiva, naquele instante, de proteger o bem jurídico. Assim como nos crimes dolosos o resultado deve ser abrangido pelo dolo, nos culposos deverá sê-lo pela previsibilidade. Como afirma Cerezo Mir, "a relação entre ação final e o resultado nos delitos culposos não pode ser estabelecida, portanto, mediante o conceito de ação, mas somente na esfera *valorativa* e concretamente nos tipos do injusto"[12].

A *previsibilidade objetiva* se determina mediante um juízo levado a cabo, colocando-se o observador (por exemplo, o juiz) na posição do autor no momento do começo da ação, e levando em consideração as circunstâncias do caso concreto cognoscíveis por uma pessoa inteligente, mais as conhecidas pelo autor e a experiência comum da época sobre os cursos causais[13]. No dizer de Hungria, "previsível é o fato cuja possível superveniência não escapa à perspicácia comum"[14]. A *previsibilidade*, nesses termos, é um juízo objetivo acerca da possibilidade de produção do resultado típico, elaborado com base no conhecimento da perigosidade da conduta. Quando o agente tem conhecimento da perigosidade de sua conduta, crê que pode dominar o curso causal para o alcance de um fim lícito, mas não adota as medidas de cuidado objetivo adequadas, pode-se afirmar que o autor atuou de maneira culposa, apesar de conhecer a *previsibilidade objetiva* do resultado. Em outras palavras, pode-se dizer que o autor agiu com *culpa consciente*. De outro lado, quando o agente não tem o conhecimento da perigosidade de sua conduta, apesar de lhe ser possível chegar a esse conhecimento (cognoscibilidade) com um mínimo de atenção, e atua sem as medidas de

---

12. Cerezo Mir, *Curso de Derecho Penal español*, cit., p. 281. Do mesmo autor a nota n. 8 na sua tradução do *El nuevo sistema de Derecho Penal*, de Welzel.
13. Cerezo Mir, *Curso de Derecho Penal español*, cit., p. 281. Ver Welzel, *El nuevo sistema*, p. 46 e 47; Nélson Hungria, *Comentários ao Código Penal*, Rio de Janeiro, Forense, v. 1, t. 2, p. 188.
14. Hungria, *Comentários ao Código Penal*, cit., p. 188.

cuidado objetivo necessárias, pode-se afirmar que agiu de maneira *culposa* sem a previsibilidade subjetiva do resultado (sem previsão). Ou, dito de outra forma, que agiu com *culpa inconsciente*.

A *previsibilidade*, convém destacar, é um dado objetivo; por isso, o fato de o agente não prever o dano ou perigo de sua ação (ausência de previsibilidade subjetiva), quando este é *objetivamente previsível*, não afasta a culpabilidade do agente, ao contrário do que sustentam Bonfim e Capez[15], pois *a culpa reside exatamente nessa falta de prever o previsível*. O uso do termo *previsibilidade* não é, contudo, isento de problemas, porque muitas vezes a doutrina refere-se à previsibilidade subjetiva como elemento da culpabilidade. Bonfim e Capez adotam o seguinte entendimento: "*A ausência de previsibilidade subjetiva não exclui a culpa*, uma vez que não é seu elemento. A consequência será a exclusão da culpabilidade, mas nunca da culpa (o que equivale a dizer, da conduta e do fato típico). Dessa forma, o fato será típico, porque houve a conduta culposa, mas o agente não será punido pelo crime ante a falta de culpabilidade"[16] (grifo do original).

Acreditamos que essa terminologia conduz a equívocos, porque *não prever o previsível*, isto é, a simples "ausência de previsibilidade subjetiva", que outra coisa não é que a ausência de previsão, revela somente a ausência de *culpa consciente*, mas pode configurar, sem dúvida, a chamada *culpa inconsciente*, que, aliás, caracteriza-se exatamente por não prever o previsível. O traço característico das duas espécies de culpa é a previsibilidade considerada objetivamente: na culpa *consciente* o autor da conduta atua com o conhecimento dos fatores de risco e prevê a possibilidade de produção do resultado típico; na culpa *inconsciente*, o autor da conduta não tem um conhecimento atual, mas lhe é cognoscível os fatores de risco e poderia ter previsto, nas circunstâncias do caso, a possibilidade de produção do resultado. Para ambas, sempre e necessariamente deve existir a *previsibilidade*, sob pena de consagrar-se autêntica *responsabilidade penal objetiva*.

Sendo, no entanto, *imprevisível* o resultado não haverá delito algum, pois se tratará do mero acaso, do caso fortuito, que constituem exatamente a negação da culpa.

2.4. *Conexão interna entre desvalor da ação e desvalor do resultado*

O conteúdo do injusto no fato culposo é determinado pela coexistência do *desvalor da ação* e do *desvalor do resultado*. É indispensável a existência de uma conexão interna entre o *desvalor da ação* e o *desvalor do resultado*, isto é, que o resultado decorra exatamente da *inobservância do cuidado devido*, ou,

---

15. Edilson Bonfim e Fernando Capez, *Direito Penal*..., p. 402.
16. Edilson Bonfim e Fernando Capez, *Direito Penal*..., p. 402.

em outros termos, que esta seja a causa daquele. "Com efeito, no delito culposo, o *desvalor da ação* está representado pela inobservância do cuidado objetivamente devido e o *desvalor do resultado* pela lesão ou perigo concreto de lesão para o bem jurídico"[17].

Não convence a doutrina de Welzel, segundo a qual os crimes culposos constituem-se da *simples inobservância do cuidado objetivo devido*, isto é, constituem-se da simples *ação descuidada*. E que o resultado produzido, embora pertença ao tipo de injusto, cumpre somente uma função seletiva das condutas antijurídicas, para efeito de punibilidade[18]. Por isso, consideramos perfeitamente correta a concepção de Cerezo Mir, para quem a inobservância do dever objetivo de cuidado, sem dúvida, viola a norma de cuidado dos delitos culposos. No entanto, prossegue Cerezo Mir, "as normas são apenas instrumentos de proteção de bens jurídicos, mas somente quando ao *desvalor da ação* acrescenta-se o *desvalor do resultado* fica constituído o injusto dos delitos culposos"[19].

Não negamos, é verdade, que nos crimes culposos se dá preponderância ao *desvalor da ação*, que assume o centro da teoria do injusto, em comparação com o *desvalor do resultado*. Exemplo típico é o crime de homicídio, que na forma *dolosa* pode receber uma pena máxima de vinte anos, e na *culposa* não passa de três anos. No entanto, sem um resultado material que represente, sob o ponto de vista jurídico, uma lesão ou exposição a perigo concreto um bem jurídico protegido pelo Direito Penal, não se pode falar em crime culposo, sob pena de afronta aos princípios de ofensividade e da excepcionalidade do crime culposo.

3. Modalidades de culpa

Ao estabelecer as modalidades de culpa o legislador brasileiro esmerou-se em preciosismos técnicos (distinguindo *imprudência*, *negligência* e *imperícia*), que apresentam pouco ou quase nenhum resultado prático. Tanto na *imprudência* quanto na *negligência* há a inobservância de cuidados recomendados pela experiência comum no exercício dinâmico do quotidiano humano. E a *imperícia*, por sua vez, não deixa de ser somente uma *forma especial* de imprudência ou de negligência. Não era outro o entendimento de Nélson Hungria[20], que já afirmava ser a imperícia "situação culposa substancialmente idêntica, isto é, omissão,

---

17. Luiz Régis Prado e Cezar Roberto Bitencourt, *Elementos de Direito Penal*, Parte Geral, São Paulo, Revista dos Tribunais, 1995, v. 1, p. 91.
18. Welzel, *El nuevo sistema del Derecho Penal*, cit., p. 75-6; do mesmo autor, Culpa e delitos de circulação, *Revista de Direito Penal* n. 3/19, Rio de Janeiro, 1971.
19. Cerezo Mir, *Curso de Derecho Penal español*, cit., p. 442. Em sentido semelhante, Juarez Tavares, *Direito Penal da negligência*, cit., p. 124 e 151.
20. Nélson Hungria, *Comentários ao Código Penal,* 3ª ed., Rio de Janeiro, Forense, 1955, v. 1, t. 2, p. 203.

insuficiência, inaptidão grosseira no avaliar as consequências lesivas do próprio ato". Por essas razões é que a doutrina e os diplomas legais europeus preferem utilizar a terminologia genérica de "delitos imprudentes", ignorando as especificações adotadas pelo legislador brasileiro. No entanto, como nosso ordenamento jurídico as distingue, forçoso é examinarmos cada uma de suas modalidades, quais sejam: imprudência, negligência e imperícia.

a) *Imprudência*

Imprudência é a prática de uma conduta arriscada ou perigosa e tem caráter comissivo. É a imprevisão ativa (*culpa in faciendo* ou *in committendo*). Conduta imprudente é aquela que se caracteriza pela intempestividade, precipitação, insensatez ou imoderação do agente. Imprudente é, por exemplo, o motorista que, embriagado, viaja dirigindo seu veículo automotor, com visível diminuição de seus reflexos e acentuada liberação de seus freios inibitórios.

Na imprudência há visível falta de atenção, o agir descuidado não observa o dever objetivo da cautela devida que as circunstâncias fáticas exigem. Se o agente for mais atento, poderá prever o resultado, utilizando seus freios inibitórios, e assim não realizar a ação lesiva. Uma característica especial da imprudência é a concomitância da culpa e da ação. Enquanto o agente pratica a ação, vai-se desenvolvendo ao mesmo tempo a imprudência: ação e imprudência coexistem, são, digamos, simultâneas. Bonfim e Capez ilustram com os seguintes exemplos: "Ultrapassagem proibida, excesso de velocidade, trafegar na contramão, manejar arma carregada etc. Em todos esses casos, a culpa ocorre no mesmo instante em que se desenvolve a ação"[21]. O agente sabe que está sendo imprudente, tem consciência de que está agindo arriscadamente, mas, por acreditar, convictamente, que não produzirá o resultado, avalia mal, e age, e o resultado não querido se concretiza.

b) *Negligência*

Negligência é a displicência no agir, a falta de precaução, a indiferença do agente, que, podendo adotar as cautelas necessárias, não o faz. É a imprevisão passiva, o desleixo, a inação (*culpa in ommittendo*). É não fazer o que deveria ser feito antes da ação descuidada. Negligente será, por exemplo, o motorista de ônibus que trafegar com as portas do coletivo abertas, causando a queda e morte de um passageiro. Nessa hipótese, o condutor omitiu a cautela de fechar as portas antes de movimentar o coletivo, causando o resultado morte não desejado.

Em outros termos, a negligência não é um fato psicológico, mas sim um *juízo de apreciação*, exclusivamente: a comprovação que se faz de que o agente tinha possibilidade de prever as consequências de sua ação (previsibilidade objetiva). Enfim, o autor de um crime cometido por negligência não pensa na possibilidade

---

21. Edilson Bonfim e Fernando Capez, *Direito Penal...*, p. 403.

do resultado; este fica fora do seu pensamento, adequando-se melhor a negligência à denominada *culpa inconsciente*, isto é, culpa sem previsão. Contrariamente à imprudência, a negligência precede a ação, pois significa a abstenção de uma cautela que deveria ser adotada antes do agir descuidado. Muitas vezes, no entanto, negligência e imprudência confundem-se no mesmo comportamento descuidado, podendo, inclusive, configurarem-se simultânea ou sucessivamente, como é o caso do exemplo antes citado do motorista de ônibus que trafega com as portas do coletivo abertas, levando à queda de um passageiro: negligência ao não fechar as portas, mas é imprudente ao colocar em marcha o veículo com as portas abertas.

c) *Imperícia*

Imperícia é a falta de capacidade, de aptidão, despreparo ou insuficiência de conhecimentos técnicos para o exercício de *arte*, *profissão* ou *ofício*. A inabilidade para o desempenho de determinada atividade fora do campo profissional ou técnico tem sido considerada, pela jurisprudência brasileira, na modalidade de culpa imprudente ou negligente, conforme o caso, mas não como imperícia.

Imperícia, por outro lado, não se confunde com erro profissional. O *erro profissional* é, em princípio, um acidente escusável, justificável e, de regra, imprevisível, que não depende do uso correto e oportuno dos conhecimentos e regras da ciência. Esse tipo de *acidente* não decorre da má aplicação de regras e princípios recomendados pela ciência, pela arte ou pela experiência. Deve-se à *imperfeição* e *precariedade* dos conhecimentos humanos, operando, portanto, no campo do imprevisível, transpondo os limites da prudência e da atenção humanas. No entanto, não estamos com isso sustentando que exista um *direito ao erro*, que, desde logo, reconhecemos não existir, apenas desejamos deixar claro que o *erro profissional*, que não se confunde com *imperícia*, pode ocorrer, como acidente de percurso, a despeito de serem empregados todas as cautelas, cuidados e diligências que as circunstâncias requerem, situando-se, portanto, fora do campo da previsibilidade. Com efeito, embora o médico, por exemplo, não tenha *carta-branca*, não pode, ao mesmo tempo, ficar limitado por dogmas inalteráveis. Tendo agido racionalmente, segundo os preceitos fundamentais da *lex artis* ou, quando deles se afastar, o fizer por motivos justificáveis, não terá de prestar contas à justiça penal por eventual resultado fatídico, decorrente do acidental, do imprevisível, do inusitado, estando, portanto, fora da seara do direito penal.

4. Espécies de culpa

O Código Penal brasileiro não distingue *culpa consciente* e *culpa inconsciente* para o fim de dar-lhes tratamento diverso, embora se saiba que, tradicionalmente, doutrina e jurisprudência têm considerado, *a priori*, a culpa consciente mais grave que a inconsciente. Afora a dificuldade prática de comprovar-se, *in concreto*, na maioria dos casos, qual das duas espécies de culpa ocorreu, destaca-se a quase inexistência de diferença entre não prever um resultado antijurídico quanto prevê-lo, confiando, levianamente, na sua não ocorrência, se este, de qualquer sorte, se verificar. Na verdade, tem-se questionado se a *culpa consciente* não seria, muitas vezes, indício de *menor insensibilidade ético-social*, sendo de maior atenção na execução de atividades perigosas, na medida em que, na *culpa inconsciente*, o descuido é muito maior e, consequentemente, mais perigoso o descuidado inconsciente, uma vez que a exposição a risco poderá ser muito maior e mais frequente quando o agente nem percebe a possibilidade de ocorrência de um evento danoso. Nesse sentido, afirmava Köller, "mais culpado é aquele que não cuidou de olhar o caminho diante de si, em cotejo com aquele que teve esse cuidado, mas credulamente se persuadiu de que o obstáculo se afastaria a tempo"[22]. Por isso, a maior ou menor gravidade da culpa deve ser deixada à apreciação do juiz ao dosar a pena, diante de cada caso concreto. No entanto, mesmo assim, vejamos as definições que, tradicionalmente, se dão à culpa consciente e à culpa inconsciente.

4.1. *Culpa consciente ou com representação*

Há culpa consciente, também chamada *culpa com previsão*, quando o agente conhece a perigosidade da sua conduta, representa a produção do resultado típico como possível (previsibilidade), mas age deixando de observar a diligência a que estava obrigado, porque confia convictamente que ele não ocorrerá. Quando o agente, embora prevendo o resultado, espera sinceramente que este não se verifique, estar-se-á diante de culpa consciente e não de dolo eventual. Na *culpa consciente*, pontificava Assis Toledo[23], o agente não quer o resultado nem assume deliberadamente o risco de produzi-lo. A despeito de sabê-lo possível, acredita piamente que pode evitá-lo, o que só não consegue por erro de cálculo ou por erro na execução. No entanto, como bem destaca Juarez Tavares, na análise dessa espécie de culpa, deve-se agir com cautela, pois *a simples previsão do resultado* não significa, por si só, que o agente age com *culpa consciente*, pois, mais que a *previsão*, o que a caracteriza efetivamente é a *consciência* acerca da lesão ao dever de cuidado[24]. Como o *dever de cuidado* é um elemento da culpa, o *desconhecimento* da existência, *in concreto*, desse *dever* pode descaracterizá-la, sob pena da ocorrência de uma espécie de responsabilidade penal objetiva. Nada impede que a conduta culposa seja praticada sob a influência de um *erro de proibição*. Imagine-se, por exemplo, que o agente realize uma conduta perigosa, com *infração do dever de cuidado*, pensando que a conduta está *justificada*, seja porque supõe a existência de uma causa de justificação, que não existe, seja porque se equivoque sobre seu conteúdo, seu significado ou seus limites.

---

22. Apud Nélson Hungria, *Comentários ao Código Penal*, cit., v. 1, t. 2, p. 203.
23. Francisco de Assis Toledo, *Princípios básicos de Direito Penal*, p. 302.
24. Juarez Tavares, *Direito Penal da negligência*, cit., p. 172.

Na culpa consciente, segundo a doutrina e a jurisprudência dominantes, a *censurabilidade* da conduta é maior do que na culpa inconsciente, visto que esta é produto de mera desatenção, a despeito da ressalva que fizemos no tópico anterior.

4.2. Culpa inconsciente ou sem representação

A ação sem previsão do resultado previsível constitui a chamada culpa inconsciente, culpa *ex ignorantia*. Na *culpa inconsciente*, apesar da possibilidade de previsibilidade *ex ante*, não há a *previsão* por descuido, desatenção ou simples desinteresse do autor da conduta perigosa. Ou seja, o sujeito atua sem se dar conta de que sua conduta é perigosa, e de que desatende aos cuidados necessários para evitar a produção do resultado típico, por puro desleixo e desatenção. A culpa inconsciente, nesse sentido, caracteriza-se pela ausência *absoluta de nexo psicológico* entre o autor e o resultado de sua ação. Mesmo assim é punível na medida em que fique demonstrado que o agente poderia conhecer os riscos de seu comportamento, ajustando-o às medidas de cuidado necessárias, com um mínimo de esforço, normalmente esperado de qualquer pessoa nas circunstâncias do autor. Nos casos em que o resultado seja totalmente imprevisível, este é deslocado para o âmbito do *caso fortuito ou força maior*, retirando-o da seara do Direito Penal.

Nas hipóteses de *culpa inconsciente* pode-se até, em alguns casos, preocupar-se com a segurança do próprio agente, que por sua desatenção, descuido ou mesmo "desligamento da realidade", representa um perigo ambulante, não apenas para a sociedade, mas também a si próprio. Pode, inclusive, em hipóteses tais, representar maior *perigosidade social*, pela imprevisibilidade do seu agir, ignorando por completo o *princípio da confiança* a que anteriormente nos referimos. Descuido desse gênero — agente absorto, alheio à realidade — pode assemelhar-se ao comportamento de um autista, exigindo, inclusive, cuidados especiais.

A previsibilidade do resultado é o elemento identificador das duas espécies de culpa. A *imprevisibilidade* desloca o resultado para o caso fortuito ou força maior, retirando-o da seara do Direito Penal. Na culpa inconsciente, no entanto, apesar da presença da *previsibilidade*, não há a *previsão* por descuido, desatenção ou simples desinteresse. A culpa inconsciente caracteriza-se pela ausência absoluta de nexo psicológico entre o autor e o resultado de sua ação, ante a inexistência da previsibilidade subjetiva.

4.3. Culpa imprópria ou culpa por assimilação

Só *impropriamente* se pode admitir falar de *culpa* em uma conduta que *prevê* e *quer* o resultado produzido, sob pena de se violentar os conceitos dogmáticos da teoria do delito. Como veremos, em todas as hipóteses em que se fala em *culpa imprópria* existe uma conduta dolosa objetivando a produção de determinado resultado típico, embora a motivação esteja calcada em erro.

A chamada *culpa imprópria* é aquela que decorre do *erro vencível* sobre a legitimidade da ação realizada, e é referida pela doutrina mais antiga como *erro culposo*. Convém, desde logo, esclarecer que essas são terminologias superadas, que não são mais utilizadas no âmbito da mais moderna dogmática jurídico-penal. O abandono tanto do termo *culpa imprópria* como do termo *erro culposo*, deve-se, principalmente à sua carência de rigor científico e porque conduzem a equívocos sobre o objeto do *erro*. Com efeito, o erro culposo não se confunde com crime culposo, como demonstramos no capítulo em que abordamos erro de tipo e erro de proibição. Nesses termos, a *culpa imprópria*, culpa por extensão ou assimilação, decorre do *erro evitável* sobre as causas de justificação e, dependendo do ponto de partida metodológico no estudo da teoria do erro, poderá abranger a) o *erro vencível* sobre os pressupostos objetivos das causas de justificação; b) o *erro evitável* sobre os limites da própria excludente da antijuridicidade, nos casos de excesso nas causas de justificação; e c) o erro evitável sobre a existência, no caso concreto, de uma causa de justificação. Nessas circunstâncias, o agente quer o resultado típico ou quer realizar uma conduta perigosa em razão de o seu conhecimento sobre a ilicitude encontrar-se viciado por um erro que, com mais cuidado, poderia ser evitado. Dessa forma, a *vencibilidade do erro* não afeta a estrutura típica do injusto, que continuará sendo doloso ou culposo, mas, sim, à *reprovabilidade da conduta*. Como consequência, quando essa modalidade de *erro for inevitável*, excluirá, por completo, a culpabilidade penal, e não a tipicidade nem a antijuridicidade, conforme veremos no capítulo dedicado exclusivamente ao estudo do erro.

Nesses casos, antes da ação, durante a elaboração do *processo psicológico*, o agente valora mal uma situação (v. g., legítima defesa putativa) ou os *meios* a utilizar, incorrendo em erro, *culposamente*, pela falta de cautela nessa avaliação; já, no momento subsequente, *na ação propriamente dita*, age *dolosamente*, finalisticamente, objetivando o resultado produzido, embora calcado em *erro evitável*. Na hipótese de *erro culposo* não se modifica, portanto, a estrutura típica do delito para criar um tipo culposo. Contudo, é possível, como afirma Jescheck[25], adotar para essa modalidade de *erro* uma cominação de pena equivalente à do tipo imprudente (crime culposo).

Gallas não admitia a confusão que se fazia entre crime culposo e erro culposo; sustentando tratar-se de crime doloso, afirmava: "quem mata uma pessoa, crendo erroneamente que seria agredido injustamente por ela, sabe que mata, mas acredita que na situação representada isso fosse lícito"[26]. No mesmo sentido manifestava-se Graf Zu Dohna: "Quem sabe que mata, porém crê que pode

---

25. Jescheck, *Tratado de Derecho Penal*, p. 636, n. 34.
26. Gallas, La struttura del concetto di illecito penale, *Rivista di Diritto e Procedura Penale*, ano 25, 1982, p. 463.

fazê-lo, mata dolosamente, e não só por culpa"[27]. Mas a restrição do âmbito da punibilidade dessa modalidade de *erro*, de forma equivalente ao crime culposo, é recomendada, em razão da menor reprovabilidade da motivação do agente, que está calcada, é bom que se diga, em *erro culposo*.

5. Distinção entre dolo eventual e culpa consciente

Os *limites fronteiriços* entre dolo eventual e culpa consciente constituem um dos problemas mais tormentosos da Teoria do Delito. Há entre ambos um traço comum: a *previsão* do resultado proibido. Mas, enquanto no *dolo eventual* o agente anui ao advento desse resultado, *assumindo o risco* de produzi-lo, em vez de renunciar à ação, na *culpa consciente*, ao contrário, repele a hipótese de superveniência do resultado, e, na esperança convicta de que este não ocorrerá, avalia mal e age. Naquele, consente, admite a ocorrência do resultado, aceitando-o, embora não o queira; nesta, ao inverso, não aceita o resultado, repele-o, mas age por leviandade, por ter feito avaliação equivocada.

Na hipótese de dolo eventual, a *importância negativa* da previsão do resultado é, para o agente, menos importante do que o *valor positivo* que atribui à prática da ação. Por isso, entre desistir da ação ou praticá-la, mesmo correndo o risco da produção do resultado, opta pela segunda alternativa valorando sobremodo sua conduta, e menosprezando o resultado. Já na culpa consciente, o *valor negativo* do resultado possível é, para o agente, mais forte do que o *valor positivo* que atribui à prática da ação. Por isso, se estivesse convencido de que o resultado poderia ocorrer, sem dúvida, desistiria da ação. Não estando convencido dessa possibilidade, calcula mal e age. Como afirmava Paul Logoz, no *dolo eventual*, o agente decide agir por *egoísmo*, a qualquer custo, enquanto na *culpa consciente* o faz por *leviandade*, por não ter refletido suficientemente[28].

O fundamental é que o dolo eventual apresente estes dois componentes: representação da possibilidade do resultado e anuência à sua ocorrência, assumindo o risco de produzi-lo. Enfim, como sustenta Wessels[29], haverá *dolo eventual* quando o autor não se deixar dissuadir da realização do fato pela possibilidade próxima da ocorrência do resultado e sua conduta justifique a assertiva de que, em razão do fim pretendido, ele se tenha conformado com o risco da produção do resultado ou até concordado com a sua ocorrência, ao invés de renunciar à prática da ação.

---

27. Graf Zu Dohna, *La estructura de la teoría del delito*, Buenos Aires, Abeledo-Perrot, 1995, p. 76.
28. Paul Logoz, *Commentaire du Code Pénal Suisse*, 2ª ed., Paris, Delachaux & Niestlé, 1976, p. 66.
29. Wessels, *Direito Penal*, cit., p. 53.

Duas teorias, fundamentalmente, procuram distinguir dolo eventual e culpa consciente: *teoria da probabilidade* e *teoria da vontade* ou do consentimento. Para a primeira, diante da dificuldade de demonstrar o *elemento volitivo*, o querer o resultado, admite a existência do *dolo eventual* quando o agente representa o resultado como de muito provável execução e, apesar disso, atua, admitindo a sua produção. No entanto, se a produção do resultado for menos provável, isto é, pouco provável, haverá *culpa consciente*. Para a segunda, isto é, para a teoria da vontade (teoria adotada pelo nosso Código Penal), é insuficiente que o agente represente o resultado como de provável ocorrência, sendo necessário que a probabilidade da produção do resultado seja incapaz de remover a vontade de agir, ou seja, o valor positivo da ação é mais forte para o agente do que o valor negativo do resultado, que, por isso, assume o risco de produzi-lo. Haveria *culpa consciente se*, ao contrário, desistisse da ação, estando convencido da probabilidade do resultado. No entanto, não estando convencido, calcula mal e age, produzindo o resultado. Como se constata, a *teoria da probabilidade* desconhece o elemento volitivo, que é fundamental na distinção entre dolo eventual e culpa consciente, e que, por isso mesmo, é melhor delimitado pela *teoria do consentimento* ou da *vontade*.

Por fim, a distinção entre dolo eventual e culpa consciente resume-se à aceitação ou rejeição da possibilidade de produção do resultado. Persistindo a dúvida entre um e outra, dever-se-á concluir pela solução menos grave, qual seja, pela *culpa consciente*, embora, equivocadamente, não seja essa a orientação adotada na *praxis forensis*.

6. Concorrência e compensação de culpas

Há *concorrência de culpas* quando dois indivíduos, um ignorando a participação do outro, concorrem, culposamente, para a produção de um fato definido como crime. Imagine-se, por exemplo, o choque de dois veículos em um cruzamento, com lesões recíprocas, além de atropelamento de um pedestre, no qual os dois condutores estejam igualmente errados, um em velocidade excessiva e o outro atravessando o sinal fechado. Havendo *concorrência de culpas* os agentes respondem, isoladamente, pelo resultado produzido. De observar-se que, nessa hipótese, não se pode falar em *concurso de pessoas*, ante a *ausência do vínculo subjetivo*. Na realidade, verifica-se uma das hipóteses da chamada *autoria colateral*, onde não há adesão de um na conduta de outro, ignorando os agentes que contribuem reciprocamente na produção de um mesmo resultado.

Igualmente, não se admite *compensação de culpa* em Direito Penal, ou seja, eventual culpa da vítima não exclui a do agente; elas não se compensam. As *culpas recíprocas* do ofensor e do ofendido não se extinguem. A *teoria da equivalência dos antecedentes causais*, adotada pelo nosso Código Penal, não autoriza outro entendimento. Somente a *culpa exclusiva da vítima* exclui a do agente, para quem, nesse caso, a ocorrência do evento foi pura *infelicitas facti*, tendo agido sem culpa. No entanto, à evidência, a contribuição da vítima deverá ser valorada na aplicação da pena-base, na hipótese de culpa concorrente (art. 59 — *comportamento da vítima*).

As legislações modernas adotam o princípio da *excepcionalidade do crime culposo*, isto é, a regra é de que as infrações penais sejam imputadas a título de dolo, e só *excepcionalmente* a título de culpa e, nesse caso, quando expressamente prevista a modalidade culposa da figura delituosa (art. 18, parágrafo único). Com a simples análise da norma penal incriminadora, constata-se este fenômeno: quando o Código admite a modalidade culposa, há referência expressa a essa figura; quando não a admite, silencia a respeito da culpa. Por isso, quando o sujeito pratica o fato culposamente e a figura típica não admite a forma culposa, não há crime.

7. Crime preterdoloso e crime qualificado pelo resultado

Além das duas modalidades de crimes — dolosa e culposa — expressamente reguladas pelo nosso Código Penal, doutrina e jurisprudência reconhecem a existência de uma terceira, que costumam designar como *crime preterdoloso* ou crime qualificado pelo resultado. *Crime preterdoloso* ou *preterintencional* tem recebido o significado de crime cujo resultado vai além da intenção do agente, isto é, a ação voluntária inicia dolosamente e termina culposamente, porque, afinal, o resultado efetivamente produzido estava fora da abrangência do dolo. Em termos bem esquemáticos, afirma-se, simplistamente, que há *dolo no antecedente* e *culpa no consequente*.

Têm-se utilizado, a nosso juízo, equivocadamente, as expressões *crime preterdoloso* e *crime qualificado pelo resultado* como sinônimas. No entanto, segundo a melhor corrente, especialmente na Itália, no crime *qualificado pelo resultado*, ao contrário do *preterdoloso*, o resultado ulterior, mais grave, derivado *involuntariamente* da conduta criminosa, lesa um bem jurídico que, por sua natureza, não contém o bem jurídico precedentemente lesado. Assim, enquanto a *lesão corporal seguida de morte* (art. 129, § 3º) seria preterintencional, o *aborto seguido da morte da gestante* (arts. 125 e 126 combinados com o 127, *in fine*) seria crime qualificado pelo resultado. O raciocínio é simples: nunca se conseguirá matar alguém sem ofender sua saúde ou integridade corporal (lesão corporal seguida de morte: crime preterdoloso), enquanto para matar alguém não se terá necessariamente de fazê-lo abortar (aborto com ou sem consentimento da gestante: crime qualificado pelo resultado).

A ANTIJURIDICIDADE XX

Sumário: 1. Considerações gerais. Antecedentes da antijuridicidade. 2. Terminologia: antijuridicidade e injusto. Antinormatividade e antijuridicidade. Ilicitude e antijuridicidade. 3. Antijuridicidade formal e antijuridicidade material. 3.1. Concepção unitária de antijuridicidade. 4. Antijuridicidade genérica e antijuridicidade específica. 4.1. Antijuridicidade penal e antijuridicidade extrapenal: ilicitude única e independência de instâncias. 5. Desvalor da ação e desvalor do resultado.

1. Considerações gerais. Antecedentes da antijuridicidade

Tipicidade, antijuridicidade e culpabilidade estão de tal forma relacionadas entre si que cada elemento posterior do delito pressupõe o anterior[1]. A divisão do delito em três aspectos, para fins de avaliação e valoração, facilita e racionaliza a aplicação do direito, garantindo a segurança contra as arbitrariedades e as contradições que frequentemente poderiam ocorrer. Essa divisão tripartida da valoração permite a busca de um resultado final mais adequado e mais justo. Dessa forma, uma vez afirmada a tipicidade da conduta, o seguinte degrau valorativo corresponde à análise da antijuridicidade, em cujo âmbito corresponde determinar se a conduta típica é contrária ao Direito, isto é, ilícita, e constitui um injusto. O termo antijuridicidade expressa, portanto, um *juízo de contradição* entre a conduta típica praticada e as normas do ordenamento jurídico[2].

Destacamos em capítulo anterior que a tipicidade é indiciária da antijuridicidade, assim, uma vez realizado o *juízo de subsunção* do fato executado pelo autor a um determinado tipo de injusto, o passo seguinte consiste em analisar se o fato típico é realmente desaprovado pelo ordenamento jurídico ou se, no caso, existe alguma circunstância que o autorize. Nesses termos, como veremos ao longo deste capítulo, o operador jurídico realiza *um juízo de valor* para determinar se o *indício de antijuridicidade* se confirma, ante a ausência de *causas de justificação*, ou se pode ser desconstituído, pela presença de uma dessas causas. Ou seja, para afirmar-se a antijuridicidade da conduta típica é necessário negar-se

---

1. Hans Welzel, *Derecho Penal alemán*, p. 73.
2. Francisco Muñoz Conde e Mercedes García Arán, *Derecho Penal*, Parte General, 8ª ed., Valencia, Tirant lo Blanch, 2010, p. 299.

a existência de causa de justificação. Na lição de Maurach, a teoria da antijuridicidade *limita-se* à caracterização negativa do fato; além disso, ela é um juízo sobre o acontecer, não sobre a personalidade[3].

Essa moderna conformação da antijuridicidade, como já demonstramos, é de data recente, após um longo período de elaboração dogmática. As primeiras construções partiam da separação entre "antijuridicidade objetiva" e "culpabilidade subjetiva", superando um amplo conceito anterior de culpabilidade, em prol da sua independência como característica específica do delito. Na verdade, a formulação da *antijuridicidade* como conceito autônomo deve sua origem, sobretudo, a Ihering[4], no ano de 1867. Essa concepção de antijuridicidade, que se impôs paulatinamente, apesar de algumas resistências, pertence, como dizia Welzel, àqueles conceitos "fundamentais simples de validade universal, de acordo com os métodos do pensamento incondicionalmente necessário de nossa ciência"[5]. Nessa época, Ihering percebeu que a posição do "possuidor de boa-fé" era diferente da do ladrão. Ao primeiro, precisamente por sua boa-fé, não se lhe pode *censurar* por ter em seu poder a coisa alheia. Já, ao segundo, sim, como registro da reprovabilidade social de sua conduta. Apesar disso, não se pode considerar a situação do possuidor de boa-fé conforme ao Direito. Em síntese, a posição do *possuidor* é antijurídica, mas não é culpável. A culpabilidade, no ordenamento jurídico, justifica a imposição de outras consequências jurídicas peculiares ao direito penal. Assim, a posição do ladrão, que subtraiu a coisa alheia, além de ser antijurídica, é também culpável, fundamentando, além da *ação restituitória,* as sanções próprias do Direito Penal.

Sob esse ponto de vista Ihering distinguiu duas formas de contrariedades ao ordenamento jurídico: uma *objetiva* e outra *subjetiva.* Sobre a base dessa dicotomia, acolhida pelos *pandectistas*[6] contemporâneos, desenvolveu-se a teoria que diferencia a "antijuridicidade", concebida como expressão dos elementos objetivos, da "culpabilidade", entendida como expressão dos elementos subjetivos das infrações jurídico-penais. Aliás, somente na segunda edição do *Tratado* de Von Liszt, em 1884, foi que se desenvolveu pela primeira vez, claramente, a separação entre *antijuridicidade* e *culpabilidade,* segundo os critérios objetivos e subjetivos[7].

---

3. Maurach e Zipf, *Derecho Penal,* Buenos Aires, Astrea, 1994, v. 1, p. 419.
4. Welzel, *Derecho Penal alemán,* cit., p. 73; Rodriguez Mourullo, *Derecho Penal,* Madrid, Civitas, 1978, p. 321.
5. Welzel, *Derecho Penal alemán,* cit., p. 74.
6. *Pandectistas*: denominação atribuída aos comentadores das *Pandectas* ou seguidores de sua doutrina. *Pandectas,* por sua vez, é a compilação das decisões dos antigos jurisconsultos, que foram convertidas em lei por Justiniano, imperador romano (c. 483-565).
7. Welzel, *Derecho Penal alemán,* cit., p. 89.

Nessas primeiras formulações a antijuridicidade é concebida fundamentalmente de um modo objetivo, o que, aliás, é perfeitamente explicável, uma vez que se tratava de dotá-la de autonomia ante a característica da culpabilidade, concebida então como a parte subjetiva das infrações penais. A formulação da tipicidade, como característica primária do delito, é de data ainda mais recente, devendo-se a Beling, em 1906, a sua elaboração, também, inicialmente, em uma concepção puramente objetiva. Beling, como já tivemos oportunidade de afirmar, refez, em termos, a sua teoria em 1930.

2. Terminologia: antijuridicidade e injusto. Antinormatividade e antijuridicidade. Ilicitude e antijuridicidade

Alguns autores utilizam a expressão "antijuridicidade" para definir o próprio *injusto*, que é a ação qualificada de antijurídica. Essa ambiguidade de sentidos pode levar a equívocos, pois se trata de conceitos absolutamente distintos. Como afirma Jescheck, *"antijuridicidade* é a contradição da ação com uma norma jurídica. *Injusto* é a própria ação valorada antijuridicamente"[8]. A antijuridicidade é um predicado e o injusto um substantivo. O injusto é a forma de conduta antijurídica propriamente: a perturbação arbitrária da posse, o furto, a tentativa de homicídio etc. A antijuridicidade, por sua vez, é uma qualidade dessa forma de conduta, mais precisamente a contradição em que se encontra com o ordenamento jurídico. Todas as matérias de proibição, reguladas nos diversos setores do Direito, são antijurídicas para todo o ordenamento jurídico[9].

Welzel estabelece uma distinção entre *antinormatividade* e *antijuridicidade*. Lembrava Welzel que o tipo é uma figura conceitual que descreve mediante conceitos formas possíveis de conduta humana[10], e que a norma proíbe a realização dessas formas de conduta. A eventual realização da conduta descrita no tipo de uma norma proibitiva caracteriza uma contradição com a exigência da norma, originando, na expressão de Welzel, "a antinormatividade" da conduta. Para Welzel, "toda realização do tipo de uma norma proibitiva é certamente antinormativa, mas nem sempre é antijurídica"[11], em razão de que o ordenamento jurídico não se compõe somente de normas proibitivas, mas também de preceitos permissivos. A interferência de uma norma permissiva impede que a norma geral, abstrata, converta-se em dever jurídico concreto para o autor, autorizando, excepcionalmente, a realização de conduta típica. Nesse sentido, segundo a

---

8. Jescheck, *Tratado de Derecho Penal*, p. 315.
9. Welzel, *Derecho Penal alemán*, cit., p. 78; *El nuevo sistema de Derecho Penal*, Barcelona, Ed. Ariel, 1964, p. 48-9.
10. Welzel, *Derecho Penal alemán*, cit., p. 76.
11. Welzel, *Derecho Penal alemán*, cit., p. 76.

doutrina welzeliana, quando concorre uma causa de justificação, apesar de a conduta ser *antinormativa* (por infringir uma norma proibitiva), não se apresenta como *antijurídica*, eis que autorizada, excepcionalmente, por outra norma permissiva. Por isso, Welzel conceitua a antijuridicidade como "a contradição da realização do tipo de uma norma proibitiva com o ordenamento jurídico em seu conjunto (não somente com uma norma isolada)"[12].

A Reforma Penal de 1984, seguindo a orientação de Assis Toledo, adotou a terminologia *ilicitude,* abandonando a tradicional, *antijuridicidade,* que o Código Penal de 1940 utilizava, de resto consagrada na maioria dos países europeus, com exceção de Portugal[13]. Assis Toledo, na sua argumentação, segue o magistério de Carnelutti, que apontava como equívoco chamar de "antijurídico" uma criação do Direito, o delito, que é essencialmente jurídico.

Não se pode negar que o delito, no plano abstrato-jurídico, é uma criação do Direito, que o define, traça os seus contornos e estabelece as consequências de sua realização. O próprio Direito privado relaciona o delito como um fato jurídico ao incluí-lo entre os chamados atos ilícitos. Nessa linha de orientação, Binding já afirmava que quem pratica um delito não contraria a lei, que prevê o tipo proibitivo; ao contrário, amolda-se a ela ao realizar exatamente o modo de conduta que a mesma descreve. Contraria, na verdade, a *norma de proibição* que o tipo legal encerra, sendo exatamente essa contrariedade à proibição que caracteriza a antijuridicidade. No entanto, mesmo conhecendo a preferência da atual redação de nosso Código Penal e ainda reconhecendo a relevância dos argumentos do Ministro Assis Toledo, preferimos manter a utilização da expressão *antijuridicidade,* que se mantém atualizada nas principais dogmáticas europeias. E a invocação constante que fazemos da doutrina estrangeira, por outro lado, nos recomenda essa preferência terminológica.

3. Antijuridicidade formal e antijuridicidade material

A antijuridicidade, como destaca Jescheck, não se esgota na relação de contrariedade existente entre ação e norma, possuindo também um conteúdo *substancial*, que caracteriza a antijuridicidade material, representada pela *danosidade social*, isto é, pela lesão ao bem jurídico tutelado[14]. Essa distinção remonta a Von Liszt, para quem é *formalmente antijurídico* todo comportamento humano que viola a norma penal, ao passo que é *substancialmente*

---

12. Welzel, *Derecho Penal alemán*, cit., p. 76
13. Assis Toledo, *Princípios básicos de Direito Penal*, 4ª ed., São Paulo, Saraiva, 1991, p. 159.
14. Jescheck, *Tratado*, cit., p. 316; Muñoz Conde, *Teoria Geral do Delito*, Porto Alegre, Sérgio A. Fabris, Editor, 1988, p. 86.

antijurídico o comportamento humano quando fere o interesse social tutelado pela própria norma[15].

A essência da antijuridicidade deve ser vista, segundo uma corrente minoritária, como a *violação do dever de atuar ou de omitir* estabelecido por uma norma jurídica. Essa contradição da ação com o mandamento ou proibição da norma é qualificada, segundo essa concepção, como *antijuridicidade formal*. No entanto, a antijuridicidade formal confunde-se com a própria tipicidade, pois a contradição entre o comportamento humano e a lei penal exaure-se no primeiro elemento do crime, que é a tipicidade[16]. A antijuridicidade não se esgota, contudo, nessa simples oposição entre a ação humana e a norma, sendo necessário averiguar se dita contradição *formal* possui um conteúdo *material* que se adapte ao fim de proteção de bens jurídicos do Direito Penal. A *antijuridicidade material*, por sua vez, constitui-se precisamente da ofensa produzida pelo comportamento humano ao interesse jurídico protegido. Nesses termos, para afirmar a antijuridicidade, ou o caráter injusto da conduta típica, é necessário constatar, além da contradição da conduta praticada com a previsão da norma, se o bem jurídico protegido sofreu a lesão ou a ameaça potencializada pelo comportamento desajustado. Essa ofensa que consubstancia a antijuridicidade material, evidentemente, não deve ser entendida em sentido naturalístico, como causadora de um resultado externo de perigo ou de lesão, sensorialmente perceptível, mas como *ofensa ao valor ideal que a norma jurídica deve proteger*. A lesão ou exposição ao perigo do bem jurídico protegido pela norma penal supõe uma ofensa para a comunidade que justifica a caracterização do delito como "comportamento socialmente danoso"[17].

Para Jescheck, há consequências práticas que decorrem diretamente da antijuridicidade material:

a) Permite a *graduação do injusto* segundo sua gravidade e sua expressão na medição da pena. Assim, segundo o ponto de vista da antijuridicidade formal, o tratamento médico-cirúrgico constitui uma lesão da integridade física, somente justificável através do *consentimento*. Já sob o ponto de vista da antijuridicidade material, a intervenção médico-cirúrgica não constitui uma lesão, uma vez que a integridade corporal, ainda que temporariamente perturbada, não resulta violada, mas restabelecida. Mesmo quando a intervenção cirúrgica não é bem-sucedida, quando realizada em obediência aos princípios da *lex arts*, não haverá lesão

---

15. Bettiol, *Direito Penal*, São Paulo, Revista dos Tribunais, 1977, v. 1, p. 376; Jiménez de Asúa, *Principios de Derecho Penal — la ley y el delito*, Buenos Aires, Abeledo-Perrot, 1990, p. 277-8.
16. Damásio, *Direito Penal*, São Paulo, Saraiva, p. 307; Bettiol, *Direito Penal*, cit., v. 1, p. 379.
17. Jescheck, *Tratado*, cit., p. 316.

alguma, visto que a *intenção curativa* do médico exclui o injusto da ação[18]. Na verdade, a intervenção efetuada *sem consentimento* do paciente não constitui, em tese, lesão da integridade física, mas tratamento curativo unilateral. Além disso, a antijuridicidade material contribui na elaboração de princípios limitadores do *ius puniendi*, como é o caso do princípio de insignificância, de intervenção mínima, de ofensividade, restringindo a incidência do Direito Penal para os casos de ataques relevantes aos bens jurídicos mais importantes[19].

b) Outra consequência prática da consideração material da antijuridicidade é a possibilidade de admitir a existência de *causas supralegais* de justificação — como é o caso do *consentimento do ofendido* — com base no princípio da ponderação de bens, como demonstraremos em tópico adiante.

3.1. Concepção unitária de antijuridicidade

A corrente majoritária, contudo, considera a distinção entre *antijuridicidade formal* e *antijuridicidade material* absolutamente desnecessária. Um comportamento humano que seja contrário à ordem jurídica (formal) não pode deixar de lesar ou expor a perigo de lesão bens jurídicos tutelados (material) por essa mesma ordem jurídica. Nessas circunstâncias, só se pode falar em uma antijuridicidade, aquela que se pretende denominar "material". Toda conduta materialmente antijurídica também o será formalmente[20], sendo, portanto, inseparáveis os aspectos material e formal da antijuridicidade. Nesse sentido, Jiménez de Asúa, depois de referir que Von Liszt confundia antijuridicidade formal com tipicidade, afirmava: "a antijuridicidade formal é a tipicidade e a antijuridicidade material é a própria antijuridicidade"[21].

No mesmo sentido, Bettiol assinalava que a distinção entre antijuridicidade formal e antijuridicidade material não tem razão de ser mantida viva, porque "é antijurídico apenas aquele fato que pode ser julgado lesivo a um bem jurídico. Fora desse conteúdo a antijuridicidade não existe"[22]. Seguindo essa linha de raciocínio, Assis Toledo definia a *ilicitude* como "a relação de antagonismo que se estabelece entre uma conduta humana voluntária e o ordenamento jurídico, de modo a causar lesão ou expor a perigo de lesão um bem jurídico tutelado"[23]. Não há, pois, uma antijuridicidade formal, ou seja, uma simples infração de um dever, uma desobediência à norma, mas uma antijuridicidade material, constituída pela

---

18. Jescheck, *Tratado*, cit., p. 317.
19. Muñoz Conde e García Arán, *Derecho Penal*, cit., p. 301.
20. Cobo del Rosal e Vives Antón, *Derecho Penal*, 3ª ed., Valencia, Tirant lo Blanch, 1991, p. 232.
21. Luiz Jiménez de Asúa, *Princípios de Derecho Penal*, cit., p. 278.
22. Bettiol, *Direito Penal*, cit., v. 1, p. 381-2.
23. Toledo, *Princípios básicos*, cit., p. 163.

lesão de um bem jurídico tutelado por essa mesma norma. Dentre as inúmeras consequências práticas, pode-se destacar a possibilidade de admitir a construção de causas supralegais de justificação, como já referimos, além da despenalização de fatos que, com a evolução ético-social, perderam seu caráter lesivo e a consequente reprovabilidade, possibilitando, igualmente, a exclusão do injusto das chamadas lesões insignificantes.

A *ilicitude* na área penal, como destacava o Ministro Assis Toledo, não se limita à *ilicitude típica*, ou seja, à ilicitude do delito, sempre e necessariamente típica. Exemplo de ilicitude atípica pode ser encontrado na exigência da ilicitude da agressão — "agressão injusta" — na legítima defesa, que nada mais é do que *agressão ilícita*. A agressão autorizadora da reação defensiva, na legítima defesa, não necessita revestir-se da qualidade de *crime*, isto é, "não precisa ser um ilícito penal, mas deverá ser, no mínimo, um ato ilícito, em sentido amplo, por não existir legítima defesa contra atos lícitos"[24], com exceção, logicamente, da legítima defesa putativa.

4. Antijuridicidade genérica e antijuridicidade específica

A antijuridicidade não é um instituto exclusivo do Direito Penal, mas, ao contrário, é um conceito universal, válido para todas as esferas do mundo jurídico. Como destaca Muñoz Conde, "o Direito Penal não cria a antijuridicidade, senão seleciona, por meio da tipicidade, uma parte dos comportamentos antijurídicos, geralmente os mais graves, cominando-os com uma pena"[25].

Alguns autores, como já referimos, confundem *injusto* com *antijuridicidade*, esquecendo-se de que aquele é um substantivo e esta é atributo daquele. Antijuridicidade é a qualidade de uma forma de conduta proibida pelo ordenamento jurídico. Há um injusto penal específico, do mesmo modo que há um injusto civil ou administrativo específico; porém, existe somente uma antijuridicidade para todos os ramos do Direito. Todas as matérias de proibição, reguladas nos diversos setores da seara jurídica, são antijurídicas para todo o ordenamento jurídico[26]. Em sentido contrário posicionava-se Assis Toledo, para quem a *ilicitude penal* não se confundia com a *ilicitude extrapenal*. Demonstrando a validade de sua tese, Assis Toledo admitia que a ilicitude penal, sempre uma ilicitude típica, estendia-se a todo ordenamento jurídico, mas esclarecia que o inverso não era verdadeiro: a ilicitude civil somente adquiriria o caráter de ilícito penal se recebesse o acréscimo da tipicidade[27].

---

24. Toledo, *Princípios básicos*, cit., p. 164.
25. Muñoz Conde, *Teoria Geral do Delito*, Porto Alegre, Sérgio A. Fabris, Editor, 1988, p. 85.
26. Welzel, *Derecho Penal alemán*, cit., p. 78.
27. Assis Toledo, *Princípios básicos*, cit., p. 165.

Convém destacar, novamente, que a *antijuridicidade penal* (ilicitude penal) não se limita à seara penal, projetando-se para todo o campo do direito. Foi nesse sentido que Welzel afirmou que "a antijuridicidade é a contradição da realização do tipo de uma norma proibitiva com o ordenamento jurídico em seu conjunto"[28]. Por isso, um *ilícito penal* não pode deixar de ser igualmente *ilícito* em outras áreas do direito, como a civil, a administrativa etc.[29] No entanto, o inverso não é verdadeiro: um *ato lícito no plano jurídico-civil* não pode ser ao mesmo tempo um *ilícito penal*. Contudo, apesar de as ações penal e extrapenal serem independentes, o *ilícito penal*, em regra, confunde-se com o *ilícito extrapenal*. Porém, sustentar a *independência das instâncias administrativa e penal*, como parte da jurisprudência tem insistido, é uma conclusão de *natureza processual*, ao passo que a afirmação de que a *ilicitude é única* implica uma concepção de *natureza material*; em consequência, uma afirmação não invalida a outra, pois são coisas distintas, que devem ser valoradas em planos igualmente distintos.

Com efeito, todo o *ilícito penal* será, necessariamente, um *ilícito civil ou administrativo*, mas, como afirmamos, a recíproca não é verdadeira, isto é, nem sempre o ilícito civil ou administrativo será obrigatoriamente um *ilícito penal*, pois este terá de ser sempre e necessariamente *típico*, surgindo como traço distintivo a *tipicidade*, que é aquele *plus* exigido pelo *princípio de legalidade*. Pois em razão do princípio de *ultima ratio* do Direito Penal, somente interessa ao Estado punir com pena aquelas condutas antijurídicas que representem uma grave ofensa aos bens jurídicos mais importantes para a sociedade. *O recorte do âmbito do punível feito pela tipicidade delimita o que é relevante para o Direito Penal*. Isso, contudo, não significa que quando uma conduta seja *lícita* para o Direito Penal não se possa, ainda, sustentar a *ilicitude* do mesmo fato em outro âmbito do ordenamento jurídico. Para ilustrar essa distinção, o saudoso Assis Toledo[30] invocava a figura de *dois círculos concêntricos*: o menor, o *ilícito penal*, mais concentrado de exigências (tipicidade, elemento subjetivo etc.); o maior, o *ilícito extrapenal*, com menos exigências para sua configuração. O *ilícito* situado dentro do círculo menor — penal — não pode deixar de estar também dentro do maior — civil —, porque se localiza em uma área física comum aos dois círculos, que possuem o mesmo centro; no entanto, não ocorre o mesmo com o ilícito situado dentro do círculo maior — extrapenal —, cujo espaço periférico, muito mais abrangente, extrapola o âmbito do ilícito penal, salvo quando for limitado pela tipicidade penal.

No entanto, o questionamento mais atual, pelo menos em território nacional, situa-se no debate não entre antijuridicidade penal e antijuridicidade extrapenal,

---

28. Welzel, *Derecho Penal alemán*, p. 76.
29. Assis Toledo, *Princípios básicos de Direito Penal*, p. 165.
30. Embora partindo de sua visão plúrima da ilicitude, Assis Toledo chega à mesma conclusão (*Princípios básicos de Direito Penal*, p. 166).

mas, fugindo do plano material, confunde-se, no plano processual, ilicitude ou antijuridicidade única com independência de instâncias, como se se tratasse do mesmo tema, como veremos a seguir.

4.1. Antijuridicidade penal e antijuridicidade extrapenal: ilicitude única e independência de instâncias

Resulta absolutamente incompatível com a noção *unitária da antijuridicidade* a preconizada impotência das decisões proferidas pelas jurisdições não penais em relação ao crime, mesmo para os casos em que o *pressuposto* deste não se encontra estritamente fora do direito penal. Imagine-se, por exemplo, a eficácia da sentença proferida no juízo cível que, com anterioridade, reconhece a origem fortuita de um *dano patrimonial* determinado: constituiria verdadeiro despautério jurídico admitir que a sentença penal, por se tratar de instância independente, pudesse até condenar o autor do mesmo dano pelo crime doloso por ele praticado[31]. *Mutatis mutandis*, é o que vem ocorrendo, desafortunadamente, no quotidiano forense, especialmente perante alguns dos tribunais federais, em que se admite a condenação por sonegação fiscal em hipóteses que a própria Receita Federal reconhece não haver tributo devido, sob o falacioso argumento de que se trata de instâncias independentes e distintas. Ignoram que, quando falamos de *ilicitude única*, estamos no *plano material*, e, quando sustentam que se trata de *instâncias independentes*, estão no *plano processual*. Sendo, com efeito, a ilicitude uma só, é inadmissível que, ainda hoje, estejamos arraigados no antigo e retórico preconceito de que a decisão extrapenal não faz coisa julgada na área penal. Para reforçar nosso entendimento, invocamos a autorizada doutrina de Juarez Tavares, que pontifica: "Todos os atos autorizados pelos outros setores do direito devem obrigatoriamente produzir efeitos justificantes penais, porque a existência dessas circunstâncias autorizadoras da conduta em outros setores do direito, porque menos exigentes do que aquelas que se configuram no injusto penal, está demonstrando a não necessidade da intervenção estatal no âmbito penal"[32]. Em outras palavras, o direito penal não cria a antijuridicidade: apenas seleciona, por meio da tipificação de condutas, uma parte significativa dessas condutas antijurídicas, via de regra, as mais graves ou mais danosas, cominando-lhes uma sanção de natureza criminal.

O mais grave, no entanto, é sustentar — como têm feito reiteradamente alguns de nossos tribunais — a pluralidade de (i)licitudes quando o crime está sujeito ao preenchimento de um pressuposto extrapenal. É exatamente essa a discussão travada, em relação aos *delitos de sonegação fiscal*, ou seja, a admissão da

---

31. Esse argumento foi utilizado pelo STF no RHC 59.716-PR, publicado no *DJU* de 11-6-1982, p. 5678.
32. *Direito Penal da negligência*, cit., p. 123.

possibilidade de a sentença penal ser condenatória, apesar de a legislação fiscal ou tributária admitir, ou, mais especificamente, quando a decisão administrativa reconhece a não exigibilidade ou inexistência da exação. Com essa lógica macabra de alguns de nossos tribunais, temos visto o absurdo de alguém ser condenado por sonegação de tributo quando o próprio órgão arrecadador reconhece que não há tributo a declarar ou a recolher. Socorre-nos, nesse sentido, o magistério de Francisco de Assis Toledo, que pontificava: "A inexistência, assim proclamada, do ilícito civil constitui obstáculo irremovível para o reconhecimento posterior do ilícito penal, pois o que é civilmente lícito, permitido, autorizado, não pode estar, ao mesmo tempo, proibido e punido na esfera penal, mais concentrada de exigências quanto à ilicitude"[33].

Nessa linha, apenas para ilustrar, destaque-se que os arts. 1º e 2º da Lei n. 8.137/90 referem-se a "tributo ou contribuição social" como *objetos de sonegação*. Quanto a isso, é correto afirmar que, por um lado, "tributo" e "contribuição social" são elementos constitutivos do delito mencionado, e, por outro, que os conceitos de "tributo" e "contribuição social" são fornecidos pela lei tributária (extrapenal). Diante disso, pode-se concluir que, para que tais exações possam ser sonegadas, devem ser, necessariamente, reconhecidas como *devidas* pela legislação extrapenal, ou seja, não existe sonegação fiscal de um tributo ou de uma contribuição social não prevista na lei tributária. Nesse sentido somos obrigados a admitir, igualmente, que uma sonegação somente poderá verificar-se em relação a um tributo que deveria ter sido recolhido, e que, fora dos casos de mera inadimplência, não o foi. Ora, o tributo somente "deve ser recolhido" quando for efetivamente devido; caso contrário, chegaremos ao absurdo de admitir que o reconhecimento expresso da *licitude fiscal* do não pagamento da exação (tendo em vista uma isenção, por exemplo) não impediria o reconhecimento da *ilicitude penal* desse mesmo "não pagamento".

Por essa razão é que o Supremo Tribunal Federal editou a Súmula Vinculante n. 24, segundo a qual "Não se tipifica crime material contra a ordem tributária, previsto no art. 1º, incisos I a IV, da Lei n. 8.137/1990, antes do lançamento definitivo do tributo". Embora o conteúdo da referida Súmula Vinculante possa causar complexidades de ordem material — como nos marcos da prescrição – e processual – como na justa causa para a ação penal —, trata-se de uma admissão de que os tipos penais indicados dependem de um ato praticado no âmbito administrativo. O entendimento que predomina atualmente, inclusive, é de que a declaração de nulidade do lançamento do tributo por vício formal implica a ausência de justa causa para a ação penal, como é descrito neste julgado do STJ:

---

33. Francisco de Assis Toledo, *Princípios básicos de Direito Penal*, 5ª ed., 10ª tiragem, São Paulo, Saraiva, 2002, p. 166.

"A inscrição em dívida ativa mencionada na denúncia foi desconstituída pelo Tribunal de Justiça do Estado de São Paulo, por vício formal, relacionado à intimação do resultado do processo administrativo. A partir desse momento, desapareceu a justa causa para a persecução penal relacionada à AIIM n. 3.002.346-4 (fl. 11), pois, nos termos da Súmula Vinculante n. 24, não se tem como caracterizado o crime descrito no art. 1º, I a IV, da Lei n. 8.137/1990 senão depois da constituição definitiva do crédito tributário" (STJ, AgRg no HC 462.206/SP, Rel. Min. Rogerio Schietti Cruz, 6ª T., julgado em 7/5/2019, DJe de 6/6/2019).

Concluindo, uma decisão administrativa que *desconstitui materialmente o crédito tributário* não só repercute na esfera penal como também impede a própria condenação pelo crime de sonegação[34]. Um fato *materialmente lícito* perante a lei tributária não pode ser tratado como *ilícito pela lei penal*, sob pena de o próprio sistema jurídico-constitucional mostrar-se incoerente[35]. É desarrazoado e infantil o argumento de que, admitindo-se como correta essa conclusão,

---

34. Some-se ainda outro argumento: o objeto jurídico protegido pelos arts. 1º e 2º da Lei n. 8.137/90 é *ordem tributária*. Seria impensável, assim, o reconhecimento da sonegação de valores que nem sequer a ordem tributária considera devidos. Do contrário, poderemos chegar ao caso em que a sentença penal condene o "sonegador" a uma pena privativa de liberdade [sic], sendo que essa sentença penal não terá eficácia alguma na jurisdição extrapenal. Sim, porque a expropriação de bens do devedor não seria cabível ante a inexistência do débito fiscal em relação ao Fisco. O sonegador seria devedor de uma sanção penal, mas não devedor de tributos. Consequentemente, é válida a assertiva de Misabel Abreu Machado Derzi no sentido de que: "... não pode existir crime tributário de qualquer espécie que, simultaneamente, não configure transgressão de dever tributário, ilícito fiscal. Mas a recíproca não é verdadeira. Inversamente, poderá haver infringência de norma tributária (não pagamento de tributo, ou pagamento insuficiente), portanto antijuridicidade tributária, sem que, entretanto, ocorra fato delituoso (...) Exclui-se, assim, a existência do delito, se a conduta do agente estiver autorizada pelo Direito Tributário, pois a antijuridicidade penal decorre da totalidade da ordem jurídica (exercício regular de direito, por exemplo)".
35. Merece destaque a remissão de Bobbio a Del Vecchio e Perassi: "Lemos no ensaio de Del Vecchio, 'Sobre a necessidade do direito', este trecho: 'cada proposição jurídica em particular, mesmo podendo ser considerada também em si mesma, na sua abstratividade, tende naturalmente a se constituir em sistema. A necessidade de coerência lógica leva a aproximar aquelas que são compatíveis ou respectivamente complementares entre si, e a eliminar as contraditórias ou incompatíveis. A vontade, que é uma lógica viva, não pode desenvolver-se também no campo do Direito, a não ser que ligue as suas afirmações, à guisa de reduzi-las a um todo harmônico'. Perassi, em sua 'Introdução às ciências jurídicas': 'as normas, que entram para constituir um ordenamento, não ficam isoladas, mas tornam-se parte de um sistema, uma vez que certos princípios agem como ligações, pelas quais as normas são mantidas juntas de maneira a constituir um bloco sistemático'" (*Teoria do ordenamento jurídico*, Brasília, UnB, p. 75). Afinal, o conceito de ilicitude única advém, justamente, desse "bloco sistemático" que é o direito.

estar-se-ia colocando o Poder Judiciário em posição de inferioridade em relação à Administração Pública, pois o *decisum* fiscal faria *coisa julgada* perante o processo penal. Não se trata de hierarquia entre a Administração e o Judiciário, pois, ao mesmo tempo em que aquela não se sobrepõe a este, também este não se sobrepõe àquela (extrai-se tal conclusão pela simples leitura do art. 2º da CF/88)[36]. Ao Judiciário é dado o poder de imiscuir-se na seara administrativa somente quando alguma ilegalidade ou abuso seja constatado na prática do ato administrativo, seja ele vinculado, seja discricionário. Fora dessa hipótese, as decisões tomadas pela Administração devem ser respeitadas e presumidas como válidas. Por isso, sendo regular e válida a *desconstituição do crédito tributário*, nada mais restará à jurisdição penal senão conformar-se com o *reconhecimento da ausência do elemento constitutivo do tipo* penal da sonegação fiscal.

5. Desvalor da ação e desvalor do resultado

A dogmática clássica, fundamentando seu conceito de delito na distinção entre o injusto, compreendido de forma puramente objetiva, e a culpabilidade, concebida em caráter puramente subjetivo, como já demonstramos ao analisar a tipicidade, limitou o conceito de antijuridicidade à valoração do fato praticado pelo agente. A evolução dos estudos da teoria do delito, no entanto, comprovou que a *antijuridicidade* do fato não se esgota na desaprovação do resultado, mas que "a forma de produção" desse resultado juridicamente desaprovado também deve ser incluída no *juízo de desvalor*[37].

Surgiu, assim, na dogmática contemporânea, a impostergável distinção entre o *desvalor da ação* e o *desvalor do resultado*. Na ofensa ao bem jurídico, que não esteja permitida por uma causa de justificação, reside o *desvalor do resultado*, enquanto na *forma* ou *modalidade de concretizar a ofensa* situa-se o *desvalor da ação*. Por exemplo, nem toda lesão da propriedade sobre imóveis constitui o injusto típico da *usurpação* do art. 161, mas somente a ocupação realizada com violência ou intimidação à pessoa. Aqui, o *conteúdo material do injusto* está integrado pela lesão ao direito real de propriedade (desvalor do resultado), e pelo modo violento com que se praticou tal lesão (desvalor da ação)[38]. Os dois aspectos

---

36. Outro argumento utilizado para fundamentar a total independência entre a decisão fiscal e a penal refere-se à supressão da jurisdição pela decisão da esfera administrativa. Quem assim pensa — indaga-se — não seria obrigado a chegar à mesma conclusão no caso da previsão administrativa das "substâncias entorpecentes" para fins de tráfico ilícito? Ou será que se pretende afirmar que o juiz poderia reconhecer como entorpecente qualquer substância, já que, do contrário, a portaria administrativa estaria "suprimindo a jurisdição"?
37. Jescheck, *Tratado*, cit., p. 322.
38. Mourullo, *Derecho Penal*, cit., p. 332. Ver a definição de desvalor da ação e desvalor do resultado em Susana Huerta Tocildo, *Sobre el contenido de la antijuridicidad*, Madrid, Tecnos, 1984, p. 21 e s.

desvaliosos foram, conjuntamente, considerados pela lei na configuração do injusto típico do delito de usurpação. Com efeito, a lesão ou exposição a perigo do bem ou interesse juridicamente protegido constitui o desvalor do resultado do fato; já a forma de sua execução configura o desvalor da ação. Esse desvalor é constituído tanto pelas modalidades externas do comportamento do autor como pelas suas circunstâncias pessoais. É indiscutível que o desvalor da ação, hoje, tem uma importância fundamental, ao lado do desvalor do resultado, na integração do conteúdo material da antijuridicidade.

Alguns autores, como Welzel, sustentam que o *desvalor da ação* tem importância preponderante em relação ao *desvalor do resultado*, como, por exemplo, nos crimes culposos em que o resultado é o mesmo que o produzido pela ação dolosa, mas é sancionado com menor penalidade[39]. Welzel destacava esse entendimento ao afirmar que "a lesão do bem jurídico (o desvalor do resultado) tem relevância no Direito Penal somente dentro de uma ação pessoalmente antijurídica (dentro do desvalor da ação)"[40]. Outros autores, como Jescheck e Rodriguez Mourullo[41], defendem a preponderância do desvalor do resultado, embora admitam a relevância do desvalor da ação. Caso contrário, afirma Jescheck, nos crimes dolosos ter-se-ia de equiparar a *tentativa* perfeita à *consumação,* e nos fatos *imprudentes* (crimes culposos) deveriam ser penalizados todos os comportamentos descuidados. No mesmo sentido, Rodriguez Mourullo lembra que o Código Penal espanhol pune diferentemente a tentativa da consumação (como a maioria dos Códigos Penais contemporâneos), onde a ação desvaliosa é a mesma, mas o resultado é absolutamente diferente, determinando menor punição. Rodriguez Mourullo, finalmente, destaca a *impotência* do "valor da ação" para excluir a antijuridicidade quando concorre o desvalor do resultado. E cita como exemplo a crença errônea de que concorre uma causa de justificação (excludente putativa), que não elimina a antijuridicidade da ação. Nessa hipótese, a ação não é desvaliosa, ao contrário, é valiosa, pois o agente atua na crença de que age conforme ao direito e para fazer prevalecer a ordem jurídica[42], pois, nesses casos, a lesão do bem jurídico (desvalor do resultado) fundamenta a antijuridicidade do fato, apesar da falta de desvalor da ação. Essa situação poderá, apenas, excluir a culpabilidade (legítima defesa putativa, por exemplo), mas não a antijuridicidade.

Na verdade, o ordenamento jurídico *valora* os dois aspectos: de um lado, o desvalor da ação, digamos, com uma função *seletiva*, destacando determinadas condutas como intoleráveis para o Direito Penal, e, de outro lado, o desvalor do resultado que torna relevante para o Direito Penal aquelas ações que representam

---

39. Welzel, *Derecho Penal alemán*, cit., p. 183.
40. Welzel, *Derecho Penal alemán*, cit., p. 92.
41. Jescheck, *Tratado*, cit., p. 322; R. Mourullo, *Derecho Penal*, cit., p. 332.
42. Mourullo, *Derecho Penal*, cit., p. 332.

uma ofensa aos bens jurídicos tutelados. Em realidade, o injusto penal somente estará plenamente constituído quando ao desvalor da ação acrescentar-se o desvalor do resultado. O ideal na fundamentação do injusto penal é a busca de um certo equilíbrio entre esses dois fatores. Seguindo essa mesma orientação, manifesta-se também Muñoz Conde, afirmando: "Por isso, parece supérflua a polêmica sobre a prioridade entre o desvalor da ação e o desvalor do resultado. Não existe uma hierarquia lógica ou valorativa entre eles, uma vez que ambos contribuem, no mesmo nível, para constituir a antijuridicidade de um comportamento". O que ocorre é que, por razões de *política criminal*, o legislador, na hora de configurar os tipos delitivos, pode destacar ou fazer recair acento em um ou em outro desvalor[43]. Aliás, essa conclusão encontra amparo no chamado *Direito Penal mínimo* e na concepção material da antijuridicidade, segundo os quais somente a lesão ou o efetivo perigo concreto de um bem jurídico pode ser sancionado penalmente[44].

---

43. Muñoz Conde, *Derecho Penal*, cit., p. 322.
44. Para aprofundar, ver, de Luigi Ferrajoli, *Derecho y razón — teoría del garantismo penal*, Madrid, Editorial Trotta, 1995.

CAUSAS DE JUSTIFICAÇÃO | XXI

Sumário: 1. Excludentes de antijuridicidade ou causas de justificação. 2. Elementos objetivos e subjetivos das causas de justificação. 3. Consentimento do ofendido como causa supralegal de justificação. 4. Excesso nas causas de justificação. 5. Estado de necessidade. 5.1. Estado de necessidade "justificante" e estado de necessidade "exculpante". 5.1.1. Estado de necessidade e colisão de deveres. 5.2. Requisitos do estado de necessidade. 5.2.1. Existência de perigo atual e inevitável. 5.2.2. Direito (bem jurídico) próprio ou alheio. 5.2.3. Não provocação voluntária do perigo. 5.2.4. Inevitabilidade do perigo por outro meio. 5.2.5. Inexigibilidade de sacrifício do bem ameaçado. 5.2.6. Elemento subjetivo: finalidade de salvar o bem do perigo. 5.2.7. Ausência de dever legal de enfrentar o perigo. 5.3. Causa de diminuição de pena (minorante). 6. Legítima defesa. 6.1. Considerações gerais. 6.2. Fundamento e natureza jurídica. 6.3. Conceito e requisitos. 6.3.1. Agressão injusta, atual ou iminente. 6.3.2. Direito (bem jurídico) próprio ou alheio. 6.3.3. Meios necessários, usados moderadamente (proporcionalidade). 6.3.4. Elemento subjetivo: *animus defendendi*. 6.4. Legítima defesa sucessiva e recíproca. 6.5. Legítima defesa e estado de necessidade. 6.6. Legítima defesa de vítima mantida refém durante prática de crimes. 7. Outras excludentes de criminalidade. 7.1. Estrito cumprimento de dever legal. 7.2. Exercício regular de direito. 7.3. *Offendiculas*. 7.4. O excesso nas causas de justificação à luz da Reforma Penal de 1984.

1. Excludentes de antijuridicidade ou causas de justificação

Como vimos no capítulo dedicado ao estudo da norma penal, o Direito Penal não está formado apenas por normas incriminadoras, mas também por *normas permissivas* que autorizam, no caso concreto e em virtude de determinadas circunstâncias, a realização de uma conduta, em princípio, proibida. Essas *normas permissivas* têm, portanto, a capacidade de excluir a antijuridicidade da conduta típica.

A doutrina tem utilizado uma terminologia bem variada para denominar as *causas legais de exclusão da antijuridicidade*, tais como causas excludentes de ilicitude, causas excludentes de antijuridicidade, causas de justificação, causas justificantes, causas de exclusão do crime, entre outras. Como advertimos no capítulo anterior, o legislador nacional optou pelo uso da termologia "exclusão da ilicitude" dando lugar à correspondente alusão às causas de exclusão da ilicitude. Contudo, consideramos mais adequado, sob a perspectiva dogmática, o uso do termo exclusão da antijuridicidade e, em consequência, da expressão *causas de exclusão da antijuridicidade* ou, simplesmente, *excludentes de antijuridicidade*, como sinônimo de causas de justificação.

A sistematização das *causas de justificação* tem como fundamento material a necessidade de solucionar situações de conflito entre o bem jurídico atacado pela conduta típica e outros interesses que o ordenamento jurídico também considera valiosos e dignos de proteção. A importância prática das causas de justificação pode ser apreciada em razão dos efeitos que produz. Como adverte Muñoz Conde, "as causas de justificação não somente impedem a imposição de pena ao autor do fato típico, mas converte esse fato em algo *lícito*, com todas as suas consequências"[1]. Isso significa, na lição de Muñoz Conde, que: a) diante de um ato justificado não cabe legítima defesa, porque se esta pressupõe, como veremos, uma agressão injusta, não pode ser exercida contra um comportamento valorado como lícito; b) a participação no ato *justificado* do autor também será considerada como *justificada*, como consequência do *princípio de acessoriedade limitada da participação*; c) não será possível aplicar pena, impor medida de segurança, nem qualquer outro tipo de sanção ao autor de uma conduta *justificada*, pois esta passa a ser considerada lícita em todos os âmbitos do ordenamento jurídico[2]. Esses efeitos aplicam-se, indistintamente, a todas as causas de justificação, mas somente dentro dos limites do comportamento autorizado, pois, como o próprio legislador penal determina, tanto o excesso doloso como o excesso culposo (respeitada a excepcionalidade do crime culposo), no exercício de uma causa de justificação, são antijurídicos e puníveis (parágrafo único do art. 23).

O Código Penal brasileiro acolheu expressamente as seguintes excludentes da antijuridicidade: o estado de necessidade (art. 24), a legítima defesa (art. 25) e o estrito cumprimento do dever legal ou exercício regular do direito (art. 23, III). Apesar da omissão da legislação brasileira a respeito da possibilidade de se reconhecer a existência de *causas supralegais* de exclusão da antijuridicidade, a doutrina e a jurisprudência nacionais admitem sua viabilidade dogmática. Aliás, a existência de causas justificantes supralegais é uma decorrência natural do caráter fragmentário do Direito Penal, que jamais conseguiria catalogar todas as hipóteses em que determinadas condutas poderiam *justificar-se* perante a ordem jurídica, mesmo quando eventualmente venham a se adequar a algum tipo penal[3]. A própria natureza dinâmica das relações sociais e a necessidade de contextualização do Direito Positivo, que deve regular a convivência de uma comunidade

---

1. Francisco Muñoz Conde e Mercedes García Arán, *Derecho Penal*, Parte General, 8ª ed., Valencia, Tirant lo Blanch, 2010, p. 309.
2. *Derecho Penal*, cit., p. 309-310.
3. Mezger, *Tratado de Derecho Penal*, Madrid, Revista de Derecho Privado, 1935, p. 142.

em um determinado momento histórico, exigem o abandono de uma concepção puramente positivista das normas permissivas.

Essas causas supralegais podem encontrar seu fundamento nos princípios gerais de direito, na analogia e nos costumes. No entanto, diante da regulamentação das excludentes de criminalidade no nosso Código Penal, sobra pouco espaço para a ocorrência de alguma excludente supralegal, com exceção, por exemplo, do *consentimento do ofendido*, conforme análise que faremos mais adiante[4]. Mas, se o caso concreto o exigir, a doutrina e a jurisprudência jurídico-penais brasileiras estão suficientemente maduras e atualizadas para analisá-lo e admitir eventuais causas supralegais que, porventura, venham a configurar-se.

2. Elementos objetivos e subjetivos das causas de justificação

A antijuridicidade, entendida como relação de contrariedade entre o fato e a norma jurídica, tem sido definida, por um setor doutrinário, como *puramente objetiva*, sendo indiferente, por isso, a relação anímica entre o agente e o *fato justificado*. No entanto, segundo o entendimento majoritário, assim como há elementos objetivos e subjetivos no tipo penal, originando a divisão em tipo objetivo e tipo subjetivo, nas *causas de justificação* — que excluem a antijuridicidade — há igualmente componentes *objetivos* e *subjetivos*[5]. Por isso, não basta que estejam presentes os pressupostos objetivos de uma causa de justificação, sendo necessário que o agente tenha consciência de agir acobertado por uma excludente, isto é, com conhecimento da situação justificante e com vontade de evitar um dano pessoal ou alheio.

Como destaca Jescheck, para uma *teoria pessoal do injusto*, que faz depender o *injusto da ação* da direção da vontade do autor, é natural a exigência de que a intenção deste dirija-se, em todas as descriminantes, a *uma meta socialmente valiosa*, pois somente assim desaparecerá no fato o *desvalor da ação*[6]. Em outros termos, a partir do momento em que se adota uma concepção do injusto que distingue o desvalor da ação do desvalor do resultado, é necessária a presença do elemento subjetivo em todas as causas de justificação, isto é, não basta que ocorra objetivamente a situação de excludente de antijuridicidade, mas é necessário que o autor conheça a situação justificante e tenha a vontade de atuar de forma autorizada, isto é, de forma juridicamente permitida. *Mutatis mutandis*, como se exige o dolo para a configuração do tipo, exige-se, igualmente, o mesmo "dolo"

---

4. Assis Toledo, *Princípios básicos de Direito Penal*, 4ª ed., São Paulo, Saraiva, 1991, p. 172.
5. Juarez Tavares, *Teorias do delito*, São Paulo, Revista dos Tribunais, 1980, p. 69; Welzel, *Derecho Penal alemán*, p. 121; Cerezo Mir, *Curso de Derecho Penal español*, Madrid, Tecnos, p. 451; Jescheck, *Tratado de Derecho Penal*, p. 447.
6. Jescheck, *Tratado*, cit., p. 448.

de agir autorizadamente. Não estará, por exemplo, amparado em legítima defesa quem agir movido por vingança, ainda que se comprove, posteriormente, que a vítima estava prestes a sacar sua arma para matá-lo. Em outras palavras, só age em legítima defesa quem o faz com *animus defendendi*. Isso significa que a presença do elemento subjetivo da causa de justificação afasta o *desvalor da ação*, pois, na verdade, age conforme ao Direito, consequentemente, desenvolve uma ação valiosa. Quando, ao contrário, está ausente o *elemento subjetivo de justificação*, o desvalor da ação persiste.

E como devem ser valorados os casos em que — a exemplo de quem mata por vingança sem saber que poderia estar amparado pela legítima defesa — está ausente o *elemento subjetivo de justificação*, estando presente a situação objetivamente justificada? O setor da doutrina que adota uma *concepção pessoal do injusto* reconhece que, nesses casos, apesar de o *desvalor da ação* continuar existindo, a conduta não pode ser punida como crime consumado, porque *o desvalor do resultado estaria desconstituído pelo valor positivo da situação objetiva justificante*. Desse modo, a melhor solução seria, para essa corrente, recorrer ao uso da *analogia*, para punir a conduta como tentativa de crime[7].

De outro lado, como deve ser valorada a casuística oposta? Isto é, os casos em que o sujeito queria atuar conforme o direito (presença do elemento subjetivo da causa de justificação), mas a conduta não estava objetivamente autorizada pelo direito (ausência do elemento objetivo da causa de justificação)? Nesses casos, estaremos diante de um *erro* que será analisado no capítulo dedicado especificamente a este tema, embora se possa antecipar que situação pode caracterizar legítima defesa ou estado de necessidade putativos, dependendo das demais circunstâncias.

3. Consentimento do ofendido como causa supralegal de justificação

O ordenamento jurídico brasileiro, como já afirmamos, não faz qualquer referência às causas supralegais de justificação. Mas o caráter dinâmico da realidade social permite a incorporação de novas pautas sociais que passam a integrar o quotidiano dos cidadãos, transformando-se em normas culturais amplamente aceitas. Por isso, condutas outrora proibidas adquirem aceitação social, legitimando-se culturalmente. Como o legislador não pode prever todas as hipóteses em que as transformações produzidas pela evolução ético-social de um povo passam a autorizar ou permitir a realização de determinadas condutas, inicialmente proibidas, deve-se, em princípio, admitir a existência de causas supralegais

---

7. Confira em Mir Puig, *Derecho Penal*, Parte General, 8ª ed., Barcelona, PPU, 2010, p. 425-428, as diferentes posturas da doutrina *acerca da ausência do elemento subjetivo da causa de justificação*.

de exclusão da antijuridicidade, em que pese alguma resistência oferecida por parte da doutrina e da jurisprudência[8].

A concepção do conteúdo material da antijuridicidade tornou possível a admissão de *causas supralegais de justificação*, como têm sustentado a doutrina nacional e estrangeira. Na verdade, para se reconhecer uma causa supralegal de justificação pode-se recorrer aos *princípios gerais de direito*, à *analogia* ou aos *costumes*, afastando-se a acusação de tratar-se de um recurso metajurídico. Convém destacar que, ao contrário do que pensam alguns penalistas, a admissão de causas supralegais de justificação não implica necessariamente a aceitação, a *contrario sensu*, de *injustos supralegais*, diante da proibição patrocinada pelos princípios de legalidade e da reserva legal[9].

As hipóteses relacionadas no art. 23 do nosso Código Penal, embora não sejam exaustivas, deixam pouco espaço, na verdade, para causas supralegais, nada impedindo que, configurada sua ocorrência, seja reconhecida naturalmente. Caso típico é o *consentimento do ofendido,* mas somente aquele que se impõe de fora para dentro, *para excluir a ilicitude*, sem integrar a descrição típica. Elucidativo, nesse sentido, é o magistério de Assis Toledo, que afirma: "Não vemos, entretanto, no momento, espaço no Direito brasileiro para outras causas supralegais de justificação e menos ainda para o extenso rol de causas legais, geralmente citado nos tratados de origem alemã. É que, entre nós, a inclusão, no Código Penal, como causas legais, do *exercício regular de direito* e do *estrito cumprimento do dever legal,* inexistentes no Código alemão, faz com que tais causas legais operem como verdadeiros gêneros das mais variadas espécies de normas permissivas, espalhadas pelo nosso ordenamento jurídico, abrangendo-as todas"[10].

A valoração jurídica do consentimento — destaca Lélio Calhau — "depende da seriedade do consentimento, da capacidade jurídica e mental da vítima para emitir um consentimento válido, da finalidade do ato para o qual consente e de outros fatores, e não terá aquela força se se verificarem razões de ordem pública contra o

---

8. Zaffaroni, *Tratado de Derecho Penal*, Buenos Aires, Ediar, 1980, p. 570; Carlos Creus, *Sinopsis de Derecho Penal...*, p. 93; Nélson Hungria, *Comentários ao Código Penal*, Rio de Janeiro, Forense, p. 199.
9. Zaffaroni, *Manual de Derecho Penal*, 6ª ed., Buenos Aires, Ediar, 1991, p. 480; do mesmo autor, *Tratado*, cit., p. 570. Admitem as causas supralegais, somente para citar alguns: Asúa, *Tratado de Derecho Penal*, 3ª ed., Buenos Aires, Losada, 1964, v. 6, p. 1071; Jurgen Baumann, *Derecho Penal*, Buenos Aires, Depalma, 1981, p. 170. Na doutrina nacional, admitem: Damásio, Toledo, Pierangeli, Mirabete, Paulo José, Alcides Munhoz Netto, Fragoso, Frederico Marques, Magalhães Noronha etc.
10. Francisco de Assis Toledo, *Princípios básicos*, cit., p. 172.

seu reconhecimento"[11]. No entanto, ao se examinar a natureza e importância do *consentimento do ofendido*, deve-se distinguir aquelas situações que caracterizam *exclusão de tipicidade* das que operam como *excludentes de antijuridicidade*. Na verdade, se fizermos uma análise, ainda que superficial, constataremos que em muitas figuras delituosas, de qualquer Código Penal, a *ausência de consentimento* faz parte da estrutura típica como uma *característica negativa do tipo*[12]. Logo, a presença de consentimento afasta a tipicidade da conduta que, para configurar crime, exige o *dissenso* da vítima, como, por exemplo, era o caso do crime de *rapto* (art. 219, já revogado), da *invasão de domicílio* (art. 150), do *aborto provocado sem consentimento da gestante* (art. 125) etc.[13]. Outras vezes, o consentimento do ofendido constitui verdadeira *elementar do crime*, como ocorria, por exemplo, no *rapto consensual* (art. 220, também já revogado) e no *aborto consentido* (art. 126). Nesses casos, o *consentimento* da vítima é elemento essencial do tipo penal.

Enfim, são duas formas distintas de o *consentimento do ofendido* influir na *tipicidade*: para excluí-la, quando o tipo pressupõe o dissenso da vítima; para integrá-la, quando o assentimento da vítima constitui elemento estrutural da figura típica. De qualquer sorte, nenhuma dessas modalidades de consentimento configura o *consentimento justificante*, isto é, com aquela função, supralegal, de excluir a antijuridicidade da ação. Mas o *consentimento justificante* poderá existir quando decorrer de vontade juridicamente válida do titular de um *bem jurídico disponível*[14]. O consentimento do titular de um bem jurídico disponível afasta a contrariedade à norma jurídica, ainda que eventualmente a *conduta consentida* venha a se adequar a um modelo abstrato de proibição. Nesse caso, o *consentimento* opera como *causa justificante supralegal*, afastando a proibição da conduta, isto é, a antijuridicidade, como, por exemplo, nos crimes de *lesão corporal* (art. 129), *cárcere privado* (art. 148), *furto* (art. 155), *dano* (art. 163) etc.

Finalmente, a doutrina tem apontado como necessários ao consentimento justificante os seguintes requisitos: a) que a manifestação do ofendido seja livre, sem coação, fraude ou outro vício de vontade; b) que o ofendido, no momento de consentir, possua capacidade para fazê-lo, isto é, compreenda o sentido e as consequências de sua aquiescência; c) que se trate de bem jurídico disponível; d) que o fato típico se limite e se identifique com o consentimento do ofendido[15].

---

11. Lélio Braga Calhau, *Vítima e Direito Penal*, 2ª ed., Belo Horizonte, Mandamentos, 2003, p. 81.
12. Enrique Cury Urzúa, *Derecho Penal*; Parte General, Santiago, Ed. Jurídica de Chile, 1982, p. 321.
13. José Henrique Pierangeli, *O consentimento do ofendido na teoria do delito*, 2ª ed., São Paulo, Revista dos Tribunais, 1989, p. 89.
14. Aníbal Bruno, *Direito Penal*, Rio de Janeiro, Forense, 1967, p. 20.
15. Assis Toledo, *Princípios básicos*, cit., p. 215; Muñoz Conde, *Derecho Penal y control social*, Sevilla, Fundación Universitaria de Jerez, 1995, p. 360.

4. Excesso nas causas de justificação

Em qualquer das causas de justificação, quando o agente, dolosa ou culposamente, *exceder-se* nos limites da norma permissiva, responderá pelo excesso. A Reforma Penal de 1984, mais bem sistematizada, prevê a punibilidade do *excesso* em relação a todas as excludentes, ao contrário da redação original do Código Penal de 1940, que se limitava a prevê-la somente em relação à legítima defesa. Com efeito, o excesso pode ocorrer em qualquer das modalidades de excludentes.

Quanto à sistematização teórica das *causas do excesso*, admite-se que ele pode decorrer de fatores de distinta natureza (objetivos ou subjetivos), e pode afetar tanto os requisitos essenciais (sem os quais a excludente não se caracteriza) como os requisitos não essenciais das causas de justificação. Nesses termos, segundo Trapero Barreales[16], é possível distinguir o *excesso intensivo* do *excesso extensivo*. O excesso intensivo refere-se aos casos em que o sujeito cumpre com os requisitos essenciais, atua amparado pela causa de justificação, mas realiza uma conduta que excede os limites objetivos da conduta que poderia estar justificada. Por exemplo, quando o agente dispara cinco vezes contra o agressor para defender-se, quando um único disparo seria suficiente para neutralizar a agressão.

O *excesso extensivo*, por sua vez, caracteriza-se nos casos em que a reação excessiva deve-se ao não cumprimento dos requisitos essenciais da *causa de justificação*, o que significa que a conduta não está sequer amparada pela excludente da antijuridicidade. Por exemplo, quando o agente considera que pode reagir contra o agressor, uma vez que a agressão injusta já cessou. Logo, o denominado *excesso extensivo*, tecnicamente, não existe. Há, na verdade, uma conduta criminosa *não justificada*, não havendo, a nosso juízo, que se falar em *excesso*, porque de excesso não se trata, mas simplesmente de uma conduta criminosa não justificada. Com efeito, o excesso pode decorrer de dolo, de culpa ou simplesmente de *caso fortuito*, hipótese em que não se poderá falar de responsabilidade penal. No entanto, para a análise do *excesso* é indispensável que a situação caracterize inicialmente a presença de uma *causa excludente*, cujo exercício de defesa, em um segundo momento, mostre-se excessivo.

O excesso será doloso quando o agente, deliberadamente, aproveita-se da situação excepcional que lhe permite agir, para impor sacrifício maior do que o estritamente necessário à salvaguarda do direito ameaçado ou lesado. Configurado o *excesso doloso*, responderá o agente dolosamente pelo fato praticado, beneficiando-se somente pela atenuante do art. 65, III, *c*, ou com a minorante do art. 121, § 1º, quando for o caso. Será *culposo o excesso* quando o agente, por

---

16. María A. Trapero Barreales, *El error en las causas de justificación*, Valencia, Tirant lo Blanch, 2004, p. 360.

descuido ou imprevisão, ultrapassa os limites da ação de salvaguarda de um bem jurídico próprio ou alheio, ou ultrapassa o limite da conduta consentida, podendo decorrer de erro de tipo inescusável, ou mesmo de erro de proibição evitável (quanto aos limites da excludente). O *excesso culposo* só pode decorrer de *erro*, havendo uma avaliação equivocada do agente, quando, nas circunstâncias, lhe era possível avaliar adequadamente[17]. Contudo, deve-se ter presente o princípio da excepcionalidade do crime culposo, insculpido no art. 18, parágrafo único, do Código Penal. Dessa forma, o excesso culposo somente será punível quando houver previsão legal da tipicidade da modalidade culposa.

Enfim, o *excesso punível*, seja a título de dolo, seja a título de culpa, que acontece no momento em que se exercita uma ação de salvaguarda ou uma conduta consentida, decorre, normalmente, da escolha de *meio inadequado*, ou do *uso imoderado* ou desnecessário de determinado meio, em princípio ajustado, que causa resultado mais grave do que o *razoavelmente suportável* nas circunstâncias[18]. Nos casos em que o sujeito se excede porque crê estar amparado por uma *causa de justificação*, incidindo num *erro de permissão*, sua conduta é completamente ilegítima, e deverá receber o mesmo tratamento do *erro de proibição indireto*, que será analisado no capítulo dedicado ao erro.

5. Estado de necessidade

O estado de necessidade pode ser caracterizado pela *colisão de bens jurídicos* de distinto valor, devendo um deles ser sacrificado em prol da preservação daquele que é reputado como mais valioso. Como salientava Heleno Fragoso: "O que justifica a ação é a necessidade que impõe o sacrifício de um bem em situação de conflito ou colisão, diante da qual o ordenamento jurídico permite o sacrifício do bem de menor valor"[19], desde que imprescindível, acrescentamos, para a salvaguarda do bem preservado.

Com essa configuração, a delimitação do *estado de necessidade* e da conduta de salvaguarda necessária é, normalmente, feita através do *critério de ponderação de bens*[20]. Contudo, como veremos no estudo dos pressupostos e requisitos dessa causa de justificação, nem sempre é fácil determinar qual é o bem que deve ser preservado no caso concreto, pois a colisão de bens jurídicos pode acontecer não somente entre bens de distinto valor (sacrificar um bem móvel alheio para preservar

---

17. O Ministro Assis Toledo, invocando o Direito alemão, admite o *excesso exculpante* (excesso intensivo), que pode decorrer de perturbação mental, medo ou susto (Assis Toledo, *Princípios básicos*, cit., p. 330-6).
18. Assis Toledo, *Princípios básicos*, cit., p. 210.
19. Heleno Fragoso, *Lições de Direito Penal*; Parte Geral, Rio de Janeiro, Forense, 1985, p. 189.
20. Muñoz Conde e García Arán, *Derecho Penal*, cit., p. 330-331.

a própria vida), mas também entre bens de iguais valores (deixar de salvar a um terceiro desconhecido para salvar um parente próximo). Quando, no exemplo clássico, dois náufragos disputam a mesma tábua, que não suporta mais de um, uma vida terá de ser sacrificada para salvar outra. Em tais hipóteses, o Direito, reconhecendo sua impotência para salvar os bens em perigo, admite que um deles seja sacrificado em benefício do outro, aguardando a *solução natural*, para proclamá-la legítima[21]. Aliás, nem adiantaria dispor de forma diversa, uma vez que o instinto de sobrevivência e de preservação pessoal é muito mais forte do que qualquer "coação psicológica" que a sanção penal possa representar. Mas, nessas situações, ao contrário do que entendia o *jusnaturalismo*, segundo o qual haveria a derrogação da ordem jurídica, o Direito continua presente e vigente, apenas acomoda-se dentro dos limites das possibilidades humanas, para manter-se eficaz, sob pena de normativizar paradoxalmente, alheio à realidade social. Esse sentido humanitário do Direito, não exigindo renúncias heroicas, é, também, fundamento ético-social para excluir a ilicitude de comportamentos praticados em estado de necessidade. Sendo, por isso, indicativo de que a delimitação das condutas justificadas pelo estado de necessidade não está submetida a uma estrita ponderação de bens.

O estado de necessidade não se confunde com a legítima defesa. Nesta, a reação realiza-se contra bem jurídico pertencente ao autor da agressão injusta, enquanto naquela a ação dirige-se, via de regra, contra um bem jurídico pertencente a terceiro inocente. No estado de necessidade há *ação*, na legítima defesa, *reação*; em ambas há a necessidade de salvar um bem ameaçado. Alguém atingido por uma ação realizada em estado de necessidade não pode reagir em legítima defesa, ante a legitimidade daquela ação, mas pode, igualmente, agir em estado de necessidade[22].

Ao contrário de uma corrente doutrinária que vê no estado de necessidade o exercício de um *direito*, reconhecemos nela tanto a) uma *faculdade*, no sentido de direito facultativo do próprio indivíduo afetado pela situação de necessidade de escolher entre deixar perecer o seu interesse juridicamente protegido, ou sacrificar o interesse de outra pessoa, igualmente tutelado pela ordem jurídica; como também b) um *dever*, nos casos de estado de necessidade de terceiro, em que é obrigatória a ação de salvaguarda para aquele que está em condições de prestar assistência, sob pena de ver-se incurso nas penas do crime de omissão de socorro (art. 135)[23].

---

21. Wiliam Wanderley Jorge, *Curso de Direito Penal*, Parte Geral, 6ª ed., Rio de Janeiro, Forense, 1986, p. 281.
22. Heleno Fragoso, *Lições*, cit., p. 190.
23. Confira a respeito Francisco Baldó Lavilla, *Estado de necesidad y legítima defensa*, Barcelona, Bosch, 1994, p. 121 e s., 199 e s. Em sentido contrário, reconhecendo um direito subjetivo de liberdade, cuja relação jurídica existe somente entre o agente causador da lesão necessária e o Estado, Damásio de Jesus, *Direito Penal*, São Paulo, Saraiva, p. 317.

5.1. Estado de necessidade "justificante" e estado de necessidade "exculpante"

O Código Penal brasileiro consagra o estado de necessidade somente como excludente da antijuridicidade, ou seja, *justificante*, sem as distinções feitas pela legislação alemã entre a) estado de necessidade justificante, nos casos de conflito de bens jurídicos de distinto valor; e b) estado de necessidade exculpante, nos casos de conflito de bens jurídicos de igual valor. Chegamos a essa conclusão porque o Código Penal brasileiro prevê, expressamente, o estado de necessidade no art. 23, I, como uma causa de "exclusão da ilicitude". Além disso, diferentemente da legislação alemã, não estabelece expressamente a *ponderação de bens* como critério distintivo entre os casos que podem ser julgados como excludentes da antijuridicidade, e os que podem ser julgados como excludentes da culpabilidade, como também não define a natureza dos bens em conflito ou a condição dos titulares dos respectivos bens. Tudo isso nos permite concluir que o nosso ordenamento jurídico adota, em outros termos, a chamada *teoria unitária* do estado de necessidade.

Para um melhor entendimento da questão, faremos uma análise comparativa da legislação penal de ambos os países. A doutrina alemã, buscando solução para alguns casos específicos, objetivando preencher lacunas deixadas pelo art. 54 de seu revogado Código Penal — particularmente nos casos de necessária interrupção da gravidez ante o risco de morte para a mulher grávida, em que o aborto praticado pelo médico não poderia ser *justificado* com base em uma estrita ponderação de bens —, passou a sustentar a existência de um estado de *necessidade supralegal*, com fundamento na *ponderação de bens* e deveres, originando a conhecida *teoria diferenciadora* do estado de necessidade. Inegável reforço a essa concepção foi conquistado com a decisão do Tribunal do Reich, em 11 de março de 1927, admitindo um *aborto médico* para salvar a gestante[24]. O ordenamento jurídico alemão previa duas formas de estado de necessidade: a) *estado de necessidade jurídico-penal*: causa de exclusão de culpabilidade (art. 54 do CP alemão); b) *estado de necessidade jurídico-civil*: causa de exclusão da ilicitude (arts. 228 e 904 do CC alemão).

Com o reconhecimento da *teoria diferenciadora*, produto de construção pretoriana alemã, o estado de necessidade, para a doutrina, pode apresentar-se sob dois aspectos:

a) *Estado de necessidade justificante* — configura-se quando o bem ou interesse sacrificado for de menor valor. Nessa hipótese, a ação de salvaguarda será considerada lícita, justificada, portanto, afastando sua criminalidade, desde que

---

24. Alberto Rufino Rodrigues, *Estado de necessidade*, Rio de Janeiro, Forense, 1979, p. 44. No mesmo sentido, Damásio de Jesus, *Direito Penal*, cit., p. 318-9.

tenha sido indispensável para a conservação do bem mais valioso. A doutrina brasileira, no entanto, historicamente, sempre admitiu o estado de necessidade justificante também quando se tratar de bens ou interesses em conflito de iguais valores, como é a hipótese, por exemplo, dos dois náufragos que disputam a mesma tábua.

b) *Estado de necessidade exculpante* — quando o bem ou interesse sacrificado for de valor *igual* ou *superior* ao que se salva. Nesse caso, o Direito não aprova a conduta, deixando de excluir, portanto, o seu caráter ilícito. No entanto, ante a *inexigibilidade* de conduta diversa, exclui a culpabilidade pela falta de um de seus elementos constitutivos.

O Código Penal alemão prevê, desde 1975, essas duas formas de estado de necessidade: o estado de necessidade justificante (art. 34) e o estado de necessidade exculpante (art. 35), ou seja, aquele exclui a antijuridicidade da conduta, e este, a sua culpabilidade. O natimorto Código Penal brasileiro de 1969 adotava a *teoria diferenciadora*. Porém, a Reforma Penal de 1984 não adotou a *teoria diferenciadora*, mantendo-se fiel a sua histórica tradição, com a *teoria unitária*.

O art. 24 do nosso Código Penal, com a redação da Reforma de 1984, com efeito, dificulta a adoção do estado de necessidade exculpante. Isso porque num *conflito de bens*, onde somente um pode ser salvo, a ação de qualquer de seus titulares pode ser qualificada como justificada, desde que sejam cumpridos os requisitos estabelecidos pelo dispositivo referido, quais sejam: que se trate de uma ação de salvaguarda *necessária*, para fazer frente a um *perigo atual*, *não provocado* pelo titular do bem jurídico preservado. Com esses lindes, resulta um tanto quanto artificial a pretensão de restringir o efeito *justificante* do estado de necessidade somente para os casos em que se trate de um conflito entre bens de distinto valor, e quando se opta pelo sacrifício do bem de menor valor, em prol da preservação do de maior valor, outorgando um efeito meramente *exculpante*, menos vantajoso, quando se tratam de bens de igual valor. Pois, como indicamos antes, o legislador penal brasileiro não estabeleceu limites nem critérios para a consideração dos bens em conflito, *além da razoabilidade*. Esse é, por exemplo, o entendimento de Muñoz Conde acerca da regulação do estado de necessidade no art. 20, 5º, do Código Penal espanhol, que, de maneira similar ao nosso art. 24, não estabelece uma expressa distinção entre o estado de necessidade justificante e o exculpante. Textualmente o mestre espanhol assevera que "da redação da excludente 5ª, do art. 20, não se depreende esse tratamento dualista do estado de necessidade, entre outros aspectos, bastante artificioso, pelo contrário, existem mais razões para tratar, em princípio, ambos os casos da mesma forma (como causa de justificação)"[25]. Com efeito, se o legislador não fez menção expressa do

---

25. *Derecho penal*, cit., p. 329. Nesse sentido também se posiciona Mir Puig, *Derecho Penal*, cit., p. 459.

critério da ponderação de bens para diferenciar os casos, não tem sentido, sob a perspectiva garantista, interpretar o dispositivo que prevê o estado de necessidade restringindo o seu efeito *justificante*, pois semelhante raciocínio implica ser mais rigoroso com o autor da ação de salvaguarda. É muito mais vantajoso para o autor da conduta, pelos efeitos práticos que produz, valorar uma conduta como *justificada*, do que como meramente exculpada.

No entanto, quando o bem ou interesse sacrificado for de maior valor, pela *desproporcionalidade* entre *valor preservado* e *valor sacrificado*, parece-nos que, segundo nosso Código Penal, nessas circunstâncias, a ação de salvaguarda não está abrigada pela previsão do estado de *necessidade justificante*. Pois, como o próprio art. 24 estabelece, a *justificação* da ação de salvaguarda decorre da *razoabilidade do sacrifício* de um bem em prol da preservação de outro. Quando existe *desproporção*, passa a ser exigível o sacrifício do bem de menor valor. Se, ainda assim, o bem de maior valor for sacrificado, então a ação típica será também antijurídica[26], abrindo a possibilidade, nesse caso, para o estado de *necessidade exculpante*, dependendo das circunstâncias, logicamente, que serão valoradas com base no *princípio de exigibilidade*. Aliás, essa é a interpretação que se pode fazer da previsão do § 2º do art. 24, que não é outra coisa que a *ponderação de bens*, ao prever uma *culpabilidade diminuída*, permitindo a redução de pena, ainda que excepcionalmente ("Art. 24, § 2º *Embora seja razoável exigir-se o sacrifício do direito ameaçado, a pena poderá ser reduzida de um a dois terços*"). Por essa previsão — *minorante* —, quando houver flagrante *desproporcionalidade* entre os bens em conflito, perecendo o bem mais valioso, afasta-se, legalmente, não só o estado de necessidade justificante, mas também o estado de necessidade exculpante. No entanto, nessas hipóteses, observadas as circunstâncias fáticas, admitimos, em tese, a possibilidade do estado de necessidade exculpante *supralegal*, desprezando-se, nesses casos, o disposto no parágrafo referido, e reconhecendo, em outros termos, a *inexigibilidade de outra conduta*. Assim, apesar de o art. 24 do nosso Código Penal regular apenas o estado de necessidade justificante, não há como negar a admissibilidade do *estado de necessidade exculpante* como excludente da culpabilidade. Isto é, apesar de a regulação expressa do Código Penal adequar-se ao estado de necessidade justificante, isso não impede a diferenciação entre este e o estado de necessidade exculpante, nem que este seja reconhecido como excludente supralegal da culpabilidade com um âmbito de aplicação próprio, em face do *princípio de inexigibilidade*. Cabe desde já advertir que o nosso Código Penal previu expressamente uma hipótese em que o *conflito de interesses* pode resultar na exclusão da culpabilidade por inexigibilidade de outra conduta.

---

26. Assis Toledo, *Princípios básicos*, cit., p. 181.

Referimo-nos ao caso de *coação irresistível*, previsto no art. 22, que será analisado no capítulo dedicado às excludentes da culpabilidade.

Enfim, após constatada a *tipicidade* e *antijuridicidade* da conduta, passar-se-á à análise da *culpabilidade*, que, contudo, poderá, eventualmente, caracterizar *inexigibilidade de conduta diversa*, elemento sem o qual não haverá culpabilidade. Exemplo típico dessa situação poderá ocorrer na chamada *colisão de deveres*, onde o agente deve optar por uma alternativa, isto é, pelo cumprimento de um dever em detrimento de outro, e a sua escolha pode não recair exatamente naquela mais adequada aos fins do Direito, mas, nas circunstâncias, por razões pessoais de tal significação, ser-lhe-ia impossível exigir um comportamento diverso, a não ser que se lhe exija um ato de heroísmo. A *colisão de deveres* pode, como veremos no tópico seguinte, configurar uma espécie de *estado de necessidade*, na medida em que todo *dever* está vinculado a um determinado bem jurídico.

Indiscutivelmente, a *teoria diferenciadora*, que também acabou sendo adotada pelo atual Código Penal espanhol (Lei Orgânica n. 10/95)[27], oferece, a nosso juízo, melhores condições para uma decisão mais justa, ora excluindo a antijuridicidade, ora excluindo a culpabilidade, conforme o caso; ganha relevância, ademais, especialmente, nas hipóteses em que não resultam configurados os requisitos legais do estado de necessidade justificante. Por isso, ante a ausência de previsão legal em nosso ordenamento jurídico, sustentamos a admissibilidade do *estado de necessidade exculpante supralegal*.

5.1.1. Estado de necessidade e colisão de deveres

Apesar de nosso Código Penal adotar a *teoria unitária*, ainda assim, como já afirmamos, admite-se a *inexigibilidade de outra conduta*, para se reconhecer o *estado de necessidade exculpante*. Essa possibilidade revela-se principalmente nos casos de *colisão de deveres*, quando o agente (especialmente diante do estado de necessidade de terceiras pessoas), tem de optar por uma alternativa: cumprimento de um dever de auxílio em detrimento de outro.

A situação característica da *colisão de deveres* se dá, com efeito, num contexto de situação de necessidade, em regra de terceiras pessoas, gerando para outro sujeito *deveres simultâneos* que não podem ser executados ao mesmo tempo. Nesses casos, podem colidir tanto deveres de agir, como um dever de agir e outro de omitir. Como exemplo da *colisão de deveres de agir*, imagine-se um acidente de trânsito com diversas vítimas em estado grave, e que o

---

27. A despeito de certa divisão na doutrina espanhola, a maioria sustenta que a *teoria diferenciadora* foi adotada pelo seu atual Código Penal, mas respeitáveis autores, como Muñoz Conde e Mir Puig, são contra essa possibilidade, e interpretam o art. 20, 5º, do diploma legal espanhol como *causa de justificação*, de acordo com a tese unificadora.

primeiro médico a chegar ao local do sinistro, estando em condições de prestar auxílio ativo, tem de escolher a quem prestar socorro primeiro. Como exemplo da colisão entre agir e omitir, imagine-se o caso em que, para salvar a vida de uma pessoa (dever de auxílio), o sujeito tem de danificar a propriedade alheia (infração do dever de omitir danos à propriedade alheia)[28]. Nesses casos, pode acontecer que a escolha entre o cumprimento de um dever em detrimento de outro esteja amparado pelo estado de necessidade justificante, e pode ser que a escolha não seja exatamente a mais adequada aos fins do Direito. No entanto, essa opção poderá ser motivada por fatores pessoais de tal significação que seria impossível exigir um comportamento diverso do agente, estando, nessas circunstâncias, amparado pelo *estado de necessidade exculpante*. Que critério deve, então, ser utilizado para delimitar as hipóteses de justificação, frente à hipótese de exclusão da culpabilidade?

Situemos os termos dessa discussão com outro exemplo: imagine-se, em estado de necessidade, um terceiro estranho e um filho do agente, em que somente um pode ser salvo, e o terceiro está em melhores condições de sobreviver. Como proceder: deixar de prestar auxílio ao próprio filho para não deixar morrer o terceiro desconhecido? E se preferir deixar que o terceiro morra para ao menos tentar salvar o filho? Pode não ter agido de acordo com os *fins ideais* do Direito, mas se impõe a pergunta: seria *exigível*, nas circunstâncias, um comportamento diverso, qual seja, deixar o próprio filho ser morto? Logicamente que não; não nos parece razoável fazer-se essa exigência a um pai, nessas circunstâncias. Poderá, indiscutivelmente, invocar *estado de necessidade exculpante*, sem sombra de dúvidas. Na verdade, embora não previsto em lei, caracteriza, perfeitamente, a *inexigibilidade de outra conduta*, que exclui a culpabilidade, pela falta desse elemento estrutural da reprovabilidade penal.

Nos casos que acabamos de relatar, parece claro que o primeiro critério a levar em consideração é a *ponderação* entre o bem salvaguardado e o bem sacrificado. Se o bem salvaguardado é de maior valor, não há dúvida de que a conduta do agente estará justificada, pois neste caso é *razoável* exigir o sacrifício do bem de menor valor (danificar a propriedade alheia para a preservação da vida humana). Na hipótese contrária, ou seja, quando o bem salvaguardado for claramente de menor valor que o bem sacrificado, *deixará de ser razoável* a escolha feita pelo agente, de modo que sua conduta será, em tese, típica e antijurídica, cabendo a possibilidade de se beneficiar com a atenuação da pena, nos termos do art. 24, § 2º, se existirem motivos compreensíveis que expliquem o *vínculo especial* do agente com o bem de menor valor preservado. Mas se os bens em situação de necessidade são equivalentes, ou de igual valor, o critério a levar em consideração pode ser outro distinto da estrita *ponderação de bens*, dado que o

---

28. Exemplo formulado por Mir Puig, *Derecho Penal*, cit., p. 454.

legislador brasileiro não excepcionou este caso. Consideramos mais adequado partir do *critério da ponderação de males causados*, defendido na doutrina espanhola, entre outros, por Muñoz Conde e Mir Puig.

De acordo com esses autores, na hora de decidir se a escolha da ação de salvaguarda deve ser *justificada* ou *exculpada* não cabe uma estrita valoração de se o bem salvo é de igual ou maior valor que o sacrificado, mas, sim, a ponderação de que o *mal causado pela ação de salvaguarda* não seja maior do que o mal que se pretende evitar[29]. Essa ponderação, no entendimento de Muñoz Conde, deve ainda completar-se com *critérios adicionais*, como veremos ao longo deste capítulo, de modo que a conduta realizada *somente estará justificada*, sob o amparo do estado de necessidade, *quando represente o meio adequado para evitar a ameaça*[30]. Nessa linha de raciocínio, podemos entender porque, dadas as circunstâncias, a conduta do médico que escolhe entre salvar a vida de um acidentado, em lugar de outra, está *justificada*. Assim como podemos explicar porque a escolha do pai de tentar salvar o filho de uma morte (in)evitável, em lugar do terceiro que estava em melhores condições de sobreviver, não está justificada, mas, sim, *exculpada*. Neste caso, o mal causado ao terceiro desconhecido, deixando-o morrer por falta de auxílio, não foi contrarrestado pelo ato de tentativa de salvamento do filho, que, desde o princípio, sabia-se não estar em melhores condições de sobreviver. Ocorre que, em face do *princípio de inexigibilidade*, é compreensível a escolha feita pelo pai e, por esse motivo, sua conduta resultará isenta de pena (estado de necessidade exculpante supralegal).

E pode haver ainda outras hipóteses de *conflitos de deveres*, criando impasses seriíssimos, em que a solução dada pelo agente pode não ser a ideal, mas que a sua escolha não pode ser *censurada*. Por exemplo, preserva-se uma vida e sacrificam-se várias, porque aquela pertence a uma pessoa íntima. Embora as vidas tenham o mesmo valor, para o Direito importa preservar o maior número de vidas possível. A escolha pode não ser considerada lícita, mas será *censurável*? Para Jescheck, nas hipóteses irresolvíveis pelo Direito, qualquer opção será legítima[31]. Estamos de pleno acordo com essa sábia assertiva.

5.2. *Requisitos do estado de necessidade*

A configuração do estado de necessidade exige, no Direito brasileiro, a presença simultânea dos seguintes requisitos: existência de perigo atual e inevitável a um direito (bem jurídico) próprio ou alheio; não provocação voluntária do perigo; inevitabilidade do perigo por outro meio; inexigibilidade de sacrifício do

---

29. Muñoz Conde, *Derecho Penal*, cit., p. 330-331; Mir Puig, *Derecho Penal*, cit., p. 459.
30. *Derecho Penal*, cit., p. 331.
31. Jescheck, *Tratado*, cit., p. 500. Ver outras hipóteses sugeridas por Jescheck.

bem ameaçado; elemento subjetivo: finalidade de salvar o bem do perigo; ausência de dever legal de enfrentar o perigo.

5.2.1. Existência de perigo atual e inevitável

Ao contrário da previsão para a legítima defesa, para o estado de necessidade, a lei fala somente em *perigo atual*. Somente o perigo *atual* justifica o ataque, isto é, aquele *perigo* real e concreto que está acontecendo no exato momento em que a ação necessitada deve ser realizada para salvar o bem ameaçado, sem a qual este seria destruído ou lesado; em outros termos, perigo e ação devem acontecer simultaneamente. Perigo *atual*, na definição de Reale Júnior, "é o que é presente, subsiste e persiste. *Iminente* é o que está prestes a ser atual mas ainda não o é"[32]. A omissão da lei em relação ao *perigo iminente* levou Frederico Marques a afirmar que "não se inclui aqui o *perigo iminente* porque a atualidade se refere *ao perigo e não ao dano*, pelo que é evidente que não pode exigir-se o requisito da iminência da realização do dano"[33]. A nosso juízo, essa afirmação de Frederico Marques deve ser interpretada da seguinte forma: *perigo* não se confunde com *dano*, mas a *atualidade* do *perigo* engloba a *iminência* do dano, uma vez que *perigo* é a probabilidade de *dano*, ou seja, *a atualidade do perigo* equivale à *iminência de dano*, mormente para um direito penal mínimo que acolhe o princípio da ofensividade, e que não admite *perigo abstrato*. Por isso, sustentamos que, embora nosso Código Penal preveja, para o estado de necessidade, somente o *perigo atual*, aceita o requisito da *iminência do dano*, aliás, a iminência de dano é a prova real e indiscutível da existência de perigo concreto.

Perigo passado ou futuro não pode justificar o estado de necessidade. Se o dano ou perigo já se efetivou, a ação do agente somente estará legitimada para impedir sua continuação. Se o perigo for futuro, poderá até não se concretizar; se for passado caracterizará vingança. Em qualquer dessas hipóteses falta-lhes a característica da *atualidade*, permitindo a utilização de outros recursos menos danosos para afastar o perigo.

Pode acontecer, contudo, que o agente tenha uma percepção equivocada acerca da *existência* ou *atualidade do perigo* e creia, erroneamente, que se encontra diante de uma situação de necessidade, dando lugar a um *estado de necessidade putativo*. Imagine-se, por exemplo, que João, militar da reserva, leva o seu filho para um jardim zoológico para mostrar-lhe a jaula dos leões, num determinado momento a porta da jaula dos animais é aberta sem que se possa ver com nitidez se o vulto que se move por trás da porta é, realmente, um dos leões. Ante o alvoroço das crianças que começam a gritar e a correr assustadas, João dispara

---

32. Miguel Reale Júnior, *Dos estados de necessidade*, São Paulo, Bushatsky, 1971, p. 60.
33. José Frederico Marques, *Tratado de Direito Penal*, São Paulo, Saraiva, 1965, p. 125; Assis Toledo, *Princípios básicos*, cit., p. 185.

contra o vulto, constatando, posteriormente, que não se tratava de um leão, mas do veterinário que saía após uma das visitas de rotina. Nessa hipótese não é possível a aplicação da *causa de justificação* porque *falta o seu pressuposto objetivo*, isto é, a situação de necessidade, que somente existe na *representação* do agente. Entretanto, o *erro* do autor do disparo é juridicamente relevante, de acordo com o disposto no art. 20, § 1º, do nosso Código Penal; devendo ser isento de pena se se constatar a *inevitabilidade* do erro; poderá, por outro lado, responder por homicídio culposo se, da valoração das circunstâncias, verificar-se que o agente poderia, sem grandes dificuldades, identificar o vulto, e que não foi suficientemente cuidadoso, nem prudente, quando decidiu disparar.

Por último, é indiferente que a situação de perigo tenha sido causada por conduta humana ou decorra de fato natural, sendo suficiente que o exercício da ação de salvaguarda não se caracterize como uma *reação* contra o agressor, do contrário estaríamos diante de uma ação de legítima defesa. A *inevitabilidade* do perigo será objeto de avaliação em separado, como requisito autônomo.

5.2.2. Direito (bem jurídico) próprio ou alheio

Na descrição do pressuposto fático-objetivo que caracteriza o estado de necessidade, o legislador não fez, aparentemente, maiores restrições que a *atualidade* do perigo para um *bem jurídico próprio ou alheio*. A expressão "direito", utilizada no art. 24, deve ser, nesse sentido, a mais ampla possível, capaz de compreender *qualquer bem ou interesse juridicamente protegido*. Como a ordem jurídica protege bens jurídicos sem se preocupar com quem seja seu titular, admite a invocação de estado de necessidade para salvar "direito próprio ou alheio". O que significa que nosso ordenamento jurídico reconhece expressamente, como *causa de justificação*, tanto o *estado de necessidade próprio* como o *estado de necessidade de terceiro*.

Na defesa de direito alheio o legislador não se exige qualquer relação jurídica específica do agente com o titular do bem preservado, sendo suficiente que os interesses em conflito sejam tutelados pelo Direito. Embora no "estado de necessidade de terceiro" a vontade deste seja substituída pela do agente que presta o auxílio, quando se tratar de *bens disponíveis*, a intervenção deste dependerá do consentimento do titular do direito a salvaguardar, que poderá preferir solução diferente ou, quem sabe, até suportar o dano[34], justificando-se nosso entendimento de tratar-se de uma *espécie de direito facultativo*. Nessa hipótese, prevalecerá a *vontade* do titular do bem disponível.

Mas quando se tratar de *bem indisponível*, como a vida humana, o estado de necessidade de terceiro implica um verdadeiro *dever de agir* para aquele que está

---

34. Assis Toledo, *Princípios básicos*, cit., p. 187.

em condições de prestar auxílio, sob pena de incorrer nas penas do crime de omissão de socorro (art. 135)[35]. Assim, por exemplo, se para proporcionar auxílio a um menor que está a ponto de morrer afogado em uma piscina, for preciso arrombar a porta do domicílio do vizinho, a conduta lesiva do patrimônio alheio estará justificada.

5.2.3. Não provocação voluntária do perigo

A expressão do Código "que não provocou por sua vontade" significa que, para invocar o estado de necessidade, é requisito que *a situação de perigo atual e iminente* para o bem jurídico *não seja provocada intencionalmente* por aquele que empreende a ação de salvaguarda.

A redação utilizada pelo legislador provoca dúvidas na doutrina nacional, que se apresenta dividida acerca do alcance da expressão referida: para um setor somente o perigo causado dolosamente impede a alegação de estado de necessidade[36], e, para outro, a situação de perigo causada tanto dolosa como culposamente afasta a descriminante[37]. A nosso juízo, a expressão do Código "que não provocou por sua vontade" deve ser entendida como sinônima de "que não provocou *intencionalmente* a situação de perigo". Dessa forma, a simples circunstância de ter gerado uma situação de perigo para o bem jurídico (por exemplo, dirigir em velocidade inadequada, acima do limite permitido para o local), que origina uma situação de necessidade (imagine-se que um pedestre inicia a travessia pela faixa), por si só, não impede a alegação do estado de necessidade, pois a vontade ou intenção não era de criar perigo ou estado de necessidade para um determinado bem jurídico, mas simplesmente dirigir em velocidade não recomendada. Nesse caso, o motorista imprudente poderá invocar o estado de necessidade de terceiro, o pedestre, se tiver de colidir com outro veículo para evitar o atropelo daquele. Será necessário, portanto, que a própria *situação de necessidade*, ou seja, que a situação de perigo atual e iminente tenha sido provocada intencionalmente para dar lugar a uma ação de salvaguarda[38]. Assim, no exemplo antes referido, se a intenção era somente dirigir em velocidade inadequada, sobrevindo uma situação de necessidade, o agente poderá alegar normalmente a excludente. Agora, se ao dirigir em velocidade inadequada havia a *intenção de criar a situação perigosa para o pedestre*, nessa hipótese, estará afastada a possibilidade de invocar a causa justificante. Nesse particular,

---

35. Para aprofundar o estudo dos deveres de amparo ativo diante de uma situação de estado de necessidade de terceiro, delimitando-os frente aos casos de legítima defesa de terceiro, confira, entre outros, Baldó Lavilla, *Estado de necesidad y legítima defensa*, cit., p. 199 e s.
36. Damásio de Jesus, *Direito Penal*, cit., p. 323, por todos.
37. Assis Toledo, *Princípios básicos*, cit., p. 185-6, por todos.
38. Muñoz Conde, *Teoria Geral do Delito*, Porto Alegre, Sérgio A. Fabris, Editor, 1988, p. 107.

o atual Código Penal espanhol, de 1995, foi mais feliz, ao afastar a excludente quando o agente provoca a situação de necessidade *intencionalmente* (art. 20, 5º, 2). Constata-se que, nesse particular, a precisão e clareza do enunciado do diploma legal espanhol é impecável.

Sintetizando, admitimos a possibilidade de invocar-se estado de necessidade tanto nos tipos de injusto *dolosos* como nos tipos de injusto *culposos*, desde que a *situação de perigo* não tenha sido provocada *intencionalmente*.

5.2.4. Inevitabilidade do perigo por outro meio

Ao definir e delimitar o estado de necessidade, o nosso Código Penal também exige como requisito a inexistência de outro meio de evitar o perigo, isto é, que o dano produzido pelo agente não seja inevitável por outro modo. E, como afirmava Assis Toledo, "inevitável é a lesão necessária, na medida da sua necessidade para salvar o bem ameaçado"[39]. A *inevitabilidade* da lesão, com efeito, está diretamente ligada à moderação no uso do meio lesivo para eliminar o perigo.

Havendo outra possibilidade *razoável* de afastar o perigo, referida excludente não se justifica, mesmo que essa possibilidade seja a *fuga*, ao contrário da legítima defesa que não a exige. Havendo possibilidade de fuga, não se justifica o ataque. O agente deve escolher sempre o meio que produza o menor dano (ponderação de bens), embora se devam ter presentes sempre as circunstâncias fáticas e a situação emocional do agente, tanto para a avaliação dos danos quanto para a escolha do meio menos lesivo. Deve-se, portanto, buscar a realização do comportamento menos lesivo, desde que suficiente para o mesmo fim. Quando o agente utilizar-se de meio mais grave do que o necessário para afastar o perigo, estaremos diante de *excesso*, devendo-se analisar a sua natureza, dolosa ou culposa.

5.2.5. Inexigibilidade de sacrifício do bem ameaçado

A *ponderação de bens* está insculpida no final do art. 24, ao admitir o estado de necessidade, para proteger direito próprio ou alheio, "cujo sacrifício, nas circunstâncias, não era razoável exigir-se". A admissibilidade do estado de necessidade não está, contudo, pautada em uma estrita ponderação de bens, mas, sim, orientada pelo *princípio da razoabilidade* e, por extensão, *da proporcionalidade*, pois como indicamos ao longo deste capítulo, o legislador brasileiro não fez distinções acerca da qualidade e natureza dos bens em conflito. Com efeito, embora não se esteja obrigado a valorações milimétricas, não se pode esquecer que os bens jurídicos recebem sua valoração do próprio legislador, que comina sanções diferentes às lesões dos variados bens jurídicos tutelados. Esse poderá ser um dos critérios a serem observados na análise da *proporcionalidade* dos bens em conflito.

---

39. Assis Toledo, *Princípios básicos*, cit., p. 186.

No entanto, mais que a *proporcionalidade dos bens* em confronto, pretende-se *valorar a situação concreta de perigo* para aferir a *proporcionalidade* entre a *gravidade do perigo*, a adequação do *meio* elegido para a ação de salvaguarda e a importância do *bem ameaçado*. São objetos desse quadro valorativo a gravidade da situação de perigo, as circunstâncias fáticas, o estado emocional do agente e a proporcionalidade dos bens em conflito. Embora nosso Código Penal tenha adotado a *teoria unitária*, o *princípio da razoabilidade* nos permite afirmar, com segurança, que, quando o bem sacrificado for de valor superior ao preservado, será inadmissível o reconhecimento de estado de necessidade justificante. No entanto, quando se tratar de bens equivalentes ou de igual valor, a delimitação dos casos de estado de necessidade justificante frente aos casos de estado de necessidade exculpante deve ser feita com base no *critério de ponderação de males* evitados, porque assim será possível chegar-se à conclusão se era ou não razoável *exigir-se* o sacrifício causado. Por último, como já referimos, se as circunstâncias o indicarem, excepcionalmente, a *inexigibilidade de outra conduta* poderá excluir a culpabilidade, caracterizando o estado de necessidade exculpante.

5.2.6. Elemento subjetivo: finalidade de salvar o bem do perigo

Para caracterizar o estado de necessidade é insuficiente o conhecimento objetivo da situação de perigo, a exemplo do que ocorre com as demais causas justificantes. É necessário que o agente aja com o objetivo de salvar um bem próprio ou alheio do perigo. Como afirmava Wessels, "a *ação do estado de necessidade*, como única possibilidade de afastar o perigo, deve ser objetivamente *necessária* e subjetivamente *conduzida pela vontade de salvamento*"[40]. Essa motivação do agente deve ser configurada no momento da ação, de modo que não estará justificada a ação se houver a mera coincidência de fatores objetivos justificantes, desconhecidos ou não desejados pelo agente, posteriormente constatados.

Aliás, a exigência do *elemento subjetivo* integra a previsão permissiva, que exige que o fato praticado pelo agente seja "para salvar... direito próprio ou alheio". Se faltar essa *finalidade* específica a ação não estará *justificada*, não configurando, portanto, o estado de necessidade.

5.2.7. Ausência de dever legal de enfrentar o perigo

É da essência de determinadas funções ou profissões o dever de enfrentar determinado grau de perigo, impondo a obrigação do sacrifício, como são exemplos o policial, o bombeiro, o segurança etc. No entanto, além de o *dever* de enfrentar o perigo limitar-se ao período em que se encontra no exercício da atividade respectiva, esse dever não tem caráter absoluto, a ponto de negar-se qualquer possibilidade de ser invocado o estado de necessidade. A exigência de

---

40. Johannes Wessels, *Direito Penal*; Parte Geral, Porto Alegre, Sérgio A. Fabris Editor, 1976, p. 68.

sacrifício no exercício dessas *atividades perigosas* não pode atingir o nível de heroísmo. O princípio da *razoabilidade* também vige aqui: para se salvar um bem patrimonial é inadmissível que se exija o sacrifício de uma vida, por exemplo.

Sustenta-se que, como a lei afasta a possibilidade de invocar estado de necessidade somente a quem tem o *dever legal* de enfrentar o perigo, pode invocá-lo o *garantidor* que, de outra forma, assumiu o compromisso de enfrentá-lo ou com seu comportamento anterior criou o risco de sua ocorrência (art. 13, § 2º, *b* e *c*, do CP). Segundo Damásio de Jesus, o *dever jurídico* do garantidor não se confunde com o *dever legal* referido no art. 24, § 1º, do CP[41]. Assim, a conduta do garantidor, nos termos expostos, pode ser típica em razão da definição do crime omissivo impróprio, mas não será antijurídica ante a possibilidade, se for o caso, de se invocar o estado de necessidade. Por exemplo, o segurança do banqueiro que, naufragando a lancha em que viajavam, tendo somente um colete salva-vidas, pode disputá-lo em igualdade de condições.

5.3. *Causa de diminuição de pena (minorante)*

A flexibilidade que se deve ter na análise da *razoabilidade do sacrifício* do bem em conflito está assegurada na previsão do § 2º do art. 24. Quando se encontrar numa situação, digamos, fronteiriça, isto é, quando, "embora seja razoável exigir-se o sacrifício do direito ameaçado, a pena poderá ser reduzida de um a dois terços". Em outros termos, significa que, mesmo não se tratando de estado de necessidade, mas, diante das circunstâncias, que não *justificam* o crime, diminui-se a *censurabilidade da conduta,* autorizando a redução de pena. Não deixa de ser, como já referimos, a admissão de uma culpabilidade diminuída.

Mas, nessas hipóteses, ratificando, circunstâncias especiais podem, ao invés de configurar a simples redução de pena, caracterizar autêntica *inexigibilidade de conduta diversa,* afastando a culpabilidade pela ausência de um de seus elementos constitutivos, ou, em outros termos, podem caracterizar o estado de necessidade exculpante.

6. Legítima defesa

6.1. *Considerações gerais*

A legítima defesa, um dos institutos jurídicos mais bem elaborados através dos tempos, representa uma forma abreviada de realização da justiça penal e da sua sumária execução. Afirma-se que a legítima defesa representa *uma verdade imanente à consciência jurídica universal, que paira acima dos códigos, como conquista da civilização*[42].

---

41. Damásio de Jesus, *Direito Penal*, cit., p. 325.
42. Wiliam Wanderley Jorge, *Curso de Direito Penal*, cit., p. 290.

Referindo-se à legítima defesa, Bettiol afirmava que "ela na verdade corresponde a uma *exigência natural*, a um instinto que leva o agredido a repelir a agressão a um seu bem tutelado, mediante a lesão de um bem do agressor. Como tal, foi sempre reconhecida por todas as legislações, por representar a forma primitiva da reação contra o injusto"[43]. O reconhecimento do Estado da sua natural impossibilidade de imediata solução de todas as violações da ordem jurídica, e objetivando não constranger a natureza humana a violentar-se numa postura de covarde resignação, permite, excepcionalmente, a reação imediata a uma agressão injusta, desde que atual ou iminente, que a dogmática jurídica denominou *legítima defesa*.

6.2. Fundamento e natureza jurídica

A legítima defesa apresenta um duplo fundamento: de um lado, a necessidade de defender bens jurídicos perante uma agressão injusta; de outro lado, o dever de defender o próprio ordenamento jurídico, que se vê afetado ante uma agressão ilegítima[44].

As *teorias subjetivas*, que consideram a legítima defesa causa excludente de culpabilidade, procuram fundamentá-la na perturbação de ânimo do agredido ou nos motivos determinantes do agente. As *teorias objetivas*, por sua vez, consideram a legítima defesa como excludente de antijuridicidade. A legítima defesa, no magistério de Bettiol, "constitui uma circunstância de justificação, por não atuar *contra ius* quem reage para tutelar direito próprio ou alheio, ao qual o Estado não pode de nenhuma maneira, dadas as circunstâncias do caso concreto, oferecer a mínima proteção"[45].

O exercício da legítima defesa é um direito do cidadão e constitui uma causa de justificação contra uma agressão injusta. Quem se defende de uma agressão injusta, atual ou iminente, age conforme ao Direito[46], praticando, portanto, uma ação reconhecida como valiosa.

Como vimos no capítulo dedicado ao estudo da norma penal, as *causas de justificação* possuem a natureza jurídica de *norma permissiva*, autorizando a realização de uma conduta em abstrato proibida[47]. A previsão da legítima defesa não constitui, contudo, a prevalência, a qualquer preço, de direito próprio ou alheio — pois o nosso legislador pune o exercício arbitrário das próprias razões

---

43. Giuseppe Bettiol, *Direito Penal*, São Paulo, Revista dos Tribunais, 1977, v. 1, p. 417.
44. Diego-Manuel Luzón Peña, *Aspectos esenciales de la legítima defensa*, Barcelona, Bosch, 1978, p. 58 e 79.
45. Bettiol, *Direito Penal*, cit., v. 1, p. 419-20.
46. Jescheck, *Tratado*, cit., p. 461.
47. Jesús María Silva Sánchez, *Aproximación al Derecho Penal contemporáneo*, 2ª ed., Montevideo-Buenos Aires, B de F, 2010, p. 526.

(art. 345) —, nem a revogação do preceito primário de uma norma incriminadora, mas, sim, uma *regra de exceção* para os casos em que, apesar da adequação entre a conduta defensiva realizada e um determinado tipo penal, não existe uma contraposição valorativa entre aquela e o ordenamento jurídico. Nesses termos, para que o exercício da legítima defesa seja permitido e autorizado pelo ordenamento jurídico, deverá estar limitado, de maneira similar aos casos de estado de necessidade, em função de princípios e critérios, como o de proporcionalidade, ponderação de interesses, razoabilidade, valoração de deveres etc.

6.3. *Conceito e requisitos*

Na definição do Código Penal brasileiro, "entende-se em legítima defesa quem, usando moderadamente dos meios necessários, repele injusta agressão, atual ou iminente, a direito seu ou de outrem" (art. 25). Welzel definia a legítima defesa como "aquela requerida para repelir de si ou de outrem uma agressão atual e ilegítima. Seu pensamento fundamental é que o Direito não tem por que ceder ante o injusto"[48].

A legítima defesa, nos termos em que é proposta pelo nosso Código Penal, exige a presença simultânea dos seguintes requisitos: agressão injusta, atual ou iminente; direito (bem jurídico) próprio ou alheio; meios necessários usados moderadamente; elemento subjetivo: *animus defendendi*. Este último é um requisito subjetivo; os demais são objetivos.

6.3.1. Agressão injusta, atual ou iminente

Define-se a *agressão* como a conduta humana que lesa ou põe em perigo um bem ou interesse juridicamente tutelado. Mas a *agressão*, contudo, não pode confundir-se com a mera *provocação* do agente, que é, digamos, uma espécie de estágio anterior daquela, devendo-se considerar a sua *gravidade/intensidade* para valorá-la adequadamente.

Pode-se afirmar que é irrelevante o fato de a agressão constituir, ou não, um ilícito penal[49], uma vez que o art. 25 do nosso Código Penal não faz restrições a respeito; logo, é suficiente que a agressão constitua um fato ilícito, caso contrário não será uma agressão *injusta*. Como destacava o Ministro Assis Toledo, a *ilicitude* na área penal não se limita à *ilicitude típica*, ou seja, à ilicitude do delito, sempre e necessariamente típica. Com esse entendimento, a agressão autorizadora da reação defensiva, na legítima defesa, não necessita revestir-se da qualidade de *crime*, isto é, "não precisa ser um *ilícito penal*, mas deverá ser, no mínimo, um *ato ilícito*, em sentido amplo, por não existir legítima defesa contra atos lícitos"[50].

---

48. Welzel, *Derecho Penal alemán*, cit., p. 122.
49. Maurach e Zipf, *Derecho Penal*, cit., v. 1, n. 12, p. 442.
50. Francisco de Assis Toledo, *Princípios básicos de direito penal*, p. 164.

No entanto, a título meramente informativo, destacamos que vem se consolidando na doutrina espanhola um entendimento mais restritivo, mercê de seu atual Código Penal, no sentido de que somente estará justificada a prática de uma conduta típica, quando a defesa for exercida contra uma agressão constitutiva de um tipo de injusto penal. Com efeito, o art. 20, 4, do Código Penal espanhol destaca que "por agressão injusta entende-se o ataque constitutivo de crime ou contravenção". Essa interpretação espanhola[51], contudo, é insustentável no ordenamento jurídico brasileiro — que expressamente define *agressão injusta* de forma mais abrangente — dar interpretação restritiva, especialmente por se tratar de norma permissiva; aliás, norma permissiva que assegura o exercício de um direito protegido por um instituto jurídico — legítima defesa — que tem suas origens na distante Antiguidade. A difícil satisfação de todos os seus requisitos objetivos e subjetivos é suficiente para mantê-lo conforme um Estado Democrático de Direito, especialmente sob os *princípios da proporcionalidade* e da *razoabilidade*.

A interpretação da doutrina brasileira, por outro lado, entendendo que basta a *agressão injusta* constituir um fato ilícito, não impede que se observem rigorosamente os *princípios da proporcionalidade* e da *razoabilidade* na prática de um fato definido como *meio necessário* e adequado de defesa ante uma agressão também grave (ilícita). Por fim, revela-se absolutamente inadmissível o emprego de analogia *in malan partem*, para restringir-lhe direito de defesa legalmente assegurado.

Ponto de partida para análise dos requisitos da legítima defesa será, portanto, a existência de uma *agressão injusta*, que legitimará a pronta *reação*. Somente após constatada a *injustiça* da agressão, nos termos que acabamos de indicar, passar-se-á à análise de sua *atualidade* ou *iminência*, uma vez que não terá a menor importância a constatação deste último requisito se se tratar de *agressão justa*, isto é, legítima. *Injusta* será, em suma, a agressão ilícita (não necessariamente típica e antijurídica) que não estiver autorizada pelo ordenamento jurídico. É por isso que a reação a uma *agressão justa* não caracteriza legítima defesa, como, por exemplo, reagir a regular prisão em flagrante ou a ordem legal de funcionário público etc.[52]. Ao contrário, nessas hipóteses, além de não caracterizar uma reação legítima, configura o *crime de resistência* ou, no mínimo, de *desobediência*. O raciocínio é lógico: se a agressão (ação) é lícita, a *defesa* (reação) não pode ser legítima, pois é a *injustiça* ou ilicitude da agressão que legitima a reação do agredido. A *injustiça* da agressão deve ser considerada objetivamente, isto é, sem relacioná-la com o seu autor, uma vez que o *inimputável* também pode praticar condutas ilícitas (em sentido amplo), ainda que seja inculpável.

---

51. Baldó Lavilla, *Estado de necesidad y legítima defensa*, cit., p. 278-279; Muñoz Conde & García Arán, *Derecho Penal*, cit., p. 324; Mir Puig, *Derecho Penal*, cit., p. 435-438.
52. Mirabete, *Manual de Direito Penal*, São Paulo, Atlas, 1990, v. 1, p. 175.

A agressão injusta deverá ser real, efetiva e concreta. Pode acontecer, contudo, que o agente tenha uma percepção equivocada acerca da existência ou atualidade da agressão injusta e creia, erroneamente, que se encontra em uma situação de legítima defesa, dando lugar a uma *legítima defesa putativa*. Ocorre *legítima defesa putativa* quando alguém se julga, erroneamente, diante de uma *agressão injusta, atual* ou *iminente*, encontrando-se, portanto, legalmente autorizado a repeli-la. A legítima defesa putativa supõe que o agente atue na sincera e íntima convicção da *necessidade* de repelir essa agressão imaginária (*legítima defesa subjetiva*). Imagine-se o clássico exemplo do sujeito que após ter sido assaltado diversas vezes dispara contra a pessoa que tenta saltar o muro de sua residência, causando-lhe lesões corporais, constatando, finalmente, que não era um assaltante, mas o seu próprio filho que voltava para casa, tarde da noite, sem as chaves. Nessa hipótese não é possível a aplicação da causa de justificação porque *falta o seu pressuposto objetivo*, isto é, a agressão injusta, que somente existe na *representação* do agente. Entretanto, o *erro* do autor do disparo é juridicamente relevante, de acordo com o disposto no art. 20, § 1º, do nosso Código Penal. Nessas circunstâncias, poderá ser isento de pena se se constatar a *inevitabilidade do erro*; sendo *evitável o erro*, isto é, se da valoração das circunstâncias verificar-se que o agente poderia, sem grandes dificuldades, identificar o sujeito que saltava o muro, com um pouco mais de cuidado e prudência, poderá responder por lesão corporal culposa.

Além de *injusta*, a agressão deve ser *atual* ou *iminente*. *Atual* é a agressão que está acontecendo, que está se realizando, isto é, que ainda não foi concluída; *iminente* é a que está prestes a acontecer, que não admite nenhuma demora para a repulsa, sob pena de concretizar-se. Agressão iminente não se confunde com agressão futura. A *reação* do agredido para caracterizar a legítima defesa pode ser *preventiva* ante uma agressão injusta iminente, estando orientada, prioritariamente, a impedir o início da ofensa, mas pode destinar-se a evitar, ante uma agressão injusta atual, a sua continuidade, com o objetivo de impedir que se produza um dano maior ao bem jurídico[53]. A *reação* deve ser, em ambos os casos, imediata à *agressão*, pois a demora na repulsa descaracteriza o instituto da legítima defesa. Se passou o perigo, deixou de existir, não podendo mais fundamentar a defesa legítima, que se justificaria para eliminá-lo. Como afirmava Bettiol, a legítima defesa "deve exteriorizar-se antes que a lesão ao bem tenha sido produzida"[54] e, acrescentaríamos nós, durante o transcurso da agressão com o intuito de evitar a destruição do bem jurídico, ou simplesmente para impedir seu

---

53. Antolisei, *Manual de Derecho Penal*, Buenos Aires, UTCHA, 1960, p. 220.
54. Bettiol, *Direito Penal*, cit., v. 1, p. 417.

prosseguimento. A ação exercida após cessado o perigo caracteriza *vingança*, que é penalmente reprimida. Igual sorte tem o *perigo futuro*, que possibilita a utilização de outros meios, inclusive a busca de socorro da autoridade pública.

6.3.2. Direito (bem jurídico) próprio ou alheio

Qualquer bem jurídico pode ser protegido pelo instituto da legítima defesa, para repelir agressão injusta, sendo irrelevante a distinção entre bens pessoais e impessoais, disponíveis e indisponíveis. Qualquer bem jurídico, relevante, importante, inclusive bens jurídicos pouco valiosos também podem ser protegidos pela legítima defesa, tais como ofensas à honra[55], lesões corporais leves etc. Considerando, porém, a titularidade do bem jurídico protegido por esse instituto, pode-se classificá-lo em: próprio ou de terceiro, que autorizam *legítima defesa própria*, quando o repelente da agressão é o próprio titular do bem jurídico ameaçado ou atacado, e *legítima defesa de terceiro*, quando objetiva proteger interesses de outrem.

No entanto, na defesa de direito alheio, deve-se observar a natureza do direito defendido, pois quando se tratar de *bem jurídico disponível*, seu titular poderá optar por outra solução, inclusive a de não oferecer resistência. Como adverte Assis Toledo, quando se tratar "de direitos disponíveis e de agente capaz, a defesa por terceiro não pode fazer-se sem a concordância do titular desses direitos, obviamente"[56].

6.3.3. Meios necessários, usados moderadamente (proporcionalidade)

Todos os bens jurídicos protegidos pelo ordenamento jurídico são, em tese, defensáveis pela legítima defesa, inclusive a honra, própria ou de terceiro. Importa, evidentemente, analisar, nesse caso, a necessidade, moderação e

---

55. Vale indicar que a tese da legítima defesa contra a honra, especialmente no contexto de violência doméstica e familiar contra a mulher, vem sendo duramente rechaçada pela jurisprudência brasileira. Mais recentemente, no âmbito da ADPF 779, o STF concedeu medida liminar em 20/05/2021 com as seguintes disposições: "Medida cautelar parcialmente concedida para (i) firmar o entendimento de que a tese da legítima defesa da honra é inconstitucional, por contrariar os princípios constitucionais da dignidade da pessoa humana (art. 1º, III, da CF), da proteção à vida e da igualdade de gênero (art. 5º, *caput*, da CF); (ii) conferir interpretação conforme à Constituição aos arts. 23, inciso II, e 25, *caput* e parágrafo único, do Código Penal e ao art. 65 do Código de Processo Penal, de modo a excluir a legítima defesa da honra do âmbito do instituto da legítima defesa; e (iii) obstar à defesa, à acusação, à autoridade policial e ao juízo que utilizem, direta ou indiretamente, a tese de legítima defesa da honra (ou qualquer argumento que induza à tese) nas fases pré-processual ou processual penais, bem como durante o julgamento perante o tribunal do júri, sob pena de nulidade do ato e do julgamento".
56. Toledo, *Princípios básicos*, cit., p. 200.

proporcionalidade dos meios utilizados na defesa desses bens. Na verdade, embora se reconheça a legitimidade da reação pessoal, nas circunstâncias definidas pela lei, o Estado exige que essa *legitimação excepcional* obedeça aos limites da *necessidade* e da *moderação*[57].

A configuração de uma situação de legítima defesa está diretamente relacionada com a intensidade e gravidade da agressão, periculosidade do agressor e com os meios de defesa disponíveis. No entanto, não se exige uma adequação perfeita, milimetrada, entre ataque e defesa, para se estabelecer a *necessidade* dos meios e a *moderação* no seu uso. Reconhece-se a dificuldade valorativa de quem se encontra emocionalmente envolvido em um conflito no qual é vítima de ataque injusto. A reação *ex improviso* não se compatibiliza com uma detida e criteriosa valoração dos meios necessários à repulsa imediata e eficaz.

Necessários são os meios suficientes e indispensáveis para o exercício eficaz da defesa. Se não houver outros meios, poderá ser considerado necessário o único meio disponível (ainda que superior aos meios do agressor), mas, nessa hipótese, a análise da moderação do uso deverá ser mais exigente, mais criteriosa, mais ajustada às circunstâncias. Aliás, além de o meio utilizado dever ser o *necessário* para a repulsa eficaz, exige-se que o seu uso seja *moderado*, especialmente quando se tratar do *único meio disponível* e apresentar-se visivelmente superior ao que seria necessário. Essa circunstância deve ser determinada pela *intensidade* real da agressão e pela forma do emprego e uso dos meios utilizados. Como afirmava Welzel, "a defesa pode chegar até onde seja requerida para a efetiva defesa imediata, porém, não deve ir além do estritamente necessário para o fim proposto"[58]. Havendo disponibilidade de defesas, igualmente eficazes, deve-se escolher aquela que produza menor dano.

Modernamente, defendemos a invocação do princípio da *proporcionalidade* na legítima defesa, na medida em que os *direitos absolutos* devem circunscrever-se a limites muito exíguos. Seria, no mínimo, paradoxal admitir o *princípio da insignificância* para afastar a tipicidade ou ilicitude de determinados fatos, e sustentar o direito de reação desproporcionada à agressão, como, por exemplo, matar alguém para defender quaisquer valores menores. Nessa linha de orientação manifesta-se Johannes Wessels, afirmando que "O direito à legítima defesa encontra seu limite na *proibição geral do abuso de direito e nos elementos normativos da 'imposição'*: uma defesa, cujas consequências situam-se em crassa desproporção para com o dano iminente, é *abusiva* e, assim, inadmissível"[59].

---

57. Maurach e Zipf, *Derecho Penal*, cit., v. 1, p. 449-50.
58. Welzel, *Derecho Penal alemán*, cit., p. 125.
59. Johannes Wessels, *Direito Penal*, cit., p. 72-3.

6.3.4. Elemento subjetivo: *animus defendendi*

Embora não se exija a *consciência da ilicitude* para afirmar a antijuridicidade de uma conduta, é necessário, para afastá-la, que se tenha, pelo menos, conhecimento da ação agressiva, além do propósito de defender-se. A legítima defesa deve ser *objetivamente necessária* e *subjetivamente orientada* pela vontade de defender-se. Como afirmava Welzel, "A ação de defesa é aquela executada com o propósito de defender-se da agressão. Quem se defende tem de conhecer a agressão atual e ter a vontade de defender-se"[60].

A reação legítima autorizada pelo Direito somente se distingue da ação criminosa pelo seu elemento subjetivo: o propósito de defender-se. Com efeito, o *animus defendendi* atribui um significado positivo a uma conduta objetivamente desvaliosa (negativa). Contrapõe-se assim o *valor da ação* na legítima defesa ao *desvalor da ação* na conduta criminosa. Aliás, o *valor* ou *desvalor* de qualquer ação será avaliado segundo a orientação de ânimo que comandar a sua execução. Como afirma Cerezo Mir, somente a presença dos elementos objetivos constitutivos de uma causa de exclusão de criminalidade não pode *justificar* uma ação ou omissão típica, se faltar o elemento subjetivo de dita causa justificante[61].

Enfim, em sede de Direito Penal, um fato que na sua aparência exterior apresenta-se objetivamente com os mesmos aspectos pode, dependendo da intenção do agente, receber definição variada. Assim, causar a morte de alguém, dependendo das circunstâncias, motivos e, particularmente, do elemento subjetivo, pode configurar: homicídio doloso, homicídio culposo, legítima defesa real, legítima defesa putativa, excesso doloso ou culposo etc.

6.4. *Legítima defesa sucessiva e recíproca*

A *legítima defesa sucessiva* pode caracterizar-se na hipótese de excesso, quando o agredido, exercendo a defesa legítima, excede-se na repulsa. Em outras palavras, quando a defesa é exercida de maneira *desproporcional* contra o agressor inicial. Imagine-se, por exemplo, que para defender-se das agressões verbais proferidas por José, Maria pega a faca de cozinha que tinha ao alcance da mão com a intenção de feri-lo, momento em que José agarra violentamente Maria pelo braço, causando-lhe escoriações, logrando dessa forma retirar a faca de cozinha que esta empunhava. As escoriações estarão *justificadas* porque se trata de defesa exercida legitimamente pelo agressor inicial frente a uma *reação desproporcionada* daquela que foi inicialmente agredida. Nessa hipótese, o *agressor inicial*,

---

60. Welzel, *Derecho Penal alemán*, cit., p. 125.
61. Cerezo Mir, *Curso de Derecho Penal español*, cit., p. 455.

contra o qual se realiza a legítima defesa, tem o direito de defender-se do excesso, uma vez que o agredido, pelo excesso, transforma-se em *agressor injusto*.

A *legítima defesa recíproca*, ao contrário, é inadmissível, pois não cabe legítima defesa contra legítima defesa. Com efeito, se a *agressão injusta* constitui o pressuposto da legítima defesa, não é possível admitir uma *defesa lícita* em relação a ambos os contendores, como é o caso típico do duelo[62], no qual ambos são agressores recíprocos. Somente será possível a legítima defesa recíproca quando um dos contendores, pelo menos, incorrer em erro, configurando a legítima defesa putativa. Nessa hipótese, haverá *legítima defesa real* contra *legítima defesa putativa*.

6.5. *Legítima defesa e estado de necessidade*

A legítima defesa é, em última instância, um caso especial de estado de necessidade, que recebe um tratamento legal específico. No entanto, em sentido estrito, há sensíveis diferenças entre legítima defesa e estado de necessidade:

a) No estado de necessidade há um conflito de interesses legítimos: a sobrevivência de um significará o perecimento do outro; na legítima defesa o conflito ocorre entre interesses lícitos, de um lado, e ilícitos, de outro: a *agressão* é ilícita; a *reação* é lícita, isto é, legítima.

b) Na legítima defesa a preservação do interesse ameaçado se faz através de defesa que é dirigida contra o autor da agressão, enquanto no estado de necessidade essa preservação ocorre através de ataque ao bem jurídico de um terceiro inocente.

c) No estado de necessidade existe *ação* e na legítima defesa, *reação*.

Não há legítima defesa contra legítima defesa. Ora, se um dos agentes age em legítima defesa, significa que sua reação é lícita. Se sua conduta é lícita não pode admitir outra legítima defesa, que exigirá agressão ilícita, isto é, ilegítima, embora seja possível estado de necessidade contra estado de necessidade. Também é possível legítimas defesas putativas recíprocas, ou legítima defesa real contra legítima defesa putativa. É igualmente possível legítima defesa contra quem pratica uma conduta acobertado por uma dirimente de culpabilidade, como, por exemplo, coação moral irresistível ou obediência hierárquica. Como a exclusão da culpabilidade não afasta a sua ilicitude, é perfeitamente possível a reação defensiva legítima.

6.6. *Legítima defesa de vítima mantida refém durante prática de crimes*

A Lei n. 13.964 cria, dentre tantas modificações na legislação penal, uma *subespécie de legítima defesa de terceiro*, como se fosse necessária, posto que o

---

62. Prado e Bitencourt, *Elementos de Direito Penal*; Parte Geral, São Paulo, Revista dos Tribunais, 1995, v. 1, p. 97.

caput do art. 25 já a consagra, para todo o cidadão que agir, nas mesmas circunstâncias, em defesa de alguém. Pretende-se, com a previsão desse parágrafo único acrescido pela referida lei, assegurar a legitimidade da ação de eventual agente de segurança que repila "agressão ou risco de agressão a vítima mantida refém durante a prática de crimes".

Trata-se, a rigor, de *norma penal permissiva* absolutamente desnecessária, inócua, supérflua e inútil, na medida em que a hipótese prevista nesse parágrafo já está abrangida pela previsão do *caput* deste art. 25 do CP. Com efeito, ao final desse dispositivo legal, consta que a legítima defesa pode ser exercida em defesa "a direito seu ou de outrem", independentemente de cuidar-se de agente de segurança pública ou não. Significa dizer que qualquer pessoa do povo, policial ou não, nas mesmas circunstâncias, também pode agir amparada pela mesma excludente, consoante previsão já existente no *caput*.

Importa destacar, desde logo, que a novel previsão legal não elimina a obrigatoriedade de satisfazer todos os requisitos da legítima defesa previstos no *caput* do art. 25, quais sejam, usar "moderadamente dos meios necessários para repelir injusta agressão, atual ou iminente, a direito seu ou de outrem". Não se ignora, é verdade, que o meio policial ou as forças de segurança pública desconhecem o que são "meios necessários" e, principalmente, o que seja "usá-los moderadamente". Tanto que, no episódio em que assassinaram aquele professor no Rio de Janeiro, dez ou onze agentes das forças públicas desferiram mais de oitenta disparos, com armas de repetição, em uma vítima desarmada, inocente e que nem percebeu que estava sendo massacrada pelas forças públicas. No entanto, a voz oficial do comando superior afirmou que agiram legitimamente e usaram *moderadamente dos meios necessários* para repelir injusta agressão! Essa afirmação, tão grave quanto a própria ação criminosa de seus agentes, dá bem uma ideia do entendimento absolutamente errado do que eles entendem por "meio necessário" e, principalmente, do que pode ser entendido como "uso moderado", e isso sem falar que, *in concreto*, sequer houve tal agressão!!

São interpretações equivocadas como essas que estimulam a violência policial dos comandados, os quais, não raro, são "desculpados", quando não estimulados pelos superiores, a continuarem portando-se com os excessos que diariamente a comunidade constata pelos meios de comunicação. Por isso, tão ou mais culpado pelos assassinatos praticados diariamente pelo policiamento ostensivo, em nosso país (chegando a várias centenas anuais), é o próprio comando, principalmente o chefe de policiamento, quem comanda e dá treinamento a seus comandados. Esse é tão responsável pela violência policial quanto aquele que puxa o gatilho!

Segundo o parágrafo único, acrescentado Lei n. 13.964/2019, além de observar-se, como diz o novo texto legal, "os requisitos previstos no *caput* deste artigo", a *moderação no uso dos meios* deve-se, necessariamente, considerar a *proporcionalidade* existente entre a agressão revidada e a "carga" empregada no exercício dessa reação para se tornar legítima. Com efeito, defendemos a aplicação do princípio da *proporcionalidade* na legítima defesa, própria ou de terceiros, na medida em que ela não se encontra entre os denominados *direitos absolutos*, os quais, segundo nossa Constituição Federal, devem circunscrever-se a limites muito exíguos. Não deixa de ser paradoxal admitir o *princípio da insignificância* para afastar a tipicidade ou ilicitude de determinados fatos, e sustentar o *direito de reação desproporcionada à agressão*, como, por exemplo, matar alguém para defender quaisquer valores menores, v.g., para defender a honra.

Por isso, sobre esse inútil acréscimo, qual seja, o parágrafo único ao art. 25, *sub examine*, alguns chegaram a questionar que poderia haver alguma diferença entre "agressão iminente" e "risco de agressão à vítima".

De plano deve-se destacar, em primeiro lugar, que a "agressão ou risco de agressão" não se refere ao "agente de segurança", mas à vítima mantida refém durante a prática de crime"! Portanto, ao contrário do que alguns andaram interpretando, essa "agressão ou risco de agressão" não se refere ao eventual *agente de segurança* que deve agir para proteger ou tentar salvar a vítima, mas, repetindo, refere-se "à vítima da agressão"! Logo, segundo o novo texto legal, essa previsão legal não deve ser aplicada ao *agente de segurança* em serviço, mas somente à vítima quando for agredida ou correr o risco de ser agredida imediatamente! Consequentemente, o agente de segurança — como qualquer outro cidadão — somente agirá acobertado por essa excludente, em legítima defesa de vítima refém, quando esta correr o "risco de agressão" ou quando repelir agressão, mas que não se confunda com o simples ato de reter a vítima como refém. Mesmo nessas hipóteses, como diz o texto legal, o agente de segurança deverá observar todos os predicados constantes no *caput* do art. 25 do CP.

Agora, quem sofrer a agressão ou risco de agressão do sujeito que mantém a vítima refém somente poderá invocar a previsão constante do final do *caput* do art. 25 deste Código Penal. Aliás, o que não muda praticamente nada, pois o agente de segurança poderá (i) agir *em legítima defesa própria* — quando sofrer diretamente agressão do sujeito que mantém a vítima refém, ou agir em legítima defesa de terceiro quando a agressão ou risco de agressão for direcionada à própria vítima"! Em outros termos, quando o agredido for o próprio "agente de segurança" aplica-se a previsão do *caput* do art. 25 do CP; quando, no entanto, a agredida for a própria vítima mantida refém, aplica-se a previsão do parágrafo único, seja hipótese de *agressão atual*, seja de risco de agressão, isto é, prestes a ocorrer. *Risco de agressão*, frise-se, que não se confunde com o próprio sequestro em andamento, que já é *uma agressão atual*, mas representar, por exemplo, o *risco de ser executada imediatamente*.

De qualquer sorte, quer para o *agente de segurança*, quer para a *vítima de agressão*, essa previsão legal é absolutamente desnecessária e inócua, razão pela qual a sua previsão não tem razão de existir, mas já que existe, cria uma diferença entre o agente de segurança e a vítima mantida refém. Para esta incide a nova previsão legal, para aquele incide a previsão do *caput* final do art. 25, que pode conjugar-se com esse novo parágrafo.

Por outro lado, para concluir este tópico, não vemos diferença alguma entre as locuções "agressão, atual ou iminente" prevista no *caput*, e "agressão ou risco de agressão", prevista no parágrafo único. A expressão "agressão", além de ser a mesma palavra, nas duas hipóteses, tem o mesmo significado em ambas, qual seja, a de sua *atualidade*, ou seja, o que está acontecendo, que pode ser revidada, inclusive por terceiro. A reação em ambas deve ser *imediata* à agressão, pois a demora na repulsa descaracteriza o instituto da legítima defesa, posto que ação exercida após cessada a agressão ou o perigo caracteriza vingança, que é penalmente reprimida.

Relativamente às locuções "agressão iminente", prevista no *caput* do art. 25, e, "risco de agressão", prevista no parágrafo único do mesmo artigo, vemos dificuldades intransponíveis para dar-lhes interpretações distintas. *Iminente* é a que está prestes a acontecer, que não admite nenhuma demora para a repulsa, sob o risco de concretizar-se. A *reação* do agredido, nessa hipótese, objetiva impedir que a agressão iminente se concretize. Agressão *iminente* não se confunde com agressão futura. "Risco de agressão", por sua vez, não tem nenhum sentido diferente de uma agressão que está na iminência de acontecer, prestes a ocorrer, qualquer demora na ação do agente arrisca-se a permitir que a agressão à vítima se concretize. O "risco de agressão à vítima" equipara-se, *in totum*, com a iminência da agressão, não havendo qualquer espaço para demora, sob pena de a agressão concretizar-se.

A única diferença possível é irrelevante, e não reside na *agressão* propriamente — mas na sua resposta e consiste no seguinte: (i) na hipótese do *caput* o agredido não pratica uma ação, mas uma *reação* à agressão sofrida; (ii) na hipótese do parágrafo único, o *agente de segurança* não *reage* porque não foi o agredido, mas pratica uma conduta ativa, ou seja, uma ação para defender terceiro, que é vítima da iminência ou risco de agressão de outrem.

7. Outras excludentes de criminalidade

Quem cumpre estritamente dever imposto por lei ou exerce regularmente um direito não comete crime, ainda que, eventualmente, sua conduta venha a se adequar a determinado tipo penal (art. 23, III, do CP). Tanto o cumprimento do *comando legal* como o exercício da permissão que a ordem jurídica admite afastam a antijuridicidade do comportamento que eventualmente se encontre tipificado.

Mesmo que não houvesse expressa previsão legal, inegavelmente as duas situações não constituiriam crimes, pois jamais o exercício regular de um direito ou o estrito cumprimento de um dever legal pode ser imputado como crime. Muitos códigos alienígenas não fazem semelhante previsão. O nosso

Código, no entanto, preferiu deixar expressa essas excludentes para não dar margem a erro.

7.1. *Estrito cumprimento de dever legal*

Quem pratica uma ação em *cumprimento de um dever* imposto por lei não comete crime, de acordo com a norma permissiva inscrita no art. 23, III, do nosso Código Penal. Ocorrem situações em que *a lei impõe determinada conduta* e, em face da qual, embora *típica*, não será *ilícita*, ainda que cause lesão a um bem juridicamente tutelado. Nessas circunstâncias, isto é, no *estrito cumprimento de dever legal*, não constituem crimes a ação do carrasco que executa a sentença de morte decretada pelo Estado, do carcereiro que encarcera o criminoso sob o amparo de ordem judicial, do policial que prende o infrator em flagrante delito etc. Reforçando a *licitude* de comportamentos semelhantes, o Código de Processo Penal estabelece que, se houver resistência, *poderão os executores usar dos meios necessários* para se defender ou para vencer a resistência (art. 292 do CPP).

No entanto, dois requisitos devem ser estritamente observados para configurar a excludente: a) *estrito cumprimento* — somente os atos rigorosamente necessários justificam o comportamento permitido; b) *dever legal* — é indispensável que o dever seja legal, isto é, decorra de lei, não o caracterizando obrigações de natureza social, moral ou religiosa[63]. A *norma* da qual emana o dever tem de ser *jurídica*, e de caráter geral: lei, decreto, regulamento etc. Se a norma tiver caráter particular, de cunho administrativo, poderá, eventualmente, configurar a *obediência hierárquica* (art. 22, 2ª parte, do CP), mas não o *dever legal*.

Esta *norma permissiva* não autoriza, contudo, que os agentes do Estado possam, amiúde, matar ou ferir pessoas apenas porque são marginais ou estão delinquindo ou então estão sendo legitimamente perseguidas. A própria *resistência* do eventual infrator não autoriza essa *excepcional violência oficial*. Se a resistência — ilegítima — constituir-se de *violência ou grave ameaça* ao exercício legal da atividade de autoridades públicas, sua repulsa configura uma situação de *legítima defesa* (agressão injusta), justificando a reação dessas autoridades, desde que empreguem *moderadamente* os meios *necessários* para *impedir* ou *repelir* a agressão. Mas, repita-se, a *atividade* tem de ser *legal* e a *resistência* com violência tem de ser *injusta*, além da necessidade da presença dos demais requisitos da legítima defesa. Será uma excludente dentro de outra (legítima defesa inserta no estrito cumprimento de dever legal).

Em outros termos, o *limite do lícito* termina necessariamente onde começa o *abuso*, pois aí o *dever* deixa de ser cumprido *estritamente* no âmbito da legalidade, para mostrar-se *abusivo*, excessivo e impróprio, caracterizando sua *ilicitude*.

---

63. Aníbal Bruno, *Direito Penal*, cit., p. 8; Damásio, *Direito Penal*, cit., p. 345.

Exatamente assim configura-se o *excesso*, pois embora o "cumprimento do dever" se tenha *iniciado dentro dos limites* do estritamente legal, o agente, pelo seu procedimento ou condução inadequada, acaba indo além do *estritamente* permitido, *excedendo-se*, por conseguinte. Não há, convém que se destaque, qualquer ilogicidade ou paradoxo entre o reconhecimento de *estrito cumprimento* de dever legal e a configuração de excesso na sua execução, tanto que o Código Penal, no art. 23, parágrafo único, com a redação determinada pela Lei n. 7.209/84, consagra a punição do *excesso* para todas as modalidades de excludentes. Por isso, a *incompatibilidade* ou impossibilidade do *excesso* no estrito cumprimento do dever somente poderia ser defendida antes da Reforma Penal de 1984, quando o Código Penal, na sua versão original, só o prescrevia para a hipótese da *legítima defesa*.

Apesar de os destinatários naturais dessa *excludente de criminalidade* serem os *agentes públicos*, nada impede que possa ser aplicada ao *cidadão comum*, quando atuar, claro, sob a *imposição de um dever legal*. Lembra-se, com frequência, como exemplo, o *dever* que têm os pais de guarda, vigilância e educação dos filhos (art. 1634 do Código Civil). Algum *constrangimento* praticado no exercício do *poder familiar* estaria *justificado* pelo *estrito cumprimento do dever legal*, desde que não haja excesso, logicamente. Alguns autores, como Assis Toledo, também adotam essa posição, em razão da *anterioridade lógica do dever de educar sobre os direitos daí decorrentes*. Outros, como Aníbal Bruno, preferem tratá-lo como hipótese de *exercício regular de direito*[64]. A divergência é meramente *acadêmica*, na medida em que os resultados concretos são exatamente os mesmos.

Não aceitamos a invocação do chamado *direito correcional*, como outrora se fez, para *justificar* alguns "castigos", desde que não demasiadamente excessivos. Aquela tolerância que a lei e os costumes tinham com pais e tutores, admitindo até pequenos castigos aos menores de idade sob sua guarda, está praticamente superada. E em relação aos *mestres* essa *permissividade* foi completamente abandonada. Modernamente, deve ser fiscalizado com rigor o exercício do *dever de guarda e educação* de filhos e pupilos, para evitar autênticas torturas ou restrições censuráveis do direito de liberdade e de integridade, tipificadoras de verdadeiros crimes, que precisam ser exemplarmente punidos.

7.2. *Exercício regular de direito*

O *exercício de um direito*, desde que *regular*, não pode ser, ao mesmo tempo, proibido pela ordem jurídica. *Regular* será o exercício que se contiver nos *limites* objetivos e subjetivos, formais e materiais impostos pelos próprios fins do Direito. Fora desses limites, haverá o *abuso de direito* e estará, portanto, excluída essa

---

64. Assis Toledo, *Princípios básicos*, cit., p. 212 e nota de rodapé n. 3; Aníbal Bruno, *Direito Penal*, cit., p. 8.

causa de justificação prevista no art. 23, III, do nosso Código Penal. O *exercício regular de um direito* jamais poderá ser *antijurídico*. Deve-se ter presente, no entanto, que a ninguém é permitido *fazer justiça pelas próprias mãos*, salvo quando a lei o permite (art. 345 do CP).

Qualquer direito, público ou privado, penal ou extrapenal, regularmente exercido, afasta a antijuridicidade. Mas o exercício deve ser *regular*, isto é, deve obedecer a todos os requisitos objetivos exigidos pela ordem jurídica. As *intervenções médicas* e *cirúrgicas*, consentidas pelo paciente, constituem, em regra, *exercício regular de direito*. Nada impede, é claro, que excepcionalmente o médico tenha o dever de atuar, inclusive sem dito consentimento, nos casos de *estado de necessidade de terceiro* em que existe perigo para um bem jurídico indisponível, como ocorre com a previsão do art. 146, § 3º, I, do CP, embora, nessa hipótese específica, o próprio legislador tenha optado por erigir essa excludente da antijuridicidade em uma autêntica causa de *exclusão da tipicidade*. A *violência esportiva*, quando o esporte é exercido nos estritos termos da disciplina que o regulamenta, não constitui crime. O resultado danoso que decorre do boxe, da luta livre, futebol etc., como atividades esportivas autorizadas e regularizadas pelo Estado, constitui exercício regular de direito. Se, no entanto, o desportista afastar-se das regras que disciplinam a modalidade esportiva que desenvolve, responderá pelo resultado lesivo que produzir, segundo seu dolo ou sua culpa[65].

Assis Toledo lembra ainda, com muita propriedade, como exemplo de exercício regular de direito, o *direito possessório*, afirmando que "A defesa da posse, pelo *desforço imediato*, autorizada pelo art. 502 do Código Civil [de 1916], é um exemplo de *exercício regular de direito* no caso de esbulho possessório, quando o desforço se realiza após a consumação do esbulho, sem o requisito da atualidade. Na hipótese de turbação, trata-se de legítima defesa da propriedade, que, para os fins penais, nem precisaria vir expressa no Código Civil. No esbulho, contudo, descaracterizada a legítima defesa, por ausência da atualidade, o desforço imediato cai sob o domínio do exercício de um direito, instituído pelo mencionado art. 502, à luz do qual deve ser examinado"[66]. Atualmente o direito à manutenção da posse vem regulado no art. 1.210 do CC de 2002. E, efetivamente, os atos de defesa da posse podem constituir um autêntico caso de *legítima defesa* quando exercidos moderadamente contra a agressão injusta que representa o delito de usurpação, na modalidade do esbulho possessório, tipificado no art. 161, II, do nosso Código Penal.

---

65. Damásio, *Direito Penal*, cit., p. 347.
66. Assis Toledo, *Princípios básicos*, cit., p. 213.

O *limite do lícito* termina necessariamente onde começa o *abuso*, uma vez que aí o *direito* deixa de ser exercido *regularmente*, para mostrar-se abusivo, caracterizando sua ilicitude.

7.3. Offendiculas

Offendiculas são as chamadas *defesas predispostas*, que, de regra, constituem-se de dispositivos ou instrumentos objetivando impedir ou dificultar a ofensa ao bem jurídico protegido, seja patrimônio, domicílio ou qualquer outro bem jurídico. Há, no entanto, autores que distinguem os *ofendículos* da *defesa mecânica predisposta*. Os *ofendículos* seriam percebidos com facilidade pelo agressor, como fragmentos de vidros sobre o muro, pontas de lanças, grades, fossos etc., que representam uma resistência normal, natural, prevenindo quem tentar violar o direito protegido. As *defesas mecânicas predispostas*, por sua vez, encontrar-se-iam ocultas, ignoradas pelo suposto agressor, como, por exemplo, armas automáticas predispostas, cercas eletrificadas ou qualquer tipo de armadilha pronta para disparar no momento da agressão.

As *offendiculas*, segundo Aníbal Bruno, incluem-se na excludente do exercício regular de direito[67]. Para Assis Toledo, seguindo a orientação de Hungria e Magalhães Noronha, as *offendiculas* localizam-se melhor no instituto da legítima defesa, onde a potencialidade lesiva de certos *recursos*, cães ou engenhos será tolerada quando atingir o agressor e censurada quando o atingido for inocente[68]. Na verdade, acreditamos que a decisão de instalar os *ofendículos* constitui *exercício regular de direito*, isto é, exercício do direito de autoproteger-se. No entanto, quando reage ao ataque esperado, inegavelmente, constitui *legítima defesa preordenada*. Adotamos esse entendimento uma vez que oferece melhores recursos para análise de cada caso concreto, diante da necessidade dos diversos requisitos da legítima defesa.

Exige-se redobrada cautela no uso das chamadas *offendiculas*, pois o risco da sua utilização inadequada corre por conta de quem as utiliza. A necessidade da moderação dos efeitos que tais obstáculos podem produzir ganha relevância quando se os situam dentro do instituto da legítima defesa, com a exigência da presença de todos os seus requisitos.

7.4. *O excesso nas causas de justificação à luz da Reforma Penal de 1984*

Em qualquer das *causas de justificação* (art. 23 do CP), quando o agente, dolosa ou culposamente, *exceder-se* dos limites da *norma permissiva*, responderá

---

67. Aníbal Bruno, *Direito Penal*, cit., p. 9.
68. Assis Toledo, *Princípios básicos*, cit., p. 206. No mesmo sentido, Damásio de Jesus, *Direito Penal*, 2ª ed., São Paulo, Saraiva, 1977, p. 393-4.

pelo *excesso*. A Reforma Penal de 1984, melhor sistematizada, prevê a punibilidade do *excesso* em relação a *todas* as excludentes, sem exceção, ao contrário da redação original do Código Penal de 1940, como já afirmamos. Com efeito, o *excesso* pode ocorrer em qualquer das modalidades de *excludentes*. Ademais, esse *excesso* pode decorrer de *dolo*, de *culpa* ou simplesmente de *caso fortuito*, hipótese em que não se poderá falar de responsabilidade penal.

No entanto, para a análise do *excesso*, é indispensável que a situação *inicialmente* caracterize a presença de uma *excludente*, cujo *exercício*, em um segundo momento, mostre-se *excessivo*. Assim, por exemplo, o agente pode encontrar-se, *inicialmente*, no *estrito cumprimento de dever legal*, isto é, satisfazendo todos os seus requisitos legais, mas, durante seu exercício, pelos meios que emprega, ou pela imoderação do seu uso, ou ainda pela intensidade do seu emprego, *acaba ultrapassando os limites do estritamente legal*, exatamente como ocorre na *legítima defesa*, que se inicia legítima, *deslegitimando-se*, contudo, pela *imoderação* do uso que faz dos meios adequados. Não há, com efeito, nenhuma *incompatibilidade* entre o excesso e o exercício de estrito cumprimento do dever legal, que como tal *inicia*, mas que, na sua execução, ultrapassa os limites do estritamente necessário.

Em outros termos, inicia-se nos estritos termos da lei, mas como tal não se consuma, excedendo-se na sua realização. Nessa linha já era o magistério de Aníbal Bruno, para quem "o agente deve manter-se dentro do estrito cumprimento do dever legal que lhe incumbe, poderá mesmo usar da força, se tanto for preciso para que se cumpra o comando da lei, mas há de usá-la na medida do necessário; qualquer excesso penetra no domínio do ilícito punível"[69]. Convém registrar, ademais, que esse entendimento de Aníbal Bruno foi manifestado muito antes da Reforma Penal de 1984, num período em que o Código Penal, em sua versão original, estabelecia a punição do excesso somente para a legítima defesa.

O excesso será *doloso* quando o agente, deliberadamente, aproveitar-se da situação excepcional que lhe permite agir, para impor sacrifício maior do que o estritamente necessário à salvaguarda do seu direito ameaçado ou lesado. Configurado o *excesso doloso*, responderá o agente dolosamente pelo fato praticado, beneficiando-se somente pela atenuante do art. 65, III, *c*, ou com a minorante do art. 121, § 1º, quando for o caso. Será *culposo* o excesso quando, por descuido ou imprevisão, o agente ultrapassa os limites da ação permitida, podendo decorrer de *erro de tipo* inescusável. O *excesso culposo* só pode decorrer de erro havendo uma avaliação equivocada do agente sobre a perigosidade de sua conduta quando, nas circunstâncias, lhe era possível avaliá-la adequadamente.

Enfim, o *excesso punível*, que pode configurar-se em qualquer das excludentes legais, seja a título de *dolo*, seja a título de *culpa*, decorre do *exercício*

---

69. Aníbal Bruno, *Direito Penal*, 3ª ed., Rio de Janeiro, Forense, 1967, t. 2, p. 7-8.

imoderado ou *descuidado* de determinado direito ou *dever*, que acaba produzindo resultado mais grave do que o razoavelmente suportável e, por isso mesmo, nas circunstâncias, não permitido[70]. Sustentar entendimento diverso é ignorar o direito em vigor (art. 23, parágrafo único)[71], que vem reforçado pela *Exposição de Motivos*, com o seguinte destaque: "A inovação está contida no art. 23, que estende o excesso punível, antes restrito à legítima defesa, a todas as causas de justificação". Decidir em sentido contrário, *venia concessa*, significa *negar vigência à lei federal* (art. 105, III, *a*, da CF).

Por último, pode acontecer que o *excesso doloso ou culposo* decorra de um erro sobre os limites da causa de justificação, isto é, que o agente considere, equivocadamente, que pode ultrapassar os lindes da atuação permitida pelo ordenamento jurídico (erro de proibição). Por exemplo, imagine-se o caso do policial que considere lícito o uso da violência para realizar a prisão em flagrante delito e que, em virtude do uso da violência, produza um resultado de lesão corporal doloso, ou a morte do preso de maneira não planificada. Nesse caso, o excesso será punível, aplica-se o disposto no art. 23, parágrafo único, de acordo com as regras do erro de proibição previstas no art. 21 do nosso Código Penal.

---

70. Francisco de Assis Toledo, *Princípios básicos*, cit., p. 210.
71. "O agente, em qualquer das hipóteses deste artigo, responderá pelo excesso doloso ou culposo" (art. 23, parágrafo único, do CP).

A CULPABILIDADE XXII

Sumário: 1. Considerações introdutórias. 2. Culpabilidade como predicado do crime. 3. Antecedentes das modernas teorias da culpabilidade. 4. Teoria psicológica da culpabilidade. 4.1. Crítica à teoria psicológica. 5. Precursores da teoria psicológico-normativa da culpabilidade. 6. Teoria psicológico-normativa da culpabilidade. 6.1. Crítica à teoria psicológico-normativa.

1. Considerações introdutórias

A culpabilidade, enquanto categoria sistemática do delito, é fruto da evolução da dogmática jurídico-penal, produzida na segunda metade do século XIX, com a separação entre antijuridicidade e culpabilidade. Essa sistematização da teoria do delito ocasionou uma transformação fundamental no estudo dogmático penal, e tornou-se majoritária a partir da obra de Von Liszt. Destacava referido autor que "pelo aperfeiçoamento da teoria da culpabilidade mede-se o progresso do Direito Penal"[1]. Essa afirmação é absolutamente correta, pois enfatiza um dos pontos centrais da ciência jurídico-penal, que, inegavelmente, é a *culpabilidade*. No entanto, os avanços produzidos a partir dessa época não lograram um consenso acerca do conceito e da missão da culpabilidade no âmbito da teoria geral do delito, discussão que ainda se mantém viva.

Com efeito, um conceito dogmático como o de culpabilidade requer, segundo a delicada função que vai realizar — fundamentar a punição estatal —, uma justificativa mais clara possível do porquê e para quê da pena. Tradicionalmente, a culpabilidade é entendida como um *juízo individualizado* de atribuição de responsabilidade penal, e representa uma garantia para o infrator frente aos possíveis excessos do poder punitivo estatal. Essa compreensão provém do princípio de que não há pena sem culpabilidade (*nulla poena sine culpa*). Nesse sentido, a culpabilidade apresenta-se como *fundamento* e *limite* para a imposição de uma pena *justa*. Por outro lado, a culpabilidade também é entendida como um instrumento para a *prevenção de crimes* e, sob essa ótica, o *juízo de atribuição de responsabilidade* penal cumpre com a função de aportar estabilidade ao sistema normativo, confirmando a obrigatoriedade do cumprimento das normas.

---

1. Franz von Liszt, *Tratado de Derecho Penal*, Madrid, Reus, t. 2, p. 390.

Entre uma e outra concepção existe uma série de variantes que condicionam o entendimento da culpabilidade. Sendo assim, é importante esclarecer o ponto de partida metodológico sobre o qual nos apoiamos para a definição do *conceito material de culpabilidade,* bem como para a configuração da culpabilidade como categoria sistemática do delito.

A esse respeito vale ressaltar, com Hassemer[2], que a moderna dogmática penal procura critérios para precisar o conteúdo e missão da culpabilidade em um campo próximo, qual seja, nos fins da pena: "Evidentemente, os fins da pena, como teorias que indicam a missão que tem a pena pública, são um meio adequado para concretizar o juízo de culpabilidade. Uma concreção do juízo de culpabilidade, sob o ponto de vista dos fins da pena, promete, além do mais, uma harmonização do sistema jurídico-penal, um encadeamento material de dois setores fundamentais, que são objeto hoje dos mais graves ataques por parte dos críticos do Direito Penal". Nesses termos, a *culpabilidade* passou a ser vista como uma categoria que conjuga tensões dialéticas entre prevenção e princípios garantistas.

Como veremos ao longo deste capítulo, essa é a mais recente etapa da evolução histórico-dogmática da categoria da culpabilidade, tema que ainda domina as discussões sobre o *conceito material de culpabilidade.* Contudo, antes de analisarmos os principais estágios dessa evolução, vale a pena antecipar aqui, para uma melhor compreensão da matéria, alguns dos conceitos manejados pela doutrina quando se refere à culpabilidade.

Atribui-se, em Direito Penal, um triplo sentido ao conceito de culpabilidade, que precisa ser liminarmente esclarecido. Em primeiro lugar, a culpabilidade — como *fundamento* da pena — refere-se ao fato de ser possível ou não a aplicação de uma pena ao autor de um fato típico e antijurídico, isto é, proibido pela lei penal. Para isso, exige-se a presença de uma série de requisitos — *capacidade de culpabilidade, consciência da ilicitude e exigibilidade de conduta* conforme a norma — que constituem os elementos positivos específicos do conceito dogmático de culpabilidade. A ausência de qualquer desses elementos é suficiente para impedir a aplicação de uma sanção penal. Em segundo lugar, a culpabilidade — como *elemento da determinação* ou medição da pena. Nessa acepção, a culpabilidade funciona não como *fundamento* da pena, mas como *limite* desta, impedindo que a pena seja imposta além da medida prevista pela própria ideia de culpabilidade, aliada, é claro, a outros fatores, como importância do bem jurídico, fins preventivos etc. E, finalmente, em terceiro lugar, a culpabilidade — vista como conceito contrário à responsabilidade objetiva, ou seja, como identificador e delimitador da responsabilidade individual e subjetiva. Nessa acepção, o *princípio*

---

2. Winfried Hassemer, *Fundamentos del Derecho Penal,* Barcelona, Bosch, 1984, p. 290; Claus Roxin, *La determinación de la pena...*, p. 93 e s.

de culpabilidade impede a atribuição da responsabilidade penal objetiva, assegurando que ninguém responderá por um resultado absolutamente imprevisível e se não houver agido, pelo menos, com dolo ou culpa.

Vimos no Capítulo II desta obra a importância fundamental do *princípio de culpabilidade* como limite para o exercício do *jus puniendi*, razão pela qual, agora, nosso objeto de estudo limita-se à *culpabilidade* como categoria sistemática do delito e à correspondente análise do conceito material de culpabilidade. Dessa forma poderemos determinar as condições da atribuição de *responsabilidade penal*, isto é, de que forma e em que limites a culpabilidade funciona como *fundamento e medida da pena*.

2. Culpabilidade como predicado do crime

Desde que o pensamento sistemático se consolidou na dogmática jurídico-penal, a atribuição de *responsabilidade penal* é entendida como um processo valorativo escalonado de imputação. Ou seja, o delito é atribuído (imputado) ao comportamento humano quando reúne determinadas características. Já analisamos os dois primeiros degraus de valoração: a tipicidade e a antijuridicidade. Mas não basta caracterizar uma conduta como típica e antijurídica para a atribuição de responsabilidade penal a alguém. Esses dois atributos não são suficientes para punir com pena o comportamento humano criminoso, pois para que esse *juízo de valor* seja completo é necessário, ainda, levar em consideração as características individuais do autor do injusto. Isso implica, consequentemente, acrescentar mais um degrau valorativo no processo de imputação, qual seja, o da *culpabilidade*.

Com esse entendimento, podemos afirmar que a tipicidade, a antijuridicidade e a culpabilidade são *predicados* de um *substantivo*, que é a *conduta humana* definida como crime. Não nos convence o entendimento que foi dominante na doutrina brasileira, no último quarto do século passado, segundo o qual a *culpabilidade*, a partir do finalismo welzeliano, deveria ser tratada como mero *pressuposto da pena*, e não mais como integrante da teoria do delito. Assumindo essa orientação, Damásio de Jesus, pioneiramente, passou a definir o *crime* como *a ação típica e antijurídica*, admitindo a *culpabilidade* somente como *mero pressuposto da pena*[3].

A seguinte afirmação de Ariel Dotti teria levado Damásio de Jesus a abandonar seu entendimento anterior sobre a matéria, assumindo essa concepção: "O crime — afirmou Ariel Dotti — como ação tipicamente antijurídica é *causa* da resposta penal como *efeito*. A sanção será imposta somente quando for possível

---

3. Damásio de Jesus, *Direito Penal*, 12ª ed., São Paulo, Saraiva, 1988, v. 1, p. 133 e 396; René Ariel Dotti, *O incesto*, Curitiba, Dist. Ghignone, 1976, p. 173.

e positivo o juízo de reprovação que é uma decisão sobre um comportamento passado, ou seja, um *posterius* destacado do fato antecedente"[4]. Essa afirmação de Dotti, conduzida a extremos por Damásio de Jesus, leva-nos, inevitavelmente, a fazer algumas reflexões: a) afinal, seria possível a imposição de sanção penal a uma ação típica, que não fosse antijurídica? b) poder-se-ia sancionar uma ação antijurídica que não se adequasse a uma descrição típica? c) a sanção penal (penas e medidas) não é uma consequência jurídica do crime?

Seguindo essa reflexão, perguntamos: a tipicidade e a antijuridicidade não seriam também *pressupostos* da pena? Ora, na medida em que a sanção penal é *consequência* jurídica do crime, este, com todos os seus elementos, é *pressuposto* daquela. Assim, não somente a culpabilidade, mas igualmente a tipicidade e a antijuridicidade também são pressupostos da pena, que, por sua vez, é consequência do crime[5]. Aliás, nesse sentido, Heleno Fragoso, depois de afirmar que "crime é o conjunto dos pressupostos da pena", esclarecia: "Crime é, assim, o conjunto de todos os requisitos gerais indispensáveis para que possa ser aplicável a sanção penal. A análise revela que tais requisitos são a conduta típica, antijurídica e culpável..."[6].

Para não deixar dúvida sobre a natureza e localização da culpabilidade invocamos as palavras de Welzel sobre sua concepção de delito: "O conceito da culpabilidade acrescenta ao da ação antijurídica — tanto de uma ação dolosa quanto de uma não dolosa — um novo elemento, que é o que a converte em delito"[7]. Em sentido semelhante é a lição de Muñoz Conde, que, definindo o crime, afirma: "Esta definição tem *caráter sequencial*, isto é, o peso da imputação vai aumentando à medida que passa de uma categoria a outra (da tipicidade à antijuridicidade, da antijuridicidade à culpabilidade etc.), tendo, portanto, de se tratar em cada categoria os problemas que lhes são próprios". Essa construção deixa claro que, por exemplo, se do exame dos fatos constatar-se que a ação não é típica, será desnecessário verificar se é antijurídica, e muito menos se é culpável. Cada uma dessas características contém critérios valorativos próprios, com importância e efeitos teóricos e práticos igualmente próprios[8]. Ora, é de uma

---

4. Dotti, *O incesto*, cit., p. 176.
5. Ver, em sentido semelhante: Fernando de Almeida Pedroso, *Direito Penal*, São Paulo, LEUD, 1993, p. 375-6. No mesmo sentido, ver o excelente artigo de David Teixeira de Azevedo, A culpabilidade e o conceito tripartido de crime, *Revista Brasileira de Ciências Criminais*, n. 2, 1993, p. 46-55.
6. Heleno Fragoso, *Lições de Direito Penal*; Parte Geral, Rio de Janeiro, Forense, 1985, p. 216.
7. Welzel, *El nuevo sistema*, cit., p. 79.
8. Muñoz Conde e García Arán, *Derecho Penal*; Parte General, 3ª ed., Valencia, Tirant lo Blanch, 1996, p. 215. Ainda no mesmo sentido, Jescheck, *Tratado de Derecho Penal*, p.

clareza meridiana, uma ação típica e antijurídica somente se converte em crime com o acréscimo da culpabilidade.

Finalmente, também não impressiona o argumento de que o Código Penal brasileiro *admite a punibilidade da receptação*, mesmo quando "desconhecido ou *isento de pena* o autor do crime de que proveio a coisa" (grifo acrescentado). E, quando argumentam que, como a receptação pressupõe que o objeto receptado seja produto de crime, o legislador de 1940 estaria admitindo *crime sem culpabilidade*. Convém registrar que em 1942, quando nosso Código entrou em vigor, ainda não se haviam propagado no Brasil as ideias do *finalismo welzeliano*, que apenas se iniciava.

Ao contrário do que imaginam, essa *política criminal* adotada pelo Código de 1940 tem outros fundamentos: 1º) de um lado, representa a adoção dos postulados da *teoria da acessoriedade limitada*, que também foi adotada pelo Direito Penal alemão em 1943, segundo a qual, para punir o *partícipe*, é suficiente que a ação praticada pelo autor principal seja *típica* e *antijurídica*, sendo indiferente a sua *culpabilidade, podendo, assim, inclusive ser isento de pena*; 2º) de outro lado, representa a consagração da *prevenção*, na medida em que pior que o ladrão é o receptador, visto que a ausência deste enfraquece o estímulo daquele; 3º) finalmente, o fato de o nosso Código prever a possibilidade de punição do receptador, mesmo que o autor do crime anterior seja *isento de pena*, não quer dizer que esteja referindo-se, *ipso facto*, ao inimputável. O *agente imputável* pode ser isento de pena, por inúmeras razões, como, por exemplo, coação moral irresistível, erro de proibição, erro provocado por terceiro etc.

Concluímos, por fim, com a afirmação irrefutável de Cerezo Mir: "Os diferentes elementos do crime estão numa relação lógica necessária. Somente uma ação ou omissão pode ser típica, só uma ação ou omissão típica pode ser antijurídica e só uma ação ou omissão antijurídica pode ser culpável"[9]. Essa compreensão da culpabilidade como predicado do crime não é fruto, portanto, do arbítrio, mas resulta de um longo processo de evolução da dogmática jurídico-penal, como veremos a seguir.

335: "Diante do tipo de injusto, como conjunto de todos os elementos que fundamentam o conteúdo de injusto típico de uma classe de delito, encontra-se o *tipo de culpabilidade*. Compreende os elementos que caracterizam o conteúdo de culpabilidade típico de uma forma de delito. A união de tipo de injusto e tipo de culpabilidade origina o *tipo de delito*"; Cerezo Mir: "a tipicidade, a antijuridicidade e a culpabilidade são atributos ou predicados de um substantivo, que não é outro que a ação ou a omissão, cujo conceito deve ser formulado de tal modo que não prejulgue algum dos elementos seguintes do conceito de delito" (*Curso de Derecho Penal español*, Madrid, Tecnos, p. 290).
9. José Cerezo Mir, *Curso de Derecho Penal español*, cit., p. 267. No mesmo sentido, Muñoz Conde, *Derecho Penal*, cit.

3. Antecedentes das modernas teorias da culpabilidade

Os antecedentes da teoria da culpabilidade, em sua forma ainda elementar, remontam ao Direito Penal italiano da Baixa Idade Média e à doutrina do *Direito Comum* elaborada nos séculos XVI e XVII[10]. O Direito Natural, do qual Puffendorf (1636-1694) é reconhecido como autêntico representante, apresenta a primeira aproximação à teoria da culpabilidade, partindo da ideia de *imputação*, que corresponderia à atribuição da responsabilidade da ação livre ao seu autor, ou seja, atribuía-se a responsabilidade penal àquele que, livremente, praticasse a ação. A essa *concepção de imputação*, com longos intervalos, seguiram-se outras, como a dos *hegelianos*, segundo a qual a *imputação subjetiva* justificava-se porque o indivíduo, livremente, por sua *vontade particular*, afastava-se da *vontade geral*, isto é, da lei.

No entanto, a sistematização conceitual da culpabilidade é de data bem mais recente. Em meados do século XIX, com Adolf Merkel e, especialmente, com Binding, foram lançados os primeiros delineamentos das definições e estruturação contemporâneas da culpabilidade[11]. Na segunda metade desse mesmo século, a *teoria da liberdade de vontade* entra em franco declínio, tornando insustentável o conceito de culpabilidade do Direito Natural, abrindo, assim, o caminho para a evolução da dogmática jurídico-penal através da distinção fundamental entre antijuridicidade e culpabilidade defendida por Von Liszt. Essa transformação na sistematização da teoria do delito ocorreu num momento em que o *método positivista* predominava no âmbito das ciências sociais, contribuindo para o surgimento da concepção *psicológica da culpabilidade*[12].

4. Teoria psicológica da culpabilidade

A *teoria psicológica* da culpabilidade tem estrita correspondência com o *naturalismo-causalista*, fundamentando-se ambos no positivismo do século XIX. Von Liszt, como demonstramos anteriormente, reduz a ação a um *processo causal* originado do impulso da vontade. Nesses termos, vinculada a essa concepção de Von Liszt, "culpabilidade é a responsabilidade do autor pelo ilícito que realizou"[13], ou, em outras palavras, culpabilidade *é a relação subjetiva entre o autor e o fato*. Em termos bem esquemáticos, culpabilidade é o *vínculo*

---

10. Jescheck, *Tratado*, cit., p. 577.
11. Juan Bustos Ramirez, *Manual de Derecho Penal*, 3ª ed., Barcelona, Ariel, 1989, p. 310-1; Zaffaroni, *Manual de Derecho Penal*, 6ª ed., Buenos Aires, Ediar, 1991, p. 238 e s.; Luzón Peña, *Curso de Derecho Penal*; Parte General, Madrid, Editorial Universitas, 1996, p. 225.
12. Jescheck, *Tratado*, cit., p. 577; Santiago Mir Puig, *Derecho Penal*, Parte General, 8ª ed., Barcelona, PPU, 2010, p. 529.
13. Franz von Liszt, *Tratado de Derecho Penal*, Madrid, Reus, 1927, t. 2, p. 375.

psicológico que une o autor ao resultado produzido por sua ação. No mesmo sentido, Bellavista definiu a culpabilidade como a relação psicológica entre o agente e a ação que ocasiona um evento querido ou não querido, ainda que não previsto, mas previsível[14]. Enfim, a *culpabilidade* era, para essa teoria, a relação psicológica, isto é, o vínculo subjetivo que existia entre a conduta e o resultado, assim como, no plano objetivo, a relação física era a causalidade.

Dentro dessa concepção psicológica, o *dolo* e a *culpa* não só eram as duas únicas espécies de culpabilidade como também a sua totalidade, isto é, eram a *culpabilidade*, na medida em que esta não apresentava nenhum outro elemento constitutivo. Admitia, somente, como seu *pressuposto*, a *imputabilidade*, entendida como capacidade de ser culpável. Ora, essa concepção partia da distinção entre externo e interno, ou seja, de um lado, a *parte exterior* do fato punível — aspecto objetivo —, que era representada, primeiramente, pela antijuridicidade e, posteriormente, também pela tipicidade, e, de outro lado, sua *parte interior*, isto é, seus componentes psíquicos — aspecto subjetivo —, representada pela culpabilidade[15]. Segundo essa *teoria*, como já destacamos, "culpabilidade é uma ligação de natureza anímica, psíquica, entre o agente e o fato criminoso", contendo somente elementos anímicos, puramente subjetivos. Assis Toledo[16] advertia, no entanto, que se deveria ter cuidado para não imaginar que a teoria psicológica da culpabilidade, já devidamente elaborada, fosse histórica e cronologicamente a primeira construída a respeito da culpabilidade. A essa conclusão pode-se opor a afirmação de que o conceito de dolo entre os romanos não era puramente psicológico; ao contrário, já se apresentava mais complexo e enriquecido (vontade, previsão e consciência da ilicitude), distinguindo duas espécies de dolo: *dolus malus* e *dolus bonus*.

Para a teoria psicológica, em sua concepção original, a culpabilidade somente poderia ser afastada diante de *causas* que eliminassem o *vínculo psicológico* tantas vezes referido. Essas *causas* seriam o "erro", que eliminaria o elemento intelectual, ou a "coação", que suprimiria o elemento volitivo do dolo, o qual, para essa teoria, repetindo, era puramente psicológico (vontade e previsão). A teoria psicológica foi a dominante durante parte do século XIX, e parte do século XX, quando foi superada pela teoria normativa ou, mais precisamente, psicológico-normativa, na terminologia que preferimos. A necessidade de sistematizar

---

14. G. Bellavista, *Il problema della colpevolezza,* Palermo, 1942, p. 133.
15. Zaffaroni, *Manual*, cit., p. 513: "A culpabilidade era a relação psicológica que havia entre a conduta e o resultado, assim como a relação física era a causalidade. O injusto se ocupava, pois, dessa relação física — causação do resultado — enquanto à culpabilidade cabia a missão de tratar da relação psíquica". Em sentido semelhante, Mir Puig, *Derecho Penal*, cit., p. 467.
16. Francisco de Assis Toledo, *Princípios básicos de direito penal*, p. 219.

os elementos da construção estrutural do delito determinou o progressivo abandono daquela teoria, que teve destacada sua insuficiência conceitual-dogmática, basicamente, diante do crime culposo, da *omissão* e das *causas de exculpação*.

4.1. Crítica à teoria psicológica

A impossibilidade de configurar um conceito superior de culpabilidade que abrangesse as suas duas formas (ou espécies), dolosa e culposa, especialmente a hipótese de *culpa inconsciente*, foi efetivamente a maior dificuldade da teoria psicológica. Na sua forma mais elaborada, a dolosa, a *previsão* (elemento intelectivo) deve estar acompanhada da *vontade* (elemento volitivo), pois "a previsão sem vontade é vazia e a vontade sem previsão é cega"[17]. Como então reunir, em um *conceito superior*, duas coisas absolutamente distintas: *dolo* — elemento psicológico —, e *culpa* — elemento normativo —, particularmente na *culpa inconsciente*, onde não há sequer *previsão*? Logo, era absolutamente incoerente visualizar a culpabilidade como algo puramente psicológico, quando uma de suas formas de manifestação — a culposa — não tinha caráter psicológico. Como destaca, lucidamente, Damásio de Jesus: "Ora, como é que um conceito normativo (culpa) e um conceito psíquico (dolo) podem ser espécies de um denominador comum?"[18]. Na *culpa consciente*, para superar esse impasse, tentava-se explicar seu caráter psicológico considerando a *presunção* de conhecimento do perigo, onde existiria a *previsibilidade*, que seria um conceito relacionado ao psicológico. No entanto, a previsibilidade não encerra nenhuma relação psíquica efetiva, mas somente uma mera possibilidade. Por outro lado, tanto a *previsibilidade* quanto a *previsão* são insuficientes para caracterizar a culpa, sendo indispensável a infringência do *dever de cuidado*. Enfim, a culpa não consiste em algo psicológico, mas em algo normativo: *a infração do dever objetivo de cuidado*[19].

Em síntese, assim como o *injusto* era construído sobre a ação, enfrentando dificuldades para explicar a omissão, o *naturalismo-causalista* constituía a culpabilidade sobre o dolo, enfrentando dificuldade igualmente para abranger a culpa, levando alguns autores, como Kohlrausch, a afirmar que a *culpa inconsciente* não representava culpabilidade, afastando-a do Direito Penal, porque nela faltava a relação psíquica do autor com o resultado[20]. E, para justificar esse entendimento, Kohlrausch assemelhava a culpa ao dolo, negando que fossem formas diferentes de culpabilidade, mas constituíam simplesmente *contravenções*

---

17. Paulo José da Costa Jr., *Comentários ao Código Penal*; Parte Geral, São Paulo, Saraiva, 1986, v. 1, p. 167-8.
18. Damásio de Jesus, *Direito Penal*, cit., v. 1, p. 400.
19. Mir Puig, *Derecho Penal*, cit., p. 530.
20. Welzel, *El nuevo sistema*, cit., p. 82; Zaffaroni, *Manual*, cit., p. 513.

culpáveis de diferentes classes de normas[21]. Havia, também, dificuldades para explicar a culpabilidade pela prática de um comportamento omissivo, na medida em que a própria omissão não podia ser entendida, no plano objetivo-externo, como um fenômeno causal.

Outro grande problema era a dificuldade de explicar satisfatoriamente a *gradualidade da culpabilidade*, isto é, a ocorrência de *causas* que excluíam ou diminuíam a responsabilidade penal, como, por exemplo, estado de necessidade exculpante, emoções, embriaguez, enfim, as *causas de exculpação*, onde a presença do dolo é evidente[22]. Ocorre que, nessas circunstâncias, isto é, na exculpação, apesar da existência do *nexo psicológico* entre o autor e o resultado, representado pelo dolo, não há culpabilidade. Esse aspecto somente poderia ser explicado se se renunciasse à identificação da culpabilidade com o *vínculo psicológico* entre o autor e o seu ato[23].

Diante da insuficiência comprovada da teoria psicológica, que, na verdade, não conceitua a culpabilidade, mas apenas apresenta um dos seus elementos, foi inevitável o surgimento de um *conceito integral* de culpabilidade, que preferimos, como alguns, denominar *psicológico-normativo*, em razão de conservar elementos de natureza psicológica.

5. Precursores da teoria psicológico-normativa da culpabilidade

O fundador da teoria normativa da culpabilidade, também conhecida como *psicológico-normativa*, foi Reinhard Frank, concebendo-a como *reprovabilidade*, sem, no entanto, afastar-lhe o dolo e a culpa. Frank foi o primeiro a advertir que o aspecto psicológico que se exprime no dolo ou na culpa não esgota todo o conteúdo da culpabilidade, que também precisa ser *censurável*. Para Frank, "o estado normal das circunstâncias em que o autor atua" é elemento da culpabilidade, pois a *anormalidade* pode exculpar o agente. *Circunstâncias anormais* afastariam a reprovabilidade da conduta. Assim, a culpabilidade passava a ser, ao mesmo tempo, uma *relação psicológica* e um *juízo de reprovação*. Essa proposição Frank foi reelaborando nas sucessivas publicações de seus comentários ao Código Penal alemão; de "circunstâncias acompanhantes normais" passa para "motivação normal" e, por último, somente à consideração das "causas de exclusão da culpabilidade"[24].

---

21. Kohlrausch, apud Bustos Ramirez, *Manual*, cit., p. 311.
22. Bustos Ramirez, *Manual*, cit., p. 311.
23. Juan Córdoba Roda, *Una nueva concepción del delito*, Barcelona, Ariel, 1963, p. 29.
24. Welzel, *El nuevo sistema*, cit., p. 83; Zaffaroni, *Manual*, cit., p. 514.

James Goldschmidt (1930) foi, ao lado de Frank, outro autor determinante na configuração da teoria psicológico-normativa, para quem o fundamento do conceito normativo de culpabilidade deve ser buscado na diferença que há entre "norma jurídica" e "norma de dever"[25]. Goldschmidt distinguia *norma jurídica* e *norma de dever*, sustentando que a *norma jurídica* relaciona-se com o *injusto*, sendo de caráter objetivo e geral; a *norma de dever*, por sua vez, relaciona-se com a *culpabilidade*, sendo de caráter subjetivo e individual. Goldschmidt afasta os elementos fáticos da culpabilidade, reduzindo-a a *juízo de contrariedade ao dever*. Coube-lhe o mérito de haver chamado a atenção para a importância que assume, na construção da culpabilidade, a *vontade contrária ao dever*. A norma de dever, ou de motivação, tem existência independente, ao lado da norma de ação[26]. Para Goldschmidt, "a culpabilidade como modalidade de um fato antijurídico é sua possibilidade de reconduzi-lo à motivação reprovável (valorativamente objetável)", e acrescentava: "Pois esta consiste no não se deixar motivar, objetável valorativamente, da vontade pela representação do dever"[27].

O terceiro autor que contribuiu substancialmente na elaboração da teoria normativa foi Berthold Freudenthal, para quem a *exigibilidade* da conduta era o elemento diferencial necessário entre culpabilidade e inculpabilidade. Assim, para Freudenthal, culpabilidade é "a desaprovação do comportamento do autor, quando podia e devia comportar-se de forma diferente"[28]. Em sentido semelhante, questionando o significado de "censurável", e defendendo a necessidade da "exigibilidade", mais recentemente, manifesta-se Figueiredo Dias, *in verbis*: "Mas o que é censurável? Um acto no seu puro conteúdo externo-objectivo ou também na sua qualidade de desvalor jurídico? Uma certa conformação da vontade do seu autor? A perigosidade dele? Uma certa condução ou decisão da sua vida, uma defeituosa preparação ou formação de sua personalidade? Um certo carácter ou uma certa personalidade que no facto se exprimiu? E depois: o que é censurabilidade? O actuar-se contra o dever no pressuposto do poder de agir de outra maneira? Ou simplesmente um certo sentido objectivo do desvalor jurídico? Eis só algumas das perguntas que de forma mais próxima condicionam a relevância ou irrelevância da consciência da ilicitude como problema de culpa e *às quais se não pode responder com o simples apelo a uma concepção da culpa como pura*

---

25. Manuel Vidaurri Aréchiga, La culpabilidad, cit., p. 58; José Cirilo de Vargas, *Instituições de Direito Penal*; Parte Geral, Belo Horizonte, Del Rey, 1997, t. 1, p. 347.
26. Everardo da Cunha Luna, *Estrutura jurídica do crime*, 4ª ed., São Paulo, Saraiva, 1993, p. 97.
27. Apud B. Ramirez, *Manual*, cit., p. 312.
28. Bustos Ramirez, *Manual*, cit., p. 312.

normatividade ou censurabilidade"[29]. Com essas questões Figueiredo procura demonstrar a insuficiência do elemento normativo para configurar a culpabilidade, justificando a necessidade de outro elemento, qual seja, a *normalidade* da motivação, ou exigibilidade da conduta adequada ao dever, que é uma questão a ser resolvida também em sede de culpabilidade, mas que não pode ser respondida somente com a valoração do conhecimento ou cognoscibilidade da ilicitude.

Finalmente, Mezger, embora não tenha sido seu criador, foi o grande difusor da teoria normativa da culpabilidade. Para ele, a culpabilidade é tanto um *determinado conteúdo* como também um *juízo de valor sobre esse conteúdo*: é, pois, *reprovabilidade*. Enfim, a *culpabilidade*, para Mezger, é "o conjunto daqueles pressupostos da pena que fundamentam, frente ao sujeito, a reprovabilidade pessoal da conduta antijurídica. A ação aparece, por isso, como expressão juridicamente desaprovada da personalidade do agente"[30]. Assim, seriam componentes da culpabilidade: a) a imputabilidade (que não é seu pressuposto); b) uma determinada relação psicológica do autor com o fato — dolo ou culpa; c) a ausência de causas especiais de exclusão da culpabilidade (enfim, as circunstâncias acompanhantes, a motivação normal ou a exigibilidade não aparecem positivamente como característica da culpabilidade, mas em forma negativa, como exclusão dela)[31].

6. Teoria psicológico-normativa da culpabilidade

A elaboração da teoria normativa da culpabilidade produziu-se no contexto cultural de superação do *positivismo-naturalista* e sua substituição pela *metodologia neokantiana* do chamado "conceito neoclássico de delito"[32]. Sintetizando, em toda a evolução da teoria normativa da culpabilidade ocorre algo semelhante ao que aconteceu com a *teoria do injusto*. No injusto, àquela base *natural-causalista* acrescentaram-se as contribuições da teoria dos valores, ou seja, ao *positivismo* do século XIX somou-se o método valorativo do *neokantismo* das primeiras décadas do século XX. Na culpabilidade, a exemplo do que ocorreu com o injusto, a uma base naturalista-psicológica acrescentaram-se também os postulados da teoria dos valores, primeiro com Frank, de forma vaga e difusa, posteriormente, com maior clareza, com os autores já citados, Goldschmidt e Freudenthal. Com isso, se superpõe na culpabilidade um critério de caráter eticizante e de nítido cunho retributivo.

Enfim, a partir dessa teoria normativa (psicológico-normativa), *dolo e culpa* deixam de ser considerados como *espécies de culpabilidade*, ou simplesmente

---

29. Jorge de Figueiredo Dias, *O problema da consciência da ilicitude em Direito Penal*, 3ª ed., Coimbra, Coimbra Ed., 1987, p. 143.
30. Mezger, *Tratado*, p. 9 e s.
31. Mezger, *Tratado*, cit., p. 199, edição pirata, 1957.
32. Mir Puig, *Derecho Penal*, cit. p. 531.

como "a culpabilidade", passando a constituir, necessariamente, *elementos da culpabilidade*, embora não exclusivos, pois esse novo conceito de culpabilidade, ao contrário da teoria psicológica, necessita de outros elementos para aperfeiçoar-se, como veremos. Em outros termos, poderá existir dolo sem que haja culpabilidade, como ocorre nas causas de exculpação (v. g., legítima defesa putativa), em que a conduta, mesmo dolosa, não é censurável.

Essa concepção, que preferimos denominar *psicológico-normativa*, vê a culpabilidade como algo que se encontra fora do agente, isto é, não mais como um *vínculo* entre este e o fato, mas como um *juízo de valoração* a respeito do agente. Em vez de o agente ser o portador da culpabilidade, de carregar a culpabilidade em si, no seu psiquismo, ele passa a ser o objeto de *um juízo de culpabilidade*, que é emitido pela ordem jurídica. Há, então, uma *reprovação*, uma *censura*, que recai sobre o sujeito, sobre o agente autor de um fato típico e ilícito, que se condiciona, no entanto, à existência de certos elementos: o primeiro, já existente desde o surgimento da culpabilidade, que é (I) a *imputabilidade*, que aliás, na *teoria psicológica*, era vista como um *pressuposto da culpabilidade*. A imputabilidade continua sendo indispensável na teoria *psicológico-normativa*, mas como seu elemento, e não mais como seu pressuposto; (II) o *dolo* ou a *culpa*, que de formas ou espécies da culpabilidade são transformados em um de seus elementos, no caso, *psicológico-normativo*. E, por último, aquele elemento que foi incluído no conceito, na estrutura da culpabilidade, por Freudenthal, que é (III) a *exigibilidade de outra conduta*, o conhecido "poder agir de outro modo". Enfim, sintetizando, a culpabilidade psicológico-normativa compõe-se dos seguintes elementos: a) *imputabilidade*; b) *elemento psicológico-normativo* (dolo ou culpa); c) *exigibilidade de conduta conforme ao Direito*.

Nessa concepção o dolo, que era puramente psicológico, passa a ser também um dolo normativo, o *dolus malus*, constituído de *vontade*, *previsão* e *consciência da ilicitude*, os dois primeiros *elementos psicológicos* e o último, *normativo*. Dessa forma, o dolo passa a constituir-se, para essa teoria, dos seguintes elementos: a) um *elemento intencional*, volitivo, a voluntariedade; b) um *elemento intelectual* (previsão ou consciência), a previsão do fato; c) um *elemento normativo*, a consciência *atual* da ilicitude, configurando o que se denominou um *dolo híbrido*, isto é, psicológico e normativo.

6.1. *Crítica à teoria psicológico-normativa*

Por essa teoria, para haver dolo, como elemento da culpabilidade, fazia-se necessário que o agente quisesse praticar um fato típico e ilícito, com a *consciência da antijuridicidade* desse fato, isto é, sabendo que estava contrariando a ordem jurídica. Dessa forma, repetindo, o dolo deixava de ser puramente *psicológico* (natural), passando a ser também normativo, isto é, reunia os dois aspectos simultaneamente: *psicológico* (vontade e previsão) e *normativo* (consciência da ilicitude), configurando o que se denominou um *dolo híbrido*, isto é, psicológico-normativo.

Com a adoção de um *dolo híbrido* — ao mesmo tempo *psicológico* e *normativo* —, cria-se um problema para o Direito Penal, prontamente detectado por Mezger, a respeito da punibilidade do *criminoso habitual* ou *por tendência*. Esse criminoso, em virtude do seu meio social, não tinha *consciência da ilicitude*, necessária à configuração do dolo, porque, de regra, se criava e se desenvolvia em um meio em que determinadas condutas ilícitas eram consideradas normais, corretas, eram esperadas pelo seu grupo social. Ora, se essa pessoa não tinha a *consciência da ilicitude*, porque nasceu e se criou em determinado grupo social, em que a visão sobre a realidade é diversa, e sendo a *consciência da ilicitude* indispensável à existência do dolo, a que conclusão se chegava? Somente se podia concluir que tal indivíduo agia sem dolo, pois não tinha *consciência da ilicitude*. Agia-se sem dolo e sendo esse elemento ou requisito da culpabilidade, chegava-se a uma segunda conclusão: *essa pessoa era inculpável*, isto é, agia sem culpabilidade! Não se pode reprovar a conduta de alguém sem que na sua ação reúnam-se todos os elementos da culpabilidade. Logo, faltando-lhe um elemento, no caso, a consciência da ilicitude, não há culpabilidade. Chega-se, assim, a uma situação paradoxal, qual seja, a de excluir a culpabilidade exatamente daquele indivíduo que apresentava, *na visão do direito penal clássico, o comportamento mais censurável*.

Mezger procurou resolver esse impasse construindo um adendo à culpabilidade normativa, ao qual denominou "culpabilidade pela condução de vida". Considera-se como núcleo da culpabilidade, segundo essa concepção de Mezger, não o fato, mas o autor. O que importa realmente para a *censura* é a personalidade do agente, o caráter, ou a sua conduta social, em última análise, o que ele é, e não o *que* faz, não o *como* faz. Uma concepção dessas, voltada exclusivamente para o autor, e perdendo de vista o fato em si, o seu aspecto objetivo, pode levar, como de fato levou, na Alemanha nazista, a um *arbítrio estatal* desmedido, a uma intervenção indevida no modo de ser do indivíduo. Nesse sentido, pune-se alguém por ser determinada pessoa, porque apresenta determinadas características de personalidade, e não porque fez algo, em última análise. Essa concepção justificaria, por exemplo, intervenções cada vez mais em desacordo com a proteção de direitos e garantias individuais, podendo chegar, numa fase mais avançada, a um arbítrio sutil, modelando, inclusive, a personalidade do indivíduo.

Toda vez que perdermos de vista uma certa objetividade, ou seja, o fato em si, e nos detivermos fundamentalmente no autor do fato, surge a possibilidade bastante grande de aumentar o arbítrio estatal, ocorrendo um enfraquecimento das garantias individuais. Por razões dessa natureza, essas contribuições de Mezger não prosperaram. Por fim, impasses que a teoria *psicológico-normativa* continuava a apresentar foram superados com a *teoria normativa pura*, sustentada pelo *finalismo welzeliano*. Pela sua importância e pelo predomínio que atingiu no continente europeu e na América Latina, ainda que, por vezes, com alguma matização, e pela autêntica revolução que provocou no estudo dogmático não só da culpabilidade, mas de toda a teoria do delito, analisá-la-emos em capítulo próprio.

XXIII TEORIA NORMATIVA PURA DA CULPABILIDADE: SIGNIFICADO, CRISE E EVOLUÇÃO

Sumário: 1. Considerações genéricas. 2. Definição e fundamento da culpabilidade normativa pura. 3. Elementos da culpabilidade normativa pura. 3.1. Imputabilidade. 3.2. Possibilidade de conhecimento da ilicitude do fato. 3.3. Exigibilidade de obediência ao Direito. 4. A importância da teoria finalista da ação para a teoria normativa pura da culpabilidade. 5. Os problemas do livre-arbítrio na fundamentação da reprovação de culpabilidade. 6. Crise da teoria normativa pura da culpabilidade. 7. O conceito funcional de culpabilidade. 7.1. Culpabilidade e prevenção na visão de Roxin. 7.2. Culpabilidade e prevenção na visão de Jakobs. 8. A teoria da motivabilidade pelas normas.

1. Considerações genéricas

A teoria do delito encontra no finalismo um dos mais importantes pontos da sua evolução. Uma das mais caras contribuições da teoria finalista, que fora iniciada pelo *normativismo neokantiano,* foi a *extração* do âmbito da culpabilidade de todos aqueles *elementos subjetivos* que a integravam até então e, assim, dando origem a uma concepção *normativa "pura" da culpabilidade,* a primeira construção verdadeiramente normativa, no dizer de Maurach. Como se sabe, o finalismo desloca o dolo e a culpa para o tipo penal, retirando-os de sua tradicional localização, a culpabilidade, com o que a *finalidade* é levada ao centro do injusto. Como consequência, na culpabilidade concentram-se somente aquelas circunstâncias que condicionam a *reprovabilidade* da conduta contrária ao Direito, e o objeto da reprovação repousa no próprio injusto[1].

As consequências que a teoria finalista da ação trouxe consigo para a culpabilidade são inúmeras. Assim, a separação do tipo penal em *tipos dolosos* e *tipos culposos,* o dolo e a *culpa* não mais considerados como *espécies* (teoria psicológica) *ou elementos* da culpabilidade (teoria psicológico-normativa), mas como integrantes da ação e do injusto pessoal, constituem o exemplo mais significativo de uma nova direção no estudo do Direito Penal, num plano geral, e a adoção de um *novo conteúdo* para a culpabilidade, em particular.

---

1. Mir Puig, *Derecho Penal;* Parte General, Barcelona, PPU, 1985, p. 470.

Jiménez de Asúa, apesar de sua orientação causalista, definiu a culpabilidade do finalismo como "a reprovação do processo volitivo: nas ações dolosas, a reprovabilidade da decisão de cometer o fato; na produção não dolosa de resultados, a reprovação por não tê-los evitado mediante uma atividade regulada de modo finalista"[2]. Se observarmos bem, a culpabilidade sob a ótica finalista, ou melhor, a definição que à mesma se dá, constataremos que guarda muita semelhança com aquela do *normativismo neokantiano*, qual seja, com a *teoria psicológico-normativa*. Na verdade, a *culpabilidade normativa neokantiana* era definida como mero "juízo de reprovação pela realização do fato antijurídico, quando fosse exigível obrar conforme ao Direito", o que não significava que o *dolo* e a *culpa* "não continuassem sendo considerados na culpabilidade, mas que somente deixavam de ser vistos como 'a culpabilidade' (como suas espécies), para passarem a constituir seus elementos, necessários, embora não suficientes e exclusivos"[3]. A *culpabilidade*, no finalismo, por sua vez, pode ser resumida como a *reprovação pessoal que se faz contra o autor pela realização de um fato contrário ao Direito, embora houvesse podido atuar de modo diferente de como o fez*. No entanto, não se pode negar, há notáveis diferenças quanto ao *conteúdo* que as duas definições dão à culpabilidade.

Com a aparente semelhança entre os conceitos normativos — *neokantiano e finalista* —, surge a necessidade de esclarecer em que aspectos não o são, isto é, onde se localizam as diferenças entre um e outro. Com efeito, o *conteúdo* da culpabilidade finalista exibe substanciais diferenças em relação ao modelo normativo neokantiano. Diga-se, mais uma vez, que, enquanto na *concepção causalista-neokantiana* (psicológico-normativa) o dolo e a culpa eram partes integrantes da culpabilidade, no *finalismo* (normativa pura) passam a ser elementos, não desta, mas do injusto. E também, na corrente finalista, se inclui o *conhecimento da proibição* (não mais atual, mas apenas potencial) na culpabilidade, de modo que o dolo é entendido somente como *dolo natural* (puramente psicológico), composto apenas de um *elemento intelectual* (previsão) e um *elemento volitivo* (vontade), e não como no causalismo-neokantiano, que era considerado como o *dolus malus* dos romanos (vontade, previsão e conhecimento da realização de uma conduta proibida)[4].

Em síntese, a *culpabilidade neokantiana* compunha-se dos seguintes elementos: imputabilidade, elemento psicológico-normativo (dolo ou culpa) e exigibilidade de conduta conforme ao Direito; ao passo que, na reestruturação

---

2. Jiménez de Asúa, *Tratado de Derecho Penal*, 3ª ed., Buenos Aires, Losada, 1964, v. 6, p. 199.
3. Mir Puig, *Derecho Penal*, cit., p. 469.
4. Manuel Vidaurri Aréchiga, *La culpabilidad en la doctrina jurídico-penal española* (tese de doutorado, inédita), Universidad de Sevilla, p. 116.

proporcionada pelo finalismo, a *culpabilidade normativa pura* resume-se a: imputabilidade, consciência (potencial) da ilicitude e exigibilidade de conduta conforme ao Direito. Enfim, as diferenças radicalizam-se na supressão do elemento psicológico-normativo (deslocado para o injusto pessoal), e na inclusão da potencial consciência da ilicitude, que, redefinida, fora extraída do dolo.

Tem sido dominante, entre os finalistas, a ideia de erigir a *ação* como a base do sistema jurídico-penal, tendência que se mantém atualizada. Bustos Ramirez explica que ditas proposições têm seus antecedentes no pensamento globalizador e totalizante dos *hegelianos,* para os quais o delito era igual à ação e faziam coincidir em um só problema aspectos objetivos e subjetivos na teoria do delito, enquanto a ação apresentava uma estrutura objetivo-subjetiva. Os hegelianos, sem dúvida, já trabalhavam um conceito de ação similar ao welzeliano, mas que "aparecia enfraquecido pela confusão entre ação e culpabilidade, ao absorver todo o subjetivo naquele primeiro conceito"[5].

Em todo caso, o finalismo pode orgulhar-se de haver concretizado em seu ideário o conceito final de ação humana naquele estágio da evolução do Direito Penal. Do conceito final de ação se extraem interessantes consequências: dizer que ação não é *causal* mas *final* implica reconhecer que a finalidade da ação baseia-se no fato de que o homem, mercê de seu saber causal, pode prever, dentro de certos limites, as possíveis consequências de seu agir, podendo, por isso mesmo, propor-se fins diversos e, conforme a um plano, dirigir sua atividade à obtenção de tais fins[6]. Por isso, com propriedade, Welzel afirmava que a *finalidade é vidente* e a *causalidade é cega*[7].

2. Definição e fundamento da culpabilidade normativa pura

A *antijuridicidade* consiste numa relação entre ação e ordenamento jurídico, que expressa a desconformidade da primeira com o segundo, isto é, a realização da vontade não corresponde objetivamente aos mandamentos da ordem jurídica. Em outros termos, a conduta realizada pelo agente não se ajusta aos mandamentos jurídicos, embora pudesse ter evitado essa ação contrária às exigências do *dever ser* do Direito. A *culpabilidade,* por sua vez, não se esgota nessa relação de desconformidade entre ação e ordem jurídica, mas, ao contrário, a *reprovação pessoal* contra o agente do fato fundamenta-se na não omissão da ação contrária ao Direito ainda e quando podia havê-la omitido, pois dele se espera uma motivação concorde com a norma legal. A essência da culpabilidade reside nesse

---

5. Bustos Ramirez, *Manual de Derecho Penal,* p. 167.
6. Bustos Ramirez, *Manual,* cit., p. 165.
7. Hans Welzel, *Derecho Penal alemán,* trad. Juan Bustos Ramirez e Sergio Yáñez Pérez, Santiago, Ed. Jurídica de Chile, 1970, p. 54.

"poder em lugar de...", isto é, no "poder agir de outro modo" do agente referentemente à representação de sua vontade antijurídica, e é exatamente aí — nessa liberdade de ação, nessa possibilidade de agir diferente — onde se encontra o *fundamento da reprovação pessoal*, que se levanta contra o autor por sua conduta contrária ao Direito.

Segundo Welzel, culpabilidade é a *reprovabilidade* da configuração da vontade. Portanto, toda culpabilidade é culpabilidade de vontade, ou seja, somente se pode reprovar ao agente, como culpabilidade, aquilo a respeito do qual pode algo voluntariamente[8]. Também para Jescheck — embora fundamentando-a com uma *teoria social da ação* — *a culpabilidade significa a valoração negativa daqueles motivos que serviram ao autor na conformação de sua vontade e, por isso, cabe a reprovação de seu ato*. Sucintamente: "culpabilidade é a reprovabilidade da formação da vontade"[9]. Para justificar a imposição de uma sanção, não é suficiente que o autor tenha obrado típica e antijuridicamente, sendo necessário que sua conduta também seja reprovável. Mas o *juízo de desvalor* somente pode ser emitido quando existir a possibilidade de formular uma *reprovação* ao autor do fato. E essa possibilidade só existirá quando, no momento do fato, o autor puder determinar-se de outra maneira, isto é, pelo dever jurídico.

Preocupado com questões semânticas, pela forma variada com que alguns se referiam à culpabilidade normativa, Welzel destacou que, muitas vezes, se referiam à reprovabilidade ou à censurabilidade como *reprovação* da culpabilidade ou censura, e à culpabilidade como o resultado de um *juízo de culpabilidade* ou de um *juízo de censura*. "Isto não é nocivo — prosseguia Welzel — se sempre se tiver presente o caráter metafórico dessas expressões e se lembrar que a culpabilidade é uma *qualidade negativa* da própria ação do autor e não está localizada nas cabeças das outras pessoas que julgam a ação"[10]. Na realidade, a expressão "juízo de censura" empregada com o significado de "censura", ou então "juízo de culpabilidade" utilizada como sinônimo de "culpabilidade", tem conduzido a equívocos, justificando, inclusive, a preocupação de Welzel, conforme acabamos de citar. É preciso destacar, com efeito, que *censurável* é aquela conduta que possa vir a ter uma conotação negativa, desvalorada, para a ordem jurídica. E "juízo de censura" — estritamente falando — é a *avaliação* que se faz da concreta conduta do agente, concebendo-a como censurável ou incensurável. Essa avaliação sim — *juízo de censura* — é feita pelo aplicador da lei, pelo julgador da ação; não com base em critérios pessoais de valoração, mas, sim, a partir de critérios racionais. É por isso que consideramos inadequada a crítica de que a

---

8. Welzel, *Derecho Penal alemán*, cit., p. 197-8.
9. Jescheck, *Tratado de Derecho Penal*, p. 559 e s.
10. Hans Welzel, *El nuevo sistema del Derecho Penal — una introducción a la doctrina de la acción finalista*, Barcelona, Ariel, 1964, p. 80.

culpabilidade está na *cabeça do juiz*. A reprovabilidade do comportamento culpável não é deduzida da opinião pessoal do juiz, do seu juízo pessoal de censura, mas de critérios jurídico-penais de valoração. Por tudo isso, deve-se evitar o uso metafórico de *juízo de censura* como se fosse a essência da culpabilidade. O *juízo de censura* está para a *culpabilidade* assim como o *juízo de antijuridicidade* está para a *antijuridicidade*, mas ninguém afirma que a antijuridicidade está na cabeça do juiz.

Rosenfeld, em sua crítica contundente à *teoria normativa*, afirmou que a culpabilidade de um homem não podia residir na cabeça dos outros[11]. Mezger, respondendo a essa objeção de Rosenfeld, reconhece que "O juízo pelo qual se afirma que o autor de uma ação típica e antijurídica praticou-a culpavelmente refere-se, na verdade, a uma determinada situação fática da culpabilidade, que existe no sujeito, mas valoriza-se ao mesmo tempo essa situação considerando-a como um processo reprovável ao agente. Somente através desse juízo valorativo de quem julga se eleva a realidade de fato psicológica ao conceito de culpabilidade"[12]. Com efeito, o *juízo de censura* não recai somente sobre o agente, mas, especial e necessariamente, sobre a ação por ele praticada. Seguindo nessa linha, e aceitando a crítica de Rosenfeld e a explicação de Mezger, Jiménez de Asúa reconhece que o *fato concreto psicológico* sobre o qual se inicia o *juízo de culpabilidade* é do autor e está, como disse Rosenfeld, na sua cabeça, mas a valorização para a reprovação quem a faz é um juiz[13]. E Manuel Vidaurri Aréchiga, adotando o mesmo entendimento, conclui que, quanto a isso, parece não haver dúvida, pois "o juiz não cria a culpabilidade"[14]. Aliás, em não sendo assim, cabe perguntar aos opositores: onde estarão a *imputabilidade*, a *potencial consciência da ilicitude* e a *exigibilidade de conduta diversa*, elementos constitutivos da culpabilidade normativa? Estarão também na cabeça do juiz? Ora, fora da tese que sustentamos, essas indagações são irrespondíveis.

O conceito de culpabilidade de Welzel ficaria, então, estruturado da seguinte forma: por um lado, a culpabilidade estaria composta pelos pressupostos existenciais da reprovabilidade, isto é, a capacidade de culpabilidade, mais conhecida como imputabilidade. Por outro lado, a culpabilidade estaria composta pelos elementos essenciais da reprovabilidade, isto é, pela possibilidade de conhecimento da antijuridicidade. Uma vez estabelecidos ambos os elementos, estaria

---

11. Cf. Manuel Vidaurri Aréchiga, *La culpabilidad en la doctrina jurídico-penal española* (tese de doutorado — inédita), Sevilla, 1989, p. 82.
12. Edmund Mezger, *Tratado de Derecho Penal*, trad. José Arturo Rodriguez Muñoz, Madrid, Revista de Derecho Privado, 1935, t. 1, p. 12.
13. Luiz Jiménez de Asúa, *Tratado de Derecho Penal*, Buenos Aires, Losada, 1976, p. 179 e 228.
14. Manuel Vidaurri Aréchiga, *La culpabilidad*, cit., p. 83.

constituída materialmente a culpabilidade, o "poder em lugar de...". Mas, como advertiu Welzel, esses elementos não eram suficientes para formular a reprovação de culpabilidade, pois, apesar da imputabilidade e do potencial conhecimento do injusto do autor, seria necessário verificar se existiam, ou não, situações extraordinárias, conhecidas como *causas de exculpação*, que diminuíssem a possibilidade de motivação conforme a norma, e, portanto, o grau de culpabilidade[15].

Dessa forma, Welzel diferencia os três elementos que são analisados em sede de culpabilidade para a formulação do *juízo de reprovação*: a) a imputabilidade (capacidade de culpabilidade); b) o conhecimento potencial da antijuridicidade (ausência de erro de proibição) — elementos que fundamentam o poder atuar de outro modo –; e c) a inexistência de causas de exculpação, como fundamento da exigibilidade de atuação conforme ao Direito.

Segundo Couso Salas, através da distinção entre elementos da culpabilidade que fundamentam o "poder atuar de outro modo" e as causas de exculpação, fundadas na inexigibilidade, Welzel adiantou a diferenciação que seria adotada por boa parte da doutrina alemã, qual seja, aquela que separa as *causas de exclusão da culpabilidade* das *causas de exculpação*[16]. Com essa configuração, a culpabilidade resultaria, em última instância, caracterizada como um juízo acerca do *processo de motivação do autor* da conduta típica e antijurídica.

Dentre todas as formulações dos autores que se amoldam ao esquema finalista, uma construção particularmente interessante é sustentada por Maurach, segundo o qual a culpabilidade é "a reprovabilidade de um fazer ou omitir juridicamente desaprovado: é uma reprovação dirigida ao autor"[17]. Nesse sentido, parece que Maurach segue também a teoria normativa da culpabilidade, mas, como veremos, distancia-se dela em alguns pontos importantíssimos. As objeções feitas por Maurach à corrente normativa da culpabilidade atacam, principalmente, dois aspectos em particular: de um lado, considera que o *conteúdo atribuído à culpabilidade* no esquema normativo não consegue provar ou justificar a necessidade de pôr em jogo todos os recursos com que conta o Direito Penal, e, de outro lado, também não justifica que estejamos em presença de um juízo de reprovação *rigorosamente* pessoal. Os fundamentos em que alicerça suas afirmações concentram-se basicamente em dois enunciados gerais:

a) *O Direito Penal tem como recurso não somente a pena, mas também, em determinadas circunstâncias, a medida de segurança*. Isso quer dizer que o julgador pode lançar mão tanto da pena como da medida de segurança: a pena para

---

15. Jaime Couso Salas, *Fundamentos del Derecho Penal de la culpabilidad*, Historia, teoría y metodología, Valencia, Tirant lo Blanch, 2006, p. 125-127.
16. Couso Salas, *Fundamentos del Derecho Penal de la culpabilidad*, cit., p. 125-127.
17. Maurach, *Tratado de Derecho Penal*, Barcelona, Ed. Ariel, 1962, p. 77 e s.

o caso dos imputáveis, e a medida de segurança para os inimputáveis (ou, se for o caso, semi-imputáveis), estes quando não preencham os requisitos da culpabilidade e demonstrem ser portadores de uma perigosidade objetiva no momento de cometer o fato antijurídico. Do exposto deduz Maurach que o *conceito normativo da culpabilidade* revela-se insuficiente, uma vez que não consegue *fundamentar completamente a responsabilidade penal* que engloba penas e medidas de segurança. Embora, convém destacar, não apenas esse conceito, mas também o *psicológico* e o *psicológico-normativo* padeceriam, em tese, dessa mesma deficiência, que não foi destacada por Maurach.

b) *O juízo de reprovação, estritamente pessoal, a que se refere o conceito normativo, evita a referência ao atuar do "homem médio"*. Em vez disso, a fim de estender o *juízo de desvalor* da culpabilidade, importa exclusivamente o *poder do agente* individualmente. Essa afirmação poderia ser comprovada à luz dos elementos que compõem a culpabilidade, pois, assinala Maurach, a *imputabilidade* e o *conhecimento da antijuridicidade* são efetivamente suscetíveis de uma análise individualizada. Porém, o mesmo não ocorre com o outro elemento: *a exigibilidade de conduta adequada à norma*. Esse elemento aparece quase sempre em *sentido negativo*, exatamente como uma causa de exclusão da culpabilidade. Assim, pois, naquelas situações que constituem a base da *inexigibilidade* de outra conduta não há a possibilidade de um processo de individualização[18].

Para esses pressupostos, são conclusivas as medidas das capacidades reconhecidas ao termo médio impessoal, estabelecendo-se, assim, mesmo na lei, e com caráter geral, os limites da capacidade de abstenção. Nas palavras do próprio Maurach, aquilo que a corrente normativa define como *juízo unitário* não passa de "um conceito escalonado que, embora possa mostrar a possibilidade de atribuição subjetiva, não constitui ainda necessariamente a culpabilidade"[19].

Para Maurach, o conceito de *responsabilidade*, suprimidas as considerações brevemente enunciadas, vem a ser muito mais amplo que o de *culpabilidade*. Concentrou tal conceito no que ele denominou *atribuibilidade*, entendida como aquela "relação juridicamente desaprovada, com seu ato típico e antijurídico, que oferece a base das distintas possibilidades de reação do juiz penal"[20]. Segundo Maurach, dois graus integram a *atribuibilidade*: um chamado *responsabilidade pelo fato*, e outro denominado *culpabilidade*. O primeiro refere-se à desaprovação que surge da ideia de que o agente se comportou "pior" de como teriam feito os demais. Em outros termos, a responsabilidade pelo fato realizado nasce do não cumprimento das exigências dirigidas ao homem médio, isto é, *do proceder do autor não ajustado* ao "poder do resto dos homens", ainda que essa desaprovação

---

18. Maurach, *Tratado*, cit., p. 27-31.
19. Maurach, *Tratado*, cit., p. 29.
20. Maurach, *Tratado*, cit., p. 34.

não constitua a reprovação em si. O segundo grau da *atribuibilidade*, isto é, a *culpabilidade*, erige-se sobre a responsabilidade pelo fato, indagando especificamente se o autor podia pessoalmente atuar de modo distinto, o que requer afirmar que se trata de um sujeito imputável com conhecimento potencial da antijuridicidade[21]. A culpabilidade requer, assim, uma reprovação contra o autor, do qual se espera, por sua vez, a capacidade de conformar seus atos de acordo com o estabelecido pelo Direito.

Concluindo, somente se pode dirigir um *juízo de culpabilidade* ao autor quando este podia conhecer o injusto e adequar o seu proceder de acordo com esse conhecimento. A definição a que chega Maurach resume-se no seguinte: *a culpabilidade é reprovação que se faz ao autor* "por ter abusado de sua imputabilidade em relação a um determinado fato punível"[22]. A *responsabilidade* pelo fato (primeiro grau da atribuibilidade) é requisito mínimo para a aplicação de medida de segurança, enquanto a aplicação de pena requer a presença indispensável da *culpabilidade* (segundo grau da atribuibilidade).

3. Elementos da culpabilidade normativa pura

Os elementos que integram a culpabilidade, segundo a teoria normativa pura (a concepção finalista), são: a) *imputabilidade*; b) *possibilidade de conhecimento da ilicitude do fato*; c) *exigibilidade de obediência ao Direito*. Vejamos a seguir em que consiste cada um desses elementos.

3.1. *Imputabilidade*

Imputabilidade é a capacidade ou aptidão para ser culpável, embora, convém destacar, não se confunda com *responsabilidade*, que é o princípio segundo o qual o *imputável* deve responder por suas ações. A *imputabilidade* na orientação finalista, como explica Mir Puig[23], deixou de ser um *pressuposto prévio* da culpabilidade e converteu-se em *condição central da reprovabilidade*. A razão disso assenta-se no fato de que o *núcleo da culpabilidade* já não se centraliza *na vontade defeituosa*, mas *nas condições de atribuibilidade do injusto*, e ditas condições aproximam-se da ideia do "poder atuar de outro modo", conceito sobre o qual Welzel situou a essência da imputabilidade. Assim, sem a *imputabilidade* entende-se que o sujeito carece de liberdade e de faculdade para comportar-se de outro modo, com o que não é capaz de culpabilidade, sendo, portanto, inculpável.

Para Welzel, a culpabilidade é a *reprovabilidade* do fato antijurídico individual, e o que se reprova "é a resolução de vontade antijurídica em relação ao

---

21. Couso Salas, *Fundamentos del Derecho Penal de la culpabilidad*, cit., p. 131-132.
22. Maurach, *Tratado*, cit., p. 36.
23. *Derecho Penal*; Parte General, Barcelona, PPU, 1985, p. 471.

fato individual"[24]. De certo modo, o *conteúdo material da culpabilidade finalista* tem como base *a capacidade de livre autodeterminação* de acordo com o sentido do autor, ou, em outros termos, *o poder ou faculdade do agente de agir de modo distinto de como atuou*. Disso depende, pois, a *capacidade de culpabilidade ou imputabilidade*.

Mas, como o próprio Welzel reconhece, não se pode converter em objeto aquilo que não é suscetível de *objetivação,* como é o caso da subjetividade do indivíduo, ou seja, a livre autodeterminação. Segundo Welzel, "o juízo de que um homem determinado numa situação determinada é culpável, não é um ato teorético, mas existencial e, por certo, comunicativo. É o reconhecimento do outro como tu, como igual, como suscetível de determinação plena de sentido e, por isso, ao mesmo tempo, tão responsável como eu mesmo"[25].

Depois de fazer algumas considerações sobre os problemas na determinação da *capacidade de culpabilidade,* Welzel argumenta que a *culpabilidade individual não é mais que a concretização da capacidade de culpabilidade* em relação ao ato concreto, de tal forma que a *reprovabilidade* encontra sua base "nos mesmos elementos concretos cuja concorrência em caráter geral constituem a *capacidade de culpabilidade*. Isto é, o autor tem de conhecer o injusto, ou, pelo menos, tem de poder conhecê-lo e tem de poder decidir-se por uma conduta conforme ao Direito em virtude deste conhecimento (real ou possível). A *culpabilidade concreta* (reprovabilidade) está, pois, constituída (paralelamente à capacidade geral de culpabilidade) por elementos intelectuais e voluntários"[26].

Welzel conclui que a *capacidade de culpabilidade* apresenta dois momentos específicos: um *cognoscivo ou intelectual*, e outro *volitivo ou de vontade*, isto é, a *capacidade de compreensão* do injusto e a *determinação da vontade* conforme essa compreensão, acrescentando que somente os dois momentos conjuntamente constituem, pois, a capacidade de culpabilidade[27]. Assim, a ausência de qualquer dos dois aspectos, *cognoscivo* ou *volitivo,* é suficiente para afastar a capacidade de culpabilidade, isto é, a *imputabilidade* penal.

3.2. *Possibilidade de conhecimento da ilicitude do fato*

Para que uma ação contrária ao Direito possa ser reprovada ao autor, será necessário que *conheça ou possa conhecer* as circunstâncias que pertencem ao tipo e à ilicitude. E — como afirma Vidaurri — "a consciência da ilicitude (antijuridicidade) baseia-se no conhecimento das circunstâncias aludidas. Por isso,

---

24. Welzel, *El nuevo sistema del Derecho Penal*, Barcelona, Ed. Ariel, 1964, p. 100.
25. Welzel, *Derecho Penal alemán*, cit., p. 215.
26. Welzel, *El nuevo sistema*, cit., p. 100-1.
27. Welzel, *Derecho Penal alemán*, cit., p. 216.

ao conhecimento da realização do tipo deve-se acrescentar o conhecimento da *antijuridicidade*"[28].

A corrente tradicional, causalista, ao situar o dolo na culpabilidade, considerava a *consciência da antijuridicidade* como integrante do dolo. No entanto, na concepção normativa pura, o dolo passa para o *injusto* como *dolo natural* (psicológico), excluindo, dessa forma, o conhecimento da proibição, que, na teoria causalista, integrava o chamado *dolus malus* (dolo normativo). Essa é uma das diferenças mais marcantes que a corrente finalista apresenta em relação à causalista (teoria psicológica-normativa). "O exame deste aspecto — refere Mir Puig — fica para a culpabilidade, porém, não como um *conteúdo psicológico* de conhecimento efetivo, mas como *possibilidade*, normativamente determinável, de dito conhecimento. Do mesmo modo que na *imputabilidade* pergunta-se se o sujeito poderia atuar de outro modo. Neste ponto, se comprova se podia conhecer a proibição do fato, enquanto condição de poder adequar a conduta à norma"[29].

Segundo a orientação finalista, a ausência de *conhecimento da proibição* não afasta o *dolo natural*, mas exclui, isto sim, a culpabilidade — caso do *erro de proibição invencível*. Porém, se se tratar de um *erro de proibição vencível*, a culpabilidade atenua-se, sempre e quando não se tratar de um *erro grosseiro*, ou, melhor dito, de um *simulacro de erro*[30]. Nesse sentido, vale a pena lembrar a distinção que Welzel fazia entre erro de tipo e erro de proibição: o *erro de tipo* é aquele que se dá sobre uma circunstância objetiva do tipo legal. Aqui se exclui o dolo da realização típica (dolo do tipo), havendo a possibilidade de que o autor seja castigado pelo fato culposo quando para este haja previsão legal. Por sua vez, o *erro de proibição* é aquele que se dá sobre a antijuridicidade do fato, com pleno conhecimento da realização do tipo. Assim, pois, "o autor sabe o que faz, mas supõe erroneamente que estaria permitido. Não conhece a norma jurídica ou não a conhece bem (interpreta-a mal) ou supõe, equivocadamente, que concorre uma causa de justificação. Cada um desses erros — conclui Welzel — exclui a reprovabilidade, quando é inevitável ou a atenua quando é evitável"[31].

3.3. *Exigibilidade de obediência ao Direito*

Seguindo o magistério de Welzel, uma vez configuradas a *imputabilidade* e a *possibilidade de conhecimento do injusto*, fica *caracterizada materialmente a culpabilidade*, o que não quer dizer, no entanto, que o ordenamento

---

28. Manuel Vidaurri Aréchiga, *La culpabilidad*, cit., p. 119.
29. Mir Puig, *Derecho Penal*, cit., p. 471.
30. Mir Puig, *Derecho Penal*, cit., p. 471.
31. Welzel, *Derecho Penal alemán*, cit., p. 232 e s., onde aborda amplamente a problemática do erro em suas diferentes representações. Sobre esse problema veja-se também F. Muñoz Conde, *El error en Derecho Penal*.

jurídico-penal tenha de fazer a *reprovação de culpabilidade*. Em determinadas circunstâncias, poderá renunciar a dita reprovação e, por conseguinte, *exculpar* e absolver o agente[32].

Efetivamente, o *conhecimento do injusto*, por si só, não é fundamento suficiente para reprovar a resolução de vontade. Isto somente poderá ocorrer quando o autor, numa situação concreta, puder adotar sua decisão de acordo com esse conhecimento. "Não se trata aqui — afirmava Welzel — da *capacidade geral de decisão* conforme o sentido, por conseguinte, da *imputabilidade*, que existe independentemente da situação dada, mas de *possibilidade concreta* do autor, *capaz de culpabilidade*, de poder adotar sua decisão de acordo com o conhecimento do injusto"[33].

Um dos elementos mais importantes da *reprovabilidade* vem a ser exatamente essa *possibilidade concreta* que tem o autor de determinar-se conforme o sentido em favor da norma jurídica. O *conteúdo da reprovabilidade*, como afirma Manuel Vidaurri, consiste em o autor *dever e poder* adotar uma resolução de vontade de acordo com o ordenamento jurídico e não a resolução de vontade antijurídica[34]. O Direito exige, geralmente, do sujeito imputável, isto é, daquele que pode conhecer a antijuridicidade do seu ato, que tome sua resolução de vontade conforme com esse conhecimento possível. Porém, reconhecia Welzel, existem situações extraordinárias que diminuem drasticamente a motivação para atuar conforme a norma, de tal forma que não é exigida uma conduta adequada ao Direito, ainda que se trate de sujeito imputável e que realize dita conduta com conhecimento da antijuridicidade que lhe é própria[35]. Nessas circunstâncias, ocorre o que se chama de *inexigibilidade de outra conduta*, que afasta o terceiro elemento da culpabilidade, eliminando-a, consequentemente.

Como podemos observar, com essa configuração, não existe espaço para a ponderação de necessidades preventivas no âmbito da culpabilidade. De modo que *a capacidade individual* de atuar de outro modo e o consequente juízo de reprovação esgotariam o conteúdo da culpabilidade. Nesses termos, a *culpabilidade é fundamento e limite da pena*, cumprindo sua função garantista de limite do *ius puniendi* estatal, e sendo a pena concebida como retribuição da culpabilidade.

4. A importância da teoria finalista da ação para a teoria normativa pura da culpabilidade

Com o surgimento da teoria finalista da ação, na ciência do Direito Penal, não só se abriram novas rotas no campo dogmático da teoria do delito, como

---

32. Welzel, *Derecho Penal alemán*, cit., p. 248.
33. Welzel, *El nuevo sistema*, cit., p. 125.
34. Manuel Vidaurri Aréchiga, *La culpabilidad*, cit., p. 121.
35. Welzel, *El nuevo sistema*, cit., p. 125-6 e s.

também no plano metodológico sentiram-se intensamente os influxos da nova corrente. Pode-se comprovar que o finalismo não poupou esforços na busca de uma construção estritamente normativa da culpabilidade, na verdade, a primeira elaboração *normativa pura*. Assim, boa parte de suas renovadoras intenções a respeito do conceito de culpabilidade dirigia-se, inequivocamente, à separação daquela das características de cunho psicológico que até então a integravam de forma essencial.

A intenção, à evidência, era criar um *conceito de culpabilidade* como *juízo de valor*. Às fileiras da nova sistemática foram-se agregando não poucos penalistas de todos os continentes, inclusive muitos dos que militavam ardorosamente nas *correntes causalistas* acolheram, alguns com interessantes matizações, os postulados da concepção finalista. Dos debates e estudos que vários desses penalistas — *causalistas* e *finalistas* — realizaram em torno do conceito de culpabilidade, chegou-se à consideração, mais ou menos unânime, entendendo a culpabilidade *como aquele juízo de reprovação dirigido ao autor por não haver obrado de acordo com o Direito, quando lhe era exigível uma conduta em tal sentido*.

A inegável importância das contribuições oferecidas pela teoria finalista da ação não foi obstáculo para que se convertesse não somente em alvo de sérias objeções, mas também de interessantes interpretações ou mesmo de reformulações.

5. Os problemas do livre-arbítrio na fundamentação da reprovação de culpabilidade

Segundo Welzel, somente aquilo que depende da *vontade do homem* lhe pode ser reprovado. Assim, a reprovação de culpabilidade pressupõe que o autor teve a oportunidade de adequar sua resolução de vontade ao Direito, e não o fez, "e isto não em sentido abstrato de que *algum homem* em lugar do autor, mas em sentido concreto de que *este homem, nesta situação*, tenha podido adotar sua resolução de vontade de acordo com a norma"[36]. Essa elaboração conceitual, em princípio lógica, originou algumas interrogações, a começar pela seguinte, formulada pelo próprio Welzel: é possível, teoricamente, a adoção da resolução de vontade correta em lugar da falsa?

O *livre-arbítrio* como fundamento da culpabilidade tem sido o grande vilão na construção moderna do conceito de culpabilidade e, por isso mesmo, é o grande responsável pela sua atual crise. Para analisar o livre-arbítrio e responder à questão anteriormente formulada, Welzel dividiu o tema em três aspectos distintos: *antropológico*, *caracteorológico* e *categorial*.

No plano *antropológico*, afirmava Welzel que o homem, ao contrário dos animais, caracteriza-se *negativamente* por uma grande liberdade das formas

---

36. Welzel, *El nuevo sistema*, cit., p. 85.

inatas e instintivas de conduta, e *positivamente* pela capacidade de descobrir e realizar por conta própria a conduta correta através de atos inteligentes. "A liberdade existencial e desvinculada do orgânico corresponde, como uma *característica positiva* e decisiva do homem, à vinculação de seu espírito aos princípios da verdade, do sentido e do valor, segundo os quais, tem de dirigir por si mesmo sua conduta por meio de atos responsáveis. O homem é um *ser responsável*, ou, mais exatamente, um ser com disposição à responsabilidade. Este é o critério decisivo, que o separa existencialmente (como *homo phänomenon*) e não somente normativamente (como *homo noumenon*) de todo o mundo animal"[37].

Jescheck acolheu essa preocupação pelos fundamentos antropológicos da culpabilidade, e, segundo afirma, os *processos psicológicos* nos quais repousa a formação da vontade não obedecem às regras da natureza, mas, ao contrário, seguem leis de determinação próprias. Nesse sentido, afirma Jescheck, "a determinabilidade da atuação repousa na capacidade do homem de controlar os impulsos que sobre ele incidem e de dirigir sua decisão segundo conteúdos de sentido, valores e normas"[38].

No plano *caracteorológico*, admite a possibilidade de regulação dos impulsos pelo próprio indivíduo. Nesse plano, afirmava Welzel: "O retrocesso das formas inatas de conduta e a aparição de um 'Eu' como centro responsável fazem com que a estrutura anímica do homem tenha uma *pluralidade de capas*. Uma *capa profunda* compreende os impulsos vitais da conservação da espécie e da autoconservação, as paixões, os desejos, as aspirações anímicas 'mais elevadas', as inclinações, os interesses, etc., procedentes dos instintos que afetam o 'Eu', o acolhem, o cativam, o arrastam e tratam de impulsioná-lo a uma ação, de modo que aparece como uma vítima passiva dos impulsos. Sobre estes impulsos da capa profunda se eleva ele mesmo, como centro regulador que os dirige conforme ao sentido e valor: os atos do pensamento, que se apoia em razões lógico-objetivas e da vontade, que se orienta segundo o sentido e valor. Não se trata aqui da direção do suceder causal, externo — por conseguinte, da finalidade, no sentido que temos falado dela até agora — mas da direção dos impulsos anímicos"[39].

Os *impulsos*, afirmava Welzel, podem ser dirigidos, segundo seu conteúdo de valor e de sentido, para uma configuração da vida que vai além do momento atual. Não é objeto dessa direção final o suceder causal externo, mas os impulsos que incitam a sua realização. Nessa direção prevalece o critério não da idoneidade dos meios para obter um fim, mas o conteúdo de sentido e de valor desses fins dos impulsos. Enfim, os atos da função do "Eu" se desenvolvem no âmbito do

---

37. Welzel, *El nuevo sistema*, cit., p. 87.
38. Hans-Heinrich Jescheck, *Tratado de Derecho Penal*, trad. Santiago Mir Puig e Francisco Muñoz Conde, Barcelona, Bosch, 1981, p. 559.
39. Welzel, *El nuevo sistema*, cit., p. 88 e s.

sentido e não da força causal: os motivos do pensamento e da vontade são as razões objetivas, isto é, não causais, nas quais se apoiam, conforme o sentido, os atos do pensamento ou da vontade. "A significação insubstituível da função de direção da vontade — concluía Welzel — orientada no sentido, consiste, no entanto, em tornar possível uma nova configuração da vida humana de acordo com a verdade, o sentido e o valor e permite, com isso, ao homem o controle de seus impulsos, que lhe está confiado de modo responsável depois da desaparição dos instintos biológicos"[40].

Com o deslinde existencial do problema do *livre-arbítrio*, Welzel substituiu a pergunta inicial do "se" pela do "como": como é possível ao homem o domínio da coação causal por meio de uma direção orientada no sentido, em virtude da qual, unicamente, pode fazer-se *responsável* por haver adotado a decisão falsa em lugar da correta?

No plano *categorial*, procura responder a essa pergunta. Segundo Welzel, não se pode falar de *indeterminismo* tradicional toda vez que este anula o sujeito responsável, o que quer dizer que, se o ato de vontade realizado por um indivíduo não houver sido determinado por nada, o posterior ato de vontade não guardaria nenhuma relação com o anterior, nem de modo imediato nem através de um sujeito idêntico, e isso em razão de que em outro caso já estaria determinado por algo. O estado posterior do sujeito não deve ter, consequentemente, nada que ver com o anterior, isto é, com aquele que originou a decisão. "Com isto, o *indeterminismo* destrói, sem embargo, precisamente, o sujeito idêntico, que poderia ser responsável por seus atos", pois o autor posterior não deve ter nenhuma relação com o anterior: "o indeterminismo converte os atos de vontade numa série completamente desconexa de impulsos isolados no tempo"[41].

O *determinismo tradicional* incorreu no erro de considerar que existe somente uma forma de determinação, a denominada "monismo causal". Deve-se reconhecer, na verdade, que são várias as formas de determinação. Não é possível, sob a perspectiva do *monismo causal*, reprovar ao homem que haja tomado a decisão falsa em vez da correta, uma vez que toda decisão — falsa ou correta — deve estar necessariamente prefixada. No campo do acontecer externo vimos que há uma conformação do *vínculo causal* com o *vínculo final*. No entanto, agora se trata de averiguar se é possível a direção dos impulsos anímicos do homem conforme o sentido. Trata-se, na verdade, como dizia Welzel, da *liberdade de vontade* e não da *liberdade de ação*[42].

---

40. Welzel, *El nuevo sistema*, p. 89.
41. Welzel, *El nuevo sistema*, p. 90.
42. Welzel, *El nuevo sistema*, p. 90.

A compreensão da estrutura interna de um objeto não se deve dar como resultado de conexões associativas anteriores ou de outros fatores causais, isto é, como resultado de um processo causal cego, mas, ao contrário, ela mesma se determina de um modo vidente, de acordo com o objeto que tem em vista. "Os elementos do objeto e suas relações objetivas são as razões videntes nas quais o ato do pensamento apoia seus diversos passos. Não são as causas cegas, como as conexões associativas, que determinam os passos do pensamento, mas este determina a si mesmo, de acordo com o conteúdo lógico-objetivo do estado de coisas que tem à vista"[43].

Welzel considerava que, se o conhecimento pode ser possível, o sujeito cognoscente "não pode ser unicamente objeto do jogo de seus impulsos, mas deve ter a capacidade de compreender o impulso do conhecimento como tarefa plena de sentido, que deve ser afirmada frente aos impulsos contrários, isto é, assumir a *responsabilidade* pelo ato de conhecimento"[44]. É evidente que não se pode negar a possibilidade de conhecimento, dado que tal negativa encerra em si mesma um conhecimento, com o que se está diante do argumento mais significativo para o tema do livre-arbítrio. A *liberdade de vontade* vem a ser, pois, a capacidade de poder reger-se conforme ao sentido: "é a liberdade da coação causal, cega, indiferente ao sentido. Não é — como crê o indeterminismo — a liberdade de poder atuar de outro modo (por conseguinte, também mal, ou de um modo absurdo), mas para poder atuar *conforme ao sentido*... A liberdade não é um estado mas um ato: o ato de liberação da coação causal dos impulsos para a autodeterminação conforme ao sentido"[45]. E exatamente na falta desse ato de liberação localizam-se as bases do fenômeno da culpabilidade, que, segundo Welzel, é constituída pela "falta de autodeterminação conforme ao sentido em um sujeito capaz dela"[46].

Finalmente, essa análise da liberdade destaca que a culpabilidade não significa "livre" decisão em favor do mal, mas ficar preso pela coação dos impulsos, sendo o sujeito capaz de autodeterminação conforme ao sentido. Concluindo, afirmava Welzel, "O Direito Penal não parte da *tese indeterminista* de que a decisão de cometer o delito proceda inteiramente, ou parcialmente, de uma vontade livre e não do concurso da disposição do mundo circundante. Parte do conhecimento antropológico de que o homem, como ser determinado à responsabilidade, está existencialmente em condições de dirigir finalmente (conforme ao sentido) a dependência causal dos impulsos. A culpabilidade não é um ato de livre

---

43. Welzel, *El nuevo sistema*, p. 91.
44. Welzel, *El nuevo sistema*, p. 91.
45. Welzel, *El nuevo sistema*, p. 92-3.
46. Welzel, *El nuevo sistema*, p. 93.

autodeterminação, mas precisamente a falta de uma decisão conforme ao sentido em um sujeito responsável"[47].

A inegável coerência dos argumentos de Welzel foram, no entanto, amplamente criticados na medida em que *a liberdade de vontade*, enquanto capacidade de poder atuar conforme ao sentido, não pode ser, de fato, aferida no processo de atribuição de responsabilidade penal, mas sim compreendida como uma condição transcendental ou metafísica das relações intersubjetivas, isto é, das relações humanas no contexto das sociedades liberais modernas[48].

Por esse motivo a reprovação de culpabilidade deixa, paulatinamente, de estar fundamentada no "poder individual de atuar de outro modo", para pautar-se no "poder geral de atuar de outro modo". Com efeito, autores como Jescheck ponderam que o juízo de reprovação não pode ser feito indagando sobre *a liberdade individual*. Em lugar disso, a *reprovação de culpabilidade* deve ser dirigida ao indivíduo com base no critério do "homem médio", isto é, indagando se nas circunstâncias em que o sujeito concreto atuou o homem médio poderia ter atuado de outra forma. Se o homem médio, colocado na situação do autor, poderia ter se comportado de acordo com o Direito, então passaria a ser exigível o comportamento conforme ao mandamento normativo, e, como consequência, estaria fundamentada a *reprovação de culpabilidade*[49]. Essa compreensão conduziu ao incremento da *normativização do conceito de culpabilidade*, através da generalização ou estandardização da *exigibilidade*. Postura que também foi amplamente criticada, porque em lugar de oferecer uma solução aos problemas suscitados pelo *livre-arbítrio*, criou um novo foco de debilidade para a *concepção normativa da culpabilidade*, qual seja, a pretensão de fundamentar uma reprovação ética contra um indivíduo a partir de considerações acerca das capacidades da maioria das pessoas — o protótipo do homem médio —, sem saber se elas concorrem, de fato, no autor do injusto[50]. Além disso, o *critério do homem médio* deixa de lado os efeitos condicionantes das relações sociais sobre o indivíduo, ignorando que as dimensões políticas e sociais da vida interferem, muitas vezes, de forma decisiva na atitude do indivíduo frente ao Direito vigente. De modo que o *fundamento da reprovação de culpabilidade* com base no poder médio de atuar de outro modo

---

47. Welzel, *El nuevo sistema*, p. 93-4.
48. Winfried Hassemer, *Persona, mundo y responsabilidad, Bases para una teoría de la imputación en Derecho Penal*, Valencia, Tirant lo Blanch, 1999, p. 110-112.
49. Jescheck, *Tratado*, cit., p. 565.
50. Claus Roxin, *Derecho Penal, Fundamentos. La estructura de la teoría del delito*, trad. de Diego-Manuel Luzón Pena, Miguel Díaz y García Conlledo y Javier de Vicente Remensal, Madrid, Civitas, 1997, t. I, p. 800; Hassemer, *Persona, mundo y responsabilidad*, cit., p. 101-102; Couso Salas, *Fundamentos del Derecho Penal de la culpabilidad*, cit., p. 142-143.

apresenta-se, em realidade, como *um conceito meramente formal*, que deixa de oferecer as verdadeiras razões para punir o sujeito culpável[51].

6. Crise da teoria normativa pura da culpabilidade

Apesar da coerência da tese de Welzel, e da proposta de estandardização da exigibilidade defendida posteriormente por autores como Jescheck, o fundamento do *juízo de reprovabilidade* do comportamento injusto, com base na capacidade do sujeito de atuar de outro modo, recebeu muitas críticas, sendo determinante da crise do *conceito material de culpabilidade* estruturado pela dogmática finalista, especialmente a partir da crítica formulada por Engisch. Esse autor afirmou a *impossibilidade de demonstrar empiricamente o livre-arbítrio humano*, como pressuposto do poder atuar de outro modo[52]. Esse problema não foi resolvido de maneira convincente pelo critério do homem médio; além disso, critica-se a vinculação da teoria normativa pura da culpabilidade com a *concepção retributiva da pena*. Se a *culpabilidade* é concebida como *fundamento e limite da pena*, e se no marco dessa categoria sistemática do delito não há espaço para considerações político-criminais, de fato, é possível deduzir que a *teoria normativa pura* conduz a uma teoria da pena carente de fins, alheia, portanto, à finalidade preventiva da pena[53].

Como consequência vem-se produzindo um amplo debate na doutrina especializada sobre o conteúdo da culpabilidade, com importantes reflexos na sua configuração como categoria sistemática do delito. O atual estágio dessa discussão está predominantemente polarizada por dois setores: por um lado, aqueles que pretendem integrar considerações preventivas na fundamentação do *conceito material de culpabilidade* (a ideia de necessidade de pena); por outro lado, aqueles que pretendem reforçar o entendimento garantista da culpabilidade que durante muito tempo se manteve através da concepção normativa da culpabilidade. Entre esses dois extremos existem propostas ecléticas que procuram conciliar os aspectos positivos de ambos os setores. Analisaremos, contudo, somente aquelas propostas que consideramos de maior repercussão e transcendência no atual estágio da evolução da dogmática penal. Tudo isso com o objetivo final de esclarecer se estamos realmente diante de uma crise irreversível da teoria normativa da culpabilidade, ou se estamos, em realidade, testemunhando o momento histórico da sua evolução e aperfeiçoamento.

---

51. Couso Salas, *Fundamentos del Derecho Penal de la culpabilidad*, cit., p. 145-146.
52. Roxin, *Derecho Penal*, cit. p. 799; Couso Salas, *Fundamentos del Derecho Penal de la culpabilidad*, cit., p. 136, 296-299; Francisco Muñoz Conde e Mercedes García Arán, *Derecho Penal*, Parte General, 8ª ed., Valencia, Tirant lo Blanch, 2010, p. 350-352.
53. Couso Salas, *Fundamentos del Derecho Penal de la culpabilidad*, cit., p. 138.

7. O conceito funcional de culpabilidade

O *conceito funcional de culpabilidade* apoia-se fundamentalmente na *justificação social da pena*, em outras palavras, na integração de considerações político-criminais sobre os *fins preventivos da pena* no âmbito da culpabilidade. Com esse ponto de partida foram desenvolvidas diferentes propostas, dentre as quais as mais destacadas são as de Roxin e Jakobs, que passamos a examinar.

7.1. *Culpabilidade e prevenção na visão de Roxin*

Para Roxin a relação entre culpabilidade e prevenção é determinante na modificação da estrutura do delito, de modo que o terceiro atributo do delito passa a ser *não a culpabilidade*, mas a categoria sistemática da *responsabilidade*. Esse terceiro atributo do delito abrangeria, portanto, o *juízo de culpabilidade* e as considerações acerca da necessidade de pena.

Nas palavras do autor, "A responsabilidade depende de dois dados que devem ser acrescentados ao injusto: a culpabilidade do sujeito e a necessidade preventiva da sanção penal, que devem ser deduzidas da lei. O sujeito atua culpavelmente quando realiza um injusto jurídico-penal, a despeito de poder alcançar o efeito de chamada de atenção da norma na situação concreta e possuir suficiente capacidade de autocontrole, de modo que lhe era psiquicamente acessível uma alternativa de conduta conforme ao Direito"[54]. Essa possibilidade de acesso aos mandados e proibições expressos pelas normas (acessibilidade normativa) não depende da constatação da existência ou não do *livre-arbítrio*, nem do "poder atuar de outro modo", ao contrário do que sustentava o finalismo welzeliano. Em realidade é suficiente a ideia de que o sujeito sobre o qual recai o *juízo de culpabilidade* possui a capacidade de comportar-se conforme a norma. Desse modo, a atribuição de culpabilidade recai sobre aquele que "não adota nenhuma das alternativas de conduta que eram, em princípio, psiquicamente acessíveis"[55]. Quando exista, portanto, capacidade de autocontrole e acessibilidade normativa, o indivíduo é tratado, juridicamente, como pessoa livre. A consideração *a priori* do homem como livre constitui, na concepção de Roxin, uma "asserção normativa, uma regra social do jogo, cujo valor social é independente do problema da teoria do conhecimento e das ciências naturais"[56]. Com efeito, não podemos imaginar as relações humanas nas sociedades modernas, organizadas em um Estado Democrático de Direito, sem pensar antecipadamente na *liberdade individual* como condição para a comunicação intersubjetiva. Sob essa perspectiva

---

54. Roxin, *Derecho Penal*, cit., p. 792.
55. Roxin, *Derecho Penal*, cit., p. 808.
56. Roxin, *Derecho Penal*, cit., p. 808.

é coerente o tradicional aforismo *liberdade* como pressuposto da atribuição de *responsabilidade*.

A *culpabilidade* para Roxin, em suma, constitui uma categoria mista, empírico-normativa, em cujo âmbito é possível empiricamente constatar, com apoio na biologia, psicologia, psiquiatria, entre outras ciências, a capacidade geral de autocontrole e *acessibilidade normativa*, indagando, especificamente, pela *imputabilidade* e possibilidade de *conhecimento da ilicitude*. Com base neste dado empírico, ou seja, afirmada a *imputabilidade* do autor do injusto e a ausência ou a vencibilidade do *erro de proibição*, atribui-se, *normativamente*, a possibilidade da conduta conforme ao Direito.

Ocorre que, com essa concepção, a *culpabilidade* somente fundamenta o dever jurídico-penal de responder pela conduta incorreta, sem que esse dado seja suficiente para determinar a necessidade e medida da pena, elementos que, no entendimento de Roxin, devem ser definidos com base nos *fins preventivos da pena*[57]. Mas o que isso significa? Ora, com essa redução do conteúdo material da culpabilidade, as *causas de exculpação* (que para os finalistas isentam de pena por falta de exigibilidade) deixariam de estar fundamentadas no *princípio de culpabilidade*. Nesses casos, segundo Roxin, a *isenção de pena* deixa de estar apoiada na culpabilidade (porque existe acessibilidade normativa), para fundamentar-se no argumento de que decai a responsabilidade "por falta de necessidade preventiva de punição"[58]. Por outro lado, a *medida da pena* nos casos em que subsiste a acessibilidade normativa e não incidem causas de *isenção de pena*, ou seja, nos casos em que a culpabilidade é completa ou diminuída (como ocorre, por exemplo, no erro de proibição evitável, art. 21, parágrafo único; no *excesso punível*, art. 23, parágrafo único; nos casos de semi-imputabilidade, art. 26, parágrafo único, ou em determinadas circunstâncias atenuantes, art. 65), também passa a ser determinada com base na necessidade preventiva da pena.

Relativamente à *necessidade preventiva*, Roxin esclarece que este elemento constitui um *pressuposto adicional da punibilidade* e "significa unicamente uma ulterior proteção ante a intervenção do Direito Penal, enquanto *já não se limita o preventivamente admissível somente através do princípio de culpabilidade*, mas, também, se restringe a possibilidade de punição da conduta culpável mediante a exigência de que a mesma seja preventivamente imprescindível"[59].

Com essa concepção se produz uma clara fragmentação do tradicional entendimento da culpabilidade. O próprio Roxin manifesta, expressamente, que os conceitos *culpabilidade* para a fundamentação da pena e *culpabilidade* para a

---

57. Roxin, *Derecho Penal*, cit., p. 810-812.
58. Roxin, *Derecho Penal*, cit., p. 815.
59. Roxin, *Derecho Penal*, cit., p. 793.

medição da pena devem ser separados, dado que, na sua ótica, como acabamos de ver, estes elementos da responsabilidade possuem pressupostos distintos.

Desde logo devemos reconhecer que a proposta de Roxin apresenta-se de forma coerente, amparada por sólidos argumentos que, ao mesmo tempo, expressam um profundo conhecimento da tradição jurídica do liberalismo europeu continental. Basta recordar sua preocupação em especificar em que consistem as necessidades preventivo-especiais e preventivo-gerais, que incidem na *categoria da responsabilidade*, e como aquelas são limitadas pela culpabilidade[60]. Apesar disso, vozes de peso da doutrina especializada, com a qual estamos de pleno acordo, vêm criticando essa cisão do tradicional entendimento da culpabilidade, argumentando que *a necessidade preventiva da pena* não oferece, em verdade, um melhor critério para a limitação da pena, pois "a necessidade de pena é um fenômeno cientificamente incerto"[61], debilitando a culpabilidade enquanto garantia individual ante a pretensão punitiva estatal[62].

7.2. *Culpabilidade e prevenção na visão de Jakobs*

Por meio do pensamento de Jakobs, a *culpabilidade* alcança sua máxima *funcionalização* às necessidades preventivo-gerais da pena. Referido autor parte do entendimento de que a culpabilidade é um *juízo* de atribuição da *falta de fidelidade ao Direito*, isto é, do *déficit de motivação jurídica*, que deve ser punido para *manter a confiança na norma violada*[63]. Nesse sentido, a *culpabilidade* se despe do seu tradicional conteúdo garantista e passa a estar fundamentada na *finalidade preventivo-geral da pena*. Nas palavras de Jakobs, "a pena adequada à culpabilidade é, por definição, a pena necessária para a estabilização da norma"[64].

Sob essa perspectiva, o *conceito de culpabilidade* se desvincula do seu núcleo duro para buscar apoio, no plano teórico, em determinadas teses defendidas no âmbito da *sociologia jurídica*. Como esclarece Couso Salas, "se a confiança normativa é um fenômeno empírico-social que condiciona a necessidade de pena e, por meio desta, a necessidade de imputação culpabilística, é de grande interesse conhecer quando e em que medida se vê afetada a confiança normativa da coletividade pela prática de um injusto jurídico-penal. Em consequência, 'o conteúdo da culpabilidade se vê determinado pela constituição social', pela configuração

---

60. Roxin, *Derecho Penal*, cit., p. 810-815.
61. Couso Salas, *Fundamentos del Derecho Penal de la culpabilidad*, cit., p. 228.
62. Hassemer é especialmente crítico a respeito: "Com os interesses preventivos o *conceito de culpabilidade* acolhe em sua casa o inimigo do qual deveria distanciar-se energicamente" (*Persona, mundo y responsabilidad*, cit., p. 102).
63. Jakobs, *Derecho Penal*, Parte General, *Fundamentos y teoría de la imputación*, Madrid, Marcial Pons, 1995, p. 566-568, 579-584.
64. Jakobs, *Derecho Penal*, cit., p. 589.

da sociedade (...) dependendo da necessidade de pena e, por conseguinte, a culpabilidade, não do 'poder atuar de outro modo', mas sim daquela configuração, daquele modo de ser da sociedade em que se aplica o Direito Penal"[65]. Essa concepção Jakobsiana afeta todo o entendimento e interpretação dos elementos que compõem a culpabilidade, enquanto categoria sistemática do delito — imputabilidade, consciência potencial da ilicitude e inexigibilidade de outra conduta —, de modo que todo o conteúdo do *juízo de atribuição de culpabilidade* fica à deriva das *expectativas sociais* para o restabelecimento da confiança normativa.

Esse *esvaziamento do conceito material de culpabilidade*, com a retirada de referentes valorativos tangíveis e estáveis, apresenta como principal aspecto negativo *a excessiva formalização do conceito de culpabilidade*, através do qual é possível reabrir as portas do Direito Penal, escancaradamente, à *instrumentalização do indivíduo* em função das expectativas sociais que são, certamente, difíceis de controlar e limitar a partir de critérios racionais. Não temos a pretensão de especificar aqui a repercussão da tese de Jakobs em cada um dos elementos que compõem a culpabilidade, o que estenderia em demasia este tópico e nos conduziria a uma série de considerações teóricas que são, certamente, interessantes, mas que se ajustam melhor ao formato de uma monografia[66]. Limitamo-nos, portanto, a esboçar por que *a perspectiva funcional de Jakobs não é a mais adequada* para a fundamentação e explicação da *culpabilidade*, pelo menos entre aqueles que continuam acreditando — como é o nosso caso — que a *garantia da autonomia individual* precede toda e *qualquer perspectiva utilitarista* do Direito Penal.

8. A teoria da motivabilidade pelas normas

A *teoria da motivabilidade* foi especialmente desenvolvida por um setor da doutrina espanhola, cujos representantes mais significativos são Muñoz Conde e Mir Puig. Referidos autores partem, de um lado, da configuração tradicional da culpabilidade inaugurada pela *teoria normativa pura*, ou seja, do entendimento de que a *culpabilidade* é formada por três elementos: capacidade de culpabilidade, consciência potencial da ilicitude e exigibilidade de outra conduta; e, de outro lado, da compreensão de que o *fundamento da reprovação de culpabilidade* não pode mais ser sustentado com base no argumento da possibilidade de *atuar de outro modo*. Em lugar de fundamentar o conceito material de culpabilidade na

---

65. *Fundamentos del Derecho Penal de la culpabilidad*, cit., p. 237-238.
66. Para o aprofundamento desse tema, confira, entre outros, Couso Salas, *Fundamentos del Derecho Penal de la culpabilidad*, cit.; Feijoo Sánchez, *Retribución y prevención general. Un estudio sobre la teoría de la pena y las funciones del Derecho Penal*, Montevideo-Buenos Aires, B de F, 2007; Silva Sánchez, *Aproximación al Derecho Penal contemporáneo*, 2ª ed., Montevideo-Buenos Aires, B de F, 2010.

indemonstrável possibilidade de atuar de outro modo, referidos autores apoiam-se na *função motivadora da norma penal*, concretamente, na relação que se estabelece entre o indivíduo e os mandados e proibições expressos pela norma penal[67].

Assim, nas palavras de Muñoz Conde "A norma penal dirige-se a indivíduos capazes de ser motivados em seu comportamento pelos mandamentos normativos. Importante não é o que o indivíduo possa escolher entre várias possibilidades de comportamento, mas que as normas penais, com seus mandamentos e proibições, *motivem* o indivíduo a se abster de realizar um dos vários comportamentos possíveis, que é precisamente aquele que se proíbe com ameaça de pena. A partir de um determinado desenvolvimento mental, biológico e cultural do indivíduo, espera-se que este possa ser *motivado* pelos mandamentos normativos"[68]. Pois é justamente a partir de um determinado *grau de desenvolvimento biológico, psíquico e cultural* que cabe a possibilidade de atribuir ao indivíduo o fato cometido com a correspondente atribuição de *responsabilidade penal*.

O *juízo de culpabilidade*, nesse sentido, fundamenta-se na motivabilidade do indivíduo: "A '*motivabilidade*', a capacidade para reagir frente a exigências normativas é, segundo acredito, a faculdade humana fundamental que, unida a outras (inteligência, afetividade etc.), permite a atribuição de uma ação a um sujeito e, em consequência, a exigência de responsabilidade pela ação por ele cometida. Qualquer alteração importante dessa faculdade — qualquer que seja a sua origem — deverá determinar a exclusão ou, se não for tão importante, a atenuação da culpabilidade"[69].

Sob essa perspectiva, a *motivabilidade* não se presume a partir de um *standard* generalizado de comportamento, mas em função das condições de participação do indivíduo na vida em sociedade. Isto é, levando em consideração se o indivíduo sobre o qual recai o *juízo de culpabilidade* realizou o injusto em condições de igualdade em relação aos demais membros da sociedade, ou se ele atuou em circunstâncias que condicionaram de maneira relevante a *motivação* para atuar em conformidade com o mandamento normativo. E isso porque, segundo Muñoz Conde, não é tarefa do *Estado social e democrático de Direito* punir aqueles que não podem participar em condições de igualdade na configuração da vida social, mas cumprir o desiderato constitucional de "promover as condições para que a liberdade e a igualdade do indivíduo e dos grupos nos quais

---

67. Muñoz Conde. *Derecho Penal y control social*, Jerez, Fundación Universitaria de Jerez, 1985; Muñoz Conde e García Arán, *Derecho Penal*, cit., p. 355-360; Mir Puig, *Derecho Penal*, cit., 8ª ed., 2010, p. 541-544.
68. *Derecho Penal*, cit., p. 355.
69. Muñoz Conde e García Arán, *Derecho Penal*, cit., p. 355-360; Mir Puig, *Derecho Penal*, cit., 8ª ed., 2010, p. 355.

se integra, sejam reais e efetivas"⁷⁰. Pois numa democracia que aspira ser real e verdadeira é necessário que o conceito de culpabilidade não seja puramente formal, mas dotado de um conteúdo material vinculado à missão do Estado social e democrático de Direito.

Dessa forma, a culpabilidade enquanto categoria jurídica deve ser entendida e interpretada de acordo com os princípios e valores democráticos. Somente assim o Direito Penal poderá chegar a entender e valorar, com certa margem de segurança e legitimidade, as razões para atuar de uma determinada forma ou de outra, e se as razões aduzidas pelo autor do injusto podem ou não ser aceitas para eximi-lo de responsabilidade penal.

Em sentido similar, embora com matizes distintos, Mir Puig sustenta que o *fundamento material da culpabilidade* (que refere como *imputação pessoal*) para a atribuição de responsabilidade penal é a *normalidade da motivação*. Em suas próprias palavras afirma: "Quando não falta toda possibilidade de ser motivado pela norma, mas somente a possibilidade de acesso *normal* à mesma, tem sentido dirigir a mensagem normativa ao sujeito, que poderá infringir a norma de determinação, mas não será legítimo considerar-lhe *penalmente responsável* (segunda e última condição da imputação pessoal)"⁷¹.

O matiz introduzido por Mir Puig, quando se refere à *motivabilidade normal* em lugar de simplesmente *motivabilidade*, deve-se ao fato de que, no seu entendimento, a *impossibilidade absoluta de motivação* afastaria a caracterização do injusto. Pois não teria sentido "evitar mediante uma norma proibitiva, cuja função é a *motivação* de uma pessoa (como meio de prevenção respeitoso com o indivíduo), o que dita pessoa não pode por nenhum outro modo evitar"⁷². Com efeito, os fatores ou circunstâncias que eliminam toda a *capacidade de motivação humana* (como ocorre nos casos de ausência de ação voluntária), ou que eliminam, pelo menos, a *capacidade de motivação* do homem médio (nos casos de falta de previsibilidade *ex ante* do risco proibido), afetam a valoração do tipo de injusto. Dessa forma, somente os fatores que afetam o sujeito em particular, condicionando a *normalidade* do seu processo motivacional, deverão ser levados em consideração no âmbito da culpabilidade⁷³.

Os argumentos utilizados por Mir Puig são os seguintes: "O limite máximo do punível num Direito democrático, que tenta responder às expectativas do homem normal, isto é, da coletividade à qual se dirige, é o exigível a dito homem

---

70. Nessa passagem Muñoz Conde faz referência literal ao art. 9º, 2, da Constituição espanhola. Confira Muñoz Conde e García Arán, *Derecho Penal*, cit., p. 356.
71. Mir Puig, *Derecho Penal*, cit., 8ª ed., 2010, p. 541.
72. Mir Puig, *Derecho Penal*, cit., 8ª ed., 2010, p. 541.
73. Mir Puig, *Derecho Penal*, cit., 8ª ed., 2010, p. 541.

normal. Por isso não se pune a quem atua numa situação em que o *homem normal* haveria cedido à motivação delitiva (causas de *não exigibilidade*), e não se pune aos inimputáveis, porque a extensão da cominação penal nessa situação de incapacidade de resistência normal frente aos impulsos criminais implicaria elevar para os inimputáveis o nível do exigível penalmente em comparação com o que se impõem para o homem normal"[74]. Este *critério democrático de valoração da capacidade* do homem normal nas *causas de inexigibilidade* seria similar à proposta de Muñoz Conde, corolário do princípio de igualdade real perante a lei. E, por isso, também para Mir Puig, as *circunstâncias de desigualdade social* poderão ser levadas em consideração para atenuar a pena, na medida em que representem uma *pressão motivacional* a favor da prática do delito superior à medida normal.

Nesses termos, ambos os autores buscam alcançar uma via para a realização da *exigência constitucional de igualdade material*, que esteja presente também no *processo de atribuição de responsabilidade penal*. Por meio dessa linha de entendimento, o *fundamento da reprovação de culpabilidade* parece retornar ao rumo certo, na medida em que resolve de maneira satisfatória boa parte das críticas dirigidas à *teoria normativa pura da culpabilidade*, sem desembocar nos excessos a que vem conduzindo *a radicalização do pensamento funcionalista*. Com efeito, a *teoria da motivabilidade* pelas normas tem revitalizado o tradicional entendimento de que o *juízo de culpabilidade* encerra um limite ao exercício do *ius puniendi* estatal, possibilitando, como veremos no capítulo seguinte, que essa categoria sistemática do delito continue exercendo a missão de *individualização da imputação*. E é por isso que consideramos que através da *teoria da motivabilidade pelas normas* a culpabilidade pode continuar sendo vista como garantia da autonomia individual e *condição de legitimidade da imposição de pena*, assumindo, portanto, a missão anteriormente confiada à *teoria normativa pura da culpabilidade*[75].

---

74. Mir Puig, *Derecho Penal*, cit., 8ª ed., 2010, p. 543.
75. Com essa exposição somente enunciamos os principais aspectos da *teoria da motivabilidade* nas vertentes defendidas por Muñoz Conde e Mir Puig. Para um estudo em profundidade dessa teoria e seu mais atual desenvolvimento, veja Couso Salas, *Fundamentos del Derecho Penal de la culpabilidad*, cit. p. 290 e s.

EXCLUDENTES DE CULPABILIDADE XXIV

Sumário: 1. Inimputabilidade e culpabilidade diminuída. 1.1. Imputabilidade e sistemas adotados. 1.2. Inimputabilidade. 1.2.1. Responsabilidade do menor de idade pela prática de ato infracional (ECA). 1.2.2. Maioridade penal: movimento criminalizador. 1.3. Doença mental ou desenvolvimento mental incompleto ou retardado. 1.4. Culpabilidade diminuída. 1.5. Consequências jurídico-penais. 2. Coação moral irresistível e obediência hierárquica. 2.1. Coação moral irresistível. 2.2. Obediência hierárquica. 2.2.1. Tratamento da obediência hierárquica no Código Penal Militar. 3. A emoção e a paixão. 4. A embriaguez e substâncias de efeitos análogos. 4.1. Generalidades e *actio libera in causa*. 4.2. Formas ou modalidades de embriaguez. 4.2.1. Embriaguez não acidental: intencional ou culposa. 4.2.2. Embriaguez acidental: caso fortuito ou força maior. 4.2.3. Embriaguez preordenada. 4.2.4. Embriaguez habitual e patológica. 5. Erro de proibição. 6. Caso fortuito e força maior.

1. Inimputabilidade e culpabilidade diminuída

1.1. *Imputabilidade e sistemas adotados*

O velho Carrara nos dava uma definição ampla sobre imputabilidade, associada à clássica noção de *imputatio factis* e *imputatio iuris*, afirmando que: "A *imputabilidade* é o juízo que fazemos de um fato *futuro*, previsto como meramente possível; a *imputação* é o juízo de um fato *ocorrido*. A primeira é a contemplação de uma ideia; a segunda é o exame de um fato concreto. Lá estamos diante de um conceito puro; aqui estamos na presença de uma realidade"[1]. Contudo, o conceito de imputabilidade que agora nos interessa é muito mais estrito e se refere a um dos elementos da culpabilidade. *Imputabilidade*, como já afirmamos, é a capacidade de culpabilidade[2], é a aptidão para ser culpável. Como afirma Muñoz Conde, "quem carece desta capacidade, por não ter maturidade suficiente, ou por sofrer de graves alterações psíquicas, não pode ser declarado culpado e, por conseguinte, não pode ser responsável penalmente pelos seus atos,

---

1. Carrara, *Programa de Derecho Criminal*, Bogotá, Temis, 1971, v. 1, § 1º, p. 34.
2. Welzel, *Derecho Penal alemán*, Santiago, Ed. Jurídica de Chile, 1970, p. 216.

por mais que sejam típicos e antijurídicos"[3]. *Imputabilidade* não se confunde com *responsabilidade*, que é o princípio segundo o qual a pessoa dotada de capacidade de culpabilidade (imputável) deve responder por suas ações. Aliás, também nesse particular, foi feliz a Reforma Penal de 1984, ao abandonar a terminologia *responsabilidade penal*, equivocadamente utilizada pela redação original do Código Penal de 1940.

Nosso Código Penal não define a *imputabilidade penal*, a não ser por exclusão, ao estabelecer as causas que a afastam, definindo, em outros termos, a *inimputabilidade* de quem, "por doença mental ou desenvolvimento mental incompleto ou retardado, era, ao tempo da ação ou da omissão, inteiramente incapaz de entender o caráter ilícito do fato ou de determinar-se de acordo com esse entendimento" (art. 26, *caput*). Nessa redação, a Reforma Penal de 1984 substituiu somente a expressão "caráter criminoso" por "caráter ilícito" do fato. Não se pode negar que a nova redação é mais correta, tecnicamente, porque faz uma clara alusão à *consciência da ilicitude* como elemento da culpabilidade, evidenciando, ademais, que o conceito de não imputabilidade não é meramente biológico, mas, sim, *biopsicológico*.

São conhecidos em doutrina *três sistemas* definidores dos critérios fixadores da inimputabilidade ou culpabilidade diminuída: a) *biológico*; b) *psicológico*; c) *biopsicológico*. Na Exposição de Motivos do Código Penal de 1940, o Ministro Francisco Campos, justificando a opção legislativa, conceitua cada um desses sistemas: "Na fixação do pressuposto da responsabilidade penal (baseada na capacidade de culpa moral), apresentam-se três sistemas: o biológico ou etiológico (sistema francês), o psicológico e o biopsicológico. O *sistema biológico* condiciona a responsabilidade à saúde mental, à normalidade da mente. Se o agente é portador de uma enfermidade ou grave deficiência mental, deve ser declarado irresponsável, sem necessidade de ulterior indagação psicológica. O *método psicológico* não indaga se há uma perturbação mental mórbida: declara a irresponsabilidade se, ao tempo do crime, estava abolida no agente, seja qual for a causa, a faculdade de apreciar a criminalidade do fato (momento intelectual) e de determinar-se de acordo com essa apreciação (momento volitivo). Finalmente, o *método biopsicológico* é a reunião dos dois primeiros: a responsabilidade só é excluída se o agente, em razão de enfermidade ou retardamento mental, era, no momento da ação, incapaz de entendimento ético-jurídico e autodeterminação".

O Direito Penal brasileiro adota, como regra geral, o sistema biopsicológico e, como exceção, o sistema puramente *biológico* para a hipótese do menor de dezoito anos (arts. 228 da CF e 27 do CP).

---

3. Muñoz Conde, *Teoria Geral do Delito*, Porto Alegre, Sérgio A. Fabris, Editor, 1988, p. 137.

1.2. *Inimputabilidade*

Pode-se afirmar, de uma forma genérica, que estará presente a *imputabilidade*, sob a ótica do Direito Penal brasileiro, toda vez que o agente apresentar *condições de normalidade* e *maturidade psíquicas* mínimas para que possa ser considerado como um sujeito capaz de ser motivado pelos mandados e proibições normativos. A falta de sanidade mental ou a falta de maturidade mental *podem* levar ao reconhecimento da inimputabilidade, pela incapacidade de culpabilidade. Podem levar, dizemos, porque a ausência da sanidade mental ou da maturidade mental constitui um dos aspectos caracterizadores da inimputabilidade, que ainda necessita de sua consequência, isto é, do *aspecto psicológico*, qual seja, a capacidade de *entender* ou de *autodeterminar-se* de acordo com esse entendimento.

Nos casos em que o agente padece de doença mental ou de desenvolvimento mental incompleto ou retardado é necessário constatar a *consequência* psicológica desse distúrbio (*sistema biopsicológico*), pois este é o aspecto relevante para o Direito Penal no momento de decidir se o sujeito pode ser, ou não, punido com uma pena. Na verdade, para eximir de pena exige-se, em outros termos, que tal distúrbio — doença mental, desenvolvimento mental incompleto ou retardado — produza uma consequência determinada, qual seja, a *falta de capacidade* de discernir, de avaliar os próprios atos, de compará-los com a ordem normativa. O agente é incapaz de avaliar o que faz, no momento do fato, ou então, em razão dessas anormalidades psíquicas, é incapaz de autodeterminar-se. Devem reunir-se, portanto, no caso de *anormalidade psíquica*, dois aspectos indispensáveis: um *aspecto biológico*, que é o da doença em si, da anormalidade propriamente, e um *aspecto psicológico*, que é o referente à capacidade de entender ou de *autodeterminar-se* de acordo com esse entendimento.

Para o reconhecimento da existência de incapacidade de culpabilidade é suficiente que o agente não tenha uma das duas capacidades: de entendimento ou de autodeterminação. É evidente que, se falta a primeira, ou seja, não tem a capacidade de avaliar os próprios atos, de valorar sua conduta, positiva ou negativamente, em cotejo com a ordem jurídica, o agente não sabe e não pode saber a natureza valorativa do ato que pratica. Faltando essa capacidade, logicamente também não tem a de autodeterminar-se, porque a capacidade de autocontrole pressupõe a capacidade de entendimento. O indivíduo controla ou pode controlar, isto é, evita ou pode evitar aquilo que sabe que é errado. Omite aquela conduta à qual atribui um valor negativo. Ora, se não tiver condições de fazer essa avaliação, de valorar determinada conduta como certa ou errada, consequentemente também não terá condições de controlar-se, de autodeterminar-se. Uma capacidade requer a outra, isto é, a primeira requer a segunda. Agora, o oposto não é verdadeiro, ou seja, a *capacidade de entendimento* não significa que o agente possa autodeterminar-se exercendo um controle total sobre os seus impulsos. Pode acontecer que por um transtorno dos impulsos o agente tenha perfeitamente íntegra capacidade de discernimento, de valoração, sabendo perfeitamente o que é certo e o que é errado e, no entanto, não tenha a capacidade de autocontrole, de autodeterminação.

Dessa forma, a imputabilidade, por presunção legal, inicia-se, no âmbito do Direito Penal de adultos, aos 18 anos (que ora se pretende reduzir para os 16). Para definir a "maioridade penal", a legislação brasileira seguiu o sistema biológico, ignorando o desenvolvimento mental do menor de 18 anos, considerando-o inimputável, independentemente de possuir a plena capacidade de entender a ilicitude do fato ou de determinar-se segundo esse entendimento, desprezando, assim, o aspecto psicológico.

Razões de política criminal humanitária levaram o legislador brasileiro a optar pela presunção absoluta de inimputabilidade do menor de 18 anos. Aliás, a Exposição de Motivos do Código Penal de 1940, que já adotava essa mesma orientação, justificava afirmando: "Os que preconizam a redução do limite, sob a justificativa da criminalidade crescente, que a cada dia recruta maior número de menores, não consideram a circunstância de que o menor, ser ainda incompleto, é naturalmente antissocial na medida em que não é socializado ou instruído. O reajustamento do processo de formação do caráter deve ser cometido à educação, não à pena criminal". Por isso, os menores de 18 anos, autores de infrações penais, terão suas "responsabilidades" reguladas pelo Estatuto da Criança e do Adolescente — ECA, que prevê as medidas (socioeducativas) adequadas à gravidade dos fatos e à idade do menor de idade infrator (Lei n. 8.069/90). Nessa faixa etária, os menores precisam, como seres em formação, mais de educação, de formação, e não de prisão ou de encarceramento, que representa a universidade do crime, de onde é impossível alguém sair melhor do que entrou. A experiência do cárcere transforma um simples batedor de carteira em um grande marginal.

1.2.1. Responsabilidade do menor de idade pela prática de ato infracional (ECA)

No que diz respeito aos menores de 18 anos, nos termos constitucionais, os requisitos e efeitos da inimputabilidade são, claramente, distintos dos requisitos da inimputabilidade decorrente de enfermidade ou doença mental. Para o menor de idade, o critério biológico, isoladamente, esgota o conceito de inimputabilidade, porque, por presunção constitucional (art. 228 da CF e art. 27 do CP), o menor de 18 anos é incapaz de culpabilidade, ou, na velha terminologia, irresponsável penalmente, pelo menos no âmbito do Direito Penal de adultos. Com efeito, é suficiente que se faça a comprovação da idade do menor, isto é, do aspecto puramente biológico, para "isentá-lo de pena". Isso não significa, contudo, que o menor de 18 anos não seja responsabilizado de alguma forma pela infração cometida. De acordo com a Lei n. 8.069/90, que dispõe sobre o Estatuto da Criança e do Adolescente (ECA), este último, o adolescente (pessoa maior de 12 e menor de 18 anos, nos termos do art. 2º), poderá responder individualmente pelo seu ato infracional (conduta descrita como crime ou contravenção, nos termos do art. 103 do ECA), sendo-lhe aplicável, como sanção, uma das medidas socioeducativas previstas no art. 112 do referido Estatuto.

Nesses termos, a atribuição de responsabilidade pela prática de um ato infracional (crime) deve estar, igualmente, lastreada com base no juízo sobre a capacidade de entendimento e de autodeterminação do adolescente, caso contrário o Estado será muito mais severo com o menor de idade do que com um adulto plenamente capaz, impondo-lhe, inclusive, autêntica responsabilidade penal objetiva. Até porque a decisão judicial deverá eleger, com base na capacidade, nas circunstâncias e na gravidade da infração, a medida que será aplicada ao adolescente infrator (art. 112, § 1º), que se diferencia, quanto a sua natureza, dos casos em que o adolescente padece de doença ou deficiência mental (art. 112, § 3º). Com isso, queremos dizer que, embora o critério biológico seja suficiente para excluir o menor de 18 anos do âmbito de aplicação do Direito Penal de adultos, o critério biopsicológico continua sendo indispensável para a determinação da medida aplicável ao adolescente infrator.

Com esta concepção procura-se minimizar a forma violenta e antidemocrática com que o Estado brasileiro pune o menor infrator, sem assegurar-lhe as garantias fundamentais e constitucionais da presunção de inocência, da ampla defesa, do contraditório e do devido processo legal, reconhecidos a todos os criminosos adultos. Pois todas essas garantias constitucionais asseguradas ao maior infrator não são asseguradas ao menor que, por conseguinte, é mais duramente punido que o indivíduo adulto.

1.2.2. Maioridade penal: movimento criminalizador

No Brasil, discute-se atualmente a necessidade ou conveniência de estabelecer a responsabilidade penal aos 16 anos, acrescentando-se aos argumentos conhecidos o fato de, a partir da Constituição de 1988, ser possível a esse menor alistar-se eleitoralmente (deve-se ressalvar, contudo, que o exercício do direito-dever de votar, nessa faixa etária, é facultativo e não obrigatório, como determina a regra geral). E ainda argumenta-se que, tornando os menores imputáveis, ser-lhes-á possível adquirir igualmente a habilitação para dirigir veículos. Aliás, já há no Congresso Nacional Projetos aprovados pela Câmara dos Deputados nesse sentido, que, por inconclusos, não comentaremos agora.

Nesse mergulho na operacionalidade do sistema de justiça penal, denuncia-se a dificuldade do *establishment* em se desfazer da velha orientação do modelo assistencialista e paternalista da legislação anterior, que trata os "menores" simplesmente como objeto de investigação e/ou de tutela estatal, ao estilo do velho Código de Menores. A despeito de a nova ordem constitucional determinar o tratamento prioritário da criança e do adolescente (art. 227 da CF), assegurando-lhes a condição de sujeitos de direitos com toda a plenitude que a condição de cidadãos lhes garante, busca-se transformá-los em delinquentes comuns integrando-os ao falido sistema carcerário nacional, que é uma verdadeira fábrica de delinquentes. Com efeito, o art. 227 determina que: "É dever da família, da sociedade e do Estado assegurar à criança, ao adolescente e ao jovem, com absoluta prioridade, o direito à vida, à saúde, à alimentação, à educação, ao lazer, à profissionalização, à cultura, à dignidade, ao respeito à liberdade e à convivência familiar e comunitária, além de colocá-los a salvo de toda forma de negligência, discriminação, exploração, violência, crueldade e opressão".

Pois o Estado, além de ter negligenciado quanto a "discriminação, exploração, violência, crueldade e opressão" desses menores, contrariando esse texto constitucional, não tem cumprido seu dever constitucional de assegurar com prioridade absoluta "o direito à vida, à saúde, à alimentação, à educação, ao lazer, à profissionalização, à cultura, à dignidade, ao respeito à liberdade e à convivência familiar e comunitária". Agora, para arrematar essa flagrante postura estatal inconstitucional, pretende-se reduzir a maioridade penal de 18 para 16 anos, como se os menores fossem os únicos responsáveis pela violência que impera em nosso país, de longa data.

A implementação, no entanto, da diminuição da "maioridade penal" (aumento da imputabilidade), típica de uma política repressora retrógrada, continua potencializando o incremento da revitimização do sempre vulnerável público infantojuvenil. Com efeito, os menores são, inicialmente, vítimas da sociedade pelo abandono, pela ausência de assistência social, falta de políticas públicas, escolas, creches etc., descumprindo o comando constitucional e, na sequência, são vítimas do sistema de justiça penal com a criminalização de seus atos a partir dos 16 anos, em vez de assegurar-lhes estudo, educação, emprego e assistência social para complementar sua educação e formação de verdadeiros cidadãos, como determina o texto constitucional. Mas, vergonhosamente, como o Estado não cumpre o comando constitucional, pretende alterar o seu conteúdo, responsabilizando os menores pela violência desenfreada em nosso país.

Na verdade, esse novo movimento criminalizador não consegue desvencilhar-se dos entraves do passado, insistindo em tratar os menores somente como objetos e não como cidadãos merecedores de um tratamento adequado, mais humano e próprio de seres em formação, nos termos do art. 227 de nossa Carta Magna. De nada adianta novos diplomas legais trazendo modernas e democráticas orientações político-pedagógicas, se nossos operadores continuam com ideias e concepções velhas e ultrapassadas que deveriam estar extintas e enterradas com a legislação que as concebeu.

Sem ignorar a boa vontade e a honestidade de propósitos dos operadores do direito e de alguns setores mais reacionários, descortina-se a grande dificuldade que a sociedade oferece, por meio de seus poderes constituídos, quando se busca rever (pre)conceitos arraigados em nossas instituições públicas, especialmente aqueles que fundamentam uma cultura punitiva dos menores (a rigor, são os que realmente são punidos por seus atos infracionais), patrocinada por políticas criminais equivocadas, típicas de Estados autoritários, que priorizam orientações do estilo "lei e ordem", exorbitando o exercício da repressão penal, indiscriminadamente, principalmente em relação aos menores, ignorando que eles precisam mais de saúde, educação e políticas sociais do que de prisão, condenação ou criminalização.

Trata-se, como se vê, de argumentos com duplo equívoco: a) com a redução da menoridade penal, "explodiremos" a capacidade das penitenciárias (já superlotadas) e somente teremos bandidos mais jovens e delinquindo por mais tempo; esses menores farão o aperfeiçoamento na delinquência no interior das prisões (verdadeiras fábricas de criminosos); b) antecipando a habilitação para conduzir veículos, mataremos nossos adolescentes mais cedo, nesse tráfego enlouquecido e desumano, isto é, serão vitimados pela violência do trânsito, antes que consigam a maturidade necessária e suficiente para enfrentá-lo.

Argumenta-se que os "bandidos" maiores estão se utilizando muito dos menores para praticar crimes graves, e, também por isso, deve-se reduzir a "menoridade penal". País interessante este nosso: em vez de punir mais gravemente os criminosos que se utilizam de menores para a prática de crimes, inclusive, corrompendo-os, prefere-se punir quem (menor) é utilizado como instrumento para atingir o fim pretendido pelo autor mediato (criminoso maior)!

Ora, a solução dessa questão é simples: ou criminaliza-se a conduta de usar menores para delinquir, a exemplo do que fazia a revogada Lei n. 2.252/54 (uma espécie de corrupção de menores), ou, pelo menos, cria-se uma majorante especial duplicando a pena de quem, por exemplo, utiliza-se de menor para a execução de qualquer crime. Ora, deve-se punir o criminoso maior que usa maldosamente o menor de idade para delinquir, e não punir este porque é usado por aquele.

Convém lembrar, para reflexão, que o Código Penal da Espanha, que entrou em vigor em maio de 1996 (Ley Orgánica n. 10/95), constituindo-se, portanto, em um dos Códigos Penais europeus mais modernos, elevou a idade do menor de 16 para 18 anos (art. 19), para atribuir-lhe responsabilidade penal.

Admitimos, no entanto, *de lege ferenda*, a possibilidade de uma terceira via, para amainar a fúria punitiva: nem a responsabilidade penal do nosso Código Penal, nem as medidas socioeducativas do Estatuto da Criança e do Adolescente, mas uma elevação da restrição de liberdade, como se fora uma espécie de responsabilidade penal diminuída, com consequências diferenciadas, para os infratores jovens com idade entre 16 e 18 anos, cujas sanções devam ser cumpridas em outra modalidade de estabelecimento (patronato para menores infratores, por exemplo), exclusivo para menores, com tratamento adequado; enfim, um tratamento especial, com a presença e participação obrigatória e permanente de psicólogos, psiquiatras, terapeutas e assistentes sociais.

Em primeiro lugar, é indispensável que se afaste qualquer possibilidade de referidos menores virem a cumprir a sanção penal com os delinquentes adultos. Em segundo lugar, faz-se necessário que as sanções penais sejam executadas em estabelecimentos especiais, onde o tratamento ressocializador, efetivamente individualizado, fique sob a responsabilidade de técnicos especializados, tais como, repetindo, assistentes sociais, psicólogos, psiquiatras e terapeutas, para que se possa realmente propiciar ao menor infrator sua educação, além de prepará-lo para o mercado de trabalho.

Nessas condições, poder-se-ia admitir a elevação das ditas medidas socioeducativas, restritivas da liberdade — que são verdadeiras "sanções penais" —, chegando até o máximo de cinco anos, para os crimes ditos comuns, e até sete ou oito anos, para os denominados crimes hediondos e assemelhados.

Enfim, para se admitir a redução da idade para a "responsabilidade penal", exige-se competência e honestidade de propósitos, aspectos nada comuns no tratamento do sistema repressivo penal brasileiro como um todo. Aliás, a incompetência e a falta de seriedade no trato dessas questões têm sido a tônica da nossa realidade político-criminal. Por isso, temos, inclusive, receio de sustentar essa tese, porque os nossos legisladores poderão gostar da ideia, mas, como sempre acontece no Brasil, aproveitá-la somente pela metade, ou seja, adotar uma "espécie de responsabilidade penal diminuída" e "esquecer" de criar os "estabelecimentos adequados", exclusivos para os menores, com a estrutura funcional indispensável (com técnicos especializados)! Ademais, essa tese não pode ser desenvolvida satisfatoriamente neste espaço, e muito menos executada pela metade.

Nessas circunstâncias, isto é, com a existência real de um objetivo ressocializador mínimo, tornado programático, obrigatório, permanente e efetivo, mostra-se razoável a alteração do ECA, ampliando o prazo de internação do menor (entre 16 e 18 anos) para até cinco anos, na criminalidade clássica, e para até sete ou oito anos na hipótese dos denominados crimes hediondos e assemelhados. Poder-se-ia, por exemplo, criar faixas da privação de liberdade para menores: para menores de 12 a 14 anos até 3 anos de liberdade vigiada; e internação (prisão) para menores de: 14 a 16 anos até 5 anos; 16 a 18 anos (incompletos) até 7 anos. Ademais, o menor deverá cumprir toda a privação de liberdade aplicada independentemente de completar 18 anos. Alterar-se-á, assim, somente o ECA, respeitando-se o texto constitucional que exige quórum qualificado, além do questionamento sobre cláusulas pétreas.

Por fim, a aprovação da redução da "maioridade penal", como ocorreu na Comissão da Câmara, no primeiro semestre de 2015, é uma farsa, que visa enganar aos menos avisados. Embora a proposta pareça ser restrita, na prática atinge 80% dos delitos de menor gravidade praticados por menores de 18 anos, como o trabalho de "mula" e "aviãozinho" dentro do tráfico de drogas (41%), roubo praticado em coautoria (39%), e o elenco mencionado é puramente exemplificativo, pois atingirá praticamente todas as infrações praticadas pelos menores. Ademais, o Parlamento Nacional a toda hora está aumentando o rol dos denominados crimes hediondos, significando que aumentará ainda mais o rol dos crimes atribuídos aos menores a qualquer momento.

1.3. *Doença mental ou desenvolvimento mental incompleto ou retardado*

Existem determinadas condições psíquicas que afetam a capacidade intelectual para compreender a ilicitude, como, por exemplo, nos quadros de oligofrenia, de doenças mentais, ou de desenvolvimento mental incompleto ou retardado. Além disso, existem certas espécies de psicoses e neuroses, notadamente as neuroses *obsessivo-compulsivas*, consideradas pela psiquiatria como *doença mental*, que não eliminam o senso valorativo da conduta, afetando somente a *capacidade de autodeterminação* daquele que a padece. Se o agente não tiver uma dessas capacidades, isto é, se uma delas lhe faltar inteiramente, no momento da ação, ou seja, no momento da prática do fato, ele é *absolutamente incapaz*, nos termos do *caput* do art. 26.

Pela redação utilizada pelo Código Penal, deve-se dar abrangência maior do que tradicionalmente lhe concederia a ciência médica para definir uma enfermidade mental. Porque não é atribuição do legislador penal nem do juiz da ação penal classificar nem resolver as questões médicas e técnicas que concernem à psiquiatria, mas, sim, *valorar* os efeitos que determinado *estado mental* pode ter sobre os elementos que compõem a capacidade de culpabilidade penal. A *doença mental* deve compreender, portanto, como afirmava Aníbal Bruno, "os estados de alienação mental por desintegração da personalidade, ou evolução deformada dos seus componentes, como ocorre na esquizofrenia, ou na psicose maníaco--depressiva e na paranoia; as chamadas reações de situação, distúrbios mentais com que o sujeito responde a problemas embaraçosos do seu mundo circundante; as perturbações do psiquismo por processos tóxicos ou tóxico-infecciosos, e finalmente os estados demenciais, a demência senil e as demências secundárias"[4]. Teria sido melhor a utilização da expressão "alienação mental", que, de forma mais abrangente, compreenderia todos os *estados mentais*, mórbidos ou não, que demonstrassem a incapacidade do criminoso de entender o caráter ilícito de sua ação ou de determinar-se de acordo com essa compreensão.

Como *desenvolvimento mental retardado* compreende-se a *oligofrenia*, em suas formas tradicionais — *idiotia*, *imbecilidade* e *debilidade mental*. Segundo o magistério de Aníbal Bruno, são "formas típicas, que representam os dois extremos

---

4. Aníbal Bruno, *Direito Penal*, Rio de Janeiro, Forense, 1967, p. 133.

e o ponto médio de uma linha contínua de gradações da inteligência e vontade e, portanto, da capacidade penal, desde a idiotia profunda aos casos leves de debilidade, que tocam os limites da normalidade mental. São figuras teratológicas, que degradam o homem da sua superioridade psíquica normal e criam, no Direito punitivo, problemas de inimputabilidade ou de imputabilidade diminuída em vários graus"[5]. Em outros termos, *desenvolvimento mental retardado* é aquele em que não se atingiu a *maturidade psíquica*, por deficiência de saúde mental. De regra, nas hipóteses de *desenvolvimento mental retardado* aparecem com alguma frequência as dificuldades dos chamados *casos fronteiriços*, particularmente nas *oligofrenias*, onde o diagnóstico não oferece a segurança desejada. Nesses casos, somente a perícia forense poderá identificar o grau de deficiência do desenvolvimento mental retardado do indivíduo, a partir do qual se poderá diagnosticar a inimputabilidade ou semi-imputabilidade, em cada caso concreto.

O *hipnotismo*, eventualmente, pode ser equiparado a uma *doença mental transitória*, desde que, é claro, não haja o propósito de deixar-se hipnotizar para vir a delinquir, que configuraria a hipótese de *actio libera in causa*. Em *estado de hipnose*, a nosso juízo, falta ao agente o próprio requisito da voluntariedade, fundamento do exercício da ação humana, eliminando, portanto, toda e qualquer possibilidade de ação, de maneira similar aos casos de *vis absoluta*. Sem o requisito da *voluntariedade* a conduta não pode ser considerada nem mesmo como típica. O hipnotizado não passa de mero instrumento de realização da vontade criminosa do hipnotizador, que é o *autor mediato* de determinado crime. O hipnotizado não é autor, nessa hipótese, mas mero executor inculpável.

O art. 26 pode abranger, ainda, determinados casos que não constituem, em absoluto, quadros de doença mental, nem, propriamente, um desenvolvimento mental incompleto ou retardado. Referimo-nos aos *surdos-mudos* e aos *silvícolas inadaptados*, que, em virtude de sua peculiar condição pessoal, podem sofrer os mesmos efeitos psicológicos que são produzidos pelo *desenvolvimento mental incompleto ou retardado*. Nessa hipótese, a psicopatologia forense determinará, em cada caso concreto, se a alteração na percepção sensorial da realidade provocada pela surdo-mudez, e se a *falta de adaptação social dos silvícolas* conduz à incapacidade referida pela lei[6].

O *surdo-mudo*, privado do som e da comunicação oral, de regra, fica alijado da cultura, sem assimilar suas normas, sem a capacidade de avaliar o sentido ético-social de seus atos. Ante a possibilidade de educar-se, e ajustar-se ao meio social, sua capacidade de entendimento e de autodeterminação deve ser comprovada em cada caso particular. Mas, ainda que consiga uma educação, a sua capacidade, que não se limita exclusivamente à instrução, será naturalmente inferior

---

5. Aníbal Bruno, *Direito Penal*, cit., p. 135.
6. Costa e Silva, *Código Penal...*, v. 1, p. 181-2.

à normalidade do cidadão; por isso, a necessidade do exame conveniente em cada caso concreto. No entanto, a condição biológica — "surdo-mudez" — é insuficiente, por si só, para caracterizar a inimputabilidade. Será indispensável comprovar-se, *in concreto*, as consequências decorrentes da surdo-mudez, isto é, constatar se ela produz a incapacidade de compreensão e de autodeterminação decorrentes dessa deficiência congênita.

De maneira similar, é necessário averiguar se os *silvícolas* passaram pelo processo de aculturação. No entanto, o nível de adaptação às normas de cultura da comunidade social deve ser avaliado em cada caso particular; havendo dúvidas, deve-se providenciar avaliações antropológicas e sociológicas para se constar o grau de aculturamento atingido. Evidentemente que a situação dos *silvícolas* não tem natureza *patológica*, mas decorre da ausência de adaptação à vida social urbana ou mesmo rural, à complexidade das normas ético-jurídico-sociais reguladoras da vida dita *civilizada* e da diferença de escala de valores.

Todos esses *estados* passam, necessariamente, pelo exame médico-pericial para comprovar a gravidade que, *in concreto*, apresentam. No plano processual, viabiliza-se esse exame pericial através da instauração de *incidente de insanidade mental do acusado* (arts. 149 a 154 do CPP).

1.4. Culpabilidade diminuída

Entre a imputabilidade e a inimputabilidade existem determinadas gradações, por vezes insensíveis, que exercem, no entanto, influência decisiva na capacidade de entender e autodeterminar-se do indivíduo. A rigor, essa questão não deveria ser tratada entre as causas que excluem a culpabilidade, na medida em que apenas a diminuem, mas razões didáticas autorizam sua análise neste capítulo[7].

Situam-se nessa faixa intermediária os chamados *fronteiriços*, que apresentam *situações atenuadas* ou residuais de *psicoses*, de *oligofrenias* e, particularmente, grande parte das chamadas *personalidades psicopáticas* ou mesmo transtornos mentais transitórios. Esses *estados* afetam a saúde mental do indivíduo sem, contudo, excluí-la. Ou, na expressão do Código Penal, o agente não é "*inteiramente*" capaz de entender o caráter ilícito do fato ou de determinar-se de acordo com esse entendimento (art. 26, parágrafo único, do CP). A *culpabilidade* fica *diminuída* em razão da menor *censura* que se lhe pode fazer, em razão da maior dificuldade de valorar adequadamente o fato e posicionar-se de acordo com essa capacidade.

As expressões, comumente utilizadas pela doutrina, *imputabilidade diminuída* ou *semi-imputabilidade* são absolutamente impróprias. Em realidade, a pessoa, nessas circunstâncias, tem diminuída sua *capacidade de censura*, de

---

7. O mesmo ocorre com emoção, paixão, embriaguez não acidental etc.

valoração, consequentemente a *censurabilidade* de sua conduta antijurídica deve sofrer redução. Enfim, nas hipóteses de inimputabilidade o agente é "*inteiramente* incapaz de entender o caráter ilícito do fato ou de determinar-se de acordo com esse entendimento". Ao passo que nas hipóteses de *culpabilidade diminuída* — em que o Código fala em redução de pena — o agente não possui a "*plena capacidade*" de entender a ilicitude do fato ou de determinar-se de acordo com esse entendimento. Há efetivamente uma diversidade de *intensidade* entre as causas de inimputabilidade e as causas de diminuição de culpabilidade (semi-imputabilidade): aquelas eliminam a capacidade de culpabilidade, estas apenas a reduzem.

1.5. *Consequências jurídico-penais*

Comprovada a inimputabilidade do agente a "absolvição imprópria" se impõe (art. 26), aplicando-se medida de segurança nos termos dos arts. 96 a 99. No entanto, na hipótese dos *fronteiriços*, isto é, de *culpabilidade diminuída*, é obrigatória, no caso de condenação, a imposição de pena, reduzida, para, somente num segundo momento, se comprovadamente necessária, ser substituída por medida de segurança (*princípio vicariante*). Para não sermos repetitivos, contudo, remetemos o leitor para o capítulo em que analisamos exclusivamente as medidas de segurança e suas implicações[8].

A comprovação da inimputabilidade do agente, no entanto, não é suficiente para aplicar-se a medida de segurança. É preciso que se comprove que essa *inimputabilidade*, no caso concreto, é a causa da absolvição, ou seja, que a inimputabilidade é o fundamento da absolvição. Com isso queremos dizer que a imposição de medida de segurança não está baseada unicamente no juízo sobre a perigosidade do autor. Alguém recebe medida de segurança, porque praticou uma conduta típica e antijurídica, com a diferença de que, dadas as condições em que se encontra, não pode receber pena. Em outros termos, se o agente fosse imputável, seria condenado, posto que considerado culpado; contudo, tratando-se de *inimputável*, resta-lhe somente a medida de segurança (arts. 96 a 99 do CP). Logicamente, se fizermos uma comparação com um sujeito imputável, e chegarmos à conclusão de que, naquelas circunstâncias processuais, esse sujeito imputável seria absolvido, por ser inocente, não haver prova contra si, ou por estar escudado em uma excludente de ilicitude, ou mesmo em uma causa dirimente de culpabilidade, que não seja a inimputabilidade, em que se absolveria também o imputável — com o inimputável não deverá ser diferente — consequentemente, não se teria fundamento legal para impor ao inimputável uma medida de segurança, pois tanto quanto o imputável deve ser absolvido. Esse entendimento está

---

8. Cezar Roberto Bitencourt, *Tratado de Direito Penal*; Parte Geral, 29ª ed., São Paulo, Saraiva, 2023, v. 1, p. 931-941 (capítulo sobre Medidas de Segurança).

amparado no *princípio de igualdade material*, de modo que é vedado ao Estado/jurisdição ser mais rigoroso com o inimputável, quando, nas circunstâncias do caso, o fato não possa ser considerado como típico, ou possa estar justificado ou exculpado para um sujeito capaz de culpabilidade. Além disso, é uma consequência do Direito Penal do fato, que não admite a aplicação de medida de segurança nos termos de um Direito Penal do autor.

Então, para se aplicar medida de segurança será preciso que a absolvição decorra exclusivamente da inimputabilidade do agente, e não de uma causa justificante ou exculpante de outra natureza, ou, ainda, que por qualquer outro fundamento não possa ser condenado. Em outros termos, somente seria possível aplicar *medida de segurança* tanto ao inimputável como ao semi-imputável, quando, na mesma hipótese, houvesse fundamento para a condenação de agente imputável.

A modo de conclusão, essas condições biológicas, com exceção da menoridade, podem fazer o agente perder totalmente a capacidade de entendimento ou de autodeterminação, ou, simplesmente, *diminuir essa capacidade*. Pode ter íntegra uma e diminuída a outra, mas como precisa, para ser imputável, das duas capacidades, de entendimento e de autodeterminação, a ausência de uma basta para inimputabilidade. Se houver prejuízo de uma delas, *total* — é inimputável; se houver prejuízo de uma delas, *parcial* — é semi-imputável, isto é, tem capacidade de culpabilidade diminuída.

A *culpabilidade diminuída* dá como solução a *pena diminuída*, na proporção direta da diminuição da capacidade, ou, nos termos do art. 98 do CP, a possibilidade de, se necessitar de *especial tratamento curativo*, aplicar-se uma medida de segurança, substitutiva da pena. Nesse caso, é necessário, primeiro, condenar o réu semi-imputável, para só então poder *substituir* a pena pela medida de segurança, porque essa medida de segurança é sempre substitutiva da pena reduzida. Quer dizer, é preciso que caiba a pena reduzida, ou seja, que o agente deva ser condenado. E o art. 98 fala claramente em "condenado". Logo, no caso da semi-imputabilidade, requer-se a condenação, quando for o caso, evidentemente.

Finalmente, em que pese o texto legal utilizar o verbo "pode", a redução de pena, na hipótese de culpabilidade diminuída, é obrigatória, e não mera faculdade do juiz.

2. Coação moral irresistível e obediência hierárquica

Nosso Código Penal prevê, expressamente, duas situações que excluem a culpabilidade, em razão da *inexigibilidade de comportamento diverso*; em outros termos, são causas legais que excluem a culpabilidade: a *coação irresistível* e a *obediência hierárquica* (art. 22), por eliminarem um de seus elementos constitutivos, qual seja, a exigibilidade de comportamento de acordo com a ordem jurídica.

2.1. Coação moral irresistível

Coação irresistível, com idoneidade para afastar a culpabilidade, é a *coação moral*, a conhecida *grave ameaça*, uma vez que a *coação física* exclui a própria ação, não havendo, consequentemente, conduta típica. Coação irresistível é tudo o que pressiona a vontade impondo determinado comportamento, eliminando ou reduzindo o poder de escolha, consequentemente, trata-se da coação moral.

Essa excludente da culpabilidade deve ser, contudo, diferenciada tanto dos casos de *vis absoluta*, em que há *ausência de ação*, como dos casos de *estado de necessidade coativo*, segundo setores da doutrina alemã e espanhola. A *coação física irresistível*, "*vis absoluta*", exclui a própria ação por ausência de vontade. Nesse caso, o *executor* é considerado apenas um *instrumento* mecânico de realização da vontade do coator, que, na realidade, é o *autor mediato*. No mesmo sentido manifestava-se Everardo da Cunha Luna, *in verbis*: "A coexistência de agentes, na coação irresistível, leva-nos a ver, nesta, apenas a coação moral, a *vis compulsiva*, porque, na coação física, na *vis absoluta*, em lugar de dois, apenas *um* agente concorre — aquele que coage e que domina, como simples instrumento, o *outro* aparentemente agente"[9]. Nos casos de *estado de necessidade coativo*, o agente é colocado numa situação de *conflito de interesses* como consequência da *coação irresistível* exercida por outra pessoa. Imagine-se, por exemplo, que Antônio ameaça, gravemente, matar a esposa de José se este não der uma surra em Ricardo. Conhecendo os antecedentes criminais e o "histórico" de Antônio, José, tomado de pânico, cede à imposição daquele. Nesse caso, o delito de lesão corporal não poderá ser atribuído a José, porque este realiza uma conduta *justificada* pelo estado de necessidade coativo[10], mas, sim, a Antônio, na qualidade de *autor mediato* através do uso da coação[11]. Como vimos no estudo do estado de necessidade, a *justificação* da conduta se impõe nas hipóteses de *conflito de interesses* de distinto valor, sempre que o bem jurídico preservado (no exemplo dado,

---

9. Everardo da Cunha Luna, *Estrutura jurídica do crime*, 3ª ed., Recife, UFP, 1970, p. 233.
10. Essa interpretação — *estado de necessidade coativo* — confunde-se, no direito brasileiro, com a *coação moral irresistível*, que tem expressa previsão legal (art. 22). No entanto, admitimos que conflito "coativo" de bens jurídicos, *desproporcionais*, pode, eventualmente, caracterizar essa modalidade de estado de necessidade, desde que seja preservado o bem mais valioso.
11. Sobre o estado de necessidade coativo, confira Francisco Baldó Lavilla, *Estado de necesidad y legítima defensa*: un estudio sobre las "situaciones de necesidad". Barcelona, J. M. Bosch, 1994, p. 154-155. Sobre a *autoria mediata* através da coação em que o instrumento atua de maneira *justificada*, confira Günther Jakobs, *Derecho Penal*, Parte General, *Fundamentos y teoría de la imputación*, Madrid, Marcial Pons, 1995, p. 772 e s., e Claus Roxin, *Autoría y dominio del hecho en Derecho Penal*. Tradução da 7ª edição alemã por Joaquín Cuello Contreras e José Luis Serrano González de Murillo, Madri, Marcial Pons, 2000, p. 166 e s.

a vida) tem um valor superior ao bem jurídico sacrificado (a integridade física). Nessas circunstâncias, ante a gravidade real da ameaça e a diferença de valor dos bens jurídicos em conflito, *justifica-se* a conduta de José. Mas também pode acontecer que a ação de salvaguarda do agente coagido não resulte justificada, mas, sim, *exculpada* em virtude do *princípio de inexigibilidade de outra conduta*. Ou seja, ausente a *desproporção dos bens jurídicos em conflito*, não se trataria da *causa de justificação*, mas tão somente de *exculpação*, nos estritos termos do art. 22 do diploma legal pátrio, por *inexigibilidade de conduta diversa*. Esse é o âmbito de aplicação da *coação moral irresistível* como causa de exclusão da culpabilidade.

Na *coação moral irresistível* existe vontade, embora seja viciada, ou seja, não é livremente formada pelo agente. Nas circunstâncias em que a ameaça é *irresistível* não é exigível que o agente se oponha a essa ameaça — que tem de ser *grave* —, para se manter em conformidade com o Direito. Como já antecipava Cuello Calón, "o indivíduo que nesta situação executa um fato criminoso não é considerado culpável porque sua vontade não pode determinar-se livremente"[12]. Entender diferente equivaleria a exigir do agente um comportamento heroico, que somente um ser superior, que se diferenciasse dos demais, quer pela coragem, quer pelo idealismo, ou, enfim, por qualquer outra razão elevada, poderia realizar. Mas o Direito destina-se a pessoas comuns, a seres normais, e não a heróis, como seria o caso.

A *irresistibilidade* da coação deve ser medida pela gravidade do mal ameaçado, ou seja, dito graficamente, a *ameaça* tem de ser, necessariamente, *grave*. Essa gravidade deve relacionar-se com a natureza do mal e, evidentemente, com o *poder* do coator em produzi-lo. Na verdade, não pode ser algo que independa da vontade do coator, alguma coisa que dependa de um fator aleatório, fora da disponibilidade daquele. Nesse caso, deixa de ser grave o mal ameaçado, deixa de ser *irresistível* a coação, porque se trata de uma ameaça cuja realização encontra-se fora da disponibilidade do coator. *Ameaças vagas* e imprecisas não podem ser consideradas suficientemente graves para configurar *coação irresistível* e justificar a isenção de pena. Somente o mal *efetivamente grave* e *iminente* tem o condão de caracterizar a *coação irresistível* prevista pelo art. 22 do CP. A *iminência* aqui mencionada não se refere à imediatidade tradicional, puramente cronológica, mas significa *iminente à recusa*, isto é, se o coagido recusar-se, o coator tem condições de cumprir a ameaça em seguida, seja por si mesmo, seja por interposta pessoa.

É indiferente que a vítima do mal ameaçado seja o próprio coagido ou alguém de suas ligações afetivas. O importante é que esse mal, essa ameaça, constitua,

---

12. E. Cuello Calón, *Derecho Penal*, Barcelona, Bosch, 1980, v. 1, p. 494.

necessariamente, uma coação moral irresistível. O que importa é que o *temor* do agente impeça-lhe de deliberar livremente: ou obedece à *ordem* ou o mal grave que teme se concretiza. Nessa hipótese de *irresistibilidade*, a solução legal é considerar punível, exclusivamente, o coator, que, no caso, é o *autor mediato*, uma vez que o *executor* é mero instrumento, agindo inculpavelmente. Não há propriamente *concurso de pessoas*, mas simples *autoria mediata*: o coator é o único responsável pelo fato, do qual tinha o *domínio final*.

E, na hipótese de coação *resistível*, não haverá exclusão da culpabilidade penal, logicamente, porque o sujeito pode agir em conformidade com o Direito, ante a resistibilidade da coação; por essa razão, se não a resistir (sendo resistível), haverá concurso de pessoas com o coator. Porém, como há a *coação*, como há ameaça efetiva, embora resistível, e o agente age por causa dessa ameaça, há uma diminuição do grau de reprovação, do grau de censura, e, consequentemente, uma redução de pena caracterizada por uma atenuante genérica, a *coação resistível* (art. 65, III, *c*, 1ª figura). O *coator*, por sua vez, será sempre punível: na coação irresistível, na condição de autor mediato, na coação resistível, na condição de coautor ou de partícipe, dependendo das demais circunstâncias. Somente quando a coação for resistível, o coator sofrerá a agravante do art. 62, II, porque, na coação irresistível, ele será autor mediato e esta será o meio de sua execução. Caso contrário, haveria um *bis in idem*.

2.2. Obediência hierárquica

A segunda parte do art. 22 prevê a *obediência hierárquica*, que requer — segundo a doutrina tradicional — *uma relação de direito público*, e somente de direito público. A *hierarquia privada*, própria das relações da iniciativa privada, não é abrangida por esse dispositivo, conclui essa doutrina. No entanto, embora tenhamos concordado com esse entendimento, por algum tempo, passamos a questioná-lo, por dois fundamentos básicos: a) de um lado, *ordem de superior hierárquico* produz, independentemente de a relação hierárquica ser de natureza pública ou privada, o mesmo efeito, qual seja, a *inexigibilidade de conduta diversa*; b) de outro lado, o Estado Democrático de Direito não admite qualquer resquício de responsabilidade penal objetiva, e sempre que, por qualquer razão, a *vontade* do agente for *viciada* (deixando de ser absolutamente livre), sua conduta não pode ser *penalmente censurável*.

Os efeitos ou consequências da *estrita obediência hierárquica*, numa visão radical e positivista, seriam mantidos segundo o entendimento adotado pela redação original do Código Penal de 1940, que sustentava a *suposição* indispensável de uma relação de direito administrativo; a *estrita obediência hierárquica* estaria ainda limitada à ordem emanada de autoridade pública, como fora concebida naquele Estado de Exceção. Nessa hipótese, constituiria uma causa legalmente expressa de *isenção de pena*. Contudo, reinterpretando o mesmo texto da *Reforma Penal de 1984*, sob o marco de um Estado Democrático de Direito, a *estrita obediência hierárquica a ordem não manifestamente ilegal* caracteriza, independentemente de emanar de "autoridade" pública ou privada, a *inexigibilidade de outra conduta*.

Ninguém pode ignorar que a *desobediência a ordem superior*, no plano da iniciativa privada, está sujeita a consequências mais drásticas e imediatas que o seu descumprimento no âmbito público-administrativo. Com efeito, na relação de direito público, dificilmente algum subalterno corre o risco de perder o emprego por *desobedecer* ordem de seu superior hierárquico, podendo, no máximo, responder a uma sindicância, cujas sanções estão legal e taxativamente previstas e, dentre as quais, para essa infração disciplinar, não está cominada a demissão do serviço público. No entanto, na relação empregatícia da iniciativa privada a consequência é, naturalmente, mais drástica e imediata: a simples *desobediência* pode ter como consequência a *demissão imediata*, sem justa causa; justificando-se, consequentemente, o maior temor à ordem de superior na iniciativa privada, pois, como se sabe, ao contrário do que ocorre no setor público, o risco de demissão ou perda de emprego, inegavelmente, é fator inibidor de qualquer cidadão. Na realidade, aquele entendimento tradicional ficou completamente superado a partir da redemocratização do País, com uma nova ordem constitucional, que consagra a *responsabilidade penal subjetiva e individual*, sob o marco de um *direito penal da culpabilidade*. Não se pode esquecer, por outro lado, que o vetusto Código Penal de 1940, produto do *Estado Novo (1937 a 1945)*, apenas *presumia a liberdade de vontade*, como deixava claro em sua *Exposição de Motivos*: "Ao direito penal... não interessa a questão, que transcende à experiência humana, de saber se a vontade é absolutamente livre. *A liberdade de vontade é pressuposto das disciplinas práticas*, pois existe nos homens a convicção de ordem empírica de que cada um de nós é capaz de escolher entre os motivos determinantes da vontade e, portanto, moralmente responsável"[13] (grifamos). Com efeito, não há nenhum fundamento legal (constitucional) para limitar a consequência jurídico-penal à *desobediência* de ordem superior na relação hierárquica de direito público, na medida em que o texto legal não faz essa restrição.

Por fim, um argumento irrefutável: a *inexigibilidade de outra conduta* é uma excludente de culpabilidade que não precisa estar escrita, pois simplesmente elimina um de seus elementos constitutivos (a exigibilidade de conduta conforme a norma), afastando-a consequentemente. Assim, qualquer causa que exclua a exigibilidade de conduta conforme ao direito, afasta a culpabilidade, com ou sem previsão legal, e a *estrita obediência hierárquica* é apenas uma de suas duas versões expressas. Por isso, independentemente de tratar-se de relação hierárquica de direito público ou de direito privado, a *estrita obediência* a *ordem não*

---

13. Exposição de Motivos do Código Penal de 1940, item 4, último parágrafo.

manifestamente ilegal de superior hierárquico produz o mesmo efeito: a inexigibilidade de outra conduta.

Sintetizando, em virtude da *subordinação hierárquica*, o subordinado cumpre *ordem do superior*, desde que essa ordem não seja *manifestamente ilegal*, podendo, no entanto, ser apenas *ilegal*. Porque, se a ordem for legal, o problema deixa de ser de culpabilidade, podendo caracterizar causa de exclusão de ilicitude. Se o agente cumprir ordem legal de superior hierárquico, estará no exercício de *estrito cumprimento de dever legal*. A *estrita obediência* de *ordem legal* não apresenta nenhuma conotação de ilicitude, ainda que configure alguma conduta típica; ao contrário, caracteriza a sua exclusão (art. 23).

No momento em que se examina a culpabilidade, já foi superada a análise positiva da tipicidade e da antijuridicidade do fato, admitindo-as, pois, quando afastadas, qualquer delas, desnecessário será examinar a culpabilidade. Então, a ordem pode ser *ilegal*, mas não *manifestamente* ilegal, não flagrantemente ilegal. Quando a ordem for ilegal, mas não *manifestamente*, o subordinado que a cumpre não agirá com culpabilidade, por ter *avaliado incorretamente* a ordem recebida, incorrendo numa espécie de *erro de proibição*. Agora, quando cumprir *ordem manifestamente ilegal, ou seja, claramente, escancaradamente ilegal*, tanto o *superior hierárquico* quanto o *subordinado* são puníveis, respondendo pelo crime em concurso. O subordinado não tem a obrigação de cumprir ordens ilegais. Ele tem a obrigação de cumprir ordens inconvenientes, inoportunas, mas não ilegais. Não tem o direito, como subordinado, de discutir a *oportunidade* ou *conveniência* de uma ordem, mas a *ilegalidade*, mais que o *direito*, tem o *dever* de apontá-la, e negar-se a cumprir ordem *manifestamente* ilegal. Por essa razão, destacava Frederico Marques, se o superior dá a ordem, nos limites de sua respectiva competência, revestindo-se das formalidades legais necessárias, o subalterno ou presume a licitude da ordem ou "se sente impossibilitado de desobedecer o funcionário de onde a ordem emanou (inexigibilidade de outra conduta): de uma forma ou de outra, é incensurável o proceder do inferior hierárquico, e, por essa razão, o fato praticado não é punível em relação a ele". Contudo, se a ilegalidade for manifesta, o subalterno tem não apenas o direito, mas também o dever legal de não cumpri-la, denunciando a quem de direito o abuso de poder a que está sendo submetido.

2.2.1. Tratamento da obediência hierárquica no Código Penal Militar

Cumpre, a esta altura, fazer uma distinção entre o funcionário civil e o funcionário militar. O *funcionário civil* não discute a oportunidade ou conveniência de ordem superior, mas pode discutir a sua *legalidade*. E essa ilegalidade pode decorrer, por exemplo, do descumprimento de uma formalidade. Uma ordem pode ser ilegal porque não obedece à forma estabelecida em lei. Basta isso e já será ilegal. O funcionário civil, subalterno, não é obrigado a cumprir ordem ilegal, embora só responda por crime quando a ordem for *manifestamente*, iniludivelmente, ilegal. Ademais, se representar qualquer prejuízo a terceiro, o subalterno será tão responsável quanto o superior.

Agora, no caso do militar, a situação é completamente diferente. Ele não discute a legalidade, porque tem o dever *legal de obediência*, e qualquer desobediência pode constituir crime de *insubordinação* (art. 163 do CPM). O *subalterno militar* não é culpado, qualquer que seja a sua convicção sobre a ilegalidade da ordem. Pelo crime eventualmente decorrente só responde o autor da ordem[14]. O Código Penal Militar, diferentemente do Código Penal, estabelece, implicitamente, apenas que o militar não deve obedecer a ordem *manifestamente criminosa* (art. 38, § 2º). A questão é completamente diferente. Evidentemente, seria absurdo afirmar que alguém tem o dever de obedecer a *ordem criminosa*! Aí, seria a inversão total das instituições políticas e democráticas[15]. Agora, quanto à legalidade da formalidade em si, se está correta ou incorreta, se o superior tem ou não tem atribuição para emitir aquela ordem, o problema não é do agente hierarquicamente inferior.

No entanto, a *culpabilidade* do *subordinado militar* pode ser excluída pela *coação irresistível*. Por exemplo, o agente militar sabe que a ordem é manifestamente criminosa, tenta recusar-se a obedecê-la, mas é coagido a cumpri-la. Se a *ameaça* ou a *ordem* representar efetivamente uma *coação irresistível*, nessa hipótese, o subordinado militar poderá ser beneficiado pela primeira parte do art. 22, isto é, pela excludente da *coação irresistível*, mas não pela *subordinação hierárquica*. Nada impede que as duas excludentes ocorram simultaneamente. Coação irresistível é uma excludente que pode beneficiar qualquer pessoa, funcionário ou não, militar ou civil. Isso quer dizer que o funcionário militar, por ser vítima de coação irresistível, não podendo invocar subordinação hierárquica *a ordem manifestamente criminosa*, é forçado a cumpri-la. Nesses casos, se os requisitos estiverem presentes, poderá alegar *coação irresistível*, e, assim, o superior responderá sozinho pelo crime.

Tanto na hipótese do funcionário civil quanto do subordinado militar, quando houver excesso, isto é, quando o subordinado for além daquilo que lhe impôs o superior, por conta própria, ambos responderão pelo fato: o superior com pena agravada e o subordinado com pena atenuada.

3. A emoção e a paixão

Emoção é uma viva excitação do sentimento. É uma forte e transitória perturbação da afetividade a que estão ligadas certas variações somáticas ou

---

14. Alcides Munhoz Netto, *A ignorância em matéria de antijuridicidade em matéria penal*, Rio de Janeiro, Forense, 1978, p. 138.
15. Ver Salgado Martins quanto à desobediência a ordem manifestamente criminosa, in *Direito Penal*, São Paulo, Saraiva, 1974, p. 248.

modificações particulares das funções da vida orgânica. A *paixão* é a emoção em estado crônico, perdurando como um sentimento profundo e monopolizante (amor, ódio, vingança, fanatismo, desrespeito, avareza, ambição, ciúme etc.)[16].

Emoção e paixão praticamente se confundem, embora haja pequena diferença entre ambas e esta se origine naquela. Kant dizia que a *emoção* é como "uma torrente que rompe o dique da continência", enquanto a *paixão* é o "charco que cava o próprio leito, infiltrando-se, paulatinamente, no solo". A emoção é uma descarga tensional passageira, de vida efêmera, enquanto a paixão, pode-se afirmar, é o estado crônico da emoção, que se alonga no tempo, representando um estado contínuo e duradouro de perturbação afetiva. Em outras palavras, a emoção dá e passa, enquanto a paixão permanece, alimentando-se nas suas próprias entranhas. Alguns pensadores chegam a situar a paixão, pelas suas características emocionais, entre a emoção e a loucura.

É extremamente difícil distinguir, com segurança, emoção e paixão, uma vez que não apresentam significativas diferenças de natureza ou de grau, pois esta nasce daquela, e, assim como há paixões violentas e emoções calmas, o inverso também é verdadeiro, embora se diga que a *emoção é aguda* e a *paixão é crônica*[17]. A única diferença que se pode afirmar com certeza é que a emoção é passageira e a paixão é duradoura.

No entanto, em nosso Direito positivo a emoção e a paixão não apresentam maiores problemas, pois não constituem qualquer excludente de antijuridicidade, embora possam influenciar, inegavelmente, na *vis electiva* entre o certo e o errado. Esses estados emocionais tampouco são suficientes para eliminar a censurabilidade da conduta (art. 28, I, do CP); poderão, apenas, atenuá-la, com a correspondente redução de pena, desde que satisfeitos determinados requisitos legais. Esses casos podem ser reconduzidos à casuística do *excesso nas causas de justificação*, na medida em que o legislador estabeleceu no art. 65, III, *c*, que a pena será atenuada quando o agente tiver cometido o crime sob a influência de *violenta emoção provocada por ato injusto da vítima*, pressuposto característico do excesso nos casos de legítima defesa. De maneira similar também estabeleceu nos arts. 121, § 1º, e 129, § 4º, que o juiz poderá reduzir a pena de um sexto a um terço se o homicídio ou as lesões corporais, respectivamente, foram cometidos *sob o domínio de violenta emoção*, logo em seguida à *injusta* provocação da vítima. Assim, além da intensidade *emocional*, é fundamental que a *provocação* tenha sido da própria vítima, e através de um *comportamento injusto*, ou seja, não justificado, não permitido, não autorizado. Com essa redação, também é admissível a interpretação mais ampla dos referidos dispositivos, para que também

---

16. Hungria, *Comentários ao Código Penal*, 5ª ed., Rio de Janeiro, Forense, 1978, v. 1, t. 2, p. 367 e 369.
17. Mirabete, *Manual de Direito Penal*, São Paulo, Atlas, 1990, v. 1, p. 211.

sejam passíveis de diminuição de pena os *crimes passionais*. Elucidativa, nesse sentido, a Exposição de Motivos do Código Penal de 1940, do Ministro Francisco Campos, afirmando que o legislador "não deixou de transigir, até certo ponto, cautelosamente, com o *passionalismo*: não o colocou fora da psicologia normal, isto é, não lhe atribuiu o efeito de exclusão da responsabilidade, só reconhecível no caso de autêntica alienação ou grave deficiência mental; mas reconheceu-lhe, sob determinadas condições, uma influência minorativa da pena. Em consonância com o Projeto Alcântara, não só incluiu entre as circunstâncias atenuantes explícitas a de 'ter o agente cometido o crime sob a influência de *violenta emoção, provocada por ato injusto de outrem*', como fez do *homicídio passional*, dadas certas circunstâncias, uma espécie de *delictum exceptum*, para o efeito de *facultativa* redução da pena (art. 121, § 1º)... E o mesmo critério foi adotado no tocante ao crime de *lesões corporais*".

Ressalvados esses casos, os *estados emocionais* ou *passionais* só poderão servir como modificadores da culpabilidade se forem sintomas de uma doença mental, isto é, se forem *estados emocionais patológicos*. Mas, nessas circunstâncias, já não se tratará de *emoção* ou *paixão*, estritamente falando, e pertencerá à *anormalidade psíquica*, cuja origem não importa, se tóxica, traumática, congênita, adquirida ou hereditária. O *trauma emocional* pode fazer eclodir um *surto psicótico*, e, nesse estado, pode o agente praticar um delito. No entanto, aí o problema deve ser analisado à luz da *inimputabilidade* ou da *culpabilidade diminuída*, nos termos do art. 26 e seu parágrafo único. Por exemplo, a extrema agressividade de uma personalidade paranoica, que demonstra um desequilíbrio emocional patológico; a própria embriaguez pode, pela habitualidade, levar à eclosão de uma psicose tóxica, deixando de ser um problema de embriaguez (ou qualquer outra substância tóxica) para ser tratado à luz do mesmo dispositivo legal.

4. A embriaguez e substâncias de efeitos análogos

4.1. *Generalidades e* actio libera in causa

Entre as causas biológicas que podem *excluir* ou *diminuir* a responsabilidade penal, o Código Penal inclui a *embriaguez*, desde que *completa* e *acidental*. A embriaguez pode ser definida como a intoxicação aguda e transitória provocada pela ingestão do álcool ou de substância de efeitos análogos[18]. Segundo a classificação mais tradicional, a embriaguez apresenta três estágios: 1º inicial — de excitação; 2º intermediário — de depressão; 3º final — embriaguez letárgica (sono profundo ou coma).

---

18. Giulio Battaglini, *Direito Penal*, São Paulo, Saraiva, 1973, v. 1, p. 261.

Na Exposição de Motivos do Código Penal de 1940, o Ministro Francisco Campos explica que, "ao resolver o problema da embriaguez (pelo álcool ou substâncias de efeitos análogos), do ponto de vista da responsabilidade penal, o projeto aceitou em toda a sua plenitude a teoria da *actio libera in causa ad libertatem relata*, que, modernamente, não se limita ao estado de inconsciência *preordenado*, mas a todos os casos em que o agente se deixa arrastar ao estado de inconsciência. Quando *voluntária* ou *culposa*, a embriaguez, ainda que plena, não isenta de responsabilidade...". A Reforma Penal de 1984 manteve a mesma orientação, inclusive a mesma redação, substituindo somente a expressão da cabeça do artigo, "responsabilidade penal" por "imputabilidade penal", sem qualquer consequência prática. Nesses termos, a interpretação literal do art. 28, II, gera uma incoerência sistemática: como é possível declarar culpável aquele que era, no momento da ação, em virtude de embriaguez completa, incapaz de compreender o caráter ilícito de sua conduta ou de autodeterminar-se com base nesse entendimento? Não estaríamos, assim, violentando o princípio de que não há pena sem culpabilidade? Além disso, por que os casos de *embriaguez completa fortuita* são relevantes para isentar de pena, enquanto os casos de *embriaguez completa voluntária*, não? A resposta a essa questão pode ser encontrada através do estudo da *actio libera in causa*.

A problemática da *actio libera in causa* caracteriza-se naqueles casos em que o agente é inimputável no momento da realização da conduta típica, havendo agido dolosa ou culposamente em um momento anterior, em que ainda era um sujeito imputável[19]. Em sentido semelhante, Muñoz Conde sustenta que a *actio libera in causa* abrange os casos em que o agente não era imputável no momento de cometer o fato, mas o era no momento em que planejou cometê-lo ou no momento em que deu início ao processo causal que resultou na ação típica[20]. Para que a valoração desses supostos não constitua uma arbitrária violação do *princípio de culpabilidade*, é necessário estabelecer uma relação entre os atos praticados antes do estado de inimputabilidade e o resultado típico finalmente produzido. Essa relação se estabelece quando o agente coloca-se voluntariamente em *estado de inimputabilidade* que representa *um risco não permitido para o bem jurídico*, que é, previsivelmente, adequado para a produção do resultado típico[21]. Assim, quando um indivíduo se embriaga para agredir um terceiro, sabendo que o consumo de álcool lhe provoca um estado incontrolável de agressividade, pode

---

19. Claus Roxin, *Derecho Penal, Fundamentos. La estructura de la teoría del delito*. Trad. Diego-Manuel Luzón Pena, Miguel Díaz y García Conlledo y Javier de Vicente Remensal. Madrid, Civitas, 1997. t. I, p. 850.
20. Francisco Muñoz Conde e Mercedes García Arán, *Derecho Penal*, Parte General. 8ª ed. Valencia, Tirant lo Blanch, 2010, p. 375.
21. Roxin, *Derecho Penal*, cit., p. 851-852.

ser culpável pelo crime de lesões corporais, que será doloso ou culposo, dependendo da *intencionalidade* no momento em que começa a ingerir a bebida alcoólica. Dessa forma, é possível fundamentar a culpabilidade desse indivíduo — assim como nos demais casos de *actio libera in causa* — na medida em que aquele era imputável quando deu início ao processo causal que, de maneira previsível, poderia resultar nas lesões corporais. Mas definição da natureza da infração, dolosa ou culposa, decorre do estado de ânimo quando o agente colocou-se em estado de inimputabilidade, e não no momento em que pratica a infração penal, ao contrário do que prevê nosso Código Penal.

Com efeito, pelos postulados da *actio libera in causa*, se o dolo não é contemporâneo à ação típica, é, pelo menos, contemporâneo ao início da série causal de eventos, que se encerra com o resultado danoso. Como o dolo é coincidente com o primeiro elo da série causal, deve o agente responder pelo resultado que produzir. Transportando essa concepção para a embriaguez, antes de embriagar-se o agente deve ser portador de dolo ou culpa não somente em relação à embriaguez, mas também, e principalmente, em relação ao fato delituoso posterior. Basileu Garcia, inconformado com as consequências da embriaguez voluntária ou culposa e com o entendimento sustentado por Nélson Hungria, pontificava: "Não percebemos o nexo de causalidade psíquica entre a simples deliberação de ingerir bebida alcoólica e um crime superveniente. O agente não pensa em delinquir. Nem mesmo — admita-se — supõe que vai embriagar-se. Entretanto, embriaga-se totalmente e pratica lesões corporais num amigo". E a seguir, reconhecendo tratar-se de *responsabilidade objetiva*, ou, pelo menos, ausência de culpabilidade em grau relevante para o Direito Penal, sugeria Basileu Garcia, provocativamente, que "... se tamanha extensão se pretende emprestar à teoria das *actiones libera in causa*, então também o *doente mental*, que assim se tornou apenas pela sua culpável imoderação no uso do álcool, devia ser responsabilizado..."[22].

Para Hungria, haveria uma *vontade residual* no agente embriagado, isto é, um resíduo de consciência e vontade que não lhe eliminaria a imputabilidade[23]; com essa equivocada argumentação, Hungria confundia o sentido da *actio libera in causa*, com a *arbitrária política criminal* adotada do Código Penal de 1940 relativamente aos efeitos da embriaguez, que consagrava odiosa *responsabilidade penal objetiva*. A experiência, já afirmava Mezger, "ensina que na embriaguez é possível e pode ser exigido um grau mais alto de autocontrole do que, por exemplo, nas alterações da consciência de índole orgânica. As perturbações por intoxicação de álcool (acrescente-se: *et similia*) sempre ficam, em maior ou menor

---

22. Basileu Garcia, *Instituições de Direito Penal*, São Paulo, Max Limonad, 1982, v. 1, p. 389-90.
23. Hungria, *Comentários*, cit., v. 1, t. 2, p. 386.

medida, na superfície"[24]. Todos esses autores têm, em certa medida, razão nos argumentos que aduzem contra a fundamentação da culpabilidade nos casos de *actio libera in causa*. Entretanto, a *actio libera in causa* não é sinônimo de ausência de vínculo subjetivo entre o autor e sua conduta, e, portanto, não é necessário recorrer à artificiosa construção da *vontade residual, de que falava Hungria*, do agente embriagado para evitar deparar-se com essa questão. Como vimos, é possível fundamentar de maneira coerente a culpabilidade do agente nos casos de *actio libera in causa* desde que se demonstre que o resultado produzido é imputável, objetiva e subjetivamente, ao comportamento precedente à situação de inimputabilidade.

No entanto, equivocadamente, não foi essa a orientação assumida pelo Código Penal de 1940 e, desafortunadamente, mantida pela Reforma Penal de 1984, aplicando, repetindo, autêntica responsabilidade penal objetiva ao *ébrio*, contumaz ou não. Com efeito, ao contrário do que seria na hipótese de *actio libera in causa*, a conduta praticada pelo ébrio — segundo nosso Código Penal em vigor — será considerada dolosa ou culposa, não pela natureza da embriaguez — intencional ou culposa — *pertencente à fase de imputabilidade real*, mas segundo o elemento subjetivo do momento em que a ação é praticada em estado etílico. Em outros termos, isso significa que de uma embriaguez dolosa pode resultar um crime culposo, assim como de uma embriaguez culposa pode resultar um crime doloso. É um *aberratios logicus*, que produz uma espécie de *monstro mitológico*, como se fora metade humano e metade animal!

Considerando a *motivação da norma um fator inibitório* e objetivando *prevenir* a embriaguez, o legislador brasileiro equiparou a vontade do *ébrio* à vontade livre e consciente de qualquer agente imputável. No entanto, nem sempre se pode admitir que seja consequência de *actio libera in causa*, aliás, como Manzini, comentando o Código Penal Rocco, já reconhecia que, se a lei admite a imputabilidade a título de dolo para as infrações penais praticadas em estado de embriaguez, mesmo quando culposamente adquirido, fê-lo por motivos de política criminal, que nada tem que ver com *actio libera in causa*[25]. Trata-se, inegavelmente, de uma política criminal completamente equivocada e intolerável em um Estado Constitucional e Democrático de Direito, como é o atual Estado brasileiro. Cabe à doutrina e à jurisprudência brasileiras adaptarem o superado diploma penal brasileiro interpretando-os à luz dos princípios político-criminais democráticos e, fundamentalmente, observando rigorosamente os princípios da *actio libera in causa*, como demonstramos acima.

---

24. Edmund Mezger, *Tratado de Derecho Penal*, Madrid, Revista de Derecho Privado, 1935, v. 2, p. 69.
25. Manzini, *Trattato di Diritto Penale*, Torino, 1948, v. 1, p. 669.

Finalmente, para nós, ocorrendo a *embriaguez não acidental* (intencional ou culposa), deve-se analisar, *in concreto*, se o agente, nas circunstâncias, é capaz de culpabilidade, sem chegarmos, no entanto, ao ponto de vista de Damásio de Jesus, que considera o art. 28, II, do CP revogado pelo art. 5º, LVII, da CF[26]. Pelo menos, minimizando as consequências práticas, o quotidiano tem sido favorável, "porque os casos de embriaguez que se apresentam nos tribunais rarissimamente, para não dizer nunca, são de embriaguez completa, que produza total supressão do discernimento"[27].

4.2. *Formas ou modalidades de embriaguez*

A embriaguez no nosso ordenamento jurídico, sob o aspecto subjetivo, isto é, referente à influência do momento em que o agente coloca-se em estado de embriaguez, pode apresentar-se como: a) *não acidental*: intencional ou culposa; b) *acidental*: caso fortuito ou força maior; c) *preordenada*; d) *habitual* e/ou *patológica*.

4.2.1. Embriaguez não acidental: intencional ou culposa

Há *embriaguez voluntária* não só quando o agente ingere bebida alcoólica com a *intenção de embriagar-se (dolosa), como também quando ingere bebida alcoólica pelo simples prazer de beber, mesmo sem pensar em embriagar-se (embriaguez não intencional)*. Será *culposa*, nesta segunda hipótese, a embriaguez quando decorrer da ingestão imprudentemente excessiva de bebida alcoólica, sem que o agente queira embriagar-se (não intencional). Em outros termos, percebe-se que tanto na embriaguez *dolosa* quanto na *culposa* a ingestão alcoólica é, em princípio, voluntária. O aspecto doloso ou culposo da embriaguez, impropriamente falando, decorre não do fato praticado sob o estado etílico, mas da própria embriaguez, intencional ou derivada de imprudência, no uso de substância inebriante (álcool ou droga). O fato de o agente ter querido embriagar-se, ou ter querido simplesmente beber, não altera o grau de sua responsabilidade penal, segundo nosso superado diploma legal, e tampouco altera a definição legal da natureza da embriaguez, que é não acidental (*voluntária ou culposa*). Isso decorre, repetindo, em razão de que a natureza do crime, dolosa ou culposa, não está vinculada ao aspecto subjetivo (intencional ou não intencional) que orienta a ingestão alcoólica, propriamente, mas segundo o elemento subjetivo do momento em que o fato delituoso é praticado.

Invocando os fundamentos da *actio libera in causa*, como já referimos, o legislador brasileiro fundamenta a punibilidade de ações praticadas em estado de embriaguez não acidental. No entanto, a *actio libera in causa* não abrange aquelas situações em que o agente quer ou imprudentemente se embriaga sem que lhe

---

26. Damásio, *Código Penal anotado*, 5ª ed., São Paulo, Saraiva, 1995, p. 106.
27. Basileu Garcia, Em torno do novo Código Penal, *RT*, 425/260.

fosse previsível a ocorrência de um fato delituoso. Poderá o agente praticar um ilícito penal em estado de embriaguez, que era absolutamente imprevisível, no momento ou antes de embriagar-se. E quando há *imprevisibilidade* não se pode falar de *actio libera in causa*, diante da impossibilidade de se relacionar esse fato a uma formação de vontade contrária ao Direito, anterior ao estado de embriaguez, isto é, quando o agente encontrava-se em perfeito estado de discernimento. No entanto, os tribunais pátrios não têm realizado uma reflexão adequada desses aspectos, decidindo quase que mecanicamente: se a embriaguez não é acidental, pune-se o agente simplesmente. Se houve ou não *previsibilidade* do fato no estágio anterior à embriaguez não tem sido objeto de análise. É muito fácil: o Código diz que a embriaguez voluntária ou culposa não isenta de pena, ponto final, condena-se o autor ébrio. O moderno Direito Penal da culpabilidade há muito está a exigir uma nova e profunda reflexão sobre esse aspecto, que os nossos tribunais, em regra, não têm realizado.

Desafortunadamente, muitas decisões criminais são proferidas por juízes pouco afeitos à dogmática penal e à política criminal, vindos de outras áreas do Direito, que se limitam a repetir decisões de outros julgados, sem a preocupação com uma análise mais acurada, recomendada pela Ciência Penal, com uma elaboração cuidadosa da fundamentação exigida[28]. Não raro, encontram-se acórdãos em que se percebe a completa ausência do toque de um *cientista criminal*, de um especialista, com conhecimento profundo da teoria do delito, da política criminal e da criminologia. Por isso, em razão das composições heterogêneas dos tribunais, vemos repetidas aquelas decisões que vêm desde o surgimento do Código, sem qualquer elaboração, em completo descompasso com o atual estágio das ciências penais, quando a doutrina pós-moderna oferece os elementos e o estudo para soluções melhores, mais humanas e mais justas. O Projeto de Código Penal espanhol de 1980 previa a isenção de pena, independentemente da natureza da embriaguez, quando o fato praticado sob esse estado fosse imprevisível. O atual Código espanhol (1995) afasta a responsabilidade penal quando *a embriaguez completa não for preordenada* (art. 20, § 2º), não admitindo, dessa forma, a possibilidade de uma eventual responsabilidade objetiva.

4.2.2. Embriaguez acidental: caso fortuito ou força maior

Embriaguez acidental é a proveniente de caso fortuito ou de força maior. *Caso fortuito* ocorre quando o agente ignora a natureza tóxica do que está ingerindo, ou não tem condições de prever que determinada substância, na quantidade ingerida, ou nas circunstâncias em que o faz, poderá provocar a embriaguez. *Força maior* é algo que independe do controle ou da vontade do agente. Ele sabe o que

---

28. Nesse sentido, ver Muñoz Conde. *Derecho penal y control social.*

está acontecendo, mas não consegue evitar. Exemplo de força maior seria a *coação*, onde o sujeito é forçado a ingerir uma substância tóxica de qualquer natureza.

No *caso fortuito* não se evita o resultado porque é *imprevisível*; na *força maior*, mesmo que seja previsível e até previsto, o resultado é *inevitável*, exatamente em razão da força maior[29]. Se a *embriaguez acidental* for *completa*, *poderá* acarretar a irresponsabilidade penal, desde que advenha a respectiva consequência psíquica, qual seja, a incapacidade de conhecimento do caráter ilícito do fato ou de autodeterminar-se de acordo com esse conhecimento. Considera-se completa a embriaguez no segundo estágio, isto é, quando os reflexos ficam lentos, o pensamento fica confuso, a coordenação motora apresenta deficiências, a noção de distância fica prejudicada. Nessas circunstâncias, o agente perde a capacidade de entendimento ou de autodeterminação. Configurada a *embriaguez completa* e *acidental* é necessário comprovar-se que ela *provocou efetivamente a consequência psíquica*, que é a perda da capacidade de discernimento ou de autodeterminação, ou de ambos, para então isentar de pena. A *embriaguez acidental*, caracterizadora de perturbação meramente transitória, como não é *doença mental*, não acarreta a aplicação de medida de segurança. O agente somente receberá a absolvição. A Reforma Penal de 1984, acertadamente, aboliu a medida de segurança inclusive para o *ébrio habitual*, que era consagrada pelo Código Penal de 1940.

No entanto, tratando-se de *embriaguez acidental incompleta* não se pode, a nosso juízo, *presumir,* pura e simplesmente, a responsabilidade penal como ocorre na *embriaguez não acidental*, ou seja, a *embriaguez acidental incompleta* não produz automaticamente nenhum dos dois efeitos jurídico-penais: nem a absoluta exclusão da responsabilidade penal, nem a presunção de culpabilidade. Em outros termos, o *caráter de acidentalidade* da embriaguez, mesmo incompleta, afasta aquela odiosa presunção de "culpa" do nosso ultrapassado texto legal, de questionável constitucionalidade, embora, por outro lado, também não acarrete sua exclusão automática, devendo-se, por conseguinte, examinar todos os pressupostos da responsabilidade penal, como em qualquer outra hipótese não abrangida pela embriaguez, *sob pena de consagrar-se a odiosa responsabilidade penal objetiva*. Na verdade, deve-se examinar todos os pressupostos da responsabilidade penal, culposa, pois, claro está que de dolo não se trata. Dessa forma, procura-se restringir, dentro do possível, as presunções de direito penal material a limites toleráveis por um Estado Democrático de Direito.

Enfim, no particular, estamos inovando relativamente aos efeitos da *embriaguez acidental incompleta*, na tentativa de *constitucionalizar* a previsão do Código Penal (interpretação conforme), reinterpretando a denominada *culpabilidade diminuída*. Afasta-se, assim, apenas a presunção, deixando o campo aberto

---

29. Basileu Garcia, *Instituições*, cit., v. 1, p. 383, nota n. 242.

para o julgador examinar e valorar amplamente todos os aspectos penais e processuais penais à luz do direito penal da culpabilidade, como qualquer outra situação.

O art. 28, § 2º, prevê, em razão de embriaguez acidental, havendo diminuição da capacidade psíquica, a redução da pena a aplicar. Para o *reconhecimento da inimputabilidade*, exige que a embriaguez acidental seja *completa* (art. 28, § 1º), enquanto para a *imputabilidade diminuída (semi-imputabilidade)* basta que a embriaguez seja acidental, e, a *contrario sensu*, incompleta (art. 28, § 2º)[30]. As ocorrências de *embriaguez acidental*, no entanto, são inusitadas, raríssimas. A possibilidade que se examina normalmente, que surge toda hora, é sempre de embriaguez não acidental, isto é, voluntária ou culposa.

4.2.3. Embriaguez preordenada

Embriaguez preordenada é aquela em que o agente deliberadamente se embriaga para praticar a conduta delituosa, liberando seus freios inibitórios e fortalecendo sua coragem. Nessa forma de embriaguez apresenta-se a hipótese de *actio libera in causa* por excelência. O sujeito tem a intenção não apenas de embriagar-se, mas esta é movida pelo propósito criminoso, ou seja, embriaga-se para encorajar-se a praticar o fato criminoso; a embriaguez constitui apenas um meio facilitador da execução de um ilícito desejado, configurando-se, claramente, a presença da *actio libera in causa*.

A vontade contrária ao Direito, extremamente reprovável, na fase anterior ao estado de embriaguez, como identifica a *actio libera in causa*, está perfeitamente caracterizada. O agente coloca o estado de embriaguez como o primeiro momento da realização do fato típico. Nessa hipótese, não há dúvida não somente quanto à preordenação criminosa, mas quanto à punibilidade bem como quanto à agravação da pena, em razão da maior censurabilidade da conduta (art. 62, II, *l*, do CP).

Nada impede que o sujeito beba voluntariamente para embriagar-se, para ter a sensação da embriaguez ou simplesmente para sufocar suas mágoas e frustrações, sem oferecer *ex ante* o menor risco para bem jurídico algum, sendo, portanto, imprevisível a realização de um delito. Nesse caso, constituirá apenas a embriaguez voluntária (dolosa ou culposa), sob o efeito da qual poderá ou não cometer crimes dolosos ou culposos, como já afirmamos, sem qualquer correspondência, volta-se a afirmar, com a conhecida *actio libera in causa*. A punição dos atos praticados sob os efeitos da *embriaguez completa voluntária*, seja ela intencional ou culposa, somente poderá ocorrer nos casos em que possam ser enquadrados como decorrentes

---

30. Tomaz M. Shintati, *Curso de Direito Penal*; Parte Geral, Rio de Janeiro, Forense, 1993, p. 147.

de *actio libera in causa*, ou seja, quando o resultado típico possa ser imputado, objetiva e subjetivamente, à conduta anterior ao estado de inimputabilidade.

4.2.4. Embriaguez habitual e patológica

A *embriaguez habitual* não se confunde com a *embriaguez patológica*, pois aquela seria representada pelo *alcoolismo* agudo, e esta pelo *alcoolismo* crônico. Como referia Basileu Garcia, "quem se apresenta habitualmente embriagado tende ao alcoolismo crônico, que se caracteriza por anomalias psíquicas, capazes de chegar ao *delirium tremens*"[31]. A *embriaguez patológica* manifesta-se em pessoas predispostas, e assemelha-se à verdadeira *psicose*, devendo ser tratada, juridicamente, como *doença mental*, nos termos do art. 26 e seu parágrafo único[32].

Resumindo, a embriaguez no nosso ordenamento jurídico, segundo a doutrina majoritária, pode apresentar as seguintes consequências: a) *acidental*: *isenção de pena*, quando for completa e proveniente de caso fortuito ou força maior; *redução de pena*, nas mesmas circunstâncias, quando for incompleta; b) *não acidental*: punição quando for intencional ou culposa, independentemente de ser completa ou incompleta; c) *preordenada*: punição com agravação de pena; d) *patológica*: inimputabilidade ou semi-imputabilidade (culpabilidade diminuída). Na hipótese de inimputabilidade, a consequência natural será a absolvição (com aplicação de medida de segurança), e na de semi-imputabilidade, a aplicação de pena reduzida (minorante).

Tudo o que foi dito sobre a embriaguez pelo álcool aplica-se aos efeitos decorrentes de outras substâncias tóxico-entorpecentes ou outras substâncias de efeitos análogos.

5. Erro de proibição

O *erro de proibição*, quando inevitável, exclui a culpabilidade, impedindo a punição a qualquer título, em razão de não haver crime sem culpabilidade. Se o erro de proibição for evitável, a punição se impõe, porém, sempre por crime doloso (ou melhor, sem alterar a natureza do crime), mas com pena reduzida, pois, como afirma Cerezo Mir[33], "a culpabilidade, reprovabilidade pessoal da conduta antijurídica, é sempre menor no erro de proibição evitável".

No entanto, por razões didáticas, e diante da grande correlação existente, realizamos a análise mais aprofundada do *erro de proibição* e suas modalida-

---

31. Basileu Garcia, *Instituições*, cit., p. 391.
32. Aníbal Bruno, *Direito Penal*, cit., t. 2, p. 158.
33. José Cerezo Mir, O tratamento do erro de proibição no Código Penal espanhol, *RT*, 643/400, 1989.

des juntamente com o *erro de tipo* em capítulo próprio, para onde remetemos o leitor.

6. Caso fortuito e força maior

O *caso fortuito* e a *força maior* constituem marcos negativos delimitadores da responsabilidade penal subjetiva. Na hipótese de *força maior* a punibilidade de um fato típico é afastada diante da *impossibilidade* de *evitar-se* o resultado danoso, embora previsível. Na hipótese de *caso fortuito*, o fundamento da impunibilidade reside na *imprevisibilidade* do resultado, embora evitável, que é o mínimo exigível para configurar a culpa consciente[34]. Enfim, a *força maior* caracteriza-se pela inevitabilidade (embora previsível), e o *caso fortuito*, pela imprevisibilidade (embora evitável) do resultado danoso. Resulta, em outros termos, na seguinte equação: (i) *força maior*: inevitável; (ii) *caso fortuito*: imprevisível! Ora, tanto um *fato inevitável* (força maior) quanto um *imprevisível* (caso fortuito) não podem, desde o primeiro momento, ser considerados típicos. Se admitimos que sejam imputados a alguém, e deixamos, só num segundo momento, para afastar sua reprovabilidade (no âmbito da culpabilidade), isso, em outros termos, implicaria autêntica *responsabilidade penal objetiva*, incompatível com um Estado Democrático de Direito.

Hungria fazia a seguinte distinção entre caso fortuito e força maior, que, aliás, já era antecipada pelo Direito Canônico: "Costuma-se distinguir entre *caso fortuito* e *força maior*: no primeiro, o resultado, se fosse previsível, seria evitável; na segunda, ainda que previsível ou previsto o resultado, é inevitável. Juridicamente (ou para o efeito de isenção de punibilidade), porém, equiparam-se o *casus* e a *vis major*: tanto faz não poder prever um evento, quanto prevê-lo ou poder prevê-lo, sem, entretanto, poder evitá-lo"[35].

A orientação da doutrina nacional, no entanto, nem sempre coincide no momento de caracterizar a natureza jurídica de cada um desses preceitos. Para Assis Toledo, por exemplo, o *caso fortuito* constitui causa de exclusão da culpabilidade, ao passo que a *força maior*, juntamente com a coação física irresistível, afasta a ação humana, na medida em que tanto o *forçado* quanto o *coagido* são puros *instrumentos* de realização da vontade criminosa. Por isso, conclui Assis Toledo: "Pensamos, em suma, se deva dar tratamento diferenciado para, de um lado, a coação moral e o caso fortuito, consideradas ambas excludentes da culpabilidade; de outro, a coação física e a força maior, verdadeiras causas excludentes da própria ação humana"[36]. Subscrevemos, *venia concessa*, parcialmente,

---

34. Toledo, *Princípios básicos de Direito Penal*, 4ª ed., São Paulo, Saraiva, 1991, p. 340.
35. Hungria, *Comentários*, cit., v. 1, t. 2, p. 138. No mesmo sentido manifestava-se Luiz Jiménez de Asúa, *Tratado de Derecho Penal*, 3ª ed., Buenos Aires, Losada, 1964, v. 6.
36. Toledo, *Princípios básicos*, cit., p. 341.

esse entendimento de Assis Toledo, na medida em que, para nós, tanto a *força maior* quanto o *caso fortuito* produzem o mesmo efeito, qual seja, a *exclusão da tipicidade*, pela ausência da própria *ação humana*.

Na verdade, nenhum dos dois institutos pode ser propriamente considerado como *causa de exclusão da culpabilidade*, porque já podem repercutir num estágio valorativo anterior. Com efeito, na medida em que diante do *caso fortuito* não existe a possibilidade de previsibilidade *ex ante* do resultado típico, a conduta praticada, nesse contexto, não pode ser considerada nem mesmo como típica, pela ausência de dolo ou culpa[37]. Em relação à *força maior*, se esta for utilizada como sinônimo de *força irresistível* ou de *vis absoluta*, sua presença será suficiente para afastar a *voluntariedade* da ação daquele que sofre seus efeitos, afastando, consequentemente, a própria tipicidade da conduta. Enfim, é dogmaticamente insustentável admitir como típica *conduta* cujo resultado seja *inevitável* (força maior) ou *imprevisível* (caso fortuito), no marco de um direito penal da culpabilidade.

---

37. Muñoz Conde e García Arán, *Derecho Penal*, cit., p. 293.

ERRO DE TIPO E ERRO DE PROIBIÇÃO | XXV

Sumário: 1. Considerações introdutórias. 2. Ausência de conhecimento da ilicitude e ignorância da lei. 3. Teorias do dolo e da culpabilidade. 4. Teoria dos elementos negativos do tipo. 5. Erro de tipo e erro de proibição. 5.1. Erro sobre elementos normativos especiais da ilicitude. 6. Erro sobre pressuposto objetivo da causa de justificação. 6.1. Um erro *sui generis*: considerações críticas. 6.2. "Erro culposo" não se confunde com "crime culposo". 7. Modalidades de erro sobre a ilicitude. 7.1. Erro de proibição direto. 7.2. Erro mandamental. 7.3. Erro de proibição indireto. 8. A discutível escusabilidade de determinados erros.

1. Considerações introdutórias

O erro relevante em Direito Penal é aquele que vicia a vontade, causando uma falsa percepção da realidade, e também aquele que vicia o conhecimento da ilicitude. Nesses termos, o erro tanto pode incidir sobre os elementos estruturais do delito — erro de tipo — quanto sobre a ilicitude da ação — erro de proibição.

Para uma melhor compreensão do atual tratamento do erro jurídico-penal recomenda-se que se ignorem os velhos conceitos romanísticos de erro de direito e erro de fato. Não se trata, como pode parecer, simplesmente, de uma nova linguagem jurídica, mas trata-se, em verdade, de institutos diferentes que não guardam, necessariamente, exata correspondência aos antigos "erro de direito" e "erro de fato". O *erro de tipo* e o *erro de proibição* não representam uma simples renovação de normas, mas uma profunda modificação conceitual. São novas concepções, com novas e maiores abrangências[1]. O erro de tipo abrange situações que, outrora, eram classificadas ora como erro de fato, ora como erro de direito. Por outro lado, o erro de proibição, além de incluir situações novas (como, por exemplo, a existência ou os limites da legítima defesa), antes não consideradas, abrange uma série de hipóteses antes classificadas como erro de direito.

Assim, o erro jurídico-penal, independentemente de recair sobre situações fáticas ou jurídicas, quando inevitável, será relevante. Não há, na verdade, coincidência entre os velhos e os novos conceitos. Mudou toda a sistemática.

---

1. Alcides Munhoz Netto, *A ignorância da antijuridicidade em matéria penal*, Rio de Janeiro, Forense, 1978, p. 10.

A ultrapassada classificação de erro de direito e erro de fato baseava-se na situação jurídica e na situação fática. A problemática, hoje, é diferente; enfoca-se outra questão: a *tipicidade* e a *antijuridicidade* (ilicitude). Ou seja, o erro pode recair sobre a tipicidade ou sobre a injuridicidade.

2. Ausência de conhecimento da ilicitude e ignorância da lei

O desconhecimento da ilicitude de um comportamento e o desconhecimento de uma norma legal são coisas completamente distintas. A ignorância da lei não pode confundir-se com o desconhecimento do injusto (ilicitude), até porque, no dizer de Francisco de Assis Toledo, "a ilicitude de um fato não está no fato em si, nem nas leis vigentes, mas entre ambos, isto é, na relação de contrariedade que se estabelece entre o fato e o ordenamento jurídico"[2]. A *ignorantia legis* é matéria de aplicação da lei que, por ficção jurídica, se presume conhecida por todos. Enquanto o *erro de proibição* é matéria de culpabilidade, num aspecto inteiramente diverso. Não se trata de derrogar ou não os efeitos da lei, em função de alguém conhecê-la ou desconhecê-la. A incidência é exatamente esta: a relação que existe entre a lei, em abstrato, e o conhecimento que alguém possa ter de que seu comportamento esteja contrariando a norma legal. E é exatamente nessa relação — de um lado a norma, em abstrato, plenamente eficaz e válida para todos, e, de outro lado, o comportamento em concreto e individualizado — que se estabelecerá ou não a consciência da ilicitude, que é matéria de culpabilidade, e nada tem que ver com os princípios que informam a estabilidade do ordenamento jurídico.

O saudoso mestre Alcides Munhoz Netto[3], em sua excelente monografia *A ignorância da antijuridicidade em matéria penal*, tratando da distinção entre a ignorância da antijuridicidade e a ignorância da lei, afirmava que: "A diferença reside em que a ignorância da lei é o desconhecimento dos dispositivos legislados, ao passo que a ignorância da antijuridicidade é o desconhecimento de que a ação é contrária ao Direito. Por ignorar a lei, pode o autor desconhecer a classificação jurídica, a quantidade da pena, ou as condições de sua aplicabilidade, possuindo, contudo, representação da ilicitude do comportamento. Por ignorar a antijuridicidade, falta-lhe tal representação. As situações são, destarte, distintas, como distinto é o conhecimento da lei e o conhecimento do injusto".

O erro de proibição adotado pela Reforma Penal de 1984 não tem o condão de abrogar a lei penal, em concreto, nem a isso se propõe, até porque geraria a insegurança jurídica e a instabilidade social. A lei continuará a ter validade para

---

2. Francisco de Assis Toledo, *Princípios básicos de Direito Penal*, São Paulo, Saraiva, 1985, p. 66.
3. Alcides Munhoz Netto, *A ignorância da antijuridicidade*, cit., p. 20.

todos, quer a conheçam ou não. Apenas, o *erro* poderá, em determinadas circunstâncias, ter reflexos na culpabilidade, como já os tem em alguns casos. Uma coisa é a presunção *iuris tantum* do conhecimento das leis, abstratamente consideradas; outra é a aceitação do chamado *erro de proibição* (falta de consciência do injusto) e sua *escusabilidade*, em certos casos. Assim, o erro de proibição cuida é da concreta ausência no agente, no momento da ação, da consciência da ilicitude de uma determinada conduta.

Binding[4] já afirmava que, "na quase totalidade dos casos, a invocação do desconhecimento da norma não passa de uma mentira grosseira e transparente". É que, continuava Binding, "o egoísmo nos revela quais são os atos que não precisamos tolerar e, via de regra, nossa razão conclui acertadamente que tais atos devem estar proibidos quando praticados por outrem em face de nossa pessoa, ou por nós, em face de outrem. Essa suposição da existência de uma proibição, que se funda na realidade, é absolutamente suficiente para produzir um conhecimento necessário da norma".

Com a evolução do estudo da culpabilidade, não se exige mais a consciência da ilicitude, mas sim a *potencial consciência*. Não mais se admitem presunções irracionais, iníquas e absurdas. Não se trata de uma consciência técnico-jurídica, formal, mas da chamada *consciência profana do injusto*, constituída do conhecimento da antissocialidade, da imoralidade ou da lesividade de sua conduta. E, segundo os penalistas, essa consciência provém das normas de cultura, dos princípios morais e éticos, enfim, dos conhecimentos adquiridos na vida em sociedade. São conhecimentos que, no dizer de Binding[5], "vêm naturalmente com o ar que a gente respira".

Porém, nem sempre o dever jurídico coincide com a lei moral. Não poucas vezes o Direito protege situações amorais e até imorais, contrastando com a lei moral, por razões de política criminal, de segurança social etc. Assim, nem sempre é possível estabelecer, *a priori*, que seja o crime uma ação imoral, como também nem sempre ações imorais constituem crimes, como, por exemplo, o *incesto*, que, em nosso ordenamento jurídico, não é criminalizado, embora seja reprovável pelo sentimento social. A ação criminosa pode ser, eventualmente, até moralmente louvável, como pode ocorrer em determinadas hipóteses de eutanásia, que, em nosso sistema jurídico, continua sendo criminalizada. A norma penal, pela sua particular força e eficácia, induz os detentores do poder político a avassalar a tutela de certos interesses e finalidades, ainda que contrastantes com os interesses gerais do grupo social[6]. Já no início do século XX, mais precisamente em 1910,

---

4. Apud Armin Kaufmann, *Teoría de las normas*, Buenos Aires, Depalma, 1977, p. 4-5.
5. Apud Armin Kaufmann, *Teoría de las normas*, cit., p. 35.
6. Marcello Gallo, *Il concetto unitario di colpevolezza*, Milano, 1951, p. 74; Biaggio Petrocelli, *La colpevolezza*, Padova, 1955, p. 124.

Florian[7] preocupava-se com esse aspecto e advertia: "Nem todos os crimes são também ações imorais, reprovadas pelo sentimento e pelo costume. Para aquelas ações que, em si mesmas, *atrocitatem facinoris habent,* a presunção do conhecimento da proibição legislativa corresponde à realidade. Para as ações, contudo, moralmente inocentes e que são vedadas somente por motivos de segurança social, a referida presunção é iníqua. Acrescente-se que a consciência do ilícito e, pois, da contrariedade de um fato à norma penal, é de grau bastante diverso nas várias classes sociais e que, sobre as classes pobres e ignorantes, a injustiça daquela presunção pesa muito mais do que sobre as classes ricas e cultas".

No entanto, apesar do grande esforço dogmático para demonstrar a distinção entre a *ignorantia legis* e o erro de proibição, diante da multiplicidade de leis, existem casos de difícil solução. Como referia, graficamente, Munhoz Netto[8], "nossa legislação não é mais a lei das Doze Tábuas, porém um arsenal que todo dia se renova e se aperfeiçoa, à medida que se aprimora o senso da necessidade civil". Nesse sentido, somente para ilustrar, de acordo com o nosso Código Civil, coisa achada, da qual não se sabe quem é o dono, deve ser entregue à autoridade policial. O Código Penal, por sua vez, tipifica-a como crime, equiparada à apropriação indébita (art. 169). Uma pessoa, por exemplo, encontra um objeto e, sem saber quem é o dono, fica com ele. Procurado pela autoridade policial, declara: "Olha, sempre imaginei que se deveria devolver coisa achada quando se soubesse quem é o dono. Quando este é desconhecido, sempre tive a convicção de que tal obrigação não existe". Estaria alegando apenas o desconhecimento da lei, ou erro sobre a ilicitude? É bem verdade que a ignorância da lei lhe facilita o erro sobre a ilicitude. Quem de nós, encontrando uma caneta, valiosa ou não, procura a autoridade policial para cumprir o mandamento legal? A lei diz uma coisa, mas esse comando legal não está disseminado na consciência da comunidade. Na verdade, a pessoa pode alegar *erro sobre a ilicitude* e não simplesmente desconhecimento da lei. Situação semelhante poderá ocorrer com quem encontrar um tesouro enterrado em propriedade alheia, ignorando que deve entregar metade do tesouro ao dono do imóvel (art. 169 do CP).

Como, então, exigir, nesses casos, do agente que se motive pelo conhecimento da norma, ou pela antissocialidade ou pela imoralidade de uma conduta que é totalmente neutra, ou que encontre em sua *consciência profana,* com algum esforço, o que ali nunca esteve[9]?

---

7. Eugenio Florian, *Trattato di Diritto Penale,* Milano, 1910, v. 1, p. 308.
8. Alcides Munhoz Netto, *A ignorância da antijuridicidade,* cit., p. 61; Jorge de Figueiredo Dias, Falta de consciência da ilicitude e ignorância da lei, in *O problema da consciência da ilicitude em Direito Penal,* 3ª ed., Coimbra, Coimbra Ed., 1987, p. 53.
9. Assis Toledo, *Princípios básicos,* cit., p. 260.

A falta de respostas a essas indagações levou Welzel a reelaborar o conceito de *consciência da ilicitude*, introduzindo-lhe um novo elemento — o dever de informar-se. Assim, a culpabilidade penal exige não apenas a consciência da ilicitude, mas a potencial consciência dessa ilicitude. Em outros termos, não basta, simplesmente, não ter consciência do injusto para inocentar-se. É preciso indagar se havia possibilidade de adquirir tal consciência e, em havendo essa possibilidade, se ocorreu negligência em não adquiri-la ou falta ao dever concreto de procurar esclarecer-se sobre a ilicitude da conduta praticada.

Sendo a *culpabilidade normativa*, estará presente sempre um *juízo de valor* sobre a ação humana, e, assim, o erro só será justificável, e, portanto, inevitável, se não decorrer de *censurável desatenção* ou falta de um *dever cívico de informar-se*, que, nas circunstâncias, se impõe.

O legislador brasileiro não descurou desse novo elemento fundamental do novo conceito de consciência de ilicitude, introduzido por Welzel — o dever de informar-se —, estabelecendo no parágrafo único do art. 21 que: "Considera-se evitável o erro se o agente atua ou se omite sem a consciência da ilicitude do fato, quando lhe era possível, nas circunstâncias, ter ou atingir essa consciência". Tem-se aí o *pressuposto básico* para que o erro de proibição seja considerado relevante, justificável: a impossibilidade de o agente alcançar o entendimento da ilicitude de seu comportamento. Assim, na síntese de Assis Toledo[10], não aproveita ao agente a falta de consciência da ilicitude quando: "a) teria sido fácil para ele, nas circunstâncias, obter essa consciência com algum esforço de inteligência e com os conhecimentos hauridos da vida comunitária de seu próprio meio; b) propositadamente (*ignorantia affectada* do Direito Canônico) recusa-se a instruir-se para não ter que evitar uma possível conduta proibida; c) não procura informar-se convenientemente, mesmo sem má intenção, para o exercício de atividades regulamentadas".

3. Teorias do dolo e da culpabilidade

Para uma melhor compreensão da teoria do erro, faz-se necessária uma revisão, ainda que sucinta, das teorias do dolo e das teorias da culpabilidade, cuja classificação tradicionalmente apresentada é a seguinte: teoria extremada ou estrita do dolo, teoria limitada do dolo, teoria extremada ou estrita da culpabilidade e teoria limitada da culpabilidade.

A *teoria extremada do dolo*, a mais antiga, situa o dolo na culpabilidade e a consciência da ilicitude, que deve ser atual, no próprio dolo. Defende, consequentemente a existência de um *dolo normativo*, constituído de: vontade, previsão e conhecimento da realização de uma conduta proibida (consciência atual da

---

10. Francisco de Assis Toledo, Culpabilidade e a problemática do erro jurídico-penal, *RT*, 517/255, 1978.

ilicitude). Para essa teoria, o *erro jurídico-penal*, independentemente de ser erro de tipo ou erro de proibição, exclui sempre o dolo, quando inevitável, por anular ou o elemento normativo (consciência da ilicitude) ou o elemento intelectual (previsão) do dolo. Equipara, assim, as duas espécies de erro quanto aos seus efeitos, pois qualquer deles incidirá sempre em um elemento do dolo[11].

E exatamente nessa *equiparação das consequências* tanto do erro de tipo quanto do erro de proibição reside a maior deficiência da teoria extremada do dolo. É completamente diferente realizar, por exemplo, imprudentemente um fato por desconhecimento, vencível ou invencível, de algum elemento pertencente ao tipo legal correspondente — erro de tipo — e realizá-lo dolosamente, isto é, com perfeito conhecimento dos elementos constitutivos do tipo, mas acreditando encontrar-se autorizado — erro de proibição.

A *teoria limitada do dolo* foi apresentada como um aperfeiçoamento da extremada e, procurando evitar as lacunas de punibilidade que esta possibilitava, equiparou ao "conhecimento atual da ilicitude" a "cegueira jurídica" ou "inimizade ao Direito". Segundo Welzel[12], o aperfeiçoamento da teoria estrita do dolo foi buscado, sem sucesso, de duas formas: criando, de um lado, um tipo auxiliar de "culpa jurídica", pela falta de informação jurídica do autor, e, de outro lado, pela relevância da "cegueira jurídica" ou "inimizade ao Direito", adotadas pelo Projeto de Código Penal alemão de 1936. Para Mezger, há casos em que o autor do crime (normalmente, um delinquente habitual) demonstra desprezo ou indiferença tais para com os valores do ordenamento jurídico que, mesmo não se podendo provar o conhecimento da antijuridicidade, deve ser castigado por crime doloso[13]. De certa maneira, ainda que por via transversa, com essa "equiparação" ou "ficção", Mezger substituiu, na teoria limitada do dolo, o *conhecimento atual* da ilicitude pelo *conhecimento presumido*, pelo menos nesses casos. Assim, Mezger, seu grande idealizador, introduziu, finalmente, o polêmico elemento denominado *culpabilidade pela condução de vida*, criando, dessa forma, a possibilidade de condenação do agente não por aquilo que ele faz, mas por aquilo que ele é, dando origem ao combatido *Direito Penal de Autor*.

---

11. Muñoz Conde, *El error en Derecho Penal*, p. 26 e 31. Para maior aprofundamento das teorias do dolo e teorias da culpabilidade, ver Jorge de Figueiredo Dias, *O problema da consciência da ilicitude em Direito Penal*, cit., p. 150.
12. Hans Welzel, *El nuevo sistema del Derecho Penal — una introducción a la doctrina de la acción finalista*, trad. José Cerezo Mir, Barcelona, Ed. Ariel, p. 106.
13. Mezger, em edições posteriores, explicou que "a *hostilidade ao direito* é equiparável ao dolo em suas consequências jurídicas, e não no seu *conceito*", como entenderam alguns. Edmund Mezger, *Derecho Penal*; Parte General, México, Cardenas Editor y Distribuidor, 1985, p. 251.

No entanto, essa proposição de Mezger, de *presumir-se* o dolo quando a ignorância da ilicitude decorresse de "cegueira jurídica" ou de "animosidade com o Direito", isto é, de condutas incompatíveis com uma razoável concepção de direito ou de justo, não foi aceita, diante da incerteza de tais conceitos[14]. Enfim, essa variante da teoria do dolo, além da dificuldade de aceitar-se a definição de "cegueira jurídica ou inimizade ao direito" e da incompatibilidade da culpabilidade pela condução de vida com a culpabilidade pelo fato, não conseguiu evitar as objeções dirigidas à teoria extremada. Com a *reforma penal da Alemanha*, na segunda metade do século XX (1975), que aderiu aos princípios fundamentais das teorias da culpabilidade, perderam importância as teorias do dolo, extremada e limitada, que são lembradas exclusivamente por seu valor histórico.

A *teoria extremada da culpabilidade* parte da reelaboração dos conceitos de dolo e de culpabilidade, empreendida pela doutrina finalista, com a qual surgiu, cujos representantes maiores foram Welzel, Maurach e Kaufmann. Essa teoria separa o dolo da consciência da ilicitude. Assim, o *dolo*, no seu aspecto puramente psicológico — dolo natural —, é transferido para o injusto, passando a fazer parte do tipo penal. A *consciência da ilicitude* e a *exigibilidade de outra conduta* passam a fazer parte da culpabilidade, num puro juízo de valor. A *culpabilidade* passa a ser um pressuposto básico do juízo de censura. *Dolo* e *consciência da ilicitude* são, portanto, para a teoria extremada da culpabilidade, conceitos completamente distintos e com diferentes funções dogmáticas. Como afirma Muñoz Conde[15], "o conhecimento da antijuridicidade, tendo natureza distinta do dolo, não requer o mesmo grau de consciência; o conhecimento da antijuridicidade não precisa ser atual, pode ser simplesmente potencial...", enquanto a *consciência do dolo* (previsão) deve, necessariamente, ser atual.

Os efeitos do *erro* agora, com essa nova estrutura da conduta punível, dependerão do seu objeto. Se o *erro* incidir sobre o *elemento intelectual do dolo*, a previsão, certamente o excluirá, chamando-se *erro de tipo*, por recair sobre um dos elementos constitutivos do tipo penal. No entanto, se, nas circunstâncias, o *erro* incidir sobre a *potencial consciência da ilicitude*, o dolo continuará intacto, afastando, porém, a culpabilidade, uma vez que aquela é elemento constitutivo desta. Esse erro sobre a ilicitude chama-se *erro de proibição*. Essa nova concepção, que altera profundamente a estrutura do crime, traz consigo importantes consequências nos efeitos jurídicos das duas novas formas de erro:

a) No *erro de tipo*, o erro vicia o elemento intelectual do dolo — *a previsão* —, impedindo que o dolo atinja corretamente todos os elementos essenciais do tipo.

---

14. Mezger fez essa sugestão em 1952, segundo Juan Córdoba Roda, *El conocimiento de la antijuridicidad en la teoría del delito*, Barcelona, 1962, p. 62.
15. Muñoz Conde, *El error*, cit., p. 33. Para mais detalhes, veja-se Welzel, *El nuevo sistema*, cit., p. 112 e s.

Daí por que essa forma de erro exclui sempre o dolo, que agora está no tipo, e não na culpabilidade. Porém, a exclusão do dolo, que é elemento estrutural da ação típica, deixa intacta a culpabilidade, permitindo a configuração do crime culposo, quando evitável, se houver previsão legal.

b) No *erro de proibição*, a consequência é outra. Ele anula a *consciência da ilicitude*, que agora está na culpabilidade. Logo, o erro de proibição, quando inevitável, exclui a culpabilidade. E, como não há crime sem culpabilidade, o erro de proibição, inevitável, impede a condenação, a qualquer título (dolo ou culpa). Se o erro de proibição for evitável, atenua a pena, mas a condenação se impõe sem alterar a natureza do crime doloso.

A grande vantagem da teoria extremada da culpabilidade reside no fato de impedir a existência de espaços vazios no sistema fragmentário dos fatos puníveis. Era inevitável a impunidade de determinadas condutas praticadas com *ignorância vencível* da ilicitude, por ausência de previsão da modalidade culposa (excepcionalidade do crime culposo), ante a teoria extremada do dolo[16].

E, por fim, a *teoria limitada da culpabilidade*[17], que tem muitos pontos em comum com a *teoria extremada da culpabilidade*. Ambas situam o dolo no tipo e a consciência da ilicitude na culpabilidade; adotam o erro de tipo como excludente do dolo, e admitem, quando for o caso, o crime culposo; defendem o erro de proibição inevitável como causa de exclusão da culpabilidade, sem possibilidade de punição a qualquer título (dolo ou culpa).

Apresentam, contudo, profundas divergências quando o erro recai sobre as chamadas *causas de justificação*. Para a *teoria extremada* todo e qualquer erro que recaia sobre uma causa de justificação é erro de proibição, com as consequências próprias desse tipo de erro. Para a *teoria limitada* há distinção entre *duas espécies de erro*: uma, a que recai sobre os *pressupostos fáticos* de uma causa de justificação, a que considera tratar-se de *erro de tipo permissivo*; outra, a que recai sobre a *existência* ou a *abrangência* da *causa de justificação*, a que considera *erro de proibição*. Para a teoria limitada, que entende que o erro sobre os pressupostos fáticos constitui um *erro de tipo permissivo*, tem o mesmo efeito do erro de tipo: exclui o dolo, mas permite a punição como crime culposo, se

---

16. Quando, no estado de necessidade, o agente cometer erro vencível sobre o valor dos bens em conflito, tratando-se somente de bens patrimoniais, por exemplo. O dano que pratica fica impune porque, em se tratando de um erro sobre pressupostos do estado de necessidade, e sendo erro inescusável, ele só poderia ser punido por culpa, mas como não há crime de dano culposo, fica isento de pena.

17. Esta é a teoria majoritária na doutrina e jurisprudência alemãs. Veja-se: Muñoz Conde, *El error*, cit., p. 79, nota n. 38; Stratenwert, *Derecho Penal*; Parte General, Madrid, Edersa, 1982, p. 159; Johannes Wessels, *Derecho Penal*, trad. Conrado Finzi, Buenos Aires, 1980, p. 135.

houver previsão legal da modalidade culposa. No caso, porém, de o erro incidir sobre a existência ou os limites de uma causa de justificação, configura o *erro de proibição*, cujas consequências são as já examinadas: exclui a culpabilidade, se inevitável, ou atenua a pena, se evitável[18].

Ao adotar-se a *teoria limitada da culpabilidade*, com o erro sobre os pressupostos fáticos das causas de justificação, excluindo o dolo, *deve-se estar consciente das suas consequências:* a) um fato praticado, com erro invencível, afasta o injusto típico, não podendo ser considerado como um fato antijurídico. Nessas circunstâncias, a vítima do erro terá de suportá-lo como se se tratasse de um fato lícito, sendo inadmissível a legítima defesa; b) não seria punível a *participação* de alguém que, mesmo sabendo que o autor principal incorre em erro sobre os pressupostos fáticos de uma causa de justificação, contribui de alguma forma na sua execução. A *punibilidade do partícipe* é afastada pelo princípio da *acessoriedade limitada da participação*, que exige que a ação principal seja típica (afastada pela eliminação do dolo) e antijurídica; c) *a tentativa não seria punível*, nesses casos, pois sua configuração exige a presença de dolo. Mesmo que o erro fosse vencível, o fato ficaria impune, pois os crimes culposos não admitem tentativa.

Porém, se o erro sobre os pressupostos fáticos das causas de justificação for considerado *erro de proibição*, permanecerá intacto o dolo, não alterando a natureza do delito em questão. Em outros termos, permitirá à vítima do erro reagir em legítima defesa, possibilitará a punibilidade do partícipe, na medida em que a ação continua típica e ilícita, ainda que o autor não seja culpável, além da possibilidade da punibilidade da tentativa, quando o erro for vencível.

No entanto, alheio às consequências suprarreferidas, a *Reforma Penal* de 1984, seguindo a tradição do Código Penal de 1940, adotou a *teoria limitada da culpabilidade*, deixando expresso na Exposição de Motivos, item 19, que: "Repete o Projeto as normas do Código de 1940, pertinentes às denominadas *descriminantes putativas*. Ajusta-se, assim, o Projeto à teoria limitada da culpabilidade, que distingue o erro incidente sobre os pressupostos fáticos de uma causa de justificação do que incide sobre a norma permissiva. Tal como no Código vigente, admite nesta área a figura culposa (art. 17, § 1º)". Heleno Fragoso[19], criticando essa posição adotada pela reforma brasileira de 1984, afirmava: "Parece-nos que o erro neste caso é de proibição. O agente erra sobre a ilicitude de seu comportamento, sabendo perfeitamente que realiza uma conduta típica, tanto do ponto de vista objetivo como subjetivo. Para usar uma fórmula da jurisprudência alemã, o agente aqui sabe o que faz, mas supõe erroneamente que estaria permitido. Exclui-se, não a tipicidade, mas sim a reprovabilidade da ação".

---

18. Muñoz Conde, *El error*, cit., p. 38.
19. Heleno Fragoso, *Lições de Direito Penal*, 7ª ed., Rio de Janeiro, Forense, 1985, p. 216.

Resumindo, o grande mérito *das teorias do dolo* foi, sem dúvida, ter destacado a necessidade do conhecimento da ilicitude como pressuposto da punibilidade[20], enquanto às *teorias da culpabilidade* credita-se o mérito indiscutível de propor um tratamento penal diferenciado ao erro que incide sobre um elemento do tipo daquele que incide sobre a ilicitude. As objeções que se fazem a uma ou outra teoria deverão, ao longo do tempo, receber o polimento natural das reflexões jurídico-dogmáticas de nossos estudiosos.

4. Teoria dos elementos negativos do tipo

A teoria dos elementos negativos do tipo teve origem na Alemanha, com a finalidade de suprir a omissão do § 59 do revogado Código Penal alemão de 1871, que tratava do *erro de fato* e não fazia qualquer referência ao erro que incidisse sobre as *descriminantes putativas*[21]. Para fundamentar a subsunção desse erro naquele dispositivo, Merkel e Frank criaram a *teoria dos elementos negativos do tipo*, objetivando o mesmo tratamento dispensado ao erro de fato[22].

Com essa teoria, a partir de Frank e Merkel, criou-se o *tipo total de injusto*, o qual abrangeria também as *causas de justificação*, como elementos negativos do tipo. Nesses termos, se o crime é o "injusto tipificado", toda circunstância que exclua o injusto faz desaparecer a tipicidade[23]. Sustenta-se que referida teoria acaba identificando, inadequadamente, *tipicidade* e *antijuridicidade*. Logo, se as causas de justificação excluem o injusto, passam a assumir a condição de *características negativas do tipo*. Segundo Juarez Tavares[24], para referida teoria, a tipicidade abrangeria a ilicitude, e o *tipo penal* e *esta* não são elementos autônomos e interligados, mas um todo normativo unitário. O *dolo*, nessas circunstâncias, deveria abranger não somente os elementos constitutivos do tipo incriminador, mas também a ausência de causas justificantes. Por isso, concluíam não haver dolo quando estiver presente uma causa justificante. Enfim, o erro nas descriminantes putativas fáticas seria *erro* de tipo e como tal excluiria o dolo[25].

---

20. Muñoz Conde, *El error*, cit., p. 26.
21. Alcides Munhoz Netto, *A ignorância da antijuridicidade*, cit., p. 87.
22. Welzel, *El nuevo sistema*, cit., p. 57; Graf Zu Dohna, *La estructura de la teoría del delito*, Buenos Aires, Abeledo-Perrot, 1958, p. 79; Alcides Munhoz Netto, *A ignorância da antijuridicidade*, cit., p. 87; Heleno Fragoso, *Conduta punível*, São Paulo, Bushatsky, 1961, p. 150, e Luiz Flávio Gomes, *Erro de tipo e erro de proibição*, 2ª ed., São Paulo, 1994, p. 64.
23. Alcides Munhoz Netto, *A ignorância da antijuridicidade*, cit., p. 88.
24. Juarez Tavares, *Teorias do delito (variações e tendências)*, São Paulo, Revista dos Tribunais, 1980, p. 45.
25. Luiz Flávio Gomes, *Erro de tipo*, cit., p. 70.

É pouco defensável que, no momento da ação, o agente tenha a *representação*, além dos elementos estruturais do tipo penal, também da ausência de legítima defesa, estado de necessidade, estrito cumprimento do dever legal e do exercício regular de direito. Nesse sentido, muito elucidativa a lição de Jescheck[26], ao afirmar: "Se os elementos de justificação fossem elementos negativos do tipo, o dolo deveria referir-se também à sua ausência. Na grande maioria dos casos o autor não pensa nisso, nem sequer no sentido de uma vaga *consciência concomitante (Mitbewusstsein)*. Tampouco pode dizer-se que mediante a *consciência da justificação* desapareça já o desvalor da ação próprio do fato doloso, já que o mesmo não desaparece enquanto o autor crê subjetivamente atuar com apoio no Direito, mas somente quando se unem a *consciência da justificação* e a *situação justificativa*".

Em que pesem as contundentes críticas sofridas pela teoria, bem como pelas suas consequências, conquistou inúmeros seguidores, mantendo-se até nossos dias. Segundo Wessels[27], muito bem lembrado por Luiz Flávio Gomes, o grande mérito dogmático da teoria dos elementos negativos do tipo foi a descoberta de todos aqueles fundamentos que recomendam um tratamento especial do *erro sobre as circunstâncias justificantes fáticas*, ignorado pelo § 59 do referido Código Penal alemão revogado.

5. Erro de tipo e erro de proibição

Erro de tipo é o que recai sobre circunstância que constitui elemento essencial do tipo. É a falsa percepção da realidade sobre um elemento do crime. É a ignorância ou a falsa representação de qualquer dos elementos constitutivos do tipo penal. É indiferente que o objeto do erro se localize no mundo dos fatos, dos conceitos ou das normas jurídicas[28]. Importa, isto sim, que faça parte da estrutura do tipo penal. Essa modalidade de erro está regulada no *caput* do art. 20 do nosso Código Penal, onde o legislador refere-se expressamente ao "erro sobre elemento constitutivo do tipo legal". Por exemplo, no crime de *calúnia*, o agente imputa falsamente a alguém a autoria de um fato definido como crime que, sinceramente, acredita tenha sido praticado. Falta-lhe o conhecimento da *elementar típica* "falsamente", uma condição do tipo. Se o agente não sabia que a imputação era falsa, não há dolo, excluindo-se a tipicidade, caracterizando *o erro de tipo*. Igualmente, no crime de *desacato*, o agente desconhece que a pessoa contra a qual

---

26. Hans-Heinrich Jescheck, *Tratado de Derecho Penal*, trad. Santiago Mir Puig e Francisco Muñoz Conde, Barcelona, Bosch, 1981, p. 634-5.
27. Johannes Wessels, *Direito Penal*; Parte Geral, trad. Juarez Tavares, Porto Alegre, Sérgio A. Fabris, Editor, 1976, p. 32; Luiz Flávio Gomes, *Erro de tipo*, cit., p. 67.
28. Reinhart Maurach, *Tratado de Derecho Penal*, trad. Córdoba Roda, Barcelona, Ed. Ariel, 1962, p. 336.

age desrespeitosamente é *funcionário público*, imaginando que se trata de um particular normal. Falta-lhe a consciência da elementar do tipo "funcionário público", desaparecendo o dolo do crime de desacato, podendo configurar, como forma subsidiária, quem sabe, o crime de injúria.

Nada impede que o *erro de tipo* ocorra nos *crimes omissivos impróprios*. Por exemplo, o agente desconhece sua condição de garantidor, ou tem dela errada compreensão. O erro incide sobre a estrutura do tipo penal omissivo impróprio. O agente não presta socorro, podendo fazê-lo, ignorando que se trata de seu filho, que morre afogado. Desconhece a sua *posição de garante*. Incorre em erro sobre elemento do tipo penal omissivo impróprio, qual seja, a sua posição de garantidor.

O *erro de tipo invencível* (inevitável), também referido como *erro de tipo essencial,* sempre exclui o dolo, permitindo, quando for o caso (tratando-se de erro evitável), a punição pelo *crime culposo*, uma vez que a culpabilidade permanece intacta. O erro de tipo inevitável exclui, portanto, a tipicidade, não por falta do tipo objetivo, mas por carência do tipo subjetivo[29]. Assim, haverá a *atipicidade*, por exclusão do dolo, *somente quando o erro for inevitável*, mesmo que haja previsão de modalidade culposa. A *vencibilidade* do erro de tipo, por sua vez, é determinante da punição por crime culposo, mas desde que esta modalidade seja tipificada (excepcionalidade do crime culposo).

Pode acontecer que o *erro* recaia exatamente sobre a *relação causal* da ação e o resultado, isto é, a *aberratio causae*, e que por isso o autor não perceba, não anteveja a possibilidade do desvio causal da conduta realizada. Recordemos que nos crimes de resultado o tipo compreende a ação, o resultado e o *nexo causal*. Por exemplo, desejando matar a vítima, por afogamento, joga-a de uma ponte, porém, na queda esta vem a morrer de fratura no crânio, provocada pelo impacto em uma pedra. Em casos como esse, é relevante o erro do autor? Entendemos que não, porque o *desvio do curso causal* inicialmente imaginado pelo agente, por si só, não exclui o dolo. Observe que o resultado morte produzido constitui, exatamente, a realização ou concretização do risco proibido criado pelo autor. Com efeito, jogar uma pessoa de uma ponte é uma conduta *ex ante* adequada para produzir o resultado morte, tanto por traumatismo craniano como por afogamento. Por isso, o autor da conduta responderá igualmente por homicídio doloso[30], sendo indiferente se a *causa imediata da morte* coincide, ou não, com o que foi inicialmente planejado.

---

29. Luiz Luisi, *O tipo penal, a teoria finalista e a nova legislação penal*, Porto Alegre, Sérgio A. Fabris, Editor, 1987.
30. Assis Toledo refere que há discussão sobre o tema. Fala-se também em *aberratio causae* na hipótese de erro sucessivo ou *dolus generalis*, quando o fato consuma-se em dois atos distintos. Exemplo: depois de estrangular a vítima, acreditando que está morta, o agente enforca-a para simular suicídio, quando, na verdade, ocorre efetivamente a morte.

Erro de proibição, por sua vez, é o que incide sobre a ilicitude de um comportamento. O agente supõe, por erro, ser lícita a sua conduta, quando, na realidade, ela é ilícita. O objeto do erro não é, pois, nem a lei, nem o fato, mas a ilicitude, isto é, a contrariedade do fato em relação à lei. O agente supõe permitida uma conduta proibida. O agente faz um juízo equivocado daquilo que lhe é permitido fazer em sociedade. Walter Coelho[31], falando sobre a incidência do erro de proibição, faz a seguinte colocação: "Há que se lembrar sempre estas três considerações fundamentais: a lei, o fato e a ilicitude. A lei, como proibição, é entidade moral e abstrata; o fato, como ação, é entidade material e concreta; enquanto a ilicitude é relação de contradição entre a norma e o fato. Pois bem, o discutido erro de proibição incide, justamente, sobre este último fator, ou seja, sobre a relação de contradição do fato com a norma".

Bastante elucidativo é o exemplo de Welzel[32]: "Quem subtrai coisa que erroneamente supõe ser sua, encontra-se em erro de tipo: não sabe que subtrai coisa alheia; porém, quem acredita ter o direito de subtrair coisa alheia (v. g., o credor frente ao devedor insolvente), encontra-se em erro sobre a antijuridicidade". Para Maurach[33], "erro de tipo é o desconhecimento de circunstâncias do fato pertencentes ao tipo legal, com independência de que os elementos sejam descritivos ou normativos, jurídicos ou fáticos. Erro de proibição é todo erro sobre a antijuridicidade de uma ação conhecida como típica pelo autor". A jurisprudência alemã mais uma vez empresta sua valiosa contribuição através da célebre sentença de 18 de março de 1952, declarando que: "A errônea suposição de que não concorre um elemento do fato origina o erro de tipo. O sujeito crê que seu atuar é permitido, em virtude de não saber o que faz; sua vontade não está dirigida à realização do tipo. Pelo contrário, o erro sobre a antijuridicidade concerne à proibição da conduta. O sujeito sabe o que faz, mas supõe erroneamente que sua ação é permitida"[34]. Damásio de Jesus[35], nessa mesma linha, mostra-nos bem a distinção entre os dois institutos no seguinte exemplo: "Se o sujeito tem cocaína em casa, supondo tratar-se de outra substância, inócua, trata-se de erro de tipo (art. 20); se tem supondo que o depósito não é proibido, o tema é de erro de proibição (CP, art. 21)".

Responde somente por um homicídio doloso consumado (*O erro no Direito Penal*, São Paulo, Saraiva, 1977, p. 61).
31. *O Direito Penal e o novo Código Penal brasileiro* (coletivo), Porto Alegre, Sérgio A. Fabris Editor, 1985, p. 100.
32. Hans Welzel, *Derecho Penal alemán*, trad. Juan Bustos Ramirez y Sergio Yáñez Pérez, Santiago, Ed. Jurídica de Chile, 1987, p. 233.
33. Maurach, *Tratado de Derecho Penal*, cit., t. 2, p. 142.
34. Juan Córdoba Roda, *El conocimiento de la antijuridicidad en la teoría del delito*, Barcelona, 1962, p. 37.
35. Damásio, *Direito Penal*, 12ª ed., São Paulo, Saraiva, v. 1, p. 265.

Como vimos no estudo da culpabilidade, o *conhecimento da ilicitude* é um de seus elementos, pois somente aquele que tem acesso ao conteúdo do mandato ou da proibição normativos pode vir a ser declarado culpado e ser digno de pena. Hoje, sendo inexigível que todos conheçam todas as leis, tem-se de admitir que *a falta de consciência da ilicitude*, se inevitável, exclui a culpabilidade. Como pontificava Munhoz Netto[36], "se a norma fosse obrigatória, mesmo para os que não a conhecem, não existiria qualquer razão de não aplicá-la ao mentalmente incapaz". No moderno Direito Penal da culpabilidade não há mais lugar para a *culpabilidade presumida*, que nada mais é do que a responsabilidade objetiva. Porém, quem agir sem consciência da ilicitude, quando podia e devia ter essa consciência, age de maneira culpável.

O *erro de proibição*, quando inevitável, exclui, portanto, a culpabilidade, impedindo, nos termos do *caput* do art. 21, a imposição de qualquer tipo de pena, em razão de não haver crime sem culpabilidade. Se o erro de proibição for *evitável*, a punição se impõe, sem alterar a natureza do crime, dolosa ou culposa, mas com pena reduzida, de acordo com o art. 21, e seu parágrafo único. Como afirma Cerezo Mir[37], "a culpabilidade, reprovabilidade pessoal da conduta antijurídica, é sempre menor no erro de proibição evitável".

5.1. *Erro sobre elementos normativos especiais da ilicitude*

Cumpre destacar, desde logo, que os *elementos normativos do tipo* não se confundem com os *elementos normativos especiais da ilicitude*. Enquanto aqueles são elementos constitutivos do tipo penal, estes, embora integrem a descrição do crime, referem-se à ilicitude e, assim sendo, constituem elementos *sui generis* do fato típico, na medida em que são, ao mesmo tempo, caracterizadores da ilicitude. Esses "*elementos normativos especiais da ilicitude*", normalmente, são representados por expressões como "indevidamente", "injustamente", "sem justa causa", "sem licença da autoridade" etc.

Há grande polêmica em relação ao erro que incidir sobre esses elementos: para alguns, constitui *erro de tipo*, porque nele se localiza, devendo ser abrangido pelo dolo; para outros, constitui *erro de proibição*, porque, afinal, aqueles elementos tratam exatamente é da antijuridicidade da conduta.

Para Claus Roxin[38], "nem sempre constitui um erro de tipo nem sempre um erro de proibição (como se aceita em geral), senão que pode ser ora um ora outro, segundo se refira a circunstâncias determinantes do injusto ou somente à

---

36. Munhoz Netto, A *ignorância da antijuridicidade*, cit., p. 63.
37. José Cerezo Mir, O tratamento do erro de proibição no Código Penal espanhol, *RT*, 643/400, 1989.
38. Claus Roxin, *Teoría del tipo penal*, Buenos Aires, Depalma, 1979, p. 217.

antijuridicidade da ação". Em sentido semelhante, para Jescheck[39], "trata-se de *elementos de valoração global do fato*" que devem, pois, ser decompostos, de um lado, naquelas partes integrantes dos mesmos (descritivos e normativos) que afetam *as bases do juízo de valor,* e de outro, naquelas que afetam *o próprio juízo de valor.* Os primeiros pertencem ao tipo, os últimos à antijuridicidade. O procedimento para essa decomposição, sugerida por Jescheck, deve ser semelhante ao utilizado pela *teoria limitada da culpabilidade* para resolver o erro incidente sobre os pressupostos fáticos das causas de justificação.

A realização dessa distinção, no entanto, pode ser muito difícil, especialmente naqueles casos em que a constatação dos fatos já implique, simultaneamente, a sua valoração jurídica[40].

Welzel[41], a seu tempo, defendendo uma corrente minoritária, por sua vez, sustentava que os elementos em exame, embora constantes do tipo penal, são elementos do *dever jurídico* e, por conseguinte, da ilicitude. Por isso, qualquer erro sobre eles deve ser tratado como *erro de proibição*. Essa tese de Welzel é inaceitável, na medida em que implica aceitar a violação do caráter "fechado" da tipicidade, a qual deve abranger todos os elementos da conduta tipificada, ou seja, inclusive esses denominados *elementos normativos especiais da ilicitude.*

O melhor entendimento, a nosso juízo, em relação à natureza do erro sobre esses elementos, é sustentado por Muñoz Conde[42], que, admitindo não ser muito raro coincidirem erro de tipo e erro de proibição, afirma: "O caráter sequencial das distintas categorias obriga a comprovar primeiro o problema do erro de tipo e somente solucionado este se pode analisar o problema do erro de proibição", logo, deve ser tratado como erro de tipo. Em síntese, como o dolo deve abranger todos os elementos que compõem a figura típica, e se as *características especiais do dever jurídico* forem um elemento determinante da *tipicidade concreta,* a nosso juízo, o erro sobre elas deve ser tratado como *erro de tipo.*

Para ilustrar as dificuldades que a *praxis forensis* pode apresentar, lembramos aqui dois exemplos sempre citados, em suas aulas magistrais, pelo professor Alberto Rufino[43]: o nosso Código Penal, no art. 158, define o crime de *extorsão,*

---

39. Jescheck, *Tratado*, p. 337.
40. Santiago Mir Puig, *Adições ao Tratado de Jescheck*, cit., p. 345.
41. Welzel, *Derecho Penal alemán*, cit., p. 234.
42. Muñoz Conde, *El error*, cit., p. 60. "Primeiro haveria que se comprovar, portanto, se o erro de tipo foi vencível, pois somente neste caso poderá questionar-se a tipicidade pelo correspondente tipo de homicídio ou lesões culposas. Se o erro de tipo foi de todo invencível e a morte ou as lesões produziram-se fortuitamente, nem sequer haverá que se questionar o problema do erro de proibição...".
43. Alberto Rufino Rodrigues de Souza, *Conferência proferida no Curso de Pós-Graduação da Escola Superior do Ministério Público,* em 2-10-1993 (inédita).

assim: "Constranger alguém, mediante violência ou grave ameaça, e com o intuito de obter para si ou para outrem indevida vantagem econômica, a fazer, tolerar que se faça ou deixar de fazer alguma coisa". A rigor, se analisarmos bem, verificaremos que o pensamento que se exprime com a palavra *indevida*, nesse tipo penal, aparece aqui referindo-se a duas situações diferentes. Por exemplo, o constrangimento, no crime de extorsão, será ilegal quando for praticado através de "violência ou de grave ameaça".

Imaginemos que mediante arroubos, pedidos persistentes, súplicas insistentes, o agente solicita de alguém um determinado valor. E esse alguém recebe essa situação, diante da insistência do pedido, como uma ameaça velada, quando, na verdade, o agente está apenas sendo enjoado, inconveniente. Mas a vítima, por qualquer razão, digamos, porque sabe que o agente conhece uma situação que lhe pode ser comprometedora, toma aquilo como uma ameaça e cede ao pedido do agente. Esse erro do agente será quanto ao caráter indevido da ação constrangedora. Aqui, na verdade, trata-se de erro sobre a ilicitude. O agente não percebe que está praticando uma conduta *indevida*, portanto ilícita. Agora, ao contrário, se pensa que a vantagem que está procurando alcançar, com o emprego da violência ou da grave ameaça, é *devida*, erra, portanto, sobre o segundo aspecto da expressão *indevida* constante do enunciado da lei. Aí o erro será sobre elemento do tipo. Na verdade, no primeiro sentido, a expressão *indevida* refere-se a uma característica geral do fato diante do Direito; no segundo, refere-se especificamente a uma condição do tipo penal, gerando, aqui, erro de tipo.

O art. 154, por sua vez, que protege a *revelação de segredo profissional*, diz: "Revelar alguém, sem justa causa, segredo, de que tem ciência em razão de função, ministério, ofício ou profissão, e cuja revelação possa produzir dano a outrem".

Se o profissional, médico, por exemplo, revela *segredo* do paciente, mas, sinceramente, acreditando que não lhe causará nenhum dano, pelo contrário, até lhe trará algum benefício, numa reunião científica, em um congresso de medicina, revela a doença de que o paciente é portador, esperando obter benefício dessa revelação, nem imaginando que isso possa, de algum modo, por alguma circunstância que ele desconhece, trazer prejuízo para o paciente, nesse caso, esse erro se refere a uma condição do tipo. Se, ao contrário, imaginar que a divulgação que faz realiza com *justa causa*, então o erro será sobre a ilicitude, descaracterizadora da culpabilidade. Por exemplo, o médico está pleiteando o pagamento de honorários, que o paciente está lhe recusando, e imagina que para fundamentar o pagamento de honorários tem de explicitar o tipo de tratamento que realizou e o tipo de enfermidade do paciente. Por isso, nem pensa que está quebrando o sigilo com justa causa. Aqui não seria na realidade um erro sobre a constituição do tipo — sem justa causa —, mas sobre a ilicitude da conduta.

6. Erro sobre pressuposto objetivo da causa de justificação

Quando o objeto do erro for pressuposto objetivo de uma causa de justificação[44], afirma-se que, segundo os postulados da *teoria limitada da culpabilidade*, ocorre *erro de tipo permissivo*, o que, segundo os efeitos da teoria dos elementos negativos do tipo sobre a teoria do erro, pode ser entendido como *erro de tipo negativo*, enquanto, para a *teoria extremada da culpabilidade*, trata-se de um *erro de proibição indireto*[45]. Essa modalidade de *erro*, causa de calorosos debates, apresenta uma verdadeira *vexata quaestio*: seria erro de tipo ou seria erro de proibição, ou, quem sabe, uma terceira modalidade de erro?

Com efeito, há efetivamente *um misto de erro de tipo permissivo e erro de proibição indireto*, podendo-se afirmar que se trata de um *erro eclético*[46], com estrutura parecida com o erro de tipo, mas com consequência semelhante ao erro de proibição. É interessante registrar, por oportuno, que nem o Código Penal alemão em vigor, nem o Código Penal espanhol, com suas últimas reformas, regularam expressamente essa modalidade de erro, deixando à doutrina e à jurisprudência essa definição. Contrariamente, os Códigos austríaco, português e brasileiro definiram a modalidade desse erro.

Enfim, concepções diversas procuram definir o tratamento adequado para essa espécie de erro:

a) a *teoria dos elementos negativos do tipo*, como já demonstramos, considera as causas de justificação como integrantes do tipo e, consequentemente, seus pressupostos como características negativas do tipo. Assim, qualquer erro sobre elas constitui erro de tipo. Jescheck[47] aduz, como crítica, que, nesses casos, se as causas justificantes forem elementos negativos do tipo, o dolo deveria referir-se também à sua ausência;

b) a *teoria extremada da culpabilidade*, como exaustivamente examinado, trata o erro sobre os pressupostos fáticos das causas descriminantes como erro de proibição, ao contrário da *limitada*, que o divide em duas subespécies: uma que

---

44. A questão a ser discutida nessa epígrafe é o objeto do erro quando ele se projeta sobre os pressupostos objetivos de uma causa de justificação, terminologia que se ajusta a mais moderna dogmática jurídico-penal. Deixamos de utilizar a expressão *erro de tipo permissivo* para identificar *a priori* o objeto de estudo dessa epígrafe, porque essa terminologia é adotada pelos defensores da teoria limitada da culpabilidade.

45. O debate em torno dessa modalidade de *erro* é, certamente, muito mais complexo e abrange uma grande variedade de posturas que não serão referidas aqui, pois nos limitaremos a uma exposição resumida e esquemática do tema. Para aprofundar-se no estudo da questão confira María A. Trapero Barreales, *El error en las causas de justificación*, Valencia, Tirant lo Blanch, 2004, p. 43 e s.

46. Wessels chama de "erro de espécie própria" (*Direito Penal*; Parte Geral, Porto Alegre, Sérgio A. Fabris, Editor, 1976, p. 105).

47. Jescheck, *Tratado*, cit., p. 634.

recai sobre os pressupostos fáticos (erro de tipo permissivo), e outra, a que recai sobre a existência ou os limites das causas justificantes (erro de proibição indireto);

c) a doutrina e jurisprudência alemãs, majoritariamente[48], adotam a *teoria limitada da culpabilidade*, que propõe um resultado semelhante às consequências da *teoria dos elementos negativos do tipo*, embora com outro fundamento: o erro evitável sobre os pressupostos de uma causa de justificação não se considera *erro de tipo*, mas em razão de sua similitude com este, *por sua justificada analogia*, aplica-se-lhe o mesmo tratamento. Como esse erro exclui o dolo, impede também a possibilidade da ocorrência de participação em sentido estrito. Para evitar equívocos, convém destacar que, ao contrário do que comumente se afirma no Brasil, essa não é a posição adotada por Jescheck[49];

d) *teoria do erro orientada às consequências*, segundo a qual, no erro sobre os pressupostos de uma causa de justificação, embora o autor tenha cometido *um crime doloso*, deve sofrer *as consequências* de *um crime culposo*. Assim, essa *teoria da culpabilidade que remete à consequência jurídica* equipara esse erro, segundo Jescheck, que adota esse entendimento, ao erro de tipo *somente* quanto às *consequências jurídicas*. Esse tratamento privilegiado, comparado ao erro de proibição indireto, fundamenta-se, de um lado, na diminuição do desvalor da ação, porque o autor que age com erro sobre o verdadeiro pressuposto fático quer algo que a lei permite, sendo em si "fiel ao direito", o que já não ocorre com quem erra sobre a existência ou os limites da causa de justificação; por outro lado, o conteúdo da culpabilidade do autor do fato é consideravelmente menor: a motivação que orientou a formação do dolo não se baseia numa falta de "atitude jurídica", mas em *um exame descuidado* da situação[50].

Nesses termos, embora não haja o afastamento do dolo, porque o autor conhece os elementos objetivos do tipo e executa a ação intencionalmente, a reprovação que se deve dirigir ao autor afeta somente a sua falta de atenção, e isso corresponde, quanto ao conteúdo da culpabilidade, a uma reprovação de crime culposo. Com esse entendimento, o "erro sobre pressuposto objetivo da causa de justificação" seria diferenciado do "erro de permissão" (erro de proibição indireto) porque não apenas não se relacionaria com a antijuridicidade da conduta, como estaria sempre ligado à *falsa representação sobre o conteúdo de seu significado jurídico-penal*[51].

---

48. Muñoz Conde, *El error*, cit., p. 79, nota n. 38; Stratenwert, *Derecho Penal*; Parte General, Madrid, Edersa, 1982, p. 159; Wessels, *Direito Penal*, p. 135, na tradução portuguesa, p. 107, e Jescheck, *Tratado*, cit., p. 635.
49. Jescheck, *Tratado*, cit., p. 635.
50. Jescheck, *Tratado*, cit., p. 635-6. Essa é a posição defendida por Jescheck.
51. Wessels, *Direito Penal*, cit., p. 105.

Exemplificando, na hipótese de *estado de necessidade*, quais são os seus pressupostos objetivos? O que é necessário, afinal, para que se caracterize uma situação de necessidade? É preciso que haja *uma situação de perigo para bens jurídicos em conflito*. Imagine-se, por exemplo, que o agente acredite, erroneamente, que deve salvar de um incêndio um quadro supostamente valioso, rompendo a vitrine de uma loja de objetos de arte, e que depois se constate que se tratava de uma cópia sem valor artístico. Ou que pode invadir durante a noite a casa habitada do vizinho para salvar uma criança da morte por afogamento, quando, em verdade, tratava-se de uma boneca que foi lançada dentro da piscina. A situação, nesse caso, é de *estado de necessidade putativo*. À evidência que o autor age *dolosamente*, conhece o tipo penal, sabe o que faz, houve-se apenas com desatenção, descuidadamente, na avaliação da situação concreta.

Situações como essa serão resolvidas, no nosso Direito, com base no art. 20, § 1º, do CP, *que se refere às discriminantes putativas*: se o erro sobre o pressuposto objetivo da causa de justificação for *escusável* isenta de pena; se for *inescusável* permanecerá a punibilidade, por crime culposo, desde que haja previsão da respectiva modalidade. Com essa redação, entendemos que o tratamento mais adequado para essa modalidade de erro é o sugerido por Jescheck, que, como vimos em (d), adota a teoria do erro orientada às consequências. Na seguinte epígrafe trataremos de expor os motivos que nos permitem chegar a essa conclusão.

6.1. Um erro sui generis: *considerações críticas*

A regulação do *erro* que incide sobre os pressupostos objetivos das causas de justificação é uma questão amplamente discutida no Direito brasileiro, na medida em que recebeu tratamento diferenciado do erro de proibição (art. 20, § 1º, do CP). No nosso entendimento, a discussão de estarmos diante de *erro de tipo* ou *erro de proibição* deve estar prioritariamente orientada em função das consequências que tal modalidade de erro produz. Afetará o dolo e, consequentemente, a tipicidade, como o erro de *tipo permissivo*, ou afetará a culpabilidade, como o *erro de proibição indireto*? A resposta a essa interrogação será encontrada na comparação das consequências a que conduz cada uma dessas possibilidades.

O art. 20, *caput*, do Código Penal determina expressamente que o *erro* sobre o tipo incriminador *exclui o dolo*, enquanto o seu § 1º — que trata do *erro* que incide sobre os pressupostos fáticos das causas de justificação — *isenta de pena*. Como se percebe, o nosso Código Penal não estabelece que a consequência do erro, nesse último caso (art. 20, § 1º), é a *exclusão do dolo*, como faz em relação ao *erro de tipo incriminador*, prevendo, simplesmente, a *isenção de pena*. E, como é sabido de todos, no Direito brasileiro, *excluir o dolo* e *isentar de pena* não significam a mesma coisa. A expressão "isentar de pena" é concebida, tradicionalmente, pela doutrina brasileira, como consequência da *exclusão da culpabilidade* e não da exclusão da tipicidade ou ilicitude. Basileu Garcia lembrava que, segundo esclarecimento de Hungria, para apontar a presença de dirimentes de culpabilidade, o Código Penal usa as locuções "não é punível", "não é passível de pena", "está isento de pena" e outras semelhantes (v. g., arts. 20, § 1º, 1ª parte, 21, 26, 28, § 1º, 181 etc.)[52]. Aliás, quando regula o *erro de proibição*, inevitável, como excludente da culpabilidade, utiliza exatamente essa mesma expressão: *isenta de pena* (art. 21, *caput*, 1ª parte, do CP).

Na realidade, não seria exagero afirmar que o "erro sobre pressuposto objetivo da causa de justificação" constitui *uma terceira espécie de erro*. Seria *um misto de erro de tipo e de erro de proibição indireto*. O próprio Jescheck[53] sustenta que a sua *similitude* com o erro de tipo reside na sua *estrutura*, na medida em que também se refere a elementos normativos e descritivos de uma *proposição jurídica*, ao passo que a sua *semelhança* com o erro de proibição indireto situa-se na sua *consequência*: o conhecimento do tipo não sofre nenhum prejuízo. O erro se constitui somente *na crença do autor de que a norma proibitiva é afastada*, excepcionalmente, diante de uma proposição permissiva. Em síntese, trata-se de um "erro *sui generis*", que *estruturalmente* se parece mais com *erro de tipo* do que com erro de proibição, mas que também se assemelha a um *erro de proibição*, porque não exclui a antijuridicidade, mas, sim, a culpabilidade.

A conclusão inarredável a que se chega, a esta altura, é que o *erro sobre pressuposto objetivo da causa de justificação* não exclui o dolo do tipo, que permanece íntegro. Apenas afasta a culpabilidade dolosa, se for evitável, e igualmente a culposa, se for inevitável. Como se constata, o *erro de tipo incriminador* e o *erro sobre pressuposto objetivo da causa de justificação* não têm a mesma natureza e não geram as mesmas consequências. Enfim, o fato de serem previstos no mesmo dispositivo penal, um na cabeça do artigo e outro em um parágrafo, não os torna iguais, pelo contrário, demonstra que são distintos, a despeito de guardarem alguma semelhança. Nesse sentido, destaca, com muita propriedade, Luiz Flávio Gomes[54], "se o erro de tipo permissivo fosse da mesma natureza do erro de tipo incriminador, com as mesmas consequências jurídicas, concluir-se-ia pela desnecessidade do parágrafo primeiro: bastaria o *caput*".

6.2. *"Erro culposo" não se confunde com "crime culposo"*

Em consonância com o que defendemos no tópico anterior, o *erro* evitável sobre os pressupostos fáticos das descriminantes não modifica a natureza típica do injusto, isto é, não produz crime culposo. Utilizando a terminologia adotada por determinado setor da doutrina nacional, o erro de tipo permissivo evitável não se confunde com crime culposo, como veremos adiante.

---

52. Basileu Garcia, *Instituições de Direito Penal*, 6ª ed., São Paulo, Max Limonad, 1982, v. 1, t. 1, p. 317.
53. Jescheck, *Tratado*, cit., p. 633-4.
54. Luiz Flávio Gomes, *Erro de tipo*, cit., p. 142.

Admitir a existência de *culpa* no erro de tipo permissivo, vencível, onde o agente *prevê* e *quer* o resultado produzido, constitui uma violência traumática à estrutura e aos conceitos dogmáticos da teoria do delito. Não se pode esquecer que *erro culposo* — mesmo admitindo como válida essa ultrapassada expressão — não é sinônimo de *crime culposo*, tratando-se, por conseguinte, de conceitos completamente distintos. Como enfatizava Alcides Munhoz Netto[55], "no erro culposo, a vontade dirige-se à realização de algo proibido, cuja antijuridicidade poderia ser captada com maior atenção; no crime culposo, a vontade orienta-se para um fim lícito ou até louvável, sendo defeituosa apenas a respectiva execução. A diversidade de situações concerne à intencionalidade do resultado, já que na hipótese de descriminante putativa com erro vencível, o resultado é querido (quem mata para defender-se de uma agressão que apressadamente imaginou, quer a morte do suposto agressor), enquanto no crime culposo o resultado nunca é querido, decorrendo de mera imprevisão de sua superveniência (culpa inconsciente) ou de sua inevitabilidade (culpa consciente)".

A escusabilidade ou inescusabilidade do erro sobre pressuposto objetivo da causa de justificação não afeta a natureza do crime. O "erro culposo" podia ter sido evitado, mas o crime permanece íntegro na sua natureza dolosa: se foi doloso, não se altera em absoluto. Somente se diminui a pena. Gallas[56] já se indignava com a confusão que se fazia em relação ao erro incidente nas causas de justificação, e, sustentando tratar-se de *crime doloso* (com a presença dos requisitos objetivos e subjetivos), afirmava: "Quem mata uma pessoa, crendo erroneamente que seria agredido injustamente por ela, sabe que mata, mas acredita que na situação representada isso fosse lícito".

Nas hipóteses de *erro culposo* não se está criando nenhuma *culpa*, própria ou imprópria, mas se está simplesmente, como afirma Jescheck[57], adotando uma cominação penal do tipo imprudente. Muito esclarecedora, nesse sentido, é a lição de Alcides Munhoz Netto[58]: "A própria lei reconhece esta diferença, pois se o *erro vencível* configurasse *culpa em sentido estrito,* não haveria necessidade de dispositivo especial para declarar-lhe a punibilidade a tal título; a incidência da pena decorreria da regra genérica acerca dos crimes culposos". Na verdade, *antes da ação*, isto é, durante a *elaboração do processo psicológico*, o agente valora mal uma situação ou os meios a utilizar, laborando em erro, *culposamente*, pela falta

---

55. Alcides Munhoz Netto, *A ignorância da antijuridicidade*, cit., p. 117.
56. Gallas, La struttura del concetto di illecito penale, trad. Francesco Angioni, *Rivista de Diritto e Procedura Penale*, ano 25, 1982, p. 463. No mesmo sentido manifestava-se Graf Zu Dohna: "quem sabe que mata, porém crê que pode fazê-lo, mata dolosamente e não só por culpa" (*La estructura*, cit., p. 76).
57. Jescheck, *Tratado*, cit., p. 636, n. 34.
58. Munhoz Netto, *A ignorância da antijuridicidade*, cit., p. 117.

de cautela na avaliação; já no momento subsequente, *na ação propriamente*, age *dolosamente*, finalisticamente, objetivando o resultado produzido, embora calcado em erro culposo.

Concluindo, o *erro de tipo incriminador, inevitável*, exclui a tipicidade por falta do elemento subjetivo do tipo (art. 20, *caput*), enquanto o *erro sobre pressuposto objetivo de causa de justificação, inevitável*, exclui a culpabilidade da conduta (art. 20, § 1º). E quem sabe que mata, por exemplo, porém crê, erroneamente, que pode fazê-lo, mata *dolosamente* e não simplesmente por culpa[59]. Circunstâncias especialíssimas, no entanto, imaginadas pelo agente, *reduzem a censurabilidade* da sua conduta, porque a *fidelidade subjetiva* ao Direito fundamenta sempre uma menor reprovação de culpabilidade que a desobediência consciente da lei. E, entre a impossibilidade de isentá-lo de pena e a injustiça da grave censura dolosa, opta-se por uma censura mais branda, no caso, por uma *culpabilidade culposa*, embora o delito praticado permaneça doloso.

7. Modalidades de erro sobre a ilicitude

O erro sobre a ilicitude do comportamento pode apresentar-se sob três modalidades: *erro de proibição direto, erro de mandamento* e *erro de proibição indireto (erro de permissão)*. Qualquer das hipóteses de erro sobre a ilicitude pode ser escusável ou não, dependendo das circunstâncias. Inescusável (evitável) é o erro que o agente pode evitar, pode não errar, pode, enfim, ter consciência da ilicitude. Só que o *grau de reprovação* sobre quem age sem saber, apenas podendo saber, e sobre quem age efetivamente sabendo, isto é, consciente da ilicitude da sua conduta, não pode ser o mesmo. Manifesta-se Jescheck[60], admitindo uma diferença material entre o *atuar conscientemente* contra o Direito e a sua *infração inconsciente*, consequente de erro vencível. Não se pode reprovar quem não sabia, mas apenas podia saber, igualmente a quem efetivamente sabia, isto é, a quem tinha a real consciência da ilicitude. Sem dúvida alguma, a conduta de quem tinha real consciência da ilicitude é muito mais censurável. E é em virtude dessa diferença no grau de reprovação que, embora punindo-se *quem age com consciência potencial*, diminui-se a pena aplicável, proporcionalmente ao menor juízo de reprovação. Diminui-se a pena aplicável, mas não se afasta a culpabilidade, que, nas circunstâncias, é reconhecidamente diminuída.

---

59. Jescheck, *Tratado*, cit., p. 635: "O fato praticado sob a suposição errônea de uma causa de justificação continua, pois, sendo um fato doloso". No mesmo sentido, Luiz Flávio Gomes, *Erro de tipo*, cit., p. 128.
60. Jescheck, *Tratado*, cit., p. 628. Jescheck cita na nota n. 19 Binding, o fundador da teoria do dolo, que admitia a distinção existente "entre a oposição consciente ao Direito e à lei moral e a desatenção inconsciente daquele ou desta".

Enfim, pode-se traçar o seguinte paralelo: *consciência real* = punição normal; *consciência potencial* = punição reduzida; *ausência de potencial consciência* = absolvição. Vejamos, a seguir, cada uma dessas três modalidades de erro sobre a ilicitude.

7.1. *Erro de proibição direto*

No *erro de proibição direto*, o agente engana-se a respeito da norma proibitiva. Portanto, o crime que pratica é um crime de ação, comissivo, porque ou desconhece a norma proibitiva, ou a conhece mal. É indiferente, porque, afinal, tanto o *erro* como a *ignorância* da norma, para todos os efeitos, são "erro". Essa modalidade já foi analisada suficientemente no item 5 deste capítulo.

Cumpre destacar, finalmente, que o *erro de proibição* também pode ocorrer nos *crimes culposos*, e não somente nos dolosos, como pode parecer à primeira vista, inclusive quando o erro de proibição for evitável[61]. A regulamentação do erro de proibição, constante do art. 21 do nosso Código Penal, tem caráter geral, não admitindo qualquer restrição. Nada impede, por exemplo, que o agente realize uma conduta perigosa, com infração do dever de cuidado, pensando que a conduta está justificada, seja porque supõe a existência de uma causa de justificação que não existe, seja porque se equivoque sobre seu conteúdo, seu significado ou seus limites. A *evitabilidade do erro de proibição* tem o condão de reduzir a punibilidade da infração penal, sem, contudo, afetar a sua natureza dolosa ou culposa.

7.2. *Erro mandamental*

O erro de mandamento ocorre nos *crimes omissivos, próprios* ou *impróprios*. O erro recai sobre uma *norma mandamental,* sobre uma norma imperativa, sobre uma norma que manda fazer, que está implícita, evidentemente, nos tipos omissivos. Pode haver *erro de mandamento* em qualquer crime omissivo, próprio ou impróprio.

Se alguém *deixar de prestar socorro,* por exemplo, porque acredita, erroneamente, que essa prestação de socorro lhe acarretaria *risco pessoal,* isto é, se se engana sobre a existência desse risco, se pensa que há tal risco, quando este não existe, engana-se, na verdade, sobre *um elemento do tipo incriminador,* comete um erro de tipo. Agora, se esse mesmo alguém, embora consciente da ausência de risco pessoal, consciente da situação de perigo, da necessidade de socorro, deixar de prestá-lo, porque acredita que não está obrigado, porque não tem nenhum vínculo com a vítima, porque não concorreu para o perigo, ou porque

---

61. Zugaldía Espinar, El tratamiento jurídico-penal del error en el art. 20 del Proyecto de Ley Orgánica del Código Penal Español de 1980, *Cuadernos de Política Criminal,* 1981, n. 15, p. 514; José Cerezo Mir, O tratamento do erro de proibição no Código Penal espanhol, *RT,* 643/403, São Paulo, 1989.

imagina que esse *dever* pertence somente aos demais, incorre em *erro de proibição*. Esse erro recai sobre *a norma mandamental*, erra, portanto, sobre a ilicitude do fato.

Também pode haver *erro de mandamento* em crime *comissivo por omissão*. Se alguém se engana sobre a existência de perigo, sobre a identidade da pessoa que tem a responsabilidade de proteger, sobre a existência dos meios, sobre a sua capacidade de utilizá-los, *tudo isso constitui erro de tipo*. Mas se erra sobre a *existência do dever*, sabendo da situação de perigo, sabendo que a pessoa é aquela que deve ser protegida, sabendo que tem os meios e que pode usá-los, mas acha que não precisa, que não deve, porque, por exemplo, crê que o seu dever não envolve necessariamente risco pessoal. Ou, então, o caso do plantão, por exemplo, cujo horário de saída é às dezessete horas. Imagina que a partir daí não é mais responsável, afinal, azar do outro que se atrasou. Errado, continua responsável. Erra a respeito dos *limites do dever*, erra sobre a *norma mandamental*, sobre o *dever em si*, e não sobre a situação fática do dever ou sobre os seus pressupostos, mas sobre o dever propriamente. Esses são *erros de mandamento*, erros sobre a ilicitude, portanto.

A solução, consequentemente, será dada pelo art. 21, e não pelo art. 20. Se tais erros forem *inescusáveis*, portanto, evitáveis, quem abandona alguém, nessas situações, e vindo a ocorrer o dano que deveria evitar, será autor de um resultado doloso.

7.3. *Erro de proibição indireto*

Essa modalidade de erro é denominada por Jescheck *erro de permissão*[62] não porque o autor não creia que o fato seja lícito simplesmente, mas porque *desconhece a ilicitude*, no caso concreto, em razão da suposição errônea da existência de uma *proposição permissiva* (causa de justificação). Para analisarmos esse erro temos de ter presentes os postulados das teorias da culpabilidade — extremada e limitada —, que, como já demonstramos, apresentam enfoques diferentes dentro da teoria normativa.

Para a *teoria extremada*, o erro sobre as *descriminantes* será sempre *erro sobre a ilicitude* (erro de proibição). Toda vez que alguém agir na convicção de que está amparado numa *causa de justificação*, não importa por que tem essa convicção, isto é, não importa qual é o objeto do erro, os pressupostos fáticos, a existência ou os limites da justificação, será um *erro de proibição*. O agente acredita estar em legítima defesa, por exemplo. Porque acredita, porque erra sobre a injustiça da agressão, porque erra sobre a existência da norma, porque erra sobre a situação fática, é indiferente: ele acredita que está em legítima defesa e isso é o que conta. Incorre, segundo a teoria extremada, *em erro de proibição*.

---

62. Jescheck, *Tratado*, cit., p. 632.

Na *teoria limitada*, a visão é diferente: 1) quando o objeto do erro forem os pressupostos fáticos, teremos o *erro de tipo permissivo*; 2) quando tiver por objeto a existência ou os limites da norma permissiva, o *erro será de proibição*, indireto.

O nosso Código Penal optou pela solução do *erro de tipo permissivo*, para os casos em que o objeto do erro forem os pressupostos fáticos da causa de justificação, nos termos do previsto no art. 20, § 1º. Entretanto, consideramos que é mais adequado interpretar esse dispositivo no sentido da *teoria do erro orientada às consequências*, defendida por Jescheck, de modo que, enquanto o erro de tipo incriminador *exclui o dolo*, o erro sobre os pressupostos objetivos da causa de justificação *isenta de pena*, ambos permitindo a punibilidade residual pela forma culposa se o erro for *vencível*. Quando se tratar, no entanto, de erro sobre a existência ou os limites das descriminantes, ou seja, sobre a *existência*, a *natureza*, a *abrangência* ou os *requisitos* não essenciais da norma permissiva, o *erro será de permissão*. O erro, nessa hipótese, incide sobre a norma, e não sobre os pressupostos que configuram a descriminante. Logo, trata-se de erro de proibição indireto, ou melhor, como prefere Jescheck, *erro de permissão*.

A pessoa pode ter consciência perfeita das condições do fato, pode ter consciência de que os bens em conflito são de valor desigual, em outros termos, não errando sobre os pressupostos do estado de necessidade. Mas, se, apesar de todo esse conhecimento, acreditar que, ainda assim, tem o *direito* de sacrificar o interesse alheio, mesmo para salvar bem de menor valor, porque este lhe pertence, e porque o perigo não foi criado por ela, por exemplo, então, por que deveria sacrificar um interesse seu? Afinal, essa é uma visão errônea da norma ou das circunstâncias que cercam o fato? Evidentemente, é uma visão errônea da norma, é uma interpretação equivocada do conteúdo da norma. Esse é um erro sobre a ilicitude, é um *erro de proibição indireto*, ou, como preferem alguns, um *erro de permissão*, adequando-se, como tal, ao art. 21 do CP. Por essa razão, o § 1º do art. 20 disciplina somente o erro sobre os pressupostos fáticos das causas de justificação.

O *erro sobre excludentes da culpabilidade* não é tratado pela lei brasileira. Pode-se, no entanto, buscar a solução através da analogia. A alternativa efetivamente correta, no entanto, será a inexigibilidade de outra conduta.

8. A discutível escusabilidade de determinados erros

Em que pese a distinção dogmática entre *ignorantia legis* e erro de proibição, nem sempre essa dessemelhança apresenta-se de forma insofismável, como já demonstramos anteriormente.

Existem, segundo Assis Toledo[63], quatro espécies de erro que não poderão ser considerados escusáveis, com raríssimas exceções, pois se *equivalem* a autênticas

---

63. Francisco de Assis Toledo, *O erro no Direito Penal*, São Paulo, Saraiva, 1977, p. 100 e s. Do mesmo autor, *Princípios básicos de Direito Penal*, 4ª ed., São Paulo, Saraiva, 1991, p. 271.

ignorantia legis, porque incidem sobre a lei, e não sobre a ilicitude. São os erros de: a) *eficácia* — o agente não admite a legitimidade de determinado preceito legal, supondo que ele contraria outro preceito de nível superior, ou uma norma constitucional; b) *vigência* — o agente ignora a existência de um preceito legal, ou ainda não teve tempo de conhecer uma lei recentemente publicada; c) *subsunção* — engana-se quanto ao enquadramento legal da conduta; por erro, supõe que sua ação não se ajusta ao tipo legal. Isso não interfere na ilicitude; d) *punibilidade* — o agente sabe ou podia saber que faz algo proibido, mas imagina que não há punição criminal para essa conduta, ignorando a punibilidade do fato.

No entanto, Welzel[64] sustentava que o *erro de validez* ou de *vigência* constitui uma variante do erro de proibição que deve receber o mesmo tratamento. Embora o próprio Welzel admitisse que, em razão de *reduzida capacidade de avaliação*, alguém que acredita que pode infringir uma proibição por considerá--la *erroneamente* que carece de validade, sua culpabilidade não consiste no resultado da *avaliação equivocada*, mas no fato de tê-la levado adiante. Nesse caso, rege — sustentava Welzel — o princípio geral da *Ética Profissional*, segundo a qual não está livre de culpabilidade quem assume uma tarefa para a qual não está capacitado. O autor não pode ignorar que infringe conscientemente uma norma jurídica por considerar que não é válida — cuja conduta é proibida —, contrariamente ao que ele pensa. Diante da *possibilidade da antijuridicidade* da conduta, quem mesmo assim age atua com *consciência potencial* da ilicitude, e não com erro de proibição escusável.

Quanto ao erro de *subsunção*, Welzel[65] fazia a seguinte distinção: a) erro que afeta somente a *punibilidade* de uma conduta, cuja antijuridicidade conhece ou pode conhecer o autor, é completamente irrelevante; b) erro que atinge não só a punibilidade, mas também a proibição da conduta, impedindo o autor de conhecer sua antijuridicidade. Esse erro pode ocorrer especialmente nas normas proibitivas que contêm características normativas do tipo complicadas. Nesse caso, será erro de proibição. Portanto, não está infenso a críticas afirmar simplesmente que, nas modalidades ora analisadas, não se poderá alegar *escusabilidade*, por constituírem *erro de direito*, e corresponderem à primeira parte do art. 21 do CP, que diz que o *desconhecimento da lei é inescusável* (erro sobre a lei). Aqui, mais do que nunca, merece acolhida a tese sustentada por Muñoz Conde e Hassemer[66], de uma *teoria do erro orientada às consequências*, preocupada com os efeitos empíricos, mais que normativos, da aplicação da norma no

---

64. Welzel, *El nuevo sistema*, cit., p. 120.
65. Welzel, *El nuevo sistema*, cit., p. 123; no mesmo sentido Muñoz Conde, *El error*, cit., p. 68.
66. Muñoz Conde, *El error*, cit., p. 124; Winfried Hassemer, *Fundamentos del Derecho Penal*, trad. Arroyo Zapatero y Francisco Muñoz Conde, Barcelona, Bosch, 1984, p. 35.

quotidiano, onde o que realmente importa é *a relevância ou não do erro*, independentemente da sua conceituação.

Também há casos que, embora não se enquadrem nessas quatro hipóteses, e constituam erro sobre a ilicitude, o agente não poderá alegar a sua escusabilidade. Ocorre que, especificamente, em virtude da sua condição, para ele, esse erro será sempre inescusável. São aquelas situações em que o agente *tem o especial dever de informar-se*. Nessas circunstâncias, não pode invocar, em seu favor, o descumprimento do dever de informar-se. Em razão da sua atividade, da sua condição, o agente está obrigado a, antes da realização de determinadas condutas, informar-se a respeito da sua licitude ou ilicitude. Se não o fizer, se deixar de informar-se, não poderá alegar posteriormente que não sabia, e buscar a escusabilidade desse desconhecimento, porque descumpriu o dever prévio de informar-se.

Essas hipóteses abrangem, por exemplo, aqueles que praticam uma *infração política*, que não tem uma correspondência social de conduta negativa, mas que em virtude da sua especial condição têm a obrigação de informar-se. Não poderão argumentar que não têm nenhuma aparência, nenhuma semelhança, nenhuma característica de ilicitude, que nunca poderiam desconfiar de seu caráter ilícito, que se trata de um fato tão normal que todo mundo acha comum. Essa *escusabilidade* não lhes aproveita, porque descumpriram um dever prévio de informar-se. No entanto, não se pode ignorar que a responsabilidade decorrente do *descuido* em conhecer a lei não é a mesma, nem tem o mesmo grau de responsabilidade de uma *consciente desobediência* à lei conhecida[67]. Mas essa diferença de graduação da maior ou menor censurabilidade será objeto da medição da pena, nos termos do art. 59 do CP.

Esse ônus se impõe não apenas aos administradores públicos, mas também àquelas pessoas que exercem determinadas atividades ou profissões que são *especialmente regulamentadas*, e que, se não forem seguidas as normas regulamentares, a conduta pode tornar-se ilícita. Às vezes, a mera omissão de uma formalidade, por exemplo, pode configurar um comportamento proibido. Não poderão alegar que não sabiam que deviam agir desta e não daquela forma. Assim, as *atividades especialmente regulamentadas* antes de serem executadas, precisam, os agentes, informar-se sobre o modo ou a forma de realizá-las.

---

67. Biaggio Petrocelli, *La colpevolezza*, cit., p. 126.

CRIME CONSUMADO E CRIME TENTADO | XXVI

Sumário: 1. Crime consumado. 2. Tentativa. 3. *Iter criminis*. 4. Distinção entre atos preparatórios e atos executórios. 5. Natureza e tipicidade da tentativa. 6. Elementos da tentativa. 7. Espécies ou formas de tentativas. 8. Punibilidade da tentativa. 9. Infrações que não admitem tentativa. 10. Desistência voluntária. 11. Arrependimento eficaz. 12. Natureza jurídica da desistência voluntária e do arrependimento eficaz. 13. Crime impossível ou tentativa inidônea. 13.1. Punibilidade do crime impossível. 14. Crime putativo. 15. Flagrante provocado.

1. Crime consumado

Determinar o momento consumativo do crime é operação que tem extrema relevância, pois se reflete no termo inicial da prescrição e na competência territorial. Por isso, não têm razão alguns autores que pretendem que o legislador defina apenas o *crime tentado*, deixando implícita a noção da *consumação*.

Consuma-se o crime quando o tipo está inteiramente realizado, ou seja, quando o fato concreto se subsume no tipo abstrato da lei penal. Quando são preenchidos todos os elementos do tipo objetivo, pelo fato natural, ocorre a consumação. Consuma-se o crime quando o agente realiza todos os elementos que compõem a descrição do tipo legal (art. 14, I). A noção de consumação, segundo Damásio de Jesus, "expressa a total conformidade do fato praticado pelo agente com a hipótese abstrata descrita pela norma penal incriminadora"[1]. Na afirmação de Aníbal Bruno "a consumação é a fase última do atuar criminoso. É o momento em que o agente realiza em todos os seus termos o tipo legal da figura delituosa, e em que o bem jurídico penalmente protegido sofre a lesão efetiva ou a ameaça que se exprime no núcleo do tipo"[2].

Nos *crimes materiais*, a consumação ocorre com a produção do resultado de dano ou de perigo descrito no tipo penal. Assim, consuma-se o homicídio com a morte da vítima. Nos *crimes culposos* de resultado é de suma importância constatar a consumação do delito, porque, como veremos mais adiante, somente nos crimes dolosos pode haver tentativa típica e punível. Assim, se houver a prática

---

1. Damásio, *Direito Penal*, 12ª ed., São Paulo, Saraiva, 1988, v. 1, p. 281.
2. Aníbal Bruno, *Direito Penal*, Rio de Janeiro, Forense, 1967, t. 2, p. 254.

de uma conduta perigosa com a inobservância do dever objetivo de cuidado, mas o resultado típico (de dano ou de perigo) não se realizar, não haverá crime culposo. Nos *crimes formais* (para quem admite essa classificação) e de *mera conduta* comissivos a consumação ocorre com a própria ação, já que não se exige resultado material. Nos *crimes habituais* a consumação somente existirá quando houver a reiteração de atos, com habitualidade, já que cada um deles, isoladamente, constitui um indiferente penal. Nos *crimes permanentes*, a consumação se protrai no tempo, desde o instante em que nele se reúnem os seus elementos até que cesse o comportamento do agente.

Nos *crimes omissivos próprios* (de mera conduta omissiva), a consumação ocorre no local e no momento em que o sujeito ativo deveria agir e não o fez. Segundo o magistério de Frederico Marques, "tem-se a infração por consumada no local e tempo onde não se efetuou o que se deveria efetuar. Cometem-se, pois, delitos de omissão, ali onde o autor, para cumprir o dever jurídico a ele imposto, devesse praticá-lo, e não onde se encontrasse no momento de seu comportamento inerte"[3]. Tratando-se de crime *omissivo impróprio*, como a omissão é forma ou meio de se alcançar um resultado, pelo não impedimento, a consumação ocorre com o resultado de dano ou perigo e não com a simples inatividade do agente, como nos delitos omissivos puros ou próprios.

Não se confunde a *consumação* com o *crime exaurido*, pois neste, após a consumação, outros resultados lesivos ocorrem. Embora não seja a regra, em alguns crimes o exaurimento não ocorre simultaneamente com a consumação. Com efeito, o crime pode estar consumado e dele ainda não haver resultado todo o dano que o agente previra e visara, e que a própria tipificação proíbe. Assim, a *corrupção passiva,* que se consuma com a solicitação, exaure-se com o recebimento da vantagem indevida; o *crime de extorsão mediante sequestro* consuma-se com o arrebatamento da vítima e exaure-se com o recebimento do resgate etc. No entanto, o *iter criminis*, que veremos logo a seguir, encerra-se com a consumação, que, nem sempre, repetindo, coincide com o exaurimento.

2. Tentativa

A tentativa é a realização incompleta do tipo penal, do modelo descrito na lei. Na tentativa há prática de ato de execução, mas o sujeito não chega à consumação por circunstâncias independentes de sua vontade. A relevância típica da tentativa é determinada expressamente pelo legislador através de uma *norma de extensão*, contida na Parte Geral do Código Penal. Por isso podemos afirmar que a tentativa é um *tipo penal ampliado*, um tipo penal aberto, um tipo penal incompleto, mas um tipo penal. A tentativa *amplia temporalmente* a figura típica,

---

3. Frederico Marques, *Tratado de Direito Penal*, São Paulo, Saraiva, 1966, p. 171.

cuja punibilidade depende da conjugação do dispositivo que a define (art. 14, II) com o tipo penal incriminador violado.

Na tentativa, o movimento criminoso para em uma das fases da execução, impedindo o agente de prosseguir no seu desiderato por circunstâncias estranhas ao seu querer. A tentativa é o crime que entrou em execução, mas no seu caminho para a consumação é interrompido por circunstâncias acidentais. A figura típica não se completa, mas, ainda assim, a conduta executória realizada pelo agente reveste-se do atributo da tipicidade por expressa determinação legal (norma de extensão). A conduta desenvolve-se no caminho da consumação, mas, antes que esta seja atingida, causa estranha detém a realização do que o agente havia planejado. Fica faltando, para dizer com Beling, "a fração última e típica da ação"[4].

3. *Iter criminis*

Como em todo ato humano voluntário, no crime a ideia antecede a ação. É no pensamento do homem que se inicia o movimento delituoso, e a sua primeira fase é a ideação e a resolução criminosa. Há um caminho que o crime percorre, desde o momento em que germina, como ideia, no espírito do agente, até aquele em que se consuma no ato final. A esse itinerário percorrido pelo crime, desde o momento da concepção até aquele em que ocorre a consumação, chama-se *iter criminis* e compõe-se de uma *fase interna* (cogitação) e de uma *fase externa* (atos preparatórios, executórios e consumação), ficando fora dele o *exaurimento*, quando se apresenta destacado da consumação. Mas nem todas as fases dessa evolução interessam ao Direito Penal, como é o caso da fase interna (*cogitatio*). E a questão é determinar exatamente em que ponto o agente penetra propriamente no campo da ilicitude, porque é a partir daí que o seu atuar constitui um perigo de violação ou violação efetiva de um bem jurídico e que começa a realizar-se a figura típica do crime.

O primeiro momento é a chamada *cogitatio*. É na mente do ser humano que se inicia o movimento criminoso. É a elaboração mental da resolução criminosa que começa a ganhar forma, debatendo-se entre os motivos favoráveis e desfavoráveis, e desenvolve-se até a deliberação e propósito final, isto é, até que se firma a vontade cuja concretização constituirá o crime. São os atos internos que percorrem o labirinto da mente humana, vencendo obstáculos e ultrapassando barreiras que porventura existam no espírito do agente. Mas, nesse momento puramente de elaboração mental do fato criminoso, a lei penal não pode alcançá-lo, e, se não houvesse outras razões, até pela dificuldade da produção de provas, já estaria justificada a impunibilidade da *nuda cogitatio*. Como ensinava Welzel,

---

4. Aníbal Bruno, *Direito Penal*, cit., t. 2, p. 236.

"a vontade má como tal não se pune, só se pune a vontade má realizada"[5]. Ao contrário do que prescreve a doutrina cristã, segundo a qual "peca-se por *pensamento*, palavras, obras e omissões", o pensamento, *in abstracto*, não constitui crime.

O passo seguinte é a *preparação* da ação delituosa que constitui os chamados *atos preparatórios*, os quais são externos ao agente, que passa da cogitação à ação objetiva; arma-se dos instrumentos necessários à prática da infração penal, procura o local mais adequado ou a hora mais favorável para a realização do crime etc. De regra, os atos preparatórios também não são puníveis, apesar da opinião dos positivistas, que reclamam a punição como medida de prevenção criminal (teoria subjetiva), uma vez que o nosso Código Penal exige o *início da execução*. No entanto, algumas vezes, o legislador transforma esses atos, que seriam meramente "preparatórios", em *tipos penais especiais*, fugindo à regra geral, como ocorre, por exemplo, com "petrechos para falsificação de moeda" (art. 291); "atribuir-se falsamente autoridade para celebração de casamento" (art. 238), que seria apenas a preparação da simulação de casamento (art. 239) etc. De sorte que esses atos, que teoricamente seriam preparatórios, constituem, por si mesmos, figuras delituosas. O legislador levou em consideração o *valor* do bem por esses atos ameaçados, em relação à própria perigosidade da ação ou simplesmente à perigosidade do agente, que, por si só, já representa uma ameaça atual à segurança do Direito.

Mesmo fora da escola positiva, alguns autores admitem como puníveis os atos preparatórios, se os agentes são indivíduos criminalmente perigosos. Mas não foi essa a orientação adotada pelo Código Penal brasileiro, que assume, como regra geral, entendimento contrário, nos seguintes termos: "o ajuste, a determinação ou instigação e o auxílio, salvo disposição expressa em contrário, não são puníveis, se o crime não chega, pelo menos, a ser tentado" (art. 31). Na verdade, falta-lhes a tipicidade, em geral, também a antijuridicidade, características essenciais de todo fato punível. A ausência desses dois caracteres da conduta é suficiente, no nosso ordenamento jurídico-penal, para tornar os atos preparatórios indiferentes para o Direito Penal.

Dos atos preparatórios passa-se, naturalmente, aos atos executórios. *Atos de execução* são aqueles que se dirigem diretamente à prática do crime, isto é, à realização concreta dos elementos constitutivos do tipo penal, ou, na lição de Welzel, "começam com a atividade com a qual o autor se põe em relação imediata com a ação típica"[6]. Aqui se levanta um dos mais árduos problemas relativos

---

5. Welzel, *Derecho Penal alemán*, trad. Juan Bustos Ramirez e Sergio Yáñez Pérez, Santiago, Ed. Jurídica de Chile, 1987, p. 259.
6. Welzel, *Derecho Penal alemán*, cit., p. 260.

ao crime tentado, qual seja, a utilização de um critério diferenciador seguro entre ato preparatório e ato executório. Isso examinaremos logo adiante.

E, finalmente, o momento culminante da conduta delituosa verifica-se quando atinge a consumação, que, como já se disse, ocorre quando, no crime, "se reúnem todos os elementos de sua definição legal" (art. 14, I, do CP).

4. Distinção entre atos preparatórios e atos executórios

A doutrina andou insistentemente em busca de regras gerais que distinguissem atos preparatórios e executórios com alguma precisão. Vários foram os critérios propostos para a diferenciação. Alguns autores consideraram os *atos remotos* ou distantes como meramente preparatórios, uma vez que não seriam perigosos em si, enquanto os atos mais próximos seriam executórios, pois colocariam em risco o bem jurídico. Os distantes seriam equívocos e os próximos (executórios) seriam inequívocos. E, à medida que os atos distantes se aproximam do momento executório, vão perdendo o seu caráter equívoco e tornando-se, cada vez mais, expressão inequívoca de uma vontade criminosa dirigida a um fim determinado, merecedora da atenção da justiça penal.

A esses critérios sucederam-se muitos outros, todos insuficientes ou imprecisos demais para marcar a linha divisória entre a *preparação* e a *execução*. Os critérios mais aceitos são aqueles que partem do fundamento objetivo-material da punibilidade da tentativa, como conduta capaz de provocar a afetação de um bem jurídico protegido pelo Direito Penal[7]. Estabelecido esse ponto de partida, o critério válido de delimitação entre *atos preparatórios* e *atos executórios* (início da execução) será aquele que permita identificar a tentativa como "início da execução da conduta típica".

Por outro lado, considerando que a Parte Especial é composta por uma multiplicidade de tipos de injusto, estruturalmente distintos (crimes de resultado, de mera conduta, comissivos, omissivos etc.), o critério de delimitação entre *atos preparatórios* e *atos executórios* (início da execução punível) deve ser capaz de abranger todas essas formas de manifestação do fenômeno criminoso. Nesses termos, o critério também deve ser *objetivo-formal*, que foi adotado pelo Código Penal brasileiro, de acordo com a redação do art. 14, II. Assim, a *tentativa* caracteriza-se como o "início da realização do tipo", isto é, com o *início da execução* da conduta descrita nos tipos da Parte Especial.

---

7. Mir Puig, *Derecho Penal*, Parte General, 8ª ed., Barcelona, PPU, 2010, p. 349-350; Francisco Muñoz Conde e Mercedes García Arán, *Derecho Penal*, Parte General. 8ª ed., Valencia, Tirant lo Blanch, 2010, p. 413-416; Paulo Busato, *La tentativa del delito. Análisis a partir del concepto significativo de la acción*, Curitiba, Juruá, 2011, p. 317.

O *critério material* vê o elemento diferencial no ataque direto ao objeto da proteção jurídica, ou seja, no momento em que o bem juridicamente protegido é posto realmente em perigo pelo atuar do agente. Assim, o crime define-se, materialmente, como lesão ou ameaça a um bem jurídico tutelado pela lei penal. O ato que não constitui ameaça ou ataque direto ao objeto da proteção legal é simples ato preparatório. No *critério objetivo-formal*, o começo da execução é marcado pelo início da realização do tipo, ou seja, quando se inicia a realização da conduta núcleo do tipo: matar, ofender, subtrair etc. É por demais conclusiva a lição do saudoso Aníbal Bruno, que pontificava: "Na realidade, o ataque ao bem jurídico para constituir movimento executivo de um crime tem de dirigir-se no sentido da realização de um tipo penal. O problema da determinação do início da fase executiva há de resolver-se em relação a cada tipo de crime, tomando-se em consideração sobretudo a expressão que a lei emprega para designar a ação típica. É em referência ao tipo penal considerado que se pode decidir se estamos diante da simples preparação ou já da execução iniciada. Para isso é preciso tomar em consideração o fim realmente visado pelo agente"[8].

Há entendimento de que a *teoria objetivo-formal* necessita de complementação, pois, apesar de tê-la adotado e de o Código afirmar que o crime se diz tentado "quando, iniciada a execução, não se consuma...", existem atos *tão próximos e quase indissociáveis do início do tipo* que merecem ser tipificados, como, por exemplo, alguém que é surpreendido dentro de um apartamento, mesmo antes de ter subtraído qualquer coisa; poder-se-á imputar-lhe a tentativa de subtração? Mas pode-se afirmar que ele teria iniciado a subtração de coisa alheia? Por isso, tem-se aceito a complementação proposta por Frank, que inclui na tentativa as ações que, por sua vinculação necessária com a ação típica, aparecem, como parte integrante dela, segundo uma *concepção natural*, como é o caso do exemplo *supra* referido.

Por último, pode acontecer que em determinados casos (nas hipóteses de *conflito aparente de normas*, especialmente nos casos de crimes complexos de resultado) nos deparemos com a dificuldade de distinguir entre a prática de um crime consumado menos grave e o início da execução de um crime mais grave, que pode ser punido na sua forma tentada. Para uma adequada valoração dos fatos, é necessário analisar a *tentativa* sob uma perspectiva global, levando em consideração o *plano do autor* e o *contexto em que ele se desenvolve*. O plano do autor deverá ser entendido no sentido do *dolo*, como decisão de realizar determinada conduta típica, e demonstrado, na prática, através de indicadores externos,

---

8. Aníbal Bruno, *Direito Penal*, cit., t. 2, p. 234.

relacionados com o contexto em que a conduta se desenvolve, para que, finalmente, se defina como deve ser valorada a conduta realizada[9].

5. Natureza e tipicidade da tentativa

Muitos doutrinadores consideram a tentativa como um crime autônomo. Não têm razão. Na verdade, a tentativa é a realização incompleta de uma figura típica descrita na lei. Não existe nenhuma norma incriminadora tipificando a conduta de "tentar matar alguém", "tentar subtrair..." etc.

Na realidade, a tentativa constitui ampliação temporal da figura típica. Trata-se, como ensina Damásio de Jesus, "de um dos casos de adequação típica de subordinação mediata (o outro está no concurso de agentes)"[10]. A tipicidade da tentativa decorre da conjugação do tipo penal violado com o dispositivo que a define e prevê a sua punição, que tem eficácia extensiva, uma vez que por força dele é que se amplia a proibição contida nas normas penais incriminadoras a fatos que o agente realiza de forma incompleta.

A norma contida no art. 14, II, de *caráter extensivo*, cria novos mandamentos proibitivos, transformando em puníveis fatos que seriam atípicos. Trata-se de uma regra secundária que se conjuga com a regra principal, a norma incriminadora. Sem a norma de extensão (art. 14, II), a tentativa de furto, por exemplo, seria um fato atípico, por força do princípio de legalidade.

6. Elementos da tentativa

A tentativa é a figura truncada de um crime. Deve possuir os elementos essenciais que caracterizam o crime, ou seja, deve conter as fases do *iter criminis*, menos a consumação[11]. A tentativa é constituída dos seguintes elementos:

a) *Início da execução*

O Código adotou a *teoria objetivo-formal*, exigindo o início da execução de um fato típico, ou seja, exige a existência de uma ação que penetre na fase executória do crime. Uma atividade que se dirija no sentido da realização de um tipo penal. O legislador brasileiro recusou a *teoria puramente subjetiva*, que se satisfaz com a exteriorização da vontade através da prática de atos preparatórios, bem como a *teoria sintomática*, que se contenta com a manifestação da periculosidade subjetiva. A tentativa só é punível a partir do momento em que a ação penetra na fase de execução. Só então se pode precisar com segurança a direção do atuar voluntário do agente no sentido de determinado tipo penal.

---

9. Sobre a aplicação desses critérios, confira Paulo Busato, *La tentativa del delito*, cit., p. 319 e s.
10. Damásio, *Direito Penal*, cit., v. 1, p. 287.
11. Aníbal Bruno, *Direito Penal*, cit., t. 2, p. 239.

b) *Não consumação do crime por circunstâncias independentes da vontade do agente.*

Iniciada a execução de um crime, ela pode ser interrompida por dois motivos: 1) pela própria vontade do agente; 2) ou por circunstâncias estranhas a ela. Na primeira hipótese poderá haver *desistência voluntária ou arrependimento eficaz*, que serão examinados mais adiante. Na segunda hipótese estará configurada a tentativa. Pode ser qualquer *causa interruptiva da execução*, desde que estranha à vontade do agente. Como salienta Damásio de Jesus, *in verbis*: "Podem obstar o autor de prosseguir na realização da conduta atuando *em certo sentido psicofísico*, deixando incompleto o fato não somente objetiva, mas também subjetivamente, ou impedem seja completado o tipo por ser absolutamente alheias à sua vontade, não obstante tenha realizado *todo o necessário* para a produção do resultado"[12].

Na primeira hipótese teríamos a chamada *tentativa imperfeita* e, na segunda, a *tentativa perfeita*, que também serão examinadas.

c) *Dolo em relação ao crime total*

O agente deve agir dolosamente, isto é, deve querer a ação e o resultado final que concretize o crime perfeito e acabado. Isso porque o próprio legislador penal estabeleceu que o crime é tentado quando não se consuma por circunstâncias alheias à *vontade do agente*. O que significa que o autor dos atos executivos constitutivos de tentativa deve atuar com o conhecimento dos elementos objetivos integrantes do tipo, entre eles o resultado, e com a vontade de realizá-los. Nesses termos, os atos executivos perigosos, cometidos com infração do dever de cuidado, que pudessem resultar na produção de um resultado não desejado, não são propriamente constitutivos de tentativa e, por isso, estão excluídos do âmbito da tentativa típica e punível. Contudo, excepcionalmente, o próprio legislador pode tipificar como crime autônomo a mera conduta perigosa, como acontece, por exemplo, com alguns crimes de trânsito (arts. 310 e 311 da Lei n. 9.503/97), que se incluem entre os denominados *crimes de perigo*. É necessário, em suma, que o agente tenha intenção de produzir um resultado mais grave do que aquele a que vem efetivamente conseguir. Este é o *elemento subjetivo da tentativa*, ao contrário dos dois anteriores, que são objetivos.

Não existe *dolo especial de tentativa*, diferentemente do elemento subjetivo informador do crime consumado. Não há dolo de tentar fazer algo, de tentar realizar uma conduta delitiva. O dolo é sempre de fazer, de realizar, de concluir uma ação determinada. O dolo da tentativa é o mesmo do crime consumado. Quem mata age com o mesmo dolo de quem tenta matar.

---

12. Damásio, *Direito Penal*, cit., v. 1, p. 288; Soler, *Derecho Penal argentino*, 3ª ed., Buenos Aires, 1970, v. 2, p. 216.

7. Espécies ou formas de tentativas

Iniciada a fase executória, o movimento criminoso pode: a) interromper-se no curso da execução; b) parar na execução completa, faltando somente a consumação; c) chegar à consumação. Dependendo do momento em que a atividade criminosa cessar, ocorrerá uma das três figuras, doutrinariamente denominadas tentativa imperfeita, tentativa perfeita e crime consumado.

a) *Tentativa imperfeita*

Quando o agente não consegue praticar todos os atos executórios necessários à consumação, por interferência externa, diz-se que há *tentativa imperfeita* ou tentativa propriamente dita. O processo executório é interrompido por circunstâncias estranhas à vontade do agente, como, por exemplo, no caso em que o agressor é seguro quando está desferindo os golpes na vítima para matá-la, sendo impedido de executar os demais atos de agressão para produzir a morte. Na tentativa imperfeita o agente não exaure toda a sua *potencialidade lesiva*, ou seja, não chega a realizar todos os atos executórios necessários à produção do resultado inicialmente pretendido, por circunstâncias estranhas à sua vontade. A ação do agente é interrompida durante a fase executória da infração penal, isto é, a execução também não se conclui.

b) *Tentativa perfeita*

Por outro lado, quando o agente realiza todo o necessário para obter o resultado desejado, mas mesmo assim não o atinge, diz-se que há tentativa perfeita ou *crime falho*. A fase executória realiza-se integralmente, mas o resultado visado não ocorre, por circunstâncias alheias à vontade do agente. A *execução* se conclui de acordo com o que o agente havia planejado, mas o crime não se consuma. Aqui, ensina Damásio de Jesus, "o crime é subjetivamente consumado em relação ao agente que o comete, mas não o é objetivamente em relação ao objeto ou pessoa contra o qual se dirigia. A circunstância impeditiva da produção do resultado é eventual no que se refere ao agente, ou, como dizia Asúa, *o resultado não se verifica por mero acidente*"[13].

Concluindo, na tentativa perfeita, o agente desenvolve toda a atividade necessária à produção do resultado, mas este não sobrevém, como, por exemplo, descarrega sua arma na vítima, atingindo-a mortalmente, mas esta é salva por intervenção médica. A distinção entre tentativa imperfeita e tentativa perfeita é irrelevante para a tipificação proposta pelo nosso Código Penal, que só terá influência no momento da aplicação da pena, isto é, na dosimetria penal (consequências do crime — art. 59, *caput*, do CP). Contudo, essa distinção será relevante no campo da desistência voluntária e do arrependimento eficaz.

---

13. Damásio, *Direito Penal*, cit., v. 1, p. 289.

8. Punibilidade da tentativa

Duas teorias procuram explicar a punibilidade da tentativa: a) teoria subjetiva; b) teoria objetiva. A *teoria subjetiva* fundamenta a punibilidade da tentativa na vontade do autor contrária ao Direito. Para essa teoria o elemento moral, a vontade do agente é decisiva, porque esta é completa, perfeita. Imperfeito é o delito sob o aspecto objetivo, que não chega a consumar-se. Por isso, segundo essa teoria, a pena da tentativa deve ser a mesma do crime consumado. Desde que a vontade criminosa se manifeste nos atos de execução do fato punível, a punibilidade estará justificada.

Essa *teoria subjetiva* teve origem na Alemanha e encontrou em Von Buri o seu grande elaborador, o apoio necessário para fazê-la prevalecer na jurisprudência germânica.

Na *teoria objetiva*, a punibilidade da tentativa fundamenta-se no perigo a que é exposto o bem jurídico, e a repressão se justifica uma vez iniciada a execução do crime. Como a lesão é menor na tentativa ou não ocorre qualquer resultado lesivo ou perigo de dano, o fato cometido pelo agente deve ser punido menos severamente. É o perigo efetivo que representa diretamente para o bem jurídico tutelado que torna a tentativa punível. Não se equipara o dano ou perigo ocorrido na tentativa com o que resultaria do crime consumado. Essa é a teoria que inspirou a maioria das legislações modernas, inclusive o nosso Código Penal, que dispõe: "Salvo disposição em contrário, pune-se a tentativa com a pena correspondente ao crime consumado, diminuída de um a dois terços" (art. 14, parágrafo único). A razão da punibilidade da tentativa é que, como dizia Aníbal Bruno, "materialmente, com ela se põe em perigo um bem jurídico tutelado pela lei penal, e, formalmente, nela se inicia a realização do tipo"[14].

Com a expressão "salvo disposição em contrário", quer o Código dizer que há casos em que a tentativa pode ser punida com a mesma pena do crime consumado, sem a diminuição legal, como são os casos de "evadir-se ou tentar evadir-se" (art. 352 do CP); "votar ou tentar votar duas vezes" (art. 309 do C. Eleitoral) etc. Afora as exceções expressamente previstas, a diminuição legal é obrigatória.

9. Infrações que não admitem tentativa

A tentativa, como fragmento de crime que é, não tem sua presença assegurada em todas as espécies de crimes, pois nem todas as infrações penais admitem essa figura típica ampliada. Passamos a examinar, exemplificativamente, algumas dessas modalidades de infrações em que a figura tentada é inadmissível.

Os *crimes culposos*, como já mencionamos, não admitem a tentativa. O crime culposo não tem existência real sem o resultado, que, por definição, integra

---

14. Aníbal Bruno, *Direito Penal*, cit., t. 2, p. 244.

a estrutura do próprio tipo penal. Há crime culposo quando o agente não quer nem assume o risco da produção de um resultado, previsível, que mesmo assim ocorre. Se houver inobservância de um dever objetivo de cuidado, mas se o resultado não sobrevier, não haverá crime dessa natureza, nem mesmo tentativa punível. Na tentativa o agente quer ou assume o risco de produzir o resultado, que por circunstâncias estranhas à sua vontade não ocorre. Na tentativa há intenção sem resultado (pelo menos aquele desejado); no crime culposo, ao contrário, há resultado sem intenção.

Fala-se na possibilidade da tentativa na *culpa imprópria* ou, melhor dito, da tentativa nos casos de *erro sobre o pressuposto objetivo* de uma causa de justificação, em que o resultado é querido, mas o sujeito incide em erro inescusável (evitável). Na verdade estaríamos diante de um crime doloso tentado, cometido sob a falsa suposição de que estão presentes os pressupostos fáticos de alguma causa de justificação, e que, por expressa determinação do legislador penal, recebe o tratamento de crime culposo. Essa opção, poderíamos afirmar, é mais *político-criminal* que dogmática.

E nos crimes *preterdolosos*, é possível a tentativa? Costuma-se afirmar que nos crimes preterintencionais há dolo no antecedente e culpa no consequente, isto é, o resultado *preterdoloso* vai além do pretendido pelo agente. Logo, como a tentativa fica aquém do resultado desejado, conclui-se ser ela impossível nos delitos preterintencionais.

A doutrina brasileira não estabelece com precisão a diferença existente entre crime *preterdoloso* e *crime qualificado pelo resultado*. Segundo uma corrente doutrinária, especialmente na Itália, no crime *qualificado pelo resultado*, ao contrário do *preterintencional*, o resultado ulterior, mais grave, derivado involuntariamente da conduta criminosa, lesa um bem jurídico que, por sua natureza, não contém o bem jurídico precedentemente lesado. Assim, enquanto a lesão corporal seguida de morte seria preterintencional, o aborto seguido de morte da gestante seria crime qualificado pelo resultado. Com efeito, é impossível causar a morte de alguém sem ofender sua saúde ou integridade física (preterintencional), ao passo que causar a morte de uma gestante não pressupõe, necessariamente, o prévio aborto (qualificado pelo resultado). Damásio de Jesus e Julio Mirabete, apesar de não fazerem uma clara distinção entre crimes preterintencionais e crimes qualificados pelo resultado, admitem, quanto a estes, a possibilidade da tentativa, quando o resultado final, dizem eles, for abrangido pelo dolo. Contudo, quando o resultado final, mais grave, for abrangido pelo dolo, como referiram os autores mencionados, não se estará diante da figura do crime preterdoloso, mas de crime doloso pura e simplesmente.

O crime *omissivo próprio* também não admite a tentativa, pois não exige um resultado naturalístico produzido pela omissão. Esses crimes consumam-se com a simples omissão. Se o agente deixa passar o momento em que devia agir, consumou-se o delito; se ainda pode agir, não se pode falar em crime. Ex.: omissão de socorro. Até o momento em que a atividade do agente ainda é eficaz, a ausência desta não constitui crime. Se nesse momento a atividade devida não ocorrer, consuma-se o crime. Concluindo, o crime *omissivo próprio* consuma-se no lugar e no momento em que a atividade devida tinha de ser realizada. Os *omissivos impróprios* ou comissivos por omissão, que produzem resultado naturalístico, admitem tentativa, naturalmente.

Os crimes *unissubsistentes* ou de ato único não admitem tentativa, diante da impossibilidade de fracionamento dos atos de execução. Ex.: a injúria verbal. Ou a ofensa foi proferida e o crime consumou-se, ou não foi e não há falar em crime. Os crimes *plurissubsistentes, que podem ter sua fase executória fracionada em atos diversos*, admitem o *conatus*.

O *crime habitual* não admite tentativa, pois o que o caracteriza é a prática reiterada de certos atos que, isoladamente, constituem um indiferente penal (v. g., charlatanismo, curandeirismo etc.). Conclusão: ou há reiteração e o crime consumou-se, ou não há reiteração e não se pode falar em crime. Mirabete lembrava, no entanto, que "não há que se negar, porém, que se o sujeito, sem ser médico, instala um consultório e é detido quando de sua primeira *consulta*, há caracterização da tentativa de crime previsto no artigo 282"[15], que é uma espécie de *crime habitual impróprio*.

Não admitem a tentativa os crimes de atentado, pois é inadmissível tentativa de tentativa. No crime "complexo" haverá tentativa com a realização de um dos crimes que o integram ou sempre que não se consumarem os crimes componentes da complexa figura típica. Nas contravenções, embora seja, teoricamente, possível a ocorrência da tentativa, ela é afastada por expressa disposição legal (art. 4º da LCP). Nas faltas praticadas por reclusos durante a execução penal, pune-se a tentativa "com a sanção correspondente à falta consumada", nos termos do art. 49, parágrafo único, da Lei n. 7.210/1984 (LEP).

10. Desistência voluntária

O agente que inicia a realização de uma conduta típica pode, voluntariamente, interromper a sua execução. Isso caracteriza a *tentativa abandonada* ou, na linguagem do nosso Código Penal, a *desistência voluntária*, que é impunível. Essa impunidade assenta-se no interesse que tem o Estado (política criminal) em estimular a não consumação do crime, oferecendo ao agente a oportunidade de sair da situação que criara, sem ser punido. É a possibilidade de retornar da esfera da

---

15. Mirabete, *Manual de Direito Penal*, 2ª ed., São Paulo, Atlas, 1985, v. 1, p. 159.

ilicitude em que penetrara para o mundo lícito. Na feliz expressão de Von Liszt, "é a *ponte de ouro* que a lei estende para a retirada oportuna do agente"[16].

Embora o agente tenha iniciado a execução do crime, não a leva adiante; mesmo podendo prosseguir, desiste da realização típica. "Na desistência voluntária, o agente mudou de propósito, já não quer o crime; na forçada, mantém o propósito, mas recua diante da dificuldade de prosseguir"[17], caracterizando, assim, a tentativa punível. Frank sintetizou com grande eloquência a distinção entre desistência voluntária e tentativa, na seguinte frase: "posso, mas não quero (desistência voluntária); quero, mas não posso (tentativa)". Não é necessário que a *desistência* seja espontânea, basta que seja voluntária, sendo indiferente para o direito penal essa distinção. *Espontânea* ocorre quando a ideia inicial parte do próprio agente, e *voluntária* é a desistência sem coação moral ou física, mesmo que a ideia inicial tenha partido de outrem, ou mesmo resultado de pedido da própria vítima.

A desistência voluntária só é possível, em tese, na tentativa imperfeita, porquanto na perfeita o agente já esgotou toda a atividade executória, sendo difícil, portanto, interromper o seu curso. Na tentativa perfeita poderá, em princípio, ocorrer o arrependimento eficaz.

11. Arrependimento eficaz

No arrependimento eficaz o agente, após ter esgotado todos os meios de que dispunha — necessários e suficientes —, arrepende-se e evita que o resultado aconteça. Isto é, pratica nova atividade para evitar que o resultado ocorra. Aqui, também, não é necessário que seja espontâneo, basta que seja voluntário.

O êxito da atividade impeditiva do resultado é indispensável, caso contrário, o arrependimento não será *eficaz*. Se o agente não conseguir impedir o resultado, por mais que se tenha arrependido, responderá pelo crime consumado, mesmo que a vítima contribua para a consumação. Por exemplo, o agente coloca veneno na alimentação da esposa(companheira), que, desconhecendo essa circunstância, a ingere. Aquele, arrependido, confessa o fato e procura ministrar o antídoto. No entanto, esta, desiludida com o agente, recusa-se a aceitá-lo e morre. O arrependimento não foi *eficaz, por mais que tenha sido sincero*. O agente responderá pelo crime consumado. Poderá, eventualmente, beneficiar-se de uma atenuante genérica, pelo arrependimento.

Tanto na desistência voluntária como no arrependimento eficaz, o agente responderá pelos atos já praticados que, de per si, constituírem crimes. Isso em

---

16. Von Liszt, *Tratado de Derecho Penal*, trad. Luiz Jiménez de Asúa, Madrid, Ed. Reus, 1929, v. 3, p. 20.
17. Aníbal Bruno, *Direito Penal*, cit., t. 2, p. 246.

doutrina chama-se *"tentativa qualificada"*[18]. Em outros termos, ambos os institutos excluem somente aquele crime mais grave que, inicialmente, motivara a ação do agente.

12. Natureza jurídica da desistência voluntária e do arrependimento eficaz

Questão também interessante é a polêmica natureza jurídica desses dois institutos. Para Nélson Hungria, "trata-se de causas de *extinção de punibilidade* (embora não catalogadas no art. 108), ou seja, circunstâncias que, sobrevindo à tentativa de um crime, anulam a punibilidade do fato a esse título. Há uma renúncia do Estado ao *jus puniendi* (no tocante à entidade 'crime tentado'), inspirada por motivos de oportunidade"[19]. Outros penalistas, no entanto, com uma concepção, a nosso juízo, mais adequada e dogmaticamente sustentável, entendem que se trata de "causas de exclusão da adequação típica"[20].

Pensamos que este segundo entendimento é, no plano dogmático, mais fácil de fundamentar, apresentando-se, na nossa concepção, como o mais correto, segundo o disposto no nosso Código Penal. Note-se que tanto na desistência voluntária como no arrependimento eficaz não se atinge o momento consumativo do crime "por vontade do agente". Isso torna evidente *a falta de adequação típica* pela inocorrência do segundo elemento da tentativa, que é "a não consumação do crime *por circunstâncias independentes da vontade do agente*". E evidentemente não há tentativa quando a conduta não atinge a consumação atendendo à própria vontade do infrator. Faz parte do *tipo ampliado* — da tentativa, portanto — que a "não ocorrência do evento seja estranha à vontade do agente". Na desistência voluntária e no arrependimento eficaz inexiste a elementar "alheia à vontade do agente", o que torna o fato atípico, diante do preceito definidor da tentativa. Nesse sentido também é a lição de Damásio de Jesus: "Quando o crime não atinge o momento consumativo por força da vontade do agente, não incide a norma de extensão e, em consequência, os atos praticados não são típicos em face do delito que pretendia cometer. Se a tentativa é a execução iniciada de um crime que não se consuma por circunstâncias alheias à vontade do agente, é

---

18. Essa concepção teve origem em Feuerbach, e, embora não tenha sido bem recebida por Von Liszt, consegue se manter até hoje (Von Liszt, *Tratado de Derecho Penal*, Madrid, Ed. Reus, t. 2, p. 24).
19. Hungria, *Comentários ao Código Penal*, 5ª ed., Rio de Janeiro, Forense, 1978, v. 1, t. 2, p. 93.
20. Damásio, *Direito Penal*, cit., v. 1, p. 249; Julio Fabbrini Mirabete, *Manual de Direito Penal*, cit., v. 1, p. 160.

evidente que não há *conatus* quando o delito não atinge o seu momento consumativo em face da própria vontade do sujeito"[21].

Do exposto conclui-se que os dois institutos, desistência voluntária e arrependimento eficaz, não são *causas de extinção de punibilidade*, ao contrário do que sustentava Hungria, pois esta pressupõe a *causa* da punibilidade, que, na hipótese, seria a tentativa, que não se configurou. Não havendo tentativa, pela falta de um dos seus elementos (não ocorrência por circunstâncias alheias à vontade do agente), não se pode falar em extinção da punibilidade, mas deve-se falar tão somente em inadequação típica.

Alguns autores defendem a desnecessidade da disposição do art. 15, diante da conceituação da tentativa. Contudo, ela afasta qualquer dúvida quanto à punição dos atos já praticados, justificando-se, portanto, quando mais não seja, pela segurança jurídica que essa opção produz.

13. Crime impossível ou tentativa inidônea

Entre os problemas penais que são fontes de calorosos debates está o chamado crime *impossível*, tentativa inidônea, tentativa inadequada ou quase crime. Muitas vezes, após a prática do fato, constata-se que o agente jamais conseguiria consumar o crime, quer pela ineficácia absoluta do meio empregado, quer pela absoluta impropriedade do objeto visado pela ação executiva.

Há, portanto, duas espécies diferentes de crime impossível: a) por ineficácia absoluta do meio empregado; b) por absoluta impropriedade do objeto. São hipóteses em que, se os meios fossem idôneos ou próprios fossem os objetos, haveria, no mínimo, início de execução de um crime. Na primeira hipótese, o *meio*, por sua natureza, é inadequado, inidôneo, absolutamente ineficaz para produzir o resultado pretendido pelo agente. No entanto, é indispensável que o meio seja inteiramente ineficaz. Se a ineficácia do meio for relativa, haverá tentativa punível.

Os exemplos clássicos, como *ineficácia absoluta* do meio, são os da tentativa de homicídio por envenenamento com a aplicação de farinha em vez de veneno, ou do agente que aciona o gatilho, mas a arma encontra-se descarregada. Ocorre a segunda hipótese quando o *objeto* é absolutamente impróprio para a realização do crime visado. Aqui também a inidoneidade tem de ser absoluta. Há crime impossível, por exemplo, nas manobras abortivas em mulher que não está grávida; no disparo de arma de fogo, com *animus necandi*, em cadáver.

---

21. Damásio, *Direito Penal*, cit., v. 1, p. 294.

13.1. *Punibilidade do crime impossível*

Existem várias teorias sobre a punibilidade do crime impossível, merecendo destaque as seguintes, que são as mais importantes:

a) *Teoria subjetiva* — Para essa teoria, realmente decisivo é a intenção do agente. Toda tentativa é em si mesma inidônea, uma vez que não alcança o resultado visado. A inidoneidade, porém, deve ser apreciada não conforme a realidade dos fatos, mas segundo a avaliação do agente no momento da ação. Assim, o autor de um crime impossível deve sofrer a mesma pena da tentativa.

b) *Teoria objetiva* — Para essa teoria, o que justifica a punibilidade da tentativa é o perigo objetivo que o início da execução representa para o bem jurídico protegido pela norma penal. E esse perigo só existirá se os meios empregados na tentativa forem adequados à produção do resultado e se o objeto visado apresentar as condições necessárias para que esse resultado se produza. Como não há nem um nem outro, isto é, nem idoneidade do meio, nem propriedade do objeto, não se pode falar em tentativa punível.

Assim, não havendo idoneidade nem nos meios nem no objeto, não se pune essa ação. O crime impossível constitui figura atípica. Essa foi a teoria adotada pelo nosso Código, em boa hora mantida pela Reforma Penal de 1984.

c) *Teoria sintomática* — Essa teoria, por sua vez, busca examinar se a realização da conduta do agente é a revelação de sua periculosidade. Mesmo na tentativa inidônea, isto é, na hipótese de crime impossível, se esta revelar indícios da presença de periculosidade no agente, deverá ser punida.

Não há dúvida de que essa teoria atende melhor aos interesses da *defesa social*, mas é absolutamente inadequada à garantia dos direitos fundamentais do cidadão, além de ser incompatível com o moderno Direito Penal da culpabilidade, de um Estado Social e Democrático de Direito, pois se encontra contaminada por ranços típicos de um *direito penal de autor*.

14. Crime putativo

O crime putativo só existe na imaginação do agente, podendo-se afirmar que se trata de um "crime subjetivo". Este supõe, erroneamente, que está praticando uma conduta típica, quando na verdade o fato não constitui crime. Como o crime só existe na imaginação do agente, esse conceito equivocado não basta para torná-lo punível. Há no crime putativo um erro de proibição às avessas (o agente imagina proibida uma conduta permitida).

15. Flagrante provocado

Tem-se feito enorme confusão na doutrina e na jurisprudência entre *crime provocado* (ou flagrante provocado) e *flagrante preparado* (ou esperado). O Supremo Tribunal Federal, pretendendo trazer luzes ao debate, complicou ainda mais com a edição da confusa Súmula 145, que tem o seguinte verbete: "Não há crime, quando a preparação do flagrante pela polícia torna impossível a sua consumação".

Propomo-nos, ainda que de forma concisa, traçar algumas distinções que nos parecem absolutamente claras. Começamos fazendo a seguinte classificação: a) *flagrante preparado* (esperado); b) *flagrante provocado* (ou crime de ensaio); c) *flagrante forjado*.

Ocorre o *flagrante preparado*, que diríamos melhor *flagrante esperado*, quando o agente *infrator*, por *sua exclusiva iniciativa*, concebe a ideia do crime, realiza os atos preparatórios, começa a executá-los e só não consuma seu intento porque a autoridade policial, que foi previamente avisada, intervém para impedir a consumação do delito e prendê-lo em flagrante. Constata-se que não há, nessa hipótese, a figura do chamado *agente provocador*. A iniciativa é espontânea e voluntária do agente. Há início da ação típica. E a presença da força policial é a "circunstância alheia à vontade do agente", que impede a consumação. Essa modalidade de flagrante não é atingida pela referida súmula, sendo, portanto, a conduta do agente típica, nos termos da tentativa.

Já o *flagrante provocado*, que para nós não passa de um *crime de ensaio*, tem outra estrutura e um cunho ideológico totalmente diferente. Neste, no flagrante provocado, o delinquente é *impelido* à prática do delito por um *agente provocador* (normalmente um agente policial ou alguém a seu serviço). Isso ocorre, por exemplo, quando a autoridade policial, pretendendo prender alguém, contra quem não tem provas, mas que sabe ser autor de vários crimes, *provoca-o* para cometer um, com a finalidade de prendê-lo em flagrante. Arma-lhe uma cilada. Isso é uma representação; o agente, sem saber, está participando de uma *encenação teatral*. Aqui, nessa hipótese, o agente não tem qualquer possibilidade de êxito na operação, configurando-se perfeitamente o crime impossível. Constata-se a presença decisiva do agente provocador, que, a rigor, deveria ser coautor do fato. Nesse sentido, percucientemente, a plenária, em 14 de agosto de 2020, da "I Jornada de Direito e Processo Penal" editou, o 7º enunciado, nos seguintes termos:

> "Não fica caracterizado o crime do inciso IV do § 1º do art. 33 da Lei n. 11.343/2006, incluído pela Lei Anticrime, quando o policial disfarçado provoca, induz, estimula ou incita alguém a vender ou a entregar drogas ou matéria-prima, insumo ou produto químico destinado à sua preparação (flagrante preparado), sob pena de violação do art. 17 do Código Penal e da Súmula 145 do Supremo Tribunal Federal".

Esse é o entendimento que já era defendido por Nélson Hungria, *in verbis*: "Cumpre notar que a hipótese do agente provocador não se confunde com o caso em que se dá a intervenção da autoridade policial, notificada de antemão, para colher em flagrante o indivíduo que, de sua exclusiva iniciativa ou sem qualquer sugestão direta ou indireta, concebeu a ideia do crime e pretendia consumá-lo. Assim, responde por extorsão o indivíduo que, mediante grave ameaça, exige indevidamente certa quantia de outro, e este, vencendo a intimidação ou confiante na polícia, mas fingindo ceder, empraza-o para o recebimento e o faz prender *com a boca na botija*. A intervenção policial, aqui, não é mais que a circunstância, alheia à vontade do agente, que impede a consumação do crime e caracteriza a tentativa..."[22].

Conclui-se que a interpretação correta da malfadada Súmula 145 deve ser a seguinte: "Não há crime quando o fato é preparado, mediante provocação ou induzimento, direto ou por concurso, de autoridade policial, que o faz para o fim de aprontar ou arranjar o flagrante" (*RTJ* 82/142 e 98/136). Em casos específicos que envolvem agentes infiltrados, nos moldes do art. 10 da Lei n. 12.850/2013, o STF tem aplicado o entendimento acima indicado da seguinte forma: "Portanto, a norma autoriza que a autoridade policial observe, monitore e aguarde o momento da formação de provas e informações, sem interação direta ou qualquer tipo de instigação ou induzimento à prática de crimes com os membros da Orcrim. [...] Em caso de induzimento ou incitação à prática de crimes, considera-se como flagrante preparado, o que é rechaçado pela jurisprudência. [...] Dessarte, são nulas as provas obtidas a partir dos encontros provocados pelo colaborador, bem como as que foram obtidas após decisão de ação controlada pelo eminente Relator, uma vez ofendidos o art. 5º, LVI, da Constituição Federal e o enunciado n. 145 da Súmula do Supremo" (Inq 4720, Rel. Min. Edson Fachin, Rel. p/ Acórdão: Min. Gilmar Mendes, 2ª T., julgado em 22/08/2021, publicado em 2/12/2021). É bom que se diga, a bem da verdade, que o STF refez o seu equívoco inicial e, em outros julgados, como os supracitados, interpretou a Súmula 145 dando o entendimento que ora esposamos.

Finalmente, o *flagrante forjado*, que também não se confunde com o provocado. Naquele, os policiais "criam" provas de um crime que não existe. É um dos casos mais tristes da rotina policial e que, infelizmente, ocorre com muito mais frequência do que se imagina. A situação mais corriqueira do *flagrante forjado* ocorre, por exemplo, quando agentes policiais "enxertam" no bolso (ou no automóvel) de quem estão revistando substância entorpecente (ou até mesmo armas). É evidente a inexistência de crime; o que há efetivamente é o abuso de autoridade, devendo responder criminalmente o agente policial.

Por isso, com grande acerto, a jurisprudência brasileira e, particularmente, a doutrina não têm aceito prova testemunhal exclusivamente de policiais, quando é possível, nas circunstâncias, a produção de outras provas. Sim, não se justifica que um jovem preso com pequena quantidade de tóxicos, em um barzinho lotado de pessoas, tenha como prova testemunhal somente a declaração dos policiais, que têm nítido e justificado interesse no *coroamento* de seu trabalho. Polícia não

---

22. Hungria, *Comentários ao Código Penal*, cit., v. 1, t. 2, p. 93.

é testemunha, é agente repressor, e sua versão é *contagiada* pela função repressiva que exerce, despida da condição de neutralidade exigida de um depoimento testemunhal. É inadmissível, como testemunha, o arrolamento da *autoridade policial* (ou mesmo agente ou auditor fiscal ou similar) pelo Ministério Público, como rotineiramente tem acontecido nos últimos tempos, pois a manifestação da autoridade policial, segundo o Código de Processo Penal, tem sede e momento processual próprios: o relatório final do inquérito policial. Nessa peça inquisitorial devem constar as impressões e informações finais da autoridade investigante.

Parece-nos, por fim, que ficou clara a distinção entre flagrante preparado (esperado), flagrante provocado (crime de ensaio) e flagrante forjado (abuso de autoridade). Como também fica esclarecido o verdadeiro sentido e a real extensão da Súmula 145 do STF.

CONCURSO DE PESSOAS XXVII

Sumário: 1. Introdução. 2. Teorias sobre o concurso de pessoas. 3. Causalidade física e psíquica. 4. Requisitos do concurso de pessoas. 5. Autoria. 5.1. Conceito extensivo de autor. 5.2. Conceito restritivo de autor. 5.3. Teoria do domínio do fato. 6. Autoria mediata. 7. Coautoria. 8. Participação em sentido estrito. 8.1. Espécies de participação. 8.2. Fundamento da punibilidade da participação. 8.3. Princípio da acessoriedade da participação. 9. Concurso em crime culposo. 10. Concurso em crimes omissivos. 11. Autoria colateral. 12. Multidão delinquente. 13. Participação impunível. 14. Punibilidade do concurso de pessoas. 14.1. Participação de menor importância. 14.2. Cooperação dolosamente distinta. 15. Comunicabilidade das circunstâncias, condições e elementares.

1. Introdução

Normalmente os tipos contidos na Parte Especial do Código Penal referem-se a fatos realizáveis por uma única pessoa. Contudo, o fato punível pode ser obra de um ou de vários agentes. Frequentemente a ação delituosa é produto da concorrência de várias condutas praticadas por sujeitos distintos. As razões que podem levar o indivíduo a consorciar-se para a realização de uma empresa criminosa podem ser as mais variadas: assegurar o êxito do empreendimento delituoso, garantir a impunidade, possibilitar o proveito coletivo do resultado do crime ou simplesmente satisfazer outros interesses pessoais. Essa reunião de pessoas no cometimento de uma infração penal dá origem ao chamado *concursus delinquentium*. A cooperação na realização do fato típico pode ocorrer desde a elaboração intelectual até a consumação do delito. Respondem "pelo ilícito o que ajudou a planejá-lo, o que forneceu os meios materiais para a execução, o que intervém na execução e mesmo os que colaboram na consumação do ilícito"[1]. Daí surgem as questões: a) *como deve ser valorado o fenômeno delitivo quando participam vários agentes*, e b) *como deve ser valorada a conduta individual de cada um*, com os problemas de diferenciação das diversas modalidades de intervenção, que podem apresentar-se em forma de concurso necessário, autoria colateral, coautoria, participação etc.?

---

1. Julio Fabbrini Mirabete, *Manual de Direito Penal*, São Paulo, Atlas, 1985, v. 1, p. 225.

Essas dificuldades, no entanto, somente se apresentam no chamado *concurso eventual de pessoas*, que pode receber a contribuição de terceiros até o momento de consumação do crime. Cabe advertir, por outro lado, que não entram no âmbito da codelinquência as condutas praticadas após a consumação do crime. Em nosso Direito pátrio esse comportamento configurará crime autônomo, podendo tipificar *receptação, favorecimento real, favorecimento pessoal* etc. O revogado Código Penal espanhol de 1973 previa o "encobrimento" como uma forma de participação, mas com a entrada em vigor da Lei Orgânica n. 10/95 (atual Código Penal espanhol), somente as condutas realizadas ao longo do *iter criminis* até a consumação são consideradas como formas de *intervenção* no delito (autoria direta, coautoria, autoria mediata, indução, cooperação necessária e cumplicidade).

O Código Penal de 1940 utilizava a terminologia "coautoria" para definir o concurso eventual de delinquentes. Mas na verdade coautoria é apenas uma espécie do gênero "codelinquência", que também pode se apresentar sob a forma de *participação* em sentido estrito. Consciente desse equívoco, o Código Penal de 1969 utilizou a expressão "concurso de agentes", que abrangeria as duas espécies referidas de concurso. A reforma de 1984 considerou, porém, que "concurso de agentes" não era a terminologia mais adequada por ser extremamente abrangente e poder compreender inclusive fenômenos naturais, pois agentes físicos também podem produzir transformações no mundo exterior[2]. Na visão da reforma, "concurso de pessoas" é a melhor forma para definir a reunião de pessoas para o cometimento de um crime, adequando-se melhor à natureza das coisas.

Deve-se ter presente que o chamado *concurso necessário*, na hipótese dos crimes *plurissubjetivos*, que só podem ser cometidos por duas ou mais pessoas, como bigamia, rixa etc., não oferece as dificuldades a serem aqui examinadas. Por isso, só nos ocuparemos do *concurso eventual*, próprio dos crimes passíveis de ser executados por uma única pessoa, os crimes *unissubjetivos*. Enfim, o concurso de pessoas, em outros termos, é a consciente e voluntária participação de duas ou mais pessoas na mesma infração penal.

2. Teorias sobre o concurso de pessoas

Como indicamos, inicialmente, uma das questões a ser resolvida diante do fenômeno da codelinquência é a de *como deve ser valorado o fenômeno delitivo quando participam vários indivíduos*. Tem-se discutido se a conduta delituosa praticada em concurso constitui um ou vários crimes. Algumas teorias procuram definir esse complexo problema da criminalidade coletiva: pluralística, dualística e monística.

---

2. René Ariel Dotti, Concurso de pessoas, in *Reforma Penal brasileira*, Rio de Janeiro, Forense, 1988, p. 96-7.

a) *Pluralística*

Segundo essa teoria, a cada participante corresponde uma conduta própria, um elemento psicológico próprio e um resultado igualmente particular. À pluralidade de agentes corresponde a pluralidade de crimes. Existem tantos crimes quantos forem os participantes do fato delituoso. Chegou-se a ver na participação um crime distinto, especial, o "crime de concurso"[3]. Contudo, essa ideia era insustentável, já que, em regra, as condutas praticadas em concurso de agentes dirigem-se à realização de um mesmo crime, mantendo-se a unidade de imputação para todos aqueles que nele participam. O crime que se pune é o do tipo especificamente violado, e não uma suposta figura particular para cada um dos participantes[4]. Imagine-se, por exemplo, a prática do crime de roubo quando quatro pessoas entram em acordo para subtrair o dinheiro existente na caixa forte de uma agência bancária, mediante o emprego de grave ameaça contra o diretor da sucursal. Nesse caso, não estamos diante de quatro crimes de roubo, ou do "crime de concurso", mas, sim, de um único crime que para a sua execução contou com a intervenção de quatro agentes. O resultado produzido também é um só. Na verdade, a participação de cada concorrente não constitui atividade autônoma, mas converge para uma ação única, com objetivo e resultado comuns.

b) *Dualística*

Para essa teoria há dois crimes: um para os autores, aqueles que realizam a atividade principal, a conduta típica emoldurada no ordenamento positivo, e outro para os *partícipes*, aqueles que desenvolvem uma atividade secundária, que não realizam a conduta nuclear descrita no tipo penal. Assim, os *autores* realizam a conduta principal, durante a fase executória, constitutiva do tipo de autoria (ou de coautoria), enquanto os *partícipes* integram-se ao plano criminoso, colaborando na fase preparatória ou mesmo na fase executória contribuindo com conduta secundária, de menor importância, e realizam o *tipo de participação*. Contudo, apesar dessa concepção dupla, não estamos diante da prática de dois crimes distintos, pelo contrário, o crime continua sendo um só, e, muitas vezes, a ação daquele que realiza a atividade típica (o executor) é tão importante quanto a do partícipe que atua no planejamento da ação executória que é levada a cabo pelos demais. Mas, enfim, a teoria consagra dois planos de condutas, um principal, a dos autores ou coautores, e um secundário, a dos partícipes.

---

3. Eduardo Massari, *Il momento esecutivo del reato*, Napoli, 1934, p. 198. Soler faz severas críticas a essa posição de Massari (Sebastian Soler, *Derecho Penal argentino*, 3ª ed., Buenos Aires, TEA, 1970, v. 2, p. 256).
4. Aníbal Bruno, *Direito Penal*, 3ª ed., Rio de Janeiro, Forense, 1967, t. 2, p. 261.

c) *Monística ou unitária*

Para essa teoria o fenômeno da codelinquência deve ser valorado como constitutivo de um único crime, para o qual converge todo aquele que voluntariamente adere à prática da mesma infração penal. No *concurso de pessoas* todos os intervenientes do fato respondem, em regra, pelo mesmo crime, existindo, portanto, unidade do título de imputação. Contudo, essa visão unitária do fenômeno criminoso, que é a resposta mais adequada à primeira questão formulada, isto é, à pergunta acerca de *como deve ser valorado o fenômeno delitivo quando participam vários agentes*, não deve ser confundida com a segunda questão formulada, ou seja, com a indagação acerca de *como deve ser valorada a conduta individual daqueles que participam no mesmo crime.*

A esse respeito existem duas possibilidades: a) considerar todos os intervenientes no mesmo crime como autores de uma obra comum, sem fazer qualquer distinção de qualidade entre as condutas praticadas, ou b) considerar o crime praticado como o resultado da atuação de *sujeitos principais* (autor, coautor e autor mediato), e de *sujeitos acessórios* ou *secundários* (partícipes), que realizam condutas qualitativamente distintas. O primeiro modelo é conhecido como *sistema unitário* de autor, e o segundo, como *sistema diferenciador*[5].

Para o sistema *unitário clássico* desenvolvido, fundamentalmente, na Itália, todo aquele que concorre para o crime causa-o em sua totalidade e por ele responde integralmente[6]. Embora o crime seja praticado por diversas pessoas que colaboram de maneira distinta, todos respondem na qualidade de autor. O crime é o resultado da conduta de cada um e de todos, indistintamente. Essa concepção parte da teoria da equivalência das condições necessárias à produção do resultado. No entanto, o fundamento maior dessa teoria é político-criminal, que prefere punir igualmente a todos os participantes de uma mesma infração penal[7].

Essa foi a teoria adotada pelo Código Penal de 1940, que evitou uma série de questões que naturalmente decorreriam das definições de autores, partícipes, auxílio necessário, auxílio secundário, participação necessária etc.[8]. A Reforma Penal de 1984 não se distanciou desse modelo, na medida em que o *caput* do art. 29 foi redigido com uma *visão causalista* do fenômeno da codelinquência, vinculado à *teoria da equivalência das condições*, aliás, na verdade, repetiu a redação do Código Penal de 1940, acrescentado, somente, a locução final "na medida de

---

5. Miguel Díaz y García Conlledo, *La autoría en Derecho Penal*, Barcelona, PPU, 1991, p. 41-42. Carmen López Peregrín, *La complicidad en el delito*, Valencia, Tirant lo Blanch, 1997, p. 30.
6. F. Antolisei, *Manual de Derecho Penal*, Buenos Aires, UTEHA, 1960, p. 395.
7. Santiago Mir Puig, *Derecho Penal*, cit., p. 309.
8. Julio Fabbrini Mirabete, *Manual*, cit., v. 1, p. 223.

sua culpabilidade, *in verbis*: "quem, de qualquer modo, concorre para o crime incide nas penas a este cominadas, na medida de sua culpabilidade".

O legislador da reforma penal procurou, contudo, atenuar os seus rigores, distinguindo com precisão a punibilidade de *autoria* e *participação*. Estabeleceu, inclusive, alguns princípios disciplinando determinados *graus de participação*, que permitem a interpretação da atual normativa acerca do *concurso de pessoas* no sentido do *sistema diferenciador*, que será analisado mais adiante.

Como veremos ao longo deste capítulo, o legislador penal brasileiro adotou a *teoria monística*, determinando que todos os participantes de uma infração penal incidem nas sanções de um único e mesmo crime, e, quanto à valoração das condutas daqueles que nele participam, adotou um *sistema diferenciador* distinguindo a atuação de *autores* e *partícipes*, permitindo uma adequada dosagem de pena de acordo com a efetiva participação e eficácia causal da conduta de cada participante, *na medida da culpabilidade*, perfeitamente individualizada[9]. Na verdade, os parágrafos do art. 29 permitiram a transição da adoção do *conceito unitário de autor*, imposto inicialmente pelo Código Penal de 1940, para um *conceito diferenciador*, ao determinar a punibilidade diferenciada da participação. Por outro lado, como diz René Ariel Dotti, a referência à culpabilidade no final do referido artigo "é uma proclamação de princípio que ilumina todo o quadro do concurso e introduz uma 'cláusula salvatória' contra os excessos a que poderia levar uma interpretação literal e radicalizante"[10] com base no *sistema unitário clássico*, o que levou João Mestieri a afirmar que o legislador adotou "uma teoria unitária temperada"[11].

3. Causalidade física e psíquica

Segundo a doutrina, a solução do intrincado problema do concurso de pessoas está intimamente relacionada com a teoria adotada em relação ao nexo causal. O Direito Penal brasileiro adota a teoria da equivalência das condições, que não distingue causa e condição na produção do resultado típico.

A causalidade, porém, vinha desfrutando de exagerada influência na solução do problema da "codelinquência", esquecendo-se de que ela, a causalidade, é apenas o *elemento material*, objetivo do concurso — a contribuição causal física —, importante, necessária, mas insuficiente para aperfeiçoar o instituto. É indispensável a presença, ao mesmo tempo, de um *elemento subjetivo*, a vontade e consciência de participar da obra comum. O concurso de pessoas compreende

---

9. Paulo José da Costa Jr., *Comentários ao Código Penal*, São Paulo, Saraiva, 1986, v. 1, p. 232.
10. René Ariel Dotti, *Reforma Penal*, cit., p. 98.
11. João Mestieri, *Teoria elementar do Direito Criminal*, Rio de Janeiro, J. Mestieri, 1990, p. 253.

não só a *contribuição causal*, puramente objetiva, mas também a *contribuição subjetiva*, pois, como diz Soler, "participar não quer dizer só produzir, mas produzir típica, antijurídica e culpavelmente"[12] um resultado proibido. É indispensável a consciência e vontade de participar, elemento que não necessita revestir-se da qualidade de "acordo prévio", que, se existir, representará apenas a forma mais comum, ordinária, de adesão de vontades na realização de uma figura típica[13]. A *consciência* de colaborar na realização de uma conduta delituosa pode faltar no verdadeiro autor, que, aliás, pode até desconhecê-la, ou não desejá-la, bastando que o outro agente deseje aderir à empresa criminosa[14]. Porém, ao partícipe é indispensável essa adesão consciente e voluntária, não só na ação comum, mas também no resultado pretendido pelo autor principal[15].

A causalidade física é apenas um fragmento do complexo problema do concurso de pessoas, que exige também o liame subjetivo para completar-se. É necessária, na expressão de Soler, a integração de um "processo físico de causação e um processo humano de produção de um resultado"[16]. Assim, inexistindo o nexo causal ou o liame subjetivo, qualquer dos dois, não se poderá falar em concurso de pessoas. Por exemplo, alguém, querendo contribuir com a prática de um homicídio, empresta a arma, que, afinal, não é utilizada na execução do crime e não influi de forma alguma no ânimo do autor, ou, então, o criado que, por imprudência ou negligência, deixa aberta a porta da casa durante a noite, favorecendo, inadvertidamente, a prática de um furto. No primeiro caso, não houve *eficácia causal* da participação, e, no segundo, faltou o *elemento subjetivo*, não sendo, consequentemente, em qualquer das hipóteses, puníveis as condutas dos pseudopartícipes.

Além disso, a simples constatação da eficácia causal da contribuição do agente no crime não é, ao mesmo tempo, um critério valorativo adequado para determinar a maior ou menor relevância da conduta praticada. Isto é, o nexo de causalidade não é por si só suficiente para determinar quem deve responder na qualidade de autor principal, e quem deve responder na qualidade de *partícipe secundário*. Isso porque, através da *teoria da equivalência das condições*, somente identificamos a ação e a omissão que pode ser considerada como *causa*, mas dela não podemos deduzir qual é a conduta mais relevante para efeitos de

---

12. Sebastian Soler, *Derecho Penal argentino*, cit., p. 240.
13. Para Soler é suficiente o conhecimento da própria ação como parte de um todo, sendo desnecessário o *pacto sceleris* formal, ao qual os franceses deram um valor exagerado (S. Soler, *Derecho Penal argentino*, cit., p. 255).
14. Giuseppe Bettiol, *Direito Penal* (trad. Paulo José da Costa Jr. e Alberto Silva Franco), São Paulo, Revista dos Tribunais, 1976, t. 2, p. 254.
15. Aníbal Bruno, *Direito Penal*, cit., t. 2, p. 262.
16. Sebastian Soler, *Derecho Penal argentino*, cit., p. 257.

autoria, nem qual é a conduta secundária, para efeitos de *participação*. Dessa forma, é necessário analisar sob outros pontos de vista qual é o critério mais adequado para distinguir, no âmbito de um sistema diferenciador, a conduta do autor da conduta do partícipe.

4. Requisitos do concurso de pessoas

Já referimos que para o aperfeiçoamento do concurso eventual de pessoas é indispensável a presença de elementos de natureza objetiva e subjetiva. Porém, outros requisitos devem somar-se àqueles. Examinemo-los individualmente.

a) *Pluralidade de participantes e de condutas*

Esse é o requisito básico do concurso eventual de pessoas: a concorrência de mais de uma pessoa na execução de uma infração penal. Embora todos os participantes desejem contribuir com sua ação na realização de uma conduta punível, não o fazem, necessariamente, da mesma forma e nas mesmas condições. Enquanto alguns, segundo Esther Ferraz, praticam o fato material típico, representado pelo verbo núcleo do tipo, outros limitam-se a instigar, induzir, auxiliar moral ou materialmente o executor ou executores praticando atos que, em si mesmos, seriam atípicos[17]. A participação de cada um e de todos contribui para o desdobramento causal do evento e respondem todos pelo fato típico em razão da norma de extensão do concurso[18].

b) *Relevância causal de cada conduta*

A conduta típica ou atípica de cada participante deve integrar-se à corrente causal determinante do resultado[19]. Nem todo comportamento constitui "participação", pois precisa ter "eficácia causal"[20], provocando, facilitando ou ao menos estimulando a realização da conduta principal. Assim, no exemplo daquele que, querendo participar de um homicídio, empresta uma arma de fogo ao executor, que não a utiliza e tampouco se sente estimulado ou encorajado com tal empréstimo a executar o delito. Aquele não pode ser tido como partícipe pela simples e singela razão de que o seu comportamento foi irrelevante, isto é, sem qualquer eficácia causal.

c) *Vínculo subjetivo entre os participantes*

Deve existir também, repetindo, um liame psicológico entre os vários participantes, ou seja, consciência de que participam de uma obra comum. A ausência desse elemento psicológico desnatura o concurso eventual de pessoas,

---

17. Esther de Figueiredo Ferraz, *A codelinquência no moderno Direito Penal brasileiro*, São Paulo, Bushatsky, 1976, p. 25.
18. Damásio E. de Jesus, *Direito Penal*, 12ª ed., São Paulo, Saraiva, 1988, v. 1, p. 362.
19. João Mestieri, *Teoria elementar do Direito Criminal*, cit., p. 254.
20. Damásio E. de Jesus, *Direito Penal*, cit., v. 1, p. 363.

transformando-o em condutas isoladas e autônomas. "Somente a adesão voluntária, objetiva (nexo causal) e subjetiva (nexo psicológico), à atividade criminosa de outrem, visando à realização do fim comum, cria o vínculo do concurso de pessoas e sujeita os agentes à responsabilidade pelas consequências da ação"[21].

O simples *conhecimento* da realização de uma infração penal ou mesmo a concordância psicológica caracterizam, no máximo, "conivência", que não é punível, a título de *participação*, se não constituir, pelo menos, alguma forma de contribuição causal, ou, então, constituir, por si mesma, uma infração típica[22]. Tampouco será responsabilizado como *partícipe* quem, tendo ciência da realização de um delito, não o denuncia às autoridades, salvo se tiver o dever jurídico de fazê-lo, como é o caso, por exemplo, da autoridade pública.

d) *Identidade de infração penal*

Para que o resultado da ação de vários participantes possa ser atribuído a todos, "tem que consistir em algo juridicamente unitário"[23]. Como afirma Damásio, não é propriamente um requisito, mas consequência jurídica diante das outras condições[24]. Alguém planeja a realização da conduta típica, ao executá-la, enquanto um desvia a atenção da vítima, outro lhe subtrai os pertences e ainda um terceiro encarrega-se de evadir-se do local com um produto do furto. É uma exemplar divisão de trabalho constituída de atividades díspares, convergentes, contudo, a um mesmo objetivo típico: subtração de coisa alheia móvel. Respondem todos por um único tipo penal ou não se reconhece a participação ou o próprio concurso na empresa criminosa[25].

5. Autoria

O conceito de autoria, como vimos no princípio deste Capítulo, pode abranger todos os intervenientes no crime, quando partimos de um sistema unitário de autor, ou pode estar limitado à conduta dos agentes principais, se partimos de um sistema diferenciador de autor. Neste tópico trataremos, especificamente, da autoria como conceito restrito, nos termos do sistema diferenciador, adotado pela Reforma Penal de 1984.

Um sistema verdadeiramente diferenciador de autor caracteriza-se, fundamentalmente, pela adoção do *princípio de acessoriedade da participação*, pois é através deste princípio que podemos entender a *participação* como uma *intervenção secundária*, cuja punibilidade se estabelece em função de determinados

---

21. Julio Fabbrini Mirabete, *Manual*, cit., v. 1, p. 226.
22. Giuseppe Bettiol, *Direito Penal*, cit., t. 2, p. 251.
23. Sebastian Soler, *Derecho Penal argentino*, cit., p. 253.
24. Damásio E. de Jesus, *Direito Penal*, cit., v. 1, p. 366.
25. João Mestieri, *Teoria Elementar do Direito Criminal*, cit., p. 255.

atributos da conduta do autor²⁶. Além disso, a adoção desse princípio conduz à necessidade de estabelecer critérios de distinção entre as condutas de autoria e as condutas de participação, tema que será analisado nos tópicos seguintes. O estudo específico do *princípio de acessoriedade* será feito mais adiante, quando trataremos da *participação em sentido estrito*.

A autoria dentro de um sistema diferenciador não pode circunscrever-se a quem pratica pessoal e diretamente a figura delituosa, mas deve compreender também quem se serve de outrem como "instrumento" (autoria mediata). É possível igualmente que mais de uma pessoa pratique a mesma infração penal, ignorando que colabora na ação de outrem (autoria colateral), ou então, consciente e voluntariamente, coopere no empreendimento criminoso, praticando atos de execução (coautoria). Várias teorias procuram definir o conceito do autor dentro de um sistema diferenciador.

5.1. *Conceito extensivo de autor*

O conceito extensivo de autor foi desenvolvido pela doutrina alemã nos anos 30 do século passado²⁷. Seu mais provável idealizador foi Leopold Zimmerl, a quem é atribuída a primeira versão sistematizada do conceito extensivo de autor, distinguindo-o do conceito restritivo de autor em função da interpretação dos tipos penais, exposta em 1929²⁸.

O conceito extensivo tem como fundamento dogmático a ideia básica da teoria da equivalência das condições, de tal forma que sob o prisma naturalístico da causalidade não se distingue a autoria da participação. Todo aquele que contribui com alguma causa para o resultado é considerado autor. Com esse ponto de partida, inclusive instigador e cúmplice seriam considerados autores, já que não se distingue a importância da contribuição causal de uns e outros. Nessa época, porém, a doutrina alemã não ignorava a existência dos preceitos legais que disciplinavam a *participação* no delito, deixando claro que esta deveria ser tratada diferentemente da *autoria*. Assim, para essa teoria, o tratamento diferenciado à participação (partícipes) deveria ser visto como constitutivo de "causas de restrição ou limitação da punibilidade"²⁹.

Objetivamente, como acabamos de afirmar, não era possível estabelecer a distinção entre *autoria* e *participação*, ante a equivalência das condições. Contudo, essa distinção deveria ser feita em face da lei, que a reconhece,

---

26. López Peregrín, *La complicidad en el delito*, cit., p. 22.
27. Díaz y García Conlledo, *La autoría en Derecho Penal*, cit., p. 259-260.
28. Díaz y García Conlledo, *La autoría en Derecho Penal*, cit., p. 253-254.
29. Hans Welzel, *Derecho Penal alemán* (trad. Juan Bustos Ramirez e Sergio Yáñez Pérez), Santiago, Ed. Jurídica de Chile, 1987, p. 144; Jescheck, *Tratado*, cit., p. 895; Santiago Mir Puig, *Derecho Penal*, cit., p. 310; Juan Bustos Ramirez, *Manual*, cit., p. 284.

estabelecendo penas diferentes para o autor, o indutor (instigador) e o cúmplice. Como solução, um setor da doutrina alemã propõe que a distinção seja fixada através de um *critério subjetivo*. Por isso, o *conceito extensivo* de autor vem unido à *teoria subjetiva da participação*, que seria um complemento necessário daquela. Segundo essa teoria, é autor quem realiza uma contribuição causal ao fato, seja qual for seu conteúdo, com "vontade de autor", enquanto é partícipe quem, ao fazê-lo, possui unicamente "vontade de partícipe"[30]. O autor quer o fato como "próprio", age com o *animus auctoris*; o partícipe quer o fato como "alheio", age com *animus socii*[31]. Dessa forma, a *extensão do tipo penal* a todas as condutas consideradas como causa seria mitigada pelo critério subjetivo.

Os inconvenientes da distinção puramente subjetiva de autoria e participação são manifestos. Fizeram-se presentes com grande intensidade nas condenações dos nazistas na jurisprudência alemã, em que os executores de milhares de mortes foram considerados cúmplices, porque queriam os fatos como alheios. Algo semelhante poderá ocorrer com os *crimes de mão própria*, em que o autor do crime, por querê-lo como alheio, poderia ser condenado como cúmplice, numa verdadeira aberração[32]. Isso implicaria, em outras palavras, condenar como meros partícipes sujeitos que realizam pessoalmente todos os elementos do tipo e, como autores, quem não tem intervenção material no fato[33].

Assim, tanto o conceito extensivo de autor como a teoria subjetiva da participação devem ser rechaçados.

5.2. *Conceito restritivo de autor*

O conceito restritivo de autor, por sua vez, tem como ponto de partida o entendimento de que nem todos os *intervenientes* no crime são autores. Além disso, preceitua que somente é *autor* quem realiza a conduta típica descrita na lei, isto é, apenas o autor (ou coautores) pratica(m) o verbo núcleo do tipo: mata, subtrai, falsifica etc. Sob essa perspectiva, os tipos penais da Parte Especial devem ser interpretados de forma restritiva, pois, ao *contrário do conceito extensivo de autor*, nem todo aquele que interpõe uma *causa* realiza o tipo penal, pois "causação não é igual a realização do delito"[34]. As espécies de participação, *instigação* e *cumplicidade*, somente poderão ser punidas, nessa

---

30. Jescheck, *Tratado*, cit., p. 895.
31. Günther Stratenwerth, *Derecho Penal*; Parte General (trad. Gladys Romero), Madrid, Edersa, 1982, p. 231; Santiago Mir Puig, *Derecho Penal*, cit., p. 310.
32. Hans Welzel, *Derecho Penal alemán*, cit., p. 144; Santiago Mir Puig, *Derecho Penal*, cit., p. 310.
33. Santiago Mir Puig, *Derecho Penal*, cit., p. 310.
34. Santiago Mir Puig, *Derecho Penal*, cit., p. 311.

acepção, através de uma *norma de extensão*, como "causas de extensão da punibilidade", visto que, por não integrarem diretamente a figura típica, constituiriam comportamentos impuníveis.

De acordo com o *conceito restritivo*, portanto, realizar a conduta típica é objetivamente distinto de favorecer a sua realização. Ademais, somente a conduta do autor pode ser considerada diretamente como típica, sendo necessário que o legislador especifique, normalmente na Parte Geral, se as formas de participação são, por extensão, tipicamente relevantes e puníveis. Deduz-se daí a necessidade de desenvolver critérios que identifiquem a conduta do autor, distinguindo-a das formas de *participação acessória*. Por isso o conceito restritivo de autor necessita ser complementado por uma *teoria da participação*. A doutrina alemã vem elaborando uma série de critérios com essa finalidade, mas faremos a menção somente daqueles que consideramos mais importantes.

a) *Teoria objetivo-formal*

Embora sem negar a importância do elemento causal, destaca as características exteriores do agir, isto é, a conformidade da ação com a descrição formal do tipo penal. Essa teoria atém-se à literalidade da descrição legal e define como *autor* aquele cujo comportamento se amolda ao círculo abrangido pela descrição típica e, como *partícipe*, aquele que produz qualquer outra contribuição causal ao fato[35].

Essa teoria teve uma grande aceitação até os anos 60 do século XX, mas foi amplamente criticada, tanto na Alemanha como na Espanha, pelo excessivo formalismo com que identificava a conduta do autor. Apesar de indicar que a *autoria* refere-se à realização dos elementos do tipo, não foi capaz de evidenciar que elemento material do tipo (especialmente nos delitos de resultado) identifica a conduta do autor, frente às contribuições causais constitutivas de mera participação[36]. Além disso, criticava-se a versão clássica da teoria objetivo-formal, porque partindo de suas premissas não era possível explicar de maneira satisfatória como a conduta do coautor e do autor mediato se amoldava na descrição típica[37]. Com efeito, estes não realizam, por si sós, todos os elementos do tipo: cada coautor realizaria somente parte da ação executiva, e o *autor mediato* é o instrumento de quem atua diretamente. Era necessário buscar outro critério que fosse capaz não só de identificar a conduta de autor, mas, também, de explicar as diferentes formas de autoria (direta, coautoria e autoria mediata).

---

35. Jescheck, *Tratado*, cit., p. 893.
36. Díaz y García Conlledo, *La autoría en Derecho Penal*, cit., p. 444-445.
37. Juan Bustos Ramirez, *Manual de Derecho Penal alemán*, 3ª ed., Barcelona, Ariel, 1989, p. 283.

b) *Teoria objetivo-material*

Nem sempre os tipos penais descrevem com clareza o injusto da ação, dificultando a distinção entre a autoria e participação, especialmente nos crimes de resultado. A teoria objetivo-material, através de suas inúmeras versões, procurou suprir os defeitos da formal-objetiva, considerando a maior perigosidade que deve caracterizar a contribuição do autor em comparação com a do partícipe, ou a maior relevância material da contribuição causal do autor em relação à contribuição causal do partícipe, ou ainda a maior importância objetiva da contribuição do autor em relação à contribuição do partícipe[38]. No entanto, a desconsideração do aspecto subjetivo e a tentativa de estabelecer diferenças objetivo-materiais com base na causalidade conduziram essa teoria ao fracasso. Com efeito, a dificuldade prática de distinguir *causa* e *condição* ou mesmo de distinguir causas mais ou menos importantes levaram, finalmente, a doutrina alemã a abandonar a teoria objetivo-material e a adotar expressamente a concepção restritiva de autor, sob o critério formal-objetivo[39].

5.3. *Teoria do domínio do fato*

Trata-se de uma elaboração superior às teorias até então conhecidas, que distingue com clareza *autor* e *partícipe*, admitindo com facilidade a figura do *autor mediato*, além de possibilitar melhor compreensão da *coautoria*. Essa teoria surgiu em 1939 com o finalismo de Welzel[40] e sua tese de que nos crimes dolosos *é autor quem tem o controle final do fato*. Mas foi através da obra de Roxin, *Täterschaft und Tatherrschaft* inicialmente publicada em 1963, que a *teoria do domínio do fato* foi desenvolvida, adquirindo uma importante projeção internacional, tanto na Europa como na América Latina. Depois de muito tempo, Claus Roxin reconheceu que o que lhe preocupava eram os crimes cometidos pelo *nacional-socialismo*. Na ótica do então jovem professor alemão, quem ocupasse uma posição dentro do chamado aparato organizado de poder e desse o *comando* para que se executasse um crime, teria de responder como *autor* e não só como *partícipe*, ao contrário do que entendia a doutrina dominante na época[41]. No entanto, a teoria do domínio do fato ganhou ao longo dos anos uma dimensão muito maior do que a simples referência aos crimes cometidos à época do nacional-socialismo, alcançando sofisticado desenvolvimento com os trabalhos levados a efeito pelo aclamado Prof. Claus Roxin.

---

38. Díaz y García Conlledo, *La autoría en Derecho Penal*, cit., p. 536-539.
39. Jescheck, *Tratado*, cit., p. 894.
40. Jescheck, *Tratado*, cit., p. 897, especialmente a nota n. 28.
41. Fernanda Lara Tórtima. Teoria do domínio do fato diferencia autor e partícipe, in *Revista Eletrônica Consultor Jurídico*, em 24 out. 2012.

Nem uma teoria *puramente objetiva* nem outra *puramente subjetiva* são adequadas para fundamentar a essência da autoria e fazer, ao mesmo tempo, a delimitação correta entre autoria e participação. A *teoria do domínio do fato*, partindo do conceito restritivo de autor, tem a pretensão de sintetizar os aspectos objetivos e subjetivos, impondo-se como uma *teoria objetivo-subjetiva*. Embora o *domínio do fato* suponha um controle final, "aspecto subjetivo", não requer somente a *finalidade*, mas também uma posição objetiva que determine o efetivo domínio do fato. Autor, segundo essa teoria, é quem tem o poder de decisão sobre a realização do fato. Mas é indispensável que resulte demonstrado que quem detém posição de comando *determina* a prática da ação, sendo irrelevante, portanto, a simples "posição hierárquica superior", sob pena de caracterizar autêntica responsabilidade objetiva. Autor, enfim, é não só o que executa a ação típica (autoria imediata), como também aquele que se utiliza de outrem, como instrumento, para a execução da infração penal (autoria mediata)[42]. Como ensina Welzel, "a conformação do fato mediante a vontade de realização que dirige de forma planificada é o que transforma o autor em senhor do fato"[43]. Porém, como afirma Jescheck, não só a vontade de realização resulta decisiva para a autoria, mas também a importância material da parte que cada interveniente assume no fato[44]. Em outros termos, para que se configure o *domínio do fato* é necessário que o *autor* tenha controle sobre o *executor* do fato, e não apenas ostente uma posição de superioridade ou de representatividade institucional, como se chegou a interpretar na jurisprudência brasileira. Ou seja, *é insuficiente que haja indícios de sua ocorrência*, aliás, como é próprio do Direito Penal do fato, que exige um *juízo de certeza* consubstanciado em prova incontestável.

A *teoria do domínio* do fato reconhece a figura do *autor mediato*, desde que a realização da figura típica apresente-se como obra de sua vontade reitora, sendo reconhecido como o "homem de trás", e controlador do executor. Essa teoria tem as seguintes consequências: 1ª) a realização pessoal e plenamente responsável de todos os elementos do tipo fundamentam sempre a autoria; 2ª) é autor quem executa o fato utilizando outrem como instrumento (autoria mediata); 3ª) é autor o coautor que realiza uma parte necessária do plano global ("domínio funcional do fato")[45], embora não seja um ato típico, desde que integre a resolução delitiva comum. Ou, dito de outros termos, numa linguagem roxiniana[46], o *domínio do fato* pode ser exercido das seguintes formas: (i) *pelo domínio da ação*, que ocorre quando o agente realiza pessoalmente o fato típico, agindo, por conseguinte,

---

42. Julio Fabbrini Mirabete, *Manual*, cit., v. 1, p. 228.
43. Hans Welzel, *Derecho Penal alemán*, cit., p. 145.
44. Jescheck, *Tratado*, cit., p. 898.
45. Esse conceito é de Roxin, apud Santiago Mir Puig, *Derecho Penal*, cit., p. 313.
46. Claus Roxin. *Autoria y domínio del hecho en Derecho Penal*, cit., p. 147.

como autor e não como simples partícipe (instigador ou cúmplice); (ii) *pelo domínio da vontade*, que ocorre quando o executor, isto é, o autor imediato, age mediante coação ou incorrendo em erro, não tendo domínio de sua vontade, que é controlada ou dominada pelo "homem de trás", que é o autor mediato, como veremos adiante. Assim, o "homem de trás" tem o domínio da vontade e o controle da ação, sendo o verdadeiro autor, ainda que mediato; (iii) *pelo domínio funcional do fato*, que ocorre na hipótese de coautoria, em que há, na dicção de Jescheck, uma *exemplar divisão de trabalho*, quando o agente realiza uma contribuição importante, ainda que não seja um ato típico, mas se revele necessária no plano global.

O âmbito de aplicação da teoria do domínio do fato, com seu conceito restritivo de autor, limita-se aos delitos dolosos. Somente nestes se pode falar em domínio final do fato típico, pois os delitos culposos caracterizam-se exatamente pela perda desse domínio. A doutrina alemã trabalha com dois conceitos distintos de autor[47]: nos delitos dolosos utiliza o conceito restritivo de autor fundamentado na teoria do domínio do fato, e nos delitos culposos utiliza um conceito unitário de autor, que não distingue autoria e participação. Segundo Welzel, "autor de um delito culposo é todo aquele que mediante uma ação que lesiona o grau de cuidado requerido no âmbito de relação, produz de modo não doloso um resultado típico"[48]. A doutrina espanhola, que admite a participação em crimes culposos, em suas formas de cumplicidade e instigação, critica severamente a posição alemã, nesse particular[49].

6. Autoria mediata

A doutrina consagrou a figura da autoria mediata, e algumas legislações, como a alemã (§ 25, I) e a espanhola (Código Penal de 1995, art. 28) admitem expressamente a sua existência. "É autor mediato quem realiza o tipo penal servindo-se, para execução da ação típica, de outra pessoa como *instrumento*"[50]. A teoria do domínio do fato molda com perfeição a possibilidade da figura do autor mediato. Todo o processo de realização da figura típica, segundo essa teoria, deve apresentar-se como obra da vontade reitora do "homem de trás", o qual deve ter absoluto controle sobre o executor do fato. Originariamente, a autoria mediata surgiu com a finalidade de preencher as lacunas que ocorriam com o emprego da teoria da acessoriedade extrema da participação[51]. A consagração da *acessoriedade limitada* não eliminou, contudo, a importância da autoria mediata.

---

47. Jescheck, *Tratado*, cit., p. 897 e 900.
48. Hans Welzel, *Derecho Penal alemán*, cit., p. 143.
49. Santiago Mir Puig, *Derecho Penal*, cit., p. 316-7.
50. Jescheck, *Tratado*, cit., p. 919.
51. Aníbal Bruno, *Direito Penal*, cit., t. 2, p. 267.

Modernamente defende-se a prioridade da autoria mediata diante da participação em sentido estrito. Em muitos casos se impõe a autoria mediata, mesmo quando fosse possível, sob o ponto de vista da *acessoriedade limitada*, admitir a participação (caso do executor inculpável), desde que o homem de trás detenha o domínio do fato[52]. Nessas circunstâncias, o decisivo para distinguir a natureza da responsabilidade do homem de trás reside no domínio do fato. O *executor*, na condição de instrumento, *deve encontrar-se absolutamente subordinado em relação ao mandante.*

O *autor mediato* realiza a ação típica através de outrem, como instrumento humano, que atua: a) em virtude da situação de *erro* em que se encontra, devido à falsa representação da realidade (erro de tipo), ou do significado jurídico da conduta que realiza (erro de proibição) que é provocada pelo homem de trás[53], b) *coagido*, devido à ameaça ou violência utilizada pelo homem de trás[54], ou c) num contexto de inimputabilidade (com a utilização de inimputáveis)[55]. As hipóteses mais comuns de *autoria mediata* decorrem, portanto, do *erro*, da *coação irresistível* e do uso de *inimputáveis* para a prática de crimes, o que não impede a possibilidade de sua ocorrência em ações *justificadas* do executor, quando, por exemplo, o agente provoca deliberadamente uma situação de exclusão de criminalidade para aquele, como já referimos neste trabalho.

Todos os pressupostos necessários de punibilidade devem encontrar-se na pessoa do "homem de trás", no *autor mediato*, e não no executor, *autor imediato*. Com base nesse argumento, Soler e Mir Puig, seguindo a orientação de Welzel, admitem, em princípio, a possibilidade de autoria mediata nos *crimes especiais* ou *próprios*, desde que o autor mediato reúna as qualidades ou condições exigidas pelo tipo[56]. Já nos "crimes de mão própria" será impossível a figura do autor mediato[57]. Além desses casos especiais, a autoria mediata encontra seus limites quando o *executor* realiza um comportamento conscientemente doloso. Aí o

---

52. Jescheck, *Tratado*, cit., p. 920.
53. Caracterizando os casos de *domínio da vontade* através do *erro*, referido por Claus Roxin, *Autoria y domínio del hecho*, Tradução da sétima edição alemã por Joaquín Cuello Contreras e José Luis Serrano González de Murillo, Madri-Barcelona, Marcial Pons, 2000, p. 194 e s.
54. Caracterizando os casos de *domínio da vontade* através da *coação*, referido por Claus Roxin, *Autoria y domínio del hecho...*, p. 167 e s.
55. Caracterizando os casos de *domínio da vontade* através da *utilização de inimputáveis*, referido por Claus Roxin, *Autoria y domínio del hecho...*, p. 259 e s.
56. A favor: Soler, *Derecho Penal argentino*, cit., v. 2, p. 247 e 248; Mir Puig, *Derecho Penal*, cit., p. 325; Welzel, *Derecho Penal alemán*, cit., p. 150. Contra: Jescheck, *Tratado*, cit., p. 920-1.
57. Jescheck, *Tratado*, cit., p. 920. No entanto, segundo Welzel, a participação é possível nos crimes de mão própria, como em qualquer outro.

"homem de trás" deixa de ter o *domínio do fato*, compartindo-o, no máximo, com quem age imediatamente, na condição de coautor, ou então fica na condição de partícipe, quando referido domínio pertence ao consorte.

7. Coautoria

Coautoria é a realização conjunta, por mais de uma pessoa, de uma mesma infração penal. Coautoria é em última análise a própria autoria[58]. É desnecessário um acordo prévio, como exigia a antiga doutrina, bastando a consciência de cooperar na ação comum. É, portanto, a atuação consciente de estar contribuindo na realização comum de uma infração penal. Essa *consciência* constitui o *liame psicológico* que une a ação de todos, dando o caráter de crime único. A resolução comum de executar o fato é o vínculo que converte as diferentes partes em um todo único. Todos participam da realização do comportamento típico, sendo desnecessário que todos pratiquem o mesmo ato executivo. Basta que cada um contribua efetivamente na realização da figura típica e que essa contribuição possa ser considerada importante no aperfeiçoamento do crime.

A coautoria fundamenta-se no princípio da "divisão de trabalho"[59], em que todos tomam parte, atuando em conjunto na *execução da ação típica*, de tal modo que cada um possa ser chamado verdadeiramente de autor. É o que pode ocorrer especialmente naqueles crimes que Beling chamou de crimes de "ação dupla"[60], como, por exemplo, no crime de estupro: enquanto um dos agentes segura a vítima, o outro a possui sexualmente. Na coautoria não há relação de *acessoriedade*, mas a imediata imputação recíproca, visto que cada um desempenha uma função fundamental na consecução do objetivo comum. O decisivo na coautoria, segundo a visão finalista, é que o domínio do fato pertença aos vários intervenientes, que, em razão do princípio da divisão de trabalho, se apresentam como peça essencial na realização do plano global[61].

8. Participação em sentido estrito

O Código Penal não define o que deve ser entendido por participação. Essa omissão, contudo, não impediu que a doutrina nacional reconhecesse a distinção normativa, isto é, valorativa, que deve existir entre as condutas principais, constitutivas de autoria, e as condutas secundárias, constitutivas de participação em sentido estrito. O novo tratamento dado pela reforma ao instituto do concurso eventual de pessoas facilita e até recomenda essa distinção, ao determinar

---

58. Hans Welzel, *Derecho Penal alemán*, cit., p. 154-5.
59. Jescheck, *Tratado*, cit., p. 937; Hans Welzel, *Derecho Penal alemán*, cit., p. 155.
60. Ernest von Beling, *Esquema de Derecho Penal. La doctrina del delito tipo*, Buenos Aires, Depalma, 1944 (trad. Sebastian Soler).
61. Francisco Muñoz Conde, *Teoria geral do delito*, p. 198.

consequências penais diferenciadas, segundo a culpabilidade de cada *participante*, e nos limites da contribuição causal de cada *partícipe*.

A participação em sentido estrito, como *espécie* do *gênero* concurso de pessoas, é a intervenção em um fato alheio, o que pressupõe a existência de um autor principal. O *partícipe* não pratica a conduta descrita pelo preceito primário da norma penal, mas realiza uma atividade secundária que contribui, estimula ou favorece a execução da conduta proibida. Não realiza atividade propriamente executiva. A norma que determina a punição do partícipe implica uma *ampliação da punibilidade de comportamentos* que, de outro modo, seriam impunes, pois as prescrições da Parte Especial do Código não abrangem o comportamento do partícipe[62]. Bettiol insiste que o critério distintivo entre autor e partícipe deve apoiar-se na tipicidade, sendo que a tipicidade da conduta do partícipe decorre da norma referente à participação, enquanto a tipicidade da conduta do autor decorre da norma principal incriminadora. Por isso, o penalista italiano define o partícipe como "quem concorre para a prática de crime, desempenhando atividade logicamente distinta da do autor principal, porque recai sob o âmbito das normas secundárias de caráter extensivo sobre a participação"[63].

Para que a contribuição do partícipe ganhe relevância jurídica é indispensável que o autor ou coautores iniciem, pelo menos, a execução da infração penal.

8.1. *Espécies de participação*

A *participação* pode apresentar-se sob várias formas: instigação, determinação, chefia, organização, ajuste, cumplicidade etc. A doutrina, de um modo geral, tem considerado, porém, duas espécies de participação: *instigação* e *cumplicidade*.

Embora o Código Penal brasileiro não tenha estabelecido as espécies de participação, nem sua forma de realização, exemplifica, contudo, no art. 31, as modalidades que esta pode apresentar. Já os Códigos alemão e espanhol estabelecem expressamente as suas espécies[64]. Parece-nos que, nesse particular, andou melhor nosso ordenamento jurídico não definindo essas espécies. Evitou, assim, o surgimento de teses como a defendida por Stratenwerth, que sustenta que as formas de participação, em sentido amplo, são *numerus clausus* e limitam-se a coautoria, instigação e cumplicidade[65].

---

62. Günther Stratenwerth, *Derecho Penal*, p. 257. Damásio denomina essa norma também "integradora" (*Direito Penal*, cit., v. 1, p. 358).
63. Giuseppe Bettiol, *Direito Penal*, cit., t. 2, p. 247.
64. O Código Penal alemão de 1975 estabelece expressamente as modalidades de indução e cumplicidade, porém, somente na forma dolosa (§§ 26 e 27), conforme Jescheck, *Tratado*, cit., p. 957 e 962. O Código espanhol, por sua vez, além das duas modalidades previstas pelo Código alemão, prevê também a figura do *cooperador necessário* (art. 28, b).
65. Günther Stratenwerth, *Derecho Penal*, cit., p. 257.

a) *Instigação*

Ocorre a instigação quando o *partícipe* atua sobre a vontade do autor, no caso, do instigado. *Instigar* significa criar na mente de outra pessoa a ideia de cometer um crime, bem como animar, estimular, ou reforçar uma ideia existente. O instigador limita-se a provocar ou reforçar a resolução criminosa do autor, não tomando parte nem na execução nem no domínio do fato[66].

É indiferente o meio utilizado para a instigação: persuasão, conselho, dissuasão etc. Para que haja *instigação* é necessária uma influência no processo de formação da vontade, abrangendo os aspectos volitivo e intelectivo. Não é suficiente *criar* uma situação tentadora para o autor, o que poderia configurar cumplicidade. A instigação deve dirigir-se a um fato determinado, assim como a um autor ou autores determinados[67].

Induzir significa suscitar uma ideia. Tomar a iniciativa intelectual, fazer surgir no pensamento do autor uma ideia até então inexistente. Essa forma de instigação os autores têm denominado "determinação", que nós preferimos chamar de *induzimento*.

Resumindo, a instigação é uma espécie de *participação moral* em que o partícipe age sobre a vontade do autor, quer provocando para que surja nele a vontade de cometer o crime (induzimento), quer estimulando a ideia existente, que é a instigação propriamente dita, mas, de qualquer modo, *contribuindo moralmente* para a prática do crime.

b) *Cumplicidade*

Essa é a participação material, em que o partícipe exterioriza a sua contribuição através de um comportamento, de um auxílio. Pode efetivar-se, por exemplo, através do empréstimo da arma do crime, de um veículo para deslocar-se com mais facilidade, de uma propriedade etc. Essa contribuição pode ocorrer desde a fase da preparação até a fase executória do crime. Nada impede que a *cumplicidade* também ocorra sob a forma de *omissão*, quando o partícipe tem o dever genérico de agir, como seria o caso do vigilante que deixa propositalmente aberta a porta do estabelecimento para facilitar a ação do autor do furto.

A cumplicidade, segundo Welzel, "tem de favorecer (objetivamente) o fato principal e este favorecimento ser querido (subjetivamente) pelo cúmplice, para o qual basta o dolo eventual"[68]. No entendimento de López Peregrín[69], a *cumplicidade* é favorecedora da prática do crime, e pode ser caracterizada como a conduta que *ex ante* cria um risco não permitido de favorecimento à execução

---

66. Jescheck, *Tratado*, cit., p. 957.
67. Hans Welzel, *Derecho Penal alemán*, cit., p. 166.
68. Hans Welzel, *Derecho Penal alemán*, cit., p. 171.
69. López Peregrín, *La complicidad en el delito...*, p. 357-359.

do delito, e cuja relevância causal se constata *ex post*. Nesse sentido, a *cumplicidade* se caracteriza por acelerar, assegurar ou facilitar a execução que é levada a cabo pelo autor, ou por intensificar o resultado do delito, na forma em que era previsível. Enfim, na cumplicidade o partícipe contribui materialmente para a prática do crime.

Por derradeiro, qualquer que seja a forma ou espécie de participação, é indispensável a presença de dois requisitos: *eficácia causal* e *consciência de participar* na ação de outrem. É insuficiente a exteriorização da vontade de participar. Não basta realizar a atividade de partícipe se esta não influir na atividade final do autor[70]. Não tem relevância a participação se o crime não for, pelo menos, tentado. Que importância teria o empréstimo da arma se o autor não a utiliza na execução do crime ou nem sequer se sente encorajado a praticá-lo com tal empréstimo? Por outro lado, é indispensável saber que coopera na ação delitiva de outrem, mesmo que o autor desconheça ou até recuse a cooperação. O *partícipe* precisa ter consciência de participar na ação principal e no resultado.

8.2. *Fundamento da punibilidade da participação*

Duas teorias procuram explicar o fundamento da punibilidade da participação, que, em si, poderia constituir uma conduta atípica.

a) *Teoria da participação na culpabilidade*

Segundo essa teoria, o partícipe é punido pela gravidade da *influência* que exerce sobre o autor, convertendo-o em delinquente ou, no mínimo, contribuindo para tanto[71]. Para essa teoria o partícipe age *corrompendo* o autor, conduzindo-o a um conflito com a sociedade, tornando-o culpável e merecedor de pena[72]. Referida teoria teve de ser abandonada pela dogmática alemã, que, a partir de 1943, viu consagrado em seus textos legais que para a punibilidade da participação era suficiente que o autor cometesse um fato típico e antijurídico[73], entendimento que foi mantido na reforma de 1975.

Na verdade, modernamente, dois aspectos fundamentais afastam peremptoriamente a aplicabilidade dessa teoria: em primeiro lugar, porque a *culpabilidade* é uma questão pessoal de cada participante, independente da dos demais. O fato de qualquer dos *participantes* ser inculpável é algo que só diz respeito a ele; em segundo lugar, e ao mesmo tempo, a consagração da *acessoriedade limitada*, que

---

70. Damásio E. de Jesus, *Direito Penal*, cit., v. 1, p. 377-8.
71. Santiago Mir Puig, *Derecho Penal*, cit., p. 337.
72. Jescheck, *Tratado*, cit., p. 955; Santiago Mir Puig, *Derecho Penal*, cit., p. 337; G. Stratenwerth, *Derecho Penal*, cit., p. 258.
73. Santiago Mir Puig, *Derecho Penal*, cit., p. 337; Jescheck, *Tratado*, cit., p. 955.

se satisfaz com a tipicidade e antijuridicidade da ação, torna desnecessário o exame da importância da participação na culpabilidade do autor.

b) *Teoria do favorecimento ou da causação*

O fundamento da punição do partícipe, para essa teoria, reside no fato de ter *favorecido* ou *induzido* o autor a praticar "um fato socialmente intolerável, consequentemente típico e antijurídico"[74]. O agente é punível não porque colaborou na ação de outrem, mas porque, com a sua *ação* ou *omissão*, contribuiu para que o crime fosse cometido[75]. O *desvalor* da participação no fato está em causar ou favorecer a lesão não justificada de um bem jurídico tutelado por parte do autor. É indiferente que o autor aja ou não culpavelmente. Para essa teoria a *vontade do partícipe* deve dirigir-se à execução do fato principal. Deixa claro, contudo, que o partícipe não viola por si mesmo a norma típica, mas que o seu injusto consiste em colaborar na violação da norma por parte do autor[76]. O *injusto* do fato do partícipe dependerá, consequentemente, do *injusto* do fato principal.

A teoria do favorecimento é a dominante na Alemanha e na Espanha[77] e acolhe integralmente a fórmula da "acessoriedade limitada" da participação, que, em realidade, também é a teoria predominante no Brasil.

8.3. *Princípio da acessoriedade da participação*

Do exame do fundamento da punibilidade do *partícipe* chega-se à conclusão natural de que a *participação* é uma *atividade secundária*, que adere a outra principal. A participação só adquire relevância jurídica quando estiver unida a um fato principal. A adoção desse princípio caracteriza um sistema verdadeiramente *diferenciador de autor*, além conduzir a um *conceito restritivo de autoria*. Isso porque, em face do *princípio de acessoriedade*, a tipicidade da *participação* não se deduz diretamente dos tipos da Parte Especial, mas da *norma de extensão* reguladora da codelinquência, e desde que a conduta do autor esteja revestida de determinados atributos. O *grau de dependência da conduta do partícipe* em relação à do autor é, justamente, o aspecto mais discutido na doutrina, levando a *acessoriedade da participação* a navegar em águas pouco tranquilas[78]. Algumas teorias procuram limitar o alcance da *acessoriedade da participação*, destacando-se as teorias da acessoriedade extrema, acessoriedade limitada e acessoriedade mínima.

---

74. Hans Welzel, *Derecho Penal alemán*, cit., p. 165.
75. Aníbal Bruno, *Direito Penal*, cit., t. 2, p. 259.
76. Jescheck, *Tratado*, cit., p. 956.
77. Jescheck, *Tratado*, cit., p. 955; S. Mir Puig, *Derecho Penal*, cit., p. 338.
78. Confira a esse respeito Enrique Peñaranda Ramos, *La participación en el delito y el principio de accesoriedad*, Madrid, Tecnos, 1990, p. 237 e s., 326 e s.

a) *Teoria da acessoriedade extrema*

Até 1943 vigorou na Alemanha essa teoria, para a qual a relevância típica da conduta do partícipe estaria na dependência de o comportamento principal ser *típico, antijurídico* e *culpável*, excetuando-se apenas as circunstâncias agravantes e atenuantes da pena[79]. Por essa teoria, se o autor fosse inimputável ou incidisse em erro de proibição invencível, ou, por qualquer razão, fosse inculpável, o partícipe seria impunível. Assim, a acessoriedade da participação, isto é, a dependência da conduta do partícipe em relação à conduta do autor, seria absoluta: estaria condicionada à punibilidade da ação principal.

b) *Teoria da acessoriedade mínima*

Em outro extremo encontra-se essa teoria, para a qual é suficiente que a ação principal seja *típica*, sendo indiferente a sua juridicidade. Isso equivale a afirmar que *uma ação justificada* para o autor constitui crime para o partícipe. Em outros termos, aquele que *induzir* o autor a agir em legítima defesa responderá pelo crime, enquanto o executor, autor direto, será absolvido pela excludente de antijuridicidade[80].

c) *Teoria da acessoriedade limitada*

A teoria da acessoriedade limitada exige que a conduta principal seja *típica* e *antijurídica*. Isso quer dizer que a participação é acessória da ação principal, de um lado, mas que também depende desta até certo ponto. Não é necessário que o autor seja culpável. É suficiente que sua ação seja típica e antijurídica, isto é, que se ajuste ao tipo da Parte Especial e que seja contrária ao direito[81], sem necessidade de ser culpável. O fato é comum, mas a culpabilidade é individual. Como dizia Bettiol, "a admissibilidade e a punibilidade da participação, como tal, dependem do caráter objetivamente antijurídico da ação do autor principal"[82].

Pode ocorrer o que os autores têm denominado "provocação de uma situação de legítima defesa", em que o instigador *induz* um terceiro a agredir a outrem, que sabe estar armado. Este reage em *legítima defesa* e mata o *agressor induzido*, que o instigador queria eliminar. Pela *teoria da acessoriedade limitada* o instigador não pode ser punido como partícipe, em razão de o fato principal estar *justificado* para o executor. A solução, no entanto, recomendada pelos alemães é a punição do instigador como *autor mediato* da ação justificada do autor direto. Isso ocorreria porque o *instigador* teria o *domínio final do fato*[83], apenas se utilizando dos participantes diretos do conflito, como instrumentos de realização da sua vontade criminosa.

---

79. Jescheck, *Tratado*, cit., p. 901.
80. Damásio E. de Jesus, *Direito Penal*, cit., t. 1, p. 359.
81. Hans Welzel, *Derecho Penal alemán*, cit., p. 161.
82. Giuseppe Bettiol, *Direito Penal*, cit., t. 2, p. 266.
83. Hans Welzel, *Derecho Penal alemán*, cit., p. 151-2.

Para Welzel, no âmbito interno da acessoriedade, o fundamento da punibilidade da participação está em provocar ou favorecer a prática de uma ação intolerável, antijurídica, e no âmbito externo, em ter, pelo menos, iniciado a sua execução[84].

9. Concurso em crime culposo

A doutrina alemã não admite a possibilidade de coautoria nos delitos culposos, entendendo que qualquer contribuição na causa produtora do resultado não querido caracteriza, em si, a autoria. Para Welzel, toda contribuição em uma ação que não observa o dever de cuidado fundamenta a autoria[85]. No mesmo sentido é a orientação de Jescheck, para quem é inadmissível a coautoria nos delitos culposos diante da inexistência de acordo comum. Quando houver a cooperação imprudente de vários autores — continua Jescheck — a contribuição de cada um deve ser avaliada separadamente, pois cada um será *autor acessório*[86]. Essa concepção germânica decorre da adoção da "teoria do domínio do fato", visto que nos crimes culposos esse domínio não existe. Já em relação à participação em sentido estrito (instigação e cumplicidade) o Código Penal alemão determina expressamente que ela só é possível na forma dolosa (§§ 26 e 27).

Em sentido diametralmente oposto, a doutrina espanhola não só admite a coautoria nos crimes culposos, como também a participação em sentido estrito. O comum acordo, impossível quanto ao resultado, é perfeitamente admissível na conduta imprudente, que, de regra, é voluntária[87]. Um dos grandes argumentos dos espanhóis é que a *participação*, além de permitir melhor graduação da responsabilidade penal, mantém o *princípio da acessoriedade*. Assim, por exemplo, aquele que induz outrem a uma atividade perigosa, para si, não será castigado se ocorrer um acidente com lesão ou morte. Sua cooperação esbarraria na atipicidade da conduta de *matar-se* ou de *autolesionar-se*[88]. Bettiol também admitia a possibilidade de participação em crime culposo[89].

A doutrina brasileira, à unanimidade, admite a *coautoria* em crime culposo, rechaçando, contudo, a *participação*[90]. Pode existir na verdade um vínculo subjetivo na realização da conduta, que é voluntária, inexistindo, contudo, tal

---

84. Hans Welzel, *Derecho Penal alemán*, cit., p. 161 e 165.
85. Hans Welzel, *Derecho Penal alemán*, cit., p. 145.
86. Jescheck, *Tratado de Derecho Penal*, cit., p. 940.
87. Santiago Mir Puig, *Derecho Penal*, cit., p. 336.
88. Santiago Mir Puig, traduções e adições no *Tratado* de Jescheck, cit., p. 915.
89. Giuseppe Bettiol, *Direito Penal*, cit., t. 2, p. 254, 272 e 273.
90. Julio Fabbrini Mirabete, *Manual*, cit., v. 1, p. 232; Celso Delmanto, *Código Penal comentado*, São Paulo, Freitas Bastos, 1986, p. 55; Damásio E. de Jesus, *Direito Penal*, cit., v. 1, p. 364-5, por todos.

vínculo em relação ao resultado, que não é desejado. Os que *cooperam na causa*, isto é, na falta do dever de cuidado objetivo, agindo sem a atenção devida, são *coautores*. Nesse aspecto, a concepção brasileira assemelha-se, na essência, com a alemã, ao sustentar que toda contribuição causal a um delito não doloso equivale a produzi-lo, na condição de autor, para os alemães, na de coautor, para os brasileiros, pois, como dizia Welzel, "a coautoria é uma forma independente de autoria... A coautoria é autoria. Por isso, cada coautor há de ser autor, isto é, possuir as qualidades pessoais (objetivas e subjetivas) de autor..."[91]. Assim, no exemplo do passageiro que induz o motorista de táxi a dirigir em velocidade excessiva e contribui diretamente para um atropelamento, que para os alemães seria autor, para os espanhóis seria simples partícipe[92], para a doutrina brasileira seria coautor.

10. Concurso em crimes omissivos

Não se pode confundir *participação em crime omissivo* com participação por omissão em crime comissivo. A participação no crime omissivo ocorre normalmente através de um agir positivo do partícipe que favorece o autor a descumprir o comando legal (tipificador do crime omissivo). O paciente que *instiga* o médico a não comunicar a existência de uma enfermidade contagiosa às autoridades sanitárias não é *autor* de delito autônomo, mas *partícipe* de um crime omissivo. Já o caixa que deixa o cofre aberto para facilitar o furto é *partícipe*, com sua ação omissiva, de um crime comissivo. Assim como o crime comissivo admite a participação através de omissão, o crime omissivo também admite a participação através de comissão. O que ocorre — segundo Bustos Ramirez — é a impossibilidade de participação omissiva em crime omissivo, sob a modalidade de instigação[93]. Não se pode instigar através de omissão, pela absoluta falta de eficácia causal dessa *inatividade*.

Se o agente estiver igualmente obrigado a agir, não será partícipe, mas autor ou, como pensamos ser possível, coautor, desde que haja a consciência de anuir

---

91. Hans Welzel, *Derecho Penal alemán*, cit., p. 158.
92. Santiago Mir Puig, *Derecho Penal*, cit., p. 336; Damásio E. de Jesus, *Direito Penal*, cit., v. 1, p. 365; Julio Fabbrini Mirabete, *Manual*, cit., v. 1, p. 232.
93. Juan Bustos Ramirez: "Não é possível uma instigação omissiva; quem não faz nada enquanto outro comete um fato delitivo, não instiga" (*Manual de Derecho Penal*, cit., p. 296); Santiago Mir Puig, *Derecho Penal*, cit., p. 345; Jescheck, *Tratado*, cit., p. 961 e 967. Everardo da Cunha Luna admite a possibilidade da participação por omissão, e exemplifica com o pai que, impassível, assiste à esposa matar o filho comum por inanição. Na nossa concepção essa hipótese caracteriza autoria do pai, ou, se anuir à ação da mãe, coautoria, pois ambos têm o dever de assistência ao filho comum. O crime de omissão e a responsabilidade penal por omissão, *Revista de Direito Penal e Criminologia*, n. 33, 1982, p. 56.

à omissão de outrem. Esse vínculo subjetivo, caracterizador da *unidade delitual*, tem o mesmo efeito tanto na ação ativa quanto na passiva. Assim como o *comando* é comum nos crimes omissivos, a *proibição* da conduta criminosa é igualmente comum nos crimes comissivos, o que, nem por isso, impede a coautoria. Do afirmado fica claro que entendemos ser perfeitamente possível a *coautoria* em crime omissivo próprio[94]. Se duas pessoas deixarem de prestar socorro a uma pessoa gravemente ferida, podendo fazê-lo, sem risco pessoal, praticarão, individualmente, o crime autônomo de *omissão de socorro*. Agora, se essas duas pessoas, de comum acordo, deixarem de prestar socorro, nas mesmas circunstâncias, serão *coautoras* do crime de omissão de socorro. O princípio é o mesmo dos crimes comissivos: houve *consciência* e *vontade* de realizar um empreendimento comum, ou melhor, no caso, de não realizá-lo conjuntamente.

Pensamos que a *participação* também pode ocorrer nos chamados "crimes omissivos impróprios" (comissivos por omissão), "mesmo que o partícipe não tenha o dever jurídico de não se omitir". Claro, se tivesse tal dever seria igualmente autor, ou coautor se houvesse a resolução conjunta de se omitir. É perfeitamente possível que um terceiro, que não está obrigado ao comando da norma, *instigue* ao *garante* a não impedir o resultado. Qual seria a natureza da responsabilidade desse *instigador*, autor do crime consumado? Claro que não. A sua *atividade acessória*, secundária, contribuiu moralmente para a resolução criminosa do garante. Este é *autor* do crime ocorrido, do qual tinha o domínio do fato e o dever jurídico de impedir sua ocorrência; aquele, o *instigador*, que não estava obrigado ao comando legal e não dispunha do *domínio* da ação final, contribuiu decisivamente para a sua concretização. Não pode ficar impune, mas tampouco cometeu ilícito autônomo. A *tipicidade* de sua conduta só pode ser encontrada através da *norma integradora*, na condição de *partícipe*[95]. Se tiver o *dever jurídico* de não se omitir será autor, ou coautor, conforme já referimos, mas jamais *partícipe*.

11. Autoria colateral

Há *autoria colateral* quando duas ou mais pessoas, ignorando uma a contribuição da outra, realizam *condutas convergentes* objetivando a execução da mesma infração penal. É o agir conjunto de vários agentes, sem reciprocidade consensual, no empreendimento criminoso que identifica a autoria colateral. A *ausência do vínculo subjetivo* entre os intervenientes é o elemento caracterizador da autoria colateral. Na *autoria colateral*, não é a adesão à resolução criminosa

---

94. Contra: Mirabete, *Manual*, cit., v. 1, p. 86.
95. Delmanto só admite a participação nos crimes omissivos impróprios se o partícipe tiver o dever jurídico de impedir o resultado. Em *Código Penal comentado*, cit., p. 56.

comum, que não existe, mas o dolo dos participantes, individualmente considerado, que estabelece os limites da responsabilidade jurídico-penal dos autores[96].

Quando, por exemplo, dois indivíduos, sem saber um do outro, colocam-se de tocaia e quando a vítima passa desferem tiros, ao mesmo tempo, matando-a, cada um responderá, individualmente, pelo crime cometido. Se houvesse liame subjetivo, ambos responderiam como coautores de homicídio qualificado. Havendo *coautoria* será indiferente saber qual dos dois disparou o tiro fatal, pois ambos responderão igualmente pelo delito consumado. Já na *autoria colateral* é indispensável saber quem produziu o quê. Imagine-se que o tiro de um apenas foi o causador da morte da vítima, sendo que o do outro a atingiu superficialmente. O que matou responde pelo homicídio e o outro responderá por tentativa. Se houvesse o liame subjetivo, ambos responderiam pelo homicídio em coautoria. Imagine-se que no exemplo referido não se possa apurar qual dos dois agentes matou a vítima. Aí surge a chamada *autoria incerta*, que não se confunde com *autoria desconhecida* ou ignorada. Nesta, se desconhece quem praticou a ação; na *autoria incerta* sabe-se quem a executou, mas ignora-se quem produziu o resultado. O Código Penal de 1940 ao adotar a *teoria da equivalência das condições* pensou ter resolvido a *vexata quaestio* da chamada *autoria incerta*, quando não houver ajuste entre os concorrentes (Exp. de Motivos n. 22). Foi um equívoco: a solução só ocorre para situações em que houver, pelo menos, a adesão à conduta alheia. A autoria incerta, que pode decorrer da autoria colateral, ficou sem solução. No exemplo supracitado, punir a ambos por homicídio é impossível, porque um deles ficou apenas na tentativa; absolvê-los também é inadmissível, porque ambos participaram de um crime de autoria conhecida. A solução será condená-los por tentativa de homicídio, abstraindo-se o resultado, cuja autoria é desconhecida[97].

12. Multidão delinquente

O fenômeno da multidão criminosa tem ocupado os espaços da imprensa nos últimos tempos e tem preocupado profundamente a sociedade como um todo. Os linchamentos em praça pública, as invasões de propriedades e estádios de futebol, os saques em armazéns têm acontecido com frequência alarmante, perturbando a ordem pública. Essa forma *sui generis* de concurso de pessoas pode assumir proporções consideravelmente graves, pela facilidade de manipulação de massas que, em momentos de grandes excitações, anulam ou reduzem consideravelmente a capacidade de orientar-se segundo padrões éticos, morais e sociais[98]. A prática coletiva de delito, nessas circunstâncias, apesar de ocorrer em situação

---

96. Günther Stratenwerth, *Derecho Penal*, cit., p. 254.
97. Para mais detalhes sobre autoria incerta, veja-se Damásio, *Direito Penal*, cit., p. 375-6.
98. René Ariel Dotti, *Reforma Penal brasileira*, cit., p. 89.

normalmente traumática, não afasta a existência de *vínculos psicológicos* entre os integrantes da multidão, caracterizadores do concurso de pessoas. Nos crimes praticados por *multidão delinquente* é desnecessário que se descreva minuciosamente a participação de cada um dos *intervenientes*, sob pena de inviabilizar a aplicação da lei. A maior ou menor participação de cada um será objeto da instrução criminal.

Aqueles que praticarem o crime *sob a influência* de multidão em tumulto poderão ter suas penas atenuadas (art. 65, *e*, do CP). Por outro lado, terão a pena agravada os que promoverem, organizarem ou liderarem a prática criminosa ou dirigirem a atividade dos demais (art. 62, I, do CP).

13. Participação impunível

Verificamos que a *participação* está condicionada a dois requisitos fundamentais: (i) *eficácia causal* e (ii) *consciência de participar* na ação comum. De outro lado, sabe-se que, de regra, o crime não será punido se não foi, pelo menos, tentado. Isto é, as duas primeiras fases do *iter criminis*, elaboração mental e preparação do crime, não são puníveis, desde que esta última não constitua em si mesma algum crime. Na mesma linha de orientação estão as formas de participação que o art. 31 do Código Penal exemplifica como ajuste, determinação, instigação e auxílio. A *participação* em um crime que não chegou a iniciar não teve eficácia causal, e sem essa eficácia não há falar em participação criminosa. Nessas circunstâncias, como atividade acessória que é, a participação, em qualquer de suas formas, não será punível. A tentativa de participação é impunível, segundo Welzel[99], por duas razões: em primeiro lugar porque a participação, de regra, só constitui perigosidade criminal quando leva a um fato principal real; em segundo lugar, porque punir a simples tentativa de participação — principalmente em caso de cumplicidade — evocaria um verdadeiro *Direito Penal de ânimo*.

A ressalva do art. 31 diz respeito às hipóteses em que os atos constitutivos da participação constituem em si mesmos crimes autônomos, tipificados no ordenamento legal, como, por exemplo, a *incitação ao crime* e a *formação de quadrilha*[100].

14. Punibilidade do concurso de pessoas

A reforma penal mantém a *teoria monística*, no sentido de que, em regra, todos os *intervenientes* no fato devem responder pelo mesmo crime (unidade do título de imputação). Adota, porém, a *teoria restritiva de autor*, fazendo perfeita distinção entre *autor* e *partícipe*, que, *abstratamente*, incorrem na mesma pena cominada ao crime que praticarem. Mas que, *concretamente*, variará segundo o

---

99. Hans Welzel, *Derecho Penal alemán*, cit., p. 165.
100. Damásio E. de Jesus, *Direito Penal*, cit., p. 373.

grau de participação (§§ do art. 29 e art. 31) e a *culpabilidade* de cada participante. E em relação ao *partícipe* variará ainda de acordo com a *importância causal* da sua contribuição.

A rigor, para punir o coautor — que intervém materialmente na execução do crime — o art. 29 do CP seria desnecessário, uma vez que a *tipicidade* de sua conduta decorre diretamente da norma incriminadora violada. Contudo, esse dispositivo é indispensável para a punibilidade do *partícipe*, cuja tipicidade fundamenta-se nessa norma de extensão.

14.1. *Participação de menor importância*

Se a participação for de menor importância, a pena pode ser diminuída de um sexto a um terço (art. 29, § 1º, do CP).

A *participação* aqui referida diz respeito exclusivamente ao *partícipe* e não ao *coautor*, tratando-se, por conseguinte, de participação em sentido estrito. Ainda que a participação do coautor tenha sido pequena, terá ele *contribuído* diretamente na execução propriamente do crime. A sua culpabilidade, naturalmente superior à de um simples *partícipe*, será avaliada nos termos do art. 29, *caput*, do Código Penal, e a pena a ser fixada obedecerá aos limites abstratos previstos pelo tipo penal infringido. Já o *partícipe* que houver tido "participação de menor importância" poderá ter sua pena reduzida de um sexto a um terço, podendo inclusive, ficar aquém do limite mínimo cominado, nos termos do art. 29, § 1º. No entanto, o partícipe que teve uma atuação normal de *partícipe* na prática da infração penal (instigador ou cúmplice) deverá ter sua pena-base graduada nos termos do art. 59, devendo, naturalmente, ser considerada pelo julgador que sua *culpabilidade* é inferior a de um autor ou coautor, nos termos do art. 29, *caput, in fine*.

Dotti e Mirabete entendem que a redução prevista no art. 29, § 1º, é *facultativa*, pois o juiz poderá constatar uma *intensidade* de vontade do partícipe igual à dos demais intervenientes. E essa equivalência na determinação poderia — segundo eles — autorizar a *equiparação* no plano da culpabilidade[101]. Parece-nos, contudo, que a faculdade resume-se ao grau de redução entre um sexto e um terço da pena. Reconhecida a participação de menor importância, a redução se impõe. Será, porém, *facultado* ao juiz reduzi-la em maior ou menor grau, se constatar maior ou menor *intensidade volitiva* do partícipe, se constatar maior ou menor culpabilidade deste. Poderá efetuar a redução no sentido inverso da intensidade da culpabilidade: maior censurabilidade, menor redução, menor censurabilidade, maior redução.

---

101. René Ariel Dotti, O concurso de pessoas, *Ciência Penal*, Rio de Janeiro, Forense, 1981, p. 102; Julio Fabbrini Mirabete, *Manual*, cit., v. 1, p. 235-6.

14.2. *Cooperação dolosamente distinta*

Aqui ocorre o chamado *desvio subjetivo de condutas*. Isso acontece quando a conduta executada difere daquela idealizada a que aderira o partícipe, isto é, o conteúdo do elemento subjetivo do partícipe é diferente do crime praticado pelo autor. Por exemplo, "A" determina a "B" que dê uma surra em "C". Por razões pessoais, "B" mata "C", excedendo-se na execução do mandato. Pela lei anterior, os dois responderiam pelo delito de homicídio, podendo o partícipe beneficiar-se com uma causa de diminuição de pena (art. 48, parágrafo único). Ainda na vigência da lei anterior a doutrina e a jurisprudência repudiavam essa punição pelo delito mais grave, por caracterizar uma autêntica responsabilidade objetiva.

O desvio subjetivo de condutas recebeu um tratamento especial e mais adequado da reforma penal, ao estabelecer no art. 29, § 2º, que, "*se algum dos concorrentes quis participar de crime menos grave, ser-lhe-á aplicada a pena deste; essa pena será aumentada até metade, na hipótese de ter sido previsível o resultado mais grave*". A solução dada pela reforma leva à punição de "A", no exemplo supracitado, pelo delito de lesões corporais, que foi o crime desejado, cuja pena será elevada até a metade se o homicídio for previsível. Como afirmava Welzel, "cada um responde somente até onde alcança o acordo recíproco"[102]. A regra da disposição em exame pretende ter aplicação a todos os casos em que o partícipe quis cooperar na realização de delito menos grave. O concorrente deverá responder de acordo com o que quis, segundo o seu dolo, e não de acordo com o dolo do autor, representando, nesse sentido, uma *exceção* à regra anteriormente enunciada de que no concurso de pessoas todos os intervenientes respondem pelo mesmo crime. Com efeito, nos casos de cooperação dolosamente distinta deixará de existir a unidade do título de imputação, respondendo cada interveniente pelo tipo de injusto que praticou.

A intenção da reforma é elogiável, mas apresenta alguns inconvenientes que foram inteligentemente apontados por Damásio de Jesus[103]. Os chamados crimes *preterdolosos*, aqueles em que se costuma afirmar que há *dolo no antecedente* e *culpa no consequente*, como é o caso da lesão corporal seguida de morte, apresentam uma verdadeira *vexata quaestio*. Pela disposição da *Parte Especial*, o *autor* que, querendo produzir lesões corporais, acaba causando a morte, mesmo não a desejando, responde pelo delito de lesões corporais seguidas de morte. O *partícipe*, nas mesmas circunstâncias, segundo a norma em exame, responderá pelo delito de lesões corporais. Se o crime mais grave for previsível, sua pena será aumentada até a metade. Um verdadeiro contrassenso: o *autor* ou *coautor*

---

102. Hans Welzel, *Derecho Penal alemán*, cit., p. 155.
103. Damásio E. de Jesus (debates na sua obra coletiva, sob sua coordenação), *Curso sobre a Reforma Penal*, São Paulo, Saraiva, 1985, p. 91-2.

receberia uma pena mínima de quatro anos, e o partícipe, três meses de detenção, que poderá ser elevada até quatro e meio.

A velha doutrina fazia distinção entre "excesso nos meios" e "excesso no fim". Haveria *excesso nos meios* quando o *executor* empregasse *meios* diferentes dos que foram combinados com o *partícipe*. Nessa hipótese, a responsabilidade pelo resultado mais grave seria exclusiva do *autor do excesso*. E, por outro lado, haveria *excesso no fim* quando, embora os meios empregados fossem aqueles queridos por todos, o resultado produzido fosse mais grave do que o previsto[104]. Segundo Carrara, deve-se fazer a seguinte distinção: se o resultado mais grave decorre como *consequência natural* do fato ou por simples "culpa" do executor, a *responsabilidade se comunica* ao partícipe. O fundamento é lógico e singelo: embora o partícipe não tenha previsto nem querido aquele resultado mais grave, quis também "dolosamente" os meios utilizados, que, por sua natureza, produziram o resultado mais grave. Isso o torna tão responsável por tal resultado quanto o executor. Agora, evidentemente, se o excesso decorre de "dolo especial" do executor, somente este será o responsável pelo resultado mais grave[105].

Parece-nos que essa concepção pode e deve ser empregada nos chamados crimes *preterdolosos*, objetivando dar tratamento mais adequado aos diversos participantes de um mesmo ilícito penal, especialmente quando houver *desvio subjetivo de condutas*, afastando, assim, as dificuldades apontadas por Damásio de Jesus.

15. Comunicabilidade das circunstâncias, condições e elementares

A comunicabilidade ou incomunicabilidade das circunstâncias que envolvem autor e crime têm sido um dos mais tormentosos problemas da responsabilidade penal. A reforma de 1984 pode ter ampliado esse conflito ao incluir "as condições de caráter pessoal", distinguindo-as das circunstâncias.

Circunstâncias são dados, fatos, elementos ou peculiaridades que apenas "circundam" o fato principal. Não integram a figura típica, podendo contribuir, contudo, para aumentar ou diminuir a sua gravidade. As circunstâncias podem ser objetivas ou subjetivas. Objetivas são as que dizem respeito ao fato objetivamente considerado, à qualidade e condições da vítima, ao tempo, lugar, modo e meios de execução do crime. E subjetivas são as que se referem ao agente, às suas qualidades, estado, parentesco, motivos do crime etc. *Condições de caráter pessoal* são as relações do agente com o mundo exterior, com outros seres, com

---

104. Francesco Carrara, *Programa de Derecho Criminal*, Bogotá, Temis, 1971, p. 334-5.
105. Francesco Carrara, *Programa de Derecho Criminal*, p. 335.

estado de pessoa, de parentesco etc.[106]. *Elementares do crime* são dados, fatos, elementos e condições que integram determinadas figuras típicas. Certas peculiaridades que normalmente constituiriam circunstâncias ou condições podem transformar-se em elementos do tipo penal e, nesses casos, deixam de "circundar" simplesmente o injusto típico para integrá-lo.

O art. 30 do Código Penal determina que as circunstâncias e as condições de caráter pessoal não se comunicam, *salvo quando elementares do crime*. Por serem pessoais, dizem respeito exclusivamente ao agente que as tem como atributo. Cada agente responderá de acordo com suas circunstâncias e condições pessoais.

Ao determinar que as circunstâncias e as condições de caráter pessoal não se comunicam, *a contrario sensu* determina que as de caráter objetivo se comunicam. A *comunicabilidade* das circunstâncias objetivas, quando desconhecidas do agente, já era criticada pela doutrina, sob o império da lei anterior, que a via como uma autêntica responsabilidade objetiva[107]. A atual reforma, comprometida inteiramente com o Direito Penal da culpabilidade, procurou afastar todo e qualquer resquício da responsabilidade objetiva. Na vigência da nova lei, resumimos todo esse complexo problema da comunicabilidade das circunstâncias, condições e elementares, em duas regras básicas:

a) as circunstâncias e condições de caráter pessoal não se comunicam entre coautores e partícipes, por expressa determinação legal;

b) as circunstâncias objetivas e as elementares do tipo (sejam elas objetivas ou subjetivas) só se comunicam se entrarem na esfera de conhecimento dos participantes.

A comunicabilidade das circunstâncias objetivas e das elementares do crime deve ser examinada nos termos do art. 29, *caput*, na medida da culpabilidade de cada participante. É imperioso que o participante tenha agido ao menos culposamente em relação à circunstância objetiva ou em relação à elementar do crime para que possa haver comunicabilidade.

---

106. Julio Fabbrini Mirabete, *Manual*, cit., v. 1, p. 236; Giuseppe Maggiore, *Derecho Penal*, Bogotá, Temis, 1954, v. 2, p. 129.
107. Basileu Garcia, *Instituições de Direito Penal*, São Paulo, Max Limonad, 1982, v. 1, t. 1, p. 425.

CONSEQUÊNCIAS JURÍDICAS DO DELITO	TERCEIRA PARTE
HISTÓRIA E EVOLUÇÃO DA PENA DE PRISÃO	XXVIII

Sumário: 1. Considerações introdutórias. 2. A Antiguidade. 3. A Idade Média. 4. A Idade Moderna. 5. Causas que levaram à transformação da prisão-custódia em prisão-pena. 6. Início e fim de um mito. 7. Análise político-criminal da reincidência. 8. O objetivo ressocializador na visão da Criminologia Crítica. 8.1. Algumas sugestões de Alessandro Baratta para combater a delinquência. 9. O objetivo ressocializador "mínimo".

1. Considerações introdutórias

A prisão é uma exigência amarga, mas imprescindível. A história da prisão não é a de sua progressiva abolição, mas a de sua permanente reforma. A prisão é concebida modernamente como um mal necessário, sem esquecer que a mesma guarda em sua essência contradições insolúveis, que a pós-modernidade precisa resolver.

A origem da pena é muito remota, perdendo-se na noite dos tempos, sendo tão antiga quanto a História da Humanidade. Por isso mesmo é muito difícil situá-la em suas origens. Quem quer que se proponha a aprofundar-se na História da pena corre o risco de equivocar-se a cada passo. As contradições que se apresentam são dificilmente evitadas, uma vez que o campo encontra-se cheio de espinhos. Por tudo isso, não é uma tarefa fácil. Surge uma ampla gama de situações e variedade de fatos, que se impõem a considerações, com magníficos títulos para assumir a hierarquia de fatores principais. Porém, são insuficientes. A carência de continuidade é quase total. Há muitos exemplos. Os retrocessos, a dificuldade de fixar indicadores e perseguir sua evolução, a confrontação das tendências expiatórias e moralizadoras (estas últimas nem sempre bem definidas) dificultam qualquer pretensão narrativa de ordem cronológica. Um bom exemplo dos retrocessos referidos é a própria aparição da "prisão-pena", que ocorre em fins do século XVI, para depois ficar sepultada nos dois séculos seguintes.

Por tudo isso, é imprescindível, para uma clara exposição que permita elucidar caminho tão intrincado, separar-se da cronologia que pode nos levar a equívocos. E, então, considerando o homem delinquente — que desde Lombroso até hoje constitui o epicentro das elucubrações criminológicas e penitenciárias —, procurar elucidar as distintas formas em que seus atos foram puníveis, atendendo mais ou menos aos períodos da História da Humanidade.

2. A Antiguidade

A Antiguidade desconheceu totalmente a privação de liberdade, estritamente considerada como sanção penal. Embora seja inegável que o encarceramento de delinquentes existiu desde tempos imemoráveis, não tinha caráter de pena e repousava em outras razões[1]. Até fins do século XVIII a prisão serviu somente à contenção e guarda de réus para preservá-los fisicamente até o momento de serem julgados. Recorria-se, durante esse longo período histórico, fundamentalmente, à pena de morte, às penas corporais (mutilações e açoites) e às infamantes. Por isso, a prisão era uma espécie de "antessala" de suplícios, pois se usava a tortura, frequentemente, para descobrir a verdade. A prisão foi sempre uma situação de grande perigo, um incremento ao desamparo e, na verdade, uma antecipação da extinção física do indivíduo.

Contudo, pode-se encontrar certos resquícios de pena privativa de liberdade fazendo um retrospecto da História em suas diferentes etapas até o século XVIII, onde adquirem relevo as compilações legais da época dos princípios humanísticos de correção e moralização dos delinquentes através da pena. Porém, durante vários séculos, a prisão serviu de depósito — contenção e custódia — da pessoa física do réu, que esperava, geralmente em condições subumanas, a celebração de sua execução.

A expiação daquele que violou as normas de convivência — expressada pela aplicação das mais atrozes penalidades, como morte, mutilação, tortura e trabalhos forçados — é um sentimento comum que se une à Antiguidade mais remota. A civilização helênica (Grécia) desconheceu a privação da liberdade como pena[2]. Platão, contudo, propunha, no livro nono de *As Leis*, o estabelecimento de três tipos de prisões: "uma na praça do mercado, que servia de *custódia*; outra, denominada *sofonisterium*, situada dentro da cidade, que servia de *correção*, e uma terceira destinada ao 'suplício' que, com o fim de amedrontar, deveria constituir-se em lugar deserto e sombrio, o mais distante possível da cidade"[3]. Platão já apontava as duas ideias históricas da privação da liberdade: a prisão como pena

---

1. Luís Garrido Guzman, *Manual de Ciencia Penitenciaria*, Madrid, Edersa, 1983, p. 73.
2. Émile Durkheim, *Dos leyes de la evolución penal*, Revista de Estudios Penitenciarios, 1970, p. 640. Apesar da passagem referida por Durkheim, onde afirma que parece certo que, em alguns casos, a pena de prisão foi imposta em Atenas como castigo especial, Demóstenes diz expressamente que os tribunais tinham a faculdade de sancionar com pena de prisão ou com qualquer outro castigo, e Sócrates falou da prisão perpétua como uma espécie de castigo que poderia servir de norma.
3. Luís Garrido Guzman, *Manual de Ciencia Penitenciaria*, cit., p. 75.

e a prisão como custódia, esta última a única forma efetivamente empregada na Antiguidade. Deve-se acrescentar que a Grécia também conheceu a prisão como meio de reter os devedores até que pagassem as suas dívidas. Ficava, assim, o devedor à mercê do credor, como seu escravo, a fim de garantir seu crédito. Essa prática, inicialmente privada, foi posteriormente adotada como pública, mas ainda como medida coercitiva para forçar o devedor a pagar a sua dívida.

Os próprios romanos, que, no dizer de Carrara, foram "gigantes no Direito Civil e pigmeus no Direito Penal", só conheceram o encarceramento com fins de custódia. Como na Grécia, também em Roma existia a chamada prisão por dívidas, penalidade civil que se fazia efetiva até que o devedor saldasse, por si ou por outro, a dívida. Cuello Calón nos fala de *ergastulum*, que era o aprisionamento e reclusão dos escravos em um local ou cárcere destinado a esse fim na casa do dono[4]. Quando era necessário castigar um escravo, os juízes, por equidade, delegavam o mesmo ao *pater-familiae*, que podia determinar a sua reclusão temporária ou perpétua no referido *ergastulum*. Os lugares onde se mantinham os acusados até a celebração do julgamento eram bem diversos, já que nessa época não existia ainda uma arquitetura penitenciária própria. Os piores lugares eram empregados como prisões: utilizavam horrendos calabouços, aposentos frequentemente em ruínas ou insalubres de castelos, torres, conventos abandonados, palácios e outros edifícios. A prisão mamertina era um poço d'água, um coletor de águas, que se transformou em cárcere. Na Sicília houve depósitos de água desse tipo, dentre os quais um deles é chamado, ainda hoje, de a "fossa dos condenados". Thot afirma que a primeira prisão construída em Roma ocorreu nos tempos do imperador Alexandre Severo, e que na época dos reis e da república existiram prisões célebres: a prisão "tuliana", também chamada *latonia*, a *claudiana* e a mamertina[5].

Grécia e Roma, pois, expoentes do mundo antigo, conheceram a prisão com finalidade eminentemente de custódia, para impedir que o culpado pudesse subtrair-se ao castigo. Pode-se afirmar que de modo algum podemos admitir nessa fase da História sequer um germe da prisão como lugar de cumprimento de pena, já que praticamente o catálogo de sanções esgotava-se com a morte, penas corporais e infamantes. A finalidade da prisão, portanto, restringia-se à custódia dos réus até a execução das condenações referidas. A prisão dos devedores tinha a mesma finalidade: garantir que eles cumprissem as suas obrigações.

Com a queda de Roma e de seu Império, e a consequente invasão da Europa pelos denominados povos "bárbaros", acaba-se a Idade Antiga, segundo a divisão tradicionalmente aceita.

---

4. Cuello Calón, *La moderna penología*, Barcelona, Bosch, 1958, p. 300.
5. Luís Garrido Guzman, *Manual de Ciencia Penitenciaria*, cit., p. 76.

3. A Idade Média

Henri Sanson, o verdugo de Paris, escrevendo as suas memórias, faz a seguinte afirmação: "Até 1791 a lei criminal é o código da crueldade legal"[6]. Na realidade, a lei penal dos tempos medievais tinha como verdadeiro objetivo provocar o medo coletivo. "Não importa a pessoa do réu, sua sorte, a forma em que ficam encarcerados. Loucos, delinquentes de toda ordem, mulheres, velhos e crianças esperam, espremidos entre si em horrendos encarceramentos subterrâneos, ou calabouços de palácios e fortalezas, o suplício e a morte"[7].

Durante todo o período da Idade Média, a ideia de pena privativa de liberdade não aparece. Há, nesse período, um claro predomínio do direito germânico. A privação da liberdade continua a ter uma finalidade custodial aplicável àqueles que foram submetidos aos mais terríveis tormentos exigidos por um povo ávido de distrações bárbaras e sangrentas. A amputação de braços, pernas, olhos, língua, mutilações diversas, queima de carne a fogo, e a morte, em suas mais variadas formas, constituem o espetáculo favorito das multidões desse período histórico[8]. No entanto, nessa época, surgem a prisão de Estado e a prisão eclesiástica. Na prisão de Estado, na Idade Média, somente podiam ser recolhidos os inimigos do poder, real ou senhorial, que tivessem cometido delitos de traição, ou os adversários políticos dos governantes. A prisão de Estado apresenta duas modalidades: a prisão-custódia, onde o réu espera a execução da verdadeira pena aplicada (morte, açoite, mutilações etc.), ou como detenção temporal ou perpétua, ou ainda até perceber o perdão real[9]. Essas prisões tinham, não raras vezes, originariamente outra finalidade e, por isso, não apresentavam uma arquitetura adequada. Os exemplos mais populares são a "Torre de Londres", a "Bastilha de Paris", "Los Plomos", porões e lugares lúgubres dos palácios onde eram encarcerados os réus, como o do Palácio Ducal de Veneza, que ficou conhecido como "Ponte dos Suspiros"[10].

A prisão eclesiástica, por sua vez, destinava-se aos clérigos rebeldes e respondia às ideias de caridade, redenção e fraternidade da Igreja, dando ao internamento um sentido de penitência e meditação. Recolhiam os infratores em uma ala dos mosteiros para que, por meio de penitência e oração, se arrependessem do mal causado e obtivessem a correção ou emenda. Por volta do ano 1000

---

6. Carlos García Valdés, *Estudios de Derecho Penitenciario*, Madrid, Tecnos, 1982, p. 14.
7. Elías Neuman, *Evolución de la pena privativa de libertad y régimenes carcelarios*, Buenos Aires, Pannedille, 1971, p. 29.
8. Luís Garrido Guzman, *Manual de Ciencia Penitenciaria*, cit., p. 77.
9. García Valdés, *Introducción a la penología*, Madrid, Universidad Compostela, 1981, p. 72 e s.
10. Cezar Roberto Bitencourt, *Falência da pena de prisão — causas e alternativas*, São Paulo, Revista dos Tribunais, 1993, p. 18.

descreve-se a prisão do mosteiro dos "clunienses" como um aposento subterrâneo, sem portas nem janelas, ao qual se descia por uma escada. Tinha de ter luz para que os irmãos pecadores pudessem ler o breviário e os livros sagrados. A prisão canônica era mais humana que o regime secular, que era baseado em suplícios e mutilações, porém, é impossível equipará-la à prisão moderna. Foi por iniciativa eclesiástica que no século XII surgiram as prisões subterrâneas, que tornaram célebre a expressão *vade in pace* (vá em paz); eram assim denominadas porque os réus eram despedidos com essas palavras, e aquele que entrava nelas não saía com vida. Eram masmorras nas quais se descia por meio de escadas ou através de poços onde os presos eram dependurados com uma corda.

A Idade Média também se caracterizou por um Direito ordálico, que também foi utilizado pelo Direito espanhol. "A melhor prova de maldade do indivíduo é o abandono que dele faz Deus ao retirar-lhe a sua ajuda para superar as provas a que é submetido — da água, do fogo, do ferro candente etc. — com o que se faz merecedor automático do castigo, julgamento de Deus cujo resultado se aceita mais ou menos resignadamente (...). O culpado, isto é, quem não supera a prova, convence a si mesmo de sua própria maldade e abandono de Deus; se não estivesse em pecado — se não tivesse cometido um delito — sairia feliz da mesma, não há a menor dúvida"[11]. Como consequência da forma de obter a prova do crime, havia um elevado índice de erros judiciários, o que é absolutamente natural.

Para Hilde Kaufmann, a pena privativa de liberdade foi produto do desenvolvimento de uma sociedade orientada à consecução da felicidade, surgida do pensamento calvinista cristão[12]. O pensamento cristão, com algumas diferenças entre o protestantismo e o catolicismo, proporcionou, tanto no aspecto material como no ideológico, bom fundamento à pena privativa de liberdade. Por essa razão, não é casual que se considere que uma das poucas exceções à prisão-custódia do século XVI fosse a prisão canônica. Tratava-se de uma reclusão que só se aplicava em casos muito especiais a alguns membros do clero. A Igreja já conhecia, antes que fosse aplicada na sociedade civil, uma instituição que continha certos pontos que serviam para justificar e inspirar a prisão moderna.

A prisão dos mosteiros, segundo Von Hentig, irradia fluxos arquitetônicos e psicológicos que ainda perduram. A cela "monacal" cumpria a totalidade de propósitos que a clausura perseguia, embora não se deva esquecer que, na prisão monacal, misturam-se antigos métodos mágicos com a separação do espaço e a purificação mediante as regras ordinárias da detenção. Encontram-se, entre elas,

---

11. García Valdés, *Estudios de Derecho Penitenciario*, cit., p. 15-6.
12. Hilde Kaufmann, *Principios para la reforma de la ejecución penal*, Buenos Aires, Depalma, 1977, p. 18-9.

a fustigação corporal, a escuridão e o jejum, junto com o isolamento, que protege do contágio moral[13].

Inegavelmente, o Direito Canônico contribuiu decisivamente para com o surgimento da prisão moderna, especialmente no que se refere às primeiras ideias sobre a reforma do delinquente. Precisamente do vocábulo "penitência", de estreita vinculação com o Direito Canônico, surgiram as palavras "penitenciário" e "penitenciária". Essa influência veio completar-se com o predomínio que os conceitos teológico-morais tiveram, até o século XVIII, no Direito Penal, já que se considerava que o crime era um pecado contra as leis humanas e divinas.

4. A Idade Moderna

Durante os séculos XVI e XVII a pobreza se abate e se estende por toda a Europa. Contra os deserdados da fortuna que delinquem quotidianamente para subsistir experimenta-se todo tipo de reações penais, mas todas falham.

O panorama na França era o seguinte: "As guerras religiosas tinham arrancado da França uma boa parte de suas riquezas. No ano de 1556 os pobres formavam quase a quarta parte da população. Estas vítimas da escassez subsistiam das esmolas, do roubo e assassinatos. O parlamento tratou de enviá-los às províncias. No ano 1525 foram ameaçados com o patíbulo, em 1532 foram obrigados a trabalhar nos encanamentos para esgotos, acorrentados de dois a dois, em 1554 foram expulsos da cidade pela primeira vez, em 1561 condenados às galés e em 1606 decidiu-se, finalmente, que os mendigos de Paris seriam açoitados em praça pública, marcados nas costas, teriam a cabeça raspada e logo expulsos da cidade"[14]. Tudo isso logo cresceu desmesuradamente. Esse fenômeno estendeu-se por toda a Europa. Por razões de política criminal era evidente que, ante tanta delinquência, a pena de morte não era uma solução adequada, já que não se podia aplicá-la a tanta gente. Sobre isso nos fala com sua autoridade Hans von Hentig[15]: "Os distúrbios religiosos, as longas guerras, as destruidoras expedições militares do século XVII, a devastação do país, a extensão dos núcleos urbanos e a crise das formas feudais de vida e da economia agrícola haviam ocasionado um enorme aumento da criminalidade em fins do século XVII e início do XVIII". Contudo, como em algum lugar tinham de estar, iam de uma cidade a outra. Eram demasiados para serem todos enforcados, e a sua miséria, como todos sabiam, era maior que a sua má vontade; na Europa, cindida em numerosos Estados minúsculos e cidades independentes, ameaçavam, só com sua massa crescente, dominar o poder do Estado.

---

13. Von Hentig, *La pena*, Madrid, ESPASA-CALPE, 1967, v. 1, p. 200.
14. De Groote, *La locura a través de los siglos*, Barcelona, 1970, p. 101, citação encontrada em Carlos García Valdés, *Estudios de Derecho Penitenciario*, cit., p. 26.
15. Von Hentig, *La pena*, cit., p. 213-4.

Na segunda metade do século XVI iniciou-se um movimento de grande transcendência no desenvolvimento das penas privativas de liberdade: a criação e construção de prisões organizadas para a correção dos apenados. Os açoites, o desterro e a execução foram os principais instrumentos da política social na Inglaterra até a metade do século XVI (1552), quando as condições socioeconômicas, especialmente, mudaram. Para fazer frente ao fenômeno sociocriminal, que preocupava as pequenas minorias e as cidades, dispuseram-se elas mesmas a defender-se, criando *instituições de correção* de grande valor histórico penitenciário. A pedido de alguns integrantes do clero inglês, que se encontravam muito preocupados pelas proporções que havia alcançado a mendicidade em Londres, o rei lhes autorizou a utilização do castelo de Bridwell, para que nele se recolhessem os vagabundos, os ociosos, os ladrões e os autores de delitos menores[16].

A suposta finalidade da instituição, dirigida com mão de ferro, consistia na reforma dos delinquentes por meio do trabalho e da disciplina. O sistema orientava-se pela convicção, como todas as ideias que inspiraram o penitenciarismo clássico, de que o trabalho e a férrea disciplina são um meio indiscutível para a reforma do recluso. Ademais, a instituição tinha objetivos relacionados com a prevenção geral, já que pretendia desestimular outros da vadiagem e da ociosidade. Essa experiência deve ter alcançado notável êxito, já que em pouco tempo surgiram em vários lugares da Inglaterra *houses of correction* ou *bridwells*, como eram denominadas, indistintamente. O auge dos *bridwells* foi considerável, especialmente a partir da segunda metade do século XVII. O fundamento legal mais antigo das *houses of correction* encontra-se em uma lei do ano 1575, onde se definia a sanção para os vagabundos e o alívio para os pobres, determinando a construção de uma casa de correção por condado, pelo menos[17]. Posteriormente, uma lei de 1670 definiu um estatuto para os *bridwells*.

Sob similares orientações e seguindo a mesma linha de desenvolvimento, surgem na Inglaterra as chamadas *workhouses*. No ano de 1697, como consequência da união de várias paróquias de Bristol, surge a primeira *workhouse* da Inglaterra. Outra se estabelece em 1707 em Worcester e uma terceira no mesmo ano em Dublin. O desenvolvimento e o auge das casas de trabalho terminam por estabelecer uma prova evidente sobre as íntimas relações que existem, ao menos em suas origens, entre a prisão e a utilização da mão de obra do recluso, bem como a conexão com as suas condições de oferta e procura[18]. Criaram-se em Amsterdã, no ano de 1596, casas de correção para homens, as *Rasphuis*; em 1597

---

16. Cuello Calón, *La moderna penología*, cit., p. 303.
17. Melossi e Pavarini, *Cárcel y fábrica — los orígenes del sistema penitenciario*, siglos XVI-XIX, 2ª ed., México, 1985, p. 32; García Valdés. *El nacimiento de la pena privativa de libertad*, in CPC, 1977, p. 39.
18. Cezar Roberto Bitencourt, *Falência da pena de prisão*, cit., p. 25.

outra prisão, a *Spinhis*, para mulheres, e em 1600 uma seção especial para jovens. Essas instituições, assim como as inglesas, foram criadas, geralmente, para tratar a pequena delinquência. Para os que cometiam delitos mais graves mantinha-se ainda a aplicação de outras penas, como o exílio, açoites, pelourinho etc. Para o controle do crime, sob o ponto de vista global, confiavam, ainda, nos códigos penais, principalmente nas penas pecuniárias e corporais e em penas capitais. Contudo, não se pode negar que as casas de trabalho ou de correção, embora destinadas a uma pequena delinquência, já assinalam o surgimento da pena privativa de liberdade moderna.

As prisões de Amsterdã, edificadas expressamente para tal fim, contando com um programa de reforma, alcançaram um grande êxito e foram imitadas em muitos países europeus. Constituíam um fato excepcional. Foi necessário esperar mais de dois séculos para que as prisões fossem consideradas um lugar de correção e não de simples custódia do delinquente à espera de julgamento[19]. Mas uma das mais duras modalidades de pena de prisão surgidas no século XVI foi a pena de *galés*. Ela foi uma das mais cruéis dentre as aplicadas nesses tempos. A galé foi uma prisão flutuante. Grande número de condenados a penas graves e prisioneiros de guerra eram destinados como escravos ao serviço das galés militares, onde eram acorrentados a um banco e ficavam, sob ameaça de um chicote, obrigados a remar. Refere Cuello Calón que alguns países mantiveram essa pena até o século XVIII. "Inglaterra, França, Espanha, Veneza, Génova, Nápoles, os Estados do Papa utilizaram as galés[20]".

Em meados do século XVII surge na Europa uma obra importante sob o ponto de vista penitenciário, que deixaria ideias positivistas, nesse campo, ainda que incipientes. Trata-se do famoso "Hospício de San Felipe Neri", fundado em Florença (em 1667), pelo sacerdote Filippo Franci, que pôs em prática uma ideia de Hipólito Francini. A instituição destinava-se, inicialmente, à reforma de crianças errantes, embora mais tarde tenham sido admitidos jovens rebeldes e desencaminhados. Aplicava-se um regime celular estrito. A pessoa do interno era desconhecida para seus companheiros de reclusão graças a um capuz com que se cobriam a cabeça nos atos coletivos. Essas ideias seriam posteriormente incorporadas pelo regime celular do século XIX. A obra de Filippo Franci é um importante antecedente do regime celular e nela se reflete seu profundo sentido religioso.

O trabalho de Filippo Franci produziu muito boa impressão em Jean Mabillon, um monge beneditino francês, quando este passou por Florença. Mabillon escreveu um livro intitulado *Reflexões sobre as prisões monásticas* (1695 ou 1724). Essa obra considera a experiência punitiva do tipo carcerário que se havia

---

19. Garrido Guzman, *Compendio de Ciencia Penitenciaria*, Universidad de Valencia, 1976, p. 51.
20. Cuello Calón, *La moderna penología*, cit., p. 302.

aplicado no Direito Penal canônico e formula uma série de considerações que antecipam algumas das afirmações típicas do Iluminismo sobre o problema penal. Defende a proporcionalidade da pena de acordo com o delito cometido e a força física e espiritual do réu. Dá grande importância ao problema da reintegração do apenado à comunidade, e, nesse sentido, pode ser considerado um dos primeiros defensores dessa ideia[21].

Outro dos importantes iniciadores da reforma carcerária e do sentido reabilitador e educativo da pena privativa de liberdade foi "Clemente XI" (1649-1721). Suas ideias foram colocadas em prática na "Casa de Correção de São Miguel" (em Roma), fundada por sua iniciativa em 14 de novembro de 1703. O regime era misto, já que trabalhavam durante o dia em comum e, à noite, mantinham-se isolados em celas, permanecendo, durante todo o dia, com a obrigação de guardar absoluto silêncio. O ensino religioso era um dos pilares fundamentais da instituição; o regime disciplinar mantinha-se à custa de fortes sanções. O isolamento, o trabalho, a instrução religiosa e uma férrea disciplina eram os meios que se utilizavam para a correção[22].

5. Causas que levaram à transformação da prisão-custódia em prisão-pena

Consideramos interessante e sugestiva a análise de Dario Melossi e Massimo Pavarini sobre as causas que explicam o surgimento das primeiras instituições de reclusão na Inglaterra e na Holanda. Por essa razão convém citá-los. Dizem esses autores: "... É na Holanda, na primeira metade do século XVII, onde a nova instituição da casa de trabalho chega, no período das origens do capitalismo, à sua forma mais desenvolvida. É que a criação desta nova e original forma de segregação punitiva responde mais a uma exigência relacionada ao desenvolvimento geral da sociedade capitalista que à genialidade individual de algum reformador"[23]. Os modelos punitivos não se diversificam por um propósito idealista ou pelo afã de melhorar as condições da prisão, mas com o fim de evitar que se desperdice a mão de obra e ao mesmo tempo para poder controlá-la, regulando a sua utilização de acordo com as necessidades de valoração do capital. "É necessário esclarecer, naturalmente, que tal hipótese, baseada sobretudo na relação existente entre força de trabalho e trabalho forçado (entendido como trabalho não livre), não esgota a complexa realidade das 'Workhouses'. De modo algum, como já vimos para a Inglaterra, são o único instrumento com o qual se

---

21. Elías Neuman, *Evolución de la pena*, cit., p. 34; Cuello Calón, *La moderna penología*, cit., p. 305.
22. Elías Neuman, *Evolución de la pena*, cit., p. 34.
23. Dario Melossi e Massimo Pavarini, *Cárcel y fábrica — los orígenes del penitenciarismo, siglos XVI-XIX*, 2ª ed., México, Siglo XXI, 1985, p. 35.

procura baixar salários e controlar a força de trabalho, nem tampouco referidas casas têm este como único objetivo.

A respeito do primeiro ponto, já vimos como na Inglaterra — mas neste período é válido em um sentido mais geral — as casas de trabalho acompanham tetos salariais estabelecidos por lei, prolongamento da jornada de trabalho, proibições para que os trabalhadores se reúnam e se organizem etc. Na realidade, a relativa exiguidade quantitativa que sempre caracterizou essa experiência induz a considerá-la mais como uma demonstração do nível que havia alcançado a luta de classes do que como um dos fatores que a impulsionam"[24]. A função da casa de trabalho é indubitavelmente mais complexa que a de taxar simplesmente o salário livre. Ou, pelo menos, pode-se também dizer que este último objetivo deve ser entendido na plenitude de seu significado, isto é, como controle de força de trabalho, da educação e *domesticação* do trabalhador. Como afirma Marx[25], "a aprendizagem da disciplina de seu novo estado, isto é, a transformação do trabalhador agrícola expulso da terra em operário, com tudo o que isso significa, é um dos fins fundamentais que, em suas origens, o capital teve de se propor. A organização das casas de trabalho, e de tantas outras organizações parecidas, responde, antes de mais nada, a essa necessidade. É evidente que esse problema não está separado do que estabelece o mercado de trabalho, isso não só porque através da institucionalização das casas de trabalho de um setor, embora limitado, da força de trabalho obtém-se um duplo resultado: ao contrário do trabalho livre, com o trabalho forçado, geralmente mais rebelde, força-se a aprendizagem da disciplina, e também a docilidade ou a oposição da classe operária nascente às condições de trabalho depende da força que tenha no mercado, pois na medida em que a oferta de mão de obra é escassa, aumenta a sua capacidade de oposição e de resistência, e a sua possibilidade de luta".

Essa análise encontra-se estreitamente vinculada com o materialismo histórico, predominando a ideia de que as condições econômicas, em última instância, condicionam a natureza e o caráter da superestrutura. Dentro desta, como parte da superestrutura jurídica, encontra-se a prisão. Para Melossi e Pavarini, a prisão surge quando se estabelecem as casas de correção holandesas e inglesas, cuja origem não se explica pela existência de um propósito mais ou menos humanitário e idealista, mas pela necessidade que existia de possuir um instrumento que permitisse não tanto a reforma ou reabilitação do delinquente, mas a sua submissão ao regime dominante (capitalismo). Serviu também como meio de controle dos salários, permitindo, por outro lado, que mediante o efeito preventivo-geral da prisão se pudesse "convencer" os que não cometeram nenhum delito de que deviam aceitar a hegemonia da classe proprietária dos bens de produção. Já não

---

24. Dario Melossi e Massimo Pavarini, *Cárcel y fábrica*, cit., p. 36.
25. Karl Marx, *Il capitale*, Roma, 1970, v. I, p. 192-193.

se trata de dizer que a correção sirva para alcançar uma ideia metafísica e difusa de liberdade, mas que procura disciplinar um setor da força de trabalho "para introduzi-lo coativamente no mundo da produção manufatureira"[26], tornando o trabalhador mais dócil e menos provido de conhecimentos, impedindo, dessa forma, que possa apresentar alguma resistência.

Na realidade, o objetivo fundamental das instituições de trabalho holandesas e inglesas era que o trabalhador aprendesse a disciplina capitalista de produção. Também a religião, especialmente no caso da Holanda, permitiria reforçar os elementos ideológicos que fortaleceriam a hegemonia da burguesia capitalista. O ponto de vista religioso fundamentava-se no calvinismo, que predominava na jovem república holandesa, "cuja função no complexo social era reforçar o dogma do trabalho, e, por conseguinte, a submissão ideológica, dentro do processo manufatureiro, mas que na casa de correção tinha como objetivo próprio, antes de mais nada, a aceitação da ideologia, da *Weltanshaung burguesa-calvinista*, e só em um segundo momento a exploração e a extração da mais-valia"[27]. Não só interessa que o recluso aprenda a disciplina de produção capitalista, que se submeta ao sistema, mas que faça uma introspecção da cosmovisão e da ideologia da classe dominante (bloco hegemônico). A eficácia, sob o ponto de vista da produtividade econômica, é um objetivo secundário, já que as condições de vida carcerária não o permitem; o objetivo prioritário é que o recluso aprenda a disciplina da produção.

Esse aprendizado inicia-se a partir do momento em que se pagam baixos salários aos que prestam serviços na casa de trabalho, já que, se o sistema é particularmente opressivo no método de trabalho, facilmente se poderá preparar o recluso para que se adapte e obedeça enquanto se encontre na prisão[28]. Não interessa a reabilitação ou emenda; o que importa é que o delinquente se submeta, que o sistema seja eficaz por meio de uma obediência irreflexiva. Por outro lado, a dureza particular das condições no interior da casa de correção tem, ademais, "outro efeito sobre o exterior, o que os juristas chamam de *prevenção geral*, ou seja, uma função de intimidação, através da qual o trabalhador livre, antes de arriscar terminar na casa de trabalho ou prisão, prefere aceitar as condições impostas ao trabalho. O regime interno da casa de correção visa, assim, além da absoluta premência que nela se dá ao trabalho, a acentuar o papel dessa *Weltanshaung* burguesa que o proletariado livre nunca aceitará completamente"[29].

A prisão nunca será — vista desde a sua origem, nas casas de correção holandesas e inglesas — mais do que uma instituição subalterna à fábrica, assim como

---

26. Dario Melossi e Massimo Pavarini, *Cárcel y fábrica*, cit., p. 41.
27. Dario Melossi e Massimo Pavarini, *Cárcel y fábrica*, cit., p. 41-42.
28. Dario Melossi e Massimo Pavarini, *Cárcel y fábrica*, cit., p. 42.
29. Dario Melossi e Massimo Pavarini, *Cárcel y fábrica*, cit., p. 42.

a família mononuclear, a escola, o hospital, o quartel e o manicômio, que servirão para garantir a produção, a educação e a reprodução da força de trabalho de que o capital necessite. O segredo das *workhouses* ou das *rasphuis* está na representação em termos ideais da concepção burguesa da vida e da sociedade, em preparar os homens, principalmente os pobres, os não proprietários, para que aceitem uma ordem e uma disciplina que os faça dóceis instrumentos de exploração.

A tese de Melossi e Pavarini parte de um ponto de vista marxista sobre as casas de correção e de trabalho inglesas e holandesas; recusam a ideia de que estas procuram a reforma ou emenda do delinquente; ao contrário — afirmam —, servem como instrumento de dominação, tanto no aspecto político como no econômico e ideológico. Servem para impor a hegemonia de uma classe sobre outra, eliminando toda possibilidade de surgir uma ação que ponha em perigo a homogeneidade do bloco de dominação socioeconômica.

A relação existente entre prisão e mercado de trabalho, entre internamento e adestramento para a disciplina fabril, segundo Guido Neppi Modona[30], não pode ser posta em dúvida depois da investigação de Melossi e Pavarini, "mas ao lado desta lógica econômica existem provavelmente outras que não são simplesmente coberturas ideológicas ou justificações éticas. A explicação para uma reconstrução da função global das instituições segregatórias no longo período de sua gestação, entre o século XVI e o século XVIII, provavelmente está em uma perspectiva que considere também outros componentes certamente contraditórios e menos racionais, que voltaremos a encontrar nas atuais instituições prisionais e que englobam um amplo leque de movimentações, às vezes claramente mistificatórias, às vezes reais, que vão desde as exigências de defesa social até o mito da recuperação e reeducação do delinquente, desde o castigo punitivo em si até os modelos utópicos de microcosmos disciplinários perfeitos". Essa objeção aponta em direção a um aspecto importante: não se deve aplicar uma perspectiva unilateral ao buscar explicação para a origem e função da prisão. É necessário considerar outros tipos de motivação, que, embora possam ser irracionais, também contribuem, em maior ou menor grau, para explicar as causas que levam ao surgimento de uma resposta penológica como a prisão, que ainda se mantém vigente, apesar de encontrar-se em crise. A difusão da pena consistente na detenção do culpado e o modo de produção capitalista contribuem de maneira determinante para a compreensão do fenômeno e destroem definitivamente os mitos e os lugares-comuns da imutabilidade da prisão através dos séculos. "Nesse sentido, é particularmente convincente a relação de interdependência entre as mutáveis condições do mercado de trabalho, o brusco descenso da curva de incremento demográfico, a introdução das máquinas e a passagem do sistema

---

30. Guido Neppi Modona, comentário feito no prefácio da obra de Melossi e Pavarini, *Cárcel y fábrica,* cit., p. 10.

manufatureiro ao sistema de fábrica propriamente dito, por um lado, e a súbita e sensível piora das condições de vida nas prisões, por outro lado, a partir da segunda metade do século XVIII na Inglaterra"[31].

A análise marxista, tal como a realizada por Melossi e Pavarini, enfrenta um problema teórico difícil e que não pode ser ignorado: trata-se das relações entre a estrutura e a superestrutura. Esse problema se agrava quando se aplica a análise marxista a um problema social concreto, já que a "interação da Natureza e da Ideia, da infraestrutura (econômica) e da superestrutura (ideológica, filosófica, moral, religiosa, jurídica etc.), não é em sentido único. Marx e Engels afirmaram várias vezes que os *reflexos ideológicos* (que nós chamamos espirituais), embora não possuam realidade própria e não sejam mais que um produto do processo econômico, voltam, entretanto, a atuar, por sua vez, nestes processos materiais. Têm surgido, recentemente, alguns textos nos quais Marx e Engels se escusam de não ter podido insistir mais amplamente sobre essa ação de regresso do homem e de suas ideias"[32]. As relações entre a infraestrutura e a superestrutura são difíceis de precisar quando se aplica a análise marxista a um problema social concreto, já que não é fácil poder determinar o sentido e o alcance que tem a interação entre a infraestrutura e a superestrutura. O mais fácil, como se faz frequentemente, é converter a infraestrutura econômica no elemento dominante e explicativo de qualquer processo ou instituição social. Mas esse procedimento não daria bons resultados, não só porque não se ajusta a uma interpretação autenticamente marxista como também porque se converte em uma análise simplista e mecanicista. Analisando de uma perspectiva dinâmica (com um sentido dialético), onde não fosse possível uma visão unilateral sobre as relações entre infraestrutura e superestrutura, não seria suficiente dizer que a prisão e seu afã de reforma são simples reflexos das necessidades e da evolução da infraestrutura econômica, senão que se deve admitir que aqueles têm, como parte da superestrutura, relativa autonomia em relação à infraestrutura econômica. Por essa razão resulta insuficiente a afirmação de que a prisão e seu afã de reforma são simples reflexos do modo de produção capitalista, já que sua função se circunscreve a impor a dominação econômica e ideológica da classe dominante.

Também seria ingênuo pensar que a pena privativa de liberdade surgiu só porque a pena de morte estava em crise ou porque se queria criar uma pena que se ajustasse melhor a um processo geral de humanização ou, ainda, que pudesse conseguir a recuperação do criminoso. Esse tipo de análise incorreria no erro de ser excessivamente abstrato e partiria de uma perspectiva a-histórica. Existem

---

31. Guido Neppi Modona, *Cárcel y fábrica*, cit., p. 10.
32. Emmanuel Mounier, *Manifiesto al servicio del personalismo* (t. I das Obras completas), 1974, p. 587 e 588.

várias causas que explicam o surgimento da prisão. Dentre as mais importantes podem ser citadas as seguintes:

a) Do ponto de vista das ideias, a partir do século XVI, valoriza-se mais a liberdade e se impõe progressivamente o racionalismo. Até o século XVII o mal, com tudo o que tem de violento e desumano, não se compreende nem se castiga se não for exposto à luz do dia para compensar a noite em que o crime surgiu. Há um ciclo de consumação do mal — diz-nos Michel Foucault[33] —, que passa necessariamente pela confissão pública para tornar-se patente, antes de chegar à conclusão que o suprime.

b) Surge a má consciência, que procura substituir a publicidade de alguns castigos pela vergonha. Existem aspectos no mal que possuem tal poder de contágio e força de escândalo que a publicidade os multiplicaria ao infinito. Esse sentimento começa a esboçar-se em princípios do século XV. "Não há a menor dúvida de que a prisão presta-se muito bem para ocultar o castigo e até para esquecer-se das pessoas a que se impôs a sanção"[34].

c) Os transtornos e mudanças socioeconômicas que se produziram com a passagem da Idade Média para a Idade Moderna, e que tiveram sua expressão mais aguda nos séculos XV, XVI e XVII, tiveram como resultado a aparição de grande quantidade de pessoas que sofriam de uma pobreza extrema e que deviam dedicar-se à mendicidade ou a praticar atos delituosos[35]. Houve um crescimento excessivo de delinquentes em todo o velho continente. A pena de morte caíra em desprestígio e não respondia mais aos anseios de justiça. Por razões penológicas era necessário procurar outras reações penais. Sobre isso também nos fala Von Hentig:

"A pena privativa de liberdade — assinala — não tem uma longa história (...). Na segunda metade do século XVIII, o arco da pena de morte estava excessivamente tenso. Não tinha contido o aumento dos delitos nem o agravamento das tensões sociais, nem tampouco havia garantido a segurança das classes superiores. O pelourinho fracassava frequentemente em se tratando de delitos leves ou de casos dignos de graça, uma vez que a publicidade da execução dava lugar mais à compaixão e à simpatia do que ao horror. O desterro das cidades e as penas corporais tinham contribuído para o desenvolvimento de um banditismo sumamente perigoso, que se estendia com impetuosa rapidez quando as guerras e as revoluções haviam desacreditado e paralisado os velhos poderes. A pena privativa de liberdade foi a nova grande invenção social, intimidando sempre, corrigindo amiúde, que devia fazer retroceder o delito, quiçá, derrotá-lo, no

---

33. Michel Foucault, *Historia de la locura en la época clásica*, México, 1967, p. 73-74.
34. Carlos García Valdés, *Hombres y cárceles; historia y crisis de la privación de libertad*, Espanha, Cuadernos para El Diálogo (Colección Suplementos n. 52), 1974, p. 11-12.
35. Hans von Hentig, *La pena*, Madri, Espasa-Calpe, 1967, v. 1, p. 185-186.

mínimo, cercá-lo entre muros. A crise da pena de morte encontrou aí o seu fim, porque um método melhor e mais eficaz ocupava o seu lugar, com exceção de alguns poucos casos mais graves".

A crise da pena de morte deu origem a uma nova modalidade de sanção penal: a pena privativa de liberdade, uma grande invenção que demonstrava ser meio mais eficaz de controle social.

d) Finalmente, a razão econômica foi um fator muito importante na transformação da pena privativa de liberdade. Sobre esse aspecto, Foucault[36] expõe aguda análise, considerando: "O confinamento, esse fato massivo cujos sinais encontramos em toda a Europa do século XVII, é um assunto de polícia. Polícia no sentido sumamente preciso que se dá ao vocábulo na época clássica, isto é, o conjunto de medidas que fazem do trabalho algo ao mesmo tempo possível e necessário para todos aqueles que não poderiam viver sem ele (...) antes de ter o sentido medicinal que lhe atribuímos ou que ao menos queremos conceder-lhe, o confinamento foi uma exigência de algo muito distinto da preocupação da cura. O que o fez necessário foi um imperativo de trabalho. Onde a nossa filantropia quer reconhecer sinais de benevolência à doença, ali encontramos somente a condenação da ociosidade". Foucault[37] acrescenta em seguida que "em toda a Europa o internamento tem o mesmo sentido, pelo menos no início. É uma das respostas dadas pelo século XVII a uma crise econômica que afeta o mundo ocidental em seu conjunto: queda de salários, desemprego, escassez da moeda etc. Esse conjunto de fatos deve-se provavelmente a uma crise da economia espanhola. A própria Inglaterra, que é o país da Europa ocidental menos dependente do sistema, precisa resolver os mesmos problemas...". Fora das épocas de crise o confinamento adquire outro sentido. À sua função de repressão adiciona-se uma nova utilidade. Agora já não se trata de encerrar os desempregados, mas de dar trabalho àqueles que estão encerrados e fazê-los úteis à prosperidade geral. A alternância é clara: mão de obra barata, quando há trabalho e salários altos; e, em períodos de desemprego, reabsorção dos ociosos e proteção social contra a agitação e os motins. Não esqueçamos que as primeiras casas de internamento aparecem na Inglaterra nos pontos mais industrializados do País: Worcester, Norwich, Bristol[38].

E conclui Foucault[39], em resumo: "A época clássica utiliza o confinamento de maneira equivocada, para fazê-lo desempenhar um duplo papel: reabsorver o desemprego, ou, pelo menos, apagar os seus efeitos sociais mais visíveis e

---

36. Michel Foucault, *Historia de la locura en la época clásica*, cit., p. 54-55.
37. Michel Foucault, *Historia de la locura en la época clásica*, cit., p. 58.
38. Cezar Roberto Bitencourt, *Falência da pena de prisão*, 3ª ed., São Paulo, Saraiva; Michel Foucault, *Historia de la locura en la época clásica*, cit., p. 16-17.
39. Michel Foucault, *Historia de la locura en la época clásica*, cit., p. 62-63.

controlar as tarifas quando houver risco de subirem muito; atuar alternativamente sobre o mercado de mão de obra e os preços de produção. Na realidade, parece que as casas de confinamento não puderam realizar eficazmente a obra que delas se esperava. Se absorviam os desempregados era sobretudo para dissimular a miséria e evitar os inconvenientes políticos ou sociais de uma possível agitação, mas ao mesmo tempo em que eram colocados em oficinas obrigatórias, o desemprego aumentava nas regiões vizinhas e nos setores similares".

A razão político-econômica apresenta-se muito clara quanto à sua influência decisiva na mudança de "prisão-custódia" para "prisão-pena". À motivação de política criminal e penológica, referida pela maioria dos autores, como causa determinante da transformação, devemos acrescentar a motivação econômica, referida por Foucault. Não basta mencionar a "pequena criminalidade da fraude", os bandos de esfarrapados e famintos que percorrem o mundo como sequela das destrutoras guerras, e que eram muitos, para poderem ser todos enforcados, ou que o arco da pena de morte encontrava-se excessivamente tenso. Dario Melossi e Massimo Pavarini[40] interpretam de forma semelhante a Foucault a origem e função da pena privativa de liberdade no capitalismo desenvolvido. O trabalho, na maioria das vezes forçado, sempre esteve muito vinculado à prisão; inclusive se diz que houve mais interesse em que a pena consistisse em trabalho pesado que propriamente em privação da liberdade. Em muitas oportunidades, dependendo da situação da oferta de mão de obra, seguindo a análise de Foucault, empregou-se o trabalho com sentido utilitário, visando alcançar a maior produtividade possível, quer em benefício do Estado, quer de particulares.

Não se pode ignorar o forte condicionamento que a estrutura socioeconômica impõe às ideias reformistas — sobretudo razões econômicas e de necessidade de dominação — que propiciaram o nascimento da pena privativa de liberdade. Precisamente, os propósitos reformistas de que tanto se tem falado (desde os penitenciaristas clássicos) não se realizam pelo poderoso condicionamento e limitação que impõem as necessidades do mercado de trabalho e as variações nas condições econômicas. A motivação econômica referida por Foucault é determinante para o salto qualitativo que dá à prisão[41].

É interessante apontar que a vinculação da prisão à necessidade de ordem econômica, que inclui a dominação da burguesia sobre o proletariado, dito em termos muito esquemáticos, faz surgir a tese de que *é um mito pretender ressocializar o delinquente por meio da pena privativa de liberdade.*

---

40. Dario Melossi e Massimo Pavarini, *Cárcel y fábrica,* cit., p. 52.
41. Carlos García Valdés, El nacimiento de la pena privativa de libertad, Espanha, *Cuadernos de Política Criminal* — CPC, 1977, p. 40.

Diante de todas as razões expostas, não se pode afirmar sem ser ingênuo ou excessivamente simplista que a prisão surge sob o impulso de um ato humanitário com a finalidade de fomentar a reforma do delinquente. Esse fato não retira importância dos propósitos reformistas que sempre foram atribuídos à prisão, mas sem dúvida deve ser levado em consideração, já que existem muitos condicionamentos, vinculados à estrutura sociopolítica, que tornam muito difícil, para não dizer impossível, a transformação do delinquente.

6. Início e fim de um mito

Quando a prisão se converteu na principal resposta penológica, especialmente a partir do século XIX, acreditou-se que poderia ser um meio adequado para conseguir a reforma do delinquente. Durante muitos anos imperou um ambiente otimista, predominando a firme convicção de que a prisão poderia ser um instrumento idôneo para realizar todas as finalidades da pena e que, dentro de certas condições, seria possível reabilitar o delinquente. Esse otimismo inicial desapareceu, e atualmente predomina uma atitude pessimista, que já não tem muitas esperanças sobre os resultados que se possa conseguir com a prisão tradicional. A crítica tem sido tão persistente que se pode afirmar, sem exagero, que a prisão continua em crise. Essa crise abrange também o *objetivo ressocializador* da pena privativa de liberdade, visto que grande parte das críticas e questionamentos que se fazem à prisão refere-se à impossibilidade — absoluta ou relativa — de obter algum efeito positivo sobre o apenado.

A história da prisão não é a de sua *progressiva abolição*, mas a de sua permanente reforma. A prisão é concebida, modernamente, como um mal necessário, sem esquecer que guarda em sua essência contradições insolúveis. O "projeto alternativo alemão" orientou-se nesse sentido ao afirmar que "a pena é uma amarga necessidade de uma comunidade de seres imperfeitos como são os homens"[42]. Por conhecermos bem as críticas que o *encarceramento* merece, acreditamos que os princípios de sua *progressiva humanização* e *liberalização interior* são a via de sua *permanente reforma*[43], caminho intermediário entre o *conservadorismo* e a *convulsão abolicionista*[44], não seguida esta, claro, por nenhum país do mundo, independentemente dos seus regimes jurídico e político[45].

Atualmente domina a convicção de que o encarceramento, a não ser para os denominados *presos residuais*, é uma injustiça flagrante, sobretudo porque, entre eles, não se incluem os agentes da *criminalidade não convencional* (os criminosos

---

42. Projeto Alternativo alemão de 1966.
43. Hilde Kaufmann, *Principios para la reforma de la ejecución penal*, Buenos Aires, Depalma, 1977, p. 17 e s.
44. Fillipo Gramatica, *Principi di difesa sociale*, Padova, 1961, p. 36.
45. Carlos García Valdés, *Derecho penitenciario*, Madrid, Ministerio de Justicia, 1989.

de colarinho branco). O elenco de penas do século passado já não satisfaz. Como mencionado na Introdução, a *pena privativa de liberdade*, que atingiu seu apogeu na segunda metade do século XIX, enfrenta sua decadência antes mesmo que esse século termine. Mas as reprovações, pelo menos em seu início, fazem-se somente contra as penas de curta duração e tiveram seu marco fundamental com o *Programa de Marburgo*, de Von Liszt[46], em 1882. Sua incapacidade para exercer influxo educativo sobre o condenado, sua carência de eficácia intimidativa diante do delinquente entorpecido, o fato de retirar o réu de seu meio de vida, obrigando-o a abandonar seus familiares, e os estigmas que a passagem pela prisão deixam no recluso são alguns dos argumentos que apoiam os ataques que se iniciam no seio da *União Internacional de Direito Penal* (Congresso de Bruxelas de 1889).

É indispensável que se encontrem novas penas compatíveis com os novos tempos, mas tão aptas a exercer suas funções quanto as antigas, que, se na época não foram *injustas*, hoje, indiscutivelmente, o são. Nada mais permite que se aceite um arsenal punitivo de museu do século XVIII. Propõe-se, assim, *aperfeiçoar* a pena privativa de liberdade, quando necessário, e *substituí-la*, quando possível e recomendável. Todas as reformas de nossos dias deixam patente o descrédito na grande esperança depositada na pena de prisão, como forma quase exclusiva de *controle social formalizado*. Pouco mais de dois séculos foi suficiente para se constatar sua mais absoluta falência em termos de medidas retributivas e preventivas.

Recomenda-se que as penas privativas de liberdade limitem-se às condenações de longa duração e àqueles condenados efetivamente perigosos e de difícil recuperação. Não mais se justificam as expectativas da sanção criminal. Caminha-se, portanto, em busca de *alternativas* para a pena privativa de liberdade. Passa-se a adotar o conceito de *pena necessária* de Von Liszt. Bettiol, desde meados do século XX, já advertia que, "se é verdade que o Direito Penal começa onde o terror acaba, é igualmente verdade que o reino do terror não é apenas aquele em que falta uma lei e impera o arbítrio, mas é também aquele onde a lei ultrapassa os limites da proporção, na intenção de deter as mãos do delinquente"[47].

Por isso, o centro de gravidade das reformas situa-se nas sanções, na reação penal; luta-se contra as penas de curta duração. Sabe-se, hoje, que a prisão reforça os valores negativos do condenado. O réu tem um código de valores distinto daquele da sociedade. Daí a advertência de Claus Roxin de "não ser exagero

---

46. Gonzalo Rodriguez Mourullo, Diretrizes político-criminales del Anteproyecto de Código Penal, in *Política criminal y reforma de Derecho Penal*, Bogotá, Temis, 1982, p. 334.
47. Giuseppe Bettiol, *O problema penal*, Coimbra, Coimbra Editora, 1967.

dizer que a pena privativa de liberdade de curta duração, em vez de prevenir delitos, promove-os"[48].

Assim, o que se busca é limitar a prisão às situações de reconhecida necessidade, como meio de impedir a sua ação criminógena, cada vez mais forte. Os chamados *substitutivos penais* constituem alternativas mais ou menos eficazes na tentativa de *desprisionalizar*, além de outras medidas igualmente *humanizadoras* dessa *forma arcaica de controle social*, que é o Direito Penal.

É quase unânime, no mundo da Ciência Penal, a afirmação de que a pena se *justifica* por sua necessidade. Muñoz Conde[49] acredita que sem a pena não seria possível a convivência na sociedade de nossos dias. A pena constitui um recurso elementar com que conta o Estado, e ao qual recorre, quando necessário, para tornar possível a convivência entre os homens. Invocando a conhecida afirmação do projeto alemão, lembramos que a justificativa da pena não é uma questão religiosa ou filosófica, e sim "uma amarga necessidade de seres imperfeitos".

Se a pena já não é esse "mal" de que falam os defensores das *teorias retribucionistas*, mas, ao contrário, uma grave e imprescindível *necessidade social*, os postulados que fundamentam este conceito submergem em uma profunda crise, que tem antecedentes no período do *Iluminismo*. Poderíamos afirmar, com Zugaldía Espinar[50], que esta crise da *pena retributiva* "é apenas a crise da mesma ideia de retribuição, em nome da qual tantos males têm sido causados ao ser humano". Ainda que se reconheçam *fins preventivos* — gerais ou especiais —, para a *doutrina tradicional* a pena é concebida como um mal que deve ser imposto ao autor de um delito para que expie sua culpa. Isso não é outra coisa que a *concepção retributiva* da pena. Todavia, no decurso histórico do Direito Penal, da pena, e do Estado, observam-se notórias rupturas, entre as quais se encontra a transição das *concepções retributivas* da pena às *orientações preventivas* (gerais ou especiais), além de algumas outras concepções mais modernas, como a da prevenção geral positiva, *fundamentadora* e *limitadora*[51].

Com a evolução das *justificativas* e *funções* da pena, impõe-se a necessidade de analisar as diversas explicações teóricas que a doutrina tem dado à sanção penal.

Questiona-se a validade da pena de prisão no campo da teoria, dos princípios, dos fins ideais ou abstratos da privação de liberdade, e se tem deixado de lado, em um plano muito inferior, o aspecto principal da pena privativa de liberdade, que é a sua execução. Igualmente se tem debatido no campo da interpretação das

---

48. Claus Roxin, A culpabilidade como critério limitativo da pena, *Revista de Direito Penal*, 11-12/17, Rio de Janeiro, 1974.
49. Francisco Muñoz Conde, *Introducción al Derecho Penal*, Barcelona, Bosch, p. 33.
50. Agustín Zugaldía Espinar, *Acerca de la evolución,* p. 569.
51. Santiago Mir Puig, *Función fundamentadora*, p. 48 e s.

diretrizes legais, do dever-ser, da teoria, e, no entanto, não se tem dado a atenção devida ao tema que efetivamente merece: o momento final e dramático, que é o do cumprimento da pena institucional. Na verdade, a questão da privação de liberdade deve ser abordada em função da pena tal e como hoje se cumpre e se executa, com os estabelecimentos penitenciários que temos, com a infraestrutura e dotação orçamentária de que dispomos, nas circunstâncias e na sociedade atuais. Definitivamente, deve-se mergulhar na realidade e abandonar, de uma vez por todas, o terreno dos dogmas, das teorias, do dever-ser e da interpretação das normas.

A fundamentação conceitual sobre a qual se baseiam os argumentos que indicam a ineficácia da pena privativa de liberdade pode ser, sinteticamente, resumida em duas premissas:

a) Considera-se que o ambiente carcerário é um meio artificial, antinatural, que não permite realizar nenhum *trabalho reabilitador* com o recluso[52]. Tivemos oportunidade de afirmar em um dos nossos livros — *Falência da pena de prisão* — que "não se pode ignorar a dificuldade de fazer *sociais* aos que, de forma simplista, chamamos de *antissociais*, se se os *dissocia* da comunidade livre e, ao mesmo tempo, se os *associa* a outros *antissociais*"[53]. Nesse sentido manifesta-se Antonio García-Pablos de Molina, afirmando que "a pena não ressocializa, mas estigmatiza, não limpa, mas macula, como tantas vezes se tem lembrado aos *expiacionistas*; que é mais difícil *ressocializar* a uma pessoa que sofreu uma pena do que outra que não teve essa amarga experiência; que a sociedade não pergunta por que uma pessoa esteve em um estabelecimento penitenciário, mas tão somente se lá esteve ou não"[54].

Seguindo raciocínio como esse, chega-se a posturas radicais como a de Stanley Cohen, que considera ser tão grande a ineficácia da prisão que não vale a pena sua *reforma*, pois manterá sempre seus paradoxos e suas contradições fundamentais. Por isso, Stanley chega ao extremo de sugerir que a única solução para o problema da prisão é a sua extinção pura e simples.

b) Sob outro ponto de vista, menos radical, porém igualmente importante, insiste-se que na maior parte das prisões, de todo o mundo, as condições materiais e humanas tornam inalcançável o *objetivo reabilitador*. Não se trata de uma objeção que se origina na natureza ou na essência da prisão, mas que se fundamenta no exame das condições reais em que se desenvolve a execução da pena privativa de liberdade.

---

52. Antonio García-Pablos de Molina, Régimen abierto y ejecución penal, *REP*, n. 240, 1988, p. 40.
53. Cezar Roberto Bitencourt, *Falência da pena de prisão*, São Paulo, Revista dos Tribunais, 1993, p. 143.
54. Antonio García-Pablos de Molina, Régimen abierto, cit., p. 41.

A manifesta deficiência das condições penitenciárias existentes na maior parte dos países de todo o mundo, sua persistente tendência a ser uma realidade quotidiana, faz pensar que a prisão encontra-se efetivamente em crise. Sob esta perspectiva, menos radical que a mencionada no item "a", fala-se da crise da prisão não como algo derivado estritamente de sua essência, mas como o resultado de uma deficiente atenção que a sociedade e, principalmente, os governantes têm dispensado ao problema penitenciário, que nos leva a exigir uma série de reformas, mais ou menos radicais, que permitam *converter a pena privativa de liberdade* em um meio efetivamente *reabilitador*.

As inquietações que não se limitam às penas curtas de prisão foram o início da busca de modernas alternativas às sanções penais. Os especialistas dedicam um longo esforço na tentativa de encontrar alternativas que permitam, pelo menos, minimizar o encarceramento de delinquentes, exceto daqueles para os quais resulte indispensável. Instaura-se, como diz Reale Júnior, "um realismo humanista, que vê a pena como reprimenda; que busca humanizar o Direito Penal recorrendo a novas medidas que não o encarceramento; que pretende fazer da execução da pena a oportunidade para sugerir e suscitar valores, facilitando a resolução de conflitos pessoais do condenado, mas sem a presunção de transformar cientificamente sua personalidade"[55]. Com a preocupação de diminuir a privação de liberdade ou, ao menos, transformá-la em simples *restrição*, surge, além da multa, a *suspensão condicional*, o *livramento condicional*, o *arresto de fim de semana*, o *trabalho em proveito da comunidade*, as *interdições para o exercício de determinadas atividades*, a *proibição do exercício de certos direitos* e, mais recentemente, a *transação penal* e a *suspensão do processo* etc.

No entanto, sem o Direito Penal, isto é, "sem a sanção do *comportamento social desviado* (delito), a convivência humana em uma sociedade tão complexa e altamente *tecnificada* como a sociedade moderna seria impossível. A pena (ou, quando for o caso, a medida de segurança) é uma condição indispensável para o funcionamento dos *sistemas sociais* de convivência"[56]. Enquanto não surge algo melhor e mais inteligente que o Direito Penal, imaginado por Radbruch, as penas alternativas adotadas pelo ordenamento jurídico brasileiro, a exemplo de muitas legislações alienígenas, constituem uma das mais importantes inovações da Reforma Penal de 1984 — reforçadas pela Lei n. 9.714/98 —, que procurou minimizar a crise da pena de prisão, a qual, sabidamente, não atende a um dos objetivos fundamentais da sanção penal, que é *reeducar* o apenado para reintegrá-lo à sociedade.

---

55. Miguel Reale Júnior, *Novos rumos do sistema criminal*, Rio de Janeiro, Forense, 1983, p. 48.
56. Muñoz Conde, *Introducción*, cit., p. 121.

7. Análise político-criminal da reincidência

Os altos índices de reincidência têm sido, historicamente, invocados como um dos fatores principais da comprovação do efetivo fracasso da pena privativa de liberdade, a despeito da *presunção* de que, durante a reclusão, os internos são submetidos a um *tratamento ressocializador*. As estatísticas de diferentes países, dos mais variados parâmetros políticos, econômicos e culturais, são pouco animadoras[57], e, embora os países latino-americanos não apresentem índices estatísticos confiáveis (quando não, inexistentes), é este um dos fatores que dificultam a realização de uma verdadeira *política criminal*[58]. Apesar da deficiência dos dados estatísticos é inquestionável que a delinquência não diminui em toda a América Latina e que o sistema penitenciário tradicional não consegue *reabilitar ninguém*[59], ao contrário, constitui uma realidade violenta e opressiva e serve apenas para reforçar os valores negativos do condenado. A prisão exerce, não se pode negar, forte influência no fracasso do *tratamento* do recluso. É impossível pretender recuperar alguém para a vida em liberdade em condições de não liberdade. Com efeito, os resultados obtidos com a aplicação da pena privativa de liberdade são, sob todos os aspectos, desalentadores.

A prisão, em vez de conter a delinquência, tem-lhe servido de estímulo, convertendo-se em um instrumento que oportuniza toda espécie de desumanidades. Não traz nenhum benefício ao apenado; ao contrário, possibilita toda a sorte de vícios e degradações. A literatura especializada é rica em exemplos dos *efeitos criminógenos* da prisão. Enfim, a maioria dos fatores que domina a vida carcerária imprime a esta um caráter criminógeno, de sorte que, em qualquer prisão clássica, as condições materiais e humanas podem exercer efeitos nefastos na personalidade dos reclusos. Mas, apesar dessas condições altamente criminógenas das prisões clássicas, tem-se procurado, ao longo do tempo, atribuir ao condenado, exclusivamente, a *culpa pela eventual reincidência*, ignorando-se que é impossível alguém ingressar no sistema penitenciário e não sair de lá pior do que entrou.

Na verdade, as *causas* responsáveis pelos índices alarmantes de reincidência não são estudadas cientificamente. O progresso obtido em outros campos do conhecimento humano ocorre exatamente mediante o estudo criterioso dos fracassos e das suas *causas*, algo que não acontece no campo penitenciário. Não são realizados estudos que possibilitem deslindar os aspectos que podem ter

---

57. Donald Clemmer, *Imprisonment as a source of criminality*, in Readings in criminology and penology, USA, Ed. David, Dressler, 1964, p. 222 e 510.
58. Carlos Versele, *Conceptos fundamentales sobre planificación de la política criminal en América Latina*, Costa Rica, ILANUD, 1976, p. 14 e 21.
59. Carlos Versele, *Conceptos fundamentales sobre planificación de la política criminal*, cit., p. 17 e 18.

influência sobre a *reincidência*, isto é, não há pesquisas científicas que permitam estabelecer se a reincidência pode não ser considerada como um ou o mais importante indicador da falência da prisão, ou se esta pode ser um resultado atribuível aos acontecimentos posteriores à libertação do interno, como seria, por exemplo, o fato de não encontrar trabalho ou então não ser aceito pelos demais membros — não delinquentes — da comunidade[60].

Por outro lado, não se pode afirmar que tenha sido demonstrado que a pena de prisão seja mais ineficaz, em termos de reincidência, em relação a outros métodos de tratamento, especialmente aos não institucionais[61]. As elevadas taxas de *reincidência* podem não só indicar a influência da prisão, como ainda refletir as transformações dos valores que se produzem na sociedade e na estrutura socioeconômica. É necessário pensar que a *deficiência político-criminal* que se observa nas modernas espécies de pena, representada pelas alarmantes taxas de reincidência, não deve ser atribuída somente a uma *pobreza inventiva*, à impaciência e a um método cientificamente defeituoso, pois também é preciso levar em consideração as modificações que ocorrem no material humano sobre o qual a pena opera ou produz sua ameaça. Embora a pena permaneça idêntica, é possível que a sensibilidade a respeito dela possa variar, conduzindo assim à produção de efeitos distintos dos perseguidos. Novos bloqueios cerebrais do indivíduo ou das massas *podem debilitar a efetividade da ameaça penal* e podem, inclusive, fazê-la desaparecer por completo.

Para Pinatel[62] é um critério grosseiro a avaliação da eficácia dos métodos penitenciários feita pelos índices de reincidência. O simples percentual de reincidência não leva em consideração a situação dos internos no tocante às condições, população e peculiaridades gerais de cada estabelecimento penal. Pode ocorrer, por exemplo, que em determinado estabelecimento haja superpopulação e que se congreguem reclusos de alta periculosidade. Inegavelmente, superpopulação e periculosidade são dois fatores importantíssimos no aumento da taxa de reincidência. Nessa hipótese, a reincidência não poderia ser atribuída de forma exclusiva ao fracasso dos métodos penitenciários. E mais, as reincidências não são todas comparáveis, pois em alguns casos não passam de fracassos aparentes, constituindo, na verdade, êxitos parciais.

Não se deve ignorar, ainda, que a reincidência se produz nos mais diferentes âmbitos da vida social, como é o caso dos *crimes econômicos*, em que a corrupção e o tráfico de influências são características frequentes e conseguem, de regra, elidir a ação do sistema penal. Essa *desigualdade de tratamento* entre os

---

60. Roger Hood e Richard Sparks, *Problemas clave en criminología*, Espanha, Guadarrama, 1970, p. 232 e 233.
61. Roger Hood e Richard Sparks, *Problemas clave en criminología*, cit., p. 215.
62. Jean Pinatel, *La sociedad criminógena*, Espanha, Aguilar, 1979, p. 158.

chamados "crimes do colarinho branco" e os praticados pelas classes inferiores também influi na elevação do percentual de reincidência.

De acordo com as observações expostas, é forçoso concluir que as *cifras de reincidência* têm um valor relativo. O índice de reincidência é um indicador insuficiente, visto que a recaída do delinquente produz-se não só pelo fato de a prisão ter fracassado, mas também por contar com a contribuição de outros fatores pessoais e sociais. Na verdade, *o condenado encarcerado é o menos culpado pela recaída na prática criminosa*. Por derradeiro, a despeito de tudo, os altos índices de reincidência também não podem levar à conclusão radical de que o sistema penal fracassou totalmente, a ponto de tornar-se necessária a extinção da prisão.

A *reincidência*, a despeito dos efeitos criminógenos da prisão, tem servido de fator para agravar a pena, negar benefícios penitenciários, impedir recurso em liberdade, determinar regime mais rigoroso no cumprimento de pena, impedir a *substituição* da pena de prisão por penas alternativas ou impedir a concessão do *sursis*. O Código de Trânsito Brasileiro (Lei n. 9.503/97) atinge o cúmulo do arbítrio ao cominar pena pelo simples fato de o réu ser *reincidente* (art. 296 do CTB).

8. O objetivo ressocializador na visão da Criminologia Crítica

A *Criminologia Crítica* não admite a possibilidade de que se possa conseguir a *ressocialização* do delinquente numa sociedade capitalista. Os principais argumentos que respaldam essa convicção, em síntese, são os seguintes:

a) A prisão surgiu como uma necessidade do sistema capitalista, como um instrumento eficaz para o controle e a manutenção desse sistema. Há um nexo histórico muito estreito entre o cárcere e a fábrica. A *instituição carcerária*, que nasceu com a sociedade capitalista, tem servido como instrumento para reproduzir a desigualdade e não para obter a *ressocialização* do delinquente. A verdadeira *função* e natureza da prisão está condicionada à sua origem histórica de instrumento assegurador da desigualdade social[63].

b) O *sistema penal*, dentro do qual logicamente se encontra a prisão, permite a manutenção do *sistema social*, possibilitando, por outro lado, a manutenção das desigualdades sociais e da marginalidade. O sistema penal facilita a manutenção da *estrutura vertical* da sociedade, impedindo a integração das classes baixas, submetendo-as a um processo de *marginalização*. No sistema penal encontra-se o mesmo processo discriminatório contra as classes baixas que existe

---

63. Alessandro Baratta, *Criminología crítica y política penal alternativa*, RIDP, 1978, p. 48. Para maiores detalhes e aprofundamento, ver Dario Melossi e Massimo Pavarini, *Cárcel y fábrica*, cit.

no sistema escolar[64]. A estigmatização e o etiquetamento que sofre o delinquente com sua condenação tornam muito pouco provável sua reabilitação. Depois de iniciada uma carreira delitiva é muito difícil conseguir a *ressocialização*. O sistema penal, como a escola, desintegra os socialmente frágeis e os marginalizados. Entre os delinquentes e a sociedade levanta-se um muro que impede a concreta solidariedade com aqueles ou inclusive entre eles mesmos. A separação entre *honestos e desonestos*, que ocasiona o *processo de criminalização,* é uma das *funções simbólicas* do castigo e é um fator que impossibilita a realização do *objetivo ressocializador*. O sistema penal conduz à marginalização do delinquente. Os efeitos diretos e indiretos da condenação produzem, em geral, a sua marginalização, e essa marginalização se aprofunda ainda mais durante a execução da pena. Nessas condições, é utópico pretender *ressocializar* o delinquente; é impossível pretender a reincorporação do interno à sociedade por intermédio da pena privativa de liberdade, quando, de fato, *existe uma relação de exclusão* entre a prisão e a sociedade[65]. Os objetivos que orientam o sistema capitalista (especialmente a acumulação de riqueza) exigem a manutenção de um setor marginalizado da sociedade, tal como ocorre com a delinquência. Assim, pode-se afirmar que a *lógica do capitalismo* é incompatível com o *objetivo ressocializador*. Sem a transformação da sociedade capitalista, não há como encarar o problema da reabilitação do delinquente[66].

Para a Criminologia Crítica, qualquer reforma que se possa fazer no campo penitenciário não terá maiores vantagens, visto que, mantendo-se a mesma estrutura do sistema capitalista, a prisão manterá sua função repressiva e estigmatizadora[67]. Em realidade, a Criminologia Crítica não propõe o *desaparecimento do aparato de controle*, pretende apenas democratizá-lo, fazendo desaparecer a estigmatização quase irreversível que sofre o delinquente na sociedade capitalista[68].

O grande problema é que continuará existindo um *aparato de controle*, e ninguém garante que os novos mecanismos de "controle democrático" não continuarão sendo tão repressivos e estigmatizadores quanto os anteriores. Por outro lado, quando se produzirá a revolução? Não se pode estabelecer o momento em que ocorrerá a *transformação qualitativa* das *relações de produção*. E, enquanto esperamos essa revolução, o que acontecerá com as pessoas que se encontram no

---

64. Alessandro Baratta, *Sistema penale e marginazione sociale — per la critica dell'ideologia del trattamento*, p. 237 e s.
65. Baratta, *Sistema*, cit., p. 237 e s.
66. Marino Barbero Santos, *Marginalidad y defensa social*, p. 185.
67. Alessandro Baratta, *Sistema*, cit., p. 49.
68. Franck Pearce, *Los crímenes de los poderosos,* México, Siglo XXI, 1980, p. 22-23. Em sentido semelhante, Jescheck, *Tratado de Derecho Penal,* trad. Mir Puig e Muñoz Conde, Barcelona, Bosch, p. 1049 e 1050.

interior das prisões? Esta imprecisão é uma das debilidades das *ideias revolucionárias* da *Nova Criminologia*, posto que em outros aspectos sua crítica é importante e decisiva.

8.1. Algumas sugestões de Alessandro Baratta para combater a delinquência

Alessandro Baratta sugere algumas soluções ao problema da delinquência, que, despretensiosamente, passamos a analisar.

1. Uma *política criminal* não pode ser uma *política de substitutivos penais* que se circunscreva a uma perspectiva vagamente reformista e humanitária. As circunstâncias atuais requerem *uma política de grandes reformas sociais,* que propiciem a igualdade social, a democracia, mudanças da vida comunitária e civil, oferecendo mais alternativas, e que sejam mais humanas. Também supõe o desenvolvimento do *contrapoder proletário,* mediante a transformação radical e a superação das relações da produção capitalista[69].

Efetivamente, o *objetivo ressocializador* necessita de uma *política criminal* que leve em consideração os problemas sociais que geram e mantêm o fenômeno delitivo. Mas a *política criminal* que propõe Baratta visa *à total substituição do sistema social* vigente, e essa possibilidade é sempre remota ou, pelo menos, muito pouco provável, pelo que se mantém a mesma pergunta feita anteriormente: enquanto se faz a reforma (dentro ou fora do sistema), qual será a *política criminal* a seguir? Que se fará com os reclusos que nesse momento sofrem uma pena privativa de liberdade? Acreditamos que para esses problemas do presente continuará sendo válida a *política criminal reformista e humanitária,* repelida por Baratta.

2. Do ponto de vista do *Direito Penal,* propõe uma reforma importante: informar a tutela penal nos campos de interesses essenciais para a vida dos indivíduos e da comunidade (saúde, segurança no trabalho, problemas relacionados ao meio ambiente etc.). Pretende orientar os mecanismos de *criminalização* em direção à *criminalidade não convencional* (econômico, abuso de poder político etc.)[70].

Essa proposição de Baratta, no entanto, pode ser realizada, embora com algumas dificuldades políticas, dentro do *sistema capitalista,* sem requerer a transformação radical das estruturas sociais. É uma proposição que pode ser realizada em curto prazo.

3. É necessário que a *questão criminal* seja submetida a uma *discussão massiva* no seio da sociedade e da *classe obreira.* Todos os segmentos sociais devem conscientizar-se de que a *criminalidade* é um problema de todos e que não será

---

69. Alessandro Baratta, *Sistema*, cit., p. 45.
70. Alessandro Baratta, *Sistema*, cit., p. 45.

resolvido com o simples lema "Lei e Ordem", que representa uma política criminal repressiva e defensora intransigente da ordem (geralmente injusta) estabelecida. Os meios de comunicação coletiva exercem um papel importante, posto que apresentam a criminalidade como um "perigoso inimigo" interior. Nessas condições, fica difícil que a opinião pública possa abandonar a atitude predominantemente repressiva e vingativa (além de estigmatizante) que tem a respeito do fenômeno delitivo[71].

É indispensável uma *transformação radical* da opinião pública e da atitude dos cidadãos em relação ao delinquente se se pretende oportunizar-lhe a possibilidade de *ressocializar-se*. Se isso não ocorrer, será muito difícil a *reincorporação* ao sistema social de uma pessoa que sofre grave processo de *marginalização* e de estigmatização. O fenômeno delitivo tem uma inevitável dimensão social; por essa razão é que a atitude e participação do cidadão é decisiva.

4. A *abolição da instituição carcerária* também é proposta pela *Criminologia Crítica*. Os muros das prisões devem ser derrubados. Neste aspecto, a Criminologia Crítica coincide com os postulados delineados pela *nova psiquiatria*, já que esta também pretende derrubar os muros dos manicômios[72].

A *abolição da prisão* supõe o desenvolvimento de formas alternativas de autogestão da sociedade no campo de controle da delinquência. Tais *formas autogestionárias* de controle da delinquência exigiriam a colaboração das entidades locais e das *associações obreiras*, a fim de evitar o isolamento social que sofre o infrator quando é recolhido a uma instituição penitenciária. Essa transformação implicaria a abolição da instituição penitenciária fechada e a utilização da prisão aberta.

Todas essas proposições poderão ser realizadas, talvez, num futuro distante, mas atualmente encontram muitos inconvenientes, dentre os quais se podem destacar os seguintes:

a) É inquestionável que a prisão deve transformar-se radicalmente, porém não pode ser suprimida[73]. Diante das condições sociopolíticas prevalentes na atualidade, a pena privativa de liberdade é *um meio de controle social* do qual, neste estágio da civilização, não se pode abrir mão. Podem-se e devem-se *reformar racionalmente* as suas formas de execução, mas não existem condições sociais, políticas, econômicas e culturais que permitam a total supressão da prisão[74].

---

71. Alessandro Baratta, *Sistema*, cit., p. 53.
72. Alessandro Baratta, *Sistema*, cit., p. 51.
73. Manuel Lopez-Rey Arrojo, *Algunas observaciones críticas sobre violencia y justicia*, ADCP, 1976, p. 245. Norval Morris, *El futuro de las prisiones*, México, Siglo XXI, 1978, p. 57. Borja Mapelli Caffarena, Sistema progresivo y tratamiento, in *Lecciones de Derecho Penitenciario* (obra coletiva), Madrid, Ed. Universidad de Alcalá de Henares, 1989, p. 142.
74. Enrique Bacigalupo, Evolución de los métodos y medios del Derecho Penal, *NPP*, n. 2, 1973, p. 161.

b) Dificilmente, embora fosse muito benéfico se acontecesse, os *obreiros* e as *associações comuns* estariam dispostos a assumir o controle da delinquência. Ainda que estivessem dispostos a fazê-lo, certamente não teriam a suficiente capacidade técnica e prática para assumir tal responsabilidade. Enfim, a delinquência é um problema que supera as boas intenções e a solidariedade social.

c) A pena privativa de liberdade não pode ter execução aberta, indiscriminadamente, para todos os delinquentes. Ainda que se pretenda aplicar uma *política correcional generosa*, sempre existirá uma camada de delinquentes (os violentos, por exemplo) que a sociedade terá de encerrar em prisões mais ou menos fechadas[75]. No estágio atual dos conhecimentos criminológicos, os *delinquentes agressivos* não podem ser levados imediatamente a uma instituição aberta. E o mesmo pode ocorrer, sob certas condições, em relação a alguns infratores não violentos: por exemplo, um tradicional estelionatário que se ausentasse de uma instituição aberta, procuraria imediatamente uma vítima para aplicar sua habilidade falsária. Por mais que possa danificar sua *ressocialização*, não se pode ignorar o fato de que, em certas formas delituais (como no crime de estelionato), as vítimas preferidas são, em geral, os mais vulneráveis socialmente, como os idosos, os pensionistas, as mulheres solitárias das classes baixas, os menores de idade etc. Com efeito, nos *problemas penológicos* e delitivos não se pode olhar unilateralmente para o autor do delito[76].

Baratta sugere para a Criminologia Crítica *um novo modelo de ressocialização*. Parte do suposto que os *desvios criminais* dos indivíduos pertencentes às classes inferiores devem ser interpretados, na maioria das vezes, como uma *resposta individual*, e "não política", às condições que impõem as relações de produção e distribuição capitalista. A verdadeira *reeducação* do condenado, para Baratta, será aquela que permita *transformar essa reação individual* e irracional na *consciência política* dentro da luta de classes. Quando o delinquente consegue adquirir *consciência* de sua própria condição de classe e das contradições da sociedade em que vive, é esse o momento em que adquire sua verdadeira *reeducação*[77].

A proposição de Baratta oferece algumas dificuldades teóricas e práticas, na medida em que não se pode afirmar que toda delinquência das classes inferiores seja uma *resposta* às condições de vida que o *sistema capitalista* impõe; existem outros aspectos individuais no ato delitivo que não podem dissolver-se numa explicação *estrutural*. Embora o *político* esteja presente em todos os atos do indivíduo e em todos os *fenômenos sociais*, isso não quer dizer que as outras facetas do homem e da vida social devam ser absorvidas pelo problema do poder e da

---

75. Norval Morris, *El futuro de las prisiones*, cit., p. 138-140.
76. Hilde Kaufmann, *Ejecución penal y terapia social*, Buenos Aires, Depalma, 1979, p. 245.
77. Alessandro Baratta, *Sistema*, cit., p. 52.

luta de classes. A pretensão de que o delinquente adquira *consciência* de sua situação de classe parece, à primeira vista, muito atrativa, mas ao levá-la à prática surgem dois problemas:

a) Essa *consciência de classe* necessita uma determinada concepção sobre a tática, a estratégia e o *modelo político* pelo qual se orienta a ação política. A *consciência de classe* não pode referir-se somente a alguns postulados mais ou menos apreendidos, já que se cairia, de novo, numa disfarçada "manipulação" do pensamento tal como ocorre na sociedade capitalista e no *socialismo real*. Terá de ser uma *consciência de classe* na qual o homem possa alcançar o verdadeiro desenvolvimento de seu espírito crítico, de sua liberdade para poder escolher. E, diante disso, não sabemos, sem nos afastarmos das opções de esquerda (já que se repele todo reformismo liberal e duvidosamente "humanista", segundo a Criminologia Crítica), a que *modelo de pensamento* se deve referir a *consciência de classe*. Poderia ser um *eurocomunismo*, o *comunismo pró-soviético*, ou *anarquismo* etc. A "politização" da delinquência pode ser algo mais complicado que o *objetivo ressocializador mínimo*, típico do *penitenciarismo reformista*, representado pelo objetivo de conseguir que o delinquente leve no futuro uma vida sem delitos.

A pretensão de que o delinquente adquira sua consciência de classe pode ser algo tão complicado, *do ponto de vista valorativo*, quanto é o *objetivo ressocializador máximo*. Ademais, não estamos muito convencidos de que a *conscientização sociopolítica* do delinquente possa resolver plenamente o problema que significa o *comportamento desviado*.

b) Acreditamos que nenhum regime sociopolítico aceitaria que o *objetivo reeducador* do sistema penitenciário se traduzisse na orientação dos internos, na aprendizagem e ensinamento de uma nova escala de valores, que questione os fundamentos essenciais do sistema. Embora a dinâmica da autocrítica seja importante e até necessária dentro de qualquer sociedade, sob uma perspectiva prática, levando em consideração a natureza excludente do poder, e sendo a sanção sua máxima expressão, seria ingênuo acreditar que o *poder estabelecido* — seja capitalista, seja socialista — aceitaria que a execução da sanção se transforme num instrumento que questione e repila os valores fundamentais que legitimam sua dominação.

A conscientização do recluso, a partir de uma *concepção ideológica* em que se rechaça totalmente o sistema capitalista e se adotam os elementos fundamentais do *Marxismo*, não pode ser aplicada dentro de um *sistema pluralista*, pois este pressupõe que o Estado, dentro do qual logicamente se encontra o sistema penitenciário, não pode adotar *determinada concepção ideológica*. O sistema penitenciário somente poderá promover aqueles valores sobre os quais existe *um consenso comum* e que são os que a lei penal protege. De toda maneira, o objetivo do sistema penitenciário não pode ser a *transformação da consciência do delinquente*. Deve pretender, tão somente, como já afirmamos, que, no futuro, se leve uma vida sem delitos.

Cabe formular uma última objeção à tese da Criminologia Crítica: o problema do *objetivo ressocializador* da pena em relação aos marginalizados, numa sociedade injusta, não se limita, unicamente, à sociedade capitalista, tal como expressa Baratta, ou às sociedades em que o capitalismo ainda é subdesenvolvido e dependente. Também ocorre nos *Estados Socialistas*, posto que o *socialismo real* também tem expressões *tipicamente repressivas*[78]. Nos *Estados Socialistas* a pena não pretende a *ressocialização* do delinquente, pois utiliza a *repressão* como um meio para defender o sistema e para "normalizar" o *dissidente* (aquele que não *compreendeu* o "sentido da história", aquele que, embora seja *progressista*, não possui uma visão "científica" da história e da estrutura social!). Sob esse ângulo, haveria que rechaçar o *objetivo ressocializador* não somente nos Estados Ocidentais capitalistas, mas também nas sociedades que adotam o *socialismo real*, naquelas em que a "ditadura do proletariado" encontrou uma "verdade indiscutível"[79].

Não é possível pensar que no futuro possa desaparecer totalmente a *marginalidade*. Isso suporia uma sociedade em que haveria um *consenso absoluto* sobre todos os temas fundamentais, o que também suporia, por outra parte, a inexistência de classes sociais e de conflitos sociais. Porém, não cremos que exista a possibilidade, ao menos, num futuro próximo, de que em alguma sociedade humana se possa prescindir da *conflitividade social*. E desde o momento em que existam conflitos e diferenças de critérios, aparece imediatamente o *marginalizado*, ou seja, aquele a quem o poder constituído impõe suas definições e a cosmovisão "oficial". Em todo *sistema social* sempre existirá um "marginalizado". Embora uma *revolução* rompa a relação *opressor-oprimido*, no momento em que se estabeleça o "novo poder" (possivelmente inspirado em um desbordante e perigoso otimismo), nessa nova estrutura voltará a aparecer a relação *opressor-oprimido*, com características muito diferentes da *relação opressiva anterior*, mas que continua mantendo suas "condições essenciais". Essa sobrevivência e capacidade de "adaptação" das *estruturas opressivas de poder* têm levado alguns *autores marxistas* a insistirem no conceito de "revolução permanente".

A *marginalização criminal*, ao contrário do que afirma Baratta, não se produz somente pela lógica acumulação capitalista, que necessita manter um

---

78. Referentemente à repressão existente no "Socialismo real", sugerimos, para consulta, entre outras, as seguintes obras: Andres Glucksman, *La concinera y el devorador de hombres (ensayo sobre el Estado, el marxismo y los campos de concentración)*, Espanha, Mandrágora, 1977; Fernando Claudin, *La oposición en el "socialismo real"*, Espanha, Siglo XXI, 1981.

79. Marino Barbero Santos, *Marginalidad*, cit., p. 187.

setor marginalizado do sistema, mas também se produz pela *dissidência ideológica*. Os *dissidentes* são um bom exemplo do processo de *marginalização* que ocorre numa *sociedade socialista*. No *Socialismo real* não desaparece a relação "opressor-oprimido". É evidente que não se pode compará-la com a existente num sistema capitalista, mas mantém as semelhanças essenciais. Por outra parte, não se pode esquecer que as causas derivadas da *constituição biopsíquica* do indivíduo também influem na delinquência, e não somente as causas socioeconômicas. Esses fatores continuarão influindo no *fenômeno delitivo*, mesmo aceitando a hipótese de que a sociedade se libere dos conflitos sociais e conte com a desaparição das classes sociais[80].

Apesar das objeções que fizemos, acreditamos que a contribuição da Criminologia Crítica é extremamente valiosa[81]. As suas contestações à *ideologia do tratamento* são justas e absolutamente corretas, e a experiência tem comprovado ao longo do tempo o seu mais absoluto fracasso. É indiscutível que, se o regime sociopolítico vigente produz graves injustiças, estas devem ser erradicadas. Por exemplo, a *descriminalização* de certas condutas, assim como a *criminalização* de outras, ou a alteração da natureza da ação penal de umas e de outras, como fez a Lei dos Juizados Especiais (Lei n. 9.099/95), são formas de consegui-la, embora não sejam as únicas. Talvez, o mais urgente na atualidade seja a supressão das leis penais ou *parapenais* que, violando o princípio da igualdade perante a lei, reprimem, como típicos, comportamentos das classes marginalizadas, como é — só para citar os exemplos mais grotescos — o caso da vadiagem (art. 59 da LCP), e era o da mendicância, este, finalmente, revogado pela Lei n. 11.983/2009[82].

Do ponto de vista do Direito Penal, Baratta advoga por um Direito Penal no qual devem prevalecer os *interesses da classe obreira*. No entanto, acreditamos que, tal como expressa Barbero Santos, "... um Direito Penal de classe é sempre perigoso, seja da classe obreira, seja da classe capitalista..."[83]. O Direito Penal não pode abandonar a *responsabilidade pessoal* pelo fato; também não se pode pretender substituir a *certeza do Direito* pelo impreciso mecanismo do *controle democrático*. Nas condições sociopolíticas atuais, não se pode prescindir do *princípio de legalidade*, visto que, apesar de suas deficiências, continua

---

80. Marino Barbero Santos, *Marginalidad*, cit., p. 187.
81. É importante que a nova criminologia considere ser indispensável a criação de uma sociedade em que a realidade da diversidade humana — seja pessoal, orgânica ou social — não fique submetida ao poder de criminalizar. Seria o *estado ideal de liberdade*. Porém, para se chegar a esse estágio, certamente, decorrerão muitos anos. Ver as conclusões de Taylor, Walton y Young, *La nueva criminología*, Argentina, Amorrotu, 1990, p. 284 e s.
82. Marino Barbero Santos, *Marginalidad*, cit., p. 189.
83. Marino Barbero Santos, La reforma penal española en la transición a la democracia, *RIDP*, 1978, p. 69.

sendo uma garantia que, inclusive, beneficia as classes marginalizadas, mantendo-se o Direito Penal, como o qualificava Dorado Montero, "el derecho protector de los criminales".

9. O objetivo ressocializador "mínimo"

Em matéria de *ressocialização* não podem existir receitas definitivas, mas se deve operar somente com hipóteses de trabalho. O problema da *ressocialização* não pode ser resolvido com fórmulas simplistas. Se tudo for simples, incluídas as soluções, por certo os resultados serão absolutamente insatisfatórios[84]. A *criminologia moderna* prioriza a prevenção primária (causas do delito) e a secundária (obstáculos do delito), completando-se com a prevenção terciária, procurando evitar a reincidência. No entanto, a *finalidade ressocializadora* não é a única nem mesmo a *principal finalidade da pena*. Em realidade, a *ressocialização* é uma das finalidades que deve ser perseguida, na medida do possível[85]. Assim como não aceitamos o repúdio, puro e simples, do *objetivo ressocializador*, também não vemos como possível pretender que a *readaptação social* seja uma responsabilidade exclusiva das disciplinas penais, visto que isso suporia ignorar o sentido da vida e a verdadeira função das referidas disciplinas. Não se pode atribuir às disciplinas penais a responsabilidade exclusiva de conseguir a completa *ressocialização* do delinquente, ignorando a existência de outros programas e meios de controle social de que o Estado e a sociedade devem dispor com objetivo ressocializador, como são a família, a escola, a Igreja etc. A *readaptação social* abrange uma problemática que transcende os aspectos puramente penal e penitenciário[86]. Na busca da correção ou da readaptação do delinquente não se pode olvidar que estes objetivos devem subordinar-se à Justiça. Tal conceito é necessário dentro de qualquer relação, e não deve ser interpretado do ponto de vista estritamente individual.

Modernamente, só se concebe o *esforço ressocializador* como *uma faculdade* que se oferece ao delinquente para que, de forma espontânea, ajude a si próprio a, no futuro, levar uma vida sem praticar crimes. Esse entendimento configura aquilo que se convencionou chamar "tratamento ressocializador mínimo". Afasta-se definitivamente o denominado objetivo ressocializador máximo, que constitui uma invasão indevida na liberdade do indivíduo, o qual tem o direito de escolher seus próprios conceitos, suas ideologias, sua escala de valores.

---

84. Friedrich Hacker, *Agresión (la brutal violencia del mundo moderno)*, Espanha, Grijalbo, 1973, p. 519.
85. Borja Mapelli Caffarena, Sistema progresivo y tratamiento, in *Lecciones de Derecho Penitenciario*, Madri, 1989, p. 170.
86. Manuel Lopes-Rey y Arrojo, *Teoría y práctica en las disciplinas penales*, Costa Rica, ILANUD (n. 5), 1977, p. 18.

Acabar com a delinquência completamente e para sempre é uma *pretensão utópica*, posto que a *marginalização* e a *dissidência* são inerentes ao homem e o acompanharão até o fim da aventura humana na Terra. No entanto, essa circunstância não libera a sociedade do compromisso que tem perante o delinquente. Da mesma forma que *este* é responsável pelo bem-estar social de toda a comunidade, *esta* não pode desobrigar-se de sua responsabilidade perante o destino daquele[87].

Para concluir, uma *teoria da pena* que não queira ficar na *abstração* ou em *propostas isoladas*, mas que pretenda corresponder à realidade, tem, no dizer de Roxin, "que reconhecer as antíteses inerentes a toda a existência social para, de acordo com o *princípio dialético*, poder superá-las numa fase posterior; ou seja, tem de *criar* uma ordem que demonstre que, na realidade, um Direito Penal só pode fortalecer a *consciência jurídica da generalidade*, no sentido de prevenção geral, se, ao mesmo tempo, preservar a *individualidade* de quem a ele está sujeito; que o que a sociedade faz pelo delinquente também é, afinal, o mais proveitoso para ela; e que só se pode ajudar o criminoso a superar a sua *inidoneidade social* de uma forma igualmente frutífera para ele e para a comunidade se, a par da consideração da sua debilidade e da sua necessidade de *tratamento*, não se perder de vista a imagem da *personalidade* responsável para a qual ele aponta[88]".

---

87. Claus Roxin, Sentido e limites da pena estatal, in *Problemas fundamentais de Direito Penal*, Coimbra, Veja Universidade, 1986, p. 42-43.
88. Claus Roxin, Sentido e limites..., in *Problemas fundamentais*, cit., p. 45.

PENAS PRIVATIVAS DE LIBERDADE | XXIX

Sumário: 1. Considerações gerais. 2. Reclusão e detenção. 3. Regimes penais. 3.1. Regras do regime fechado. 3.2. Regras do regime semiaberto. 3.2.1. Concessão de trabalho externo, desde o início da pena. 3.3. Regras do regime aberto. 3.4. Regras do regime disciplinar diferenciado. 4. Regime inicial. 4.1. Regime inicial nos crimes hediondos. 5. Prisão domiciliar. 6. Progressão e regressão de regimes. 6.1. Pressuposto da progressão: existência de estabelecimento penal adequado. 6.2. Progressão de regime. 6.2.1. Inconstitucionalidade do art. 112 da LEP com redação determinada pela Lei n. 13.964/2019 relativa à progressão de regime nos crimes hediondos. 6.2.2. A progressão nos crimes hediondos a partir da Lei n. 9.455/97. 6.2.3. A progressão nos crimes hediondos a partir da Lei n. 11.464/2007. 6.2.4. Progressão de regime antes do trânsito em julgado de decisão condenatória (Súmula 716 do STF). 6.3. Regressão de regime. 6.4. Requisitos da progressão de regime. 7. Exame criminológico. 7.1. Exame criminológico e exame de personalidade. 7.2. Obrigatoriedade do exame criminológico. 8. Detração penal. 9. Trabalho prisional. 10. Remição pelo trabalho e pelo estudo. 10.1. Remição pelo trabalho em regime aberto: possibilidade segundo os princípios da isonomia e da analogia. 10.2. Prática de falta grave pode revogar a remição de até 1/3 (um terço) da pena remida. 10.3 Prescrição de falta grave praticada após cinco anos de remição. 11. Regime disciplinar diferenciado. 11.1. Considerações preliminares. 11.2. A previsão legal do regime disciplinar diferenciado. 12. Unificação de penas: ilegalidade da alteração do marco inicial dos benefícios.

1. Considerações gerais

Com o Iluminismo e a grande repercussão das ideias dos reformadores (Beccaria, Howard e Bentham), a crise da sanção penal começou a ganhar destaque. A pena chamada a intimidar não intimidava. A delinquência era uma consequência natural do aprisionamento. A tradicional função de corrigir o criminoso retribuindo sua falta não se cumpria, ao contrário, provocava a reincidência. Enfim, a prisão fracassava em todos os seus objetivos declarados[1]. É quase unânime, no mundo da Ciência Penal, a afirmação de que a pena justifica-se por sua necessidade. Muñoz Conde[2] acredita que sem a pena não seria possível a convivência

---

1. Giuseppe Cesare Pola, *Commento alla Legge sulla Condanna Condizionale*, Torino, Fratelli Boca, 1905, p. 58.
2. Francisco Muñoz Conde, *Introducción al Derecho Penal*, Barcelona, Bosch, 1975, p. 33.

na sociedade de nossos dias. A pena constitui um recurso elementar com que conta o Estado e ao qual recorre, quando necessário, para tornar possível a convivência entre os homens. Invocando a conhecida afirmação do Projeto Alternativo Alemão, lembramos que a justificativa da pena não é uma questão religiosa nem filosófica, e sim "uma amarga necessidade de seres imperfeitos".

Quando a prisão se converteu na principal resposta penológica, especialmente a partir do século XIX, acreditou-se que poderia ser um meio adequado para conseguir a *reforma do delinquente*. Durante muitos anos imperou um ambiente otimista, predominando a firme convicção de que a prisão poderia ser um meio idôneo para realizar todas as finalidades da pena e que, dentro de certas condições, seria possível *reabilitar* o delinquente. Esse otimismo inicial desapareceu e atualmente predomina uma certa atitude pessimista: já não se tem muitas esperanças sobre os resultados que se possa conseguir com a prisão tradicional. A crítica tem sido tão persistente que se pode afirmar, sem exagero, que a prisão está em crise. Essa crise abrange também o *objetivo ressocializador* da pena privativa de liberdade, visto que grande parte das críticas e questionamentos que se faz à prisão refere-se à impossibilidade — absoluta ou relativa — de obter algum efeito positivo sobre o apenado.

Começaram a suceder-se os movimentos de política criminal com o fim de diminuir os males causados pelas penas de prisão de curta duração. Em meados do século XIX Boneville de Marsangy consagrou a fórmula de que "a pena privativa de liberdade jamais deverá ser aplicada quando a pena pecuniária for suficiente à repressão"[3]. A seguir, os Congressos Penitenciários Internacionais (1872 — 1895) deram o impulso definitivo para a adoção e difusão do novo método de tratamento de criminosos não perigosos e primários.

Fazia-se necessária uma "nova ideologia". Era indispensável a busca de outros meios para substituir a clássica pena privativa de liberdade, pelo menos, aquela de curta duração. Pois, ou o condenado é um *delinquente habitual* e a condenação é totalmente ineficaz, ou então é um *delinquente ocasional* e a condenação vai além do necessário. Pelo que, em outras palavras, pode-se afirmar que as pequenas privações de liberdade não conseguem o seu fim social para os delinquentes habituais. A execução das penas de curta duração, sendo insuficientes para reeducar os criminosos primários — que eventualmente necessitem da reação pedagógica exercida pela ação penal —, e sendo suficientes para corromper-lhes o senso moral, nega, portanto, uma das principais finalidades, que é a "readaptação social" do condenado, ou, como diz modernamente Muñoz Conde, pelo menos, evitar "sua dessocialização"[4]. Estando comprovada a inutilidade das penas de

---

3. Boneville de Marsangy, *Amélioration de la Loi Criminelle*, Paris, 1864, t. 2, p. 251.
4. Muñoz Conde, *Derecho Penal y control social*, Jerez de la Frontera, Fundación Universitaria de Jerez, 1985, p. 117.

duração breve, impõe-se, de há muito — desde que a ideia de *Justiça absoluta* foi substituída pela ideia de *política criminal* —, ou sua extinção ou a adoção de substitutivos penais.

Era indispensável que se encontrassem novas penas compatíveis com os novos tempos, mas tão aptas a exercer suas funções quanto as antigas, que, se na época não foram injustas, hoje o são. Nada mais permite que se aceite um arsenal punitivo de museu do século XVIII. Atualmente domina a convicção de que o encarceramento, a não ser para os denominados *presos residuais*, é uma injustiça flagrante, principalmente porque entre eles não se incluem os agentes da *criminalidade não convencional* (os criminosos de colarinho branco). O elenco de penas do século passado não satisfaz mais. A pena privativa de liberdade, que atingiu seu apogeu na segunda metade do século XIX, enfrenta sua decadência antes mesmo que esse século termine. Mas as reprovações, no entanto, em seu início, se fazem somente contra as penas de curta duração, e tiveram seu marco fundamental com o *Programa de Marburgo* de Von Liszt[5]. Sua incapacidade para exercer influxo educativo sobre o condenado, carecer de eficácia intimidativa diante do delinquente entorpecido, retirar o réu de seu meio de vida, obrigando--o a abandonar seus familiares, e os estigmas que a passagem pela prisão deixam no recluso, são alguns dos argumentos que apoiam os ataques que se iniciam no seio da *União Internacional de Direito Penal* (Congresso de Bruxelas de 1889).

A pena privativa de liberdade, que atingiu seu apogeu na segunda metade do século XIX, começa a enfrentar sua decadência antes mesmo que esse século termine. Iniciava-se um grande questionamento em torno da pena privativa de liberdade, que não atingia as suas finalidades declaradas. Em vez de recuperar o delinquente, estimulava a reincidência. Reiteradamente se tem dito que o problema da prisão é a própria prisão. Na lição de Heleno Fragoso, "a prisão representa um trágico equívoco histórico, constituindo a expressão mais característica do vigente sistema de justiça criminal. Validamente só é possível pleitear que ela seja reservada exclusivamente para os casos em que não há, no momento, outra solução"[6]. Aqui, como em outros países, a prisão corrompe, avilta, desmoraliza, desonra e embrutece a pessoa do condenado. Michel Foucault[7], extraordinário pensador francês, em sua magnífica obra *Vigiar e punir*, denunciava o que seja o drama da prisão, e perguntava se a pena privativa de liberdade fracassou. Ele mesmo respondia, afirmando que ela não fracassou, pois cumpriu o objetivo a que se propunha, qual seja, o de estigmatizar, de segregar e separar os condenados. No entanto, em outra passagem, o mesmo autor sentenciava: "A prisão é a detestável solução da qual, no momento, não se pode abrir

---

5. Gonzalo Rodriguez Mourullo, Directrizes político-criminales del Anteproyecto de Código Penal, in *Política criminal y reforma de Derecho Penal*, Bogotá, Temis, 1982, p. 334.
6. Heleno Cláudio Fragoso, *Direitos dos presos*, Rio de Janeiro: Forense, 1980, p. 15.
7. Michel Foucault, *Vigiar e punir*, Petrópolis: Vozes, 1983, p. 208 e 244.

mão". Nessa mesma linha, a Exposição de Motivos do Projeto de Código Penal alemão destacava que "a prisão é uma amarga necessidade de uma sociedade de seres imperfeitos, como são os homens"!

As primeiras manifestações contrárias às penas privativas de liberdade, pelo menos as de curta duração, surgiram com o *Programa de Marburgo*, de Von Liszt, em 1882, e a sua "ideia de fim no Direito Penal", quando sustentou que "a pena justa é a pena necessária". O combate à pena de prisão, sugerindo a busca de alternativas (inicialmente com a pena de multa), ganhou espaços nos *Congressos Penitenciários Europeus* realizados nessa década (1880 a 1890), ou seja, ainda no século XIX. Essas "ideias progressistas" expandiram-se pelo continente europeu já no início do século XX. Como tivemos oportunidade de registrar[8], uma das primeiras *penas alternativas* surgiu na Rússia, em 1926, a *prestação de serviços à comunidade*; mais tarde (1960) o diploma penal russo criou a pena de *trabalhos correcionais*, sem privação de liberdade; em 1948, a Inglaterra introduziu a *prisão de fim de semana*; em 1953, a Alemanha adotou a mesma pena para infratores menores; em 1963, a Bélgica criou o *arresto de fim de semana*; em 1967, o Principado de Mônaco adotou uma *forma fracionada* da pena privativa de liberdade, e, finalmente, em 1972, a Inglaterra instituiu a pena de *prestação de serviços comunitários*, que, até hoje, é a mais bem-sucedida *alternativa* à pena de prisão.

Essa *progressista* orientação político-criminal da primeira metade do século XX, no entanto, não estimulou o legislador penal brasileiro de 1940. Tanto que o nosso Código Penal não previu nenhuma *alternativa à pena de prisão*, a despeito da importância desse movimento político-criminal que contagiou toda a Europa Democrática. A justificativa para essa opção político-criminal do legislador brasileiro deve-se ao fato de que o nosso Código Penal de 1940 inspirou-se no Código Penal Rocco de 1930 (italiano), de caráter nitidamente fascista. Na realidade, a *humanização do Direito Penal brasileiro* iniciou-se somente com a Lei n. 6.416/77, que trouxe reformulações na *resposta penal* e na sua forma de execução. Contudo, as alternativas à pena privativa de liberdade propriamente ditas vieram somente com o advento da Reforma Penal de 1984, ou seja, somente um século depois da publicação do Programa de Marburgo.

Com efeito, a corrosão do sistema penitenciário brasileiro exigia mais imaginação do legislador. Já não se admitia que o sistema ficasse limitado às duas formas clássicas e tradicionais de sanção penal: a *pena pecuniária* e a *pena privativa de liberdade*. Fazia-se necessária a busca de outras alternativas, como as penas restritivas de direitos, a exemplo do que fizeram as mais avançadas legislações ocidentais[9].

---

8. Cezar Roberto Bitencourt, *Falência da pena de prisão*: causas e alternativas, São Paulo: Revista dos Tribunais, 1993, p. 267.
9. Claus Roxin, El desarrollo de la política criminal desde el proyecto alternativo, in *Doctrina penal*, Buenos Aires, 1979, p. 515-516.

Pois bem, atendendo aos anseios da *penologia* e da *política criminal* vigentes, a Reforma Penal de 1984 (Lei n. 7.209/84), sob o comando do saudoso Ministro Francisco de Assis Toledo, adotou *medidas alternativas* para as penas de prisão de curta duração: instituiu as chamadas *penas restritivas de direitos* e, revitalizando a tão aviltada, desgastada e ineficaz pena de multa, restabeleceu o *sistema de dias--multa*[10] *no Brasil*. Digo "restabeleceu" porque, a despeito de tratar-se de uma sistema genuinamente brasileiro (iniciado com o nosso Código Penal de 1830), nossa velha doutrina clássica, acriticamente, atribuía a sua origem ao sistema nórdico, como demonstramos em nosso conhecido *Falência da pena de prisão*!

Na verdade, a despeito da grande qualidade técnico-dogmática que representou essa reforma da Parte Geral do Código de 1940, a maior transformação consagrada pela Reforma Penal de 1984 — compelida pela síndrome da *falência da pena de prisão* — foi em relação à sanção penal. Evidentemente, sem chegar ao exagero da radical "não intervenção", apresentou avanços elogiáveis na busca da *desprisionalização* de forma consciente e cautelosa. No entanto, a falta de vontade política, de dotação orçamentária, de infraestrutura, entre outros fatores, determinou a má aplicação das penas alternativas, ignorando-se os grandes avanços que a reforma trazia, deixando-se de aplicar as *alternativas à prisão*, quando não as aplicando equivocadamente. Afirmava-se que o juízes ofereciam resistência a impor as alternativas à pena de prisão, invocando falta de estrutura e a dificuldade de fiscalizar referidas penas!

Enfim, essas dificuldades "interpretativo-operacionais" contribuíram para o crescimento da criminalidade e da sensação de impunidade, e acabaram gerando, como *subproduto*, a implantação de uma espécie de "movimento de Lei e Ordem", que se iniciou com a malfadada *Lei dos Crimes Hediondos* (Lei n. 8.072/90), violando-se constantemente não só as modernas orientações político-criminais, mas, em especial, os direitos fundamentais do cidadão. A continuidade desse movimento pode ser observada na própria *Lei dos Crimes Hediondos*, que no decorrer dos anos se tornou mais extensa por diversos diplomas legais que ampliaram o rol de crimes dessa espécie, como as Leis n. 8.930/94 (epidemia com resultado morte), 12.015/2009 (estupro), 13.964/2019 (diversos delitos acrescentados, como extorsão qualificada pela restrição da liberdade da vítima, ocorrência de lesão corporal ou morte, dentre outros). Embora a resposta estatal ao *fenômeno criminal* deva ocorrer nos limites e por meio do *Direito Penal*, que é o mais seguro, democrático e garantista *instrumento de controle social formalizado*, a reação ao delito não deve ser exclusivamente do Direito Penal, que somente deve ser chamado a intervir quando falharem todas as demais formas de controle social, isto é, deve ser utilizado como a *ultima ratio*. Para atingir esse desiderato, uma disciplina puramente *normativa e sistemática* como o Direito Penal

---

10. Cezar Roberto Bitencourt, *Falência da pena de prisão*, cit., p. 247-248.

necessita da complementação de outras disciplinas, como a *Criminologia* e a *Política Criminal*, que admitem a delinquência como um *fenômeno social e comunitário*, que pode existir nas mais diferentes camadas da população, sem qualquer *conotação patológica*.

Lamentavelmente, essa necessidade de utilização de outras disciplinas similares e complementares tem sido ignorada pelo legislador brasileiro, que pretende resolver todos os problemas — econômicos, políticos, éticos, sociais e morais — através do Direito Penal, utilizando-o *simbolicamente*. Essa é a *política criminal* que se instalou no País, na década de 1990, com os denominados *crimes hediondos, criminalidade organizada e crimes de especial gravidade*, simbolizando mais que um *Direito Penal funcional*, um autêntico *Direito Penal do terror*.

É inadmissível que a solução das dificuldades presentes seja buscada, como pretendem os governantes contemporâneos, através da reprodução de formas *neoabsolutistas* de poder, carentes de limites e de controles e governadas por fortes e ocultos interesses, dentro de nosso ordenamento jurídico. Ignoram nossos legisladores que a *criminalização* de uma conduta somente se justifica como *ultima ratio*, isto é, quando os demais ramos do Direito revelarem-se incapazes de dar a tutela devida a bens relevantes na vida do indivíduo e da própria sociedade; desconhecem que o Direito Penal não pode servir de mero *instrumento de realização política* e que deve manter sempre a dignidade humana como limite de qualquer forma de criminalização.

Comecemos examinando as penas privativas de liberdade; posteriormente, faremos a análise das suas alternativas.

2. Reclusão e detenção

Desde a Reforma Penal alemã de 1975, que adotou a "pena unitária privativa de liberdade"[11], passou-se a defender mais enfaticamente a unificação de reclusão e detenção. A Reforma Penal brasileira de 1984, no entanto, adotou "penas privativas de liberdade", como gênero, e manteve a reclusão e a detenção como espécies, sucumbindo à divisão histórica do direito pátrio.

Tem-se insistido que não há diferenças na execução das penas de reclusão e de detenção[12]. Diríamos, felizmente não. O preso não é condenado para ser castigado, a condenação é o próprio castigo. As diferenças existem — e são muitas —, ao contrário do que se afirma, mas localizam-se fundamentalmente nas consequências, diretas ou indiretas, de uma e outra espécies de pena privativa de liberdade. Eliminaram-se, é verdade, algumas diferenças formais, que dificilmente ganhavam

---

11. Jescheck, *Tratado de Derecho Penal*, p. 1061.
12. Fragoso, *Lições de Direito Penal*, 7ª ed., Rio de Janeiro, Forense, 1985, p. 307; Paulo José da Costa Jr., *Comentários ao Código Penal*, São Paulo, Saraiva, 1986, v. 1, p. 246.

aplicação, tais como isolamento inicial na reclusão; direito de escolher o trabalho obrigatório, na detenção; separação física entre reclusos e detentos; impossibilidade de *sursis* em crimes punidos com reclusão etc. Contudo, as consequências que decorrem de uma e outra espécies de sanção privativa de liberdade são inconfundíveis.

Em realidade, no conjunto, permanecem profundas diferenças entre reclusão e detenção. A começar pelo fato de que somente os chamados crimes mais graves são puníveis com pena de reclusão, reservando-se a detenção para os delitos de menor gravidade. Como consequência natural do anteriormente afirmado, a pena de reclusão pode iniciar o seu cumprimento em regime fechado, o mais rigoroso de nosso sistema penal, algo que jamais poderá ocorrer com a pena de detenção. Somente o cumprimento insatisfatório da pena de detenção poderá levá-la ao regime fechado, através da regressão. Essa é uma das diferenças mais marcantes entre as duas modalidades de penas de prisão, que será mais bem esclarecida quando examinarmos os regimes penais. Afora esses dois aspectos ontológicos que distinguem as referidas modalidades, há ainda a flagrante diferença nas consequências decorrentes de uma e outra, além da maior dificuldade dos apenados com reclusão em obter os denominados "benefícios penitenciários".

Arrolaremos, exemplificativamente, algumas das mais importantes consequências que ainda justificam todo um sistema tradicional duplo de pena de prisão.

a) *Limitação na concessão de fiança*

A autoridade policial somente poderá conceder fiança nas infrações punidas com pena privativa de liberdade não superior a quatro anos (art. 322 do CPP), independentemente de tratar-se de reclusão ou detenção. Quando a pena for superior a quatro anos a fiança deverá ser requerida ao juiz.

b) *Espécies de medidas de segurança*

Para infração penal punida com reclusão a medida de segurança poderá ser detentiva, caso os recursos extra-hospitalares se mostrarem insuficientes para o tratamento do sentenciado, conforme determina o art. 4º da Lei n. 10.216/2001, interpretado em conjunto com o art. 97 do CP; já para autor de crime punido com detenção, a medida de segurança deverá ser de tratamento ambulatorial (art. 97 do CP).

c) *Incapacidade para o exercício do pátrio poder, tutela ou curatela*

Somente os crimes punidos com reclusão, praticados pelos pais, tutores ou curadores contra os respectivos filhos, tutelados ou curatelados, bem como, com o advento da Lei n. 14.994/2024, os crimes cometidos contra a mulher por razões da condição do sexo feminino (nos termos do art. 121-A, § 1º, do Código Penal, geram essa incapacidade. Na hipótese de prática de crimes punidos com detenção, nas mesmas circunstâncias, não gerarão os mesmos efeitos. No entanto, a incompatibilidade fática justificará a busca através de ação própria no juízo competente (família e sucessões ou da criança, infância e juventude).

d) *Prioridade na ordem de execução* (arts. 69, *caput*, e 76, ambos do Código Penal): executa-se primeiro a reclusão e depois a detenção ou prisão simples.

e) *Influência decisiva nos pressupostos da prisão preventiva* (art. 313, I, do CPP).

Como se vê, a manutenção dicotômica da pena privativa de liberdade obedece a toda uma estrutura do nosso ordenamento jurídico-penal, que não se resume a uma simples divisão terminológica.

3. Regimes penais

A Lei n. 7.209/84 manteve a classificação dos regimes de cumprimento de pena instituído pela Lei n. 6.416/77. Abandonou, contudo, a periculosidade como fator determinante para a adoção deste ou daquele regime, como fazia aquele diploma legal. Agora, os regimes são determinados fundamentalmente pela espécie e quantidade da pena e pela reincidência, aliadas ao mérito do condenado, num autêntico sistema progressivo. "O regime torna-se, agora, o estado de cumprimento de pena, em que se coloca o condenado, no tocante à intensidade modulada de redução da liberdade"[13].

O regime fechado será executado em estabelecimento de segurança máxima ou média; o semiaberto será executado em colônia agrícola, industrial ou estabelecimento similar; e, finalmente, o regime aberto será cumprido em casa de albergado ou em estabelecimento adequado.

Por fim, vale apontar que a Lei n. 10.792/2003 instituiu o que denominou de *regime disciplinar diferenciado*. Posteriormente, a referida lei foi modificada pela Lei n. 13.964/2019, que impõe as diversas novas condições para essa forma excepcional de cumprimento de pena à qual o condenado pode ficar submetido, como será abordado adiante (item 3.4).

3.1. *Regras do regime fechado*

No regime fechado o condenado cumpre a pena em penitenciária e estará obrigado ao trabalho em comum dentro do estabelecimento penitenciário, na conformidade de suas aptidões ou ocupações anteriores, desde que compatíveis com a execução da pena. Nesse regime o condenado fica sujeito ao isolamento durante o repouso noturno (art. 34, § 1º, do CP), porém, na prática, esse isolamento noturno, com os requisitos exigidos para a cela individual (art. 88 da LEP), não passa de "mera carta de intenções" do legislador brasileiro, sempre tão romântico na fase de elaboração dos diplomas legais. Com a superpopulação carcerária constatada em todos os estabelecimentos penitenciários, jamais será possível o isolamento dos reclusos durante o repouso noturno. Quem cumpre pena em regime fechado não tem direito a frequentar cursos, quer de instrução, quer profissionalizantes. E o trabalho externo só é possível (ou admissível) em obras ou serviços públicos, desde que o condenado tenha cumprido, pelo menos, um sexto da pena.

---

13. Moraes Pitombo, Os regimes de cumprimento de pena e o exame criminológico, *RT*, 583/314, 1984.

O projeto, em sua redação original, determinava que era admissível o serviço externo nas condições referidas, "desde que fossem tomadas as cautelas contra a fuga e em favor da disciplina". No entanto, considerando as condições dos apenados que cumprem pena em regime fechado, normalmente delinquentes de altíssima periculosidade, e a necessidade da eficiência do controle social, pensamos que, mesmo que não esteja expresso no Código Penal, só se poderá conceder o serviço externo, em casos de regime fechado, acautelando-se contra a fuga e tomando-se todas as medidas necessárias em favor da disciplina. Felizmente, em boa hora, a Lei de Execução Penal (art. 37) estabeleceu a obrigatoriedade dessa exigência. Aliás, esse mandamento já era consagrado pela Lei n. 6.416/77.

Finalmente, em condenações a penas prisionais não superiores a quatro anos, só excepcionalmente se justifica a aplicação do regime fechado, isto é, somente quando as circunstâncias judiciais a recomendarem. Reconhecida a existência de circunstâncias judiciais favoráveis, o regime de cumprimento de pena deve ser mais liberal. Tratando-se de condenado reincidente, ainda assim, recomenda-se a aplicação do regime semiaberto. Não é outra a orientação do STJ: "é admissível a adoção do regime prisional semiaberto aos reincidentes condenados a pena igual ou inferior a quatro anos se favoráveis as circunstâncias judiciais" (Súmula 269).

3.2. *Regras do regime semiaberto*

No regime semiaberto não há previsão para o isolamento durante o repouso noturno. Nesse regime, o condenado terá direito a frequentar cursos profissionalizantes, de instrução de 2º grau ou superior, servindo, inclusive, para a *remição da pena* e para a *progressão de regimes*, como veremos adiante. Também ficará sujeito ao trabalho em comum durante o período diurno, em colônia agrícola, industrial ou em estabelecimento similar. Aqui, no regime semiaberto, o trabalho externo é admissível, desde o início de seu cumprimento, inclusive na iniciativa privada, ao contrário do que ocorre no regime fechado. Este, o serviço externo, na hipótese de progressão do regime fechado, pode ser o penúltimo estágio de preparação para o retorno do apenado ao convívio social. No regime semiaberto, também há previsão expressa de saídas temporárias, as quais foram substancialmente restringidas com o advento da Lei n. 14.843/2024. Atualmente, apenas poderá ser admitida saída temporária para "frequência a curso supletivo profissionalizante, bem como de instrução do 2º grau ou superior, na Comarca do Juízo da Execução", conforme o art. 122, inciso II, da LEP. Além disso, há previsão no art. 112, § 2º, da LEP de que "Não terá direito à saída temporária de que trata o *caput* deste artigo ou a trabalho externo sem vigilância direta o condenado que cumpre pena por praticar crime hediondo ou com violência ou grave ameaça contra pessoa". Mais recentemente, a Lei n. 14.994/2024 acrescentou o art. 146-E à LEP, o qual estabelece que "o condenado por crime contra a mulher por razões da condição do sexo feminino, nos termos do § 1º do art. 121-A do Decreto-lei n. 2.848, de 7 de dezembro de 1940 (Código Penal), ao usufruir de qualquer benefício em que ocorra a sua saída de estabelecimento penal, será fiscalizado por meio de monitoração eletrônica". Essa disposição é aplicável para saídas temporárias e para outros benefícios que foram concedidos tanto no regime semiaberto como no regime aberto. O próximo e derradeiro passo será o *livramento condicional*, ou a progressão para o regime aberto, dependendo das circunstâncias.

3.2.1. Concessão de trabalho externo, desde o início da pena

É bom esclarecer que o *juiz da condenação*, na própria sentença, já deverá conceder o serviço externo, sendo desnecessário o cumprimento de qualquer parcela da pena, pois, como veremos, o art. 35 do CP não faz essa exigência. Ou então, posteriormente, quando, por algum fundamento, se considere desrecomendável o serviço externo de imediato, o *juiz da execução, que é o juiz natural da fase executória*, poderá concedê-lo *desde o início do cumprimento da pena*. Ressalvada a hipótese de concessão do trabalho externo na própria sentença, preferimos que o *juiz da execução*, pela segurança de sua isenção, seja a autoridade apta a decidir sobre a concessão tanto do trabalho externo como da progressão de regimes.

A exigência de *cumprimento de um sexto da pena* verifica-se apenas quando tal benefício for concedido pela Direção do Estabelecimento Penitenciário, que, então, dependerá também da aptidão, disciplina e responsabilidade do apenado (art. 37 da LEP). Essa hipótese justifica-se, por exemplo, quando o Poder Judiciário, nas oportunidades anteriores, considerou não ser prudente a concessão de tal benefício, pelas circunstâncias apresentadas pelos fatos e/ou pelo condenado (não preenchimento dos requisitos legais). Com o cumprimento de um sexto da pena, presume-se, poderá adquirir as condições que lhe faltavam quando iniciou a cumpri-la.

Na verdade, doutrinariamente, entende-se que a necessidade do cumprimento de um sexto da pena no regime semiaberto poderá ocorrer somente em duas hipóteses:

1ª) *quando o regime semiaberto decorre de progressão do regime aberto* — nesse caso, seria razoável, em tese, cumprir esse tempo de pena, em razão de o indivíduo, que estava acostumado com o regime fechado, necessitar dessa fase para mostrar adaptação ao novo regime. Mas, ainda assim, dependendo das circunstâncias, satisfazendo os *requisitos subjetivos*, poderá receber, de imediato, o trabalho externo, concedido pelo Juiz da Execução, pois já cumpriu mais de um sexto da pena no regime anterior.

Não sendo concedido pelo magistrado, desde o início, então a "direção do estabelecimento penitenciário" poderá concedê-lo após o cumprimento de um sexto de pena, isto se não satisfizer os requisitos para a progressão ou enquanto aguardar essa decisão;

2ª) *quando há regressão do regime aberto para o semiaberto*, ou *quando foi revogado o trabalho concedido*, pelas razões previstas no parágrafo único do art. 37 da LEP. Com efeito, revogar-se-á a autorização de trabalho externo ao preso que vier a praticar fato definido como crime, for punido por falta grave, ou tiver comportamento contrário aos requisitos estabelecidos no artigo (parágrafo único do art. 37 da LEP).

Na realidade, é para essas hipóteses que existe a previsão do art. 37 e parágrafo único da LEP, e é por isso mesmo que esse texto legal refere-se à "prestação de trabalho externo, a ser autorizada pela direção do estabelecimento". Ou seja, trata-se de pena já em execução, caso contrário não haveria que se falar, e tampouco atribuir-se à *direção do estabelecimento penitenciário* essa decisão, como faz o art. 37 da LEP. Consequentemente, a *autoridade judiciária* que fizer essas exigências — de cumprimento de um sexto de pena e a satisfação dos requisitos desse dispositivo legal — estará usurpando a atribuição da direção do estabelecimento prisional. Ademais, nota-se que o art. 35 do CP, que estabelece as "regras do regime semiaberto", nada refere sobre a necessidade de cumprir alguma quantidade de pena para adquirir esse direito. Por outro lado, o art. 59, III, do CP determina que compete ao juiz estabelecer "o regime inicial de cumprimento da pena privativa de liberdade". Logicamente, sendo competente para fixar o regime de pena, sê-lo-á também para estabelecer as condições de seu cumprimento, nas quais se incluem o trabalho externo.

Finalmente, depois de alguns anos, o Superior Tribunal de Justiça passou a adotar esse nosso entendimento, admitindo a desnecessidade do cumprimento de um sexto da pena para a concessão do trabalho externo, para quem cumpre pena em regime semiaberto, desde que satisfaça também os requisitos subjetivos[14]. No entanto, nossa Suprema Corte, inadvertidamente, tem errado quando é chamada a decidir a respeito desse tema! Tudo bem, os próprios dignos e cultos Ministros da Corte referem, em tom casual, que o Supremo Tribunal Federal tem o direito de errar por último!

Está completamente equivocada a decisão do então digno Presidente do Supremo, Ministro Joaquim Barbosa, ao exigir o cumprimento de um sexto de pena para autorizar trabalho externo a José Dirceu, por exemplo. Na verdade, a exigência de cumprimento de um sexto da pena é *requisito para a progressão de regime* (art. 112 da LEP). Sendo assim, quando cumprido um sexto da pena o condenado deverá progredir para o regime aberto e, por conseguinte, não lhe será assegurado o direito ao trabalho externo, cumprindo-o como se fora o *regime fechado*, portanto, em regime mais grave do que o previsto em lei. Seria um contrassenso exigir o cumprimento de um sexto da pena para conceder os dois benefícios ao mesmo tempo, trabalho externo e progressão de regime. Logo, o Plenário da Corte Suprema deverá cassar essa decisão por ser teratológica!

O equívoco do então digno Presidente da Corte Maior decorre da interpretação literal que faz do art. 37 da LEP, sem contextualizá-lo. Essa exigência de

---

14. STJ, HC 97.615/SP, Rel. Min. Og Fernandes, 6ª Turma, *DJ* de 10-11-2008.

cumprimento de um sexto ocorre somente quando a concessão do trabalho externo for atribuída à direção da casa prisional, isto é, para alguém que já se encontra cumprindo pena e que antes não satisfazia as exigências legais para recebê-la. Ademais, interpretação diferente choca-se com a previsão do art. 112 da mesma Lei de Execução Penal, o qual prevê a *progressão de regime* com o cumprimento de um sexto da pena. Assim, cumprido esse lapso temporal, o condenado tem direito a progredir para o regime aberto, o que lhe é muito mais favorável. Dessa forma, o condenado resulta prejudicado por não exercer seu direito ao trabalho externo no regime semiaberto. Após o julgado descrito acima, alinhando sua posição à do STJ, o Plenário do STF reconheceu a impossibilidade de exigir que seja cumprido um sexto de pena para o deferimento do trabalho externo aos indivíduos que cumprem pena no regime semiaberto, conforme demonstra a ementa abaixo transcrita:

> "1. A exigência objetiva de prévio cumprimento do mínimo de um sexto da pena, segundo a reiterada jurisprudência do Superior Tribunal de Justiça, não se aplica aos presos que se encontrem em regime inicial semiaberto. Diversos fundamentos se conjugam para a manutenção desse entendimento. 2. A aplicação do requisito temporal teria o efeito de esvaziar a possibilidade de trabalho externo por parte dos apenados em regime inicial semiaberto. Isso porque, após o cumprimento de 1/6 da pena, esses condenados estarão habilitados à progressão para o regime aberto, que tem no trabalho externo uma de suas características intrínsecas. 3. A interpretação jurídica não pode tratar a realidade fática com indiferença, menos ainda quando se trate de definir o regime de cumprimento das penas privativas de liberdade. No caso, são graves e notórias as deficiências do sistema prisional. Neste cenário, sem descurar dos deveres de proteção que o Estado tem para com a sociedade, as instituições devem prestigiar os entendimentos razoáveis que não sobrecarreguem ainda mais o sistema, nem tampouco imponham aos apenados situações mais gravosas do que as que decorrem da lei e das condenações que sofreram. 4. A inaplicabilidade do requisito temporal para o deferimento de trabalho externo não significa, naturalmente, que a sua concessão deva ser automática. Embora a Lei de Execução Penal seja lacônica quanto aos requisitos pertinentes, é intuitivo que a medida é condicionada: (i) pela condição pessoal do apenado, que deve ser compatível com as exigências de responsabilidade inerentes à autorização para saída do estabelecimento prisional; e (ii) pela adequação do candidato a empregador. [...]" (STF, EP 2 TrabExt-AgR, Rel. Min. Roberto Barroso, Tribunal Pleno, julgado em 25/06/2014, publicado em 30/10/2014).

Convém destacar que, segundo o *caput* do art. 33 do CP, a pena de *reclusão* poderá ser cumprida em qualquer dos três regimes penais, devendo-se fundamentar devidamente quando a escolha não recair no regime mais liberal. A pena de *detenção*, por sua vez, somente poderá iniciar em regime aberto ou semiaberto; a detenção jamais poderá iniciar em regime fechado, mesmo que se trate de condenado reincidente.

3.3. *Regras do regime aberto*

O regime aberto baseia-se na autodisciplina e no senso de responsabilidade do apenado. O condenado só permanecerá recolhido (em casa de albergado ou em estabelecimento adequado) durante o repouso noturno e nos dias de folga. O condenado deverá trabalhar, frequentar cursos ou exercer outra atividade autorizada fora do estabelecimento e sem vigilância. Com responsabilidade e disciplinadamente o detento deverá demonstrar que merece a adoção desse regime e que para ele está preparado, sem frustrar os fins da execução penal, sob pena de ser transferido para outro regime mais rigoroso (art. 36, § 2º, do CP).

O maior mérito do regime aberto é manter o condenado em contato com a sua família e com a sociedade, permitindo que o mesmo leve uma vida útil e prestante. Outra grande vantagem desse regime é a obrigatoriedade do trabalho, que, segundo Thomaz Alves Júnior, citado por José Henrique Pierangeli, ao se referir à prisão com trabalho, "é a pena por excelência que encerra todas as qualidades de uma verdadeira pena. O trabalho é lei civilizadora do homem; acompanhar a prisão dessa circunstância não é impô-la ao homem, é sim fazer com que cumpra uma lei que está escrita nos livros santos: trabalha que eu te ajudarei"[15]. Não obstante, também no regime aberto é necessário observar o art. 146-E da Lei de Execução Penal, que impõe a monitoração eletrônica durante o usufruto de qualquer benefício que implique a saída do indivíduo do estabelecimento penal, somente nos casos de condenação por crime contra a mulher por razões da condição do sexo feminino, nos termos do § 1º do art. 121-A do Código Penal.

3.4. *Regras do regime disciplinar diferenciado*

Pela nova redação do art. 52 da LEP, atribuída pela Lei n. 13.964/2019, o *regime disciplinar diferenciado* poderá ser aplicado, sem prejuízo da sanção correspondente à falta grave, nas seguintes situações: 1ª) *prática de fato previsto como crime doloso que ocasione subversão da ordem ou disciplina internas* (art. 52, *caput*); 2ª) *apresente alto risco para a ordem e a segurança do estabelecimento penal ou da sociedade* (§ 1º); e, finalmente, 3ª) *quando houver fundadas suspeitas de envolvimento ou participação, a qualquer título, em organização criminosa, associação criminosa ou milícia privada, independentemente da prática de falta grave.*

Conforme determina o art. 52 da LEP, esse regime tem as seguintes condições: a) duração máxima de até 2 (dois) anos, sem prejuízo de repetição da sanção por nova falta grave de mesma espécie; b) recolhimento em cela individual; c) visitas quinzenais, de 2 (duas) pessoas por vez, a serem realizadas em instalações equipadas para impedir o contato físico e a passagem de objetos, por pessoa da família ou, no

---

15. Pierangeli, Alguns aspectos do sistema de penas no projeto de Código Penal, *RT*, 580/307, 1984.

caso de terceiro, autorizado judicialmente, com duração de 2 (duas) horas; d) direito do preso à saída da cela por 2 (duas) horas diárias para banho de sol, em grupos de até 4 (quatro) presos, desde que não haja contato com presos do mesmo grupo criminoso; e) entrevistas sempre monitoradas, exceto aquelas com seu defensor, em instalações equipadas para impedir o contato físico e a passagem de objetos, salvo expressa autorização judicial em contrário; f) fiscalização do conteúdo da correspondência; g) participação em audiências judiciais preferencialmente por videoconferência, garantindo-se a participação do defensor no mesmo ambiente do preso.

4. Regime inicial

A fixação do regime inicial da execução das penas privativas de liberdade compete ao juiz da ação, isto é, da condenação. Ela integra o ato decisório final (art. 59, III, do CP). No entanto, essa fixação será sempre *provisória*, uma vez que fica sujeita à progressão ou regressão, atendendo ao mérito do condenado. Cumpre ao juiz da execução decidir, motivadamente, sobre a progressão ou regressão de regimes (art. 66, III, *b*, da LEP).

O legislador de 1984 não foi muito feliz ao estabelecer as regras e os critérios determinantes do regime inicial de cumprimento de penas. A obscuridade do § 2º do art. 33 do Código Penal tem determinado interpretações equivocadas e contraditórias de nossos mais respeitados penalistas. Os fatores fundamentais para determinação do regime inicial são: *natureza* e *quantidade* da pena aplicada e a *reincidência*. Esses fatores são subsidiados pelos elementos do art. 59 do Código Penal, isto é, quando aqueles três fatores (art. 33, *caput*, combinado com o seu § 2º e alíneas) não determinarem a obrigatoriedade de certo regime, então os elementos do art. 59 é que orientarão qual o regime que deverá ser aplicado, como o mais adequado (necessário e suficiente) para aquele caso concreto e para aquele apenado (art. 33, § 3º, do CP).

Conjugando-se o art. 33 e seus parágrafos e o art. 59, ambos do Código Penal, constata-se que existem circunstâncias em que determinado regime inicial é *facultativo*. Nesse caso, quando o regime inicial for "facultativo", os elementos determinantes serão os do art. 59 do CP (art. 33, § 3º, do CP). O *caput* do art. 33 estabelece as regras gerais dos regimes penais, ou seja, a *reclusão* pode ser iniciada em qualquer dos três regimes, fechado, semiaberto e aberto; a *detenção*, somente nos regimes semiaberto e aberto, salvo necessidade de transferência ao regime fechado (regressão). Equivale a dizer que pena de detenção jamais poderá iniciar o cumprimento de pena em regime fechado. Os critérios estabelecidos nas alíneas do § 2º do mesmo artigo, apesar de confusos, obscuros e lacônicos, não são contraditórios e são meros complementos das regras gerais estabelecidas no *caput*. É princípio consagrado em hermenêutica que não se pode interpretar parágrafos e incisos em flagrante contradição com a cabeça do artigo. Aliás, no caso em estudo não existe a propalada contradição. Há, isso sim, em razão de defeituosa técnica legislativa (em face de deficiente redação!), obscuridade capaz de gerar alguma perplexidade.

Pretende-se, a seguir, demonstrar que as alíneas *a* e *b* do § 2º do art. 33 referem-se tão somente à pena de reclusão. E que a alínea *c*, essa sim, refere-se tanto à pena de reclusão quanto à pena de detenção.

Senão vejamos:

1º) Quando a alínea *a* determina que a pena *superior* a oito anos deverá começar a ser cumprida em regime fechado, é evidente que está se referindo tão somente à pena de reclusão. Pela simples e singela razão de que a cabeça do artigo já estabeleceu que a detenção não pode começar seu cumprimento em regime fechado. Logo, esse critério só serve para pena de reclusão.

2º) A alínea *b faculta* ao não reincidente, com pena superior a 4 anos e que não exceda a 8, cumpri-la, desde o início, em regime semiaberto. Também aqui esse critério só serve para a reclusão, porque:

a) Detenção não poderá iniciar no regime aberto em razão da quantidade da pena (superior a 4 anos) e não poderá iniciar no regime fechado porque o *caput* proíbe. Logo, para a detenção não há a *faculdade* que a alínea *b* oferece para a reclusão. Para a detenção, nas circunstâncias, com pena superior a 4 anos, só pode ser o regime semiaberto.

b) Reclusão, acima de 4 anos, tanto pode começar no regime semiaberto como no fechado, mas nunca no aberto. Aqui, para os não reincidentes, com pena superior a 4 anos, os requisitos ou os elementos do art. 59 é que determinarão se será suficiente o regime semiaberto ou se terá de ser o fechado. Por isso a *faculdade*, mas somente para a pena de reclusão.

c) Pena de detenção *superior* a 4 anos, excedendo ou não a 8 anos, condenado reincidente ou não, só poderá iniciar o cumprimento da pena em regime semiaberto.

3º) A alínea *c faculta* ao condenado não reincidente, com pena igual ou inferior a 4 anos, desde o início, cumpri-la em regime aberto.

Essa parece ser a maior causadora de equívocos. E essa alínea *c* é a única que se dirige às duas espécies de penas, reclusão e detenção. Mas o fato de o dispositivo dizer que o não reincidente pode iniciar o cumprimento de pena no regime aberto não está, *a contrario sensu*, afirmando que o reincidente deverá obrigatoriamente iniciar o cumprimento da pena em regime fechado, como parecem pensar, equivocadamente, Celso Delmanto e Mirabete. Não. O que a norma legal diz é que o reincidente não pode iniciar em regime aberto. Só isso! Se a pena for de reclusão de até 4 anos e o condenado for reincidente, o regime inicial poderá ser o fechado ou o semiaberto. Os requisitos do art. 59 é que determinarão qual dos dois regimes será o mais adequado, isto é, qual dos dois será necessário e suficiente para atingir os fins da pena (art. 33, § 3º, do CP).

Se, porém, a pena for de detenção, nas mesmas circunstâncias, com condenado reincidente, o regime só poderá ser o semiaberto. Condenado à pena de detenção, reincidente, não tem opção: qualquer que seja a quantidade de pena deverá iniciar, sempre, em regime semiaberto.

Se o condenado não for reincidente, com pena de até 4 anos, ter-se-ão as seguintes possibilidades:

1ª) *Detenção*: poderá iniciar no regime semiaberto ou no aberto. Para adotar um ou outro regime o juiz levará em conta os requisitos do art. 59 do CP.

2ª) *Reclusão*: poderá iniciar em qualquer dos três regimes, fechado, semiaberto ou aberto.

Aqui, para o condenado não reincidente, com pena de até 4 anos, tem aplicação absoluta o disposto no art. 33, *caput*, 1ª parte, do Código Penal. Os três regimes são aplicáveis. Os elementos do art. 59 é que orientarão o magistrado para a adoção do regime mais adequado para o início do cumprimento da pena. Incorria em lamentável equívoco Celso Delmanto quando afirmava que, com os "critérios do § 2º deste mesmo art. 33, chega-se à contraditória conclusão de que o condenado à pena de detenção (por menor que fosse a quantidade dela), desde que se tratasse de reincidente, teria de iniciar a execução em regime fechado"[16]. Isso não é verdade. Na sequência do raciocínio, equivocava-se novamente quando sugeria que se autorizasse ao condenado reincidente em detenção a cumprir a pena, desde o início, em regime aberto. Em primeiro lugar, não é necessário adotar a sugestão proposta porque o regime legal e próprio é o semiaberto e não o fechado, como pensava aquele eminente penalista; em segundo lugar, porque seria flagrantemente ilegal (art. 33, § 2º, alínea *c*, do CP). Segundo o dispositivo citado, que impede que se inicie a execução de pena de detenção em regime aberto (para reincidente), conjugado com o art. 33, *caput*, segunda parte, que proíbe que a pena de detenção inicie em regime fechado, sobra como única alternativa o regime semiaberto. Conclui-se, portanto, que o regime estabelecido pela lei, no caso, é o semiaberto.

Diante do exposto, pode-se estabelecer, sinteticamente, algumas regras sobre o regime inicial:

1ª) *Para pena de detenção*: a) detenção só pode iniciar em regime semiaberto ou aberto; b) detenção nunca pode iniciar em regime fechado; c) detenção superior a 4 anos, reincidente ou não, só pode iniciar em regime semiaberto; d) detenção, reincidente, qualquer quantidade de pena, só pode iniciar em regime semiaberto; e) detenção até 4 anos, não reincidente, poderá iniciar em regime semiaberto ou aberto, de acordo com os elementos do art. 59.

2ª) *Para pena de reclusão*: a) reclusão superior a 8 anos sempre inicia em regime fechado; b) reclusão superior a 4 anos, reincidente, sempre inicia em regime fechado; c) reclusão superior a 4 anos até 8, não reincidente, pode iniciar

---

16. Delmanto, *Código Penal comentado*, Rio de Janeiro, Freitas Bastos, 1986, verbete "reincidente condenado a detenção", p. 63.

em regime fechado ou semiaberto. Dependerá das condições do art. 59 do CP; d) reclusão até 4 anos, reincidente, pode iniciar em regime fechado ou semiaberto. Dependerá do art. 59; e) reclusão até 4 anos, não reincidente, pode iniciar em qualquer dos três regimes, fechado, semiaberto ou aberto, segundo recomendarem os elementos do art. 59.

Constata-se, finalmente, que o fator reincidência, quando se trata de pena de detenção, só influi no regime inicial quando for até 4 anos. Quando se tratar de reclusão, influi no regime inicial quando for até 4 anos, que poderá ser semiaberto ou fechado, e quando for superior a 4 anos até 8, que deverá ser necessariamente fechado.

4.1. *Regime inicial nos crimes hediondos*

Consagrando sua linha de interpretação relativamente à *progressão de regime nos crimes hediondos* (ver, neste mesmo capítulo, item 6.2.1), o STF editou a Súmula Vinculante 26, com o seguinte verbete: *Para efeito de progressão de regime no cumprimento de pena por crime hediondo, ou equiparado, o juízo da execução observará a inconstitucionalidade do art. 2º da Lei n. 8.072, de 25 de julho de 1990, sem prejuízo de avaliar se o condenado preenche, ou não, os requisitos objetivos e subjetivos do benefício, podendo determinar, para tal fim, de modo fundamentado, a realização de exame criminológico.*

Progredindo nessa linha, e observando o *princípio da individualização da pena*, nossa Corte Suprema declara que *iniciar obrigatoriamente o cumprimento de pena em regime fechado* também viola referido princípio. Nesse sentido, por sua pertinência, pedimos *venia* para transcrever a essência desse julgamento, que dispensa maiores comentários, *in verbis:* "Obrigatoriedade de imposição do regime inicial fechado. Declaração incidental de inconstitucionalidade do § 1º do art. 2º da Lei n. 8.072/90. Ofensa à garantia constitucional da individualização da pena (inciso XLVI do art. 5º da CF/88). Fundamentação necessária (CP, art. 33, § 3º, c/c o art. 59). Possibilidade de fixação, no caso em exame, do regime semiaberto para o início de cumprimento da pena privativa de liberdade"[17].

Seguindo a mesma linha de abrandamento na fixação dos regimes iniciais de cumprimento de pena, o STF editou a Súmula Vinculante 59, segundo a qual "É impositiva a fixação do regime aberto e a substituição da pena privativa de liberdade por restritiva de direitos quando reconhecida a figura do tráfico privilegiado (art. 33, § 4º, da Lei n. 11.343/2006) e ausentes vetores negativos na primeira fase da dosimetria (art. 59 do CP), observados os requisitos do art. 33, § 2º, alínea *c*, e do art. 44, ambos do Código Penal".

---

17. STF, 2ª Turma, Rel. Min. Gilmar Mendes, HC 109.583/MS, *DJe* 29-5-2012.

5. Prisão domiciliar

Segundo a orientação da Reforma Penal de 1984, o regime aberto, *como gênero*, deverá ser cumprido em (a) *prisão-albergue*, (b) *prisão em estabelecimento adequado* e (c) *prisão domiciliar* (arts. 33, § 1º, *c*, do CP e 117 da LEP). Fácil é concluir que a *prisão domiciliar* constitui somente *espécie* do gênero aberto e, como exceção, exige a presença de mais requisitos para a sua concessão.

A *prisão domiciliar*, indiscriminadamente concedida durante a vigência da lei anterior, com graves prejuízos à *defesa social*, recebeu restrições na Reforma Penal de 1984. Mas, apesar da crise pelo seu mau uso antes da Reforma Penal, o legislador brasileiro não a suprimiu. Ao contrário, adotou-a. Porém, restringiu e estabeleceu com precisão as suas hipóteses. A Lei n. 7.210, de 11 de julho de 1984, afastou peremptoriamente a possibilidade de concessão de prisão domiciliar fora das hipóteses previstas no art. 117. Proibiu a praxe pouco recomendada de alguns magistrados que concediam a prisão domiciliar sob o argumento de que "inexistia casa de albergado", com irreparáveis prejuízos para a defesa social e que em muito contribuíam para o desprestígio da Justiça Penal. A Exposição de Motivos foi incisiva nesse particular, "reconhecendo que a prisão-albergue não se confunde com a prisão domiciliar, o Projeto declara, para evitar dúvidas, que o regime aberto não admite a execução da pena em residência particular, salvo quando se tratar de condenado maior de setenta anos ou acometido de grave doença e de condenada com filho menor ou deficiente físico ou mental ou, finalmente, de condenada gestante (art. 116)". Trata-se, aí, de exceção plenamente justificada em face das condições pessoais do agente. No mesmo sentido, é a lição de Reale Júnior e Dotti que, comentando sobre a impossibilidade da concessão de prisão domiciliar fora das hipóteses excepcionadas pela Lei de Execução Penal, afirmam: "Por fora da legalidade, a prisão-albergue, porque o Estado não está provendo de meios a execução do regime aberto seria o mesmo que abolir formalmente o regime fechado pela falta de condições humanas e materiais para a sua boa aplicação"[18].

Por longo tempo seguimos essa orientação, mas o caos em que se transformou o sistema penitenciário nacional e o desinteresse do Poder Público em investir pesadamente no setor para melhorar as condições de cumprimento de pena leva--nos a adotar outro entendimento. Finalmente nossas Cortes Superiores (STF e STJ) também começaram a perceber a gravidade do sistema, a desumanidade do quotidiano do cumprimento de penas, sendo impossível alguém ingressar nas prisões e sair de lá melhor do que entrou.

No início da década de noventa, o Supremo Tribunal Federal pôs termo às decisões controvertidas, decidindo que a *prisão domiciliar* somente será cabível

---

18. Reale Júnior, Ariel Dotti, Antunes Adreucci e Moraes Pitombo, *Penas e medidas de segurança no novo Código*, Rio de Janeiro, Forense, 1985, p. 66.

nas hipóteses previstas no art. 117 da LEP[19]. Através dos HC 69.119-6[20] e 70.682-2[21], a 2ª Turma do STF, por unanimidade[22], ratificou as decisões anteriores, assegurando que, não havendo casa de albergado, deve-se garantir ao preso o trabalho fora da prisão, com recolhimento noturno e em dias de descanso e feriados. Contudo, as inegáveis deficiências do sistema penitenciário nacional e a conhecida má vontade do Poder Público em investir nesse setor obrigaram o Supremo Tribunal Federal a render-se à necessidade de flexibilizar a aplicação da prisão domiciliar, sempre que não houver possibilidade de cumprir a pena em regime aberto, por falta de casa de albergado ou estabelecimento adequado.

Concluindo, é inadmissível que o condenado cumpra pena em regime fechado em razão da inexistência de vaga no regime semiaberto, ou que permaneça em qualquer desses dois regimes, ante a ausência de casa de albergado. Deve, ainda que excepcionalmente, ser concedido ao condenado o recolhimento domiciliar, enquanto não houver vaga no estabelecimento devido. Significa dizer, em outros termos, que a natureza do regime não transmuda para outro menos grave, pela ausência de vaga no regime legal a que tinha direito, mas, tão somente, que, por exceção, ficará em regime mais liberal, enquanto a vaga não existir, como têm decidido, acertadamente, nossas duas Cortes Superiores. Nessa linha, a "I Jornada de Direito e Processo Penal", em seu 20º enunciado conclui que: "É possível, em situações excepcionais, a aplicação da prisão domiciliar humanitária, prevista no art. 117 da Lei n. 7.210/84, também aos condenados em cumprimento de regime fechado e semiaberto". Além de previsão especial de atenção à gestante, que deve gozar de prioridade para prisão domiciliar ou em regime aberto.

6. Progressão e regressão de regimes

6.1. *Pressuposto da progressão: existência de estabelecimento penal adequado*

Em Sessão Plenária de 29 de junho de 2016, o Supremo Tribunal Federal aprovou a *Súmula Vinculante 56*, com o seguinte verbete: "A falta de estabelecimento penal adequado não autoriza a manutenção do condenado em regime prisional mais gravoso, devendo-se observar, nessa hipótese, os parâmetros fixados no RE 641.320/RS". A partir dessa *súmula*, finalmente, o Supremo Tribunal Federal passa a atribuir, como sempre sustentamos, a responsabilidade ao Estado pelas misérias do cárcere, pela falência da pena de prisão, pela desumanidade do

---

19. HC 68.012-SP, Rel. Ministro Celso de Mello (*RTJ*, 142/164); HC 68.118-2 e 68.123-9, Rel. Ministro Moreira Alves (*DJ* de 22-3-1991).
20. *DJ* de 29-5-1992.
21. *DJ* de 4-2-1994.
22. *Lex Jurisp*. 169/354 e 184/357.

cumprimento de penas nas penitenciárias nacionais, por descumprir as determinações da LEP e da própria Constituição Federal, como veremos adiante.

Com base nessa *Súmula Vinculante* (56), o Ministro Celso de Mello concedeu liminar na Reclamação 24.951, garantindo a um condenado, beneficiado com progressão para o regime semiaberto, o direito de aguardar em *prisão domiciliar* o surgimento de vaga em estabelecimento adequado ao cumprimento nesse regime. O autor da *reclamação* informou nos autos que permanecia, injustamente, em regime fechado porque o estabelecimento em que se encontrava era compatível somente com o regime fechado. Postulou, liminarmente, a concessão de *prisão domiciliar* nos termos da Súmula Vinculante 56 da Corte Suprema, acima transcrita.

Na concessão da liminar, o digno e culto Ministro Celso de Mello, com a autoridade de decano da Suprema Corte, destacou que os fatos retratados na inicial traduzem verdadeira afronta ao comando contido na referida Súmula Vinculante, além de caracterizar *intolerável excesso de execução*, vulnerando a proibição constante no art. 185 da Lei de Execução Penal (LEP). Ademais, reiterou o digno Relator que a responsabilidade pela falta de condições adequadas do sistema penitenciário nacional é tributável ao Estado, que não adota as medidas necessárias ao adimplemento de um dever básico estabelecido na própria Lei de Execução Penal. Nessa linha, destacou o Ministro Celso de Mello, *verbis*: "Não tem sentido impor ao sentenciado, a quem se reconheceu, jurisdicionalmente, o direito subjetivo à progressão para regime mais favorável, a submissão a regime mais gravoso, sob o fundamento de que inexistem vagas em estabelecimentos penais adequados".

Subjacentemente, o juízo da Vara das Execuções Criminais de Osasco (SP) já havia reconhecido que o reclamante preenchia as condições subjetivas e objetivas necessárias para ingressar no regime penal semiaberto. Contudo, manteve-o em regime fechado porque o estabelecimento não era compatível com regime semiaberto, aliás, como ocorre na imensa maioria das casas penitenciárias deste país. Vergonhosamente, o Estado se omite nesse dever constitucional, diga-se de passagem, na medida em que nossa *Carta Magna proíbe a aplicação de penas de morte, cruéis e degradantes*, além de assegurar aos presos respeito a sua integridade física e moral (incisos XLVII e XLIX do art. 5º).

Enfim, com robusta e incontestável fundamentação, concluiu o digno Relator, Ministro Celso de Mello: "não se revelando aceitável que, por crônicas deficiências estruturais do sistema penitenciário ou por incapacidade de o Estado prover recursos materiais que viabilizem a implementação das determinações impostas pela Lei de Execução Penal — que constitui exclusiva obrigação do Poder Público —, venha a ser frustrado o exercício de direitos subjetivos que lhe são conferidos pelo ordenamento positivo, como, por exemplo, o de ingressar, desde logo, quando assim ordenado pelo Juízo das Execuções Penais (como sucede no caso), no regime penal semiaberto".

Nesses termos, considerando que o reclamante tem o direito de cumprir a pena no regime que lhe foi assegurado, não pode ser submetido a regime mais gravoso. Por isso, o Ministro Relator concedeu a liminar determinando que o reclamante permaneça em prisão domiciliar até o surgimento de vaga em estabelecimento adequado ao cumprimento da pena em regime semiaberto.

6.2. *Progressão de regime*

Os regimes de cumprimento da pena direcionam-se para maior ou menor intensidade de restrição da liberdade do condenado, sempre produto de uma sentença penal condenatória. A sanção aplicada possibilita ao apenado progredir ou regredir nos regimes, ampliando ou diminuindo o seu *status libertatis*. O ponto propulsor de conquista ou de perda de maiores regalias no cumprimento da pena privativa de liberdade consiste no mérito ou demérito do condenado (arts. 33, § 2º, do CP e 112 da LEP). A Reforma Penal de 1984 adotou, como se constata, um *sistema progressivo* de cumprimento da pena, que possibilita ao próprio condenado, através de seu procedimento, da sua conduta carcerária, direcionar o ritmo de cumprimento de sua sentença, com mais ou menos rigor. Possibilita ao condenado ir conquistando paulatinamente a sua liberdade, ainda durante o cumprimento da pena, de tal maneira que a pena a ser cumprida não será sempre e necessariamente a pena aplicada. A partir do regime fechado, fase mais severa do cumprimento da pena, possibilita o Código a conquista progressiva de parcelas da liberdade suprimida.

Na *progressão* evolui-se de um regime mais rigoroso para outro menos rigoroso. Na *regressão* dá-se o inverso. Contudo, na progressão, além do *mérito do condenado* (bom comportamento)[23], é indispensável que ele tenha cumprido, pelo menos, parte da pena no "regime anterior", nos termos do *art. 112 da Lei de Execução Penal* (embora a Lei n. 13.964 tenha alterado esse artigo, praticamente eliminando o *sistema progressivo* no sistema penitenciário brasileiro, em um retrocesso de quase dois séculos em relação ao sistema penitenciário internacional)[24]. Isso quer dizer que o condenado não poderá passar direto do regime fechado para o regime aberto, sem passar obrigatoriamente pelo regime semiaberto. O inverso não é verdadeiro, ou seja, o condenado que não se adequar ao regime aberto poderá regredir, diretamente, para o regime fechado, sem passar necessariamente pelo regime semiaberto. Essa possibilidade ocorre porque o art. 118 da LEP, ao contrário do art. 112, permite a transferência para "qualquer"

---

23. Nova redação do art. 112 da LEP atribuída pela Lei n. 10.792/2003.
24. Cezar Roberto Bitencourt, *Falência da pena de prisão — causas e alternativas*, 5ª ed. revista e atualizada, São Paulo, Saraiva, 2017. (Trata-se de nossa Tese de Doutorado, defendida na Universidade de Sevilha, Espanha. Consultar, principalmente, a quem interessar possa, os dois primeiros capítulos sobre *a origem e evolução do sistema progressivo*.)

dos regimes mais rigorosos. Repetindo, é bom frisar que não basta o simples cumprimento de determinado lapso temporal da pena para o condenado ter direito à progressão (esse é somente o requisito temporal). É indispensável que o apenado demonstre que merece a progressão e que está preparado para cumprir a sanção imposta em regime menos rigoroso, sem prejudicar os fins da pena. Como lembram Miguel Reale Júnior e René Ariel Dotti, "não se acolheu a orientação adotada em algumas legislações e advogada por uma parte da doutrina, consistente em não fixar o *quantum* mínimo de cumprimento da pena para a transferência de regime e o livramento condicional. O arbítrio, no caso, seria fonte de injustiças e revoltas com sacrifício dos objetivos da pena e da disciplina do ambiente penitenciário"[25].

Em se tratando de regime aberto, além do cumprimento de parcela da pena e do mérito do condenado, deve-se observar se o beneficiário preenche os requisitos do art. 114 da LEP, ou seja, se o apenado está trabalhando ou se demonstra a possibilidade de vir a fazê-lo imediatamente e, se apresenta, pelos seus antecedentes e pelo resultado dos exames a que se submeteu, fundados indícios de que se ajustará com autodisciplina e senso de responsabilidade ao novo regime.

O *sistema progressivo*, adotado pela Reforma Penal de 1984, sofre profundas modificações, um verdadeiro retrocesso, em decorrência das alterações patrocinadas pela Lei n. 10.792/2003 e, principalmente, agora pela absurda e inconstitucional Lei n. 13.964/2019, que, dentre tantas outras, *exclui* expressamente o *parecer da Comissão Técnica de Classificação* e o *exame criminológico*, além de criar o denominado *regime disciplinar diferenciado*. Para progredir, teoricamente, o condenado deverá cumprir, pelo menos, uma parcela da condenação, e "merecer" o "benefício" evolutivo. Esse *merecimento*, contudo, será valorado pelo "bom comportamento carcerário" certificado pelo diretor do estabelecimento penitenciário. Não definiu, contudo, o novo diploma legal o que seja esse *bom comportamento*, lacuna que, certamente, será fonte de profundas divergências.

Não admitimos em hipótese alguma que o condenado possa cumprir pena em regime mais grave que o determinado na decisão condenatória, ao contrário de afirmação, absolutamente equivocada, em sentido diverso[26]. Não se pode esquecer de que o tempo na prisão arrasta-se letargicamente num clima de angústia, insegurança e ansiedade, agravando inclusive a saúde mental do recluso. O condenado tem o direito público subjetivo de cumprir sua pena nos termos em que lhe foi concedido na decisão condenatória, sendo inadmissível que as deficiências por culpa do Estado recaia sempre sobre os ombros do condenado.

---

25. Reale Júnior *et alii*, *Penas e medidas*, cit., p. 96-7.
26. Rogério Greco. *Código Penal comentado*, 4ª ed., Niterói, *Impetus*, 2010, p. 103: "*Apesar da respeitável opinião do professor gaúcho, o que não podemos tolerar é que alguém cumpra sua pena de forma mais grave do que fora determinado em sua condenação*".

6.2.1. Inconstitucionalidade do art. 112 da LEP com redação determinada pela Lei n. 13.964/2019 relativa à progressão de regime nos crimes hediondos

A nova redação do art. 112 da LEP, determinada pela Lei n. 13.964/2019[27], praticamente *suprime* ou, no mínimo, *inviabiliza* o exercício do direito à *progressão de regime*s, aliás, já considerado pelo STF (HC 82.959) como uma

---

27. "Art. 112. A pena privativa de liberdade será executada em forma progressiva com a transferência para regime menos rigoroso, a ser determinada pelo juiz, quando o preso tiver cumprido ao menos:

I — 16% (dezesseis por cento) da pena, se o apenado for primário e o crime tiver sido cometido sem violência à pessoa ou grave ameaça;

II — 20% (vinte por cento) da pena, se o apenado for reincidente em crime cometido sem violência à pessoa ou grave ameaça;

III — 25% (vinte e cinco por cento) da pena, se o apenado for primário e o crime tiver sido cometido com violência à pessoa ou grave ameaça;

IV — 30% (trinta por cento) da pena, se o apenado for reincidente em crime cometido com violência à pessoa ou grave ameaça;

V — 40% (quarenta por cento) da pena, se o apenado for condenado pela prática de crime hediondo ou equiparado, se for primário;

VI — 50% (cinquenta por cento) da pena, se o apenado for:

a) condenado pela prática de crime hediondo ou equiparado, com resultado morte, se for primário, vedado o livramento condicional;

b) condenado por exercer o comando, individual ou coletivo, de organização criminosa estruturada para a prática de crime hediondo ou equiparado; ou

c) condenado pela prática do crime de constituição de milícia privada;

VII — 60% (sessenta por cento) da pena, se o apenado for reincidente na prática de crime hediondo ou equiparado;

VIII — 70% (setenta por cento) da pena, se o apenado for reincidente em crime hediondo ou equiparado com resultado morte, vedado o livramento condicional.

§ 1º Em todos os casos, o apenado só terá direito à progressão de regime se ostentar boa conduta carcerária, comprovada pelo diretor do estabelecimento, respeitadas as normas que vedam a progressão.

§ 2º A decisão do juiz que determinar a progressão de regime será sempre motivada e precedida de manifestação do Ministério Público e do defensor, procedimento que também será adotado na concessão de livramento condicional, indulto e comutação de penas, respeitados os prazos previstos nas normas vigentes.

[...]

§ 5º Não se considera hediondo ou equiparado, para os fins deste artigo, o crime de tráfico de drogas previsto no § 4º do art. 33 da Lei n. 11.343, de 23 de agosto de 2006.

§ 6º O cometimento de falta grave durante a execução da pena privativa de liberdade interrompe o prazo para a obtenção da progressão no regime de cumprimento da pena, caso em que o reinício da contagem do requisito objetivo terá como base a pena remanescente.

das *garantias fundamentais asseguradas* pela Constituição Federal em seu art. 5º, XLVI. Proíbe, por outro lado, em algumas hipóteses, o *direito ao livramento condicional* (incisos VI [alínea *a*] e VIII do *caput* do mesmo art. 112), obrigando o condenado a cumprir o total da pena em *regime integralmente fechado*, inclusive sem direito, sequer, à saída temporária (§ 2º). Inegavelmente, nas hipóteses destes dois incisos (VI e VIII), o texto legal viola frontalmente o *princípio constitucional da individualização da pena* (inciso XLVI do art. 5º), além do disposto no inciso VII, que exige o cumprimento de, pelo menos, 60% (sessenta por cento) da pena aplicada, em regime integralmente fechado.

Ademais, está previsto para todas as hipóteses que, ao longo dos anos, o eventual "cometimento de *falta grave* durante a execução da pena privativa de liberdade interromperá o prazo para a obtenção da progressão no regime de cumprimento da pena" (§ 6º). Exige-se, ademais, "*boa conduta carcerária*, comprovada pelo diretor do estabelecimento" (§ 1º), ignorando que o sistema penitenciário não se assemelha a um "estabelecimento destinado a moças de fino trato". Convém registrar, ainda, que esses incisos, do VI ao VIII do *caput* do art. 112 da LEP, referem-se à condenação por crime hediondo ou equiparado.

Postas essas considerações — para enfrentar o problema central criado pela Lei n. 13.964/2019 —, faz-se necessária uma análise mais aprofundada, inclusive com uma síntese da evolução da proibição da aplicação do instituto da *progressão de regimes* no cumprimento de penas nos chamados *crimes hediondos* (Lei n. 8.072/90). Em sua redação original, referido diploma legal proibia a *progressão de regimes* e foi objeto de longos e calorosos debates, por muitos anos, tanto na doutrina especializada quanto na própria Suprema Corte. Segundo a doutrina majoritária[28], da qual fazíamos parte, aquela previsão violava o *princípio da individualização da pena* e o *sistema progressivo* adotados por nosso ordenamento jurídico. Na verdade, cumprindo disposição constitucional, o Código Penal e a lei de execução penal (LEP) *individualizam a aplicação da pena e o seu cumprimento*, exercendo uma espécie de *função delegada* pela Constituição Federal (art. 5º, XLVI)[29]. À lei ordinária compete fixar os parâmetros dentro dos quais o julgador deverá efetivar a *individualização da pena*, observando, evidentemente, o comando da Constituição Federal. Por essa razão, o legislador ordinário pode dispor, nos limites das prerrogativas que lhe foram conferidas pela norma constitucional, que, nos *crimes hediondos*, o tempo de cumprimento da pena *no regime fechado* possa ser maior (um quarto ou um terço, por exemplo) que aquele previsto para as demais infrações penais. Não significa, contudo, que possa impedir a progressão de

---

28. Por todos, Alberto Silva Franco, O regime progressivo em face das Leis 8.072/90 e 9.455/97, *Boletim do IBCCrim*, n. 58, edição especial de setembro de 1997, p. 2.
29. "A lei regulará a individualização da pena...".

regime *ou violar a individualização da pena*, ao contrário do que ocorre com as previsões dos incisos VI a VIII, acrescentados ao art. 112 pela Lei n. 13.964/2019.

Em outros termos, o *texto constitucional* permite ao legislador ordinário regular, em cada fase (legal, judicial e executória), a *individualização da pena*, mas não o autoriza, contudo, a *suprimi-la ou inviabilizá-la* em qualquer de suas etapas, sob pena de violar o núcleo essencial do *princípio da individualização penal*, reconhecida, finalmente, pelo Supremo Tribunal Federal, como direito e *garantia individual fundamental* (art. 5º, XLVI, da CF). Façamos, a seguir, uma retrospectiva desse tratamento dos crimes hediondos, desde a sua origem, pela Suprema Corte.

6.2.2. A progressão nos crimes hediondos a partir da Lei n. 9.455/97

A doutrina, em geral, sempre teve grandes dificuldades em aceitar a *proibição da progressão* nos chamados "crimes hediondos", a despeito da então orientação da jurisprudência de nossos Tribunais Superiores. Nossa contrariedade *à proibição da progressão* era mais abrangente, pois, além de violar o *sistema progressivo de cumprimento* de pena e desprezar *o objetivo ressocializador* atribuído à sanção penal, e, por extensão, a *individualização da pena*, ignorava a política criminal admitida e recomendada para um Estado democrático de direito. No entanto, o advento da Lei n. 9.455/97, que tipifica e disciplina o *crime de tortura*, ofereceu, enfim, um *fundamento jurídico* inquestionável para se *reinterpretar a proibição* que constava do § 1º do art. 2º da Lei n. 8.072/90, ao estabelecer que o condenado por crime de *tortura* "*iniciará* o cumprimento da pena em regime fechado", o que, em outros termos, consiste na *adoção do sistema progressivo*.

Há uma certa unanimidade nacional sobre o entendimento de que a Constituição fixou um *regime comum* para os crimes de tortura, tráfico ilícito de entorpecentes e drogas afins, terrorismo e os definidos como crimes hediondos (art. 5º, XLIII, da CF), equiparando-os quanto a sua *danosidade social*. Com o novo tratamento que a Lei n. 9.455/97 estabeleceu para o cumprimento da pena decorrente de condenação pelo crime de tortura — inegavelmente mais benéfico —, reconhecendo o direito à *progressão*, estava autorizada a *interpretação extensiva* da nova dicção legal, para estendê-la às demais infrações definidas como *crimes hediondos*, inclusive retroativamente. Afora a regra geral de hermenêutica que permite, no Direito Criminal, a *interpretação extensiva* da *lei mais benéfica*, há o *tratamento uniforme* que a Constituição Federal estabeleceu para essa modalidade de infrações penais.

Não se podia ignorar, por outro lado, que a *disciplina do cumprimento* de pena constante dos dois diplomas legais era conflitante, ou, na linguagem que estamos utilizando, era *desuniforme*: de um lado, proibia a *progressão de regime* para os *crimes hediondos*, terrorismo e tráfico de entorpecentes (Lei n. 8.072/90); de outro lado, admitia o *regime progressivo* para o *crime de tortura* (Lei n. 9.455/97). Contudo, como o ordenamento jurídico é composto por um *sistema harmônico* e racional de normas, eventuais e aparentes contradições devem encontrar solução adequada no próprio sistema, através das regras de *hermenêutica* e dos princípios gerais de Direito. Nesse sentido, subscrevemos a conclusão lapidar de Alberto Silva Franco, segundo o qual: "Não há razão lógica que justifique a aplicação do regime progressivo aos condenados por tortura e que negue, ao mesmo tempo, igual sistema prisional aos condenados por crimes hediondos ou tráfico ilícito de entorpecentes. Nem sob o ponto de vista do princípio da lesividade, nem sob o ângulo político-criminal, há possibilidade de considerar-se a tortura um fato delituoso menos grave em confronto com os crimes já referidos"[30].

Passamos a sustentar, desde então[31], que, a partir da edição da Lei n. 9.455/97, dever-se-ia reconhecer a aplicabilidade do *sistema progressivo* aos crimes *hediondos e afins*, sem restrições, inclusive retroativamente. Contudo, ignorando o *conteúdo uniformizador* do inciso XLIII[32] do art. 5º da Constituição Federal, o STF resolveu sumular o entendimento que dava tratamento diferenciado à *tortura* dos demais crimes elencados no referido inciso, como se tivessem naturezas distintas, a despeito de terem sido tratados *uniformemente* pelo texto constitucional. A referida súmula (698) tem o seguinte enunciado: "*Não se estende aos demais crimes hediondos a admissibilidade de progressão no regime de execução da pena aplicada ao crime de tortura*". No entanto, somente em 2006, após algum tempo sob a égide desse entendimento sumulado, o STF, em sua constituição plenária, num verdadeiro despertar cívico, através do HC 82.959[33], declarou a inconstitucionalidade *do § 1º do art. 2º da Lei n. 8.072/90* (Lei dos Crimes Hediondos), que previa o cumprimento da pena em *regime integralmente fechado* nos crimes hediondos e assemelhados, com voto histórico do Ministro Gilmar

---

30. Alberto Silva Franco, O regime progressivo em face das Leis 8.072/90 e 9.455/97, *Boletim do IBCCrim*, n. 58, edição especial de setembro de 1997, p. 2.
31. Ver, nesse sentido, as várias edições anteriores (todos os anos) do volume um de nosso *Tratado de Direito Penal*, desde 1997, o qual já se encontra na 28ª edição, mantendo a mesma tese, como agora.
32. "A lei considerará crimes inafiançáveis e insuscetíveis de graça ou anistia a prática da tortura, o tráfico ilícito de entorpecentes e drogas afins, o terrorismo e os definidos como crimes hediondos...".
33. Pena — regime de cumprimento — progressão — razão de ser. A progressão no regime de cumprimento da pena, nas espécies fechado, semiaberto e aberto, tem como razão maior a ressocialização do preso que, mais dia ou menos dia, voltará ao convívio social. Pena — crimes hediondos — regime de cumprimento — progressão — óbice — art. 2º, § 1º, da *Lei n. 8.072/90* — inconstitucionalidade — evolução jurisprudencial. Conflita com a garantia da individualização da pena — art. 5º, XLVI, da *Constituição Federal* — a imposição, mediante norma, do cumprimento da pena em regime integralmente fechado. Nova inteligência do princípio da individualização da pena, em evolução jurisprudencial, assentada a inconstitucionalidade do art. 2º, § 1º, da *Lei n. 8.072/90*. (HC 82.959, rel. min. *Marco Aurélio*, j. 23-2-2006, DJ de 1º-9-2006.)

Mendes. Nessa oportunidade, sendo Relator o Ministério Marco Aurélio, a Suprema Corte "sentenciou":

> "A progressão no regime de cumprimento da pena, nas espécies fechado, semiaberto e aberto, tem como razão maior a *ressocialização do preso* que, mais dia ou menos dia, voltará ao convívio social [...]. Conflita com a *garantia da individualização da pena* — artigo 5º, inciso XLVI, da Constituição Federal — a imposição, mediante norma, do cumprimento da pena em regime integralmente fechado. Nova inteligência do *princípio da individualização da pena*, em evolução jurisprudencial, assentada a inconstitucionalidade do artigo 2º, § 1º, da Lei n. 8.072/90" (HC 82.959/SP).

De certa forma, essa nova orientação, louvável, diga-se de passagem, assumida pelo Pretório Excelso afrontou o conteúdo da Súmula 698[34], que, a rigor, por coerência, deve ser revogada. Aliás, esse entendimento do STF acabou sendo reforçado pela sua *Súmula vinculante 26*, com o seguinte enunciado: "Para efeito de progressão de regime no cumprimento de pena por crime hediondo, ou equiparado, o juízo da execução observará a inconstitucionalidade do art. 2º da Lei n. 8.072, de 25 de julho de 1990, sem prejuízo de avaliar se o condenado preenche, ou não, os requisitos objetivos e subjetivos do benefício, podendo determinar, para tal fim, de modo fundamentado, a realização de exame criminológico".

E, acrescentamos nós, exigir o cumprimento de 50 a 70% da pena, como faz a lei *sub examine*, sem cometimento de nenhuma falta grave, por vários anos, *equivale a suprimir ou impedir a individualização da fase executória da pena*, bem como a *ressocialização do condenado* (que é um dos objetivos mais importantes da segregação penal). E, principalmente, suprimir o *livramento condicional* como previsto nos incisos VI e VIII do art. 112, o que implica o cumprimento integral da pena em regime fechado, exatamente como previa a redação original da revogada Lei n. 8.072/90, que o STF já havia declarado *inconstitucional* (HC 82.959).

Dois aspectos *fundamentais* merecem destaque nesse julgamento (HC 82.959) tão esperado pela comunidade jurídica especializada: (a) o reconhecimento do *sistema progressivo* e da *individualização da pena* como direitos e *garantias fundamentais*, e (b) a eficácia *erga omnes* de declaração de inconstitucionalidade em *controle difuso ou aberto* (art. 102, I, *a*, CF), limitada pelo efeito *ex nunc*, é bem verdade. O primeiro aspecto esclarece os limites reservados ao *legislador infraconstitucional*: ou seja, como o *sistema progressivo* de cumprimento da pena também é uma *garantia constitucional*, concede ao legislador ordinário o poder de disciplinar *a individualização da pena* nas fases legislativa, judicial e executória, *mas não lhe autoriza*, contudo, *excluí-la* ou *impedi-la*, em nenhuma dessas

---

34. Súmula "prejudicada" pela Lei n. 11.464 de 2007, que alterou a redação da Lei n. 8.072, autorizando a progressão de regime nos crimes hediondos.

etapas, sob pena de violar esse preceito fundamental. Exatamente aí residia a *inconstitucionalidade* do dispositivo questionado, que obrigava o cumprimento integral da pena em regime fechado, nos crimes hediondos e assemelhados, a exemplo exatamente do que ocorre com as previsões constantes especificamente nos incisos VI e VIII, *que não admitem sequer o livramento condicional*! Seria inócuo, por conseguinte, incluir a *individualização da pena* entre os direitos e as garantias fundamentais[35] e, ao mesmo tempo, permitir que o legislador ordinário, a seu alvedrio, pudesse suprimir ou anular seu conteúdo. Ora, se foi inconstitucional lá na Lei n. 8.072/90, é igualmente cá na Lei n. 13.964, com previsão semelhante (dito com outras palavras), que exige o cumprimento fechado integral da pena de prisão (sem progressão e sem livramento condicional)!

O segundo aspecto, não menos importante, foi o efeito *erga omnes* que o STF atribuiu à sua decisão em julgamento de *controle difuso de constitucionalidade*; aplicou, por analogia, o disposto no art. 27 da Lei n. 9.868/99, que se refere a julgamento de hipóteses de *controle concentrado ou abstrato de constitucionalidade* (ADIn ou ADC). Com essa decisão, destacou o editorial do *Boletim do IBCCrim*, "acolheu o *entendimento* de que, em se tratando de controle incidental ou difuso, é pertinente à Corte Suprema estender os efeitos da decisão a outras situações processuais suscetíveis de serem alcançadas pelo reconhecimento, *in concreto*, de inconstitucionalidade. E assim o fez, em nome da segurança jurídica e do excepcional interesse social, conceitos revestidos também de carga constitucional"[36]. Essa decisão — com eficácia *erga omnes* e efeito *ex nunc* — permitiu que, em outros processos, que ainda se encontrassem em fase recursal ou executória (cuja pena ainda não tenha sido integralmente cumprida), pudessem, igualmente, ser beneficiados pelo *sistema progressivo*, desde que seus requisitos fossem examinados, casuisticamente, pelo juiz competente. Referida decisão não ficou, por conseguinte, limitada ao processo objeto de exame no *Habeas Corpus* 82.959, e tampouco permitiu que outros juízes ou tribunais pudessem recusar seu cumprimento invocando, como obstáculo, o disposto no inciso X do art. 52 da Constituição Federal.

Referida decisão, na realidade, tornou sem objeto a competência do Senado Federal, como destaca o hoje Ministro Luís Roberto Barroso, com a lucidez de sempre: "A verdade é que, com a criação da ação genérica de inconstitucionalidade, pela EC n. 16/65, e com o contorno dado à ação direta pela Constituição de 1988, essa competência atribuída ao Senado tornou-se um anacronismo. Uma

---

35. Espera-se que o STF enfrente, o mais breve possível, a questão da *inconstitucionalidade do regime disciplinar diferenciado*, pois, a nosso juízo, viola diversos princípios, dentre os quais o da *individualização da pena*; não podemos, como afirma Nucci, "ficar alheios a mais uma tentativa do Poder Executivo, que contou com a complacência do Legislativo, de *golpear a individualização da pena*" (grifamos). In: Guilherme de Souza Nucci, *Individualização da pena*, 2ª ed., São Paulo, Revista dos Tribunais, 2007, p. 273.
36. *Boletim do IBCCrim*, n. 161, abril de 2006, p. 1.

decisão do Pleno do Supremo Tribunal Federal, seja em controle incidental ou em ação direta, deve ter o mesmo alcance e produzir os mesmos efeitos. Respeitada a razão histórica da previsão constitucional, quando de sua instituição em 1934, já não há mais lógica razoável em sua manutenção"[37]. Em sentido semelhante, veja-se o magistério do constitucionalista Ministro Gilmar Mendes, *in verbis*: "A amplitude conferida ao controle abstrato de normas e a possibilidade de que se suspenda, liminarmente, a eficácia de leis ou atos normativos, com eficácia geral, contribuíram, certamente, para que se quebrantasse a crença na própria justificativa desse instituto, que se inspirava diretamente numa concepção de separação de Poderes — hoje necessária e inevitavelmente ultrapassada. Se o Supremo Tribunal pode, em ação direta de inconstitucionalidade, suspender, liminarmente, a eficácia de uma lei, até mesmo de uma Emenda Constitucional, por que haveria a declaração de inconstitucionalidade, proferida no controle incidental, valer tão somente para as partes?"[38].

Por fim, cautelosamente, o Supremo Tribunal Federal atribuiu a essa tão esperada decisão o efeito *ex nunc*, impedindo que retroaja até alcançar aqueles que já cumpriram integralmente suas condenações, nos termos da orientação jurisprudencial anterior. Dessa forma, nossa Corte Suprema buscou impedir possíveis ações reparatórias por cumprimento indevido de penas integralmente em regime fechado.

6.2.3. A progressão nos crimes hediondos a partir da Lei n. 11.464/2007

Finalmente, a Lei n. 11.464, de 27 de março de 2007, seguindo a orientação consagrada pelo Supremo Tribunal Federal naquele julgamento do HC 82.959, minimiza os equivocados excessos da Lei n. 8.072/90, alterando os parágrafos do seu art. 2º, com as seguintes inovações: a) o cumprimento da pena iniciará em regime fechado; b) a progressão nos crimes hediondos ocorrerá após o cumprimento de dois quintos (2/5), sendo o apenado primário, e de três quintos (3/5), se reincidente; c) em caso de sentença condenatória, o juiz decidirá fundamentadamente se o réu poderá apelar em liberdade. Mas, em nenhuma hipótese vedou o livramento condicional, ao contrário do que faz a ora questionada Lei n. 13.964/2019.

No entanto, deve-se considerar que essa lei, embora tida como de natureza processual, na verdade projeta sérios e graves efeitos materiais na execução da pena, agravando sobremodo o regime de cumprimento. Por isso, a nosso juízo, lei como essa não pode retroagir para abranger fatos praticados antes de sua vigência. No mesmo sentido, manifesta-se Luiz Flávio Gomes, *in verbis*: "crimes ocorridos a partir do dia 29-3-2007: a Lei n. 11.464/2007 foi publicada dia 29-3-2007.

---

37. Luís Roberto Barroso, *O controle de constitucionalidade no Direito brasileiro*, São Paulo, Saraiva, 2004, p. 92.
38. Gilmar Ferreira Mendes, *Direitos fundamentais e controle de constitucionalidade*, 3ª ed., São Paulo, Saraiva, 2004, p. 266.

Entrou em vigor nessa mesma data. Cuidando-se de norma processual penal com reflexos penais, em sua parte prejudicial (*novatio legis in peius*) só vale para delitos ocorridos de 29-3-2007 em diante. Em outras palavras: o tempo diferenciado de cumprimento da pena para o efeito da progressão (2/5 ou 3/5) só tem incidência nos crimes praticados a partir do primeiro segundo do dia 29-3-2007"[39].

Finalmente, para uniformizar a interpretação da nova disciplina da progressão de regime nos *crimes hediondos*, o STF, repetindo no particular, editou a Súmula Vinculante 26, dispondo: "Para efeito de progressão de regime no cumprimento de pena por crime hediondo, ou equiparado, o juízo da execução observará a inconstitucionalidade do art. 2º da Lei n. 8.072, de 25 de julho de 1990, sem prejuízo de avaliar se o condenado preenche, ou não, os requisitos objetivos e subjetivos do benefício, podendo determinar, para tal fim, de modo fundamentado, a realização de exame criminológico".

6.2.4. Progressão de regime antes do trânsito em julgado de decisão condenatória (Súmula 716 do STF)

Desafortunadamente, desde o final da última década do milênio passado, têm aumentado assustadoramente as *prisões cautelares*, que nem sempre têm observado o limite legal de duração (81 dias). A longa demora dos trâmites processuais-recursais tem levado inúmeros recorrentes a cumprir grande parte de suas sanções em regimes mais graves que aquele aplicado na sentença ou mesmo naquele previsto em lei para o caso concreto. Por outro lado, invariavelmente, esses indivíduos (que são presos provisórios) têm sido constrangidos a desistir de seus recursos para receberem a *progressão de regimes*, sob o argumento falacioso de que durante a fase recursal é proibida a progressão de regimes. Sensível a essa violência, a que milhares de pessoas eram submetidas, o Colendo Supremo Tribunal Federal, em boa hora, houve por bem editar a Súmula 716, com o seguinte enunciado: "Admite-se a progressão de regime de cumprimento de pena ou a aplicação imediata de regime menos severo nela determinada, antes do trânsito em julgado da sentença condenatória".

Com essa oportuna súmula de nossa mais alta Corte de Justiça corrige-se flagrante injustiça que vinha se perpetuando em nossos pretórios injustificadamente. Ninguém desconhece as deficiências do sistema penitenciário brasileiro, que, aliás, de sistema só tem o nome; assim, sonegar o direito a progredir de regime, quando estiverem satisfeitos seus requisitos formais e materiais, significa punir mais severamente ao arrepio de nosso ordenamento jurídico. Essa justa preocupação de nosso Pretório excelso foi complementada com a edição da Súmula 717: "Não impede a progressão de regime de execução da pena, fixada em

---

[39]. Luiz Flávio Gomes; Antonio García-Pablos de Molina, *Direito Penal*; Parte Geral, São Paulo, Revista dos Tribunais, 2007, p. 855, v. 2.

sentença transitada em julgado, o fato de o réu se encontrar em prisão especial". Com efeito, uma coisa não inviabiliza a outra, porque a prisão especial aplica-se a todo e qualquer regime de cumprimento de pena. Ademais, essa *progressão* justifica-se para quando o sujeito não fizer mais jus à prisão especial, pois, assim, quando sair dessa espécie de prisão poderá ingressar no seu verdadeiro regime.

6.3. *Regressão de regime*

A Reforma Penal, preocupada com o direito individual, não descurou também da defesa social. Ao adotar a progressão, como instituto democrático e recomendável na recuperação do condenado, não podia deixar sem remédio a hipótese de que o condenado beneficiado pela progressão viesse, posteriormente, demonstrar sua incompatibilidade com o novo regime, com graves prejuízos à defesa social e aos fins da pena. Previu então o instituto da regressão, ou seja, a transferência de um regime para outro mais rigoroso. O condenado que cumpre pena em regime aberto pode ser transferido para regime semiaberto ou fechado e o que cumpre em regime semiaberto poderá ser transferido para o regime fechado. A regressão está prevista como obrigatória, para qualquer dos regimes mais rigorosos, quando o sentenciado pratica fato definido como crime doloso ou falta grave, ou sofre condenação, por crime anterior, cuja pena, somada ao restante da pena em execução, torna incabível o regime atual (art. 118 da LEP).

Quando o condenado se encontra em regime aberto, poderá ocorrer a regressão também se frustra os fins da pena ou se, podendo, *não paga a multa* (arts. 36, § 2º, do CP e 118, § 1º, da LEP). Nessas hipóteses, bem como nas hipóteses de prática de fato definido como crime doloso ou falta grave, o condenado deve ser ouvido previamente (art. 118, § 2º, da LEP).

As faltas graves, para penas privativas de liberdade, estão elencadas no art. 50 da Lei de Execução Penal.

6.4. *Requisitos da progressão de regime*

A Lei de Execução Penal (Lei n. 7.210/84) estabelecia que a obtenção de transferência de um regime mais rigoroso para outro menos rigoroso (progressão) ficava condicionada à existência de alguns requisitos, que poderíamos classificar de *materiais* (cumprimento de um sexto da pena e mérito do condenado) e *formais* (exame criminológico, quando necessário, e parecer da Comissão Técnica de Classificação):

a) *Uma parcela objetiva da pena*: é a exigência de cumprimento de uma parcela da pena no regime anterior, no Direito vigente, dentre os percentuais específicos previstos no art. 112 da LEP, para cada situação em que o condenado se encontra, os quais variam entre 16% e 70% da pena a ser cumprida. É necessário um especial cuidado para a aplicação intertemporal desses prazos, visto que só se aplicam as fatos cometidos após a entrada em vigor da nova redação do referido dispositivo, que ocorreu com o advento da Lei n. 13.964/2019. Nesse sentido, o STJ já se manifestou, ao julgar o Tema Repetitivo n. 1196, no sentido de que "É válida a aplicação retroativa do percentual de 50% (cinquenta por cento), para fins de progressão de regime, a condenado por crime hediondo, com resultado morte, que seja reincidente genérico, nos moldes da alteração legal promovida pela Lei n. 13.964/2019 no art. 112, inc. VI, alínea *a*, da Lei n. 7.210/84 (Lei de Execução Penal), bem como a posterior concessão do livramento condicional, podendo ser formulado posteriormente com base no art. 83, inc. V, do Código Penal, o que não configura combinação de leis na aplicação retroativa de norma penal material mais benéfica" (STJ, REsp 2.012.101/MG, Rel. Min. Jesuíno Rissato (Desembargador Convocado do TJDFT), 3ª Seção, julgado em 22/5/2024, *DJe* de 27/5/2024).

Não obstante, os percentuais maiores previstos no art. 112 da LEP envolvem fatores como a prática de crime hediondo, a causação do resultado morte e a reincidência. No caso da reincidência, destaca-se a tese firmada pelo STJ no Tema Repetitivo n. 1208, segundo o qual "A reincidência pode ser admitida pelo juízo das execuções penais para análise da concessão de benefícios, ainda que não reconhecida pelo juízo que prolatou a sentença condenatória" (STJ, REsp 2.049.870/MG, Rel. Min. Laurita Vaz, 3ª Seção, julgado em 17/10/2023, *DJe* de 20/10/2023).

Como salienta Celso Delmanto, o legislador não estabeleceu se esse percentual deve ser considerado sobre a pena aplicada ou sobre o restante da pena a cumprir. Na primeira operação não há problema. Evidentemente terá de ser sobre a pena aplicada, e não sobre o saldo restante. Na segunda operação é que poderia surgir a dúvida. Delmanto afirma que, "embora nos pareça que se desejou aludir ao total da pena e não à sua parte ainda não exaurida pela execução (pois a hipótese não é de extinção da punibilidade), na dúvida, a interpretação deverá ser a mais favorável (um sexto do restante)"[40]. Se *parece que o legislador desejou aludir ao total*, então não há dúvida fundada que autorize a busca de uma interpretação mais favorável. Porém, cumpre reconhecer que a disposição legal não é suficientemente clara.

b) *Mérito do condenado*: é a demonstração que o condenado deverá dar durante a execução da pena de que está apto para ser transferido para um regime menos rigoroso, que agora passou a ser comprovado com o denominado "atestado de conduta carcerária", para o recluso que ostente "bom comportamento carcerário". É a capacidade, a aptidão, é a comprovação da existência de condições que façam presumir que ele, condenado, está preparado para ir conquistando progressivamente a sua liberdade, adaptando-se a um regime mais liberal, *sem prejuízo para os fins da execução da pena*.

Essa simplificação procedimental da progressão permite, inclusive, a sua obtenção através de *habeas corpus*, na medida em que não demanda mais dilação probatória, como demonstrou, com propriedade, Andrei Schmidt[41], e o próprio STF já concedeu (HC 85.688).

---

40. Delmanto, *Código Penal*, cit., p. 62.
41. Andrei Zenkner Schmidt, *Boletim do IBCCrim*, n. 134, janeiro de 2004, p. 2-3.

c) *Reparação do dano, quando se tratar de crime contra a administração pública*: a Lei n. 10.763/2003 acrescentou o § 4º ao art. 33, que passou a exigir a *reparação do dano* ou a *devolução do produto do ilícito*, para que o condenado por crime contra a administração pública obtenha a progressão do regime.

Na verdade, esse texto legal deve ser interpretado com ressalvas, isto é, com a visão de que as normas penais, especialmente as restritivas, não podem ignorar o sistema jurídico em que se inserem, no caso, o princípio da *individualização da pena* (art. 5º, XLVI, da CF), que, segundo a Constituição Federal, deve obedecer ao *sistema progressivo* e, acima de tudo, visa à *recuperação do condenado*. Por isso, essa previsão legal, da forma como consta do texto, pode simplesmente inviabilizar a *progressão de regimes*, violando a Constituição brasileira.

Com efeito, a previsão acrescida pela Lei n. 10.763/2003 deve ser interpretada nos termos do art. 83, IV, do Código Penal, que, para obtenção do livramento condicional, estabelece a *obrigação de reparar o dano*, "salvo efetiva impossibilidade de fazê-lo". Em síntese, a progressão deve ser uma conquista do condenado pelo seu merecimento (bom comportamento carcerário) e pressupõe o cumprimento mínimo de um sexto da pena no regime anterior (art. 112 da LEP).

O *exame criminológico* e o *parecer da Comissão Técnica de Classificação* foram suprimidos pela lei antes mencionada, deixando, portanto, de ser exigidos para progressão de regimes, livramento condicional e indulto. No entanto, como são institutos importantes, e continuam mantidos nos arts. 7º e 8º da LEP, para a individualização do início da execução da pena merecem ser considerados.

1) *Exame criminológico*: é a pesquisa dos antecedentes pessoais, familiares, sociais, psíquicos, psicológicos do condenado, para a obtenção de dados que possam revelar a sua personalidade. Esse assunto será mais bem examinado em outro tópico.

2) *Parecer da Comissão Técnica de Classificação*: essa Comissão é encarregada de elaborar um programa individualizador e de acompanhar a execução das penas privativas de liberdade. Compete-lhe também propor ao juízo das execuções penais as progressões e regressões dos regimes, bem como as conversões emitindo os respectivos pareceres (art. 6º da LEP). Deve essa Comissão aferir o mérito do condenado e a provável adaptabilidade em regime menos rigoroso. Esse parecer, como toda *perícia*, não vincula o magistrado, mas não deixa de ser um subsídio importantíssimo a ser analisado pelo juiz das execuções penais em seu ato decisório.

No entanto, pela nova redação atribuída ao art. 6º da LEP[42], a Comissão Técnica de Classificação — CTC perdeu a atribuição de elaborar o *programa* de *individualização* dos condenados às penas restritivas de direitos, como previa a

---

42. Lei n. 10.792/2003: "Art. 6º A classificação será feita por Comissão Técnica de Classificação que elaborará o programa individualizador da pena privativa de liberdade adequada ao condenado ou preso provisório".

redação anterior. Tampouco referida *comissão* poderá propor à autoridade competente as progressões, regressões ou conversões. Essa conclusão decorre da conjugação da nova redação do art. 6º da LEP com a supressão do parágrafo único do art. 112, que condicionava a *progressão de regime* ao parecer da CTC ou exame do COC, quando fosse o caso[43]. Com efeito, a partir da vigência da nova lei (2-12-2003) não há mais necessidade, para a progressão de regime, do parecer da Comissão Técnica de Classificação ou do Exame Criminológico.

Dessa forma, os dois requisitos "formais" a que nos referimos foram dispensados para a progressão de regime, a despeito de alguns Estados da Federação estarem tentando implantá-los, apesar da questionável competência para legislar em matéria de execução penal.

7. Exame criminológico

A Reforma Penal de 1984, identificada integralmente com o moderno Direito Penal da culpabilidade, comprometeu-se com a execução da pena privativa de liberdade cientificamente orientada. E a *classificação* dos condenados torna-se requisito fundamental na nova concepção penitenciária e representa o desdobramento natural do princípio constitucional da *personalidade da pena* (que nunca deverá passar da pessoa do criminoso). A realização do exame criminológico tem a finalidade exatamente de fornecer elementos, dados, condições, subsídios, sobre a personalidade do condenado, examinando-o sob os aspectos mental, biológico e social, para concretizar a individualização da pena através dessa classificação dos apenados. Everardo da Cunha Luna lembra que "o exame criminológico não pode ser desprezado diante da tendência do Direito Penal moderno em sobrepor ao velho problema da classificação dos crimes o novo problema da classificação dos criminosos, e ao velho problema da pena retributiva, o novo problema da classificação das penas e das medidas de segurança, colocando, desse modo, no centro dos interesses penais, a consideração da personalidade humana"[44]. Hélio Tornaghi conceitua o exame criminológico como "a perquirição dos precedentes pessoais e familiares do condenado, sob os aspectos físico, psíquico, moral e ambiental, para a obtenção de informações reveladoras de sua personalidade"[45].

Sem se preocupar com a controvérsia sobre o melhor momento processual para a realização do exame criminológico, a Lei de Execução Penal optou por determinar a sua realização após o trânsito em julgado da sentença penal condenatória, ou seja, somente após declarada a culpa ou, se for o caso, a periculosidade do agente. Afirma a Exposição de Motivos que assim o fez "em homenagem

---

43. No mesmo sentido, Maurício Kuehne, *Lei de Execução Penal anotada*, 4ª ed., Curitiba, Ed. Juruá, 2004, p. 309.
44. Everardo da Cunha Luna, *Capítulos de Direito Penal*, São Paulo, Saraiva, 1985, p. 354.
45. Hélio Tornaghi, *Instituições de Processo Penal*, 2ª ed., São Paulo, Saraiva, 1977, p. 63.

ao princípio da presunção de inocência" (item 30), agora fortalecido pela nova Constituição brasileira, art. 5º, inciso LVII.

O exame criminológico deverá ser realizado no *Centro de Observação Criminológica*, nos termos do art. 96 da LEP. Somente se inexistir Centro de Observação, que deverá constituir-se de unidade autônoma ou anexa a estabelecimento penal, é que será admitida a realização do referido exame pela Comissão Técnica de Classificação (art. 98). No Estado do Rio Grande do Sul, junto ao Presídio Central, está em pleno funcionamento o Centro de Observação Criminológica, local onde deverão ser realizados, entre outros exames, o criminológico. Ainda no Rio Grande do Sul, em uma experiência pioneira, regionalizou-se a possibilidade de realização do Exame Criminológico, criando-se pequenos "Centros Regionais", com a infraestrutura adequada, otimizando o serviço penitenciário. O exame criminológico, que é uma *perícia*, embora a LEP não o diga, busca descobrir a capacidade de adaptação do condenado ao regime de cumprimento da pena; a probabilidade de não delinquir; o grau de probabilidade de reinserção na sociedade, através de um exame genético, antropológico, social e psicológico. Segundo Sérgio de Moraes Pitombo "hão de compô-lo, como instrumento de verificação, as informações jurídico-penais (como agiu o condenado, se registra reincidência etc.); o exame clínico (saúde individual e eventuais causas mórbidas, relacionadas com o comportamento delinquencial); o exame morfológico (sua constituição somatopsíquica); neurológico (manifestações mórbidas do sistema nervoso); o exame eletroencefálico (não só para a busca de lesões focais ou difusas de ondas *sharp* ou *spike*, mas da correlação — certa ou provável — entre alterações funcionais do encéfalo e o comportamento do condenado); exame psicológico (nível mental, traços básicos da personalidade e sua agressividade); exame psiquiátrico (saber se o condenado é uma pessoa normal ou portadora de perturbação mental); e exame social (informações familiares, condições sociais em que o ato foi praticado etc.)"[46].

É o mesmo Sérgio de Moraes Pitombo que lembra que "é preciso, contudo, não privilegiar em demasia o exame criminológico", pois consiste apenas em meio de prova e a sua avaliação caberá sempre ao juiz da execução, que é livre ao apreciá-lo. Isso quer dizer que o juiz não fica vinculado à conclusão a que chegarem os elaboradores do exame criminológico. Poderá decidir contrariamente ao que foi *recomendado* pelo exame, desde que devida e suficientemente fundamentada a sua decisão.

7.1. *Exame criminológico e exame de personalidade*

A própria Exposição de Motivos encarregou-se de extremar as diferenças entre o exame criminológico e o exame de personalidade. "O Projeto distingue o exame criminológico do exame de personalidade como espécie do gênero. O

---

46. Moraes Pitombo, Os regimes de cumprimento..., *Revista* cit., p. 315.

primeiro parte do binômio delito-delinquente, numa interação de causa e efeito, tendo como objetivo a investigação médica, psicológica e social, como o reclamaram os pioneiros da Criminologia. O segundo consiste no inquérito sobre o agente para além do crime cometido. Constitui tarefa exigida em todo o curso do procedimento criminal e não apenas elemento característico da execução da pena ou da medida de segurança. Diferem quanto ao método esses dois tipos de análises, sendo o exame de personalidade submetido a esquemas técnicos de maior profundidade nos campos morfológico, funcional, psíquico, como recomendam os mais prestigiados especialistas, entre eles Di Tulio"[47].

O *exame de personalidade* é atribuição da *Comissão Técnica de Classificação*, que, para realizá-lo, tem ampla liberdade na pesquisa de material, subsídios, elementos de informação, podendo entrevistar pessoas ou até mesmo requisitar elementos de informação sobre o condenado, tanto às repartições públicas quanto a estabelecimentos privados. Além de proceder a quaisquer diligências que entender necessárias para o bom e fiel desempenho do exame referido.

7.2. *Obrigatoriedade do exame criminológico*

Esse enfoque exige redobrada atenção e tem causado alguns equívocos em sua abordagem. Em verdade é preciso conciliar dois diplomas legais que regulam diferentemente a mesma questão. O Código Penal *determina* a realização obrigatória do exame criminológico, no início do cumprimento da pena, tanto no regime fechado quanto no regime semiaberto (arts. 34 e 35). A Lei de Execução Penal, por sua vez, *determina* a realização do mesmo exame quando se tratar de regime fechado e *faculta* a sua realização quando o regime inicial for *semiaberto* (art. 8º e parágrafo único). Essa suposta contradição tem levado os estudiosos de Direito Penal a afirmarem, sistematicamente, que, quando o regime inicial for o semiaberto, a realização do exame criminológico será facultativa. De forma semelhante, a jurisprudência do STJ entende que o exame criminológico é dispensável, inclusive para fins de progressão do regime fechado ao semiaberto[48]. Pensamos que essa posição é equivocada e não corresponde à melhor interpretação

---

47. Exposição de Motivos, item n. 34.
48. STJ, HC 671.788/SP, Rel. Min. Laurita Vaz, 6ª T., julgado em 22/6/2021, *DJe* de 30/6/2021. Atualmente, contudo, o STJ já começou a reconhecer as mudanças da Lei n. 14.843/2024, no sentido de que "Atualmente, desde a Lei n. 14.843/2024 e para os crimes praticados durante a sua vigência, o art. 112, § 1º, da LEP passou a dispor que, "em todos os casos, o apenado somente terá direito à progressão de regime se ostentar boa conduta carcerária, comprovada pelo diretor do estabelecimento, e pelos resultados do exame criminológico, respeitadas as normas que vedam a progressão" (STJ, AgRg no HC 889.369/SP, Rel. Min. Rogerio Schietti Cruz, 6ª T., julgado em 1º/7/2024, *DJe* de 3/7/2024).

do ordenamento jurídico-penal vigente. Aliás, esse parece ser também o entendimento de Miguel Reale Júnior e René Ariel Dotti[49].

Essa contradição é aparente. Temos dois diplomas legais que regulam o mesmo tema. Um deles, o Código Penal, determina a realização obrigatória do exame criminológico, quando o regime inicial de cumprimento de pena for o semiaberto (art. 35). O outro, a Lei de Execução Penal, não proíbe a realização do exame, pelo contrário, permite, embora não o obrigue, como faz o Código Penal. Também não impede que outro diploma legal, da mesma hierarquia, determine a sua realização. Não. E é exatamente o que ocorre: o Código Penal, ao regulamentar a matéria, entendeu necessária e conveniente a realização obrigatória do exame criminológico, em ambos os regimes (fechado e semiaberto), para melhor individualizar a execução da pena e, assim, atender esse postulado constitucional, pois o diagnóstico criminológico está para a correta execução da pena privativa de liberdade assim como os exames clínicos e radiológicos estão para o tratamento dos pacientes da Medicina.

Concluindo, se há dois estatutos legais regulando o mesmo assunto, um criando *uma obrigação* e outro, uma *faculdade*, evidentemente prevalece a norma cogente, sem que se possa vislumbrar uma contradição ou mesmo a derrogação de um pelo outro (ambos entraram em vigor na mesma data). Um estatuto faculta, outro determina: cumpre-se a determinação. Não há incompatibilidade. Para melhor entender a regulamentação da matéria, cumpre relembrar o aspecto histórico-legislativo, isto é, os trâmites legislativos que precederam a aprovação do instituto em exame. O Projeto de Lei n. 1.656, de 1º de julho de 1983, que deu origem à Lei n. 7.209, criava a obrigatoriedade do exame criminológico somente para o regime fechado. Em relação ao regime semiaberto não havia a mesma determinação. O art. 35 do referido Projeto, em sua versão original, declarava que nesse regime, o semiaberto, o condenado poderia ser submetido ao exame. Aliás, a Exposição de Motivos no item 31 deixa clara essa circunstância, *in verbis*: "Institui-se, no regime fechado, a obrigatoriedade do exame criminológico para seleção dos condenados conforme o grau de emendabilidade e consequente individualização do tratamento penal".

Individualizar, na execução penal, significa dar a cada preso as melhores condições para o cumprimento da sanção imposta; é conceder-lhe oportunidade e elementos necessários e suficientes para conseguir a sua reinserção social. A *individualização*, modernamente, deve ocorrer técnica e cientificamente. E, como a finalidade do exame criminológico é exatamente tornar possível essa individualização, era imperioso que se o estendesse ao maior número possível de apenados, visto que ele foi criado em benefício do condenado e não contra este. Foi, provavelmente, com esse espírito que o Dep. Egídio Ferreira Lima apresentou a

---

49. Reale Júnior *et alii*, *Penas e medidas*, cit., p. 77.

Emenda n. 9, estendendo a obrigatoriedade do referido exame também nas hipóteses em que a pena privativa de liberdade iniciasse o seu cumprimento em regime semiaberto. A Comissão de Constituição e Justiça rejeitou a emenda, em reunião realizada no dia 8 de novembro de 1983, atendendo ao parecer do Dep. Nilson Gibson, que foi relator[50]. Porém, na sessão plenária da Câmara dos Deputados, a Emenda foi aprovada, apesar de rejeitada na Comissão de Constituição e Justiça. A redação final do texto, que se constituiu no art. 35 do Código Penal, foi aprovada na sessão de 15 de março de 1984[51].

Assim, um esforço tão grande e elogiável sobre todos os aspectos, realizado para lograr a aprovação da obrigatoriedade do exame criminológico, também no regime semiaberto, não pode aceitar que se continue a afirmar que a sua realização é facultativa. Seguindo esse entendimento, recentemente foi publicada a Lei n. 14.843/2024, que promoveu diversas alterações na LEP, dentre as quais a determinação de que "Em todos os casos, o apenado somente terá direito à progressão de regime se ostentar boa conduta carcerária, comprovada pelo diretor do estabelecimento, e pelos resultados do exame criminológico, respeitadas as normas que vedam a progressão", incluída no art. 112, §1º, da LEP. Além disso, para a progressão ao regime aberto, definiu-se como um dos requisitos subjetivos, no art. 114, inciso II, da LEP, que o condenado deve "apresentar, pelos seus antecedentes e pelos resultados do exame criminológico, fundados indícios de que irá ajustar-se, com autodisciplina, baixa periculosidade e senso de responsabilidade ao novo regime".

8. Detração penal

Através da *detração penal* permite-se descontar, na pena ou na medida de segurança, o tempo de prisão ou de internação que o condenado cumpriu antes da condenação. Esse período anterior à sentença penal condenatória é tido como de pena ou medida de segurança efetivamente cumpridas. A partir da Lei n. 12.736/2012 esse lapso temporal também será computado para efeitos de *fixar o regime inicial de cumprimento de pena*, já na sentença condenatória. Consideramos, ademais, essa nova metodologia para fixar o regime inicial aplicável, analogicamente, ao cálculo da prescrição da pretensão punitiva, como demonstraremos adiante.

Por razões pragmáticas, a competência para deliberar sobre a detração penal sempre foi do *Juiz das Execuções Penais*, pois não se ignora o tempo que pode levar entre a sentença condenatória e o início da execução penal. Esse tempo todo, havendo *prisão provisória*, deverá ser descontado no início da execução propriamente dita. No entanto, essa competência mudou, passando ao *juiz a condenação*, por previsão constante do art. 1º da Lei n. 12.736/2012. Ademais, referido diploma legal acrescenta o § 2º ao art. 387 do Código de Processo Penal, no qual

---

50. *Diário do Congresso Nacional* de 19-11-1983.
51. *Diário do Congresso Nacional* de 15-3-1984, p. 368.

determina que "o tempo de prisão provisória, de *prisão administrativa* ou de internação, no Brasil ou no estrangeiro, será computado para fins de determinação do regime inicial de pena privativa de liberdade". Assim, agora, a *competência* para examinar, num primeiro momento, a detração penal é do juiz de conhecimento, isto é, daquele que sentencia o acusado. Em outros termos, por determinação legal, a pena final fixada na sentença já terá computado a detração penal, para todos os efeitos, inclusive para a prescrição, na nossa ótica.

Contudo, a *competência* para conhecer e julgar toda e qualquer prisão detratável, "cumprida" após a sentença condenatória, será do Juiz das Execuções Penais. A vantagem do novo texto legal reside no reconhecimento de que esse tempo "cumprido", provisoriamente, deve ser, necessariamente, considerado na hora de fixar o crime de cumprimento de pena. Elogiável, no particular, essa previsão legal, cuja obviedade, no entanto, a *praxis* insistia em ignorar.

Analogicamente, passamos a sustentar que esse cálculo operado com a *detração*, já na sentença, ante o novo texto legal, deve ser considerado também para o cálculo da *prescrição da pretensão punitiva*, pois, afinal, *será fixado o restante da pena a cumprir*. Essa interpretação analógica encontra respaldo no novo texto legal comparado com a previsão contida no art. 113 do Código Penal, o qual determina para hipótese de *evasão do condenado ou de revogação de livramento condicional que a prescrição deve ser considerada pelo tempo que resta de pena*. Não vemos, tecnicamente, nenhum óbice para se adotar essa orientação, que, aliás, decorre exatamente da pena a ser cumprida determinada em sentença, a qual, diga-se de passagem, estabelece novo marco interruptivo da prescrição.

O art. 42 do Código Penal estabelece expressamente o que pode ser descontado da pena privativa de liberdade e da medida de segurança. Segundo o dispositivo referido, a detração penal pode ocorrer nas hipóteses de:

a) *Prisão provisória, no Brasil ou no estrangeiro*

Prisão provisória é a prisão processual, ou seja, a prisão que pode ocorrer durante a fase processual, antes de a condenação transitar em julgado. No Direito vigente temos as seguintes hipóteses de *prisão provisória*: prisão em flagrante delito, prisão temporária, prisão preventiva, prisão decorrente de sentença de pronúncia e prisão decorrente de sentença condenatória recorrível. A despeito de algum entendimento em sentido contrário, essas duas prisões processuais continuam sendo possíveis (arts. 387, parágrafo único, e 413, § 3º, ambos do CPP). Assim sendo, têm natureza processual e, como tais, são *prisões provisórias*. A prisão, em qualquer dessas hipóteses, deve ser descontada da pena aplicada.

b) *Prisão administrativa*

A prisão administrativa, que não se confunde com a prisão civil *stricto sensu*, não tem natureza penal, e pode decorrer de infração disciplinar, hierárquica, ou mesmo de infrações praticadas por particulares, nacionais ou estrangeiros, contra a Administração Pública. Apesar de o art. 319 do Código de Processo Penal, que disciplinava a prisão administrativa, ter sido revogado, na nossa concepção, ela continua existindo, nas hipóteses de prisão nos quartéis militares, por indisciplina, bem como a *prisão do extraditando* enquanto aguarda a tramitação do processo perante o Supremo Tribunal Federal ou perante o Superior Tribunal de Justiça. Essa prisão não é a autêntica prisão preventiva, logo, só pode ser classificada como *prisão administrativa*.

Finalmente, a Lei n. 12.736/2012, que acrescentou o § 2º ao art. 387 do Código de Processo Penal, prevê que "o tempo de *prisão administrativa*" também deve ser considerado na *fixação do regime inicial* de pena privativa de liberdade. Enfim, se dúvida alguma houvesse sobre *a persistência da prisão administrativa*, esse novel diploma legal a afastaria por completo.

c) *Internação em casas de saúde*

A lei fala em internação em *hospital de custódia e tratamento psiquiátrico*. Fica claro, contudo, que a *internação* em *casas de saúde*, com finalidade terapêutica, também deve ser contemplada com a detração penal. Não teria sentido suspender a execução da pena durante o período em que o condenado fosse obrigado, por motivos de saúde, a permanecer hospitalizado.

Há entendimento respeitável de que, "por necessária e permitida interpretação analógica", deve ser admitida a detração também das penas restritivas de direitos, como limitação de fim de semana e prestação de serviços à comunidade. Esse entendimento foi acolhido recentemente pelo STJ ao julgar o Tema Repetitivo n. 115, ocasião na qual foi firmada a tese de que "O período de recolhimento obrigatório noturno e nos dias de folga, por comprometer o *status libertatis* do acusado, deve ser reconhecido como período a ser detraído da pena privativa de liberdade e da medida de segurança, em homenagem aos princípios da proporcionalidade e do *non bis in idem*" (STJ, REsp 1.977.135/SC, Rel. Min. Joel Ilan Paciornik, 3ª Seção, julgado em 23/11/2022, *DJe* de 28/11/2022). Acreditamos que as interdições temporárias de direitos também devem ser contempladas com o mesmo tratamento que for dispensado às outras duas espécies de penas restritivas de direitos. A interpretação mais liberal, da doutrina e da jurisprudência, tem admitido a detração por prisão ocorrida em outro processo, isto é, sem nexo processual, desde que por crime cometido anteriormente.

9. Trabalho prisional

A Lei de Execução Penal estabelece que o trabalho do condenado, "como dever social e condição de dignidade humana, terá finalidade educativa e produtiva" (art. 28).

O trabalho prisional é a melhor forma de ocupar o tempo ocioso do condenado e diminuir os efeitos criminógenos da prisão e, a despeito de ser obrigatório, hoje é um *direito-dever* do apenado e será sempre remunerado (art. 29 da LEP). A jornada normal de trabalho não pode ser inferior a 6 nem superior a 8 horas diárias, com repouso aos domingos e feriados (art. 33 da LEP). Não poderá ter remuneração inferior a três quartos do salário mínimo e estão assegurados ao detento as garantias e todos os benefícios da previdência social, inclusive a aposentadoria, apesar de não ser regulado pela Consolidação das Leis do Trabalho (art. 28, § 2º, da LEP).

A remuneração obtida com o trabalho prisional tem destinação prevista na própria Lei de Execução Penal (art. 29, §§ 1º e 2º), a saber: a) indenização dos danos causados pelo crime, desde que determinados judicialmente e não reparados por outros meios; b) assistência à família; c) pequenas despesas pessoais; d) ressarcimento do Estado pelas despesas realizadas com a manutenção do condenado, proporcionalmente; e) o saldo restante, se houver, deve ser depositado em caderneta de poupança para formação de pecúlio, que será entregue ao condenado quando sair da prisão.

O condenado por crime político não está obrigado ao trabalho (art. 200 da LEP), nem o preso provisório (art. 31, parágrafo único, da LEP), mas, se trabalharem, terão os mesmos direitos dos demais presos.

10. Remição pelo trabalho e pelo estudo

O instituto da remição de parte da pena pelo trabalho teve origem no Direito Penal Militar da guerra civil espanhola, na década de 1930, permanecendo previsto no art. 100 do Código Penal espanhol anterior, apesar das contundentes críticas que o trabalho prisional andou recebendo nos últimos tempos no Direito europeu[52].

Remir significa resgatar, abater, descontar, pelo trabalho realizado dentro do sistema prisional, parte do tempo de pena a cumprir, desde que não seja inferior a seis horas nem superior a oito. Significa que, pelo trabalho (agora também pelo estudo), o condenado fica *desobrigado* de cumprir determinado tempo de pena. *Remição* com "ç" (desobrigação, resgate) não se confunde com *remissão com* "ss", que tem o significado de perdão. Finalmente, a *praxis* jurisprudencial foi confirmada pela Lei n. 12.433/2011, que passou a determinar a *remição* também pelo *estudo* do condenado. Convém destacar, no entanto, que *trabalho* e *estudo* não podem ser realizados e "contabilizados" nos mesmos horários, isto é, não podem ser simultâneos, devendo ser cumpridos em horários distintos. Em outros termos, a LEP, com a redação determinada pela Lei n. 12.433/2011, permite a *cumulação de remição* pelo estudo e pelo trabalho (art. 126 § 3º), desde que cumpridos em horários compatíveis.

Com efeito, a *remição* que era feita na base de três dias de trabalho por um de pena sofreu um acréscimo, relativamente ao *estudo*, com a alteração da LEP, nos seguintes termos: "Art. 126. O condenado que cumpre a pena em regime fechado ou semiaberto poderá remir, por trabalho ou por estudo, parte do tempo de execução da pena: § 1º A contagem de tempo referida no *caput* será feita à razão de:

---

52. A previsão do art. 100 do CPE anterior acabou sendo revogada pela "disposición final séptima, segunda", do atual Código Penal Espanhol (LO n. 10/95).

I — 1 (um) dia de pena a cada 12 (doze) horas de frequência escolar — atividade de ensino fundamental, médio, inclusive profissionalizante, ou superior, ou ainda de requalificação profissional — divididas, no mínimo, em 3 (três) dias; II — 1 (um) dia de pena a cada 3 (três) dias de trabalho". A divisão das doze horas de estudo pelos três dias não precisa ser aritmética, isto é, pode ser mais horas em um dia, menos em outro (por exemplo, seis horas em um dia, e três em cada um dos outros, ou mesmo dois em um e quatro em outro), enfim, desde que as doze horas sejam divididas em três dias, correspondendo, na média, a quatro horas por dia. Assim, cada três dias de *estudo*, com um mínimo de doze horas, *remirá* um dia de pena.

A *remição pelo estudo* foi estendida também para o cumprimento de pena em regime *aberto* e *fruição de liberdade condicional* (art. 126, § 6º), ao contrário da *remição pelo trabalho*, que continua, segundo o texto legal, limitada ao cumprimento de pena nos *regimes fechado* e *semiaberto* (art. 126, *caput*), sendo mantido pela nova redação. Como o trabalho era *pressuposto* para o ingresso no *regime aberto*, não havia remição para aqueles que ingressavam nesse regime. Contudo, com a admissão da *remição pelo estudo*, por isonomia, abre-se a possibilidade, em tese, para quem cumpre pena em regime aberto também poder obter *remição pelo trabalho*, a exemplo daquele que estiver frequentando curso de educação regular ou profissionalizante (art. 126, § 6º). No entanto, no HC 189.914/RS[53], a nosso juízo, equivocadamente, a 6ª Turma do STJ considerou inaplicável a remição, pelo trabalho, em regime aberto. Examinaremos esse aspecto no tópico seguinte.

O estudo fora da prisão deve ser comprovado mensalmente (art. 129, § 1º), por meio de declaração da respectiva unidade de ensino, a frequência e o aproveitamento escolar. A contrário senso, o estudo realizado no interior do estabelecimento prisional não precisa dessa formalidade, embora deva ser certificado ou atestado pelo diretor da unidade prisional. O *preso provisório* (cautelarmente), que não está obrigado ao trabalho, se trabalhar ou estudar também poderá remir parte de sua futura condenação (art. 126, § 7º).

O tempo remido em função das horas de estudo será acrescido de 1/3 (um terço) no caso de *conclusão do ensino* fundamental, médio ou superior durante o cumprimento da pena, desde que certificada pelo órgão competente do sistema de educação (art. 126, § 5º), que pode ser a própria unidade de ensino, sendo desnecessário que o MEC forneça essa comprovação. A nosso juízo, o cálculo desse acréscimo (um terço) deve ser feito no final do total remido, independentemente de ter concluído o curso há mais tempo. Trata-se de inovação que, certamente, estimulará o preso a não abandonar os estudos, considerando que é sabidamente alta a evasão escolar também no âmbito do sistema prisional.

---

53. *DJ* de 27-2-2012.

Estendendo a remição ao estudo do prisioneiro, o legislador, mais uma vez, acabou seguindo o melhor entendimento doutrinário/jurisprudencial: com efeito, por todas as razões que o estudo apresenta, acrescidas do efeito de evitar a ociosidade do preso, por construção *pretoriana* (aliada ao entendimento doutrinário), a dedicação ao estudo no interior das prisões também justifica a *remição*, nas mesmas condições do trabalho. Nesse sentido, em boa hora, o Superior Tribunal de Justiça editou a Súmula 341, com o seguinte enunciado: "A frequência a curso de ensino formal é causa de remição de parte do tempo de execução de pena sob regime fechado ou semiaberto". Aliás, é compromisso do Estado ao aplicar a pena privativa de liberdade promover a reeducação e a reinserção social do condenado. Estudar, especialmente se encontrando recluso em uma prisão é tão ou mais nobre que o próprio trabalho, pois o estudo engrandece e dignifica a natureza humana, além de cumprir um dos fins da pena. Enfim, os tribunais consagraram o instituto da *remição pelo estudo*, e o legislador veio disciplinar o *modus operandi* desse direito do recluso, regrando a sua concessão. Impede-se, assim, que cada juiz continue adotando um critério subjetivo e variável de número de horas de estudo para efetuar o desconto de um dia de pena, tratando desigualmente quem se encontra nas mesmas condições.

O legislador definiu expressamente as atividades que são consideradas "estudo" ou "frequência escolar", de forma a não deixar dúvidas: atividade de *ensino fundamental, médio, inclusive profissionalizante,* ou *superior,* ou ainda de *requalificação profissional* (art. 126, § 1º, I). Destacou, ainda, que os cursos a serem frequentados podem ser na forma "presencial" ou "telepresencial", desde que certificadas pelas autoridades educacionais competentes.

Ao condenado será comunicada a relação de seus dias remidos (art. 129, § 3º); ante a ausência de previsão legal do período dessa comunicação, acreditamos que seja razoável interpretar-se como obrigatória essa *comunicação anual*, aliás, como já lhe era assegurado a declaração anual do restante de sanção a cumprir (art. 41, XVI, da LEP), sob pena de responsabilidade da autoridade judiciária competente. Parece-nos que uma declaração mensal dessa natureza onerária em demasia a estrutura do sistema penitenciário, sem maiores resultados práticos, na medida em que todo preso tem direito a essa declaração para fins de cálculo de seus *direitos* (também denominados benefícios) *penitenciários* (progressão, livramento condicional etc.).

A remição, por fim, passou a ser *considerada como tempo de pena cumprido, para todos os efeitos* (art. 128), e não somente para indulto e livramento condicional, afastando, definitivamente, aquela polêmica sobre ser pena cumprida ou desconto de pena a cumprir. Como *norma penal material mais benéfica*, tem efeito retroativo. Representa, na verdade, uma grande vantagem a todos os prisioneiros, enfim, implicando verdadeiro acréscimo do cumprimento de pena, para todos os efeitos.

A doutrina, de um modo geral, começou a sustentar que a remição deve ser concedida mesmo sem a realização do trabalho prisional, se este não ocorrer porque o Estado não ofereceu as condições necessárias, por considerá-lo *um direito do condenado*. Parte da doutrina e da jurisprudência, em um primeiro momento, não concordou com essa concepção. Contudo, com o passar do tempo e a omissão do Estado em procurar viabilizar a existência de trabalho por meio de convênios para os reeducandos, não restou alternativa senão aderir à concepção de que, se o Estado não oferece condições para a realização do trabalho penitenciário, deve-se reconhecer esse direito a todos aqueles que manifestarem interesse em trabalhar durante a execução penal.

Concluindo, terão direito à remição todos os condenados que manifestarem interesse em trabalhar durante a execução penal, inclusive aqueles que não puderem executá-lo porque o Estado não ofereceu as condições necessárias. A omissão ou deficiência do Estado não pode prejudicar um direito assegurado aos reeducandos.

Somente terão direito à remição os condenados que *efetivamente* realizarem o trabalho prisional, nos termos estabelecidos na legislação específica. Finalmente, a remição deverá, sempre, ser declarada pelo juiz, ouvido o Ministério Público e a defesa (art. 126, § 8º).

10.1. *Remição pelo trabalho em regime aberto: possibilidade segundo os princípios da isonomia e da analogia*

Com o respeito que merece de todos nós, a decisão no julgamento do HC 189.914/RS[54], que não admitiu a *remição pelo trabalho*, em regime aberto, seguindo o voto condutor da Ministra Relatora Maria Thereza de Assis Moura, é seletiva e discriminatória[55], violando o *princípio da isonomia*, insculpido no texto constitucional, além de revelar-se altamente criminógena. Aliás, a despeito da inexistência, na época, de previsão legal, essa decisão afronta o princípio consagrado pelo próprio STJ, na Súmula 341, com o seguinte enunciado: "A frequência a curso de ensino formal é causa de remição de parte do tempo de execução de pena sob regime fechado ou semiaberto".

O tratamento isonômico daquele que *estuda* com quem *trabalha* foi o fundamento maior desse enunciado sumular. Nesse sentido, invocamos o profundo e corajoso magistério de Luiz Flávio Gomes, que pontifica: "Cuida-se, desde logo, de um pensamento jurisprudencial indiscutivelmente criminógeno, dotado de alta periculosidade para a estabilidade social da sociedade brasileira, na medida em que, não incentivando o trabalho (tão decantado pela doutrina cristã e pelas

---

54. *DJ* de 27-2-2012.
55. Nesse sentido, ver artigo de Luiz Flávio Gomes, "Remição pelo trabalho no regime aberto: Por que não?", publicado na Revista Eletrônica *Conjur*, em 15 de março de 2012, criticando a referida decisão, que chocou os especialistas das Ciências Penais.

teorias econômicas, sobretudo da modernidade, que tem em Max Weber seu expoente proeminente), contribui inescapavelmente para a proliferação da reincidência (e, portanto, da criminalidade e da insegurança), trazendo alto conteúdo explosivo para a destruição da já cambaleante ressocialização (...) A danosidade humanitária e criminológica da decisão é flagrantemente manifesta. Ela precisa ser superada. Darwin não morreu. O ser humano continua evoluindo (apesar das involuções). Por justiça ou por simples razão de bom senso, não há como discriminar o estudo do trabalho (se é que queremos dar vida, ainda que em estado terminal e vegetativa, para o princípio da ressocialização)"[56].

Com efeito, essa surpreendente decisão da 6ª Turma do STJ não deixa de ser contraditória, na medida em que, quando não havia previsão legal para a remição pelo estudo, as duas Turmas (5ª e 6ª) desse Sodalício passaram a aplicá-la, por *analogia* ao trabalho, chegando, inclusive, a sumulá-la, como já referimos. Na verdade, a despeito de a *remição pelo trabalho* estar prevista para os regimes fechado e semiaberto, o acréscimo legal da *remição pelo estudo*, nos três regimes, recomenda o *tratamento isonômico* e que se aplique a *remição pelo trabalho* em regime aberto; segue-se, assim, o fundamento que orientou a edição da Súmula 341, qual seja, a isonomia. Ora, se está legalmente autorizada a *remição pelo estudo*, também no regime aberto, o mesmo direito, à luz do fundamento da Súmula 341, deve ser conferido, por *analogia*, a quem trabalha. Em outros termos, não se pode negar o mesmo direito a quem trabalha. Realmente, antes da Lei n. 12.433/2011 previa-se a remição pelo trabalho e não pelo estudo; o novo texto legal, por sua vez, prevê a remição, no regime aberto, pelo estudo e não pelo trabalho, voltando a consagrar um tratamento desigual e discriminatório.

Não se pode ignorar, contudo, que tanto o *trabalho* quanto o *estudo* concorrem diretamente para a ressocialização do condenado, que, segundo nossos diplomas legais (CP e LEP), é a finalidade grande da pena privativa de liberdade. Conceder remição pelo trabalho, aos condenados em regime aberto, constitui estímulo para a sua *ressocialização*. Aliás, o Estado compromete-se, ao aplicar a pena privativa de liberdade, em promover a reeducação e a *reinserção social do condenado*. Em outros termos, o condenado é recolhido à prisão para ser *ressocializado*, e trabalhar e estudar na prisão são os melhores instrumentos na busca dessa almejada ressocialização do condenado. Estudar, especialmente encontrando-se recluso em uma prisão é tão nobre quanto trabalhar, pois ambos engrandecem e dignificam o ser humano, além de cumprir os *fins ressocializadores da pena*.

Desafortunadamente, afastar a possibilidade de remir a pena em regime aberto pela prestação de trabalho significa facilitar a marginalização do

---

56. Luiz Flávio Gomes, Remição pelo trabalho no regime aberto: Por que não?, publicado na Revista Eletrônica *Conjur*, em 15 de março de 2012, criticando a referida decisão, que chocou os especialistas das Ciências Penais.

condenado, bem como do egresso do sistema penitenciário, trazendo em seu bojo considerável efeito criminógeno. Além de o Estado não oferecer as mínimas condições propiciadoras da ressocialização no interior dos presídios, essa orientação que a 6ª Turma do STJ adotou, dificulta ainda mais a recuperação do condenado e também do egresso (em cumprimento de livramento condicional) ao não incentivá-lo ao trabalho durante o regime aberto, pois não é o Estado que lhe oferece trabalho, mas o próprio que o busca, numa demonstração de que se encaminha para a ressocialização. A mesma 6ª Turma do STJ proferiu acórdão no qual reconheceu ser possível a remição pelo trabalho no caso de um preso que estava cumprindo pena em prisão domiciliar. Embora seu regime formalmente fosse o semiaberto, as condições de cumprimento da prisão domiciliar assemelham-se muito mais àquelas do regime aberto. Não parece haver razão, ainda mais após esse acórdão, para a manutenção do entendimento acima indicado. Vale transcrever a ementa do acórdão:

> "AGRAVO REGIMENTAL EM RECURSO ESPECIAL. EXECUÇÃO PENAL. VIOLAÇÃO DO ART. 126 DA LEP. CONDENADO CUMPRINDO PENA EM REGIME SEMIABERTO, AINDA QUE EM PRISÃO DOMICILIAR. REMIÇÃO PELO TRABALHO. POSSIBILIDADE. INTERPRETAÇÃO EXTENSIVA DA NORMA *IN BONAM PARTEM*. 1. O agravado em nenhum momento perdeu a condição de apenado em regime semiaberto. 2. Em razão de estar no regime prisional que autoriza a remição pelo trabalho e visando, sobretudo, evitar uma interpretação restritiva da norma, impõe-se o reconhecimento dos dias trabalhados, ainda que em prisão domiciliar. 3. Em se tratando de remição da pena, é, sim, possível proceder à interpretação extensiva em prol do preso e da sociedade, uma vez que o aprimoramento dele contribui decisivamente para os destinos da execução (HC 312.486/SP, de minha relatoria, 6ª T., *DJe* 22/6/2015). 4. Agravo regimental improvido" (AgRg no REsp 1.689.353/SC, Rel. Min. Sebastião Reis Júnior, 6ª T., julgado em 6/2/2018, *DJe* de 15/2/2018.)

Para finalizar este tópico, adotamos a lúcida conclusão de Luiz Flávio Gomes, *in verbis*: "Sabemos o quanto os egressos do sistema penitenciário brasileiro são discriminados. Quando esse mesmo egresso, de forma heroica, consegue trabalho, não há como não lhe premiar com a remição, dando-lhe estímulo para a vida reta, vida social adequada. Se o estudo, no regime aberto, dá direito à remição, não há como negar o mesmo direito para quem trabalha (onde existe a mesma razão deve reinar o mesmo direito). A falta de lei específica aqui, em relação ao trabalho, pode ser suprida facilmente com o emprego da analogia, aplicando-se (analogicamente) a lei que permite o mesmo benefício em relação ao estudo"[57].

---

57. Luiz Flávio Gomes, Remição pelo trabalho no regime aberto: Por que não?, publicado na Revista Eletrônica *Conjur*, em 15 de março de 2012.

10.2. *Prática de falta grave pode revogar a remição de até 1/3 (um terço) da pena remida*

A prática de *falta grave*, que antes revogava todo o tempo remido, a partir da Lei n. 12.433/2011 poderá revogar, no máximo, até *um terço* da pena remida (art. 127, § 8º). Como exemplo da prática de falta grave, pode-se citar a posse, pelo condenado, de aparelho celular ou de seus componentes essenciais, conforme enuncia a Súmula 660 do STJ. Permite-se, assim, ao juiz uma avaliação pormenorizada e discricionária em cada caso. Consequentemente, dependerá da gravidade da falta, podendo essa redução ser bem inferior a um terço, que é seu teto. A revogação incidirá sobre o total da pena remida, somando-se aquela remida pelo trabalho com a remida pelo estudo. Trata-se de *norma penal material posterior mais benéfica*, que, por conseguinte, *retroage* para alcançar as remições anteriores, inclusive daqueles que já perderam o tempo remido. Essa previsão legal é, indiscutivelmente, *norma penal material*, disciplinadora de direitos básicos do condenado, tendo, obrigatoriamente, efeito retroativo. Incide, em outros termos, diretamente sobre o *quantum* da pena, sendo, por conseguinte, norma de direito penal material por excelência.

Nesse sentido, o STJ considerou, no HC n. 210.062/SC, que essa norma penal material — redução de até um terço da pena remida — deve *retroagir*, por ser mais benéfica, para alcançar as faltas graves praticadas antes do início de vigência da Lei n. 12.433/2011. Nesse sentido, merece destaque a referida decisão, cuja ementa transcrevemos abaixo:

> "Com o advento da Lei n. 12.433, de 29 de junho de 2011, que alterou a redação do art. 127 da Lei n. 7.210/84, a prática de falta grave no curso da execução implica em perda de até 1/3 (um terço) dos dias remidos, devendo o Juízo das Execuções aplicar a fração cabível à espécie, levando em conta a natureza, os motivos, as circunstâncias e as conseqüências do fato, bem como a pessoa do faltoso e seu tempo de prisão.
>
> 6. Na hipótese dos autos, a decisão atacada não levou em consideração a referida norma, porquanto proferida anteriormente ao seu advento. Entretanto, a superveniência da nova disciplina legal deve ser retroativamente aplicada, por se tratar de lei penal mais benéfica (art. 2º, parágrafo único, do Código Penal).
>
> 7. *Habeas corpus* não conhecido. Ordem concedida, de ofício, para determinar que o Juízo da Execução decida, de maneira fundamentada, a fração da perda dos dias remidos cabível à espécie, até o limite de 1/3"[58].

Mais uma vez, em termos de *direito intertemporal*, o Tribunal da Cidadania, houve-se com acerto. Acarretará, sem dúvida alguma, muito trabalho à

---

58. STJ, HC 210.062/SC, Rel. Min. Gurgel de Faria, 5ª T., j. 19-3-2015, publicado em 6-4-2015.

Defensoria Pública e ao Juízo das Execuções Penais, que terão milhares e milhares de execuções para revisar.

10.3. *Prescrição de falta grave praticada após cinco anos de remição*

Por fim, como as penas são, regra geral, muito longas, temos sustentado que se faz necessário estabelecer *limite temporal* para essa *perda dos dias remidos*. Sugerimos que se adote, por analogia, a previsão constante do art. 64, I, do CP, qual seja, não se aplica a perda dos dias remidos se a *falta grave* for praticada há mais de cinco anos após conquistada a remição. Em outros termos, *remição conquistada há mais de cinco anos incorpora-se aos direitos públicos subjetivos do detento*, e não pode mais lhe ser subtraída, nem mesmo por eventual falta grave. Acreditamos que a revogação de remição conquistada nos últimos cinco anos, nos termos legais (isto é, até um terço), já representa uma severa punição, que observa, inclusive, o *princípio da proporcionalidade*. Não se pode desconhecer a dificuldade de sobreviver no interior das prisões, e as deficiências do sistema prisional não podem ser atribuídas exclusivamente ao detento, como se tem feito ao longo de todos os tempos. Haveria uma espécie de preclusão, ou, se preferirem, de decadência do direito do Estado de aplicar a punição ao detento para suprimir-lhe um direito conquistado há mais de cinco anos. Parece-nos mais do que razoável, pois se a reincidência desaparece para o indivíduo que se encontra em liberdade, por que fazer uma punição retroagir para suprimir uma conquista do detento há mais de cinco anos? Seria irrazoável e desarrazoado entendimento em sentido contrário, *venia concessa*.

11. Regime disciplinar diferenciado

11.1. *Considerações preliminares*

A Lei n. 10.792/2003 modificou a Lei de Execução Penal (Lei n. 7.210/84), instituindo o *regime disciplinar diferenciado*. A despeito de o Conselho Nacional de Política Criminal e Penitenciária haver opinado contrariamente à instituição de dito regime, a vontade política de nossos governantes acabou prevalecendo. Alguns Estados — como Rio de Janeiro e São Paulo, onde o sistema penitenciário sempre foi mais calamitoso — já haviam editado alguma resolução disciplinando o regime disciplinar diferenciado. Para contextualizarmos esse tema, convém que façamos, preliminarmente, uma pequena retrospectiva desde a entrada em vigor da Lei de Execução Penal (Lei n. 7.210/84), que se anunciava como uma verdadeira revolução no sistema penitenciário brasileiro.

Com efeito, poucos anos após a entrada em vigor da Lei de Execução Penal — janeiro de 1985 —, a doutrina começou a reclamar que os direitos e garantias assegurados no referido diploma legal não estavam sendo aplicados no quotidiano forense; acrescentava — parte da jurisprudência de nossos tribunais — que referida Lei era moderna e avançada demais, e não havia estrutura adequada para aplicá-la corretamente, além da dificuldade de fiscalizar seu cumprimento. A partir dos anos de 1994/1995, esse discurso muda e começa a ser substituído por segmento representativo do Poder Público (Judiciário, Ministério Público e Técnicos do Ministério da Justiça), que advogava a necessidade de reformular a Lei de Execução Penal para, finalmente, poder ser cumprida pelo sistema penitenciário nacional. Antevendo esse "golpe reformador", começamos a denunciá-lo em dezenas de congressos e seminários de direito penal de que participamos sobre as verdadeiras intenções de ditas reformas: além de representar a confissão do fracasso do Poder Público na tentativa de melhorar o sistema penitenciário brasileiro, havia o objetivo dissimulado de alterar a Lei de Execução Penal, para afastar a crítica contundente sobre a falência da pena de prisão[59] e a violação dos direitos dos apenados assegurados no referido diploma legal.

Alertávamos, nessa denúncia, que o governo, com a reforma da Lei de Execução Penal, não pretendia tornar exequíveis os preceitos contidos na lei a ser alterada e modernizá-los, como alguns incautos imaginavam, mas, ao contrário, desejava, ardorosamente, suprimir determinados direitos e garantias, que a linguagem oficial chama de "benefícios penitenciários", ou seja, era uma reforma para piorá-la, pois, assim, o Poder Público não seria mais criticado por descumprir os direitos do cidadão condenado. Ou seja, parodiando a velha parábola evangélica, segundo a qual "se Maomé não vai à montanha, a montanha vai a Maomé!". Em outros termos, em vez de o governo melhorar a sua política penitenciária, para adequar-se aos preceitos legais — muitos deles inclusive insculpidos na própria Carta Magna —, adota a posição inversa: já que não pode ou não quer atender a tais mandamentos, simplifica tudo: não muda a política penitenciária para atender às previsões da Lei de Execução Penal, mas muda referida lei — piorando-a, isto é, suprimindo aqueles preceitos que já vinha descumprindo — para, assim, adequá-la à sua péssima administração penitenciária, caótica, desumana e altamente criminógena, ou seja, uma verdadeira fábrica produtora de delinquentes.

Enfim, aquela pretendida reforma da Lei de Execução Penal, que tanto nos assustava, está aí, corporificada na lei (Lei n. 10.792, de 1º-12-2003, *DOU* de 2-12-2003), que cria, dentre outras monstruosidades, o denominado *regime disciplinar diferenciado*. Essa posição assumida pelo governo de plantão (não importa quem seja o titular da hora, não muda a filosofia da política penitenciária no País) passa a adotar o proscrito *direito penal de autor*, de cunho fascista, ressuscitado por movimentos raciais e capitaneados, no plano político-criminal, por Günther Jakobs, com seu "direito penal do inimigo". Como destaca, com

---

59. Ver, a respeito, a obra sob o título de *Falência da pena de prisão*, 3ª ed., São Paulo, Saraiva, 2004.

muita propriedade, Paulo César Busato, "a imposição de uma fórmula de execução da pena diferenciada segundo características do autor relacionadas com 'suspeitas' de sua participação na criminalidade de massas não é mais do que um 'direito penal de inimigo', quer dizer, trata-se da desconsideração de determinada classe de cidadãos como portadores de direitos iguais aos demais a partir de uma classificação que se impõe desde as instâncias de controle. A adoção do *regime disciplinar diferenciado* representa o tratamento desumano de determinado tipo de autor de delito, distinguindo evidentemente entre cidadãos e 'inimigos'"[60].

Essa previsão legal, do regime disciplinar diferenciado, remonta a Mezger, hoje reconhecido colaborador do nazismo, conforme denuncia Muñoz Conde[61], quando sugeriu a "culpabilidade pela condução de vida". Considera-se como núcleo da culpabilidade, segundo essa concepção de Mezger, não o *fato*, mas o *autor*. O que importa realmente para a *censura* é a personalidade do agente, ou seu caráter, ou a sua conduta social, em última análise, o que ele é, e não *o que* faz, não *como* faz. Uma concepção dessas, voltada exclusivamente para o autor, e perdendo de vista o fato em si, o seu aspecto objetivo, pode levar, como de fato levou, na Alemanha nazista, a um *arbítrio estatal* desmedido, a uma intervenção indevida no modo de ser do indivíduo. Nesse sentido, pune-se alguém por ser determinada pessoa, porque apresenta determinadas características de personalidade, e não porque fez algo, em última análise. Essa concepção justificaria, por exemplo, intervenções cada vez mais em desacordo com a proteção de direitos e garantias individuais, podendo chegar, numa fase mais avançada, a um arbítrio sutil, modelando, inclusive, a personalidade do indivíduo.

É exatamente isso que propõe a orientação político-criminal que fundamenta o odioso regime disciplinar diferenciado. Ratificando todo o acima exposto, agora passaremos a examinar, sucintamente, as alterações acrescidas pela "imperiosa" Lei n. 13.964, de 24 de dezembro de 2019, que transforma esse já desumano, aberrante, cruel e degradante *regime disciplinar diferenciado*, deixando-o ainda pior, mais grave, mais radical e mais impiedoso, podendo até ser denominado de uma espécie *sui generis* de "pena cruel", na sua forma de execução, aliás, proibida expressamente pela Constituição Federal (art. 5º, XLVII, *e*, da CF). Não faremos, contudo, análise completa do conteúdo de todos os incisos e parágrafos do art. 52, mas apenas da essência do que efetivamente representa o "regime disciplinar diferenciado", sem ampliarmos muito o que já abordamos nas edições anteriores. No entanto, o excessivo número de novos incisos (sete no *caput*, dois

---

60. Paulo César Busato, Regime disciplinar diferenciado como produto de um direito penal do inimigo, *Revista de Estudos Criminais*, Porto Alegre, Notadez/PUCRS/TEC, v. 14, p. 140, 2004.
61. Francisco Muñoz Conde, *Edmund Mezger y el derecho penal de su tiempo — estudios sobre el derecho penal en el nacionalsocialismo,* 4ª ed., Valencia, Tirant lo Blanch, 2003.

no § 1º e dois no § 4º) e novos parágrafos (sete, tendo sido revogado o segundo, cujo texto foi incluído no II inciso do § 1º) incluídos com a nova redação. Houve, igualmente, muitas e graves novas restrições na disciplina desse regime, inclusive sobre visitas de familiares[62] (que antes era semanal, agora quinzenal), tudo gravado e filmado, aliás, constituindo grave violação da garantia constitucional à privacidade dos familiares. Determina, por outro lado, que somente grupos de quatro apenados, por vez, podem sair para o "banho de sol", inviabilizando, praticamente, que todos tenham esse direito respeitado (art. 52, *caput*, IV), quer pela falta de espaço físico (pela quantidade de detentos), quer pela limitada quantidade de horas-dia de sol, especialmente no sul de nosso hemisfério.

As entidades representativas dos direitos humanos precisam visitar, com urgência, as *Penitenciárias Federais* e fiscalizar, por alguns dias, o funcionamento diário e o tratamento desumano imprimido aos seus internos, inclusive constatar o que representa o *isolamento permanente* em celas individuais, por longos e longos anos, sem contato com ninguém. Esse isolamento, por longo período, é capaz de enlouquecer e deprimir qualquer pessoa e jamais terá condições de *recuperar* alguém para a sociedade, que é um dos mais importantes objetivos da pena de prisão: a *ressocialização do condenado*.

11.2. *A previsão legal do regime disciplinar diferenciado*

As restrições consagradas pela Lei n. 10.792/2003, que criou o *regime disciplinar diferenciado*, foram profundamente agravadas pela Lei n. 13.964/2019, como demonstramos acima, *e não se fundamentam em fatos*, mas se destinam a determinadas *espécies de autores*, impondo isolamento celular, agora, pela nova lei, de até dois anos (inciso I), podendo ser renovado, repetidamente, sem limitação. Antes a renovação era, por uma vez, limitada a seis meses, não em decorrência da prática de determinado crime, mas porque, na avaliação subjetiva de determinada *instância de controle*, representam "alto risco" social ou carcerário (inciso I do § 1º), ou então porque há simples "*suspeitas*" de envolvimento ou participação, a qualquer título, em organização criminosa, associação criminosa ou milícia privada (inciso II do § 1º), capaz de fazer inveja ao proscrito nacional-socialismo alemão das décadas de 30 e 40 do século passado.

Com efeito, à luz desses dois diplomas legais, percebe-se que às instâncias de controle *não importa o que se faz* (direito penal do fato), mas sim *quem faz* (direito penal de autor). Em outros termos, não se pune pela prática de fato determinado, mas sim pela qualidade, personalidade ou caráter de *quem* faz, num

---

[62]. III — visitas quinzenais, de 2 (duas) pessoas por vez, a serem realizadas em instalações equipadas para impedir o contato físico e a passagem de objetos, por pessoa da família ou, no caso de terceiro, autorizado judicialmente, com duração de 2 (duas) horas.

autêntico Direito Penal de autor[63]. Nesse sentido, merece ser destacada a percuciente lição de Paulo César Busato, *in verbis*: "[...] o fato de que apareça uma alteração da Lei de Execuções Penais com características pouco garantistas tem raízes que vão muito além da intenção de controlar a disciplina dentro do cárcere e representam, isto sim, a obediência a um modelo político-criminal violador não só dos direitos fundamentais do homem (em especial do homem que cumpre pena), mas também capaz de prescindir da própria consideração do criminoso como ser humano e inclusive capaz de substituir um modelo de Direito penal do fato por um modelo de Direito penal de autor"[64].

Pela nova redação atribuída pela Lei n. 13.964/2019 ao art. 52 da LEP[65], no particular, repetindo a previsão da lei anterior, quando o fato "ocasione subversão

---

63. José Miguel Zugaldía Espinar, *Fundamentos de Derecho Penal*, Valencia, Tirant lo Blanch, 1993, p. 360.
64. Paulo César Busato, Regime disciplinar diferenciado, cit., p. 138.
65. "Art. 52. A prática de fato previsto como crime doloso constitui falta grave e, quando ocasionar subversão da ordem ou disciplina internas, sujeitará o preso provisório, ou condenado, nacional ou estrangeiro, sem prejuízo da sanção penal, ao regime disciplinar diferenciado, com as seguintes características:
I — duração máxima de até 2 (dois) anos, sem prejuízo de repetição da sanção por nova falta grave de mesma espécie;
II — recolhimento em cela individual;
III — visitas quinzenais, de 2 (duas) pessoas por vez, a serem realizadas em instalações equipadas para impedir o contato físico e a passagem de objetos, por pessoa da família ou, no caso de terceiro, autorizado judicialmente, com duração de 2 (duas) horas;
IV — direito do preso à saída da cela por 2 (duas) horas diárias para banho de sol, em grupos de até 4 (quatro) presos, desde que não haja contato com presos do mesmo grupo criminoso;
V — entrevistas sempre monitoradas, exceto aquelas com seu defensor, em instalações equipadas para impedir o contato físico e a passagem de objetos, salvo expressa autorização judicial em contrário;
VI — fiscalização do conteúdo da correspondência;
VII — participação em audiências judiciais preferencialmente por videoconferência, garantindo-se a participação do defensor no mesmo ambiente do preso.
§ 1º O regime disciplinar diferenciado também será aplicado aos presos provisórios ou condenados, nacionais ou estrangeiros:
I — que apresentem alto risco para a ordem e a segurança do estabelecimento penal ou da sociedade;
II — sob os quais recaiam fundadas suspeitas de envolvimento ou participação, a qualquer título, em organização criminosa, associação criminosa ou milícia privada, independentemente da prática de falta grave.
§ 2º (Revogado).

da ordem ou disciplina internas", o *preso provisório* ou *condenado*, além da sanção penal correspondente, é passível de sujeição ao "regime disciplinar diferenciado", cujas características são destacadas no próprio dispositivo. Por essa redação, o *regime disciplinar diferenciado* poderá ser aplicado nas seguintes situações: 1ª) prática de fato previsto como crime doloso *que ocasione subversão da ordem ou disciplina internas* (art. 52, *caput*); 2ª) presos que *apresentem alto risco para a ordem e a segurança* do estabelecimento penal ou da sociedade (§ 1º, I); e, finalmente, 3ª) quando recaiam *fundadas suspeitas de envolvimento ou participação*, a qualquer título, em organização criminosa, associação criminosa ou milícia privada, independentemente da prática de falta grave (§ 1º, II). Constata-se que, nesta 3ª hipótese, a Lei n. 13.964/2019 acrescentou, alternativamente, a suspeita de participação em "milícia privada, independentemente da prática de falta grave".

Vejamos, a seguir, cada uma das três hipóteses, sucintamente:

1ª) *Prática de fato previsto como crime doloso "que ocasione subversão da ordem ou disciplina internas"* (art. 52, *caput*).

Para a aplicação do *regime disciplinar diferenciado*, no entanto, não é suficiente a prática de crime doloso, por si só, sendo necessário que este *ocasione a subversão da ordem ou disciplina*, para que se possa aplicar o dito RDD. Há uma exigência *cumulativa*, qual seja, prática do crime doloso e a sua consequência. Em outros termos, é indispensável que a prática de uma conduta definida como crime produza, em razão de sua concretização, a *subversão da ordem ou disciplina internas (caput)*. Mas, ainda assim, *a prática de crime doloso e a consequente subversão da ordem ou disciplina* não bastam para impor o regime disciplinar diferenciado, que é, em última instância, uma sanção cruel, degradante e violadora do *princípio da humanidade da pena*. Com efeito, em cada caso concreto, o juiz deverá examinar, num segundo momento, isto é, superadas as questões de adequação típica, a real necessidade da adoção dessa monstruosidade — que é o regime disciplinar diferenciado, própria de um *direito penal de autor*, proscrito nos Estados

---

§ 3º Existindo indícios de que o preso exerce liderança em organização criminosa, associação criminosa ou milícia privada, ou que tenha atuação criminosa em 2 (dois) ou mais Estados da Federação, o regime disciplinar diferenciado será obrigatoriamente cumprido em estabelecimento prisional federal.

§ 4º Na hipótese dos parágrafos anteriores, o regime disciplinar diferenciado poderá ser prorrogado sucessivamente, por períodos de 1 (um) ano, existindo indícios de que o preso:

I — continua apresentando alto risco para a ordem e a segurança do estabelecimento penal de origem ou da sociedade;

II — mantém os vínculos com organização criminosa, associação criminosa ou milícia privada, considerados também o perfil criminal e a função desempenhada por ele no grupo criminoso, a operação duradoura do grupo, a superveniência de novos processos criminais e os resultados do tratamento penitenciário.

[...]."

Democráticos de Direito. Esse exame, por certo, deverá ser realizado tendo em vista que se trata de uma *medida cautelar*, ou seja, deve ser conduzido pelos princípios orientadores das medidas cautelares, quais sejam, o *fumus boni juris* e o *periculum in mora* e, por isso, como destaca Guilherme Nucci, "é preciso que o magistrado encarregado da execução penal tenha a sensibilidade que o cargo lhe exige para avaliar a real e efetiva necessidade de inclusão do preso, especialmente do provisório, cuja inocência pode ser constatada posteriormente, no RDD"[66].

A questão mais complexa, sem dúvida alguma, é a definição teórica do que seja *subversão da ordem ou disciplina internas*, e especialmente a sua aplicação casuística, quando for o caso. Afinal, o que se entenderá por *subversão da ordem ou disciplina internas*? Em que isso consiste? Necessariamente deverá, a nosso juízo, ocasionar concretamente, no interior do estabelecimento prisional, profunda alteração da ordem ou da disciplina, de molde a substituir os monitores, coordenadores e guardas penitenciários, a ponto de os detentos estarem obtendo o controle da penitenciária. É, digamos, um estado de emergência, pois somente excepcionalidade dessa natureza poderia justificar uma violência tão absurda como o questionado RDD.

Essa preocupação não diminui, mesmo que a decisão e a definição passem, necessariamente, pelo crivo do Poder Judiciário, sob os auspícios do contraditório, da ampla defesa e do devido processo legal. A violência e a gravidade da "sanção" estão na sua essência e na sua motivação, assim, nada e ninguém poderá descaracterizar esse aspecto, salvo a sua revogação definitiva. Convém registrar, ademais, que o *juiz das execuções criminais*, que é, em tese, a autoridade competente para aplicá-lo e fiscalizá-lo, após ouvir o Ministério Público e a Defesa, deverá decidir, fundamentadamente, nos termos previstos no texto constitucional (art. 93, IX, da CF), sob pena de nulidade. Mais do que nunca, se não houver forma de evitar a decretação desse esdrúxulo e inconstitucional regime, que se observe rigorosamente o *procedimento* previsto nos arts. 59 e 60 da LEP, assegurando-se todas as garantias constitucionais fundamentais.

2ª) Presos que *"apresentem alto risco para a ordem e a segurança"* do estabelecimento penal *"ou"* da sociedade (§ 1º, I).

Nessa hipótese — disciplinada no inciso I do § 1º do art. 52 — deve ser observado que são contempladas duas situações, alternadamente, e não cumulativamente: o elevado risco mencionado pode ser tanto para o estabelecimento penal quanto para a sociedade, ou para um ou para outra. Afinal, o que é *alto risco para a ordem e a segurança do estabelecimento penal* ou *da sociedade*? Paulo César Busato também, com acerto, questiona: "A submissão ao *regime diferenciado* deriva da presença de um *alto grau de risco para a ordem e segurança do estabelecimento penal ou da sociedade*. Porém, a respeito de que estamos falando? Não

---

66. Guilherme de Souza Nucci, *Individualização da pena*, p. 275.

seria da realização de um delito ou de uma falta grave regulada pela administração da cadeia, porque esta já se encontra referida na redação principal do mesmo artigo, que trata exatamente dela. Que outra fonte de risco social ou penitenciário pode decorrer de comissões que não sejam faltas nem delitos?"[67].

Na verdade, essa previsão do inciso I do § 1º é absolutamente contraditória: com efeito, o *caput* do art. 52 institui o RDD para presos (provisórios ou condenados) que pratiquem crime doloso no interior do estabelecimento prisional. Logo, referido parágrafo não pode dispor diferentemente, sem fazê-lo de forma expressa, ou seja, não é possível que outros presos — provisórios ou condenados — ingressem diretamente no regime disciplinar diferenciado, sem já se encontrarem no interior de algum estabelecimento, e onde tenham praticado um crime doloso com as características e consequências previstas nos dispositivos em exame. A prática do crime doloso, nas circunstâncias mencionadas, é o fundamento da aplicação do referido regime, que é a mais grave sanção "disciplinar-penal" de que se tem notícia, pois é, repetindo, uma verdadeira pena cruel, desumana e degradante, contrariando a proibição constante do texto constitucional brasileiro. Consequentemente, é inadmissível, pela previsão legal, *que algum preso já ingresse no sistema penitenciário* diretamente no *regime disciplinar diferenciado*, visto que o fundamento legal para sua aplicação é a prática, no interior de uma penitenciária, de *fato definido como crime doloso*, que produza consequência da natureza das previstas nesse diploma legal. A única possibilidade, que nos parece razoável, para salvar o texto legal, é estender a interpretação do *caput* do art. 52, para conjugá-la com essa previsão de seu inciso I do § 1º, nos seguintes termos: quando da prática do fato definido como crime doloso, no interior da penitenciária, não decorrer a "*subversão da ordem ou disciplina internas*", mas se constatar que, *in concreto*, prisioneiros envolvidos nesse fato "*apresentem alto risco para a ordem e a segurança*" do estabelecimento penal (inciso I do § 1º). Dessa forma, pelo menos, há um fato definido como crime doloso, como exige a previsão legal, como causa, de "alto risco para a ordem e a segurança do estabelecimento penal", como efeito. Assim, pode-se evitar a abstração contida no referido parágrafo, se for examinado isoladamente.

Quanto ao *alto risco para a ordem* e a *segurança da sociedade*, com o devido respeito, somente indivíduos ideologicamente perturbados poderão enxergar, em delinquentes comuns, mesmo integrando bandos ou quadrilhas, tamanho poder ofensivo e destruidor, a exemplo do que ocorreu com os fundamentos da Revolução de 1964, que via comunismo e terrorismo em todo lugar. Ademais, para quem já está preso, que risco é esse a que poderia expor a sociedade, de forma a justificar regime de cumprimento de pena tão draconiano?

---

67. Paulo César Busato, *Regime disciplinar diferenciado*, cit., p. 139.

3ª) Quando "houver fundadas suspeitas de envolvimento ou participação", a qualquer título, em organizações criminosas, associação criminosa ou milícia privada, independentemente da prática de falta grave (§ 1º, II).

Esta é a hipótese mais absurda de toda previsão do odioso regime disciplinar diferenciado, pois, além de adotar *um direito penal de autor*, ao invés do direito penal do fato, transforma o primado da certeza em meras presunções e suspeitas, proscritas do Direito Penal da culpabilidade, próprio de um Estado Democrático de Direito. Essa preocupação doutrinária ganha relevo quando se têm em conta os abusos do "poder de denunciar" que se têm praticado no Brasil, a partir da última década do século passado. Quando examinamos o crime de "quadrilha ou bando", nessa mesma linha, fizemos a seguinte afirmação: "[...] não se pode deixar de deplorar o uso abusivo, indevido e reprovável que se tem feito no quotidiano forense, a partir do episódio Collor de Mello, denunciando-se, indiscriminadamente, por *formação de quadrilha*, qualquer concurso de mais de três pessoas, especialmente nos chamados crimes societários, em autêntico louvor à *responsabilidade penal objetiva*, câncer tirânico já extirpado do ordenamento jurídico brasileiro. Essa prática odiosa beira o *abuso de autoridade* (abuso do poder de denunciar)"[68].

Criticamente, no mesmo sentido, questiona Paulo César Busato: "[...] a mera suspeita de participação em bandos ou organizações criminosas justifica o tratamento diferenciado. Porém, se o juízo é de suspeita, não há certeza a respeito de tal participação e, não obstante, já aparece a imposição de uma pena diferenciada, ao menos no que se refere à sua forma de execução"[69]. Enfim, é desnecessário aprofundar-se para concluir pela *inconstitucionalidade* da previsão legal criadora do questionado *regime disciplinar diferenciado*, que abordamos superficialmente. Trata-se de regime, enfim, que terá "duração de dois anos, sem prejuízo de repetição da sanção por nova falta grave de mesma espécie".

12. Unificação de penas: ilegalidade da alteração do marco inicial dos benefícios

Os denominados "benefícios" da execução são na verdade direitos do apenado e estão assegurados pelo Código Penal e pela Lei de Execução Penal, ou seja, decorrem da lei e são por ela regulados. Por isso, a *alteração da data-base* para concessão de novos "benefícios" à execução penal, decorrente da unificação da pena, não tem respaldo legal e viola direito assegurado aos apenados. Por isso, a desconsideração do período de cumprimento de pena desde a última prisão ou desde a última infração disciplinar — quer por crime praticado antes do início da execução da pena,

---

68. Cezar Roberto Bitencourt, *Tratado de Direito Penal*, 15ª ed., São Paulo, Saraiva, 2023, v. 4, p. 485.
69. Paulo César Busato, *Regime disciplinar diferenciado*, cit., p. 141.

quer por ato praticado depois e, principalmente, já apontado como falta disciplinar grave —, além de sua ilegalidade, configura *excesso de execução*. Sonega, na verdade, direito assegurado do condenado, por criação pretoriana.

A orientação fixada pela Terceira Seção do Superior Tribunal de Justiça (STJ) fundamentou decisão da presidente da Corte, Ministra Laurita Vaz, ao conceder três liminares em *habeas corpus*. Nas três hipóteses, os magistrados, ao unificarem as penas, haviam considerado a data do último trânsito em julgado, e não a da última prisão, como marco inicial para o cálculo de futuros benefícios da execução. Analisando os agravos em execuções penais, o Tribunal de origem (TJSC) concluiu que a ocorrência de nova condenação no curso da execução interrompe o curso prazal dos ditos "benefícios" executórios. Adotou, ademais, como novo parâmetro a pena unificada ou somada, considerando como o termo inicial para a contagem do período aquisitivo a data do trânsito em julgado da última condenação, não importando se a prática do delito foi anterior ou posterior ao início da execução.

Até então, o STJ considerava que a superveniência de nova condenação, no curso da execução da pena, determinava a unificação das reprimendas e a fixação de nova data-base. No entanto, com absoluto acerto, sob relatoria do ministro Rogerio Schietti, a Terceira Seção passou a entender que a *alteração do marco temporal referente à concessão de novos benefícios* constitui afronta ao princípio da legalidade e viola a individualização da pena, motivos pelos quais é necessária a preservação do marco interruptivo anterior à unificação das penas, pois a alteração da data-base não é consectário imediato do somatório das reprimendas impostas ao sentenciado (HC 456.819; HC 456.818; HC 456.820). Vale transcrever um dos julgados mais recentes em que esse entendimento foi aplicado:

"AGRAVO REGIMENTAL NO *HABEAS CORPUS*. IMPETRAÇÃO CONTRA DECISÃO SINGULAR DE DESEMBARGADOR. AUSÊNCIA DE ESGOTAMENTO DAS INSTÂNCIAS ORDINÁRIAS. SUPRESSÃO DE INSTÂNCIA. AGRAVO REGIMENTAL DESPROVIDO. 1. Hipótese de *habeas corpus* contra decisão singular do relator a qual deveria ter sido impugnada por agravo interno, que devolveria a questão ao colegiado competente, nos termos do art. 105, inciso I, alíneas *a* e *c*, da Constituição da República. 2. Ausente o esgotamento da instância ordinária, o exame da matéria diretamente por esta Corte implicaria indevida supressão de instância. 3. Ademais, esta Corte entende que a unificação de penas, por si só, não altera a data-base para concessão de novos benefícios, devendo ser considerada a data da última prisão ou a data da última infração disciplinar. No presente caso, o dia da última prisão deve, efetivamente, ser considerado como data-base para efeitos de concessão de benefícios relativos à execução penal. 4. Agravo regimental desprovido" (STJ, AgRg no HC 870.029/RJ, Rel. Min. Ribeiro Dantas, 5ª T., julgado em 4/3/2024, *DJe* de 7/3/2024).

PENAS RESTRITIVAS DE DIREITOS XXX

Sumário: 1. Considerações gerais. 2. Antecedentes das penas alternativas. 3. Cominação e aplicação das penas alternativas. 4. Impossibilidade da execução antecipada de pena restritiva de direitos. 5. Requisitos ou pressupostos necessários à substituição. 5.1. Novos aspectos nos critérios orientadores da substituição. 5.1.1. Substituição nos crimes culposos. 5.1.2. Anormalidade das circunstâncias: (in)suficiência da substituição da pena de prisão no homicídio culposo de trânsito. 5.1.3. Substituição nas penas de até um ano de prisão. 5.1.4. Substituição nas penas de até seis meses de prisão. 5.1.5. Limitação de substituição de pena de prisão em crimes específicos. 6. Espécies de penas restritivas. 6.1. Prestação pecuniária. 6.1.1. Definição e destinatários da "prestação pecuniária". 6.1.2. Injustificada limitação da "compensação": condenação em ação reparatória. 6.1.3. Possibilidade de estender a "compensação" às conciliações cíveis. 6.1.4. Sanção penal fixada em salários mínimos: duvidosa constitucionalidade. 6.2. Perda de bens e valores. 6.2.1. Distinção entre "confisco-pena" e "confisco-efeito da condenação". 6.2.2. Limites do confisco. 6.3. Prestação de outra natureza (inominada). 6.3.1. Natureza consensual dessa "conversão". 6.3.2. "Conversão" somente da "prestação pecuniária": seu fundamento. 6.4. Limitação de fim de semana. 6.5. Prestação de serviços à comunidade ou a entidades públicas. 6.6. Interdição temporária de direitos. 7. Penas restritivas como incidente de execução. 8. Conversão das penas restritivas de direitos. 8.1. Novos aspectos relativos à conversão. 8.1.1. Coercibilidade da conversão. 8.1.2. Limite temporal da conversão e detração penal. 8.1.3. Ressalva: *quantum* mínimo de conversão. 8.1.4. Exclusão das penas pecuniárias da "conversibilidade" à pena de prisão. 8.2. Causas gerais de conversão. 8.3. Causas especiais de conversão. 9. Consentimento do condenado. 10. Crimes hediondos e a Lei n. 9.714/98. 11. Conflito político-criminal entre as Leis n. 9.714/98 e 9.099/95. 11.1. Lesão corporal leve dolosa, ameaça e constrangimento ilegal. 12. Limites das novas penas alternativas e a suspensão condicional do processo. 12.1. Divergência quanto aos requisitos de admissibilidade. 13. Novas penas alternativas e prisão processual: incompatibilidade.

1. Considerações gerais

A denominação penas "restritivas de direitos" não foi muito feliz, pois, de todas as modalidades de sanções sob a referida rubrica, somente uma refere-se especificamente à "restrição de direitos". As outras — prestação pecuniária e perda de bens e valores — são de natureza pecuniária; prestação de serviços à comunidade e limitação de fim de semana referem-se mais especificamente à restrição da liberdade do apenado. Teria sido mais feliz a classificação geral das penas em: *privativas de liberdade* (reclusão e detenção); *restritivas de liberdade* (prisão domiciliar, limitação de fim de semana e prestação de serviços à comunidade); *restritivas de direitos* (compreendendo somente as efetivas interdições ou proibições) e *pecuniárias* (multa, prestações pecuniárias e perda de bens e valores). A Proposta de Anteprojeto de Novo Código Penal espanhol (1983) classifica o *"arresto de fin de semana"* como pena privativa de liberdade, ao lado da pena de prisão (art. 32). É bem verdade que, à luz do Projeto de Código Penal espanhol de 1980, o arresto de fim de semana não poderia receber outra classificação, quando se vê claramente a exigência de seu cumprimento em *isolamento celular*. Na verdade, com 36 horas de *isolamento contínuo*, o *arresto* constitui uma verdadeira pena privativa de liberdade, e não um substituto da mesma, o que já não ocorre com a *limitação de fim de semana* do Direito brasileiro, na qual são somente dez horas a serem cumpridas, por semana, em casa de albergado e em regime aberto (arts. 33, § 2º, *c*, e 48, ambos do CP).

2. Antecedentes das penas alternativas

As penas alternativas à privativa de liberdade são tidas como sanções modernas, pois os próprios reformadores, como Beccaria, Howard e Bentham, não as conheceram. Embora se aceite a pena privativa de liberdade como um marco da humanização da sanção criminal, em seu tempo, a verdade é que fracassou em seus objetivos declarados. A reformulação do sistema surge como uma necessidade inadiável e teve seu início com a luta de Von Liszt contra as penas curtas privativas de liberdade e a proposta de substituição por recursos mais adequados[1].

Nas alternativas inovadoras da estrutura clássica da privação de liberdade há um variado repertório de medidas, sendo que algumas representam somente um novo método de execução da pena de prisão, mas outras constituem verdadeiros substitutivos. A exigência, sem embargo, de novas soluções não abre mão da aptidão em exercer as funções que lhes são atribuídas, mas sem o caráter injusto da sanção substituída.

Assim, uma das primeiras penas alternativas surgiu na Rússia, em 1926, a "prestação de serviços à comunidade", prevista nos arts. 20 e 30 do Código Penal soviético. Mais tarde o diploma penal russo (1960) criou a pena de trabalhos correcionais, sem privação de liberdade, que deveriam ser cumpridos no distrito do domicílio do condenado, sob a vigilância do órgão encarregado da execução da pena, sendo que o tempo correspondente não poderia ser computado para promoções ou férias. Fora da Europa Continental, a Inglaterra introduziu a *"prisão de fim de semana"*, através do *Criminal Justice Act*, em 1948, e a Alemanha fez o

---

1. Von Liszt, *Tratado de Derecho Penal*, Madrid, Ed. Reus, 1927, v. 2, p. 30.

mesmo com uma lei de 1953, somente para infratores menores[2]. Em 1963 a Bélgica adotou o arresto de fim de semana, para penas detentivas inferiores a um mês[3]. Em 1967 o Principado de Mônaco adotou uma forma de "execução fracionada" da pena privativa de liberdade, um pouco parecida com o arresto de fim de semana, sendo que as frações consistiam em detenções semanais[4].

No entanto, o mais bem-sucedido exemplo de trabalho comunitário foi dado pela Inglaterra com seu *Community Service Order*, que vigora desde o *Criminal Justice Act* de 1972[5], que teve, por sua vez, uma pequena reforma em 1982, diminuindo, inclusive, para 16 anos o limite de idade dos jovens que podem receber tal sanção penal. O êxito obtido pelos ingleses influenciou inúmeros países, que passaram a adotar o instituto, ainda que com algumas peculiaridades distintas, como por exemplo Austrália (1972), Luxemburgo (1976), Canadá (1977); e, mais recentemente, Dinamarca e Portugal, desde 1982, França, desde 1983, e Brasil, com sua reforma de 1984, sendo que, nos dois últimos, o trabalho comunitário pode ser aplicado como sanção autônoma e também como condição no sistema de *sursis*.

A Alemanha, que fez uma verdadeira revolução com seu Projeto Alternativo de 1966, que serviu de base para a reforma de 1975, foi pouco ousada em matéria de medidas alternativas à pena privativa de liberdade. Suas medidas alternativas constituem-se de *suspensão condicional da pena, admoestação com reserva de pena, dispensa de pena e declaração de impunidade* e *livramento condicional*, além de multa, é lógico[6]. Embora se reconheça que o Código Penal alemão de 1975 determina que as penas privativas de liberdade inferiores a seis meses "somente podem impor-se — segundo o § 47, I — quando, por especiais circunstâncias que concorrem no fato ou na personalidade do delinquente, seja indispensável para atuar sobre o delinquente ou defender o ordenamento jurídico...". Não consagra, todavia, outras modalidades mais modernas, como, por exemplo, o arresto de fim de semana ou a prestação de serviços de interesse social, sendo que Baumann estava de acordo com a inclusão desta última, como pena principal[7].

---

2. Costa Jr., *Comentários ao Código Penal*, São Paulo, Saraiva, 1986, v. 1, p. 291; Higuera Guimerá, *La pena de arresto de fin de semana*, Madrid, Ministerio de la Justicia, 1970, p. 41 e 43.
3. J. M. Rico, *Sanções penais*, trad. Sergio Fragoso, Rio de Janeiro, Liber Juris, 1970, p. 124.
4. Juan Felipe Higuera Guimerá, *La pena de arresto de fin de semana*, cit., p. 35.
5. Angel Sola Dueñas *et alii*, *Alternativas a la prisión...*, p. 45.
6. Jescheck, *Tratado de Derecho Penal*, p. 1151.
7. Baumann, *Problemas actuales de las ciencias penales y Filosofía del Derecho*, em livro homenagem ao Prof. Luiz Jiménez de Asúa, Buenos Aires, Pannadille, 1970, p. 16; Claus Roxin, no mesmo sentido, afirma que o Projeto Alternativo estava certo ao prever tal sanção, que apenas não conseguiria ser aprovada (El desarrollo de la política criminal desde el proyecto alternativo, in *Doctrina Penal*, 1979, p. 519).

Higuera Guimerá recorda, no entanto, que a Lei do Tribunal de Jovens estabelece o arresto de tempo livre — mas somente para jovens —, que é equivalente ao arresto de fim de semana e que se aplica durante o período livre do jovem[8]. Por outro lado, prestação de serviço em benefício da comunidade, que não é previsto como pena, é admitido, sem embargo, como condição do *sursis*, assumindo, em outras palavras, uma forma de execução da pena privativa de liberdade suspensa[9]. Mas é elogiável, sob todos os aspectos, a preocupação alemã em evitar os efeitos prejudiciais da pena privativa de liberdade de curta duração, especialmente *dessocializadores*, ao admitir, só excepcionalmente, a aplicação de pena segregativa inferior a seis meses.

A orientação italiana tem sido muito cautelosa em termos de medidas alternativas à prisão, embora o Código Zanardelli de 1889 haja incluído em suas penas a "prestação de obra a serviço do Estado". A legislação contemporânea, no entanto, prefere prever medidas alternativas à pena fora das normas do Código Penal[10]. As principais alternativas são prestação de um serviço social, regime de prova, regime de semiliberdade e liberação antecipada. Para Di Genaro, a semiliberdade "é uma modalidade de execução e não uma verdadeira alternativa"[11], e a liberação antecipada, longe de constituir uma liberdade condicional, consiste na concessão de um desconto de vinte dias por semana de cumprimento de pena ao réu que demonstre corresponder à tarefa ressocializadora. Percebe-se que a semiliberdade e a liberação antecipada são efetivamente benefícios penitenciários e não espécies de penas substitutivas. Isso implica que para obtê-los o apenado terá de ser encarcerado primeiro e submeter-se a todos os seus efeitos catastróficos.

A Lei n. 689, de 1981, que teve a pretensão de representar uma grande evolução em termos de sanções penais, tem recebido profundas e generalizadas críticas dos penalistas italianos, decepcionados com a timidez e a superficialidade da reforma realizada[12]. A limitação de aplicação das penas substitutivas somente a delitos da competência dos pretores — que têm uma competência reduzida a pequenos e determinados delitos — e a "irracional e quase simbólica" utilização da sanção pecuniária justificam o inconformismo dos penalistas italianos, visto

---

8. Higuera Guimerá, *La pena de arresto*, cit., p. 41 e 42; Paulo José da Costa Jr., *Comentários*, cit., v. 1, p. 291.
9. Jescheck, *Tratado*, cit., p. 1161.
10. Mercedez García Arán, *Los criterios de determinación de la pena en el Derecho español*, Barcelona, 1982, p. 234.
11. G. Di Genaro, M. Bonomo, R. Breda, *Ordenamiento penitenciario e misure alternative alla detenzione*, Milano, 1977, p. 225 e 242.
12. Lucio Monaco, Las penas sustitutivas entre sistema penal "legal" y sistema "real", *Cuadernos de Política Criminal*, n. 29, 1986, p. 401, e particularmente a nota n. 4, onde cita Dolcini, Grasso e Palazzo, que seguem a mesma posição crítica.

que há um grande divórcio entre a concepção doutrinária e a realidade do direito positivo. Outra preocupação dos italianos é com "a descarada ampliação das margens de discricionariedade judicial, que, para uns, chega à ruptura de alguns dos mecanismos de legalidade do sistema", e para outros, uma indesejável, mas firme e progressiva transferência de poderes[13].

A insatisfatória e complexa regulamentação da referida lei faz com que os italianos esperem por uma "reforma da reforma", o mais breve possível, que responda às suas inquietações e à modernidade político-criminal, o que veio a ocorrer com a Lei n. 663, de 1986[14].

O sistema penal sueco tem como princípio fundamental evitar sanções privativas de liberdade, visto que, em geral, essas sanções não contribuem com a adaptação do indivíduo a uma futura vida em liberdade. As sanções alternativas à privação de liberdade são: suspensão condicional da pena, liberdade à prova e submetimento a tratamento especial, além da multa, é claro[15]. A suspensão condicional não submete o apenado a vigilância nem impõe regras a seu modo de viver; a liberdade à prova, por sua vez, sempre leva consigo a vigilância e também algumas regras de conduta durante o período de prova, o que representa um maior grau de intervenção — de controle e ajuda — na vida do condenado; e, finalmente, o submetimento a tratamento especial, que implica a possibilidade que têm os tribunais de, em casos especiais, encomendar o tratamento do indivíduo a outras autoridades estranhas à administração penal. Esse tratamento especial é regulado por leis também especiais, previstas para proteção de menores, assistência a alcoólatras e assistência psiquiátrica a anormais mentais.

Finalmente, o Comitê de Supervisão encarregado de examinar novas penas alternativas à privativa de liberdade, em 1984, recomendou a não adoção da prisão por tempo livre e serviços à comunidade, por considerar que essas sanções têm mais inconvenientes do que vantagens[16].

Na Espanha, a Lei de perigosidade e reabilitação social, de 4 de agosto de 1970, introduziu o *arresto de fin de semana*, mas como medida de segurança. Apesar da boa aceitação da introdução desse instituto como medida de segurança, na prática, no entanto, tem sido de nula aplicação[17]. O Projeto de Código Penal de 1980 adota o arresto de fim de semana na dupla função de pena

---

13. Lucio Monaco, Las penas sustitutivas..., *Cuadernos de Política Criminal*, cit., p. 405, e especialmente a nota n. 15; Luigi Daga, El regímen abierto en Italia: aspectos generales, tendencias e indicaciones de la experiencia italiana.
14. Luigi Daga, El regímen..., *REP*, n. 240/29, 1988.
15. Alícia Martin Garcia, El sistema de sanciones en el Código Penal sueco, *REP*, n. 237/72, 1987.
16. Alícia Martin Garcia, El sistema..., *REP*, cit., p. 79.
17. Carlos García Valdés, *Notas sobre el Proyeto...*, p. 11. Do mesmo autor, *Derecho Penitenciario*, Madrid, Ministerio de Justicia, 1989, p. 310.

autônoma (inferior a seis meses) e substitutiva da pena de prisão de até um ano. A Proposta de Anteprojeto de 1983 mantém basicamente a mesma orientação em relação ao arresto de fim de semana. Introduz, no entanto, três importantes modificações, ao eliminar a prescrição obrigatória de regime de isolamento celular, suprimir a possibilidade de sua conversão em simples prisão domiciliar e impedir a substituição por pena de multa[18]. Finalmente, com a aprovação do Código Penal espanhol (Lei Orgânica n. 10/95), que entrou em vigor em maio de 1996, acaba sendo adotado o arresto de fim de semana.

3. Cominação e aplicação das penas alternativas

A possibilidade de substituir a pena privativa de liberdade, como fez a Alemanha, está estabelecida no Código Penal brasileiro e à disposição do juiz para ser executada no momento da *determinação da pena* na sentença (art. 59, IV, do CP), já que, por sua própria natureza, requer a prévia determinação da quantidade de pena a impor. E, como na dosagem da pena o juiz deve escolher a *sanção mais adequada*, levando em consideração a personalidade do agente e demais elementos do artigo citado e, particularmente, a *finalidade preventiva*, é natural que nesse momento processual se examine a possibilidade de substituir a pena privativa de liberdade. Ao determinar a quantidade final da pena de prisão, se esta não for superior a quatro anos ou se o delito for culposo, o juiz, imediatamente, deverá considerar a possibilidade de *substituição*. Somente se não for possível essa *substituição* o juiz passará a examinar a possibilidade da *suspensão condicional da pena* (arts. 77, III, do CP e 157 da LEP).

Tradicionalmente o Direito codificado brasileiro prevê a sanção em cada tipo penal. A norma penal compõe-se de duas partes: (a) o *preceito*, que contém o imperativo de proibição ou comando, (b) e a *sanção*, que constitui a ameaça de punição a quem violar o preceito. Já em relação às *penas restritivas* — ditas alternativas — foi adotado um outro *sistema de cominação de penas*, mais flexível, mas sem alterar a estrutura geral do Código Penal. Há um capítulo regulando especificamente as *condições gerais* de aplicação da referida espécie de sanção, que não sofreu qualquer alteração com a Lei n. 9.714, de 25 de novembro de 1998. Com esse novo sistema evitou-se o problema do *casuísmo*, isto é, a dificuldade em escolher os crimes que poderiam ou não ser *apenados* com essa sanção. Assim, se a pena efetivamente aplicada não for superior a quatro anos de prisão ou se o delito for culposo, estando presentes os demais pressupostos, que serão examinados a seguir, será possível, teoricamente, aplicar uma *pena restritiva de direitos*, que, apesar de ser uma sanção autônoma, é *substitutiva*. Isso afasta o

---

18. Angel Sola Dueñas *et alii*, *Alternativas a la prisión*, cit., p. 23; Sainz Cantero, *Posibilidades de aplicación de la pena de arresto de fin de semana en depósitos municipales: la cuestión en la comunidad autónoma andaluza...*, p. 211.

inconveniente da discordância doutrinária e acadêmica sobre quais são as infrações que deverão ou poderão receber uma pena restritiva[19], não havendo no Brasil nenhuma polêmica a respeito de quais delitos podem receber uma pena restritiva de direitos, ainda que algumas das sanções sejam *genéricas (prestação pecuniária, perda de bens e valores, prestação de serviços à comunidade e limitação de fim de semana)* e outras *específicas (interdição temporária de direitos)*.

Neste particular, parece-nos que a *metodologia brasileira* é absolutamente correta, conforme se verá, pois possibilita ao juiz *eleger*, com margem de liberdade, *a pena mais adequada*, assim como a *substituição* de uma pena de sérios efeitos negativos por outra menos *dessocializadora*. Não há, por outro lado, nenhum exagero na temida ampliação demasiada da discricionariedade judicial[20]. O Direito brasileiro, como o escandinavo, mantém os limites mínimos e máximos da pena para cada delito estabelecidos expressamente na lei[21]. Nessa modalidade de *pena alternativa*, a maior *discricionariedade* concedida ao juiz é para escolher a *espécie de alternativa* mais adequada ao delinquente, no caso concreto, uma vez que os *limites* serão os concretizados na sentença, correspondentes à pena privativa de liberdade de cada tipo penal, ressalvada, agora, a hipótese do art. 46, § 4º. O *limite de duração das penas restritivas* será o mesmo que teria a pena privativa de liberdade substituída (art. 55 do CP). Enfim, sempre deve haver "espaço para uma ampla discrição em relação a punições mais benévolas, embora uma discrição similar em sentido contrário não seja aceita"[22].

A previsão do *arresto de fim de semana* tal e como está previsto no Código Penal espanhol de 1995, com *obrigatório isolamento celular* (art. 37), é um trágico equívoco histórico que descaracteriza a natureza e a finalidade do instituto. Os autores espanhóis, de um modo geral, são favoráveis ao *regime de isolamento celular*, para facilitar a reflexão, manter o caráter intimidativo da sanção e evitar possível *tertúlia de delinquentes*[23]. Apesar disso, Sainz Cantero diz que resiste "a contemplar o *arresto de fim de semana* exclusivamente como uma

---

19. Sainz Cantero, Arresto de fin de semana y tratamiento del delincuente, *REP*, 1970, p. 1065.
20. Lucio Monaco, Las penas sustitutivas..., *Cuadernos de Política Criminal*, cit., p. 404.
21. Inkeri Anttila, La ideología del control del delito en Escandinavia. Tendencias actuales, *CPC*, Madrid, n. 28, 1986, p. 149.
22. Inkeri Anttila, La ideología del control..., *CPC*, cit., p. 150.
23. Bueno Arus, El sistema en el Proyecto de Código Penal de 1980, *Revista General de Legislación y Jurisprudencia*, Madrid, 1980, Ed. Reus, p. 581; Rodriguez Mourullo, *Algunas reflexiones sobre el delito y la pena en el penitenciaria*, Universidad de Santiago de Compostela, 1970, p. 45 e 46; Carlos García Valdés, *Introducción a la penología*, Madrid, Universidad de Santiago de Compostela, 1981, p. 166; Sainz Cantero, *Posibilidades de aplicación de la pena de arresto...*, cit., p. 211, e, do mesmo autor, Arresto de fin de semana y tratamiento del delincuente, *REP*, 1970, p. 1068.

pena-expiação" e sugere, como uma forma de tratamento, "a psicoterapia de grupo"[24]. Como afirma Hulsman, "não é pouca coisa privar alguém de sua liberdade. O simples fato de estar encerrado, de não poder ir e vir ao ar livre, aonde nos aprouver, de não poder encontrar a quem temos vontade de encontrar, não é isso, por si só, um mal extremamente penoso? O encarceramento é isso, naturalmente"[25]. Não se pense que estamos defendendo que o delinquente deve ser enviado à prisão para seu próprio bem-estar, para ter sua vida facilitada, que deve encontrar um hotel de cinco estrelas; ou mesmo para oportunizar-lhe um bom fim de semana, mas tampouco para ser castigado, pois o castigo é a própria prisão, e, em muitos casos, o simples processo, a tramitação de uma demanda judicial ou a própria condenação em si representam uma dolorosa sanção.

Beccaria já havia antecipado que *é a celeridade e a certeza da pena, mais que a sua severidade, que produz a efetiva intimidação*[26]. Reconhece-se que a prisão não é o lugar idôneo para empreender qualquer tentativa de reeducação ou *tratamento terapêutico* de problemas estruturais de personalidade. Segundo Gimbernat[27], "é um *abuso de direito* a imposição de qualquer pena desnecessária ou a execução desnecessariamente rigorosa de uma pena". Não se pode esquecer que os apenados que poderiam receber essa modalidade de sanção são exatamente aqueles que, em geral, não necessitam ser *ressocializados*, e como diz Baumann[28], "a liberdade é um *bem* jurídico extremamente valioso para ser sacrificado desnecessariamente".

Os problemas estruturais do sistema penitenciário espanhol, a deficiência de espaço físico adequado, a falta de pessoal especializado, enfim, as condições

---

24. Sainz Cantero, Arresto de fin de semana y tratamiento del delincuente, REP, 1970, p. 1070-1.
25. Hulsman, *Sistema Penal y seguridad ciudadana*, Barcelona, Ed. Ariel, 1984.
26. Beccaria, *De los delitos y de las penas*, Madrid, 1974, p. 132; Heitor Costa Junior, O objeto do Direito Penal não é vingar o delito, mas evitar sua realização, em comentários à obra de Gonzalo Rodrigues Mourullo, *Derecho Penal*, Madrid, 1977, in *Revista de Direito Penal*, n. 27, 1980, p. 108. Gimbernat Ordeig, Tiene un futuro la dogmática jurídico penal?, in *Estudios de Derecho Penal*, 2ª ed., Madrid, Civitas, 1981, p. 117.
27. Gimbernat Ordeig, Tiene un futuro la dogmática jurídico penal?, in *Estudios de Derecho Penal*, 2ª ed., Madrid, Civitas, 1981, p. 117.
28. Baumann, Existe actualmente la posibilidad de eliminar la pena privativa de libertad de hasta seis meses?, in livro homenagem ao Prof. Luiz Jiménez de Asúa, *Problemas actuales de las ciencias penales y Filosofía del Derecho*, cit., p. 8. É bom recordar a afirmação do Inspetor-Geral das prisões inglesas, Arturo Griffiths, no Congresso de Antropologia de Genebra, em 1986, de que "os presos do mundo poderiam muito bem dividir-se em dois grandes grupos: o dos que nunca deveriam ter entrado na prisão e o dos que jamais deveriam sair dela", citado por Sainz Cantero, em Arresto de fin de semana y tratamiento del delincuente, REP, 1970, p. 1061.

deficientes do sistema penal como um todo, não podem *justificar* o exagerado e desnecessário rigorismo no cumprimento de uma sanção — *arresto de fim de semana* — que nasceu para *substituir* a mais combatida pena da atualidade, a *privativa de liberdade*. A *forma de execução* prevista para o *arresto de fim de semana* no projeto de código penal espanhol referido representava um retrocesso ao odioso *regime celular filadélfico* de tão triste memória e também, de certa forma, um retorno à ideia puramente *expiacionista* das teorias absolutas. Mas, felizmente, a Proposta de Anteprojeto de 1983 suprimiu a prescrição do *regime de isolamento celular*, que, aliás, já havia sido objeto da Emenda n. 302 do Grupo Socialista no projeto de 1980.

4. Impossibilidade da execução antecipada de pena restritiva de direitos

Falar-se em *execução provisória* de decisão condenatória penal é uma falácia que não se adequa à segurança jurídica e ao princípio da não culpabilidade e com o direito penal da culpabilidade típico de um Estado constitucional e democrático de direito. Por isso, abominamos a terminologia utilizada pelo legislador processual penal de "execução provisória da pena", como se fosse possível, ante eventual reforma do *decisum*, retornar ao *status quo*, como ocorre na seara cível, que tem seus próprios mecanismos para recompor o litígio. No âmbito penal, prisão cumprida *nunca tem caráter ou natureza de provisório*, ante a absoluta impossibilidade de devolver-se a liberdade suprimida, ao contrário do que ocorre no âmbito privado, em que o próprio diploma processual estabelece a forma de recompor o estado anterior das coisas e, na impossibilidade disso ocorrer, resolve-se em perdas e danos.

A Quinta Turma do Superior Tribunal de Justiça em seus julgamentos exteriorizava a orientação no sentido da impossibilidade de *execução provisória* de pena restritiva de direitos, alheio à rebeldia do entendimento manifestado pelos tribunais inferiores e pela maioria dos magistrados de primeiro grau. Especificamente sobre essa espécie de sanção penal, o art. 147 da Lei de Execução Penal somente autoriza o início da execução penal após o trânsito em julgado da sentença que a aplicou. Nesse sentido, a referida Quinta Turma ignorava o reconhecimento, pelo Supremo Tribunal Federal, da Repercussão Geral do ARE 964.246RG/SP, de 10/11/2016, e reafirmava sua orientação sobre a impossibilidade de execução provisória dessas penas, mesmo antes de o STF ter mudado de posicionamento par passar a impedir a execução provisória da pena, conforme decidido no julgamento das ADCs 43, 44 e 45, cujo acórdão foi publicado em 12/11/2020.

Não se tratava, convém que se diga, de simples discordância ou desconhecimento do alcance do efeito do reconhecimento da referida "Repercussão Geral" pela Corte Suprema, como poderia parecer à primeira vista. Na realidade, fundava-se em consistentes fundamentos e motivações que lhe autorizavam a adoção dessa correta, humana, jurídica e constitucional medida asseguradora do direito constitucional de não culpabilidade antes do trânsito em julgado. A rigor, em meio a tantos fundamentos jurídicos, podem-se destacar dois aspectos que, por si sós, são mais que suficientes para legitimar a orientação sufragada pelo Tribunal da Cidadania e, posteriormente, pelo próprio STF no julgado acima indicado.

O primeiro deles é que no questionado *Habeas Corpus* 126.292 o STF não obrigou e tampouco tornou *automática* a prisão confirmada em segundo grau, ao contrário do que, consciente ou inconscientemente, a imensa maioria dos juízes e tribunais deste País passaram a interpretar. Na verdade, o *decisum* da Suprema Corte passou apenas a permitir a *possibilidade* de prisão a partir da sua confirmação em segundo grau. Aliás, essa *possibilidade* — e não obrigatoriedade — ressoa na própria ementa do referido julgado e, como tal, necessariamente, a exemplo de qualquer *prisão processual* — cautelar ou decorrente de decisão de mérito — depende da devida fundamentação de sua conveniência e oportunidade. O segundo aspecto, igualmente relevante, é que o Tribunal Excelso, ao deliberar pela *execução provisória* da pena, no HC 126.292/SP, o fez somente em relação à pena de prisão, sem qualquer alusão às penas alternativas.

Nesse sentido, merece ser destacado o brilhante acórdão da Primeira Câmara Criminal do Tribunal de Justiça da Bahia, da Relatoria do digno e culto Des. Nilson Soares Castelo Branco, que, a unanimidade, decidiu *contra a execução antecipada* de pena restritiva de direitos. Merecem ser transcritas as seguintes passagens do referido *decisum*, por seus magníficos fundamentos, *verbis*:

> "11. Com este ponto de partida é que se sustenta a compreensão de que se não houve declaração de inconstitucionalidade nem interpretação conforme, por parte do Supremo ou sequer da Corte Especial do STJ sobre o art. 147 da LEP, não se pode recusar aplicação ao dispositivo, sob pena de afronta à Constituição, à própria lei em referência, bem assim à Súmula Vinculante n. 10.
>
> (...)
>
> 14. Nesses termos e na ausência de dispositivo análogo autorizativo da execução provisória da pena restritiva de direitos, a compreensão firmada foi pela incidência do quanto disposto no art. 147 da LEP, por se tratar da única norma em vigor acerca da execução da pena restritiva de direitos, condicionando-a, expressamente, ao trânsito em julgado da Sentença que a impôs. Nesse sentido, inclusive, o posicionamento do Ministério Público Federal no julgamento, pela Segunda Turma do STF, do HC 84859, em 14-12-2004, tal como referido pelo Relator, o Min. Celso de Mello.
>
> 15. O cenário legislativo atual não permite, neste ponto específico, posicionamento diferente. Encontramo-nos, ainda, diante da vigência do único dispositivo normativo que regula a execução da pena restritiva de direito, qual seja, o art. 147 da LEP. Posta a discussão nesses termos, não se vislumbra do ponto

de vista técnico e normativo justificativa plausível para negar vigência ao referido dispositivo legal, razão pela qual se tem por inviável a execução provisória das penas restritivas de direitos.

(...)

19. Por fim, há de se ressaltar, como elemento de convicção principiológico norteador do posicionamento aqui manifestado, a compreensão de que as penas restritivas de direitos não comportam, de fato, execução provisória, mas, unicamente, execução definitiva e irreversível, em função de sua brevidade e imediatidade. Observe-se, ainda, que não há, sequer, como aplicar, em caso de reforma do Acórdão condenatório, o instituto da detração, nem qualquer outra forma de compensação ante o cumprimento efetivo da reprimenda, o que implica reconhecer a possibilidade de que o condenado seja indenizado, caso haja redução da sanção estatal, ou o alcance da absolvição. Tem-se, por isso, à falta de regulamentação legal específica acerca da matéria, como temerária a deliberação açodada pela extensão dos efeitos do reconhecimento da Repercussão Geral do ARE 964246RG/SP a realidade jurídica diversa" (AI n. 0000398-78.2013.8.05.0000/50003, Rel. Nilson Soares Castelo Branco, j. 26-7-2017; *DJe* em 9-8-2017).

Postas essas sucintas considerações, respaldadas pelo elaborado conteúdo da decisão, cuja parcela da ementa citamos aqui, nada mais precisamos acrescentar sobre este assunto: penas alternativas não podem ser executadas antes do trânsito em julgado, da mesma forma que as penas privativas de liberdade.

5. Requisitos ou pressupostos necessários à substituição

As penas restritivas de direito, como referimos ao abordarmos a suspensão condicional da pena, não podem ser *suspensas*. Como referida sanção já é uma *medida alternativa* à pena de prisão, não teria sentido *suspendê-la*, e, ademais, duas delas — limitação de fim de semana e prestação de serviços à comunidade — são *condições obrigatórias* do primeiro ano de prova do *sursis* simples. As penas restritivas, a exemplo de Portugal, tampouco podem ser *substituídas* por multa, ressalvada a hipótese da chamada "pena inominada", de duvidosa constitucionalidade (art. 45, § 2º). O *Projeto de Código Penal espanhol de 1980*, além de permitir o *cumprimento subsidiário em domicílio*, contemplava a possibilidade de *substituir* o *arresto de fim de semana* por multa. Felizmente, a *Proposta de Anteprojeto de 1983* eliminou essas duas possibilidades, que *diminuíam*, para não dizer *anulavam*, todo o *sentido intimidativo* do instituto.

A aplicação de pena *restritiva de direitos* em *substituição* à pena privativa de liberdade está condicionada a determinados *pressupostos* (ou requisitos) — uns objetivos, outros subjetivos —, que devem estar presentes *simultaneamente*. São os seguintes:

1º) *Requisitos objetivos*

a) *Quantidade de pena aplicada* — pena *não superior a quatro anos* — reclusão ou detenção — independentemente da natureza do crime — *doloso* ou *culposo* — pode ser *substituída* por pena restritiva de direitos. Essas penas — restritivas de direitos —, apesar de *autônomas*, não perdem seu caráter de *substitutivas* ou "alternativas", pois, além de não serem contempladas nos tipos penais da parte especial, como as demais, limitam-se àqueles *crimes dolosos* que receberem *in concreto* pena privativa de liberdade não superior a quatro anos ou aos *crimes culposos*, independentemente da pena aplicada. Para penas *concretizadas* na sentença de até quatro anos, inclusive, não se faz distinção entre crime doloso e crime culposo: a pena privativa de liberdade de qualquer dos dois poderá ser objeto de *substituição*, desde que satisfeitos os demais requisitos.

b) *Natureza do crime cometido* — Já, em relação à *natureza do crime*, privilegiam-se os de *natureza culposa*, pois, para estes, permite-se a *substituição* da pena privativa de liberdade independentemente da *quantidade* de pena aplicada. Por isso, é fundamental a análise da natureza do crime — se doloso ou culposo —, na medida em que, para o crime culposo, não há limite da pena aplicada. Ressalva-se apenas que, com a Lei n. 9.714/98, pena superior a um ano de prisão, a *substituição* deverá ser por *uma pena restritiva de direitos*, a cabível na espécie, e *multa*, ou, então, por *duas penas restritivas de direitos*, desde que possam ser executadas simultaneamente.

A possibilidade de *substituir* por uma pena restritiva de direitos e multa pena superior a um ano *não impede* que seja possível a *aplicação cumulativa* de pena restritiva de direitos e multa em infrações penais com penas de até um ano, inclusive. Será possível a *aplicação cumulativa* em delitos que *cominem* pena privativa de liberdade *cumulada* com a de multa, como ocorre, por exemplo, com os crimes de usurpação (arts. 161 e 162 do CP). Com efeito, *substitui-se* a pena privativa de liberdade por uma restritiva e *mantém-se* a pena de multa. Caso contrário, *quando a lei prevê cumulativamente pena privativa de liberdade e multa, o juiz ficaria sempre impossibilitado de fazer a substituição da pena de prisão*, porque também não pode deixar de aplicar a pena de multa prevista *cumulativamente*. E não é esse o espírito do Código. O que a lei não permite efetivamente é a *substituição cumulativa* — que não se confunde com *aplicação cumulativa* — das duas penas referidas para crimes com penas de até um ano (art. 44, § 2º). Mas, nesse caso, é indiferente que se trate de crime doloso ou culposo. A verdade é que a *substituição cumulativa* permitida *restringe-se* às condenações superiores a um ano de pena privativa de liberdade.

Enfim, quando a condenação não for superior a um ano de prisão, esta poderá ser substituída por pena de multa. Antes da Lei n. 9.714/98, a *multa substitutiva* era admitida somente para pena de até seis meses de prisão (art. 60, § 2º). Na verdade, agora, a pena privativa de liberdade não superior a um ano pode ser substituída ou por multa ou por restritiva de direitos, ou uma ou outra, nunca pelas duas cumulativamente. As *circunstâncias gerais* é que determinarão qual das duas *substituições*, no caso concreto, será a mais recomendável. A *conveniência de uma ou outra substituição* será indicada pelos elementos do art. 44, III, do Código Penal. Se tais elementos indicarem a *suficiência da substituição* por multa e essa sanção revelar-se *a menos grave para o apenado*, então essa será a *sanção recomendável* ou, na linguagem de Von Liszt, será a *pena justa*. Ou, então, a *substituição* poderá ser por uma pena restritiva de direitos, se tal *substituição* se mostrar recomendável.

A *conduta culposa*, hoje bem mais frequente[29], objeto de *menor reprovabilidade*, normalmente decorre da ausência dos cuidados devidos (objetivos)[30] na realização de um comportamento normalmente lícito. Os autores desses comportamentos *descuidados* que, às vezes, causam um resultado típico, de regra, não necessitam ser *ressocializados*, e a imposição de uma *pena privativa de liberdade* revela-se absolutamente desnecessária, sem qualquer sentido preventivo especial. Nesse aspecto, merece aplausos a previsão para os *crimes culposos*, sem impor *limite quantitativo* da pena privativa, pois sua *substituição* será apenas uma possibilidade *condicionada* a todas as circunstâncias sintetizadas nos requisitos ora examinados. Onde as circunstâncias gerais que cercarem o fato e o agente não recomendarem a substituição, esta não deverá ocorrer.

Para penas superiores a um ano, *o julgador tem um elenco variado de sanções para eleger a que melhor se adapte à situação e atenda à ordem jurídica bem como às exigências de prevenção geral e especial.* Pode optar entre uma restritiva de direitos e multa, duas restritivas de direitos, suspensão condicional da pena especial (sem regime de prova), suspensão condicional simples (com regime de prova), sem a necessidade de utilizar pena privativa de liberdade. Contudo, se esta, a pena privativa de liberdade, for indispensável, ou, pelo menos, for recomendável, nas circunstâncias, contará ainda com a possibilidade de determinar sua execução em "regime aberto", que deverá ser cumprido em "casa de albergado" ou em *estabelecimento adequado* (arts. 33, § 2º, *c*, do CP e 93 da LEP) e, excepcionalmente, em *prisão domiciliar* (art. 117 da LEP).

c) *Modalidade de execução: sem violência ou grave ameaça à pessoa* — Ao disciplinar a substituição de penas privativas de liberdade, *o legislador, claramente, afastou aquelas infrações penais cometidas com violência ou grave ameaça à pessoa*, independentemente de serem dolosas ou culposas. A ampliação do cabimento das *penas alternativas*, para pena não superior a quatro anos, *recomendou* que também se ampliasse o *elenco de requisitos necessários*. Passa-se a considerar, aqui, não só o *desvalor do resultado*, mas, fundamentalmente, o *desvalor da ação*,

---

29. Em 1930, Engisch referia-se à "relativa raridade das infrações culposas, apesar da grande possibilidade de serem executadas". Citação encontrada em Welzel, Culpa e delitos de circulação, *Revista de Direito Penal*, n. 3/13, Rio de Janeiro, 1971.
30. Welzel, Culpa e delitos de circulação, *Revista* cit., p. 39.

que, nos *crimes violentos*, é, sem dúvida, muito maior e, consequentemente, seu autor não deve merecer o *benefício da substituição*. Por isso, se afasta, prudentemente, a possibilidade de *substituição* de penas para aquelas infrações que forem praticadas "com violência ou grave ameaça à pessoa". Cumpre destacar que a *violência contra a coisa*, como ocorre, por exemplo, no *furto qualificado com rompimento de obstáculo* (art. 155, § 4º, I), não é fator impeditivo, por si só, da concessão da *substituição*.

Contudo, recomenda-se *prudência* no exame de todos os requisitos, mas especialmente deste, sob pena de imaginar-se, equivocadamente, que não mais poderiam ser beneficiados com *penas restritivas de direitos*, entre outros, os crimes de *lesão corporal leve dolosa* (art. 129), de *constrangimento ilegal* (art. 146) e de *ameaça* (art. 147), pois ou são praticados *com violência* — o primeiro — ou *com grave ameaça à pessoa* — os outros dois. No entanto, essa *limitação*, criada pela lei em exame, não se aplica a crimes como os enunciados, pelo simples fato de se incluírem na definição de *"infrações de menor potencial ofensivo"* (art. 61 da Lei n. 9.099/95), e, por conseguinte, deverão continuar recebendo o mesmo tratamento disciplinado pela *Lei dos Juizados Especiais*, com direito às sanções que, lá, na seara dos juizados, são, efetivamente, *penas alternativas*, e não, simplesmente, *substitutivas*, como ocorre no bojo do Código Penal, a despeito do alarde sobre sua *natureza alternativa*.

2º) *Requisitos subjetivos*

a) *Réu não reincidente em crime doloso* — As penas *restritivas de direitos* são, em tese, inaplicáveis em casos de *reincidência* (art. 44, II, do CP). Aqui, na redação determinada pela Lei n. 7.209/84, diferentemente da *suspensão condicional*, não se fazia qualquer distinção entre *reincidente em crime doloso* e *reincidente em crime culposo*. Agora, com a nova redação, determinada pela Lei n. 9.714, somente a *reincidência em crime doloso* pode, em princípio, impedir a *substituição* em análise. Dessa forma, aumenta-se a liberalidade: basta que um dos crimes (a condenação anterior ou a atual) seja culposo e não haverá *reincidência dolosa*. A própria *reincidência em crime doloso*, agora, não é fator de impedimento absoluto, pois, "em face de condenação anterior", a medida (substituição) poderá ser "socialmente recomendável". Muito se terá de dizer sobre esse tópico. Somente a *reincidência específica* (art. 44, § 3º, *in fine*) constitui *impedimento absoluto* para a aplicação de pena restritiva de direitos em substituição à pena privativa de liberdade aplicada.

Essa nova previsão, admitindo, excepcionalmente, *penas restritivas de direitos*, mesmo a *condenados reincidentes*, assemelha-se ao *Projeto de Código Penal espanhol de 1980*, que admitia a pena de "arresto de fin de semana" a *réus reincidentes*, desde que se considerasse que referida sanção seria *suficiente* à prevenção especial[31]. Embora a previsão espanhola tenha recebido aplausos por essa possibilidade, pareceu-nos contraditória, visto que, para a *suspensão condicional*, exigia que o réu tivesse delinquido pela primeira vez (art. 94 do mesmo Projeto). Pois essa contradição que apontamos do Projeto de Código Penal espanhol de 1980 apresenta-se agora no direito brasileiro na medida em que a *reincidência em crime doloso*, pura e simplesmente, exclui a possibilidade da concessão do *sursis*, sem a ressalva prevista para as penas restritivas de direitos, qual seja, admitindo o *sursis* ao reincidente não específico, se a medida se mostrar "socialmente recomendável".

A redação original do art. 44, II, do CP, na versão da Lei n. 7.209/84, diferentemente do que previa para a *suspensão condicional*, não fazia qualquer distinção entre *reincidente em crime doloso* e *reincidente em crime culposo* ou ainda ao fato de a condenação anterior ter sido somente em pena de multa. A exigência era de que não se tratasse de *réu reincidente*, simplesmente, sem adjetivação. O maior rigor, nessa modalidade de alternativa, explicava-se pela sua *maior benevolência* e o seu *diminuto grau intimidativo*. Somente hipóteses de réus com abonados antecedentes, culpabilidade mínima, personalidade bem formada e motivos e circunstâncias favoráveis satisfariam os pressupostos exigidos para se beneficiarem com essas alternativas ao encarceramento.

b) *Prognose de suficiência da substituição* — Os critérios para a avaliação da suficiência da substituição são representados pela culpabilidade, antecedentes, conduta social e personalidade do condenado, bem como os motivos e as circunstâncias do fato, todos previstos no art. 44, III, do Código Penal, que, neste particular, permaneceu inalterado. Dos elementos do art. 59 somente "as consequências do crime" e o "comportamento da vítima" foram desconsiderados para a formação do juízo de suficiência.

Considerando a grande elevação das *hipóteses de substituição*, deve-se fazer uma análise bem mais rigorosa desse requisito, pois será através dele que o Poder Judiciário poderá equilibrar e evitar eventuais excessos que a nova previsão legal poderá apresentar. Na verdade, aqui, como na *suspensão condicional*, o risco a assumir na *substituição* deve ser, na expressão de Jescheck[32], *prudencial*, e diante de sérias dúvidas sobre a suficiência da substituição esta não deve ocorrer, sob pena de o Estado *renunciar* ao seu dever constitucional de garantir a ordem pública e a proteção de bens jurídicos tutelados.

Ao referir-se à *suficiência da substituição* o Código Penal brasileiro, nesta sanção, mostra uma certa despreocupação com a *finalidade retributiva* da pena

---

31. Carlos Mir Puig, *El sistema de penas y su medición en la reforma penal*, Barcelona, Bosch, 1986, p. 231.
32. Jescheck, *Tratado*, cit., p. 1155.

que, na verdade, está implícita na condenação em si. Sim, porque a simples condenação é *uma retribuição ao mal* cometido e que, de alguma forma, macula o *curriculum vitae* do condenado. Essa *retribuição* é de ordem moral e para determinados condenados — aqueles que não necessitam ser *ressocializados* — é a consequência mais grave, intensa e indesejada, que atinge profundamente sua escala de valores. A *suficiência* da *substituição* prevista pelo Código Penal está voltada diretamente para a *finalidade preventiva especial*[33].

5.1. Novos aspectos nos critérios orientadores da substituição

5.1.1. Substituição nos crimes culposos

A legislação revogada dispensava uma disciplina diferenciada para os crimes culposos, permitindo a substituição, somente para estes, por uma pena restritiva de direitos e multa ou por duas restritivas de direitos, quando a pena aplicada fosse igual ou superior a um ano de prisão. Como agora, com a vigência da Lei n. 9.714, a substituição é possível, inclusive nos crimes dolosos, cuja pena aplicada não seja superior a quatro anos, o critério ou parâmetro para efetuar essa substituição é igual tanto para os crimes dolosos quanto para os culposos. Assim, a substituição para pena superior a um ano — independentemente da natureza do crime — será sempre por duas penas alternativas: uma restritiva de direitos e multa ou duas restritivas de direitos, exequíveis simultaneamente (art. 44, § 2º).

Deve-se sempre ter presente que existem penas restritivas, *genéricas* e *específicas*, e, quando for o caso — especialmente quando for necessária a aplicação de duas dessas penas —, existem determinadas infrações penais que, na hipótese de *substituição* da pena privativa de liberdade aplicada, necessitam receber pena específica, como determinam os arts. 56 e 57 do Código Penal. A Lei n. 9.714/98 incluiu no art. 47 a "proibição de frequentar determinados lugares", como a quarta modalidade de "interdição temporária de direitos". Esqueceu-se, contudo, de definir quais as infrações penais ou em que circunstâncias tal pena será aplicável, como ocorre com as outras três modalidades de "interdições temporárias de direitos". Sobre a proibição de frequentar determinados lugares desenvolvemos nossos comentários mais adiante, no tópico (5.6) referente às espécies de penas restritivas de direitos.

5.1.2. Anormalidade das circunstâncias: (in)suficiência da substituição da pena de prisão no homicídio culposo de trânsito

Trazemos nossa reflexão sobre essa temática, com uma preocupação mais específica, qual seja, a desnecessidade de *violentar a dogmática penal* interpretando erroneamente um crime culposo, como se doloso fosse, tão somente para

---

33. García Arán, *Los criterios de determinación de la pena*, cit., p. 238-9.

aplicar pena mais grave do que a efetivamente cominada ao fato. Lamentavelmente essa é a equivocada e condenável orientação que vem ganhando corpo em nossa jurisprudência criminal, inclusive nos Tribunais Superiores, ignorando por completo a evolução de mais de dois séculos da dogmática penal. Procuramos demonstrar que a utilização adequada dos parâmetros legais de nosso ordenamento jurídico permite uma resposta penal adequada para a violência no trânsito, respeitando a distinção científica entre crime doloso e crime culposo.

Em outros termos, demonstramos que, mesmo se tratando de crime culposo, a *anormalidade das circunstâncias* pode *desrecomendar a substituição de penas* e, assim, levar o autor do fato a cumprir pena privativa de liberdade. A nossa reflexão sobre esses aspectos, aparentemente, altera a concepção sobre a *substituibilidade* de penas nos crimes culposos. Dizemos *aparentemente*, porque essa visão, na verdade, prende-se a *anormalidade das circunstâncias* e "insuficiência da substituição" que devem ser criteriosamente examinadas. Vejamos então.

Os critérios para a avaliação da *suficiência da substituição* da pena de prisão são representados pela *culpabilidade, antecedentes, conduta social* e *personalidade do condenado*, bem como pelos *motivos* e *circunstâncias do fato*, todos previstos no art. 44, III, do Código Penal. Dos elementos do art. 59 somente "as consequências do crime" e o "comportamento da vítima" foram desconsiderados para a formação do *juízo de suficiência da substituição*.

Como paradigma de nossa reflexão, tomamos o acidente da Gol em 2006, voo 1907, que ceifou a vida de 154 pessoas inocentes[34]. Examinando todos os vetores (requisitos) relacionados no art. 59, o digno magistrado sentenciante reconheceu que, embora não sejam todos favoráveis aos dois condenados americanos (pilotos do Legacy), ainda assim, *seria recomendável a substituição* da pena privativa de liberdade *aplicada de quatro anos e quatro meses de detenção*. Nesse sentido, arrematou o digno magistrado: "E a redação do inciso III do art. 44 do Código Penal não autoriza a conclusão imediata de que, valoradas negativamente aquelas circunstâncias ali indicadas, o juiz não deve substituir a pena. A lei, após apontar as circunstâncias a serem consideradas, autoriza o juiz a promover a substituição se elas 'indicarem que essa substituição seja suficiente'" (p. 77 da sentença).

No entanto, essa conclusão do digno e culto magistrado é, no particular, absolutamente equivocada, e, ademais, contraditória, considerando-se que ao proceder o cálculo da pena-base, reconheceu, expressamente, que a *culpabilidade é grave*, senão gravíssima, *in verbis*: "O contexto indica que a culpabilidade foi além do que seria normal e, se é que não se pode considerá-la gravíssima, não há exagero algum em reputá-la grave" (p. 73 da sentença).

---

34. REsp em Ação Penal n. 2007.36.03.002400-5/2009.3603002962-5.

Em *circunstâncias normais*, a nosso juízo, essa conclusão do digno e culto julgador até poderia ser, eventualmente, admitida. No entanto, não se pode admitir que *um desastre aéreo do qual resultaram 154 mortes*, em que os pilotos ignoraram as normas mais comezinhas de segurança da *aviação internacional*, possa ser admitido como tendo ocorrido em "circunstâncias normais". Logo, a *anormalidade das circunstâncias* desrecomenda a substituição de penas. Essa "anormalidade das circunstâncias" deve ser examinada cotejando-se os fatos concretos com nosso sistema penal em seu conjunto, isto é, encontrando-se o *elemento sistemático*, conforme demonstraremos adiante.

Considerando que *a substituição de penas* em nosso ordenamento jurídico *exige mais que o simples reconhecimento de que tais "condições sejam favoráveis"*, na verdade, essa *favorabilidade* não passa de simples pressuposto da substituição. Decisiva, efetivamente, é a conclusão de que tal *favorabilidade* mostre-se "suficiente à substituição", ou seja, é necessário que dita *substituição* não neutralize a indispensável *reprovação* da conduta incriminada, como expressamente prevê o art. 44, III, *in fine*, do CP. Ou seja, a simples dúvida sobre a "suficiência da substituição" da pena de prisão, por si só, recomenda que o juiz não a aplique, como tem entendido a doutrina mais autorizada.

Em outros termos, o Código Penal *presume* que a *substituição* da pena privativa de liberdade por uma *restritiva de direito* não é "socialmente recomendável", se dita *substituição* não se mostrar *suficiente* à "reprovação e prevenção do crime" (art. 44, III, *in fine*, e § 3º). Para a correta interpretação da *substituibilidade*, no entanto, deve-se conjugar o disposto no art. 44, III, *in fine* — que cuida da substituição de pena —, com o art. 59, *caput*, *in fine*, que disciplina a sua aplicação. Não se pode olvidar, por outro lado, que o art. 59 adota a conhecida *pena necessária* consagrada por Von Liszt, que deve ser a pena *justa*, exigida pelo Estado democrático de Direito.

Na verdade, o Estado não pode, em nenhuma hipótese, *renunciar* ao seu *dever constitucional* e institucional de *garantir a ordem pública* e a proteção de bens jurídicos individuais ou coletivos. A rigor, além daquelas circunstâncias do art. 44, III, serem positivas, é indispensável que se configure aquilo que chamamos de "prognose favorável de suficiência da substituição"[35]. Nessa avaliação, deve-se ter presente a relação *infração-infrator-sociedade*, sobretudo quando se tem *exacerbado desvalor da ação*, bem como *elevadíssimo desvalor do resultado*, mesmo em crimes culposos; nas circunstâncias, "socialmente recomendável" poderá ser exatamente "a não substituição" da pena privativa de liberdade aplicada. Com efeito, da ótica da coletividade, e observando-se o

---

35. Cezar Roberto Bitencourt, *Tratado de Direito Penal*, Parte Geral, 29ª ed., São Paulo, Saraiva, 2023, v. 1, p. 674.

princípio da proporcionalidade, "socialmente recomendável" poderá ser mesmo *a não substituição da pena de prisão* aplicável.

Examinando as novas regras da *substituição da pena de prisão* por alternativas, acrescidas pela Lei n. 9.714/98, tivemos a oportunidade de afirmar, quanto ao "juízo de suficiência da substituição", o seguinte: "Considerando a grande elevação das *hipóteses de substituição*, deve-se fazer uma análise bem mais rigorosa desse requisito, pois será através dele que o Poder Judiciário poderá equilibrar e evitar eventuais excessos que a nova previsão legal pode apresentar. Na verdade, aqui, como na *suspensão condicional*, o risco a assumir na *substituição* deve ser, na expressão de Jescheck, *prudencial*. E diante de *sérias dúvidas sobre a suficiência da substituição*, esta não deve ocorrer sob pena de o Estado *renunciar* ao seu dever constitucional de garantir a ordem pública e a proteção de bens jurídicos tutelados"[36].

Afinal de contas, até que ponto a sociedade deve ser obrigada a suportar esses indivíduos em liberdade — condenados a pena superior a quatro anos — desfrutando do convívio social? Seria tolerável (razoavelmente adequado) conceder-lhes a *substituição*, sem cumprirem nenhum dia de prisão, isto é, seria *socialmente recomendável* conceder-lhes *pena substitutiva da prisão*, depois de causarem a morte de 154 pessoas absolutamente inocentes, que não concorreram para isso? Pois esse é o outro lado da moeda, que também precisa ser avaliado, quando se examina a *necessidade e a suficiência* de substituição de pena privativa de liberdade por penas alternativas, que devem ser suficientes à reprovação e prevenção do crime.

Nesse sentido, não se pode esquecer que o Direito Penal não é necessariamente *assistencial*, e sim objetiva, em primeiro lugar, a *Justiça Distributiva*, responsabilizando o infrator pela violação da ordem jurídica, especialmente quando o *desvalo*r de sua conduta criminosa atinge o bem mais valioso — a vida — de mais de uma centena e meia de pessoas. E isso — *justiça distributiva* —, segundo o magistério de Jescheck, "não pode ser conseguido sem dano e sem dor, especialmente nas penas privativas de liberdade, a não ser que se pretenda subverter a hierarquia dos valores morais e utilizar a prática delituosa como oportunidade para *premiar*, o que conduziria ao reino da utopia. Dentro dessas fronteiras, impostas pela natureza de sua missão, todas as relações humanas reguladas pelo Direito Penal devem ser presididas pelo princípio de humanidade"[37].

---

36. Cezar Roberto Bitencourt, *Tratado de Direito Penal*, cit., p. 705. *Novas penas alternativas*, São Paulo, Saraiva, 1999, p. 85.
37. Jescheck, *Tratado de derecho penal*, trad. de Santiago Mir Puig e Francisco Muñoz Conde, Barcelona, Bosch, 1981, p. 1155.

Segundo Claus Roxin[38], tanto a *prevenção especial*, como a *prevenção geral* devem figurar como *fins da pena*, por isso, a sanção aplicada em uma sentença condenatória deverá ser adequada para alcançar ambas as finalidades preventivas da pena. E deverá fazê-lo da melhor forma possível, isto é, equilibrando ditas finalidades. Assim, de um lado, a pena deverá atender ao *fim de ressocialização* quando seja possível estabelecer uma cooperação com o condenado. Aqui, Roxin manifesta sua adesão à *prevenção especial positiva* e sua rejeição às medidas de *prevenção especial negativa*. De outro lado, a pena deverá projetar seus efeitos sobre a sociedade, pois com a imposição de penas demonstra-se a eficácia das normas penais motivando os cidadãos a não infringi-las. A pena, sob essa ótica, mais que um fim intimidatório, teria o *fim de reforçar a confiança da sociedade* no funcionamento do ordenamento jurídico através do cumprimento das normas, o que produziria, finalmente, como efeito, a pacificação social. Dessa forma, Roxin manifesta sua adesão a uma *compreensão mais moderna da prevenção geral*, combinando aspectos da prevenção geral negativa e aspectos da prevenção geral positiva.

Se fizermos uma *interpretação literal*, puramente gramatical, por certo, estando presentes todos os requisitos (que não é o caso), *ad argumentandum tantum*, constantes do art. 44, inciso III, do CP, poder-se-á, em princípio, admitir a substituição da pena de prisão por penas restritivas de direitos previstas no art. 43 do mesmo diploma legal. Contudo, como reiteradamente recomendam os hermeneutas, a melhor e mais segura interpretação será sempre a *sistemática*, que permite uma avaliação global do interpretado. Pois bem, adotando essa orientação exegética, constata-se que, dentre os *requisitos exigíveis para permitir a substituição de pena* está a indicação de "que essa substituição seja suficiente" (art. 44, III, *in fine*, do CP). Logo, por esse dispositivo, é indispensável que a *favorabilidade* das circunstâncias assegure "que essa substituição seja suficiente" para a reprovação penal. Pois essa exigência legal impõe uma avaliação global, sistemática e mais apurada relativamente à "suficiência da reprovação penal", que é uma exigência da aplicação da pena adequada (art. 59, *caput, in fine*, do CP). Nessa linha, deve-se realizar uma *avaliação da suficiência da substituição* à luz da *proporcionalidade*, da reprovação penal e da razoabilidade.

Na aplicação de pena — superior a dois anos — isto é, que esteja excluída da competência dos Juizados Especiais Criminais, o juiz deve escolher a pena mais adequada, isto é, aquela que melhor se adapte *à situação do condenado, mas que também atenda à ordem jurídica*, bem como *às exigências de prevenção geral e especial*, objetivos indeclináveis *dos fins da pena* em nosso sistema penal.

---

38. Claus Roxin, *Derecho Penal. Fundamentos. La estructura de la teoría del delito*. Trad. Diego Manuel Luzón Peña, Miguel Días y García Conlledo y Javier de Vicente Remensal, Madri, Civitas, 1997, t. 1, p. 95-98.

Por isso, a conclusão que se impõe, se, pelas circunstâncias do caso concreto, a pena privativa de liberdade for indispensável, ou, pelo menos, *for recomendável* (hipótese em que a substituição não se mostre *suficiente* à reprovação do crime), o *julgador não poderá efetuar a sua substituição por penas alternativas*, podendo fixar, logicamente, o *regime semiaberto* para o seu cumprimento, como ocorre *in caso*. Dito de outra forma, ainda que todos os requisitos relacionados no inciso III do art. 44 sejam considerados favoráveis, é possível que a *substituição da pena*, no caso concreto, *não se mostre suficiente à reprovação e à prevenção do crime* (arts. 44, III, e 59, *caput*, ambos, *in fine*). Nessa hipótese, o julgador não pode e não deve proceder a essa substituição.

5.1.3. Substituição nas penas de até um ano de prisão

A *multa substitutiva*, na legislação revogada, era prevista em dois dispositivos legais. Como regra geral, a pena privativa de liberdade, não superior a seis meses, podia, em princípio, ser *substituída* pela pena de multa, observados os critérios dos incs. II e III da redação revogada do art. 44 do CP (art. 60, § 2º). A segunda hipótese de *multa substitutiva* era exclusiva para o caso de *crimes culposos* cuja pena substituída fosse igual ou superior a um ano de pena privativa de liberdade (art. 44, parágrafo único).

Agora, os parâmetros e os critérios mudaram. A *multa substitutiva*, isoladamente, como regra geral, destina-se a *condenações não superiores a um ano*, ampliando-se consideravelmente a sua abrangência, na medida em que o rol de infrações penais cominadas com esse limite de penas é imenso. Embora não esteja elencada no art. 43, juntamente com as demais sanções impropriamente denominadas penas restritivas, ela assume, definitivamente, a função e natureza de *pena alternativa* à privativa de liberdade, com o caráter de *substitutiva* (art. 44, § 2º).

A previsão que permite aplicar a *multa substitutiva* para pena não superior a um ano não impede, contudo, a possibilidade, abstratamente considerada, de efetuar-se a *substituição* por pena restritiva de direitos, isto é, *a possibilidade de substituir por multa* não exclui *ipso facto* a possibilidade de *substituir-se* por pena restritiva de direitos. Ou uma ou outra dessas duas alternativas, para essa quantidade de pena (não superior a um ano), nunca as duas. As circunstâncias gerais é que determinarão qual das duas *substituições*, no caso concreto, será a mais recomendável, ou, para usar a terminologia do art. 59, será a *necessária e suficiente* à prevenção e reprovação do crime.

A segunda hipótese de *multa substitutiva* será somente para condenações superiores a um ano de pena e, nessa hipótese, sempre *cumulada* com uma pena restritiva de direitos e nunca isoladamente. Para essa quantidade de pena há duas *inovações* em relação à legislação revogada e uma identidade. As duas inovações são: 1ª) antes essa *substituição* destinava-se a pena "igual ou superior" a um ano; agora destina-se somente a pena "superior" a um ano; 2ª) antes essa substituição destinava-se somente aos *crimes culposos*, visto que para os *crimes dolosos* a substituição só era permitida para condenações inferiores a um ano; agora destina-se, indiferentemente, tanto para os crimes dolosos quanto para os culposos, porque agora para os crimes dolosos a substituição é permitida para condenações não superiores a quatro anos. Por isso, essa igualdade de tratamento se justifica.

A *identidade de previsão* mantida, por sua vez, consiste no fato de que — tanto na legislação anterior quanto na atual — a *multa substitutiva*, para essa quantidade de pena, será sempre *cumulativa*.

5.1.4. Substituição nas penas de até seis meses de prisão

Pelo texto legal revogado, seis meses era o limite máximo permitido para aplicar a *multa substitutiva*, isoladamente, que agora, como acabamos de ver, se estendeu para pena de até um ano de prisão, inclusive. O limite de seis meses de pena, no entanto, agora tem outra função, no marco da nova legislação: não poderá ser *substituída* por *prestação de serviços à comunidade*. Essa pena restritiva de direitos somente será aplicável a penas superiores a seis meses (art. 46, *caput*).

Essa *limitação*, para cima, da aplicabilidade da *prestação de serviços à comunidade* constitui um equívoco injustificável do legislador, impedindo o juiz de melhor adequar a *pena justa* ao caso concreto. É contraditória essa limitação para um diploma legal que tem a pretensão de ampliar a opção de alternativas à pena privativa de liberdade, especialmente quando exclui das pequenas infrações — aquelas de menor potencial ofensivo — a aplicação da mais extraordinária pena alternativa e que teve e tem a maior repercussão e melhor aceitação, mundialmente, desde a pioneira experiência inglesa desde 1972.

Por fim, acreditamos que, neste particular não mudou, não se trata de mera *faculdade* do aplicador da lei. Ao contrário, satisfeitos os requisitos legais, a *substituição* é obrigatória, constituindo um *direito público subjetivo* do condenado.

5.1.5. Limitação de substituição de pena de prisão em crimes específicos

A Lei n. 14.344/2022 passou a proibir a substituição da pena privativa de liberdade por *prestação pecuniária* ou pagamento isolado de pena de multa nos crimes de *violência doméstica e familiar contra a criança e o adolescente* (art. 45, § 2º, do CP). As mesmas vedações relativas à *substituição da pena* também foram incluídas no Estatuto da Criança e do Adolescente, com a inserção do § 2º no seu art. 226. O § 1º, também incluído pela Lei Henry Borel, afasta a aplicação da Lei n. 9.099/95 a esses casos, o que leva impede *a composição civil dos danos, transação penal e de suspensão condicional do processo* quando o crime envolver *violência doméstica e familiar* contra criança e adolescente. Assim como ocorreu na interpretação da Lei n. 11.340/2006, na hipótese de *crimes praticados com violência contra crianças e adolescentes*, essa proibição deve se estender aos crimes do Código Penal, não se limitando aos da legislação especial (ECA).

De forma semelhante, o art. 17 da Lei n. 11.340/2006 determina que "É vedada a aplicação, nos casos de violência doméstica e familiar contra a mulher, de penas de cesta básica ou outras de prestação pecuniária, bem como a substituição de pena que implique o pagamento isolado de multa". Também em casos como esse, o STJ publicou sua Súmula 588, para a qual "A prática de crime ou contravenção penal contra a mulher com violência ou grave ameaça no ambiente doméstico impossibilita a substituição da pena privativa de liberdade por restritiva de direitos".

6. Espécies de penas restritivas

6.1. *Prestação pecuniária*

6.1.1. Definição e destinatários da "prestação pecuniária"

Segundo a definição legal, a pena de *prestação pecuniária* "consiste no *pagamento em dinheiro à vítima, a seus dependentes ou a entidade pública ou privada com destinação social, de importância fixada pelo juiz, não inferior a 1 (um) salário mínimo nem superior a 360 (trezentos e sessenta) salários mínimos*" (art. 45, § 1º). No entanto, a *finalidade* dessa sanção, segundo a dicção do texto legal, é *reparar o dano* causado pela infração penal. Tanto é verdade que "o valor pago" deverá ser "deduzido do montante de eventual condenação em ação de reparação civil, se coincidentes os beneficiários" (art. 45, § 1º). Teria sido mais adequado e mais técnico defini-la como "multa reparatória", que é a sua verdadeira natureza.

Preferencialmente, o montante da condenação, nesta sanção, *destina-se à vítima* ou *a seus dependentes*. Só, excepcionalmente, em duas hipóteses, o resultado dessa *condenação* em prestação pecuniária poderá ter outro *destinatário*: (a) se não houver dano a reparar ou (b) não houver vítima imediata ou seus dependentes. Nesses casos, e somente nesses casos, o montante da condenação *destinar-se-á* a "entidade pública ou privada com destinação social". A *excepcionalidade* dessa possível *destinação secundária* prende-se ao *caráter indenizatório* que referida sanção traz na sua finalidade última. Por isso, *primeiro, deverá reparar o dano* ou prejuízo causado à vítima ou seus dependentes, e somente na ausência destes (vítima/dependentes) ou daqueles (dano ou prejuízo) o produto resultante da *condenação* poderá destinar-se "*a entidade pública ou privada com destinação social*".

Não teria sentido, na verdade, *havendo vítima e dano a reparar*, destinar o produto da condenação "*a entidade pública ou privada com destinação social*" e, depois, em "eventual condenação em ação de reparação civil", *deduzir* do montante a indenizar, nos termos do art. 45, § 1º, do CP; ou então, o que é pior, deixar fazer a dedução, em benefício do infrator, porque foi dada destinação equivocada, e usar da falácia de que os "beneficiários" da dita pena de *prestação pecuniária* não são "coincidentes", o que, convenhamos, constituiria uma *heresia jurídica*.

6.1.2. Injustificada limitação da "compensação": condenação em ação reparatória

O texto legal que prevê a *dedução* do valor pago a título de "prestação pecuniária" é taxativo, não deixando qualquer margem à discricionariedade: aplicada essa sanção penal e sobrevindo *sentença condenatória* em "ação de reparação civil", a "dedução" do valor pago do montante resultante da condenação civil será imperativa, isto é, opera-se *ope legis*.

No entanto, a nosso juízo, foi infeliz o legislador ao *condicionar* o direito de "compensar" o valor pago a título de "prestação pecuniária" somente do montante resultante de eventual "condenação" em *ação reparatória* no âmbito civil. *Limitar*, injustificadamente, esse *direito compensatório* exclusivamente à existência de "condenação", decorrente de *ação indenizatória*, revela um descompasso entre esse diploma legal e a *melhor política de solução dos litígios judiciais*, de todos conhecida, que é através da "composição". É tão importante essa forma consensual de solução de litígios que acabou, finalmente, sendo transportada, inclusive, para a própria área do direito criminal, como ocorre, por exemplo, nos *Juizados Especiais Criminais*.

Pois bem, segundo o texto legal em exame, que exige "*condenação*", eventual *composição* ou *conciliação cível* não pode ser *compensada* pela sanção de *prestação pecuniária* aplicada no crime, ainda que procedida em *ação reparatória cível* e com *coincidência de destinatários*. Não se pode negar que se trata de uma *limitação* equivocada, que recomenda *interpretação extensiva*, ante o *caráter reparatório* daquela sanção criminal.

6.1.3. Possibilidade de estender a "compensação" às conciliações cíveis

A despeito do texto legal, coerente com a análise que estamos fazendo, acreditamos ser possível *estender* a possibilidade da *dedução* prevista na segunda parte do § 1º do art. 45 em exame às conciliações, devidamente homologadas, em ações de reparação civil, qualquer que seja o rito processual. Dessa forma, admitimos a possibilidade de aplicar a referida "dedução" no âmbito dos Juizados Especiais (Lei n. 9.099/95). Assim, será possível *compensar* o montante da pena de *prestação pecuniária* — decorrente de *transação penal* (art. 76 ou 79) ou de *condenação* na audiência de instrução e julgamento (art. 81) — com eventual *composição cível* (art. 74), todos processados no Juizado Especial Criminal. Mas esse processamento somente poderá ocorrer em *ação penal pública incondicionada*, na medida em que a *composição cível* extingue a punibilidade nas ações de iniciativa privada ou pública condicionada à representação, não havendo, consequentemente, sanção penal de qualquer natureza.

6.1.4. Sanção penal fixada em salários mínimos: duvidosa constitucionalidade

A fixação dessa sanção penal em *salários mínimos* é, pelo menos, de duvidosa constitucionalidade. Teria sido mais feliz e manteria a *harmonia* do Código

Penal, relativamente à sanção pecuniária, se tivesse sido utilizado o exitoso critério do *sistema dias-multa*.

Afora o grande equívoco no parâmetro escolhido — *salário mínimo* — para fixar os limites mínimo e máximo da sanção criminal — *prestação pecuniária* —, deve-se destacar o *erro crasso* em limitar o piso dessa sanção em *um salário mínimo*, considerando sua *natureza reparatória*. Não raro o *dano causado* pela infração penal será inferior a esse limite, especialmente nas chamadas *infrações de menor potencial ofensivo*, que, na atualidade, estão absorvendo o maior percentual do movimento criminal forense. Especialmente se se tiver presente que — não se pode negar esse fato — a grande "clientela" da Justiça Criminal provém das classes mais humildes, que dificilmente terá condições financeiras para suportar sanção dessa natureza e nesses limites. Mais adequado, afora o ranço de inconstitucionalidade do parâmetro adotado, é o *sistema dias-multa*, que permite a aplicação mínima de um terço do salário mínimo (sem tê-lo como parâmetro) (art. 49 e § 1º do CP). Além desse limite, os mais pobres, que constituem a imensa maioria, terão grande dificuldade para suportar esse novo limite. Mas enfim, neste país, legisla-se "para inglês ver", isto é, apenas "simbolicamente".

6.2. *Perda de bens e valores*

A outra nova pena, "restritiva de direitos", é a *perda de bens e valores* pertencentes ao condenado, em favor do *Fundo Penitenciário Nacional*, considerando-se — como teto — o *prejuízo causado pela infração* penal ou o *proveito obtido* pelo agente ou por terceiro (aquele que for mais elevado) (art. 45, § 3º). Trata-se, na verdade, da odiosa *pena de confisco*, que, de há muito, foi proscrita do direito penal moderno.

Sob essa disfarçada e eufemística expressão "perda de bens", a *liberal Constituição cidadã*, em verdadeiro retrocesso, criou a possibilidade dessa pena. Os ilustres e democratas constituintes não tiveram a coragem de denominá-la corretamente: *pena de confisco*! O Código Penal brasileiro de 1940 não o consagrava e a própria Constituição de 1969 o proibia, restando somente, como *efeitos da condenação*, o "*confisco dos instrumentos e produtos do crime*", em determinadas circunstâncias. O próprio Carrara já afirmava que o "confisco de bens é desumano, impolítico e aberrante". Aliás, até a atual Constituição paraguaia de 1992, em seu art. 20, proíbe o *confisco de bens*, como sanção criminal.

Enfim, o legislador brasileiro, nesse tema, não se omitiu e instituiu mais uma "fonte de arrecadação", embora não tenha o mesmo entusiasmo para regulamentar a atual Constituição, que continua pacientemente à espera.

6.2.1. Distinção entre "confisco-pena" e "confisco-efeito da condenação"

O produto dessa sanção penal — perda de bens e valores — *destina-se* ao *Fundo Penitenciário Nacional*, assim como o produto da pena de multa, ao contrário da "prestação pecuniária", que, já afirmamos repetidamente, tem *caráter indenizatório*. O *objeto* desse "confisco", no entanto, não serão os *instrumentos* ou *produtos do crime*, como ocorre no "confisco-efeito da condenação", mas é o próprio *patrimônio do condenado*, definido como "bens e valores".

Há duas distinções básicas entre "confisco-pena" e "confisco-efeito da condenação": 1ª) o *confisco-efeito* destina-se à *União*, como receita não tributária, enquanto o *confisco-pena* destina-se ao *Fundo Penitenciário Nacional*; 2ª) o objeto do *confisco-efeito* são os *instrumentos* e *produtos do crime* (art. 91, II, do CP), enquanto o objeto do *confisco-pena* é o *patrimônio* pertencente ao condenado (art. 45, § 3º, do CP). Não é, lamentavelmente, nem a *reparação do prejuízo causado* nem o *proveito do crime*. Esses dois — prejuízo causado e proveito do crime — servem apenas de parâmetro para o cálculo.

6.2.2. Limites do confisco

O "novo confisco", pelo menos tentando minimizar sua aberração e inconstitucionalidade, apresenta dois limites: 1º) *limitação do quantum a confiscar* — estabeleceu-se, como teto, o maior valor entre o *montante do prejuízo causado* ou *do proveito obtido* com a prática do crime; 2º) *limitação em razão da quantidade de pena aplicada* — esta sanção somente pode ser aplicada na hipótese de condenações que não ultrapassem o limite de quatro anos de prisão. E somente caberá essa pena de "perda de bens e valores" quando for possível a *substituição* da pena privativa de liberdade por pena restritiva de direitos, segundo a previsão desse art. 45 e seus parágrafos. Como se trata de sanção penal, não será admissível *interpretação extensiva*, quer para aplicá-la em condenação superior a quatro anos, quer para aplicá-la em condenação de até quatro anos que não satisfaça os requisitos legais da *substituição*.

Legislação especial pode, relativamente a essa sanção penal, dar-lhe destinação diversa do Fundo Penitenciário Nacional. O art. 243 da CF, por exemplo, prevê a expropriação de glebas de terras destinadas ao cultivo de drogas, destinando-as ao assentamento de colonos sem-terra ou a inconstitucional Medida Provisória n. 1.713/98 (hoje Lei n. 9.804/99), que alterou o art. 34 da Lei n. 6.368/76, para permitir a apreensão e o leilão de bens relacionados com o tráfico de drogas. Atualmente, embora tais dispositivos tenham sido revogados, ainda há disposição sobre leilão de bens apreendidos em operações referentes ao tráfico de drogas, conforme art. 63-C da Lei n. 11.343/2006, razão pela qual as críticas aqui realizadas também se aplicam àquele dispositivo.

6.3. *Prestação de outra natureza (inominada)*

Se houver concordância do *"beneficiário"*, a pena de "prestação pecuniária" pode ser *substituída* por "prestação de outra natureza" (art. 45, § 2º). Se pode ser *substituída* por "prestação de outra natureza", à evidência que a *nova prestação* não pode ser de "natureza pecuniária" (que é a natureza da prestação substituída), eliminando, *desde logo*, as penas de *multa* e *perda de bens e valores*. Enfim, a "prestação" pela qual a pena de "prestação pecuniária" pode ser "substituída" poderá ter qualquer outra natureza, menos a pecuniária, caso contrário, não será "de outra natureza".

Essa "prestação de outra natureza" é, na verdade, uma *pena inominada*, e pena inominada é *pena indeterminada*, que viola o *princípio da reserva legal* (arts. 5º, XXXIX, da CF e 1º do CP). Esse princípio exige que *preceito e sanção* sejam claros, precisos, certos e determinados. Em termos de sanções criminais são inadmissíveis, pelo *princípio da legalidade*, expressões vagas, equívocas ou ambíguas. E a nova redação desse dispositivo, segundo Damásio de Jesus, "comina sanção de conteúdo vago, impreciso e incerto" (Damásio de Jesus, *Penas alternativas*, 1999). Essa pena seria, na realidade, uma espécie substituta da substituta da pena de prisão!

6.3.1. Natureza consensual dessa "conversão"

A lei autoriza a *substituição* da "natureza da prestação", isto é, a *substituição* da natureza pecuniária de uma prestação por *outra natureza qualquer* dependerá da *aceitação* do "beneficiário". Logo, referida substituição tem "caráter consensual". Em termos bem esquemáticos, para *operar-se* essa "troca" da "natureza" *da prestação* será necessário o *consentimento do beneficiário*; consequentemente, este precisa ser previamente *ouvido*.

Em razão da natureza *consensual da substituição* da "natureza da prestação", a *competência* para aplicar essa pena nunca poderá ser *do órgão recursal*. Além da *supressão de um órgão de jurisdição*, não seria possível ao órgão recursal convocar o "beneficiário" para ser "ouvido" na sessão de julgamento, sobre seu *assentimento* na *"conversão" da natureza da prestação*. Encontrando-se, portanto, em grau de recurso, o processo deve retornar à origem, ser examinado o cabimento e realizar eventual audiência do "beneficiário".

Questão igualmente interessante é definir, afinal, quem é o "beneficiário", referido no texto legal (art. 45, § 2º). Será o autor da infração penal, ora condenado, ou será o beneficiário do produto da pena de "prestação pecuniária"?

Não pode ser, a nosso juízo, o autor da infração penal ou condenado. Caso contrário, abrir-se-ia grande espaço para a *vindita privada*. Destinando-se à *vítima* ou a seus *dependentes* o produto da aplicação da pena de *"prestação pecuniária"*, frequentemente, aquele, o condenado, preferiria "cumprir" *prestação de outra natureza*, com inegáveis prejuízos aos seus *destinatários*. Logo, o vocábulo "beneficiário" não pode estar se referindo ao "beneficiário" da substituição penal, mas, com certeza, refere-se ao *beneficiário* do resultado da aplicação dessa *pena pecuniária*, que, como afirmamos, tem *caráter indenizatório*.

6.3.2. "Conversão" somente da "prestação pecuniária": seu fundamento

Curiosamente, somente a *prestação pecuniária* é autorizada a ser "convertida" em "prestação de outra natureza". As outras duas *sanções pecuniárias — pena de multa* e *perda de bens e valores —* não recebem essa mesma "*faculdade*". Essa *curiosa* "liberalidade" do legislador tem uma explicação (e não uma justificação): é que aquela sanção — *prestação pecuniária* — destina-se, em tese, à vítima ou seus dependentes, enquanto essas duas — *multa* e *perda de bens* — destinam-se ao Fundo Penitenciário Nacional. É o velho descaso de sempre com o primo pobre do processo criminal, a vítima, além do mau hábito de prodigalizar o alheio.

6.4. Limitação de fim de semana

A *prisão descontínua*, que recebe denominações diversas, *limitação de fim de semana* (Brasil), *prisão por dias livres* (Portugal), *prisão por tempo livre* (Alemanha) ou *arresto de fim de semana* (Bélgica e Espanha), tem a intenção de evitar o afastamento do apenado de sua tarefa diária, de manter suas relações com sua família e demais relações sociais, profissionais etc. E objetiva, fundamentalmente, impedir o encarceramento com o inevitável contágio do *ambiente criminógeno* que essa *instituição total* produz e todas as consequências decorrentes, sem descurar da *prevenção especial*.

O *fracionamento da pena*, com seu cumprimento em dias de ócio ou de lazer, a forma e local de execução, por sua vez, impedem que se perca a *finalidade preventiva geral*, e, muitas vezes, a obrigação de recolher-se a um estabelecimento penitenciário, todos os fins de semana, produz grandes transtornos psicológicos, por mais cômodo e confortável que referido estabelecimento possa ser. Mas a *finalidade* dessa sanção vai além do delinquente: pretende impedir que os efeitos diretos e indiretos recaiam sobre a família do condenado, particularmente as consequências econômicas e sociais, que têm produzido grandes reflexos em pessoas que não devem sofrer os efeitos da condenação. Em outras palavras, busca-se garantir o sagrado princípio da *personalidade da pena*.

Com a finalidade de fracionar as penas privativas de liberdade de curta duração, além das razões já expostas, a *Reforma Penal brasileira* de 1984 instituiu a *limitação de fim de semana*, que consiste na obrigação de o condenado permanecer aos sábados e domingos, por cinco horas diárias, em casa de albergado ou em *estabelecimento adequado*, de modo a permitir que a sanção penal seja cumprida em dias normalmente dedicados ao descanso, sem prejudicar as atividades laborais do condenado, bem como a sua relação sociofamiliar.

A execução propriamente dita iniciará com o *primeiro comparecimento* do apenado ao estabelecimento determinado (art. 151, parágrafo único, da LEP). O *juiz da execução penal* cientificará o apenado do local, dia e hora de *comparecimento*. Nada impede que a pena seja cumprida em horários diversos, como noturno, diurno, vespertino ou matutino, adaptando-se às disponibilidades do estabelecimento, desde que também e, principalmente, não prejudique as atividades profissionais do *albergado*. Este deverá, igualmente, ser *advertido* de que a pena será *convertida em privativa de liberdade* se deixar de comparecer ao estabelecimento nas condições estabelecidas ou se praticar falta grave ou, de qualquer forma, descumprir, *injustificadamente*, as restrições impostas.

Referida sanção deverá, prioritariamente, ser cumprida em *casa de albergado*, que o legislador romântico esperava que existisse em todas as comarcas brasileiras. É bom frisar que, na época da promulgação e publicação da dita reforma de 1984, se desconhecia a existência de tais estabelecimentos no território brasileiro, com exceção de dois em Porto Alegre e dois ou três no Estado de São Paulo, os quais se destinavam ao cumprimento de penas privativas de liberdade, em *regime aberto*. A *casa de albergado* deve situar-se sempre em centros urbanos, separados dos demais estabelecimentos, e, na definição da Lei de Execução Penal, deve "caracterizar-se pela ausência de obstáculos físicos contra a fuga" (art. 94). Além das acomodações para os presos, referido estabelecimento deverá ser dotado de dependências destinadas aos serviços de coordenação, orientação e educação dos *albergados*, além de aposentos para a administração e auditórios para cursos, conferências e palestras educativas.

Não há preocupação com o transporte — que é um ônus do apenado — até a *casa do albergado*; porém, para facilitar-se a locomoção é que se determina que a sua localização deve ser obrigatoriamente em centros urbanos, sempre servidos por transporte coletivo.

Consciente da ausência desses estabelecimentos, mas ignorando as reais dificuldades econômico-financeiras que historicamente enfrentam os endividados Estados brasileiros, o legislador da reforma penal de 1984 concedeu o prazo de um ano para que a União, Estados, Distrito Federal e Territórios tomassem "as providências necessárias para a efetiva execução das penas restritivas de direitos" (art. 3º da Lei n. 7.209/84). Agiu o legislador como se com um "canetaço" resolvesse todos os crônicos problemas do sistema penitenciário brasileiro. Por outro lado, esqueceu-se, igualmente, do também histórico descaso da Administração Pública brasileira para com o sistema penitenciário, de um modo geral, e com os reclusos, em particular. Costuma-se dizer que preso não vota e investimentos no sistema penitenciário não rendem *dividendos políticos*, e, assim, somente quando houver "sobra de verbas" no orçamento público se pensará em alguma reforma daquilo que já existe.

Diante desse quadro desolador, evidentemente que as pretendidas casas de albergado, que têm dupla finalidade, de servir para *cumprimento de penas privativas de liberdade em regime aberto e abrigar os beneficiados com a pena de limitação de fim de semana*, não passaram de uma *carta de intenções* de nosso legislador. Referidos estabelecimentos, que são de pequeno custo em termos de arquitetura penitenciária, não foram construídos, sendo que a maioria dos Estados federados não possui nem uma sequer dessas casas. A consequência natural da inexistência de tais estabelecimentos é a inviabilidade de aplicação dessa sanção, que a maioria dos juízes, prudentemente, substitui por outra alternativa. Na verdade, a aplicação efetiva dessa sanção só contribuiria para desmoralizar a Justiça Pública, gerando mais impunidade, ante a impossibilidade de sua execução.

Essa pena, dita restritiva, *tem uma preocupação notadamente educativa*, prevendo que durante o seu cumprimento o albergado poderá receber cursos, palestras ou, ainda, realizar quaisquer outras atividades educativas. Essa previsão tem a finalidade de aproveitar positivamente o tempo que o albergado permanece no estabelecimento e, além de atribuir-lhe atividades educativas, o que está em consonância com os objetivos reeducadores da sanção penal, evita que o apenado permaneça inativo durante tantas horas e em meio a tantas pessoas, o que poderia ocasionar o que García Valdés chamou de "tertúlia de delinquentes"[39]. Apesar da boa intenção do legislador, essa é outra previsão de difícil aplicação, quer pela ausência de pessoal especializado, quer pelo elevado custo que representa a contratação de tais técnicos, além da carência de espaço físico para desenvolver ditas atividades.

O *juiz do processo de conhecimento* aplicará a sanção penal, no caso, a limitação de fim de semana, se esta se mostrar *necessária e suficiente*. Caberá, porém, ao *juiz da execução* determinar a forma de cumprimento das penas de prestação de serviços à comunidade e de limitação de fim de semana, ajustando-as "às condições pessoais do condenado, às características do estabelecimento, da entidade ou do programa comunitário". A efetiva *jurisdicionalização* da execução da pena, consagrada pela Lei de Execução Penal, faz-se presente com toda intensidade na execução dessas penas. A orientação e fiscalização do cumprimento da pena de limitação de fim de semana serão realizadas pelo *Patronato* (art. 79, II, da LEP) e pelo diretor do estabelecimento em que estiver sendo cumprida, o qual remeterá, mensalmente, ao juiz da execução um relatório sobre o comportamento e a disciplina de cada um dos albergados, sendo que eventuais ausências ou faltas disciplinares deverão ser comunicadas imediatamente (art. 153).

A *limitação de fim de semana* é similar à *prisão por dias livres*, prevista no art. 44 do Código Penal português, para penas de até três meses, e que "consiste em uma privação de liberdade por períodos correspondentes a fins de semana, não podendo exceder a 15 períodos". A *similar portuguesa* é efetivamente mais severa que a brasileira, visto que, devendo ter a mesma duração da pena privativa de liberdade substituída, a *limitação de fim de semana* corresponderá apenas a dois dias de prisão por semana, de apenas cinco horas diárias. Resumindo, em um mês de pena privativa de liberdade substituída, o condenado cumprirá quatro fins de semana em casa de albergado, o que corresponderá a quarenta horas de *liberdade restringida*.

Na Espanha, como já referimos, o "Derecho penal proyectado" — expressão utilizada por Sainz Cantero[40] — inclui em seu elenco de penas o *arresto de fim*

---

39. Carlos García Valdés, *Introducción a la penología*, Madrid, Publicaciones del Instituto de Criminología — Universidad de Compostela, 1981, p. 166.
40. Sainz Cantero, Posibilidades de aplicación de la pena de arresto..., p. 206.

de semana, classificando-o como *pena privativa de liberdade*. Essa sanção terá a função principal de, ao lado da pena de multa, substituir as penas privativas de liberdade — inferiores a seis meses — na condição de pena autônoma — embora, em casos excepcionais e "em atenção às circunstâncias do réu e à natureza do fato, possa substituir penas de até dois anos. Na primeira hipótese, funcionaria como pena principal; na segunda, como pena substitutiva.

A proposição do *arresto de fim de semana* foi recebida na Espanha com grande entusiasmo, conforme demonstra a *Memória Expositiva do Projeto de Código Penal de 1980*[41], que previa o cumprimento em *isolamento celular contínuo*. Essa prescrição foi suprimida, em boa hora, pela Proposta de Anteprojeto de 1983. Fica-se na expectativa do melhoramento e abrandamento do rigorismo da execução dessa sanção para que não desvirtue sua finalidade alternativa. Aguardam-se igualmente outras alternativas à pena privativa de liberdade, mais humanas e com menores custos sociais e econômicos, pois nem sempre será possível ou recomendável a aplicação da pena de arresto de fim de semana, abrindo uma lacuna que poderia ser preenchida com outras modalidades alternativas[42], sem prejuízo das finalidades preventivas que toda sanção penal encerra. Por último, a Lei Orgânica de Reforma Urgente e Parcial de 1983, que buscou dar uma certa atualização ao vigente Código Penal espanhol, perdeu uma grande oportunidade de introduzir na ordem jurídica positiva espanhola a festejada pena de *arresto de fim de semana*, que continuou inaplicável na península ibérica.

No Brasil, diante dos fatos acima referidos, entre as sanções alternativas, a *limitação de fim de semana* foi a que menos aplausos recebeu. Afora o entusiasmo do legislador, toda a comunidade brasileira sabia que referida sanção seria inaplicável, pela absoluta falta de infraestrutura, especialmente de *estabelecimentos adequados*, como fala a legislação. A verdade é que referida sanção não tem tido aplicação, diante da inviabilidade de sua execução. Essa é a maior demonstração de que a importação de institutos bem-sucedidos em determinados países não pode, simplesmente, ser transportada para resolver questões locais, sem o exame profundo das conjunturas estruturais e peculiares de cada região, de cada povo, de cada cultura, enfim, da adaptabilidade ou não de um *instituto alienígena* a uma nova realidade social.

6.5. *Prestação de serviços à comunidade ou a entidades públicas*

Contagiado por festejados sucessos que foram alcançados em alguns países europeus, o legislador brasileiro de 1984 acreditou no *potencial não dessocializador*

---

41. Higuera Guimerá, *La pena de arresto*, cit., p. 63; Sainz Cantero, Posibilidades de aplicación de la pena de arresto..., p. 209.
42. Silvia Valmaña Ocháita, *Sustitutivos penales y proyetos de reforma en el Derecho Penal español*, Madrid, Ministerio de Justicia, 1990, p. 196 — 10ª conclusão.

da "prestação de serviços à comunidade". Acautelou-se, contudo, determinando que as *atividades atribuídas ao sentenciado* devem guardar estreita correspondência com as *aptidões pessoais* de cada um e não coincidir com a jornada normal de trabalho, de forma a alterar o mínimo possível a rotina diária.

A doutrina tem conceituado a *prestação de serviços à comunidade* como o "dever de prestar determinada quantidade de horas de trabalho não remunerado e útil para a comunidade durante o tempo livre, em benefício de pessoas necessitadas ou para fins comunitários"[43]. Assemelha-se a esse conceito a definição do Direito brasileiro, para o qual *a prestação de serviços à comunidade consiste na atribuição ao condenado de tarefas gratuitas junto a entidades assistenciais, hospitais, escolas, orfanatos e outros estabelecimentos congêneres, em programas comunitários ou estatais.* Na definição dessa sanção, houve clara preocupação em estabelecer quais as entidades que poderão participar da prestação gratuita de serviços comunitários. Afastaram-se, liminarmente, as *entidades privadas* que visam lucros, de forma a impedir a exploração de mão de obra gratuita e o consequente locupletamento sem a devida contraprestação. Em definitivo, trata-se de trabalhos que *não poderiam ser prestados de forma remunerada* em razão da escassez de recursos econômicos das entidades referidas. O Direito brasileiro arrola, exemplificativamente, como beneficiários as *entidades assistenciais, hospitais, escolas, orfanatos* e, diz a lei, "outros estabelecimentos congêneres, em programas comunitários e estatais". Logo, toda instituição filantrópica, de utilidade pública, ou comunitária, poderá ser conveniada e credenciada para participar desse *programa alternativo* à pena de prisão. Essas são as entidades mais apropriadas a contribuir com a concessão de tais benefícios, pois, em última instância, serão as beneficiárias diretas do resultado dessas prestações, sem ter de suportar nenhum gasto[44]. Por isso, o acréscimo que a Lei n. 9.714 trouxe em relação ao *nomen iuris* dessa pena, através da expressão "ou a entidades públicas", não alterou em nada a disciplina da prestação de serviços comunitários, revelando-se uma *inovação* inócua e inconsistente.

Cumpre esclarecer que as legislações adotaram orientações diferentes na execução dessa sanção. Em algumas, a sanção é executada no horário normal das atividades diárias do apenado, e em outras, como no Brasil, em respeito aos interesses do condenado, a execução será em horário que não coincida com o trabalho diário daquele. Determinar que a *prestação de serviços à comunidade* seja executada durante a jornada normal de trabalho não contribuirá com o *processo*

---

43. Jescheck, Rasgos fundamentales del movimiento internacional de reforma del Derecho Penal, in *Doctrina Penal,* 1979, p. 473; Antonio Donate Martin, La "suspensión con puesta a prueba" y "el trabajo social al servicio de la comunidad", in *III Jornadas Penitenciarias Andaluzas*, Sevilla, Junta de Andalucia, 1987, p. 273.
44. Jorge Kent, *Sustitutos de la prisión...*, p. 91.

de reintegração social, pois interferirá negativamente na estrutura profissional, familiar e social do condenado, dificultando, na maioria das vezes, sua sobrevivência e o sustento de sua família. A coincidência de horários gera um desconforto absolutamente desnecessário que terá certamente reflexos negativos na pretendida *ressocialização* do sentenciado. Pela previsão da Reforma Penal brasileira de 1984, o horário deveria atender, prevalentemente, às disponibilidades do condenado, não podendo jamais prejudicar seus afazeres rotineiros; por isso, a legislação brasileira, de 1984 (Lei n. 7.209), foi categórica ao estabelecer que será executada *"aos sábados, domingos e feriados ou em dias úteis, de modo a não prejudicar a jornada normal de trabalho"* (antiga redação do art. 46, parágrafo único, do CP). A nova disciplina, imposta pela Lei n. 9.714/98, não repete, com a mesma clareza, essa *determinação*, limitando-se a prever que as tarefas atribuídas ao condenado devem ser "fixadas de modo a não prejudicar a jornada normal de trabalho" (art. 46, § 3º, do CP).

O *trabalho comunitário*, na legislação brasileira anterior, deveria ser executado em oito horas semanais. Agora, com a nova lei, esse parâmetro mudou e essa sanção deverá ser cumprida "à razão de 1 (uma) hora de tarefa por dia de condenação", tornando, segundo a Exposição de Motivos, "mais fácil ao juiz da execução o seu controle (art. 46)" (item 14). Na verdade, ao longo desses mais de quinze anos de vigência da pena de "prestação de serviços à comunidade" no ordenamento jurídico brasileiro, uma afirmação se pode fazer com absoluta segurança: *a obrigação de cumpri-la em oito horas semanais nunca ofereceu qualquer dificuldade ao controle jurisdicional*! Agora, ao contrário da pretensão deduzida na Exposição de Motivos, essas "dificuldades" efetivamente se farão presentes. Assim, quando a condenação referir-se a *anos e meses*, que será a regra, o magistrado, na sentença (e quando este não o fizer, porque não imperativo, o juiz da execução poderá fazê-lo), para facilitar a compreensão, poderá "converter" em horas o tempo de tarefas comunitárias. Embora não nos pareça necessária essa "conversão", alguns doutrinadores, certamente, a recomendarão, "para facilitar o entendimento". Enfim, essa alteração trazida pela nova legislação parece seguir aquela filosofia segundo a qual, "se é tão fácil complicar, por que facilitar?!".

Por derradeiro, a adoção do parâmetro de "uma hora de tarefas por dia de condenação", a princípio, apresenta-se mais vantajosa para o beneficiário. Com efeito, pela previsão anterior, o *cumprimento semanal* de oito horas dessa pena representava, em média, trinta e duas horas mensais; agora, essa soma regular representará trinta horas mensais, ressalvada a exceção que autoriza cumprir essa pena em menor tempo (art. 46, § 4º). O *cumprimento* dessa sanção começa com o *primeiro comparecimento* ao local determinado pelo *juiz da execução*. A carga horária semanal pode ser distribuída livremente. Embora a nova lei omita a referência a sábados, domingos e feriados, ao contrário do que fazia o texto legal revogado, nos parece que essa recomendação permanece, como os dias preferenciais, além de outros horários correspondentes aos dias úteis, desde que não prejudiquem a jornada normal de trabalho do beneficiário, pois é indispensável que se harmonizem com as disponibilidades do condenado.

A *prestação de serviços à comunidade* é um ônus que se impõe ao condenado como consequência jurídico-penal da violação da norma jurídica. Não é um emprego e tampouco um privilégio, apesar da existência de milhares de desempregados; aliás, por isso, a recomendação de utilizar-se somente as entidades referidas e em atividades em que não eliminem a criação de empregos. As lideranças sindicais brasileiras, que entenderam o sentido e a orientação dessa sanção, não se opuseram a sua aplicação, pois não viram qualquer forma de obstrução de mão de obra.

O fato de dever ser cumprida enquanto os demais membros da comunidade usufruem seu período de descanso gera aborrecimentos, angústia e aflição. Esses sentimentos são inerentes à sanção penal e integram seu sentido retributivo. Ao mesmo tempo, o condenado, ao realizar essa atividade comunitária, sente-se útil ao perceber que está emprestando uma parcela de contribuição e recebe, muitas vezes, o reconhecimento da comunidade pelo trabalho realizado. Essa circunstância leva naturalmente o sentenciado à reflexão sobre seu ato ilícito, a sanção sofrida, o trabalho realizado, a aceitação pela comunidade e a escala de valores comumente aceita pela mesma comunidade. Essa reflexão facilita o propósito pessoal de *ressocializar-se*, fator indispensável no aperfeiçoamento do ser humano. Essa sanção representa uma das grandes *esperanças penológicas*, ao manter o estado normal do sujeito e permitir, ao mesmo tempo, o *tratamento ressocializador mínimo*, sem prejuízo de suas atividades laborais normais. Contudo, o sucesso dessa iniciativa dependerá muito do apoio que a própria comunidade der à autoridade judiciária, ensejando oportunidade e trabalho ao sentenciado.

As características fundamentais que o trabalho em proveito da comunidade deve reunir são gratuidade, aceitação pelo condenado e autêntica utilidade social.

A *prestação de serviços à comunidade* deve ser aplicada *pelo juiz que julgar o sentenciado*. Porém, a designação da entidade ou programa comunitário onde a mesma deverá ser cumprida será atribuição do *juiz da execução*, que conhece a situação das entidades adequadas e fiscalizará a execução da pena. O mesmo juiz da execução poderá alterar a forma, horário e local de cumprimento da pena, com a finalidade de ajustá-la às condições pessoais do condenado e conciliar com suas atividades, de modo a não prejudicá-lo. O que o *juiz da execução* não poderá fazer, simplesmente, por falecer-lhe competência, será *alterar a modalidade de pena restritiva* aplicada, ou seja, "substituir" a limitação de fim de semana, por exemplo, por prestação de serviços à comunidade ou por prestação pecuniária etc., porque isso representaria *alterar* a pena aplicada na decisão condenatória, que transitou em julgado.

Porém, como *operacionalizar* a aplicação e execução da pena de prestação de serviços à comunidade? Inúmeras são as dificuldades levantadas, e vão desde a inexistência de entidades apropriadas e pessoal especializado até a fiscalização do cumprimento e a aceitação pelo condenado da referida sanção. Mas, como diz Roxin[45], os *problemas organizacionais* são superáveis, e um moderno ordenamento jurídico-penal não pode renunciar à tentativa de tornar exequível essa sanção.

Se o Ministério da Justiça resolvesse aplicar, pelo menos, dez por cento do total de trezentos milhões de dólares/ano que, segundo anunciaram, com grande alarde, pela mídia, representará de economia para os cofres públicos a adoção das novas "penas alternativas", todos os problemas antes referidos seriam resolvidos e, certamente, a *política criminal de alternativas* à pena de prisão seria exitosa. Mas, como "no creo en las brujas...", certamente, essa *demonstração de vontade política*, de seriedade no trato da questão penitenciária, mais uma vez, desafortunadamente, não acontecerá. E, sem desejar vaticinar o fracasso, vislumbramos um horizonte sombrio, com a má aplicação das novas alternativas, impunidade e consequente aumento da criminalidade, novas exasperações penais para fugir dos limites dos quatro anos, recrudescimento da atual política criminal do terror etc.

As principais dificuldades que se apresentam, de plano, para tornar realidade, pelo menos, a aplicação da "prestação de serviços à comunidade", que é a alternativa por excelência e que representa menor custo, são as seguintes: quais as instituições, programas comunitários ou estatais existentes na comunidade, bem como quais são suas disponibilidades? Como se fará o acompanhamento, fiscalização e orientação do apenado que receber essa sanção penal? Como será feito o controle das *aptidões pessoais* dos condenados para destiná-los às atividades correspondentes?

O atendimento de todas essas delicadas questões demanda infraestrutura e vontade política de realizá-las. Em Porto Alegre foi implantado, em 1986, um projeto-piloto[46] — atendendo às questões suprarreferidas — que vem obtendo excelentes resultados. A estruturação do sistema, por se tratar de uma comarca de grande porte, não avulta economicamente, comparando-se com o custo que representam os réus presos. Mais de dois mil sentenciados já testaram referido projeto com absoluto sucesso. Há notícias de que alguns continuam voluntariamente trabalhando na mesma instituição, após o cumprimento da pena. Algo semelhante, e com extraordinário sucesso, ocorre no interior de São Paulo, na comarca de São José dos Campos. Essa experiência pioneira e a de Porto Alegre têm o mérito de comprovar, como já pensava Roxin, que os problemas organizacionais são superáveis e a referida sanção é perfeitamente aplicável.

---

45. Roxin, El desarrollo de la política criminal desde el proyecto alternativo, in *Doctrina Penal*, 1979, p. 519.
46. Vera Regina Muller, Prestação de serviços à comunidade como pena restritiva de direitos, *Ajuris*, n. 36/65 e s., 1986.

Com a palavra o Ministério da Justiça e o Conselho Nacional de Política Criminal e Penitenciária!

6.6. *Interdição temporária de direitos*

A quinta espécie de pena restritiva de direitos, no rol elencado no art. 43, é a *interdição temporária de direitos*. Esta, ao contrário das outras — que são *genéricas* —, é *específica* e aplica-se a determinados crimes. É também de grande alcance *preventivo especial*: ao afastar do tráfego motoristas negligentes e ao impedir que o sentenciado continue a exercer determinada atividade — no desempenho da qual se mostrou irresponsável ou perigoso —, estará impedindo que se oportunizem as condições que poderiam, naturalmente, levar à *reincidência*. Por outro lado, é a única sanção que *restringe* efetivamente a capacidade jurídica do condenado, justificando, inclusive, a sua denominação.

Das *modalidades alternativas* esta é, sem dúvida nenhuma, a que maior impacto causa na população que recebe, com certo gosto, a efetividade da Justiça Penal. E, ao mesmo tempo, pela gravidade das consequências financeiras que produz, *é de grande potencial preventivo geral*, inibindo abusos e desrespeitos aos *deveres funcionais e profissionais*, próprios de cada atividade. A *interdição temporária de direitos*, especialmente as duas primeiras modalidades (art. 47, I e II, do CP), tem, efetivamente, grande reflexo econômico. Ao proibir que o sentenciado realize sua tarefa laboral, naturalmente remunerada, reduzirá sensivelmente os seus rendimentos. É uma sanção que, como diz Manoel Pedro Pimentel[47], "atinge fundo os interesses econômicos do condenado, sem acarretar os males representados pelo recolhimento à prisão por curto prazo".

As *interdições temporárias*, relacionadas no art. 47, I e II, do CP, somente podem ser aplicadas nas hipóteses de crimes praticados *com abuso ou violação dos deveres* inerentes ao cargo, função, profissão, atividade ou ofício. É *indispensável que o delito praticado esteja diretamente relacionado com o mau uso do direito interditado*[48]. Caso contrário, a pena violaria o direito do cidadão de desenvolver livremente a atividade lícita que eleger, além de ser prejudicial à obtenção de meios para o sustento pessoal e de seus familiares.

As *interdições temporárias* não se confundem com os *efeitos da condenação* (art. 92 e incisos), que não são sanções penais, mas apenas *consequências reflexas* da decisão condenatória. A *interdição de direitos* é uma sanção penal

---

47. Manoel Pedro Pimentel, *O crime e a pena na atualidade*, São Paulo, Revista dos Tribunais, 1983, p. 171.
48. Jescheck, *Tratado*, cit., p. 1147.

aplicável independentemente da sanção que couber no âmbito ético ou administrativo. Isto é, a condenação criminal não inibe os Conselhos Regionais de Classes e a Administração Pública de aplicarem, em suas esferas de competências, as sanções correspondentes.

As *penas de interdições*, que já eram previstas pela legislação anterior, são (art. 47): (a) *proibição do exercício de cargo, função ou atividade pública, bem como de mandato eletivo*, (b) *proibição do exercício de profissão, atividade ou ofício que dependam de habilitação especial, de licença ou autorização do poder público* e (c) *suspensão de autorização ou de habilitação para dirigir veículo*. A estas foi acrescentada, a nosso juízo, injustificada e equivocadamente, a "proibição de frequentar determinados lugares", que, antes de representar "interdição de direitos", significa "restrição de liberdade", como ocorre com *prisão domiciliar, limitação de fim de semana* e *prestação de serviços à comunidade*. Foram acrescidas, posteriormente, mais duas penas de *interdições temporárias*, quais sejam, a proibição de frequentar determinados lugares (Lei n. 9.714/98), e a proibição de inscrever-se em concurso, avaliação ou exame públicos (Lei n. 12.550/2011). Vejamos, a seguir, cada uma das *interdições temporárias de direitos*:

a) *Proibição do exercício de cargo, função ou atividade pública, bem como de mandato eletivo*

Com essa modalidade de sanção restritiva, o legislador brasileiro procurou abranger toda e qualquer atividade desenvolvida por quem usufrua da condição de *funcionário público*, nos termos do art. 327 do Código Penal. Não se trata de incapacidade definitiva, mas de uma suspensão temporária que terá a duração da pena de prisão substituída. O *funcionário condenado* a essa sanção deve estar no exercício *efetivo* do cargo. A autoridade superior deverá, no prazo de 24 horas após ter sido cientificada, baixar ato administrativo, a partir do qual começa a execução da pena (art. 154, § 1º, da LEP). É indispensável que a infração penal tenha sido praticada *com violação dos deveres* inerentes ao cargo, função ou atividade. Não é necessário, porém, que se trate de crime contra a Administração Pública; basta que o agente, de alguma forma, tenha violado os deveres que a qualidade de funcionário público lhe impõe.

Depois de cumprida a pena, o condenado poderá voltar a exercer suas funções normais, desde que não haja impedimento de ordem administrativa. O legislador penal esqueceu-se de regulamentar os efeitos administrativos que naturalmente devem decorrer da aplicação dessa sanção[49], tais como vencimentos, férias, tempo de serviço, vantagens funcionais etc. Na ausência de previsão na órbita penal, tais questões deverão ser tratadas à luz da legislação pertinente.

---

49. Paulo José da Costa Jr., *Comentários*, cit., v. 1, p. 288.

O *exercício de mandato eletivo* poderá ser um dos direitos políticos do indivíduo que será afetado pela condenação. Haverá uma espécie de *suspensão parcial* dos direitos políticos. Com essa sanção não ocorrerá a perda do mandato eletivo, o que poderá acontecer, em outras circunstâncias, mas com efeito específico da condenação, nos termos do art. 92, I, do Código Penal.

b) *Proibição do exercício de profissão, atividade ou ofício que dependam de habilitação especial, licença ou autorização do poder público*

Há profissões, atividades ou ofícios que exigem *habilitação especial* ou *autorização do poder público* para poderem ser exercidas. Podem ser exigências como cursos superiores ou profissionalizantes, registros especiais, inscrições em Conselhos Regionais etc. que, de um modo geral, são controlados pelo poder público. São exemplos eloquentes os casos de advogados, engenheiros, arquitetos, médicos etc. *Qualquer profissional* que for condenado por crime praticado no exercício de seu mister, *com infringência aos deveres que lhe são inerentes*, poderá receber essa sanção, desde que, é claro, preencha os requisitos necessários e a substituição revele-se *suficiente* à reprovação e prevenção do crime.

Cumpre ressaltar que a *interdição* não pode abranger todas as profissões ou atividades que o condenado eventualmente possa exercer. Ela deverá *restringir-se* apenas à profissão, atividade ou ofício no exercício do qual ocorreu o abuso. Como afirmava Hungria, a *interdição* pressupõe que a ação criminosa tenha sido realizada *com abuso de poder* de profissão ou atividade, ou com infração de dever a ela inerente[50].

c) *Suspensão de autorização ou de habilitação para dirigir veículo*

A terceira modalidade de *interdição temporária de direitos* é a "suspensão de *autorização* ou de *habilitação* para dirigir veículo", aplicável exclusivamente aos *crimes culposos de trânsito* (arts. 47, III, e 57, ambos do CP). O legislador brasileiro, aqui, ainda sob a vigência do antigo Código Nacional de Trânsito (Lei n. 5.108/66), primou pelo preciosismo técnico, distinguindo "autorização" de "habilitação". A "autorização" destinava-se aos condutores de veículos de *propulsão humana* ou de *tração animal* e aos *condutores estrangeiros* de veículos automotores devidamente habilitados em seus países de origem. Já a "habilitação" é a licença concedida para condução de veículo automotor, a todo aquele que for aprovado nos exames de praxe, a quem é conferida a "Carteira Nacional de Habilitação" (art. 64 do Código Nacional de Trânsito — Lei n. 5.108/66). Apesar da distinção, tanto a suspensão de *autorização* quanto de *habilitação* constituem pena restritiva de direito aplicável aos crimes, culposos, de trânsito, pelo mesmo tempo de duração da pena privativa de liberdade substituída.

A "autorização" para os *condutores* de veículos de *propulsão humana* e de *tração animal* nunca chegou a ser implementada. Pelo novo CTB essa

---

50. Hungria, *Comentários ao Código Penal*, Rio de Janeiro, Forense, 1955, v. 2, p. 506.

"autorização" ficou "a cargo dos Municípios" (art. 141, § 1º); até o presente igualmente não foi implementada. Para os "estrangeiros", ou melhor, para aqueles que obtiverem sua habilitação no estrangeiro, o *reconhecimento* de validade "está subordinado às condições estabelecidas em *convenções e acordos internacionais* e às normas do Contran" (art. 142 do CTB).

Agora, o novo Código de Trânsito Brasileiro (Lei n. 9.503, de 23/09/1997), além das modalidades de *autorização* e *habilitação*, já referidas, criou outra categoria, a da "permissão" para dirigir. A *permissão* para dirigir será conferida ao "candidato aprovado nos exames de habilitação, com a validade de um ano" (art. 148, § 2º). Somente após o término desse ano, sem ter cometido nenhuma infração grave ou gravíssima ou reincidir em infração média, o "candidato permitido" receberá sua "*Carteira Nacional de Habilitação*" (art. 148, § 3º, do CTB). Deve-se destacar, a bem da verdade, que, com a fúria arrecadadora dos Municípios, dificilmente os "neófitos do asfalto" ultrapassarão esse *primeiro ano de prova* sem incidir nas infrações referidas, a menos que, prudentemente, passem esse período sem dirigir veículo automotor.

O ordenamento jurídico-penal alemão distingue *proibição* de conduzir — pena acessória — da *privação da permissão* de conduzir, que é medida de segurança. A *privação da permissão* refere-se à capacidade deficiente do réu para dirigir veículo automotor. Já a *proibição para conduzir* é uma *advertência*, de ordem preventiva, imposta a motoristas que têm aptidão, mas que foram autores de infração grave no trânsito. Nesse caso, o condenado mantém a *permissão* para conduzir, porém não pode utilizá-la durante o período de condenação[51]. A *proibição de conduzir*, no Direito alemão, é pena, e a *privação da permissão* é medida de segurança, assim como, no Direito brasileiro, a *suspensão* de autorização ou de habilitação é pena e a *inabilitação* para dirigir veículo, quando utilizado como meio para a prática de crime doloso, é efeito, não automático, da condenação (art. 92, III, do CP).

O aumento da criminalidade no trânsito hoje é um fato incontestável. O veículo transformou-se em instrumento de vazão da agressividade, da prepotência, do desequilíbrio emocional, que se extravasam na direção perigosa de veículos. E uma das finalidades dessa sanção é afastar do trânsito os autores de delitos culposos, que, no mínimo, são *uns descuidados*. "Não há dever mais ajustado ao mister do motorista que o de ser cauteloso e, assim, respeitar a integridade física alheia"[52]. Não resta a menor dúvida de que, ao limitar sua aplicação aos *crimes*

---

51. Jescheck, *Tratado*, cit., p. 1090 e 1091. Os tribunais alemães têm preferido a privação da permissão de conduzir por considerarem que o limite máximo de três meses da proibição de conduzir é muito curto para os fins preventivos, segundo afirma Jescheck.
52. Basileu Garcia, *Instituições de Direito Penal*, São Paulo, Max Limonad, 1982, v. 1, p. 521.

culposos, essa previsão mostrou-se extremamente tímida ante a magnitude da criminalidade praticada ao volante do automóvel. Embora a utilização de veículo como meio para a prática de *crime doloso* possa receber, como efeito da condenação, a *inabilitação* para dirigir veículos, contudo, como diz Enrique Cury[53], "a suspensão da permissão para dirigir constitui só um ensaio parcial na exploração de soluções penais melhores", além de, acrescenta, "resultar singularmente educativo, colaborando para o desenvolvimento das capacidades de autocontrole do condenado". A privação da permissão para conduzir veículos constitui um mal real capaz de traduzir a *reprovabilidade pessoal* e de garantir eficazmente a proteção social, exigindo maior atenção de todos os condutores.

Essa sanção é aplicável ao condenado que, à época do crime, era autorizado ou habilitado à condução de veículos. Permitir sua aplicação àquele que venha a habilitar-se antes da sentença equivaleria a permitir que o infrator modifique, *a posteriori*, a sanção aplicável, em flagrante desrespeito ao princípio da reserva legal[54]. A aplicação da referida sanção não impede que a autoridade policial, administrativamente, determine a realização de novos exames de habilitação, com prévia apreensão do documento de habilitação. Por fim, em obediência ao *princípio da reserva legal*, com fundamento no art. 47, III, do CP, não pode ser aplicada a pena de suspensão da *permissão* para dirigir veículo (art. 148, § 2º, do CTB), uma vez que aquele dispositivo do Código Penal prevê somente a suspensão "de autorização ou de habilitação" para dirigir veículo.

d) *Proibição de frequentar determinados lugares*

Essa foi a "grande novidade" contemplada pela Lei n. 9.714/98 nessa modalidade de pena, a única efetivamente *restritiva de direitos*, dentre as novas espécies de penas "alternativas" acrescidas pela nova lei (aliás, esta seria restritiva de liberdade). Em relação à "nova alternativa", só temos a deplorar a *pobreza inventiva* do legislador, *incapaz* de "*criar*" qualquer coisa de razoável qualidade técnico-jurídico-penal.

Que o legislador das décadas de 30 e 40 pudesse pensar nessa forma de restrição da liberdade — como simples condição do *sursis* — pode até ser razoável, quando ainda se falava em "zona do meretrício", "casa de tavolagem" etc. Na atualidade, com a "concorrência desleal" que se instalou na sociedade não se pode mais falar de "zona do meretrício", pois está disseminada pela sociedade; "casa de tavolagem", por sua vez, é algo que nunca ficou bem esclarecido, pois nunca tivemos oportunidade de conhecer uma ou saber onde haja existido alguma. Ademais, as pessoas hoje não têm mais tempo e condição de frequentar lugares

---

53. Enrique Cury, Contribuição ao estudo da pena, *Revista de Direito Penal*, Rio de Janeiro, v. 11 e 12, 1973, p. 31.
54. Mirabete, *Manual de Direito Penal*, São Paulo, Atlas, 1990, v. 1, p. 268.

dessa natureza. Enfim, proibir de frequentar que lugar? Aquele em que eventualmente o crime foi cometido, quiçá, por puro "acidente", embora sem qualquer relação com a conduta delituosa, sem qualquer efeito ou influência criminógena? Assim, chegaríamos ao absurdo de ter de *proibir determinado motorista* de trafegar em certa rodovia onde eventualmente foi autor de um crime culposo etc., que, convenhamos, seria lamentável!

Cumpre ressaltar, igualmente, que a proibição não pode abranger lugares indeterminados, ou escolher aleatoriamente locais que se sabe o "beneficiário" possa eventualmente ter, querer ou precisar frequentar, seja por hábito, prazer, necessidade ou profissão. A *proibição de frequentar determinados lugares*, por preceito constitucional, deverá restringir-se àquele ou àqueles do cometimento do crime. No entanto, acreditamos, pela crítica que já endereçamos a essa esdrúxula "pena", que essa *proibição* não pode e não deve ser aplicada a *qualquer tipo de crime* ou de *infrator*. Precisa-se ter presente que, para se *justificar* a proibição de frequentar determinados lugares, é indispensável que exista, pelo menos em tese, uma *relação de influência criminógena* com o lugar em que a infração penal foi cometida e a personalidade e/ou conduta do apenado e que, por essa razão, se pretende proibir a frequência do *infrator-beneficiário* da alternativa à pena privativa de liberdade.

Na verdade, essa *proibição* pressupõe que o "lugar determinado" exerceu ou possa exercer alguma relação ou *influência criminógena* sobre o infrator. Portanto, *não será qualquer lugar* em que determinada infração foi cometida que poderá ser objeto dessa sanção proibitiva, mas será fundamental que tal local não tenha sido meramente ocasional, circunstancial ou acidental na ocorrência do fato delituoso. Da mesma forma, *não será qualquer infração penal* que poderá sofrer essa espécie de sanção, mas somente aquela que, por alguma razão, possa ter *alguma relação com o lugar* em que acabou sendo praticada. Finalmente, *não será qualquer infrator* que poderá receber essa indigitada sanção, como é o caso do *criminoso ocasional*, para o qual o "lugar do crime" será mais um detalhe meramente acidental, *sem qualquer influência criminógena* na formação, socialização ou *ressocialização* do infrator. Enfim, é indispensável que haja uma relação de integração-influência entre lugar-infração-delinquente, para *justificar* a imposição dessa ridícula "restrição de direito" (entenda-se de liberdade). Enfim, pelo menos isso — que poderíamos chamar de *finalidade preventivo-especial* — para *justificar* e *limitar* a aplicação dessa "monstruosa restrição de liberdade" travestida de "*restritiva de direitos*", na retórica do legislador brasileiro.

e) *proibição de inscrever-se em concurso, avaliação ou exame públicos*[55]

---

55. Espécie de pena de interdição temporária de direitos acrescida pela Lei n. 12.550/2011.

Esta é a quinta espécie de pena de *interdição temporária de direitos*, ou seja, uma subespécie de pena restritiva de direitos, acrescida pela confusa Lei n. 12.550, de 15 de dezembro de 2011. Olvidou-se o legislador atual que as penas de *interdição temporária de direitos* são *específicas*, ao contrário das demais penas restritivas que são *genéricas*, aliás, exatamente o mesmo que aconteceu com o legislador que elaborou a Lei n. 9.714/98 (que acrescentou a "proibição de frequentar determinados lugares", como a quarta pena de interdição de direitos). Nos dois diplomas legais que acabamos de mencionar o legislador esqueceu-se de indicar em que hipóteses ou casos deveriam ser aplicadas, deixando uma lacuna em nosso Código Penal. Nesse sentido, destaque-se que as penas de *interdição de direitos*, originárias, constantes do art. 47, I, II e III, têm sua destinação específica prevista nos arts. 56 e 57 do mesmo diploma legal.

Logicamente, da forma como ficou redigida essa previsão legal — *proibição de inscrever-se em concurso, avaliação ou exame públicos* — surge apenas como se fosse mais uma das penas restritivas de direitos genéricas, permitindo ao julgador aplicá-la se quiser, pois pode preferir outra *pena genérica*. Com efeito, as penas de *interdição temporária de direitos*, constantes do art. 47 do Código Penal, desde a Reforma Penal de 1984, têm destinação específica, segundo previsões constantes dos arts. 56 e 57 do mesmo diploma legal. Contudo, por *erro* do legislador *ad hoc*, que desconhece a estrutura e a harmonia do Código Penal, as duas últimas penas de interdição temporária de direitos — *proibição de frequentar determinados lugares* e *proibição de inscrever-se em concurso, avaliação ou exame públicos* — não têm a natureza de *penas específicas*, como as primeiras três constantes do art. 47.

Por isso, embora a intenção do legislador — pelo que se depreende de seu texto e da oportunidade de sua publicação — tenha sido a *fraude das provas do ENEM*, a sua aplicação não é obrigatória. Ou seja, a *proibição de inscrever-se em concurso, avaliação ou exame públicos* poderá acabar, por opção do julgador, não sendo a pena aplicada para quem for condenado pelo crime descrito no art. 311-A (fraudes em certames de interesse público).

Enfim, paradoxos como esses decorrem de abusos e excessos das denominadas reformas pontuais que têm proliferado nos últimos anos, as quais, como temos destacado insistentemente, acabam destruindo a harmonia e a coerência que qualquer diploma legal codificado deve ter.

7. Penas restritivas como incidente de execução

A *Reforma Penal de 1984* procurou *dinamizar* de tal forma a execução da pena, quer com a adoção do *sistema progressivo*, quer com a previsão das *conversões* que, afinal, a *pena cumprida* não será necessariamente a *pena aplicada* na sentença. Esse *dinamismo* caracteriza o que Francisco de Assis Toledo[56] chama de "pena programática", pois os *limites fixados* na sentença serão apenas os *limites máximos* e não os *limites definitivos*.

Além da aplicação, pelo *juiz da condenação*, das *penas restritivas de direitos*, na forma examinada, a *Lei de Execução Penal* (art. 180 da LEP) prevê outra possibilidade de aplicação, pelo *juiz da execução*, dessas mesmas sanções. Essa possibilidade, que a lei chamou também de *"conversão"*, que se opera já no curso do cumprimento da pena, constitui um *incidente de execução*, que exige a presença de requisitos próprios que serão examinados logo a seguir. Comentava-se que essa previsão legal seria de difícil ocorrência, visto que, normalmente, o *reincidente* sofreria pena superior a dois anos. Discordando desse entendimento, antes da vigência da Lei n. 9.714/98, fizemos o seguinte comentário, *in verbis*: "Isso não é bem verdade, pois, mesmo *reincidentes*, poderão receber penas a partir de três meses de detenção. Ainda que não seja muito frequente a ocorrência da hipótese legislada, não se pode negar sua extraordinária importância. É bom lembrar o seguinte: a) nenhum reincidente, tanto em crime doloso quanto em crime culposo, pode ter sua pena substituída por multa ou pena restritiva de direitos; b) nenhum réu reincidente em crime doloso poderá ter sua pena suspensa (*sursis*); c) e, finalmente, nenhuma dessas penas não substituídas ou não suspensas, inferiores a dois anos, poderão receber o livramento condicional. Se, por exemplo, no momento da aplicação da pena o sentenciado não satisfizer qualquer dos requisitos, quer para a substituição por pena restritiva de direitos, quer para a suspensão condicional, teria que cumprir a pena de prisão integralmente. Não se pode esquecer que o livramento condicional só é permitido para penas iguais ou superiores a dois anos. E, ao contrário do que se imagina, não é tão raro a ocorrência de réus condenados a penas curtas de prisão que não satisfazem as exigências legais para a substituição ou para a suspensão da pena. Mesmo que os requisitos gerais estejam presentes é possível que, nas circunstâncias, a substituição ou a suspensão não sejam recomendáveis, ou como diz a lei, não sejam suficientes para a 'reprovação e prevenção do crime'".

No entanto, em face da nova lei, que *amplia* a possibilidade de *substituição* das penas privativas de liberdade para até quatro anos e *admite*, ainda que excepcionalmente, a concessão dessa substituição *inclusive para reincidentes em crime doloso*, agora, somos obrigados a concordar, de modo efetivo muito raramente haverá hipóteses que se enquadrem na previsão do art. 180 da LEP. Contudo, é importante manter viva essa previsão, para as eventualidades que vierem

---

56. Francisco de Assis Toledo, Princípios gerais do novo Sistema Penal brasileiro, in *O Direito Penal e o novo Código Penal brasileiro* (livro coletivo), Porto Alegre, Sérgio A. Fabris, Editor, 1985, p. 16. Já para Alberto Rufino as "penas programáticas" de Toledo parecem configurar mais claramente "penas finalísticas" (Bases axiológicas da Reforma Penal brasileira, in O *Direito Penal e o novo Código Penal brasileiro*, cit., p. 41).

a ocorrer, como mais uma *alternativa* importante para afastar, sempre que possível, os efeitos deletérios da prisão. Essa pena privativa de liberdade de curta duração, que não pode ser *substituída* e tampouco *suspensa*, por faltar-lhe qualquer dos requisitos, terá uma oportunidade futura de ser revista em sua *execução* e, finalmente, ser *substituída* por uma *restritiva de direitos*. Serão necessários, contudo, os seguintes requisitos (art. 180 da LEP):

a) *que a pena não seja superior a dois anos* — Essa previsão, ao contrário daquela da anterior redação do art. 45 do Código Penal, não fala em "pena aplicada". Não estaria o legislador aqui referindo-se ao restante da pena? Admitimos, nessa hipótese, que a previsão não é clara e aceita interpretação extensiva. Significa dizer que a *pena aplicada* — não substituída nem suspensa — que se encontra em execução pode ter sido superior a dois anos, desde que o restante a cumprir esteja dentro desse limite;

b) *que a pena esteja sendo cumprida em regime aberto* — Nada impede que tenha *iniciado* seu cumprimento em qualquer outro regime e tenha chegado ao *aberto* através da *progressão*. Se assim não fosse, afastaria naturalmente o *reincidente*, que *nunca* poderá iniciar o cumprimento da pena em *regime aberto* (art. 33, § 2º, *c*, do CP);

c) *que já tenha sido cumprido um quarto da pena* — É necessário que o apenado tenha cumprido uma parcela da pena, no caso *um quarto*. Parte-se da *presunção* de que o cumprimento de um quarto da pena tenha contribuído na *retribuição do mal* causado e na *recuperação* do sentenciado. Esse requisito, não se pode negar, *tem objetivo eminentemente retributivo*;

d) *que os antecedentes e a personalidade do condenado recomendem a conversão* — Esse requisito segue a mesma filosofia adotada para as hipóteses de *substituição* das penas privativas de liberdade no momento da sentença (art. 44, III, do CP) e para a suspensão condicional da execução da pena (art. 77, II, do CP). Para atingir o *regime aberto*, o condenado terá de apresentar antecedentes que o recomendem (art. 114, II, da LEP). Ao condicionar a concessão dessa *conversão* à personalidade do sentenciado, não está a legislação brasileira consagrando o odioso *Direito Penal do autor*, mas tão somente possibilitando a quem apresenta menor grau de *dessocialização* cumprir o restante de sua sanção em liberdade. A intenção não é *discriminar* o apenado de acordo com a personalidade, mas apenas preservar a ordem jurídica e fazer a *reintegração social*, com o menor custo possível.

8. Conversão das penas restritivas de direitos

8.1. *Novos aspectos relativos à conversão*

A nova disciplina legal das penas *restritivas de direitos* traz uma série de novidades, que demandam alguma atenção dos operadores do direito.

Relativamente à *conversão* dessas penas em *privativas de liberdade* não é diferente. Para simplificar o exame desses aspectos, destacamos, topicamente, as questões mais relevantes dessas inovações, antes de procedermos ao exame propriamente das causas, gerais e especiais, que autorizam a *conversão*.

8.1.1. Coercibilidade da conversão

Em determinadas circunstâncias, as *penas restritivas de direitos* podem ser "*convertidas*" em *pena privativa de liberdade* (arts. 44, §§ 4º e 5º, do CP e 181 e parágrafos da LEP), observada, segundo a nova legislação, a "*detração penal*" (art. 44, § 4º). Ao adotar as penas restritivas de direitos, como *substitutivas* da pena de prisão, era indispensável dotá-las de *coercibilidade*. E para isso nada melhor do que a previsão da possibilidade de *convertê-las* em pena privativa de liberdade. A *finalidade* da conversão, em outras palavras, é garantir o êxito das penas substitutivas.

8.1.2. Limite temporal da conversão e detração penal

A *conversão* deixou de ser pela pena *efetivamente* aplicada, independentemente do tempo de cumprimento da sanção restritiva, como ocorria na legislação revogada. Atendendo ao clamor da doutrina e jurisprudência adotou-se o *princípio da detração penal*, deduzindo-se o tempo de pena restritiva efetivamente cumprido.

Pela legislação revogada, fazia-se a "conversão" *pelo tempo de pena aplicada*, sem descontar o período cumprido de pena restritiva (antigo art. 45). Para afastar essa brutal injustiça, que já era duramente combatida por doutrina e jurisprudência, a nova lei adotou, com acerto, o *princípio da detração penal*, determinando, na *conversão* para pena privativa de liberdade, a *dedução do tempo cumprido* de pena restritiva de direitos (art. 44, § 4º). Em outros termos, se faz pelo restante da pena que faltava cumprir.

8.1.3. Ressalva: *quantum* mínimo de conversão

A afirmação de dever ser "respeitado o saldo mínimo de trinta dias de detenção ou reclusão" (art. 44, § 4º, *in fine*), segundo alguns entendimentos, refere-se ao mínimo de dias de penas alternativas cumprido para permitir a dedução da pena de prisão a converter. Ou seja, segundo esse entendimento, em cumprimento de pena restritiva de direitos inferior a 30 dias não poderia ser aplicada a "detração". Pensamos em sentido contrário: a ressalva referente ao "saldo mínimo de trinta dias de detenção ou reclusão", para permitir a detração, refere-se ao *período mínimo de pena restante para cumprir*, e não ao período de tempo já cumprido. *Saldo é o que falta para cumprir*, e nunca o tempo de pena restritiva já cumprido. Por isso, qualquer que seja o tempo cumprido, mesmo inferior a trinta dias, deverá ser deduzido da pena a converter, para não cumpri-la duas vezes. Por exemplo, indivíduo condenado a seis meses de prisão tem sua pena convertida em prestação de serviços à comunidade. *Nos últimos dias começa a descumprir* todas as restrições impostas. Ora, para se manter a *coercibilidade* do cumprimento das restrições impostas, essa conversão deverá ser, no mínimo, de trinta dias. Parece justo, pois a *finalidade salutar* dessa *ressalva* visa exatamente desestimular o *descumprimento injustificado*, nos últimos dias, da substituição. Antes, em outro extremo, pela lei revogada, a *conversão* era *pelo total da pena aplicada*, sem detração, independentemente da quantidade do tempo cumprido da pena restritiva de direitos, representando a mais flagrante injustiça, ao determinar o cumprimento dobrado da pena. Houve, com efeito, inegável avanço, que, neste particular, só merece aplausos.

8.1.4. Exclusão das penas pecuniárias da "conversibilidade" à pena de prisão

Afora *a proibição de "conversão em prisão" da pena pecuniária (só existia a pena de multa)*, consagrada pela Lei n. 9.268/96, as seguintes locuções do novo texto legal (art. 44, § 4º) caracterizam essa exclusão:

1ª) *descumprimento injustificado da "restrição imposta"*. Ora, nas *penas pecuniárias* (multa, prestação pecuniária e perda de bens e valores) não há "restrição imposta": ou cumpre ou não a prestação pecuniária, que não é *condicional*, como as outras *penas restritivas de direitos* que são, poderíamos dizer, "temporais", isto é, levam implícito na sua natureza uma referência de tempo.

Parece-nos que o fundamento de as *penas pecuniárias* (multa, prestação pecuniária e perda de bens e valores) não serem *conversíveis* em pena privativa de liberdade não reside na *mensurabilidade* ou *não mensurabilidade* destas (aliás, classificação altamente discutível), mas trata-se de fundamento *político-criminal* que, finalmente, procura adotar *princípio constitucional* que *proíbe prisão por dívidas*. Ademais, não nos convence a orientação que classifica as penas de "*prestação pecuniária e perda de bens e valores*" como *mensuráveis* e, contraditoriamente, a *pena de multa* como "*não mensurável*". Afinal, quais seriam os critérios ou parâmetros utilizáveis para definir, distintamente, coisas, no caso, penas, da mesma natureza (pecuniárias)? Não é lógico nem coerente tratar desigualmente institutos ou espécies iguais ou, pelo menos, da mesma natureza ou da mesma espécie. Assim, o que serve para "classificar" a *pena de multa* tem de servir para "classificar" as demais *penas pecuniárias*, no caso, a prestação pecuniária e a perda de bens e valores.

Considerando que *mensurável* é aquilo que se pode *medir*, à evidência que todas as *penas pecuniárias* também *são mensuráveis*, com efeito, *todas* as penas pecuniárias são tão *mensuráveis* quanto quaisquer outras modalidades de sanções, sejam elas privativas de liberdade, restritivas de liberdade, restritivas de direitos, genéricas, específicas, temporais ou *atemporais*, enfim, seja lá a classificação que se queira utilizar. Apenas os critérios ou parâmetros de "mensuração" ou "medição" das *penas pecuniárias* podem ser diferentes de outras modalidades de penas, como, por exemplo, dias-multa, salário mínimo, valores, quantidade de valores, reais, dólares, UFIR etc. Até porque, a nosso juízo, pena "não mensurável" é inaplicável no direito brasileiro, por trazer em seu bojo o vício da inconstitucionalidade, violando o *princípio da reserva legal*, segundo o qual a *pena criminal* deve ser clara, precisa e determinada.

2ª) *dedução do "tempo cumprido" da pena restritiva de direitos*. Com exceção das *penas pecuniárias*, todas as demais (privativas de liberdade ou restritivas de direitos) têm, na expressão em voga, "mensuração temporal", isto é, têm fixado um determinado *limite de tempo a cumprir*. Esse "detalhe" relativo a *tempo* ou *período de tempo* não existe nas *penas pecuniárias*, em nenhuma delas, seja qual for a denominação específica que se lhes dê. Enfim, pela própria natureza da pena pecuniária — em qualquer de suas modalidades —, não se configura a especificidade a deduzir de "tempo cumprido". Logo, a ausência desses *elementos temporais*, condicionantes, autorizadores da "conversão", constantes do dispositivo legal que disciplina a *conversibilidade* das penas restritivas de direitos (art. 44, § 4º), afastam, definitivamente, a possibilidade de converter as penas pecuniárias em pena privativa de liberdade.

8.2. *Causas gerais de conversão*

Ao adotar as *penas restritivas de direitos*, as quais dependem em grande parte da *autodisciplina* e do *senso de responsabilidade* do sentenciado, era indispensável dotá-las de *coercibilidade*. E, para isso, nada melhor do que a previsão da possibilidade de *convertê-las* em pena privativa de liberdade, representando a espada de Dâmocles pairando sobre a cabeça do apenado. A *finalidade da conversão*, em outras palavras, é garantir o êxito das penas alternativas — *preventivamente* — com a *ameaça* da pena privativa de liberdade e — *repressivamente* — com a *efetiva conversão* no caso concreto. Essa possibilidade de *conversão* não deixa de ser, a exemplo dos "regimes penais de cumprimento de pena", uma *forma de regressão*, própria do *sistema progressivo*.

A nova disciplina sobre as *alternativas* à pena privativa de liberdade, trazida pela Lei n. 9.714/98, provavelmente apresente aqui uma das mais significativas e positivas de suas inovações, *corrigindo* uma das mais flagrantes injustiças que a disciplina da Reforma Penal de 1984, neste particular, apresentava, pois, atendendo aos reclamos dos operadores especializados desta seara do direito, a nova legislação adotou, acertadamente, o chamado *princípio da detração penal*, autorizando a *dedução do tempo cumprido* de pena restritiva de direitos. Assim, *fazendo-se necessária a conversão* da pena restritiva em privativa de liberdade, essa *conversão* operar-se-á somente pelo restante da pena a cumprir, desde que não inferior a trinta dias.

A *conversão*, disciplinada no texto legal revogado (Lei n. 7.209/84), quando ocorresse, deveria ser pela pena *efetivamente* aplicada, independentemente do tempo que a sanção restritiva tivesse sido cumprida. De um modo geral, os penalistas consideravam *injusto* esse rigorismo na "conversão"[57], que desconsiderava o tempo de pena restritiva já executado. E essa circunstância de considerar o tempo cumprido de pena restritiva de direitos ainda era agravada pelo fato de que a *pena privativa de liberdade* decorrente de conversão não pode ser objeto de *suspensão condicional da pena*, o que, aliás, era natural, pois, caso contrário, retiraria o *efeito coercitivo* que se pretendia dar à conversão. Imagine-se uma pena restritiva de direitos de *onze meses* de duração. No *décimo mês* o apenado sofre nova condenação e tem sua sanção restritiva convertida em privativa de liberdade: terá de cumprir integralmente a pena privativa de liberdade convertida, isto é, onze meses, apesar dos dez que já cumprira. Era efetivamente uma situação extremamente injusta. Comentando essa questão, sob a égide da legislação revogada, destacando a injustiça da previsão, afirmamos que a *"conversão decorrente de crime anterior*, fato para o qual o apenado não concorreu diretamente durante a execução da pena restritiva, que é a primeira hipótese prevista no art. 45 do Código Penal. Nesse caso, refletida no exemplo que acabamos de citar, em que a situação esteve fora do alcance do sentenciado, que, além de não ter contribuído presentemente para esse desfecho, tampouco podia impedir que tal acontecesse. Efetivamente é uma *iniquidade* a previsão legal que impede o desconto do tempo de pena já cumprido".

Enfim, os reclamos dos penalistas se fizeram ouvir e a nova legislação repara esse equívoco da legislação revogada, prevendo as seguintes hipóteses que podem levar à conversão à pena privativa de liberdade: uma obrigatória e outra facultativa.

1ª) *Descumprimento "injustificado" da restrição imposta* — Somente o descumprimento *injustificado* da restrição imposta leva à necessidade de *conversão obrigatória* (art. 44, § 4º). Por isso, o condenado deve, nesses casos, sempre ser *"ouvido"* pelo juiz, pois poderá *justificar* o descumprimento da condição.

Nessa hipótese, de *descumprimento injustificado da restrição imposta*, o resultado positivo ou negativo da postura no cumprimento das condições que lhe foram impostas como condição para obter a substituição de pena está, em regra, nas mãos do apenado, que conduzirá os contornos do seu futuro. O seu *comportamento* durante a execução da pena restritiva é que delimitará a extensão e intensidade da restrição de sua liberdade. Aliás, comportamento condizente com a ordem social e nos limites das disposições legais integra a filosofia que orienta a adoção de penas alternativas, e o *descumprimento da restrição imposta* revela despreparo, e não merecimento dessa benevolência.

Tendo adotado a *detração penal* na *conversão* de pena restritiva de direitos para pena privativa de liberdade, o legislador acautelou-se contra os "abusos de

---

57. Alberto Silva Franco, *Temas de Direito Penal*, São Paulo, Saraiva, 1986, p. 138; Delmanto, *Código Penal comentado*, Rio de Janeiro, Renovar, 1988, p. 73; Julio Mirabete, *Execução penal...*, p. 442.

fim de festa", de pena cumprida, enfim, contra possíveis desrespeitos e descumprimentos das condições impostas, especialmente no final do cumprimento da pena, ressalvando que a pena convertida a ser cumprida deve ser, no mínimo, de trinta dias. Admitir, nesse caso, a *conversão*, sem a ressalva referida, que é uma espécie de *cláusula salvatória*, equivale a retirar o *caráter coercitivo* da prescrição legal, o que permitiria que o condenado ao aproximar-se do fim da execução da sua pena não tivesse nenhum receio em descumprir com a restrição imposta, e o Estado ficaria sem instrumento repressivo no exercício do seu poder de *imperium*, perdendo, inclusive, o controle da disciplina. Poderia, na verdade, transformar-se em um verdadeiro caos a fase terminal da execução da pena restritiva de direitos.

2ª) *Nova condenação por outro crime* — Nova condenação, por outro crime, passa a ser *causa de relativa obrigatoriedade de conversão* em pena de prisão, pelo restante da pena a cumprir (art. 44, § 5º), ao contrário do que ocorria com a legislação revogada, que determinava, nessa hipótese, a revogação obrigatória (art. 45, I, ora revogado). A nova legislação, assim como ocorria com a anterior, não faz distinção se a *nova condenação* decorre de crime anterior ou posterior à condenação que está sendo cumprida. Se a nova condenação decorrer de crime praticado posterior à condenação que está em cumprimento, estará plenamente *justificada* a *conversão*, pela inadequação do condenado à espécie de pena recebida.

No entanto, se essa nova condenação for consequência de crime praticado antes do início da execução da pena em curso, convém uma análise mais criteriosa sobre as duas condenações, as respectivas infrações, a personalidade do infrator, a necessidade de conversão e a possibilidade de as duas penas convertidas serem cumpridas simultaneamente. Por isso, na hipótese de sobrevir nova condenação, por outro crime, poderá haver duas alternativas: uma obrigatória e outra alternativa:

a) *condenação por crime praticado durante o cumprimento da pena alternativa* — Nessa hipótese, parece-nos que deve pesar, em princípio, a favor da conversão a recidiva penal, uma vez que com essa postura o apenado demonstrou que a *substituição* de sua condenação por pena restritiva de direitos não se comprovou como necessária e suficiente à prevenção e reprovação do fato delituoso. No entanto, pela dicção do texto legal (§ 5º), o aspecto fundamental para o magistrado decidir pela conversão ou não da pena em cumprimento será a possibilidade de o condenado "cumprir a pena substitutiva anterior". Em outros termos, será necessário verificar se as duas condenações — a anterior e a nova — são *compatíveis* entre si, isto é, se o condenado puder cumprir ambas *simultaneamente*; em caso afirmativo, em uma interpretação mais liberal, a pena restritiva em cumprimento não deverá ser convertida em pena de prisão.

b) *condenação por crime anterior* — Nesse caso, conforme já sustentávamos antes da vigência da Lei n. 9.714/98, em que o condenado não concorreu presentemente para esse desfecho e que também não podia mais impedir esse resultado — visto que pertencente ao passado —, a conversão da pena restritiva de direitos em privativa de liberdade representa uma *iniquidade*. Agora, pelo menos, a nova legislação cria a possibilidade de não ser necessária a conversão, desde que seja possível o cumprimento simultâneo da pena em cumprimento e da nova condenação.

A nova redação não faz referência ao fato de a *nova condenação* ter sido *suspensa* ou *substituída*, como ocorria na redação anterior. No entanto, são duas circunstâncias que (*suspensão* ou *substituição* da nova condenação), se existirem, *autorizam* a manutenção da pena substitutiva anterior. Enfim, para a *conversão* ter lugar é preciso que a nova pena aplicada não tenha sido *substituída* ou *suspensa* e não seja possível o *cumprimento simultâneo* das duas condenações (art. 44, § 5º, do CP).

Mas, enfim, essas são as *causas gerais de conversão*, isto é, destinadas a todas as modalidades de penas restritivas de direitos, previstas pelo Código Penal, excluídas, é claro, aquelas de *natureza pecuniária*, ainda que sejam, por definição legal, classificadas como restritivas de direitos. A Lei de Execução Penal, em seu art. 181 e parágrafos, prevê outras causas, específicas, para cada modalidade de pena restritiva, que chamamos de causas especiais de conversão. Aqui também houve uma lacuna na nova lei, que esqueceu de complementar esse artigo, acrescentando novas causas especiais de conversão para as novas penas restritivas de direitos (somente para aquelas genuinamente restritivas).

8.3. *Causas especiais de conversão*

1) *Para prestação de serviços à comunidade*

a) *Quando o condenado não for localizado por encontrar-se em lugar incerto e não sabido, ou desatender à intimação por edital.*

Essa primeira hipótese refere-se a *duas situações distintas*. A primeira ocorre quando o condenado respondeu regularmente o processo, compareceu a todos os atos processuais ou esteve legitimamente representado. Contudo, no encerramento do feito, quando da intimação da sentença definitiva, para o seu cumprimento, o *apenado não é encontrado* e o oficial de justiça *certifica*, obedecendo às formalidades legais, que o mesmo "encontra-se em lugar incerto e não sabido". Outra é a situação do *réu revel*, isto é, daquele que já se fizera revel no curso do processo. Apesar de ter demonstrado seu desapreço pela Justiça ao manter-se revel, mesmo assim se lhe oferece uma última oportunidade para beneficiar-se com uma pena alternativa, intimando-o através de edital. Somente após o desatendimento desse derradeiro chamado terá lugar a *conversão* à pena privativa de liberdade.

Note-se que na primeira situação — por encontrar-se em lugar incerto e não sabido —, ocorrida apenas no momento da intimação para cumprimento da sentença, não há derradeira oportunidade com a intimação por edital. Inegavelmente é um tratamento discriminatório e injusto. Trata-se com mais rigor aquele que esteve sempre atento, que se curvou ante a magnitude da Justiça, que compareceu regularmente ao processo sempre que foi chamado. Ignora-se que pode ter havido razões justificáveis que o levaram a trocar de domicílio, sem que isso possa representar a intenção de furtar-se à aplicação da lei. A nosso juízo e em obediência ao *princípio da ampla defesa*, entendemos que, nesse caso, deve-se também *oportunizar a intimação por edital* para, só então, em não havendo comparecido, decretar-se a conversão.

b) *Não comparecer, injustificadamente, à entidade ou programa em que deva prestar serviço.*

Nessa hipótese, ao contrário da anterior, o apenado pode *justificar* o não comparecimento à entidade ou programa em que deva prestar serviço. Razões as mais diversas podem ter impedido que o apenado comparecesse ao local determinado, tais como saúde pessoal ou familiar, acidentes, greve geral dos meios de transportes coletivos etc. Naturalmente que caberá ao *juiz da execução*, ouvindo o Ministério Público, avaliar as *justificativas* apresentadas e decidir sobre sua *razoabilidade*. Logo, só o *não comparecimento injustificado* acarretará a conversão. Na dúvida sobre a autenticidade ou idoneidade das *justificativas apresentadas*, o magistrado deverá aceitá-las, com as advertências de praxe.

c) *Recusar-se, injustificadamente, a prestar o serviço que lhe foi imposto.*

Aqui também somente a *recusa injustificada* pode gerar a conversão. Não se pode esquecer que a lei determina que devem as "tarefas ser atribuídas segundo a aptidão do condenado", isto é, de acordo com a *capacitação profissional* do indivíduo. Desrespeitar as *habilitações pessoais* de cada um equivale a violentar o dom natural do ser humano, que encontra prazer na realização da atividade que conhece ou aprendeu a desenvolver. Logo, embora compareça ao local (entidade ou programa determinado), pode *recusar-se* a desempenhar a atividade determinada, por desconhecê-la ou não saber realizá-la ou simplesmente por não corresponder às suas *aptidões pessoais*. Por exemplo, um médico ou um engenheiro agrônomo condenado recebe, como pena de *prestação de serviços à comunidade*, "consertar telefones públicos". Ainda que possa ser uma tarefa fácil e que qualquer pessoa possa aprender a executá-la rapidamente, referido apenado, nas circunstâncias, pode *recusar-se* a realizar a tarefa imposta, porque não se adapta às suas *aptidões*, direito que lhe é assegurado pelo Código Penal (art. 46, § 3º). Exigir que o faça, apesar de inapto para a atividade, corresponde a impor-lhe uma *situação humilhante e vexatória*, vedada pelo Direito. Logo, eventual recusa, nessas circunstâncias, é plenamente *justificada* e não pode acarretar a *conversão* em pena privativa de liberdade.

d) *Praticar falta grave.*

As *faltas graves* previstas para o descumprimento das penas restritivas de direitos, por sua própria natureza, são distintas das previstas para penas privativas de liberdade. A prática de qualquer *falta grave autoriza* a conversão da pena restritiva de direitos em privativa de liberdade.

2) *Para limitação de fim de semana*

a) *Não comparecimento ao estabelecimento designado para o cumprimento da pena.*

Previsão semelhante a essa faz o "direito projetado" espanhol, que suspenderá o *arresto de fim de semana* se ocorrerem "duas ausências injustificadas", determinando seu cumprimento ininterruptamente[58].

Só que, para essa hipótese no Direito brasileiro, não está prevista a possibilidade de *justificar* o não comparecimento ao estabelecimento designado, como acontece no caso de *prestação de serviços à comunidade*. São *situações semelhantes tratadas de forma diferenciada*. Porém, em razão da similitude de situações e por questão de equidade, se estiver presente, comprovadamente, um motivo de força maior ou um caso fortuito, entendemos que será razão suficiente para *justificar* eventual não comparecimento ao local designado para cumprimento da pena de *limitação de fim de semana*.

b) *Recusa em exercer a atividade determinada pelo juiz.*

Essa hipótese, aparentemente, é igual à prevista na letra *c* da previsão para *prestação de serviços à comunidade*. Mas essa semelhança é apenas aparente, pois, enquanto aquela se refere a *atividades laborais* profissionalmente realizáveis, e, por isso, à necessidade de adaptar-se às aptidões do condenado, esta, ao contrário, refere-se a *"atividades educativas"* (art. 48 do CP), que são aplicadas pela administração da casa de albergado, mas são determinadas pelo juiz de execução. Nessa situação, *de atribuição de atividades educativas*, não há como *justificar* a recusa de sua execução, que é de *caráter compulsório*, e a sua eventual recusa é motivo suficiente para *conversão* em pena privativa de liberdade.

c) Como na hipótese de prestação de serviços à comunidade, se o apenado não for encontrado ou não atender intimação por edital, se praticar falta grave ou sofrer condenação por crime à pena privativa de liberdade, que não seja substituída ou suspensa, também causará a *conversão*. Essas situações já foram examinadas no item anterior.

3) *Para interdição temporária de direitos*

a) *Se o apenado exercer, injustificadamente, o direito interditado.*

Outra vez o legislador volta a permitir que eventual descumprimento da restrição possa ser *justificado*. Pode ocorrer, por exemplo, que um médico esteja *interditado*, temporariamente, de exercer sua profissão, mas, em uma emergência, surge uma pessoa em estado grave, entre a vida e a morte, que, se não receber atendimento médico imediato, poderá morrer. Nesses casos, evidentemente estaria *justificado* o descumprimento da restrição imposta, pois ocorre um "estado

---

58. Artigo 36, inciso II, da Proposta de Anteprojeto de Código Penal espanhol.

de necessidade", que, se pode excluir a antijuridicidade, com muito mais razão pode excluir a obrigatoriedade de abster-se do exercício de profissão, atividade ou ofício, em uma eventualidade.

b) Como nas demais modalidades de penas restritivas, a não localização do apenado, por encontrar-se em lugar incerto e não sabido, ou o não atendimento da intimação, por edital, gerará a *conversão*.

c) Como nas hipóteses anteriores, se praticar falta grave ou sofrer condenação por crime à pena privativa de liberdade, que não seja *suspensa* ou *substituída*, também causará a *conversão*. Essas situações já foram examinadas.

9. Consentimento do condenado

Finalmente, o "direito projetado" espanhol condiciona a aplicação da pena de *arresto de fim de semana* ao *"consentimento do apenado"*, consciente de que somente contando com a contribuição e boa vontade do sentenciado uma execução fracionada da pena privativa de liberdade terá condições de atingir algum sucesso[59]. Sainz Cantero[60], em 1970, já defendia o *reconhecimento desse direito* do sentenciado *de poder optar* pelo arresto de fim de semana ou pelo cumprimento da pena ininterruptamente.

Essa providência elogiável e de grande alcance terapêutico não foi adotada pelo legislador brasileiro. Embora se possa argumentar que o *consentimento do apenado* está implícito no comparecimento ao local e horário determinados ou no cumprimento das restrições impostas, essa assertiva, no entanto, não é verdadeira. Ao não comparecer ao local e horário determinados ou descumprindo alguma das condições impostas — mesmo que demonstrem a falta de consentimento com tal realidade de coisas —, acarretam a conversão da pena restritiva em privativa de liberdade. Não se pode negar que constitui uma consequência muito grave para demonstrar a *ausência de consentimento*, especialmente quando se teria, na origem, isto é, no momento da aplicação da pena, a possibilidade de conceder *sursis especial* ou mesmo o *sursis simples*.

A verdade é que a *aplicação das sanções ditas restritivas de direitos* não está condicionada ao *consentimento* do sentenciado, o que seria facilmente solucionável com regra semelhante à estabelecida no art. 113 da Lei de Execução Penal, para os casos de "regime aberto". Contudo, é indiscutível que o sucesso ou insucesso dessas modalidades de sanções está diretamente ligado *à aceitação e contribuição do sentenciado*, o qual, através dos assistentes técnicos (assistentes

---

59. Sola Dueñas, García Arán, Hernán Hormázabal Malarée, *Alternativas a la prisión*, Barcelona, PPU, 1986, p. 23.
60. Sainz Cantero, Arresto de fin de semana y tratamiento del delincuente, *REP*, 1970, p. 1067.

sociais, psicólogos e terapeutas etc.), deverá ser conscientizado da importância, sentido e finalidade das referidas penas alternativas. A única possibilidade de modificação da personalidade, como dizia Manoel Pedro Pimentel[61], "reside na vontade da própria pessoa, na sua adesão à ideia de substituir ou alterar os seus padrões de conduta, os modelos e os valores que adotou, o que somente acontecerá se o impulso vier de dentro para fora do homem".

10. Crimes hediondos e a Lei n. 9.714/98

O propósito do legislador de agravar significativamente as sanções correspondentes àquelas infrações definidas como crimes hediondos e afins (Lei n. 8.072/90), elevando consideravelmente os limites das penas respectivas, é inegável. Na verdade, houve uma *obsessiva vontade* de exasperar brutalmente a punição de determinadas infrações penais, ignorando-se, inclusive, os princípios do bem jurídico e da proporcionalidade. A violência dessa política criminal funcional ganhou, digamos, certo tempero com o advento da Lei n. 9.455/97, admitindo a progressão nos crimes de tortura, que recebeu da Constituição brasileira tratamento assemelhado aos crimes hediondos. Há uma quase unanimidade nacional sobre o entendimento de que a Constituição fixou um *regime comum* para o crime de tortura, tráfico ilícito de entorpecentes e drogas afins, terrorismo e os definidos como crimes hediondos (art. 5º, XLIII), equiparando-os quanto a sua *danosidade social*.

Para esses crimes, enfim, a *política criminal* é de exasperação de penas e endurecimento dos regimes de encarceramento, e, no mínimo, de tentar dificultar a adoção do sistema progressivo. Em polo oposto está a *política criminal das penas alternativas* (Lei n. 9.714/98), que, satisfeitos determinados requisitos, procura *evitar o encarceramento*, prevendo alternativas que se consubstanciam nas penas "restritivas de direitos" e na *pena de multa*. Não se pode negar, à evidência, que a disciplina de *aplicação e execução de penas*, constante dos dois diplomas legais (Leis n. 8.072/90 e 9.714/98), é conflitante ou, no mínimo, *desuniforme*: um enfatiza e exaspera a aplicação da pena privativa de liberdade; outro prioriza *alternativas* à pena privativa de liberdade. A *política criminal descarcerizadora* adotada pela Lei n. 9.714/98 é incompatível com a *política de exasperação de pena* adotada pela lei dos *crimes hediondos* (8.072/90).

Se o *atual sistema jurídico-penal brasileiro* contivesse a *harmonia* que todo sistema jurídico deve ter, a interpretação sistemática levaria à seguinte conclusão: a exigência do cumprimento da pena em *regime fechado*, nesses crimes, impede que se apliquem penas alternativas; a inadmissibilidade dos regimes semiaberto e aberto, por coerência, afasta eventual possibilidade de aplicar penas alternativas; a maior lesividade social dessas infrações torna-as incompatíveis com a *política*

---

61. Pimentel, *O crime e a pena na atualidade*, cit., p. 186.

descarcerizadora das *penas alternativas*, que pressupõe também a menor *danosidade social* das infrações que pretende abranger.

Contudo, essa *harmonia* não mais existe neste início de século e de milênio. O excesso de legislação extravagante, sem qualquer cientificidade, destruiu o que restava de harmonia e coerência no sistema criminal brasileiro, ignorou os *princípios da proporcionalidade, da razoabilidade e da lesividade do bem jurídico* e abandonou todo e qualquer critério que pudesse orientar a *primeira fase de individualização da pena*, a legislativa, renunciando, inclusive, o dever constitucional de adotar uma política criminal adequada aos postulados de um Estado Social e Democrático de Direito. Com efeito, a legislação sobre os *crimes hediondos*, a despeito de sua receptividade pela maioria dos tribunais superiores, viola as garantias jurídico-penais asseguradas na própria Constituição Federal em vigor. Nesse contexto e em razão da imperatividade da supremacia da Carta Magna, o eventual confronto político-criminal entre as Leis n. 8.072/90 e 9.714/98 deve ser decidido em prol desta última, que, além de garantista, vem a adequar-se aos postulados da atual Constituição[62].

Na verdade, a legislação ordinária somente não pode modificar aqueles postulados da Lei dos Crimes Hediondos que a própria Constituição estabeleceu, ou seja, "a lei considerará crimes inafiançáveis e insuscetíveis de graça ou anistia" (art. 5º, XLIII, da CF). Todos os demais *excessos* contidos na Lei n. 8.072/90 podem ser alterados por simples lei ordinária, tácita ou expressamente, consoante dispõe o art. 2º, § 1º, da Lei de Introdução às Normas do Direito Brasileiro. Nesse sentido, a Lei n. 9.714/98 derrogou parcialmente os §§ 1º, 2º e 3º do art. 2º da Lei n. 8.072/90, nas infrações penais praticadas sem violência ou grave ameaça, cuja pena concretizável, provavelmente, não ultrapassará quatro anos. Seria paradoxal negar *fiança* ou *liberdade provisória* ou determinar cumprimento em *regime integralmente fechado* a quem não será condenado à prisão.

Assim, a partir da Lei n. 9.714/98 aquelas infrações definidas como *crimes hediondos* ou *assemelhados*, que satisfizerem os requisitos exigidos pelo atual art. 44 do Código Penal, admitem a aplicação de penas restritivas de direitos. Logo, a substituição de penas somente estará vedada quando a pena aplicada for superior a quatro anos ou o crime for daqueles praticados com violência ou grave ameaça. De plano, constata-se que o *tráfico ilícito de entorpecentes e drogas afins*, como regra, não é praticado com violência ou grave ameaça, incluindo-se, portanto, entre aquelas infrações que passam a admitir a substituição de penas.

Na realidade, a insensibilidade do legislador tem de ser temperada com a sensibilidade do julgador, especialmente naquelas regiões fronteiriças que a abstração legal não distingue; ninguém ignora que existem crimes hediondos e

---

62. Nesse particular, retificamos o entendimento que sustentamos na edição anterior.

"crimes hediondos", e aí a figura do intérprete é fundamental, pois o rigorismo do legislador infraconstitucional, não raro, como afirma Assis Toledo, "tem estimulado excessos de certos promotores e de alguns juízes que não percebem, ou não distinguem convenientemente, a fronteira entre a doença do vício e a ganância do tráfico, capitulando e condenando por tráfico portadores de vício, a penas elevadas"[63]. A aplicação, nesses casos, da *pena substitutiva* é um bom instrumento para corrigir tais excessos.

Por outro lado, desde 1940, a prática de qualquer *ato libidinoso diverso da conjunção carnal, contra a vontade da vítima, constituiu atentado violento ao pudor* (art. 214), transformado em uma das modalidades de estupro (Lei n. 12.015/2009). Incluem-se nessa definição o beijo lascivo, os tradicionais "amassos", simples toques nas regiões pudendas, apalpadelas, entre outras, que a juventude moderna faz com frequência, especialmente nos carnavais. Seriam esses, afinal, os comportamentos a que a Lei dos Crimes Hediondos quer aplicar pena que varia entre 6 e 10 anos de reclusão? À evidência que não, embora integrem a tradicional definição típica que abrange sexo oral e sexo anal, que, quando praticados contra a vontade da vítima, constituem a violência mais indigna que pode ser impingida ao ser humano. No entanto, a distinção do desvalor que uns e outros comportamentos encerram é incomensurável. Se, nestes últimos exemplos, a gravidade da sanção cominada é razoável, o mesmo não ocorre em relação aos primeiros, que, confrontados com a gravidade da sanção referida, beiram as raias da insignificância. Nesses casos, sustentamos a possibilidade de, no máximo, desclassificar o fato para o crime de *importunação sexual* (art. 215-A do CP).

Concluindo, a aplicação das penas substitutivas nos crimes hediondos deve ser analisada casuisticamente, e, quando satisfizer os requisitos que a Lei n. 9.714 exige, sua aplicação será possível. Com efeito, os autores do crime de estupro (conjunção carnal, sexo anal, sexo oral etc.) certamente não merecerão penas substitutivas, quer pela violência do *modus operandi*, quer pelo patamar da pena aplicada (superior a quatro anos), quer por não satisfazerem os demais requisitos exigidos pelo art. 44 do CP. Aliás, nesse sentido também se manifesta Assis Toledo, afirmando que: "para os traficantes, exploradores do vício, verdadeiros mentores e responsáveis por essa praga que aflige a sociedade deste fim de século, não haverá certamente pena alternativa, seja pela normal elevação da pena concretizada, na sentença, acima do limite de quatro anos, seja pelas exigências do requisito do inciso III do art. 44, que eles, sem dúvida alguma, não preencherão, ante os motivos que os impelem e as circunstâncias que não os recomendam"[64].

---

63. Francisco de Assis Toledo, Aplicação da pena: pena alternativa ou substitutiva..., p. 147.
64. Francisco de Assis Toledo, Aplicação da pena: pena alternativa ou substitutiva..., p. 147.

11. Conflito político-criminal entre as Leis n. 9.714/98 e 9.099/95

Os dois diplomas legais — Lei n. 9.099/95 e Lei n. 9.714/98 — adotam, em princípio, a mesma *política criminal descarcerizadora e despenalizadora*, na medida em que ambos buscam, sempre que possível, evitar o encarceramento do sentenciado, substituindo a pena privativa de liberdade por outras alternativas sancionatórias.

Contudo não atuam apenas na mesma faixa, quer de infrações, quer de sanções penais. A primeira limita-se às *infrações de menor potencial* ofensivo (ressalvada a hipótese de seu art. 89), cuja sanção não ultrapasse a dois anos de privação; a segunda, muito mais abrangente, destina-se à criminalidade média e até grave, na medida em que o limite de quatro anos não se refere à pena cominada, *in abstracto*, mas, ao contrário, contempla o limite máximo de pena concretizada na decisão final condenatória. Implica afirmar que infrações *abstratamente* puníveis com sanções de até oito ou dez anos podem, eventualmente, beneficiar-se com *penas alternativas*, v. g., os crimes de *furto qualificado* (art. 155, § 4º) ou *furto de veículo* (art. 155, § 5º), *receptação qualificada* (art. 180, § 1º), *favorecimento da prostituição* (art. 228), *tráfico de pessoas* (art. 149-A), *bigamia* (art. 235), *registro de nascimento inexistente* (art. 241), *parto suposto* (art. 242), *sonegação do estado de filiação* (art. 243), *incêndio* (art. 250), *explosão* (art. 251), *inundação* (art. 254), *corrupção ativa e passiva* (arts. 317 e 333). Com efeito, a nova previsão de penas "restritivas de direitos" abrange mais de noventa por cento das infrações tipificadas no Código Penal brasileiro, estando excluídos dessa política, basicamente, apenas os crimes contra a vida, os crimes contra o patrimônio praticados com violência (como roubo e extorsão), e o estupro, em razão da quantidade da pena. Afora essas infrações, somente algumas outras, que forem praticadas com violência ou grave ameaça à pessoa, estarão excluídas.

É exatamente essa diversidade de abrangência que acaba apresentando também certa diversidade de requisitos para a admissão de uma ou outra orientação político-criminal. Assim, qualquer *infração penal de menor potencial ofensivo*, independentemente de sua *forma de execução*, em princípio, será abrangida pela política criminal consensual da Lei n. 9.099/95. No entanto, a aplicação da *política criminal descarcerizadora* da Lei n. 9.714/98, para penas não superiores a quatro anos, exige que a infração penal não tenha sido praticada "com violência ou grave ameaça à pessoa" (art. 44, I, do CP). É prudente e racional que essa nova política, mais abrangente e mais audaciosa, venha enriquecida de requisitos necessários para autorizar a sua aplicação, pois de alguma forma e por algum meio se precisa filtrar os inconvenientes naturais de uma política extremamente abrangente, sob pena de se oficializar a impunidade e tornar impossível a convivência social.

Essas diversidades, naturalmente, deverão apresentar alguma dificuldade, algum conflito em algum ponto de estrangulamento das duas orientações liberais, que atuam, como já dissemos, em faixa própria. Nada impede, por exemplo, que, no rol das infrações definidas como de menor potencial ofensivo, existam algumas que possam ser praticadas "com violência ou grave ameaça à pessoa", e, a despeito dessa circunstância, continuem sendo definidas como infrações de menor potencial ofensivo. E, aí, nesses casos, aplicar-se-á a Lei n. 9.099/95 ou a Lei n. 9.714/98, que é posterior? Deixar-se-á de aplicar alternativas à pena privativa de liberdade, independentemente de a pena não ser superior a dois anos, ou não?

11.1. *Lesão corporal leve dolosa, ameaça e constrangimento ilegal*

Pela nova lei, não será admitida a *substituição* por pena restritiva de direitos para a infração penal de *lesão corporal leve dolosa* (art. 129, *caput*), visto que se trata de *crime cometido com violência à pessoa* (art. 44, I). No entanto, esse crime não está afeto à Parte Geral do Código Penal e, em particular, à nova disciplina trazida pela Lei n. 9.714, pois trata-se de *infração penal de menor potencial ofensivo* (art. 61 da Lei n. 9.099/95), aplicando-se-lhe a *política criminal consensual* da referida lei. Enfim, permanece inalterado seu tratamento político-criminal.

Nos crimes de *ameaça* (art. 147) e de *constrangimento ilegal* (art. 146), as circunstâncias são semelhantes, na medida em que são praticados com *grave ameaça à pessoa*. Não se lhes aplicariam as novas "penas alternativas", pois o novo texto legal exclui da *substituição* os crimes praticados *com violência moral* (grave ameaça). Mas, a exemplo da *lesão corporal leve*, ambos, como *infrações de menor potencial ofensivo*, são da competência dos *Juizados Especiais Criminais* (art. 61 da Lei n. 9.099/95), cuja orientação *político-criminal* permanece inalterada. Na realidade, nos Juizados Especiais Criminais as "penas restritivas de direitos" têm *natureza alternativa*, enquanto no Código Penal (mesmo com a nova redação) elas são de *natureza substitutiva*. Em outros termos, nos Juizados Especiais Criminais não há aplicação de pena privativa de liberdade a ser substituída, partindo-se diretamente da cominação abstrata; já no sistema do Código Penal, concretiza-se a pena de prisão, que, a seguir, deve ser substituída.

Essa é, a nosso juízo, a interpretação mais razoável que se pode dar às hipóteses de *infrações de menor potencial ofensivo* que, eventualmente, sejam praticadas "com violência ou grave ameaça à pessoa". Seria um contrassenso uma lei nova, com objetivo nitidamente *descarcerizador*, que amplia a aplicação de alternativas à pena privativa de liberdade, por equívoco interpretativo obrigar a aplicação de pena privativa de liberdade às *infrações de menor potencial ofensivo*. Por isso, a nova disciplina das penas "restritivas de direitos" não incidirá nessas infrações, para limitar-lhes a exclusão da pena de prisão.

12. Limites das novas penas alternativas e a suspensão condicional do processo

Afinal, qual é o instituto mais benéfico, a *suspensão condicional do processo* (art. 89 da Lei n. 9.099/95) ou a *substituição da pena privativa de liberdade* aplicada? Sem sombra de dúvida, a *suspensão do processo* é instituto consideravelmente *mais liberal* do que a *substituição* das penas prisionais por restritivas de direitos. Ao contrário da *substituição*, em que haverá condenação, com todos os seus consectários, na *suspensão do processo*, além da inexistência de decisão condenatória, não há processo, antecedentes criminais, pressuposto de reincidência etc. Logo, como a *suspensão condicional do processo* é um instituto mais *liberal*, deve, em princípio, a sua *concessão* ser mais *enriquecida* de exigências, para justificar o seu merecimento. Mas será que a regulamentação das duas hipóteses — *suspensão condicional do processo e aplicação das "penas alternativas"* — permite a adoção desse entendimento? Façamos um exame comparativo.

Os argumentos utilizados para justificar a exclusão dos crimes de *lesão corporal leve* (art. 129, *caput*, do CP), *constrangimento ilegal* (art. 146) e *ameaça* (art. 147) do âmbito de aplicação da Lei n. 9.714/98 e submetê-los à disciplina da Lei n. 9.099/95 *não servem* em relação ao instituto da *suspensão condicional do processo* (art. 89 da Lei n. 9.099/95). Embora os dois diplomas legais adotem a mesma orientação político-criminal, que pretende *despenalizar* e *descarcerizar*, sem *descriminalizar*, além de adotarem, indiscutivelmente, critérios e parâmetros díspares, destinam-se a faixas de criminalidade distintas: aquela se destina à criminalidade média e esta objetiva a micro e pequena criminalidade.

O argumento decisivo para se sustentar a impossibilidade de admitir que a disciplina da Lei n. 9.714/98 (que exclui as penas alternativas das infrações cometidas com violência ou grave ameaça à pessoa — art. 44, I, do CP) incida sobre crimes como *lesão corporal leve dolosa*, *constrangimento ilegal* e *ameaça*, entre outros, é exatamente o fato de tratar-se de *infrações de menor potencial ofensivo*, cuja *política criminal* é disciplinada diretamente pela Constituição Federal (art. 98, I). Referido argumento não serve, entretanto, porque a aplicação do instituto da suspensão do processo *não é um instituto genuíno* dos *Juizados Especiais Criminais*, isto é, não se limita às *infrações de menor potencial ofensivo*. Na verdade, a *suspensão condicional do processo* e a *natureza da ação penal* do crime de lesões leves ou culposas são dois institutos absolutamente independentes e autônomos, aplicáveis tanto nos *Juizados Especiais Criminais* como no juízo comum. Enfim, a previsão da *admissibilidade* da suspensão do processo está na Lei n. 9.099/95, como poderia estar em qualquer outro diploma legal; aproveitou-se, simplesmente, dessa lei para incluir no ordenamento jurídico brasileiro esse novo e elogiável instituto, a despeito de seus excessos liberalizantes.

Pode-se então concluir que, como a *suspensão condicional do processo* e a disciplina das *"novas" penas alternativas* são institutos que têm o mesmo propósito político-criminal descarcerizador, devem *harmonizar-se* e encontrar seu denominador comum dentro do próprio sistema jurídico-penal brasileiro. Contudo, ambos — a suspensão condicional do processo e a disciplina das novas penas alternativas — apresentam algumas dificuldades "operacionais", decorrentes da diversidade de *parâmetros adotados* (limites de pena *aplicada* e de pena *cominada*) e dos *requisitos de admissibilidade* de cada um, que precisam ser analisados.

12.1. Divergência quanto aos requisitos de admissibilidade

A nova disciplina das "penas alternativas" leva em consideração a *quantidade de pena aplicada* — não superior a quatro anos —, independentemente da natureza do crime (doloso ou culposo), enquanto a *suspensão condicional do processo* considera a *pena cominada* (nem poderia ser diferente, pois não haverá pena aplicada), cujo *limite mínimo* abstrato não seja superior a um ano. Assim, todas as infrações penais que, pela quantidade de pena cominada, admitem, em tese, a *suspensão condicional do processo* também estariam, em regra, dentro dos limites previstos para a eventual *substituição* (pena aplicada não superior a quatro anos). Por outro lado, uma infinidade de infrações penais que, pela quantidade de pena cominada — limite mínimo superior a um ano —, não admitem a suspensão condicional do processo poderá ter, naturalmente, a pena aplicada *substituída* por pena restritiva de direitos, pois a pena concretizada poderá ser "não superior a quatro anos". Não podem ter o processo suspenso — em razão da quantidade da pena —, porém, sobrevindo condenação, poderão beneficiar-se com a substituição da pena privativa de liberdade por uma restritiva de direitos, se o infrator satisfizer, logicamente, os demais requisitos. É mais uma das tantas antinomias denunciadas, consequente das ditas "reformas pontuais".

A grande divergência, porém, refere-se ao *modus operandi*, pois, se a *infração penal* for cometida com *violência ou grave ameaça à pessoa*, ficará inviabilizada a aplicação das ditas *"penas alternativas"*, independentemente de a condenação situar-se no limite de até quatro anos de prisão. O instituto da *suspensão condicional do processo* não tem essa limitação impeditiva, relativamente à *forma de execução* do crime. A consequência dessa divergência na previsão dos requisitos de uma e outra hipóteses pode levar à seguinte situação: *infrações penais*, cujo limite mínimo inferior não seja superior a um ano, praticadas "com violência ou grave ameaça à pessoa", havendo *condenação*, não poderiam ser substituídas, em razão da "violência" à pessoa. Contudo, em razão da ausência dessa previsão, *infrações penais*, cujo limite mínimo inferior não seja superior a um ano, mesmo praticadas com *"violência à pessoa"*, poderão, em princípio, beneficiar-se com a *suspensão do processo*, desde que, é lógico, estejam presentes os demais requisitos.

Trata-se, convenhamos, de um verdadeiro paradoxo: crimes que não admitem, em tese, a aplicação de pena substitutiva, em razão da sua gravidade — praticados com violência ou grave ameaça à pessoa —, podem beneficiar-se com a suspensão do processo! Exemplificativamente, podem-se destacar, dentre outras, as seguintes infrações: *perigo de contágio venéreo intencional* (art. 130, § 1º), *perigo de contágio de moléstia grave* (art. 131), *abandono de incapaz com lesão grave* (art. 133, § 1º), *exposição ou abandono de recém-nascido (com lesão corporal grave)* (art. 134, § 1º), *omissão de socorro* (art. 135, parágrafo único), *injúria real e* "*racial*" (art. 140, §§ 2º e 3º), *violação de domicílio* (art. 150, § 1º), para referir somente algumas. Essas infrações, entre outras, não admitem a pena substitutiva, mas podem beneficiar-se com a *suspensão condicional do processo*.

Como se vê, coerência, harmonia e sistematização são conceitos completamente desconhecidos do legislador brasileiro contemporâneo, que, ao que parece, pretendendo *justificar-se*, diariamente aprova uma lei criminal, destruindo, de forma paulatina, o que resta de harmonia e coerência no sistema criminal brasileiro. Essa contradição — concessão de benefícios maiores (suspensão do processo) para infrações mais graves (cometidas com violência), que não admitem benefícios menores (substituição da pena) — configura a mais flagrante violação do *princípio da proporcionalidade*, desrespeitando a importância do *bem jurídico*, atingindo as raias da inconstitucionalidade.

13. Novas penas alternativas e prisão processual: incompatibilidade

A liberdade é a regra, a prisão é exceção; pena restritiva de direitos é a regra, pena privativa de liberdade é exceção, quando não ultrapassar quatro anos. Logo, tanto na primeira exceção quanto na segunda sua aplicação deverá ser sempre devidamente fundamentada.

De certa forma, essa Lei n. 9.714/98, como tantas outras das chamadas "reformas pontuais", cria certa *desarmonia* no sistema penal brasileiro, que, na verdade, nunca foi tão *harmonioso* assim. Mas, enfim, havia uma boa *sistematização político-criminal* em nosso ordenamento jurídico-penal, que começou a desmoronar com a edição das Leis dos Crimes Hediondos (Lei n. 8.072/90), do Crime Organizado (9.034/95), Projeto de Lei dos Crimes de Especial Gravidade, lei que redefiniu as infrações patrimoniais (9.426/96), do meio ambiente (9.605/98), entre outras. Agora, essa Lei n. 9.714, assistemática, acaba destruindo o que restava de harmonia e coerência no sistema criminal brasileiro, ignorando o *princípio da proporcionalidade*, com desrespeito à importância do bem jurídico, dificultando a aplicação do *sursis*, do *regime aberto* e da própria *prisão domiciliar*, equiparando ou superpondo *sanções penais* e *efeitos da condenação* (arts. 45, § 3º, e 91, II, ambos do Código Penal), desconhecendo e omitindo as remissões que se faziam indispensáveis a vários dispositivos do Código Penal e da Lei de Execução Penal, colidindo, de certa forma, *com a política criminal adotada pela Lei n. 9.099/95* e sua definição de *infrações de menor potencial ofensivo*, entre tantas outras dificuldades que não podem ser aqui examinadas. Pois todas essas questões exigirão demasiado esforço interpretativo e dogmático para se chegar, pelo menos, a um entendimento razoável do ordenamento jurídico-penal brasileiro, a partir da edição da Lei n. 9.714, aparentemente inofensiva.

Nesse contexto desarmonizado pela *fúria legiferante*, como já referimos, merece destacada atenção a correlação da nova disciplina das *penas alternativas* e as hipóteses da denominada prisão *ad cautelam*. Não se pode ignorar, à evidência, que toda lei quando entra em vigor insere-se no contexto do ordenamento jurídico positivo, produzindo alterações tácitas ou expressas.

A *prisão processual* (em flagrante, temporária, preventiva, decorrente de pronúncia ou sentença condenatória recorrível) somente se justifica se estiverem presentes os requisitos contidos nos arts. 312 e 313 do CPP. No entanto, como prisão *"ad cautelam"* só tem razão de ser se houver *probabilidade* de condenação e de frustração da futura execução dessa condenação. Ou seja, em termos bem esquemáticos, é indispensável a presença dos dois tradicionais requisitos de toda e qualquer medida cautelar: o *fumus boni iuris* e o *periculum in mora*. Tourinho Neto, em apertada síntese, define, com acerto, esses *pressupostos* da prisão provisória nos seguintes termos: *"fumus boni iuris*, isto é, deve haver uma probabilidade do direito pleiteado. Qual o direito que a acusação está pleiteando? A condenação. Se não houver essa probabilidade, não há o *fumus boni iuris*. E o *periculum in mora*? Haverá tal perigo, se o indiciado ou o réu praticar qualquer ato que impeça a regularidade da instrução; se o réu ou indiciado pretender se furtar à prisão. Não deve, porém, o juiz confundir determinado meio de defesa com embaraço à ação judicial"[65]. Nessa mesma linha já se manifestava Frederico Marques, *in verbis*: "a prisão cautelar tem por objeto a garantia imediata da tutela de um bem jurídico para evitar as consequências do *periculum in mora*. Prende-se para garantir a execução ulterior da pena, o cumprimento de futura sentença condenatória. Assenta-se ela num juízo de probabilidade: se houver probabilidade de condenação, a providência cautelar é decretada a fim de que não se frustrem a sua execução e seu cumprimento"[66].

Do exposto, conclui-se que se não houver o *fumus boni iuris*, isto é, a probabilidade de condenação à pena privativa de liberdade, e o *periculum in mora*, ou seja, o perigo de o infrator colocar em risco a ordem jurídica (art. 312 do CPP), é inadmissível a "prisão cautelar". Falta-lhe fundamento legal e constitucional, ou seja, não há legitimidade político-jurídica para restrição da liberdade antecipada. Com efeito, a *prisão processual*, que já era restrita pela sua excepcionalidade, está completamente afastada naquelas infrações que, teoricamente, podem receber uma pena alternativa. Como diagnostica Assis Toledo: "seria ilógico abolir-se a prisão como pena para certos fatos previstos como crime no Código Penal e, ao mesmo tempo, manter-se a prisão, na lei processual, a título de

---

65. Tourinho Neto, Prisão provisória, *Revista de Informação Legislativa*, n. 122, abr./jun. 1994, p. 89-90.
66. José Frederico Marques, *Elementos de Direito Processual Penal*, São Paulo, Bookseller, v. 4, p. 47.

acautelar a futura execução de uma pena que, embora prevista em abstrato, deixou de existir ou de aplicar-se para certos casos ou para o caso concreto"[67].

Enfim, com a possibilidade de ser aplicada *pena restritiva de direitos* para condenações de até quatro anos, hoje, mais do que nunca, impõe-se o exame cauteloso da provável pena que, na hipótese de condenação, poderá ser aplicada. Essa prognose em benefício do cidadão é perfeitamente possível em razão do princípio da reserva legal, que possibilita saber antecipadamente a provável pena aplicável.

---

67. Francisco de Assis Toledo, Aplicação da pena: pena alternativa ou substitutiva, in: *Penas restritivas de direitos — críticas e comentários às penas alternativas*, São Paulo, Revista dos Tribunais, 1999.

XXXI APLICAÇÃO SUBSTITUTIVA DAS PENAS RESTRITIVAS DE DIREITOS NAS LEIS N. 9.503/97 E 9.605/98

Sumário: 1. Considerações gerais. 2. Aplicação dos institutos penais da Lei n. 9.099/95 aos crimes tipificados no Código de Trânsito Brasileiro: interpretação do art. 291. 2.1. Interpretação e aplicação do art. 291 e parágrafo único, conforme a redação originária do CTB (antes da alteração produzida pela Lei n. 11.705/2008). 2.2. Interpretação e aplicação do art. 291 após a alteração produzida pela Lei n. 11.705/2008. 2.3. Interpretação e aplicação do art. 291 após a entrada em vigor da Lei n. 12.971/2014. 3. Aplicação *substitutiva* ou *alternativa* das penas "restritivas de direitos" nas infrações definidas na Lei Ambiental (Lei n. 9.605/98). 3.1. Aplicação dos postulados da Lei n. 9.099/95 nas infrações penais definidas na Lei Ambiental (Lei n. 9.605/98). 3.1.1. A transação penal na nova Lei Ambiental. 3.1.2. Prévia composição ou prévia reparação do dano. 3.1.3. Comprovada impossibilidade de composição do dano. 3.1.4. A suspensão condicional do processo. 3.1.5. Limites constitucionais da transação penal.

1. Considerações gerais

A questão a analisar, neste capítulo, é simplesmente se as penas "restritivas de direitos" do Código Penal, com seu caráter *substitutivo* ou *"alternativo"*, aplicam-se ou não aos crimes definidos no Código de Trânsito Brasileiro (Lei n. 9.503/97) e na Lei Ambiental (Lei n. 9.605/98). Convém registrar, por oportuno, que ambas trazem *suas próprias penas restritivas de direitos*, com algumas diferenças, contudo: elas não são *alternativas* nem *substitutivas* no Código de Trânsito; vale dizer, a aplicação dessas penas, por si só, não afasta a *pena privativa de liberdade*. A *Lei Ambiental*, por seu lado, além de cominar as suas próprias penas restritivas de direitos, embora também com caráter *substitutivo*, tem parâmetros e limites diferentes daqueles estabelecidos no Código Penal. Daí a procedência do seguinte questionamento: esses dois diplomas legais — Leis n. 9.503/97 e 9.605/98 — admitiriam a aplicação de outras *penas restritivas de direitos*, seja em *caráter alternativo*, seja em *caráter substitutivo* das penas privativas de liberdade que cominam? Passamos a examinar essas questões a seguir.

2. Aplicação dos institutos penais da Lei n. 9.099/95 aos crimes tipificados no Código de Trânsito Brasileiro: interpretação do art. 291

O art. 291, *caput*, determina que se aplique, "no que couber", a Lei n. 9.099/95 (Lei dos Juizados Especiais). Segundo a dicção desse artigo, com a ressalva "no que couber", todos os institutos da Lei n. 9.099/95 são aplicáveis aos crimes definidos pelo CTB, desde que se enquadrem na definição de *infração de menor potencial ofensivo*.

O conceito do que vem a ser *infração de menor potencial ofensivo* é dado pelo art. 61 da Lei n. 9.099/95. A redação original do art. 61 estabelecia: "Consideram-se infrações penais de menor potencial ofensivo, para os efeitos desta Lei, as contravenções penais e os crimes a que a lei comine pena máxima não superior a um ano, excetuados os casos em que a lei preveja procedimento especial". Nesses termos, somente os crimes dos arts. 304, 305, 307, 309, 310, 311 e 312 do CTB eram considerados como de menor potencial ofensivo.

Por meio da Lei n. 10.259/2001, que dispõe sobre a instituição dos Juizados Especiais Cíveis e Criminais no âmbito da Justiça Federal, alterou-se o conceito de infração de menor potencial ofensivo, passando-se a considerar como tal "os crimes a que a lei comine pena máxima não superior a dois anos, ou multa", texto finalmente incorporado ao art. 61 da Lei n. 9.099/95 por meio da Lei n. 11.313/2006. Nesses termos, o rol de crimes de trânsito de menor potencial ofensivo foi ampliado, passando a abarcar os arts. 303, 304, 305, 307, 309, 310, 311 e 312 do CTB, com *pena máxima cominada não superior a dois anos*. Por via de consequência, são aplicáveis aos referidos crimes de trânsito os institutos penais e processuais penais previstos na Lei n. 9.099/95, isto é, além da proibição de *prisão em flagrante* delito e *arbitramento de fiança*, nos termos do art. 69 deste diploma legal, deverá ser lavrado o *Termo Circunstanciado*, para ser remetido ao Juizado Especial Criminal onde caberá a realização de audiência preliminar para composição de danos civis, e, estando presentes os requisitos, proposta de transação penal, conforme arts. 74 e 76 da Lei n. 9.099/95, respectivamente, além das regras que disciplinam o procedimento oral e sumaríssimo.

A previsão do *caput* do art. 291, embora correta, parece-nos absolutamente desnecessária, isto é, ainda que tal previsão não existisse, aplicar-se-iam as normas previstas na Lei n. 9.099/95 naqueles crimes que, é claro, se enquadrassem na definição de *infrações de menor potencial ofensivo*. Incidem sobre as infrações tipificadas nessa lei, como incidem em infrações tipificadas em qualquer outra lei, desde que apresentem a *pequena ofensividade lesiva* definida no art. 61 da Lei n. 9.099/95. Vamos mais longe, somente para raciocinar: admitamos que o Código de Trânsito Brasileiro contivesse uma norma que, expressamente, proibisse a aplicação do disposto na Lei n. 9.099/95. Como ficaria? Em razão dessa proibição expressa, em uma lei ordinária, não se poderiam aplicar os institutos da Lei n. 9.099/95?

Ora, pela Constituição (art. 98, I), os autores de *infrações de menor potencial ofensivo* têm direito à *transação penal*. Como ficaria, então, o infrator que praticasse uma *infração de menor potencial ofensivo* daquelas tipificadas no Código de Trânsito Brasileiro? Teria seu *direito constitucional* violado porque a *infração* que cometeu, a despeito de corresponder à definição de *menor potencial ofensivo*, está disciplinada em um diploma que proíbe a *transação penal*, em razão da política criminal idealizada pelo legislador ordinário? Qual é a diferença, para o *cidadão infrator*, se a *infração de menor potencial ofensivo*, por ele praticada, estiver prevista em uma lei extravagante ou no Código Penal? Não são todos iguais perante a lei? Se a infração por ele praticada é, por determinação da Lei Maior, de *menor potencial ofensivo*, em que é permitida a *transação penal* e, nesse caso, proibida a aplicação de pena privativa de liberdade, como fica? Os *princípios de legalidade* e do *devido processo legal* não são assegurados pela Constituição? Na verdade, o *cidadão infrator* tem direito ao tratamento preconizado pela Lei n. 9.099/95, independentemente de tratar-se de crime tipificado no Código Penal ou em qualquer lei extravagante.

Aliás, a Lei n. 9.099/95, que cumpriu mandamento constitucional instituindo os *Juizados Especiais Criminais* e disciplinando o instituto da *transação penal*, não fez qualquer ressalva relativamente a que diploma legal poderia tipificar aquelas infrações referidas na Constituição. Ademais, referida lei não tipifica crimes, define tão somente aqueles que são considerados de *pequena potencialidade lesiva*. Por fim, a Lei n. 9.099/95 é uma espécie de *lei delegada ou complementar*, na medida em que veio regulamentar uma previsão constitucional (art. 98, I, 2ª parte, da CF). Logo, a *transação penal* e o procedimento oral e sumaríssimo, nas *infrações penais de menor potencial ofensivo*, são *direitos públicos subjetivos* constitucionalmente assegurados ao cidadão infrator. Por isso, nessas circunstâncias, qualquer lei ordinária que pretender proibir ou suprimir esses direitos será absolutamente inconstitucional. O mesmo não ocorreria se o CTB proibisse, por exemplo, a aplicação da *composição cível "ex delicto", na própria jurisdição criminal*, ou a aplicação do instituto da *suspensão condicional do processo* (arts. 74 e 89, ambos da Lei n. 9.099/95). A razão é simples: a criação e a aplicação desses dois institutos não decorrem diretamente de previsão constitucional: ambos situam-se na esfera infraconstitucional.

Após esses esclarecimentos iniciais, devem ser analisadas com maior acuidade as seguintes questões: a) quais são os crimes de menor potencial ofensivo tipificados no CTB; e b) qual o alcance da norma do art. 291 do CTB. Essa análise requer, contudo, uma exposição retrospectiva das sucessivas alterações legislativas, para o adequado entendimento da matéria.

2.1. *Interpretação e aplicação do art. 291 e parágrafo único, conforme a redação originária do CTB (antes da alteração produzida pela Lei n. 11.705/2008)*

Como indicamos *supra*, a Lei n. 10.259/2001, que dispõe sobre a instituição dos Juizados Especiais Cíveis e Criminais no âmbito da Justiça Federal, alterou o conceito de infração de menor potencial ofensivo, passando a considerar como tal "os crimes a que a lei comine pena máxima não superior a dois anos, ou multa". Antes de sua vigência, o crime dos arts. 303 e 308 do CTB não eram de menor potencial ofensivo. Ainda assim, o parágrafo único (revogado pela Lei n. 11.705/2008) do art. 291 determinava que se aplicassem aos crimes dos arts. 303, 306 e 308 do CTB os institutos da composição civil, transação penal e da representação como condição de procedibilidade (arts. 74, 76 e 88 da Lei n. 9.099/95, respectivamente). Na medida em que não se tratavam de autênticas infrações de menor potencial ofensivo, somente esses três institutos passaram a ser aplicáveis aos arts. 303, 306 e 308 do CTB, de modo que o rito processual não havia sido modificado, isto é, para os crimes de lesão corporal culposa na direção de veículo automotor (art. 303), embriaguez ao volante (art. 306) e participação em competição não autorizada (art. 308) continuava sendo necessária a instauração de inquérito policial, o processamento do feito seria levado a cabo perante a vara criminal comum, sem adoção do rito sumaríssimo, e o julgamento dos recursos seguiria o rito estabelecido pelo Código de Processo Penal, sendo de competência dos Tribunais de Justiça e não das turmas recursais compostas por juízes de primeira instância. Nesses termos, estava claro que, apesar da previsão do art. 291 e seu parágrafo único, não estávamos diante de crimes de menor potencial ofensivo.

Esse tema suscitou, inclusive, um amplo debate na doutrina, uma vez que se considerava inconstitucional a aplicação diferenciada dos institutos despenalizadores da Lei n. 9.099/95 a crimes que não eram de menor potencial ofensivo; além de reputar-se incongruente a necessidade de representação como condição de procedibilidade da ação penal pública, bem como a possibilidade de composição civil dos danos para os crimes de embriaguez ao volante (art. 306) e participação em competição não autorizada (art. 308), por se tratar de crimes que afetam bem jurídico supraindividual indisponível, a segurança viária[1].

---

1. Já havíamos manifestado nosso posicionamento crítico acerca do tema em Cezar Roberto Bitencourt, *Tratado de Direito Penal*; Parte Geral, 29ª ed., São Paulo, Saraiva, 2023, v. 1, p. 720-738 (capítulo sobre a aplicação substitutiva das penas restritivas de direitos nas Leis n. 9.503/97 e 9.605/98). Na doutrina brasileira confira também Luiz Flávio Gomes, CTB: primeiras notas interpretativas, *Bol. IBCCrim*, n. 61, dez. 1997; Rui Stoco, Código de Trânsito Brasileiro: disposições penais e suas incongruências, *Bol. IBCCrim*, n. 61, dez. 1997; Julio Fabbrini Mirabete, Crimes de trânsito têm normas gerais específicas, *Bol. IBCCrim*, n. 61, dez. 1997; Maurício Antonio Ribeiro Lopes, *Crimes de trânsito*, São Paulo, Revista dos Tribunais, 1998, p. 54-62; Paulo José da Costa Jr. e Maria Elizabeth Queijo, *Comentários aos crimes do novo Código de Trânsito*, São Paulo, Saraiva, 1998, p. 24-27; Fernando Capez e Victor Eduardo Rios Gonçalves, *Aspectos criminais do Código de Trânsito Brasileiro*, São Paulo, Saraiva, 1998, p. 2-4; Fernando Capez, *Curso de Direito Penal, Legislação Penal especial*, 2ª ed., São Paulo, Saraiva, 2007, v. 4, p. 260-261.

Com a entrada em vigor da Lei n. 10.259/2001, parte da controvérsia foi resolvida, pois os crimes do art. 303 e 308 do CTB passaram a ser considerados como de menor potencial ofensivo, na medida em que a pena máxima a eles cominada não superava dois anos de detenção, sofrendo a partir de então a incidência das normas penais e processuais penais previstas na Lei n. 9.099/95[2]. Com isso, a regra do então vigente parágrafo único do art. 291 do CTB teria eficácia em relação ao crime do art. 306 — cuja pena máxima é de três anos de detenção, não se tratando, portanto, de crime de menor potencial ofensivo —, determinando que a ele se aplicassem as regras dos referidos arts. 74, 76 e 88 da Lei n. 9.099/95. Ademais, mantinham-se os efeitos do art. 88 da Lei n. 9.099/95 sobre o crime do art. 308, no que diz respeito à necessidade de representação, como condição de procedibilidade da ação penal.

Contudo, um setor significativo da doutrina[3] continuou criticando a possibilidade de aplicação dos institutos despenalizadores dos arts. 74 e 88 da Lei n. 9.099/95 aos crimes de embriaguez ao volante (art. 306) e participação em competição não autorizada (art. 308), uma vez que eles afetam bem jurídico supraindividual indisponível — a segurança viária —, não havendo uma vítima concreta, individualizada, com legitimidade para apresentar representação nem mesmo dano real a ser reparado, o que também inviabilizaria a possibilidade de composição civil dos danos. Nesses termos, os crimes tipificados nos arts. 306 e 308 do CTB deveriam ser considerados como de ação penal pública incondicionada, sem possibilidade de que eventual composição civil de danos pudesse impedir a instauração da ação penal. Acerca desse posicionamento da doutrina alguns esclarecimentos precisam ser feitos.

---

2. A fim de evitar interpretações dissonantes e contraditórias, alterou-se também a redação do art. 61 da Lei n. 9.099/95, que, com a entrada em vigor da Lei n. 11.313/2006, passou a dispor expressamente: "Consideram-se infrações penais de menor potencial ofensivo, para os efeitos desta Lei, as contravenções penais e os crimes a que a lei comine pena máxima não superior a 2 (dois) anos, cumulada ou não com multa". Mas, cabe ressaltar que desde o advento da Lei n. 10.259/2001 o conceito de infração de menor potencial ofensivo foi modificado, passando a considerar-se como tal, tanto para as infrações penais de competência da Justiça Federal como para as infrações penais de competência da Justiça Estadual, as contravenções penais e os crimes a que a lei comine pena máxima não superior a 2 (dois) anos, cumulada ou não com multa.
3. Fernando Capez e Victor Eduardo Rios Gonçalves, *Aspectos criminais do Código de Trânsito Brasileiro*, cit., p. 3; Marcelo Cunha de Araújo, *Crimes de trânsito. Atualizado com a Lei n. 10.259/2001* (Juizados Especiais Estaduais e Federais), Belo Horizonte, Mandamentos, 2004, p. 93-98; Fernando Capez, *Curso de Direito Penal, Legislação Penal especial*, v. 4, 2ª ed., São Paulo, Saraiva, 2007, p. 260-261.

Como já havíamos indicado[4], a *composição cível* prevista no parágrafo único do art. 291 do CTB não tem nenhuma vedação constitucional e, ainda, ratifica uma *política de valorização da vítima*, iniciada com a Lei n. 9.099/95, com ótimos resultados. Aplaudimos, por isso, o acerto dessa cominação legal, mesmo que nem todas as *infrações* relacionadas no dispositivo em exame se caracterizassem como de *menor potencial ofensivo*. Mas é evidente que só poderá haver *composição cível* se houver algum dano a reparar, pois embora exista o direito à reparação *ex delicto*, nem sempre essa reparação será possível, quer pela inexistência de dano reparável, quer pela inexistência *in casu* de vítima concreta a reclamar a reparação, como pode suceder nos crimes dos arts. 306 e 308 do CTB.

Em relação à alegada impossibilidade de aplicação do art. 88 da Lei n. 9.099/95 a esses crimes (embriaguez ao volante e participação em competição não autorizada), é necessário ponderar que o crime do art. 308 é de *perigo concreto*, e que durante a vigência do parágrafo único do art. 291, isto é, antes das alterações produzidas no CTB por força da Lei n. 11.705/2008, o crime do art. 306 *também era de perigo concreto*. Com efeito, na sua redação originária, o art. 306 tipificava o seguinte comportamento: "Conduzir veículo automotor, na via pública, sob a influência de álcool ou substância de efeitos análogos, *expondo a dano potencial a incolumidade de outrem*" (grifamos). Ante a necessidade da constatação do resultado de dano potencial à incolumidade de outrem, ou à incolumidade pública ou privada, haveria, necessariamente, *pessoas* ou *bens jurídicos* expostos a perigo, não sendo, portanto, de todo impossível a existência de *ofendidos* para *representar*, sejam as pessoas expostas a perigo, sejam os titulares dos bens expostos. Com efeito, como afirma Luiz Flávio Gomes, "... no processo penal, agora, para além de se provar que o sujeito dirigia o veículo embriagado, impõe-se demonstrar que concretamente sua conduta trouxe perigo para 'outrem'..."[5]. Pois esse "outrem" estará legitimado a *representar*, querendo, e a ausência de *representação criminal*, seja por falta de ofendidos, seja por falta de vontade de representar, impediria a instauração de ação penal, por ausência de uma *condição de procedibilidade*.

A outra conclusão não podíamos chegar, pois, a despeito do entendimento doutrinário em sentido contrário, sempre nos pareceu incongruente negar a existência ou a vigência do parágrafo único do art. 291 enquanto este não fosse expressamente revogado. Com efeito, de acordo com nosso entendimento, apesar da defeituosa técnica legislativa, sob o *aspecto processual* e *constitucional*, a previsão legal em exame constitui um *direito público subjetivo* do infrator de condicionar a sua responsabilização penal à satisfação de uma *condição de procedibilidade*, qual seja, a *representação criminal* de eventual ofendido ou seu

---

4. Cezar Roberto Bitencourt, *Tratado de Direito Penal*, v. 1, cit., p. 725.
5. Luiz Flávio Gomes, CTB: primeiras notas..., *Boletim* cit., p. 5.

representante legal. Suprimir, em nível de interpretação, essa *condição* ou "fazer de conta" que a lei não a previu significa sustentar a violação do *princípio do devido processo legal* e equiparar-se àqueles que pregam, abertamente, "a necessidade de uma *responsabilidade objetiva*, com o abandono efetivo da *responsabilidade subjetiva* e *individual*"[6]. Como tivemos oportunidade de afirmar, em nosso livro *Juizados Especiais Criminais*[7]: "Esta nova orientação justificar-se-ia pela necessidade de um Direito Penal Funcional reclamado pelas transformações sociais: abandono de garantias dogmáticas e aumento da *capacidade funcional* do Direito Penal para tratar de complexidades modernas". Enfim, precisamos ter sempre presente que a tutela jurisdicional do direito é assegurada também ao infrator, pois, como afirma José Afonso da Silva, comentando o art. 5º, XXXV, da Constituição Federal: "Invocar a jurisdição para a tutela de direito é também direito daquele contra quem se age, contra quem se propõe a ação"[8].

Ademais, cabe registrar que a ausência de representação não implicaria, necessariamente, a impunidade do agente que conduzisse seu veículo alcoolizado ou sob o efeito de substância psicoativa, ou participasse em competição não autorizada, pois restaria a punição pela prática de *infração disciplinar gravíssima* prevista no art. 165, bem como nos arts. 173, 174 e 175 do CTB, com a imposição de severas sanções.

Por último, cabe analisar a possibilidade da transação penal, prevista no art. 76 da Lei n. 9.099/95, para o crime do art. 306 do CTB, cuja pena máxima é de 3 (três) anos, não sendo, portanto, infração de menor potencial ofensivo. Esta hipótese continuou sendo duramente criticada porque o legislador não respeitou o limite máximo da pena para aplicação de um instituto que só é cabível para infrações de menor potencial ofensivo. Alega-se, com razão, que a legislação infraconstitucional não deveria possibilitar distintas definições para o mesmo conceito de infração penal de menor potencial ofensivo, sob pena de aplicação desigual do previsto no art. 98, I, da Constituição Federal de 1988. Com efeito, de acordo com o nosso entendimento, a *transação penal* é instituto que a Constituição brasileira criou, exclusivamente, para as *infrações penais de menor potencial ofensivo*, definidas por lei (art. 98, I), como já afirmamos repetidas vezes. Tal preocupação tem razão de ser porque a *transação penal* é operacionalizada por meio de um procedimento "simples", em que o "devido processo legal", distinto do tradicional, é *específico* e tem outra estrutura, exclusivamente para as infrações de menor potencial ofensivo. Essa *simplificação procedimental*

---

6. Cezar Roberto Bitencourt, *Tratado de Direito Penal*, 17ª ed., 2023, v. 4, p. 508.
7. Cezar Roberto Bitencourt, *Juizados Especiais Criminais Federais — análise comparativa das Leis n. 9.099/95 e 10.259/2001*, 2ª ed., São Paulo, Saraiva, 2005, p. 44.
8. José Afonso da Silva, *Curso de Direito Constitucional positivo*, 5ª ed., São Paulo, Revista dos Tribunais, 1989, p. 372.

justifica-se em razão de pretender-se encontrar a solução mais eficaz e menos onerosa, no campo da microcriminalidade, preservando a *proporcionalidade* entre "infração — sanção penal"[9]. Por outro lado, como tivemos oportunidade de afirmar, "*devido processo legal* nada mais é que as formalidades que a lei processual estabelece como condição de imposição de sanções criminais. Nesses termos, a audiência preliminar, com a presença do juiz, do Ministério Público, das partes e advogados, constitui o '*devido processo legal*', para essa modalidade de prestação jurisdicional, mais branda, mais simplificada, sem pena de prisão, mas também com menores exigências formais"[10]. No entanto, para a pequena, média e grande criminalidade, o "devido processo legal" tem outra estrutura e outras formas procedimentais que devem ser respeitadas, sob pena de violarem-se os princípios penais garantistas. Vale apontar que a Lei n. 9.503/97 sofreu diversas modificações pela Lei n. 12.971/2014, a qual aumentou a pena máxima do art. 308 para 3 anos de reclusão, fazendo com que as observações contidas no presente parágrafo também possam se dirigir ao referido tipo penal, como se verá adiante.

Em suma, a nosso juízo, a previsão de *transação penal*, para os crimes que não sejam de menor potencial ofensivo é *inconstitucional*, argumento que com razão afastava, quanto a esse aspecto, a incidência do parágrafo único do art. 291 do CTB, no período em que referida norma esteve vigente. Todos os problemas suscitados pela infeliz redação do art. 291 e seu parágrafo único resultaram na sua alteração, cuja interpretação e aplicação serão analisadas na seguinte epígrafe.

2.2. Interpretação e aplicação do art. 291 após a alteração produzida pela Lei n. 11.705/2008

Com a entrada em vigor da Lei n. 11.705/2008, a popularmente conhecida "Lei seca", do art. 291 do CTB, passou a viger com a seguinte redação:

"*Art. 291. Aos crimes cometidos na direção de veículos automotores, previstos neste Código, aplicam-se as normas gerais do Código Penal e do Código de Processo Penal, se este Capítulo não dispuser de modo diverso, bem como a Lei n. 9.099, de 26 de setembro de 1995, no que couber.*

§ 1º Aplica-se aos crimes de trânsito de lesão corporal culposa o disposto nos arts. 74, 76 e 88 da Lei n. 9.099, de 26 de setembro de 1995, exceto se o agente estiver: (Renumerado do parágrafo único pela Lei n. 11.705, de 2008.)

I — sob a influência de álcool ou qualquer outra substância psicoativa que determine dependência; (Incluído pela Lei n. 11.705, de 2008.)

---

9. Cezar Roberto Bitencourt, *Tratado de Direito Penal*, v. 1, cit., p. 727.
10. Cezar Roberto Bitencourt, *Juizados Especiais Criminais e alternativas à pena de prisão*, 3ª ed., Porto Alegre, Livraria do Advogado Ed., 1997, cap. VII, nota n. 5.

II — participando, em via pública, de corrida, disputa ou competição automobilística, de exibição ou demonstração de perícia em manobra de veículo automotor, não autorizada pela autoridade competente; (Incluído pela Lei n. 11.705, de 2008.)

III — transitando em velocidade superior à máxima permitida para a via em 50 km/h (cinquenta quilômetros por hora). (Incluído pela Lei n. 11.705, de 2008.)

§ 2º Nas hipóteses previstas no § 1º deste artigo, deverá ser instaurado inquérito policial para a investigação da infração penal". (Incluído pela Lei n. 11.705, de 2008.)

Uma vez mais só temos que lamentar a má técnica do legislador penal e seu descomprometimento com os preceitos da dogmática penal. A crítica dirige-se ao texto do novo § 1º, e justifica-se por uma série de motivos. Inicialmente, porque é desnecessária a referência à aplicabilidade do disposto nos arts. 74 e 76 da Lei n. 9.099/95 aos crimes de lesão corporal culposa na direção de veículo automotor (art. 303 do CTB), porque se trata de crime de menor potencial ofensivo. A assertiva é desnecessária, nesse aspecto, por ser redundante. Quanto à afirmação da aplicabilidade do art. 88 da Lei n. 9.099/95 ao crime do art. 303 do CTB, só teria sentido enunciar essa regra com o intuito de esclarecer que o legitimado para representar contra o agente infrator é a própria vítima lesionada, afastando eventuais dúvidas sobre a afetação da segurança viária enquanto bem jurídico coletivo, e, consequentemente, a possibilidade de considerar o crime do art. 303 como de ação penal pública incondicionada.

Ademais, o § 1º é criticável porque se o que se pretendia era enunciar as exceções dos incisos I, II e III, isto é, os casos em que não cabe composição civil dos danos, transação penal e em que a ação penal é pública incondicionada, o legislador deveria ter agido de outra forma. Com efeito, os incisos I, II e III descrevem circunstâncias que revelam o maior desvalor do injusto praticado, tornando o resultado de lesões corporais culposas mais reprovável. Observe-se que os incisos I, II e III assemelham-se a comportamentos constitutivos de crimes tipificados no próprio CTB. Vejamos cada uma das hipóteses por separado.

a) O inciso I refere-se à hipótese em que o agente estiver conduzindo sob a influência de álcool ou qualquer outra substância psicoativa que determine dependência. Como veremos mais adiante, o art. 306 do CTB tipifica, na sua nova redação, como crime de mera conduta perigosa, por sua potencial ofensividade à segurança viária, o simples fato de o agente "Conduzir veículo automotor com capacidade psicomotora alterada em razão da influência de álcool ou de outra substância psicoativa que determine dependência" (Redação dada pela Lei n. 12.760, de 2012). Antes da alteração, o art. 306 tipificava "Conduzir veículo automotor, na via pública, estando com concentração de álcool por litro de sangue igual ou superior a 6 (seis) decigramas, ou sob a influência de qualquer outra substância psicoativa que determine dependência".

b) Por sua vez, o inciso II refere-se à hipótese em que o agente estiver participando, em via pública, de corrida, disputa ou competição automobilística, de exibição ou demonstração de perícia em manobra de veículo automotor, não autorizada pela autoridade competente. Como veremos mais adiante, o art. 308 tipifica como crime de perigo concreto "Participar, na direção de veículo automotor, em via pública, de corrida, disputa ou competição automobilística não autorizada pela autoridade competente, desde que resulte dano potencial à incolumidade pública ou privada".

c) Finalmente, o inciso III refere-se ao caso em que o agente estiver transitando em velocidade superior à máxima permitida para a via em 50 km/h (cinquenta quilômetros por hora). Essa hipótese apresenta certo grau de semelhança ao crime do art. 311, que tipifica como crime de perigo concreto "Trafegar em velocidade incompatível com a segurança nas proximidades de escolas, hospitais, estações de embarque e desembarque de passageiros, logradouros estreitos, ou onde haja grande movimentação ou concentração de pessoas, gerando perigo de dano".

Sendo assim, o dogmaticamente correto seria erigir tais circunstâncias à categoria de *causa especial de aumento de pena*, ou, inclusive, *integrá-las na redação de modalidade qualificada de lesão corporal culposa na direção de veículo automotor*, de modo a afastar, categoricamente, os comportamentos descritos nos incisos I, II e III, que provocassem o resultado de lesão corporal culposa, da classe de infração de menor potencial ofensivo. Em outras palavras, se o resultado de lesão corporal culposa na direção de veículo automotor é imputável a um dos comportamentos perigosos descritos no art. 291, § 1º, I, II e III, do CTB, o crime cometido não deveria ser considerado como de menor potencial ofensivo. E isso porque o desvalor do injusto praticado enseja maior reprovabilidade social, autorizando o legislador penal a prescrever o aumento das penas abstratamente cominadas. O que merece reparos, pelo grave erro da atual previsão legal, é a possibilidade de negar aplicação de institutos da Lei n. 9.099/95, especialmente da transação penal, sem que haja alteração na pena máxima aplicável aos comportamentos descritos no § 1º do art. 291. Com efeito, se o legislador não determinou para essas hipóteses aumento de pena, continuamos diante de crime de menor potencial ofensivo, pois a pena máxima para o crime de lesão corporal na direção de veículo automotor, a teor do disposto no art. 303 do CTB, é de dois anos de detenção. Observe-se, ainda, que as hipóteses aqui analisadas sequer coincidem com as agravantes do art. 298 do CTB, nem mesmo com as causas de aumento de pena previstas no parágrafo único do art. 302 desse mesmo Diploma Legal.

Nesses termos, como já afirmamos *supra*, criar exceções na aplicação dos institutos penais e processuais penais aplicáveis a *crimes de menor potencial ofensivo* significa uma grave ofensa ao princípio da isonomia, e, especificamente, em face do art. 98, I, da CF/88, não é possível negar aos autores de *infrações de menor potencial ofensivo* o direito à *transação penal*, sob pena de incorrer em flagrante inconstitucionalidade. O legislador deveria ter agido, portanto, com melhor técnica legislativa, além de boa dose de bom senso, ao redigir o § 1º do art. 291 do CTB, para afastar, corretamente, do âmbito dos *crimes de menor potencial* ofensivo os comportamentos ali descritos, pois somente assim é legítimo preceituar a não incidência dos institutos da Lei n. 9.099/95.

2.3. Interpretação e aplicação do art. 291 após a entrada em vigor da Lei n. 12.971/2014

Com a Lei n. 12.971/2014 produziram-se novas alterações no Código de Trânsito Brasileiro, dispondo sobre sanções administrativas e sobre crimes de trânsito. Não houve retoque no art. 291, ora sob comento, mas algumas das modificações introduzidas nos arts. 302 e 308 repercutem na sua interpretação e aplicabilidade.

Inicialmente, há de se destacar que o comportamento tipificado no art. 308 deixou de ser considerado *crime de menor potencial ofensivo*, pois a pena privativa de liberdade aplicável passou a ser de detenção de 6 (seis) meses a 3 (três) anos, mantendo-se intacta a multa e suspensão ou proibição de se obter a permissão ou a habilitação para dirigir veículo automotor. Atendeu, assim, o legislador ao reclamo popular e setor da doutrina que defendia a inaplicabilidade dos institutos despenalizadores dos arts. 74 e 88 da Lei n. 9.099/95, ao delito de participação em competição não autorizada, em virtude da afetação de bem jurídico supraindividual indisponível — a segurança viária. Nesses termos, o crime passou a ser de ação penal pública incondicionada, sem possibilidade de que eventual composição civil de danos penais possa impedir a instauração da ação penal.

De outra parte, conforme enunciamos *supra*, o mais adequado para afastar, categoricamente, os comportamentos descritos nos incisos I, II e III do § 1º do art. 291, que provocassem o resultado de lesão corporal culposa na direção de veículo automotor, da classe de infração de menor potencial ofensivo, seria erigir tais circunstâncias à categoria de *causa especial de aumento de pena*, ou *integrá--las na redação de modalidade qualificada de lesão corporal culposa na direção de veículo automotor*, de modo que a pena máxima aplicável fosse superior a dois anos. Ocorre que, na recente reforma operada, teve o legislador a oportunidade de solucionar a referida problemática, mas, infelizmente, limitou-se a criar tipos penais qualificados, sem nenhum compromisso com a necessidade de harmonização do conjunto das normas penais presentes no CTB.

Com efeito, com a redação determinada pela Lei n. 12.971/2014, o art. 302, que tipifica o homicídio culposo na direção de veículo automotor, passou a contar com um tipo penal qualificado, com a introdução do novo § 2º, que prevê o seguinte:

"Se o agente conduz veículo automotor com capacidade psicomotora alterada em razão da influência de álcool ou de outra substância psicoativa que determine dependência ou participa, em via, de corrida, disputa ou competição

automobilística ou ainda de exibição ou demonstração de perícia em manobra de veículo automotor, não autorizada pela autoridade competente:

Penas — reclusão, de 2 (dois) a 4 (quatro) anos, e suspensão ou proibição de se obter a permissão ou a habilitação para dirigir veículo automotor".

Se assim atuou com o homicídio culposo, de forma similar deveria ter agido em relação à lesão corporal culposa!

Somente um contexto concreto foi expressamente referido pelo legislador, na atual reforma do CTB, para afastar, inequivocamente, a incidência da Lei n. 9.099/95 sobre casos de lesão corporal culposa. Referimo-nos à hipótese em que a lesão corporal culposa é de *natureza grave* e ocorre como consequência da conduta do agente que *participa, na direção de veículo automotor, em via pública, de corrida, disputa ou competição automobilística não autorizada pela autoridade competente.* É que nesse caso caracterizar-se-á o novo tipo penal qualificado, previsto no § 1º do art. 308, introduzido pela Lei n. 12.971/2014, cuja pena de prisão é de três a seis anos de reclusão.

Como se observa, preocupou-se o legislador em esclarecer pontualmente os casos que, pela sua gravidade, não devem constituir infração penal de menor potencial ofensivo, deixando de harmonizar as regras do CTB que regulam o crime de lesão corporal grave na direção de veículo automotor. Deveria ter aproveitado a oportunidade para expurgar, definitivamente, os §§ 1º e 2º do art. 291, sistematizando as normas criminalizadoras e penalizadoras da lesão corporal culposa na direção de veículo automotor no âmbito do art. 303, por meio de técnica legislativa adequada, como seria o caso de previsão legal das circunstâncias contempladas no criticado § 1º do art. 291, sob a forma de causa especial de aumento de pena, ou de tipo penal qualificado.

Mas como essa não foi a opção do legislador, continuamos a nos deparar com um dispositivo legal de questionável aplicabilidade. Por um lado, porque o *caput* do art. 291 é, como indicamos anteriormente, absolutamente desnecessário e, por outro, porque os §§ 1º e 2º estabelecem exceções na aplicação dos institutos penais e processuais penais aplicáveis a *crimes de menor potencial ofensivo,* constituindo grave ofensa ao princípio da isonomia, e, especificamente, ao disposto no art. 98, I, da CF/88. Problemática que pelo menos se viu de alguma forma amenizada com a previsão legal do novo tipo penal qualificado no § 1º do art. 308 do CTB.

3. Aplicação *substitutiva* ou *alternativa* das penas "restritivas de direitos" nas infrações definidas na Lei Ambiental (Lei n. 9.605/98)

A Lei Ambiental prevê as suas próprias *penas restritivas de direitos,* e, o que é mais importante, com a mesma natureza *autônoma* e *substitutiva* daquelas previstas no Código Penal. No entanto, essa lei dispõe "de forma diversa" do

Código Penal quanto ao conteúdo e aos limites das suas próprias *penas restritivas de direitos*, elencadas em seu art. 8º: "I — *prestação de serviços à comunidade;* II — *interdição temporária de direitos;* III — *suspensão parcial ou total de atividades;* IV — *prestação pecuniária;* V — *recolhimento domiciliar*". Por isso, além de não ser possível, também não é necessário aplicar, nas infrações definidas nessa lei, as penas restritivas de direitos previstas no Código Penal (art. 12).

Na Lei Ambiental, a pena privativa de liberdade "inferior" a quatro anos pode ser substituída por restritiva de direitos (art. 7º, I), ao contrário do Código Penal, que, agora, autoriza a *substituição* para pena não "superior" a quatro anos (art. 44, I). Por outro lado, para as penas superiores a um ano, o Código Penal exige que a *substituição* seja por duas penas: uma restritiva de direitos e multa ou duas restritivas de direitos (art. 44, § 2º), ao passo que essa lei não exige, nesses casos, que a *substituição* deva ser feita por duas penas. Logo, é inadmissível a aplicação subsidiária da previsão do Código Penal, porque essa lei "dispõe de forma diversa". Pela mesma razão, aquelas penas "restritivas de direitos", previstas no Código Penal e não repetidas na Lei n. 9.605/98, como "*perda de bens e valores*", "*prestação de serviços de outra natureza*" e "*limitação de fim de semana*", não podem ser aplicadas nas infrações definidas nesta última, que estabelece as suas próprias alternativas à pena de prisão, dispondo, em consequência, "de forma diversa".

3.1. Aplicação dos postulados da Lei n. 9.099/95 nas infrações penais definidas na Lei Ambiental (Lei n. 9.605/98)

A *solução consensual* de parte dos *conflitos sociais* definidos como crimes vem recebendo, paulatinamente, a preferência marcante do legislador contemporâneo. Prova disso ocorre também na recente legislação de proteção ambiental, que admite, com alguma alteração, a *transação penal* e a *suspensão condicional do processo*.

3.1.1. A transação penal na nova Lei Ambiental

Em princípio, a aplicação da *transação penal* nos crimes ambientais não oferece nenhuma dificuldade. Embora fosse desnecessária a previsão expressa da possibilidade de *transação*, em razão de sua origem constitucional, o legislador preferiu explicitá-la, aproveitando para *condicioná-la* "à prévia composição do dano ambiental". Com efeito, agora, nos termos do art. 27 da Lei n. 9.605/98, a *transação penal* depende de *prévia composição do dano ambiental*, a ser realizada nos termos do art. 74 da Lei n. 9.099/95, *salvo em caso de comprovada impossibilidade*. A novidade, pode-se afirmar, fica por conta da exigência de "prévia composição do dano".

Essa previsão legal demonstra que a *reparação do dano*, em termos de *justiça consensual*, tem funções e efeitos distintos, a saber: pela Lei n. 9.099/95, a *composição cível* do dano *ex delicto* extingue a punibilidade, via renúncia do direito de ação, nos crimes de ação pública condicionada à representação ou de exclusiva iniciativa privada. Já, se for crime de ação pública incondicionada, a *composição cível* não gera nenhum efeito extintivo. Na mesma Lei n. 9.099/95, a *reparação do dano* é a primeira *condição legal* obrigatória para se conceder a suspensão condicional do processo, de um lado; de outro, a *não reparação do dano* é a primeira causa de revogação obrigatória da suspensão do processo. Na Lei Ambiental em vigor, no entanto, a *reparação do dano* não tem nenhuma dessas funções, mas, ao contrário, é *pressuposto de admissibilidade* da transação. Em outros termos: primeiro se *formaliza* a composição do dano ambiental, depois se exerce o *direito de transigir*, quando as demais circunstâncias, claro, autorizarem. E mais: na hipótese de suspensão do processo, a extinção da punibilidade está condicionada à efetiva e completa reparação do dano, nos termos dos incisos do art. 28 da nova lei.

A *composição do dano* apresenta, no entanto, dois aspectos que precisam ser bem compreendidos, a saber: a *prévia composição ou prévia reparação do dano* e a *comprovada impossibilidade de composição do dano*.

3.1.2. Prévia composição ou prévia reparação do dano

Apesar da aparente clareza e simplicidade do art. 27, convém, no entanto, que sejamos prudentes ao analisá-lo, para que possamos encontrar o seu verdadeiro alcance. Por exemplo, como se deve interpretar a locução "desde que tenha havido *prévia composição* do dano ambiental, de que trata o art. 74..."? Estaria essa nova lei exigindo a *reparação prévia do dano*, efetivamente, para permitir a *transação penal*, ou apenas a condiciona à *composição do dano*, que pode ser representada pelo título judicial previsto no art. 74 da Lei n. 9.099/95, como ocorre nos próprios Juizados Especiais Criminais? Enfim, a Lei Ambiental adotou realmente a *política criminal consensual* inaugurada pela Lei n. 9.099/95, nas chamadas infrações de menor potencial ofensivo, como pensa Antonio Scarance Fernandes[11], ou procurou apenas retirar-lhe alguns institutos — *transação e suspensão do processo* —, dando-lhes absoluta autonomia, além de acrescentar-lhes algumas modificações? Essas questões exigem mais reflexão, e as soluções, a nosso juízo, devem ser encontradas por meio de uma interpretação sistemática, como pretendemos fazer em toda esta análise.

Devemos iniciar esta reflexão lembrando que o art. 27 em exame, ao admitir a transação penal, exige, como condição, a existência de "*prévia composição do dano ambiental, de que trata o art. 74 da mesma lei...*" (a Lei n. 9.099). O referido art. 74 da Lei n. 9.099/95, por sua vez, deixa muito claro que a "composição dos danos", homologada pelo juiz, por sentença irrecorrível, constitui *título judicial* exequível no cível. Reconhece, em outros termos, que a "composição dos

---

11. *Bol. IBCCrim*, n. 65, edição especial, abr. 1998, p. 4.

danos" não se confunde com a atual e efetiva "reparação dos danos", pelo menos naquele momento processual, naquela audiência preliminar. "Compor", tal qual está empregado no art. 74 da Lei n. 9.099/95, tem o significado de *solução do conflito* no plano cível, de acerto entre as partes, de celebração de compromisso por meio do qual o autor da infração assume a responsabilidade de pagar o prejuízo causado pelo seu ato. Agora, a "reparação efetiva do dano", isto é, o *pagamento do acordado*, normalmente, ocorrerá em momento posterior, podendo, inclusive, ser parcelado. Aliás, *a previsão legal de que a composição dos danos, homologada pelo juiz, constitui título judicial* (art. 74) não permite outra interpretação. Se a *composição cível* exigisse o pagamento no ato, na própria audiência preliminar, não haveria razão nenhuma para considerá-la "título a ser executado no juízo cível competente".

Foi sábio, portanto, o legislador ao prever a simples *composição do dano*, já que a exigência da *efetiva reparação* inviabilizaria a *transação* e a própria *audiência preliminar*, e iria de encontro aos princípios da *celeridade* e *economia processuais*, orientadores dos Juizados Especiais Criminais. E não é outro o sentido que se pode dar à previsão do art. 27 da Lei n. 9.605/98, ao condicionar a transação "à prévia composição do dano ambiental". Em outros termos, primeiro se *formaliza a composição do dano* ambiental; depois, a seguir, *oportuniza-se a transação* penal. Enfim, se as partes não *compuserem* o dano ambiental, isto é, se não chegarem a um denominador comum sobre a forma, meios e condições de reparar o dano, não se poderá *transigir* quanto à sanção criminal. A forma de executar a composição poderá, inclusive, ser objeto da própria composição, por meio de cláusulas a serem cumpridas. Ou alguém ousaria afirmar que a *transação* somente poderá acontecer depois que o infrator houver reflorestado determinada área e que as novas árvores tenham atingido o mesmo porte das anteriores, por exemplo?

Por outro lado, só para reforçar, nos termos do parágrafo único do art. 74 da Lei n. 9.099/95, não é a efetiva reparação do dano, que pode até não acontecer, mas "o acordo homologado" que acarreta "a renúncia ao direito de queixa ou representação".

Com efeito, a Lei n. 9.605/98, em nosso entendimento, incorporou a *política criminal consensual* ao admitir, expressamente, os institutos da *transação penal* e da *suspensão do processo*. Como o legislador aqui não se preocupou em definir princípios orientadores, quer de direito material, quer de direito processual, fica afastada eventual autonomia ou independência dos institutos da transação e da suspensão condicional do processo. Assim, na ausência de disciplina especial, os dois institutos devem ser tratados como estão disciplinados na Lei dos Juizados Especiais Criminais, somente com os acréscimos previstos nos cinco incisos do art. 28 da nova lei.

Não cabe, ademais, falar em renúncia ao direito de queixa ou representação, em razão da composição dos danos, na medida em que todas as infrações da nova Lei Ambiental são de ação pública incondicionada (art. 26).

3.1.3. Comprovada impossibilidade de composição do dano

Ao ressalvar a "impossibilidade comprovada" de compor o dano, para admitir a transação penal, o legislador brasileiro respeitou um princípio elementar do sistema jurídico, qual seja, o de que o direito somente pode disciplinar a *atividade humana*, visto que os *processos naturais* não podem ser objeto de regulação pelo direito, porque são forças ou energias cegas[12]. De outra parte, ao tratar da responsabilidade penal ou da imputabilidade o Direito Penal afasta todo e qualquer resultado que decorrer de *caso fortuito* ou *de força maior*. Nessa linha de raciocínio, constatamos que não teria sentido determinar a realização do impossível, ignorar os limites da capacidade humana, punir o descumprimento de uma tarefa "comprovadamente impossível" etc. Ademais, é da tradição do nosso direito determinar a reparação do dano ou o pagamento da multa, *salvo efetiva impossibilidade* de fazê-lo (v. g., arts. 77, § 2º, e 83, IV, ambos do CP).

Mas, em termos de *composição do dano ambiental*, qual seria o sentido da previsão "salvo em caso de *comprovada impossibilidade*", referida no final do art. 27 da nova lei? Essa impossibilidade seria física, jurídica ou financeira? Ou todas as três?

Quando disciplina a *impossibilidade de reparação do dano*, o direito brasileiro, tradicionalmente, refere-se à *insolvência do devedor* (infrator), à sua falta de capacidade de pagamento, isto é, à *desproporção* entre a capacidade econômico-financeira do devedor e o valor do dano a ser reparado. A previsão do dispositivo em exame também tem essa conotação — *insolvência do infrator* —, mas vai muito além, pois, tratando-se de meio ambiente, o *dano causado* pode, algumas vezes, ser incomensurável e, outras vezes, apesar de mensurável, pode atingir proporções incalculáveis. Nas duas hipóteses — valor incomensurável ou proporções incalculáveis — pode surgir, com facilidade, a *impossibilidade de composição dos danos*. Como se faria, por exemplo, a reparação da poluição do Rio Guaíba, da poluição do ar em Cubatão, da destruição da selva amazônica etc.?

Enfim, quer pela *insolvência do infrator*, quer pela *irreparabilidade do dano*, pode configurar-se a previsão legal que ressalva "comprovada impossibilidade" de compor o dano ambiental, para, excepcionalmente, permitir a transação penal (art. 27, *in fine*).

3.1.4. A suspensão condicional do processo

"*Art. 28. As disposições do art. 89 da Lei n. 9.099, de 26 de setembro de 1995, aplicam-se aos crimes de menor potencial ofensivo* definidos nesta lei, *com as seguintes modificações...*" (grifei).

---

12. Cezar Roberto Bitencourt, *Tratado de Direito Penal*; Parte Geral, 29ª ed., São Paulo, Saraiva, 2023, v. 1, p. 303.

De plano pode-se afirmar que o art. 28 apresenta dois paradoxos, para dizer o mínimo: em primeiro lugar, a Lei Ambiental não define, em nenhum dos seus dispositivos, crimes ou infrações de menor potencial ofensivo; em segundo lugar, o instituto da suspensão condicional do processo, nos termos do art. 89 da Lei n. 9.099/95, não se limita às *infrações de menor potencial ofensivo*. Contudo, como o texto legal parece afirmar o contrário, precisamos analisá-lo detidamente.

O art. 28 exige uma extraordinária atenção do intérprete, sob pena de se lhe dar um sentido completamente fora do contexto jurídico-nacional. Por exemplo, qual será o sentido da expressão "aplicam-se aos crimes de menor potencial ofensivo definidos nesta Lei"? A rigor, essa lei *define* ou *redefine* o crime de menor potencial ofensivo? Admitindo-se — *ad argumentandum* — que tenha redefinido essa modalidade de infração penal, quais seriam seus novos parâmetros ou onde estaria tal definição?

À primeira vista, tem-se a impressão de que esse dispositivo restringiu a admissibilidade da suspensão do processo às "infrações de menor potencial ofensivo", definidas no art. 61 da Lei n. 9.099/95. Mas essa interpretação literal (método) conduziria a um resultado restritivo, que não se adequaria aos postulados da política criminal consensual atual, negando as finalidades pretendidas pelas Leis n. 9.099/95 e 9.605/98.

Teria ampliado a definição de "infrações de menor potencial ofensivo"? A nosso juízo, a Lei n. 9.605/98 não redefiniu o crime de menor potencial ofensivo, tendo adotado a concepção cristalizada na Lei n. 9.099. Não nos convence o respeitável entendimento de Ada Pellegrini Grinover, segundo o qual o art. 28 da lei citada "ampliou o conceito de infrações de menor potencial ofensivo, para efeito de caracterização dos crimes nela definidos, estendendo-a aos crimes em que a pena mínima cominada seja igual ou inferior a um ano (na prescrição do art. 89 da Lei n. 9.099/95, que o art. 28 da nova lei faz referência expressa)"[13].

Na verdade, a expressão "crimes de menor potencial ofensivo *definidos* nesta Lei", constante do art. 28, pode levar a equívocos, apresentando um sentido dúbio. Com efeito, a expressão "definidos nesta lei" não está se referindo à nova definição de infrações de menor potencial ofensivo, mas aos crimes *tipificados* por essa nova lei, dentre os quais estão os de menor potencial ofensivo. Ademais, as modificações acrescentadas pelo referido dispositivo encontram-se elencadas em cinco incisos. Examinando-se esses incisos, que alteram somente as condições a que se deve subordinar a suspensão condicional do processo, em nenhum deles se constata qualquer coisa que possa levar à interpretação de que houve ampliação ou redefinição do conceito de infração de menor potencial ofensivo, disciplinado no art. 61 da Lei n. 9.099/95. Se efetivamente o legislador pretendesse

---

13. Ada Pellegrini Grinover, *Bol. IBCCrim*, n. 68, p. 3.

ampliá-la ou redefini-la, tê-lo-ia feito acrescentando mais um inciso ao artigo. No entanto, não o fez. Somente mais adiante, a Lei n. 11.313/2006, alterando a redação do art. 61 da Lei n. 9.099/95, elevou a pena para dois anos.

Essas dificuldades interpretativas, na realidade, decorrem da equivocada utilização, no texto do art. 28, da expressão "aos crimes de menor potencial ofensivo", para estabelecer o limite da admissibilidade da suspensão do processo. Mas esse "equívoco" do legislador, pouco afeito aos modernos institutos jurídicos, deve ser compreendido, visto que grande segmento dos operadores do direito, para os quais a exigência de conhecimento jurídico é bem maior, não raro, comete equívocos semelhantes ao referir-se aos institutos contemplados nos arts. 88 e 89 da Lei n. 9.099/95. Muitas vezes, num primeiro momento, muitos dos próprios intérpretes do direito, traídos pelo subconsciente, são levados a imaginar que a suspensão do processo e a representação criminal, constantes dos dois dispositivos, são genuínas e exclusivas dos Juizados Especiais Criminais, o que não é verdade. Referidos institutos estão na Lei n. 9.099/95, como poderiam estar em qualquer outra, apenas, digamos assim, "pegaram uma carona" na Lei n. 9.099, aproveitando o ensejo reformista.

3.1.5. Limites constitucionais da transação penal

A Constituição da República autoriza a *transação penal*, nas infrações penais de menor potencial ofensivo, nas "hipóteses previstas em lei" (art. 98, I). A Lei n. 9.099/95, por sua vez, definiu essas infrações nos termos seguintes: "*Consideram-se infrações de menor potencial ofensivo, 'para os efeitos desta Lei', as contravenções penais e os crimes a que a lei comine pena máxima não superior a 1 (um) ano, excetuados os casos em que a lei preveja procedimento especial*" (art. 61).

"Para os efeitos desta Lei" — destacado do art. 61 referido — quer dizer *para as finalidades previstas na Constituição*, isto é, para permitir a *transação penal*, o *procedimento oral* e *sumariíssimo*, além da atribuição da competência recursal a juízes de primeiro grau, nas infrações de menor potencial ofensivo.

Nada impede, é certo, que, para outros efeitos, o legislador fixe outros critérios para determinar a definição ou extensão das infrações de menor potencial ofensivo[14], desde que não seja para permitir a *transação penal*. A utilização indiscriminada ou a elevação exagerada do conceito de *infração penal de menor potencial ofensivo* implicará a violação de inúmeras *garantias penais-constitucionais*, tais como *devido processo legal, ampla defesa e presunção de inocência*. Com efeito, a excepcional autorização da Constituição, permitindo a *transação penal*, limita-se às "infrações de menor potencial ofensivo", que exigem congruência, isto é, que sejam efetivamente de pequena potencialidade lesiva. É inadmissível, em

---

14. Edilson Miguel da Silva Jr., *Crimes de trânsito*, cit., p. 8.

outros termos, que, a cada dia, novos textos legais alterem, ao sabor dos interesses palacianos, a sua definição ou abrangência. Interpretação diversa direciona-se a um caminho perigoso, já que tal definição pode significar um caminho aberto para a supressão dos direitos e princípios fundamentais garantidores da liberdade do indivíduo e limitadores do poder repressivo estatal. Com a fúria legiferante que vivenciamos, não será surpresa que em pouco tempo se afastem tais garantias, com *falaciosas políticas criminais* de simplificação, redução, abreviação e remoção de obstáculos formais que impeçam uma funcional resposta penal.

Enfim, *infração de menor potencial ofensivo*, para efeito de *transação penal*, portanto, é somente aquela cuja pena máxima cominada não seja superior a um ano[15]. Juizados Especiais Criminais e transação penal são dois institutos intimamente relacionados à pequena ofensividade da infração penal. E somente para essas pequenas infrações a Constituição autoriza a simplificação procedimental da transação penal, de sorte que a sua ampliação não encontra amparo constitucional, ferindo o devido processo legal, a ampla defesa, a presunção de inocência e o princípio da culpabilidade.

---

15. Agora, é bem verdade, por obra da Lei n. 10.259/2001, esse patamar foi elevado para pena não superior a dois anos.

A PENA DE MULTA | XXXII

Sumário: 1. Considerações gerais. 2. Origens das penas pecuniárias. 3. Conceito e tipos de penas pecuniárias. 4. Origem do sistema dias-multa. 5. O Direito Penal positivo brasileiro. 5.1. Cominação e aplicação da pena de multa. 5.2. O sistema dias-multa. 5.3. Limites da pena de multa. 5.4. Multa substitutiva. 5.5. Dosimetria da pena de multa — sistema trifásico adotado pela Reforma Penal de 1984. 5.6. As três fases do cálculo da pena de multa. 6. Aplicação na legislação extravagante. 7. Fase executória da pena pecuniária. 7.1. Pagamento da multa. 7.2. Formas de pagamento da multa. 7.3. Conversão da multa na versão da Reforma Penal de 1984. 7.4. Destinação do resultado da multa penal. 8. Prescrição da pena de multa e a inércia estatal.

1. Considerações gerais

Um dos principais argumentos contra a Reforma Penal de 1984 foi o fato de editar-se a Parte Geral sem a correspondente reforma da Parte Especial. Esquecem-se de que a Alemanha Ocidental, que tem servido de exemplo para todas as legislações contemporâneas, também, em sua reforma de 1975, editou somente a Parte Geral, sem qualquer prejuízo para o seu ordenamento jurídico-penal. Não houve, aí, qualquer traço de originalidade do legislador brasileiro, que apenas seguiu o bem-sucedido exemplo germânico, que tem sido o berço do desenvolvimento de todos os institutos do moderno Direito Penal. Contudo, o grande avanço e a maior transformação que o legislador contemporâneo consagrou — compelido pela síndrome da falência da pena de prisão — foram em relação à sanção penal. Atendendo aos anseios da penalogia e da atual política criminal, ao adotar medidas alternativas para as penas de prisão de curta duração e revitalizando a tão aviltada, desgastada e ineficaz pena de multa, restabeleceu o sistema dias-multa, que fora abandonado pelo Código Penal de 1940.

Há um grande questionamento em torno da pena privativa de liberdade, e se tem dito reiteradamente que o problema da prisão é a própria prisão. Na lição de Heleno Fragoso[1], "a prisão representa um trágico equívoco histórico, constituindo a expressão mais característica do vigente sistema de justiça criminal.

---

1. Fragoso, *Direitos dos presos*, Rio de Janeiro, Forense, 1980, p. 15.

Validamente só é possível pleitear que ela seja reservada exclusivamente para os casos em que não houver, no momento, outra solução". Aqui, como em outros países, corrompe, avilta, desmoraliza, desonra e embrutece o presidiário[2]. Michel Foucault[3], extraordinário pensador francês, há poucos anos falecido, em sua magnífica obra *Vigiar e punir*, denuncia o que seja a prisão e pergunta se a pena privativa de liberdade fracassou. Ele mesmo responde afirmando que ela não fracassou, pois cumpriu o objetivo a que se propunha, de estigmatizar, segregar e separar os delinquentes. E, em outra passagem, o mesmo autor sentencia: "ela é a detestável solução da qual não se pode abrir mão".

Mas precisamos ser mais imaginativos. Não podemos ficar presos às duas formas clássicas e tradicionais de sanção penal: a pena pecuniária e a pena privativa de liberdade. Devemos buscar outras alternativas, como as penas substitutivas, ditas restritivas de direitos, como fez nosso legislador, e como fizeram as modernas legislações ocidentais[4]. A Reforma Penal brasileira, evidentemente, sem chegar ao exagero da radical "não intervenção", apresenta avanços elogiáveis na busca da desprisionalização de forma consciente e cautelosa. Aliás, há algum tempo, o chileno Enrique Cury vinha propondo isso através do que chamou de "Teoria Sincrética" da pena, que seria uma união de diferentes concepções penais.

É bom, enfim, refletir sobre a lição de Zaffaroni[5], *in verbis*: "O Direito Penal apresenta-se como um paradoxo, pois tutela a liberdade privando-se alguém da liberdade e garante bens jurídicos com a privação de bens jurídicos. Dentro desse paradoxo exsurge a pena com o seu conteúdo retributivo como algo indispensável para a conservação de uma sociedade política e juridicamente organizada, à espera, talvez, de melhores soluções".

2. Origens das penas pecuniárias

Como a quase totalidade dos institutos jurídicos, a pena pecuniária remonta à mais distante Antiguidade. Na Bíblia Sagrada — e, mais precisamente, na Lei de Moisés (Êxodo, XXI e XXII; e Levítico, XXIV) —, aparecem preceitos e normas, as chamadas "Leis Judiciais", que deixam vislumbrar, sem dúvida, a pena

---

2. Roberto Lyra, *Novo Direito Penal*, Rio de Janeiro, p. 109 e 111; Eduardo Correia, *Direito Criminal*, 1988, p. 936.
3. Michel Foucault, *Vigiar e punir*, trad. Ligia M. Pondé Vassallo, Petrópolis, 1983, v. 3, p. 208 e 244.
4. Claus Roxin, *El desarollo de la política criminal desde el Proyecto Alternativo*, Doctrina Penal, Buenos Aires, 1979, p. 515-6.
5. Zaffaroni, apud Pierangeli, Das penas e sua execução no novo Código Penal, in *O Direito Penal e o novo Código Penal brasileiro*, Porto Alegre, Sérgio A. Fabris, Editor, 1985, p. 70.

pecuniária. É evidente que tais cominações ou sanções tinham caráter indenizatório, de composição das perdas e danos, nos moldes da reparação civil dos nossos dias. Mas o caráter de punição (no caso, de punição divina), a natureza penal, destaca-se de forma inconfundível[6]. Em Roma ela esteve presente no Direito Público e no Direito Privado. Não é demais esclarecer que a sanção tinha, também aqui, caráter indenizatório, típico da vingança privada. Não era — nem podia ser — a pena pecuniária de hoje, cuja essência constitui-se em um pagamento, em favor do Estado, de determinada quantia em dinheiro, despida de qualquer ideia de indenização. No direito germânico, a pena pecuniária foi a mais difundida, não só nos crimes públicos como, também, nos crimes privados.

A multa, de larga aplicação na Antiguidade, ressurgiu com grande intensidade na alta Idade Média e depois foi gradualmente sendo substituída por severo sistema de penas corporais e capitais, as quais, por sua vez, cederam terreno, por volta do século XVII, às penas privativas de liberdade. Alguns até ligam ao progresso econômico, associado à escassez de mão de obra e aos grandes descobrimentos, a institucionalização da pena privativa de liberdade, porque se descobriu, de repente, que o apenado seria uma mão de obra barata, sem reivindicações a fazer, como era o caso, por exemplo, do condenado a trabalhos forçados[7].

Ressurge, finalmente, depois de um hiato temporal, a pena pecuniária, que figurou, sem relevo, como coadjuvante da pena privativa de liberdade. O triunfo da pena de multa, segundo Jescheck[8], começou no final do século XIX, como consequência da luta contra as penas privativas de liberdade de curta duração. Lideraram essa luta Von Liszt, na Alemanha, e Boneville, na França.

3. Conceito e tipos de penas pecuniárias

A classificação mais tradicional é a seguinte:

a) confisco; b) multa reparatória; c) multa.

O confisco, no entanto, foi proscrito das legislações modernas. O Código Penal brasileiro não o consagrava e a própria Constituição o proibia, restando somente, como *efeitos da condenação*, o confisco dos instrumentos e produtos do crime, em determinadas circunstâncias. A Constituição brasileira de 1988, em verdadeiro retrocesso, criou a possibilidade de adoção do confisco como pena, sob a eufemística e disfarçada expressão "perda de bens"[9]. Aliás, até a nova

---

6. Silvio Teixeira Moreira, Penas pecuniárias, *Revista de Direito Penal*, n. 28, p. 87.
7. Melossi e Pavarini, *Cárcel y fábrica: los orígenes del sistema penitenciario*, 2ª ed., México, Siglo Veintiuno, 1985, p. 34, 37 e 53.
8. Jescheck, *Tratado de Derecho Penal*, trad. e notas Santiago Mir Puig e Francisco Muñoz Conde, Barcelona, 1981, p. 1073-4.
9. Art. 5º, inc. XLVI, letra *b*, da Constituição Federal do Brasil.

Constituição paraguaia de 1992, em seu art. 20, proíbe o confisco de bens como sanção criminal. Carrara, em pleno século XIX (nasceu em 1805 e faleceu em 1888) considerava o *confisco* de bens desumano, impolítico e aberrante, entendimento que continua até nossos dias apoiado pelos estudiosos da ciência penal[10].

A multa reparatória ou indenizatória chegou a ser prevista pela Comissão que elaborou o anteprojeto da Reforma Penal. Porém, infelizmente, mercê das severas críticas recebidas, a própria Comissão Revisora houve por bem suprimi-la do texto final[11]. Aliás, a ideia não é nova. Garofalo, no século XIX, em congressos penitenciários realizados em Roma e Bruxelas (em 1889) e na Rússia (em 1890), propunha, para determinados casos, a substituição das penas curtas privativas de liberdade por multas indenizatórias[12]. Espera-se que a atual comissão para reforma do Código Penal não perca mais uma oportunidade de estabelecer a multa reparatória, em vez de criar o confisco, como se tem anunciado.

Logo, é de lamentar que nosso legislador tenha dispensado essa modalidade de multa No entanto, absurdamente, em pleno século XXI, o legislador brasileiro volta a consagrar, como pena, o *confisco de bens,* inclusive de terceiros, ao acrescentar o art. 91-A no Código Penal, disfarçadamente, como sempre faz nesses casos. Utiliza, como desculpa, ou disfarce, eventual condenação por crime com pena cominada superior a seis anos, para autorizar o "confisco" de parte do patrimônio do cidadão, sem qualquer vínculo com referido crime. Adotou, a rigor, um "confisco travestido de efeito da condenação", pois de efeito não se trata, na medida em que não precisa ter qualquer vínculo com referido crime. Ingressamos com uma ADI (n. 6.304), em nome da Abracrim. Desenvolveremos melhor esse tema, no final deste livro, no capítulo em que tratamos "dos efeitos" da condenação, embora de efeito não se trate.

E, por último, a pena de multa propriamente dita, que é tradicionalmente consagrada em todas as legislações. Às vezes, fica difícil distinguir a pena de multa de outras sanções pecuniárias, civis, administrativas, fiscais etc., isto é, quando a multa terá ou não caráter penal. Duas são as características essenciais da multa penal, tradicionais em todos os países:

1ª) a impossibilidade de sua conversão em pena de prisão, caso não seja paga;

2ª) seu caráter personalíssimo, ou seja, a impossibilidade de ser transferida para os herdeiros ou sucessores do apenado.

---

10. Carrara, *Programa de Derecho Criminal*, Bogotá, Temis, 1979, v. 2, p. 133.
11. Toledo, Princípios gerais do novo sistema penal brasileiro, in O *Direito Penal e o novo Código Penal brasileiro*, cit., p. 16.
12. Alberto Rodrigues de Souza, Bases axiológicas da Reforma Penal brasileira, in O *Direito Penal e o novo Código Penal brasileiro*, cit., p. 39.

Sempre sustentamos que a pena de multa, por ser *consequência jurídica do crime*, nunca, jamais, poderá ultrapassar a pessoa do condenado, ao contrário do que se chegou a afirmar, equivocadamente, que referida multa poderia recair sobre a responsabilidade dos herdeiros ou sucessores do acusado, porque a Lei n. 9.268/96 tinha passado a ser considerada dívida de valor! Com certeza, esse não é raciocínio de penalistas de escol, digo, que tenha formação penalística sólida, pois esses não ignoram que, independentemente da *adjetivação* que se atribua à pena de multa, ela nunca perderá a sua característica ou natureza intrínseca, qual seja, de ser consequência jurídica da condenação pela prática de crime. E sanção penal, não custa lembrar, extingue-se com a morte do agente que, aliás, é a primeira causa extintiva da pena, Perdoem-nos os demais.

A Lei n. 9.268/96 retira a coercibilidade da multa penal, impedindo a sua conversão em pena de prisão por falta de pagamento, afastando, dessa forma, umas das características da multa penal, pelo menos, no Brasil.

Enquanto os penalistas modernos ficam discutindo se a pena de multa é "o pagamento ou a obrigação de pagar" determinada quantia em dinheiro ao Estado, o mestre peninsular Francesco Carrara nos dá uma definição lapidar: "se chama pena pecuniária a diminuição de nossas riquezas, aplicada por lei como castigo de um delito"[13]. Com essa definição põe-se termo a qualquer polêmica sobre o conceito de pena pecuniária.

Contudo, é bom lembrar a lição de Basileu Garcia, inconformado com a destinação do produto arrecadado com a pena pecuniária. Após afirmar que a pena de multa não sobrecarrega o Estado, mas, ao contrário, "abastece as arcas do Tesouro Nacional", sentencia: "percebe-se, porém, certa nota de imoralidade nesse enriquecimento do Estado às expensas do crime, que lhe compete prevenir, dir-se-ia que se locupleta invocando a sua própria ineficiência, para não mencionar a sua própria torpeza, conforme brocardo proibitivo. Daí — prossegue Basileu Garcia — a impreterível necessidade de se canalizarem os proventos originários dessa fonte impura unicamente para as salvadoras funções de prevenção geral e especial, buscando com eles atenuar a criminalidade e sanar as chagas deixadas por esse flagelo no organismo social"[14].

A multa, em nosso Código Penal, veio sofrendo aviltamento constante, o que a tornou absolutamente ineficaz, mesmo quando aplicada no máximo ou, até mesmo, quando elevada ao triplo. Jescheck, comentando sobre a eficácia da pena

---

13. Carrara, *Programa*, cit., v. 2, p. 129.
14. Basileu Garcia, *Instituições de Direito Penal*, 6ª ed., São Paulo, Max Limonad, 1982, v. 1, t. 2, p. 506.

de multa, afirma que "a eficácia político-criminal da pena de multa depende decididamente de que se a pague ou de que, em todo o caso, se a cobre"[15].

Nesse sentido, tivemos oportunidade de afirmar que: "a inexigibilidade ou inexequibilidade é a maior causa da ineficácia de qualquer norma jurídica, e não só da pena de multa. E a sua inaplicabilidade gera o desrespeito, o desmando e o abuso, e, por isso, impera a impunidade. E a multa, da forma como era regulada no Código Penal de 1940, num país com economia deteriorada como o nosso, só podia ser o que temia Jescheck: 'absolutamente ineficaz'[16]!

O saudoso Damásio de Jesus, em seu *Direito Penal*, classificava os critérios adotados pelas legislações codificadas quanto à cominação da pena de multa: "a) parte-alíquota do patrimônio do agente: leva em conta o patrimônio do réu — estabelece uma porcentagem sobre os bens do condenado; b) renda: a multa deve ser proporcional à renda do condenado; c) dia-multa: leva em conta o rendimento que o condenado aufere durante um mês ou um ano, dividindo-se o montante por 30 ou por 365 dias: o resultado equivale ao dia-multa; d) cominação abstrata da multa: deixa ao legislador a fixação do mínimo e do máximo da pena pecuniária"[17].

O Código Penal de 1940 adotou o quarto dos critérios acima expostos, ou seja, o da cominação abstrata da multa, estabelecendo um mínimo e um máximo, limite dentro do qual deveria o magistrado, atendendo, principalmente, à situação econômica do réu, fixar a pena de multa.

A Reforma Penal de 1984 restabeleceu o sistema dias-multa, tido e havido, equivocadamente, por penalistas de todo o mundo, como um sistema nórdico. A rigor, o sistema dias-multa é genuinamente brasileiro, criado pelo nosso Código Criminal do Império e foi mantido em nosso primeiro Código Penal republicano de 1890, bem como na Consolidação das leis Penais de 1932. Aliás, o Código Penal de 1940 foi nosso único diploma legal codificado a não adotá-la.

4. Origem do sistema dias-multa

Portanto, não têm razão Cuello Calón[18], Jescheck[19], Sebastian Soler[20], Mapelli Caffarena[21] e tantos outros, quando afirmam que o critério dias-multa é um sistema

---

15. Jescheck, *Tratado*, cit., p. 1083.
16. Cezar Roberto Bitencourt, *Tratado de Direito Penal*; Parte Geral, 29ª ed., São Paulo: Saraiva, 2023, v. 1, p. 744.
17. Damásio, *Direito Penal*, 12ª ed., São Paulo, 1988, v. 1, p. 467.
18. Cuello Calón, *La moderna penología* (reimpr.), Barcelona, Bosch, 1974.
19. Jescheck, *Tratado*, cit., p. 1086.
20. Sebastian Soler, *Derecho Penal argentino*, Buenos Aires, TEA, 1976, v. 1, p. 387; Borja Mapelli Caffarena, *Las consecuencias jurídicas del delito*, Madrid, Civitas, 1990, p. 99.
21. Borja Mapelli Caffarena, *Las consecuencias jurídicas del delito*, cit., p. 99.

nórdico e atribuem a sua criação ao sueco Johan C. W. Thyren[22], com seu projeto preliminar de 1916. Tanto é verdade que a catedrática finlandesa Inkeri Antilla[23] reconhece expressamente que o sistema dia-multa não é escandinavo.

Quase um século antes, o Código Criminal do Império, em 1830, criou o aludido dias-multa, que foi mantido no primeiro Código Penal republicano de 1890 e na Consolidação Piragibe[24]. Também é verdade que o Código Criminal do Império regulava o instituto de forma defeituosa, o que não invalida sua iniciativa pioneira. O art. 55 do referido diploma legal dispunha: "A pena de multa obrigará os réus ao pagamento de uma quantia pecuniária que será sempre regulada pelo que os condenados puderem haver em cada um dia pelos seus bens, empregos ou indústria, quando a Lei especificadamente não a designar de outro modo".

A legislação brasileira antecipou-se, assim, não só à proposta de Von Liszt, no Congresso da União Internacional de Direito Penal de 1890, como também ao projeto de Thyren[25]. O que ocorreu efetivamente foi que Finlândia (1921), Suécia (1931) e Dinamarca (1939) adotaram, desenvolveram e aperfeiçoaram o sistema, daí ter ficado conhecido como um sistema nórdico. Tanto é verdade que o próprio legislador brasileiro na Exposição de Motivos do Código Penal de 1969 reconheceu-o, equivocadamente, como escandinavo[26]. Em realidade, o sistema dias-multa é genuinamente brasileiro[27]. Mais recentemente passaram a adotar o sistema dias-multa várias legislações, tais como Costa Rica em 1971 (art. 53), Bolívia em 1972 (art. 29), Áustria em 1975 (art. 19), Alemanha Ocidental em 1975 (art. 40) e Portugal em 1982 (art. 46).

Constata-se que foi o Código de 1940 que abandonou o critério dias-multa e que foi o único diploma codificado brasileiro a não adotá-lo[28]. Mas, já em 1963, o projeto Nélson Hungria proclamava o seu retorno, sendo repetido pelo natimorto Código de 1969. Na legislação extravagante, entre outras, as Leis n.

---

22. Luiz Régis Prado, Do sistema de cominação da multa no Código Penal brasileiro, *RT*, 650/250, dez. 1989.
23. Inkeri Antilla. *La ideología del controle del delito en Escandinavia. Tendencias actuales*, CPC, n. 28, 1986, p. 148.
24. Thomaz Alves Junior, *Anotações teóricas e práticas ao Código Criminal*, Rio de Janeiro, 1864, t. 1, p. 574.
25. Carlos Fontam Balestra, *Tratado de Derecho Penal*, Buenos Aires, 1970, p. 378-9.
26. Exposição de Motivos do Código Penal de 1969, item n. 21.
27. Luiz Régis Prado, *Multa penal*, 2ª ed., São Paulo, Revista dos Tribunais, 1993, p. 72; Zaffaroni, *Tratado de Derecho Penal*, Buenos Aires, 1980, v. 5, p. 215. Tanto é verdade que a catedrática finlandesa Inkeri Antilla reconhece que o sistema não é escandinavo, embora se equivoque ao afirmar que é europeu (La ideología del control del delito en Escandinavia. Tendencias actuales, *CPC*, n. 28, Madrid, 1986, p. 148).
28. Fragoso, *Lições de Direito Penal*, Rio de Janeiro, Forense, 1985, p. 327.

4.737/65 (Código Eleitoral) e 6.368/76 (Lei Antitóxicos) também adotaram o dia-multa, embora com regulamentação própria e um tanto diferenciada.

A Reforma Penal (Lei n. 7.209/84), ao adotar o dia-multa, retoma o antigo caminho, preservando o sentido aflitivo da multa, tornando-a mais flexível e individualizável, ajustando o seu valor não só à gravidade do delito, mas, especialmente, à situação socioeconômica do delinquente[29]. Sustentando a validade desse critério, manifestou-se Jescheck[30], afirmando que, "com a aceitação do sistema dos dias-multa, a multa, conforme a sua ampla função no novo sistema penal, deve ser tanto mais justa e compreensível para o delinquente e a sociedade quanto mais sensível e controlável". Porém, é forçoso reconhecer que mesmo o critério dias-multa não afasta todos os inconvenientes da pena pecuniária, sintetizados por Jescheck nos termos seguintes: "O maior inconveniente da multa reside no tratamento desigual a respeito de ricos e pobres; inconveniente que não se pode evitar totalmente ainda que se considerem as circunstâncias econômicas do réu e que aparecem de forma muito clara quando se impõe a prisão subsidiária pela falta de pagamento. Igualmente desfavoráveis são também as consequências negativas da multa na família do condenado, ainda que estas sejam muito mais graves na pena privativa de liberdade"[31].

5. O Direito Penal positivo brasileiro

5.1. *Cominação e aplicação da pena de multa*

O legislador de 1984 adotou a seguinte classificação de penas: a) *privativas de liberdade*; b) *restritivas de direitos*; c) *multa*[32].

Abandonou a velha e desgastada classificação de penas principais e penas acessórias. As acessórias não mais existem, pelo menos como penas acessórias. Algumas foram deslocadas para efeitos da condenação (não automáticos)[33] e outras fazem parte do elenco das chamadas "penas substitutivas", que são as restritivas de direitos.

Com a adoção do dia-multa e das penas restritivas de direitos, o legislador inaugurou uma nova sistemática de cominação de penas. Em vez de repetir em cada tipo penal a espécie ou cabimento da pena restritiva ou a quantidade de multa, inseriu um capítulo específico para as penas restritivas e cancelou as referências a valores de multa, substituindo a expressão "multa de..." simplesmente

---

29. Já em seu tempo, Carrara defendia a proporcionalidade da sanção penal (*Programa*, cit., v. 2, p. 144-5).
30. Jescheck, *Tratado*, cit., p. 1074.
31. Jescheck, *Tratado*, cit., p. 1076.
32. Art. 32 do Código Penal.
33. Art. 92 do Código Penal.

por "multa" em todos os tipos da Parte Especial do Código que cominam pena pecuniária. Em decorrência dessa técnica, os tipos penais não trazem mais, em seu bojo, os limites mínimo e máximo da pena cominada, dentro dos quais o julgador deveria aplicar a sanção necessária e suficiente à reprovação e prevenção do crime. E, nas duas hipóteses possíveis de multa substitutiva, esta não é prevista no tipo penal, conforme se examinará mais adiante.

Observa-se que a multa, revalorizada, com o critério adotado, pode surgir como pena comum (principal), isolada, cumulada ou alternadamente, e como pena substitutiva da privativa de liberdade, quer sozinha, quer em conjunto com a pena restritiva de direitos, independentemente de cominação na Parte Especial.

5.2. *O sistema dias-multa*

Segundo esse sistema, o valor de um dia-multa deverá corresponder à renda média que o autor do crime aufere em um dia, considerando-se sua situação econômica e patrimonial[34]. Nessa aferição levar-se-á em consideração não só o seu salário, mas toda e qualquer renda, inclusive de bens e capitais, apurados na data do fato. Cientificamente, pode-se concluir, o sistema dia-multa é o mais completo de todos os que até agora foram utilizados. A forma de avaliação da culpabilidade e das condições econômicas do réu ajusta-se melhor aos princípios de igualdade e de proporcionalidade[35].

Na instrução criminal, a avaliação da situação socioeconômica do autor do crime passa a ser de vital importância. Além dos elementos que a polícia puder fornecer no inquérito policial, deverá o magistrado, no interrogatório, questionar o acusado sobre a sua situação econômico-financeira. O Ministério Público poderá requisitar informações junto às Receitas Federal, Estadual e Municipal, para melhor aferir a real situação do réu, em casos em que as circunstâncias o exigirem[36].

5.3. *Limites da pena de multa*

De acordo com o art. 49 e seus parágrafos, o valor mínimo de um dia-multa é de trinta avos do maior salário mínimo vigente à época do crime e o valor máximo é de cinco vezes esse salário. Estabelecendo a renda média que o acusado aufere em um dia, o juiz fixará o valor do dia-multa entre os limites de 1/30 do salário mínimo, que é o menor valor do dia-multa, e cinco salários mínimos, que é o seu maior valor. E o limite mínimo de dias-multa será de 10 e o máximo de 360 (*caput* do art. 49).

---

34. Nélson Ferraz, Aplicação da pena no Código Penal de 1984, *RT*, 605/430, mar. 1986.
35. Luiz Régis Prado, Do sistema de cominação da multa no Código Penal brasileiro, *RT*, 650/252, dez. 1989.
36. Luiz Régis Prado, *Pena de multa: aspectos históricos e dogmáticos*, São Paulo, 1980, p. 69.

Para encontrarmos a menor pena de multa aplicável tomaremos o menor valor do dia-multa, um trigésimo do salário mínimo, e o limite de dias-multa, que é dez, o que representará um terço do salário mínimo. E para encontrarmos a maior pena de multa faremos uma operação semelhante: tomaremos o maior valor do dia-multa, cinco salários mínimos, e o limite máximo de dias-multa, que é trezentos e sessenta, o que representará 1.800 salários mínimos. Mas esse é o limite normal, ordinário. Há um outro limite, especial, extraordinário: se, em virtude da situação econômica do réu, o juiz verificar que, embora aplicada no máximo, essa pena é ineficaz, poderá elevá-la até o triplo (art. 60, § 1º, do CP), o que representará 5.400 salários mínimos. No entanto, essa fixação não pode ser produto de uma decisão arbitrária. Logicamente que as razões que levarem o magistrado a aplicar esta ou aquela quantia de multa deverão ser demonstradas fundamentadamente na sentença[37].

Dessa forma, percebe-se, a pena de multa recuperou sua eficácia, revitalizou-se, tomou vulto e assumiu, definitivamente, importância no Direito Penal moderno. Com essa nova regulamentação, atingindo essas proporções, poder-se-á dizer, com Silvio Teixeira Moreira, que "os doutrinadores afirmam ser a pena de multa mais aflitiva que a privação da liberdade, dizem-na mais flexível e, por isso, mais permeável ao princípio da individualização da pena; asseveram-na menos degradante que a segregação e sem as nefastas consequências desta; preconizam-na como mais econômica para o Estado, que, ao invés de despender grandes somas no sustento dos internos, recebe pagamento dos condenados"[38].

O art. 58, *caput*, do CP merece um comentário especial, visto que, a nosso juízo, disse menos do que devia. Se não, vejamos: "Art. 58. A multa, prevista em cada tipo legal de crime, tem os limites fixados no art. 49 e seus parágrafos deste Código". Ou seja, como nada havia para constar nesse dispositivo legal, repetiu que os limites da pena de multa são aqueles previstos no art. 49 e seus parágrafos.

E a majoração estabelecida no § 1º do art. 60 não é um limite? E, sendo um limite, não será ele aplicável a todos os tipos legais de crimes que tenham a previsão de pena pecuniária? Essa previsão realmente aplica-se a todas hipóteses que houver aplicação da pena de multa.

As respostas a essas indagações levam-nos à inarredável conclusão de que, efetivamente, o referido dispositivo disse menos do que pretendia e de que, realmente, os limites da multa não são só os do art. 49 e seus parágrafos, mas também o do art. 60, § 1º, que se aplica tanto à multa prevista nos tipos legais de crimes como nas multas substitutivas.

---

37. Basileu Garcia, Reforma da pena de multa, *RT*, 306/25; Nélson Ferraz, Aplicação da pena..., *RT*, cit., p. 430.
38. Silvio Teixeira Moreira, Penas pecuniárias, *Revista de Direito Penal*, n. 28, p. 94.

5.4. *Multa substitutiva*

O legislador deu dimensão mais abrangente à pena de multa. Ela aparece não só na condição de *pena comum*, como também na condição de *pena substitutiva* ou multa substitutiva. As mais recentes reformas europeias consagram a pena de multa como substitutiva da pena privativa de liberdade, como ocorre na Alemanha, França e Itália, entre outros países.

O Código Penal previu duas hipóteses em que, preenchidos os demais requisitos, a pena privativa de liberdade pode ser substituída por multa[39]. No entanto, por razões didáticas, passamos a analisar a multa substitutiva no capítulo das penas restritivas de direitos, a partir da edição da Lei n. 9.714/98, como uma das alternativas à pena privativa de liberdade, para onde remetemos o leitor.

5.5. *Dosimetria da pena de multa — sistema trifásico adotado pela Reforma Penal de 1984*

Há um grande equívoco no entendimento que sustenta a aplicabilidade do tradicional *sistema trifásico* do cálculo de pena previsto no art. 68 do Código Penal, o qual seguiu a orientação resultante do conhecido debate de Roberto Lyra (bifásico) e Nélson Hungria (trifásico), vencido por este. A rigor, a Reforma Penal de 1984 adotou o "sistema dias-multa", por isso, mudou toda a sistemática relativamente à pena de multa, desvinculando-a, por completo, da pena privativa de liberdade, e em especial da gravidade do crime e dos próprios tipos penais, vinculando-a expressamente à situação econômico-financeira do infrator.

Nesse sentido é a previsão constante dos arts. 49, 58 e 60, todos do Código Penal, os quais deixam claros os limites da pena de multa, destacando, inclusive, que na sua aplicação "o juiz deve atender, principalmente, à situação econômica do réu" (art. 60). Logo, há completa desvinculação da gravidade do crime e das penas a ele cominadas. Ademais, estabelece seus próprios critérios, os quais denomina de *especiais*, para a fixação da pena de multa, nos termos do art. 60 do CP, alheios, portanto, aos critérios estabelecidos no art. 68. Aliás, adota, como veremos adiante, o seu próprio sistema *trifásico* de aplicar a pena de multa.

Esses aspectos resultam cristalinos, inclusive quando autoriza o pagamento da multa, até mesmo *com desconto em folha, nos* seguintes termos: "*O desconto não deve incidir sobre os recursos indispensáveis ao sustento do condenado e de sua família*" (art. 50, §§ 1º e 2º). Nessa linha, calha ressaltar que *as agravantes e as causas de aumentos da pena de prisão referem-se somente à gravidade do crime* e não à situação econômico-financeira do infrator, que é prioritária para aplicação da pena de multa, segundo a dicção do *caput* do art. 60 do Código

---

[39]. Delmanto, Direitos públicos e subjetivos do réu no Código Penal, *RT*, 554/466-7, dez. 1981.

Penal. Por isso, essas *causas modificadoras da pena* (gravidade do crime, circunstâncias judiciais, legais e causas de aumento ou diminuição) não podem e não devem ser consideradas individualmente na dosimetria da pena de multa, exatamente porque o *sistema de seu cálculo* é absolutamente distinto, como demonstraremos abaixo.

Enfim, constata-se que o *sistema dias-multa* tem sua própria *metodologia de aplicação de penas* (diversa daquela descrita no art. 68 do CP), a qual deve ser operacionalizada em duas ou três fases, dependendo das circunstâncias casuísticas, como demonstramos acima. Inegavelmente, os fundamentos e os elementos a serem utilizados na *dosimetria da pena de multa* são absolutamente diversos daqueles adotados no cálculo da pena privativa de liberdade, sintetizados no art. 68 do Código Penal, tanto que para a pena de multa não existe sequer a denominada "pena-base" sobre a qual as demais *causas modificadoras da pena*, relacionadas no art. 68, incidiriam. Ora, se não existe sequer a pena-base, tampouco poderá haver pena provisória ou definitiva. Essa linguagem não existe para a pena de multa dentro do sistema dias-multa consagrado pela Reforma Penal de 1984. Na verdade, a pena de multa tem seu próprio *sistema trifásico de aplicação*, distinto daquele previsto no art. 68 para a pena de prisão, com outros parâmetros, com outros fundamentos e outros critérios, como demonstraremos no tópico seguinte.

Não se pode ignorar o verdadeiro sentido da adoção, pela Reforma Penal de 1984, do *sistema dias-multa*, que não se resume a simples previsão do *dia-multa*, mas na adoção do seu próprio *sistema de aplicação da pena de multa* previsto nos arts. 49 e 60, e seus respectivos parágrafos, o qual leva em consideração, prioritariamente, a condição financeira do infrator, e não, repetindo, a gravidade da infração penal. De notar-se que, ao contrário da filosofia do Código Penal de 1940, os tipos penais não estabelecem mais, ao lado da pena de prisão, a quantidade mínima e máxima da pena de multa, mas tão somente se lhe é aplicável esta pena ou não. Essa é outra grande demonstração da desvinculação da pena de multa da gravidade do crime e de sua metodologia de aplicação de pena (68), caso contrário, continuaria com a previsão em cada tipo penal dos limites mínimo e máximo da pena de multa.

Com efeito, a criação de uma seção exclusiva, a III (arts. 49 a 52, acrescida dos arts. 58 e 60), para a cominação e aplicação da pena de multa, tem sido, equivocadamente, desprezada pela orientação que sustenta a aplicabilidade do *sistema trifásico tradicional* (art. 68) também na aplicação da pena de multa. Na realidade, a interpretação deve ser feita do conjunto de todo o Código Penal, e não individualmente deste ou daquele dispositivo legal, para não se perder a grande harmonia que esse diploma penal consagra.

Nesse sentido, vejamos como restou definida a aplicação das respectivas sanções penais, quais sejam, da pena de privativa de liberdade e da pena de multa. Dispõe o art. 53 que "*as penas privativas de liberdade têm seus limites estabelecidos na sanção correspondente a cada tipo legal de crime"*. Por sua vez, o art. 58 determina que *"a multa, prevista em cada tipo legal de crime, tem os limites fixados no art. 49 e seus parágrafos deste Código"*, adotando-se, portanto, critérios diferentes para dimensionar as penas aplicáveis às infrações penais que tipifica. Essa distinção é complementada pelo art. 60, segundo o qual, "na fixação da pena de multa o juiz deve atender, *principalmente*, à situação econômica do réu", mas o referido dispositivo não faz nenhuma referência à gravidade do crime ou suas consequências!

Essa disposição legal sobre a pena de multa não representa somente uma previsão programática, mas se trata de *norma imperativa orientadora da política de aplicação da pena de multa*, considerando prioritária a *situação econômica do denunciado*, ao contrário da pena de prisão, cujo fundamento básico é a gravidade do crime e a culpabilidade do agente. Toda essa sistemática, criteriosamente disciplinada pelo legislador, para a aplicação da pena de multa, não pode ser ignorada pelo intérprete-aplicador, mesmo na tentativa de dar-lhe atendimento similar, pois contraria diretamente a disciplina diferenciada que atribuiu a cada uma das duas espécies de penas que então cominara aos crimes que tipificou.

Com efeito, o Código Penal ao cominar a *pena de multa*, agora com caráter aflitivo, considerou *dois aspectos* absolutamente distintos: (i) *a renda média* que o condenado aufere em um dia, de um lado, e (ii) *a gravidade do crime* e a *culpabilidade* do agente, de outro lado[40], priorizando, contudo, aquela. Para que se possa aplicar a *pena de multa*, com equidade, entendemos que o seu cálculo, de regra, deve ser feito em *duas fases*, ou seja, em duas operações, e, excepcionalmente, em *três fases*, aliás, semelhante à pena de prisão, cuja *terceira fase* somente ocorrerá se houver causas de aumento ou de diminuição de pena.

Na pena de multa, por sua vez, somente haverá a terceira fase, se o valor da *multa* resultante da segunda fase, for considerada *insuficiente* em razão das condições socioeconômicas do infrator, sem qualquer relação com a gravidade do crime. Pois nisso reside o *sistema trifásico da aplicação da pena de multa*, devendo-se adotar os seus próprios critérios. Repetindo, na *primeira fase* deve ser encontrada a quantidade de dias-multa (art. 49, *caput*); na *segunda fase* deverá ser encontrado o *valor do dia-multa* (§ 1º do art. 49), por fim, na *terceira fase* — se for necessário — o julgador poderá elevar o valor do *dia-multa* até o triplo (§ 1º do art. 60), dependendo da condição econômico-financeira do condenado.

5.6. *As três fases do cálculo da pena de multa*

Assim, destacamos *as três fases* de aplicação da pena de multa, no sistema dias-multa adotado pela Reforma Penal de 1984, devendo-se enfatizar que não

---

40. Antonio Beristain, La multa penal y administrativa, *Anuario de Derecho Penal y Ciencias Penales*, n. 28, 1975, p. 378.

foi apenas uma mudança do sistema antigo pelo *dia-multa*, mas, a rigor, a adoção de um novo sistema, o denominado sistema-dias multa, com sua própria metodologia de aplicação e dosimetria da pena de multa. Vejamos, a seguir, cada uma dessas três fases do cálculo (dosimetria) da pena de multa.

Primeira fase: estabelece-se o *número de dias-multa* dentro do limite estabelecido entre 10 a 360 dias-multa (art. 49). Na escolha desse número deve-se levar em conta a gravidade do crime, em respeito ao *princípio da proporcionalidade*, visto que não há mais a cominação individual para cada crime, como ocorria no sistema anterior. Deve-se, por outro lado, considerar ainda a culpabilidade, os antecedentes, a conduta social, a personalidade, os motivos, as circunstâncias e as consequências do crime (art. 59 do CP), bem como todas as circunstâncias legais, inclusive as majorantes e minorantes, nessa fixação. Nesse aspecto, a aplicação da pena de *multa* diferencia-se da pena de prisão. Aqui, o critério para a pena de multa é outro. Nesse sentido, também é o magistério de dois grandes doutrinadores, especialistas em matéria de aplicação de pena, quais sejam, Juarez Cirino dos Santos e Sérgio Salomão Shecaira, os quais, como nós, sustentam que para encontrar adequadamente a quantidade de dias-multa aplicável, o julgador deve considerar nessa primeira fase as agravantes e atenuantes, bem como as causas especiais de aumento e diminuição da pena, ao lado das circunstâncias judiciais[41].

Ou seja, nessa *primeira fase*, examina-se as circunstâncias judiciais do art. 59, as agravantes e atenuantes (da 2ª fase da pena de prisão), bem como as majorantes e minorantes, se existirem (que seriam da 3ª fase da pena de prisão). Tudo somente para encontrar a *quantidade de dias-multa*, entre 10 e 360 previstos no *caput* do art. 49 do CP. Imaginemos, nesta primeira fase, em um *cálculo hipotético*, um crime de corrupção ativa praticado por um rico empresário, ou seja, com grande capacidade de pagamento. Pela gravidade do crime e demais circunstâncias etc. etc., podemos aplicar *cem dias-multa*, hipoteticamente falando.

Segunda fase: nesta *fase* do cálculo da pena de multa deverá ser encontrado o *valor* de cada dia-multa, e, nessa oportunidade, o julgador valorará somente *as condições econômico-financeiras* do sentenciado, dando-lhes especial importância, segundo determinação do *caput* art. 60. Com efeito, aqui, nesta fase não se deverão valorar *circunstâncias judiciais, agravantes, atenuantes e causas de aumento*, pois elas já foram consideradas, na primeira fase, para fixar a *quantidade* de dias-multa a ser aplicada em eventual sentença condenatória. Merece destaque nesta segunda fase, que todos os aspectos que se referem ao crime propriamente, gravidade, circunstâncias, inclusive quanto ao infrator, já foram considerados na primeira fase, ou seja, na fixação da quantidade de dias-multa.

---

41. Juarez Cirino Santos, *Direito Penal — Parte Geral*, 2ª ed., Rio de Janeiro, Lumen Juris, 2007, p. 54; Sérgio Salomão Shecaira e Alceu Corrêa Junior, *Teoria da Pena*. São Paulo: Revista dos Tribunais, 2002, p. 286.

Assim, de posse da quantidade *de dias-multa* obtida na *primeira fase*, examinando os dados acima mencionados, passa-se, nesta *segunda fase*, ao exame dos aspectos necessários para fixar o *valor de cada dia-multa*, nos limites estabelecidos no § 1º do art. 49, já referido. Enfim, para a fixação do *valor* do dia-multa, leva-se em consideração, tão somente, *a situação econômica* do acusado e sua capacidade de pagamento, pois a gravidade do crime e a culpabilidade do agente e demais circunstâncias já foram valoradas na primeira operação (primeira fase) para fixar a quantidade de dias-multa.

Para a verificação da *real situação financeira* do apenado, especialmente o quanto ganha por dia, o magistrado poderá determinar diligências para apurar com mais segurança a verdadeira situação do infrator, para se evitar a aplicação de pena exorbitante, algumas vezes (para o pobre), e irrisória e desprezível, outras vezes (para o rico). Dessa forma, atende-se à previsão do ordenamento jurídico-penal, que determina que se leve em conta, *principalmente*, e não *exclusivamente*, a situação econômica do acusado.

Assim, no caso hipotético que imaginamos na primeira fase, empresário rico e corruptor, pode-se, em tese, examinando bem a situação econômica e a proporcionalidade, aplicar-se o valor máximo do dia-multa, prevista em cinco salários mínimos, consoante disposto no § 1º do art. 49 do CP. Dessa forma, nessas duas fases chega-se, *hipoteticamente* a quinhentos salários mínimos, que atinge, nas circunstâncias imaginadas, um bom valor, ou seja, mais de 500 mil reais.

Não havendo, contudo, elementos probatórios necessários, nos autos, para permitir que a fixação do valor do dia-multa se afaste tanto do mínimo legal, qual, seja, um trigésimo do salário mínimo, como prevê o Código Penal, essa pena deverá ser fixada no mínimo legal, ou próximo do seu valor mínimo, dependendo das condições concretas do acusado.

Terceira fase: finalmente, esta fase somente poderá ocorrer quando, por exemplo, mesmo aplicando o valor do dia-multa no máximo previsto (cinco salários mínimos), o juiz constate que, em virtude da situação econômica do acusado, ela não seja suficiente para puni-lo adequadamente. Nesses casos, poderá elevá-la até o triplo (art. 60, § 1º, do CP), ajustando-a ao fato e ao agente. Observa-se, no entanto, que existem algumas leis extravagantes que cominam penas mais elevadas, mesmo violando as previsões do Código Penal e, nesses casos, deve-se atendê-las, ante o princípio da especialidade (art. 12 do CP).

Continuando no cálculo da pena de *dias-multa* que imaginamos, na primeira e segunda fases, aqui, considerando que foi aplicado *cem dias multa*, e, na segunda fase, foi fixado o valor máximo de cinco salários mínimos o *dia-multa*, mas como se trata de rico empresário e a necessidade de maior valor do dia-multa, em consideração ao poder econômico-financeiro do acusado, e também respeitando o *princípio da proporcionalidade*, pode-se elevar o valor do dia-multa até o triplo, aplicando o limite máximo permitido da pena imaginada, pois, na hipótese imaginada, referida multa atingiria o valor de 1.500 (mil e quinhentos) salários mínimos, que convenhamos, trata-se de um valor bem elevado, que ultrapassa a um milhão e meio de reais. Não é multa para qualquer cidadão, não. Mas, lembrando que se poderia, por exemplo, aumentar somente em 20%, por exemplo, ou até metade, ou dobrá-la, quando as circunstâncias econômico-financeiras do condenado recomendarem, a critério do julgador. Elevar até o triplo representa a possibilidade do valor máximo da pena de multa aplicável.

Aliás, aplicando-se o máximo de dias-multa possível (360), bem como o valor máximo do *dias-multa,* que é de cinco salários mínimos, e na hipótese de elevação a até o triplo (§ 1º do art. 60), ou seja, pode-se chegar até a 5.400 salários mínimos de multa). Observa-se, por outro lado, que existem algumas leis extravagantes que cominam penas mais elevadas, mesmo violando as normas gerais do CP, contudo, deve-se atendê-las, ante o *princípio da especialidade,* ressalvada no art. 12 deste Código.

Nesta terceira fase, é bom que se destaque, não há nenhum fundamento legal para se acrescer dias-multa na sanção imposta, portanto, relativamente à quantidade de dias-multa não se pode alterar, por falta de previsão legal. A quantidade de dias-multa, repetindo, somente pode ser fixada na primeira fase da dosimetria penal, fundamentando-se, sempre, nas circunstâncias judiciais, nas circunstâncias legais (agravantes e atenuantes) e nas majorantes e minorantes, nos limites previstos no *caput* do art. 49, como já demonstramos, não podendo ultrapassar o limite máximo de 360 dias.

6. Aplicação na legislação extravagante

A tradição do dia-multa, abandonada pelo Código Penal de 1940, foi restaurada, na verdade, por leis extravagantes, como o Código Eleitoral, a Lei Antitóxicos, bem como as Leis n. 6.091/74 e 6.538/78. Outras leis adotaram a unidade salário mínimo como padrão referencial, como é o caso da Lei do Mercado de Capitais (Lei n. 4.728/65), e a legislação de pesca (Dec.-lei n. 221/67), caça (Lei n. 5.197/67), florestas (12.651/2012), entre outras. A questão é a seguinte: essa legislação toda será alcançada pelo disposto no art. 12 do Código Penal? Não, não será. A ressalva final do referido dispositivo afasta a aplicação do critério dias-multa adotado pela Lei n. 7.209/84. Pelo simples fato de que todas essas leis citadas dispõem de modo *diverso.* Mesmo aquelas que também adotam o critério dias-multa, fazem-no de modo e com limites diferentes. Portanto, nem a essas se aplica a nova regulamentação. Combinando-se esse art. 12 do Código Penal com o art. 2º da Lei n. 7.209, que suprimiu somente as "referências a valores de multas", conclui-se que "as regras gerais deste Código" aplicam-se somente às leis penais especiais com penas de multa expressas concretamente em cruzeiros, como é o caso do Código de Propriedade Industrial e da Lei das Contravenções Penais.

E a *multa substitutiva* poderia ser aplicada nessas leis "especiais"? Aliás, a multa substitutiva já era adotada, "excepcionalmente", pelo Código Penal de 1940, em sua versão original, como ocorre no art. 155, § 2º, "quando o acusado fosse primário e de pequeno valor a coisa subtraída". Essas leis especiais que adotam critérios diferentes na cominação da pena não consagram, contudo, a multa substitutiva. Mas também não a proíbem. Logo, estando presentes os requisitos e se beneficiar o acusado, deverá ser aplicada.

Outra questão interessante é saber se o novo sistema aplica-se a todos os tipos penais do Código que cominam pena de multa ou outra forma referencial. É que existem tipos penais, na Parte Especial, que têm a pena pecuniária cominada em salários mínimos (art. 244) ou equivalente a 20% sobre o valor da duplicata, conforme estabelecia o art. 172 em sua redação original. Isso significa que estabelecem penas de "modo diverso das regras gerais do Código". Celso Delmanto[42] entendia que "tais cominações especiais não foram canceladas e permanecem como eram antes da Lei 7.209". René Ariel Dotti[43], por sua vez, concordava em relação aos crimes de duplicata simulada e entendia que em relação ao delito de abandono material incide o disposto no art. 2º da referida lei. Em relação à duplicata simulada (art. 172), o problema desapareceu com a nova redação dada pela Lei n. 8.137/90.

7. Fase executória da pena pecuniária

7.1. *Pagamento da multa*

Na análise dessa questão faz-se necessário conciliar dois diplomas legais: o Código Penal e a Lei de Execução Penal (Lei n. 7.210/84), os quais, embora elaborados e revisados pelas mesmas comissões, apresentam algumas discrepâncias, como veremos a seguir.

O Código Penal (art. 50) determina que a multa deve ser paga dentro de 10 dias depois de transitada em julgado a sentença. No entanto, a Lei de Execução Penal determina que o Ministério Público, de posse da certidão da sentença penal condenatória, deverá requerer a citação do condenado para, no prazo de 10 dias, pagar o valor da multa, ou nomear bens à penhora (art. 164). Dessa discrepância entre os dois dispositivos, que regulam diferentemente a mesma matéria, extraem-se algumas consequências ou interpretações. Afinal, quando se inicia efetivamente o prazo para o pagamento da multa: a partir da data do trânsito em julgado da sentença penal condenatória, como determina o Código Penal, ou a partir da citação para pagar ou nomear bens à penhora, como determina a Lei de Execução Penal (art. 164, § 1º)? E não se trata de questão meramente acadêmica, como possa parecer à primeira vista.

Já vimos que a multa, hoje, pode chegar a somas astronômicas (até 5.400 salários mínimos), dependendo das circunstâncias. Por outro lado, o prazo a partir do trânsito em julgado da sentença corre automaticamente. E o prazo referido na

---

42. Delmanto, *Código Penal comentado*, cit., p. 77.
43. Ariel Dotti, *Notas ao Código Penal da Forense*, Rio de Janeiro, 1986, p. 61 e 81.

Lei de Execução Penal depende de providências processuais e administrativas que podem significar meses ou até anos. E — o que é mais importante —, no caso do Código Penal, o condenado deverá tomar a iniciativa para pagar a multa, uma vez que a sentença condenatória tem força coercitiva, mas, de qualquer sorte, será pagamento espontâneo, porque a Lei de Execução Penal determina que transitada em julgado a sentença condenatória o Ministério Público deverá executá-la. Com efeito, no caso previsto na Lei de Execução, a iniciativa caberá ao Estado, através do Ministério Público, de movimentar outra vez o aparelho judiciário para constranger o cumprimento de uma decisão condenatória com trânsito em julgado.

Poder-se-á argumentar que o prazo do Código Penal é para a multa ser paga e o prazo da Lei de Execução Penal é para a multa ser cobrada, ou, em outros termos: a previsão do Código Penal é para pagamento voluntário, espontâneo, e a previsão da Lei de Execução Penal é para pagamento compulsório. *A contrario sensu, ad argumentandum*, então, se passados os 10 dias do trânsito em julgado e só depois o réu comparecesse para pagamento, este não poderia ser recebido, por que extemporâneo? Qual a diferença, afinal, de o acusado pagar dentro dos 10 dias ou depois deles, sempre voluntariamente? Nenhuma?! Então aquele prazo do art. 50 do Código Penal não tem sentido e finalidade alguma!

7.2. *Formas de pagamento da multa*

Pelas disposições legais conclui-se que pode haver três modalidades de pagamento da pena pecuniária, que são: a) *pagamento integral*; b) *pagamento parcelado*; c) *desconto em folha (vencimentos e salários)*.

A forma normal de cumprir a pena de multa é o pagamento integral, através de recolhimento ao Fundo Penitenciário. Entretanto, o legislador brasileiro sabia que a pena pecuniária incidiria mais frequentemente no menos privilegiado, no desafortunado. Por isso, previu, desde logo, a possibilidade de que esse pagamento pudesse ser feito parceladamente, em prestações mensais, iguais e sucessivas, ou então em descontos na remuneração mensal. Para verificar a situação econômica do réu e constatar a necessidade de parcelamento, o juiz poderá determinar diligências e, após audiência do Ministério Público, fixará o número de prestações.

O prazo de 10 dias para o pedido de parcelamento é o previsto no art. 164 da Lei de Execução Penal (10 dias), a partir da citação para pagamento, e não aquele do Código Penal, a partir do trânsito em julgado da sentença (constata-se mais uma vez que nem para essa finalidade aquele prazo serve)[44]. Se houver atraso no pagamento, ou seja, se o condenado for impontual, ou, então, se melhorar de situação econômica, será revogado o parcelamento. A expressão "revogará o benefício" deixa claro que se trata de norma cogente e não de mera faculdade do

---

44. Cezar Roberto Bitencourt, Penas pecuniárias, *RT*, 619/422.

juiz. Finalmente, a última modalidade de pagamento é o desconto no vencimento ou no salário do condenado.

Tratando-se de réu solto, esse *desconto* pode ocorrer quando a pena pecuniária for: a) *aplicada isoladamente*, em caso de contravenções penais ou de multa substitutiva; b) *aplicada cumulativamente* com pena restritiva de direitos; c) *em caso de "sursis"*, como também de livramento condicional, quando esta ainda não tiver sido cumprida. Entendemos também cabível em caso de livramento condicional, apesar de o legislador não tê-la consagrado expressamente, pela flagrante semelhança de situações. Referido desconto deverá ficar dentro do limite de um décimo e da quarta parte da remuneração do condenado, desde que não incida sobre os recursos indispensáveis ao seu sustento e ao de sua família (art. 50, § 2º). O responsável pelo recolhimento — no caso, o empregador do acusado — será intimado para efetuar o recolhimento na data e no local estabelecido pelo juiz da execução, sob pena de incorrer em crime de desobediência.

Se o condenado estiver preso, a multa poderá ser cobrada mediante desconto na sua remuneração (art. 170 da Lei de Execução Penal).

7.3. *Conversão da multa na versão da Reforma Penal de 1984*

Mesmo antes da edição da Lei n. 9.268/96, já apontávamos algumas dificuldades para aceitar a conversão, pura e simples, da pena de multa em prisão, tão somente pelo não pagamento. O Código Penal fazia pensar que se o réu, para usar uma expressão de Basileu Garcia, "se furta ao pagamento da multa, deve esta ser convertida, sem delongas, em privação da liberdade"[45]. No entanto, o art. 164 da Lei de Execução Penal estabelece, como já referimos, que o Ministério Público, de posse da certidão de sentença condenatória, com trânsito em julgado, deverá proceder à citação do condenado para, no prazo de 10 dias, pagar o valor da multa ou nomear bens à penhora. Logo, a finalidade da citação não é para pagar a multa *sob pena de prisão*, o que corresponderia melhor aos enunciados dos arts. 50 e 51 do CP, já alterados, com a redação anterior. Essa citação, na verdade, tem três finalidades alternativas: a) *pagar a multa imposta*; b) *nomear bens à penhora*; ou c) *depositar a importância correspondente*[46], para, por exemplo, discutir em embargos à execução a validade e legitimidade do valor aplicado, por parecer-lhe excessivo, discutir, enfim, a justiça do seu *quantum*.

Essas duas últimas hipóteses serão para garantir a execução, nos termos característicos da execução de títulos judiciais e extrajudiciais. Porém, se decorridos os 10 dias e o condenado não tomar nenhuma das três providências acima referidas, ainda assim não lhe seria possível converter a multa em prisão. Mas

---

45. Basileu Garcia, *Instituições*, cit., v. 1, t. 2.
46. Cezar Bitencourt, Penas pecuniárias, *RT*, cit., p. 423.

ser-lhe-ão penhorados tantos bens quantos bastem para garantir a execução, nos termos do art. 164, § 1º, da Lei de Execução Penal.

Conclusão: o deixar de pagar a pena de multa não acarreta a conversão, mas tão somente a cobrança judicial. Porém, é possível que o condenado, além de deixar de pagar, venha a criar embaraços que obstem à cobrança da multa, ou, na linguagem da lei, "frustre a sua execução", agora, sem qualquer consequência jurídico-penal. Constata-se que o condenado malicioso poderá, naturalmente, dificultar o pagamento da multa sem qualquer consequência, procrastinando, legitimamente, o cumprimento da condenação, até atingir a prescrição.

Não se desconhece, para concluir este tópico, que uma imensa maioria de condenados é pobre e sem a menor possibilidade de pagar a pena de multa aplicada, não podendo sofrer mais restrições por ser pobre, aliás essa foi a razão fundamental para a supressão da antiga previsão que autorizava a conversão do não pagamento da multa em prisão. Nessa linha, é muito oportuna a previsão do Enunciado 18 da "I Jornada de Direito e Processo Penal", segundo o qual: "Na execução penal, o não pagamento da multa pecuniária ou a ausência do seu parcelamento não impedem a progressão de regime, desde que os demais requisitos estejam preenchidos e que se demonstre a impossibilidade econômica de o apenado adimpli-la".

Abordando os aspectos indicados, o STJ recentemente firmou a tese, no julgamento do Tema Repetitivo n. 931, de que "O inadimplemento da pena de multa, após cumprida a pena privativa de liberdade ou restritiva de direitos, não obsta a extinção da punibilidade, ante a alegada hipossuficiência do condenado, salvo se diversamente entender o juiz competente, em decisão suficientemente motivada, que indique concretamente a possibilidade de pagamento da sanção pecuniária" (STJ, REsp 2.024.901/SP, Rel. Min. Rogerio Schietti Cruz, 3ª Seção, julgado em 28/2/2024, *DJe* de 1º/3/2024).

Definir, juridicamente, *nome, título* ou *espécie da obrigação* do condenado a pena de multa não altera, por si só, a *natureza jurídica* de sua obrigação, ou melhor, da sua condenação. A mudança do rótulo não altera a essência da substância! Na verdade, a natureza jurídica da pena de multa criminal não sofreu qualquer alteração com a terminologia utilizada pela Lei n. 9.268/96, considerando-a "dívida de valor", agora repetida pela Lei n. 13.964/2019. *Dívida de valor* ou não, a pena de multa (ou pena pecuniária) continua sendo *sanção criminal*. Não se pode esquecer que a *sanção criminal* — seja de natureza pecuniária ou não — é a consequência jurídica do crime e, como tal, está restringida pelos *princípios limitadores do direito repressivo penal*, dentre os quais destacam-se os princípios da *legalidade e da personalidade* da pena. Pelo princípio da *personalidade da pena* — aliás, a grande característica diferenciadora da pena criminal pecuniária das demais penas pecuniárias —, ao contrário do que se chegou a afirmar, herdeiros e sucessores não respondem por essa sanção. Ademais, não se pode esquecer que *a morte do agente* é a primeira *causa extintiva da punibilidade* (art. 107, I, do CP).

Finalmente, passa reinar tranquilidade e harmonia na interpretação do texto e da competência para a execução da pena de multa que, à luz da legislação brasileira, sempre foi do *Juiz da Execução Penal* e atribuição do *Parquet* vinculado a referida vara. A execução ou "cobrança" da pena de multa integra a *persecução penal*, cujo único órgão do Estado com "competência" para exercê-la é o Ministério Público com assento no *juízo criminal*. Com efeito, o Processo de Execução Penal é o instrumento legal que o Estado pode utilizar, coercitivamente, para tornar efetivo o conteúdo decisório de uma sentença penal condenatória.

7.4. *Destinação do resultado da multa penal*

Não se desconhece a *competência concorrente* dos Estados para legislar sobre a matéria (art. 24, I, da CF). No entanto, a *competência concorrente,* para legislar sobre determinada matéria, destina-se: a) *a suprir a ausência de normas federais sobre o tema*; b) *a adicionar pormenores à lei federal básica já editada.* Destarte, não pode haver *conflito* entre as legislações estaduais e a legislação federal, que, se ocorrer, prevalecerá a legislação federal. Por isso, as leis estaduais que *instituíram Fundos Penitenciários Estaduais*, nos respectivos Estados, atribuindo-lhes a arrecadação das multas penais, *são inconstitucionais*, pois chocam-se com o art. 49 do Código Penal e com a Lei Complementar n. 79/94, que destinam ao Fundo Penitenciário Nacional a arrecadação das multas criminais. Se não houvesse essas previsões legais, as Unidades Federativas poderiam dispor livremente sobre os destinos das referidas arrecadações. No entanto, ante a existência das previsões do Código Penal e da Lei Complementar em análise, os Estados não lhes podem dar destinações diversas. Ademais, a arrecadação proveniente das multas penais sempre se destinou ao aparelhamento (construções e reformas) do *Sistema Penitenciário Nacional*, desde a sua origem, com a criação do *Selo Penitenciário*, através do Decreto n. 24.797/34, regulamentado pelo Decreto n. 1.141. Seguindo essa orientação, a Lei Complementar n. 79/94, em seu art. 1º, fixa os objetivos do *Fundo Penitenciário Nacional*, quais sejam "proporcionar recursos e meios para financiar e apoiar as atividades e programas de modernização e aprimoramento do Sistema Penitenciário brasileiro". Logo, *o produto da arrecadação dessas multas*, em sua totalidade, *está destinado*, de forma vinculada, ao *Fundo Penitenciário Nacional* (art. 2º da LC n. 79/94). Dar-lhe outra destinação, como atribuí-lo a *entidades sociais* ou *filantrópicas*, ao arrepio da lei — fazendo-se uma análise desapaixonada —, poderá configurar *improbidade administrativa* e *malversação de verbas públicas*. Com efeito, por muito menos que isso, *prefeitos têm sido levados à prisão por aplicarem verbas em rubricas diferentes.*

Tratar-se de crimes da competência da Justiça Federal ou da Justiça dos Estados é discussão bizantina. A Lei Complementar n. 79/94 destinou a arrecadação proveniente das sanções criminais pecuniárias, em um primeiro momento, ao Fundo Penitenciário Nacional, independentemente da natureza do crime ou da Jurisdição competente para julgá-lo. Somente em um momento posterior, através de convênios celebrados, prevê o repasse de parcelas dessa arrecadação às unidades federativas (Estados e Distrito Federal). Em outros termos, embora, a rigor, a utilização dos recursos arrecadados destine-se, em última instância, às unidades federativas, a *gestão* e o *gerenciamento* de sua aplicação — vinculada expressamente aos objetivos definidos na lei criadora do Funpen — *são prerrogativas exclusivas da União*.

Finalmente, é injustificável a interpretação segundo a qual, após o trânsito em julgado, *as multas penais devem ser inscritas em dívida ativa da Fazenda Pública*, nos termos da lei. Que lei? Em primeiro lugar, a indigitada Lei n. 9.268/96, revogada no particular, não previa que a multa penal, em momento algum, devesse ser inscrita em *dívida ativa*, como se afirmou, erroneamente, nesse período; em segundo lugar, se previsse, seria uma *heresia jurídica*, pois transformaria um *título judicial* (sentença penal condenatória) em *título extrajudicial* (dívida ativa). Este, por conseguinte, mais sujeito a impugnações e embargos, demandando todo um procedimento administrativo, inadmissível para quem já dispõe de um título judicial, com toda sua carga de certeza; em terceiro lugar, *deslocaria, ilegalmente, o crédito do Fundo Penitenciário Nacional para um crédito comum, extraorçamentário, da União*.

Por derradeiro, a quem competiria promover a inscrição da dívida ativa da União? A Procuradoria-Geral da Fazenda Nacional, instada a se manifestar, emitiu o judicioso Parecer n. 1.528/97, afastando de suas atribuições, por falta de previsão legal, entre outros argumentos, inscrever em dívida ativa as multas penais. E, afora essa instituição, ninguém mais detém tal atribuição.

Ficou interessante, por fim, a confusão criada por essa nova lei: o lapso prescricional continua sendo regulado pelo Código Penal (art. 114), mas as causas interruptivas e suspensivas da prescrição são as previstas pela Lei de Execução Fiscal (6.830/80), com exceção, é claro, da morte do agente.

8. Prescrição da pena de multa e a inércia estatal

Constitui erro crasso afirmar-se que agora, a partir da Lei n. 13.964, a prescrição da pena de multa ocorrerá em 5 anos, nos termos aplicáveis à legislação da Fazenda Pública, conforme se anda comentando por aí, ante a absoluta falta de previsão legal, pois referida lei foi expressa no que quis alterar. Ou seja, apenas destacou expressamente que o *juízo da execução penal* é o competente para executar a pena de multa, como afirmamos ao longo dos últimos 25 anos (desde a Lei n. 9.268/96). Portanto, a prescrição da pena de multa ocorre, quando for a única cominada ou aplicada, no prazo de dois anos, nos termos do inciso I do art. 114 do Código Penal. Contudo, para os tementes com o decurso desse prazo prescricional, há um antídoto para que não se esvaia rapidamente: basta que o órgão ministerial, com assento na vara de execuções penais, obediente ao disposto no art. 164 da Lei de Execução Penal, proponha sua execução judicial nos termos do art. 51.

Deve-se destacar, ademais, que durante a execução judicial de qualquer pena, não há que se falar em curso de prescrição, pois, nessa hipótese, não há inércia do Estado, que é o *fundamento político* do instituto da prescrição, na medida em que está exercitando o *ius execcucione*. A menos que, nessa fase, o processo executório não flua e o seu executor não o impulsione deixando o tempo escoar sem agir. Com efeito, nenhum processo judicial, criminal ou não, pode eternizar-se pela desídia do Estado, que deve arcar com as consequências de sua inércia, e, nesses casos, logicamente, correrá o referido prazo de dois anos, e seria uma *prescrição intercorrente*. Em outros termos, o processo executório da pena de multa não pode ficar parado por mais de dois anos por culpa do Estado, pois, nesses casos, verificar-se-á o lapso prescricional.

Mas, para concluir, conhecendo-se os dilemas da justiça brasileira, os entraves no andamento dos processos, a morosidade e a burocracia que norteiam os feitos judiciais, é de perguntar-se: qual será o percentual de penas pecuniárias que será efetivamente executado e recolhido? Sim, porque há um dado que não se pode ignorar: a prescrição da pena de multa, isoladamente aplicada, continua ocorrendo em apenas dois anos, que começa a correr a partir do trânsito em julgado para a acusação[47]. E como toda essa parafernália para cobrar a pena de multa não interrompe nem suspende a prescrição, a maioria das condenações à pena pecuniária escapará pela porta larga da prescrição, especialmente as mais elevadas, que naturalmente estarão sendo tratadas pelos profissionais do Direito mais competentes e mais experientes e, certamente, usarão de todos os recursos que o ordenamento jurídico lhes possibilita. Logicamente, como afirmamos acima, durante o processo executório a prescrição não corre, salvo se ele resultar inerte, sem movimentação do Estado, acabará prescrevendo por culpa do Estado.

A pena de multa, através do louvável sistema dias-multa, atende de forma mais adequada aos objetivos da pena, sem as nefastas consequências da falida pena privativa de liberdade. É um dos institutos que, inegavelmente, melhor responde aos postulados de política criminal com grande potencial em termos de resultados em relação à pequena criminalidade e alguma perspectiva em relação à criminalidade média.

---

47. Damásio, *Direito Penal*, cit., v. 1, p. 644-5.

CIRCUNSTÂNCIAS AGRAVANTES E ATENUANTES LEGAIS OBRIGATÓRIAS XXXIII

Sumário: 1. Considerações preliminares. 2. Circunstâncias agravantes genéricas de aplicação obrigatória. 2.1. A definição legal do instituto da reincidência. 2.2. A motivação agravante, quando não constitui ou qualifica o crime. 2.2.1. Ter o agente cometido o crime: a) por motivo fútil ou torpe. 2.3. Finalidades agravantes, quando não constituem ou qualificam o crime. 2.4. Modos agravantes, quando não constituem ou qualificam o crime. 2.5. Meios que sempre agravam a pena, quando não constituem ou qualificam o crime. 2.6. Outras agravantes, quando não constituem ou qualificam o crime. 2.6.1. Contra ascendente, descendente, irmão ou cônjuge (II, *e*). 2.6.2. Com abuso de autoridade ou prevalecendo-se de relações domésticas, de coabitação ou de hospitalidade, ou com violência contra a mulher na forma da lei específica (II, *f*). 2.6.3 Com abuso de poder ou violação de dever inerente a cargo, ofício, ministério ou profissão (II, *g*). 2.6.4. Contra criança, maior de 60 anos, enfermo ou mulher grávida (II, *h*). 2.6.5. Quando o ofendido estava sob a imediata proteção da autoridade (II, *i*). 2.6.6. Em ocasião de incêndio, naufrágio, inundação ou qualquer calamidade pública, ou de desgraça particular do ofendido (II, *j*). 2.6.7. Em estado de embriaguez preordenada (II, *l*). 3. Agravantes na hipótese de concurso de pessoas. 3.1. Promover, organizar a cooperação no crime ou dirigir a atividade dos demais agentes. 3.2. Coage ou induz outrem à execução material do crime. 3.3. Instigue ou determine a cometer o crime alguém sujeito à sua autoridade ou não punível em virtude de condição ou qualidade pessoal. 3.4. Execute o crime, ou nele participe, mediante paga ou promessa de recompensa. 4. Circunstâncias atenuantes genéricas de aplicação obrigatória. 4.1. Ser o agente menor de 21 anos, na data do fato, ou maior de 70 anos, na data da sentença (I). 4.2. O desconhecimento da lei como atenuante legal (II). 4.3. Motivo de relevante valor social ou moral (III, *a*). 4.3.1. Por motivo de relevante valor social. 4.3.2. Por motivo de relevante valor moral. 4.4. Arrependimento eficiente ou reparação do dano (III, *b*). 4.5. Coação a que podia resistir, ou em cumprimento de ordem de autoridade superior (III, *c*). 4.6. Ou sob a influência de violenta emoção, provocada por ato injusto da vítima (III, *c*). 4.7. Confissão espontânea (III, *d*). 4.8 Influência de multidão em tumulto (III, *e*). 5. Atenuantes inominadas, anterior ou posterior ao crime.

1. Considerações preliminares

Agravantes legais são aquelas relacionadas nos arts. 61 e 62 do Código Penal, "quando não constituem ou qualificam o crime" (art. 61). As agravantes relacionadas no art. 62, por sua vez, referem-se a crimes cometidos em *concurso de pessoas*, eventual ou não. As referidas agravantes são assim chamadas porque elas vêm expressamente relacionadas no texto legal, nos dois dispositivos antes citados.

A natural preocupação com a *dupla valoração* (*bis in idem*) afasta as circunstâncias que *constituem* ou *qualificam* o crime. Por isso, na análise das agravantes (a exemplo do que ocorre com as atenuantes) deve-se observar sempre, rigorosamente, se não *constituem elementares, qualificadoras,* ou *majorantes* da pena, em observância ao princípio da tipicidade estrita. A rigor, o Código Penal não estabelece a *quantidade de aumento* ou *de diminuição* das agravantes e atenuantes legais genéricas, deixando ao *prudente* arbítrio do juiz (daí a exigência de *prudência* e *moderação* nessa operação), ao contrário do que faz com as *majorantes e minorantes*, para as quais o legislador estabelece os parâmetros de aumento ou de diminuição, fixos ou variáveis[1].

Sustentamos que a variação dessas circunstâncias (atenuantes e agravantes) não deve chegar até o limite mínimo das majorantes e minorantes, que é fixado em um sexto. Caso contrário, as agravantes e as atenuantes se equipariam àquelas *causas modificadoras da pena* que, a nosso juízo, apresentam maior intensidade, situando-se pouco abaixo das qualificadoras. Em outros termos, coerentemente, o nosso Código Penal adota uma *escala valorativa* para agravante, majorante e qualificadora, que são distinguidas, umas das outras, exatamente pelo grau de gravidade que representam, valendo o mesmo, no sentido inverso, para as moduladoras favoráveis ao acusado, privilegiadora, minorante e atenuante.

2. Circunstâncias agravantes genéricas de aplicação obrigatória

Agravantes genéricas são circunstâncias que sempre agravam a pena, quando não constituem ou qualificam o crime, e estão elencadas nos arts. 61 e 62 do Código Penal; serão a seguir examinadas.

2.1. *A definição legal do instituto da reincidência*

Chama-se *primário* aquele que jamais sofreu qualquer condenação irrecorrível. Chama-se *reincidente* aquele que cometeu um crime após a data do trânsito em julgado da sentença que o condenou por crime anterior, enquanto não transcorrido o prazo de cinco anos, contados a partir do cumprimento ou da extinção da pena. Nessa categoria, inclui-se *reincidência específica*, quando o segundo delito é igual ao delito cuja sentença já havia transitado em julgado antes de sua prática. Nesse caso, o STJ expressou o entendimento, no julgamento do Tema Repetitivo n. 1172, de que "A reincidência específica como único fundamento só justifica o agravamento da pena em fração mais gravosa que 1/6

---

1. *Vide* Cezar Roberto Bitencourt, *Tratado de Direito Penal*, v. 1 (p. 838 e s.), a distinção entre agravantes e majorantes.

em casos excepcionais e mediante detalhada fundamentação baseada em dados concretos do caso" (STJ, REsp 2.003.716/RS, Rel. Min. Joel Ilan Paciornik, 3ª Seção, julgado em 25/10/2023, *DJe* de 31/10/2023). A terceira categoria é a do criminoso que *não é primário e nem é reincidente*. O réu que está sendo julgado e já tem contra si uma sentença condenatória anterior, transitada em julgado após o cometimento do segundo crime, não pode ser considerado reincidente ou primário. Na atual versão da parte geral do Código Penal, porém, somente há referência aos réus reincidentes e não reincidentes. Reincidente é quem pratica um crime após ter transitado em julgado sentença que, no País ou no estrangeiro, condenou-o por crime anterior, enquanto não houverem transcorrido cinco anos do cumprimento ou da extinção da pena. Quando alguém é condenado por um crime e depois pratica uma contravenção penal é reincidente (art. 7º da LCP). No entanto, quem pratica uma contravenção e depois um crime não é reincidente (art. 63 do CP).

A condenação anterior à pena de multa é expressamente afastada como causa impeditiva do *sursis* (art. 77, § 1º). No entanto, a condenação anterior à pena de multa, a nosso juízo, não desnatura a reincidência, uma vez que o art. 63 não fala em condenação anterior à pena de prisão. Eventualmente, seu efeito é afastado. A rigor, essa omissão do referido dispositivo legal deve-se ao fato de que não existe na legislação brasileira crime punido somente com pena de multa. Contudo, a partir da adoção das penas alternativas nada impede que, eventualmente, algum crime resulte, a final, punido somente com pena de multa, aplicada alternativamente. Havia duas correntes jurisprudenciais antes da Reforma Penal de 1984 sobre a condenação anterior à pena de multa: 1ª) não havia reincidência; 2ª) somente haveria reincidência se ambos os crimes fossem dolosos.

2.2. *A motivação agravante, quando não constitui ou qualifica o crime*

Os motivos constituem a fonte propulsora da vontade criminosa. Nesse sentido, pode-se afirmar que não há crime gratuito ou sem motivo. Os *motivos* que, eventualmente, levam à prática de um crime podem ser bons ou maus, *morais, imorais, sociais* e *antissociais*. Quando os motivos têm *natureza social ou moral*, "privilegiam" a ação de matar alguém; quando, no entanto, a motivação tem *natureza imoral ou antissocial*, está-se diante de homicídio qualificado. Contudo, fora da hipótese de homicídio, a motivação social ou moral pode configurar circunstâncias atenuantes, nos termos da alínea *c* do art. 65 do CP, que passamos a examinar.

A maior ou menor relevância social ou moral da motivação é determinada pela escala de valores em que se estrutura na sociedade. No entanto, quando a intensidade dessa motivação é maior, podendo praticamente *dominar a vontade* do agente, atingirá o nível das denominadas qualificadoras ou privilegiadoras (causa de diminuição de pena), dependendo das circunstâncias. Contudo, quando apresentarem-se em menor escala, apenas *influenciando* essa vontade, poderão adequar-se às denominadas agravantes ou atenuantes, conforme o caso.

2.2.1. Ter o agente cometido o crime: a) por motivo fútil ou torpe

1) Por motivo fútil

Fútil é o motivo insignificante, banal, desproporcional à reação criminosa. Motivo fútil não se confunde com *motivo injusto*, uma vez que o *motivo justo* pode, em tese, excluir a ilicitude, afastar a culpabilidade ou privilegiar a ação delituosa. Vingança não é motivo fútil, embora, eventualmente, possa caracterizar motivo torpe. O ciúme, por exemplo, não se compatibiliza com motivo fútil. Motivo fútil, segundo a Exposição de Motivos, é aquele que, "pela sua mínima importância, não é causa suficiente para o crime". Na verdade, essa declaração da Exposição de Motivos não é das mais felizes, porque, se for "causa suficiente para o crime", justificá-lo-á, logo, será excludente de criminalidade.

Motivo fútil é distinto, repetindo, de motivo injusto, pois este não apresenta aquela desproporcionalidade referida na Exposição de Motivos. E um motivo *aparentemente insignificante* pode, em certas circunstâncias, assumir determinada relevância. Por outro lado, todo motivo que não *justifique*[2] o crime, excluindo-lhe a antijuridicidade ou eximindo a culpabilidade, é, tecnicamente, sempre *injusto*; sendo *justo* o motivo, não se poderá falar em crime, pois caracteriza, em tese, sua excludente.

A insuficiência de motivo não pode ser confundida com *ausência de motivos*, e esta, por sua vez, com *motivo fútil*.

2) Por motivo torpe

Torpe é o motivo que atinge mais profundamente o sentimento ético-social da coletividade, é o motivo repugnante, abjeto, vil, indigno, que repugna à consciência média. O motivo não pode ser ao mesmo tempo torpe e fútil. A torpeza afasta naturalmente a futilidade. O *ciúme*, por si só, como sentimento comum à maioria da coletividade, não se equipara ao motivo torpe. Na verdade, o *ciúme patológico* tem a intensidade exagerada de um sentimento natural do ser humano que, se não serve para justificar a ação criminosa, tampouco serve para agravá-lo ou mesmo qualificá-lo. O *motivo torpe* não pode coexistir com o motivo fútil, aliás, a simples caracterização de algum sentido de futilidade é suficiente para eliminar a torpeza de qualquer comportamento.

Nem sempre a *vingança* é caracterizadora de motivo torpe, pois a *torpeza* do motivo está exatamente na causa da sua existência, ou seja, não há torpeza em si mesma, mas na causa motivadora. Em sentido semelhante, sustenta Fernando de Almeida Pedroso que "a vingança, como sentimento de represália e desforra por alguma coisa sucedida, pode, segundo as circunstâncias que a

---

2. As causas *justificadoras* do crime encontram-se relacionadas no art. 23 do CP; são as chamadas excludentes.

determinaram, configurar ou não o motivo torpe, o que se verifica e dessume pela sua origem e natureza"[3].

Os motivos que agravam o crime (v.g., futilidade ou torpeza), na hipótese de concurso de pessoas, são incomunicáveis, pois a motivação é individual, e não constituem elementares típicas, segundo o melhor entendimento doutrinário.

2.3. Finalidades agravantes, quando não constituem ou qualificam o crime

O elenco de agravantes das sanções aplicáveis ao crime, motivos, meios e modos é complementado pelos *fins ou finalidades do crime*, independentemente de ser tentado ou consumado, sendo suficiente que o crime tenha sido praticado com o fim de facilitar ou *assegurar a execução, ocultação, impunidade ou vantagem de outro crime*, qualquer que seja.

Referidas agravantes pressupõem a existência de outro crime, que seria o *crime-fim*, o qual se pretenderia facilitar *ou assegurar a execução, ocultação, impunidade ou vantagem*. Estas agravantes aplicam-se somente ao *crime-meio* e não ao *crime-fim*, até porque este não tem essas finalidades. Aplicam-se estas agravantes mesmo que o *crime-fim não venha a ocorrer, ou, em outros termos, mesmo que a finalidade não seja atendida*.

Assegurar a execução de outro crime, aquele que seria o crime-fim, o qual pode até nem acontecer, como, por exemplo, quem, para sequestrar alguém, fere o segurança que pretendia evitar o sequestro, responderá pelo sequestro e pela lesão corporal agravada "pela finalidade de facilitar ou assegurar a execução", mesmo que, a seguir, desista de efetuar o sequestro. Nas outras alternativas — *ocultação, impunidade ou vantagem de outro crime* —, a *finalidade* do sujeito ativo é *destruir a prova* de outro crime ou *evitar-lhe* as consequências jurídico-penais: por exemplo, o sonegador que agride o fiscal que o surpreende, causando-lhe lesões corporais; o falsário que, com medo de ser delatado, sequestra o copartícipe etc.

E, finalmente, na última hipótese — *assegurar a vantagem de outro crime* —, o *fim pretendido é garantir o êxito do empreendimento delituoso*, qual seja, o aproveitamento da vantagem que o crime assegurado pode proporcionar-lhe, patrimonial ou não, direta ou indireta.

Em qualquer dessas hipóteses elencadas na alínea *b* do inciso II deste art. 61 é irrelevante que o agente aja no interesse próprio ou de terceiro. Não se trata de crime complexo, mas de simples conexão entre o *crime-fim* e o *crime-meio*, os quais, se forem efetivamente executados, e, na hipótese de condenação por ambos, poderá resultar no *cúmulo material de penas*. Cabe relembrar que, segundo o

---

3. Fernando de Almeida Pedroso, *Homicídio — participação em suicídio, infanticídio e aborto*, São Paulo, Aide, 1995, p. 114.

conflito aparente de normas, o *crime-fim* absorve, por completo, o *crime-meio*. Por isso, a destinação, mais frequente, dessa agravante será a aplicação somente no crime-meio quando o *crime-fim* não se realizar.

Para a configuração dessas agravantes é irrelevante que o crime-meio tenha sido praticado antes ou depois do crime que se deseja "assegurar", ou mesmo que o agente deste crime desista ou se arrependa de praticá-lo.

Ademais, tais agravantes podem constituir, teoricamente, o *elemento subjetivo especial do tipo*[4], representado pelo *especial fim de agir*, mas desde que, destacando mais uma vez, não integre ou constitua elementar típica do *crime-meio*.

2.4. Modos agravantes, quando não constituem ou qualificam o crime

As agravantes da alínea *c* do inciso II do art. 61 do CP não decorrem do *meio* utilizado, mas do *modo insidioso* com que a atividade delituosa é praticada, *dificultando* ou *impossibilitando* a defesa da vítima. O Código, nessa alínea, exemplifica alguns desses *modos de execução* do crime, como a *traição*, *emboscada* e *dissimulação*, que servem apenas de paradigma dos diversos modos de execução do crime, que dificultam ou tornam impossível a defesa da vítima.

1) *À traição* — é o ataque sorrateiro, inesperado, v.g., tiro pelas costas (que não se confunde com tiro nas costas). À *traição* é o crime "cometido mediante ataque súbito e sorrateiro, que atinge a vítima, descuidada ou desatenta antes de perceber o ato criminoso"[5]. *Traição*, como agravante, é a *ocultação moral* ou mesmo *física* da intenção do sujeito ativo, que viola a confiança da vítima; é a *deslealdade* para com a vítima. Não se caracteriza unicamente por haver sido o golpe desferido pelas costas da vítima.

Não se configura a *traição* se a vítima pressente a intenção do agente, pois essa percepção pela vítima elimina a insídia, o fator surpresa ou a dificuldade de defesa, pelo menos em tese. Não se configura igualmente se houver tempo para a vítima fugir.

2) *De emboscada* — emboscada é a tocaia, a espreita, verificando-se quando o agente se esconde para surpreender a vítima; é a ação premeditada de aguardar oculto a presença da vítima para surpreendê-la com o ataque indefensável. É a espera *dissimulada* da vítima em lugar por onde esta terá de passar. Na *emboscada*, o criminoso aguarda escondido a passagem da vítima desprevenida, que é surpreendida.

O crime praticado mediante *emboscada* é sempre um crime premeditado, pois o sujeito ativo desloca-se com antecedência, examina o local, projeta os próximos

---

4. Cezar Roberto Bitencourt, *Manual de Direito Penal*, 6ª ed., São Paulo, Saraiva, 2000, v. 1.
5. Nélson Hungria, *Comentários*, p. 168.

passos, coloca-se à espera da passagem da vítima para, com segurança e sem risco, atacá-la. A vítima, nessa modalidade, não tem nenhuma possibilidade de defesa. Trata-se de uma das formas mais covardes da ação humana criminosa.

3) *Mediante dissimulação* — dissimulação é a ocultação da intenção hostil, do projeto criminoso, para surpreender a vítima. O sujeito ativo *dissimula*, isto é, mostra o que não é, faz-se passar por amigo, ilude a vítima, que, assim, não tem razões para desconfiar do ataque e é apanhada desatenta e indefesa. Por meio de *dissimulação* o agente esconde ou disfarça o seu propósito para surpreender a vítima desprevenida. É uma modalidade de *surpresa*. Tanto a *ocultação* do propósito quanto o *disfarce* utilizado para se aproximar da vítima agravam o crime, quando não o qualificam, como é o caso do homicídio.

4) *Ou outro recurso que dificulta ou impossibilita a defesa* — Ou outro recurso que dificulta ou impossibilita a defesa somente poderá ser hipótese análoga à traição, emboscada ou dissimulação, do qual são exemplificativas. Em outros termos, é necessário que "o outro recurso" tenha a mesma natureza das agravantes elencadas na alínea, que são os exemplos mais característicos de recurso que dificulta ou torna impossível a defesa da vítima. Exemplo típico e mais frequente é a *surpresa*. Essa regra geral, que permite a interpretação analógica, tem a finalidade de permitir a agravante mesmo quando o recurso utilizado para a prática do crime tenha dificuldade de adequar-se a uma ou outra das modalidades especificadas no dispositivo.

5) *Surpresa* — por fim, a *surpresa*, que constitui um ataque inesperado, imprevisto e imprevisível; além do procedimento inesperado, é necessário que a vítima não tenha razão para esperar a agressão ou suspeitar dela. A *surpresa* assemelha-se muito à traição. Não basta que a agressão seja inesperada; é necessário que o agressor atue com *dissimulação*, procurando, com sua ação repentina, dificultar ou impossibilitar a defesa da vítima.

Para se configurar a surpresa, isto é, *recurso que torna difícil ou impossível a defesa do ofendido*, é necessário que, além do procedimento inesperado, não haja razão para a espera ou, pelo menos, suspeita da agressão, pois é exatamente a dificuldade ou mesmo a impossibilidade de defesa da vítima que fundamenta a agravante, ou, no caso do homicídio, a qualificadora. Na realidade, traição, emboscada, dissimulação e surpresa são recursos insidiosos que dificultam ou, muitas vezes, tornam impossível a defesa da vítima.

2.5. *Meios que sempre agravam a pena, quando não constituem ou qualificam o crime*

A utilização de determinados *meios* para a prática de certos crimes também pode qualificar (na hipótese de homicídios) ou agravar a sanção penal de outros crimes. Após enumerar alguns *meios* (veneno, fogo, explosivo e tortura), o Código Penal utiliza uma expressão genérica para sintetizá-los como espécies do gênero de *meio insidioso, meio cruel* ou *meio de que possa resultar perigo comum* (art. 61, II, *d*).

Nesse sentido, Roberto Lyra destacava, referindo-se à versão original do Código Penal de 1940, que "o código exemplifica o meio insidioso (veneno), o meio cruel (asfixia, tortura) e o meio extensivamente perigoso (fogo, explosivo), mas qualquer outro meio insidioso, cruel ou extensivamente perigoso, isto é, de que possa (basta o dano potencial, não é necessário o efetivo) resultar perigo comum, encerra a circunstância"[6]. Nessa linha de Roberto Lyra, de acordo com a natureza do *meio empregado*, temos a seguinte classificação: a) *emprego de meio insidioso: veneno*; b) *emprego de meio cruel: fogo, tortura*; c) *emprego de meio de que pode resultar perigo comum: fogo e explosivo*.

Constata-se que o Código, na versão atualizada pela Reforma Penal de 1984, utiliza uma fórmula casuística inicial, exemplificando com o emprego de veneno, fogo, explosivo ou tortura, e complementa com uma *fórmula genérica*, qual seja, "ou outro meio insidioso ou cruel, ou de que possa resultar perigo comum".

Esses *meios* elencados no art. 61 são, basicamente, os mesmos relacionados como qualificadoras do homicídio (art. 121, § 2º, III), menos a "asfixia", que foi excluída das agravantes pela referida Reforma Penal.

1) Emprego de veneno

A *utilização de veneno*, que é *meio insidioso*, só agrava pena do crime se for feita *dissimuladamente*, isto é, como estratagema, como cilada. Para o envenenamento constituir *meio insidioso* é indispensável que a vítima desconheça a circunstância de estar sendo envenenada. O emprego de veneno é um meio insidioso excepcional, e seu êxito está vinculado exatamente à *dissimulação* do seu uso.

Veneno é toda substância, biológica ou química, que, introduzida no organismo, pode produzir lesões ou causar a morte[7]. *Para fins penais, veneno é qualquer substância vegetal, animal ou mineral que tenha idoneidade para provocar lesão no organismo humano*. Uma substância teoricamente inócua pode assumir a condição de venenosa, segundo as condições especiais da vítima. Nesse sentido, ministrar açúcar em quantidades razoáveis a pessoa diabética é um modo ou forma de envenená-la. O que caracteriza o *veneno* não é a forma de introdução no organismo, nem seu aspecto insidioso, mas a sua maneira de agir no organismo, alterando a saúde ou causando a morte por processo químico ou bioquímico, distinguindo-se, nesse particular, de outras substâncias de ação física, como água quente, ferro candente etc.

Sua administração forçada ou com o conhecimento da vítima não agrava o crime e tampouco o qualifica. Se for ministrado com violência, poderá

---

6. Roberto Lyra, *Noções de Direito Criminal — Parte Especial*, Imprenta: Rio de Janeiro, Ed. Nacional de Direito, 1944, v. 1, p. 54.
7. Damásio de Jesus, *Direito Penal*, p. 68.

caracterizar meio cruel *lato sensu*, com o propósito de causar grave sofrimento à vítima, também poderá caracterizar meio cruel *lato sensu*, mas não constituirá *meio insidioso*. Convém destacar, desde logo, que o envenenamento exige a prova pericial toxicológica, nos termos dos arts. 158 e seguintes do CPP.

2) Emprego de fogo ou explosivo

Fogo e *explosivo* podem constituir *meio cruel* ou meio *de que pode resultar perigo comum*, dependendo das circunstâncias. Aliás, foram elencados no Código como exemplos de crime insidioso ou cruel, como vem ocorrendo nos ateamentos de fogo em mendigos pelas ruas das grandes cidades nos últimos tempos. Explosivo é qualquer objeto ou artefato capaz de provocar explosão ou qualquer corpo capaz de se transformar rapidamente em uma explosão. O *emprego de explosivo* pode ocorrer pelo manuseio de dinamite ou qualquer outro material explosivo, v. g., bomba caseira, coquetel molotov etc. Exemplifica-se o *emprego de fogo* com a utilização de produto inflamável seguido do ateamento de fogo. Aliás, como exemplo moderno e atual de uma qualificadora, foi o "emprego de fogo" para matar o *índio pataxó, praticado por alguns marginais de classe média de Brasília*, amplamente divulgado pela mídia. Nessa hipótese, se não houvesse ocorrido a morte e descaracterizado o dolo de matar, estaríamos diante da agravante da utilização de fogo no cometimento de lesão corporal.

A Reforma Penal de 1984 excluiu a *asfixia* das agravantes genéricas, permanecendo somente como qualificadora do homicídio, ou seja, o indivíduo que asfixiar a vítima, produzindo-lhe lesões corporais, sem *animus necandi*, não responderá pela agravante da "asfixia" nem pela qualificadora, uma vez que esta se limita ao homicídio, consumado ou tentado.

3) Emprego de tortura

Tortura é um meio que causa prolongado, atroz e desnecessário padecimento à vítima. A nosso juízo, a *tortura* é uma modalidade de *meio cruel*, distinguindo-se somente pelo aspecto temporal, exigindo ação um pouco mais prolongada em sua fase executória. Na hipótese homicídio desaparece a agravante, e tipificará a qualificadora correspondente, como ressalva o final do art. 61 do CP.

A Lei n. 9.455, de 7 de abril de 1997, ao definir o crime de tortura, cominou-lhe a pena de 8 a 16 anos de reclusão para a hipótese de resultar a morte da vítima (art. 1º, § 3º, 2ª parte). A partir desse diploma legal, deve-se agir com profunda cautela na análise da conduta típica. Se, ao *torturar* alguém, o sujeito ativo agir com *animus necandi*, deverá responder pelo crime de homicídio qualificado pela tortura (art. 121, § 2º, III, 5ª figura).

Contudo, se o resultado morte for preterdoloso, isto é, se a *tortura* tiver sido dolosa, mas o resultado morte, enquanto evento qualificador, for produto de culpa, estaremos diante da figura capitulada na Lei n. 9.455/97, que configuraria uma nova modalidade de homicídio preterintencional, além daquele do art. 129,

§ 3º, do CP. No entanto, como lembra Damásio de Jesus[8], se durante a *tortura* o sujeito ativo resolve matar a vítima, há dois crimes em concurso material: tortura (art. 1º da Lei n. 9.455/97) e homicídio (art. 121 do CP).

4) Meio insidioso

Meio insidioso é aquele utilizado com estratagema, perfídia. Insidioso é o recurso dissimulado, consistindo na ocultação do verdadeiro propósito do agente, que, assim, surpreende a vítima, que tem sua defesa dificultada ou até impossibilitada. Insidioso é o meio disfarçado, sub-reptício, ardiloso, que objetiva surpreender a vítima desatenta e indefesa[9]. Segundo a Exposição de Motivos do CP, é aquele dissimulado na sua eficiência maléfica, ou seja, o meio insidioso é, ao mesmo tempo, dissimulado. E a própria Exposição de Motivos destaca que os *meios insidiosos* não se confundem com *modo insidioso* de execução do crime afirmando que: "São também qualificativas do homicídio as agravantes que traduzem um *modo* insidioso da atividade executiva do crime (não se confundindo, portanto, com o emprego de *meio* insidioso), impossibilitando ou dificultando a defesa da vítima (como a *traição*, a *emboscada*, a *dissimulação* etc.)".

5) Meio cruel

Meio cruel é a forma brutal de perpetrar o crime, é meio bárbaro, martirizante, que revela ausência de piedade, v.g., pisoteamento da vítima, dilaceração do seu corpo a facadas etc. *Meio cruel* é o que causa sofrimento desnecessário. Pelo meio cruel o agente objetiva o padecimento de sua vítima; revela sadismo. Não é outra a orientação da própria Exposição de Motivos, ao afirmar que *meio cruel* é o que "aumenta inutilmente o sofrimento da vítima, ou revela uma brutalidade fora do comum ou em contraste com o mais elementar sentimento de piedade" (Exposição de Motivos, n. 38).

A crueldade realizada após a morte da vítima não qualifica o crime. Nesse sentido era o magistério de Frederico Marques, que advertia: "... os atos que podem traduzir a crueldade somente são tais, como é óbvio, enquanto a pessoa está com vida. Não há, pois, perversidade brutal ou crueldade naquele que, depois de abater e matar a vítima, lhe mutila o cadáver ou lhe esquarteja o corpo para melhor fazer desaparecer os rastros do crime"[10].

São cruéis aqueles *meios* que aumentam desnecessariamente o sofrimento da vítima ou revelam brutalidade ou sadismo fora do comum, contrastando com os sentimentos de dignidade, de humanidade e de piedade. Age com crueldade, por exemplo, quem revela, com a sua conduta, particularmente dolorosa, absoluta ausência de qualquer sentimento humanitário.

---

8. Damásio de Jesus, *Direito Penal*, p. 69.
9. Fernando de Almeida Pedroso, *Homicídio*, p. 119.
10. José Frederico Marques, *Tratado de Direito Penal — Parte Especial*, São Paulo, Saraiva, 1961, p. 105.

6) Meio de que possa resultar perigo comum

Deve-se, de plano, distinguir as qualificadoras do homicídio que resultar em *perigo comum* daqueles denominados *crimes de perigo comum* (Título VIII, Capítulo I), porque a finalidade do agente é a morte da vítima e não o *perigo comum*. A diferença está no elemento subjetivo[11]. Aqui, no entanto, não se refere às eventuais qualificadoras do homicídio e tampouco àqueles crimes conhecidos como de *perigo comum*, mas tão somente a circunstâncias agravantes, as quais, se coincidirem, não serão aplicáveis aos homicídios qualificados, por circunstâncias similares, ou aos crimes de perigo comum, para evitar *bis in idem*.

Meio de que possa resultar perigo comum é aquele que pode atingir um número indefinido ou indeterminado de pessoas. Nada impede que haja *concurso formal*, de um homicídio, por exemplo, com um crime de perigo comum, quando o *meio escolhido* pelo sujeito ativo, além de atingir a vítima visada, criar também situação concreta de perigo para um número indeterminado de pessoas, como, por exemplo, *incêndio* (art. 250), *explosão* (art. 251), *inundação* (art. 254), *desabamento* (art. 256) etc.

Concluindo, os *motivos*, fins, *modos* e *meios* que agravam a pena dos crimes — desde que não os constituam ou não os integrem — também devem ser abrangidos pelo dolo em toda sua extensão, podendo, consequentemente, ser excluídos pela ocorrência de erro. Assim, o agente deve ter, por exemplo, *consciência* de que age à traição, de emboscada ou com surpresa para a vítima, ou que age por este ou aquele motivo, ou adota este ou aquele modo de agir, ou, ainda, utiliza-se deste ou daquele meio, todos agravadores da ação delituosa.

A *premeditação*, por fim, não *agrava* e tampouco *qualifica* o crime. A *preordenação criminosa* nem sempre será causa de exasperação de pena em razão da maior censurabilidade da conduta. Na realidade, poderá, muitas vezes, significar relutância, indeterminação ou resistência à prática criminosa, em vez de revelar intensidade de dolo, ao contrário do que, normalmente se concebe. O art. 59 será a sede adequada para avaliar a natureza dessa circunstância — *premeditação* — e não nas agravantes ou nas qualificadoras dos crimes em espécie.

2.6. Outras agravantes, quando não constituem ou qualificam o crime

2.6.1. Contra ascendente, descendente, irmão ou cônjuge (II, *e*)

Nos crimes praticados contra parentes, nas linhas relacionadas, violam-se deveres decorrentes do parentesco. O parentesco pode ser legítimo, ilegítimo, natural ou civil, embora o direito civil não faça mais essa distinção. Essas

---

11. Nélson Hungria, *Comentários*, p. 168.

circunstâncias fundamentam maior reprovação da conduta praticada pelo agente e justificam perfeitamente a agravação da reprimenda aplicável. Consideram-se aqui situações pessoais ou familiares que facilitam a prática delituosa, além de implicarem a infringência de *especiais deveres* do sujeito ativo para com a vítima.

Por sua vez, o inciso II do art. 226 relaciona causas majorantes de duas espécies distintas, quais sejam, quando o crime sexual for praticado *contra parentes* ou quando o agente *abusar da relação de autoridade* que mantém sobre a vítima. Por isso, ante eventual configuração de qualquer das majorantes relacionadas nesse dispositivo legal, afasta a aplicação de eventuais agravantes similares, para evitar a ocorrência de *bis in idem*.

A relação de parentesco, ascendente, descendente ou irmão deve ser comprovada nos autos documentalmente — a ausência da comprovação impede a aplicação dessa agravante. Por outro lado, é inadmissível que se considere eventual companheiro(a) para agravar a pena, embora civilmente não se faça distinção a cônjuge, sob pena de aplicar-se analogia *in malam partem*.

2.6.2. Com abuso de autoridade ou prevalecendo-se de relações domésticas, de coabitação ou de hospitalidade, ou com violência contra a mulher na forma da lei específica (II, *f*)

Essa agravante aplica-se a crimes que são praticados abusando de autoridade ou prevalecendo-se de relações domésticas, de coabitação ou de hospitalidade. Consideram-se aqui situações pessoais ou familiares que facilitam a prática delituosa, além de implicarem a infringência de especiais deveres dessas relações.

O *abuso de autoridade* referido neste dispositivo legal não é o de autoridade pública, mas de outra natureza, refere-se às relações privadas em que haja um *vínculo de dependência ou subordinação*, com exercício abusivo ou ilegítimo de autoridade no direito privado, como, por exemplo, cônjuge, pai ou mãe, companheiro(a), empregador, tutor, curador etc. O agente que praticar crime contra vítima a que esteja ligado por esse tipo de vínculo justifica a agravação legal prevista. *Abuso* é o uso do poder além dos limites legais, e *violação de dever* é o desrespeito às normas que norteiam cargo, ofício, *ministério* ou *profissão*. Não há abuso de poder sem violação de dever, mas pode haver violação de dever sem abuso de poder.

Relações domésticas são as que existem entre aqueles que participam do quotidiano de uma mesma família: familiares, empregados, amigos, frequentadores habituais etc. *Relações de coabitação* referem-se àqueles que convivem sob o mesmo teto, particularmente sob o aspecto das relações de convivência. *Relações de hospitalidade* referem-se à estada de alguém em casa alheia, sem a durabilidade da coabitação, não sendo necessário intimidade, por exemplo, visita para uma refeição, um drinque etc.

A interpretação deve ser, necessariamente, restritiva. Considera-se, nessas hipóteses, a *presumida* menor capacidade de defesa das vítimas, que, ademais, afrouxam, naturalmente, a vigilância dos bens juridicamente tutelados, facilitando a execução delituosa, além da perversidade e covardia do agente; trata-se, consequentemente, de presunção *juris tantum*. A maior censurabilidade da conduta caracteriza-se não só pela audácia do agente, mas especialmente pelo desrespeito à vítima, que se encontra em posição francamente desfavorável. Além da maior dificuldade, normalmente, em elucidar os fatos, a conduta do agente revela maior insensibilidade e correspondente maldade, justificando-se a agravação da sanção penal. Para se configurar essa *agravante* é indispensável que o agente tenha consciência dessa circunstância, que, necessariamente, deve ser abrangida pelo *dolo*, sob pena de consagrar-se autêntica responsabilidade objetiva. As circunstâncias agravantes previstas no art. 61, II, *e, f, g* e *h*, não podem ser consideradas na fixação da pena, em se tratando de crimes contra a liberdade sexual, por exemplo, se esta já foi majorada em razão do disposto no art. 226, II.

Por fim, cabe registrar que "relações domésticas" não se confundem com a "relação empregatícia" que existe entre patrões e trabalhadores domésticos. Nada impede, entretanto, que entre eles também possam existir relações domésticas e até mesmo relações de coabitação ou hospitalidade, como ocorre, por exemplo, com os crimes tão em moda praticados por babás no recesso do lar de seus empregadores. Na verdade, somente em cada caso concreto é que se poderá examinar a existência ou não dessas modalidades de relação, sejam domésticas, de coabitação ou de hospitalidade.

Quanto a última figura desta alínea, refere-se à *violência contra a mulher na forma da Lei n. 11.340, de 7 de agosto de 2006*, a qual definiu o crime de "violência doméstica" (§ 9º do art. 129 do CP), além de criar "mecanismos para coibir a violência doméstica e familiar contra a mulher, nos termos do § 8º do art. 226 da Constituição Federal...". No entanto, esta agravante somente será aplicável quando não constituir, qualificar ou majorar a pena de referida infração penal. Ainda sobre a relação entre o Código Penal e a Lei n. 11.340/2006, destaca-se o mais recente entendimento do STJ, que firmou a tese, resultante do julgamento do Tema Repetitivo n. 1197, de que "A aplicação da agravante do art. 61, inc. II, alínea *f*, do Código Penal (CP), em conjunto com as disposições da Lei Maria da Penha (Lei n. 11.340/2006), não configura *bis in idem*" (STJ, REsp 2.026.129/MS, Rel. Min. Jesuíno Rissato (Desembargador Convocado do TJDFT), 3ª Seção, julgado em 12/6/2024, *DJe* de 24/6/2024).

2.6.3. Com abuso de poder ou violação de dever inerente a cargo, ofício, ministério ou profissão (II, *g*)

A acepção de *abuso de poder* aqui, ao contrário da alínea anterior, refere-se ao *exercício abusivo de autoridade pública*. *Abuso* é o uso do poder além dos limites legais, e *violação de dever* é o desrespeito às normas que norteiam *cargo*, *ofício*, *ministério* ou *profissão*. Não há *abuso de poder sem violação de dever*, mas pode haver violação de dever sem abuso de poder. *Cargo*, inegavelmente, indica atividade pública; *ofício* e *profissão* são atividades habitualmente exercidas por alguém, e *ministério, por sua vez*, indica o exercício de atividade religiosa.

A relação *superior-subalterno* pode existir na seara pública e na seara privada, como já destacamos em outras oportunidades. Na *relação hierárquica* há uma escala demarcando posições, graus ou postos ordenados configuradores de uma carreira funcional. Na *ascendência*, contrariamente, não existe essa *organização funcional*, mas há uma situação ou relação de influência ou respeitoso domínio. Na verdade, a *ascendência* não se vincula a qualquer relação laboral, funcional ou trabalhista, no âmbito público ou privado, como destacamos.

No entanto, o *abuso de poder* aqui, nesta alínea, refere-se, claramente, tanto à autoridade pública, quanto ao âmbito privado, na medida em que a própria disposição legal é completada com a conjunção alternativa "ou" *violação de dever inerente a cargo, ofício, ministério ou profissão*. Ingavelmente, *cargo* referem ao setor público, disciplinado pelo Direito Administrativo, mas *ofício, emprego ou profissão* expressam atividades ou relações próprias do setor privado.

Enfim, para que se considere configurada esta agravante faz-se necessário que o agente ultrapasse, concretamente, os limites autorizados ao exercício de poder ou viole *dever inerente a cargo, ofício, ministério ou profissão*.

2.6.4. Contra criança, maior de 60 anos, enfermo ou mulher grávida (II, *h*)

Considera-se, nas quatro hipóteses, a presumida menor capacidade de defesa dessas vítimas, além da perversidade e covardia do agente. Consequentemente, trata-se de presunção *juris tantum*. *Criança* é quem se encontra ainda longe da puberdade, aceitando-se, como regra, o limite de 12 anos (art. 2º do ECA). O *Estatuto do Idoso* mudou a redação deste dispositivo, substituindo a expressão "velho" por "maior de 60 (sessenta) anos". Pela redação anterior era considerada *velho* toda pessoa com mais de 70 anos, o que não impedia que se considerasse como tal, quem, com idade inferior, se apresentasse combalido, enfraquecido ou precocemente envelhecido. Com a nova redação essa interpretação mais liberal será inadmissível, ante a impossibilidade de dar-se interpretação extensiva a normas penais repressivas. *Enfermo* é a pessoa doente, cuja resistência tenha sido diminuída pela enfermidade. *Enfermo*, no entanto, deve receber interpretação ampla, para abranger, por exemplo, os deficientes físicos (ou, numa linguagem politicamente correta, os portadores de necessidades especiais), além dos portadores de moléstias, física ou mental. *Mulher grávida* é aquela que se encontra no período de gravidez, que se inicia com a fecundação do óvulo e termina com a expulsão do feto. Contudo, para se configurar esta agravante é indispensável que o agente tenha *consciência* de que a vítima encontra-se grávida.

Acompanhando, enfim, os objetivos do *Estatuto do Idoso*, é natural que crime praticado contra *pessoa idosa (no caso maior de sessenta anos)* represente maior gravidade e seja considerado merecedor de resposta penal agravada, a despeito de discordarmos da *fixação legal* para o início da *velhice*, especialmente quando a ciência comprova o aumento da *longevidade* do brasileiro e a própria *aposentadoria* é consideravelmente alterada pelo mesmo governo brasileiro (agora pretende-se fixar o mínimo de 65 anos), configurando um verdadeiro contrassenso. Enfim, o marco inicial da *velhice* é legal: maior de 60 anos.

Quando se configurar a majorante, isto é, a *causa de aumento*, não incidirá a *agravante genérica* do art. 61, II, *h*, do CP (crime contra criança ou maior de sessenta anos). Ademais, é indispensável que a idade da vítima seja abrangida pelo dolo, ou seja, é fundamental que o sujeito ativo tenha consciência da sua menoridade ou de sua condição de maior de sessenta anos, caso contrário a agravante é inaplicável. O desconhecimento da idade da vítima por parte do sujeito ativo pode configurar erro de tipo. No entanto, a dúvida sobre a idade pode caracterizar dolo eventual, pois agir nessas circunstâncias significa assumir o risco.

2.6.5. Quando o ofendido estava sob a imediata proteção da autoridade (II, *i*)

Encontra-se nessa situação quem está sendo protegido ou custodiado pela autoridade pública. A maior *censurabilidade* da conduta caracteriza-se não só pela audácia do agente como especialmente pelo desrespeito à autoridade pública. Não basta a proteção genérica, que a todos abrange, mas se exige a imediata e direta proteção de determinada autoridade pública, v. g., os linchamentos em praça pública, quando a vítima é retirada da custódia policial.

Tutela-se o interesse de que a justiça não seja frustrada em seus fins de prestar jurisdição, particularmente na esfera criminal, visando assegurar o cumprimento de suas decisões. Embora — destacava Magalhães Noronha — condescendendo com a simples fuga, a lei não permite que outros, não impelidos pelo incoercível impulso da liberdade, contribuam para que sejam frustradas as decisões judiciárias e as imposições legais, com inegável menosprezo e desprestígio da ordem constituída[12]. No mesmo sentido, Fragoso reconhecia que "a fuga de pessoa legalmente detida lesa a autoridade de decisão judicial ou administrativa, ou, mesmo, o interesse de repressão à criminalidade".

2.6.6. Em ocasião de incêndio, naufrágio, inundação ou qualquer calamidade pública, ou de desgraça particular do ofendido (II, *j*)

A enumeração do dispositivo é meramente enunciativa, pois a locução *"ou qualquer calamidade pública, ou de desgraça particular do ofendido"* abre o leque para a interpretação analógica, permitindo outras hipóteses, quer de calamidade pública, quer desgraça particular: similares de calamidade pública podem ser

---

12. Magalhães Noronha, *Direito Penal*, p. 419.

situações de explosões, desabamentos e desmoronamentos etc.; similares de desgraça particular podem ser quaisquer coisas que atinjam a vítima deprimindo-a, fragilizando-a, tais como acidentes, enfermidades de familiares, divórcio, separação etc., desde que, evidentemente, sejam do conhecimento do agente.

Nestas agravantes o agente não pratica esses crimes, apenas aproveita-se dessas situações para praticar o crime pretendido, pois a calamidade ou a desgraça alheia representada por essas situações *de incêndio, naufrágio, inundação ou qualquer calamidade pública ou de desgraça particular do ofendido* afrouxam, naturalmente, a vigilância dos bens juridicamente tutelados, facilitando a execução delituosa. Além da maior dificuldade em elucidar os fatos, a conduta do agente revela sua maior insensibilidade e correspondente maldade, justificando a agravação da sanção penal.

Logicamente, essas agravantes são inaplicáveis nas hipóteses daqueles crimes de perigo comum ou eventuais homicídios qualificados em que coincidirem as situações de *calamidade pública, ou de desgraça particular*.

2.6.7. Em estado de embriaguez preordenada (II, *l*)

O agente embriaga-se propositadamente para praticar o crime. Com a embriaguez preordenada o agente procura liberar os freios inibitórios para praticar o crime e, quem sabe, buscar uma escusa. É indiferente o grau da embriaguez, com exceção do coma alcoólico, que poderia configurar a *actio libera in causa*. É necessária a prova de que o propósito da embriaguez era praticar o crime.

Entre as causas biológicas que podem *excluir* ou *diminuir* a responsabilidade penal, o Código Penal inclui a *embriaguez*, desde que *completa* e *acidental*. A embriaguez pode ser definida como a intoxicação aguda e transitória provocada pela ingestão do álcool ou de substância de efeitos análogos[13]. No entanto, para efeitos de *agravante*, nosso Código Penal admite somente a "embriaguez preordenada". Quanto aos efeitos das demais modalidades de embriaguez, abordamos no capítulo em que tratamos das causas que afastam ou diminuem a culpabilidade, para onde remetemos o prezado leitor.

Embriaguez preordenada é aquela em que o agente *deliberadamente* se embriaga para praticar a conduta delituosa, liberando seus freios inibitórios e fortalecendo sua coragem. Nessa forma de embriaguez apresenta-se a hipótese de *actio libera in causa* por excelência. O sujeito tem a intenção não apenas de embriagar-se, mas esta é movida pelo propósito criminoso, ou seja, embriaga-se para encorajar-se a praticar o fato criminoso; a embriaguez constitui apenas um meio facilitador da execução do *ilícito* desejado, configurando-se, claramente, a presença da *actio libera in causa*.

---

13. Giulio Battaglini, *Direito Penal*, São Paulo, Saraiva, 1973, v. 1, p. 261.

A vontade contrária ao Direito, extremamente reprovável, na fase anterior ao estado de embriaguez, como identifica a *actio libera in causa*, está perfeitamente caracterizada. O agente coloca o estado de embriaguez como o primeiro momento da realização do fato típico. Nessa hipótese, não há dúvida não somente quanto à preordenação criminosa, mas quanto à punibilidade bem como quanto à agravação da pena, em razão da maior censurabilidade da conduta (art. 61, II, *l*, do CP).

Nada impede que o sujeito beba voluntariamente para embriagar-se, para ter a sensação da embriaguez ou simplesmente para sufocar suas mágoas e frustrações, sem oferecer *ex ante* o menor risco para bem jurídico algum, sendo, portanto, imprevisível a realização de um delito. Nesse caso, constituirá apenas a embriaguez voluntária (dolosa ou culposa), sob o efeito da qual poderá ou não cometer crimes dolosos ou culposos, como já afirmamos, sem qualquer correspondência, volta-se a afirmar, com a conhecida *actio libera in causa*.

3. Agravantes na hipótese de concurso de pessoas

A previsão do art. 62 do Código Penal identifica-se com o princípio de que cada um deve ser punido nos limites de sua culpabilidade. Pune-se mais severamente aquele que exerce um papel de liderança entre os participantes, independentemente de ser ou não o autor intelectual. Destina-se a qualquer *participante*, seja autor, coautor ou partícipe do crime, desde que se adeque a um dos seus quatro incisos, como veremos adiante.

3.1. *Promover, organizar a cooperação no crime ou dirigir a atividade dos demais agentes*

Esta agravante, ao contrário do que se tem entendido, tanto pela doutrina quanto pela jurisprudência, é inaplicável à hipótese de crime praticado em coautoria simples. A rigor, a agravante inserta no art. 62, I, do Código Penal, é absolutamente inexistente, inconsistente e inaplicável em crimes praticados em *coautoria simples*, pois exige, no mínimo, a *participação no crime* de, pelo menos, três pessoas. Destaca-se, desde logo, a *inadequação típica*, isto é, a falta de correlação entre essa agravante e o crime praticado somente por dois indivíduos. A simples leitura do texto legal não deixa dúvida que a mesma destina-se a uma pluralidade de agentes e não apenas a dois infratores, senão vejamos, *verbis*: "62 (...), I: promove, ou organiza a cooperação no crime ou *dirige a atividade dos demais agentes*" (grifamos).

Podemos nos equivocar, logicamente, mas não lembramos de que algum doutrinador tenha examinado esse aspecto na doutrina nacional. Na verdade, levantamos aqui a *inadequação típica (atipicidade)* dessa agravante para uma simples *coautoria*, porque a sua construção típica destina-se aos denominados *crimes coletivos*, quais sejam, os *crimes plurissubjetivos*, com pelo menos três sujeitos ativos, v. g., *rixa* (art. 137 do CP), *associação criminosa* (art. 288 do CP), *organização criminosa* (Lei n. 12.850/2013) etc. Com efeito, todos esses crimes, para sua tipificação, exigem mais de dois participantes, no mínimo três, pois, somente assim, neles, nos *crimes plurissubjetivos*, poder-se-á falar em dirigir "a atividade dos demais agentes". Na coautoria simples, não existem "demais agentes", mas apenas outro agente, seu coautor.

A rigor, exemplificando, há *inadequação típica* dessa agravante para os crimes realizados por apenas duas pessoas, na medida em que ela é prevista, repetindo, para *crimes com pluralidade de sujeitos ativos*, como referimos acima, ou seja, crimes praticados, no mínimo, por três *agentes*, e não para os crimes praticados por somente duas pessoas. Com efeito, na *autoria individual* não há ninguém para ser dirigido; na coautoria simples, por sua vez, não existe "demais agentes" para receber a direção, coordenação ou organização do agente condenado, mas apenas um, e, em assim sendo, não satisfaz a *elementar descritiva* final do referido *dispositivo* legal, qual seja, "ou dirige a atividade dos demais agentes".

Falando-se em *tipicidade estrita*, invocamos aqui o velho adágio, segundo o qual *a lei penal não tem palavras inúteis*, mas tampouco se podem acrescer palavras inexistentes. Não é por acaso que o dispositivo *sub examine* contém como sua *elementar constitutiva* o seguinte: "ou dirige a atividade dos demais agentes", pois o legislador, quando quer ser restritivo, refere-se a outrem, coautor, partícipe ou mesmo comparsa, mas jamais adota locuções coletivas ou usa expressões no plural, quando quer o individual ou o singular.

3.2. *Coage ou induz outrem à execução material do crime*

Coagir e *induzir* não são sinônimos e diferem profundamente em grau de intensidade de eficácia, embora, como *agravantes*, a lei as tenha equiparado. *Induzir* significa suscitar uma ideia, fazer surgir uma ideia até então inexistente. A *coação*, por sua vez, poderá ter efeitos diversos: se for *irresistível* exclui a punibilidade do coagido, podendo, dependendo das circunstâncias, transformar o coator em *autor mediato*, se este não estiver participando diretamente do fato criminoso. Se for *resistível* constituirá esta *atenuante* para o coagido (art. 65, III, *c*).

A coação pode ser física ou moral, resistível ou irresistível. Coação irresistível, com idoneidade para afastar a culpabilidade, é a *coação moral*, a conhecida *grave ameaça*. Coação irresistível é tudo o que pressiona a vontade impondo determinado comportamento, eliminando ou reduzindo o poder de escolha, consequentemente, trata-se da coação moral. A *coação física, quando irresistível*, exclui a própria ação, não havendo, consequentemente, conduta típica. Nesse caso, o *executor* é considerado apenas um *instrumento* mecânico de realização da vontade do coator, que, na realidade, é o *autor mediato*.

Na *coação moral irresistível* existe vontade, embora seja viciada, ou seja, não é livremente formada pelo agente. Nas circunstâncias em que a ameaça é *irresistível* não é exigível que o agente se oponha a essa ameaça — que tem de ser *grave* —, para se manter em conformidade com o Direito. Como já antecipava Cuello Calón, "o indivíduo que nesta situação executa um fato criminoso não é considerado culpável porque sua vontade não pode determinar-se livremente"[14].

E, na hipótese de coação *resistível*, não haverá exclusão da culpabilidade penal, logicamente, porque o sujeito pode agir em conformidade com o Direito, ante a resistibilidade da coação; por essa razão, se não a resistir (sendo resistível), haverá concurso de pessoas com o coator. Porém, como há a *coação*, como há ameaça efetiva, embora resistível, e o agente age por causa dessa ameaça, há uma diminuição do grau de reprovação, do grau de censura, e, consequentemente, uma redução de pena caracterizada por uma atenuante genérica, a *coação resistível* (art. 65, III, *c*, 1ª figura). O *coator*, por sua vez, será sempre punível: na coação irresistível, na condição de autor mediato, na coação resistível, na condição de coautor ou de partícipe, dependendo das demais circunstâncias. Somente quando a coação for resistível, o coator sofrerá a agravante do art. 62, II, porque, na coação irresistível, ele será autor mediato e esta será o meio de sua execução. Caso contrário, haveria um *bis in idem*.

Por outro lado, a *coação e a indução só agravam a pena quando se tratar de autor ou coautor, isto é, daqueles que efetivamente executam a ação delituosa, e não quando estas destinam-se ao mero partícipe*, na medida em que este não atua diretamente na execução material do crime.

3.3. Instigue ou determine a cometer o crime alguém sujeito à sua autoridade ou não punível em virtude de condição ou qualidade pessoal

Instigar significa animar, estimular, reforçar uma ideia existente. O instigador limita-se a provocar a resolução criminosa; *determinar* (tem sido utilizado pelos penalistas como sinônimo de *induzir*) significa induzir, tomar a iniciativa intelectual, suscitar uma ideia inexistente. Necessário, porém, que o agente esteja submetido à sua autoridade, ou seja, por alguma razão pessoal, inimputável (louco, menor, silvícola etc.). Por outro lado, o verbo *determinar*, utilizado nesta *agravante*, é distinto do significado que se lhe atribui quando se refere ao concurso de pessoas, ou seja, aqui tem o significado de mandar, comandar ou até exigir que "subalterno" ou alguém sob seus domínios cumpra a sua determinação. A rigor, nesta hipótese, há uma *especial relação de autoridade* que confere ao agente um poder de sujeitar à sua vontade o comportamento de outrem[15].

Vejamos as duas figuras.

---

14. E. Cuello Calón, *Derecho Penal*, Barcelona, Bosch, 1980, v. 1, p. 494.
15. Fernando Galvão da Rocha, *Aplicação da pena*, Belo Horizonte, Del Rey, 1995, p. 192.

Primeira figura — instigar alguém sujeito à sua autoridade

O art. 22, 2ª parte, do Código Penal, exclui a responsabilidade penal de quem praticar o fato delituoso "em estrita obediência a ordem, não manifestamente ilegal, de superior hierárquico", configurando a conhecida "obediência hierárquica", que assegura a punibilidade somente do ato da autoridade superior que determinou seu autor. E mais: nessa hipótese, o *mandante*, além de responder sozinho pelo crime, terá a incidência desta agravante penal. Contudo, se a ilegalidade for manifesta, o subalterno tem não apenas o direito, mas também o dever legal, de não cumpri-la. No entanto, se cumprir *ordem manifestamente ilegal*, quando deveria ter descumprido, militará a seu favor a atenuante legal do art. 65, III, *c*, segunda figura (em cumprimento de ordem de autoridade superior).

Por outro lado, quando o agente, obedecendo *ordem superior ilegal* (apenas ilegal), praticar o crime, responderá por este, em coautoria com seu superior hierárquico. Contudo, nessa hipótese, o *subalterno* terá também sua pena atenuada (art. 65, III, *c*, 2ª figura), ao passo que o seu superior hierárquico responderá pelo mesmo crime, porém, com a incidência desta agravante (art. 61, II, *g*, 1ª figura). Contudo, se o agente cumprir *ordem legal de superior hierárquico*, estará no exercício de *estrito cumprimento de dever legal*. A *estrita obediência* de *ordem legal* não apresenta nenhuma conotação de ilicitude, ainda que configure alguma conduta típica; ao contrário, caracteriza a sua exclusão (art. 23).

Na hipótese deste dispositivo legal, no entanto, a autoridade referida pode ser pública ou privada; naquela refere-se à relação hierárquica entre funcionários públicos; nesta, pode ser a relação familiar entre pais e filhos (paternal, maternal), ou mesmo religiosa etc.

Segunda figura — não punível em virtude de condição ou qualidade pessoal

A não punibilidade de alguém em virtude de *condição ou qualidade pessoal* refere-se a *escusas absolutórias* ou imunidades pessoais, que não se confundem com *excludentes de criminalidade*, logo, deve tratar-se de fato típico, antijurídico e culpável. Na verdade, referidas causas afastam somente a *culpabilidade*, deixando intacta a ilicitude ou antijuridicidade da conduta praticada. O saudoso Ministro Francisco de Assis Toledo, preciosista como era, chegou a distingui-las em duas classes fundamentais: "1ª) causas que afastam a censurabilidade do fato porque negam, desde o início, *a priori*, a existência de um agente culpável; 2ª) causas que afastam a censurabilidade do fato porque anulam um dos elementos essenciais da própria culpabilidade".

Quanto às primeiras, podem ser destacadas, como tais: a) retardamento ou deficiência mental; b) embriaguez completa por ingestão de álcool ou outra substância entorpecente ou que provoque dependência; c) menoridade penal. Essas referem-se à ausência de *imputabilidade*, que é uma espécie de pressuposto da culpabilidade. Como referidas *causas* manifestam-se antes do surgimento dos elementos da culpabilidade, também são denominados como excludentes da imputabilidade.

Integram o segundo grupo os próprios elementos integrantes da culpabilidade, quais sejam: a) inexigibilidade, nas circunstâncias, de outra conduta; b) estado de necessidade exculpante; c) embriaguez completa decorrente de caso fortuito ou força maior; d) coação moral irresistível; e) obediência hierárquica; f) erro de proibição inevitável; g) excesso exculpante de legítima defesa; i) e, finalmente, o caso fortuito[16].

3.4. *Execute o crime, ou nele participe, mediante paga ou promessa de recompensa*

Com a locução *"execute o crime, ou nele participe"*, constante desta *agravante*, fica explícito, mais uma vez, que o legislador da Reforma Penal de 1984, ao definir o concurso de pessoas no art. 29 do CP, distinguiu, claramente, as figuras de *autoria* e *participação*, como sempre afirmamos.

Esta agravante pune mais severamente a *torpeza* da conduta praticada conhecida como *crime mercenário*, a qual, contudo, é inaplicável ao crime de homicídio, pois, se ocorrer, o qualificará. A vantagem (paga ou promessa de recompensa) pode ser de qualquer natureza. Configura-se a agravante indiferentemente de a promessa ser ou não cumprida. Na modalidade *"paga"* o agente recebe previamente a recompensa pelo crime, o que não ocorre na *promessa de recompensa*, em que há somente a *expectativa de paga*, cuja efetivação está condicionada à prática do crime, excluído, repetindo, o homicídio.

É desnecessário que o agente receba a recompensa para agravar a pena, sendo suficiente que tenha havido a sua promessa. É indiferente que tenha havido a fixação prévia do valor, natureza ou espécie da recompensa, pois poderá ser determinado após a execução do crime ou até mesmo ser fixado pelo próprio agente. No entanto, adotamos o entendimento de que a *paga* ou *promessa* de recompensa deve ter natureza econômica, que é o fundamento que move o *autor imediato* a praticar o crime.

A maior reprovabilidade do *crime mercenário* repousa na venalidade do agente. Os *mandados gratuitos* não qualificam o crime, tampouco eventuais benefícios concedidos *a posteriori*, com relação aos quais não haja acordo prévio. No entanto, não é pacífico o entendimento de que somente a *paga* ou *promessa* de recompensa de natureza econômica qualificam o crime, embora seja a orientação dominante.

---

16. Francisco de Assis Toledo, *Princípios básicos de Direito Penal*, 5ª ed., 10ª tir., São Paulo, Saraiva, p. 311/2.

4. Circunstâncias atenuantes genéricas de aplicação obrigatória

As atenuantes genéricas são chamadas de *circunstâncias legais* porque vêm expressamente relacionadas no texto legal, ao contrário das denominadas *circunstâncias judiciais*, as quais são apenas nominadas no art. 59 do CP. Referidas *circunstâncias* não integram a figura típica, ao contrário das qualificadoras que integram a própria descrição típica; limitam-se a *circundar* o crime e, obrigatoriamente, diminuem a sua punibilidade e deverão ser valoradas na sentença final. Como diz o *caput* do art. 65 do CP, são de aplicação obrigatória, pois *sempre atenuam a pena*. Vejamos, sucintamente, cada uma dessas circunstâncias.

O art. 65 do CP relaciona e determina, peremptoriamente, que *"são circunstâncias que sempre atenuam a pena: I — ser o agente menor de 21 (vinte e um), na data do fato, ou maior de 70 (setenta) anos, na data da sentença; II — o desconhecimento da lei; III — ter o agente: a) cometido o crime por motivo de relevante valor social ou moral; b) procurado, por sua espontânea vontade e com eficiência, logo após o crime, evitar-lhe ou minorar-lhe as consequências, ou ter, antes do julgamento, reparado o dano; c) cometido o crime sob coação a que podia resistir, ou em cumprimento de ordem de autoridade superior, ou sob a influência de violenta emoção, provocada por ato injusto da vítima; d) confessado espontaneamente, perante a autoridade, a autoria do crime; e) cometido o crime sob a influência de multidão em tumulto, se não o provocou"*.

O Código não estabelece a quantidade de diminuição das atenuantes legais genéricas (a exemplo do que faz com as agravantes), e são chamadas de *circunstâncias legais* porque vêm expressamente relacionadas no texto legal. Essas circunstâncias não integram a figura típica, limitando-se a *circundar* o crime. Como diz o *caput* do art. 65 do CP, são de aplicação obrigatória, pois *sempre atenuam a pena*. A *diminuição da pena* pode ser trazida, por uma atenuante, para aquém da pena mínima cominada, a despeito da Súmula 231 do STJ, a qual, *venia concessa*, consideramos que adota fundamento equivocado, conforme demonstramos no capítulo que trata da "aplicação da pena", neste próprio volume, para onde remetemos o leitor.

4.1. *Ser o agente menor de 21 anos, na data do fato, ou maior de 70 anos, na data da sentença (I)*

Os menores de 18 anos estão fora do Direito Penal, e suas eventuais infrações penais (atos infracionais) são disciplinadas pelo ECA. O legislador também atribui a outras pessoas, como *circunstância atenuante*, o fator etário, quais sejam, menores de 21 anos, na data do fato, ou maiores de 70 anos, na data da sentença. A juventude do agente (18 a 21 anos) é objeto de *atenuante* no direito brasileiro, reconhecendo-se sua imaturidade e a necessidade de tratamento especial. Contudo, a execução penal não recebe a devida individualização da pena que o menor merece, de acordo com essa atenuante, sendo incluído na população carcerária comum. Mais importante a esse jovem imaturo e inexperiente que a própria atenuante seria a previsão de cumprimento de pena em pavilhão especial do sistema penitenciário, para afastá-lo dos criminosos empedernidos e das facções criminosas. A emancipação e a maioridade decorrentes do matrimônio não afastam essa atenuante.

Por outro lado, a *pessoa idosa* (com mais de 70 anos), considerada velha pelo legislador contemporâneo, por sua menor temibilidade e também por humanidade, recebe a mesma atenuante. A menoridade deve ser na data do fato, e a velhice na data da sentença. Considera-se como a data da sentença o dia em que ela é entregue pelo juiz em cartório, devidamente certificada pelo escrivão. *Menoridade* e *maioridade* produzem ainda outro efeito: o prazo prescricional, para ambas, é reduzido pela metade (art. 115).

4.2. *O desconhecimento da lei como atenuante legal (II)*

O desconhecimento da lei é inescusável (art. 21, 1ª parte), presumindo-se a lei conhecida por todos, não podendo ser invocado o seu *desconhecimento* para isentar-se da responsabilidade penal pela prática de crimes. A *ignorantia legis* é matéria de aplicação da lei que, por ficção jurídica, presume-se conhecida por todos. Mas essa *presunção ilegal* é iníqua com o cidadão, especialmente para as classes mais desfavorecidas e menos ilustradas, as quais, inegavelmente, ignoram completamente a imensa maioria das leis vigentes.

Nem sempre, contudo, o *dever jurídico* coincide com a *lei moral*. Não poucas vezes o Direito protege situações amorais e até imorais, contrastando com a lei moral, por razões de política criminal, de segurança social etc. Assim, nem sempre é possível estabelecer, *a priori*, que seja o crime uma ação imoral, como também nem sempre ações imorais constituem crimes, como, por exemplo, o *incesto*, que, em nosso ordenamento jurídico, não é criminalizado, embora seja reprovável pelo sentimento social. A ação criminosa pode ser, eventualmente, até moralmente louvável, como pode ocorrer em determinadas hipóteses de eutanásia, que, em nosso sistema jurídico, continua sendo criminalizada. Já no início do século XX, mais precisamente em 1910, Florian preocupava-se com esse aspecto e advertia: "Nem todos os crimes são também ações imorais, reprovadas pelo sentimento e pelo costume. Para aquelas ações que, em si mesmas, *atrocitatem facinoris habent*, a presunção do conhecimento da proibição legislativa corresponde à realidade. Para as ações, contudo, moralmente inocentes e que são vedadas somente por motivos de segurança social, a referida presunção é iníqua. Acrescente-se que a consciência do ilícito e, pois, da contrariedade de um fato à norma penal, é de grau bastante diverso nas várias classes sociais e que, sobre as classes pobres e ignorantes, a injustiça daquela presunção pesa muito mais do que sobre as classes ricas e cultas".

Por isso, é mais do que justo que desconhecimento da lei, *in concreto*, constitua esta *atenuante*, embora, por vezes, os julgadores enfrentem grande resistência para admitir o seu *reconhecimento*, com graves prejuízos aos cidadãos. Contudo, nesses casos, o aplicador da lei deve ser sempre mais cauteloso ante o argumento do *desconhecimento da lei* e da invocação da atenuante relativa ao desconhecimento da lei ou a relevância.

4.3. *Motivo de relevante valor social ou moral (III, a)*

A *relevância social ou moral* da motivação é determinada pela escala de valores em que se estrutura a sociedade e é nesse contexto que deve ser valorada. É bom que se diga, desde logo, que a opção do legislador, distinguindo *valor social* e *valor moral*, criticada no passado por alguns doutrinadores, tem o condão de evitar interpretações duvidosas, a despeito de alguns entendimentos contrários. Na hipótese desta atenuante é absolutamente desnecessário que o agente seja *impelido* por essa motivação, como ocorre na hipótese das minorantes previstas para os crimes de homicídio e de lesão corporal, nos quais a referida motivação deve ser bem mais intensa do que se exige para os demais crimes.

Contudo, repetindo, não se pode esquecer que nem sempre o *dever jurídico* coincide com a *lei moral*. Não poucas vezes o Direito protege situações amorais e até imorais, contrastando com a lei moral, por razões de política criminal, de segurança social etc. Assim, nem sempre é possível estabelecer, *a priori*, que seja o crime uma ação imoral, como também nem sempre ações imorais constituem crimes.

4.3.1. Por motivo de relevante valor social

Motivo de relevante valor social é aquele que tem motivação e interesse coletivos, ou seja, a motivação fundamenta-se no interesse de todos os cidadãos de determinada coletividade; *relevante* é o importante ou considerável *valor social*, isto é, do interesse de todos em geral, ao contrário do *valor moral*, que, de regra, encerra interesse individual. Age motivado por relevante valor social quem pratica o crime sob a influência de sentimentos nobres segundo a concepção da moral social, como, por exemplo, por amor à pátria, por amor paterno ou filial, entre outros.

Não será qualquer motivo social ou moral que terá a condição de atenuar o crime: é necessário que seja considerável, isto é, relevante; não basta que tenha valor social ou moral, sendo indispensável a sua relevância, isto é, importância, que seja notável, digno de apreço. E a relevância desse valor social deve ser avaliada de acordo com a sensibilidade média da sociedade e não apenas segundo a sensibilidade maior ou menor do sujeito ativo, embora não se possa esquecer que a relevância do valor social é subjetiva e não puramente objetiva. Em sentido semelhante é o magistério de Paulo José da Costa Jr., para quem a relevância dos valores social ou moral deve ser considerada objetivamente, "segundo os padrões da sociedade e não conforme o entendimento pessoal do agente".

4.3.2. Por motivo de relevante valor moral

Relevante *valor moral*, por sua vez, é o valor superior, enobrecedor de qualquer cidadão em circunstâncias normais. Faz-se necessário que se trate de valor relevante, considerável, isto é, adequado aos princípios éticos dominantes, segundo aquilo que a moral média reputa nobre e merecedor de indulgência. O *valor social ou moral* do motivo deve ser considerado sempre objetivamente, segundo a média existente na sociedade, e não subjetivamente, segundo a opinião do agente, que pode ser mais ou menos sensível. Será motivo de *relevante valor moral* aquele que, em si mesmo, é aprovado pela ordem moral, pela moral prática, como, por exemplo, a compaixão ou piedade ante o irremediável sofrimento da vítima.

No entanto, sempre que houver o reconhecimento de uma privilegiadora por motivo de relevante valor moral ou social, é inadmissível admiti-la, pelo mesmo motivo, como atenuante, para se evitar o *bis in idem*, que, no caso concreto, beneficiaria, injustamente, o infrator. Aquela pretere esta.

4.4. *Arrependimento eficiente ou reparação do dano (III, b)*

Nesta alínea (*b*) há duas figuras — o *arrependimento posterior* e a *reparação do dano*, nos seguintes termos: "procurado, por sua espontânea vontade e com eficiência, logo após o crime, evitar-lhe ou minorar-lhe as consequências, ou ter, antes do julgamento, reparado o dano". Para configurar o arrependimento, mera atenuante, é suficiente que o agente, logo após o crime, tenha procurado, espontaneamente e com eficiência, *evitar* ou *minorar* as consequências; enfim, são necessários os seguintes elementos: a) logo após o crime; b) com espontaneidade; c) com eficiência; d) finalidade de evitar as consequências. No entanto, na nossa concepção, a "eficiência" exigida pela atenuante não se confunde com eficácia e limita-se ao esforço desprendido pelo agente para evitar ou minorar as consequências do crime, e não ao resultado efetivamente conseguido. Já a *reparação do dano* não precisa ser logo após o crime, bastando que seja antes do julgamento.

Logicamente, a previsão desta *atenuante* não se confunde com o "arrependimento posterior" constante do art. 16 do Código Penal, e tampouco tem a mesma abrangência e a mesma limitação dessa previsão legal. Com efeito, *arrependimento posterior* é *causa de diminuição de pena* objetiva, bastando para a sua configuração que seja voluntário e realizado antes do recebimento da denúncia, mediante a devolução ou reparação integral do bem jurídico lesado.

4.5. *Coação a que podia resistir, ou em cumprimento de ordem de autoridade superior (III, c)*

1) *Coação a que podia resistir*

A *coação* pode ser física ou moral e pode ser resistível ou irresistível. A coação física irresistível exclui a própria ação, por ausência absoluta de vontade, e a coação moral irresistível *exclui a culpabilidade* por eliminar um de seus elementos constitutivos, qual seja, a *exigibilidade de comportamento de acordo com a ordem jurídica*. A *irresistibilidade* da coação deve ser medida pela gravidade do mal ameaçado, ou seja, dito graficamente, a *ameaça* tem de ser, necessariamente, *grave*. Essa gravidade deve relacionar-se com a natureza do mal e, evidentemente, com o *poder* do coator em produzi-lo.

E, na hipótese de coação *resistível*, não haverá exclusão da culpabilidade penal, logicamente, porque o sujeito pode agir em conformidade com o Direito, ante a *resistibilidade* da coação; por essa razão, se não lhe resistir (sendo resistível), haverá concurso de pessoas com o coator. Porém, como há a *coação*, como há ameaça efetiva, embora *resistível*, e o agente age por causa dessa ameaça, há uma *diminuição* do grau de reprovação, do grau de censura, e, consequentemente, uma redução de pena caracterizada por uma atenuante genérica, a *coação a que o agente poderia resistir* (art. 65, III, *c*, 1ª figura).

O *coator*, por sua vez, será sempre punível: na coação irresistível, na condição de *autor mediato*, na coação resistível, na condição de *coautor* ou de partícipe, dependendo das demais circunstâncias. Somente quando a *coação for resistível*, o coator sofrerá a agravante do art. 62, II, porque, na *coação irresistível*, ele será *autor mediato* e esta será o meio de sua execução. Caso contrário, haveria um *bis in idem*.

2) *Cumprimento de ordem de autoridade superior*

A *obediência hierárquica* requer *uma relação de direito público, segundo a doutrina majoritária*. Em virtude da *subordinação hierárquica*, o subordinado cumpre *ordem do superior*. Mas o subordinado não tem, no entanto, a obrigação de cumprir ordens ilegais. Ele tem a obrigação de cumprir ordens inconvenientes, inoportunas, mas não ilegais. Não tem o direito, como subordinado, de discutir a *oportunidade* ou *conveniência* de uma ordem. Quando, contudo, respeitando *ordem superior* cumpre *ordem manifestamente ilegal*, responde pelo crime que praticar, mas beneficia-se desta atenuante, como já apontamos. Contudo, se cumprir *ordem ilegal* (mas não manifestamente ilegal), não responderá pelo crime, e somente o superior hierárquico responderá pela ordem dada.

Embora a doutrina sustente, regra geral, que a *obediência hierárquica* requer, em tese, *uma relação de direito público*, na nossa concepção, porém, *ordem de superior hierárquico*, independentemente de a *relação hierárquica* ser de natureza pública ou privada, produz o mesmo efeito, qual seja, a *inexigibilidade de conduta diversa*. Ademais, na hipótese desta atenuante não há nenhuma referência ou ilação à atividade pública, e, repetindo, na atividade privada as consequências diretas de eventual *desobediência* ao superior são mais graves e mais imediatas que aquelas possíveis na atividade pública. De qualquer sorte, o subalterno que na atividade pública cumpre *ordem ilegal* não responde pelo crime, responderá somente *se a ordem for manifestamente ilegal*, mas, nesse caso, com pena atenuada. O subalterno na atividade privada que cumpre ordem ilegal responderá pelo crime, mas com pena atenuada, em decorrência dessa relação hierárquica.

Em virtude da *subordinação hierárquica*, o subordinado cumpre *ordem do superior*. A ordem até pode ser *ilegal*, mas não pode ser *manifestamente* ilegal, não pode ser flagrantemente ilegal. Quando a ordem for ilegal, mas não *manifestamente*, o subordinado que a cumpre não agirá com culpabilidade, por ter *avaliado incorretamente* a ordem recebida, incorrendo numa espécie de *erro de proibição*. Agora, repetindo, quando cumprir *ordem manifestamente ilegal, ou seja, claramente, escancaradamente ilegal*, tanto o *superior hierárquico* quanto o *subordinado* são puníveis, respondendo pelo crime em concurso. O subordinado não tem a obrigação de cumprir ordens ilegais, tem a obrigação de cumprir ordens inconvenientes, inoportunas, mas não ilegais. Não tem o direito, como subordinado, de discutir a *oportunidade* ou *conveniência* de uma ordem, mas a *ilegalidade*, mais que o *direito*, tem o *dever* de apontá-la, e negar-se a cumprir ordem *manifestamente* ilegal. Quando a cumpre, contudo, respeitando ordem superior, responde pelo crime que praticar mediante ordem superior, mas beneficia-se desta atenuante.

Em síntese, quando o agente, obedecendo ordem superior ilegal (apenas ilegal), praticar o crime, responderá por este, em coautoria com seu superior hierárquico. Contudo, nessa hipótese, o *subalterno* terá sua pena atenuada (art. 65, III, *c*, 2ª figura), ao passo que o seu superior hierárquico responderá pelo mesmo crime, porém, com a incidência da agravante do art. 62, III, primeira figura.

4.6. Ou sob a influência de violenta emoção, provocada por ato injusto da vítima (III, c)

A *violenta emoção* recebe tratamento diferenciado segundo o grau de influência que possa ter sobre a autodeterminação do agente: de um lado, poderá assumir a condição de mera *atenuante* de pena (quando tiver simples "influência"), ou, então, nos crimes de homicídio e de lesões corporais, pode caracterizar *causa de diminuição* de pena ou *minorante* (quando assumir o "domínio"). Em qualquer hipótese, é indispensável que tenha sido originada por *comportamento injusto da vítima* contra o sujeito ativo, ou seja, na terminologia do Código Penal, desde que resulte de injusta provocação. Vejamos cada um desses requisitos a seguir.

a) Sob a influência de violenta emoção

A *emoção* pode, na verdade, ser graduada em mais ou menos intensa, mais ou menos aguda e mais ou menos violenta. O Direito Penal reconhece essa pluralidade de intensidade que o *estado emocional* pode apresentar e o valora proporcionalmente, como ocorre quando reconhece, no homicídio e nas lesões corporais, o "domínio" de violenta emoção e a "influência" de violenta emoção nas demais infrações penais, mas ignora, completamente, a simples *emoção* como fator determinante de uma conduta delituosa (art. 28, I, do CP).

Na realidade, não é qualquer *emoção* que pode assumir a condição de *causa privilegiadora*, no homicídio, mas somente *a emoção intensa, violenta, absorvente*, que seja capaz de reduzir quase que por completo a *vis electiva*, em razão dos motivos que a eclodiram, *dominando*, segundo os termos legais, o próprio autocontrole do agente. A *intensidade da emoção* deve ser de tal ordem que o sujeito seja *dominado* por ela, ou seja, o sujeito ativo deve agir sob o ímpeto do choque emocional.

Sob o domínio de violenta emoção significa agir sob choque emocional próprio de quem é absorvido por um estado de ânimo caracterizado por extrema excitação sensorial e afetiva, que subjuga o sistema nervoso do indivíduo. Nesses casos, os freios inibitórios são liberados, sendo orientados, basicamente, por ímpetos incontroláveis, que, é verdade, não justificam a conduta criminosa, mas reduzem sensivelmente a sua censurabilidade, como reconhece o art. 121, § 1º, 2ª parte.

No entanto, essa espécie de *emoção dominadora* é causa especial de diminuição de pena no homicídio, considerada privilegiadora, permitindo sua redução entre um sexto e um terço, desde que seja *logo em seguida a injusta provocação da vítima*.

Contudo, na hipótese de simples atenuante (art. 65, III, *c*), o agente estaria apenas *sob a influência* da violenta emoção, ao contrário dos casos de minorantes, que exigem que aquele se encontre *dominado* pela emoção violenta. Ademais, no caso desta *atenuante* não há a exigência do requisito temporal "logo em seguida", pois é indiferente que o crime tenha sido praticado algum tempo depois da injusta provocação da vítima. Em outros termos, que a reação do agente tenha sido *provocada por ato injusto da vítima*.

Convém registrar, por outro lado, que, tanto *sob o domínio* quanto *sob a influência* de violenta emoção, nenhum dos dois estados *justifica* a ação ou exclui a sua *censurabilidade*, pois o sujeito ativo sempre terá a opção de não praticar o crime, por isso responde por ele. Em outros termos, em nenhuma das hipóteses o sujeito perderá a *consciência* (não lhe exclui a imputabilidade), e, consequentemente, não se configura a *inexigibilidade* de outra conduta (não afasta, portanto, a culpabilidade). Logo, permanece íntegra a responsabilidade penal do *criminoso emocional*, configurando apenas uma redução de pena.

b) Injusta provocação da vítima

Além da *violência emocional*, é fundamental que a *provocação* tenha partido da própria vítima e seja *injusta*, o que não significa, necessariamente, antijurídica, mas quer dizer *imotivada*, não provocada, não permitida, não autorizada por lei, ou, em outros termos, que seja ilícita.

A *injustiça da provocação* deve ser de tal ordem que "justifique", de acordo com o consenso geral, a repulsa do agente, a sua indignação. Essa repulsa não se confunde com legítima defesa, como *injusta provocação* tampouco se confunde com *agressão injusta*. Com efeito, se a *ação* que constitui a *provocação* for legítima, e, nesse caso, cabe ao sujeito ativo submeter-se a ela, não se pode falar em privilegiadora ou causa de diminuição de pena, por faltar um requisito ou elementar indispensável, qual seja, a *injustiça* da provocação.

Elucidativa, nesse sentido, a Exposição de Motivos do Código Penal de 1940, do Ministro Francisco Campos, afirmando que o legislador "não deixou de transigir, até certo ponto, cautelosamente, com o *passionalismo*: não o colocou fora da psicologia normal, isto é, não lhe atribuiu o efeito de exclusão da responsabilidade, só reconhecível no caso de autêntica alienação ou grave deficiência mental; mas reconheceu-lhe, sob determinadas condições, uma influência minorativa da pena. Em consonância com o Projeto Alcântara, não só incluiu entre as circunstâncias atenuantes explícitas a de 'ter o agente cometido o crime sob a influência de *violenta emoção, provocada por ato injusto de outrem*', como fez do *homicídio passional*, dadas certas circunstâncias, uma espécie de *delictum exceptum*, para o efeito de *facultativa* redução da pena (art. 121, § 1º). E o mesmo critério foi adotado no tocante ao crime de *lesões corporais*".

Por fim, convém registrar, *provocação* não se confunde com *agressão*. Se aquela colocar em risco a integridade do ofendido assumirá a natureza de agressão, autorizando a legítima defesa.

c) Temporalidade entre provocação e reação

Para reconhecer esta *atenuante* nosso Código Penal não vinculou a ação "sob a influência de violenta emoção" a um requisito temporal, ao contrário do que ocorre com a *minorante* "sob domínio de violenta emoção", satisfazendo-se simplesmente com *a injusta provocação da vítima*. Assim, a *reação* do agente não precisa ser necessariamente imediata à injusta provocação da vítima.

As distinções entre a *minorante* e esta atenuante situam-se na *intensidade* da emoção sentida e na *imediatidade* da reação. No *homicídio privilegiado*, o agente age *sob o domínio* de violenta emoção, e logo após a provocação da vítima; nesta *atenuante genérica*, no entanto, o agente encontra-se *sob a influência* da emoção, sendo indiferente, nesse caso, o requisito temporal. Nesta atenuante a *emoção* é de menor intensidade e apenas *influencia* a ação do agente, ao passo que, na hipótese da *privilegiadora* similar do homicídio, o agente não é apenas *influenciado*, mas é *dominado* por esse sentimento emocional negativo que o leva à prática da ação.

Ressalvados esses casos (homicídio e lesões corporais), os *estados emocionais* ou *passionais só* poderão servir como *modificadores da culpabilidade* se forem sintomas de uma doença mental, isto é, se forem *estados emocionais patológicos*. Mas, nessas circunstâncias, já não se tratará de *emoção* ou *paixão* estritamente falando: o caso pertencerá à *anormalidade psíquica*, cuja origem não importa, se tóxica, traumática, congênita, adquirida ou hereditária. O *trauma emocional* pode fazer eclodir um *surto psicótico*, e, nesse estado, pode o agente praticar um delito. No entanto, aí o problema deve ser analisado à luz da *inimputabilidade* ou da *culpabilidade diminuída*, nos termos do art. 26 e seu parágrafo único. Por exemplo, a extrema agressividade de uma personalidade paranoica, que demonstra um desequilíbrio emocional patológico; a *própria embriaguez* pode, pela habitualidade, levar à eclosão de uma psicose tóxica, deixando de ser um problema de embriaguez (ou qualquer outra substância tóxica) para ser tratada à luz do mesmo dispositivo legal.

4.7. *Confissão espontânea (III, d)*

A *confissão*, antes da Reforma de 1984, era admitida somente quando se referisse a crime cuja autoria fosse ignorada ou atribuída a outrem. Agora, essa exigência desapareceu, sendo suficiente a *confissão* da autoria. Confissão é fato, valorada como fato, enquanto fato, e tem caráter objetivo, não estando condicionada a nenhuma exigência formal ou processual, ao contrário do que começou a entender a jurisprudência dos tribunais superiores. Ademais, é irrelevante que a *confissão* seja incompleta ou completa, espontânea ou voluntária. A confissão pode ocorrer perante a autoridade policial ou judicial, indiferentemente. Embora a lei fale em *confissão espontânea*, doutrina e jurisprudência têm admitido como suficiente sua voluntariedade.

A *confissão retratada*, no entanto, não configurará a atenuante, salvo se for utilizada pelo julgador como subsídio para sua decisão. Nesse sentido, o entendimento incensurável do Ministro Sebastião Reis Júnior, esposado no HC 195.424/SP, 6ª Turma do STJ, *DJe* 29-6-2012: quando a confissão do acusado servir como um dos fundamentos para demonstrar a autoria do delito e, consequentemente, embasar sua condenação, deve ser aplicada a atenuante genérica prevista no art. 65, III, *d*, do Código Penal, pouco importando se a confissão foi espontânea ou não, se foi total ou parcial ou mesmo se foi realizada só em juízo. No mesmo sentido: STJ, HC 146.825/MS, Rel. Jorge Mussi, *DJe* 2-8-2010.

A confissão da prática do fato não impede que o indivíduo procure justificar sua ação, ou, de qualquer forma, faça a sua defesa, sob pena de violar o direito constitucional à ampla defesa, e o legislador quando a reconheceu como atenuante não exigiu que o confidente renunciasse a seu direito à ampla defesa. Confessa a prática do fato, mas pode defender-se, pessoal e tecnicamente, sem prejuízo de sua configuração. Não fosse assim, seria inconstitucional a exigência para o seu reconhecimento, pois impediria o *exercício da ampla defesa*. No particular, as decisões dos Tribunais Superiores não têm sido muito felizes, na medida em que criam imensas dificuldades para reconhecer a atenuante da confissão espontânea, arguindo que se trata de *confissão qualificada*, quer afastando a antijuridicidade (STJ, HC 211.294/MS, Rel. Gilson Dipp, *DJe* 1º-8-2012), quer afastando o dolo (STJ, REsp 999.783, Rel. Maria Thereza de Assis Moura, 6ª Turma, *DJe* 28-2-2011). *Venia concessa*, trata-se de equivocada interpretação do sentido e significado dessa atenuante, restringindo onde o legislador não o fez.

Nesse sentido, merece destaque negativo a seguinte decisão do STJ, *verbis*: "A confissão espontânea é uma circunstância atenuante genérica (art. 65, III, *d*, do CP), que exige, entre outros pressupostos, a espontaneidade e a aceitação, pelo réu, da conduta criminosa imputada" (STJ, HC 61.030/RJ, Rel. Jane Silva, j. 20-11-2007).

Como afirmamos acima, a confissão *é da matéria de fato, como fato, enquanto fato* e, por isso, ela não pode impedir que o acusado exercite sua defesa jurídica (que é uma garantia constitucional), sustentando sua juridicidade, a existência de excludentes, dirimentes, minorantes ou atenuantes em seu benefício. Em outros termos, a *confissão* da matéria de fato não pode inviabilizar o exercício do seu direito de defesa, que não se limita a aspectos fáticos. Realmente, a despeito de admitir o aspecto fático, confessando-o, nada impede que o acusado procure demonstrar que a sua prática não foi ilícita ou criminosa, ou, no mínimo, merece diminuição ou atenuação da pena.

Por isso, na nossa concepção, o final da ementa que transcrevemos acima, sem nenhum rigor técnico-jurídico, é insustentável, qual seja, "*que exige, entre outros pressupostos, a espontaneidade* e a aceitação, *pelo réu, da conduta criminosa imputada*". (grifamos).

Pode-se até discutir espontaneidade ou voluntariedade, agora, exigir "*a aceitação, pelo réu, da conduta criminosa imputada*" viola, no mínimo, as garantias constitucionais da *não autoincriminação* e do *exercício da ampla defesa*. Por outro lado, trazemos à colação ementa da lavra do Ministro Carvalhido, que é impecável na sua abrangência técnica e no aspecto político-criminal, *verbis*: "Considerando o magistrado a confissão do réu para fins de fixação da autoria do crime, de rigor a incidência da atenuante legal do artigo 65, inciso III, alínea *d*, do Código Penal, que, ademais, dispensa a aferição dos motivos que levaram o agente a pronunciá-la. Precedentes" (STJ, HC 46.858/MS, Rel. Min. Hamilton Carvalhido, j. 13-11-2007). (grifamos).

Concluindo, a atual orientação que está ganhando corpo no STJ é *contra lege*, basta observar a previsão do art. 65, *verbis*: "São circunstâncias que *sempre* atenuam a pena". Esse texto não adjetiva, não condiciona e não limita a sua aplicação, logo, não cabe ao intérprete fazê-lo, pois se trata de norma imperativa e que beneficia o acusado. Nesse sentido, após intenso debate e reiteração das críticas acima elencadas pela doutrina, mais recentemente o STJ vem modificando seu entendimento para dar primazia à aplicação da atenuante, mesmo quando não é indicada expressamente na sentença, como é possível observar neste julgado:

> "[...] o réu fará jus à atenuante do art. 65, III, *d*, do CP quando houver admitido a autoria do crime perante a autoridade, independentemente de a confissão ser utilizada pelo juiz como um dos fundamentos da sentença condenatória, e mesmo que seja ela parcial, qualificada, extrajudicial ou retratada" (STJ, AgRg no HC 911.932/SP, Rel. Min. Ribeiro Dantas, 5ª T., julgado em 17/6/2024, *DJe* de 20/6/2024).

Conforme vem sendo reconhecido no STJ após modificação jurisprudencial sobre a confissão, qualificá-la ou adjetivá-la para restringir seu alcance ou aplicação viola uma garantia assegurada àquele que resolve confessar, quer para facilitar a investigação, quer para obter referida atenuante, não importa, especialmente quando ela é referida na sentença, pois, como afirmam os processualistas, a *confissão* é um meio de prova e facilita a apuração da verdade, reforçando a segurança do julgador.

4.8. *Influência de multidão em tumulto (III, e)*

A conduta delituosa, para configurar esta atenuante, deve ter sido *influenciada* pelo tumulto, desde que o agente não o tenha provocado. Não se desconhece que nos tumultos, em momentos de grandes excitações, com a facilidade de manipulação de massas, anula-se ou reduz-se consideravelmente a capacidade de orientar-se segundo padrões éticos, morais e sociais, justificando-se, assim, esta *atenuante*.

Em sua redação original, o Código Penal de 1940 exigia que o agente não fosse *reincidente* e que a *reunião fosse lícita*. Essas duas restrições não subsistiram à Reforma Penal de 1984, que, feliz ou infelizmente, as eliminou.

O *fenômeno da multidão criminosa* tem ocupado os espaços da imprensa nos últimos tempos e tem preocupado profundamente a sociedade como um todo. Os *linchamentos em praça pública*, as invasões de propriedades e estádios de futebol, os saques em armazéns têm acontecido com frequência alarmante, perturbando a ordem pública. Essa forma *sui generis* de concurso de pessoas pode assumir proporções consideravelmente graves, pela facilidade de manipulação de massas que, em momentos de grandes excitações, anulam ou reduzem a possibilidade de orientar-se adequadamente. A prática coletiva de delito, nessas circunstâncias, apesar de ocorrer em situação normalmente traumática, não afasta a existência de *vínculos psicológicos* entre os integrantes da multidão, caracterizadores do concurso de pessoas. Nos crimes praticados por *multidão delinquente* é desnecessário que se descreva minuciosamente a participação de cada um dos *intervenientes*, sob pena de inviabilizar a aplicação da lei. A maior ou menor participação de cada um será objeto da instrução criminal.

No entanto, aqueles que praticarem o crime *sob a influência* de multidão em tumulto, que não provocaram, poderão ter suas penas atenuadas (art. 65, III, *e*, do CP). Por outro lado, terão a pena agravada os que promoverem, organizarem ou liderarem a prática criminosa ou dirigirem a atividade dos demais (art. 62, I, do CP).

5. Atenuantes inominadas, anteriores ou posteriores ao crime

Segundo o art. 66, "a pena poderá ser ainda atenuada em razão de circunstância relevante, anterior ou posterior ao crime, embora não prevista expressamente em lei".

A ausência desta previsão legal criou grandes desconfortos, particularmente aos Presidentes dos Tribunais de Júri, algo que pudemos observar ao longo de nossa experiência, como Promotor de Justiça, no Tribunal do Júri. Em dezembro de 1982, os jurados ao responderem "sim" ao quesito genérico obrigatório sobre a existência de atenuantes, faticamente inocorrentes, criaram-nos uma situação inusitada: depois de muito tempo tentando encontrar alguma atenuante da relação legal, sugerimos ao magistrado que adotasse uma atenuante inominada, pois os juízes de fato reconheceram sua existência. Essa omissão, posteriormente, veio a ser suprida pela Reforma Penal de 1984.

Com efeito, por vezes, era reconhecida a existência de atenuantes, pelos jurados, que depois não eram localizadas no rol do artigo correspondente. É impossível catalogar num texto legal todos os fatos que poderão ocorrer, factualmente, na sociedade. Sua configuração dependerá de tratar-se de circunstância *relevante*, anterior ou posterior à prática do crime, ainda que não prevista expressamente em lei.

Por outro lado, determinadas circunstâncias, legalmente previstas, podem não se completar pela falta de um ou outro requisito. O formalismo impede o seu reconhecimento. Pois bem, se tal *circunstância* assumir a condição de *relevante*, poderá ser reconhecida, aplicando-se este dispositivo legal. No Tribunal do Júri as circunstâncias inominadas correspondiam ao quesito genérico das atenuantes (art. 484, parágrafo único, do CPP), mas hoje devem ser analisadas no momento de prolação da sentença pelo Juiz Presidente, conforme art. 492, I, *b*, do CPP.

Em síntese, essas são as considerações que julgamos necessário incluir em nosso Tratado de Direito Penal, que delas se ressentia.

APLICAÇÃO DA PENA XXXIV

Sumário: 1. Individualização da pena aplicável. 2. Circunstâncias e elementares do crime. 3. Circunstâncias judiciais. 3.1. Circunstâncias judiciais nos denominados "crimes societários". 4. Circunstâncias legais: atenuantes e agravantes genéricas. 4.1. Circunstâncias preponderantes no concurso de agravantes e atenuantes. 5. Causas de aumento e de diminuição da pena. 6. A existência simultânea de qualificadoras não autoriza sua conversão em agravantes ou causas de aumento. 7. Dosimetria da pena. 7.1. Pena-base: circunstâncias judiciais. 7.1.1. Critério de proporcionalidade matemática na valoração de circunstâncias judiciais. 7.2. Pena provisória: agravantes e atenuantes. 7.2.1. Pena aquém do mínimo: uma garantia constitucional. 7.3. Pena definitiva.

1. Individualização da pena aplicável

Na Idade Média, o arbítrio judicial, imposto por exigências políticas da tirania, era produto de um regime penal que não estabelecia limites para a determinação da sanção penal. Se outra fosse a natureza humana, talvez esse fosse o sistema mais conforme à ideia retribucionista, isto é, à justa e rigorosa adequação da pena ao crime e ao delinquente. Contudo, a segurança jurídica e a garantia dos direitos fundamentais do cidadão exigem, com precisão e clareza, a definição de crimes e a determinação das respectivas sanções. A primeira reação do Direito Penal moderno ao *arbítrio judicial* dos tempos medievais foi a adoção da *pena fixa*, representando o "mal justo" na exata medida do "mal injusto" praticado pelo delinquente. Na verdade, um dos maiores males do Direito Penal anterior ao Iluminismo foi o excessivo poder dos juízes, exercido arbitrariamente, em detrimento da Justiça e a serviço da tirania medieval.

A iniquidade que resultava do exercício arbitrário do "poder de julgar" constituiu um dos maiores fundamentos do movimento liderado por Cesare de Beccaria visando à reforma do *Direito punitivo*. E a reação mais eficaz contra aqueles extremos seria naturalmente a limitação do arbítrio judicial, com a definição precisa do crime e um sistema rígido de penas fixas. Na concepção de Beccaria, seguindo a de Montesquieu, ao juiz não deveria sequer ser admitido interpretar a lei, mas apenas aplicá-la em seus estritos termos. Assim, a um sistema largamente aberto na dosagem da pena sucedeu um sistema de pena rigorosamente determinada, consubstanciado no Código Penal francês de 1791. Por esse novo sistema, a função do juiz limita-se à aplicação mecânica do texto legal. Mas logo se percebeu que, se a *indeterminação absoluta* não era conveniente, também a *absoluta determinação* não era menos inconveniente. Se a pena absolutamente indeterminada deixava demasiado arbítrio ao julgador, com sérios prejuízos aos direitos fundamentais do indivíduo, igualmente a pena absolutamente determinada impediria o seu ajustamento, pelo juiz, ao fato e ao agente, diante da realidade concreta.

Essa constatação determinou a evolução para uma indeterminação relativa: nem determinação absoluta, nem absoluta indeterminação. Finalmente, abriu-se um grande crédito à livre dosagem da pena, pelo juiz, estabelecendo o Código Penal francês de 1810 limites mínimo e máximo, entre os quais pode variar a mensuração da pena. Essa concepção foi o ponto de partida para as legislações modernas, fixando os limites dentre os quais o juiz deve — pelo princípio do livre convencimento — estabelecer fundamentadamente a pena aplicável ao caso concreto.

Essa orientação, conhecida como *individualização da pena*, ocorre em três momentos distintos: *individualização legislativa* — processo através do qual são selecionados os fatos puníveis e cominadas as sanções respectivas, estabelecendo seus limites e critérios de fixação da pena; *individualização judicial* — elaborada pelo juiz na sentença, é a atividade que concretiza a individualização legislativa que cominou abstratamente as sanções penais, e, finalmente, *individualização executória*, que ocorre no momento mais dramático da sanção criminal, que é o do seu cumprimento.

Mas o que nos interessa, neste momento, é a *individualização judicial*, isto é, a aplicação da pena cominada ao caso concreto.

2. Circunstâncias e elementares do crime

Os tipos penais descrevem as condutas ilícitas e estabelecem assim os seus elementos essenciais. Esses fatores que integram a descrição da conduta típica são as chamadas *elementares* do tipo, ou elementos essenciais constitutivos do delito. Como tivemos oportunidade de afirmar, "elementares do crime são dados, fatos, elementos e condições que integram determinadas figuras típicas. Certas peculiaridades que normalmente constituiriam circunstâncias ou condições podem transformar-se em elementos do tipo penal e, nesses casos, deixam de *circundar* simplesmente o injusto típico para integrá-lo"[1].

O tipo penal, além dos seus elementos essenciais, sem os quais a figura típica não se completa, pode ser integrado por outras circunstâncias acidentais que, embora não alterem a sua constituição ou existência, influem na dosagem final da pena. Essas circunstâncias são, como afirma Aníbal Bruno[2], "condições acessórias, que acompanham o fato punível, mas não penetram na sua estrutura

---

1. Cezar Roberto Bitencourt. Veja Capítulo XXVII, item 15, deste livro.
2. Aníbal Bruno, *Direito Penal*, 3ª ed., Rio de Janeiro, Forense, 1967, t. 3, p. 67.

conceitual e, assim, não se confundem com os seus elementos constitutivos. Vêm de fora da figura típica, como alguma coisa que se acrescenta ao crime já configurado, para impor-lhe a marca de maior ou menor reprovabilidade". Circunstâncias, na verdade, são dados, fatos, elementos ou peculiaridades que apenas *circundam* o fato principal. Não integram a figura típica, podendo, contudo, contribuir para aumentar ou diminuir a sua gravidade.

Para se distinguir uma *elementar* do tipo penal de uma simples circunstância do crime basta excluí-la, hipoteticamente; se tal raciocínio levar à descaracterização do fato como crime ou fizer surgir outro tipo de crime, estar-se-á diante de uma elementar. Se, no entanto, a exclusão de determinado requisito não alterar a caracterização do crime, tratar-se-á de uma circunstância do crime. Cumpre destacar, porém, que somente os tipos básicos contêm as elementares do crime, porquanto os chamados tipos derivados — qualificados — contêm circunstâncias especiais que, embora constituindo elementos específicos dessas figuras derivadas, não são elementares do crime básico, cuja existência ou inexistência não alteram a definição deste. Assim, as qualificadoras, como dados acidentais, servem apenas para definir a classificação do crime derivado, estabelecendo novos limites mínimo e máximo, cominados ao novo tipo.

Concluindo, as elementares são componentes do tipo penal, enquanto as circunstâncias são moduladoras da aplicação da pena, e são acidentais, isto é, podem ou não existir na configuração da conduta típica. As circunstâncias, que não constituem nem qualificam o crime, são conhecidas na doutrina como circunstâncias judiciais, circunstâncias legais e causas de aumento e de diminuição da pena.

3. Circunstâncias judiciais

Não se pode esquecer que os moduladores do art. 59 do CP, todos, constituem apenas — como afirmava Salgado Martins[3] — uma diretriz, traçam um roteiro, fixam critérios de orientação, indicam o caminho a ser seguido na adequação da pena ao fato e ao delinquente. Os elementos constantes no art. 59 são denominados *circunstâncias judiciais*, porque a lei não os define e deixa a cargo do julgador a função de identificá-los no bojo dos autos e mensurá-los concretamente. Não são efetivas "circunstâncias do crime", mas critérios limitadores da discricionariedade judicial, que indicam o procedimento a ser adotado na tarefa individualizadora da pena-base.

A Reforma Penal de 1984 acrescentou a "conduta social" e o "comportamento da vítima" aos elementos que constavam do art. 42 do Código Penal de 1940, além de substituir a "intensidade do dolo e o grau da culpa" pela culpabilidade do agente. Façamos a análise individual de cada um deles.

---

3. Salgado Martins, *Sistema de Direito Penal brasileiro*, Rio de Janeiro, Konfino, 1957, p. 378.

Culpabilidade — esse requisito — talvez o mais importante do moderno Direito Penal — constitui-se no balizador máximo da sanção aplicável, ainda que se invoquem *objetivos ressocializadores* ou de recuperação social. A *culpabilidade,* aqui, funciona como *elemento de determinação* ou de *medição* da pena. Nessa acepção, a culpabilidade funciona não como *fundamento da pena,* mas como *limite desta,* impedindo que a pena seja imposta *além* da medida prevista pela própria ideia de culpabilidade, aliada, é claro, a outros critérios, como importância do bem jurídico, fins preventivos etc. Por isso, constitui rematado equívoco, frequentemente cometido no quotidiano forense, quando, na dosagem da pena, afirma-se que "o agente agiu com culpabilidade, pois tinha a consciência da ilicitude do que fazia". Ora, essa *acepção de culpabilidade* funciona como *fundamento da pena,* isto é, como característica negativa da conduta proibida, e já deve ter sido objeto de análise juntamente com a tipicidade e a antijuridicidade, concluindo-se pela condenação. Presume-se que esse *juízo* tenha sido positivo, caso contrário nem se teria chegado à condenação, onde a culpabilidade tem função limitadora da pena, e não fundamentadora.

Na verdade, impõe-se que se examine aqui a maior ou menor censurabilidade do comportamento do agente, a maior ou menor reprovabilidade da conduta praticada, não se esquecendo, porém, a realidade concreta em que ocorreu, especialmente a maior ou menor exigibilidade de outra conduta. O dolo que agora se encontra localizado no tipo penal — na verdade em um dos elementos do tipo, qual seja, a ação — pode e deve ser aqui considerado para avaliar o grau de censurabilidade da ação tida como típica e antijurídica: quanto mais intenso for o dolo, maior será a censura; quanto menor a sua intensidade, menor será a censura.

Antecedentes — Por antecedentes devem-se entender os fatos anteriores praticados pelo réu, que podem ser bons ou maus. São maus antecedentes aqueles fatos que merecem a reprovação da autoridade pública e que representam expressão de sua incompatibilidade para com os imperativos ético-jurídicos. Admitir certos atos ou fatos como antecedentes negativos significa uma "condenação" ou simplesmente uma violação ao princípio constitucional de "presunção de inocência", como alguns doutrinadores e parte da jurisprudência têm entendido, e, principalmente, consagra resquícios do condenável direito penal de autor.

De há muito a melhor doutrina sustenta o entendimento de que "inquéritos instaurados e processos criminais em andamento", "absolvições por insuficiência de provas", "prescrições abstratas, retroativas e intercorrentes" não podem ser considerados como "maus antecedentes" porque violaria a presunção de inocência.

Com efeito, sob o império de uma nova ordem constitucional[4], e "constitucionalizando o Direito Penal", somente podem ser valoradas como "maus

---

4. Ver, para aprofundar, Amilton Bueno de Carvalho e Salo de Carvalho, *Aplicação da pena e garantismo penal*, Rio de Janeiro, Lumen Juris, 2001.

antecedentes" decisões condenatórias irrecorríveis. Assim, quaisquer outras investigações preliminares, processos criminais em andamento, mesmo em fase recursal, não podem ser valorados como maus antecedentes[5]. Convém destacar, ademais, a necessidade de respeitar a limitação temporal dos efeitos dos "maus antecedentes", adotando-se o parâmetro previsto para os "efeitos da reincidência" fixado no art. 64 do CP, em cinco anos, com autorizada analogia. Advogando a mesma tese, sustenta Salo de Carvalho[6], *in verbis*: "o recurso à analogia permite-nos limitar o prazo de incidência dos antecedentes no marco dos cinco anos — delimitação temporal da reincidência —, visto ser a única orientação permitida pela sistemática do Código Penal".

Personalidade — Esta circunstância representa resquício de um direito penal autoritário, típico do odioso "direito penal de autor", segundo o qual o sujeito é julgado pelo que ele é e não pelo que fez, sendo, por isso, absolutamente incompatível com o direito penal da culpabilidade, que é um direito penal do fato, próprio dos Estados Democráticos de Direito, como é o caso brasileiro. É absolutamente inaplicável, portanto, o exame da *personalidade* para prejudicar ou corroborar a agravação da pena de alguém, beirando, inclusive, a inconstitucionalidade a sua aplicação. Ademais, a personalidade do indivíduo somente pode ser determinável ou aferível por rigorosos critérios técnicos e científicos realizáveis por especialistas da área, com acompanhamento, por algum tempo, e profundo estudo psíquico e psicológico realizado por *experts*, escapando, por conseguinte, do domínio cognoscível do juiz. Por essas e outras razões, na mesma linha, a *personalidade* não pode ser considerada para desvalorar a conduta do sentenciando e majorar sua punição.

Por razões semelhantes as infrações criminais praticadas pelo réu durante sua *menoridade* também não podem ser admitidas como maus antecedentes, tampouco servir para subsidiar a análise da personalidade do agente, posto que, como afirmamos acima, não podem agravar a situação do condenado, sob pena de

---

5. Nessa linha, os próprios STF e STJ já tiveram oportunidade de se manifestar: "À luz do princípio constitucional da presunção da não culpabilidade, a existência de inquéritos ou ações penais em curso não constitui fundamento válido para afastar a incidência da causa de diminuição de pena prevista no art. 33, § 4º, da Lei de Drogas" (STF, HC 210211 AgR, Rel. Min. Gilmar Mendes, julgado em 22/08/2022, publicado em 15/09/2022); "Eventuais condenações criminais do réu transitadas em julgado e não utilizadas para caracterizar a reincidência somente podem ser valoradas, na primeira fase da dosimetria, a título de antecedentes criminais, não se admitindo sua utilização também para desvalorar a personalidade ou a conduta social do agente" (STJ, AgRg no AREsp 2.202.830/SP, Rel. Min. Antonio Saldanha Palheiro, 6ª T., julgado em 23/3/2023, *DJe* de 27/3/2023).

6. Amilton Bueno de Carvalho e Salo de Carvalho, *Aplicação da pena e garantismo penal*, 3ª ed., Rio de Janeiro, Lumen Juris, 2004, p. 52; no mesmo sentido, José Antonio Paganella Boschi, *Das penas e seus critérios de aplicação*, p. 208.

representar um subterfúgio para adotar, inversamente, a valoração da personalidade agravando a condenação de alguém pelo que ele é.

Conduta social — Deve-se analisar o conjunto do comportamento do agente em seu meio social, na família, na sociedade, na empresa, na associação de bairro etc. Embora sem antecedentes criminais, um indivíduo pode ter sua vida recheada de deslizes, infâmias, imoralidades, reveladores de desajuste social. Por outro lado, é possível que determinado indivíduo, mesmo portador de antecedentes criminais, possa ser autor de atos beneméritos, ou de grande relevância social ou moral. No entanto, nem sempre os autos oferecem elementos para analisar a conduta social do réu; nessa hipótese, a presunção milita em seu favor.

Os motivos determinantes — Os motivos constituem a fonte propulsora da vontade criminosa. Não há crime gratuito ou sem motivo. Como afirmava Pedro Vergara[7], "os motivos determinantes da ação constituem toda a soma dos fatores que integram a personalidade humana e são suscitados por uma representação cuja ideomotricidade tem o poder de fazer convergir, para uma só direção dinâmica, todas as nossas forças psíquicas". A rigor, os motivos do crime constituem um plexo de situações psíquicas que impulsionam o agir *contra lege*, e podem representar tanto a *causa* como a *finalidade* do agir criminoso. Por isso, para a dosagem da pena é fundamental considerar a natureza e qualidade dos motivos que levaram o indivíduo à prática do crime, que, na lição de Hungria[8], podem dividir-se, basicamente, em duas categorias: imorais ou antissociais e morais e sociais.

As circunstâncias do crime — As circunstâncias referidas no art. 59 não se confundem com as circunstâncias legais relacionadas expressamente no texto codificado (arts. 61, 62, 65 e 66 do CP), mas defluem do próprio fato delituoso, tais como forma e natureza da ação delituosa, os tipos de meios utilizados, objeto, tempo, lugar, forma de execução e outras semelhantes. Não se pode ignorar que determinadas circunstâncias qualificam ou privilegiam o crime ou, de alguma forma, são valoradas em outros dispositivos, ou até mesmo como elementares do crime. Nessas hipóteses, não devem ser avaliadas neste momento, para evitar a dupla valoração.

As consequências do crime — Não se confundem com a consequência natural tipificadora do ilícito praticado. É um grande equívoco afirmar — no crime de homicídio, por exemplo — que as consequências foram graves porque a vítima morreu. Ora, a morte da vítima é resultado natural, sem o qual não haveria o homicídio. Agora, podem ser consideradas graves as consequências porque a

---

7. Pedro Vergara, *Dos motivos determinantes no Direito Penal*, Rio de Janeiro, 1980, p. 563-4.
8. Nélson Hungria, O arbítrio judicial..., *Revista Forense*, cit., p. 14.

vítima, arrimo de família, deixou ao desamparo quatro filhos menores, cuja mãe não possui qualificação profissional, por exemplo. Importa, é verdade, analisar a maior ou menor danosidade decorrente da ação delituosa praticada ou o maior ou menor alarma social provocado, isto é, a maior ou menor irradiação de resultados transcendentes do próprio fato típico.

Comportamento da vítima — Estudos de vitimologia demonstram que, muitas vezes, as vítimas contribuem decisivamente na consecução do crime. Esses comportamentos são, não raro, verdadeiros fatores criminógenos, que, embora não justifiquem o crime, nem isentem o réu de pena, podem minorar a censurabilidade do comportamento delituoso, como, por exemplo, "a injusta provocação da vítima". A verdade é que o comportamento da vítima pode contribuir para fazer surgir no delinquente o impulso delitivo, podendo, inclusive, falar-se em "vítima totalmente inocente, a vítima menos culpada que o criminoso, a vítima tão culpada quanto o criminoso e a vítima totalmente culpada, como as divide Manzanera"[9]. A rigor, especialmente nos crimes contra a administração pública, como, de resto, na maioria dos crimes, o comportamento da vítima constitui um indiferente penal, sem peso algum na dosimetria penal.

3.1. Circunstâncias judiciais nos denominados "crimes societários"

Nenhuma das leis esparsas, especiais ou extravagantes consagram um modo especial de dosimetria penal, aplicando-se, por inteiro, as previsões contidas no Código Penal, quando mais não seja, por determinação da regra expressa no art. 12 do referido estatuto penal material. Dessa forma, *culpabilidade, antecedentes, conduta social, personalidade do agente, motivos, circunstâncias e consequências do crime* são exatamente as mesmas previstas no Código Penal, com os mesmos conteúdos, sentidos, funções, finalidades e limites que nesse diploma legal são concebidos. Nada autoriza, no ordenamento jurídico brasileiro, que se lhes deem dimensões outras que distingam da orientação consagrada na doutrina e jurisprudência nacionais, ao longo de sua história. Assim, é absolutamente equivocada e infundada a valoração dos predicados relacionados no art. 59 do Código Penal, consoante se depreende do seguinte enunciado:

"A *culpabilidade* foi normal para a espécie de delito. Todavia, considerando que a empresa gozava de boa saúde financeira, como visto, o delito torna-se mais reprovável do que o usual, o que prejudica o acusado. Os *antecedentes* também desfavorecem o acusado, que no interrogatório afirmou que existe sentença condenatória em Rio Grande (fl. 1.481)... As *circunstâncias do fato* prejudicam o acusado. É que, por ser Presidente da FIERGS, o réu deveria procurar apenas

---

9. Laercio Pellegrino, *RT*, 556/429.

meios lícitos para desenvolver sua empresa. Por ser um líder empresarial, o mau exemplo para outros empresários é fato que prejudica o acusado"[10].

Vale aqui, por óbvio, o que atrás dissemos sobre a *culpabilidade* como elemento de medição e limite da pena, que não pode ser medida pela "condição financeira da empresa" do sentenciado, pois se a "culpabilidade foi normal para a espécie de delito", não pode "prejudicar o acusado", nem tornar o delito "mais reprovável do que o usual", como afirmou referida decisão. Relativamente aos *antecedentes*, os Tribunais Superiores — STF e STJ — já pacificaram o entendimento de que somente condenações irrecorríveis podem ser consideradas como *maus antecedentes*, além da indispensabilidade de prova documental nos autos, sendo insuficiente eventual referência no interrogatório do acusado.

Mas o que mais choca no enunciado que destacamos no início deste tópico é a *valoração* referente às "circunstâncias do fato" (circunstâncias do crime para o texto legal), a terceira circunstância judicial considerada "negativa" para exasperar a pena-base. Com uma simples vista d'olhos constata-se que o prolator da referida decisão foi extremamente infeliz em sua valoração. No entanto, curiosamente, ratificando o entendimento do juiz sentenciante, em relação às "circunstâncias do crime", o Tribunal Regional Federal da 4ª Região, através da 7ª Turma Criminal, limitou-se a afirmar que: "Por fim, ainda quanto à pena-base, nenhum reparo na decisão monocrática que entendeu desfavorável as circunstâncias do crime, pois o apelante, conforme dispôs a sentença, era presidente da FIERGS, além de Presidente da Associação Nacional das Indústrias de Artefatos de Couro e Artigos de Viagem (fls. 1.046/1.049), cargos de inegável liderança no meio empresarial, de cujos ocupantes espera-se uma conduta de acordo com a lei"[11]. Por fim, a 5ª Turma do STJ, no HC 36.804, ratificou, nesse particular, as duas decisões anteriores, em relação às "circunstâncias do crime", consagrando o mais odioso *direito penal de autor*.

Na verdade, pedimos vênia para utilizar essas três decisões sobre os mesmos fatos do mesmo processo, em instâncias distintas, apenas para ilustrar a argumentação que passamos a desenvolver, por razões puramente didáticas.

O *status* pessoal ou profissional ou mesmo a posição que o eventual acusado ocupa na sociedade jamais poderá ser confundido com "circunstâncias do crime", nos termos concebidos pelo art. 59 do Código Penal, conforme nossos comentários anteriores. Na realidade, qualquer principiante em matéria penal sabe que "as circunstâncias do crime" não se confundem com o *status* pessoal ou profissional do autor, sua condição particular, a função que exerce na coletividade, que, aliás, não têm nenhuma relação com o *fato delituoso* e, até por isso, não podem

---

10. Ação Penal n. 2001.71.13.002013-5.
11. Apelação Criminal n. 2001.71.13.002013-5.

influir na sua punição, especialmente para agravá-la, sem previsão legal, como fizeram as decisões questionadas.

Trata-se de orientação identificada com o mais autêntico *direito penal de autor*, ressuscitado por movimentos neorraciais, que andam recrudescendo, perigosamente, em alguns países do continente europeu. Quer dizer, julga-se pelo que o indivíduo é *e não pelo que faz*, como um verdadeiro "direito penal do inimigo", que, de uma forma discriminatória, distingue entre "cidadãos" e "inimigos", tratando-se, com efeito, da desconsideração de determinada "classe de cidadãos" como portadores de direitos não iguais aos demais a partir de uma classificação que se impõe desde as instâncias de controle formal, *violando o sagrado princípio da igualdade*. É uma forma discriminatória e, diríamos, inclusive *ideologizada* que *elege*, no caso, o empresário, o produtor, o empreendedor como *inimigo da sociedade*, o grande causador da ruína do cidadão, que deve pagar, agora no banco dos réus, a qualquer custo.

Nessa linha de pensamento, com efeito, para as instâncias de controle *não importa o que se faz* (direito penal do fato), mas sim *quem faz*. Em outros termos, não se pune pela prática do fato, mas sim pela qualidade, personalidade ou caráter de *quem* faz, num autêntico Direito Penal de autor[12]. Esse tipo de interpretação, mesmo em decisões judiciais — preocupadas em destacar o *status* ou personalidade do acusado — vão muito além da intenção de controlar a criminalidade financeira ou tributária, pois representam, sem sombra de dúvida, a obediência a um modelo político-criminal violador não só dos direitos fundamentais do ser humano (em especial daquele que responde a processo criminal), mas também capaz de prescindir da própria consideração do acusado ou condenado como ser humano e pretende, inclusive, substituir um modelo de direito penal do fato por um modelo de direito penal de autor[13], proscrito nos Estados Democráticos de Direito.

4. Circunstâncias legais: atenuantes e agravantes genéricas

As agravantes e as atenuantes genéricas são chamadas de circunstâncias legais porque vêm expressamente relacionadas no texto legal: as agravantes nos arts. 61 e 62, e as atenuantes nos arts. 65 e 66, todos do Código Penal[14].

---

12. José Miguel Zugaldía Espinar, *Fundamentos de Direito Penal*, Valencia, Tirant lo Blanch, 1993, p. 360.
13. Paulo César Busato, Regime disciplinar diferenciado, cit., p. 138.
14. Relativamente à reincidência, remetemos o leitor para o Capítulo XXVIII, deste 1º volume do *Tratado*, no item 7, onde fazemos uma "Análise político-criminal da reincidência". *Vide*, igualmente: Salo de Carvalho, in Amilton Bueno de Carvalho e Salo de Carvalho, *Aplicação da pena e garantismo penal*, cit., p. 61-70; Juarez Cirino dos Santos, *Direito Penal*, cit., p. 570: "A questão é simples: se a *prevenção especial* positiva de *correção do*

Como é natural, a preocupação com a dupla valoração afasta as circunstâncias que constituem ou qualificam o crime. Assim, na análise das agravantes e atenuantes deve-se observar sempre se não constituem elementares, qualificadoras, ou causas de aumento ou de diminuição de pena.

O Código não estabelece a quantidade de aumento ou de diminuição das agravantes e atenuantes legais genéricas, deixando ao *prudente* arbítrio do juiz, ao contrário do que faz com as majorantes e minorantes, para as quais estabelece os parâmetros de aumento ou de diminuição. No entanto, sustentamos que a variação dessas circunstâncias (atenuantes e agravantes) não deve chegar até o limite mínimo das majorantes e minorantes, que é fixado em um sexto. Caso contrário, as agravantes e as atenuantes se equipariam àquelas causas modificadoras da pena que, a nosso juízo, apresentam maior intensidade, situando-se pouco abaixo das qualificadoras (no caso das majorantes). Em outros termos, coerentemente, o nosso Código Penal adota uma escala valorativa para agravante, majorante e qualificadora, que são distinguidas, umas das outras, exatamente pelo grau de gravidade que representam, valendo o mesmo, no sentido inverso, para as moduladoras favoráveis ao acusado, privilegiadora, minorante e atenuante.

4.1. *Circunstâncias preponderantes no concurso de agravantes e atenuantes*

Em um mesmo fato delituoso podem concorrer circunstâncias agravantes e atenuantes, que podem ser objetivas e subjetivas. O art. 67, nessa hipótese, determina que "a pena deve aproximar-se do limite indicado pelas circunstâncias preponderantes, entendendo-se como tais as que resultam dos motivos determinantes do crime, da personalidade do agente e da reincidência". Observe-se que o Código exemplifica como preponderantes as circunstâncias subjetivas.

A jurisprudência tem entendido historicamente que a menoridade — *que é um aspecto da personalidade* — é a circunstância mais relevante, até mesmo do que a reincidência. Acreditamos, no entanto, que essa maior relevância não é absoluta. Admitimos, é verdade, que em relação à reincidência a menoridade seja mais relevante. Porém, não podemos esquecer os motivos determinantes do crime, que podem assumir as mais variadas formas — podem ser nobres, fúteis, torpes, graves, imorais etc. — e, embora não justifiquem o crime, podem alterar profundamente a sua *reprovabilidade*, tanto que, em algumas hipóteses, *qualificam* (ex.: art. 121, § 2º, II) ou *privilegiam* (art. 121, § 1º) a conduta criminosa.

---

condenado é ineficaz, e se a *prevenção especial* negativa de *neutralização do condenado* funciona, realmente, como *prisionalização deformadora* da personalidade do condenado, **então** a *reincidência real* não pode constituir *circunstância agravante*".

Assim, a nosso juízo, é natural que os motivos determinantes, que não qualifiquem ou privilegiem o crime, sejam considerados *preponderantes* em relação às demais circunstâncias legais, inclusive em relação à menoridade. E, ademais, no rol exemplificativo das circunstâncias preponderantes, os motivos são elencados em primeiro lugar, fato esse que não deixa de ser importante, pelo menos para aqueles que alegam que a personalidade é mais importante porque vem relacionada antes da reincidência. Por outro lado, como lembrava Mirabete, "não existe fundamento científico para a preponderância, em abstrato, de determinadas circunstâncias sobre as demais, sejam elas objetivas ou subjetivas, porque o fato criminoso, concretamente examinado, é que deve indicar essa preponderância"[15].

5. Causas de aumento e de diminuição da pena

Além das agravantes e atenuantes, há outras causas modificativas da pena, que o Código denomina *causas de aumento e de diminuição*, também conhecidas como *majorantes* e *minorantes*. As majorantes e minorantes são fatores de aumento ou redução da pena, estabelecidos em quantidades fixas (ex.: metade, dobro, triplo, um terço) ou variáveis (ex.: um a dois terços), mas sempre prefixadas no texto legal, ao contrário das atenuantes e agravantes, que não apresentam nenhum marco limitador expresso.

Alguns doutrinadores não fazem distinção entre as majorantes e minorantes e as qualificadoras. No entanto, as *qualificadoras* constituem verdadeiros tipos penais — tipos derivados — com novos limites, mínimo e máximo, enquanto as majorantes e minorantes, como simples causas modificadoras da pena, somente estabelecem a sua variação, fixa ou variável. Com efeito, no *crime qualificado* a pena-base já partirá desse limite mínimo cominado no *tipo qualificado*, como, por exemplo, no *homicídio qualificado*, cuja pena mínima é de doze anos, ou seja, o dobro da pena mínima *cominada* ao *homicídio simples*, muito superior, portanto, à pena que lhe é cominada.

Por isso, é inadmissível que o juiz Presidente do Tribunal do Júri, na votação dos quesitos, diga aos jurados que a qualificadora apenas aumenta um pouco a pena, como frequentemente ocorre nesses julgamentos, correndo-se o risco, em assim procedendo, de induzir os jurados a erro, passível de nulidade, desde que registrado em ata. A rigor, no *homicídio qualificado*, o legislador não aumenta apenas um pouco a pena cominada, mas lhe fixa outro parâmetro de penas, qual seja, de doze a trinta anos, dobrando a pena mínima cominada ao homicídio simples. Trata-se, portanto, de outro tipo penal, distinto da previsão do *caput*, cujos parâmetros são de seis a vinte anos.

---

15. Mirabete, *Manual de Direito Penal*, São Paulo, Atlas, 1990, v. 1, p. 296. O STF já decidiu que as agravantes preponderam sobre a menoridade, em HC 71.154-5 (*DJU* de 27-10-1994, p. 29162).

Ademais, as majorantes e minorantes funcionam como modificadoras na terceira fase do cálculo da pena, o que não ocorre com as qualificadoras, que estabelecem limites mais elevados, dentro dos quais será calculada a pena-base. Assim, por exemplo, enquanto a previsão do art. 121, § 2º, caracteriza uma qualificadora, a do art. 155, § 1º, configura uma majorante.

Por outro lado, as majorantes e as minorantes também não se confundem com as agravantes, e as atenuantes genéricas apresentam diferenças fundamentais em, pelo menos, três níveis distintos, a saber:

a) *Em relação à colocação no Código Penal*

1) As agravantes e as atenuantes genéricas localizam-se somente na Parte Geral do Código Penal (arts. 61, 62, 65 e 66). 2) As majorantes e as minorantes situam-se tanto na Parte Geral quanto na Parte Especial, sendo que elas situam-se nos próprios tipos penais.

b) *Em relação ao "quantum" de variação*

1) As agravantes e as atenuantes não fixam a quantidade de aumento ou de diminuição, deixando-a ao *"prudente* arbítrio" do julgador, não devendo, a nosso juízo, atingir um sexto da pena, que é o limite mínimo das majorantes e minorantes. 2) As majorantes e as minorantes, por sua vez, estabelecem, em quantidade fixa ou variável, o *quantum* de variação da pena.

c) *Em relação ao limite de incidência*

1) A doutrina tradicional historicamente sempre sustentou que as atenuantes e as agravantes não podem conduzir a pena para fora dos limites, mínimo e máximo, previstos no tipo penal infringido. Reinterpretando, no entanto, o texto da Reforma Penal de 1984, passamos a admitir que as atenuantes possam trazer a pena mínima para aquém do mínimo abstratamente cominado no tipo penal, como demonstraremos logo adiante. 2) As minorantes podem reduzir a pena para aquém do mínimo cominado ao tipo penal violado, como reconhecem unanimemente doutrina e jurisprudência. 3) As majorantes, segundo uma corrente minoritária, podem elevar a pena para além do máximo cominado no tipo penal infringido, enquanto para outra corrente majoritária, que adotamos, as majorantes não podem ultrapassar aquele limite.

6. A existência simultânea de qualificadoras não autoriza sua conversão em agravantes ou causas de aumento

A coexistência de qualificadoras em alguns crimes, *v.g.*, no furto e no homicídio, qualificados, para ficar nesses dois tipos penais de ocorrências mais frequentes em nossa sociedade, deverão ser aplicadas como circunstâncias judiciais, se houver correspondência de previsão legal. E não como majorantes ou agravantes, ao contrário do que tradicionalmente tem sido feito no cotidiano forense. Estamos propondo, de certa forma, uma "inovação" na tradicional forma de dosimetria penal em alguns crimes qualificados, mais consentânea com o Estado Democrático de Direito, que não admite o *bis in idem*. Aliás, nesse sentido, relativamente à *ocorrência simultânea de qualificadoras* no crime de furto, Rogério Sanches[16] levanta uma questão muito interessante, *verbis*:

> "No entanto, sabendo que esse tipo de crime, especialmente quando envolve a subtração dos animais vivos, quase nunca é praticado por um só agente, mas em concurso, com rompimento de obstáculos e uso de via anormal para ingressar na propriedade rural (escalada), pergunta-se: os furtadores vão responder pelo crime de furto qualificado pelo § 6º (punido com 2 a 5 anos) ou pelo § 4º (punido com 2 a 8 anos, em razão do rompimento de obstáculos, escalada e/ou concurso de pessoas)?".

Pois a frequente possibilidade de ocorrência simultânea de qualificadoras em um mesmo crime também acontece, por exemplo, com os crimes de furto e de *homicídio* que, não raro, são denunciados com dupla ou tripla qualificadoras. Questão extremamente interessante é essa coexistência de qualificadoras em um mesmo crime, para ficarmos nesses dois tipos penais, cujas ocorrências são muito frequentes em nossa sociedade, com acentuado aumento da violência ano após ano.

Quando houver mais de uma qualificadora em um mesmo crime, *v.g.*, furto, homicídio etc, poderão, no máximo, ser aplicadas, se houver correspondência, como *circunstância judicial* (art. 59), e não como majorante ou causa de aumento, ao contrário da praxe tradicional. Aliás, falando na ocorrência de mais de uma qualificadora simultânea, em um mesmo crime, o Prof. Rogério Sanches sintetiza seu entendimento doutrinário nos seguintes termos:

> "(...) nas hipóteses de coexistência de qualificadoras, não existindo entre elas relação de especialidade — mas pluralidade de circunstâncias —, deve prevalecer aquela que pune o comportamento do criminoso com mais rigor, sob pena de se violar os princípios da proporcionalidade e da razoabilidade. A outra deve ser considerada pelo magistrado na fixação da pena-base, salvo se prevista também como agravante, caso em que será aquilatada pelo juiz na segunda fase da aplicação da reprimenda"[17].

Contudo, relativamente à ocorrência de mais de uma qualificadora do mesmo fato delituoso, passamos a adotar outra posição, embora reconheçamos a correção da orientação seguida por Sanches. Alguns aspectos de ordem dogmática, porém, levaram-nos a reformular nosso entendimento, no sentido que passamos a expor a seguir.

---

16. Rogério Sanches Cunha, *Manual de direito penal*, parte especial, Volume único, 12ª ed., Salvador: JusPodivm, 2020, p. 308.
17. Rogério Sanches Cunha. Disponível em: <https://www.cers.com.br/noticias-e-blogs/noticia/lei--1333016-breves-comentarios>. Acesso em: 22 ago. 2022.

Doutrina e jurisprudência nacionais, acriticamente, têm admitido, na hipótese de duas qualificadoras, *a conversão de uma delas em agravante legal ou em causa de aumento*, desde que sejam observadas algumas peculiaridades relativas à tipicidade estrita. Demonstraremos, no entanto, algumas *dificuldades* para superar questões de ordem jurídico-dogmática a fim de superar essa questionável *praxis judicial*. Imagine-se, exemplificativamente, o *motivo fútil ou torpe*, o qual, além de *qualificadoras* do homicídio, constitui, igualmente, duas *agravantes* descritas no art. 61, II, *a*, do CP. Mesmo assim, essas qualificadoras do homicídio não poderiam ser convertidas nas *agravantes similares* constantes do dispositivo último citado, porque o próprio *texto* dessas agravantes proíbe essa conversão, exatamente por ser prevista também como qualificadora[18].

Um Estado Democrático de Direito não transige com *responsabilidade penal objetiva*, tampouco com interpretações analógicas *in malam partem*, como ocorre, por exemplo, na *conversão de uma qualificadora* (a segunda ou terceira reconhecidas para o mesmo crime) *em agravante legal*, inclusive em crimes da competência do Tribunal do Júri[19]. Aliás, a *impropriedade* decorre da própria tipificação dessas agravantes (art. 61, *caput*), como demonstramos anteriormente, e, fundamentalmente, em respeito à *soberania da instituição do Júri*, mantida pela atual Constituição Federal (art. XXXVIII, *c*).

Com efeito, dogmaticamente e em decorrência do próprio texto legal, a existência de *duas qualificadoras não autoriza* o julgador a adotar a segunda como *circunstância agravante genérica ou causa de aumento*, a ser valorada na segunda ou terceira operação da dosimetria da pena, *a despeito da orientação jurisprudencial majoritária* nesse sentido. Na verdade, doutrinariamente[20], "estamos propondo uma revisão doutrinário-jurisprudencial desse entendimento, *por razões jurídico-constitucionais*. Passamos a sustentar que eventual *majoração da punição decorrente dessa conversão* de uma categoria jurídica em outra (*v.g.*, qualificadora em agravante), deve ser suprimida da *praxis* judiciária. Ocorre que o legislador não conferiu ao magistrado essa *discricionariedade* — qual seja, de *alterar a categoria jurídico-dogmática de institutos penais* — no procedimento de *individualização da pena* do agente, inclusive alterando a metodologia de sua aplicação"[21].

---

18. "Art. 61. São circunstâncias que sempre agravam a pena, *quando não constituem ou qualificam o crime*".
19. Cezar Roberto Bitencourt. *Tratado de Direito Penal* – Crimes contra o patrimônio, 19ª ed., São Paulo, Saraiva, 2023, v. 3, p. 40.
20. Bitencourt, *Tratado de Direito Penal* – Crimes contra o patrimônio, cit., p. 74-75.
21. Cezar Roberto Bitencourt, *Tratado de Direito Penal* – Parte especial, 19ª ed., São Paulo, Saraiva, 2023, v. 3, p. 40.

Sendo adotado esse procedimento em primeiro grau — *especialmente em crimes da competência do Tribunal do Júri* —, deve-se rever a metodologia do cálculo da pena, fixando a pena-base entre os limites mínimo e máximo previstos para o crime qualificado, com uma ou mais qualificadoras, como se fosse única. Referidas *qualificadoras* — não importa quantas — integram a própria tipificação da figura qualificada, dela não podendo ser afastadas (ou transformando em outras categorias, *v.g.*, agravante ou de causa de aumento), principalmente para agravar a situação do acusado[22], aumentando a sua punição.

As *qualificadoras do crime* — destacamos literalmente em nosso *Tratado de Direito Penal* —, "não são meros acessórios ou simples características que apenas circundam o crime, como as agravantes e majorantes: são verdadeiras *elementares* que *compõem* ou *constituem* o próprio tipo penal qualificado, e, como tais, não podem dele ser retiradas para serem valoradas, em separado, para majorar a própria pena cominada ao "crime qualificado como um todo"[23]. A rigor, como escrevemos em nosso *Tratado — Parte Geral*, *verbis*:

"(...) não se pode ignorar que as *qualificadoras* integram, como *elementares normativo-subjetivas*, o próprio tipo penal, por isso, a impossibilidade de serem extirpadas para serem valoradas em outra etapa da dosimetria penal, especialmente em um sistema penal que adota o critério trifásico. Entendimento diverso, *mutatis mutandis*, significa autorizar, em determinadas circunstâncias, o julgador a retirar certos elementares do tipo penal, *decompondo-o*, para compor, completar ou integrar agravantes ou majorantes a fim de elevar a pena final definitiva do acusado. Em outros termos, o magistrado poderia 'jogar' com o tipo penal, desconstituindo-o ou alterando-o de acordo com as conveniências ou as circunstâncias processuais ou procedimentais, violando gravemente o *princípio da tipicidade estrita*"[24].

Enfim, a existência de *mais de uma qualificadora* não serve para agravar a pena-base ou a pena provisória, pois a variedade ou pluralidade de qualificadoras previstas serve somente para ampliar as hipóteses que podem *qualificar* um crime, mas sua ocorrência simultânea em uma mesma conduta criminosa não autoriza a extrapolar o limite fixado em cada tipo penal, interpretando-as como majorantes ou agravantes. Em outros termos, *a pluralidade de qualificadoras em uma mesma conduta deve receber o mesmo tratamento que se atribui aos chamados crimes de ação múltipla ou de conteúdo variado*, ou seja, aqueles crimes cujo tipo penal contém várias modalidades de condutas, e, ainda que seja praticada mais de uma, haverá um único crime (*v.g.*, arts. 122, 180 e 234 do CP). Assim, a segunda ou terceira qualificadoras em um mesmo crime não podem ser aplicadas

---

22. Bitencourt, *Tratado de Direito Penal*, cit., p. 812.
23. Bitencourt, *Tratado de Direito Penal*, cit., p. 812.
24. Bitencourt, *Tratado de Direito Penal*, cit., p. 812.

como agravantes ou majorantes, pois já estão integradas na valoração da pena mínima cominada, devendo, por isso, ser examinadas nas circunstâncias judiciais do art. 59 do CP.

Por essas razões, é inadmissível, na concepção que adotamos, a utilização de *qualificadoras* deslocadas do tipo penal, para valoração na segunda ou terceira fase do cálculo da pena, qual seja, convertidas em agravantes ou majorantes, pois esse procedimento viola o disposto no próprio *caput* do art. 61, que determina: "São circunstâncias que sempre agravam a pena, *quando não constituem ou qualificam o crime*". Ou seja, referido dispositivo legal proíbe que sejam utilizadas, como circunstâncias agravantes ou majorantes, aquelas que "constituem ou qualificam o crime" (art. 61, *caput*, do CP). Há, a rigor, absoluta *inadequação típica*, na medida em que esse dispositivo legal somente admite como agravante "circunstância que não integre o próprio tipo penal ou alguma qualificadora do crime".

Ora, a impossibilidade da *conversão dessas qualificadoras* em circunstâncias agravantes ou em causas de aumento é de uma clareza meridiana: o texto legal exclui expressamente a aplicação de qualificadora como agravante, pela singela razão de que qualificadora *é elementar constitutiva do tipo penal qualificado*, e, como tal, não pode dele ser separada para funcionar, autonomamente, como se agravante fosse. Afirmar que tal *qualificadora* não está sendo aplicada como "qualificadora" não a desnatura, isto é, não lhe retira a natureza de "circunstância que qualifica o crime", mas lhe atribui outra função, indevidamente, que não é a sua. Logo, esse argumento não passa de manobra diversionista visando burlar a proibição do *caput* do art. 61 do CP.

Com efeito, a proibição do *caput* não é apenas de referida circunstância qualificadora ser aplicada nas duas funções, simultaneamente, pois isso seria uma obviedade ululante. Na verdade, o dispositivo legal proíbe a utilização de qualificadora como agravante ou majorante, independentemente de ser aplicada simultaneamente como qualificadora.

O máximo que se poderá admitir, mesmo com reservas — sem violentar o sistema trifásico da dosimetria penal e, principalmente, a estrutura tipológica dos crimes qualificados e o princípio da tipicidade estrita —, será valorar uma segunda ou terceira qualificadora como *circunstância judicial*, na definição da pena-base, desde que adequada a alguma delas. Mas, nessa hipótese, não pode ser "supervalorizada", pois, assim, seria uma *agravante* disfarçada de circunstância judicial, burlando o sistema trifásico. Nessa linha, inadmitindo a adoção da segunda qualificadora como agravante ou majorante, destacamos exemplar decisão do Colendo STJ, *verbis*:

> "PENAL. AGRAVO REGIMENTAL NO *HABEAS CORPUS*. HOMICÍDIO QUALIFICADO TENTADO. DOSIMETRIA. VALORAÇÃO DA QUALIFICADORA REMANESCENTE COMO CIRCUNSTÂNCIA JUDICIAL. POSSIBILI-

DADE. CONSEQUÊNCIAS E *MODUS OPERANDI* DO CRIME. MOTIVAÇÃO CONCRETA DECLINADA. CONFISSÃO ESPONTÂNEA RECONHECIDA. PENA REVISTA. *QUANTUM* DE REDUÇÃO PELO *CONATUS* JUSTIFICADO. REGIME PRISIONAL FECHADO MOTIVADO. AGRAVO DESPROVIDO. 1. A individualização da pena, como atividade discricionária do julgador, está sujeita à revisão apenas nas hipóteses de flagrante ilegalidade ou teratologia, quando não observados os parâmetros legais estabelecidos ou o princípio da proporcionalidade. 2. Oportuno reconhecer que 'a jurisprudência desta Corte é firme no sentido de que, em caso de existência de duas circunstâncias qualificadoras, uma delas por ser utilizada para qualificar o delito e a outra para exasperar a pena base' (HC n. 483.025/SC, Rel. Min. Laurita Vaz, 6ª T., *DJe* 9/4/2019). 3. Considerando a presença de duas qualificadoras, nada impede que uma delas seja valorada na dosagem da básica, nos moldes do operado pelas instâncias originárias. [...] 11. Agravo desprovido" (STJ, AgRg no HC 807.239/SP, Rel. Min. Ribeiro Dantas, 5ª T., julgado em 8/5/2023, *DJe* de 12/5/2023).

Por todos esses fundamentos, concluindo, havendo mais de uma qualificadora do crime, nenhuma delas pode migrar para o campo das agravantes ou das causas de aumento, mesmo que o conteúdo da referida *qualificadora* também seja previsto como agravante ou majorante, pois repercutirá sobre a pena-base ou sobre a intermediária, indevidamente, e desrespeitará o sistema trifásico consagrado no art. 68 do CP, além de desmembrar, equivocadamente, um tipo penal qualificado, que é composto como um todo, que não admite seu esquartejamento para dar-lhe outra função ou finalidade. Ademais, essa migração de elementares constitutivas do tipo qualificado representará inadmissível *interpretação extensiva ou intepretação analógica* em prejuízo do acusado.

Enfim, para concluir, a coexistência de qualificadoras em alguns crimes, *v.g.*, no furto e no homicídio, qualificados, para ficar nesses dois tipos penais de ocorrências mais frequentes em nossa sociedade, poderão ser aplicadas como circunstâncias judiciais, se houver correspondência de previsão legal. E não como majorantes ou agravantes, ao contrário do que tradicionalmente tem sido feito no cotidiano forense. Estamos propondo, de certa forma, uma "inovação" na tradicional forma de dosimetria penal em alguns crimes qualificados, mais consentânea com o Estado Democrático de Direito, que não admite o *bis in idem*. Aliás, nesse sentido, relativamente à *ocorrência simultânea de qualificadoras* no crime de furto, **Rogério Sanches**[25] levanta uma questão muito interessante, *verbis*:

> "No entanto, sabendo que esse tipo de crime, especialmente quando envolve a subtração dos animais vivos, quase nunca é praticado por um só agente, mas em concurso, com rompimento de obstáculos e uso de via anormal para in-

---

25. Rogério Sanches Cunha, *Manual de Direito Penal*, Parte especial, Volume único, 12ª ed., Salvador: JusPodivm, 2020, p. 308.

gressar na propriedade rural (escalada), pergunta-se: os furtadores vão responder pelo crime de furto qualificado pelo § 6º (punido com 2 a 5 anos) ou pelo § 4º (punido com 2 a 8 anos, em razão do rompimento de obstáculos, escalada e/ou concurso de pessoas)?".

Pois a frequente possibilidade de ocorrência simultânea de qualificadoras em um mesmo crime também acontece com o *homicídio qualificado* que, não raro, é denunciado com dupla ou tripla qualificadoras. Questão extremamente interessante é essa coexistência de qualificadoras em um mesmo crime, para ficarmos nesses dois tipos penais, cujas ocorrências são muito frequentes em nossa sociedade, com acentuado aumento da violência ano após ano.

Aliás, comentando a ocorrência de mais de uma qualificadora simultânea em um mesmo crime, o Prof. Rogério Sanches sintetiza seu entendimento doutrinário, que pedimos vênia para subscrevê-lo:

> "(...) nas hipóteses de coexistência de qualificadoras, não existindo entre elas relação de especialidade — mas pluralidade de circunstâncias —, deve prevalecer aquela que pune o comportamento do criminoso com mais rigor, sob pena de se violar os princípios da proporcionalidade e da razoabilidade. A outra deve ser considerada pelo magistrado na fixação da pena-base, salvo se prevista também como agravante, caso em que será aquilatada pelo juiz na segunda fase da aplicação da reprimenda"[26].

Relativamente à ocorrência de mais de uma qualificadora no mesmo fato delituoso, passamos a adotar outra posição, embora reconheçamos a correção da orientação seguida por Sanches. Alguns aspectos de ordem dogmática, porém, levaram-nos a reformular nosso entendimento, no sentido que passamos a expor a seguir.

Doutrina e jurisprudência nacionais, acriticamente, têm admitido, na hipótese de duas qualificadoras, *a conversão de uma delas em agravante legal ou em causa de aumento*, desde que sejam observadas algumas peculiaridades relativas à tipicidade estrita. Demonstraremos, no entanto, algumas *dificuldades* para superar questões de ordem jurídico-dogmática a fim de superar essa questionável *práxis judicial*. Imagine-se, exemplificativamente, o *motivo fútil ou torpe*, o qual, além de *qualificadoras* do homicídio, constitui, igualmente, duas *agravantes* descritas no art. 61, II, *a*, do CP. Mesmo assim, essas qualificadoras do homicídio não poderiam ser convertidas nas *agravantes similares* constantes do dispositivo último citado, porque o próprio *texto* dessas agravantes proíbe essa conversão, exatamente por ser prevista também como qualificadora[27].

---

26. Rogério Sanches Cunha. Disponível em: <https://www.cers.com.br/noticias-e-blogs/noticia/lei-1333016-breves-comentarios>. Acesso em: 22 ago. 2022.
27. "Art. 61. São circunstâncias que sempre agravam a pena, *quando não constituem ou qualificam o crime*".

Um Estado Democrático de Direito não transige com *responsabilidade penal objetiva*, tampouco com interpretações analógicas *in malam partem*, como ocorre, por exemplo, na *conversão de uma qualificadora* (a segunda ou terceira reconhecidas para o mesmo crime) *em agravante legal* ou mesmo em *majorante*, inclusive em crimes da competência do Tribunal do Júri[28]. Aliás, a *impropriedade* decorre da própria tipificação dessas agravantes (art. 61, *caput*), como demonstramos anteriormente.

Com efeito, dogmaticamente e em decorrência do próprio texto legal, a existência de *duas qualificadoras não autoriza* o julgador a adotar a segunda como *circunstância agravante genérica ou causa de aumento*, a ser valorada na segunda ou terceira operação da dosimetria da pena, *a despeito da orientação jurisprudencial majoritária* nesse sentido. Na verdade, doutrinariamente[29], "propomos uma revisão doutrinário-jurisprudencial desse entendimento, *por razões jurídico-constitucionais*. Passamos a sustentar que eventual *majoração da punição decorrente dessa conversão* de uma categoria jurídica em outra (qualificadora em agravante ou majorante) deve ser suprimida da *praxis* judiciária. Ocorre que o legislador não conferiu ao magistrado essa *discricionariedade* — qual seja, de *alterar a categoria jurídico-dogmática de institutos penais* — no procedimento de *individualização da pena* do agente, inclusive alterando a metodologia de sua aplicação"[30].

Sendo adotado esse procedimento em primeiro grau — *inclusive em crimes da competência do Tribunal do Júri* —, deve-se rever a metodologia do cálculo da pena, fixando a pena-base entre os limites mínimo e máximo previstos para o crime qualificado, com uma ou mais qualificadoras, como se fosse única. Referidas *qualificadoras* — não importa quantas — integram a própria tipificação da figura qualificada, dela não podendo ser afastadas principalmente para agravar a situação do acusado[31], aumentando a sua punição.

As *qualificadoras do crime* — destacamos, literalmente, em nosso *Tratado de Direito Penal* —, "não são meros acessórios ou simples características que apenas circundam o crime, como as agravantes e majorantes: são verdadeiras *elementares* que *compõem* ou *constituem* o próprio tipo penal qualificado, e, como tais, não podem dele ser retiradas para serem valoradas, em separado, para majorar a própria pena cominada ao "crime qualificado como um todo""[32]. A rigor, como escrevemos em nosso *Tratado — Parte Geral*, *verbis*:

---

28. Bitencourt, *Tratado de Direito Penal – Crimes contra o patrimônio*, 19ª ed., São Paulo, Saraiva, 2023, v. 3, p. 40.
29. Bitencourt, *Tratado de Direito Penal – Crimes contra o patrimônio*, cit., p. 40.
30. Bitencourt, *Tratado de Direito Penal – Parte especial*, 19ª ed., São Paulo, Saraiva, 2023, v. 3, p. 40.
31. Bitencourt, *Tratado de Direito Penal*, cit., p. 812.
32. Bitencourt, *Tratado de Direito Penal*, cit., p. 812.

"(...) não se pode ignorar que as *qualificadoras* integram, como *elementares normativo-subjetivas*, o próprio tipo penal, por isso, a impossibilidade de serem extirpadas para serem valoradas em outra etapa da dosimetria penal, especialmente em um sistema penal que adota o critério trifásico. Entendimento diverso, *mutatis mutandis*, significa autorizar, em determinadas circunstâncias, o julgador a retirar certas elementares do tipo penal, *decompondo-o*, para compor, completar ou integrar agravantes ou majorantes a fim de elevar a pena final definitiva do acusado. Em outros termos, o magistrado poderia 'jogar' com o tipo penal, desconstituindo-o ou alterando-o de acordo com as conveniências ou as circunstâncias processuais ou procedimentais, violando gravemente o *princípio da tipicidade estrita*"[33].

Enfim, a existência de *mais de uma qualificadora* não serve para agravar a pena-base (fora das circunstâncias judiciais) ou a pena provisória, pois a variedade ou pluralidade de qualificadoras previstas serve somente para ampliar as hipóteses que podem *qualificar* um crime, mas sua ocorrência simultânea em uma mesma conduta criminosa não autoriza a extrapolar o limite fixado em cada tipo penal, interpretando-as como majorantes ou agravantes. Em outros termos, *a pluralidade de qualificadoras em uma mesma conduta deve receber o mesmo tratamento que se atribui aos chamados crimes de ação múltipla ou de conteúdo variado*, ou seja, aqueles crimes cujo tipo penal contém várias modalidades de condutas, e, ainda que seja praticada mais de uma, haverá um único crime (*v.g.*, arts. 122, 180 e 234 do CP). Assim, a segunda ou terceira qualificadoras em um mesmo crime não podem ser aplicadas como agravantes ou majorantes, pois já estão integradas na valoração da pena mínima cominada, devendo ser examinadas nas circunstâncias judiciais do art. 59 do CP.

Por essas razões, é inadmissível, na concepção que estamos adotando, a utilização de *qualificadoras* deslocadas do tipo penal, para valoração na segunda ou terceira fase do cálculo da pena, qual seja, convertidas em agravantes ou majorantes, pois esse procedimento viola o disposto no próprio *caput* do art. 61, que determina: "São circunstâncias que sempre agravam a pena, *quando não constituem ou qualificam o crime*". Ou seja, referido dispositivo legal proíbe que sejam utilizadas, como circunstâncias agravantes ou majorantes, aquelas que "constituem ou qualificam o crime". Há, a rigor, absoluta *inadequação típica*, na medida em que esse dispositivo legal somente admite como agravante "circunstância que não integre o próprio tipo penal ou alguma qualificadora do crime, posto que esta também integra tipificação do crime qualificado".

Ora, a impossibilidade da *conversão dessas qualificadoras* em circunstâncias agravantes é de uma clareza meridiana: o texto legal exclui expressamente a aplicação de qualificadora como agravante, pela singela razão de que

---

33. Bitencourt, *Tratado de Direito Penal*, cit., p. 812.

qualificadora *é elementar constitutiva do tipo penal qualificado*, e, como tal, não pode dele ser separada para funcionar, autonomamente, como se agravante fosse. Afirmar que tal *qualificadora* não está sendo aplicada como "qualificadora" não a desnatura, isto é, não lhe retira a natureza de "circunstância que qualifica o crime". Logo, esse argumento não passa de manobra diversionista visando burlar a proibição do *caput* do art. 61 do CP.

Com efeito, a proibição do *caput* não é apenas de referida circunstância qualificadora ser aplicada nas duas funções, simultaneamente, pois isso seria uma obviedade ululante. Na verdade, o dispositivo legal proíbe a utilização de qualificadora como agravante ou majorante, independentemente de ser aplicada simultaneamente como qualificadora.

O máximo que se poderá admitir, mesmo com reservas — sem violentar o sistema trifásico da dosimetria penal e, principalmente, a estrutura tipológica dos crimes qualificados e o princípio da tipicidade estrita —, será valorar uma segunda ou terceira qualificadora como *circunstância judicial*, na definição da pena-base, desde que adequada a alguma delas. Mas, nessa hipótese, não pode ser "supervalorizada", pois, assim, seria uma *agravante* disfarçada de circunstância judicial, burlando o sistema trifásico. Nessa linha, inadmitindo adoção da segunda qualificadora como agravante ou majorante, para encerrar este tópico, destacamos decisão do Colendo Tribunal de Justiça de Minas Gerais, *verbis*:

"PENAL — APELAÇÃO CRIMINAL — HOMICÍDIO DUPLAMENTE QUALIFICADO — PENA — REDUÇÃO — NECESSIDADE — CONCURSO DE QUALIFICADORAS. Existindo mais de uma qualificadora no crime de homicídio, uma delas deve qualificar o delito enquanto as demais devem ser tidas para aumentar a pena-base quando da aplicação da pena na 1ª fase dosimétrica, e não como agravante genérica na 2ª fase" (TJMG, 4ª CCrim, Ap. 1.0392.11.001313-3/001, Rel. Des. Júlio Cezar Guttierrez, v.u., j. 23-1-2013, *DJe* de 31-1-2013). No mesmo sentido: TJMG, 3ª CCrim., Ap. 10525.07.108744-5/002, Rel. Cruvinel, v.u., j. 8-6-2010, *DJe* de 29-7-2010).

Por todos esses fundamentos, concluindo, havendo mais de uma qualificadora do crime, nenhuma delas pode migrar para o campo das agravantes ou das causas de aumento, mesmo que o conteúdo da referida *qualificadora* também seja previsto como agravante ou majorante, pois repercutirá sobre a pena-base, indevidamente, e desrespeitará o sistema trifásico consagrado no art. 68 do CP. Ademais, essa migração de elementares constitutivas do tipo qualificado representará inadmissível *interpretação extensiva ou intepretação analógica* em prejuízo do acusado.

7. Dosimetria da pena

A individualização da pena — uma conquista do Iluminismo — ganhou assento constitucional (art. 5º, XLVI, da CF), assegurando uma das chamadas garantias criminais repressivas, e, como tal, exige absoluta e completa fundamentação judicial. É verdade que o legislador abre um grande crédito aos juízes na hora de realizar o cálculo da pena, ampliando sua atividade discricionária. Contudo, como *discricionariedade* não se confunde com *arbitrariedade*, nosso Código Penal estabelece critérios a serem observados para a fixação da pena. Como afirmava Hungria[34], "o que se pretende é a individualização racional da pena, a adequação da pena ao crime e à personalidade do criminoso, e não a ditadura judicial, a justiça de *cabra-cega*...". Assim, todas as operações realizadas na dosimetria da pena, que não se resumem a uma simples operação aritmética, devem ser devidamente fundamentadas, esclarecendo o magistrado como valorou cada circunstância analisada, desenvolvendo um raciocínio lógico e coerente que permita às partes acompanhar e entender os critérios utilizados nessa valoração.

No entanto, a *individualização da pena*, segundo a Constituição (art. 5º, XXXIX e XLVI), encontra seus limites na lei ordinária. Por isso, é inconstitucional deixar de observar os limites legais, por violar os princípios da pena determinada e da sua individualização, incluindo-se, por conseguinte, nessa vedação *deixar de aplicar atenuante legal*, mesmo sob o pretexto de que a pena-base não pode ser fixada abaixo do mínimo cominado, posto que o art. 65 determina que as atenuantes "são circunstâncias que *sempre* atenuam a pena"[35]. Em outros termos, a aplicação das atenuantes é sempre obrigatória, mesmo que possa implicar pena inferior ao mínimo cominado, conforme demonstramos no tópico seguinte. Não se pode ignorar que previsão como essa contida nesse dispositivo do Código Penal assume a condição "normas complementares" (uma lei delegada *sui generis*), na medida em que cumpre a função de dar efetividade ao princípio *constitucional da individualização* da pena (art. 5º, XXXIX e XLVI).

O cálculo da pena, nos termos do art. 68 do CP, deve operar-se em três fases distintas: a *pena-base* deve ser encontrada analisando-se as circunstâncias judiciais do art. 59; a *pena provisória*, analisando-se as circunstâncias legais, que são as atenuantes e as agravantes; e, finalmente, chegar-se-á à *pena definitiva*, analisando-se as causas de diminuição e de aumento.

7.1. *Pena-base: circunstâncias judiciais*

Para se encontrar a *pena-base* devem-se analisar todos os moduladores relacionados no art. 59 do Código Penal, correspondendo, como refere Paganella Boschi, "à pena inicial fixada em concreto, dentro dos limites estabelecidos *a priori* na lei penal, para que, sobre ela, incidam, por cascata, as diminuições e os

---

34. Hungria, O arbítrio judicial..., *Revista Forense*, cit., p. 10.
35. Ver, nesse sentido, decisões antológicas de Amilton Bueno de Carvalho, in *Garantismo penal aplicado*, p. 15-31 e 67-74; Amilton Bueno de Carvalho e Salo de Carvalho, *Aplicação da pena e garantismo*..., cit., p. 114.

aumentos decorrentes de agravantes, atenuantes, majorantes ou minorantes"[36]. O Código não estabelece quais devem ser considerados favoráveis ou desfavoráveis ao réu, atribuindo tal função à natureza dos fatos e das circunstâncias, e conferindo ao juiz o dever de investigá-los durante a dilação probatória e, posteriormente, individualizá-los e valorá-los, na sentença. Na realidade, todos, conjuntamente, e quaisquer deles, isoladamente, podem ser favoráveis ou desfavoráveis ao réu. Por isso, embora formem um conjunto, devem ser analisados individualmente, sendo insuficiente, consoante reiterada jurisprudência, considerações genéricas e superficiais, ou mesmo conclusões sem embasamento legal.

A ausência de fundamentação ou de análise das circunstâncias judiciais ou mesmo a sua análise deficiente gera nulidade absoluta da decisão judicial. Há, no entanto, um entendimento jurisprudencial majoritário de que a falta de fundamentação na fixação da pena não gera nulidade se aquela for fixada no mínimo legal[37]. Esse é um entendimento que necessita ser revisto adequadamente ou, pelo menos, merece detida reflexão. É, no mínimo, uma posição questionável entender que a favor do indivíduo tudo é permitido, esquecendo-se que no outro polo da relação processual encontra-se a sociedade, representada pelo Ministério Público, que também tem o direito de receber um tratamento isonômico. A fixação da pena no limite mínimo permitido, sem a devida fundamentação, viola o *ius accusationis* e frauda o princípio constitucional da *individualização* da pena, que, em outros termos, significa dar a cada réu a sanção que merece, isto é, necessária e suficiente à prevenção e repressão do crime. Assim, deve-se entender que a ausência de fundamentação gera nulidade, mesmo que a pena seja fixada no mínimo, desde que haja recurso da acusação, logicamente.

Se todas as operadoras do art. 59 forem favoráveis ao réu, a pena-base deve ficar no mínimo previsto. Se algumas circunstâncias forem desfavoráveis, deve afastar-se do mínimo; se, contudo, o conjunto for desfavorável, pode aproximar-se do chamado termo médio, que, segundo a velha doutrina nacional, é representado pela média da soma dos dois extremos, quais sejam, limites mínimo e máximo cominados. De regra, o cálculo da pena deve iniciar a partir do limite mínimo e só excepcionalmente, quando as circunstâncias do art. 59 revelarem especial gravidade, se justifica a fixação da pena-base afastada do mínimo legal.

Não se pode olvidar, por fim, que o art. 59 reúne oito moduladores que orientam a definição da pena-base, podendo-se atribuir, hipoteticamente, um oitavo para cada modulador, significando que duas operadoras desfavoráveis, por exemplo, representam dois oitavos, duas desfavoráveis representam três

---

36. José Antonio Paganella Boschi, *Das penas e seus critérios de aplicação*, Porto Alegre, Livraria do Advogado, 2000, p. 187.
37. *RTJ*, RHC 59.820.

oitavos etc., restando seis oitavos, teoricamente, favoráveis ao acusado. Enfim, esses critérios devem orientar o julgador, que não pode ignorar a totalidade de elementos relacionados no dispositivo referido, que, repita-se, devem ser analisados no seu conjunto.

Na valoração das *circunstâncias judiciais*, para fixar a pena-base, o chamado *critério de proporcionalidade matemática*, com algumas variantes, merece atenção especial, pois propõe, regra geral, para cada vetorial judicial considerada negativa, o aumento de um *oitavo do termo médio* diminuído do mínimo cominado ao tipo penal. Relativamente a essas *vetoriais desfavoráveis*, o TRF da 4ª Região vem adotando esse entendimento, que, na prática, parece que tem produzido bons resultados. Acreditamos que se trate de um bom critério, pois, no mínimo, tem-se um parâmetro definido, preciso, claro e transparente para efetuar a valoração dessas circunstâncias judiciais, conforme detalharemos adiante.

7.1.1. Critério de proporcionalidade matemática na valoração de circunstâncias judiciais

Tem ganhado corpo, na valoração das *circunstâncias judiciais*, para fixar a pena-base, o chamado *critério de proporcionalidade matemática* (com algumas variantes), pelo qual, regra geral, cada vetorial judicial considerada negativa implica o aumento de *um oitavo* da diferença entre o mínimo da pena em abstrato e o termo médio. Ou seja, encontrado o *termo médio* resultante da soma do mínimo e máximo, dividido por dois, diminui-se o mínimo cominado ao tipo penal. Sobre esse resultado aplica-se um oitavo por vetorial negativa, para a fixação da pena-base.

Em outros termos, relativamente às *vetoriais desfavoráveis* constantes do art. 59 do CP, o TRF da 4ª Região vem considerando, com pequenas variantes, que o peso de cada circunstância judicial deve ser calculado a partir do termo médio entre o mínimo e o máximo da pena cominada, do qual deve ser deduzido o mínimo cominado, dividindo-se esse resultado pelo número de circunstâncias.

Nesse sentido, vejamos, exemplificativamente, algumas ementas de relatores diferentes, para termos bem a ideia de como se está operando nesse Tribunal Regional Federal, que é considerando um dos melhores do País:

> "DIREITO PENAL E PROCESSUAL. CRIMES CONTRA O SISTEMA FINANCEIRO NACIONAL. (...). DOSIMETRIA DO CRIME REMANESCENTE (ART. 22, LCCSFN). VETORIAIS. MENSURAÇÃO. TERMO MÉDIO. PROPORCIONALIDADE. CONTINUIDADE DELITIVA. APENAMENTO FINAL REDIMENSIONADO. (...). 1. (...) 28. Em relação à aplicação da pena, ao Magistrado cabe analisar e verificar todos os requisitos necessários ao agravamento ou abrandamento da sanção carcerária, adotando parâmetros razoáveis que acarretem a aplicação de uma pena justa, sob pena de ofensa ao princípio da proporcionalidade. 29. Como é cediço, no que diz respeito ao acréscimo de meses à pena-base tendo em conta as vetoriais desfavoráveis, esta

Corte vem se manifestando no sentido de que o peso de cada circunstância judicial é calculado a partir do termo médio entre o mínimo e o máximo da pena cominada, do qual se reduz o mínimo, dividindo-se este resultado pelo número de circunstâncias. Precedente. (...)" (TRF4, ACR 0013222-96.2004.404.7000, Sétima Turma, Relatora Salise Monteiro Sanchotene, 20-6-2013) (No mesmo sentido: ACR 50013662220104047103, Marcelo Malucelli, TRF4, Sétima Turma, DE 14-3-2014) (ACR 50349685120124047000, José Paulo Baltazar Junior, TRF4 — Sétima Turma, 10-7-2014)[38].

Na verdade, o Tribunal Regional Federal da 4ª Região, relativamente à *fixação da pena-base* (análise das circunstâncias judiciais), tem adotado, a nosso juízo com certa razoabilidade, um critério objetivo que valoriza o constitucional princípio da proporcionalidade, levando em consideração a existência de oito vetoriais elencadas no art. 59 do CP. Acreditamos que se trate de um critério aceitável, pois no mínimo tem-se um parâmetro definido, preciso, claro e transparente para se efetuar a valoração dessas circunstâncias judiciais que, como demonstramos, não podem ficar sem qualquer parâmetro pragmático, sob pena de ser elevada às alturas a própria pena-base, como acontece com alguma frequência.

A sugestão mencionada do TRF4, a rigor, configura uma metodologia orientada por um *critério proporcional matemático*, o qual, flexibilizado e admitindo o tempero da realidade concreta, *valorada subjetivamente*, pode produzir bons resultados. Esse "tempero" subjetivo permite a insuperável e indispensável *individualização* da pena, observando a maior ou menor gravidade de cada

---

38. "PENAL. PROCESSO PENAL. ARTIGO 334, § 1º, *B*, DO CÓDIGO PENAL. CONTRABANDO. CIGARROS. MATERIALIDADE. AUTORIA. PROVA. PENA. REPARAÇÃO DO DANO. 1. (...) 2. Com relação ao *quantum* de aumento da pena-base, prevalece neste Tribunal um critério de proporcionalidade matemática, segundo o qual, em regra, cada judicial considerada negativa implica aumento de um oitavo da diferença entre o mínimo da pena em abstrato e o termo médio. Tal critério leva em conta a previsão de oito circunstâncias judiciais no art. 59 do CP, aliado ao entendimento de que, em casos de predomínio de judiciais desfavoráveis, a pena-base deve se situar no termo médio, apurado mediante soma do mínimo e do máximo em abstrato, dividido por dois. 3. Embora o sistema de fixação da pena adotado pelo Código Penal contemple uma relativa indeterminação, a adoção de critérios matemáticos de proporcionalidade, para além do pragmatismo, permite também a concretização do princípio da igualdade, ao evitar que réus em situações muito assemelhadas venham a ser tratados de forma diversa com base apenas em pautas subjetivas de valoração. Assim, a proporcionalidade matemática é conveniente para a maior parte dos casos, ressalvado o temperamento de casos que destoem da normalidade, em função do grau acentuado de relevância de determinada circunstância judicial que possa receber valoração mais aguda. 4. (...)" (ACR 50013662220104047103, Marcelo Malucelli, TRF4 — Sétima Turma, *DE* 14-3-2014).

circunstância, quando qualquer delas distanciar-se da normalidade, com pequena margem para mais ou para menos em cada caso concreto.

Resumindo, a melhor fórmula para encontrar a pena-base é esta: encontrar o *termo médio* (soma de mínimo e máximo cominados, dividida por dois), diminuído do mínimo cominado, aplicando-se desse resultado um oitavo por vetorial do art. 59 negativo.

7.2. Pena provisória: agravantes e atenuantes

Encontrada a pena-base, em seguida passa o julgador ao exame das circunstâncias legais, isto é, das atenuantes e agravantes, aumentando ou diminuindo a pena em certa quantidade, que resultará no que chamamos de *pena provisória*.

Nesta segunda operação devem-se analisar somente as circunstâncias legais genéricas, enfatizando-se as *preponderantes*, quando concorrerem agravantes e atenuantes. Nenhuma circunstância atenuante[39] pode deixar de ser valorada, ainda que não seja invocada expressamente pela defesa, bastando que se encontre provada nos autos.

Acompanhamos no passado a corrente tradicional, segundo a qual as atenuantes e as agravantes não podiam levar a pena para aquém ou para além dos limites estabelecidos no tipo penal infringido, sob pena de violar o primeiro momento da *individualização* da pena, que é legislativo, privativo de outro poder, e é realizada através de outros critérios e com outros parâmetros, além de infringir os *princípios da reserva legal* e da *pena determinada* (art. 5º, XXXIX e XLVI, da CF), recebendo a pecha de inconstitucional, por aplicar pena não cominada. Quando a pena-base estivesse fixada no mínimo, impediria sua diminuição, ainda que se constatasse *in concreto* a presença de uma ou mais atenuantes, sem que isso caracterizasse *prejuízo* ao réu, que já teria recebido o mínimo possível.

Já há algum tempo revisamos nosso entendimento, acompanhando a melhor orientação doutrinária (e parte da jurisprudência), voltada para os postulados fundamentais do Estado Democrático de Direito, que não transige com responsabilidade penal objetiva e tampouco com interpretações analógicas *in malam partem*; assim, acompanhamos o entendimento que sustenta a possibilidade de as *circunstâncias atenuantes* poderem trazer a pena aplicada para *aquém do mínimo legal*, especialmente quando, *in concreto*, existam causas de aumento.

7.2.1. Pena aquém do mínimo: uma garantia constitucional

O entendimento contrário à redução da pena para aquém do mínimo cominado partia de uma *interpretação equivocada*, que a dicção do atual art. 65 do Código Penal não autoriza. Com efeito, esse dispositivo determina que as

---

39. A Súmula 545 do STJ dispõe sobre a atenuante prevista no art. 65, III, *d*, do CP.

circunstâncias atenuantes "sempre atenuam a pena", independentemente de já se encontrar no mínimo cominado. É irretocável a afirmação de Carlos Caníbal[40] quando, referindo-se ao art. 65, destaca que "se trata de norma cogente por dispor o Código Penal que 'são circunstâncias que sempre atenuam a pena'... e — prossegue Caníbal — norma cogente em direito penal é norma de ordem pública, máxime quando se trata de individualização constitucional de pena". A previsão legal, definitivamente, não deixa qualquer dúvida sobre sua *obrigatoriedade*, e eventual interpretação diversa viola não apenas o *princípio da individualização da pena* (tanto no plano legislativo quanto judicial) como também o *princípio da legalidade estrita*.

O equivocado entendimento de que "circunstância atenuante" não pode levar a pena para aquém do mínimo cominado ao delito partiu de *interpretação analógica* desautorizada, baseada na proibição que constava no texto original do parágrafo único do art. 48 do Código Penal de 1940[41], não repetido, destaque-se, na Reforma Penal de 1984 (Lei n. 7.209/84). Ademais, esse dispositivo disciplinava uma *causa especial* de diminuição de pena — quando o agente quis participar de crime menos grave —, mas impedia que ficasse abaixo do mínimo cominado. De notar que nem mesmo esse diploma revogado (parte geral) estendia tal previsão às *circunstâncias atenuantes*, ao contrário do que entendeu a interpretação posterior à sua revogação. Lúcido, também nesse sentido, o magistério de Caníbal quando afirma: "É que estes posicionamentos respeitáveis estão, todos, embasados na orientação doutrinária e jurisprudencial anterior à reforma penal de 1984 que suprimiu o único dispositivo que a vedava, por extensão — e só por extensão — engendrada por orientação hermenêutica, que a atenuação da pena por incidência de atenuante não pudesse vir para aquém do mínimo. Isto é, se está raciocinando com base em direito não mais positivo"[42].

Ademais, naquela orientação, a nosso juízo superada, utilizava-se de uma espécie *sui generis* de interpretação analógica entre o que dispunha o antigo art. 48, parágrafo único, do Código Penal (parte geral revogada), que disciplinava uma causa especial de diminuição, e o atual art. 65, que elenca as circunstâncias atenuantes, todas estas de aplicação obrigatória. Contudo, a não aplicação do art. 65 do Código Penal, para evitar que a pena fique aquém do mínimo

---

40. Carlos Roberto Lofego Caníbal, Pena aquém do mínimo — uma investigação constitucional-penal, *Revista Ajuris*, Porto Alegre, v. 77, p. 82.
41. Art. 48. (...)
Atenuação especial da pena
Parágrafo único. *Se o agente quis participar de crime menos grave, a pena é diminuída de um terço até metade, não podendo, porém, ser inferior ao mínimo da cominada ao crime cometido.*
42. Caníbal, Pena aquém do mínimo..., *Revista Ajuris*, cit., p. 82.

cominado, não configura, como se imagina, *interpretação analógica*, mas verdadeira *analogia* — vedada em direito penal — para suprimir um direito público subjetivo, qual seja a *obrigatória* (circunstância que sempre atenua a pena) atenuação de pena. Por outro lado, a *analogia* não se confunde com a *interpretação analógica*. A *analogia*, convém registrar, não é propriamente forma ou meio de *interpretação*, mas de *aplicação* da norma legal. A função da analogia não é, por conseguinte, *interpretativa*, mas *integrativa* da norma jurídica. Com a analogia procura-se aplicar determinado preceito ou mesmo os próprios princípios gerais do direito a uma hipótese não contemplada no texto legal, isto é, com ela busca-se colmatar uma lacuna da lei. Na verdade, a *analogia* não é um *meio de interpretação*, mas de *integração* do sistema jurídico. Nessa hipótese, que ora analisamos, não há um texto de lei obscuro ou incerto cujo sentido exato se procure esclarecer. Há, com efeito, a ausência de lei que discipline especificamente essa situação[43]. Na verdade, equipararam-se coisas distintas, dispositivos legais diferentes, ou seja, artigo revogado (art. 48, parágrafo único) e artigo em vigor (art. 65); aquele se referia a uma *causa de diminuição* específica; este, às circunstâncias *atenuantes genéricas*, que são coisas absolutamente inconfundíveis; impossível, consequentemente, aplicar-se qualquer dos dois institutos, tanto da analogia quanto da interpretação analógica. A finalidade da *interpretação* é encontrar a "vontade" da lei, ao passo que o objetivo da *analogia*, contrariamente, é suprir essa "vontade", o que, convenhamos, só pode ocorrer em circunstâncias carentes de tal vontade.

Concluindo, o paralelo que poderia ser traçado limitar-se-ia ao que dispunha o art. 48, parágrafo único, na redação original do CP de 1940, com o art. 29, § 2º, da redação atual, pois ambos disciplinam a mesma situação: se o agente *quis* participar de crime menos grave — com a seguinte diferença: o dispositivo revogado adotava a *responsabilidade objetiva*, e o atual dá tratamento diferenciado ao *desvio subjetivo de condutas*; aquele proibia que a redução trouxesse a pena para aquém do mínimo cominado, ao passo que o atual determina expressamente que o agente responde pelo crime menos grave que quis cometer. Logo, tanto a analogia quanto a interpretação analógica são igualmente inaplicáveis[44].

---

43. Definição de analogia, que trabalhamos no Capítulo VIII deste volume.
44. O recurso à analogia não é ilimitado, sendo excluído das seguintes hipóteses: a) *nas leis penais incriminadoras* — como essas leis, de alguma forma, sempre restringem a liberdade do indivíduo, é inadmissível que o juiz acrescente outras limitações além daquelas previstas pelo legislador. Em matéria penal, repetindo, somente é admissível a analogia quando beneficia a defesa; b) *nas leis excepcionais*, os fatos ou aspectos não contemplados pelas normas de exceção são disciplinados pelas de caráter geral, sendo desnecessário apelar a esse recurso integrativo (que pressupõe a não contemplação em lei alguma do caso a decidir); c) *nas leis fiscais* — estas têm caráter similar às penais, sendo recomendável a não admissão do recurso à analogia para sua integração.

Enfim, deixar de aplicar uma *circunstância atenuante* para não trazer a pena para aquém do mínimo cominado nega vigência ao disposto no art. 65 do CP, que não condiciona a sua incidência a esse limite, violando o *direito público subjetivo* do condenado à pena justa, legal e individualizada. Essa ilegalidade, deixando de aplicar norma de ordem pública, caracteriza uma inconstitucionalidade manifesta. Em síntese, não há lei proibindo que, em decorrência do reconhecimento de circunstância atenuante, possa ficar aquém do mínimo cominado. Pelo contrário, há lei que determina (art. 65), peremptoriamente, a diminuição da pena em razão de uma atenuante, sem condicionar seu reconhecimento a nenhum limite; e, por outro lado, reconhecê-la na decisão condenatória (sentença ou acórdão), somente para evitar nulidade, mas deixar de efetuar sua atenuação, é uma farsa, para não dizer fraude, que viola o princípio da reserva legal. Seria igualmente desabonador fixar a pena-base acima do mínimo legal, ao contrário do que as circunstâncias judiciais estão a recomendar, somente para simular, na segunda fase, o reconhecimento de atenuante, previamente conhecida do julgador. Não é, convenhamos, uma operação moralmente recomendável, beirando a falsidade ideológica.

Por fim, e a conclusão é inarredável, a Súmula 231 do Superior Tribunal de Justiça, *venia concessa*, carece de adequado fundamento jurídico, afrontando, inclusive, os princípios da individualização da pena e da legalidade estrita[45]. Vale apontar que essa afronta vem sendo percebida no STJ, visto que recentemente foram convocadas audiências públicas para discussão do conteúdo da Súmula acima indicada, para servirem como fundamento do julgamento dos Recursos Especiais 2.057.181, 2.052.085 e 1.869.764[46]. Ainda mais recentemente, o julgamento desses recursos foi iniciado e houve voto do Ministro Relator Rogério Schietti Cruz no sentido de que a pena provisória poderia ser reduzida aquém do mínimo legal, propondo a revogação da Súmula 231/STJ, nos seguintes termos: "Recurso especial provido, como indicado no item anterior, e para afirmar que a incidência da circunstância atenuante pode, no exame do caso concreto, conduzir à redução da pena abaixo do mínimo legal cominado, com proposta de revogação formal da Súmula 231 do STJ, pelos meios regimentais próprios, observada a modulação de efeitos fixada"[47]. Contudo, a tese proposta no voto do Ministro Relator não prevaleceu durante o julgamento ocorrido no dia 15 de agosto de 2024, razão pela qual foi mantida a Súmula 213 do STJ.

---

45. Súmula 231: "A incidência de circunstância atenuante não pode conduzir à redução da pena abaixo do mínimo legal".
46. Disponível em: https://www.stj.jus.br/sites/portalp/Paginas/Comunicacao/Noticias/2023/24032023-Terceira-Secao-vai-rediscutir-possibilidade-de-pena-abaixo-do-minimo-legal--relator-convoca-audiencia-publica.aspx. Acesso 06 nov. 2023.
47. Disponível em: https://www.stj.jus.br/sites/portalp/SiteAssets/documentos/noticias/RESp%201869764%20-%20Voto%20min.%20Schietti.pdf. Acesso 12 jul. 2024.

Outro grande fundamento para admitir que as atenuantes possam trazer a pena para aquém do mínimo legal é principalmente a sua posição topográfica: são valoradas antes das causas de aumento e de diminuição; em outros termos, após o exame das atenuantes/agravantes, resta a operação valorativa das causas de aumento que podem elevar consideravelmente a pena-base ou provisória. Ademais, o texto atual do Código Penal (Lei n. 7.209/84) não apresenta qualquer empecilho que impossibilite o reconhecimento de qualquer atenuante, ainda que isso possa significar uma pena (base, provisória ou definitiva) inferior ao mínimo cominado no tipo penal.

Finalmente, quando houver duas qualificadoras, uma deverá ser valorada como tal e a outra deverá, no máximo, ser considerada como *circunstância judicial* (art. 59), segundo orientação jurisprudencial do STJ, desde que haja, acrescentamos nós, correspondência com alguma delas. Com efeito, o julgador não pode desnaturar a tipificação penal e usar uma qualificadora — que é elementar do tipo penal qualificado —, em outra função, para majorar, indevidamente, a pena aplicada. No particular, mudamos nosso entendimento, pelos fundamentos expostos detidamente no item n. 5.1 do capítulo XXXV desta obra.

Podemos destacar aqui que, dogmaticamente, a existência de *duas qualificadoras* não autoriza o julgador a adotar a segunda como *circunstância genérica ou causa de aumento*, a ser valorada na segunda ou terceira operação da dosimetria da pena, a despeito da orientação jurisprudencial majoritária. Na verdade, estamos propondo uma revisão doutrinário-jurisprudencial desse entendimento, por razões jurídico-constitucionais. Passamos a sustentar que eventual majoração da punição decorrente dessa *conversão* de uma categoria jurídica em outra (qualificadora em agravante) deve ser suprimida da *praxis* judiciária. Ocorre que o legislador não conferiu ao magistrado essa *discricionariedade — alterar a categoria jurídico-dogmática de institutos penais — no processo de individualização da pena*, alterando, inclusive, a metodologia de sua aplicação.

7.3. *Pena definitiva*

Na terceira e última fase do cálculo da pena analisam-se as causas de aumento e de diminuição. Essa terceira fase deve incidir sobre a pena até então encontrada, que pode ser a pena provisória decorrente da segunda operação, como também a pena-base se, no caso concreto, não existirem atenuantes ou agravantes. Se houver mais de uma majorante ou mais de uma minorante, as majorações e as diminuições serão realizadas, a princípio, em forma de cascata, isto é, incidirão umas sobre as outras, sucessivamente. Primeiro se aplicam as causas de aumento, depois as de diminuição.

Com efeito, concorrendo mais de uma causa de aumento ou de diminuição "previstas na parte especial, pode o juiz limitar-se a um só aumento ou a uma só diminuição, prevalecendo, todavia, a causa que mais aumente ou diminua" (art. 68, parágrafo único). Essa possibilidade destina-se exclusivamente às majorantes e minorantes previstas na Parte Especial do Código. Já as localizadas na Parte Geral deverão operar todas, incidindo umas sobre as outras, sem exceção, consoante expressa previsão legal.

Na ausência de agravantes e atenuantes e de majorantes e minorantes, a pena-base deve ser tornada definitiva. Na ausência apenas de majorantes ou minorantes, será então a pena provisória tornada definitiva. As majorações decorrentes do concurso formal próprio e da continuação delitiva incidirão sobre aquela que seria a pena definitiva, isto é, depois de realizadas todas as fases estabelecidas pelo art. 68, como se fosse uma quarta operação da dosimetria penal.

O magistrado deverá analisar, finalmente, quando a natureza do crime e a quantidade da pena privativa de liberdade permitirem, a possibilidade de *substituição* (art. 59, IV, do CP) ou de *suspensão da sua execução* (art. 157 da LEP). Nessas hipóteses, a decisão, concessiva ou negatória, deverá ser sempre devidamente motivada. Encontrada a pena definitiva, o juiz deverá fixar o *regime inicial* de cumprimento da pena privativa de liberdade, mesmo que ela venha a ser substituída ou suspensa, porque poderá haver conversão ou revogação da medida alternativa.

O STF sumulou que a *opinião do julgador* sobre a *gravidade em abstrato* do crime não constitui motivação idônea para a imposição de regime mais severo do que o permitido segundo a pena aplicada. Com efeito, a Súmula 718 tem o seguinte enunciado: "A opinião do julgador sobre a gravidade em abstrato do crime não constitui motivação idônea para a imposição de regime mais severo do que o permitido segundo a pena aplicada". Essa é uma das tantas súmulas com as quais, finalmente, o Supremo resolveu colocar um termo nas arbitrariedades infundadas, que davam azo apenas a "opiniões" pessoais de determinados julgadores, sem qualquer respaldo legal.

Além disso, segundo a Súmula 719, quando o juiz impuser *regime de cumprimento de pena mais severo do que a pena aplicada permitir*, deverá motivar sua decisão de maneira idônea. O enunciado da Súmula 719 — "A imposição do regime de cumprimento mais severo do que a pena aplicada permitir exige motivação idônea" — é dos mais infelizes que se pode imaginar. Ora, *venia concessa*, "regime de cumprimento de pena mais severo do que a pena aplicada permitir" é *ilegal* e não há motivação que possa legitimá-lo. Os parâmetros que permitem as espécies e a gravidade dos regimes de cumprimento de penas estão expressos em lei, conforme examinamos no Capítulo XXIX, nos itens n. 3 e 4, deste mesmo volume, para onde remetemos o leitor.

Nesse sentido, esperamos que o Pretório excelso se dê conta da gravidade do equívoco que a Súmula 719 representa e a revogue o mais pronto possível.

APLICAÇÃO DE PENA NOS CRIMES JULGADOS PELO TRIBUNAL DO JÚRI — XXXV

Sumário: 1. Considerações preliminares. 2. Inconstitucionalidade da não quesitação de agravantes aos jurados. 3. Considerações sobre a metodologia na fixação da pena no Tribunal do Júri. 4. Três vetoriais judiciais negativas: circunstâncias, culpabilidade e consequências do crime. 5. Reconhecimento e análise de agravantes legais — pena provisória. 5.1. A indevida conversão da 2ª qualificadora em agravante genérica (art. 61, II, *a*). 5.2. Promover, organizar a cooperação no crime ou dirigir a atividade dos demais agentes. 6. Prisão automática decorrente de condenação pelo Tribunal do Júri. 7. Autorização excepcional de prisão pelo Tribunal do Júri com condenação superior a 15 anos de reclusão.

1. Considerações preliminares

Todas as operações realizadas na dosimetria da pena, também no Tribunal do Júri, devem ser devidamente fundamentadas, esclarecendo o Presidente do Conselho de Sentença como *valorou* cada circunstância analisada, desenvolvendo um raciocínio lógico, coerente e racional, sem abusos, que permita às partes acompanhar e entender os critérios utilizados nessa valoração. No Tribunal do Júri, particularmente, o magistrado deve ter presente que não é o *julgador*, mas somente o Presidente do Conselho de Sentença (os jurados são os verdadeiros julgadores), devendo, por isso, policiar-se para não exacerbar e exteriorizar suas próprias convicções. Nas hipóteses de crimes contra a vida, o Presidente do Conselho de Sentença deverá agir com maior moderação e parcimônia tanto no interrogatório do acusado quanto na aplicação da pena, procurando limitar-se o máximo possível ao decidido pelos *juízes de fato*, os verdadeiros julgadores do fato delituoso.

Nessa análise, ademais, não se pode perder de vista os *princípios da racionalidade, proporcionalidade* e *razoabilidade*, assegurados pela Constituição Federal, pois a simples *argumentação abstrata* pode elevar a pena aplicada à estratosfera, fundada em pura construção intelectual, a despeito de não respaldada pelo conteúdo dos autos. Por isso, o magistrado deve pautar essa atividade dosimétrica pelos parâmetros mais recomendados pela doutrina e jurisprudência especializadas na matéria, deixando de lado, se for o caso, suas próprias convicções.

Temos dificuldade em adotar o entendimento majoritário do STJ, segundo o qual, a partir da vigência da Lei n. 11.689/2008, passou a ser desnecessário o questionamento aos jurados sobre a existência de agravantes, bastando que tenha sido objeto de debates em plenário. Ora, para a *plenitude de defesa* (art. 5º, XXXVIII, *a*, da CF), não se pode, em hipótese alguma, principalmente no Tribunal do Júri, reduzir o alcance das teses defensivas, especialmente quando invocadas em plenário. Diante disso, considerando-se que o legislador manteve a apreciação das *causas de aumento e de diminuição*, bem como das *qualificadoras e privilegiadoras*, pelo Júri, torna-se inevitável a necessidade da leitura de quesitos próprios de agravantes e atenuantes, as quais, *lato sensu*, são, igualmente, *causas de aumento* ou *de diminuição de pena* (arts. 476, *caput*, e 482, *caput*, c/c o art. 483, V e § 3º, I e II), todos do CPP.

2. Inconstitucionalidade da não quesitação de agravantes aos jurados

Afastar a necessidade de as agravantes legais constarem da denúncia e da pronúncia descumpre o disposto no art. 41 do Código de Processo Penal. Essa concepção desatende, inegavelmente, previsão fundamental deste último dispositivo, o qual determina que "a denúncia ou queixa conterá a exposição do fato criminoso, *com todas as suas circunstâncias*", ainda que se afirme que as agravantes são desvinculadas do tipo penal. Ademais, é dessa narrativa circunstanciada que o acusado deve defender-se. Por isso, contrariando o entendimento jurisprudencial, em um sistema jurídico que prioriza o *contraditório*, a *ampla defesa* e o *devido processo legal*, sustentamos que não se pode prescindir de aspectos *(circunstâncias)* tão relevantes que delimitem a acusação, os quais devem, inclusive, integrar a *classificação do crime* no pedido final da peça incoativa. Invoca-se a reforma implementada pela Lei n. 11.689/2008, a qual suprimiu a referência anterior, que recomendava a quesitação aos jurados de agravantes e atenuantes do fato delituoso. Nesse sentido se manifesta Guilherme Nucci, *verbis*: "As alegações das partes, no tocante às agravantes e atenuantes, deveriam levar o juiz presidente a preparar quesitos específicos para cada uma delas. Entendemos que as circunstâncias do crime, no Tribunal do Júri, atuando soberanamente, devem ser reconhecidas pelo Conselho de Sentença, do contrário, inexistem juridicamente. No entanto, a Lei n. 11.689/2008 permite que as agravantes e atenuantes sejam sustentadas pelas partes em plenário e diretamente consideradas pelo juiz presidente no momento da sentença (art. 492, I, *b*, CPP)"[1].

Aliás, convém relembrar que a obrigatoriedade de quesitar a existência de agravantes e atenuantes foi introduzida no texto original do art. 484 do CPP, em 1948. Com efeito, a Lei n. 263/48, que inseriu inúmeras alterações relativas à instituição do Júri, modificou a redação desse art. 484, seus incisos e parágrafo

---

1. Guilherme de Souza Nucci. *Tribunal do Júri*, São Paulo, Revista dos Tribunais, 2008, p. 233.

único, prevendo a obrigatoriedade de formulação de quesitos relativamente às circunstâncias agravantes e atenuantes constantes nos arts. 44, 45 e 48 do CP[2]. Os dois primeiros dispositivos correspondem exatamente aos atuais arts. 61 e 62 do Código Penal, com redação da Reforma Penal de 1984. Essa obrigatoriedade foi mantida, com pequenas e irrelevantes modificações, até o advento da Lei n. 11.869/2008, exatamente em respeito à soberania do Júri[3].

Pode parecer pura retórica, mas o fato de serem as "circunstâncias" desvinculadas do tipo penal *não as torna desvinculadas das circunstâncias dos fatos narrados* e imputados ao acusado. Via de regra, os fatos (atos) humanos não acontecem isoladamente, de forma chapada, como se estivessem dentro de uma fôrma, de uma moldura estanque e fechada como a produção em série de determinada indústria automobilística, mas vêm, quase sempre, envolvidos em uma série de pequenos fatores que os *circundam* e com eles se entrelaçam, que são as circunstâncias do crime. Todo crime — e não apenas os dolosos contra a vida — tem sua *moldura* descrita pelo tipo penal, que, em nosso Código Penal, é representado sempre por uma *linguagem imperativa*, v. g., *matar alguém, subtrair coisa alheia móvel* etc., mas, repetindo, como *fato social*, o crime não ocorre isolada e desconectadamente desses diversos fatores que o circundam.

Os tipos penais descrevem as condutas ilícitas e estabelecem assim os seus elementos constitutivos. Esses fatores que integram a descrição da conduta típica são as chamadas *elementares* do tipo, ou elementos essenciais constitutivos do crime. O *tipo penal*, além dos seus elementos essenciais, sem os quais a figura típica não se completa, pode ser integrado por outras *circunstâncias acidentais* que, embora não alterem a sua constituição ou existência, influem na dosagem final da pena. *Circunstâncias*, na verdade, são dados, fatos, elementos ou peculiaridades que apenas *circundam* o fato principal. Não integram a figura típica, podendo, contudo, contribuir para aumentar ou diminuir a sua gravidade.

Enfim, excluir, peremptoriamente, os fatores que *circundam* (circunstâncias) o fato delituoso significa extirpar parte significativa e constitutiva de sua essência, exatamente aquela que o vincula ao meio circundante, com suas "veias" ou raízes que o entrelaçam ao tecido social. Aliás, o crime, como um *câncer social* — usando uma figura de linguagem —, assemelha-lhe ao *câncer biológico*, do qual, normalmente, não basta retirar o nódulo central do corpo humano, porque já espargiu sua contaminação a outras partes do corpo humano.

---

2. Art. 484. Serão formulados quesitos com observância das seguintes regras: (...). Parágrafo único. Serão formulados quesitos relativamente às circunstâncias agravantes e atenuantes previstas nos arts. 44, 45 e 48 do Código Penal, observado o seguinte: (...). Sua redação anterior era: "no caso de condenação atenderá ao disposto no art. 387".
3. Guilherme de Souza Nucci. *Tribunal do Júri*, São Paulo, Revista dos Tribunais, 2008, p. 233-4.

Por outro lado, na linha do entendimento jurisprudencial do STJ, segundo o qual bastaria que as *agravantes* fossem objeto de debate em plenário, na nossa concepção, é inconcebível que elas não sejam submetidas ao Conselho de Sentença, pois, dessa forma, repetindo, *viola-se a soberania da instituição do Júri*, na medida em que poderá resultar *numa decisão final destoante daquela que decorreu da manifestação do Conselho de Sentença*. Assim, não resta a menor dúvida de que a soberania do Júri é desrespeitada.

Com efeito, o art. 476 do CPP determina que o Ministério Público, nos debates, *se houver circunstância agravante, deverá sustentá-la em plenário*. Soma-se a isso a determinação do art. 482 de que "o Conselho de Sentença será questionado sobre matéria de fato e se o acusado deve ser absolvido". Não se pode ignorar, certamente, que *circunstâncias agravantes constituem matéria de fato*. No entanto, o art. 483, que disciplina a formulação de quesitos aos jurados, ocupou-se somente da parte final do art. 482, qual seja, prevendo o dever de quesitar "se o acusado deve ser absolvido", omitindo-se quanto à previsão de questionamento sobre as atenuantes. Na verdade, o art. 483 não proibiu o questionamento de circunstância agravante; apenas omitiu sua disciplina.

Constata-se, a rigor, que há uma interpretação isolada do art. 483, ignorando os demais dispositivos legais, quais sejam, arts. 476, que disciplina os debates (Seção XII), e 482, que disciplina o "questionário e sua votação" (Seção XIII), ambos do capítulo que regula os julgamentos pelo Tribunal do Júri). Os melhores hermeneutas recomendam que se deve evitar interpretação isolada de um dispositivo legal, pois a probabilidade de chegar a conclusões equivocadas é muito grande, a exemplo do que está ocorrendo em relação ao art. 483. A rigor, para evitar equívocos dessa natureza, deve-se, necessariamente, interpretar esses três artigos conjugadamente (arts. 476, 482 e 483 do CPP). Assim, certamente, se evitarão maiores dissabores hermenêuticos.

Na realidade, o conteúdo do art. 476 consagra uma previsão geral sobre os debates em plenário, destacando expressamente duas coisas: (i) que o *Parquet* fará a acusação nos limites da pronúncia ou das decisões posteriores que admitiram a acusação; (ii) sustentando, se for o caso, a existência de circunstância agravante. E o art. 482, por sua vez, estabelece a essência do objeto do questionamento aos jurados, qual seja, matéria de fato e se o acusado deve ser absolvido. O art. 483, finalmente, apenas estabelece o *modus operandi* da formulação dos quesitos, e descreve o quê e como questionar aos jurados; mas não se pode ignorar (ou disciplinar contra) o que foi estabelecido lá no art. 476 (respeitar os limites da pronúncia e *sustentar, se existir, circunstância agravante*), tampouco afastar o que foi pontuado pelo art. 482, qual seja, *questionar os jurados sobre matéria de fato* e se o acusado deve ser absolvido. Esse art. 476 não foi revogado pela Lei n. 11.689/2008.

Interpretação diversa, admitindo que lei infraconstitucional possa, sem limites, disciplinar matéria fática a ser questionada aos jurados, representará uma inadmissível redução, limitação e inobservância da soberania do Tribunal do Júri nos crimes dolosos contra a vida, tornando, a rigor, letra morta a garantia constitucional da soberania do Tribunal do Júri (art. 5º, XXXVII, *a* e *c*, da CF).

3. Considerações sobre a metodologia na fixação da pena no Tribunal do Júri

Embora o cálculo da pena, nas decisões do Tribunal do Júri, deva obedecer à decisão dos jurados, não desonera o magistrado de fundamentar adequadamente as razões valorativas do *quantum* de elevação para cada circunstância judicial ou legal considerada negativa na fixação da pena-base ou na pena provisória. Não pode apenas indicar o *quantum* de majoração para cada vetorial que considera negativa sem demonstrar as razões dessa negatividade e em que ela consiste, pois isso, simplesmente, não é fundamentar. Tampouco é razoável aumentar simplesmente o mesmo *quantum* para cada (v. g., duas, três ou mais) circunstância negativa, pois isso não é *individualizar* a pena, mas *coletivizar* as circunstâncias de um mesmo caso concreto, igualando a valoração das circunstâncias, as quais, sabidamente, têm valoração distinta.

Na Ação Penal n. 0007560-84.2010.8.16.0013[4], que trazemos à colação, exemplificativamente, houve uma valoração exagerada de *três circunstâncias judiciais*, sem a correspondente fundamentação, violando, inequivocamente a metodologia trifásica adotada pelo sistema penal brasileiro (art. 68 do CP). Nesse caso — um homicídio qualificado —, o magistrado adotou uma *valoração aleatória* das circunstâncias judiciais elencadas no art. 59 do CP, sem qualquer justificativa razoável, e atribuiu dois anos e três meses para cada vetorial, por ele considerada negativa (*in casu*, foram três) — sem nenhuma fundamentação —, algo absolutamente inadmissível.

O digno magistrado, em outros termos, não fez nenhuma consideração a pretexto de fundamentar a abusiva e excessiva *valoração* de três vetoriais — *circunstâncias, culpabilidade e consequências do crime* — na fixação da pena-base, com a qual partiu de dezoito anos e nove meses de reclusão, ou seja, quase sessenta por cento acima do mínimo legal (12 anos de reclusão). E o mais importante, repetindo: com apenas três das oito vetoriais consideradas negativas, para as quais atribuiu valoração superior às "causas de aumento", cujo mínimo é de um sexto da pena. Não é necessário muito conhecimento técnico para constatar o injustificável equívoco em semelhante valoração.

---

4. Processo criminal julgado pela 2ª Vara do Tribunal do Júri de Curitiba, em 21 de julho de 2016.

Sabe-se que referido dispositivo legal relaciona oito desses parametros moduladores, e que o marco da cominação penal, para esse tipo, situa-se entre doze e trinta anos de reclusão. Ademais, referidas circunstâncias judiciais (art. 59) possuem importâncias variadas, dentre as quais se destacam como mais valiosas *a culpabilidade, os antecedentes e a personalidade do agente,* como reconhece a mais destacada doutrina nacional. Aliás, o próprio art. 67 do CP considera preponderantes *circunstâncias subjetivas,* destacando especialmente os motivos determinantes do crime, a personalidade do agente e a reincidência. No entanto, *in casu, o acusado era primário, e os motivos do crime o tornaram qualificado,* portanto, já valorados na própria cominação mínima em doze anos de reclusão[5]. Portanto, as circunstâncias mais relevantes não foram valoradas negativamente.

Logo, as três vetoriais destacadas pelo referido julgador — *"circunstâncias, culpabilidade e consequências do crime"* — não podem receber, simplesmente, a mesma *valoração,* contrariamente ao que fez aquele julgador, qual seja, *dois anos e três meses de reclusão* de acréscimo para cada circunstância judicial. A atribuição do mesmo aumento para cada circunstância, inegavelmente, distinta não é *individualizar* a pena, mas *coletivizá-la,* ou seja, *igualar as desigualdades,* em momento inadequado.

Imagine-se a hipótese de serem consideradas todas negativas, aplicando-se para cada uma, como fez aquele julgador, o aumento de *dois anos e três meses* — que representam vinte e sete meses: chegar-se-ia ao total de duzentos e dezesseis meses, representando dezoito anos, os quais, somados ao mínimo cominado, chegariam a trinta anos de reclusão, como pena-base, ou seja, o máximo cominado para esse delito, já na primeira fase do *cálculo da pena*. Significa, portanto, que, partindo da pena mínima de doze anos, se fossem consideradas negativas as oito circunstâncias judiciais, segundo o critério de aumento adotado pelo juiz (2 anos e 3 meses para cada), somente a pena-base atingiria o máximo legal de 30 anos, que vigia na época, não sobrando espaço para o exame da *pena provisória* (atenuantes e agravantes), tampouco da *pena definitiva*, com o exame das majorantes e minorantes, se houver, com grave e inadmissível desrespeito ao sistema trifásico!

Em outros termos, na *primeira operação* — que é apenas o ponto de partida do cálculo da pena —, somente com o exame das *circunstâncias judiciais* (art. 59) o prolator da sentença já chegaria à pena máxima cominada ao delito, qual seja, 30 anos de reclusão, que era o limite máximo cominado, sem possibilidade de realizar a segunda operação em busca da *pena provisória*, e, por fim, a *terceira operação*, visando a *pena definitiva*, como determina o sistema trifásico consagrado em nosso CP (art. 68).

---

5. Cezar Roberto Bitencourt. *Tratado de Direito Penal;* Parte Geral, 29ª ed., São Paulo, Saraiva, 2023, v. 1, p. 834.

Com efeito, três vetoriais consideradas negativas pelo julgador naquele caso concreto — *circunstâncias, culpabilidade e consequências do crime* — não podem elevar, acima do mínimo legal, a pena-base em seis anos e nove meses de reclusão, ou seja, quase sessenta por cento a mais, sem justificativas razoáveis para a fixação de dois anos e três meses de reclusão de majoração para cada circunstância judicial. Enfim, não é razoável que a pena-base somente com o exame dos elementos contidos no art. 59 — *num sistema trifásico* — seja fixada, na *primeira operação*, quase sessenta por cento acima do mínimo cominado ao delito, ou seja, em dezoito anos e nove meses de reclusão, antes de examinar a existência de agravantes e atenuantes, além das majorantes e minorantes!

4. Três vetoriais judiciais negativas: circunstâncias, culpabilidade e consequências do crime

É importante saber como se pode fundamentar cada circunstância judicial, mas sempre com respaldo nos autos, pois a pura argumentação abstrata sem essa correspondência é inadmissível. Invocamos esse fato para demonstrar como não se deve proceder. Vejamos como, naquele caso concreto, o magistrado julgador *valorou* cada uma das três vetoriais negativas do art. 59, acrescidas, logicamente, de nossos comentários críticos, *verbis*:

a) "Quanto às *circunstâncias*, o crime se deu em bairro residencial, numa manhã de quarta-feira, em via em que há inúmeras casas. O fluxo de pessoas, ainda que potencial, portanto, é presumido. Tanto isso é verdade que, exemplificativamente, a testemunha Jhonny Silva Lopes ali transitava e bem dizer assistiu ao delito. Mesmo assim, o réu, sopesando todas essas variáveis, insistiu na prática, sem se preocupar se seu comportamento poderia, mesmo que virtualmente, atingir terceiros. Não se pode, pois, igualar o crime àquele praticado, por exemplo, em local ermo, desabitado" (fls. 02 da sentença).

Examinando "as circunstâncias do crime", enquanto doutrinador, tivemos oportunidade de afirmar páginas atrás: "As *circunstâncias do crime* — As circunstâncias referidas no art. 59 não se confundem com as circunstâncias legais relacionadas expressamente no texto codificado (arts. 61, 62, 65 e 66 do CP), mas defluem do próprio fato delituoso, tais como forma e natureza da ação delituosa, os tipos e meios utilizados, objeto, tempo, lugar, forma de execução e outras semelhantes. Não se pode ignorar que determinadas circunstâncias *qualificam* ou privilegiam o crime ou, de alguma forma, são valoradas em outros dispositivos, ou até mesmo como elementares do crime. Nessas hipóteses, não devem ser avaliadas neste momento, para evitar a dupla valoração"[6].

---

6. Bitencourt, *Tratado*..., v. 1. p. 835.

No entanto, nesse caso de homicídio qualificado, *a natureza da ação e os meios utilizados, tempo, lugar e forma de execução* integram o próprio tipo penal (art. 121, § 2º, IV, *in fine*) do homicídio qualificado (recurso que dificultou a defesa da vítima), severamente punido com a pena mínima de doze anos de reclusão. Por outro lado, a outra qualificadora relativa à *motivação do crime*, motivo torpe (art. 121, § 2º, II, *in fine*), foi convertida na agravante do art. 61, II, *a*, *in fine*, dados que examinaremos adiante.

Por essas razões, os aspectos que, em tese, poderiam ou até deveriam ser considerados na avaliação das "circunstâncias do crime", como afirmamos acima, estão afastados porque *integram o crime* ou *são valorados em outros dispositivos legais*, como indicamos no parágrafo anterior, sob pena de incorrer no odioso *bis in idem*. Assim, postos esses dados, considerando a normalidade das "circunstâncias do crime", afastados aqueles aspectos acima referidos (integrar o próprio tipo penal, qualificadora, agravante etc.), não há razão alguma para elevar a pena-base por esse requisito, puramente objetivo, relacionado no art. 59, ainda mais no limite exagerado de dois anos e três meses de reclusão.

Por fim, quanto às circunstâncias que emolduraram o presente fato — repetindo apenas para esclarecer —, não se afastam muito da *normalidade* em crimes dessa natureza praticados nas grandes cidades, com tudo o que as caracteriza. Na realidade, nosso Código Penal não tipifica um tipo de homicídio para a *zona urbana* e outro para a *zona rural*, com peculiaridades, agravantes/atenuantes, majorantes/minorantes distintas para um e outro. Mesmo que o fizesse, não seriam examinados na fixação da pena-base, mas nas outras operações do cálculo da pena (provisória ou definitiva, conforme as circunstâncias).

Relativamente à *culpabilidade*, no exemplo invocado, recebeu a seguinte consideração:

b) No que se refere à *culpabilidade*, aferida pelas particularidades do fato e do agente, não se deve desprezar que diversos foram os disparos que acertaram a ofendida (pelo menos 5 disparos — *vide* laudo de necropsia do mov. 3.16), todos na cabeça. Execução sumária. Empregou-se, dessa forma, violência desproporcional, bem superior ao necessário para alcançar o resultado pretendido, acentuando a reprovabilidade da conduta.

Há, também falando da culpabilidade, o seguinte fator a considerar:

"A morte da ofendida aconteceu em frente à sua residência, local em que morava com a família. É intuitivo que, por durante muito tempo, ao abrirem o portão, tiveram à cabeça a imagem da mãe, dentro do carro, já morta — situação que seria evitada caso a infração penal tivesse sido realizada em local diverso" (fls. 02 da sentença).

No entanto, reitere-se que *culpabilidade* é reprovação, censura pelo comportamento típico e antijurídico praticado. Na verdade, impõe-se que se examine aqui a maior ou menor *censurabilidade* do comportamento do agente, a maior ou menor reprovabilidade da conduta praticada, não se esquecendo, porém, a realidade concreta em que o fato ocorreu, até porque qualquer homicídio, ainda mais qualificado, é, por si só, altamente censurável, mas, até por isso, sua pena inicial já é bastante elevada, qual seja, doze anos de reclusão.

De qualquer forma, nas circunstâncias, dúvida não há de que a *reprovabilidade* do crime de homicídio qualificado — a despeito de ser negada a autoria —, merece *maior censura*, isto é, maior *reprovabilidade* que a normalidade desses crimes qualificados.

Por isso, é *normal* que se deva aplicar algo superior, respeitadas a razoabilidade e proporcionalidade, talvez um quarto ou, no máximo, um terço daquela efetivamente aplicada.

Prossegue, em relação às *consequências do crime*, afirmando:

c) Em relação às *consequências*, a vítima possuía três filhos. Na época, um deles, uma menina, era, inclusive, menor de idade, enquanto os demais, apesar de já maiores, também residiam na companhia da mãe e dela dependiam material e moralmente. Segundo narrou o filho Carlos Eduardo, ouvido nesta sessão de julgamento, conquanto tenham recebido pensão por morte, tiveram diversas dificuldades. Tal assertiva ganha corpo diante do fato de que, ainda de acordo com o filho Carlos Eduardo, o pai biológico há anos não era presente, o que acentua a conclusão de que a falta da mãe lhes tirou a base de toda a família (fls. 2/3).

As consequências do crime, à evidência, não se confundem com a consequência natural tipificadora do homicídio praticado, porque esse já está valorado na pena cominada (12 anos), no particular, corretamente apreciado. Contudo, embora a vítima tenha deixado três filhos, sendo uma ainda adolescente, com dezessete anos, e com pensão da própria vítima, de certa forma, materialmente, os deixou amparados, além de todos encontrarem-se, à época, ou empregados ou estagiando. No entanto, em se tratando de genitora e provedora dos filhos, há, inegavelmente, uma *danosidade maior* decorrente da ação penal delituosa. Afora isso, por outro lado, não houve maior irradiação de resultados, não necessariamente típicos, do crime. Por isso, em relação às *consequências*, admite-se a conveniência de aplicar algo superior, acima do mínimo legal, respeitadas a razoabilidade e proporcionalidade, talvez um quarto ou, no máximo, um terço daquela efetivamente aplicada no caso concreto.

Enfim, faz-se indispensável adequar-se a pena-base nos termos que acima mencionamos, mas não supervaloradas — com dois anos e três meses de reclusão, por exemplo —, representando cada uma mais de um sexto da pena mínima, acima, portanto, não só do que é recomendado como aumento máximo das agravantes legais como também além do limite mínimo de uma majorante (causa de aumento), que é exatamente um sexto da pena a ser modificada.

Não se pode ignorar que existe — embora os menos atentos não percebam isso — uma espécie de *hierarquia*, não expressa, de gravidade/punibilidade entre *circunstância judicial, circunstância legal e causas de aumento*, aspecto que analisaremos no próximo tópico. Ainda que não exista uma regra fixa, a orientação mais conservadora recomenda que, se *todas as operadoras do art. 59* forem favoráveis ao réu, a pena-base deve ficar no mínimo previsto no tipo penal infringido. Se *algumas circunstâncias* forem desfavoráveis, deve afastar-se do mínimo; se, contudo, o conjunto for desfavorável, pode aproximar-se do chamado *termo médio*, que, segundo a velha doutrina nacional, é representado pela média da soma dos dois extremos, quais sejam, limites mínimo e máximo cominados. Enfim, de regra, o cálculo da pena deve iniciar a partir do limite mínimo e somente quando as circunstâncias do art. 59 revelarem alguma gravidade justifica-se a fixação da pena-base afastada do mínimo legal.

5. Reconhecimento e análise de agravantes legais — pena provisória

Agravantes legais são aquelas relacionadas nos arts. 61 e 62 do Código Penal, "quando não constituem ou qualificam o crime" (art. 61). As agravantes relacionadas no art. 62, por sua vez, referem-se a crimes cometidos em *concurso de pessoas*, eventual ou não. Referidas agravantes são assim chamadas porque vêm expressamente relacionadas no texto legal, nos dois dispositivos antes citados.

A natural preocupação com a *dupla valoração (bis in idem)* afasta as circunstâncias que *constituem* ou *qualificam* o crime. Por isso, na análise das agravantes (a exemplo do que ocorre com as atenuantes), deve-se observar sempre, rigorosamente, se não *constituem elementares, qualificadoras* ou *majorantes* da pena, em observância rigorosamente ao princípio da tipicidade estrita.

A rigor, o Código Penal não estabelece a *quantidade de aumento* ou *de diminuição* das agravantes e atenuantes legais genéricas, deixando-a ao *prudente arbítrio do juiz* (daí a exigência de *prudência* e *moderação* nessa operação), ao contrário do que faz com as *majorantes e minorantes*, para as quais o legislador estabelece os parâmetros de aumento ou de diminuição, fixos ou variáveis[7].

Sustentamos que a variação dessas circunstâncias (atenuantes e agravantes) não deve chegar até o limite mínimo das majorantes e minorantes, que é fixado em um sexto. Caso contrário, as agravantes e as atenuantes se equiparariam àquelas *causas modificadoras da pena*, que, a nosso juízo, apresentam maior intensidade, situando-se pouco abaixo das qualificadoras. Em outros termos, coerentemente, o nosso Código Penal adota uma *escala valorativa* para agravante, majorante e qualificadora, que são distinguidas umas das outras exatamente pelo grau

---

7. *Vide* em Cezar Roberto Bitencourt, *Tratado de direito penal, v. 1* (cit., p. 838), a distinção entre agravantes e majorantes.

de gravidade que representam, valendo o mesmo, no sentido inverso, para as moduladoras favoráveis ao acusado: privilegiadora, minorante e atenuante.

Na verdade, esses parâmetros que apontamos não estão destacados expressamente em nenhum dispositivo do Código Penal, mas, como se trata do diploma legal brasileiro, que apresenta grande sistematização dos bens jurídicos criminalizados, além de ser, seguramente, o texto jurídico mais bem elaborado, harmonioso, organizado, estruturado e coerente do sistema jurídico brasileiro, dessume-se que, embora o legislador não tenha dito, literalmente, mas, ao distinguir esses institutos jurídicos e elencá-los nessa ordem crescente, quando, por exemplo, prevê o cálculo da pena (art. 68), um observador mais atento intuirá que esses parâmetros devem ser observados, *in concreto*, ao elaborar a dosimetria penal, para não correr o risco de aplicar pena injusta ao cidadão julgado e, mais que isso, eventualmente, até aplicá-la *contra legis*. Essa valoração do legislador brasileiro não pode ser ignorada pelo aplicador da lei, sob pena de passar ao largo da observância dos dispositivos que disciplinam especificamente a metodologia na realização da dosimetria penal, malferindo essa garantia constitucional da *individualização da pena* (art. 5º, XLVI, da CF).

Pretendemos examinar, neste segmento, como aplicar e, principalmente, como proceder à valoração de algumas *circunstâncias legais*, relacionadas nos arts. 61 e 62 do Código Penal. Vejamos, a seguir, as dificuldades técnico-jurídicas para converter a segunda qualificadora do *homicídio qualificado* em alguma agravante do art. 61, a despeito do entendimento jurisprudencial em sentido contrário, bem como a impossibilidade de aplicar a agravante do art. 62, I, em crimes de coautoria simples.

5.1. A indevida conversão da 2ª qualificadora em agravante genérica (art. 61, II, a)

Conforme indicado acima, doutrina e jurisprudência, acriticamente, têm admitido, na hipótese de duas qualificadoras, a *conversão* de uma delas em agravante legal ou em causa de aumento, desde que sejam observadas algumas peculiaridades em respeito à tipicidade estrita. Demonstraremos, no entanto, algumas *dificuldades* para superar questões de ordem jurídico-dogmática, a fim de legitimar essa questionável *praxis judicial*. Imagine-se, exemplificativamente, o motivo torpe, que, além de qualificadora do homicídio, constitui, igualmente, uma agravante descrita no art. 61, II, *a*, do CP. Mesmo assim, essa conversão da qualificadora do homicídio não poderia ser convertida na agravante similar constante do dispositivo último citado, porque o seu próprio *caput* o proíbe.

Embora já esclarecido anteriormente, vale reiterar: um Estado Democrático de Direito não transige com *responsabilidade penal objetiva*, tampouco com interpretações analógicas *in malam partem*, como ocorre, por exemplo, na *conversão de uma qualificadora* (a segunda reconhecida para o mesmo crime) *por uma agravante legal*, especialmente em crimes da competência do Tribunal do Júri. Aliás, essa impropriedade decorre da própria tipificação dessas agravantes e, fundamentalmente, em respeito à *soberania da instituição do Júri*, mantida pela atual Constituição Federal (art. XXXVIII, *c*).

Com efeito, dogmaticamente, a existência de *duas qualificadoras* de crime contra a vida *não autoriza* o julgador a adotar a segunda como *circunstância genérica ou causa de aumento*, a ser valorada na segunda ou terceira operação da dosimetria da pena, a despeito da orientação jurisprudencial majoritária. Na verdade, estamos propondo uma revisão doutrinário-jurisprudencial desse entendimento, por razões jurídico-constitucionais. Passamos a sustentar que eventual majoração da punição decorrente dessa *conversão* de uma categoria jurídica em outra (qualificadora em agravante) deve ser suprimida da *praxis* judiciária. Ocorre que o legislador não conferiu ao magistrado essa *discricionariedade — alterar a categoria jurídico-dogmática de institutos penais* — no *processo de individualização da pena* do agente, inclusive alterando a metodologia de sua aplicação.

Sendo adotado esse procedimento em primeiro grau — particularmente em crimes da competência do Tribunal do Júri —, deve-se rever o cálculo da pena, fixando a pena-base entre os limites mínimo e máximo previstos para o crime qualificado, com uma ou mais qualificadoras, como se fosse única. Referidas *qualificadoras* — não importam quantas — integram a própria tipificação da figura qualificada, dela não podendo ser afastadas principalmente para agravar a situação do acusado, aumentando a sua punição.

As *qualificadoras do crime* não são meros acessórios ou simples características que apenas circundam o crime, como as agravantes e majorantes, mas são verdadeiras *elementares* que *compõem* ou *constituem* o próprio tipo penal qualificado. Como tais, não podem dele ser retiradas para ser valoradas, em separado, para majorar a própria pena cominada ao "crime qualificado como um todo". A rigor, não se pode ignorar que as *qualificadoras* integram, como *elementares normativo-subjetivas*, o próprio tipo penal, por isso a impossibilidade de serem extirpadas para serem valoradas em outra etapa da dosimetria penal, especialmente em um sistema penal que adota o critério trifásico. Entendimento diverso, *mutatis mutandis*, significa autorizar, em determinadas circunstâncias, que o julgador possa retirar certas elementares do tipo penal, *decompondo-o*, para compor, completar ou integrar agravantes ou majorantes para elevar a pena final definitiva do acusado. Em outros termos, o magistrado poderia "jogar" com o tipo penal, desconstituindo-o ou alterando-o de acordo com as conveniências ou as circunstâncias processuais ou procedimentais, violando gravemente o *princípio da tipicidade estrita*.

Enfim, apenas para reiterar a conclusão já alcançada anteriormente, existência de mais de *uma qualificadora* não serve para agravar mais a pena-base ou a pena provisória, pois a variedade ou pluralidade de qualificadoras previstas serve somente para ampliar as hipóteses que podem *qualificar* um crime, mas sua ocorrência simultânea em uma mesma conduta criminosa não autoriza a extrapolar o limite mínimo fixado em cada tipo penal.

Em outros termos, a pluralidade de qualificadoras em uma mesma conduta deve receber o mesmo tratamento que se atribui aos chamados crimes de *ação múltipla* ou *de conteúdo variado*, ou seja, aqueles crimes cujo tipo penal contém várias modalidades de condutas, e, ainda que sejam praticadas mais de uma, haverá um único crime (v. g., arts. 122, 180 e 234 do CP, ou arts. 33 e 34 da Lei n. 11.343/2006). Assim, a segunda ou terceira qualificadora em um mesmo crime não pode multiplicar sua punição, pois ela já está integrada na valoração da pena mínima cominada.

Por outro lado, é inadmissível, em nossa concepção, a utilização de *qualificadoras* deslocadas do tipo penal, para a segunda ou terceira fase do cálculo da pena, convertidas em agravantes ou majorantes, pois isso infringiria o disposto no *caput* do art. 61, que determina, *verbis*:

> "São circunstâncias que sempre agravam a pena, *quando não constituem ou qualificam o crime*".

Há, a rigor, uma absoluta *inadequação típica*, na medida em que esse dispositivo legal somente admite como agravante "circunstância que não constitua ou qualifique o crime". Ora, a impossibilidade dessa *conversão* de qualificadora em circunstância agravante é de uma clareza meridiana: o texto legal exclui expressamente a aplicação de qualificadora como agravante, pela singela razão de que qualificadora é elementar constitutiva de um tipo penal qualificado, e, como tal, não pode dele ser separada para funcionar, autonomamente, como agravante. Afirmar que tal *qualificadora* não está sendo aplicada como "qualificadora" não a desnatura, isto é, não lhe retira a natureza de "circunstância que qualifica o crime"; consequentemente, argumentar diferentemente é burlar a proibição do *caput* do art. 61 do CP.

Com efeito, a proibição do *caput* não é apenas de referida circunstância qualificadora ser aplicada nas duas funções, simultaneamente, pois isso seria uma obviedade ululante; na verdade, o dispositivo legal proíbe a utilização de qualificadora como agravante legal, independentemente de ser aplicada simultaneamente como qualificadora.

O máximo que se poderá admitir, mesmo com reservas — sem violentar o sistema trifásico da dosimetria penal e, principalmente, a estrutura tipológica dos crimes qualificados e o princípio da tipicidade estrita —, será valorar uma segunda ou terceira qualificadora como *circunstância judicial*, na definição da pena-base, desde que adequado a alguma delas. Mas, nessa hipótese, não pode ser supervalorizada, pois, assim, seria uma *agravante* disfarçada de circunstância judicial, burlando o sistema trifásico. Nessa linha, inadmitindo adoção da segunda qualificadora como agravante ou majorante, destacamos duas decisões do Colendo Tribunal de Justiça de Minas Gerais, *verbis*:

> "PENAL. APELAÇÃO CRIMINAL. HOMICÍDIO DUPLAMENTE QUALIFICADO. PENA. REDUÇÃO. NECESSIDADE. CONCURSO DE QUALIFICADORAS. Existindo mais de uma qualificadora no crime de homicídio, uma delas deve qualificar o delito enquanto as demais devem ser tidas para aumentar a pena-base quando da aplicação da pena na 1ª fase dosimétrica, e não como agravante genérica na 2ª fase" (TJMG, 4ª C.Crim., Ap. 1.0392.11.001313-3/001, Rel. Des. Júlio Cezar Guttierrez, v. u., j. 23-1-2013, *DJe* de 31-1-2013). No mesmo sentido: TJMG, 3ª C.Crim., Ap. 10525.07.108744-5/002, Rel. Des. Antônio Carlos Cruvinel, v. u., j. 8-6-2010; *DJe* de 29-7-2010).

Por todas essas razões, concluindo, havendo mais de uma qualificadora do crime, nenhuma delas pode migrar para o campo das agravantes ou causas de aumento de pena, mesmo que o conteúdo da referida *qualificadora* também seja previsto como agravante ou majorante, pois repercutirá sobre a pena-base, indevidamente, e desrespeitará o sistema trifásico consagrado no art. 68 do CP. Ademais, essa migração de elementares constitutivas do tipo qualificado representará inadmissível *interpretação extensiva ou intepretação analógica* em prejuízo do acusado.

5.2. *Promover, organizar a cooperação no crime ou dirigir a atividade dos demais agentes*

A agravante do art. 62, I, do Código Penal é absolutamente inexistente, inconsistente e inaplicável em crimes praticados em *coautoria simples*, pois exige a *participação no crime* de, pelo menos, três pessoas. Assim, incialmente se destaca a *inadequação típica*, isto é, a falta de correlação entre essa agravante e o crime praticado por dois indivíduos, ou seja, em coautoria simples. Logicamente, podemos nos equivocar, mas não lembramos de que algum doutrinador tenha examinado esse aspecto na doutrina nacional.

> "62 (...), I: promove, ou organiza a cooperação no crime ou *dirige a atividade dos demais agentes*" (grifamos).

Na verdade, levantamos aqui a *inadequação típica (atipicidade)* dessa agravante para uma simples *coautoria*, porque a sua construção típica destina-se aos denominados *crimes coletivos*, quais sejam, os *crimes plurissubjetivos*, com pelo menos três sujeitos ativos, v.g., *rixa* (art. 137 do CP), *associação criminosa* (art. 288 do CP), *organização criminosa* (Lei n. 12.850/2013). Com efeito, todos esses crimes, para sua tipificação, exigem mais de dois participantes, no mínimo três, pois somente assim, nos *crimes plurissubjetivos*, poder-se-á falar em dirigir "a atividade dos demais agentes".

A rigor, exemplificando, há absoluta *inadequação típica* dessa agravante para os crimes de homicídio realizados por apenas duas pessoas, na medida em que ela é prevista, repetindo, para *crimes com pluralidade de sujeitos ativos*, como referimos acima, ou seja, crimes praticados no mínimo por três *agentes*, e não para os crimes praticados por somente duas pessoas. Com efeito, na *autoria individual* não há ninguém para ser dirigido; na coautoria simples, por sua vez, não existem "demais agentes" para receber a direção, coordenação ou organização do agente condenado, mas apenas um, e, em assim sendo, não satisfaz a *elementar descritiva* final do referido *dispositivo* legal, qual seja, "ou dirige a atividade dos demais agentes".

Falando em *tipicidade estrita*, invocamos aqui o velho adágio segundo o qual *a lei penal não tem palavras inúteis*, como dizia Hungria, e tampouco se pode acrescer palavras que não existem. Não é por acaso que o dispositivo *sub examine* contém como sua *elementar constitutiva* o seguinte: "ou dirige a atividade dos demais agentes", pois o legislador, quando quer ser restritivo, refere-se a outrem, coautor, participe ou mesmo comparsa, mas jamais adota locuções coletivas ou usa expressões no plural quando quer o individual ou o singular. Especialmente o legislador de 1940, que foi extremamente sistemático e harmonioso na elaboração de nosso Código Penal e nunca usou indevida ou inadequadamente palavras ou expressões, principalmente na tipificação de condutas criminosas ou nas cominações penais. Ora, o texto desse art. 62 e seus quatro incisos, com redação dada pela Lei n. 7.209/84, são cópias literais do art. 45 e seus incisos, constantes da Parte Geral do velho Código Penal de 1940.

Por derradeiro, a orientação jurisprudencial do Superior Tribunal de Justiça, a partir da vigência da Lei n. 11.689/2008, apesar de admitir a desnecessidade de quesitar as agravantes, reconhece que é imprescindível que tenham sido pelo menos objeto de debates em plenário, assegurando-se, dessa forma, o crivo do contraditório. Nesse sentido, vejamos, exemplificativamente, esta decisão do STJ:

"AGRAVO REGIMENTAL NO *HABEAS CORPUS*. FEMINICÍDIO. ATENUANTE PREVISTA NO ART. 65, III, "D", DO CP. NÃO RECONHECIMENTO. CONFISSÃO NÃO REGISTRADA EM ATA DE JULGAMENTO. AGRAVO REGIMENTAL NÃO PROVIDO. 1. É cabível o reconhecimento da confissão espontânea quando ela for usada para a formação do convencimento do julgador. No Tribunal do Júri, a alteração procedimental decorrente da Lei n. 11.689/2008 expurgou das indagações feitas aos jurados os quesitos relativos às agravantes e às atenuantes. Assim, como a regra de julgamento das decisões do Tribunal do Júri é a da íntima convicção, é imprescindível que a confissão ocorra perante o Conselho de Sentença ou que seja arguída pela defesa técnica durante o plenário. 2. No caso em exame, não foi registrado na ata de julgamento perante o Tribunal do Júri que o acusado confessou a prática delitiva ou que foi suscitada tese, nos debates, que pudesse ensejar a aplicação da atenuante. Desse modo, as instâncias ordinárias agiram em conformidade com a jurisprudência do STJ. 3. Agravo regimental não provido" (STJ, AgRg no HC 805.197/SP, Rel. Min. Rogerio Schietti Cruz, 6ª T., julgado em 12/6/2023, *DJe* de 14/6/2023.)

Temos consciência que não será fácil doutrina e jurisprudência observarem exigências dogmáticas e, principalmente, entender que dogmas também são garantias, e que direitos constitucionais, como a *individualização da pena*, não podem ser eliminados com argumentos puramente retórico-jurisprudenciais, sem pagar um alto preço em termos de respeito aos direitos humanos e às garantias fundamentais. Pelo menos provocamos a reflexão dos operadores, demonstrando a necessidade do exame da matéria no seu todo e sem particularizar determinado dispositivo legal, como parece estar ocorrendo nessa temática. Ademais, não somos processualistas; apenas resolvemos fazer uma incursão nesse assunto porque, de certa forma, refere-se também à dosimetria penal, que é objeto de nossa seara.

6. Prisão automática decorrente de condenação pelo Tribunal do Júri

A soberania dos veredictos do Tribunal do Júri não os torna imunes à submissão ao princípio do duplo grau de jurisdição, inclusive, quanto ao exame de mérito, especialmente na hipótese de *decisão manifestamente contra a prova dos autos* (art. 593, inciso III, alínea *d*, do CPP). As previsões dos demais incisos tampouco resultam afastadas da apreciação do segundo grau, inclusive matéria fática que implique nulidades, capituladas nos incisos I, II e III do mesmo artigo supramencionado. Fosse verdadeiro esse raciocínio simplista, não haveria fundamento no apelo aos Tribunais de segundo grau, negando-se vigência ao dispositivo acima referido.

As garantias constitucionais vêm sendo amplamente vilipendiadas no Brasil contemporâneo. A constante exacerbação de poderes por parte do Ministério Público e, excepcionalmente, do próprio Supremo Tribunal Federal tornou-se frequente, especialmente após o início da operação Lava Jato, colocando em risco a separação dos Poderes da República e das devidas atribuições desses órgãos federais. A judicialização da política é fato comprovado, a qual vem ocorrendo, muitas vezes, pelo enfraquecimento do Poder Legislativo, esvaziado em sua função, pela excessiva e até indevida intervenção do Poder Judiciário. O cenário completa-se com um Poder Executivo incapacitado de obter resultados e efetivar as reformas das quais o País tanto necessita, devido à baixíssima popularidade de seu titular e à falta de apoio no Congresso Nacional.

Em 2009, com *Habeas Corpus* 84.078, a Suprema Corte brasileira, reviu a decisão anterior e, por folgada maioria (7 a 4), consagrou o respeito ao *princípio da não culpabilidade* nos termos assegurados pela Constituição Federal de 1988, em seu inciso LVII do art. 5º.

Na Declaração dos Direitos do Homem e do Cidadão, em 1789, o Princípio da Presunção de Inocência ganhou repercussão e importância universal. A partir da Declaração dos Direitos Humanos, da ONU, em 1948, "toda pessoa acusada de delito tem direito a que se presuma sua inocência, enquanto não se prova sua culpabilidade, de acordo com a lei e em processo público no qual se assegurem todas as garantias necessárias para sua defesa" (art. 11). O Brasil votou na Assembleia Geral da ONU de 1948, e aprovou a Declaração dos Direitos Humanos, na qual estava insculpido o *princípio da presunção de inocência*, embora somente com a Constituição Federal de 1988 o país incorporou expressamente a *presunção de inocência* como princípio basilar do seu ordenamento jurídico. Contudo, com a aprovação pelo Congresso Nacional, pelo Decreto Legislativo n. 27 de 1992, e com a Carta de Adesão do Governo Brasileiro, anuiu-se à Convenção Americana sobre Direitos Humanos, mais conhecido como Pacto de São José da Costa Rica, que estabeleceu em seu art. 8º, I, o *Princípio da presunção de inocência* ao afirmar que: "Toda pessoa acusada de delito tem direito a que se presuma sua inocência enquanto não se comprove legalmente sua culpa".

Mantendo o seu entendimento de 2009, destacamos a sempre lúcida manifestação do ministro Marco Aurélio, que, acompanhando a ministra Rosa Weber, e questionando os efeitos da decisão, que repercutiria diretamente nas garantias constitucionais, pontificou: "Reconheço que a época é de crise maior, mas justamente nessa quadra de crise maior é que devem ser guardados parâmetros, princípios, devem ser guardados valores, não se gerando instabilidade porque a sociedade não pode viver aos sobressaltos, sendo surpreendida. Ontem, o Supremo disse que não poderia haver execução provisória, em jogo, a liberdade de ir e vir. Considerado o mesmo texto constitucional, hoje ele conclui de forma diametralmente oposta".

O decano, ministro Celso de Mello, na mesma linha do ministro Marco Aurélio, também manteve seu entendimento anterior, qual seja, contrário à execução antecipada da pena antes do trânsito em julgado de decisão condenatória, afirmando que a reversão do entendimento leva à "esterilização de uma das principais conquistas do cidadão: de jamais ser tratado pelo poder público como se culpado fosse". E completou seu voto afirmando que *a presunção de inocência* não se "esvazia progressivamente" conforme o julgamento dos processos pelas diferentes instâncias. O então Presidente do STF, Ricardo Lewandowski, também votou contra a possibilidade da *execução provisória* da pena e destacou que lhe causava "estranheza" a decisão da Corte. Lewandowski lembrou que a decisão do tribunal agora agravará a crise no sistema carcerário brasileiro; aliás, crise para a qual, acrescentamos nós, a Corte Suprema nunca olhou e nunca se preocupou com a inconstitucional violação da dignidade humana, tanto que se desconhece eventual declaração de inconstitucionalidade, pela Corte Excelsa, do cumprimento de pena em penitenciárias em situações catastróficas, empilhadas de presos, sem condições sequer de se deitar para dormir, por falta de espaço físico.

Com efeito, no dia 5 de fevereiro de 2009 (HC 84.078), por sete votos a quatro, o Supremo Tribunal decidiu que um acusado só pode ser preso *depois de sentença condenatória transitada em julgado*. Essa decisão reafirmou o conteúdo expresso da Constituição Federal, qual seja, a consagração do princípio da *presunção de inocência* (art. 5º, LVII). Ou seja, ao determinar que enquanto houver recurso pendente não poderá ocorrer execução de sentença condenatória, estava atribuindo, por consequência, efeito suspensivo aos recursos especiais e extraordinários. Tratava-se, por conseguinte, de decisão coerente com o Estado Democrático de Direito, comprometido com respeito às garantias constitucionais, com a segurança jurídica e com a concepção de que somente a sentença judicial definitiva, isto é, transitada em julgado, poderá iniciar o cumprimento de pena imposta.

É equivocada, por outro lado, a invocação de que a maioria dos países ocidentais admite a simples confirmação de decisão em segundo grau para autorizar a prisão, na medida em que cada país tem a sua própria Constituição, e a nossa foi mais exigente que a maioria dos outros países ao prever, expressamente, a necessidade de trânsito em julgado de decisão penal condenatória (inciso LVII do art. 5º). Cabe destacar, ainda, que a Constituição Portuguesa de 1976 fazia exigência similar, não sendo, portanto, a nossa Constituição pioneira nessa previsão, e, como se sabe, os Países constitucionais, democráticos de direito e independentes regem-se por sua própria Carta Constitucional, e não pela dos demais países, mais adiantados ou mais atrasados, econômica ou culturalmente.

Contudo, lamentavelmente, em retrocesso histórico, o STF, com nova formação, volta atrás na sua decisão de 2009, e ignora o texto expresso da Constituição Federal, bem como os Tratados Internacionais que subscreveu e, por maioria simples, no julgamento do HC 126.292, lamentavelmente, passou a permitir a prisão ante decisão confirmatória de segunda instância. Embora tenha referido a necessidade de ser fundamentada sua necessidade, os tribunais, estaduais e federais, de um modo geral, passaram a decretar a prisão de forma automática, com a simples invocação da decisão proferida no referido *Habeas corpus*.

Assim, ignorando os Tratados Internacionais recepcionados pelo ordenamento jurídico brasileiro, e a previsão expressa na Constituição Federal (art. 5º, LVII, CF), que garantem o princípio da *presunção de inocência* (ou de não culpabilidade), o STF passou a negar sua vigência, a partir dessa infeliz decisão, autorizando a execução antecipada de decisões condenatórias (art. 5º, LVII), mesmo pendentes recursos aos Tribunais Superiores. Aliás, com a decisão prolatada no HC 126.292 contrariou sua própria decisão anterior, ao restringir, alterar e revogar garantias sociais e humanitárias já incorporadas no Estado democrático de direito. A Convenção Americana sobre Direitos Humanos de 1969 contém cláusula que impede, expressamente, que tratados posteriores sejam "interpretados no sentido de limitar o gozo e exercício de quaisquer direito ou liberdade que possam ser reconhecidos em virtude de lei de qualquer dos Estados-partes ou em virtude de Convenções em que seja parte um dos referidos Estados" (art. 29, *b*).

Finalmente, em 7 de novembro de 2019, julgando em conjunto as ADCs 44, 46 e 54, por maioria simples, o STF alterou a decisão do HC 126.292, determinando que o cumprimento de pena somente poderá ocorrer após o trânsito em julgado de decisão condenatória, nos termos do art. 283 do CPP, julgando-o, portanto, compatível com a Constituição.

A *presunção de inocência* é no Brasil um dos princípios basilares do Direito Constitucional, responsável por tutelar a liberdade dos indivíduos, sendo previsto, repetindo, pelo art. 5º, LVII, da Constituição de 1988, que destaca: "Ninguém será considerado culpado até trânsito em julgado de sentença penal condenatória". Tendo em vista que a Constituição Federal é nossa lei suprema, toda a legislação infraconstitucional, portanto, deverá absorver e obedecer tal princípio. Ou seja, o texto constitucional brasileiro foi eloquentemente incisivo: exige como marco da presunção de inocência o "trânsito em julgado de sentença penal condenatória", indo além, portanto, da maior parte da legislação internacional similar. E, convenhamos, "trânsito em julgado" é um instituto processual com conteúdo específico, significado próprio e conceito inquestionável, não admitindo alteração ou relativização de nenhuma natureza, e, ainda que queira alterar a sua definição, continuará sempre significando "decisão final da qual não caiba mais recurso".

Na verdade, como destaca José Roberto Machado: "As questões afetas aos direitos humanos devem ser analisadas na perspectiva do reconhecimento e consolidação de direitos, de modo que uma vez reconhecido determinado direito como fundamental na ordem interna, ou, em sua dimensão global na sociedade internacional, inicia-se a fase de consolidação. A partir daí, não há mais como o Estado regredir ou retroceder diante dos direitos fundamentais reconhecidos, o processo é de agregar novos direitos ditos fundamentais ou humanos"[8].

Aliás, o próprio Supremo Tribunal Federal, dos bons tempos, já se posicionou adotando o *princípio da vedação ao retrocesso*, destacando que, por tal princípio se impõe ao Estado o impedimento de abolir, restringir ou inviabilizar sua concretização por inércia ou omissão.

7. Autorização excepcional de prisão pelo Tribunal do Júri com condenação superior a 15 anos de reclusão

A última alteração ao art. 492 do CPP, desafortunadamente, autoriza a prisão pelo Presidente do Tribunal do Júri, quando resultar condenação a pena superior a 15 anos de reclusão, consoante alteração procedida pela Lei n. 13.964/2019 no § 3º do art. 492 do CPP, que ficou com a seguinte redação: "O presidente

---

8. José Roberto Machado, Direitos humanos: Princípio da vedação do retrocesso ou proibição de regresso, disponível em: <https://blog.ebeji.com.br/direitos-humanos-principio-da-vedacao-do-retrocesso-ou-proibicao-de-regresso/>, acesso em: 16 jan. 2020.

poderá, excepcionalmente, deixar de autorizar a execução provisória das penas de que trata a alínea *e* do inciso I do *caput* do mesmo artigo, se houver questão substancial cuja resolução pelo tribunal ao qual competir o julgamento possa plausivelmente levar à revisão da condenação".

É preciso destacar que, raramente, para não dizer nunca, nos crimes de homicídios qualificados a pena final será inferior a 15 anos, considerando que sua pena base parte de 12 anos de reclusão. Essa previsão legal contraria uma cláusula pétrea, qual seja, o princípio assegurado no inciso LVII do art. 5º da Constituição Federal, segundo o qual, "ninguém será considerado culpado até o trânsito em julgado de sentença penal condenatória". Recentemente, reitere-se, foi consagrado no julgamento das ADCs 44,46 e 54 a constitucionalidade do art. 283 do CPP, que repete o conteúdo do inciso LVII do art. 5º da CF. Menos mal que a ABRACRIM — Associação Brasileira dos advogados e advogadas criminalistas ajuizou uma ação declaratória de inconstitucionalidade dessa previsão legal, ora questionada, com pedido de liminar[9]. No entanto, apenas para registrar nossa contrariedade, inclusive ao novo texto legal, lembramos do magistério de um dos maiores especialistas do direito processual brasileiro do passado, Frederico Marques, que pontificava, *verbis*: *"Consistirá, porém, essa soberania na impossibilidade de um controle sobre o julgamento, que, sem subtrair ao júri o poder exclusivo de julgar a causa, examine se não houve grosseiro error in judicando? De forma alguma, sob pena de confundir-se essa soberania com a onipotência insensata e sem freios"*[10]. Também vale apontar o entendimento mais recente do STJ sobre o tema em análise:

Até meados de 2023, o entendimento que prevalecia no STJ era pelo afastamento da aplicação do art. 492, inciso I, do CPP, até que o STF decidisse sobre a inconstitucionalidade do referido dispositivo, conforme pode-se observar na seguinte ementa:

"*HABEAS CORPUS*. CRIME DE HOMICÍDIO QUALIFICADO. EXECUÇÃO PROVISÓRIA COMO DECORRÊNCIA AUTOMÁTICA DA CONDENAÇÃO PROFERIDA PELO TRIBUNAL DO JÚRI. PENA SUPERIOR A 15 ANOS DE RECLUSÃO. IMPOSSIBILIDADE. ENTENDIMENTO DOMINANTE NA QUINTA E SEXTA TURMAS DO SUPERIOR TRIBUNAL DE JUSTIÇA. AFRONTA AO PRINCÍPIO CONSTITUCIONAL DE PRESUNÇÃO DE INOCÊNCIA. RÉU QUE ESTAVA EM LIBERDADE. AUSÊNCIA DE FUNDAMENTAÇÃO CONCRETA PARA O DECRETO PRISIONAL. CONSTRANGIMENTO ILEGAL EVIDENCIADO. 1. Em relação à matéria em discussão, ainda que o art. 492, I, e, do CPP seja posterior às ADCs n. 43, n.

---

9. Ver: STF – ADI: 6.735 DF 0049255-03.2021.1.00.0000, rel. Luiz Fux, *DJ* 15-4-2021, data de publicação: 19-4-2021.
10. José Frederico Marques. *A instituição do júri*, Campinas, Bookseller, 1997, p. 75.

44 e n. 54 do STF, o entendimento predominante na Quinta e Sexta Turmas desta Corte segue a diretriz jurisprudencial de que não se admite a execução imediata de condenação pelo Tribunal do Júri, sob pena de afronta ao princípio constitucional da presunção de inocência. Precedentes (RHC n. 167.291/MG, Ministro Ribeiro Dantas, 5ª-T., *DJe* 22/8/2022). 2. Paciente que foi posto em liberdade, não tendo sido apresentado nenhum fundamento concreto ou fato contemporâneo que pudesse justificar o encarceramento após o julgamento pelo Júri. 3. Conquanto tenha sido mencionado pelo Juízo a quo que o *Parquet* formulou suas razões em Plenário, pugnando, ao final, pela condenação e adoção de providências cautelares, essa particularidade não está consignada na ata do julgamento. 4. Ordem concedida para revogar a prisão do paciente até o trânsito em julgado do processo principal. Não têm mais efeito as medidas cautelares impostas na decisão de tutela antecipada de fls. 1.657/1.659" (STJ, HC 793.944/MG, Rel. Min. Sebastião Reis Júnior, 6ª T., julgado em 2/5/2023, *DJe* de 4/5/2023).

Todavia, após decisão monocrática proferida na Reclamação n. 52.257/MG, o STJ modificou sua posição e passou a efetivamente aplicar o art. 492, inciso I, do CPP. A ementa transcrita abaixo descreve objetivamente a razão da mudança jurisprudencial:

"AGRAVO REGIMENTAL NO *HABEAS CORPUS*. TRIBUNAL DO JÚRI. EXECUÇÃO ANTECIPADA DA CONDENAÇÃO. RECLAMAÇÃO DO STF. MANUTENÇÃO DA PRISÃO. PRISÃO DOMICILIAR. AUSÊNCIA DE CABIMENTO. AGRAVO REGIMENTAL NÃO PROVIDO. 1. Na Reclamação n. 52.257/MG, o Supremo Tribunal Federal julgou procedente o pedido formulado pelo Ministério Público a fim de 'cassar o ato reclamado e determinar que outro seja proferido em seu lugar, com a observância do disposto na Súmula Vinculante 10, como condição para o afastamento do art. 492, I, *e*, do CPP. Prejudicado o exame da medida liminar'. 2. Em outras palavras: enquanto não observado o art. 97 da CF e a Súmula Vinculante 10, não se pode negar vigência ao dispositivo federal no âmbito de *habeas corpus* por decisão dos órgãos fracionários deste Superior Tribunal. Não é possível, portanto, superar a decisão da Corte Suprema com base nas alegações defensivas relativas à probabilidade de provimento do recurso de apelação. 3. Quanto à prisão domiciliar, depreende-se dos autos que 'Álvaro foi condenado ao cumprimento da pena no regime inicial fechado' e os documentos acostados nos autos 'apenas noticiam que ele tem quadro de infecções respiratórias de repetição e que se infectou por COVID-19 em junho de 2022'. 4. A teor dos julgados desta Corte Superior, a prisão domiciliar é cabível ao condenado dos regimes fechado ou semiaberto como providência excepcional, de cunho humanitário, quando verificada 'debilidade acentuada de sua saúde, e que o tratamento médico necessário não possa ser prestado no ambiente prisional', o que não ficou comprovado no caso *sub judice*. 5. Agravo regimental não provido" (STJ, AgRg no HC 833.699/MG, Rel. Min. Rogerio Schietti Cruz, 6ª T., julgado em 11/3/2024, *DJe* de 15/3/2024).

CONCURSO DE CRIMES — XXXVI

Sumário: 1. Considerações introdutórias. 2. Sistemas de aplicação da pena. 3. Espécies de concurso de crimes. 3.1. Concurso material. 3.2. Concurso formal. 3.3. Crime continuado. 3.3.1. Origem histórica. 3.3.2. Definição do crime continuado. 3.3.3. Natureza jurídica do crime continuado. 3.3.4. Teorias do crime continuado. 3.3.5. Requisitos do crime continuado. 3.3.6. Crime continuado específico. 3.3.7. A (ir)retroatividade no crime continuado. 4. Dosimetria da pena no concurso de crimes. 5. Erro na execução — *aberratio ictus*. 5.1. Qualidades da vítima. 6. Resultado diverso do pretendido. 7. Limite de cumprimento da pena de prisão. 7.1. A questionável elevação em um terço do máximo de cumprimento de pena. 7.2. Desesperança do condenado e elevação de risco de motins e assassinatos. 7.3. Unificação de penas para crimes praticados em períodos com vigência de limites distintos.

1. Considerações introdutórias

Já constatamos que o crime tanto pode ser obra de um como de vários sujeitos, ocorrendo, nessa hipótese, o "concurso de pessoas", mas pode, também, um único sujeito praticar dois ou mais crimes. Quando um sujeito, mediante unidade ou pluralidade de comportamentos, pratica dois ou mais delitos, surge o concurso de crimes — *concursus delictorum*.

O concurso pode ocorrer entre crimes de qualquer espécie, comissivos ou omissivos, dolosos ou culposos, consumados ou tentados, simples ou qualificados e ainda entre crimes e contravenções. Logicamente que a pena a ser aplicada a quem pratica mais de um crime não pode ser a mesma pena aplicável a quem comete um único crime. Por isso, foram previstos critérios especiais de aplicação de pena às diferentes espécies de concursos de crimes.

2. Sistemas de aplicação da pena

O concurso de crimes dá origem ao concurso de penas. Vários sistemas teóricos são preconizados pela doutrina para a aplicação da pena nas diversas modalidades de concurso de crimes. Examinemo-los:

a) *Cúmulo material* — Esse sistema recomenda a soma das penas de cada um dos delitos componentes do concurso. Crítica: essa simples operação aritmética pode resultar em uma pena muito longa, desproporcionada com a gravidade dos delitos, desnecessária e com amargos efeitos criminógenos. É possível que o agente atinja a ressocialização com pena menor.

b) *Cúmulo jurídico* — A pena a ser aplicada deve ser maior do que a cominada a cada um dos delitos sem, no entanto, se chegar à soma delas.

c) *Absorção* — Considera que a pena do delito mais grave *absorve* a pena do delito menos grave, que deve ser desprezada. Crítica: os vários crimes menores ficariam sempre impunes. Depois da prática de um crime grave, o criminoso ficaria imune para as demais infrações. Seria uma *carta de alforria* para quem já delinquiu.

d) *Exasperação* — Recomenda a aplicação da pena mais grave, aumentada de determinada quantidade em decorrência dos demais crimes.

O Direito brasileiro adota somente dois desses sistemas: o do *cúmulo material* (concurso material e concurso formal impróprio) e o da *exasperação* (concurso formal próprio e crime continuado).

3. Espécies de concurso de crimes

3.1. *Concurso material*

Ocorre o concurso material quando o agente, mediante mais de uma conduta (ação ou omissão), pratica dois ou mais crimes, idênticos ou não. No concurso material há *pluralidade* de condutas e *pluralidade* de crimes. Quando os crimes praticados forem idênticos ocorre o concurso material *homogêneo* (dois homicídios) e quando os crimes praticados forem diferentes caracterizar-se-á o concurso material *heterogêneo* (estupro e homicídio).

A pluralidade delitiva decorrente do concurso material poderá ser objeto de vários processos, que gerarão várias sentenças. Constatada a conexão entre os crimes praticados, serão observados os preceitos do art. 76 do CPP. A extinção da punibilidade incidirá sobre a pena de cada crime, isoladamente (art. 119 do CP), em qualquer das espécies de concursos.

3.2. *Concurso formal*

Ocorre o concurso formal quando o agente, mediante uma só conduta (ação ou omissão), pratica dois ou mais crimes, idênticos ou não. Nessa espécie de concurso há unidade de ação e pluralidade de crimes. Assim, para que haja concurso formal é necessário que exista uma só conduta, embora possa desdobrar-se em vários atos, que são os segmentos em que esta se divide. O concurso formal pode ser próprio (perfeito), quando a unidade de comportamento corresponder à unidade interna da vontade do agente, isto é, o agente deve querer realizar apenas um crime, obter um único resultado danoso. Não devem existir — na expressão do Código — desígnios autônomos.

Mas o concurso formal também pode ser impróprio (imperfeito). Nesse tipo de concurso, o agente deseja a realização de mais de um crime, tem consciência e vontade em relação a cada um deles. Ocorre aqui o que o Código Penal chama de "desígnios autônomos", que se caracteriza pela unidade de ação e multiplicidade de determinação de vontade, com diversas individualizações. Os vários eventos, nesse caso, não são apenas um, perante a consciência e a vontade, embora sejam objeto de uma única ação.

Por isso, enquanto no concurso formal próprio adotou-se o sistema de exasperação da pena, pela unidade de desígnios, no concurso formal impróprio aplica-se o sistema do cúmulo material, como se fosse concurso material, diante da diversidade de intuitos do agente (art. 70, § 2º). Enfim, o que caracteriza o crime formal é a unidade de conduta, mas o que justifica o tratamento penal mais brando é a unidade do elemento subjetivo que impulsiona a ação.

3.3. Crime continuado

3.3.1. Origem histórica

O crime continuado é uma ficção jurídica concebida por razões de política criminal, que considera que os crimes subsequentes devem ser tidos como continuação do primeiro, estabelecendo, em outros termos, um tratamento unitário a uma pluralidade de atos delitivos, determinando uma forma especial de puni-los.

O crime continuado deve sua formulação aos glosadores (1100 a 1250) e pós-glosadores (1250 a 1450) e teve suas bases lançadas efetivamente no século XIV, com a finalidade de permitir que os autores do terceiro furto pudessem escapar da pena de morte[1]. Os principais pós-glosadores, Jacobo de Belvisio, seu discípulo Bartolo de Sassoferrato e o discípulo deste, Baldo Ubaldis[2], foram não só os criadores do instituto crime continuado, como também lançaram as bases político-criminais do novo instituto, que, posteriormente, foi sistematizado pelos práticos italianos dos séculos XVI e XVII.

3.3.2. Definição do crime continuado

Ocorre o crime continuado quando o agente, mediante mais de uma conduta (ação ou omissão), pratica dois ou mais crimes da mesma espécie, devendo os subsequentes, pelas condições de tempo, lugar, maneira de execução e outras semelhantes, ser havidos como continuação do primeiro. São diversas ações, cada uma em si mesma criminosa, que a lei considera, por motivos de política criminal, como um crime único.

---

1. Zagrebelski, *Reato continuato*, 2ª ed., Milano, 1976, p. 8: o "Statuto di Valsassina de 1343" estabeleceu a pena de morte para o terceiro furto.
2. Rocío Cantarero Bandrés, *Problemas penales y procesales del delito continuado*, Barcelona, PPU, 1990, p. 24.

A regra do crime continuado deve ser aplicada tendo em vista o caso concreto e sob a inspiração das mesmas razões da política criminal que o inspiraram.

3.3.3. Natureza jurídica do crime continuado

A questão é definir, afinal, se as várias condutas configuradoras do crime continuado realizam um único crime ou, na realidade, constituem mais crimes. A origem desse problema foi o disposto no art. 81 do Código *Rocco* italiano, que dispunha: "Em tal caso as diversas violações consideram-se como um só crime". Algumas teorias procuram dirimir a questão.

a) *Teoria da unidade real* — Para essa teoria os vários comportamentos lesivos do agente constituem efetivamente um crime único, uma vez que são elos de uma mesma corrente e traduzem uma *unidade de intenção* que se reflete na *unidade de lesão*. Essa concepção baseia-se nos postulados da teoria objetivo-subjetiva, que exige, além dos requisitos objetivos, uma unidade de desígnios, isto é, um programa inicial para a realização sucessiva dos diversos atos. Por isso, possuindo um *dolo unitário*, as ações continuadas configuram a manifestação incompleta da mesma unidade real e psicológica.

b) *Teoria da ficção jurídica* — Essa teoria foi inicialmente defendida por Carrara[3]. Admite que a unidade delitiva é uma criação da lei, pois na realidade existem vários delitos. E, se efetivamente se tratasse de crime único, a pena deveria ser a mesma cominada para um só dos crimes concorrentes.

Mas é Manzini[4] que sintetiza, com precisão, a essência dessa teoria, ao afirmar que: "O instituto do crime continuado está fundado, indiscutivelmente, sobre uma ficção jurídica. A ficção jurídica resulta de uma *transação* entre a coerência lógica, a utilidade e a equidade. Em nosso caso, foi esta última que motivou as disposições do parágrafo do art. 81 do CP".

c) *Teoria da unidade jurídica ou mista* — Para essa corrente, o crime continuado não é uma unidade real, mas também não é mera ficção legal. Segundo essa teoria, a continuidade delitiva constitui *uma figura própria* e destina-se a fins determinados, constituindo *uma realidade jurídica* e não uma ficção. Não se cogita de unidade ou pluralidade de delitos, mas de um terceiro crime, que é o *crime de concurso*, cuja unidade delituosa decorre de lei.

Porém, como adverte Manoel Pedro Pimentel[5], o crime continuado é *uma realidade jurídica*, mas a *unidade do crime* é uma ficção, porque, na verdade,

---

3. Francesco Carrara, *Programa de Derecho Criminal*, Bogotá, Temis, p. 519.
4. Vincenzo Manzini, *Istituzioni di Diritto Penale italiano*, 9ª ed., Padova, CEDAM, 1958, v. 1, p. 166-7.
5. Manoel Pedro Pimentel, *Do crime continuado*, 2ª ed., São Paulo, Revista dos Tribunais, 1969, p. 81-2.

vários são os crimes que a compõem. Nesses termos, a teoria da unidade jurídica não pode explicar o crime continuado, porque essa unidade jurídica já é consequência do crime continuado.

Nosso Código Penal adotou a teoria da ficção jurídica, para fins exclusivos de aplicação da pena, visando atenuar a sanção penal, atento à política criminal que inspirou o instituto.

3.3.4. Teorias do crime continuado

a) *Teoria subjetiva* — Para essa teoria não têm importância os aspectos objetivos das diversas ações, destacando como caracterizador do crime continuado somente o elemento subjetivo, consistente na unidade de propósito ou de desígnio. Essa teoria predominou na Itália, que, contudo, constatou a sua insuficiência para dimensionar o critério aferidor da continuidade delitiva, quando mais não fosse, pela própria dificuldade, muitas vezes, de constatá-lo.

A concepção puramente subjetiva do delito continuado foi, com razão, qualificada de "absurdo lógico e dogmático", pois regride às origens históricas do instituto, de difícil compreensão e aplicação[6].

b) *Teoria objetivo-subjetiva* — Essa teoria, além dos requisitos objetivos, exige unidade de desígnios, isto é, uma programação inicial, com realização sucessiva, como, por exemplo, o operário de uma fábrica que, desejando subtrair uma geladeira, o faz parceladamente, levando algumas peças de cada vez.

Em síntese, a teoria objetivo-subjetiva exige *unidade de resolução criminosa* e *homogeneidade de "modus operandi"*[7]. Essa foi a teoria adotada no § 2º do art. 81 do Código Penal italiano, depois da Reforma de 11 de abril de 1974.

Hungria[8] fazia severas críticas a essa teoria, afirmando que: "o elemento psicológico reclamado pela teoria objetivo-subjetiva, longe de justificar esse abrandamento da pena, faz dele a paradoxal recompensa a um 'plus' de dolo ou de capacidade de delinquir. É de toda a evidência que muito mais merecedor de pena é aquele que *ab initio* se propõe repetir o crime, agindo segundo um plano, do que aquele que se determina de caso em caso, à repetição estimulada pela anterior impunidade, que lhe afrouxa os motivos da consciência, e seduzido pela permanência ou reiteração de uma oportunidade particularmente favorável".

c) *Teoria objetiva* — Para essa teoria, apuram-se os elementos constitutivos da continuidade delitiva objetivamente, independentemente do elemento subjetivo,

---

6. M. Cobo del Rosal e R. S. Vives Antón, *Derecho Penal*; Parte General, 3ª ed., Valencia, Tirant lo Blanch, 1991, p. 598.
7. Rocío Cantarero Bandrés, *Problemas penales*, cit., p. 204.
8. Nélson Hungria, *Comentários ao Código Penal*, 4ª ed., Rio de Janeiro, Forense, 1958, v. 6, p. 166-7.

isto é, da programação do agente. Despreza a unidade de desígnio ou unidade de resolução criminosa, como elemento caracterizador do crime continuado. É o conjunto das condições objetivas que forma o critério aferidor da continuação criminosa. Essa teoria, que nasceu na Alemanha, é a adotada pelo nosso Código.

Essa já era a posição sustentada pelo saudoso Hungria[9], que pontificava: "O que decide para a existência do crime continuado é tão somente a homogeneidade objetiva das ações, abstraído qualquer nexo psicológico, seja volitivo, seja meramente intelectivo. A unidade de dolo, de resolução ou de desígnio, quando efetivamente apurada, longe de funcionar como causa de benigno tratamento penal, deve ser, como índice de maior intensidade do dolo do agente ou de sua capacidade de delinquir, uma circunstância judicial de elevação da pena-base".

3.3.5. Requisitos do crime continuado

a) *Pluralidade de condutas* — O mesmo agente deve praticar duas ou mais condutas. Se houver somente uma conduta, ainda que desdobrada em vários atos ou vários resultados, o concurso poderá ser formal.

b) *Pluralidade de crimes da mesma espécie* — Alguns doutrinadores consideram que crimes da mesma espécie são apenas os crimes previstos no mesmo dispositivo legal. Outros entendem que são da mesma espécie os crimes que lesam o mesmo bem jurídico, embora tipificados em dispositivos diferentes. Segundo o entendimento majoritário, "há continuação, portanto, entre crimes que se assemelham nos seus tipos fundamentais, por seus elementos objetivos e subjetivos, violadores também do mesmo interesse jurídico"[10]. Ou, na expressão de Welzel[11], "a mesma infração jurídica pode derivar da lesão de vários tipos *aparentados* entre si, que ficam compreendidos no conceito comum superior de delito".

c) *Nexo da continuidade delitiva* — Deve ser apurado pelas circunstâncias de tempo, lugar, modo de execução e outras semelhantes:

1) *Condições de tempo* — Não se trata apenas das condições meteorológicas, mas especialmente do aspecto cronológico, isto é, deve haver uma conexão temporal entre as condutas praticadas, para que se configure a continuidade delitiva. Deve existir, em outros termos, uma certa periodicidade que permita observar-se um certo ritmo, uma certa uniformidade, entre as ações sucessivas, embora não se possam fixar, a respeito, indicações precisas.

A *condição de tempo* é o que a doutrina alemã chama de "conexão temporal adequada", isto é, uma certa continuidade de tempo. No entanto, essa

---

9. Nélson Hungria, *Comentários ao Código Penal*, Rio de Janeiro, Forense, p. 164-5.
10. Julio Fabbrini Mirabete, *Manual de Direito Penal*, 7ª ed., São Paulo, Atlas, 1992, v. 1, p. 301.
11. Hans Welzel, *Derecho Penal alemán*, Santiago, Ed. Jurídica de Chile, 1970, p. 312.

continuidade temporal será irrelevante se não se fizerem presentes outros indícios objetivos de continuação das ações.

2) *Condições de lugar* — Deve existir entre os crimes da mesma espécie uma conexão espacial para caracterizar o crime continuado. Segundo Hungria, "não é necessário que seja sempre o mesmo lugar, mas a diversidade de lugares pode ser tal que se torne incompatível com a ideia de uma série continuada de ações para a realização de um só crime. É a consideração total das condições mais do que de cada uma delas que permite concluir pela continuidade ou não do crime".

3) *Maneira de execução* — A lei exige semelhança e não identidade. A semelhança na "maneira de execução" se traduz no *modus operandi* de realizar a conduta delitiva. Maneira de execução é o modo, a forma, o estilo de praticar o crime, que, na verdade, é apenas mais um dos requisitos objetivos da continuação criminosa.

4) *Outras condições semelhantes* — Como outras "condições semelhantes" a doutrina aponta a *mesma oportunidade* e a *mesma situação* propícias para a prática do crime. Por essa expressão, a lei faculta a investigação de circunstâncias que se assemelhem às enunciadas e que podem caracterizar o crime continuado. Essa expressão genérica — "e outras semelhantes" — tem a finalidade de abranger quaisquer outras circunstâncias das quais se possa deduzir a ideia de continuidade delitiva.

Na afirmação de Hungria[12], essa cláusula refere-se "a qualquer outra condição objetiva que possa indicar a homogeneidade das ações. Assim, entre outras, o aproveitamento da mesma ocasião (das mesmas circunstâncias), ou de persistente ocasião favorável, ou o aproveitamento da mesma relação permanente. Exemplos: o doméstico subtrai diariamente charutos ao patrão; o morador da casa frauda, por vezes sucessivas, o medidor da luz elétrica; o coletor de rendas apropria-se, por várias vezes, do dinheiro do Estado".

Porém, todas essas circunstâncias objetivas, "de tempo, lugar, maneira de execução e outras semelhantes", não devem ser analisadas individualmente, mas no seu conjunto, e a ausência de qualquer delas, por si só, não desnatura a continuidade delitiva. Na verdade, nenhuma dessas circunstâncias constitui elemento estrutural do crime continuado, cuja ausência isolada possa, por si só, descaracterizá-lo. No exame de tais circunstâncias, na ausência de critérios, têm-se cometido os maiores absurdos jurídicos na jurisprudência pátria, chegando alguns acórdãos, descriteriosamente, a admitir a continuidade de crimes com intervalos de seis, dez e até doze meses. Cabe indagar: sobraria o que para o concurso material? Pelo menos, como afirmava Welzel[13], "se ocorrer uma condenação entre os atos individuais, esta rompe a relação de continuidade que corre até a coisa julgada".

---

12. Nélson Hungria, Crime continuado, in *Novas questões jurídico-penais*, 1945, p. 101.
13. Welzel, *Derecho Penal alemán*, cit., p. 312.

Concluindo, para a ocorrência de crime continuado, a lei exige dois tipos de homogeneidade: *homogeneidade* de bens jurídicos atingidos e *homogeneidade* de processo executório.

3.3.6. Crime continuado específico

Discutiu-se longamente na doutrina e na jurisprudência a possibilidade de reconhecer a continuidade delitiva em crimes que atingissem bens personalíssimos. O Supremo Tribunal Federal chegou a editar a Súmula 605, com o seguinte enunciado: "Não se admite continuidade delitiva nos crimes contra a vida". A polêmica, contudo, prosseguiu até o advento da Reforma Penal de 1984, que adotou a corrente minoritária, entendendo que se a lei não distingue entre bens pessoais e patrimoniais e se também não exige unidade de desígnios, não cabe ao intérprete fazê-lo.

Em realidade, passou a regular no art. 71, parágrafo único, a continuidade delitiva contra "bens personalíssimos", *desde que se trate de vítimas diferentes*. Contudo, a circunstância de tratar-se de "vítimas diferentes" é apenas uma exceção que permite elevar a pena até o triplo. Logo, uma interpretação sistemática recomenda que se aceite a continuidade delitiva contra bens personalíssimos, *ainda que se trate da mesma vítima*; apenas, nessa hipótese, a elevação da pena estará limitada até dois terços, nos termos do *caput* do art. 71, e não até o triplo, como prevê o parágrafo único.

O *crime continuado específico* prevê a necessidade de três requisitos, que devem ocorrer simultaneamente:

a) *Contra vítimas diferentes* — Se o crime for praticado contra a mesma vítima, haverá também continuidade delitiva, mas não se caracterizará a exceção prevista no parágrafo único, e a sanção aplicável será a tradicional do *caput* do art. 71.

b) *Com violência ou grave ameaça à pessoa* — Mesmo que o crime seja contra vítimas diferentes, se não houver violência — real ou ficta — contra a pessoa, não haverá a continuidade específica, mesmo que haja violência contra a coisa.

c) *Somente em crimes dolosos* — Se a ação criminosa for praticada contra vítimas diferentes, com violência à pessoa, mas não for produto de uma conduta dolosa, não estará caracterizada a exceção.

3.3.7. A (ir)retroatividade no crime continuado

Não se pode esquecer, por outro lado, que "o crime continuado é uma *ficção jurídica* concebida por razões de política criminal, que considera que os crimes subsequentes devem ser tidos como continuação do primeiro, estabelecendo, em outros termos, um tratamento unitário a uma pluralidade de atos delitivos, determinando uma forma especial de puni-los"[14]. Admitir, como pretende a

---

14. Cezar Roberto Bitencourt, *Tratado de Direito Penal*, 29ª ed., São Paulo, Saraiva, 2023, v. 1, p. 851.

Súmula 711 do STF[15], a *retroatividade de lei penal mais grave* para atingir *fatos praticados antes de sua vigência* não só viola o *secular princípio da irretroatividade da lei penal*, como ignora o fundamento da *origem do instituto do crime continuado*, construído pelos glosadores e pós-glosadores, qual seja, o de *permitir que os autores do terceiro furto pudessem escapar da pena de morte*[16]. Com efeito, a longa elaboração dos glosadores e pós-glosadores teve a finalidade exclusiva de beneficiar o infrator e jamais prejudicá-lo. E foi exatamente esse mesmo fundamento que justificou o disposto no art. 5º, XL, da atual Constituição Federal: *a lei penal não retroagirá, salvo para beneficiar o infrator*. Não se pretenderá, certamente, insinuar que o enunciado da Súmula 711 do STF relativamente ao crime continuado beneficia o infrator!

Por certo, mesmo no Brasil de hoje, ninguém ignora que o *crime continuado* é composto por mais de uma ação em si mesma criminosa, praticadas em momentos, locais e formas diversas, que, por *ficção jurídica*, é considerada crime único, tão somente para efeitos de dosimetria penal. O texto da Súmula 711, determinando a *aplicação retroativa de lei penal mais grave*, para a hipótese de crime continuado, estará impondo pena (mais grave) inexistente na data do crime, para aqueles fatos cometidos antes de sua vigência.

Por outro lado, convém destacar que o art. 119 do Código Penal determina que, em se tratando de concurso de crimes, a *extinção da punibilidade* incidirá em cada um dos crimes, isoladamente. Essa previsão resta prejudicada, se for dada eficácia plena a indigitada Súmula 711. Nesse sentido, já havia se pacificado o entendimento do STJ, consoante pode-se perceber do seguinte aresto: "Consolidado o entendimento de que, no crime continuado, o termo inicial da prescrição é considerado em relação a cada delito componente, isoladamente" (RHC 6.502/MG, 5ª Turma, rel. José Dantas, 5-2-1998, v. u.). Dessa forma, aplicando-se retroativamente a lei posterior mais grave, alterará, consequentemente, o lapso prescricional dos fatos anteriores, afrontando o princípio da reserva legal.

Enfim, a nosso juízo, *venia concessa*, é inconstitucional a Súmula 711, recentemente editada pelo STF, no que se refere ao *crime continuado*.

4. Dosimetria da pena no concurso de crimes

Já referimos que para as hipóteses de concurso de crimes a lei prevê critérios especiais de aplicação de pena, além dos gerais, é claro, aplicados aos demais casos.

---

15. A lei penal mais grave aplica-se ao crime continuado ou ao crime permanente, se a sua vigência é anterior à cessação da continuidade ou da sua vigência.
16. Zagebrelski, *Reato continuato*, 2ª ed., Milano, 1976, p. 8: "o *statuto di Valsassina* de 1343 estabeleceu a pena de morte para o terceiro furto".

Para o concurso material adota-se o sistema do *cúmulo material*, somando-se simplesmente as penas dos diversos crimes praticados. Para o concurso formal próprio adota-se o sistema da *exasperação*, isto é, aplica-se a pena de um só dos crimes, a mais grave, se houver, sempre elevada até a metade. Para o concurso formal impróprio (desígnios autônomos) adota-se o sistema do cúmulo material, somando-se as penas dos diversos crimes, como se fosse um concurso material. Para o crime continuado o critério adotado também é o da exasperação, permitindo, contudo, que a pena aplicada seja elevada até dois terços, e, no crime continuado específico, a elevação permitida é até o triplo. O entendimento jurisprudencial mais recente, descrito pela Súmula 659 do STJ, determina que "A fração de aumento em razão da prática de crime continuado deve ser fixada de acordo com o número de delitos cometidos, aplicando-se 1/6 pela prática de duas infrações, 1/5 para três, 1/4 para quatro, 1/3 para cinco, 1/2 para seis e 2/3 para sete ou mais infrações".

Em determinadas circunstâncias, a aplicação do sistema de exasperação — típico do concurso formal próprio e do crime continuado — poderá, paradoxalmente, conduzir ao absurdo: resultar em penas mais altas do que a *cumulação* do concurso material. Isso poderá ocorrer quando a pena de um dos crimes é muito mais grave do que a de outro, como, por exemplo, o agente pratica um homicídio e uma lesão corporal leve. Nessa hipótese, o art. 70, parágrafo único, e o art. 71, parágrafo único, determinam que a pena não poderá exceder a que seria cabível no concurso material.

Não se admite, pois, que quem pratica mais de um crime, com uma única ação, possa sofrer pena mais grave do que a imposta a quem, reiteradamente, com mais de uma ação, cometa os mesmos crimes.

5. Erro na execução — *aberratio ictus*

A *aberratio ictus* ou erro na execução não se confunde com o erro quanto à pessoa, onde há representação equivocada da realidade, pois o agente acredita tratar-se de outra pessoa. Não se trata propriamente de erro de representação, mas de erro no uso dos meios de execução, proveniente de acidente ou de inabilidade na execução (pode até ser hábil, mas circunstâncias alheias à sua vontade podem provocar o erro).

O erro na execução ocorre quando — nos termos do art. 73 —, "por acidente ou erro no uso dos meios de execução, o agente, ao invés de atingir a pessoa que pretendia ofender, atinge pessoa diversa", como, por exemplo: Tício atira em Mévio, mas o projétil atinge Caio, que estava nas proximidades, matando-o. Nessa hipótese, responde como se tivesse praticado o crime contra Mévio. O ordenamento jurídico-penal protege bens e interesses sem se preocupar com a sua titularidade. Não é a vida de Mévio ou de Caio que é protegida, mas a vida humana como tal. Essa já era a conclusão de Beling[17], para quem o tipo só exige matar um homem e, consequentemente, basta para a configuração do dolo que o agente se tenha proposto a matar alguém, não importando quem seja.

No erro de execução a pessoa visada é a própria, embora outra venha a ser atingida, involuntária e acidentalmente. O agente dirige a conduta contra a vítima visada, o gesto criminoso é dirigido corretamente, mas a execução sai errada e a vontade criminosa vai concretizar-se em pessoa diferente[18]. Não é o elemento psicológico da ação que é viciado — como ocorre no *error in persona* —, mas é a fase executória que não corresponde exatamente ao representado pelo agente, que tem clara percepção da realidade. O erro na *aberratio* surge não no processo de formação da vontade, mas no momento da sua exteriorização, da sua execução. A *aberratio ictus* pode acontecer — como afirma Damásio de Jesus[19] — "*por acidente ou erro no uso dos meios de execução*, como, por exemplo, erro de pontaria, desvio da trajetória do projétil por alguém haver esbarrado no braço do agente no instante do disparo, movimento da vítima no momento do tiro, desvio de golpe de faca pela vítima, defeito da arma de fogo etc."

Ocorre a *aberratio ictus* com *unidade simples* (resultado único) quando o agente, errando o alvo, atinge somente a pessoa não visada, matando-a. Na realidade teria havido uma tentativa de homicídio em relação à vítima virtual e um homicídio culposo em relação à vítima efetiva. Contudo, pelo dispositivo em exame, considera-se somente o homicídio doloso como praticado contra a vítima virtual. A tentativa fica subsumida.

E há *aberratio ictus* com *unidade complexa* (resultado duplo) quando, além da pessoa visada, o agente atinge também uma terceira. Nessa hipótese, com uma só conduta o agente pratica dois crimes, e, diante da *unidade da atividade criminosa*, justifica-se a determinação do Código de dispensar o mesmo tratamento do concurso formal próprio. Contudo, se o agente agir com dolo eventual em relação ao terceiro não visado, o agente deve responder pelos dois crimes. Nesta última hipótese, o concurso permanece formal, porém as penas devem somar-se, como ocorre no concurso formal impróprio, diante dos desígnios autônomos do agente.

5.1. *Qualidades da vítima*

Nas hipóteses de *erro na execução* consideram-se as qualidades ou condições da pessoa visada — a vítima virtual — e não as da pessoa atingida — a vítima efetiva. Por exemplo, o agente, pretendendo matar um forasteiro, atira e vem a

---

17. Beling, *Esquema de Derecho Penal*. La doctrina del delito tipo, Buenos Aires, Depalma, 1944, § 24, III, 2, *a*.
18. Antonio Quintano Ripollés, *Compendio de Derecho Penal*, Madrid, Revista de Derecho Privado, 1958, p. 207.
19. Damásio de Jesus, *Direito Penal*, 16ª ed., São Paulo, Saraiva, 1992, v. 1, p. 277.

matar seu próprio pai, que se encontrava próximo. Sobre o fato não incide a agravante genérica da relação de parentesco (art. 61, II, *e*, 1ª figura). Agora, se o agente, pretendendo matar o próprio pai, atira e vem a matar um forasteiro, sobre o fato incide a agravante genérica antes referida.

6. Resultado diverso do pretendido

Aqui se trata da chamada *aberratio delicti* — desvio do crime —, onde o agente, também por acidente ou inabilidade, atinge bem jurídico diverso do pretendido, fora das hipóteses que configuram a *aberratio ictus*. A natureza dos bens jurídicos, visados e atingidos, é diferente.

Como diz o Código, "quando, por acidente ou erro na execução do crime, sobrevém resultado diverso do pretendido, o agente responde por culpa, se o fato é previsto como crime culposo". A punibilidade do resultado não pretendido fica na dependência de previsão da modalidade culposa daquela conduta. Se ocorrer também o resultado pretendido aplica-se a regra do concurso formal. Assim, se o agente arremessa uma pedra para quebrar a vitrine e acaba ferindo também a balconista, responderá pelo crime de dano e pela lesão corporal culposa; contudo, se o agente arremessa a pedra para ferir um transeunte e acaba quebrando também a vitrine, responderá tão somente pela lesão corporal dolosa, porque o crime de dano não tem a correspondente figura culposa[20]. Restará apenas a obrigação de indenizar, na esfera cível.

7. Limite de cumprimento da pena de prisão

Como corolário constitucional da proibição de prisão perpétua no Brasil (art. 5º, XLVII, *b*, da CF), o art. 75 do Código Penal determinava que "o tempo de cumprimento das penas privativas de liberdade não poderia ser superior a trinta anos". Contudo, a Lei n. 13.964/2019, equivocadamente, elevou o limite máximo de cumprimento de pena para quarenta anos (40), sem observar o estado medieval das prisões brasileiras, ignorando a carência de mais de 300 mil vagas, além da quantidade de motins que ocorreram nos últimos dois anos, nos quais, morreram mais de trezentos detentos, consequências da superlotação das penitenciárias e da grande omissão do Ministro da Justiça da época, que é o responsável pelo funcionamento, estrutura, condições e segurança das penitenciárias brasileiras[21], sem falar-se no custo das prisões, significa, ademais, que além das trezentas mil vagas carentes, amplia-se, só por esse aumento, a carência em mais um terço de novas vagas, ou seja, em vez das trezentas mil vagas faltantes nos aproximaremos de seiscentas mil, visto que se ampliou em um terço o tempo em que a prisão poderá ser cumprida.

---

20. Giuseppe Maggiore, *Principii di Diritto Penale*, Bologna, 1937, v. 1, p. 514.
21. Cezar Roberto Bitencourt. *Reforma penal anticrime — Leis n. 13.964/2019 e 13.968/2019*. 1ª ed. São Paulo: Saraiva Jur, 2020.

7.1. *A questionável elevação em um terço do máximo de cumprimento de pena*

O principal fundamento para elevar o limite do cumprimento de pena de 30 para 40 anos de prisão foi o *aumento da expectativa de vida* do brasileiro, segundo previsão do IBGE[22]. Ou seja, segundo *raciocínio de punitivistas*, se o cidadão vive mais, consequentemente pode passar mais tempo encarcerado! No entanto, essa previsão do IBGE não passa de *mera expectativa*, que pode ou não se confirmar, dependendo de muitas variáveis, não examinadas pelo IBGE, enquanto a violência e a desumanidade das prisões brasileiras são uma grave realidade, diante da miséria do cárcere, no qual a liberdade é apenas um dos bens jurídicos valiosos que o recluso perde, ao lado de sua dignidade e da própria identidade pessoal, passando a ser apenas um número, sem falar na realidade infectocontagiosa e na violência sexual que imperam no sistema penitenciário nacional.

Não se pode desconhecer, ademais, que as prisões são dominadas pelas *facções criminosas*, e cada novo cidadão encarcerado será mais um cooptado pelas facções criminosas que controlam as prisões; quando dela sair será mais um "soldado" de uma facção trabalhando para ela fora das grades, até para poder sobreviver. Assim, *o Estado, como temos repetido muito isso, é um dos maiores colaboradores com o aumento e domínio das facções criminosas tanto no interior dos presídios como fora deles*. Contudo, as autoridades e o próprio legislador não se preocuparam em aumentar as vagas nas penitenciárias, já superlotadas, e tampouco em diminuir a violência sexual no interior das prisões, melhorar as condições sub-humanas, insalubres, fétidas e, principalmente, em retomar o controle das prisões que, repetindo, são dominadas pelas facções criminosas, cujo domínio reflete-se no aumento da criminalidade na sociedade com retorno dos egressos. A rigor, ninguém desconhece os graves efeitos criminógenos dos presídios de um modo geral, verdadeiras fábricas de delinquentes. Enfim, ignora-se que o sistema penitenciário não é um lugar em que qualquer pessoa possa desfrutar de maior longevidade, pelo contrário, ninguém suportará por longo tempo, com saúde mental, esse tipo de ambiente, e, certamente, morrerá antes de cumprir 30 ou 40 anos fechados. A prisão é uma fábrica de delinquentes que só pode ser reservada

---

22. CRELIER, Cristiane. Expectativa de vida dos brasileiros aumenta 3 meses e chega a 76,6 anos em 2019. Agência IBGE Notícias, 1º-2-2021. Disponível em: <https:// agenciadenoticias.ibge.gov.br/agencia-noticias/2012-agencia-de-noticias/noticas/ 29505-expectativa-de-vida-dos-brasileiros-aumenta-3-meses-e- chega-a-76-6-anos-em-2019#:~:text=Expectativa%20de%20vida%20dos%20brasi leiros, 2019%20%7C%20Ag%C3%AAncia%20de%20Not%C3%ADcias %20%7C%20IBGE>. Acesso em: 20 ago. 2021.

a criminosos perigosos, autores de crimes graves, cuja vida em liberdade poderá inviabilizar a nossa própria liberdade.

Por outro lado, a velocidade das transformações sociais, tecnológicas, cibernéticas e virtuais, neste estágio de civilização, recomendaria, contrariamente às previsões do IBGE, que o máximo de cumprimento de pena de prisão fosse reduzido em um terço, pois alguém que ficar fora do mundo por um período de dez ou vinte anos, por exemplo, quando retornar à liberdade encontrará outra realidade, incompatível com os conhecimentos, hábitos e relações que tinha quando foi encarcerado.

A exemplo, segundo consta, de um soldado japonês que, na II Guerra Mundial, perdeu-se na floresta e só foi reencontrado 30 anos após, e, ao chegar em Tóquio, perplexo, perguntou: Afinal, nós não perdemos a guerra?! Enfim, essa é apenas a síntese da realidade atual que demonstra o grave prejuízo que alguém sofrerá se for afastado do convívio social por 40 anos, quando retornar terá que ser ressocializado para entender a nova realidade social e readaptar-se a esse convívio. Visto sob essa perspectiva, poder-se-ia recomendar a redução em um terço do período que alguém poderia ficar encarcerado pela prática de crimes. Nessa hipótese dever-se-ia reduzir o período máximo da pena para vinte anos.

Trata-se, enfim, apenas de um raciocínio sociojurídico para demonstrar o que pode significar o aumento de mais de dez anos (um terço da previsão anterior) no limite máximo para o cumprimento de pena. Na realidade, não se pode perder de vista a péssima qualidade do sistema carcerário nacional, que não recupera ninguém, onde a maioria dos prisioneiros são violentados sexualmente e contaminados por inúmeras doenças infectocontagiosas, como demonstramos em nosso *Falência da pena de prisão*[23], sendo, por isso mesmo, injustificável o aumento de um terço do tempo limite de cumprimento de pena. Com essa previsão, não se pode ignorar, flerta-se com a proibida prisão perpétua para quem, por exemplo, comete algum crime mais grave, já em idade adulta, violando-se o disposto no inciso XLVII do art. 5º da Constituição Federal.

Para concluir, o ponto efetivamente importante sobre essa alteração do art. 75 do CP resume-se ao marco temporal de sua aplicação: por se tratar de lei penal mais grave, indiscutivelmente, não pode retroagir. Esse agravamento somente é aplicável para fatos praticados a partir da vigência desse novo diploma legal, cujo marco inicial é 23 de janeiro de 2020. Mesmo nos fatos praticados no último dia da *vacatio legis* não pode ser aplicado esse novo limite que, por ser mais grave, não pode incidir em fatos que ocorreram antes de sua entrada em vigor.

---

23. Bitencourt, Cezar Roberto. *Falência da pena de prisão*: causas e alternativas. São Paulo: Saraiva, 5ª ed. 2017.

7.2. Desesperança do condenado e elevação de risco de motins e assassinatos

Como se fará a unificação quando o cumprimento de pena de prisão por crime praticado antes da vigência da Lei n. 13.964/2019, houver que se somar a pena decorrente de crimes praticados após a entrada em vigor dessa mesma lei? Deverá ser unificado no limite de 30 ou de 40 anos, especialmente quando a respectiva soma ultrapassar a 40 anos?

Essa previsão legal limita somente "o tempo de cumprimento das penas privativas de liberdade", logo, nada impede que o agente, autor de vários crimes, possa receber, na soma de penas, condenação superior àquele limite, aliás, um terço superior à previsão anterior. Nos últimos anos, tem sido muito frequente a aplicação de penas cuja soma supere a esse limite previsto para cumprimento. Fiquemos com um exemplo emblemático, qual seja, a do ex-governador do Rio de Janeiro, Sérgio Cabral, cuja soma de penas aplicadas já ultrapassa a duzentos anos, o que parece até uma ironia, em país que proíbe a aplicação de prisão perpétua. Por isso, quando as condenações de um mesmo condenado atingirem soma superior aos quarenta anos (até 23 de janeiro esse limite era de 30 anos), "devem ser unificadas para atender ao limite máximo" de cumprimento previsto (art. 75, § 1º, do CP).

Todavia, este limite, segundo entendimento sumular do STF, aplica-se tão somente para o cumprimento de pena, não sendo aplicável para outros benefícios tais como livramento condicional, progressão de regimes, indulto etc. Esse entendimento do STF encontra-se consagrado na Súmula 715, segundo a qual: "A pena unificada para atender ao limite de trinta anos de cumprimento, determinado pelo art. 75 do Código Penal, não é considerada para a concessão de outros benefícios, como o livramento condicional ou regime mais favorável de execução". Leia-se agora, pena de quarenta anos.

Contudo, considerando o exposto acima sobre o sistema prisional, os efeitos perversos que a prisão produz, a proibição de *prisão perpétua* e a limitação prevista no art. 75, o STF, necessariamente, até por uma questão de humanidade e racionalidade, deverá rever o conteúdo da Súmula 715, para admitir que limite máximo de 40 anos passe a ser considerado para todos os benefícios penitenciários, inclusive para o livramento condicional e a progressão de regimes penais. Com efeito, além de adequar-se à proscrição da prisão perpétua, a limitação do cumprimento da pena de prisão tem a finalidade de alimentar no condenado "a esperança de liberdade e a aceitação da disciplina" (Exposição de Motivos da Lei n. 7.209, item 61), caso contrário, perdendo a esperança futura de liberdade, facilmente o condenado poderá transformar-se em um terror para o sistema, dificultando profundamente a harmonia e a segurança no interior das prisões, com organizações de motins, práticas frequentes de assassinados, inclusive de monitores etc.

A mensagem que o legislador passa com essa elevação, seja para o condenado jovem, seja para o homem maduro, em qualquer hipótese, é dramaticamente desesperançosa: para o homem maduro, além de imprimir um cunho altamente desumano, flerta com a proibição constitucional da prisão perpétua, significando que o condenado não terá mais nenhuma esperança motivadora para recuperar-se, para melhorar sua personalidade etc. Essa falta de perspectivas transforma o ser humano no pior prisioneiro possível, virando uma fera enjaulada, contra tudo e contra todos. Para o condenado jovem representa, no mínimo, que o país não acredita nos jovens, na possibilidade de ressocialização da pena, na sua recuperação e tornar-se útil e prestante.

Por fim, sem falar-se no custo das prisões, significa, ademais, que além das trezentas mil vagas carentes, amplia-se, só por esse aumento, a carência em mais um terço de novas vagas, ou seja, em vez das trezentas mil vagas faltantes nos aproximaremos de seiscentas mil, visto que se ampliou em um terço o tempo em que a prisão poderá ser cumprida. Quando o condenado praticar novo crime durante a execução, far-se-á nova *unificação de penas*, abatendo-se o tempo já cumprido (art. 75, § 2º). A pena de multa, em qualquer forma de concurso, é aplicada integral e indistintamente (art. 72).

7.3. *Unificação de penas para crimes praticados em períodos com vigência de limites distintos*

Como se deverá proceder a *unificação de penas*, quando alguém, condenado com penas elevadas por crimes praticados até o dia 23 janeiro de 2020, vem a cometer novos crimes a partir da entrada em vigor da Lei n. 13.964/2019, recebendo, igualmente, elevadas penas, atingindo em sua soma total superior a 40 anos. Deverão ser unificadas nos trinta ou nos quarenta anos? Como elaborar-se essa verdadeira operação aritmética? Para nós da área jurídica, seguramente, não deverá ser uma solução muito fácil, e, provavelmente, ocorrerá muitas vezes nos próximos anos.

Refletindo sobre esse tema, após sermos questionados por amigo desembargador, acreditamos ter encontrado uma solução razoável para a solução dos problemas relativos à soma dessas penas (cujos limites são distintos), do limite de cumprimento para cada uma, bem como aplicar a progressão de regimes, o livramento condicional etc. Vejamos os seguintes passos:

1) certamente, não será limitada nem aos trinta anos, nem aos quarenta, ainda que, hipoteticamente, possa ter recebido a mesma condenação, para crime praticado antes do dia 23 de dezembro, e para crime praticado depois dessa data, digamos, de 25 anos de pena, para cada período diferente. Acreditamos que será recomendável fazer-se um *cálculo aritmético*, adotando-se, como parâmetro, a *proporcionalidade* relativamente aos dois períodos, crime praticado antes do dia 23 e outro praticado depois, devendo-se somar as penas unificando-as para efeitos de execução. Ah, dir-se-ia, mas então será fácil, principalmente, na hipótese de receberem a mesma pena de trinta ou 25 anos, por exemplo, nos dois períodos,

como exemplificado acima. Dividir-se-ia por dois, e, consequentemente, ficaria a média em trinta ou em vinte e cinco anos!

Não necessariamente, posto que essa *proporcionalidade* não deverá ser calculada somente sobre as quantidades de penas aplicadas em cada período, como pode parecer à primeira vista, mas, fundamentalmente, sobre a quantidade de pena cumprida relativamente ao período da lei revogada.

2) Na verdade, embora seja necessária a soma das duas penas, para unificá-las, como determina a lei, a quantidade de penas aplicadas, em cada um desses períodos, não será o mais relevante, mas, a nosso juízo, o mais importante, será a quantidade de pena que o condenado deverá ou poderá cumprir relativamente ao período anterior, isto é, em relação ao crime praticado na vigência da lei revogada. Até porque a própria lei determina que o condenado deverá primeiro cumprir a pena anterior e a mais grave (reclusão, detenção etc.), para depois, na sequência, iniciar o cumprimento da condenação posterior.

Por isso, mais importante para o cálculo sobre o limite de pena que esse tipo de condenado deverá cumprir — entre 30 (trinta) ou 40 (quarenta) anos — será a quantidade ou o percentual de pena a cumprir ou cumprido relativamente ao crime praticado na vigência da lei revogada. Assim, deverá ser considerado o limite de 30 (trinta anos) para o cálculo de benefícios como progressão de regimes, livramento condicional etc., sendo desconsiderado o novo limite relativamente ao crime praticado na vigência da lei nova, além da necessidade de o STF revogar sua Súmula 715 ou dar-lhe outra interpretação.

Contudo, a equação será diferente quando se tratar de pena relativamente pequena do crime praticado na vigência da lei revogada, ante a unificação de penas. Como o percentual de pena por condenação poderá ser menor, necessariamente, terá — em continuação — que começar a cumprir pena relativamente ao período da lei nova, aí então dever-se-á fazer o *cálculo proporcional*, considerando-se o percentual de pena cumprido do crime anterior, bem como o percentual restante que deverá cumprir relativamente à lei mais grave. Logo, o limite total de cumprimento de pena não será de 30 (trinta) anos e tampouco de 40 (quarenta) anos, mas um número intermediário, o qual variará, de acordo com o maior ou menor percentual de pena cumprido relativamente ao período da lei revogada, cujo limite máximo era de 30 (trinta) anos. Deve-se adotar uma média aritmética ponderada.

Trata-se, como se vê, de um cálculo complicado, que exige consulta aos matemáticos (chamem os estagiários!), que, por ora, não temos essa resposta correta, mas o raciocínio deverá ser esse.

Por fim, quando o condenado praticar novo crime durante a execução, far-se-á nova unificação de penas, abatendo-se o tempo já cumprido (art. 75, § 2º). A pena de multa, em qualquer forma de concurso, é aplicada integral e indistintamente (art. 72).

SUSPENSÃO CONDICIONAL DA PENA | XXXVII

> *Sumário*: 1. Origem e desenvolvimento do instituto. 2. Conceito e denominação do instituto. 3. Natureza jurídica. 4. A suspensão condicional no Direito positivo brasileiro. 4.1. Requisitos ou pressupostos necessários. 4.2. Espécies de suspensão condicional. 4.2.1. Condições do *sursis*. 4.3. O período de prova. 4.3.1. Causas de revogação obrigatória. 4.3.2. Causas de revogação facultativa. 4.4. Prorrogação do período de prova. 5. Extinção da pena privativa de liberdade.

1. Origem e desenvolvimento do instituto

Referindo-se às práticas judiciais eclesiásticas, isoladas, de substituir a condenação, Cuello Calón disse que "não é possível pensar que tais práticas tenham influído na aparição das leis europeias que criaram e organizaram em fins do século XIX a suspensão condicional da pena"[1].

Para alguns, a verdadeira origem da suspensão condicional se deu em Massachusetts, Estados Unidos (no ano de 1846), com a criação da Escola Industrial de Reformas[2]. O instituto, inicialmente, nessa escola, destinava-se aos delinquentes menores, naturalmente primários, que, em vez de sofrerem a aplicação da pena, deveriam ser recolhidos a tal escola, sendo assim subtraídos dos malefícios ocasionados pela prisão. A consagração definitiva do instituto ocorreu somente com a edição de uma lei em 1896, no mesmo Estado de Massachusetts, que depois se estendeu aos demais Estados. Na Inglaterra, o *Criminal Law Consolidation Act* de 1861 e o *Summary Law Jurisdiction Act* de 1897 mantinham uma espécie de *substitutivo penal* com alguma semelhança com a antiga *fustigatio* romana, permitindo ao juiz omitir a declaração de culpabilidade diante de determinadas circunstâncias. Em 1886, com o *Probation of First Offenders Act*, foi estendida a concessão do benefício a delitos cuja pena fosse de até dois anos de prisão, com a condição de o condenado manter boa conduta durante o período probatório.

---

1. Cuello Calón, *La moderna penología*, Barcelona, Bosch, 1958, v. 1, p. 628.
2. Padovani, *L'utopia punitiva*, Milano, 1981, p. 168. Para Padovani, já em 1841 e 1854 um juiz inglês, Matthew, adotou a suspensão da execução da pena para menores delinquentes.

E atualmente tem ampla aplicação o instituto conhecido como *probation system*, por obra do *Probation of Offenders Act* de 1907.

Porém, como já afirmamos, a maioria dos doutrinadores atribui a origem moderna da suspensão condicional ao projeto apresentado por *Berenger* em 1884 no parlamento francês, que consagrava a suspensão condicional da pena[3]. Não obstante a qualidade e as vantagens apresentadas pelo projeto, foi objeto de longos e polêmicos debates no parlamento francês. A Bélgica, sabendo do indiscutível valor do trabalho de Berenger, adiantou-se, e, com a Lei de 31 de maio de 1888[4], adotou o novo instituto. Coube-lhe, assim, a honra de ser o primeiro país da Europa Continental a introduzir em sua legislação as vantagens da melhor política criminal por meio do instituto da suspensão condicional da execução da pena, também conhecida como *sursis*. Três anos depois, com a Lei de 26 de março de 1891, a França adotou o mesmo instituto, que passaria a ser conhecido como *belgo-francês*. Sua consagração ou importação pelos demais países viria em breve: Portugal (1893), Itália e Bulgária (1904), Dinamarca e Holanda (1905), Suécia (1906), Espanha (1908), Grécia (1911), Finlândia (1918), Áustria (1920)[5]. A Alemanha teve durante muito tempo seu próprio sistema, adotado em 1896, com características diferentes do sistema adotado nos Estados Unidos e Inglaterra (anglo-saxão) e continente europeu (belgo-francês). Depois, os países da América Latina também passaram a adotar, em geral, o sistema belgo-francês. O Brasil o adotou por meio do Decreto n. 16.588, de 6 de setembro de 1924.

No geral, todas as legislações apresentam os mesmos contornos do instituto. As variações nos diversos países não vão além da maior ou menor amplitude de seu âmbito de aplicação ou outras peculiaridades de pequena importância, sem lhe desnaturar a finalidade.

2. Conceito e denominação do instituto

Na busca constante de meios alternativos para diminuir os males causados pela prisão, o instituto jurídico da suspensão condicional da pena constitui um dos institutos mais elaborados da moderna evolução ética, política e científica da Justiça penal. Como disse Cuello Calón[6], "não só constitui um substitutivo penal das penas privativas de liberdade, como também um meio de eficácia educadora, pois, durante o período de prova, o condenado se habitua a uma vida ordenada

---

3. José Luís Salles, *Da suspensão condicional da pena...*, p. 41.
4. Cuello Calón, *La moderna penología*, cit., p. 628.
5. Maqueda Abreu, *Suspensión condicional...*, Madrid, Ministerio de Justicia, 1985, p. 37; Carlos Mir Puig, *El sistema de penas y su medición en la reforma penal*, Barcelona, Bosch, 1986, p. 213.
6. Cuello Calón, *La moderna penología*, cit., p. 638.

e conforme com a lei". No dizer de Jescheck[7], "a suspensão condicional da pena é um meio autônomo de reação jurídico-penal que tem várias possibilidades de eficácia".

A falência do sistema penal, cujos regimes penitenciários têm sido uma das causas da reincidência, que é a pedra de toque da criminalidade, determinou a crise da repressão atual, que assim foi encontrar a terapêutica fora do cárcere, e um dos exemplos é a suspensão condicional das penas privativas de liberdade. Daí o grande número de defensores de tal instituto, como Paul Cuche[8], para quem se trata de medida de política criminal que "substitui a ameaça legislativa coletiva pela ameaça judicial individual", substituindo assim a intensidade pela extensão no domínio da intimidação penal.

No geral, os penalistas brasileiros não se preocupam em conceituar a suspensão condicional. Limitam-se a examinar seus caracteres, pressupostos e condições estabelecidas pelo ordenamento positivo. Mas a quase ausência de definições na doutrina brasileira não impediu a busca de algumas delas, que foram emitidas por poucos penalistas. Assim, para Aníbal Bruno[9], a "suspensão condicional da pena é o ato pelo qual o juiz, condenando o delinquente primário, não perigoso, à pena detentiva de curta duração, suspende a execução da mesma, ficando o sentenciado em liberdade sob determinadas condições". Juarez Cirino dos Santos[10] diz que a suspensão condicional da pena "constitui substitutivo penal *impeditivo* da execução e *extintivo* da pena privativa de liberdade aplicada, decidido pelo juiz na sentença criminal, com o objetivo de evitar os malefícios da prisão...".

Os autores não chegaram a um consenso sobre a melhor denominação para o instituto. Na Espanha a doutrina emprega mais frequentemente a denominação *condena condicional* e também *remisión condicional*. Mas "condenação condicional" constitui uma grave imprecisão e leva a uma conclusão equivocada, pois o que se suspende condicionalmente não é a condenação, mas sua execução, assim, *condena condicional* se aplicaria melhor ao *probation system*, no qual o que fica suspenso é a própria condenação, que não é proferida. Na expressão de Auler, "o que caracteriza o sistema franco-belga ou europeu-continental é a suspensão da execução da pena ou do julgamento, enquanto, ao contrário, o que singulariza o sistema anglo-saxão é a suspensão da própria ação penal"[11]. Nuñez Barbero[12] faz sua crítica à lei de 1908, que em seu art. 6º utiliza a expressão "suspensão da condenação", argumentando que, em verdade, se pronuncia o julgamento da

---

7. Jescheck, *Tratado de Derecho Penal*, cit., p. 1153.
8. Paul Cuche, *Traité de Science et de Legislation Pénitentiaires*, Paris, 1905, p. 201.
9. Aníbal Bruno, *Direito Penal*, Rio de Janeiro, Forense, 1967, p. 255.
10. Cirino dos Santos, *Direito Penal*, Rio de Janeiro, Forense, 1985, p. 255.
11. Hugo Auler, *Suspensão condicional da execução da pena*, Rio de Janeiro, 1957, p. 90.
12. Nuñez Barbero, *La concepción actual...*, p. 570-1.

culpabilidade e se aplica a pena privativa de liberdade correspondente e que somente esta é suspensa condicionalmente, pelo que é imprópria a denominação. Santiago Mir Puig também adverte que a expressão *condena condicional* pode conduzir a equívocos, pois o que se suspende não é a *condenação*, mas o cumprimento da pena imposta[13].

Creio que também não é apropriada a denominação *remisión condicional*, que empregava o anterior Código Penal espanhol. A terminologia que prevaleceu na doutrina alemã para designar esse instituto é a de "suspensão condicional da pena"[14]. Eduardo Correia[15] também utilizava "suspensão condicional da pena", expressão semelhante à mantida pelo Código Penal português de 1982, "suspensão da execução penal". No Direito brasileiro, somente em sua criação, com o Decreto n. 16.588, de 1924, foi empregada a expressão "condenação condicional". O Código Penal de 1940 já utiliza (art. 57), em lugar de "condenação condicional", a mais correta denominação, "suspensão condicional da pena", terminologia mantida na Reforma Penal de 1984.

A nosso juízo, *suspensão condicional da execução da pena* é a terminologia mais adequada, pois reflete melhor o verdadeiro sentido e alcance dessa medida de política criminal.

3. Natureza jurídica

A natureza jurídica da suspensão condicional da pena apresenta maior complexidade e transcendência no campo da doutrina penal, não havendo consenso entre os penalistas e demais cientistas da ciência criminal.

Hugo Conti[16], depois de dizer que a pena deve ser substituída por qualquer coisa melhor, esclarece que a suspensão condicional apresenta-se como um *substitutivo penal*. No mesmo sentido são as opiniões de A. Mermound[17] e Zurcher[18], que veem o instituto em estudo como "um sucedâneo da pena". Aqueles que têm a suspensão condicional da pena como substitutivo penal partem da ideia de que a concessão do benefício legal implica a substituição da pena de prisão por uma *pena moral* representada pela admoestação que está implícita na sentença. Essa

---

13. Mir Puig, *Derecho Penal*, 2ª ed., Barcelona, Promociones Publicaciones Universitarias, 1985, p. 638.
14. Jescheck, *Tratado*, cit., v. 2, p. 1152; Claus Roxin, *Introducción al Derecho Penal y al Derecho Penal Procesal...*, p. 70.
15. Eduardo Correia, *Direito Criminal*, Coimbra, Livr. Almedina, 1968, v. 1, p. 395.
16. Hugo Conti, La pena e il Sistema Penal del Codice Italiano, in *Enciclopedia del Diritto Penale Italiano*, Milano, 1910, v. 10, p. 600-3.
17. A. Mermound, *Du sursis à l'exécution des peines*, Lausanne, Imprimérie Ch. Viret-Genton, 1895, p. 29.
18. Zurcher, citado por Hugo Auler, *Suspensão condicional*, cit., p. 127.

tese é inaceitável, pois confunde-se com a natureza de toda a sanção penal, que sempre mantém o caráter de diminuição moral. Portanto, não é a advertência do juiz implícita na sentença que dá à suspensão condicional o caráter moral, que é peculiar a toda sanção penal.

Para Jescheck[19], a suspensão condicional é "um meio autônomo de reação jurídico-penal que tem várias possibilidades de eficácia. É pena, tanto que se condena a uma pena privativa de liberdade e o condenado tem antecedentes penais". Mas o próprio Jescheck conclui mais adiante que a opinião dominante vê na suspensão condicional somente "uma modificação na execução da pena", rechaçando assim que se trate de um ato de graça.

Cesare Pola[20], e com ele Bettiol[21] e Maggiore[22], adotaram a tese de que a suspensão condicional da pena é uma causa extintiva do delito e da ação. Nada mais fez, porém, que seguir a orientação do Código Penal de seu país, que, tradicionalmente, vem regulando esse instituto no capítulo relativo às causas de *extinzione del reato*. Essa concepção tampouco pode ser acolhida (especialmente no Brasil e no Projeto de Código Penal espanhol de 1980), pois, por via indireta, importaria reconhecer como se fosse uma causa de extinção de punibilidade, como é o caso da *graça* ou do *indulto*, nos crimes de ação pública, ou a *renúncia* ou o *perdão* nos crimes de ação privada. A graça e o indulto, já referimos, estão afetos ao Poder Executivo e a suspensão condicional ao Poder Judiciário, e a renúncia e o perdão pertencem à esfera exclusiva do particular ofendido.

Atualmente, a doutrina brasileira, em sua grande maioria, vê no instituto em exame *um direito público subjetivo do condenado*.

E, para concluir, há aqueles que concebem a suspensão condicional como uma "condição resolutória", já que a execução da pena fica subordinada a um acontecimento futuro. "É *condição*, porque a pena fica subordinada a um acontecimento futuro e incerto; é *resolutiva*, porque a indulgência vigorando, desde logo, deixa, portanto, de existir se a cláusula imposta não for cumprida de acordo com o estabelecido". Em sentido semelhante manifesta-se Henri Locard, para quem a suspensão condicional tem o caráter provisório de uma dilação que poderá ser revogada a qualquer tempo pela superveniência da condição resolutória resultante de um segundo delito. Ainda no mesmo sentido é a opinião de Soler[23], quando diz: "chama-se condicional a condenação que o juiz pronuncia deixando

---

19. Jescheck, *Tratado*, cit., v. 2, p. 1153.
20. Giuseppe Cesare Pola, *Commento alla Legge sulla Condanna Condizionale*, Torino, Fratelli Bocca, 1905, p. 58-9.
21. Bettiol, *Direito Penal*, São Paulo, Revista dos Tribunais, 1977, v. 1, p. 205.
22. Maggiore, *Derecho Penal*, Bogotá, 1954, v. 2, p. 32.
23. Soler, *Derecho Penal argentino*, Buenos Aires, TEA, 1976, v. 1, p. 421.

em suspenso sua execução por determinado período de tempo, que somente será executada se produzir certa condição...".

A corrente que vê a suspensão condicional da pena somente como uma *condição resolutória* do direito de punir (Magalhães Noronha, Whitaker, Locard, Soler etc.) também é insuficiente para definir a natureza jurídica do instituto em questão. A suspensão condicional não pode ser reduzida a simples condição, quando a condenação imposta permanece e somente a execução da pena fica suspensa e não será cumprida se o beneficiário, no prazo depurador, comportar-se socialmente de modo a não causar sua revogação. É *suspensiva uma condição* quando a eficácia de um ato ou a aquisição de um direito se subordina à sua verificação; é *resolutiva a condição* quando a eficácia de um ato ou exercício de um direito somente tem lugar enquanto a *conditio* não se realiza. Ora, a condenação aplicada no julgamento que concedeu o *sursis* não ficou dependente de qualquer condição para passar em julgado, bem como sua eficácia. E, ademais, em que pese a suspensão do cumprimento da pena principal, todos os demais efeitos da condenação permanecem válidos.

Além das concepções examinadas, existem outras — só para mencioná-las: "adaptação individual da pena", "complemento do sistema penal", "direito público subjetivo", "meio de punição de ordem especial" etc.

Para nós, hoje, a suspensão condicional da pena é, como disse Soler, "uma verdadeira condenação", ou seja, não é mais que uma simples modificação na forma de cumprimento das penas que suspende, especialmente na regulamentação do Código Penal brasileiro, que determina que, no primeiro ano de prazo, "deverá o condenado prestar serviços à comunidade (art. 46) ou submeter-se à limitação de fim de semana (art. 48)". Em realidade é uma alternativa aos meios sancionatórios tradicionais com que conta o moderno Direito Penal.

4. A suspensão condicional no Direito positivo brasileiro

A Reforma Penal de 1984 manifestou profunda preocupação com as penas privativas de liberdade ditas de curta duração: curtas para a *finalidade ressocializadora*, são suficientemente longas para iniciar o criminoso primário na graduação acadêmica do crime. Assim que, dentre as alternativas possíveis a essas penas curtas, redimensionou o instituto da suspensão condicional, dotando-o de maiores exigências, com a finalidade de torná-lo mais eficaz, visando à prevenção especial sem descurar da prevenção geral, o que levou à afirmação de que agora a suspensão condicional "passou a ser um instituto eficaz e sério"[24]. Essa nova concepção recupera o sentido e o valor político-criminal do instituto no Brasil,

---

24. Jair Leonardo Lopes, *Nova Parte Geral do Código Penal*, Belo Horizonte, Del Rey, 1985, p. 63.

que, graças a sua regulamentação anterior e respectiva má aplicação, recebeu a denominação de "quase nada-jurídico", decorrente das condições que então se impunham, que não passavam de apresentação semestral do condenado em juízo e da total ausência de fiscalização e acompanhamento do beneficiário[25].

Hoje a suspensão condicional da pena, segundo Jescheck, "a parte mais importante da reforma político-criminal empreendida depois da 2ª Guerra Mundial"[26], tem condições de ser aplicada no ordenamento jurídico brasileiro, sem receber o descrédito da sociedade, que se sentia em total desabrigo pela absoluta desconsideração sobre a lesão de que fora vítima. Finalmente encontrou o equilíbrio desejado entre prevenção geral e prevenção especial. Não esqueceu, como recomenda Jescheck[27], de fortalecer, através das condições impostas, a função retributiva da pena suspensa, de sorte a fazer sentir ao condenado os efeitos da condenação. Consciente da utopia que é a pretensão de coibir delitos sem utilizar a pena privativa de liberdade, a Reforma Penal dotou o sistema penal brasileiro de alternativas tais que dificilmente um réu condenado a uma pena de até dois anos irá para a penitenciária, pois além do *sursis*, ora em exame, criou as penas restritivas de direitos e revitalizou a pena de multa, com a adoção do sistema dias-multa. Assim, raramente se executa a pena privativa de liberdade de curta duração em casos de *réus não reincidentes* e de *prognose favorável*.

O sistema jurídico brasileiro, que sempre adotou o instituto belgo-francês, também conhecido como europeu-continental, não deixa de ser fiel às suas origens. Porém, conhecendo os melhores resultados obtidos pelo sistema anglo-americano, *probation system*, sucumbe aos encantos desse instituto e adota o sistema de vigilância e acompanhamento dos beneficiários da suspensão (art. 158 e §§ 3º ao 6º da Lei de Execução Penal). Enfim, é uma nova modalidade de *sursis*, com obrigações e acompanhamento de pessoal especializado, que poderíamos chamar, como fazem os franceses, *sursis avec mise à l'épreuve*.

De um modo geral, todo condenado à pena privativa de liberdade não superior a dois anos poderá tê-la suspensa, desde que preencha os requisitos ou pressupostos previstos no art. 77 do Código Penal. E, excepcionalmente — isto é uma novidade da Reforma —, os septuagenários poderão ter o mesmo benefício, desde que a sua condenação não seja superior a quatro anos.

---

25. Nilo Batista, *Temas de Direito Penal*, Rio de Janeiro, Liber Juris, 1984, p. 193: "Que a pena privativa de liberdade deva ser relegada para casos que não possam ser tratados de outra forma estamos de acordo; que seja, nos pequenos delitos dolosos que reclamem punição, substituída por nada — que a tanto equivale o *sursis*, tal como praticado no Brasil — é igualmente inaceitável".
26. Jescheck, *Tratado*, cit., trad. Santiago Mir Puig e Francisco Muñoz Conde, Barcelona, Bosch, 1981, v. 2, p. 1152.
27. Jescheck, *Tratado*, cit., v. 2, p. 1160.

Para efeitos da suspensão condicional da pena não se faz mais distinção entre reclusão ou detenção, como ocorria no Código de 1940 e que foi abolida pela Lei n. 6.416/77.

Na verdade, o *sursis*, hoje, significa a suspensão *parcial* da pena privativa de liberdade, durante certo tempo e mediante determinadas condições. Essa afirmação está amparada no § 1º do art. 78 do Código Penal, o qual determina que o condenado, no primeiro ano de prazo, deverá prestar serviços à comunidade ou submeter-se à limitação de fim de semana. Em realidade o *sursis* não é mais pura e simplesmente suspensão da execução da pena privativa de liberdade, como ocorria até 1984, mas — como afirmamos anteriormente — tão somente uma modificação na forma de cumprimento da pena suspensa, que é efetivamente executada, no primeiro ano de prazo, na modalidade de pena restritiva de direitos, além das demais condições.

Por expressa disposição legal, a suspensão condicional restringe-se às penas privativas de liberdade (art. 80 do CP). Parece lógico, pois as demais alternativas à pena de prisão visam, igualmente, preservar um mínimo de sentido retributivo da pena e representam uma forma de, no dizer de Jescheck, "fazer o condenado sentir os efeitos da condenação"[28]. É racional, pois, que nem as penas restritivas de direitos nem a pena de multa possam ter sua execução suspensa.

Finalmente, nem mesmo a revelia do condenado, como já ocorria na legislação anterior, por si só, inviabiliza a concessão do *sursis*. Respeita-se o direito do cidadão em não comparecer a juízo para defender-se.

4.1. *Requisitos ou pressupostos necessários*

Esse instituto, que melhor aceitação teve em termos de política criminal no combate aos males causados pela prisão, está condicionado a *pressupostos* e *condições*: aqueles pretéritos, estas futuras. Ao estabelecer os pressupostos — também chamados de requisitos —, o legislador brasileiro levou em consideração, como recomenda a boa doutrina, a pessoa do réu e o fato e suas circunstâncias. Esses pressupostos são de ordem objetiva e subjetiva e devem estar presentes ao mesmo tempo.

a) *Pressupostos objetivos*

I — *Natureza e quantidade da pena.*

O legislador, que já tinha sido expresso no *caput* do art. 77 ao referir-se à "execução da pena privativa de liberdade", não deixou qualquer dúvida de que o instituto só se aplica a essa espécie de pena, determinando que as demais penas — restritivas de direitos e multa — não podem ser objeto de suspensão condicional da execução (art. 80).

---

28. Jescheck, *Tratado*, cit., v. 2, p. 1160.

Considerando que a finalidade maior do instituto é evitar o encarceramento com todas as suas consequências, não teria sentido estender a aplicação do *sursis* às demais penas referidas, como, por exemplo, suspender o exercício temporário de determinada atividade (art. 47, II) em razão de crime cometido no seu exercício, e a seguir determinar a suspensão da execução da sentença, permitindo que o condenado continue livremente a exercê-la. Seria um contrassenso abominável.

Pela redação do Código Penal de 1940 somente a pena de *detenção* não superior a dois anos poderia ser suspensa e só, excepcionalmente, a *reclusão*, no mesmo limite, para menores de 21 anos e maiores de 70. A exceção agora fica por conta dos septuagenários, para os quais o limite da pena que pode ser suspensa se estende aos quatro anos, inclusive, conforme veremos ao abordarmos o *sursis* etário. A Reforma Penal de 1984 manteve o limite de dois anos, porém, sem fazer distinção entre reclusão e detenção ou mesmo prisão simples. Cumpre salientar que o limite de dois anos não é o de pena cominada para o delito, mas o de pena efetivamente aplicada ao caso concreto.

Assim, somente a pena privativa de liberdade, não superior a dois anos, em regra, pode ser suspensa.

II — *Inaplicabilidade de penas restritivas de direitos.*

Deverá o magistrado também verificar se, no caso concreto, não é *indicada ou cabível* pena restritiva de direitos. Da conjugação dos arts. 44 e 77, II, ambos do Código Penal, conclui-se que a *aplicabilidade de penas restritivas de direitos* afasta automaticamente a possibilidade de suspensão condicional da execução da pena.

O legislador brasileiro partiu do raciocínio de que as penas restritivas de direitos são de "menor rigor repressivo". E em regra até são, diante da nova regulamentação do *sursis* exigindo o cumprimento de penas restritivas de direitos no primeiro ano de prazo (art. 78, § 1º, do CP), como uma das condições obrigatórias à suspensão. Porém, nem sempre a espécie de pena restritiva de direitos aplicada em substituição à privativa de liberdade é mais benéfica. Como lembram muito bem Paganella Boschi e Pinto da Silva, a "cassação de carteira de motorista, para quem sobrevive e sustenta a família, é medida mais aflitiva do que o *cumprimento* da pena privativa aplicada, em decorrência de crime culposo de trânsito, se conseguir beneficiar-se com o *sursis*" (grifamos)[29]. Outra hipótese é a situação daquele que preenche os requisitos legais para beneficiar-se com o chamado *sursis especial*, que será examinado a seguir, mas a que também é cabível pena restritiva de direitos (Exposição de Motivos, item 66). Essa modalidade de *sursis*, que é praticamente a reedição do anterior, onde a contraprestação do

---

29. José A. Paganella Boschi e Odir Odilon Pinto da Silva, *Comentários à Lei de Execução Penal*, Rio de Janeiro, Aide, 1986, p. 171.

beneficiado é quase nada, inquestionavelmente é a resposta penal mais benéfica de todo nosso ordenamento jurídico. Curiosamente, agir de acordo com a letra fria da lei (arts. 44 e 77, III), em certas situações, seria paradoxal, pois um condenado a uma pena maior (igual ou superior a um ano e não superior a dois) poderia ter um benefício maior (*sursis* especial) do que um condenado a uma pena menor (inferior a um ano), nas mesmas circunstâncias, obrigado a cumprir pena restritiva de direitos.

Em situações como essas é que, nitidamente, a prevenção geral tem de ceder à prevenção especial, sem prejuízo à defesa da ordem jurídica. Nesses casos, o magistrado deve examinar cuidadosamente, atento às circunstâncias do art. 59, e, sempre que possível, aplicar a sanção menos prejudicial ao condenado e aos objetivos da pena.

b) *Pressupostos subjetivos*

I — *Não reincidência em crime doloso.*

Nem toda reincidência impede a concessão do *sursis*, mas tão somente a *reincidência em crime doloso*. Isso quer dizer que a condenação anterior, mesmo definitiva, por crime culposo ou por simples contravenção, por si só, não é causa impeditiva da suspensão condicional da pena. Uma primeira condenação por crime doloso não impossibilita a obtenção posterior de *sursis* pela prática de um crime culposo e vice-versa. A condenação anterior por crime doloso, mesmo no estrangeiro, não permite que se suspenda a execução da pena de outro crime doloso, independentemente de homologação no Brasil, formalidade esta somente exigida para efeitos de execução da sentença estrangeira.

A condenação precedente à pena pecuniária não obstaculiza a obtenção de *sursis*, independentemente da natureza do crime (doloso ou culposo).

Teoricamente é possível que um condenado já beneficiado com o *sursis* receba novamente esse mesmo benefício, em caráter provisório, enquanto aguarda eventuais recursos. A confirmação das duas condenações, porém, impossibilita o exercício de ambos os benefícios, que serão automaticamente revogados, devendo ser cumpridas as penas normalmente, a menos que a soma de ambas as condenações não ultrapasse o limite de dois anos, que, unificadas, representarão um único *sursis* e desde que não afastem o pressuposto do art. 77, II (antecedentes abonados e a probabilidade de não voltar a delinquir). Logicamente que as *condenações sucessivas* — mesmo não ultrapassando o limite de dois anos — poderão demonstrar que o *sursis*, na hipótese, não se enquadra naquela concepção de sanção *necessária e suficiente* à reprovação e prevenção do crime, como prevê o Código Penal brasileiro (art. 59, *caput, in fine*) e recomendar o *cumprimento da pena* em defesa da ordem jurídica, em obediência à prevenção geral ou mesmo à prevenção especial.

Há ainda outra hipótese de o acusado poder receber mais de um *sursis*, nesse caso *sucessivo*. Com a temporariedade dos efeitos da reincidência, agora limitados a cinco anos pelo art. 64, I, o então reincidente em crime doloso pode voltar a obter o *sursis* quando praticar outro crime, desde que tenham decorrido mais de cinco anos desde o cumprimento da pena ou da extinção de sua punibilidade. Com o decurso desses cinco anos sem cometer crimes, adquire a condição de *não reincidente*[30].

O *perdão judicial*, que não é fator gerador de reincidência e tampouco tem natureza condenatória, permite a concessão de *sursis* em futura condenação. Em sentido contrário, entendendo que a sentença que concede o perdão judicial é de natureza condenatória, a despeito da Exposição de Motivos, item 98, e do disposto no art. 120, manifesta-se Damásio de Jesus, mantendo seu entendimento anterior à reforma[31].

II — *Prognose de não voltar a delinquir.*

O conceito de *pena necessária* de Von Liszt, adotado no final do art. 59, se consolida no inc. II do art. 77. Os elementos definidores da medida da pena, *culpabilidade, antecedentes, conduta social, personalidade do réu, motivos e circunstâncias do crime*, informarão da conveniência ou não da suspensão da execução da pena aplicada na sentença. Esses elementos têm a delicada função de subsidiar a previsão da conduta futura do condenado, que, se for favorável, isto é, de que provavelmente não voltará a delinquir, autorizará a suspensão da execução da pena imposta, mediante o cumprimento de determinadas condições. Se, ao contrário, essas condições demonstrarem que provavelmente voltará a praticar infrações penais, a execução da pena não deverá ser suspensa. O risco a assumir na concessão do *sursis* deve ser *prudencial*, no dizer de Jescheck, para quem, diante de sérias dúvidas, recomenda sua não aplicação. Ainda que uma circunstância isolada desfavorável não seja obstáculo à aplicação do *sursis*, a valoração daquelas deve ser global, o que torna possível uma conclusão sobre a conduta futura do réu[32]. Não é indispensável que todas as circunstâncias sejam

---

30. Mirabete, *Manual de Direito Penal*, São Paulo, Atlas, 1990, v. 1, p. 295-6. Muito esclarecedora é a posição de Mirabete em relação ao novo tratamento da reincidência: "Chama-se *primário* aquele que jamais sofreu qualquer condenação irrecorrível. Chama-se *reincidente* aquele que cometeu um crime após a data do trânsito em julgado da sentença que o condenou por crime anterior enquanto não transcorrido o prazo de cinco anos contados a partir do cumprimento ou da extinção da pena. A terceira categoria é a do criminoso que não é primário nem é reincidente. O réu que está sendo julgado e já tem contra si uma sentença condenatória anterior transitada em julgado após o cometimento do segundo crime não pode ser considerado reincidente ou primário... Na nova lei penal, porém, somente há referência aos réus *reincidentes e não reincidentes...*".
31. Damásio, *Direito Penal*, São Paulo, Saraiva, p. 598.
32. Jescheck, *Tratado*, cit., v. 2, p. 1155. Para Jescheck, a dúvida, nesse caso, desfavorece o réu.

favoráveis, como ocorre com o *sursis* especial. Basta que, no geral, não sejam desfavoráveis de modo a criar dúvidas fundadas sobre a possibilidade de o condenado voltar a delinquir.

A decisão que conceder ou negar o *sursis* terá de ser fundamentada. Toda vez que a condenação à pena privativa de liberdade não for superior a dois anos, o juiz deverá, na sentença, manifestar-se fundamentadamente sobre a concessão ou não do *sursis*. Essa obrigação legal (art. 157 da LEP) reforçou o entendimento de muitos penalistas brasileiros que veem no instituto da suspensão condicional *um direito público subjetivo do réu*.

4.2. Espécies de suspensão condicional

À semelhança da República Federal Alemã, que adotou a suspensão condicional da pena em três graus, a Reforma Penal brasileira previu três espécies diferentes de *sursis*, agora acrescidas de mais uma modalidade, pela Lei n. 9.714/98, qual seja, "por razões de saúde", a saber:

a) *"Sursis" simples ou comum* — Nessa espécie o condenado fica sujeito ao cumprimento de prestação de serviços à comunidade ou de limitação de fim de semana, como condição legal obrigatória no primeiro ano de prazo. A exigência de cumprimento de uma dessas sanções corresponde a uma verdadeira execução, ainda que parcial, da pena imposta. Com a imposição dessa condição a Reforma Penal buscou tornar mais eficaz o instituto, respondendo melhor aos sentidos da pena e à prevenção geral, sem prejuízo à prevenção especial. Considerando que sua aplicação, em geral, ocorrerá para penas a partir de um ano até dois, parece saudável a nova previsão legal, que dotou de um mínimo de efetividade e sentido retributivo o instituto.

Essa é a espécie, agora normal, tradicional e mais frequente de suspensão condicional no Direito brasileiro.

b) *"Sursis" especial* — Por essa modalidade, que recebeu tal denominação da própria Exposição de Motivos (item 66), o condenado fica dispensado do cumprimento das já referidas penas restritivas de direitos, no primeiro ano do período de provas (art. 78, § 2º, do CP). A suspensão condicional, nesta espécie, será sempre mais benigna do que qualquer pena restritiva de direitos ou mesmo do que a pena pecuniária, qualquer que seja o seu valor. As condições do § 1º serão substituídas pelas do § 2º, ambos do mesmo art. 78. São as seguintes condições: 1) a proibição de frequentar determinados lugares; 2) a proibição de ausentar-se da comarca onde reside, sem autorização judicial; 3) o comparecimento pessoal e obrigatório a juízo, mensalmente, para informar e justificar suas atividades. Porém, essa espécie de *sursis* será concedida, *excepcionalmente*, para aquele condenado que, além de apresentar *todos* os requisitos gerais exigidos para o *sursis* simples, preencher dois requisitos especiais, quais sejam, os de haver "reparado o dano, salvo impossibilidade de fazê-lo", e se as "circunstâncias do art.

59 lhe forem *inteiramente* favoráveis". Aqui, na hipótese de *sursis* especial, se qualquer uma das determinantes do art. 59 lhe for desfavorável, impedirá a obtenção do *sursis* especial, restando-lhe, é claro, a possibilidade do *sursis* simples. A própria Exposição de Motivos (item 66) encarrega-se de esclarecer que tal *sursis* está reservado para aquele de "mínima culpabilidade, irretocáveis antecedentes, de boa índole a personalidade, bem como relevantes os motivos e favoráveis as circunstâncias".

c) *"Sursis" etário* — Produto de emenda legislativa e afinado com os modernos princípios de política criminal, privilegiou o cidadão com mais de setenta anos. Levou em consideração o fator velhice, que reduz a probabilidade de voltar a delinquir e diminui a expectativa de voltar a viver em liberdade de quem, eventualmente, for encarcerado nessa faixa etária. Para esse tipo de *sursis* elevou-se o limite da pena aplicada — superior a dois até quatro anos, inclusive. E, em decorrência desse limite, o período de prova também é maior: quatro a seis anos.

d) *"Sursis" por razões de saúde* — Trata-se de uma nova modalidade de *sursis*, acrescida pela Lei n. 9.714/98. A nova redação do § 2º do art. 77 deixa claro que "razões de saúde" podem *justificar* a concessão do *sursis*, também para pena *não superior a quatro anos*, independentemente da idade. Cuida-se, na verdade, de uma nova espécie de *sursis* e não simplesmente de um novo requisito do *"sursis" etário*. Por outro lado, representa uma nova alternativa de *sursis* para penas de até quatro anos, sendo *alternativo* e não simultâneo ou concomitante à maioridade de setenta anos. Em outros termos, para ter direito ao *sursis*, por razões de saúde, não precisa ser maior de setenta anos.

Contudo, *condenação superior a quatro anos*, ainda que o condenado apresente *sérios problemas de saúde*, não será fundamento suficiente, por essa previsão legal, para concessão de *sursis* por essa razão.

Como a previsão dessas duas espécies de *sursis* está no § 2º do art. 77, que estabelece os requisitos gerais para o *sursis* simples, evidentemente que os mesmos também são exigidos para o *sursis* do septuagenário e "por razões de saúde". Os hermeneutas ensinam que não se pode interpretar parágrafos em flagrante contradição com a cabeça do artigo, o que torna desnecessária a repetição no parágrafo da exigência de tais requisitos. Nem seria razoável outra interpretação. O condenado deve ser maior de 70 anos *na data da condenação*, ou apresentar, até essa data, *razões de saúde* que justifiquem a concessão do *sursis*. Embora não haja previsão legal nesse sentido, essa é a interpretação que se pode tirar do art. 65, I, 2ª parte, do Código Penal. Como o dispositivo existe em benefício do apenado e visa à execução da pena, pensamos que, se houver recurso de decisão condenatória, a data-limite para a verificação da idade deve ser a da publicação do acórdão que confirmar aquela. Ninguém ignora que um recurso pode levar anos para seu desfecho final, e tal decurso de prazo deve contar em favor do condenado.

4.2.1. Condições do *sursis*

As condições do *sursis* podem ser legais ou judiciais. Dizem-se *legais* aquelas que a própria lei estabelece determinando sua natureza e conteúdo, e *judiciais* as que o texto legal deixa à discricionariedade do juiz, que, contudo, deverá observar que sempre sejam "adequadas ao fato e à situação pessoal do condenado".

As condições legais diretas estão previstas nos parágrafos do art. 78. Para o "*sursis*" *simples*, as do § 1º, quais sejam, a obrigação de prestar serviços à comunidade ou submeter-se à limitação de fim de semana, e, para o *especial*, as do § 2º, que agora devem ser cumulativas (Lei n. 9.268/96).

As condições *judiciais* não foram enumeradas no texto legal e ficam a critério do juiz; contudo, devem ser adequadas ao fato e ao condenado. As condições não podem constituir, em si mesmas, sanções não previstas para a hipótese, em obediência ao princípio *nulla poena sine lege*, e em respeito aos direitos individuais e constitucionais do sentenciado. Tampouco se admitem condições ociosas, isto é, representadas por obrigações decorrentes de outras previsões legais, como, por exemplo, reparar o dano ou pagar as custas judiciais.

O cumprimento das condições impostas deve ser fiscalizado pelo *serviço social penitenciário, patronatos, conselho da comunidade* ou instituições beneficiadas com prestação de serviços à comunidade. O Ministério Público e o Conselho Penitenciário inspecionarão a atividade fiscalizadora das entidades referidas. Eventuais lacunas de normas supletivas serão supridas por atos do juiz da execução (art. 158, § 3º, da LEP).

O sentenciado pode recusar a concessão do *sursis* e submeter-se ao cumprimento da pena. A recusa ou aceitação desse *benefício* não impede o direito de recorrer, no prazo legal.

4.3. *O período de prova*

O lapso temporal em que o beneficiário tem a execução da pena suspensa chama-se *período de prova*. O cumprimento das condições impostas e a vida em liberdade, sem delinquir, são inegavelmente uma prova efetiva de que o beneficiário sentiu os efeitos da condenação e de que não necessitava recolher-se à prisão para emendar-se. A simples condenação, suspensa, comprova, nas circunstâncias, a suficiência da medida alternativa[33].

---

33. O que caracteriza o regime de prova e lhe confere sentido marcadamente educativo e corretivo que sempre o distinguiu da simples suspensão da execução da pena é, por um lado, a existência de um plano de adaptação social, e, por outro, a submissão do delinquente à especial vigilância e controle de assistência social especializada, o que representa uma intervenção do Estado na vida do delinquente após condenado, no sentido de desen-

Com a Reforma de 1984, o período de prova normal foi estabelecido entre dois e quatro anos, reduzindo-se o limite máximo, que era de seis anos. Para a hipótese do *sursis* etário esse prazo será de quatro a seis anos. Sua elevação justifica-se pelo fato de tratar-se de pena igualmente mais elevada que o normal. Em se tratando de contravenção, a suspensão será entre um e três anos (art. 11 da LCP).

Em circunstâncias normais, com pena próxima ao limite inferior, o período probatório deve ser fixado também no limite mínimo ou em sua proximidade. Doutrina e jurisprudência brasileiras são uníssonas em afirmar que "o período de prova deve ser fixado segundo a natureza do crime, personalidade do agente e intensidade da pena, não podendo o juiz, senão em hipótese excepcional, estabelecê-lo no prazo máximo". Entendemos, porém, que todos os elementos determinantes da pena contidos no art. 59 devem ser considerados, e quando o período probatório for fixado acima do limite mínimo a decisão deve ser devidamente fundamentada.

Atualmente, com absoluto acerto, o *sursis* só pode começar a correr depois de a decisão condenatória transitar em julgado (art. 160 da LEP). A *audiência de admoestação*, que a Lei de Execução Penal chama de admonitória, é a solenidade de advertência das consequências do descumprimento das condições.

A suspensão do cumprimento efetivo de pena privativa de liberdade está condicionada ao cumprimento das condições impostas, as quais necessitam da concordância do beneficiário, que ficará sujeito às consequências de seu eventual descumprimento. A revogação do *sursis* obriga o sentenciado a cumprir integralmente a pena suspensa, independentemente do tempo decorrido de *sursis*.

4.3.1. Causas de revogação obrigatória

As causas que podem ocasionar a revogação do *sursis* são expressas.

São causas de revogação obrigatória:

a) *Condenação em sentença irrecorrível, por crime doloso*

A lei não distingue se a condenação é consequência de fato praticado antes ou depois da infração que originou o *sursis* ou mesmo durante o seu exercício. Basta que a *nova condenação* transite em julgado *durante o período probatório* para que o *sursis* seja revogado. Aqui ocorre uma aparente contradição. Sim, se essa condenação ocorrer antes do início do *sursis*, durante o processo, antes ou depois da sentença condenatória (em fase de recurso), por si só impedirá a suspensão condicional? Não é o que vem ocorrendo, sob o frágil argumento de que a lei exige a *reincidência*. Antes da sentença, no nosso entendimento, uma

---

volver o seu sentido de responsabilidade" (Maria Gonçalves, *Código Penal português*, Coimbra, 1986, p. 132).

condenação por crime doloso, ainda que, tecnicamente, não produza reincidência, poderá ser causa impeditiva de concessão de *sursis*, especialmente se a pena aplicada não for a de multa. Não pela condenação em si, a qual a lei não arrola como causa impeditiva, mas pelos *antecedentes* que ficam maculados. Ora, se a condenação é causa para obrigatória revogação, com muito mais razão será causa para impedir a concessão, quando mais não seja, para, pelo menos, dar tratamento isonômico a partes iguais em situações semelhantes. Com os mesmos argumentos, encontrando-se em fase recursal a decisão condenatória que concedeu o *sursis*, nesse particular, deve ser tornada sem efeito, pelo órgão que tomar conhecimento da nova condenação.

A condenação à pena pecuniária não é causa revogatória do *sursis*. Como a condenação anterior à pena de multa, mesmo por crime doloso, não impede a concessão do *sursis*, seria incoerente que a condenação no curso deste determinasse sua revogação. Em relação às causas facultativas o Código foi expresso em excluir a condenação à pena de multa por crime culposo ou contravenção como causa revogatória (art. 81, § 1º, do CP).

A condenação no estrangeiro, que pode impedir a concessão do *sursis*, não é causa de sua revogação. Na ausência de previsão legal, por tratar-se de norma restritiva do direito de liberdade do condenado, veda-se a interpretação extensiva ou a aplicação analógica.

b) *Frustrar, embora solvente, a execução da pena de multa*

O simples não pagamento da pena de multa não é causa suficiente para revogar o *sursis*. Somente a *frustração da execução* da referida pena levará à revogação daquele. O deixar de pagá-la determina tão somente a cobrança judicial (art. 164 da LEP). É possível, porém, que o condenado, além de deixar de pagar, venha a criar embaraços que obstem a cobrança da multa, ou, na linguagem da lei, *frustre sua execução*. Aí sim, com a frustração da execução da pena de multa, sendo o réu solvente, revogar-se-á a suspensão condicional.

c) *Não efetuar, sem motivo justificado, a reparação do dano*

A simples não reparação do dano também não é causa revogatória. Somente a *injustificada* sê-la-á. Podendo efetuá-la, não a faz. Podem justificar a não reparação do dano, por exemplo, a situação econômica do condenado, a renúncia da vítima, a novação da dívida, o paradeiro desconhecido etc.

d) *Descumprir a prestação de serviços à comunidade ou a limitação de fim de semana*

Aqui, como ocorre na hipótese da reparação do dano, somente o *descumprimento injustificado* dessa condição deve causar a revogação do *sursis*. Para dotar de força suficiente essa condição e garantir a sua execução — na verdade uma pena restritiva —, o legislador estabeleceu que o seu descumprimento será causa obrigatória de revogação, caso contrário, seria uma determinação inócua.

e) Não comparecimento, injustificado, do réu à audiência admonitória

Os autores em geral têm chamado essa hipótese de *cassação do "sursis"*. Em nossa opinião não há razão que justifique a *denominação diferenciada* das demais situações chamadas de causas de revogação. O fato de estar prevista em outro texto legal (art. 161 da LEP) e de o legislador ter dito que a suspensão ficará "sem efeito" não justifica a preferência da doutrina, até porque, no dizer de Aurélio Buarque de Holanda Ferreira[34], "revogar" significa "tornar nulo, sem efeito".

O não comparecimento do acusado à solenidade da audiência admonitória, injustificado, é causa obrigatória de revogação da suspensão condicional da execução da pena.

4.3.2. Causas de revogação facultativa

São causas de revogação facultativa:

a) *Descumprimento de outras condições do "sursis"*

Na hipótese de *revogação facultativa,* a decisão fica sujeita à discricionariedade do juiz, que, em vez de revogar a suspensão, poderá prorrogar o período de prova. Aqui a lei refere-se às condições legais previstas para o *sursis* especial (art. 78, § 2º, do CP) e às condições judiciais que houverem sido determinadas (art. 79).

O descumprimento de qualquer *condição judicial* não será causa de revogação obrigatória do instituto, mas será facultado ao juiz revogá-lo ou prorrogar o período probatório, se já não estiver em seu limite máximo. As circunstâncias é que determinarão qual a medida mais *prudente* a ser tomada: revogar a suspensão condicional ou prorrogar o período de prova. Note-se que *discricionariedade* não é sinônimo de *arbitrariedade,* mas tão somente a liberdade para buscar, no caso concreto, a solução que melhor se harmonize com os fins da pena, com a defesa da ordem jurídica e com a prevenção geral e especial.

b) *Condenação irrecorrível, por crime culposo ou contravenção, à pena privativa de liberdade e restritiva de direitos*

Essa hipótese afasta a condenação à pena de multa, já que se refere especificamente às outras duas modalidades de penas. Cria, porém, uma situação um pouco complicada: um indivíduo condenado, com a pena suspensa e que durante o período de prova sofre outra condenação à pena privativa de liberdade ou restritiva de direitos pode não ter revogada a suspensão anterior.

Como e quando tal indivíduo cumprirá essa segunda pena? Será cumprida concomitantemente ou sucessivamente? Nem a lei nem a doutrina e tampouco a jurisprudência dizem como e quando será cumprida essa segunda sanção. Tampouco referem se haverá *unificação* com a pena suspensa que se encontra em período probatório.

---

34. Aurélio Buarque de Holanda Ferreira, *Novo Dicionário da Língua Portuguesa*, 1ª impr., Rio de Janeiro, Nova Fronteira, p. 1234.

Se a nova pena for também suspensa, imaginamos, poderá até haver uma espécie de unificação de penas ou mesmo a prorrogação do período probatório, se este não estiver no limite. Mas e se não for suspensa a segunda pena de prisão? Teria sentido aguardar expirar o período probatório da primeira condenação e depois cumprir a pena privativa de liberdade recolhido à prisão? Acreditamos que não. Seria um contrassenso. Assim, ainda que teoricamente a condenação por crime culposo ou contravenção seja causa facultativa de revogação, na hipótese suprarreferida, teria necessariamente de ser revogada. Em caso de pena restritiva de direitos, se as circunstâncias recomendarem a prorrogação em vez da revogação, até será possível conciliar a execução destas com o *sursis*.

c) *Prática de nova infração penal*

Percebe-se que há uma grande lacuna em relação aos motivos que podem revogar a suspensão condicional da pena: *a prática de infração penal durante o período probatório*.

Doutrina e jurisprudência são unânimes em afirmar que a prática de infração penal não revoga a suspensão condicional, pois o Código exige *condenação definitiva*, independentemente da época em que a infração tenha sido cometida. E se o beneficiário de *sursis* praticar duas, três ou mais infrações penais, sem ser preso em flagrante, como fica a ordem jurídica e a prevenção geral? Até onde vai a *imunidade* desse indivíduo, condenado com pena suspensa e autor conhecido de vários delitos? Como ficarão a imagem e o prestígio da Justiça Penal, já tão combalida, perante a sociedade? É incrível, mas, apesar de tudo isso, com a maior demonstração de que a suspensão da execução da pena foi, nesse caso, um equívoco, que o beneficiário não estava preparado e não merecia o benefício e que a sua aplicação não foi *suficiente para a reprovação e prevenção do crime*, pela letra fria da lei, e tal como se vem aplicando, não pode ser revogada.

Contudo, *contrariando a unanimidade doutrinária e jurisprudencial*, afirmamos ser possível a revogação de *sursis* em circunstâncias semelhantes à acima referida. Basta que o juiz, ao estabelecer as condições judiciais da suspensão, nos termos do art. 79, dentre elas, arrole esta: não praticar infrações penais ou não concorrer, de qualquer modo, para a sua prática. Não há qualquer impedimento legal quanto ao estabelecimento de tal condição, de extraordinária importância prevencionista. Por outro lado, supre uma grave lacuna do Código Penal sem ferir os direitos individuais e constitucionais do cidadão, que é cientificado das condições e tem o direito de não aceitar o *sursis*. Se aceitá-lo, porém, submete-se às condições impostas. Não teria nenhum sentido *não aceitar as condições porque deseja continuar delinquindo*. E, finalmente, harmoniza-se com o princípio de pena "necessária e suficiente", consagrado no final do art. 59, e com o *juízo de prognose* recomendado pelo art. 77, II, que exige que o condenado seja *merecedor da suspensão e que esta seja indicada*. E seguramente quem, durante o período de prova, volta a delinquir não a merece.

4.4. Prorrogação do período de prova

A prorrogação, *facultativa*, como alternativa à revogação, é apenas uma possibilidade, que desaparecerá se o período probatório já estiver fixado em seu limite máximo. Nessa modalidade de prorrogação — facultativa — continuam vigentes todas as condições impostas na sentença, com exceção daquelas específicas do primeiro ano de prazo (prestação de serviços à comunidade ou limitação de fim de semana). Mas há outra forma de prorrogação, que é *automática e obrigatória*: se o beneficiário do *sursis* estiver sendo *processado* por outro crime ou contravenção durante o período de prova.

Nessa hipótese de prorrogação não basta que o condenado pratique uma infração penal ou que esteja respondendo a um inquérito policial ou um expediente administrativo. Também é indiferente que a infração penal tenha sido cometida antes de ser concedida a suspensão ou durante o período de prova. É indispensável que esteja sendo *processado*, e o processo, tecnicamente falando, só começa com o recebimento da denúncia oferecida pelo Ministério Público ou da queixa-crime oferecida pelo ofendido. Essa prorrogação é automática e não depende de despacho judicial; decorre da lei e se prolonga até o julgamento definitivo do novo processo. Se houver condenação, revoga-se automaticamente o *sursis* e o condenado deverá cumprir as duas condenações. Aqui a lei não faz qualquer distinção entre crime doloso e culposo ou entre crime e contravenção. Determina simplesmente a prorrogação até o julgamento definitivo. É mais uma razão para a nossa perplexidade sobre o que e como fazer com uma segunda condenação à pena privativa de liberdade, nos casos de revogação facultativa, antes referida.

Nessa espécie de prorrogação, automática e obrigatória, prorroga-se tão somente o *prazo depurador. As condições impostas não subsistem, além do prazo anteriormente fixado*.

5. Extinção da pena privativa de liberdade

Decorrido o *período probatório* sem que tenha havido causas para a revogação, estará extinta a pena privativa de liberdade (art. 82), e o juiz deverá declará-la. Se não o fizer, a pena estará igualmente extinta, pois o que a extingue não é o despacho judicial, mas o decurso do prazo sem revogação. Uma vez extinta a pena, ainda que se venha a descobrir que o beneficiário não merecia o *sursis* obtido, em face da existência de causas impeditivas, por exemplo, não será revogável a suspensão.

A pena privativa de liberdade, que continua como a espinha dorsal do sistema, ficou reservada para quem pratica infrações graves, apresenta elevado grau de *dessocialização* ou seja reincidente em crime doloso. O legislador brasileiro criou alternativas para evitar o recolhimento à penitenciária dos não iniciados na criminalidade. O respeito e a boa interpretação da nova ordem jurídica avalizarão o acerto ou o equívoco da nova política criminal brasileira.

LIVRAMENTO CONDICIONAL XXXVIII

Sumário: 1. Origem e desenvolvimento do livramento condicional. 2. Conceito e caracteres da liberdade condicional. 3. Natureza jurídica da liberdade condicional. 4. A liberdade condicional no Direito brasileiro. 5. Requisitos ou pressupostos necessários. 5.1. Requisitos ou pressupostos objetivos. 5.2. Requisitos ou pressupostos subjetivos. 5.3. Requisito específico. 6. Condições do livramento condicional. 6.1. Condições de imposição obrigatória. 6.2. Condições de imposição facultativa. 7. Causas de revogação do livramento condicional. 7.1. Causas de revogação obrigatória. 7.2. Causas de revogação facultativa. 8. Suspensão do livramento condicional. 9. Efeitos de nova condenação. 10. Prorrogação do livramento e extinção da pena.

1. Origem e desenvolvimento do livramento condicional

Tal como ocorre com a suspensão condicional da pena, não há dados suficientes para se oferecer uma certeza absoluta sobre as origens mais remotas da liberdade condicional. Alguns sustentam haver encontrado reminiscências do instituto no *Direito Eclesiástico*, onde teria existido uma instituição similar ao livramento condicional, segundo afirma Federico de Córdova[1], que diz que o Direito Canônico praticou algumas formas de *Direito Penitenciário*. Essa afirmação não pode ser aceita, porque, como demonstramos no capítulo primeiro de nossa tese de doutorado[2], *a prisão não foi conhecida no Direito antigo*, como tampouco na Idade Média, onde a prisão era um parêntese para a *custódia dos delinquentes* até a imposição da pena a que foram condenados (morte, mutilações etc.). No entanto, entre as origens históricas da liberdade condicional merece destacar-se a fundação que o Papa Clemente XI fez em Roma, o *Hospício de São Miguel*: um misto de casa de correição de delinquentes jovens e de asilo para órfãos e anciões inválidos, sendo os primeiros submetidos a um tratamento propriamente penitenciário, em busca da *emenda moral*.

---

1. Federico de Córdova, *Libertad condicional*, citado por Samuel Daien, Buenos Aires, Ed. Bibliográfica Argentina, 1947, p. 40.
2. Cezar R. Bitencourt, *Falência da pena de prisão — causas e alternativas*, São Paulo, Revista dos Tribunais, 1993, p. 11 e s.

Os norte-americanos pretendem reivindicar para os Estados Unidos a origem do instituto e o relacionam com o *parol system*, implantado em 1876. Na verdade, segundo Cuello Calón, aparece nos Estados Unidos uma forma de *liberdade condicional* em 1825, na *Casa de Refúgio* de Nova York, e começa a funcionar no Estado do mesmo nome com a lei que criou o *Reformatório de Elmira* em 1869, e aí, onde alcançou grande desenvolvimento, recebe o nome de "liberdade sob palavra" e *parol system*.

Para muitos, as verdadeiras raízes do livramento condicional começam na França com a obra de Bonneville de Marsangy, *Institutions complémentaires du régime pénitenciaire*. A data desse surgimento é imprecisa. Cuello Calón, mesmo não aceitando a origem francesa do instituto, afirma que Boneville propugnou-o em 1847 e foi adotado por lei em 1850[3]. Para Daien[4], a "França estabeleceu a instituição em 1832 para os menores de idade recolhidos na prisão de Roquette (Paris), com o título de *Liberation Provisoire pour les jeunes détenus* e depois fê-la extensiva a todos os jovens e adultos de bom comportamento através das leis de 1850 e 1855". Em princípio utilizou-se nesse país como um prêmio aos delinquentes menores de 16 anos, pela boa conduta demonstrada durante a prisão. Os menores liberados ficavam submetidos à tutela e vigilância da *sociedade de jovens detidos*.

Em realidade — e nesse particular a maioria dos autores está de acordo —, a liberdade condicional teve sua origem nas colônias inglesas da Austrália, sendo conhecida com o nome de *ticket of leave system*, introduzida em 1840 por Macconochie, com a finalidade de promover a recuperação moral e social do criminoso e sua liberação antecipada sob vigilância, embora alguns autores, como Aníbal Bruno e Daien, recordando Mittermayer, refiram que "a liberdade condicional foi estabelecida pela primeira vez no ano de 1791, com o nome de *perdão judicial* para os condenados deportados pela Inglaterra para a Austrália"[5]. Depois, com o fracasso da deportação, o sistema introduzido na ilha de Norfolk por Macconochie foi adotado na Inglaterra.

Com pequenas diferenças de datas, os autores, em geral, aceitam a origem inglesa do instituto, que nasceu como complemento de uma legislação corretiva organizada. O Brasil consagrou referido instituto no Código de 1890, mas sua aplicação efetiva somente foi possível com o Decreto n. 16.665, de 1924. A introdução do instituto no continente europeu não foi consequência de providência prática, como ocorreu na comunidade britânica; foi fruto do trabalho de doutrinadores como Boneville e Mittermayer.

---

3. Cuello Calón, *La moderna penología*, Barcelona, Bosch, 1958, p. 535.
4. Samuel Daien, *Libertad condicional*, cit., p. 45.
5. Samuel Daien, *Libertad condicional*, cit., p. 14.

2. Conceito e caracteres da liberdade condicional

O livramento condicional, a última etapa do cumprimento de pena no sistema progressivo, abraçado em geral por todas as legislações penais modernas, é mais uma das tentativas para diminuir os efeitos negativos da prisão. Não se pode denominá-lo substituto penal, porque, em verdade, não substitui a prisão e tampouco põe termo à pena, mudando apenas a maneira de executá-la. Como diz Juarez Cirino dos Santos[6], "a liberdade condicional constitui a fase final desinstitucionalizada de execução da pena privativa de liberdade, com objetivo de reduzir os malefícios da prisão e facilitar a reinserção social do condenado (...)".

Na feliz definição de Cuello Calón[7], é "um período de transição entre a prisão e a vida livre, período intermediário absolutamente necessário para que o condenado se habitue às condições da vida exterior, vigorize sua capacidade de resistência aos atrativos e sugestões perigosas e fique reincorporado de modo estável e definitivo à comunidade (...)".

A concepção moderna de que a finalidade da pena é prevalentemente preventiva e visa também à reinserção social do condenado ou, como diz mais recentemente Muñoz Conde[8], pelo menos, evitar a "dessocialização", implica que, quando o apenado mostra-se reformado, a pena já não tem para ele nenhuma finalidade, e deve ser posto em liberdade. Como, no entanto, a reforma apresentada pode ser aparente ou simulada, a liberdade condicional apresenta-se como instrumento adequado, isto é, um período de prova durante o qual o beneficiário continua vigiado e sob condições, para demonstrar sua verdadeira recuperação. É a aprendizagem da nova vida em liberdade.

Em verdade, por tal instituto, o condenado a uma pena privativa de liberdade pode sair do estabelecimento antes do término fixado na sentença condenatória, claro, sempre que houver determinadas circunstâncias e sob certas condições. É uma antecipação, embora limitada, da liberdade. A liberação organizada sobre a base de um regime de assistência e vigilância do apenado durante certo prazo, com a possibilidade de reingresso na prisão em caso de má conduta, oferece ao réu mais possibilidade de reinserção, sem esquecer a sociedade, via prevenção geral. Através desse instituto, coloca-se no convívio social o criminoso que apresenta, em determinado momento do cumprimento da pena, suficiente regeneração. Para Jescheck[9], a liberdade condicional "pretende adaptar a duração do cumprimento da pena à evolução do réu no estabelecimento penitenciário,

---

6. Juarez Cirino dos Santos, *Direito Penal*, Rio de Janeiro, Forense, 1985, p. 258.
7. E. Cuello Calón, *La moderna penología*, cit., p. 537.
8. F. Muñoz Conde, *Derecho Penal y control social*, Sevilla, Fundación Universitaria de Jerez, 1985, p. 117.
9. H. H. Jescheck, *Tratado de Derecho Penal*, Barcelona, Bosch, 1981, v. 2, p. 1166.

estimulando-o, ao mesmo tempo, para que oriente seu destino durante o cumprimento com o comportamento positivo".

Enfim, a doutrina mais aceitável sobre a liberdade condicional é a que a considera como fase final da execução da pena privativa de liberdade e, portanto, como parte integrante desta.

3. Natureza jurídica da liberdade condicional

A liberdade condicional é um dos institutos que melhor refletem o espírito que orienta o Direito Penal moderno, embora, em princípio, contrarie a rigorosa exigência de justiça, que impõe o cumprimento integral da pena merecida, como insistiam os clássicos mais radicais. Durante longo tempo se concedeu a liberdade condicional por razões de economia ou para atenuar a enorme superpopulação das prisões. E também foi considerada, e ainda é, pelos *sistemas neoclássicos* como um favor ou benefício dispensado ao apenado como prêmio por sua boa conduta, determinando a concessão automática da liberdade, de tal modo que o preso considerava sua concessão como se fosse um direito estabelecido em seu favor.

Atualmente, as concepções sobre sua finalidade experimentaram uma mudança importante, perdendo aquele sentido de pura benevolência. Já na década de 30, Jagermann[10] defendia a ideia de que a liberdade condicional constituía um direito do apenado, desde que satisfizesse os requisitos legais; mas a doutrina, em geral, não aceitou a elevação de tal instituto à categoria de direito: admitiu somente a garantia do exame no tempo mínimo fixado em lei, por uma autoridade imparcial. E, desde então, se debate sobre a natureza jurídica do instituto.

Para muitos, não passa da última fase do tratamento penitenciário (sistema progressivo), que objetiva uma progressiva adaptação do apenado na vida em liberdade, constituindo uma fase de transição. Para a maioria dos autores italianos — segundo Giorgio Camerini[11] — é considerada como uma fase da execução da pena, que somente modifica o modo de executar-se em seu último período. No dizer de Soler[12], "durante esse tempo, o liberado está cumprindo pena". É uma medida finalística, integrada em um plano de política criminal voltada fundamentalmente para a recuperação social do condenado, com certa parcela da pena necessária de Von Liszt.

Na atualidade, a doutrina brasileira, em sua grande maioria, tem defendido a concepção de que a liberdade condicional é *um direito público subjetivo do*

---

10. Eduardo Espínola Filho, *Código de Processo Penal...*, p. 136.
11. Giorgio Camerini, *La grazia, la liberazione condizionale e la revoca anticipata delle misure di sicurezza*, Padova, CEDAM, 1967, p. 65-6.
12. Sebastian Soler, *Derecho Penal argentino*, Buenos Aires, TEA, 1976, v. 1, p. 381; H. H. Jescheck, *Tratado*, cit., p. 1166, "é uma medida de execução penal".

apenado[13], desde que estejam satisfeitos os requisitos legais. Nesse momento, sustentam, deixa de ser um ato discricionário do juiz ou uma faculdade, para integrar-se ao direito de liberdade do indivíduo, que somente pode ser restringido através de imperativos legais. No dizer de Frederico Marques[14], os benefícios são também direitos, pois o campo do *status libertatis* se vê ampliado por eles, de modo que, satisfeitos seus pressupostos, o juiz é obrigado a concedê-los. Dotti[15], com uma posição mais atualizada, afasta-se da generalidade das demais definições e concebe a *liberdade condicional* como "uma medida penal de fundo não institucional, restritiva da liberdade de locomoção".

4. A liberdade condicional no Direito brasileiro

A ineficácia dos métodos tradicionais de execução da pena privativa de liberdade, demonstrada pela experiência, a necessidade de encontrar alternativas à prisão, quando possível, a redução do período de encarceramento, quando este é indispensável, levaram o legislador da Reforma de 1984 a tornar mais acessível o livramento condicional. Na impossibilidade de adotar a discutida *pena indeterminada*[16], reduziu consideravelmente o período de pena cumprida, como exigência mínima para a obtenção do benefício (art. 60, II, do CP de 1940).

O Código Penal de 1940 só admitia o livramento condicional para penas de reclusão ou de detenção superiores a três anos. Como a suspensão condicional (*sursis*) só era possível, no mesmo diploma legal, para penas de até dois anos, havia um *hiato* profundamente injusto para aqueles que fossem condenados a penas superiores a dois anos até três, inclusive. Ficavam definitivamente afastados tanto da suspensão condicional como do livramento condicional, devendo cumprir integralmente a pena a que fossem condenados. O natimorto Código Penal de 1969 corrigiu aquela falha, admitindo o livramento condicional ao sentenciado à pena privativa de liberdade igual ou superior a dois anos. Como referido

---

13. Celso Delmanto, Direitos públicos subjetivos do réu no Código Penal, *RT*, 554/466, 1981; Julio Fabbrini Mirabete, *Manual de Direito Penal*, São Paulo, Atlas, 1990, v. 1, p. 323; Hélio Tornaghi, *Curso de Processo Penal*, 4ª ed., São Paulo, 1987, p. 448. Em sentido contrário: Reale Júnior et alii, *Penas e medidas de segurança...*, p. 229; René Ariel Dotti, As novas linhas do livramento condicional e da reabilitação, *RT*, 593/300, 1985; Damásio E. de Jesus, *Direito Penal*, 12ª ed., São Paulo, Saraiva, 1988, v. 1, p. 543.
14. José Frederico Marques, *Tratado de Direito Penal*, Rio de Janeiro, Forense, 1966, v. 3, p. 262, 264 e 276.
15. Ariel Dotti, *Reforma Penal brasileira*, Rio de Janeiro, Forense, 1988, p. 426. No mesmo sentido Damásio de Jesus, *Direito Penal*, cit., v. 1, p. 543.
16. Basileu Garcia, *Instituições de Direito Penal*, São Paulo, Max Limonad, 1982, v. 1, p. 629: "O livramento condicional aparece como uma das grandes providências inteligentemente concebidas no sentido de se conseguir, cada vez mais, na prática, a relativa indeterminação da sentença criminal".

Código não chegou a entrar em vigor, a Lei n. 6.416/77 introduziu a correção necessária no Código Penal de 1940, eliminando aquela situação contrastantemente injusta.

Assim, a pena *inferior a dois anos* pode beneficiar-se com a suspensão condicional, a *superior* a dois dispõe do livramento condicional e a pena de *dois anos exatos* pode beneficiar-se tanto com o livramento condicional como com a suspensão condicional; as circunstâncias e os fins da pena é que, na hipótese, indicarão a medida mais adequada.

A Lei n. 6.416/77 introduziu em realidade importantes modificações no instituto do livramento condicional: reduziu para dois anos o limite de pena aplicada, permitiu a soma de penas correspondentes a infrações distintas, afastou a observação cautelar e proteção do liberado da atribuição policial, admitiu a possibilidade de o juiz modificar as condições especificadas na sentença etc. Em linhas gerais, a Reforma de 1984, criada pela Lei n. 7.209, manteve a orientação do diploma de 1977 (Lei n. 6.416), com pequenas, embora sensíveis, alterações.

5. Requisitos ou pressupostos necessários

O livramento condicional é um dos institutos que mais se aproxima da orientação da "pena indeterminada", através da individualização executiva da pena, proporcionando ao sentenciado o contato direto deste com a comunidade livre durante um período experimental e condicional. Contudo, para que o sentenciado possa desfrutar do convívio social novamente, mesmo sob determinadas condições, necessita preencher alguns requisitos de natureza objetiva e subjetiva e, no caso dos chamados "crimes violentos", necessita de mais um requisito específico. Tais requisitos serão todos examinados a seguir.

5.1. *Requisitos ou pressupostos objetivos*

a) *Natureza e quantidade da pena*

Tal como ocorre com a suspensão condicional, somente a pena privativa de liberdade pode ser objeto do livramento condicional. Esse instituto somente poderá ser concedido à pena privativa de liberdade igual ou superior a dois anos (art. 83 do CP). A *soma de penas* é permitida para atingir esse limite mínimo, mesmo que tenham sido aplicadas em processos distintos. A soma de penas para fins de livramento condicional, que era uma *faculdade* concedida pelo art. 60, parágrafo único, do Código Penal de 1940, com a redação da Lei n. 6.416, foi transformada em *dever*. A partir da Lei n. 12.433/2011, o tempo remido pelo trabalho ou estudo também deve ser considerado na contagem de pena cumprida para a obtenção do livramento condicional (art. 128 da LEP).

Estão, consequentemente, afastadas desse instituto as penas restritivas de direito e a pena pecuniária. Não se fala das acessórias, porque foram abolidas do ordenamento jurídico brasileiro ordinário. Assim, as penas privativas de liberdade, ainda que somadas, que não atingirem o mínimo de dois anos e que não puderem se beneficiar com outras alternativas, tampouco poderão se beneficiar com o livramento condicional, devendo ser cumpridas integralmente.

b) *Cumprimento de parte da pena*

Para fazer jus ao livramento condicional, o apenado deve, obrigatoriamente, cumprir uma parcela da pena aplicada. Os *não reincidentes* em crime doloso e com *bons antecedentes* deverão cumprir mais de um terço da pena imposta, e o *reincidente* mais da metade. O Código Penal de 1940 exigia o cumprimento de mais da metade da pena para os não reincidentes e, para os reincidentes, mais de três quartos[17]. Não fazia distinção entre reincidentes em crime doloso (art. 60, I, do CP de 1940).

A Lei n. 8.072, de julho de 1990, que define os chamados *crimes hediondos* — ignorando o *sistema progressivo*, consagrado no ordenamento jurídico brasileiro —, determinava que a pena correspondente aos crimes hediondos, terrorismo, prática de tortura e tráfico ilícito de entorpecentes, deveria ser cumprida integralmente em regime fechado (art. 2º, § 1º). Com o advento da Lei 11.464/2007, que alterou a redação do dispositivo antes citado, nos crimes hediondos a pena de prisão deve iniciar em regime fechado. A Lei n. 8.072/90 exige, em sua versão original, que o condenado *não reincidente específico* nesses crimes cumpra, pelo menos, dois terços da pena aplicada, para poder postular o livramento condicional.

A Lei n. 13.344, de 6 de outubro de 2016, a pretexto de exasperar a punição do *tráfico de pessoas*, dentre outras "invasões", incursionou pelo *livramento condicional* e, equivocadamente, *equiparou-o aos crimes hediondos* ao exigir o cumprimento de mais de dois terços da pena, como um dos requisitos para a sua obtenção, alterando a redação do inciso V do art. 83 do Código Penal. Trata-se, a rigor, de uma previsão absolutamente *desproporcional*, burlando a vontade do legislador, que não desejou equipará-lo a essa modalidade de crimes. Ademais, apresenta-se contraditória com a previsão constante do § 2º do art. 149-A, segundo a qual, tratando-se de condenado primário e que não integre *organização criminosa*, a pena poderá ser reduzida de um a dois terços. Essa redução, por si só, pode trazer a pena para uma faixa que nem oportunize o instituto do *livramento condicional*. Ora, ocorrendo tal redução, dificilmente o apenado vai precisar valer-se do livramento condicional, pois a pena aplicada ensejará o regime aberto e, particularmente, a aplicação de *pena alternativa*, sem precisar recolher-se à prisão.

---

17. Muñoz Conde mostra-se partidário da redução da pena cumprida, embora em outros percentuais (F. Muñoz Conde, adições e notas do tradutor no *Tratado de Direito Penal* de Jescheck, p. 1185).

Com a adoção do *sursis* para penas de até dois anos, e com a redução do período de cumprimento da pena aplicada para o livramento condicional, a reforma penal afasta a contundência das críticas dos defensores da *não fixação de limite mínimo de cumprimento*; na realidade, o apenado poderá conseguir o livramento condicional com o cumprimento de apenas oito meses de prisão (cumprimento de apenas um terço), considerando, inclusive, o tempo remido, nos termos do art. 128 da LEP, com redação da Lei n. 12.433/2011. Esse período de oito meses é inferior ao exigido por muitas legislações *que se dizem progressistas,* que, eventualmente, não estabelecem percentual de cumprimento da pena aplicada, mas que determinam, em regra, cumprimento mínimo de um ano, independentemente da quantidade de pena imposta; outras vezes, exigem um percentual maior de cumprimento, dois terços, por exemplo[18]. O elenco de penas criado pela Reforma Penal tornou desnecessária a ausência de fixação de um limite mínimo de cumprimento de pena para concessão do livramento: "multa substitutiva" para penas de até seis meses (art. 60, § 2º, do CP); "pena restritiva de direitos" para penas inferiores a um ano ou para crimes culposos (art. 44, I); "suspensão condicional" para penas de até dois anos (art. 77); "regime aberto" inicial para penas de até quatro anos; "regime aberto" como terceira fase possível no cumprimento da pena de prisão; e, finalmente, "livramento condicional" para penas a partir de dois anos, inclusive (art. 83), com cumprimento de apenas um terço (para os não reincidentes) ou metade (para os reincidentes).

Conclui-se que somente irá para a prisão quem dela efetivamente necessite. Procurou-se excluir da pena privativa de liberdade quem não demonstre necessidade de segregação, quer pela reiteração, quer pela gravidade comportamental, quer pelo grau de *dessocialização* que apresente. Enfim, reservaram-se as penas privativas de liberdade para os crimes mais graves e para os delinquentes perigosos ou que não se adaptem às outras modalidades de penas.

Acorde com a melhor orientação científica em matéria de *individualização da pena,* o sistema brasileiro *dá um tratamento diferenciado para os reincidentes em crimes dolosos daqueles que são reincidentes em crimes culposos.* Como a

---

18. Jescheck, *Tratado*, cit., p. 1166. A proposta de Anteprojeto do Novo Código Penal espanhol de 1983 determina, entre outros pressupostos, o cumprimento de três quartos da pena, desde que chegue ao mínimo de seis meses (art. 84, 2ª). No entanto, como exceção, pode-se citar o moderno Código Penal português de 1982, que concede a liberdade condicional para os condenados que cumprirem a metade da pena superior a seis meses (art. 61, 1). Porém é uma liberalidade puramente aparente, pois, para penas superiores a seis anos, somente poderão pleitear tal benefício depois de cumprirem cinco sextos da pena, se ainda não foram favorecidos com o benefício anterior (art. 61, 2). E o Código Penal italiano, por sua vez, somente concede a liberdade condicional para condenados primários que tenham cumprido mais da metade da pena de detenção superior a cinco anos.

conduta dolosa, reiterada, é objeto de *maior reprovabilidade*, justifica-se, consequentemente, o rigor maior em sua sanção (reprovação); submete-se, ao mesmo tempo, ao princípio da proporcionalidade, à extensão e natureza da culpa. Com *a exigência expressa* de que o condenado *não seja reincidente em crime doloso* para ter direito ao livramento com o cumprimento de apenas um terço da pena imposta, permite, *a contrario sensu*, que o *reincidente em crime culposo*, teoricamente, possa ser beneficiado com referido instituto, cumprindo, igualmente, mais de um terço, desde que preencha os demais pressupostos. Para integralizar o tempo mínimo de pena cumprida, além da determinação de *soma de penas* referentes a condenações distintas, são computadas também, via *detração penal*, a prisão provisória, administrativa e internação em hospitais de custódia e tratamento psiquiátrico (art. 42 do CP). A pena remida pelo trabalho é igualmente considerada para efeitos de livramento condicional (art. 128 da LEP).

Finalmente, não é necessário que o condenado passe pelos três regimes penais, isto é, que se encontre cumprindo a pena no regime aberto, ao contrário da previsão atual do Código Penal espanhol de 1995, que a condiciona à circunstância de a condenação encontrar-se no último estágio de cumprimento (art. 9º)[19]. Basta que preencha todos os pressupostos do art. 83 do Código Penal para ter direito à liberdade antecipada.

c) *Reparação do dano, salvo* efetiva *impossibilidade*

Um dos efeitos da condenação é a obrigação de reparar o dano causado pela infração penal (art. 91, I, do CP). Há, atualmente, uma grande preocupação com a reparação do dano produzido pelo infrator. Não deixa de ser *uma pálida tentativa* de minimizar o esquecimento da vítima, que sofre diretamente as consequências do delito; nem mesmo as modernas legislações encontraram uma forma digna de restaurar o *status quo* do sujeito passivo do fenômeno criminal.

O legislador da reforma foi mais contundente na exigência da reparação do dano, ressalvando apenas a "efetiva" impossibilidade devidamente comprovada. Não mais admite aquele tradicional *atestado de pobreza*, de triste memória e que era suficiente para exonerar o infrator da responsabilidade reparatória[20]. A reparação do dano é uma obrigação civil decorrente da sentença penal condenatória, e o sentenciado que não puder satisfazê-lo deverá fazer *prova efetiva* dessa incapacidade, sendo inadmissíveis meras presunções ou ilações ou ainda injustificáveis atestados de pobreza.

Embora de grande importância em termos de *política criminal*, a exigência de *reparação do dano causado* pelo delito, especialmente em um ordenamento que não

---

19. Angel Sola Dueñas, Mercedez García Arán, Hernan Hormazábal Malarée, *Alternativas a la prisión*, Barcelona, PPU, 1986, p. 91.
20. Ricardo Antunes Andreucci *et alii*, *Penas e medidas...*, p. 236.

consagra a chamada *multa reparatória*, revela-se, na verdade, de pouco alcance prático, pois, de um modo geral, cumprem pena nas prisões os pobres e desfavorecidos, que são totalmente insolventes, sem a menor possibilidade de reparar o dano causado[21]. Aliás, essa é uma das razões que levam à complacência, hoje inadmissível, de muitos juízes, no exame da "capacidade de pagamento" do apenado, porque o atual ordenamento jurídico exige mais rigor no exame desse requisito.

5.2. *Requisitos ou pressupostos subjetivos*

Os requisitos subjetivos referem-se à pessoa do condenado, pois é *pressuposto básico* do livramento condicional que o liberado reingresse na sociedade livre em condições de tornar-se membro útil, produtivo e em reais condições de reintegrar-se socialmente. É necessário que esteja em condições de prover sua própria subsistência através do seu trabalho, sem necessidade de recorrer a atividade escusa[22]. Os requisitos subjetivos são: bons antecedentes, comportamento satisfatório durante a execução da pena, bom desempenho no trabalho atribuído e aptidão para o trabalho.

a) *Bons antecedentes*

Ao reduzir para um terço o lapso mínimo de cumprimento da pena para que o condenado *não reincidente em crime doloso* possa pleitear a liberdade antecipadamente, a lei acrescenta que deve ter, também, "bons antecedentes", sem os quais terá de cumprir, pelo menos, mais da metade da pena imposta. Assim, o condenado que houver praticado outras infrações penais, que tiver respondido a outros inquéritos policiais, que se envolveu em outras infrações do ordenamento jurídico, que sofreu outras condenações (mesmo as que não caracterizem tecnicamente reincidência), que se dedicou ao ócio e à malandragem, enfim, que não tiver "bons antecedentes", não poderá se beneficiar do livramento condicional com somente o cumprimento mínimo de pena[23]. Em realidade, o *cumprimento de mais de um terço* é uma exceção, e como medida excepcional só terá lugar se preencher todos os requisitos expressamente exigidos. Assim, só terá direito quem *"não for reincidente em crime doloso e tiver bons antecedentes"*. Faltando um ou outro desses dois requisitos a exceção não se justifica e o condenado deverá cumprir mais da metade da pena.

Devem ser considerados como antecedentes, para essa finalidade, aqueles fatos ocorridos antes do início do cumprimento da pena, mesmo que tenham ocorrido após o fato delituoso que deu origem à prisão, o que já não pode

---

21. Heleno Cláudio Fragoso, *Lições de Direito Penal*, 7ª ed., Rio de Janeiro, Forense, 1985, v. 1, p. 391. A Lei n. 9.099/95, finalmente, *descobre* a vítima do crime.
22. Aníbal Bruno, *Direito Penal*, 3ª ed., Rio de Janeiro, Forense, 1967, v. 3, p. 183.
23. Paulo José da Costa Jr., *Comentários ao Código Penal*, São Paulo, Saraiva, 1986, v. 1, p. 431.

ocorrer por ocasião da dosimetria e aplicação da pena. Os fatos ocorridos durante a prisão, além de não serem antecedentes, serão objeto de avaliação no requisito que trata da satisfatoriedade do comportamento prisional do recluso, e jamais como antecedentes penais, que não o são. Estes, como afirma Nilo Batista[24], "defluirão de uma apreciação globalizante da vida anterior do acusado, não se podendo cingir a um só aspecto (um eventual desajuste familiar, um eventual traço antissocial, um eventual precedente judicial etc.)".

Esse requisito, como se percebe, só interessa para o não reincidente em crime doloso; aquele que for reincidente, com ou sem bons antecedentes, deverá cumprir mais da metade da pena, pelo menos, para poder postular o livramento[25].

b) *Bom comportamento durante a execução da pena*

A previsão anterior exigia que o recluso tivesse "comportamento satisfatório" durante a execução da pena, sendo mais realista com a dificuldade de sobreviver no interior das prisões. Agora, equivocadamente, passa a exigir *bom comportamento* no interior do sistema penitenciário, como se isso fosse tarefa fácil e dependesse exclusivamente da conduta do condenado. Tal exigência é absolutamente desnecessária e ignora a dificuldade de sobreviver dentro do sistema, inclusive de não se envolver com as facções criminosas que dominam o sistema penitenciário nacional. Todo condenado quando ingressa no sistema já é compelido a optar por uma das facções existentes, sob pena de não sobreviver no interior das prisões comandadas pelo crime organizado, onde os próprios agentes não entram isoladamente. Essa é, desafortunadamente, a grande realidade do nosso sistema penitenciário.

A nova previsão legal exigindo "bom comportamento" durante a execução da pena, além de muito mais grave, dificilmente poderá ser cumprida pelos detentos, enquanto o sistema penitenciário permanecer nas condições sub-humanas, superlotado e sem condições de trabalho em seu interior, como é a realidade atual em mais de noventa por cento das casas prisionais deste país. Não se trata de um colégio de freiras e tampouco de um mosteiro de beatos em busca de purificação, mas de condenados por crimes graves, ou seja, de indivíduos que já erraram e enfrentaram toda sorte de dificuldades e terão que reaprender a conviver em um ambiente hostil e povoado por grandes criminosos, em geral altamente perigosos. O legislador ignora que o sistema penitenciário brasileiro não é um "retiro para o Tibete", mas um inferno onde ninguém sai melhor do que entrou.

A rigor, houve um erro crasso na alteração deste requisito que, sem ranço autoritário, satisfazia-se com "comportamento satisfatório durante a execução da pena", mais humano, mais racional e elaborado por quem conhecia o drama

---

24. Nilo Batista, Bons antecedentes — apelação em liberdade, in *Decisões criminais comentadas*, 2ª ed., Rio de Janeiro, Liber Juris, 1984, p. 122.
25. Damásio E. de Jesus, *Direito Penal*, cit., 12ª ed., v. 1, p. 544.

que representa conviver por longo período no interior das prisões brasileiras. Por isso, a nosso juízo, deve-se analisar este requisito com muita parcimônia para interpretar o que pode ser considerado comportamento inadequado para merecer o livramento condicional, sob pena de negar-se maciçamente essa última etapa do cumprimento da pena de prisão — que é um direito de todo condenado —, por não conseguirem satisfazer este requisito extremamente reacionário. E essa impossibilidade, normalmente, será mais culpa do próprio sistema do que, certamente, de muitos dos reclusos. Esse cuidado na análise sobre o bom comportamento na execução da pena deve ser ainda mais rigoroso após o entendimento firmado pelo STJ durante o julgamento do Tema Repetitivo n. 1161, no sentido de que "A valoração do requisito subjetivo para concessão do livramento condicional — bom comportamento durante da execução da pena (art. 83, inciso III, alínea *a*, do Código Penal) — deve considerar todo o histórico prisional, não se limitando ao período de 12 meses referido na alínea *b* do mesmo inciso III do art. 83 do Código Penal" (STJ, REsp 1.970.217/MG, Rel. Min. Ribeiro Dantas, 3ª Seção, julgado em 24/5/2023, *DJe* de 1º/6/2023). Concluímos, portanto, que essa previsão de "bom comportamento" durante a execução da pena não pode exigir conduta irrepreensível, sem qualquer erro ou falta disciplinar. Basta, a nosso juízo, que demonstre ter adquirido valores ou qualidades adequadas ao convívio social, capaz de orientar-se fora das grades sem voltar a delinquir. Em outros termos, é importante constatar e avaliar a *capacidade de readaptação* social do condenado aspirante ao livramento condicional, a qual deve ser observada em suas atividades diárias no interior da prisão.

c) *Não cometimento de falta grave nos últimos 12 (doze meses)*

Primeiramente, destacamos que essa previsão legal, que agrava as condições para a obtenção do livramento condicional, acrescida pela Lei n. 13.964/2019, não pode ser aplicada para crimes cometidos antes de sua vigência, dia 23 de janeiro de 2020, data de entrada em vigor desse diploma legal. No mesmo sentido, o Enunciado 4 da "I Jornada de Direito e Processo Penal", estabeleceu que "a ausência de falta grave nos últimos 12 (doze) meses como requisito à obtenção do livramento condicional (art. 83, III, 'b' do CP) aplica-se apenas às infrações penais praticadas a partir de 23-1-2020, quando entrou em vigor a Lei n. 13.964/2019".

No entanto, na elaboração desses enunciados, mais especificamente em relação a mesma alínea "b" do inciso III do art. 83, se contradiz, ao afirmar, corretamente, no Enunciado 4, como já destacamos, que essa nova previsão legal, mais grave, não pode incidir sobre fatos anteriores à data de vigência do novo diploma legal. Contudo, equivocadamente, no Enunciado 12, a "I Jornada de Direito e Processo Penal" *admite a valoração negativa* "*quanto a fatos ocorridos antes da entrada em vigor da Lei n. 13.964/2019*", para interpretá-los como *comportamento insatisfatório durante a execução*. Isso significa admitir sua retroatividade fático-jurídica.

Evidentemente, houve um "cochilo coletivo" na elaboração deste enunciado 12, o qual, por sua *inconstitucionalidade*, não pode ser aplicado na prática.

Essa nova previsão do inciso mencionado, aplicável a fatos praticados a partir da vigência da lei, mostra-se experimentalmente razoável. No entanto, é extremamente preocupante o conteúdo do Enunciado 5, segundo o qual, "*é prescindível a decisão final sobre a prática de falta grave para obstar o livramento condicional com base no art. 83, III, "b" do CP*". Contudo, não se pode ignorar que se trata da *última fase do cumprimento da pena de prisão*, quando o apenado, com as restrições devidas, retornará à sociedade, por tal razão, é absolutamente incompreensível que se admita a negativa do livramento condicional, sem a decisão final sobre a prática de falta grave, sobre a qual, diga-se de passagem, se negativa, pode ser objeto de recurso. A nosso juízo esse Enunciado 5 também não pode ser recepcionado, não havendo tanta urgência para a decisão sobre a procedência ou não do pedido de livramento condicional.

Afinal, é importante que o reeducando demonstre, próximo de sua oportunidade de sair, condições de viver em sociedade, cumprindo normas de convívio social impostas pelo meio em que vive. Significa, por outro lado, que eventual prática de falta grave em período anterior ao marco de um ano, por si só, não impedirá o exercício do direito ao livramento condicional. Assim, mais que o cumprimento de um requisito negativo, constitui uma garantia de que o reeducando não será punido novamente por fato pertencente ao seu passado carcerário, inviabilizando seu *acesso* ao livramento condicional.

Por outro lado, eventual prática de faltas disciplinares isoladas, de menor gravidade, que maculavam o prontuário do apenado, não serão necessariamente obstáculos à progressão daquele ao último estágio do sistema progressivo, que é o livramento. Importa, isto sim, a *capacidade de readaptação* social do condenado, que deve ser demonstrada e observada em suas diversas atividades diárias e em seus contatos permanentes com seus colegas de infortúnio, com o pessoal penitenciário e, particularmente, com os demais membros da comunidade exterior em suas oportunidades vividas fora do cárcere. Como ensinava Heleno Fragoso[26], "a *boa conduta* foi aqui imaginada como indício de readaptação social, mas é bastante claro que o comportamento do condenado no ambiente carcerário pode não ter qualquer relação com a sua recuperação social. Trata-se de ambiente autoritário e anormal, que deforma a personalidade".

Evidentemente que o bom ou mau comportamento dependerá, em grande parte, das condições materiais e humanas que a instituição oferecer e da política criminal empregada no *objetivo ressocializador* da pena privativa de liberdade, aliadas à complexa problemática que a instituição total representa, aliás, examinada no Capítulo IV de nossa tese doutoral ("Falência da pena de prisão").

---

26. H. C. Fragoso, *Lições*, cit., v. 1, p. 390.

d) Bom desempenho no trabalho que lhe for atribuído

O trabalho prisional, que atualmente tem recebido contundentes críticas dos especialistas europeus, notadamente dos espanhóis[27], tem destacada importância no sistema brasileiro e é considerado como um dos fatores mais importantes na tarefa ressocializadora do delinquente[28], com elevada função pedagógica.

Esse requisito, inexistente no Código Penal de 1940, preocupa-se com o desenvolvimento da capacidade do indivíduo de autogerir-se, aptidão que lhe será indispensável na vida livre. Ao referir-se a "trabalho que lhe foi atribuído" fica claro que não se trata apenas das atividades laborais desenvolvidas no interior do cárcere, mas também se refere ao trabalho efetuado fora da prisão, como, por exemplo, o *serviço externo*, tanto na iniciativa privada como na pública[29].

O trabalho, que não pode ser considerado como prêmio ou mesmo privilégio, é um fator que dignifica o ser humano e é instrumento de realização pessoal, além de apresentar-se como desestímulo à delinquência.

e) Aptidão para prover a própria subsistência com trabalho honesto

Esse requisito é consequência natural e direta do anterior. Da avaliação do desenvolvimento obtido no trabalho durante a fase de execução pode-se chegar a conclusões sobre as reais condições do sentenciado para prover sua subsistência e de sua família, mediante atividade lícita. Esse requisito, embora possa parecer tratar-se de uma *prognose*, na verdade, será calcado em observações reais. Será produto da avaliação do desempenho efetivo do recluso nas tarefas que lhe forem atribuídas, dentro e fora da prisão, as quais devem guardar direta relação com as condições e aptidões do sentenciado (art. 34, § 2º, do CP).

A lei não determina que o apenado deve ter emprego assegurado no momento da liberação. O que a lei exige é a aptidão, isto é, a disposição, a habilidade, a inclinação do condenado para viver à custa de seu próprio e honesto esforço. Em suma, de um trabalho honesto. Tanto isso é verdade que a lei estabelece como uma das condições obrigatórias do livramento "obter ocupação lícita, dentro de prazo razoável, *se for apto para o trabalho*" (art. 132, § 1º, *a*, da LEP). Constata-se, pois, que, além de não exigir a existência de emprego imediato, também não fixa prazo determinado para a obtenção de "ocupação lícita". Fala apenas em *prazo razoável*, e nem poderia ser diferente. Mas o que se deverá entender por

---

27. José L. de la Cuesta Arzamendi, Un deber (no obligación) y Derecho de los privados de libertad: el trabajo penitenciario, in *Lecciones de Derecho Penitenciario* (livro coletivo), Madrid, Ed. Universidad de Alcalá de Henares, 1989, p. 113 *et seq*.
28. Julio Fabbrini Mirabete, *Execução penal*, p. 335; Carlos García Valdés, *Derecho Penitenciario*, Madrid, Tecnos, 1982, p. 313. "Praticamente todas as legislações penais dos países desenvolvidos contemplam a eficácia ressocializadora do trabalho".
29. Julio Fabbrini Mirabete, *Execução penal*, cit., p. 335.

prazo razoável para conseguir emprego em um país com tantos desempregados? Que prazo será razoável em uma sociedade cheia de preconceitos com os estigmatizados pela prisão, onde os homens sem tal estigma passam meses sem conseguir um emprego? Como exigir que o egresso em exíguo tempo consiga o que milhares de pessoas passam a vida toda sem conseguir? Evidentemente que o bom senso deverá prevalecer, aliás, o próprio legislador foi suficientemente sensato ao não fixar prazo para essa finalidade, preferindo adotar um "prazo razoável" como condição para justificar a vida em liberdade. Embora na prática, especialmente na comarca de Porto Alegre, se esteja concedendo um prazo de dois meses para essa missão, muitas vezes quase impossível, com possibilidade de prorrogação, entendemos que cada caso deve ser examinado de acordo com as circunstâncias gerais que o cercam. Parece-nos que deve ser considerada a *demonstração da efetiva procura de trabalho*, com a comprovação das reais tentativas efetuadas, enfim, a comprovação de que se não conseguiu emprego não foi por má vontade sua ou simples desinteresse em consegui-lo.

5.3. *Requisito específico*

Consciente da iniquidade e da disfuncionalidade do chamado sistema "duplo binário", a reforma adotou, em toda a sua extensão, o sistema "vicariante", eliminando definitivamente a aplicação dupla de pena e medida de segurança para os imputáveis e semi-imputáveis. Seguindo essa orientação, o *fundamento da pena* passa a ser *exclusivamente* a culpabilidade, enquanto a medida de segurança encontra justificativa somente na *periculosidade*, aliada à incapacidade penal do agente[30]. Na prática, a aplicação cumulativa de pena e medida de segurança nunca passaram de uma farsa, constituindo uma dupla punição ao condenado pela prática de um mesmo delito. Atualmente, o *imputável* que praticar uma conduta punível sujeitar-se-á somente à pena correspondente, o *inimputável*, à medida de segurança, e o *semi-imputável*, o chamado "fronteiriço", sofrerá pena ou medida de segurança, isto é, ou uma ou outra, nunca as duas, como ocorre no sistema duplo binário. As circunstâncias pessoais do infrator semi-imputável é que determinarão qual a resposta penal de que este necessita: se o seu estado pessoal demonstrar a necessidade maior de tratamento, cumprirá medida de segurança; porém, se, ao contrário, esse estado não se manifestar no caso concreto, cumprirá a pena correspondente ao delito praticado. Cumpre esclarecer, porém, que *sempre será aplicada a pena correspondente à infração penal cometida*, e somente se o infrator necessitar de "especial tratamento curativo", como diz a lei, será aquela convertida em medida de segurança (art. 98 do CP).

A eliminação da medida de segurança para os imputáveis e os fronteiriços não deixou a ordem jurídica desprotegida. Essa preocupação está consagrada no

---

30. Julio Fabbrini Mirabete, *Manual de Direito Penal*, São Paulo, Atlas, 1990, v. 1, p. 348-9.

parágrafo único do art. 83 do Código Penal, o qual determina que "para o condenado por crime doloso, cometido com violência ou grave ameaça à pessoa, a concessão do livramento ficará também subordinada à constatação de condições pessoais que façam presumir que o liberado não voltará a delinquir". Essa precaução destina-se aos autores dos chamados "crimes violentos", e, como afirma a Exposição de Motivos, "tal exigência é mais uma consequência necessária da extinção da medida de segurança para o imputável" (item 74). Na verdade, os Códigos Penal e de Processo Penal de 1942 já adotavam previsão semelhante em seus arts. 60, II, e 715, parágrafo único, respectivamente, com a diferença de que se destinava a todos os condenados que se habilitassem ao livramento condicional. Aliás, a disposição é semelhante à que adotou o atual Código Penal espanhol de 1995 (art. 90, § 3º).

A polêmica em relação a esse "requisito específico" prende-se à forma ou meio que se deve utilizar para constatar a probabilidade de o apenado voltar ou não a delinquir. A causa dessa desinteligência decorre da modificação que o texto original do projeto sofreu através de emenda na Câmara dos Deputados, que deu a redação definitiva já referida. O texto, em sua redação original, determinava que a constatação da situação pessoal do apenado deveria *obrigatoriamente* efetuar-se através de *exame pericial*, como deixa claro a Exposição de Motivos (item 73). Uma determinada corrente entende que, com a supressão do texto legal da exigência do exame pericial, este não pode mais ser realizado, pretendendo que o juiz forme sua convicção através dos elementos que o processo de execução oferecer[31], como se a realização de tal exame viesse em prejuízo do liberando. Essa interpretação, além de ferir os princípios da amplitude e liberdade de prova em matéria penal, consagrados pelos arts. 155 e 156 do Código de Processo Penal, contraria os princípios mais elementares de hermenêutica.

Em matéria criminal não se admitem as restrições à prova admitidas no Direito Civil, com exceção do estado das pessoas (art. 155 do CPP). O Processo Penal brasileiro confere ao juiz a "faculdade de iniciativa de provas complementares e supletivas", autorizando-lhe a, de ofício, determinar a realização daquelas que considerar indispensáveis para o esclarecimento de pontos relevantes. Seria um verdadeiro absurdo obrigar o juiz a incorrer em "provável erro" por proibi-lo de utilizar meio de prova *moralmente legítimo* e disponível, como é o caso de um exame pericial. A realização de tal exame não vincula o magistrado, apenas tem o mérito de oferecer-lhe mais elementos de convicção. A constatação através de perícia dará melhores condições ao juiz para verificar se o apenado superou as circunstâncias que o levaram a delinquir, se eliminou a agressividade que apresentava, em outras palavras, se se encontra a caminho da ressocialização. No dizer de Mirabete[32], que abandona a combatida posição anterior, "trata-se de meio de

---

31. Julio Fabbrini Mirabete, *Manual*, cit., v. 1, p. 327.
32. Julio Fabbrini Mirabete, *Execução penal*, cit., p. 336.

prova legítimo para a formação do convencimento do magistrado, que não pode ser obstado se não se mostra desarrazoado, nem configura constrangimento ilegal". Por outro lado, é um equívoco entender que com a simples supressão de uma exigência tenha-se criado, *ipso facto*, uma proibição. Não. Eliminou-se tão somente a obrigatoriedade da realização de tal exame. Substituiu-se a *obrigatoriedade* por uma *faculdade* e não por uma *proibição*: embora não se exija, também não se impede que o juiz determine a realização de perícia, se entender recomendável, nas circunstâncias, essa cautela para melhor avaliar o novo quadro do recluso. Paulo José da Costa Jr.[33], René Ariel Dotti[34], Damásio de Jesus[35], entre outros, adotam, a nosso ver, a melhor orientação, entendendo que a redação definitiva não proíbe a realização de exame pericial, sendo apenas facultado ao juiz usar desse meio de prova sempre que entender conveniente. Diante da orientação da reforma, evidentemente que a perícia recomendável deve ser o "exame criminológico", reservando-se o "exame psiquiátrico" para aqueles que cumprem medida de segurança.

Finalmente, integrando o livramento condicional o sistema progressivo, insere-se na disposição do parágrafo único do art. 112 da Lei de Execução Penal, que prevê a realização de exame criminológico, quando necessário[36].

6. Condições do livramento condicional

Pelo livramento condicional o liberado conquista a liberdade antecipadamente, mas em *caráter provisório* e sob condições. Visa esse instituto, acima de tudo, oportunizar a sequência do reajustamento social do apenado, introduzindo-o paulatinamente na vida em liberdade, atendendo, porém, às exigências de defesa social. O liberado será, em outras palavras, submetido à prova. E esse período de prova em nosso ordenamento jurídico corresponde ao tempo de pena que falta cumprir, ao contrário de algumas legislações penais, em que o período de prova tem outros limites de duração, independentemente do restante de pena a cumprir.

As condições a que fica submetido o liberado podem ser de caráter obrigatório ou facultativo e representam, na verdade, *restrições naturais* e *jurídicas* à liberdade de locomoção.

6.1. *Condições de imposição obrigatória*

As condições de caráter obrigatório estão previstas no art. 132, § 1º, da Lei de Execução Penal:

a) *Obter ocupação lícita, em tempo razoável, se for apto para o trabalho*; b) *comunicar ao juiz, periodicamente, sua ocupação*; c) *não mudar da comarca, sem autorização judicial.*

---

33. Paulo José da Costa Jr., *Comentários*, cit., v. 1, p. 432-3.
34. René Ariel Dotti, *Reforma penal*, cit., p. 314.
35. Damásio, *Direito Penal*, cit., 12ª ed., v. 1, p. 545.
36. Jason Albergaria, *Comentários à Lei de Execução Penal*, cit., p. 256.

a) *Obter ocupação lícita, dentro de prazo razoável*

Ao examinarmos um dos requisitos subjetivos, "aptidão para prover a própria subsistência com trabalho honesto", fizemos referência a essa condição e discorremos mais especificamente sobre o que deve significar a expressão "dentro de prazo razoável", para onde fazemos remissão.

Contrariamente aos modernos entendimentos europeus, o trabalho continua a ser importante fator de recuperação do liberado[37] e está perfeitamente enquadrado no princípio que a doutrina denomina "programa mínimo"[38]. Utilizado durante a privação de liberdade, prossegue como um elo capaz de facilitar a identificação do apenado com o novo *status libertatis* que este começa a experimentar. As entidades assistenciais deverão prestar apoio ao egresso na difícil tarefa de conseguir trabalho honesto.

A Lei de Execução Penal teve o cuidado de preocupar-se com a *condição física e orgânica* do liberado, ressalvando a hipótese de o mesmo "não ser apto para o trabalho" (art. 132, § 1º). O Código Penal não previu essa possibilidade. Porém, à evidência, as normas não são colidentes e a previsão da Lei de Execução Penal tem aplicação assegurada. Isso quer dizer que a eventual deficiência física do apenado — que o torne inapto para o trabalho —, por si só, não impedirá a obtenção do livramento condicional.

Enfim, o liberado deve, no menor tempo possível, obter ocupação lícita e informar aos órgãos de execução.

b) *Comunicar ao juiz, periodicamente, sua ocupação*

Essa condição complementa a anterior. O livramento condicional em verdade é uma espécie de *liberdade vigiada*. Além da vigilância e proteção cautelar das entidades próprias (patronato, assistência social e conselho da comunidade), necessita do *acompanhamento discreto* do juiz das execuções, que observará se o liberado continua a exercer regularmente a ocupação que obteve e as eventuais dificuldades encontradas. A continuidade no exercício da mesma atividade já é uma boa demonstração de adaptação à nova realidade. O juiz das execuções deve fixar o prazo máximo possível de intervalo para essas comunicações periódicas, de forma a não prejudicar a relação empregatícia do egresso (art. 26, II, da LEP) e ao mesmo tempo poder fazer o acompanhamento efetivo da sua evolução.

c) *Não mudar do território da comarca, sem prévia autorização judicial*

Embora não se trate de *exílio local*, essa determinação tem a finalidade de limitar o espaço territorial do sentenciado, facilitando seu acompanhamento. O

---

37. Borja Mapelli Caffarena, *Principios Fundamentales del Sistema Penitenciario español*, Barcelona, Bosch, 1983, p. 218.
38. Borja Mapelli Caffarena, Sistema progresivo y tratamiento, in *Lecciones de Derecho Penitenciario* (livro coletivo), 2ª ed., Madrid, Ed. Universidad de Alcalá de Henares, p. 153.

que se proíbe é apenas a transferência de residência "sem prévia autorização do juiz da execução da pena", o que quer dizer que nada impede que nos dias de folga (feriados e fins de semana) o liberado possa fazer algumas incursões por outras comarcas. Tampouco se tolhe o direito daquele de buscar melhores condições de vida em outras localidades. A possibilidade de trocar de ares, reiniciar a vida em outras paragens, continua a existir. Apenas está condicionada a autorização prévia do juiz da execução. Isso quer dizer, embora a lei não o diga expressamente, que o liberado deve solicitar autorização judicial, fundamentando o pedido com a demonstração das eventuais vantagens que terá nessa mudança de domicílio. Nessa hipótese, se for autorizado ao egresso residir fora da jurisdição do juízo da execução, deverá ser remetida cópia ao juiz do lugar, bem como às autoridades que se incumbirem da observação cautelar e proteção (art. 133 da LEP). Perante esse juízo deverá prestar contas do cumprimento das condições impostas, devendo o liberado ser cientificado dessa obrigação.

Essas condições obrigatórias do livramento são tidas como condições gerais, pois são aplicadas a todos os liberados indistintamente.

6.2. *Condições de imposição facultativa*

Além das condições ditas obrigatórias, a lei prevê a possibilidade de aplicação de outras condições, chamadas *judiciais*, porque são eleitas pelo juiz e são de caráter facultativo. A *facultatividade* dessas condições refere-se à sua imposição, e não ao seu cumprimento, pois o egresso para receber o livramento condicional assume o compromisso de cumpri-las, todas, rigorosamente (art. 137, III, da LEP). Entre essas condições, a Lei de Execução Penal exemplifica com as seguintes:

a) *Não mudar de residência sem comunicar ao juiz e às autoridades incumbidas da observação e proteção cautelar*

Essa condição é diferente daquela que exige prévia autorização do juiz para residir fora do território da comarca. Esta trata da mudança de residência dentro da própria comarca, e não depende de prévia autorização judicial: é suficiente que o liberado informe ao juiz e órgãos assistenciais o seu novo domicílio. Essa nova formalidade prende-se à necessidade de os órgãos de execução tornarem efetiva a assistência e fiscalização que lhes foi incumbida, e para isso é indispensável conhecer o domicílio do apenado.

b) *Recolher-se à habitação em hora fixada*

Essa obrigação somente deve ser imposta como complemento de garantia de determinados sentenciados e em relação a certos delitos. Mais do que nunca deve-se atender à personalidade do liberado, bem como sua saúde e condição física. A finalidade básica dessa condição é evitar que certos egressos frequentem ambientes pouco recomendáveis e desfrutem de más companhias, o que poderia facilitar a reincidência.

c) *Não frequentar determinados lugares*

A imaginação, a perspicácia e a sabedoria do magistrado deverão sugerir, em casos específicos, os locais que determinados apenados não deverão frequentar. Geralmente, são lugares constituídos de casas de tavolagem e mulheres profissionais, determinadas reuniões ou espetáculos ou diversões públicas noturnas, onde as companhias e o álcool são fortes estimulantes para romper a fronteira do permitido e podem prejudicar a moral, a integração social e o aprendizado ético-social. Porém, jamais se deverá proibir a participação generalizada em diversões, espetáculos e reuniões, pois o ser humano necessita dessa convivência e muitas delas têm inclusive caráter educativo e são capazes de elevar e enobrecer o espírito.

Essas são, contudo, algumas das condições possíveis de serem aplicadas, mas não as únicas. Nada impede que se estabeleçam outras, desde que, naturalmente, *sejam adequadas ao fato delituoso* e, especialmente, *à personalidade do agente*. As condições não podem ser ociosas, isto é, constituídas por deveres decorrentes de outras previsões legais, como, por exemplo, pagar as custas judiciais ou reparar o dano produzido pelo delito.

d) *Abstenção de práticas delituais*

Embora o Código Penal e a Lei de Execução Penal não estabeleçam como condição do livramento "abster-se de delinquir" e tampouco relacionem a prática de delitos como causa de revogação — quer obrigatória quer facultativa —, entendemos que o juiz pode e deve estabelecer como condição a "abstenção de práticas delituais". Não há qualquer impedimento legal quanto à aplicação de tal condição, de extraordinária importância prevencionista, que, descumprida, será apenas causa de revogação facultativa, e que, atualmente, constitui a condição fundamental do livramento nas modernas legislações[39]. Caso contrário, o liberado que praticar crime não correrá nenhum risco de ver seu benefício revogado, só "excepcionalmente poderá ter seu exercício suspenso" e aguardará a decisão final (art. 145 da LEP). A condição por nós sugerida amolda-se melhor às modernas legislações europeias que exigem como condição básica que o liberado não participe de infrações penais[40]. Aliás, o indivíduo que em liberdade condicional volta a delinquir não está recuperado e não merece a oportunidade recebida, pondo em risco a segurança social, contribuindo para aumentar o descrédito da Justiça Penal. Deve, necessariamente, ser afastado do convívio social por razões preventivas gerais e especiais.

Não se pode esquecer que o livramento condicional é *estágio* que interessa ao mesmo tempo à defesa da ordem jurídica e aos mais sagrados interesses do condenado. Assim, *pressuposto fundamental do livramento* é a *presunção de*

---

[39]. Angel Sola Dueñas *et alii*, *Alternativas a la prisión*, Barcelona, PPU, p. 90-1. No mesmo sentido, o art. 85 da Proposta de Anteprojeto de novo Código Penal espanhol.
[40]. Giuseppe Bettiol, *Direito Penal*, trad. Paulo José da Costa Jr. e Alberto Silva Franco, São Paulo, Revista dos Tribunais, 1977, v. 3, p. 225.

reinserção social do delinquente. Nessa liberdade antecipada, provisoriamente, estimula-se a sequência da readaptação do liberado ao mesmo tempo que se lhe oferece uma oportunidade para provar sua capacidade de viver livremente em sociedade. O livramento condicional é *uma fase terminal de uma política de reformas* através da qual se aposta na capacidade humana de readaptar-se e assumir posturas de acordo com as exigências sociais.

As condições judiciais podem ser modificadas no transcorrer do livramento, visando sempre atender aos fins da pena e à situação do condenado (art. 144 da LEP). A eventual não aceitação das condições impostas ou alteradas torna sem efeito o livramento condicional, devendo a pena ser cumprida normalmente.

7. Causas de revogação do livramento condicional

Ao antecipar o retorno à liberdade do sentenciado mediante o cumprimento de condições, fazia-se necessário prever consequências efetivas ao eventual descumprimento dessas condições, que deram suporte a essa forma de execução penal. Para que a imposição de condições não se tornasse inócua era indispensável que fossem dotadas de coercibilidade: o descumprimento das mesmas pode levar à revogação da liberdade conquistada.

Além do descumprimento das condições legais ou judiciais, existem outras causas que, se ocorrerem, revogarão obrigatoriamente o livramento. As causas de revogação estão completamente integradas ao *sistema progressivo*, do qual o livramento condicional, como já referimos, constitui a última etapa, e é natural que possam, assim, determinar a regressão do liberado, levando-o a cumprir a pena em regime mais rigoroso.

Porém, nas hipóteses de revogação facultativa, o liberado deve ser ouvido antes da revogação. Nas causas de revogação obrigatória, por sua própria natureza (decisão condenatória irrecorrível), é desnecessária e inócua a ouvida do liberado.

7.1. *Causas de revogação obrigatória*

Quando ocorrerem as causas previstas no art. 86 e seus incisos do Código Penal, a revogação será consequência automática decorrente de imposição legal. Isso quer dizer que não ficará adstrita ao *prudente arbítrio do juiz* e, pela mesma razão, mostra-se dispensável a ouvida do liberado.

São duas as causas de revogação obrigatória, previstas no dispositivo referido:

a) *Condenação irrecorrível por crime cometido durante a vigência do livramento condicional*

Como já tivemos oportunidade de referir, a lei não estabelece como *condição* o dever de não delinquir, ao contrário da maioria das legislações europeias[41].

---

41. Angel de Sola Dueñas, Mercedez García Arán y Hernán Hormazábal Malarée, *Alternativas a la prisión*, cit., p. 91; Giuseppe Bettiol, *Direito Penal*, cit., v. 3, p. 225.

Falha que, no nosso entender, poderá ser suprida com uma *condição judicial*, reiteramos, sem prejuízo ao direito do liberado e em proteção à defesa social e objetivando ao mesmo tempo a prevenção especial. Tampouco estabelece como *causa* direta e "imediata" de revogação a simples *prática delitual,* mas apenas como causa "mediata", pois exige que haja condenação definitiva, com trânsito em julgado. Logo, não basta a prática de crime e nem mesmo a instauração de processo, mas somente "a decisão condenatória irrecorrível" tem o condão de revogar a liberdade condicional. Por outro lado, cumpre observar que somente a condenação à pena privativa de liberdade, ou seja, reclusão ou detenção, levará a essa revogação, algo inocorrente com as demais penas (multa e restritiva de direitos). Assim, será impossível a revogação do livramento com a simples prática de crime durante o período de prova.

É indiferente que se trate de crime doloso ou culposo. A lei não faz essa distinção.

Quando eventual condenação decorrer de contravenção penal ou então a sanção efetivamente aplicada for outra que não seja privativa de liberdade, a revogação não será compulsória.

A prática de crime é demonstração eloquente da não superação do *desvio social* do apenado e justifica a regressão penitenciária. O apenado que, encontrando-se em regime de livramento condicional, comete um novo delito comprova que não está em condições de usufruir desse excepcional estágio de uma nova política criminal. A repercussão negativa pela prática de crime durante o período de prova assume dimensões alarmantes e coloca em xeque o próprio sistema perante a opinião pública, que, de regra, é alimentada por manchetes escandalosas veiculadas por uma imprensa sensacionalista.

b) *Condenação por crime cometido antes da vigência do livramento condicional*

A outra hipótese de revogação obrigatória é a condenação irrecorrível decorrente de *crime praticado antes do início do livramento.* É possível que a ação penal de um crime anteriormente praticado só atinja a decisão final irrecorrível quando o seu autor já se encontre em liberdade condicional por outra condenação.

A causa da condenação é anterior ao benefício. Não houve recaída no delito e tampouco revelação de desadaptação ao instituto da liberdade condicional. Por isso, o legislador foi mais complacente com essa hipótese, admitindo a *soma* de penas da nova condenação com a anterior. Se o liberado tiver cumprido quantidade de pena que perfaça o mínimo exigido no total das penas — incluído o período em que esteve solto —, continuará em liberdade condicional, ou, então, regressará à prisão, e assim que completar o tempo poderá voltar à liberdade condicional. As somas das penas, ao contrário do que pensam alguns doutrinadores, devem ser da totalidade das penas aplicadas. O art. 84 do Código Penal não faz qualquer referência a "restante de pena", como imaginam referidos penalistas, e não cabe ao intérprete restringir onde a lei não restringe. Em realidade, a nova pena deve ser somada à que estava sendo cumprida, mas em suas totalidades. E, se o tempo de pena cumprido convalidar a concessão do livramento, a revogação não se operará. Não pode ser outra a interpretação da redação do dispositivo citado, que, aliás, já constava do Código de Processo Penal de 1942. Note-se que, quando se concedeu o livramento condicional, a infração referente à nova pena já havia ocorrido e, de regra, deve ser do conhecimento das autoridades da execução.

7.2. *Causas de revogação facultativa*

Ao lado das causas de revogação obrigatória (condenação irrecorrível), o Código Penal prevê outras hipóteses de revogação, contudo, facultativas. Ocorrendo uma das *causas facultativas*, o juiz poderá, em vez de revogar, advertir o liberado ou então agravar as condições do livramento. A gravidade da causa ocorrida, a situação penal do apenado e as consequências de seu comportamento são o que orientarão o magistrado sobre a decisão a tomar.

A *primeira causa* de revogação facultativa ocorre se o liberado "deixar de cumprir qualquer das obrigações constantes da sentença". Mas, quais seriam essas obrigações? Seriam aquelas condições *obrigatórias* contidas no art. 132, § 1º, da Lei de Execução Penal, ditas legais, e as *facultativas* previstas no § 2º do mesmo artigo, ditas judiciais, todas já examinadas. O descumprimento de alguma das condições impostas revela o espírito de rebeldia do liberado e demonstra que não está readaptado à vida social, já que foi incapaz de submeter-se às regras mínimas estabelecidas na sentença.

A *segunda causa* de revogação facultativa refere-se à "condenação, por crime ou contravenção, a pena que não seja privativa de liberdade". Para essa hipótese é indiferente que a prática do crime ou da contravenção, que deu origem à nova condenação, tenha ocorrido antes ou durante a vigência do livramento.

A condenação por crime ou contravenção punidos com pena de multa ou restritiva de direitos é *causa facultativa* de revogação, porque se presume que se trata de conduta de menor censurabilidade e de consequências e repercussões igualmente menores. Contudo, a prática de nova infração penal, ainda que de natureza menos grave, indica a ausência de recuperação e pode aconselhar, teoricamente, a revogação do benefício.

O legislador da Reforma Penal de 1984 *incorreu* em evidente *esquecimento* ao não mencionar a "condenação por contravenção à pena privativa de liberdade" como causa de revogação facultativa. É notório o *esquecimento*, especialmente quando se constata que contravenção punida com pena restritiva de direitos e multa foi arrolada como causa de facultativa revogação. Essa lamentável omissão levou alguns doutrinadores[42] a sustentar que essa omissão legal não pode ser suprida pelo juiz ou outra forma de interpretação, para levar à revogação do

---

42. Damásio, *Comentários ao Código Penal*, p. 732; Celso Delmanto, *Código Penal comentado*, cit., p. 135.

livramento. O equívoco é manifesto, principalmente quando se verifica na Exposição de Motivos que o legislador pretendeu estabelecer como causa facultativa de revogação a condenação por contravenção, independentemente da espécie de sanção aplicada (item 76). A melhor orientação, a nosso juízo, seguem, entre outros, Mirabete[43] e Dotti[44], os quais sustentam que seria um absurdo pensar que a aplicação de pena menos grave (restritiva de direitos e multa) constitua causa de revogação facultativa e não ocorra o mesmo quando for imposta pena mais grave (privativa de liberdade).

Se o apenado sofrer pena privativa de liberdade — sem substituição ou suspensão — terá de cumpri-la. E essa obrigação, por si só, inviabiliza o livramento condicional, pela impossibilidade de cumprimento das condições impostas. É impossível cumprir duas penas ao mesmo tempo, ainda que uma seja fora da prisão. Essa interpretação é confortada pelo disposto no art. 76 do Código Penal, que determina que, em caso de concurso de infrações, deve ser cumprida em primeiro lugar a pena mais grave, que, no caso em exame, seria a pena privativa de liberdade imposta. A única exceção prevista para cumprimento simultâneo de duas penas é o caso de penas restritivas de direitos, "quando forem compatíveis entre si" (art. 69, § 2º, do CP).

Assim, a condenação à pena privativa de liberdade (prisão simples) por motivo de contravenção também poderá levar à revogação do livramento condicional.

8. Suspensão do livramento condicional

Embora nosso ordenamento jurídico preveja a revogação *somente* quando houver condenação irrecorrível, admite, contudo, a "suspensão do exercício do livramento" (art. 145 da LEP). Essa *suspensão* não se confunde com a *revogação*, porque esta é *definitiva* e aquela é *provisória*, e ficará no aguardo da decisão final sobre o novo crime, que, se for condenatória, aí, sim, determinará a obrigatória revogação do benefício. Porém, se houver a prática de crime durante o livramento, ainda que tenha havido a suspensão deste com a "prisão preventiva" do liberado, se o período de prova se extinguir antes que se tenha iniciado "a ação penal", não será possível prorrogar o livramento condicional. O apenado terá de ser posto em liberdade imediatamente e a pena estará extinta, porque decorreu todo o período de prova sem causa para sua revogação. Frise-se que o art. 89 do Código Penal só admite a prorrogação do período de prova se o liberado estiver respondendo a "processo", o que não se confunde com a simples prática de infração penal ou então com inquérito policial ou qualquer outro expediente ou procedimento administrativo. Daí a grande importância da distinção entre a simples "suspensão" e a "revogação" propriamente dita. Por isso, defendemos a

---

43. Julio Mirabete, *Execução penal*, cit., p. 353.
44. Ariel Dotti, *As novas linhas do livramento condicional e da reabilitação*, cit., p. 299.

possibilidade de o juiz fixar, como *condição judicial,* a obrigação de "não delinquir". Como *condição judicial* seria causa de revogação facultativa. Assim, o juiz, nas circunstâncias, com a tradicional e discricionária prudência, decidiria no caso concreto se deveria ou não revogar a liberdade condicional.

9. Efeitos de nova condenação

A confusa redação que recebeu o art. 88 do Código Penal, que praticamente repete o texto do art. 65 do Código Penal de 1940, pode gerar alguma perplexidade. Contudo, uma cuidadosa análise poderá torná-lo mais claro. Para sua melhor compreensão recomenda-se que se dividam em quatro hipóteses possíveis os efeitos da condenação:

1) condenação irrecorrível por crime praticado antes do livramento;

2) condenação irrecorrível por crime praticado durante o livramento condicional;

3) descumprimento das condições impostas;

4) condenação por contravenção.

Examinemo-las individualmente:

1) *Condenação irrecorrível por crime praticado antes do livramento condicional*

Nessa hipótese, o primeiro aspecto que chama a atenção é o fato de que o sentenciado, após a concessão da liberdade condicional, não praticou nenhum ato que o tornasse indigno desta. Na verdade, o sentenciado não concorreu, durante o livramento, para criar a situação que leva à revogação do benefício. A revogação ocorre por circunstâncias alheias ao seu procedimento e ao uso que fez da liberdade provisoriamente conquistada.

Pelas circunstâncias referidas não serem reveladoras da atual condição do liberado e por independerem da vontade da conduta deste, a hipótese recebe *tratamento excepcional*:

a) terá direito à obtenção de novo livramento, mesmo em relação à pena que estava cumprindo. A proibição de obter novo livramento não se estende à hipótese de condenação por crime cometido antes da vigência do período de prova;

b) as duas penas podem ser somadas para efeito de obtenção de novo livramento. Como já referimos, somam-se as duas penas integralmente. Se o tempo cumprido, incluído o período em que esteve solto, possibilitar o livramento, este nem será revogado, pois o apenado já cumpriu tempo suficiente para obter a liberdade antecipada;

c) o tempo em que esteve em liberdade condicional é computado como de pena efetivamente cumprida. Isso é consequência natural da não concorrência direta e atual do liberado na causa revogatória. Por outro lado, durante o livramento o apenado fazia a sua parte, isto é, cumpria regularmente as condições impostas, em outras palavras, estava cumprindo corretamente a sua pena. Assim, é justo que esse tempo seja considerado como de pena efetivamente cumprida.

2) *Condenação irrecorrível por crime praticado durante a vigência do livramento*

Essa hipótese é o *resultado do fracasso* da tentativa de possibilitar ao apenado o retorno antecipado ao convívio social. Aliás, como já afirmamos, na maioria das legislações, a simples prática de infração penal é suficiente para a revogação do benefício. A brasileira espera pela condenação definitiva para revogar o benefício. Nesse caso, os efeitos são mais drásticos — e nem poderia ser diferente:

a) impossibilidade de concessão de novo livramento em relação à mesma pena. Evidentemente que em relação à nova condenação, se for superior a dois anos, e após preencher todos os requisitos, poderá obter outra vez a liberdade antecipada. Contudo, a primeira pena, isto é, a anterior, terá de cumpri-la integralmente, e esse tempo não se somará à nova pena para a obtenção de novo benefício;

b) não se computa o tempo em que esteve solto, em liberdade condicional, como de pena efetivamente cumprida. Considera-se apenas o cumprimento efetivo, desprezando-se todo o período em que esteve submetido à prova. E o tempo a ser considerado para voltar a obter novo livramento condicional só pode se referir ao tempo referente à nova condenação e não ao da anterior.

3) *Descumprimento das condições impostas na sentença*

Nessa hipótese só haverá uma pena, a que estava sendo cumprida e que fora suspensa. A rebeldia do apenado obrigá-lo-á a cumpri-la integralmente, pois não poderá obter novo livramento em relação a essa pena e também não será considerado o tempo em que esteve submetido à prova (art. 142 da LEP).

4) *Condenação por contravenção penal*

Essa situação, que também poderá levar à revogação do livramento (art. 87 do CP), terá os mesmos efeitos que a revogação decorrente do descumprimento das condições: não será computado o tempo em que esteve solto e não poderá obter novo livramento em relação à mesma pena.

De todos os efeitos, o mais grave, sem dúvida, é a impossibilidade de voltar a beneficiar-se com um novo livramento em relação à mesma pena. A verdade é que, com a prática de crime durante o período de prova ou o descumprimento das condições impostas, o liberado *deixa de corresponder à expectativa que a sociedade alimentava* ao antecipar-lhe a liberdade. "Se o sujeito, censuravelmente, deu causa à perda de sua liberdade, não mais se lhe pode restituir tal condição, sob pena de intolerável renúncia ao dever de punir que é inerente ao Estado"[45]. Se voltou a delinquir perdeu a oportunidade que lhe fora concedida de livrar-se solto da pena e demonstrou que sua recuperação não havia sido atingida.

---

45. Miguel Reale Júnior *et alii*, *Penas e medidas...*, p. 256.

10. Prorrogação do livramento e extinção da pena

Outra vez a redação utilizada pela Reforma Penal — tanto no Código Penal como na Lei de Execução Penal — peca pela falta de clareza. O art. 90 do Código Penal e o art. 146 da Lei de Execução Penal afirmam que, se até o término do período de provas o livramento condicional não tiver sido revogado, considerar-se-á extinta a pena privativa de liberdade. A precisão desses dois dispositivos não impede que se choquem com a nebulosa redação do art. 89 do Código Penal, que diz, *in verbis*: "O juiz não poderá declarar extinta a pena, enquanto não passar em julgado a sentença em processo a que responde o liberado, por crime cometido na vigência do livramento". Mas, então, o que acontecerá com o livramento? O ordenamento jurídico não diz, nem o Código Penal nem a Lei de Execução Penal. Os doutrinadores têm sustentado que haverá *prorrogação do livramento*, enquanto estiver correndo processo por crime cometido durante a vigência daquele. Esclarecem, imediatamente, que *se prorroga somente o período de provas*, até decisão final, que, se for condenatória, revogará o livramento. As condições impostas — afirmam — não subsistirão[46]. Mas, afinal, que livramento condicional é esse sem nenhuma condição? Em realidade não há prorrogação de livramento algum. Apenas, diz a lei, não pode ser declarada extinta a pena privativa de liberdade, pois, se houver condenação, será revogada a liberdade condicional que estava suspensa, e o tempo correspondente ao período de prova não será considerado como de pena cumprida.

Era mais feliz o Código de Processo Penal (art. 733), que previa a extinção da pena, desde que tivesse expirado o prazo do livramento condicional sem revogação ou "que o liberado tivesse sido absolvido por infração cometida durante a vigência daquele". Contudo, o capítulo do Código de Processo Penal que trata do livramento condicional foi revogado pela Lei de Execução Penal (art. 204), que regulou integralmente aquele instituto.

Já em relação a processo por crime ocorrido antes da vigência do livramento a situação é outra. As consequências são diferentes. Em primeiro lugar, como já afirmamos, o tempo em que o liberado esteve submetido à prova é considerado como de pena efetivamente cumprida. Assim, chegando ao término do período de prova, deverá ser declarada extinta a pena, mesmo que o novo processo continue em andamento, pois, ainda que haja condenação, a pena anterior já estará cumprida. Não teria sentido, pois, "prorrogar" o período de prova.

Enfim, a denominada "prorrogação do livramento" somente poderá ocorrer em casos de processos por crimes praticados durante a vigência do período de prova. Tal efeito não se estende à prática de contravenções. Por outro lado, também não permanecem as condições impostas na sentença, quer sejam as legais, quer sejam as judiciais. O marco decisivo da extinção da pena é o limite do período de prova e não a data da declaração pelo juiz, que não tem natureza constitutiva.

---

46. Celso Delmanto, *Código Penal comentado*, cit., p. 136.

EFEITOS DA CONDENAÇÃO E REABILITAÇÃO | XXXIX

Sumário: 1. Efeitos gerais da condenação. 2. Efeitos extrapenais. 2.1. Efeitos genéricos. 2.2. Confisco travestido de efeitos da condenação. 2.2.1. Inconstitucionalidade inquestionável do art. 91-A. 2.2.2. Ilegalidade do confisco de bens de terceiros. 2.2.3. Indispensável instrução paralela e forma procedimental desse confisco do art. 91-A. 2.2.4. Distinção entre "confisco-pena" e "confisco-efeito da condenação". 2.2.5. Limites inexistentes do confisco previsto no art. 91-A. 2.3. Efeitos específicos. 2.4. Perda de cargo ou função pública, por condenação criminal a pena inferior a um ano. 3. Reabilitação e seu alcance. 3.1. Pressupostos e requisitos necessários. 3.2. Efeitos da reabilitação. 3.3. Revogação da reabilitação. 3.4. Competência e recurso.

1. Efeitos gerais da condenação

A sanção penal é a consequência jurídica direta e imediata da sentença penal condenatória. No entanto, além dessa consequência jurídica direta, a sentença condenatória produz outros tantos efeitos, ditos *secundários* ou acessórios, de natureza penal e extrapenal. Os de natureza penal estão insertos em diversos dispositivos do próprio Código Penal, do Código de Processo Penal e da Lei de Execução Penal. Os de natureza extrapenal encontram-se elencados nos arts. 91, 91-A e 92 do estatuto repressivo, e são denominados *efeitos genéricos* e *efeitos específicos* da condenação, que, a seguir, serão examinados.

2. Efeitos extrapenais

2.1. *Efeitos genéricos*

a) *Tornar certa a obrigação de indenizar*

A sentença penal condenatória faz coisa julgada no cível, valendo como título executivo, nos termos do art. 515, VI, do CPC/2015 (Lei n. 13.105, de 16-3-2015), cuja liquidação far-se-á na esfera cível. No entanto, a vítima ou seus sucessores não estão obrigados a aguardar o desfecho da ação penal, podendo buscar o ressarcimento do dano através de ação própria no juízo cível. A obrigação de indenizar, como não se trata de pena criminal, mas de *efeito da condenação*, transmite-se aos herdeiros do delinquente, até os limites da herança.

A sentença condenatória só pode ser executada no juízo cível contra quem foi réu na ação criminal. Para acionar o responsável civil, que não tenha sido réu na ação penal, será necessária a ação cível específica, servindo a condenação penal apenas como elemento de prova, e não como título executivo.

Cumpre destacar que, em se tratando de ofendido pobre, o Ministério Público tem legitimidade para postular a reparação *ex delicto*. No entanto, com a criação e organização da Defensoria Pública, na maioria dos Estados Federados brasileiros, quer nos parecer que essa *atribuição* deva ser exercida por esta Instituição, que, aliás, diga-se de passagem, vem prestando extraordinários serviços à população carente, merecendo todos os encômios por sua efetividade e eficiência, a despeito de ainda carecer de melhor estrutura e dotação orçamentária adequada às suas relevantes atribuições.

A *sentença penal absolutória*, no entanto, não impede a propositura da competente ação indenizatória no juízo cível, a menos que o fundamento da absolvição seja o reconhecimento *da inexistência material do fato*, de que o acusado *não foi o autor do fato* ou de que *agiu sob excludente de criminalidade*. A ocorrência da prescrição ou de qualquer outra causa extintiva da punibilidade não afasta a obrigação de reparar o dano.

b) *Perda em favor da união dos instrumentos e produtos do crime*

O *confisco* foi largamente utilizado na antiguidade. No entanto, a filosofia reformadora (iluminista) do século XVIII elevou-se contra essa *sanção*, pela grave injustiça que representava, ferindo o *princípio da personalidade da pena* ao atingir a própria família do condenado. Com razão, Carrara considerava o confisco de bens "desumano, impolítico e aberrante"[1], entendimento que é mantido no Direito contemporâneo. Porém, a *liberal* Constituição Federal de 1988, na contramão da história, cria a possibilidade da *pena de confisco* sob a eufemística e disfarçada expressão *perda de bens* (art. 5º, XLVI, *b*), que, no entanto, dependerá de previsão em lei ordinária.

O *confisco*, na nossa legislação a partir da Constituição Federal de 1988, não é pena, mas simples *efeito da condenação*, e limita-se aos *instrumentos ou produtos do crime*. *Instrumentos do crime* são os objetos, isto é, são as coisas materiais empregadas para a prática e execução do delito; *produtos do crime*, por sua vez, são as coisas adquiridas diretamente com o crime, assim como toda e qualquer vantagem, bem ou valor que represente proveito, direto ou indireto, auferido pelo agente com a prática criminosa. É indispensável, no entanto, que uma seja a causa do outro, isto é, que haja a demonstração inequívoca do vínculo entre a infração penal praticada e o proveito obtido (a coisa ou vantagem adquirida).

Confisco, enfim, como efeito da condenação penal, é a *perda ou privação* de bens do particular em favor do Estado. Declarada procedente a ação penal, surge a perda em favor da União dos *instrumenta et producta sceleris*, como efeito

---

1. Francesco Carrara, *Programa de Derecho Criminal*, Bogotá, Temis, 1971, v. 1, p. 133.

automático da condenação, que se aplica também aos crimes culposos, pois nosso Código não faz qualquer restrição nesse sentido[2]. Sua aplicação restringe-se às infrações que constituam crimes, sendo inadmissível interpretação extensiva para abranger as contravenções penais.

A ação de *sequestro*, na seara criminal, somente pode ter por objeto esses bens ou *objetos confiscáveis* (instrumentos ou produtos do crime), segundo dispõe a legislação penal material e processual penal. Por isso, o Código de Processo Penal, disciplinando as *medidas assecuratórias*, estabelece em seu art. 125: "Caberá o sequestro dos bens imóveis, *adquiridos pelo indiciado com os proventos da infração*, ainda que já tenham sido transferidos a terceiro". O mesmo diploma processual, no entanto, somente admite a avaliação e leilão do objeto tido como *produto do crime* após o trânsito em julgado da sentença penal condenatória (art. 133), como garantia e para impedir decisões contraditórias com inegáveis prejuízos ao cidadão e à segurança jurídica.

Finalmente, esse "confisco" — *perda em favor da União* — do produto ou proveito do crime (art. 91, II, *b*) foi ampliado pela *Lei n. 12.694, de 24 de julho de 2012*, que autoriza a "perda de bens ou valores equivalentes ao produto ou proveito do crime quando estes não forem encontrados ou quando se localizarem no exterior". Em outros termos, não mais apenas o "produto ou proveito do crime" que podem ser confiscados, mas o magistrado poderá, a partir da Lei n. 12.694, decretar também a "perda em favor da União" de bens e valores equivalentes ao produto ou proveito do crime "quando estes não forem encontrados ou quando se localizarem no exterior" (§ 1º). Dito de outra forma, esse diploma legal facilita a punição dos infratores, permitindo o "confisco" do equivalente ao produto ou proveito do crime, quando, por qualquer razão, estes não forem localizados, encontrando-se ou não no exterior.

Para facilitar a operacionalização, o segundo parágrafo acrescentado ao art. 91 autoriza o uso das *medidas assecuratórias* previstas na legislação processual para "abranger bens ou valores equivalentes do investigado ou acusado para posterior decretação de perda". Trata-se de mais uma medida processual assecuratória visando assegurar sua efetividade. Contudo, tratando-se de *norma penal material* não tem efeito retroativo, podendo ser aplicada para fatos futuros, isto é, praticada noventa dias após a publicação dessa lei.

Nem sempre o confisco será obrigatório. A lei determina a apreensão dos instrumentos utilizados na prática do crime (art. 240, § 1º, *d*, do CPP), quaisquer que sejam eles. No entanto, *não admite o confisco indistintamente de todo e qualquer instrumento do crime*, mas tão somente daqueles instrumentos cujo fabrico, alienação, uso, porte ou detenção constitua fato ilícito (art. 91, II, *a*, do

---

2. Magalhães Noronha, *Direito Penal*, São Paulo, Saraiva, 1985, p. 289.

CP). Na verdade, confiscam-se aqueles instrumentos que, por sua destinação específica, são usados na prática de crimes, ou cujo uso ou porte sejam proibidos. Com essa previsão, nosso legislador visou evitar o confisco de utensílios profissionais, de trabalho, de estudo, enfim, objetos de uso lícito. Assim, o bisturi do médico, o automóvel que atropela a vítima, a navalha do barbeiro, embora *instrumenta sceleris*, não podem ser confiscados[3]. Com o confisco o Estado visa impedir que instrumentos idôneos para delinquir caiam em mãos de certas pessoas, ou que o produto do crime enriqueça o patrimônio do delinquente[4], constituindo-se em medida salutar, saneadora e moralizadora. O confisco prescreve com a condenação, mas não se suspende com a concessão do *sursis*.

O confisco pode recair somente em objeto pertencente a quem participou da prática do delito. O lesado e o terceiro de boa-fé não podem ser prejudicados pelo confisco: assegura-se-lhes, com acerto, o uso dos *embargos de terceiros*, nos moldes da legislação processual civil (art. 129 do CPP). Os *efeitos específicos* da sentença condenatória não podem, igualmente, atingir quem não participou da relação processual; é, como diriam os processualistas, uma decorrência natural dos *limites subjetivos da coisa julgada*. Mas, e se os objetos forem ilícitos, mantém-se a ressalva? Nessa hipótese, deve-se agir prudencialmente. É possível que, excepcionalmente, determinadas pessoas obtenham autorizações especiais para possuir ou utilizar objetos originalmente ilícitos. E, em havendo permissão especial, estará eliminada a natureza ilícita, legitimando o afastamento do confisco (ex.: colecionador de armas de guerra).

2.2. *Confisco travestido de efeito da condenação*

2.2.1. Inconstitucionalidade inquestionável do art. 91-A[5]

Neste dispositivo legal, o legislador brasileiro, com a Lei n. 13.964, mais uma vez, adota, *disfarçadamente*, o inconstitucional "confisco de bens e valores"

---

3. Frederico Marques, *Tratado de Direito Penal*, São Paulo, Saraiva, 1965, p. 299.
4. Damásio, *Direito Penal*, São Paulo, Saraiva, 1988, p. 617.
5. Artigo acrescido pela Lei n. 13.964/2019, com a seguinte redação:
"Art. 91-A. Na hipótese de condenação por infrações às quais a lei comine pena máxima superior a 6 (seis) anos de reclusão, poderá ser decretada a perda, como produto ou proveito do crime, dos bens correspondentes à diferença entre o valor do patrimônio do condenado e aquele que seja compatível com o seu rendimento lícito.
§ 1º Para efeito da perda prevista no *caput* deste artigo, entende-se por patrimônio do condenado todos os bens:
I — de sua titularidade, ou em relação aos quais ele tenha o domínio e o benefício direto ou indireto, na data da infração penal ou recebidos posteriormente; e
II — transferidos a terceiros a título gratuito ou mediante contraprestação irrisória, a partir do início da atividade criminal.

travestido, nesta hipótese, como se fora *efeito da condenação*, "a perda, *como produto ou proveito do crime*, dos bens correspondentes à diferença entre o valor do patrimônio do condenado e aquele que seja compatível com o seu rendimento lícito". E faz, a seguir, em seu § 1º, uma espécie *sui generis*, de "interpretação autêntica" do que deve ser entendido como "patrimônio do condenado", ou seja, não se trata de "produto ou proveito do crime", o que, se fosse, em nosso sistema jurídico-constitucional legitimaria tal *confisco*. Veja-se o texto desse § 1º do referido artigo, *verbis*: "Para efeito da perda prevista no *caput* deste artigo, entende-se por patrimônio do condenado todos os bens: de sua titularidade, ou em relação aos quais ele tenha o domínio e o benefício direto ou indireto, na data da infração penal ou recebidos posteriormente; e transferidos a terceiros a título gratuito ou mediante contraprestação irrisória, a partir do início da atividade criminal".

Na primeira oportunidade, o legislador, lá no passado, com a Lei n. 9.714/98, *sorrateiramente*, criou duas penas alternativas inconstitucionais, uma delas, aberrantemente, qual seja, a "perda de bens e valores", em, digamos, *doses homeopáticas*, assim tipo experimental, tateando, "se pegar, pegou", começando com penas alternativas. Nessa primeira experiência, o legislador pareceu meio inseguro, procurando esconder-se, constrangido, por trás de *penas alternativas*, cujos danos, em tese, não seriam assim tão graves. Enfim, iniciou com medidas de pequeno porte, algo do tipo para não chamar muita atenção, procurando apenas ganhar terreno, perscrutando a fertilidade da área a operar.

Nessa oportunidade, isoladamente, levantamos essa acanhada inconstitucionalidade em uma monografia (*Penas alternativas*)[6], no âmbito acadêmico, abordando as então denominadas "novas penas alternativas". Agora, no entanto, com mais desenvoltura, parece que o legislador contemporâneo "perdeu a modéstia", parodiando, de certa forma, Nelson Rodrigues, criou uma inconstitucionalidade absurdamente grave, nunca dantes experimentada nesta maltratada República latino-americana. Na verdade, a pretexto de alterar alguns dispositivos penais, além

---

§ 2º O condenado poderá demonstrar a inexistência da incompatibilidade ou a procedência lícita do patrimônio.

§ 3º A perda prevista neste artigo deverá ser requerida expressamente pelo Ministério Público, por ocasião do oferecimento da denúncia, com indicação da diferença apurada.

§ 4º Na sentença condenatória, o juiz deve declarar o valor da diferença apurada e especificar os bens cuja perda for decretada.

§ 5º Os instrumentos utilizados para a prática de crimes por organizações criminosas e milícias deverão ser declarados perdidos em favor da União ou do Estado, dependendo da Justiça onde tramita a ação penal, ainda que não ponham em perigo a segurança das pessoas, a moral ou a ordem pública, nem ofereçam sério risco de ser utilizados para o cometimento de novos crimes."

6. Cezar Roberto Bitencourt, *Penas alternativas*, cit.

de outras áreas, o legislador desrespeita a carta constitucional, invade a privacidade dos cidadãos, viola garantias constitucionais, inclusive o sigilo bancário-financeiro e, sem causa justa, chafurda a vida pregressa, revolve as declarações de imposto de renda, cria o mais escancarado e ilegal "confisco de bens e valores" do cidadão, procurando acobertá-lo sob a denominação de "efeitos da condenação", mesmo sem qualquer vínculo com determinada infração penal específica.

Em outros termos, insere no âmbito do direito penal, que é sancionador, preventivo e garantista, matéria de *direito fiscal-tributário*, para "confiscar patrimônio individual", mesmo sem relação com eventual condenação por qualquer crime a pena superior a seis anos. Nem a Receita Federal tem esse direito de, sem causa efetiva, vasculhar o passado, a privacidade e o patrimônio de qualquer cidadão, a pretexto de obrigá-lo a comprovar, aleatoriamente, o seu patrimônio, principalmente ante a inexistência de vínculo com alguma infração penal que, porventura, possa ser condenado. Trata-se, na verdade, da odiosa "*pena de confisco*", que, de há muito, foi proscrita do direito penal moderno, inclusive com previsão expressa em textos constitucionais, para assegurar sua extirpação para sempre dos Estados democráticos de direito, como pretende ser a República Federativa do Brasil. O legislador atual, provavelmente, induzido a erro por alguns, digamos, "mais letrados", aprova um autêntico "confisco de bens", com a seguinte locução, *verbis*: "*poderá ser decretada a perda, como produto ou proveito do crime, dos bens correspondentes à diferença entre o valor do patrimônio do condenado e aquele que seja compatível com o seu rendimento lícito*" (*caput*, art. 91-A). De notar-se que não se trata, como deveria, de *produto ou proveito do crime*, como prevê, corretamente, o artigo anterior, o n. 91, do mesmo diploma legal.

Sob essa disfarçada e eufemística expressão "perda de bens", a *liberal Constituição cidadã*, em verdadeiro retrocesso, vergonhosamente, criou a possibilidade dessa suposta pena, que serve para disfarçar verdadeiros confiscos de bens, a exemplo do que ocorreu com este recente diploma legal, figura já extirpada das modernas constituições dos países ocidentais, de um modo geral. Os ilustres e democratas constituintes não tiveram a coragem de denominá-la corretamente: *pena de confisco*! O Código Penal brasileiro de 1940 não o consagrava e a própria Constituição de 1969 o proibia, restando somente, como *efeitos da condenação*, o "*confisco dos instrumentos e produtos do crime*", em determinadas circunstâncias. O próprio Carrara (1805 — 1888), a seu tempo, já afirmava que o "confisco de bens é desumano, impolítico e aberrante". Aliás, até a Constituição paraguaia de 1992, muito mais democrática que a nossa, em seu art. 20, proíbe o *confisco de bens*, como sanção criminal.

Enfim, o constituinte brasileiro de 1988 tergiversou nesse tema e autorizou a "perda de bens", ou seja, não se omitiu e instituiu mais uma "fonte de arrecadação", despreocupando-se com o mau uso que o legislador convencional poderia fazer e está fazendo, ou seja, usando a locução "perda de bens" para realizar verdadeiros confiscos, sem causa, como acaba de fazer. Nesses casos, considerando "efeitos da condenação", por vezes, os legisladores infraconstitucionais descuidam-se e ultrapassam o limite do permitido, do razoável e, não raramente, ultrapassam as barreiras do constitucionalmente permitido, prejudicando os cidadãos-contribuintes, desnecessariamente, caracterizando *verdadeiros confiscos*, ainda que com roupagem de legalidade.

2.2.2. Ilegalidade do confisco de bens de terceiros

Deve-se destacar, ademais, que o legislador aqui está *confiscando também o patrimônio de terceiros*, sem qualquer notificação ou intimação dessa violência estatal, e tampouco sugere a necessidade de algum envolvimento no fato delituoso, ignorando seus direitos, e, inclusive, a forma como adquiriram referido patrimônio. E, o mais grave, sem oportunizar direito à defesa, garantia, segurança ou qualquer contraprestação, bem como mecanismo jurídico para, pelo menos, para assegurar-lhes direito de regresso. Essa inconstitucionalidade, neste aspecto, é incontestável.

Aliás, com tantas questões interessantes decorrentes do acréscimo deste art. 91-A ao Código Penal, altamente questionável, a "I Jornada de Direito e Processo Penal" limitou-se a elaborar o Enunciado 15, nos seguintes termos: "*Para fins de aplicação do art. 91-A do Código Penal, cabe ao Ministério Público, e não à Defesa, a comprovação de incompatibilidade entre o patrimônio e os rendimentos lícitos do réu*". A despeito de sua importância, é muito pouco pela relevância das consequências que referido dispositivo legal trouxe para o ordenamento jurídico-penal brasileiro, como, por exemplo, a forma procedimental desse "confisco", meios de provas, sua instrumentalidade etc. Mas esses aspectos, precisamos abordar em tópico separado, logo em seguida a este voltaremos a este assunto.

2.2.3. Indispensável instrução paralela e forma procedimental desse confisco do art. 91-A

O legislador brasileiro pouco afeito a processo e procedimento, particularmente, a distinção entre ambos, limita-se a criar novos institutos, novas restrições ao direito de liberdade, sem, contudo, preocupar-se com a forma procedimental, com o seu processamento e, principalmente, com o exercício da indispensável ampla defesa do acusado, ignorando que vivemos em um Estado Democrático de Direito.

Na previsão desse *confisco especial de bens* — sem qualquer vínculo com a infração penal — o legislador limitou-se a dispor no § 3º do art. 91-A que, "a perda prevista neste artigo, deverá ser requerida expressamente pelo "Ministério Público, por ocasião do oferecimento da denúncia, com indicação da diferença apurada". Complementa esse mandamento legal no § 4º, determinando que o juiz deverá declarar, na sentença, o valor da diferença apurada, além de especificar os bens cuja perda for decretada.

Mas como será o procedimento, como se efetuará o seu processamento, como se notificará a defesa, como e quando ela será feita etc. E quando envolver *patrimônio de terceiros*, como será o procedimento, citação, defesa etc.? Não há absolutamente nada na lei, a despeito de ser uma grande péssima novidade no âmbito criminal. Refere, apenas, que essa perda será requerida, expressamente "por ocasião do oferecimento da denúncia". Tampouco disse que referido pedido deverá constar da denúncia, mas apenas que deverá ser requerida "por ocasião do oferecimento da denúncia", que são coisas diferentes.

No entanto, a despeito da omissão do legislador, algumas premissas são determinantes, dentre as quais: a) não pode integrar a própria denúncia; b) mas deve ser ofertada no mesmo prazo; c) necessariamente deverá ser autuada em separado, embora apensa aos autos da ação penal; d) o prazo para resposta da defesa não pode ser coincidente com o prazo da defesa, considerando-se que o Ministério Público, além de não especificar a prova, junta milhares de páginas e arquivos com a denúncia, inviabilizando o exercício da ampla defesa, no exíguo prazo de dez dias; d) determinação de intimação do eventual terceiro envolvido pela inicial, assegurando-lhe sua defesa processual no procedimento próprio e, na sua ausência, a possibilidade de embargos de terceiros. Por falta de espaço e se tratar mais de processo penal, que penal material, não desenvolveremos aqui esses tópicos, mas em monografia específica sob o título de Reforma do pacote anticrime.

Embora pareça que o legislador tenha tentado inverter o *ônus da prova* pelo texto do § 2º, o que redundaria em abusiva e intolerável inconstitucionalidade, resultando sem qualquer sentido. É inegável que o *ônus da prova* cabe à acusação, aliás, sem prova básica (indícios veementes), principalmente documentais, pré-constituídos, a inicial não pode sequer ser recebida, pelo magistrado, juntamente com a denúncia. Não se admite "achismo" ou simples alegação de evolução patrimonial para justificar a propositura inicial junto com a denúncia.

2.2.4. Distinção entre "confisco-pena" e "confisco-efeito da condenação"

Neste item, vale reiterar a distinção já abordada anteriormente quanto ao "confisco-pena" e ao "confisco-efeito da condenação". O produto de uma sanção penal — qualquer pena criminal de natureza pecuniária — *destina-se* ao *Fundo Penitenciário Nacional*, assim como, *v. g.*, o produto da pena de multa, ao contrário da "prestação pecuniária", que, já afirmamos repetidamente em nosso *Tratado de direito penal*, ou mesmo em outras obras, tem *caráter indenizatório*. O *objeto* desse "confisco" deste art. 91-A, no entanto, não serão os *instrumentos* ou *produtos do crime*, como ocorre no "confisco-efeito da condenação" constante do art. 91, propriamente, mas é o próprio *patrimônio do condenado*, em qualquer crime com pena superior a seis anos, mesmo que não seja daqueles praticados contra a Administração Pública. Trata-se, dito em bom português, de *locupletação indevida dos cofres públicos*, para não usar um termo mais forte!

Ademais, o objeto desse novo "confisco" previsto pelo art. 91-A *não é o produto ou proveito do crime*, o que seria mais do que razoável, além de constitucional, mas sim "os bens correspondentes à diferença entre o valor do patrimônio do condenado e aquele que seja compatível com o seu rendimento lícito", segundo valoração do judiciário, portanto, independente de qualquer vínculo ou relação com o crime pelo qual fora condenado! Trata-se, repetindo, de absurdo e vergonhoso *confisco de bens* do cidadão, sem causa legítima. O que será isso, essa "perda de bens", *senão um autêntico, odioso e vergonhoso confisco do patrimônio do cidadão sem justa causa*?

Há, basicamente, três distinções básicas entre "confisco-pena" e "confisco-efeito da condenação": 1ª) o *confisco-efeito* destina-se à *União*, como receita não tributária, enquanto o *confisco-pena* destina-se ao *Fundo Penitenciário Nacional*; 2ª) o objeto do *confisco-efeito* são os *instrumentos* e *produtos do crime* (art. 91, II, do CP), enquanto o objeto do *confisco-pena* é o *patrimônio* pertencente ao condenado (art. 45, § 3º e agora 91-A do CP); 3ª) o *confisco-pena* é limitado pelo princípio da *personalidade da pena*, não podendo passar da pessoa do condenado, enquanto o *confisco-efeito* pode passar da pessoa do condenado para atingir, inclusive, o patrimônio de herdeiros ou sucessores.

Com efeito, a finalidade do *confisco-pena* não é, lamentavelmente, nem a *reparação do prejuízo causado* pela infração penal, nem a eliminação do *proveito obtido com crime*. Esses dois fatores — *prejuízo causado e proveito obtido com o crime* — servem apenas de parâmetro para o cálculo do *quantum* a confiscar. No entanto, a previsão constante do novel dispositivo (art. 91-A), ora combatido, não tem nenhum desses dois parâmetros para servir de baliza, e, principalmente, de fundamento, do quanto a confiscar e de quem confiscá-lo, daí a sua flagrante *inconstitucionalidade*, pois também pode servir para "aniquilar" a desafetos pessoais, do próprio regime político ou mesmo do criminoso, ou seja, do inimigo da lei, da ordem jurídica ou da sociedade.

2.2.5. Limites inexistentes do confisco previsto no art. 91-A

A "pena-confisco" da lei anterior (9.714/98), pelo menos, tentando minimizar sua aberração e inconstitucionalidade, ao contrário desta lei atual, apresenta dois limites: 1º) *limitação do quantum a confiscar* — estabeleceu-se, como teto, o maior valor entre o *montante do prejuízo causado* ou *do proveito obtido* com a prática do crime; 2º) *limitação em razão da quantidade de pena aplicada* — esta sanção somente pode ser aplicada na hipótese de condenações que não ultrapassem o limite de quatro anos de prisão. E somente caberá essa pena de "perda de bens e valores" quando for possível a *substituição* da pena privativa de liberdade por pena restritiva de direitos, segundo a previsão desse art. 45 e seus parágrafos. Como se trata de sanção penal, não será admissível *interpretação extensiva*, quer para aplicá-la em condenação superior a quatro anos, quer para aplicá-la em condenação de até quatro anos que não satisfaça os requisitos legais da *substituição*.

Pois o "novo confisco" não tem nenhum parâmetro, seja da limitação do quanto confiscar, seja quanto à natureza do produto a ser confiscado, posto que todo ele não é vinculado à infração penal (natureza, espécie ou gênero) a que o cidadão tenha sido condenado. Ademais, como proceder à *apuração do patrimônio lícito*, ou separá-lo daquele que as autoridades repressoras *consideram mal havido*? Logicamente, tem que ser sob os auspícios do poder judiciário, mas seria feita uma instrução paralela à instrução criminal, nos próprios autos, ou seria em autos apartados? Haveria contraditório específico sobre essa parte patrimonial, com instrução específica paralela ao processo criminal, ou como se faria? Sim, porque essa apuração não poderá fugir do contraditório dentro do devido processo legal, no qual se permita a mais ampla e legítima defesa, fora do espectro da seara criminal, pois de crime não se trata e tampouco de produto dele, como deixa claro o dispositivo legal, mas do "patrimônio do condenado" (§ 1º).

Configura, a rigor, verdadeira *expropriação abusiva*, ilegítima e sem causa justa de alguém condenado, por qualquer crime, mesmo que não lhe tenha rendido qualquer proveito econômico ou produzido nenhum prejuízo a ninguém! Demanda, necessariamente, profunda reflexão dos *experts* nos próximos meses, quiçá anos, para entender esse fenômeno ignóbil e inadmissível em um Estado constitucional de democrático de direito.

Legislação especial pode, eventualmente, em relação a essa sanção penal, dar-lhe destinação diversa do *Fundo Penitenciário Nacional*. O art. 243 da CF, por exemplo, prevê a expropriação de glebas de terras destinadas ao cultivo de drogas, destinando-as ao assentamento de colonos sem-terra ou a *inconstitucional Medida Provisória n. 1.713/98* (hoje Lei n. 9.804/99), que alterou o art. 34 da Lei n. 6.368/76, para permitir a apreensão e o leilão de bens relacionados com o tráfico de drogas. Mas, nesse caso, já haverá um crime grave e a previsão legal refere-se ao produto desse crime, que, naturalmente, será alcançado pela previsão do art. 91 deste Código Penal, não sendo o caso do novo artigo que hora examinamos.

Como os §§ 2º e 5º preocupam-se apenas com parte dos aspectos procedimentais, perderão toda a importância se for reconhecida a *inconstitucionalidade* deste dispositivo legal, como imaginamos que o será, não terão nenhuma importância.

2.3. *Efeitos específicos*

Os efeitos específicos da condenação (art. 92 do CP) não se confundem com as penas de *interdição temporária de direitos*, subespécies das restritivas de direitos (art. 47). A diferença substancial consiste em que estas são sanções penais, *consequências diretas do crime*, e substituem a pena privativa de liberdade, pelo mesmo tempo de sua duração (art. 55); aqueles são *consequências reflexas*, de natureza extrapenal, e são permanentes.

Os efeitos específicos da condenação, não automáticos, dependentes de motivação na sentença, são os seguintes:

a) *Perda de cargo, função pública ou mandato eletivo*

Essa previsão não se destina exclusivamente aos chamados crimes funcionais (arts. 312 a 347 do CP), mas a qualquer crime que um funcionário público cometer com *violação de deveres* que a sua condição de funcionário impõe, cuja pena de prisão aplicada seja igual ou superior a um ano, ou, então, a qualquer crime praticado por funcionário público, cuja pena aplicada seja superior a quatro anos de prisão.

A Lei n. 9.268/96 afastou a injustificada *proteção da impunidade* de servidores delinquentes, que havia sido consagrada pela Reforma Penal de 1984, distinguindo duas hipóteses em que a condenação criminal de funcionário público pode acarretar a perda da função pública, como efeito específico da condenação.

São as seguintes hipóteses:

1ª) *Condenação superior a um ano, por crime praticado contra a Administração Pública*

É imprescindível que a infração penal tenha sido praticada *com abuso de poder ou violação de dever* inerente ao cargo, função ou atividade pública. É necessário que o agente, de alguma forma, tenha violado os deveres que a qualidade ou condição de funcionário público lhe impõe.

A nova versão do art. 92, I, letra *a*, do Código Penal exige dois requisitos fundamentais: *a pena aplicada, igual ou superior a um ano de prisão, e o abuso de poder ou violação de dever para com a Administração Pública*. Esses são os critérios fundamentais, aliados à fundamentação na sentença, para afastar da Administração Pública aquele condenado desonesto, despreparado ou mal-intencionado, que agir com abuso ou desvio de poder em geral[7]. No entanto, ao contrário do que afirmam alguns penalistas[8], a *perda* não pode abranger qualquer cargo, função ou atividade eventualmente exercidos pelo condenado. Ao contrário, deve restringir-se somente àquele(a) no exercício do(a) qual praticou o abuso, porque a interdição pressupõe que a ação criminosa tenha sido realizada com abuso de poder ou violação de dever que lhe é inerente.

Antes da vigência dessa lei, inconformados, já criticávamos a *excessiva liberalidade* adotada pela Reforma Penal de 1984, que somente admitia esse efeito específico para condenações superiores a quatro anos, assegurando a impunidade de maus servidores públicos, que delinquem no exercício de atividade pública ou em razão dela, pois dificilmente será aplicada, no Brasil, uma pena *superior a*

---

7. Antonio José Miguel Feu Rosa, *Direito Penal*, São Paulo, Revista dos Tribunais, 1993, p. 522.
8. Paulo José da Costa Jr., *Comentários ao Código Penal*, São Paulo, Saraiva, 1986, v. 1, p. 441; Mirabete, *Manual de Direito Penal*, São Paulo, Atlas, 1990, v. 1, p. 332.

quatro anos[9]. A nova previsão legal retoma, de certa forma, a antiga orientação que era adotada na redação original do Código Penal de 1940 (art. 68). No entanto, a condenação não implica, como efeito natural, a *incapacidade*, mesmo temporária, para investidura em outra função pública. Assim, funcionário condenado *poderá* perder a função, mas não ficará impedido de ser investido em outra, posteriormente, pelo menos no âmbito do Direito Penal.

A perda de mandato eletivo também poderá ser efeito específico da condenação, e não se confunde com a proibição do exercício de mandato, que constitui pena restritiva de direitos (art. 47, I). Reabilitado, o condenado poderá vir a exercer novo mandato, porém, não aquele que perdeu. A *reabilitação*, no entanto, não permite a reintegração na situação anterior. Poderá, na verdade, habilitar-se novamente a exercer atividade pública, mas outra, não a anterior, da qual foi eliminado definitivamente.

2ª) *Condenação superior a quatro anos, por qualquer outro crime*

Nos crimes comuns, onde não há relação com a Administração Pública, somente a condenação *superior a quatro anos* gera o efeito de perda da função pública. Nessa segunda hipótese da perda do cargo, função pública ou mandato eletivo decorrerá da graduação da pena, *reveladora de maior desvalor do resultado* produzido pela infração penal. Mas, também nessa modalidade, a perda deverá ser declarada expressamente na sentença condenatória.

Nenhuma das duas hipóteses tem aplicação retroativa, porque são mais graves do que a previsão anterior.

b) *Incapacidade para o exercício de pátrio poder, tutela ou curatela*

Além da hipótese de o crime ter sido praticado contra a mulher por razões da condição do sexo feminino (incluída pela Lei n. 14.994/2024), qualquer crime doloso praticado contra filho, tutelado ou curatelado, sujeito à reclusão, poderá acarretar a incapacidade, uma vez que a lei não a condiciona "ao abuso do exercício" ou "à incompatibilidade" do condenado com o exercício desse *munus*. Basta que o crime doloso praticado tenha *cominada* pena de reclusão, ainda que, a final, a pena *aplicada* venha a ser de outra natureza. O Código Penal *presume*, "*juris et jure*", *manifesta incompatibilidade* quando o agente é condenado por crime doloso ao qual seja cominada pena de reclusão. Nessa hipótese específica, exige os seguintes requisitos: (a) prática de crime doloso sujeito à reclusão, contra filho, tutelado ou curatelado, e (b) incapacidade devidamente motivada na sentença.

A incapacidade ora examinada não exige como requisito o *abuso do pátrio poder, tutela ou curatela*, presumindo, simplesmente, a incompatibilidade para o seu exercício. No entanto, a exigência da prática de crimes dolosos puníveis com

---

[9]. Carlos Frederico Coelho Nogueira, Efeitos da condenação, reabilitação e medidas de segurança, in *Curso sobre a Reforma Penal* (livro coletivo), São Paulo, Saraiva, 1985, p. 131.

reclusão torna a referida *incapacidade* inaplicável aos crimes *contra a assistência familiar* (arts. 244 a 247), puníveis com detenção, com exceção dos previstos no art. 245, §§ 1º e 2º, do CP. Embora referida incapacidade seja permanente, pode ser eliminada pela reabilitação (art. 93, parágrafo único). No entanto, o mesmo dispositivo proíbe a reintegração na situação anterior, privando o filho, tutelado ou curatelado de submeter-se à autoridade de antigo desafeto que se revelou inidôneo para exercer aquele *munus*. Assim, a reabilitação apenas afasta o impedimento de o reabilitado, no futuro, exercer o mesmo *munus* em relação a outros tutelados ou curatelados, bem como em relação a outros filhos, mas nunca em relação às suas vítimas anteriores.

Após ter sido publicada a Lei n. 14.994/2024, relevantes modificações foram realizadas no tratamento da incapacidade para o exercício do poder familiar, da tutela ou da curatela. A primeira delas foi incluir os "crimes cometidos contra a mulher por razões da condição do sexo feminino, nos termos do § 1º do art. 121-A deste Código", como outra espécie delitiva que justifica esse efeito da condenação. Além disso, a referida lei incluiu como efeitos da condenação, nesses crimes, a vedação, quanto ao condenado, de "nomeação, designação ou diplomação em qualquer cargo, função pública ou mandato eletivo entre o trânsito em julgado da condenação até o efetivo cumprimento da pena". Por fim, a lei também tornou automáticos os efeitos da condenação previstos no art. 92, *caput*, incisos I e II, bem como no art. 92, § 2º, inciso II, quando a condenação for em razão de crime praticado contra a mulher por razões da condição do sexo feminino.

c) *Inabilitação para dirigir veículo, utilizado em crime doloso*

A *inabilitação* para dirigir veículos não se confunde com a *proibição temporária* — pena restritiva — aplicável aos autores de crimes culposos no trânsito (art. 47, III, do CP). Nos *crimes culposos*, o veículo é usado como meio para fins lícitos — deslocar-se de um lugar para outro —, sobrevindo o crime, não desejado. Nos *crimes dolosos*, ao contrário, é usado para fins ilícitos, isto é, como meio para realizar o crime, justificando-se a sua inabilitação, como efeito, que é permanente.

Os efeitos específicos da condenação, em suas três versões, objetivam afastar o condenado da *situação criminógena*, impedindo que se oportunizem as condições que, provavelmente, poderiam levá-lo à reincidência: reforça a proteção dos bens jurídicos violados e previne a reiteração da conduta delituosa. Esses efeitos específicos podem ser alcançados pela reabilitação, ressalvando-se a impossibilidade de reintegração na situação anterior, nas hipóteses do art. 92, I e II, conforme examinaremos a seguir.

2.4. *Perda de cargo ou função pública, por condenação criminal a pena inferior a um ano*

O Código Penal prevê, em seu art. 92, com redação determinada pela Lei n. 9.268/96, duas hipóteses de *perda de cargo* ou *função pública*, como efeito específico de condenação criminal, como acabamos de ver: 1ª) *Condenação superior a um ano, por crime praticado contra a Administração Pública;* 2ª) *Condenação superior a quatro anos, por qualquer outro crime.* Na primeira hipótese, é indispensável que a infração penal tenha sido praticada *com abuso de poder ou violação de dever* inerente a cargo, função ou atividade pública; na segunda, será suficiente que a condenação seja superior a quatro anos de pena privativa de liberdade, independentemente de qualquer relação com cargo ou função pública exercidos.

Contudo, somente condenação à pena igual ou superior a um ano pode ter o efeito — automático ou não — de acarretar a perda de cargo ou função pública? Afinal, condenação à pena inferior a um ano poderá, igualmente, ocasionar a perda de cargo ou função, quando, por exemplo, a infração penal tiver sido praticada com abuso de poder ou violação de dever a eles inerentes?

Pela dicção do Código Penal — arts. 91 e 92 — certamente não poderá resultar, como efeito da condenação criminal, a perda de nenhum cargo ou função pública nessas circunstâncias. No entanto, não se pode esquecer que o ordenamento jurídico brasileiro, embora extremamente complexo e amplo, é harmônico, universal e segmentado ao mesmo tempo. Assim, para se encontrar a resposta adequada à questão proposta dever-se-á, necessariamente, observar o *direito administrativo*, particularmente a legislação correspondente ao funcionalismo público (Lei n. 8.112/90).

Com efeito, consultando esse diploma legal, em seu art. 132, constata-se a determinação de perda de cargo ou função pública a funcionário que sofrer *condenação inferior a um ano* de pena privativa de liberdade, por crime praticado com abuso de poder ou violação de dever a ele inerentes. Nesse caso, como destaca o magistrado Agapito Machado, observando-se o *princípio da especialidade* da norma administrativa, fica afastada a omissão do Código Penal, que trata do tema genericamente. A generalidade da previsão do Código Penal torna irrelevante, inclusive, a alteração produzida pela Lei n. 9.268/96, que não esgotou a matéria. No entanto, acreditamos que será indispensável a instauração de *processo administrativo*, com as garantias devidas, para efetivar essa exclusão, em observância dos princípios da razoabilidade e da proporcionalidade, posto que o Código Penal, para condenações mais graves (superiores a um e a quatro anos), exige a motivação do juiz prolator da sentença condenatória, afastando a perda automática. Certamente, a *perda de cargo ou função pública*, em nenhuma hipótese de condenação penal, poderá ser automática. O diploma material penal exige a fundamentação expressa do prolator da condenação.

Ademais, vale apontar que a despeito de certa divergência jurisprudencial, a Sexta Turma do STJ possui o entendimento de que a perda do cargo ou função pública se restringem à atividade exercida no momento da prática delitiva, como é possível observar no seguinte julgado:

> "O cargo, função ou mandato a ser perdido pelo funcionário público como efeito secundário da condenação, previsto no art. 92, I, do Código Penal, só pode ser aquele que o infrator ocupava à época da conduta típica. Assim, a

perda do cargo público, por violação de dever inerente a ele, necessita ser por crime cometido no exercício desse cargo, valendo-se o envolvido da função para a prática do delito. No caso, a fundamentação utilizada na origem para impor a perda do cargo referiu-se apenas ao cargo em comissão ocupado pelas pacientes na comissão de licitação quando da prática dos delitos, que não guarda relação com o cargo efetivo, ao qual também foi, sem fundamento idôneo, determinada a perda" (STJ, HC 482.458/SP, Rel. Min. Sebastião Reis Júnior, julgado em 22/10/2019, publicado em 05/11/2019).

Concluindo, não resta dúvida de que o *princípio da especialidade* autoriza a aplicação da legislação administrativa[10], ignorando a legislação penal; contudo, enfatizamos, o procedimento deverá assegurar a ampla defesa, o contraditório e o devido processo legal (processo administrativo).

3. Reabilitação e seu alcance

O art. 93 do CP não tem o *alcance* que sugere ao prescrever que "a reabilitação alcança quaisquer penas aplicadas em sentença definitiva", e *presta-se para induzir a equívocos de interpretação*. Não tem qualquer vantagem prática, considerando-se que seu maior efeito é garantir o sigilo sobre a condenação, cuja garantia é assegurada imediata e automaticamente pelo art. 202 da LEP, independentemente de qualquer providência jurisdicional ou administrativa. É uma ilusão supor que alguém possa interessar-se em ver declarado solenemente que se acha *judicialmente reabilitado*. Os descrentes dessa afirmação poderão certificar-se, com uma simples pesquisa nos meios forenses, sobre a inexistência de tal providência.

A Exposição de Motivos (item 83) e a redação do referido art. 93 levaram alguns autores a definir a *reabilitação* como "a declaração judicial de que estão cumpridas ou extintas as penas impostas ao sentenciado"[11]. Essa definição não nos convence, porque se afasta totalmente dos efeitos que a reabilitação produz, destoando dos seus objetivos. Outros, como Damásio de Jesus, definem a *reabilitação* como "causa suspensiva de alguns efeitos secundários da condenação"[12].

Para nós, a *reabilitação*, além de garantidora do sigilo da condenação, é *causa de suspensão condicional* dos efeitos secundários específicos da condenação. A nosso juízo, trata-se de medida de *política criminal* que objetiva restaurar a dignidade pessoal e facilitar a reintegração do condenado à comunidade, que já deu mostras de sua aptidão para exercer livremente a sua cidadania. Mais ou menos nesse sentido já era o magistério de Maggiore, que afirmava: "A reabilitação se assenta em razões de humanidade, enquanto auxilia o condenado, após a

---

10. Adotamos, nesse particular, a sábia orientação de Agapito Machado, emérito professor da Universidade Federal do Ceará.
11. Mirabete, *Manual*, cit., v. 1, p. 335.
12. Damásio, *Direito Penal*, cit., p. 567. Em sentido semelhante, Juarez Cirino dos Santos, *Direito Penal*, Rio de Janeiro, Forense, 1985, p. 252.

expiação ou a extinção da pena, a recuperar a reputação moral que lhe foi ofuscada pelo delito"[13].

Se a reabilitação for negada, poderá ser requerida, a qualquer tempo, desde que o novo pedido seja instruído com *novas provas* dos requisitos necessários (art. 94, parágrafo único).

3.1. *Pressupostos e requisitos necessários*

Para a admissibilidade do pedido de *reabilitação* são necessários dois pressupostos: *condenação irrecorrível* e *decurso de dois anos, a partir da extinção, de qualquer modo, ou do cumprimento da pena* (art. 94, *caput*, do CP).

O *pressuposto básico* é de que tenha havido *condenação irrecorrível*, pois sem esta haverá carência de ação. Assim, a existência de inquéritos policiais arquivados, absolvições ou de prescrição da pretensão punitiva, seja abstrata, retroativa ou intercorrente, ou de qualquer outra causa extintiva da punibilidade, antes do trânsito em julgado, não fundamenta o pedido de *reabilitação*. Da mesma forma, é indispensável o *pressuposto temporal*, qual seja, o decurso de dois anos, a partir do cumprimento da pena ou da sua extinção. Observa-se que o prazo começa a correr da data da extinção e não da data da decisão que a declara. Inclui-se, como novidade, nesse pressuposto temporal, o período de prova, do *sursis* e do livramento condicional. Logicamente que, se esse período de prova for superior a dois anos, será necessário aguardar o seu término, visto que o cumprimento da pena constitui a essência desse pressuposto. A lei atual não faz distinção entre reincidente e não reincidente, mantendo o mesmo prazo de carência.

Além desses pressupostos, é indispensável a presença, simultânea, dos *seguintes requisitos*:

a) *Domicílio no País durante o prazo de carência*

O prazo de cinco anos, que o Código Penal de 1940 exigia, foi reduzido para dois, tempo mais do que suficiente para conferir a readaptação do reabilitando à sociedade. No entanto, a lei exige que durante esse período "tenha tido domicílio no País".

A *importância político-criminal* da exigência de que o reabilitando *tenha tido* domicílio no País é de difícil compreensão. E, a nosso juízo, representa uma limitação indevida e desnecessária no *ius libertatis* do indivíduo, que, cumprida ou extinta a pena, tem o direito de locomover-se por onde, como e quando quiser. Temos sérias dúvidas quanto à constitucionalidade dessa obrigatoriedade.

b) *Demonstração de bom comportamento público e privado*

A lei exige *efetiva* e *constante* demonstração de bom comportamento, público e privado. Por isso, o bom comportamento deve abranger todo o período que

---

13. Maggiore, *Diritto Penale*, Bogotá, Temis, 1954, p. 783.

mediar a declaração de reabilitação, e não somente os dois anos, se aquela for declarada depois de escoado aquele biênio, caso contrário, o requerente não se encontra "faticamente" reabilitado.

c) *Ressarcimento do dano ou comprovação de sua impossibilidade*

Com esse requisito a lei mais uma vez demonstra *acanhadamente* uma pequena preocupação com a vítima do delito, como que se desculpando pela não adoção da *multa reparatória*, de tão boa aceitação em legislações alienígenas. Considerando que, de regra, os condenados são pessoas pobres, ressalva a lei, desde logo, a justa comprovação da impossibilidade de fazê-lo, bem como a renúncia da vítima ou novação da dívida.

Desnecessário dizer que o débito deve ser atualizado na data da efetiva liquidação, por tratar-se de dívida de valor. Discordamos de alguns autores, segundo os quais[14], "no crime de sedução em que a vítima casou-se com terceiro, não há que se exigir a reparação", pois ignoram que nos crimes sexuais *a honra atingida* não se repara com um simples e posterior matrimônio. Essa é uma visão machista, que concebe a *realização da mulher* com o encontro do seu *príncipe encantado*. O dano à honra e à moral hoje é muito mais profundo, recebeu assento constitucional, tanto o homem quanto a mulher, independentemente de se casarem ou não, têm proteção para buscarem completa e total reparação. Caso contrário, a mulher, vítima de sedução, não pode se casar se quiser buscar a reparação do dano, o que, convenhamos, seria um absurdo.

Nada impede que alguns crimes não produzam dano a reparar. No entanto, somente o caso concreto poderá dizer, com segurança, quais as hipóteses em que o dano não existe.

3.2. *Efeitos da reabilitação*

É uma ação que visa resguardar o *sigilo* sobre a condenação, permitindo ao condenado apresentar-se à sociedade como se fosse primário. A reabilitação não rescinde a condenação, mas restaura direitos atingidos pelos efeitos específicos da condenação. Na verdade, a reabilitação não extingue, mas tão somente suspende alguns efeitos penais da sentença condenatória, que, a qualquer tempo, revogada a reabilitação, se restabelece à situação anterior. A rigor, a reabilitação tem duas finalidades: permitir ao condenado uma folha corrida *in albis* e restaurar os direitos atingidos pelos efeitos específicos da condenação, com exceção das ressalvas expressas.

Examinemos os dois efeitos:

---

14. Mirabete, *Manual*, cit., v. 1, p. 337; Delmanto, *Código Penal comentado*, Rio de Janeiro, Renovar, 1988, p. 159, entre outros.

a) Sigilo sobre os registros criminais do processo e da condenação

O efeito mais eficaz da *reabilitação* seria o de fazer desaparecer os vestígios materiais da condenação, através do sigilo dos seus registros judiciários. Este seria o maior e mais importante efeito da reabilitação, que, no entanto, atualmente é obtido imediata e automaticamente com a previsão do art. 202 da LEP. Assim, para se obter o sigilo da condenação não é necessário esperar dois anos e instruir um processo postulatório. Por outro lado, não constitui um cancelamento definitivo dos registros criminais, mas impede tão somente a sua divulgação, afora as hipóteses expressamente ressalvadas.

Aliás, a *reabilitação* não é a única fonte do sigilo dos registros criminais. O art. 748 do CPP, que continua em vigor, previa o sigilo das condenações anteriores, ressalvando somente as requisições por juiz criminal. A Lei de Execução Penal, em duas oportunidades, consagra o sigilo dos registros criminais: no art. 163, § 2º, quando regula os registros das hipóteses de *sursis*, ressalvando requisições do Poder Judiciário e do Ministério Público, para instruir processo criminal; no art. 202, quando houver cumprimento ou extinção da pena, ressalvando, igualmente, a finalidade de instruir processo criminal ou outros casos expressos em lei.

Assim, pode-se afirmar, sucintamente, que:

1) *concedido o "sursis"*, o sigilo só pode ser quebrado quando as informações forem requisitadas "por órgão judiciário ou pelo Ministério Público, para instruir processo criminal" (art. 163, § 2º, da LEP);

2) *cumprida ou extinta a pena*, independentemente de reabilitação, o sigilo só pode ser quebrado "para instruir processo pela prática de nova infração penal ou outros casos expressos em lei" (art. 202 da LEP);

3) *concedida a reabilitação*, o sigilo só pode ser quebrado quando as informações forem "requisitadas por juiz criminal" (art. 748 do CPP). Constata-se, afinal, que o sigilo pode ser quebrado, na primeira hipótese, por *requisição judicial ou ministerial*, para instruir processo criminal; na segunda, *independentemente de requisição judicial ou ministerial*, para fins de instruir processo criminal ou outros casos expressos em lei (concurso público, inscrição na OAB, fins eleitorais), e, finalmente, na terceira hipótese, somente *por requisição do juiz criminal*, para instruir novos processos criminais. Donde se conclui que o sigilo decorrente da reabilitação é mais amplo, além de que somente a reabilitação exclui os efeitos específicos da condenação.

b) Suspensão condicional de alguns efeitos da condenação

Nem todos os efeitos da condenação são atingidos pela *reabilitação*. Não serão atingidos, por exemplo, os efeitos penais diretos, a obrigação de indenizar e o confisco dos instrumentos e produtos do crime.

A rigor, além de garantir o sigilo já referido, a *reabilitação* só exclui os *efeitos específicos*, previstos no art. 92, vedada a reintegração na situação anterior, nos casos dos incs. I e II do mesmo artigo.

Constata-se, afinal, que a reabilitação, além de não *alcançar* nenhuma pena, também não impede a reincidência, que é um dos mais graves efeitos da condenação.

3.3. *Revogação da reabilitação*

A reabilitação é revogada, de ofício ou a requerimento do Ministério Público, se o reabilitado for novamente condenado, como reincidente, a pena que não seja de multa (art. 95).

São necessários dois requisitos para a revogação da reabilitação: a) *condenação do reabilitado, como reincidente, por sentença irrecorrível*; b) *que a nova condenação seja a pena privativa de liberdade.*

A revogação somente poderá decorrer de nova condenação, como reincidente, a pena privativa de liberdade. Embora a lei se refira à condenação em pena que não seja de multa, na verdade, será impossível condenação a pena restritiva de direitos, porque a reincidência impede a aplicação de pena restritiva (art. 44, II, do CP).

Com a revogação da reabilitação, os efeitos que estavam suspensos voltam a vigorar.

3.4. *Competência e recurso*

O juízo competente para conhecer do pedido de *reabilitação* será o juízo da condenação, e não o da execução (art. 743, *caput*, do CPP). Por outro lado, o art. 66 da LEP, que relaciona a competência do juízo de execução, não inclui a *reabilitação*.

Finalmente, o recurso da decisão que conceder ou negar a *reabilitação* será a *apelação*, uma vez que se trata de decisão com *força de definitiva* (art. 593, II, do CPP). Antes da reforma, o recurso cabível era o *em sentido estrito* (art. 581, VIII), pois a reabilitação era tratada como causa extintiva da punibilidade. Acreditamos também que o recurso *ex officio* previsto no art. 746 do CPP continua, pois os novos diplomas legais (LEP e CP) não o suprimiram.

MEDIDAS DE SEGURANÇA — XL

Sumário: 1. Considerações introdutórias. 2. Diferenças entre pena e medida de segurança. 3. Princípio da legalidade. 4. Pressupostos ou requisitos para aplicação da medida de segurança. 5. Espécies de medidas de segurança. 6. Tipos de estabelecimentos. 7. Prescrição e extinção da punibilidade. 8. Prazo de duração da medida de segurança: limites mínimo e máximo. 9. Execução, suspensão e extinção da medida de segurança. 10. Substituição da pena por medida de segurança. 11. Verificação da cessação de periculosidade.

1. Considerações introdutórias

Consciente da iniquidade e da disfuncionalidade do chamado sistema "duplo binário", a Reforma Penal de 1984 adotou, em toda a sua extensão, o sistema *vicariante*, eliminando definitivamente a aplicação dupla de pena e medida de segurança, para os *imputáveis* e *semi-imputáveis*. A aplicação conjunta de pena e medida de segurança lesa o princípio do *ne bis in idem*, pois, por mais que se diga que o *fundamento* e os *fins* de uma e outra são distintos, na realidade, é o mesmo indivíduo que suporta *as duas consequências* pelo mesmo fato praticado. Seguindo essa orientação, o *fundamento da pena* passa a ser "exclusivamente" *a culpabilidade*, enquanto a medida de segurança encontra justificativa somente na *periculosidade* aliada à incapacidade penal do agente. Na prática, a medida de segurança não se diferenciava em nada da pena privativa de liberdade. A hipocrisia era tão grande que, quando o sentenciado concluía a pena, continuava, no mesmo local, cumprindo a medida de segurança, nas mesmas condições em que acabara de cumprir a pena. Era a maior violência que o cidadão sofria em seu direito de liberdade, pois, primeiro, cumpria uma pena certa e determinada, depois, cumpria outra "pena", esta indeterminada, que *ironicamente* denominavam medida de segurança.

Atualmente, o *imputável* que praticar uma conduta punível sujeitar-se-á somente à pena correspondente; o *inimputável*, à medida de segurança, e o *semi-imputável*, o chamado "fronteiriço", sofrerá pena ou medida de segurança, isto é, ou uma ou outra, nunca as duas, como ocorre no sistema *duplo binário*. As circunstâncias pessoais do infrator semi-imputável é que determinarão qual a resposta penal de que este necessita: se o seu estado pessoal demonstrar a necessidade maior de tratamento, cumprirá medida de segurança; porém, se, ao contrário, esse estado não se manifestar no caso concreto, cumprirá a pena correspondente ao delito praticado, com a redução prevista (art. 26, parágrafo único). Cumpre, porém, esclarecer que *sempre será aplicada a pena correspondente à infração penal cometida* e, somente se o infrator necessitar de "especial tratamento curativo", como diz a lei, será aquela *convertida* em medida de segurança. Em outros termos, se o juiz constatar a presença de periculosidade (*periculosidade real*), submeterá o semi-imputável à medida de segurança.

2. Diferenças entre pena e medida de segurança

a) As penas têm caráter retributivo-preventivo; as medidas de segurança têm natureza eminentemente preventiva.

b) O *fundamento* da aplicação da pena é a *culpabilidade*; a medida de segurança fundamenta-se exclusivamente na *periculosidade*.

c) As penas são determinadas; as medidas de segurança são por tempo indeterminado. Só findam quando cessar a periculosidade do agente.

d) As penas são aplicáveis aos imputáveis e semi-imputáveis; as medidas de segurança são aplicáveis aos inimputáveis e, excepcionalmente, aos semi-imputáveis, quando estes necessitarem de *especial tratamento curativo*.

3. Princípio da legalidade

Não resta a menor dúvida quanto à submissão das medidas de segurança ao *princípio da reserva legal*, insculpido nos arts. 5º, inc. XXXIX, da Constituição Federal e 1º do Código Penal, referentes ao crime e à pena. Todo cidadão tem o direito de saber antecipadamente a natureza e duração das sanções penais — pena e medida de segurança — a que estará sujeito se violar a ordem jurídico-penal, ou, em outros termos, vige também o princípio da anterioridade legal, nas medidas de segurança.

A medida de segurança e a pena privativa de liberdade constituem duas formas semelhantes de controle social e, *substancialmente*, não apresentam diferenças dignas de nota. Consubstanciam formas de invasão da liberdade do indivíduo pelo Estado, e, por isso, todos os princípios fundamentais e constitucionais aplicáveis à pena, examinados em capítulo próprio, regem também as medidas de segurança[1].

4. Pressupostos ou requisitos para aplicação da medida de segurança

a) *Prática de fato típico punível* — É indispensável que o sujeito tenha praticado um *ilícito típico*. Assim, deixará de existir esse primeiro requisito se houver,

---

1. García Arán e Muñoz Conde, *Lecciones de Derecho Penal*, p. 43. No mesmo sentido, ver também Luiz Flávio Gomes, Medidas de segurança e seus limites, *Revista Brasileira de Ciências Criminais*, n. 2, 1993, p. 67-9.

por exemplo, excludentes de criminalidade, excludentes de culpabilidade (como erro de proibição invencível, coação irresistível e obediência hierárquica, embriaguez completa fortuita ou por força maior) — com exceção da inimputabilidade —, ou ainda se não houver prova do crime ou da autoria etc. Resumindo, a presença de excludentes de criminalidade ou de culpabilidade e a ausência de prova impedem a aplicação de medida de segurança.

b) *Periculosidade do agente* — É indispensável que o sujeito que praticou o ilícito penal típico seja dotado de periculosidade. Periculosidade pode ser definida como *um estado subjetivo mais ou menos duradouro de antissociabilidade*. É um *juízo de probabilidade* — tendo por base a conduta antissocial e a anomalia psíquica do agente — de que este voltará a delinquir. O Código Penal prevê dois tipos de periculosidade: 1) *periculosidade presumida* — quando o sujeito for inimputável, nos termos do art. 26, *caput*; 2) *periculosidade real* — também dita *judicial* ou reconhecida pelo juiz, quando se tratar de agente semi-imputável (art. 26, parágrafo único), e o juiz constatar que necessita de "especial tratamento curativo".

c) *Ausência de imputabilidade plena* — O agente *imputável* não pode sofrer medida de segurança, somente pena. E o *semi-imputável* só excepcionalmente estará sujeito à medida de segurança, isto é, se necessitar de *especial tratamento curativo*, caso contrário, também ficará sujeito somente à pena: ou pena ou medida de segurança, nunca as duas. Assim, a partir da proibição de aplicação de medida de segurança ao agente imputável, a *ausência de imputabilidade plena* passou a ser pressuposto ou requisito para aplicação de dita medida.

5. Espécies de medidas de segurança

A partir da Reforma Penal de 1984 os condenados *imputáveis* não estão mais sujeitos à medida de segurança. Os *inimputáveis* são isentos de pena (art. 26 do CP), mas ficam sujeitos à medida de segurança. Os *semi-imputáveis* estão sujeitos à pena ou à medida de segurança, ou uma ou outra.

Nosso Código atual prevê duas espécies de medida de segurança:

a) *Internação em hospital de custódia e tratamento psiquiátrico*

Essa espécie é chamada também de medida *detentiva*, que, na falta de *hospital de custódia e tratamento*, pode ser cumprida em outro *estabelecimento adequado*. A nova terminologia adotada pela reforma não alterou em nada as condições dos deficientes manicômios judiciários, já que nenhum Estado brasileiro construiu os *novos estabelecimentos*. Essa espécie de medida de segurança é aplicável tanto aos inimputáveis quanto aos semi-imputáveis (arts. 97, *caput*, e 98 do CP) que necessitem de especial tratamento curativo. Trata-se da hipótese mais grave e excepcional, diante do art. 4º da Lei n. 10.216/2001, que assim determina: "A internação, em qualquer de suas modalidades, só será indicada quando os recursos extra-hospitalares se mostrarem insuficientes".

b) *Sujeição a tratamento ambulatorial*

A medida de segurança *detentiva* — internação —, que é a regra, pode ser substituída por *tratamento ambulatorial*, "se o fato previsto como crime for *punível com detenção*". Essa medida consiste na sujeição a *tratamento ambulatorial*, através do qual são oferecidos cuidados médicos à pessoa submetida a tratamento, mas sem internação, que poderá tornar-se necessária, para fins curativos, nos termos do § 4º do art. 97 do Código Penal.

O *tratamento ambulatorial* é apenas uma possibilidade que as circunstâncias pessoais e fáticas indicarão ou não a sua conveniência. A punibilidade com *pena de detenção*, por si só, não é suficiente para determinar a conversão da internação em tratamento ambulatorial. É necessário examinar as *condições pessoais do agente* para constatar a sua *compatibilidade* ou *incompatibilidade* com a medida mais liberal. Claro, se tais condições forem favoráveis, a substituição se impõe.

Não é a inimputabilidade ou a semi-imputabilidade que determinará a aplicação de uma ou de outra medida de segurança, mas a natureza da pena privativa de liberdade aplicável, que, se for de detenção, permitirá a aplicação de tratamento ambulatorial, desde que, é claro, as condições pessoais o recomendem.

Por outro lado, o submetimento a tratamento ambulatorial não é imutável, pois, em qualquer fase, poderá ser determinada a internação, para fins curativos (art. 97, § 4º).

O *semi-imputável* tem duas alternativas: redução obrigatória da pena aplicada (art. 26, parágrafo único) ou substituição da pena *privativa de liberdade* por medida de segurança (internação ou tratamento ambulatorial) (art. 98).

A *internação* deverá ocorrer em *hospital de custódia e tratamento* ou, à sua falta, em outro *estabelecimento adequado* (art. 96 do CP). Já o *tratamento ambulatorial* deverá ser realizado também em hospital de custódia e tratamento, mas, na sua falta, em "*outro local com dependência médica adequada*" (art. 101 da LEP).

6. Tipos de estabelecimentos

a) *Hospital de custódia e tratamento psiquiátrico*

"Hospital de custódia e tratamento psiquiátrico" não passa de uma expressão eufemística utilizada pelo legislador da Reforma Penal de 1984 para definir o velho e deficiente *manicômio judiciário*, que no Rio Grande do Sul é chamado de *Instituto Psiquiátrico Forense*. Ocorre que, apesar da boa intenção do legislador, nenhum Estado brasileiro investiu na construção dos novos estabelecimentos.

b) *Estabelecimento adequado*

O que seria estabelecimento adequado? A lei não diz, mas dá uma pista, quando fala que o internado tem direito de ser "recolhido a estabelecimento dotado de características hospitalares", para submeter-se a tratamento (art. 99 do CP). Ironicamente, por apresentarem "características hospitalares", os *manicômios judiciários* têm sido considerados "estabelecimentos adequados".

c) *Local com dependência médica adequada*

Embora sem definir o que seja *local com dependência médica adequada* e sem distingui-lo do *estabelecimento adequado*, a verdade é que, enquanto este se destina à internação, aquele se destina ao tratamento ambulatorial (art. 101 da LEP), quando não houver hospital de custódia e tratamento. Contudo, na prática, uns substituem os outros; é tudo a mesma coisa!

7. Prescrição e extinção da punibilidade

O art. 96, parágrafo único, do CP, ao determinar que, "extinta a punibilidade, não se impõe medida de segurança nem subsiste a que tenha sido imposta", deixa claro que todas as causas extintivas de punibilidade (art. 107) são aplicáveis à medida de segurança, inclusive a prescrição.

Merece atenção especial a prescrição pelas peculiaridades que apresenta e, particularmente, pela ausência de pena concretizada, no caso de agente inimputável. Em primeiro lugar, convém registrar que o prazo prescricional das medidas de segurança são aqueles disciplinados nos arts. 109 e 110 do CP. Em segundo lugar, para fins de contagem do prazo prescricional, deve-se distinguir o inimputável do semi-imputável.

O *semi-imputável* sofre uma condenação, onde o juiz fixa a pena justa para o caso, conforme seja *necessária e suficiente* para a reprovação e prevenção do crime, individualizando-a (art. 59). A pena, além de ser uma sanção menos grave, estabelece o marco da prescrição *in concreto* e, como afirma Luiz Flávio Gomes, constitui "o limite da intervenção estatal, seja a título de pena, seja a título de medida. Substituída a pena por medida de segurança, esta durará no máximo o tempo da condenação, não indeterminadamente como estabelece (injusta e inconstitucionalmente) nosso Código Penal"[2]. Por isso, sustentamos, jamais o juiz poderá, tratando-se de *semi-imputável*, aplicar direto a medida de segurança, sem antes *condenar* o agente a uma *pena determinada*. Após, em um segundo momento, necessitando o condenado de *especial tratamento curativo*, a pena deverá ser substituída por medida de segurança, isto é, se o juiz constatar que o agente necessita mais de tratamento do que de pena, fará a substituição.

Já o *inimputável* não é condenado, ao contrário, é absolvido e, em consequência, sofre a medida de segurança. Assim, não se lhe *precisa* a duração da privação de liberdade, que fica indeterminada. Contudo, algumas vozes levantam-se contra o que poderia traduzir-se em uma *inconstitucional prisão perpétua* e

---

2. Luiz Flávio Gomes, Medidas de segurança e seus limites, *Revista* cit., 2/71.

sugerem, como faz Luiz Flávio, que essa medida de segurança não pode ultrapassar o limite máximo abstratamente cominado ao delito praticado[3].

Em relação à prescrição devemos analisar as seguintes espécies:

a) *Prescrição da pretensão punitiva*

Ocorre antes do trânsito em julgado da sentença penal condenatória e pode subdividir-se em: prescrição *in abstrato*, prescrição retroativa e prescrição intercorrente.

Essas três subespécies de prescrição só podem ocorrer quando o agente for semi-imputável, ao passo que se for inimputável somente será possível a primeira hipótese, isto é, a prescrição abstrata, uma vez que, sendo absolvido, nunca terá uma pena concretizada na sentença. Aliás, para este, o inimputável, é a única possibilidade de prescrição, que pode ocorrer antes ou depois da sentença que aplicar a medida de segurança e será sempre pela pena abstratamente cominada ao delito praticado.

b) *Prescrição da pretensão executória*

Quando se tratar de *inimputável*, o prazo prescricional deve ser regulado pelo máximo da pena abstratamente cominada, já que não existe *pena concretizada*. Em relação ao *semi-imputável* a solução é outra: conta-se o prazo prescricional considerando-se a pena fixada na sentença e, posteriormente, substituída.

8. Prazo de duração da medida de segurança: limites mínimo e máximo

As duas espécies de medida de segurança — internação e tratamento ambulatorial — têm duração *indeterminada*, segundo a previsão do nosso Código Penal (art. 97, § 1º), perdurando enquanto não for constatada a *cessação da periculosidade*, através de perícia médica. Pode-se, assim, atribuir, indiscutivelmente, o caráter de perpetuidade a *essa espécie de resposta penal*, ao arrepio da proibição constitucional, considerando-se que *pena* e *medida de segurança* são duas espécies do gênero sanção penal (consequências jurídicas do crime). Em outros termos, a lei não fixa o prazo máximo de duração, que é indeterminado (enquanto não cessar a periculosidade), e o prazo mínimo estabelecido, de um a três anos, é apenas um marco para a realização do primeiro exame de verificação de cessação de periculosidade, o qual, via de regra, repete-se indefinidamente.

No entanto, não se pode ignorar que a Constituição de 1988 consagra, como uma de suas cláusulas pétreas, a proibição de prisão perpétua; e, como *pena* e *medida de segurança* não se distinguem ontologicamente, é lícito sustentar que essa previsão legal — vigência por prazo indeterminado da medida de segurança — não

---

3. Luiz Flávio Gomes, Medidas de segurança e seus limites, *Revista* cit., p. 72.

foi recepcionada pelo atual texto constitucional. Em trabalhos anteriores sustentamos que em obediência ao postulado que proíbe a prisão perpétua dever-se-ia, necessariamente, limitar o cumprimento das medidas de segurança a prazo não superior a quarenta anos, que é o lapso temporal permitido de privação da liberdade do infrator (art. 75 da CP, com redação da Lei n. 13.964/2019). Nesse sentido, temos algumas respeitáveis decisões de nossa egrégia Corte Suprema (v.g., HC 97.621, de 2009, e HC 84.219, de 2005, oportunidade em que o festejado Ministro Sepúlveda Pertence endossou a doutrina segundo a qual, embora a medida de segurança não seja pena, tem caráter de pena, razão por que não poderia durar mais de trinta anos[4], que é o máximo permitido pela legislação brasileira para qualquer sanção penal). Certamente, essa limitação temporal representou o começo de uma caminhada rumo à humanização da odiosa medida de segurança, esquecida pelos doutrinadores de escol que consomem milhares de resmas de papel teorizando sobre a culpabilidade e os fins e objetivos da pena, mas furtam-se a problematizar a desumanidade e a ilegitimidade das medidas de segurança, por tempo indeterminado, cuja natureza não discrepa da pena, bem como de sua finalidade principal, que é, inconfessadamente, a de garantir a ordem e a segurança públicas.

Com efeito, começa-se a sustentar, atualmente, que a medida de segurança não pode ultrapassar o limite máximo de pena abstratamente cominada ao delito (v.g., crime de furto, quatro anos; roubo, dez anos etc.), pois esse seria "o limite da intervenção estatal, seja a título de pena, seja a título de medida"[5], na liberdade do indivíduo, embora não prevista expressamente no Código Penal, adequando-se à proibição constitucional do uso da prisão perpétua. Assim, superado o lapso temporal correspondente à pena cominada à infração imputada, se o agente ainda apresentar sintomas de sua enfermidade mental, não será mais objeto do sistema penal, mas um problema de saúde pública, devendo ser removido e tratado em hospitais da rede pública, como qualquer outro cidadão normal. Na verdade, a violência e a desumanidade que representam o cumprimento de medida de segurança no interior dos fétidos manicômios judiciários, eufemisticamente denominados hospitais de custódia e tratamento, exigem uma enérgica tomada de posição em prol da dignidade humana, fundada nos princípios da razoabilidade e da proporcionalidade assegurados pela atual Constituição Federal. Nesse sentido, sugerimos ao relator do Projeto de Indulto de Natal, Conselheiro Geder Luiz Rocha Gomes[6], que de pronto aceitou, previsse a possibilidade de indulto "aos submetidos à medida de segurança que tenham suportado privação de liberdade — internação ou tratamento ambulatorial — por período igual ou superior ao máximo da pena cominada à infração penal correspondente à

---

4. No entanto, esse limite de 30 anos foi elevado pela Lei n. 13.964/2019 para 40 anos.
5. Luiz Flávio Gomes, Medidas de segurança e seus limites, *Revista* cit., p. 71.
6. Membro do Conselho Nacional de Política Criminal e Penitenciária Nacional.

conduta imputada" (art. 1º, VIII, do Dec. n. 6.706/2008). É importante ressaltar que esse entendimento vem prevalecendo no STJ, que editou a Súmula n. 527, para a qual "O tempo de duração da medida de segurança não deve ultrapassar o limite máximo da pena abstratamente cominada ao delito praticado". Inclusive, há acórdão da Quinta Turma do STJ definindo que quando o transtorno mental ocorre no curso da execução penal, a medida de segurança deve ser limitada ao tempo que resta da pena privativa de liberdade aplicada na sentença: "A medida de segurança imposta ao apenado adulto que desenvolve transtorno mental no curso da execução, com espeque no art. 183 da LEP, tem sua duração limitada ao tempo remanescente da pena privativa de liberdade" (STJ, REsp. 1.956.497/PR, Rel. Min. Ribeiro Dantas, 5ª T., julgado em 5/4/2022, *DJe* de 8/4/2022).

Por fim, para não alongarmos desnecessariamente este tópico, quando o internado cumpre a medida de segurança integralmente (entenda-se pelo período igual ou superior ao máximo de pena cominada à infração penal imputada), não cabe falar em prescrição de tal medida já que seu cumprimento pelo internado exauriu-se, resgatou seu débito com a Justiça Penal, é como se fora o cumprimento integral da condenação penal (condenado que cumpre integralmente a pena imposta). No entanto, caso tivesse permanecido foragido, pelo mesmo tempo, verificar-se-ia a sua prescrição, como ocorreria em caso de condenação à pena equivalente ao máximo cominado.

9. Execução, suspensão e extinção da medida de segurança

A medida de segurança só pode ser executada após o trânsito em julgado da sentença (art. 171 da LEP). Para iniciar a execução é indispensável a expedição de *guia de internamento ou de tratamento ambulatorial* (art. 173 da LEP). A Reforma Penal de 1984 aboliu a *medida de segurança provisória* ao não repetir o disposto do art. 80 do CP de 1940.

Falando-se em término da medida de segurança, devemos utilizar duas expressões que definem com precisão duas situações bem distintas: *suspensão* e *extinção* da medida de segurança. A *suspensão* da medida de segurança estará *sempre condicionada* ao transcurso de um ano de *liberação ou desinternação*, sem a prática de "fato indicativo de persistência" de periculosidade (art. 97, § 3º, do CP). Somente se esse período transcorrer *in albis* será *definitivamente extinta* a medida suspensa ou "revogada", como diz a lei.

Assim, sendo comprovada pericialmente a cessação da periculosidade, o juiz da execução determinará a revogação da medida de segurança, com a *desinternação ou a liberação*, em caráter provisório, aplicando as condições próprias do livramento condicional (art. 178 da LEP). Na verdade, essa *revogação* não passa de uma simples *suspensão condicional* da medida de segurança, pois, se o desinternado ou liberado, durante um ano, praticar "fato indicativo de persistência de sua periculosidade", será restabelecida a medida de segurança *suspensa*. Somente se ultrapassar esse período *in albis* a medida de segurança será definitivamente extinta.

Observe-se que a lei fala em "fato" indicativo da persistência da periculosidade e não em crime. Contudo, embora no período de prova o agente seja submetido às condições do livramento condicional (art. 178 da LEP), o simples não comparecimento ou descumprimento das condições impostas não são suficientes para restabelecer a medida de segurança, como opinam alguns autores. O beneficiário deve ser ouvido e o juiz deverá adotar as mesmas cautelas exigidas para a revogação do livramento condicional (arts. 86 e 87 do CP).

10. Substituição da pena por medida de segurança

Em duas hipóteses a pena aplicada pode ser substituída por medida de segurança (semi-imputabilidade ou superveniência de doença mental), e, em uma, a própria medida de segurança — tratamento ambulatorial — pode ser *convertida* em internação.

a) *Substituição de pena por medida de segurança*

Essa operação somente será possível quando se tratar de condenado *semi-imputável*, que necessitar de *especial tratamento curativo*, jamais de um *imputável*. Tratando-se de semi-imputável, comprovando-se a culpabilidade, sempre sofre uma condenação. Com base nos elementos do art. 59, o juiz fixa a pena — com redução obrigatória — justa para o caso, conforme seja necessário e suficiente para reprovação e prevenção do crime (art. 59). Essa é a regra. A substituição é exceção, que poderá ocorrer se o condenado necessitar de *especial tratamento curativo* (art. 98). Isso equivale a afirmar que, na hipótese, o juiz deve sempre condenar o semi-imputável a uma pena determinada, a legalmente prevista, decorrendo daí todas as suas consequências (direitos e obrigações). E somente se constatar que, naquele caso concreto, o sujeito necessita mais de tratamento do que de condenação substituirá a pena *aplicada* por medida de segurança, que é uma sanção penal mais grave. É um equívoco admitir que, desde logo, o juiz pode aplicar a medida de segurança, sem concretizar na sentença a pena aplicável, ainda que a recomendação pericial seja pela necessidade do tratamento curativo, por duas ordens de razões:

1ª) Em primeiro lugar, porque o art. 26, parágrafo único, determina que "a pena pode ser reduzida...", e o art. 98 estabelece que, na hipótese do dispositivo citado, "a pena privativa de liberdade pode ser substituída". Logo, a *pena* tem de ser *aplicada* para poder ser *reduzida*, ou então, se for o caso, substituída. Por outro lado, a lei fala que a pena "pode ser substituída", e para que alguma coisa possa ser "substituída" por outra é preciso que dita coisa exista, e a pena privativa de liberdade só terá existência se for *aplicada* na sentença condenatória (não esquecer nunca que essa sentença é condenatória).

Uma interpretação sistemática conduz à conclusão de que a aplicação de "pena privativa de liberdade" é *pressuposto* indispensável para a admissibilidade de sua substituição por medida de segurança. Caso contrário, o art. 98 diria simplesmente que, para o semi-imputável, o juiz *poderia aplicar ou pena ou medida de segurança*. Mas não diz. Diz somente que, se necessitar de especial tratamento curativo, a pena *privativa de liberdade* poderá *ser substituída* por qualquer das duas medidas de segurança, a cabível e recomendável, no caso.

Além da necessidade de *individualizar* a pena, a sua concretização na sentença limita o lapso prescricional, que também é um direito constitucional.

2ª) Em segundo lugar, somente a pena *privativa de liberdade* pode ser substituída por medida de segurança, pois o art. 98 exclui as demais modalidades de penas. E como saber qual a pena "necessária e suficiente" (art. 59), se não concretizá-la na sentença, individualizando-a? Não se pode esquecer, como afirma Assis Toledo, que "a pena passa a ser, pois, *uma pena programática*"[7]. Assim, a pena cominada no tipo penal infringido não será necessariamente a que, finalmente, será aplicada na sentença condenatória e tampouco a que será executada.

O *processo individualizatório* da pena determina que, sempre que possível, a pena privativa de liberdade deverá ser substituída por penas restritivas de direitos (arts. 43 e 44) ou por pena de multa (art. 60, § 2º). Finalmente, a semi-imputabilidade, por si só, não impede a substituição de pena privativa de liberdade por restritiva de direitos ou por pecuniária, uma vez que a periculosidade, na hipótese, é real e não presumida. Ora, se a pena aplicada não for privativa de liberdade — por ter sido substituída por restritiva de direitos ou por multa —, será impossível a sua substituição por medida de segurança.

b) *Superveniência de doença mental do condenado*

Quando ocorrer superveniência de doença mental, o condenado deve ser recolhido a hospital de custódia e tratamento psiquiátrico ou, em não havendo, a outro estabelecimento adequado. O art. 41 do Código Penal *determina* (e o art. 183 da LEP *permite*), nessa hipótese, *a substituição da pena por medida de segurança*, cujo cumprimento passa a reger-se pelas normas de cumprimento de dita medida e não mais pelas normas de execução da pena.

Tanto na hipótese anterior, de *réu semi-imputável*, como nesta, de *superveniência de doença mental*, a medida de segurança não poderá ter duração superior ao correspondente à pena substituída. Como tivemos oportunidade de afirmar, "na hipótese de, ao esgotar-se o prazo inicialmente fixado na condenação, o paciente ainda não se encontrar recuperado, e não podendo ser liberado, em razão de seu estado de saúde mental, deverá, obrigatoriamente, ser colocado à disposição do juízo cível competente"[8].

---

7. Assis Toledo, Princípios gerais do novo sistema penal brasileiro, in *O Direito Penal e o novo Código Penal brasileiro*, p. 16.
8. No mesmo sentido, Luiz Flávio Gomes, Medidas de segurança e seus limites, *Revista* cit., p. 70.

c) *Conversão de tratamento ambulatorial em internação*

Aqui não se trata propriamente de substituição — de pena por medida —, mas simplesmente de *conversão* de uma medida em outra.

É possível que um condenado, por crime apenado com detenção, receba, em substituição, o tratamento ambulatorial. Contudo, na prática, pode-se constatar a inadaptabilidade daquele semi-imputável com o tratamento ambulatorial, necessitando de "especial tratamento curativo". Nessa hipótese, deve-se *converter* o tratamento ambulatorial em internação, que será a medida adequada (arts. 97, § 4º, do CP e 184 da LEP).

11. Verificação da cessação de periculosidade

Verificamos que a medida de segurança vige por tempo indeterminado, até que cesse a periculosidade, constatada através de perícia médica (art. 97, § 1º, do CP). O prazo mínimo estabelecido, de um a três anos, trata-se apenas de um marco para a realização do primeiro exame pericial.

A determinação legal é de que o exame seja realizado no fim do prazo mínimo fixado na sentença e, posteriormente, de ano em ano. Mas esse é o exame legal obrigatório. No entanto, o juiz da execução pode determinar, de ofício, a repetição do exame, a qualquer tempo. Cumpre ressaltar, para evitar equívocos, que a determinação oficial, a qualquer tempo, só pode ocorrer depois de decorrido o prazo mínimo, isto é, o juiz só pode determinar, de ofício, a *repetição* do exame. Antes de escoado o prazo mínimo, referido exame somente poderá ser realizado mediante provocação do Ministério Público ou do interessado (procurador ou defensor), nunca de ofício. Tanto a provocação quanto a decisão devem ser devidamente fundamentadas.

Finalmente, a Lei de Execução Penal assegura o direito de *contratar médico particular*, de confiança do paciente ou de familiares, para acompanhar o tratamento. Havendo divergências entre o médico oficial e o particular, serão resolvidas pelo juiz da execução (art. 43 e parágrafo único da LEP). Acreditamos, embora a LEP seja omissa, que o *médico particular* pode participar também da realização do exame de verificação de cessação da periculosidade, como *assistente técnico*, com base no princípio da ampla defesa (art. 5º, IV, da CF).

A AÇÃO PENAL | XLI

Sumário: 1. Considerações introdutórias. 2. Espécies de ação penal. 2.1. Ação penal pública. 2.2. Ação penal privada. 3. Representação criminal e requisição do Ministro da Justiça. 3.1. Irretratabilidade da representação. 4. Decadência do direito de queixa e de representação. 4.1. Renúncia ao direito de queixa. 4.2. A renúncia nos Juizados Especiais Criminais. 5. Perdão do ofendido. 5.1. Divisão, extensão e aceitação do perdão. 5.2. Limites temporais do perdão e da renúncia. 6. A ação penal nos crimes complexos.

1. Considerações introdutórias

O Estado, sintetizando uma luta secular em que se resume a própria história da civilização, suprimiu a *autodefesa* e avocou a si o direito de dirimir os litígios existentes entre os indivíduos. Assumiu o dever de distribuir justiça, criando, com essa finalidade, tribunais e juízos para tornarem efetiva a proteção dos direitos e interesses individuais garantidos pela ordem jurídica. Nasceu, como consequência direta, o direito do cidadão de invocar a atividade jurisdicional do Estado para solucionar os seus litígios e reconhecer os seus direitos[1], que, na esfera criminal, chama-se *direito de ação penal*.

O direito de ação penal, segundo Grispigni, "consiste na faculdade de exigir a intervenção do poder jurisdicional para que se investigue a procedência da *pretensão punitiva* do Estado-Administração, nos casos concretos"[2]. Ação é, pois, o direito de invocar a prestação jurisdicional, isto é, o direito de requerer em juízo a reparação de um direito violado.

Mas, ao mesmo tempo que o Estado determina ao indivíduo que se abstenha da prática de ações delituosas, assegura também que só poderá puni-lo se violar aquela determinação, dando origem ao *ius puniendi*. Isso representa a consagração do princípio *nullum crimen, nulla poena sine praevia lege*. No entanto, violada a proibição legal, a sanção correspondente só poderá ser imposta através do *devido processo legal*, que é a autolimitação que o próprio Estado se impõe para

---

1. José Frederico Marques, *Tratado de Direito Penal*, São Paulo, Saraiva, 1966, v. 3, p. 320.
2. Filipo Grispigni, *Diritto Penale italiano*, 2ª ed., Milano, 1947, v. 1, p. 296.

exercer o *ius persequendi*, isto é, o *direito subjetivo* de promover a "persecução" do autor do crime.

Cumpre lembrar, no entanto, que a ação penal constitui apenas uma fase da *persecução penal*, que pode iniciar com as investigações policiais (inquérito policial), sindicância administrativa, Comissão Parlamentar de Inquérito etc. Essas investigações preliminares são meramente preparatórias de uma futura ação penal. A ação penal propriamente só nascerá em juízo, com o oferecimento de denúncia pelo Ministério Público, em caso de ação pública, ou de *queixa*, pelo particular, quando se tratar de ação penal privada. O *recebimento*, de uma ou de outra, marcará o início efetivo da ação penal.

Sem entrarmos na polêmica sobre a natureza da ação penal — *material-penal* ou *adjetivo-processual* —, limitar-nos-emos a examiná-la, nos limites estreitos do disposto no Código Penal, porquanto os demais aspectos interessam ao Direito Processual Penal.

2. Espécies de ação penal

A ação penal, quanto à legitimidade para a sua propositura, classifica-se em: ação penal pública e ação penal privada. Ambas comportam, no entanto, uma subdivisão: a ação penal pública pode ser *incondicionada* e *condicionada*, e a ação privada pode ser ex*clusivamente privada* e *privada subsidiária da pública*.

2.1. *Ação penal pública*

O Ministério Público é o *dominus litis* da ação penal pública (art. 129, I, da CF), que se inicia com o oferecimento da denúncia em juízo e deverá conter a narração do fato criminoso, circunstanciadamente, a qualificação do acusado, a classificação do crime e o rol de testemunhas (art. 41 do CPP).

a) *Ação pública incondicionada*

A regra geral é de que a ação penal seja pública incondicionada. Assim, de regra, os crimes previstos na Parte Especial do Código Penal, bem como na legislação especial, são de ação pública incondicionada ou absoluta.

Isso quer dizer que o Ministério Público não necessita de autorização ou manifestação de vontade de quem quer que seja para iniciá-la. Basta constatar que está caracterizada a prática do crime para promover a ação penal. Nas mesmas circunstâncias, a autoridade policial, ao ter conhecimento da ocorrência de um crime de ação pública incondicionada, deverá, de ofício, determinar a instauração de inquérito policial para apurar responsabilidades, nos termos do art. 5º, I, do CPP.

b) *Ação pública condicionada*

Continua sendo iniciada pelo Ministério Público, mas dependerá, para a sua propositura, da satisfação de uma *condição de procedibilidade*, sem a qual a ação penal não poderá ser instaurada: representação do ofendido ou de quem tenha qualidade para representá-lo, ou, ainda, de requisição do Ministro da Justiça.

Embora a ação continue pública, em determinados crimes, por considerar os efeitos mais gravosos aos interesses individuais, o Estado atribui ao ofendido o direito de avaliar a oportunidade e a conveniência de promover a ação penal, pois este poderá preferir suportar a lesão sofrida a expor-se nos tribunais. Na ação penal pública condicionada há uma relação complexa de interesses, do ofendido e do Estado. De um lado, o direito legítimo do ofendido de manter o crime ignorado; de outro lado, o interesse público do Estado em puni-lo: assim, não se move sem a representação do ofendido, mas, iniciada a ação pública pela denúncia, prossegue até decisão final sob o comando do Ministério Público.

Em alguns casos, o juízo de conveniência e oportunidade é cometido ao Ministro da Justiça, que, na realidade, faz um juízo político sobre tal conveniência. Esses casos são restritos: crimes praticados por estrangeiros contra brasileiros fora do Brasil (art. 7º, § 3º, do CP) e nos crimes praticados contra a honra do Presidente ou contra chefe de governo estrangeiro (art. 145, parágrafo único, 1ª parte)[3].

Nessas hipóteses, como afirma o Código, somente se procederá mediante requisição do Ministro da Justiça.

2.2. *Ação penal privada*

É exceção ao princípio publicístico da ação penal e, por isso, vem sempre expressa no texto legal, como, por exemplo, no art. 145, o Código determina que "somente se procede mediante queixa". A ação privada, em qualquer de suas formas, é iniciada sempre através da *queixa*, que não se confunde com a *notitia criminis* realizada na polícia e vulgarmente denominada "queixa".

A ação penal privada divide-se em: a) ação penal de exclusiva iniciativa privada; b) ação privada subsidiária da pública.

a) Ação de *exclusiva iniciativa* privada

Naquelas hipóteses em que, na avaliação do legislador, o interesse do ofendido é superior ao da coletividade, o Código atribui àquele o direito privativo de promover a ação penal.

Muitas vozes levantaram-se contra a ação penal privada, afirmando tratar-se de resquícios da *vindita privada*, alimentadora de sentimentos perversos. Esses argumentos, repetidos de tempos em tempos, não procedem, até porque, na realidade, a ação continua pública, uma vez que administrada pelo Estado através da

---

3. Entendemos que o disposto no art. 141, I, continua em vigor, ao lado do disposto no art. 26 da Lei de Segurança Nacional (Lei n. 7.170/83). Esse, aliás, já era o entendimento mantido pelo STF em relação à anterior Lei de Segurança Nacional (*RTJ*, 105/915).

sua função jurisdicional. E o que se permite ao particular é tão somente a iniciativa da ação, a legitimidade para movimentar a máquina judiciária, e nos estreitos limites do *devido processo legal*, que é de natureza pública. Essa iniciativa privada exaure-se com a sentença condenatória. A execução penal é atribuição exclusiva do Estado, onde o particular não tem nenhuma intervenção. Obtida a decisão condenatória, esgota-se o direito do particular de promover a ação penal. A partir daí o Estado reintegra-se na função de punir, que é intransferível[4]. Referida espécie de ação inspira-se em imperativos de foro íntimo e na colisão de interesses coletivos com interesses individuais, que o ofendido prefere afastar do *strepitus fori*, evitando a publicidade escandalosa que a divulgação processual provocaria; por isso o Estado permite a subordinação do interesse público ao particular. Essa orientação visa evitar novo e penoso sofrimento à vítima, que, pela inexpressiva ofensa, desproporcional gravidade da lesão e a sanção estatal correspondente, ou pela especialíssima natureza do crime, lesando valores íntimos, prefere amargar a sua dor silenciosamente, já que a divulgação e repercussão social podem causar ao ofendido ou a seus familiares dano maior do que a impunidade. Como afirma Paganella Boschi[5], "se para a imposição da pena tivéssemos que destroçar ainda mais uma vida, então o sistema jurídico seria uma iniquidade".

b) Ação privada *subsidiária* da pública

A *inércia* ministerial possibilita ao ofendido, ou a quem tenha qualidade para representá-lo, iniciar a ação penal através de *queixa*, substituindo ao Ministério Público e à denúncia que iniciaria a ação penal. Contudo, o pedido de arquivamento, de diligências, de baixa dos autos, a suscitação de conflito de atribuições etc. não configuram inércia e, consequentemente, não legitimam a propositura subsidiária de ação privada. Somente se o prazo de cinco dias para réus presos e de quinze para réus soltos escoar sem qualquer atividade ministerial, aí sim haverá a possibilidade legal, hoje constitucional (art. 5º, LIX, da CF), de o ofendido propor ação penal.

Porém, *a ação penal não se transforma em privada*, mantendo a sua natureza de pública, e, por essa razão, o querelante não pode dela desistir, renunciar, perdoar ou ensejar a perempção. O Ministério Público poderá aditar a queixa, oferecer denúncia substitutiva, requerer diligências, produzir provas, recorrer e, a qualquer momento, se houver negligência do querelante, retomar o prosseguimento da ação (art. 29 do CPP). Por isso que na ação penal privada *subsidiária*, mesmo após esgotado o prazo decadencial do ofendido, o Ministério Público poderá intentar a ação penal, desde que ainda não se tenha operado a prescrição. Percebe-se que na ação privada subsidiária a decadência do direito de queixa não

---

4. Aníbal Bruno, *Direito Penal*, 3ª ed., Rio de Janeiro, Forense, 1967, v. 3, p. 237.
5. José Antonio Paganella Boschi, *Ação penal*, Rio de Janeiro, Aide, 1993, p. 119.

extingue a punibilidade, permanecendo o *ius puniendi* estatal, cuja titularidade pertence ao Ministério Público.

Finalmente, alguns autores relacionam ainda como uma terceira modalidade a *ação penal privada personalíssima*, para o crime de induzimento a erro essencial (art. 236), pela simples impossibilidade sucessória da legitimação ativa, por tratar--se de crime personalíssimo.

3. Representação criminal e requisição do Ministro da Justiça

Representação criminal é a manifestação de vontade do ofendido ou de quem tenha qualidade para representá-lo, visando a instauração da ação penal contra seu ofensor[6]. Nos casos expressamente previstos em lei, a representação constitui condição de procedibilidade para que o Ministério Público possa iniciar a ação penal. Como se trata de exceção à regra geral, virá expressa para cada tipo de delito que necessitar dessa condição.

A representação não exige qualquer formalidade, podendo ser manifestada através de petição escrita ou oral, e, nesse caso, deverá ser tomada por termo em cartório. A única exigência legal é que constitua manifestação *inequívoca* da vontade do ofendido de promover a persecução penal, não a caracterizando simples declarações narrativas dos fatos.

Em certos casos, expressos em lei, por razões de natureza política, a ação pública só poderá ser iniciada mediante *requisição do Ministro da Justiça*. Essa requisição autoriza iniciar a ação, mas não vincula o Ministério Público, que mantém a liberdade e independência para examinar a ocorrência das condições que, *a contrario sensu*, defluem do art. 43 do CPP. A *requisição*, ao contrário da representação, segundo Hélio Tornaghi, é *irretratável*, mesmo antes de iniciada a ação penal (art. 25)[7].

3.1. *Irretratabilidade da representação*

A representação, como condição de procedibilidade, é irretratável após o *oferecimento* da denúncia. É possível que, depois de ter representado contra alguém, o representante, por qualquer razão, reconsidere essa posição e resolva *retratar-se*, isto é, desista de processar o representado. Essa desistência, que a lei sugere tratar--se de *retratação*, só poderá ocorrer antes do oferecimento da denúncia. Após o Ministério Público *oferecer* a denúncia a ação penal torna-se indisponível.

---

6. Aníbal Bruno, *Direito Penal*, Rio de Janeiro, Forense, 1967, p. 239: "A representação não é só a anuência do ofendido a que se proceda à perseguição do fato punível, é o ato expresso de vontade com que êle (sic) provoca essa perseguição".
7. Hélio Tornaghi, *Curso de Processo Penal*, 4ª ed., São Paulo, Saraiva, 1987, v. 1, p. 45.

Cumpre destacar que *oferecimento* não se confunde com *recebimento* da denúncia. O *oferecimento* ocorre com a entrega, pelo Promotor de Justiça, da denúncia em cartório, devidamente protocolada. O *recebimento*, por sua vez, só ocorrerá com o despacho do juiz, declarando, expressa e inequivocamente, que recebe a denúncia. Nem sempre, embora não seja comum, o juiz recebe a denúncia em seu primeiro despacho, determinando, às vezes, alguma diligência, retardando, assim, o seu recebimento. Essa distinção é de extraordinária importância, e a jurisprudência a tem precisado, especialmente porque o *recebimento*, tanto da denúncia quanto da queixa, e não o simples *oferecimento*, constitui um dos marcos de interrupção da prescrição (art. 117, I, do CP). No entanto, a *irretratabilidade* da representação só ocorrerá depois de *oferecida a denúncia*, nos estritos termos do art. 102 do CP.

Por outro lado, nos casos de ações penais públicas condicionadas à representação, em situações que envolvam violência doméstica e familiar contra a mulher, nos termos do art. 16 da Lei n. 11.340/2006, "só será admitida a renúncia à representação perante o juiz, em audiência especialmente designada com tal finalidade, antes do recebimento da denúncia e ouvido o Ministério Público". A despeito do texto legal expresso, o STF entendeu que seria inconstitucional realizar essa exigência, muitas vezes a despeito do próprio interesse da vítima. Por isso, na ADI n. 7.267/DF, que julgou esse tema, definiu-se que "Apenas a ofendida pode requerer a designação da audiência para a renúncia à representação, sendo vedado ao Poder Judiciário designá-la de ofício ou a requerimento de outra parte. 6. Ação direta julgada parcialmente procedente, para reconhecer a inconstitucionalidade da designação, de ofício, da audiência nele prevista, assim como da inconstitucionalidade do reconhecimento de que eventual não comparecimento da vítima de violência doméstica implique retratação tácita ou renúncia tácita ao direito de representação" (STF, ADI 7267, Rel. Min. Edson Fachin, Tribunal Pleno, julgado em 22/8/2023, publicado em 11/9/2023).

Há alguns julgados admitindo a "retratação da retratação", ou, em outros termos, nova representação após a retratação anterior, desde que ocorra dentro do prazo decadencial.

4. Decadência do direito de queixa e de representação

Decadência é a perda do direito de ação a ser exercido pelo ofendido, em razão do decurso de tempo. A decadência pode atingir tanto a ação de *exclusiva* iniciativa privada como também a *pública condicionada* à representação. Constitui uma limitação temporal ao *ius persequendi* que não pode eternizar-se. Qualquer das duas, tanto a *queixa* quanto a *representação*, deve ser realizada dentro do prazo decadencial, isto é, antes que este se esgote.

O *prazo decadencial* é peremptório, não se interrompe, nem se suspende. O direito de queixa ou de representação, ao contrário do que afirmava Celso

Delmanto[8], não se *interrompe* "pelo seu exercício". Ora, seguindo a tradição do nosso Direito, após a causa interruptiva, esse prazo deveria reiniciar a sua contagem, o que, evidentemente, não ocorre na hipótese referida. Na verdade, o direito de queixa ou de representação *exaure-se* pelo seu exercício.

Esse prazo tampouco se interrompe com o *pedido de explicações em juízo*, também conhecido como *interpelação judicial*, previsto no art. 144 do CP. Igualmente o pedido de instauração de inquérito policial ou mesmo a popular "queixa" apresentada na polícia não têm o condão de interromper o curso do prazo decadencial. A própria queixa inepta ou nula oferecida em juízo não interrompe a decadência, pois é tida como se não tivesse ocorrido.

O *prazo decadencial*, em regra, é de seis meses, contado da data em que o ofendido veio a saber quem foi o autor do crime, ou, na ação privada *subsidiária* da pública, do dia em que se esgotou o prazo para o oferecimento da denúncia (arts. 38 e 46 do CPP). A Lei n. 9.099/95 criou um novo prazo decadencial, embora de direito transitório, visto que somente se aplica aos fatos ocorridos antes da vigência de referida lei: trinta dias para os crimes de lesões corporais leves e culposas, que passaram a ser de ação pública condicionada. Esse prazo começa a correr a partir da intimação pessoal da vítima. No entanto, essa intimação só é necessária para os fatos ocorridos antes da vigência da Lei n. 9.099/95. Os fatos ocorridos após 26-11-1995 não necessitam de tal intimação, como os demais crimes. Também o prazo decadencial para os crimes de lesões leves e culposas é de seis meses, como dispõe a regra geral (art. 103 do CP).

Em relação aos crimes contra a *propriedade industrial* discute-se se permanece a regra geral dos seis meses do art. 103 do CP ou se este é afastado pelo disposto no art. 529 do CPP, que fixa o prazo de trinta dias para o oferecimento de queixa, *a partir da homologação do laudo pericial*. Pessoalmente, acreditamos que o prazo decadencial é o de seis meses, conforme a regra geral, já que os trinta dias referidos no art. 529 do CPP não constituem prazo decadencial e visam, tão somente, impedir que o ofendido procrastine a propositura da ação penal indefinidamente. Ademais, esses trinta dias devem ter um marco inicial, que será aqueles seis meses referidos.

Finalmente, o Supremo Tribunal Federal editou a Súmula 594, com o seguinte verbete: "Os direitos de queixa e de representação podem ser exercidos, independentemente, pelo ofendido ou por seu representante legal". Pela orientação do Supremo, a decadência do direito do ofendido não afeta o direito do representante legal, e vice-versa, contados da data em que vierem a tomar conhecimento da

---

8. Celso Delmanto, *Código Penal comentado*, 3ª ed., Rio de Janeiro, Renovar, 1991, p. 159, verbete "Interrupção da decadência".

autoria do crime. Como afirma Paulo José da Costa Jr.[9], o STF reconhece a existência de dois titulares do direito de representar ou oferecer queixa, cada qual com o respectivo prazo: um para o ofendido e outro para seu representante legal.

4.1. Renúncia ao direito de queixa

Renúncia é a manifestação de desinteresse de exercer o *direito de queixa*, que só pode ocorrer em crimes de ação penal de *exclusiva* iniciativa privada e antes de esta ser iniciada. Após iniciada a ação penal privada, que se caracteriza pelo recebimento da queixa, é impossível renunciar ao direito de queixa, que, aliás, já foi exercido, admitindo-se somente o perdão do ofendido (art. 105), que é um instituto afim. Por isso, embora ambos, renúncia e perdão, sejam causas extintivas da punibilidade, nos crimes de ação privada (art. 107, V, do CP), após iniciada a ação penal, somente através do *perdão ou da perempção* o querelante poderá dar causa à extinção da punibilidade.

A renúncia pode ser expressa, tácita ou presumida. A *expressa* constará de declaração assinada pelo ofendido, seu representante legal ou procurador com poderes especiais (art. 50 do CPP). A *tácita* caracteriza-se pela prática de ato incompatível com a vontade de exercer o direito de queixa, não a configurando o recebimento de indenização do dano causado pelo crime (art. 104, parágrafo único, do CP). A *presumida* ocorre na nova hipótese criada pelo art. 75, parágrafo único, da Lei n. 9.099/95.

Há um entendimento doutrinário-jurisprudencial, com o qual não concordamos, de que, "na hipótese de o ofendido omitir da queixa um dos participantes do crime, em caso de concurso de pessoas, pode *caracterizar renúncia* que se estenderá a todos os ofensores". Esse não nos parece ser o melhor entendimento, por afrontar dois dispositivos legais, um do Código Penal, outro do Código de Processo Penal. Ora, o Código Penal determina que implicará renúncia tácita ao direito de queixa "a prática de ato incompatível com a vontade de exercê-lo" (art. 104, parágrafo único), e o fato de apresentar queixa contra um ou alguns dos autores do fato delituoso, ao contrário, demonstra expressamente a vontade de exercer o direito de queixa e jamais "ato incompatível com a vontade de exercê-lo". Razões várias podem levar o querelante a omitir alguém em sua queixa, tais como ignorar a participação, desconhecer sua identificação, carecer de outras diligências, aproximação do final do prazo decadencial etc. Por outro lado, não se pode ignorar o disposto no art. 48 do CPP, primeira parte, segundo o qual "a queixa contra qualquer dos autores do crime obrigará ao processo de todos". Logo, o raciocínio, à luz desse dispositivo, deve ser o inverso daquele entendimento, ora contestado. E mais: para garantir essa determinação, o mesmo dispositivo, em sua segunda parte, acrescenta: "e o Ministério Público velará pela sua

---

9. Paulo José da Costa Jr., *Curso de Direito Penal*, São Paulo, Saraiva, 1991, p. 221.

indivisibilidade". Por isso, havendo omissão de algum dos concorrentes de um crime de ação privada, o Ministério Público, como *custos legis*, promoverá a intimação do querelante para, no prazo legal, aditar a queixa-crime, acrescentando os querelados omitidos, sob pena do seu não recebimento. Promoção nesse sentido representará *o zelo do Ministério Público pela indivisibilidade da ação penal privada*.

Cumpre destacar, no entanto, que a providência ministerial referida e o consequente aditamento da queixa, pelo querelante, só serão possíveis se ainda não houver escoado o prazo decadencial. Escoado este, o aditamento não será mais possível por duas razões: de um lado, porque o *querelado excluído* adquiriu o direito à impunidade pela decadência do direito de queixa; de outro lado, a ação penal também não pode prosperar em relação aos demais querelados em razão do *princípio da indivisibilidade* da ação penal privada, que seria violado. Afinal, pode-se chegar ao mesmo resultado, mas por outro fundamento, o legal e legítimo: *a indivisibilidade da ação penal*.

Havendo concurso de pessoas, a renúncia em relação a um dos autores do crime estende-se aos demais (art. 49 do CPP), como consequência do *princípio da indivisibilidade* da ação penal privada. Porém, havendo mais de um ofendido, a renúncia de um deles não prejudica o direito dos demais.

4.2. *A renúncia nos Juizados Especiais Criminais*

A Lei n. 9.099/95, que instituiu os Juizados Especiais Criminais, criou uma nova espécie de renúncia, *presumida*, que decorre da homologação do acordo da composição cível nas infrações de menor potencial ofensivo, da competência daquele Juizado (art. 74, parágrafo único). Pois essa *renúncia presumida* foi estendida também à representação criminal, para aquelas infrações.

Até o advento da lei referida, o Código Penal regulava somente a renúncia ao direito de queixa (art. 104), não fazendo nenhuma alusão à possibilidade de ser *renunciado* o direito de representação. Quanto à representação o Código Penal regula somente a sua *irretratabilidade*, que só ocorrerá após o *oferecimento* da denúncia.

Assim, constata-se que o novo diploma em exame *criou* a figura da "renúncia ao direito de representação" (art. 74, parágrafo único).

Na realidade, foi criada uma espécie *sui generis* de renúncia tácita, contrariando frontalmente a segunda parte do parágrafo único do art. 104 do Código Penal. Aliás, esse dispositivo do Código Penal, que define a renúncia tácita, afirma, textualmente, que "não a implica, todavia, o fato de receber o ofendido a indenização do dano causado pelo crime". Ora, como o art. 74, parágrafo único, da Lei n. 9.099/95 prevê que a homologação da composição do dano acarreta a renúncia dos direitos referidos, surge aqui uma verdadeira *vexata quaestio*. Esse novo dispositivo teria revogado o parágrafo único, segunda parte, do Código

Penal? Sim e não. Em outros termos, revogou aquele texto do Código, quando se tratar de infrações de menor potencial ofensivo, que forem da competência do Juizado Especial. Já em relação às demais infrações de competência do Juízo comum o dispositivo do Código Penal permanece válido e eficaz.

Concluindo, a nosso juízo, quando as infrações penais praticadas forem da competência dos Juizados Especiais, a reparação do dano "acarreta a renúncia ao direito de queixa ou representação" (art. 74, parágrafo único); no entanto, quando, nas mesmas circunstâncias, as infrações penais praticadas forem da competência da Justiça comum, a reparação do dano não implicará renúncia tácita (art. 104, parágrafo único, do CP — expresso em relação à queixa). Não há conflito de normas: a reparação, nos crimes (ação pública condicionada e privada) da competência dos Juizados Especiais tem um efeito, e nos da competência da Justiça comum tem outro, ou melhor, não surte nenhum efeito extintivo. É inadmissível, nesse particular, qualquer tentativa de analogia ou interpretação analógica, porque se estaria ferindo o direito irrestrito do ofendido de postular a reparação, sem prejuízo de seu direito de petição.

Resumindo, a não homologação da composição dos danos civis é pressuposto para o exercício do direito de queixa ou de representação, nos crimes que dependam dessa condição, quando forem da competência do Juizado Especial Criminal.

5. Perdão do ofendido

O perdão do ofendido consiste na desistência do querelante de prosseguir na ação penal, de exclusiva iniciativa privada, que iniciou através de "queixa-crime". Não se confunde com o *perdão judicial*, embora constitua também causa de extinção da punibilidade (art. 107, V, do CP).

A ação privada *subsidiária* da pública não admite o perdão e qualquer omissão ou negligência do querelante permitirá ao Ministério Público retomar o prosseguimento da ação, que continua pública, pois o que há, na verdade, é uma *legitimação excepcional* para o ofendido propor a ação penal, ante a inércia do Ministério Público.

5.1. *Divisão, extensão e aceitação do perdão*

O perdão do ofendido não exige formalidade especial e poderá ser *processual ou extraprocessual*, isto é, poderá ser concedido nos autos do processo ou fora dele. Não exige requisitos especiais. É suficiente a declaração inequívoca da vontade de perdoar, revestida apenas das formalidades destinadas a lhe dar autenticidade.

O perdão poderá ainda ser *expresso* ou *tácito*. Será *expresso* quando for concedido através de documento escrito, que poderá ser por declaração, ou termo nos autos, firmado pelo ofendido ou por quem tenha qualidade para representá-lo. Será *tácito* quando resultar de prática incompatível com a vontade de prosseguir na ação criminal proposta. O perdão tácito, assim como a renúncia tácita, admitirão sua demonstração através de qualquer meio de prova (art. 57 do CPP).

O Código Penal preocupou-se em estabelecer os limites de abrangência do perdão, especialmente quando houver mais de um querelante ou mais de um querelado (art. 106). Assim, o perdão concedido a um dos *querelados* estender-se-á a todos os demais. Esse dispositivo tem como *fundamento dogmático* a indivisibilidade da ação penal e, como *fundamento político*, evitar que o processo criminal sirva para permitir a *vindita privada*, possibilitando ao particular escolher qual dos ofensores deseja punir. Não houvesse essa previsão, facilmente poderia ser violado o princípio da indivisibilidade da ação penal (art. 48 do CPP): bastaria propor a ação penal contra todos os autores do crime e, depois, no curso desta, perdoar um ou alguns dos querelados, prosseguindo contra os demais.

No entanto, se houver mais de um querelante, o perdão dado por um deles não prejudica o direito dos outros de prosseguir com a ação, mantida a indivisibilidade, se houver mais de um querelado.

Finalmente, o perdão é um ato bilateral, de realização complexa: só se completa com sua aceitação pelo querelado. Assim, havendo mais de um querelado, pode um deles não aceitar o perdão. Nesse caso, a ação prosseguirá somente contra este. Essa é a única hipótese, excepcional, em que *o princípio da indivisibilidade da ação penal pode ser quebrado*.

Tanto o perdão quanto a aceitação são incondicionais. Como afirmava Magalhães Noronha[10]: "perdoa-se sem exigências e aceita-se sem condições".

5.2. *Limites temporais do perdão e da renúncia*

O perdão só pode ocorrer depois de exercido o direito de queixa, isto é, depois de iniciada a ação penal privada. Antes dessa fase, a manifestação de desinteresse em processar o infrator caracterizará renúncia ao direito de queixa, e não perdão. O perdão é um ato da fase processual e a renúncia pertence à fase pré-processual.

A qualquer momento, enquanto não houver decisão condenatória irrecorrível, será possível a concessão de perdão, mesmo na pendência de recurso especial ou extraordinário (art. 106, § 2º, do CP).

A renúncia e o perdão não se confundem. Apresentam as seguintes distinções:

a) a renúncia ao direito de queixa só pode ocorrer antes do oferecimento desta; o perdão, ao contrário, somente após o início da ação penal, isto é, depois de oferecida a queixa-crime;

b) a renúncia é um ato unilateral; o perdão é bilateral, isto é, depende da aceitação do querelado;

---

10. Magalhães Noronha, *Direito Penal*, cit., p. 324.

c) a renúncia tem por objeto imediato o *direito de querela*, enquanto o perdão visa a revogação de ato já praticado.

6. A ação penal nos crimes complexos

Mudando nosso antigo entendimento, passamos a sustentar que o conteúdo do art. 101 do Código Penal constitui *norma especial*, e não geral, a despeito de estar localizado em sua *Parte Geral*. A definição legal de *crime complexo*, como estamos sustentando, não só constitui *norma especial* como também *específica*, uma vez que sua aplicação destina-se a todos os *crimes complexos* distribuídos pela Parte Especial do Código Penal e pela legislação extravagante, desde que não disponha de forma diversa (art. 12 do CP).

A rigor, as previsões sobre a iniciativa da ação penal (pública condicionada ou de iniciativa privada) constantes, por exemplo, dos arts. 225, 145 etc. são como, poderíamos dizer, uma *subespécie* (complementar) daquela regra geral do art. 100, segundo a qual, *a ação penal é pública*, "salvo quando a lei expressamente a declara privativa do ofendido". Logo, não teria sentido o afastamento do conteúdo do art. 101 por previsões sobre a natureza da ação penal, da Parte Especial, as quais, em razão do *princípio da excepcionalidade*, devem ser sempre expressas. Em outros termos, interpretação em sentido contrário *esvaziaria a finalidade* da previsão do art. 101, que poderia, inclusive, ser suprimida do Código Penal por absoluta inutilidade, pois não teria nenhuma outra hipótese de sua aplicação. A razão é simples: sem aquela ressalva expressa na Parte Especial do Código Penal, a que estamos nos referindo, todos os crimes seriam de ação pública incondicionada, sendo absolutamente desnecessária a definição do crime complexo.

Ademais, essa *interpretação sistemática* que damos ao art. 101 do CP resolve, por exemplo, a delicada questão sobre a natureza da ação penal do crime de estupro praticado com violência real (especialmente quando há lesão grave ou morte da vítima), além de observar o *princípio da razoabilidade* assegurando a harmonia hermenêutica do ordenamento jurídico nacional.

Por fim, concluindo, a natureza da ação penal do *crime complexo* segue a natureza da ação penal pública dos fatos que o compõem, e, por exemplo, tanto a lesão corporal grave quanto o homicídio, na hipótese do estupro qualificado, são crimes de *ação pública incondicionada*. Seria uma *irracionalidade* sustentar que, no crime de *matar alguém*, pelo simples fato de estar vinculado a outro crime (igualmente grave, no caso, estupro), a *persecutio criminis* não poderia ser pública incondicionada. Interpretação como esta afrontaria o sistema penal, deixaria a descoberto um dos bens jurídicos mais valiosos, *a vida*, quiçá o mais importante de todos (sua perda torna irrelevante os demais, no plano pragmático), além de violar o *princípio da razoabilidade*. Foi, a nosso juízo, interpretando dessa ótica que o Supremo Tribunal Federal sentiu-se obrigado a editar a *Súmula 608* para assegurar a valoração sistemática do nosso Código Penal de 1940, cuja Parte Especial continua em vigor.

DA EXTINÇÃO DA PUNIBILIDADE | XLII

Sumário: 1. Considerações gerais. 2. Causas extintivas da punibilidade. 2.1. Morte do agente. 2.2. Anistia, graça e indulto. 2.2.1. Dos limites e da natureza jurídico-constitucional do indulto. 2.3. *Abolitio criminis*. 2.4. Prescrição, decadência e perempção. 2.5. Renúncia e perdão. 2.6. Retratação do agente. 2.7. Perdão judicial.

1. Considerações gerais

A pena não é elemento do crime, mas consequência deste. A punição é a consequência natural da realização da ação típica, antijurídica e culpável. Porém, após a prática do fato delituoso podem ocorrer causas que impeçam a aplicação ou execução da sanção respectiva. No entanto, não é a ação que se extingue, mas o *ius puniendi* do Estado, ou, em outros termos, como dizia o Min. Francisco Campos[1]: "O que se extingue, antes de tudo, nos casos enumerados, no art. 108 do projeto, é o próprio direito de punir por parte do Estado (a doutrina alemã fala em *Wegfall des staatlichen Staatsanspruchs*). Dá-se, como diz Maggiore, uma renúncia, uma abdicação, uma derrelição do *direito de punir do Estado*. Deve dizer-se, portanto, com acerto, que o que cessa é a *punibilidade* do fato, em razão de certas contingências ou por motivos vários de conveniência ou oportunidade política". De observar-se que o crime, como fato, isto é, como ilícito penal, permanece gerando todos os demais efeitos civis e criminais, pois uma causa posterior não pode apagar o que já se realizou no tempo e no espaço.

O atual elenco do art. 107 não é *numerus clausus*, pois outras causas se encontram capituladas em outros dispositivos, como, por exemplo, o *perdão judicial* (arts. 121, § 5º; 129, § 8º; 180, § 5º; 181; e 348, § 2º, do CP etc.); a *restitutio in integrum* (art. 249, § 2º); as hipóteses do art. 7º, § 2º, *b* e *e*, do CP etc.

Não se deve confundir, no entanto, causa extintiva de punibilidade com *escusa absolutória*, embora tenham efeitos semelhantes. Aquelas estão previstas na Parte Geral e estas na Parte Especial.

A seguir, definiremos, sucintamente, cada uma das causas elencadas no referido art. 107.

---

1. Exposição de Motivos do Código Penal de 1940.

2. Causas extintivas da punibilidade

2.1. *Morte do agente*

A morte do agente é a primeira causa de extinção da punibilidade. Com a morte do agente (indiciado, réu, condenado, reabilitando) cessa toda atividade destinada à punição do crime: com o processo penal em curso encerra-se ou impede-se que ele seja iniciado, e a pena cominada ou em execução deixa de existir. Essa causa é uma decorrência natural do princípio da *personalidade da pena*, hoje preceito constitucional (art. 5º, XLV, da CF), segundo o qual a pena criminal não pode passar da pessoa do criminoso: *mors omnia solvit*. Nem mesmo a pena de multa pode ser transmitida aos herdeiros.

Evidentemente que nem sempre foi assim. A História é rica em exemplos de pessoas julgadas mesmo depois da morte, como as penas infamantes, que atingiam não só a memória do morto, mas inclusive os seus descendentes[2]. O princípio da personalidade da pena é uma conquista do Direito Penal moderno. No entanto, a *liberal* Constituição brasileira de 1988 acena com a possibilidade de criação da odiosa e proscrita pena de *confisco*, além de possibilitar que a sua aplicação se estenda aos *sucessores* do condenado e contra eles seja executada, violando o princípio constitucional da *personalidade da pena*, que o mesmo dispositivo reconhece (art. 5º, XLV, da CF). Poucos penalistas deram-se conta dessa monstruosa contradição. Assim, embora pareça supérflua essa previsão, objetiva plasmar o repúdio a práticas punitivas sobre o cadáver, a memória ou os descendentes do morto. Finalmente, cumpre destacar que o princípio da personalidade da pena vige tão somente para as sanções criminais, pecuniárias ou não, não tendo aplicabilidade às consequências civis do crime. O espólio do condenado responde pelos danos do crime, cuja obrigação transmite-se aos seus herdeiros, até os limites da herança.

2.2. *Anistia, graça e indulto*

Anistia, graça e indulto constituem uma das formas mais antigas de extinção da punibilidade, conhecidas no passado como *clemência soberana — indulgencia principis —*, e justificavam-se pela necessidade, não raro, de atenuar os rigores exagerados das sanções penais, muitas vezes desproporcionais ao crime praticado[3]. A *anistia*, já se disse, é o esquecimento jurídico do ilícito e tem por objeto fatos (não pessoas) definidos como crimes, de regra, políticos, militares ou eleitorais, excluindo-se, normalmente, os crimes comuns. A anistia pode ser concedida antes ou depois da condenação e, como o indulto, pode ser total ou parcial.

---

2. Hans von Hentig, *La pena*, Madrid, ESPASA-CALPE, 1967, v. 1, p. 276.
3. Maggiore, *Diritto penale...*, p. 759.

A anistia extingue todos os efeitos penais, inclusive o pressuposto de reincidência, permanecendo, contudo, a obrigação de indenizar.

A *graça* tem por objeto crimes comuns e dirige-se a um indivíduo determinado, condenado irrecorrivelmente. A atual Constituição Federal, no entanto, não mais consagra a graça como instituto autônomo, embora continue relacionado no Código Penal em vigor. Por isso, na prática, a graça tem sido tratada como indulto individual. A iniciativa do pedido de graça pode ser do próprio condenado, do Ministério Público, do Conselho Penitenciário ou da autoridade administrativa (art. 188 da LEP).

O *indulto coletivo*, ou indulto propriamente dito, destina-se a um grupo indeterminado de condenados e é delimitado pela natureza do crime e quantidade da pena aplicada, além de outros requisitos que o diploma legal pode estabelecer. Alguns doutrinadores chamam de indulto parcial a *comutação de pena*, que não extingue a punibilidade, diminuindo tão somente a quantidade de pena a cumprir.

A nova ordem constitucional diz que são insuscetíveis de graça ou anistia a prática de tortura, o tráfico ilícito de entorpecentes e drogas afins, o terrorismo e os crimes definidos como hediondos (art. 5º, XLIII, da CF e Lei n. 8.072). A concessão de anistia é de competência exclusiva do Congresso Nacional (art. 48, VIII, da CF), independentemente da aceitação dos anistiados, e, uma vez concedida, não pode ser revogada. Já a concessão de graça e indulto é prerrogativa do Chefe do Executivo, que, no entanto, poderá delegá-la a seus Ministros (art. 84, XII e parágrafo único, da CF).

2.2.1. Dos limites e da natureza jurídico-constitucional do indulto

O instituto jurídico-penal conhecido como "indulto ou comutação de pena", aquele total, esta parcial, consta do ordenamento jurídico brasileiro desde nossa primeira Constituição Imperial de 1824 e foi mantido em todas as nossas Cartas Constitucionais. A atual Carta Magna o consagra no inciso II do art. 84, como prerrogativa exclusiva do Presidente da República (conceder indulto e comutar penas, com audiência, se necessário, dos órgãos instituídos em lei), limitado pelo disposto no inciso XLIII do art. 5º, que exclui dessa clemência soberana "a prática da tortura, o tráfico ilícito de entorpecentes e drogas afins, o terrorismo e os definidos como crimes hediondos". Seria desnecessário destacar que não se trata de um poder presidencial ilimitado, posto que tal "poder" não existe em nosso texto constitucional, que adota um sistema de freios e contrapesos equilibrando a independência e harmonia dos três Poderes da República, Executivo, Legislativo e Judiciário.

Não se desconhece que o indulto é ato discricionário e privativo do Presidente da República, disciplinado no já citado dispositivo legal (inc. II do art. 84 da CF). O Presidente pode concedê-lo segundo critérios de *conveniência* e de *oportunidade*, observada a limitação constitucional já mencionada (inc. XLIII). Nesse sentido, já afirmou, enquanto doutrinador, o digno e culto Ministro Celso de Mello que: "A decisão do Presidente da República, concedendo ou denegando a graça pleiteada, é insuscetível de revisão judicial. O poder de agraciar constitui liberalidade do Estado. Trata-se de favor concedido, em caráter absolutamente excepcional, aos agentes de práticas delituosas. O Presidente da República, ao exercer essa competência constitucional, pratica ato de evidente discricionariedade"[4].

Na ADI 5.874, o digno e culto relator Ministro Alexandre de Moraes adotou entendimento semelhante, *verbis*: "Portanto, em relação ao Decreto Presidencial de Indulto, será possível ao Poder Judiciário analisar somente a *constitucionalidade* da concessão da *clemencia principis*, e não o mérito, que deve ser entendido como juízo de conveniência e oportunidade do Presidente da República, que poderá, entre as hipóteses legais e moralmente admissíveis, escolher aquela que entender como a melhor para o interesse público no âmbito da Justiça Criminal"[5].

Em brilhante voto, o digno relator da ADI 5.874, na qual se questionava a constitucionalidade do Decreto n. 9.246, de 21 de dezembro de 2017, editado pelo então Presidente Michel Temer, o Ministro Alexandre de Moraes sintetizou a história do "indulto" nos seguintes termos:

> "Esse instituto de natureza penal sobreviveu ao período monárquico, estabelecendo-se em todos os regimes republicanos ocidentais, a começar pelos Estados Unidos da América, em sua Constituição de 1787 e em nossa Constituição Republicana de 1891.
>
> Diferentemente do modelo norte-americano, que aplica a clemência penal somente na espécie individual (perdão presidencial), no Brasil, consolidou-se a incidência do indulto tanto individual (graça ou perdão presidencial), quanto coletivo (decretos genéricos de indultos), como o analisado na presente hipótese.
>
> A edição de decretos genéricos de indultos, portanto, é tradição do direito constitucional brasileiro, em que pese possa estar sujeito a diversas críticas"[6].

A seguir, com muita propriedade, o digno Ministro Alexandre de Moraes[7], em erudito voto, destacou que:

---

4. Celso de Mello. *Constituição Federal anotada*, 2ª ed., São Paulo, Saraiva, 1986, p. 266.
5. Alexandre de Moraes, ADI 5.874, fl.
6. Alexandre de Moraes, Relator da ADI 5.874, que questionava a constitucionalidade do Decreto n. 9.246, de 21 de dezembro de 2017, fl. 12: "No Brasil, por exemplo, antes da Constituição de 1988, houve vários indultos coletivos. Em 4 de dezembro de 1945, José Linhares, Presidente do SUPREMO TRIBUNAL FEDERAL, que exerceu a presidência da República por convocação das Forças Armadas, após a derrubada de Getúlio Vargas, de 29 de outubro de 1945 a 31 de janeiro de 1946, editou o Decreto 20.082/1945 concedendo o benefício aos praças da Força Expedicionária Brasileira, que praticaram certos crimes quando incorporados à tropa, na Itália".
7. Alexandre de Moraes, Ministro Relator e autor do voto condutor do acórdão no julgamento da ADI 5.874, fl. 11 do respectivo voto.

"A concessão de indulto não está vinculada à política criminal estabelecida pelo legislativo, tampouco adstrita à jurisprudência formada pela aplicação da legislação penal, muito menos ao prévio parecer consultivo do Conselho Nacional de Política Criminal e Penitenciária, sob pena de total esvaziamento do instituto, que configura tradicional mecanismo de freios e contrapesos na tripartição de poderes.

O exercício do poder de indultar não fere a separação de poderes por supostamente esvaziar a política criminal estabelecida pelo legislador e aplicada pelo Judiciário, uma vez que foi previsto exatamente como mecanismo de freios e contrapesos a possibilitar um maior equilíbrio na Justiça Criminal (PINTO FERREIRA, *Comentários à Constituição brasileira*, v. 2. São Paulo: Saraiva, 1992, p. 574 e s.; ALCINO PINTO FALCÃO. *Constituição Federal anotada*. Freitas Bastos. v. 2, p. 214)".

Não se desconhece que o indulto é ato discricionário e privativo do Presidente da República, disciplinado no já citado dispositivo legal (inc. II do art. 84 da CF). O Presidente pode concedê-lo segundo critérios de *conveniência* e de *oportunidade*, observada a limitação constitucional já mencionada (inc. XLIII). Nesse sentido, já afirmou, enquanto doutrinador, o digno e culto Ministro Celso de Mello que: "A decisão do Presidente da República, concedendo ou denegando a graça pleiteada, é insuscetível de revisão judicial. O poder de agraciar constitui liberalidade do Estado. Trata-se de favor concedido, em caráter absolutamente excepcional, aos agentes de práticas delituosas. O Presidente da República, ao exercer essa competência constitucional, pratica ato de evidente discricionariedade (...)"[8]. Na ADI já referida, o Relator, Ministro Alexandre de Moraes, adota entendimento semelhante, *verbis*: "Portanto, em relação ao Decreto Presidencial de Indulto, será possível ao Poder Judiciário analisar somente a *constitucionalidade* da concessão da *clemencia principis*, e não o mérito, que deve ser entendido como juízo de conveniência e oportunidade do Presidente da República, que poderá, entre as hipóteses legais e moralmente admissíveis, escolher aquela que entender como a melhor para o interesse público no âmbito da Justiça Criminal"[9].

Não se ignora, igualmente, que discricionariedade não se confunde com arbitrariedade, na medida em que esta não encontra amparo constitucional, enquanto aquela deve ser usada nos limites assegurados pela Constituição. Não se desconhece, igualmente, que a própria Constituição criou mecanismos de controle para assegurar a harmonia e independência dos Poderes do Estado — entre os quais não se inclui o Ministério Público —, repartindo entre eles as funções estatais para que bem possam exercê-las, perenizando a existência do Estado Democrático de Direito. Aliás, nem poderia ser diferente, pois, em um sistema

---

8. Celso de Mello, *Constituição Federal anotada*, 2ª ed., São Paulo, Saraiva, 1986, p. 266.
9. Alexandre de Moraes, ADI 5.874, fl.

republicano, não existe poder absoluto, ilimitado, sob pena de representar a negativa do próprio Estado de Direito, que vincula a todos — especialmente os titulares dos poderes estatais, os quais devem observar as exigências das normas constitucionais. Não existe, portanto, nenhum poder ilimitado, inclusive para a concessão de indulto. Nesse sentido o STF tem decidido reiteradamente (RHC 71.400-5 – Rio de Janeiro, Rel. Min. Ilmar Galvão, 1ª T, j. 7-6-1994; HC 81.565-1 – Santa Catarina, Rel. Min. Sepúlveda Pertence, 1ª T., j. 19-2-2002; HC 96.431, Rel. Min. Cezar Peluso, 2ª T., j. 4-4-2009; HC 90.364, Rel. Min. Ricardo Lewandowski, Tribunal Pleno, j. 31-10-2007). Inclusive, recentemente o STF julgou procedentes os pedidos realizados nas ADPFs 964, 965, 966 e 967, para "declarar a inconstitucionalidade do Decreto de 21 de abril de 2022, editado pelo Presidente da República à época", anulando o indulto presidencial. Embora o inteiro teor do acórdão ainda não tenha sido publicado, a ata pode ser acessada no site do STF[10].

Por outro lado, jamais poderá o STF, *venia concessa*, reescrever o decreto de indulto, usurpando o Poder do Presidente da República, pois, se este extrapolou o exercício de sua discricionariedade, basta declarar sua inconstitucionalidade.

A despeito de tudo, o Ministério Público, que deve ser o guardião da Constituição, violou-a ao arguir a inconstitucionalidade do Decreto n. 9.246/2017, que decretou o indulto natalino. No entanto, corajosa e brilhantemente, o digno Relator, Ministro Alexandre de Moraes, deu uma lição de moral à PGR, negou provimento a ADI 5.874, declarou sua constitucionalidade e destacou que "O Conselho Nacional do Ministério Público, sem expressa previsão constitucional ou legal, passou a admitir que, *discricionariamente,* o titular da ação penal — por opção de política criminal da Instituição — possa deixar de promover a ação penal, mesmo não sendo caso de arquivamento, nos crimes de corrupção *lato sensu*, organização criminosa e lavagem de dinheiro; todos tipos penais com pena mínima inferior a 4 (quatro) anos. Não guarda coerência lógica que a mesma Procuradoria-Geral da República, mesmo sem expressa previsão constitucional ou legal, se permita, discricionariamente, deixar de promover a devida ação penal por crimes de corrupção *lato sensu,* organização criminosa e lavagem de dinheiro, e pretenda — na presente ADI — retirar essa possibilidade do Presidente da República, que foi expressamente prevista no artigo 84, XII, da Constituição Federal pelo legislador constituinte originário".

2.3. Abolitio criminis

Toda lei nova que descriminalizar o fato praticado pelo agente extingue o próprio crime e, consequentemente, se iniciado o processo, este não prossegue;

---

10. Disponível em: <https://portal.stf.jus.br/processos/detalhe.asp?incidente=6389107>. Acesso 06 nov. 2023.

se condenado o réu, rescinde a sentença, não subsistindo nenhum efeito penal, nem mesmo a reincidência. A *abolitio criminis* foi mais bem examinada no capítulo da Lei Penal no Tempo.

2.4. *Prescrição, decadência e perempção*

A prescrição, por sua importância e complexidade, será analisada em capítulo próprio.

Decadência é a perda do direito de ação privada ou do direito de representação, em razão de não ter sido exercido dentro do prazo legalmente previsto. A decadência fulmina o direito de agir, atinge diretamente o *ius persequendi*. A decadência foi mais bem examinada no capítulo da Ação Penal.

Perempção é a perda do direito de prosseguir no exercício da ação penal privada, isto é, uma sanção jurídica aplicada ao querelante pela sua inércia, ou seja, pelo mau uso da faculdade que o Poder Público lhe concedeu de agir, privativamente, na persecução de determinados crimes. Na perempção, o querelante, que já iniciou a ação de exclusiva iniciativa privada, deixa de realizar atos necessários ao seu prosseguimento, deixando de movimentar o processo, levando à presunção de desistência (art. 60 do CPP)[11].

Enfim, a decadência atinge o direito de iniciar a ação penal; a perempção, o de nela prosseguir.

2.5. *Renúncia e perdão*

A renúncia e o perdão também são causas de exclusão da punibilidade. *Renúncia* é a manifestação de desinteresse de exercer o direito de queixa, que só pode ocorrer em ação de exclusiva iniciativa privada, e somente antes de iniciá-la. *Perdão do ofendido* consiste na desistência do querelante de prosseguir na ação penal de exclusiva iniciativa privada. O perdão é ato bilateral e só se completa com sua aceitação pelo querelado. Renúncia e perdão foram examinados mais detidamente no capítulo da Ação Penal.

2.6. *Retratação do agente*

Há hipóteses legais em que a retratação exime o réu de pena. Esses casos são os de calúnia, difamação, falso testemunho e falsa perícia. Pela retratação o agente reconsidera a afirmação anterior e, assim, procura impedir o dano que poderia resultar da sua falsidade.

A *injúria* não admite retratação. Havia uma exceção para a injúria que fosse praticada por meio da *imprensa* (art. 26 da Lei n. 5.250/67, que foi afastada pela ADPF n. 130, julgada pelo STF). Na injúria, como afirmava Aníbal Bruno, "há só

---

11. Aníbal Bruno, *Direito Penal,* Rio de Janeiro, Forense, 1967, p. 219.

a ofensa da palavra ou do gesto, que ninguém pode retirar. Na calúnia e difamação o dano resulta da arguição falsa de fatos criminosos ou não criminosos. Se o acusador mesmo os nega, a vítima pode considerar-se desagravada e o seu crédito social livre de perigo, e com isso a punibilidade de ação típica se extingue. O Direito atende ao gesto do ofensor que procura reparar o dano desdizendo-se"[12].

Também na *falsa perícia* ou no *falso testemunho* a retratação ou a declaração da verdade exclui a punibilidade. A declaração da verdade é o meio de corrigir o silêncio com que o agente a ocultou (art. 342, § 2º, do CP). Nessa hipótese, a retratação deve ser completa e ocorrer antes da publicação da sentença no processo em que ocorreu a falsidade. Ao contrário do que ocorre nos crimes contra a honra, nesse caso, a retratação comunica-se aos demais participantes[13].

2.7. *Perdão judicial*

Perdão judicial é o instituto através do qual a lei possibilita ao juiz deixar de aplicar a pena diante da existência de determinadas circunstâncias expressamente determinadas (exs.: arts. 121, § 5º, 129, § 8º, 140, § 1º, I e II, 180, § 5º, 1ª parte, 242, parágrafo único, 249, § 2º). Na legislação especial também se encontram algumas hipóteses de perdão judicial.

Embora as opiniões dominantes concebam o *perdão judicial* como mero benefício ou favor do juiz, entendemos que se trata de *um direito público subjetivo de liberdade* do indivíduo, a partir do momento em que preenche os requisitos legais. Como dizia Frederico Marques[14], os benefícios são também direitos, pois o campo do *status libertatis* se vê ampliado por eles, de modo que, satisfeitos seus pressupostos, o juiz é obrigado a concedê-los. Ademais, é inconcebível que uma causa extintiva de punibilidade fique relegada ao *puro arbítrio judicial*. Deverá, contudo, ser negado quando o réu não preencher os requisitos exigidos pela lei.

No crime de injúria, a lei prevê o perdão judicial quando o ofendido age de modo reprovável, a provocar diretamente, ou no caso de retorsão imediata; no homicídio e lesão corporal culposos, se as consequências da infração atingirem o próprio agente de forma tão grave que a sanção penal se torne desnecessária. Mesmo quando a lei possibilita o *perdão judicial* "conforme as circunstâncias" ou "tendo em consideração as circunstâncias" (arts. 176, parágrafo único, e 180,

---

12. Aníbal Bruno, *Direito Penal*, cit., p. 228. Mirabete considera injustificável a exclusão da retratação no crime de injúria (*Manual*, cit., p. 378).
13. Mirabete, *Manual*, cit., p. 379. Contra: Luiz Régis Prado, *Falso testemunho e falsa perícia*, São Paulo, Revista dos Tribunais, 1994, p. 143.
14. Frederico Marques, *Tratado de Direito Penal*, São Paulo, Saraiva, v. 3, p. 262, 264 e 276.

§ 5º, do CP), prevê *requisito implícito*, qual seja, a *pequena ofensividade da conduta*, que, se estiver caracterizada, obrigará a concessão do perdão.

Enfim, se, ao analisar o contexto probatório, o juiz reconhecer que os requisitos exigidos estão preenchidos, não poderá deixar de conceder o perdão judicial por mero capricho ou qualquer razão desvinculada do referido instituto.

Para afastar a desinteligência das diversas interpretações que existiam sobre a natureza jurídica da sentença que concede o perdão judicial, a Reforma Penal de 1984 incluiu-o entre as causas extintivas de punibilidade e explicitou na Exposição de Motivos (n. 98) que a sentença que o concede não produz efeitos de sentença condenatória. O acerto da inclusão do perdão judicial no art. 107, IX, não se repetiu ao tentar reforçar no art. 120 a natureza da sentença concessiva, propiciando a sobrevivência do equivocado entendimento de que se trata de sentença condenatória, que somente livra o réu da pena e do pressuposto da reincidência[15]. A nosso juízo, referida sentença é, simplesmente, *extintiva da punibilidade*, sem qualquer efeito penal, principal ou secundário.

---

15. Damásio de Jesus, *Direito Penal*, 16ª ed., São Paulo, Saraiva, p. 598. Ver Súmula 18 do STJ.

PRESCRIÇÃO XLIII

Sumário: 1. Considerações introdutórias. 2. Fundamentos políticos da prescrição. 3. Espécies de prescrição: da pretensão punitiva e da pretensão executória. 3.1. Prescrição da pretensão punitiva. 3.1.1. Prescrição da pretensão punitiva abstrata. 3.2. Prescrição da pretensão punitiva retroativa. 3.2.1. Supressão de parcela da prescrição retroativa: inconstitucionalidade manifesta. 3.3. Supressão de parcela do lapso prescricional e violação do princípio da proporcionalidade. 3.4. Violação da garantia constitucional da duração razoável do processo. 3.5. Prescrição da pretensão punitiva intercorrente ou subsequente. 3.6. Prescrição da pretensão executória. 4. Termo inicial da prescrição. 5. Causas modificadoras do curso prescricional. 6. Causas suspensivas da prescrição (art. 116). 6.1. Enquanto não for resolvida questão prejudicial (inciso I do art. 116). 6.2. Enquanto o agente cumpre pena no exterior (inciso II do art. 116). 6.3. Na pendência de embargos de declaração ou de recursos aos Tribunais Superiores, quando inadmissíveis (acrescido pela Lei n. 13.964/2019). 6.4. Enquanto não cumprido ou não rescindido o acordo de não persecução penal (art. 28-A — acrescido pela Lei n. 13.964/2019 no CPP). 6.4.1 Juízo de suficiência da prevenção e reprovação do crime. 6.4.2. A questionável constitucionalidade do "acordo de não persecução penal". 6.4.3. A homologação judicial do acordo e a obrigação legal de confessar. 6.5. Imunidade parlamentar (art. 53, § 2º). 6.6. Delação premiada em crimes praticados por organização criminosa. 6.7. Outras causas suspensivas da prescrição. 6.7.1. Suspensão condicional do processo. 6.7.2. Citação por edital, sem comparecimento ou constituição de defensor. 6.7.3. Citação através de rogatória de acusado no estrangeiro. 6.7.4. Suspensão da prescrição nos termos do art. 366 do CPP: correção da Súmula 415 do STJ. 7. Causas interruptivas da prescrição. 7.1. Recebimento da denúncia ou da queixa (I). 7.2. Pronúncia e sua confirmação (II e III). 7.3. Publicação da sentença ou acórdão condenatório recorríveis (IV). 7.4. Publicação de sentença condenatória recorrível. 7.5. Publicação de acórdão condenatório recorrível. 7.5.1. Acórdão condenatório não se confunde com acórdão confirmatório. 7.5.2. Início ou continuação do cumprimento da pena (V). 7.5.3. Início da execução provisória da pena não interrompe a prescrição. 7.6. Reincidência (VI). 8. Considerações especiais sobre as causas interruptivas da prescrição. 8.1. Recebimento da denúncia: causas de rejeição e absolvição sumária. 8.2. Recebimento da denúncia: contraditório antecipado e reflexos na prescrição. 9. Causas redutoras do prazo prescricional. 10. Prescrição da pena de multa. 11. A anulação parcial de sentença penal condenatória é ilegal e viola a Súmula 401 do STJ. 12. A prescrição penal na improbidade administrativa. 12.1. Prazo prescricional aplicável ao terceiro.

1. Considerações introdutórias

Com a ocorrência do fato delituoso nasce para o Estado o *ius puniendi*. Esse direito, que se denomina *pretensão punitiva*, não pode eternizar-se como uma espada de Dâmocles pairando sobre a cabeça do indivíduo. Por isso, o Estado estabelece critérios limitadores para o exercício do direito de punir, e, levando em consideração *a gravidade da conduta delituosa e da sanção correspondente*, fixa lapso temporal dentro do qual o Estado estará legitimado a aplicar a sanção penal adequada.

Escoado o prazo que a própria lei estabelece, observadas suas *causas modificadoras*, prescreve o direito estatal à punição do infrator. Assim, pode-se definir prescrição como "a perda do direito de punir do Estado, pelo decurso de tempo, em razão do seu não exercício, dentro do prazo previamente fixado". A prescrição constitui causa extintiva da punibilidade (art. 107, IV, 1ª figura, do CP). No entanto, contrariando a orientação contemporânea do moderno Direito Penal liberal, que prega a prescritibilidade de todos os ilícitos penais, a Constituição brasileira de 1988 declara que são *imprescritíveis* "a prática do racismo" e "a ação de grupos armados, civis ou militares, contra a ordem constitucional e o Estado Democrático" (art. 5º, XLII e XLIV).

Para alguns autores, a prescrição é instituto de direito material; para outros, é de direito processual. Para o ordenamento jurídico brasileiro, contudo, é instituto de direito material, regulado pelo Código Penal, e, nessas circunstâncias, conta-se o dia do seu início. A prescrição é de ordem pública, devendo ser decretada de ofício, a requerimento do Ministério Público ou do interessado. Constitui preliminar de mérito: ocorrida a prescrição, o juiz não poderá enfrentar o mérito; deverá, de plano, declarar a prescrição, em qualquer fase do processo.

A controvérsia em torno da prescrição penal remonta muitos séculos da história da civilização. Os costumes e a cultura de cada povo ditavam os parâmetros para que se aceitasse a liberação de um criminoso pelo simples decurso do tempo. O primeiro texto legal que tratou da prescrição foi a *Lex Julia*, datada do ano 18 a.C. para determinados crimes. Estendeu-se, posteriormente, à generalidade dos crimes, com exceção do parricídio, parto suposto, entre outros.

O desenvolvimento do *instituto da prescrição* processou-se lentamente através dos séculos, sendo admitido no direito germânico e no direito de outros povos. Na Idade Média, procurou-se adotar exagerada redução dos prazos prescricionais, motivando enérgica reação, posto que teve como resultado a grande dificuldade em se configurar a ocorrência de prescrição.

Mas essa era somente a prescrição da ação, isto é, da *pretensão punitiva*. A *prescrição da condenação*, no entanto, surgiu na França, com o Código Penal de 1791. Com efeito, a Revolução Francesa parece ter favorecido esse acontecimento. Outros países, em seguida, também adotaram essa outra espécie de prescrição. No Brasil, somente a partir do Código Penal de 1890 passou-se a adotar a prescrição da condenação (art. 72), sendo que a prescrição da ação penal já foi adotada a partir do Código Criminal de 1830. Na realidade, o art. 65 do Código Criminal do Império (16-12-1830) declarava: "*As penas impostas aos réus não prescreverão em tempo algum*". Em outras palavras, as penas aplicadas eram imprescritíveis.

Quanto à *prescrição retroativa*, por fim, sua discussão começou antes mesmo de o Código Penal de 1940 entrar em vigor, que foi o primeiro diploma legal a adotá-la. Na verdade, o legislador desse Código adotou o *princípio de que a sanção concretizada na sentença*, sem possibilidade de agravação diante da inexistência de recurso da acusação, era a sanção *ab initio* justa para o fato praticado pelo agente, revelando-se a pena abstrata muito severa e *injusta* para regular prazo prescricional[1].

2. Fundamentos políticos da prescrição

São arrolados alguns fundamentos que, politicamente, embasariam a legitimidade do instituto da prescrição. Analisamos, a seguir, sucintamente, como convém, neste momento, os principais fundamentos[2]:

1º) *O decurso do tempo leva ao esquecimento do fato*: como afirma Giulio Battaglini, a prescrição "cessa a exigência de uma reação contra o delito, presumindo a lei que, se o tempo não cancela a memória dos acontecimentos humanos, pelo menos a atenua ou a enfraquece[3]". Se o alarma social é que determina também a *intervenção do Estado* na repressão dos crimes, quando decorreu determinado período de tempo da prática do próprio crime sem que tenha sido reprimido, o *alarma social* desaparece pouco a pouco e acaba apagando-se, de tal modo que provoca a ausência do interesse que fez valer a pretensão punitiva[4].

2º) *O decurso do tempo leva à recuperação do criminoso*: com o decurso do tempo e a inércia do Estado, a pena perde seu fundamento, esgotando-se os motivos do Estado para desencadear a punição.

Em se tratando de condenação, força é convir que o longo lapso de tempo decorrido, sem que o réu haja praticado outro delito, está a indicar que, por si mesmo, ele foi capaz de alcançar o fim que a pena tem em vista, que é o de sua readaptação ou reajustamento social[5]. Caso o condenado volte a delinquir, o decurso do tempo não terá sido capaz de regenerá-lo. Nossa legislação penal estava ciente disso, ao afirmar que o prazo da *prescrição da pretensão executória* interrompe-se pela reincidência (art. 117, VI, do CP).

---

1. Damásio de Jesus, *Direito Penal*, 16ª ed., São Paulo, Saraiva, 1992, v. 1, p. 734.
2. Andrei Zenkner Schmidt, *Da prescrição penal*, Porto Alegre, Livraria do Advogado, 1997, p. 20-21.
3. Giulio Battaglini, *Direito Penal*, trad. de Paulo José da Costa Júnior, Armida B. Miotto e Ada Pellegrini Grinover, v. 1, p. 82.
4. Giuseppe Bettiol, *Direito Penal*, trad. de Paulo José da Costa Júnior e Alberto Silva Franco, v. III, p. 199.
5. Magalhães Noronha, *Direito Penal*, v. 1, p. 343.

Os positivistas não admitem que a periculosidade social possa desaparecer com o decurso do tempo, pois que, como afirmava Cesare Lombroso, o *criminoso é um ser atávico*, ou seja, ele é uma regressão ao homem primitivo ou selvagem; ele já nasce delinquente e, como tal, continuará agindo até morrer. No entanto, essa concepção positivista não se justifica, uma vez que a prescrição resolve os anseios individuais e coletivos de repressão, seja pelo aspecto preventivo, seja pelo retributivo.

3ª) *O Estado deve arcar com sua inércia*: é inaceitável a situação de alguém que, tendo cometido um delito, fique sujeito, *ad infinitum*, ao império da vontade estatal punitiva. Se existem prazos processuais a serem cumpridos, a sua não observância é um ônus que não deve pesar somente contra o réu. A *prestação jurisdicional* tardia, salvo naquelas infrações constitucionalmente consideradas imprescritíveis, não atinge o fim da jurisdição, qual seja, a realização da *Justiça*.

Não há interesse social nem legitimidade política em deixar o criminoso indefinidamente sujeito a um processo ou a uma pena.

4ª) *O decurso do tempo enfraquece o suporte probatório*[6]: este fundamento, pode-se dizer, é de direito processual. O longo hiato temporal faz surgir uma dificuldade em coligir provas que possibilitem uma justa apreciação do delito[7]. A apuração do fato delituoso torna-se mais incerta, e a defesa do acusado, mais precária e difícil.

Outras teorias acerca do fundamento da prescrição foram desenvolvidas, como a da *expiação temporal* e a *psicológica*. Para a primeira, com o decurso do tempo, o culpado *expiou* suficientemente a *culpa* com as angústias que sofreu e com os remorsos que o assaltaram. Já, para a segunda, o tempo muda a *constituição psíquica* do culpado, pois eliminou-se o nexo psicológico entre o fato e o agente; na verdade, com longo decurso de tempo, será "outro indivíduo" quem irá sofrer a pena, e não aquele que, em outras circunstâncias, praticou o crime no passado. Podemos notar, claramente, que, para ambas as teorias, houve a recuperação do criminoso em virtude do fluir temporal, motivo pelo qual se enquadram, em nosso entendimento, no segundo fundamento apontado — *o decurso do tempo leva à recuperação do criminoso*.

3. Espécies de prescrição: da pretensão punitiva e da pretensão executória

Com a prática do crime, o direito *abstrato* de punir do Estado *concretiza-se*, dando origem a um conflito entre o direito estatal de punir e o direito de liberdade do indivíduo. O Ministério Público deduz em juízo a pretensão punitiva

---

6. Christian Thomazius apud Antonio Rodrigues Porto, *Da prescrição*, p. 15.
7. Aníbal Bruno, *Direito Penal*, t. III, p. 210.

estatal através da denúncia, que, segundo Damásio de Jesus[8], é "a exigência de subordinação do direito de liberdade do cidadão ao direito de punir concreto do Estado. Assim, praticado o crime e antes de a sentença penal transitar em julgado, o Estado é titular da pretensão punitiva, exigindo do Poder Judiciário a prestação jurisdicional pedida na acusação".

Com o trânsito em julgado da decisão condenatória, o *ius puniendi* concreto transforma-se em *ius punitionis*, isto é, a pretensão punitiva converte-se em pretensão executória.

Da distinção entre *ius puniendi* e *ius punitionis* decorre a classificação da prescrição em *prescrição da pretensão punitiva*, impropriamente denominada prescrição da ação penal, e *prescrição da pretensão executória*, também chamada de prescrição da pena[9].

3.1. *Prescrição da pretensão punitiva*

A prescrição da pretensão punitiva só poderá ocorrer antes de a sentença penal transitar em julgado e tem como consequência a eliminação de todos os efeitos do crime: é como se este nunca tivesse existido. O lapso prescricional começa a correr a partir da data da consumação do crime ou do dia em que cessou a atividade criminosa (art. 111), apresentando, contudo, causas que o suspendem (art. 116) ou o interrompem (art. 117).

A prescrição da pretensão punitiva, por sua vez, subdivide-se em: prescrição abstrata, prescrição retroativa e prescrição intercorrente. A seguir, analisaremos, sucintamente, cada modalidade.

3.1.1. Prescrição da pretensão punitiva abstrata

Denomina-se *prescrição abstrata* porque ainda não existe pena concretizada na sentença para ser adotada como parâmetro aferidor do lapso prescricional. O prazo da prescrição abstrata regula-se pela pena cominada ao delito, isto é, pelo máximo da pena privativa de liberdade abstratamente prevista para o crime, segundo a tabela do art. 109 do CP. Assim, por exemplo, a pretensão estatal prescreve em vinte anos, se o máximo da pena é superior a doze (art. 109, I), ou em três anos, se o máximo da pena é inferior a um (art. 109, VI), segundo alteração procedida pela Lei n. 12.234, de 5 de maio de 2010.

– *Como encontrar o prazo prescricional*

Para se encontrar o prazo prescricional, deve-se tomar as seguintes providências:

---

8. Damásio de Jesus, *Direito Penal*, cit., v. 1, p. 630.
9. Alberto Silva Franco *et alii*, *Código Penal e sua interpretação jurisprudencial*, São Paulo, Revista dos Tribunais, 1979, v. 1, p. 283.

a) *Observar o máximo de pena privativa de liberdade cominado à infração penal.*

Considera-se o limite máximo cominado ao delito, porque será o limite que poderá atingir a pena que for concretizada na sentença.

b) *Verificar, no art. 109 do CP, o prazo prescricional correspondente àquele limite de pena cominada (prazo preliminar).*

Esse prazo é básico ou preliminar, porque poderá sofrer a incidência de majorantes ou minorantes de aplicação obrigatória, bem como menoridade ou velhice, que, naturalmente, alterarão seu limite.

c) *Verificar se há alguma das causas modificadoras desse prazo:*

1) Majorantes ou minorantes obrigatórias, exceto as referentes ao concurso formal próprio e ao crime continuado.

Deve-se considerar a eventual existência de causas modificadoras da pena, quais sejam, as majorantes ou minorantes, excluindo-se, evidentemente, as agravantes e atenuantes. Como em matéria de prescrição deve-se priorizar o interesse público, em se tratando de majorante deve-se considerar o fator que mais aumente, e, em se tratando de minorante, o fator que menos diminua a pena.

2) Menoridade ou velhice (art. 115).

Se o agente era, ao tempo do crime, menor de vinte e um anos, ou, na data da sentença, maior de setenta, o prazo prescricional reduzir-se-á pela metade. Fazendo incidir essas causas modificadoras — majorantes ou minorantes, e idade do agente — sobre o máximo da pena, que fundamenta o prazo preliminar, encontrar-se-á o prazo prescricional definitivo.

3.2. Prescrição da pretensão punitiva retroativa

A *prescrição retroativa* é produto de uma construção pretoriana. O Supremo Tribunal Federal, a partir do ano de 1961, editou a Súmula 146, com o seguinte verbete: "A prescrição da ação penal regula-se pela pena concretizada, quando não há recurso da acusação". Esse entendimento do Supremo fundamentou-se na redação original do art. 110, parágrafo único, do Código Penal de 1940, que, na ausência de recurso da acusação, impedia que a pena aplicada fosse elevada, devendo servir de base para o cálculo da prescrição. Nesse período, a nossa Corte Suprema passou a admitir que a prescrição incidisse sobre lapso temporal anterior à sentença condenatória.

No entanto, o reconhecimento da *prescrição retroativa*, em período anterior ao recebimento da denúncia, somente veio acontecer, a partir de 1963, com voto antológico do Ministro Vitor Nunes Leal, percebendo a incoerência dessa limitação (*HC* 40.003), *in verbis*: "Pergunto: o efeito retroativo da prescrição pela pena concreta alcança também o lapso de tempo decorrido entre o delito e o oferecimento da denúncia? Parece-me que sim, porque o recebimento da denúncia interrompe a prescrição, mas no pressuposto de que não se tenha consumado, tal como acontece com a sentença condenatória, para quem admite a prescrição pela pena concreta. Num e noutro caso, o que está em jogo é o efeito retroativo da prescrição, alcançando o período transcorrido anteriormente ao ato interruptivo. Se esse efeito retroativo se produz em relação à sentença condenatória, que interromperia a prescrição não consumada, o mesmo se deve dizer do recebimento da denúncia, que só interromperia a prescrição, quando ainda não verificada".

A *prescrição retroativa* leva em consideração a pena aplicada, *in concreto*, na sentença condenatória, contrariamente à prescrição *in abstrato*, que tem como referência o máximo de pena cominada ao delito. A prescrição retroativa (igualmente a intercorrente), como subespécie da prescrição da pretensão punitiva, constitui exceção à contagem dos prazos do art. 109. Tem — segundo Damásio de Jesus[10] — "por fundamento o princípio da pena justa", significando que, ausente recurso da acusação ou improvido este, a pena aplicada na sentença era, desde a prática do fato, a necessária e suficiente para aquele caso concreto. Por isso, deve servir de parâmetro para a prescrição, desde a consumação do fato, inclusive. Nesses termos, a *prescrição retroativa* podia ser considerada entre a consumação do crime e o recebimento da denúncia (parcela do dispositivo suprimida pela Lei n. 12.234/2010, como se verá adiante), mas agora pode ocorrer apenas entre este e a sentença condenatória (art. 110, § 2º, do CP). A pronúncia, nos crimes contra a vida, também cria um novo marco interruptivo para a prescrição retroativa.

A partir de 1970, houve um movimento para restringir o alcance da prescrição retroativa, a exemplo do que ora se pretende com o projeto do Senador Simon. Naquele movimento de 1970, sugeriu-se, para se reconhecer a prescrição retroativa, a exigência dos seguintes requisitos:

a) sentença condenatória de primeiro grau;

b) existência de recurso da defesa e inexistência de recurso da acusação;

c) possibilidade de contagem do prazo somente entre a data do recebimento da denúncia e a da publicação da sentença condenatória.

Assim, a prescrição retroativa, diante dessa restrição, não poderia ser aplicada entre a data do fato e o recebimento da denúncia. Essa orientação restritiva vigorou com certa tranquilidade de meados de 1972 até final de 1974, quando o Supremo Tribunal Federal, com dois novos Ministros (Leitão de Abreu e Cordeiro Guerra), reviveu os debates a respeito do assunto, inclinando-se pelo sentido liberal e refutando aquela sugestão restritiva, revivendo assim a *Súmula 146*, do início da década de *1960*.

---

10. Damásio, *Direito Penal*, cit., v. 1, p. 642.

A prescrição retroativa, no regime da Reforma Penal de 1984 — que alterou toda a Parte Geral do Código Penal —, resulta da combinação das disposições dos §§ 1º e 2º do art. 110 e do art. 109. A prescrição, diz o § 1º, *depois da sentença condenatória* com trânsito em julgado para a acusação, ou depois de improvido seu recurso, regula-se pela pena aplicada. Por seu turno, reza o § 2º que a prescrição, de que trata o parágrafo anterior, *pode ter por termo inicial data anterior ao recebimento da denúncia* ou da queixa. Essa previsão legal representa precisamente a instituição da prescrição retroativa, exatamente nos moldes da Súmula 146.

O termo inicial da prescrição, superada aquela turbulência a que nos referimos, de regra, é o da *consumação do crime*, seja instantâneo, seja permanente. Embora o art. 4º determine que o tempo do crime é o momento da ação, em termos de prescrição, o Código adota, como exceção, a *teoria do resultado*. Mas, excepcionalmente, em se tratando de tentativa e de crime permanente, adota a regra geral, que é a *teoria da atividade*.

Assim, para a caracterização da prescrição retroativa, nos termos da legislação em vigor, deve-se examinar o seguinte:

A — *Pressupostos da prescrição retroativa*

a) *Inocorrência da prescrição abstrata.*

b) *Sentença penal condenatória.*

c) *Trânsito em julgado para a acusação ou improvimento de seu recurso.*

B — *Como encontrar o prazo prescricional*

Para se encontrar o prazo prescricional, na modalidade retroativa, deve-se adotar as seguintes providências:

a) *Tomar a pena concretizada na sentença condenatória.*

Dever-se-á computar toda a pena aplicada, com exceção da majoração decorrente do concurso formal próprio e do crime continuado. A detração somente é aproveitada para a execução da pena, ou para a prescrição da pretensão executória.

b) *Verificar qual é o prazo prescricional correspondente (art. 109 do CP).*

c) *Analisar a existência de causa modificadora do lapso prescricional, cuja única possibilidade é a do art. 115.*

Finalmente, não há suporte jurídico para o *reconhecimento antecipado da prescrição retroativa*, como se está começando a apregoar, com base numa *pena hipotética*[11]. Ademais, o réu tem direito a receber uma decisão de mérito, onde espera ver reconhecida a sua inocência. Decretar a prescrição retroativa, com base

---

11. Decisão do STF, *RT*, 639/389; decisão *TJRS*, 658/333.

em uma hipotética pena concretizada, encerra uma presunção de condenação, consequentemente de *culpa*, violando o princípio constitucional da *presunção de inocência* (art. 5º, LVII, da CF).

3.2.1. Supressão de parcela da prescrição retroativa: inconstitucionalidade manifesta

O instituto da prescrição — admitido desde o século VIII pelo direito romano (*Lex Julia de adulteriis*)[12] — atende a inúmeros objetivos, dentre os quais, evitar a eternização da persecução penal, garantir a duração razoável do processo (art. 5º, LXXVIII da CF/88, arts. 7º, "5", 8º, "1" do Pacto de San José da Costa Rica), respeitar a dignidade humana etc.

A regra geral na Constituição Federal é da *prescritibilidade* das infrações penais, excluindo expressamente apenas as hipóteses constantes dos incs. XLII e XLIV de seu art. 5º. Em outros termos, considerou *imprescritíveis* somente o racismo (Lei n. 7.716/89) e os crimes decorrentes da ação de grupos armados, civis ou militares, contra a ordem constitucional e o Estado Democrático de Direito (Leis n. 7.170/83 e 9.034/95). Os prazos, contudo, em que essa prescrição pode configurar-se são objeto da legislação infraconstitucional, que pode legislar sobre prescrição, desde que — além de respeitar a garantia da duração razoável do processo — não a suprima ou não a exclua, ainda que parcialmente, tornando inócua ou contraditória sua regulamentação, como ocorre com a previsão trazida pela Lei n. 12.234/2010.

Embora a Lei n. 12.234/2010 não tenha suprimido o instituto da prescrição de nosso ordenamento jurídico, ao excluir a *prescrição retroativa* em data anterior ao recebimento da denúncia, afronta os princípios do não retrocesso ou da *proporcionalidade*[13] e da *duração razoável do processo*. A violação aos direitos fundamentais do cidadão — limitando-os, suprimindo-os ou excluindo-os —, a pretexto de combater a impunidade, é muito mais relevante que possíveis efeitos positivos que porventura possam ser atingidos. Por reconhecer os prejuízos aos acusados que podem advir da referida lei, o STF consolidou jurisprudência no sentido de que "Ante a irretroatividade da Lei n. 12.234/2010, uma vez transcorrido, considerada a pena em concreto, da data dos fatos até o recebimento da denúncia, período previsto no artigo 109 do Código Penal, cumpre assentar a prescrição da pretensão punitiva do Estado" (STF, AP 891, Rel. Min. Marco Aurélio, Tribunal Pleno, julgado em 24/02/2021, publicado em 26/04/2021).

---

12. Franz von Liszt. *Tratado de direito penal allemão*. Rio de Janeiro: F. Briguiet & Co, 1899, p. 478.
13. ADIs 3.105-8-DF e 3.128-7-DF, o MS 24.875-1-DF e, mais recentemente, a ADI 3.104-DF.

A Lei n. 12.234/2010[14], surpreendentemente, estabelece novas regras para a *prescrição da pretensão punitiva*, particularmente em sua modalidade *retroativa*. Com alterações nos arts. 109 e 110 do Código Penal, o novo diploma legal altera limites da *prescrição propriamente dita* e suprime parcela da *prescrição retroativa*. Ambas permitiam reconhecer a prescrição desde o seu nascedouro, isto é, inclusive entre a prática do fato e o recebimento da denúncia. A prescrição pela pena concretizada na decisão condenatória, após o trânsito em julgado para a acusação, pode ser *retroativa, intercorrente* ou *superveniente*. Pois a Lei n. 12.234/2010 passou a proibir o reconhecimento dessa prescrição entre a prática do fato delituoso e o recebimento da denúncia, permitindo, dessa forma, que polícia e Ministério Público possam retardar, impunemente, as investigações criminais, bem como o início da ação penal em até vinte anos. Como destaca Pierpaolo Bottini, "não se questiona aqui, no entanto, a pertinência dos prazos prescricionais, a dificuldade de investigações, e sua eventual contribuição para a impunidade. O que se discute, em verdade, é a racionalidade de estabelecer prazos prescricionais distintos para situações factualmente idênticas — o mesmo crime antes e depois do recebimento da denúncia — e de estabelecer prazos idênticos para situações factualmente distintas — crimes diferentes, praticados por agentes

---

14. Lei n. 12.234, de 5 de maio de 2010.
Altera os arts. 109 e 110 do Decreto-lei n. 2.848, de 7 de dezembro de 1940 — Código Penal.
O Presidente da República. Faço saber que o Congresso Nacional decreta e eu sanciono a seguinte Lei:
Art. 1º Esta Lei altera os arts. 109 e 110 do Decreto-lei n. 2.848, de 7 de dezembro de 1940 — Código Penal, para excluir a prescrição retroativa.
Art. 2º Os arts. 109 e 110 do Decreto-lei n. 2.848, de 7 de dezembro de 1940 — Código Penal, passam a vigorar com as seguintes alterações:
"Art. 109. A prescrição, antes de transitar em julgado a sentença final, salvo o disposto no § 1º do art. 110 deste Código, regula-se pelo máximo da pena privativa de liberdade cominada ao crime, verificando-se:
(...)
VI — em 3 (três) anos, se o máximo da pena é inferior a 1 (um) ano.
(...)" (NR)
"Art. 110. (...)
§ 1º A prescrição, depois da sentença condenatória com trânsito em julgado para a acusação ou depois de improvido seu recurso, regula-se pela pena aplicada, não podendo, em nenhuma hipótese, ter por termo inicial data anterior à da denúncia ou queixa.
§ 2º (Revogado)." (NR)
Art. 3º Esta Lei entra em vigor na data de sua publicação.
Art. 4º Revoga-se o § 2º do art. 110 do Código Penal.
Brasília, 5 de maio de 2010; 189º da Independência e 122º da República.

distintos, com culpabilidade e reprovabilidade em graus diferenciados terão o mesmo prazo prescricional regulado pelo máximo da pena em abstrato"[15]. Na realidade, a não individualização dos prazos prescricionais tanto quanto a não individualização da pena configuram resposta *desproporcional* ao equiparar infrações graves e leves.

Indaga-se, afinal, por que a pena concreta fixada pelo magistrado pode retroagir para o cálculo da prescrição entre o recebimento da denúncia e a sentença condenatória, mas não entre a prática do fato e a admissão da denúncia ou queixa? Qual o fundamento lógico, jurídico ou político para essa restrição normativa? Qual seria o elemento relevante que justificaria esse tratamento diferenciado ao mesmo instituto em situações ontologicamente iguais?

Não há respostas lógicas, coerentes, jurídicas ou políticas para essas indagações, eis que o disposto nos arts. 2º e 4º da Lei n. 12.234/2010 afronta o bom senso, a equidade, a isonomia, a proporcionalidade, a razoabilidade e a própria culpabilidade. Indiscutivelmente, trata-se de meio inadequado para combater a invocada impunidade, a despeito de representar uma forma eloquente de o Estado reconhecer a sua incompetência e o seu despreparo para combatê-la.

Incensurável, no particular, a contundente e procedente crítica de Roberto Delmanto Junior, que, por sua pertinência, pedimos *venia* para transcrevê-la: "Lamentamos que, sob o discurso de evitar a impunidade, em vez de se aparelhar a polícia e dela exigir eficiência, se tenha concedido verdadeiro estímulo à letargia policial, somado ao excesso de poder no tempo. O mesmo se aplica ao Ministério Público que, a partir de agora, poderá demorar 12, 16 ou até 20 anos para oferecer uma denúncia! É a inversão de tudo, e com ofensa ao direito dos cidadãos presumidos inocentes, de serem julgados com prazo razoável como manda a Constituição"[16]. Nessa linha é delineada a inconformidade de René Ariel Dotti, que professa: "Ao agredir a letra e o espírito da Constituição, o legislador de ocasião reencarnou, em pleno Estado Democrático de Direito — assim proclamado no primeiro artigo da Carta Política — o jurista da ditadura militar, ao reinstalar no sistema penal a regra da supressão. Com efeito, a Lei n. 6.416, de 24/5/77, sancionada pelo General Ernesto Geisel, sendo Ministro da Justiça, Armando Falcão, excluiu o tempo decorrido entre o fato e a denúncia — ou queixa — para o reconhecimento da prescrição pela pena concretizada"[17].

---

15. Pierpaolo Bottini. Novas regras sobre prescrição retroativa: comentários breves à Lei 12.234/10, *Boletim IBCCrim*. São Paulo: IBCCrim, ano 18, n. 211, p. 6-7, jun. 2010.
16. Roberto Delmanto Junior. A caminho de um Estado policialesco, em *O Estado de S. Paulo*, de 2 de junho de 2010, p. A2.
17. René Ariel Dotti. A inconstitucionalidade da Lei n. 12.234/10. Aberto mais um dos caminhos em direção ao Estado policialesco, in *Informativo Migalhas*. Disponível em: <http://www.migalhas.com.br>. Acesso em: 20 out. 2010.

A regência inicial baseada na prescrição *in abstracto*, isto é, com base na pena máxima cominada, deve-se exclusivamente à inexistência de elementos para a individualização da pena, *in concreto*, que demanda a existência do *devido processo legal*. Encontrada a pena aplicável, evidentemente, será ela o parâmetro para o exame da incidência da prescrição em todo o seu percurso, sendo vedada a supressão de qualquer de suas fases, antes ou depois do recebimento da denúncia. Aliás, essa é a pena *justa* de que falava Von Liszt, qual seja, a pena *necessária* e *suficiente* para a prevenção e repressão do crime, individualizada nos termos do art. 59 e seguintes do Código Penal brasileiro. O objetivo da prescrição pela pena *in concreto* é compatibilizar a extinção da punibilidade com o grau de culpabilidade do autor e, por consequência, de reprovabilidade do comportamento do agente, devidamente reconhecido em sentença. O raciocínio, destaca Bottini, é simples: se há um novo patamar máximo de pena fixado pelo Juiz, fundado na culpabilidade do agente, comprovada na instrução criminal, é com base nele que são estabelecidos e examinados os prazos prescricionais, que valem para toda extensão do período prescricional, inclusive, por óbvio, entre o cometimento do crime e o recebimento da denúncia[18].

Em outros termos, a *prescrição retroativa* é um corolário dos princípios da personalidade e da individualização da pena, além de demonstrar, *in concreto*, que é exatamente a sanção merecida desde o momento em que se consumou o fato delituoso (e não aquela abstratamente prevista na norma incriminadora, que apenas tem a função de estabelecer os limites, mínimo e máximo, dentro dos quais o magistrado deverá dosar a pena aplicável ao caso concreto).

Trata-se, na verdade, de odioso e *equivocado retrocesso* imposto pelo legislador infraconstitucional com esse diploma legal, afrontando, além dos princípios da *proporcionalidade* (proibição de excesso) e da *própria culpabilidade*, a garantia constitucional da *razoável duração do processo*, conforme demonstraremos adiante. A irrazoável demora da investigação do processo, enfim, da *persecutio criminis* atinge diretamente a dignidade da pessoa humana (que não pode ficar *ad eterno* sob suspeita ou investigação estatal). Com efeito, a aplicação da pena depois de decorrido um longo período de tempo encontrará, com certeza, um acusado completamente modificado, distante, diferente daquele que praticou a infração penal; é como se fosse outro homem que estaria sendo julgado, e não aquele que cometeu a infração penal[19]. Não se pode olvidar que em um Estado

---

18. Pierpaolo Bottini. Novas regras sobre prescrição retroativa: comentários breves à Lei n. 12.234/10, *Boletim IBCCrim*, São Paulo: IBCCrim, ano 18, n. 211, p. 6-7, jun. 2010.
19. Pierpaolo Bottini. Novas regras sobre prescrição retroativa: comentários breves à Lei 12.234/10, *Boletim IBCCrim*, São Paulo: IBCCrim, ano 18, n. 211, p. 6-7, jun. 2010. Cezar Roberto Bitencourt. *Tratado de Direito Penal*; Parte Geral, 29ª ed., São Paulo, Saraiva, 2023, vol. 1, p. 975.

Constitucional Democrático de Direito a lei penal não vige somente para punir o infrator, mas igualmente para proteger o cidadão contra os abusos frequentemente praticados pelo Estado, constituindo uma espécie de Carta Magna do cidadão investigado, contra os abusos do poder repressivo estatal.

Passamos a examinar, primeiramente, a violação do princípio da proporcionalidade e, posteriormente, a violação do princípio da razoável duração do processo.

3.3. *Supressão de parcela do lapso prescricional e violação do princípio da proporcionalidade*

Qual seria o fundamento lógico, jurídico ou político para que o tempo de prescrição contado após o recebimento da denúncia seja diferente daquele contado antes deste fato? Haveria algum fundamento de outra natureza, dentro da razoabilidade?

No sistema penal brasileiro os prazos prescricionais estão diretamente vinculados à duração das penas, nos termos contidos no art. 109 de nosso Código Penal. Dito de outra forma, a extensão do prazo prescricional está diretamente relacionada à gravidade da pena tanto daquela cominada (art. 109) quanto a que for concretizada na decisão condenatória (art. 110). Comprova-se aqui, claramente, a adoção do *princípio da proporcionalidade*, ou seja, a pena mais grave corresponde ao lapso prescricional mais extenso; a pena menos grave corresponde à prescrição em menor prazo.

A prescrição *in abstracto* trabalha com uma pena hipotética, ante a ausência de uma pena real, que só poderá existir, isto é, somente se concretizará em futura decisão condenatória, quando surgirá a verdadeira pena, não somente a pena legal, mas a pena justa. A prescrição abstrata desconsidera a individualização da pena e a culpabilidade de cada um, pairando apenas como limite máximo, ante a ausência da pena individualizada, e cederá somente quando esta passar a existir, sem possibilidade de ser elevada (com trânsito em julgado para a acusação). Constata-se que na hipótese da prescrição abstrata não existe *proporção* entre culpabilidade, pena e prescrição real, trinômio que somente aparecerá quando for a pena individualizada em decisão condenatória; embora exista proporcionalidade, é verdade, entre os lapsos prescricionais e a gravidade das sanções cominadas (*in abstracto*), como destacamos acima, ainda que sobre uma pena hipotética.

Enfim, concretizada a condenação, desaparece a razão de ser da *pena hipotética*, que perde sua função indicadora dos limites, mínimo e máximo, dentro dos quais o juiz deve dosar a pena final. Consequentemente, a prescrição com base na pena abstrata, isto é, hipotética, deixa de produzir qualquer efeito sobre o condenado, cujo lapso prescricional passará a ser medido pela pena real, que é sua pena individualizada, após o trânsito em julgado para a acusação. O sistema é justo

— destaca Herman Herschander[20] —, "pois respeita a proporcionalidade que deve informar a resposta estatal à infração, moldando ao mesmo tempo a pena e os prazos para o exercício da resposta penal". A pena concretizada torna efetivos a individualização da pena e o devido processo legal (arts. 1º, II, III, 4º, II, 5º, XXXV, XLVI[21], LIV[22], LXXVIII[23], §§ 1º, 2º e 3º, 93, IX, da CF).

Por outro lado, não se pode esquecer de que a culpabilidade é a medida da pena, a qual não pode ir além desse limite. Dessa forma, deve-se reconhecer que a culpabilidade repercute diretamente na pena e indiretamente na prescrição. Nesse sentido, por sua pertinência, invocamos a conclusão de Herman Herschander[24], *in verbis*: "Há, portanto, no direito penal vigente, uma busca de proporcionalidade entre culpabilidade, pena e prescrição. A culpabilidade deve ser a medida da pena; a pena deve ser a medida da prescrição". Consequentemente, dessa inafastável correlação entre *culpabilidade, pena e prescrição*, pode-se concluir que, assim como a Constituição assegura expressamente, como garantia fundamental, a individualização da pena, implicitamente está impondo a individualização da prescrição, que se configura com a prescrição pela pena *in concreto*. Portanto, a prescrição, necessariamente, deve guardar *proporção* com a pena aplicada (individualizada); logo, a supressão do lapso prescricional entre o fato e o recebimento da denúncia viola os princípios da proporcionalidade, da culpabilidade, da individualização da pena e da própria prescrição. Com efeito, como destaca Herman Herschander, "a concretização da pena concretiza igualmente o prazo da prescrição. Individualizada a pena, estará individualizada a prescrição".

Postas essas considerações, deve-se concluir que, inevitavelmente, a Lei n. 12.234 — ao suprimir o tempo decorrido entre o fato e o recebimento da denúncia — afronta o *princípio da proporcionalidade*, em seu trinômio *adequação* (o ato surtirá o fim pretendido, com eficiência e eficácia?), *necessidade* (há outro meio menos lesivo de se atingir esse fim além do proposto, com a mesma eficácia, ainda que

---

20. Herman Herschander. Lei n. 12.234, de 5 de maio de 2010: ofensa à individualização do prazo prescricional, *Boletim do IBCCrim*, ano 18, n. 212, julho de 2010, p. 7.
21. XLVI — a lei regulará a individualização da pena e adotará, entre outras, as seguintes:
a) privação ou restrição da liberdade;
b) perda de bens;
c) multa;
d) prestação social alternativa;
e) suspensão ou interdição de direitos.
22. LIV — ninguém será privado da liberdade ou de seus bens sem o devido processo legal;
23. LXXVIII — a todos, no âmbito judicial e administrativo, são assegurados a razoável duração do processo e os meios que garantam a celeridade de sua tramitação.
24. Herman Herschander. Lei n. 12.234, de 5 de maio de 2010: ofensa à individualização do prazo prescricional, *Boletim do IBCCrim*, ano 18, n. 212, julho de 2010, p. 7.

com menos eficiência?) e *proporcionalidade em sentido estrito* (é compatível o benefício colhido com a lesão causada?), conforme demonstraremos adiante.

A Declaração dos Direitos do Homem e do Cidadão, de 1789, já exigia expressamente que se observasse a *proporcionalidade* entre a gravidade do crime praticado e a sanção a ser aplicada[25]. No entanto, o *princípio da proporcionalidade* é uma consagração do constitucionalismo moderno (embora já fosse reclamado por Beccaria), sendo recepcionado pela Constituição Federal brasileira, em vários dispositivos, tais como: exigência da individualização da pena (art. 5º, XLVI), proibição de determinadas modalidades de sanções penais (art. 5º, XLVII), admissão de maior rigor para infrações mais graves (art. 5º, XLII, XLIII e XLIV), determinação de penas alternativas paras *infrações de menor potencial ofensivo* etc.

Desde o *Iluminismo* procura-se eliminar, dentro do possível, toda e qualquer intervenção desnecessária do Estado na vida privada dos cidadãos. Nesse sentido, ilustra Mariângela Gama de Magalhães Gomes, afirmando: "No entanto, o conceito de proporcionalidade como um princípio jurídico, com índole constitucional, apto a nortear a atividade legislativa em matéria penal, vem sendo desenvolvido, ainda hoje, a partir dos impulsos propiciados, principalmente, pelas obras iluministas do século XVIII e, posteriormente, pela doutrina do direito administrativo"[26]. Com efeito, as ideias do *Iluminismo* e do *Direito Natural* diminuíram o autoritarismo do Estado, assegurando ao indivíduo um novo espaço na ordem social. Essa orientação, que libertou o indivíduo das velhas e autoritárias relações medievais, implica necessariamente a recusa de qualquer forma de intervenção ou punição desnecessária ou exagerada. A mudança filosófica de concepção do indivíduo, do Estado e da sociedade impôs, desde então, maior respeito à dignidade humana e a consequente *proibição de excesso*. Nessa mesma orientação filosófica inserem-se os princípios garantistas, como os da proporcionalidade, da razoabilidade, da lesividade e da dignidade da pessoa humana.

O modelo político consagrado pelo Estado Democrático de Direito determina que todo o Estado — em seus três Poderes, bem como nas funções essenciais à Justiça — resulta *vinculado* em relação aos *fins eleitos* para a prática dos atos legislativos, judiciais e administrativos. Em outros termos, toda a atividade estatal é sempre *vinculada axiomaticamente* pelos princípios constitucionais explícitos e implícitos. As consequências jurídicas dessa *constituição dirigente* são visíveis. A primeira delas verifica-se pela consagração do *princípio da proporcionalidade*, não apenas como simples critério interpretativo mas também como garantia legitimadora/limitadora de todo o ordenamento jurídico infraconstitucional. Assim, deparamo-nos com um *vínculo constitucional* capaz de limitar os *fins*

---

25. "A lei só deve cominar penas estritamente necessárias e proporcionais ao delito" (art. 15).
26. Mariângela Gama Magalhães Gomes. *Princípio da proporcionalidade*, São Paulo: Revista dos Tribunais, 2003, p. 40-41.

de um ato estatal e os *meios* eleitos para que tal finalidade seja alcançada. Conjuga-se, pois, a união harmônica de três fatores essenciais: a) *adequação teleológica*: todo ato estatal passa a ter uma finalidade política ditada não por princípios do próprio administrador, legislador ou juiz, mas, sim, por valores éticos deduzidos da própria Constituição Federal — vedação do arbítrio (*Übermassverbot*); b) *necessidade* (*Erforderlichkeit*): o meio não pode exceder os limites indispensáveis e menos lesivos possíveis à conservação do fim legítimo que se pretende; c) *proporcionalidade stricto sensu*: todo representante do Estado está obrigado, ao mesmo tempo, a fazer uso de meios adequados e de abster-se de utilizar recursos (ou meios) desproporcionais[27].

O campo de abrangência, e, porque não dizer de influência do *princípio da proporcionalidade*, vai além da simples confrontação das consequências que podem advir da aplicação de leis que não observam dito princípio. Na verdade, modernamente a aplicação desse princípio atinge o *exercício imoderado de poder*, inclusive do próprio poder legislativo no ato de legislar. Não se trata, evidentemente, de questionar a motivação interna da *voluntas legislatoris*, e tampouco de perquirir a finalidade da lei, que é *função privativa* do Parlamento. Na realidade, a evolução dos tempos tem nos permitido constatar, com grande frequência, o uso abusivo do "poder de fazer leis *had hocs*", revelando, muitas vezes, contradições, ambiguidades, incongruências e falta de razoabilidade, que contaminam esses diplomas legais com o *vício de inconstitucionalidade*. Segundo o magistério do Ministro Gilmar Mendes[28], "a doutrina identifica como típica manifestação do excesso de poder legislativo a violação do princípio da proporcionalidade ou da proibição de excesso (*Verhältnismässigkeitsprinzip*; *Übermassverbot*), que se revela mediante contraditoriedade, incongruência e irrazoabilidade ou inadequação entre meios e fins. No Direito Constitucional alemão, outorga-se ao princípio da proporcionalidade (*Verhältnismässigkeit*) ou ao princípio da proibição de excesso (*Übermassverbot*) qualidade de norma constitucional não escrita, derivada do Estado de Direito".

Registre-se, por oportuno, que o *princípio da proporcionalidade* aplica-se a todas as espécies de atos dos poderes públicos, de modo que vincula o *legislador*, a administração e o judiciário, tal como lembra Canotilho[29]. O Poder Legislativo não pode atuar de maneira imoderada, nem formular regras legais cujo conteúdo revele deliberação absolutamente divorciada dos padrões de razoabilidade assegurados pelo nosso sistema constitucional, afrontando diretamente o *princípio*

---

27. Paulo Bonavides. *Curso de direito constitucional*, 6ª ed., São Paulo: Malheiros, 1994, p. 356-397.
28. Gilmar Mendes. *Direitos fundamentais e controle de constitucionalidade*, 3ª ed., São Paulo: Saraiva, 2004, p. 47.
29. Canotilho. *Direito constitucional e teoria da Constituição*, Coimbra: Almedina, 2ª ed., p. 264.

da proporcionalidade, como estamos demonstrando. O *Poder Público, especialmente em sede processual penal, não pode agir imoderadamente, pois a atividade estatal acha-se essencialmente condicionada pelo princípio da razoabilidade. Como se sabe, a exigência de razoabilidade traduz limitação material à ação normativa do Poder Legislativo. O exame da adequação de determinado ato estatal ao princípio da proporcionalidade viabiliza o controle de sua razoabilidade, que inclui, inclusive, a fiscalização de constitucionalidade das prescrições normativas emanadas do Poder Público.* Assim, *a razoabilidade exerce função controladora* na aplicação do princípio da proporcionalidade. Com efeito, é preciso perquirir se, nas circunstâncias, é possível adotar outra medida ou outro meio menos desvantajoso e menos grave para o cidadão.

Nesse mesmo sentido, invocamos, por sua pertinência, passagem do voto antológico do Ministro Celso de Mello, em cautelar concedida nos autos do processo da Ação com pedido de *Habeas Corpus* n. 94.404 MC/SP[30], nos seguintes termos: "*Vê-se, portanto, que o Poder Público, especialmente em sede processual penal, não pode agir imoderadamente, pois a atividade estatal acha-se essencialmente condicionada pelo princípio da razoabilidade*[31]. *Como se sabe, a exigência de razoabilidade traduz limitação material à ação normativa do Poder Legislativo. O exame da adequação de determinado ato estatal ao princípio da proporcionalidade, exatamente por viabilizar o controle de sua razoabilidade, com fundamento no art. 5º, LV, da Carta Política, inclui-se, por isso mesmo, no âmbito da própria fiscalização de constitucionalidade das prescrições normativas emanadas do Poder Público*".

Esses excessos precisam encontrar, dentro do sistema político-jurídico, alguma forma ou algum meio de, se não evitá-los, pelo menos, questioná-los, ou mesmo reduzi-los a níveis toleráveis: a única possibilidade em um Estado Democrático de Direito, sem qualquer invasão das atribuições da esfera legislativa, é por meio do *controle de constitucionalidade* exercido pelo Poder Judiciário. "A função jurisdicional nesse controle — adverte o doutrinador argentino Guillermo Yacobucci — pondera se a decisão política ou jurisdicional em matéria penal ou processual penal, restritiva de direitos, está justificada constitucionalmente *pela*

---

30. In *Informativo do STF* n. 516, Brasília, DF, 18 a 22 de agosto de 2008.
31. Os princípios da *proporcionalidade* e da *razoabilidade* não se confundem, embora estejam intimamente ligados e, em determinados aspectos, completamente identificados. Na verdade, há que se admitir que se trata de *princípios fungíveis* e que, por vezes, utiliza-se o termo "razoabilidade" para identificar o princípio da proporcionalidade, a despeito de possuírem origens completamente distintas: o *princípio da proporcionalidade* tem origem germânica, enquanto a *razoabilidade* resulta da construção jurisprudencial da Suprema Corte norte-americana. *Razoável* é aquilo que tem aptidão para atingir os objetivos a que se propõe, sem, contudo, representar excesso algum.

importância do bem jurídico protegido e a inexistência, dentro das circunstâncias, de outra medida de menor lesão particular."[32] O exame do respeito ou violação do princípio da proporcionalidade passa pela observação e apreciação de necessidade e adequação da providência legislativa, numa espécie de relação "custo-benefício" para o cidadão e para a própria ordem jurídica.

Pela necessidade deve-se confrontar a possibilidade de, com meios menos gravosos, atingir igualmente a mesma eficácia na busca dos objetivos pretendidos; e, *pela adequação* espera-se que a providência legislativa adotada apresente aptidão suficiente para atingir esses objetivos. Nessa linha, destaca Gilmar Mendes[33], a modo de conclusão: "em outros termos, o meio não será necessário se o objetivo almejado puder ser alcançado com a adoção de medida que se revele a um só tempo adequada e menos onerosa. Ressalte-se que, na prática, adequação e necessidade não têm o mesmo *peso* ou *relevância* no juízo de ponderação. Assim, apenas o que é *adequado* pode ser *necessário*, mas o que é *necessário* não pode ser *inadequado* — e completa Gilmar Mendes — de qualquer forma, um juízo definitivo sobre a proporcionalidade da medida há de resultar da rigorosa ponderação e do possível equilíbrio entre o significado da intervenção para o atingido e os objetivos perseguidos pelo legislador (*proporcionalidade em sentido estrito*)".

3.4. *Violação da garantia constitucional da duração razoável do processo*

A organização política e jurídica de todas as nações independentes confere ao Estado as condições, os meios e toda a estrutura necessária para desenvolver a persecução penal em prazo razoável, nos moldes assegurados não apenas pelos organismos internacionais de proteção dos direitos humanos como também pela nossa Carta Maior (art. 5º, inc. LXXVIII). Não se pode ignorar que a excessiva demora (além do prazo razoável) da prestação jurisdicional efetiva deve-se exclusivamente à inoperância do Estado, que, com frequência, não cumpre suas funções institucionais em *tempo razoável*. O ônus da inoperância do Estado não pode mais recair sobre os ombros do cidadão acusado, preso ou solto. Aliás, nesse sentido, o Tribunal Europeu dos Direitos Humanos tem recomendando uma releitura do tempo do processo, que não pode ser confundido com o tempo absoluto e objetivo, devendo relacionar-se à subjetividade individual do acusado, que não se interrompe e nem se suspende em momento algum. Beccaria, a seu tempo, já afirmava que, mais que a gravidade ou extensão da pena, é a celeridade processual que pode produzir os melhores efeitos sobre o acusado.

---

32. Guillermo Yacobucci. *El sentido de los principios penales*. Buenos Aires: Depalma, 1998, p. 339.
33. Gilmar Mendes. *Direitos fundamentais e controle de constitucionalidade...*, p. 50.

Vários organismos internacionais têm se preocupado com a *razoabilidade* do prazo processual, reconhecendo que o seu alongamento desmesurado ofende, sobretudo, a dignidade da pessoa humana. Nesse sentido, a Convenção Europeia de Direitos Humanos, nos idos de 1950, assegurou o direito à duração razoável do processo, prevendo em seu art. 6º, n. 1, o seguinte:

> "Toda pessoa tem direito a um julgamento dentro de um tempo razoável, perante um tribunal independente e imparcial constituído por lei, para fins de determinar seus direitos e deveres de caráter civil ou sobre o fundamento de qualquer acusação penal que lhe seja imputada. A sentença deve ser lida publicamente, mas o acesso à sala de audiência pode ser vetado à imprensa e ao público durante todo o processo ou parte dele, no interesse da moral, da ordem pública, ou da segurança nacional de uma sociedade democrática, quando o exigirem os interesses dos menores ou a tutela da vida privada das partes, em que a publicidade possa prejudicar os interesses da justiça".

Na mesma linha, a Convenção Americana de Direitos Humanos (1969) estabelece em seu art. 7º, n. 5: "*Toda pessoa presa, detida ou retida deve ser conduzida, sem demora, à presença de um juiz ou outra autoridade autorizada por lei a exercer funções judiciais e tem o direito de ser julgada em prazo razoável ou de ser posta em liberdade, sem prejuízo de que prossiga o processo. Sua liberdade pode ser condicionada a garantias que assegurem o seu comparecimento em juízo.*

Incensurável Ana Messut, nesse sentido, quando afirma que o processo penal encerra em si uma pena (la pena del banquillo), ou conjunto de penas, se preferirem, que mesmo possuindo natureza diversa da prisão cautelar, inegavelmente cobra seu preço e sofre um sobrecusto inflacionário proporcional à sua duração"[34]. Com efeito, o processo penal, mesmo considerado como instrumento de garantia de direitos fundamentais, pode significar um grave prejuízo ao acusado, especialmente quando se alonga além do prazo razoável, na medida em que desonra, macula e enxovalha a honra e a dignidade do cidadão processado. A despeito da presunção constitucional de *não culpabilidade*, aos olhos da sociedade o processado é um malfeitor, desonrado e infrator que merece ser castigado. Dito de outra forma, na concepção da opinião pública o "investigado" é presumidamente culpado, exatamente o contrário da presunção constitucional. Ademais, não raro, a persecução penal pode ensejar várias limitações aos direitos individuais, tais como ônus de comparecer aos atos processuais, sob pena de condução, dever de comunicar ao juiz a mudança de endereço, restrição à sua locomoção, anotação da distribuição da ação penal, indisponibilidade de seus bens, mesmo os não relacionados com a suposta infração penal (sem se falar em frequentes e desnecessárias prisões cautelares) etc.

---

34. Ana Messuti. *O tempo como pena*, São Paulo: Revista dos Tribunais, 2003, p. 33.

Para quem é processado criminalmente, o tempo arrasta-se letargicamente num clima de angústia, insegurança e ansiedade, transformando-se em pena por excelência, tão ou mais angustiante que a própria pena privativa de liberdade. Além disso, "a inegável restrição da liberdade que o processo acarreta, associada ao sentimento de incerteza a respeito da futura submissão à medida extrema da privação da liberdade, provoca sensação de angústia que, mesmo estando solto o acusado, se confunde, ainda que guardadas as proporções, com as sensações experimentadas dentro do cárcere". Nessa linha, destacam Aury Lopes Jr. e Gustavo Henrique Badaró[35]: "*Outra questão de suma relevância brota da análise do 'Caso Metzger', da lúcida interpretação do TEDH no sentido de que o reconhecimento da culpabilidade do acusado através da sentença condenatória não justifica a duração excessiva do processo. É um importante alerta, frente à equivocada tendência de considerar que qualquer abuso ou excesso está justificado pela sentença condenatória ao final proferida, como se o 'fim' justificasse os arbitrários 'meios' empregados*".

Em um Estado Democrático de Direito, o processo penal não é apenas um instrumento destinado apenas à efetivação do poder de punir mas também meio de garantia contra os excessos do poder repressivo estatal. A nova ordem democrática procura conter a natural ânsia de exasperação punitiva do poder constituído, exigindo que o processo não se conduza somente com objetivo repressor, mas que se transforme em instrumento de garantia do indivíduo perante o Estado. Na realidade, é inadmissível que se interprete restritivamente o disposto no art. 5º, LXXVIII, da Constituição da República, como, desafortunadamente, vem fazendo, majoritariamente, a jurisprudência brasileira, ou seja, limitando-se a relaxar a prisão cautelar quando eventualmente existente. Dessa forma, a demora excessivamente injustificada em solucionar os casos penais impõe que o Estado, por inoperância, incompetência ou inaptidão "abra mão" de seu poder de punir porque, na verdade, já o exerceu por meio da submissão do acusado ou investigado a intenso e prolongado sentimento de incerteza e angústia enquanto se desenrola o processo.

Embora os textos jurídicos não o digam expressamente, o processo penal, via de regra, tem um *marco temporal*, além do qual não pode subsistir, por ultrapassar o *prazo razoável* assegurado na Constituição Federal. Esse marco, que é individualizado pela gravidade da infração penal objeto da persecução penal e da sanção correspondente, abstratamente considerada, encontra-se inserto no art. 109 do Código Penal. Concretamente, esse lapso temporal adequa-se — na ausência de outra previsão infraconstitucional — às determinações constantes dos

---

35. Aury Lopes Jr. e Gustavo Henrique Badaró. *Direito ao processo penal no prazo razoável*. Rio de Janeiro, Lumen Juris, 2006, p. 128.

arts. 110 (pena concretizada) e 117 (causas interruptivas)[36], ambos do mesmo diploma penal material.

Aliás, ao contrário do que geralmente ocorre, com a definição do *prazo razoável*, em termos de prescrição dispõe-se claramente de dados objetivos para a definição do que seja a *duração razoável* para o exercício da persecução penal. Esses dados (marcos temporais), repetindo, estão contidos no art. 109 combinado com o art. 110. Em outros termos, referidos *lapsos temporais* enunciados nesses dispositivos representam o *tempo razoável* considerado pelo legislador para início e conclusão da *persecutio criminis*[37]. Assim, o tempo razoável oscilará segundo a gravidade da infração penal, v.g., vinte anos, o prazo mais elástico, para os crimes mais graves (art. 109, I), e dois anos, o prazo mais exíguo, para as pequenas infrações (arts. 114, I, e 109, VI[38]). Esses prazos, por si mesmos longos, são consideravelmente ampliados pelas causas interruptivas constantes do art. 117 e seus incisos, na medida que reiniciam sua contagem, desde o início: interrompida a prescrição, volta a correr novamente, por inteiro. Em outras palavras, o prazo prescricional, pela pena *in concreto*, pode ocorrer várias vezes, no mesmo processo, desde que incompleto. Significa reconhecer que não há prazo fixo para o término ou duração do processo penal, variando segundo o caso concreto, nos limites, logicamente, estabelecidos pelo disposto nos arts. 109 e 110 do Código penal, e, agora, sob a garantia constitucional, de não poder ultrapassar sua *duração razoável*. Evidentemente, na ótica do legislador, nos dispositivos que acabamos de referir está identificado o lapso temporal que é considerado prazo razoável (atualmente reconhecido como garantia constitucional), dentro do qual o Estado pode e deve exercer a *persecutio criminis*[39].

Nessas condições, como suprimir parte desse tempo — entre o fato e o recebimento da denúncia — (que pode ser fatal para a pretensão punitiva), para o fim de excluí-lo, pura e simplesmente, da garantia constitucional definida como duração razoável do processo? Teria legitimidade o legislador infraconstitucional para excluir lapsos temporais do cômputo do prazo razoável, quiçá, tornando inócua sua garantia constitucional? Quais seriam os limites para essa suposta liberalidade?

---

36. Além das eventuais causas modificativas do curso prescricional (v.g., arts. 115, 116 etc.).
37. *Não confundir com o prazo regular para a instrução criminal (hipótese de réu preso), antes de 81 dias, agora, após a reforma processual, em torno de 100 dias, segundo a doutrina especializada.*
38. Este limite foi elevado para três anos pela Lei n. 12.234/2010.
39. O Código de Processo Penal paraguaio, em seu art. 136, determina a extinção do processo que perdure mais de quatro anos, em primeiro grau, ou mais de cinco anos, neles computado o tempo para julgamento dos recursos.

Com efeito, excluir o tempo anterior ao recebimento da denúncia significa dar *carta-branca* às autoridades repressoras — desrespeitando a garantia da duração razoável do processo — para "engavetarem" os procedimentos investigatórios, perenizá-los, usá-los quando bem entenderem, como "moeda de troca", instrumentos de corrupção, de chantagem, pairando, ilegitimamente, como espada de Dámocles, que a qualquer momento pode recair sobre a cabeça do investigado/processado.

Não se pode ignorar, por outro lado, os naturais efeitos estigmatizantes do processo penal, cujo alongamento funciona como uma verdadeira pena, sem julgamento, sem condenação e sem individualização. Destaque-se, nessa linha, a eloquente manifestação de Ferrajoli: "*é indubitável que a sanção mais temida na maior parte dos processos penais não é a pena — quase sempre leve ou não aplicada —, mas a difamação pública do imputado, que tem não só a sua honra irreparavelmente ofendida, mas, também, as condições e perspectivas de vida e de trabalho; e se hoje se pode falar em valor simbólico e exemplar do direito penal, ele deve ser associado não tanto à pena, mas, verdadeiramente, ao processo e mais exatamente à acusação e à amplificação operada sem possibilidade de defesa pela imprensa e pela televisão*"[40].

Seguindo essa orientação pode-se concluir que o tempo é essencialmente corolário do poder punitivo, especialmente quando submete o cidadão a um processo penal, que se mostra abusivo quando ultrapassa o *prazo razoável*, justificando-se a corajosa e exemplar decisão do magistrado Marcos Peixoto, em sentença proferida no processo n. 2006.038.004747-1, na 2ª Vara Criminal da Comarca de Nova Iguaçu, no qual, salientou que, diante de um processo arrastado por excessivo período de tempo, submeter o acusado à pena significa afrontar suas funções ao invés de realizá-las. Dessa forma, a demora injustificada em dar resposta aos casos penais impõe que o Estado, por inoperância própria, "abra mão" de seu direito de punir porque, na verdade, já o exerceu por meio da submissão do réu a intenso e prolongado sentimento de incerteza e angústia.

Um processo que perdura por tempo superior aos marcos estabelecidos nos arts. 109 e 110 do CP, ou seja, além do *prazo razoável garantido* pela nossa Carta Política, sem perspectiva de conclusão final viola flagrantemente a garantia da *duração razoável do processo* (art. 5º, LXXVIII), vulnera o devido processo legal (LIV) e a segurança jurídica (5º, XXXIII), e, por consequência, atinge a própria dignidade da pessoa humana. O *direito a um processo em tempo razoável é um corolário do devido processo legal. Em outros termos, o processo com duração razoável é uma consequência inafastável do due process of law, com o qual se confunde.*

---

40. Luigi Ferrajoli. *Direito e razão*, trad. Ana Paula Zomer, Fauzi Hassan Choukr, Juarez Tavares e Luiz Flávio Gomes, São Paulo, Revista dos Tribunais, 2002, 588.

Concluindo, deve-se sopesar, de um lado, os valores constitucionais do *exercício do poder-dever de julgar* (art. 5º, XXXV) e, de outro, o *direito subjetivo à razoável duração do processo*, aliás, reforçado, com o que denominou Dotti, a "cláusula de eficiência", qual seja, assegurar os "... meios que garantam a celeridade de sua tramitação" (art. 5º, LXXVIII da CF de 1988). Referido princípio — *razoável duração do processo* — é chancelado pelo conhecido Pacto de San José da Costa Rica (arts. 7º, "5", 8º, "1"). Eventual dúvida dirime-se em favor da prevalência dos direitos fundamentais do jurisdicionado, como asseguram o Pacto Internacional de Direitos Civis e Políticos e a própria Convenção Americana sobre Direitos Humanos, além de outras convenções internacionais.

Enfim, pode-se questionar a prescrição, os prazos, a morosidade judicial, e sua relação com a impunidade. Tais questionamentos, no entanto, não legitimam a criação de distorções que desrespeitem os princípios da proporcionalidade, da duração razoável do processo e da culpabilidade, fazendo incidir, de forma idêntica, a norma penal sobre comportamentos ontologicamente diferentes, sem um mínimo de individualização. Ora, a nova regra afronta esses princípios, pois o lapso prescricional deixa de relacionar-se com o fato delituoso concretamente, bem como com a individualização da responsabilidade penal; na verdade, passa a ser pautado apenas pela pena abstratamente cominada, mesmo após a devida instrução criminal, a individualização da pena e a adequada resposta penal, principalmente no período compreendido entre o fato e o recebimento da denúncia, que pode ser desarrazoadamente longo e, agora, sem ser considerado.

Ante todo o exposto, por mais que se procure salvar o texto legal, tentando dar-lhe uma interpretação conforme a Constituição Federal, não vemos, contudo, outra *alternativa razoável*, que não *a declaração de sua inconstitucionalidade* por violar tanto o princípio da *proporcionalidade* como o princípio da *duração razoável do processo*, afastando-se sua aplicação.

3.5. *Prescrição da pretensão punitiva intercorrente ou subsequente*

A *prescrição intercorrente*, a exemplo da prescrição retroativa, leva em consideração a pena aplicada *in concreto* na sentença condenatória. As prescrições *retroativa* e *intercorrente* assemelham-se, com a diferença de que a retroativa volta-se para o passado, isto é, para períodos anteriores à sentença, e a intercorrente dirige-se para o futuro, ou seja, para períodos posteriores à sentença condenatória recorrível.

Assim, o prazo da prescrição intercorrente, superveniente ou subsequente começa a correr a partir da sentença condenatória, até o trânsito em julgado para acusação e defesa.

Para a ocorrência da prescrição intercorrente devem estar presentes, simultaneamente, alguns pressupostos:

A — *Pressupostos da prescrição intercorrente*

a) *Inocorrência de prescrição abstrata e de prescrição retroativa.*

b) *Sentença condenatória.*

c) *Trânsito em julgado para acusação ou improvimento de seu recurso.*

B — *Como encontrar o prazo prescricional*

Para encontrar o prazo prescricional, na modalidade intercorrente, deve-se adotar as seguintes providências:

a) *Tomar a pena concretizada na sentença condenatória.*

Dever-se-á computar toda a pena aplicada, com exceção da majoração decorrente do concurso formal próprio e do crime continuado. A *detração* somente é aproveitada para a execução da pena, ou para a prescrição da pretensão executória.

b) *Verificar qual é o prazo prescricional correspondente (art. 109 do CP).*

c) *Analisar a existência de causa modificadora do lapso prescricional, cuja única possibilidade é a do art. 115.*

3.6. *Prescrição da pretensão executória*

A prescrição da pretensão executória só poderá ocorrer depois de transitar em julgado a sentença condenatória, regulando-se pela pena concretizada (art. 110) e verificando-se nos mesmos prazos fixados no art. 109. O decurso do tempo sem o exercício da pretensão executória faz com que o Estado perca o direito de executar a sanção imposta na condenação. Os *efeitos* dessa prescrição limitam-se à *extinção da pena*, permanecendo inatingidos todos os demais efeitos da condenação, penais e extrapenais.

A — *Pressupostos da prescrição da pretensão executória*

a) *Inocorrência de prescrição da pretensão punitiva, seja abstrata, retroativa ou intercorrente.*

b) *Sentença condenatória irrecorrível.*

c) *Não satisfação da pretensão executória estatal.*

B — *Como encontrar o prazo prescricional*

a) *Tomar a pena privativa de liberdade imposta na sentença condenatória:*

1) Na hipótese de *fuga* ou de *revogação de livramento condicional*, tomar-se-á o *restante de pena* a cumprir, para a obtenção do prazo prescricional (art. 113 do CP).

2) No caso de concurso formal e de crime continuado, deverá, também, ser desprezado o *quantum* de majoração a eles pertinente.

b) *Verificar qual é o prazo prescricional correspondente (art. 109 do CP).*

c) *Analisar a existência de causas modificadoras do lapso prescricional:*

1) Reincidência, reconhecida na sentença: eleva em um terço o prazo prescricional.

2) Art. 115 do CP: reduz pela metade o lapso prescricional.

4. Termo inicial da prescrição

a) *Da pretensão punitiva*

Segundo o art. 111 do CP, a prescrição da pretensão punitiva *lato sensu* começa a correr:

I — do dia em que o crime se consumou;

II — no caso de tentativa, do dia em que cessou a atividade criminosa;

III — nos crimes permanentes, do dia em que cessou a permanência;

IV — nos de bigamia e nos de falsificação ou alteração de assento do registro civil, da data em que o fato se tornou conhecido;

V — Nos crimes contra a dignidade sexual ou que envolvam violência contra a criança e o adolescente, previstos neste Código ou em legislação especial, da data em que a vítima completar 18 (dezoito) anos, salvo se a esse tempo já houver sido proposta a ação penal. (NR) (Redação deste inciso dada pela Lei n. 14.344/2023)

As prescrições retroativa e intercorrente são exceções à utilização da pena abstrata para medição da prescrição da pretensão punitiva (art. 110, § 1º). O termo inicial da prescrição, de regra, é o da consumação do crime, seja instantâneo ou seja permanente. Embora o art. 4º determine que o tempo do crime é o momento da ação, em termos de prescrição, o Código adota, como exceção, a *teoria do resultado*. Mas, excepcionalmente, em se tratando de tentativa e de crime permanente, adota a regra geral, que é a *teoria da atividade*. Nos crimes de bigamia e falsificação ou alteração de assentamento de registro civil, a prescrição começa a correr da data em que a *autoridade pública* tomou conhecimento do fato.

A Lei n. 12.650/2012 acresceu o inciso V ao art. 111, criando uma disciplina específica de prescrição dos *crimes contra a dignidade sexual de crianças e adolescentes*. Referido inciso foi novamente alterado pela Lei n. 14.344/2022, resultando com a seguinte redação: "V — nos crimes contra a dignidade sexual ou que envolvam violência contra a criança e o adolescente, previstos neste Código ou em legislação especial, da data em que a vítima completar 18 (dezoito) anos, salvo se a esse tempo já houver sido proposta a ação penal". O legislador aproveitou para incluir também *os casos de "violência contra criança ou adolescente"*. Em todos esses crimes, devido à vulnerabilidade da vítima e à grande possibilidade de tais crimes não serem noticiados ou conhecidos, especialmente quando praticados por seus genitores ou responsáveis, a prescrição não corre até que a vítima complete 18 anos de idade, desde que ainda não tenha sido instaurada a ação penal. O início da ação penal afasta a necessidade dessa especial proteção, posto que referida infração penal chegou ao conhecimento das autoridades e a persecução penal dos infratores está em curso.

A Lei n. 14.344/2022 busca reforçar o *sistema de proteção de crianças e adolescentes contra a violência*, especialmente a doméstica e familiar, criando mecanismos especiais para prevenção e enfrentamento dessa modalidade de violência. A definição de violência será a prevista pela Lei n. 13.431, de 4 de abril de 2017, que, em seu art. 4º, menciona como suas formas: a *física*, a *psicológica*, a *sexual*, a *institucional* e, a partir da alteração da Lei n. 14.344/2022, também a *patrimonial*. Essa lei altera quatro diplomas legais (o Código Penal, o Estatuto da Criança e do Adolescente, a Lei de Execução Penal e a Lei dos Crimes Hediondos), criando, inclusive, um *sistema de garantia de direitos da criança ou adolescente* que seja vítima ou testemunha de violência de qualquer natureza.

Desnecessário destacar que essa alteração deveu-se à tragédia sofrida pelo menino *Henry Borel Medeiros*, que foi assassinado, com 4 anos de idade, na Barra da Tijuca, Rio de Janeiro, no dia 8 de março de 2021. A grande repercussão dessa brutalidade levou à aprovação dessa lei que, inclusive, define em seu art. 2º a *violência doméstica e familiar* contra criança e adolescente como qualquer ação ou omissão que lhe cause morte, lesão, sofrimento físico, sexual, psicológico ou dano patrimonial, nas hipóteses que elenca em seus incisos[41]. A definição de violência será a da Lei n. 13.431, de 4 de abril de 2017, que, em seu art. 4º, menciona como suas formas: a *física*, a *psicológica*, a *sexual*, a *institucional* e, após a alteração da Lei n. 14.344/2022, também a *patrimonial*.

Sobre o início de vigência dessa lei, cumpre destacar que o seu art. 34 previu um período de *vacatio legis* de 45 dias. Como sua publicação ocorreu em 24 de maio de 2022, entrou em vigor no dia 8 de julho do mesmo ano. Com efeito, a Lei Complementar n. 95/98 determinou que na contagem do prazo para a entrada em vigor de leis que estabeleçam período de vacância incluir-se-ão a data da publicação e o último dia do prazo Assim, esta lei entrou em vigor no dia subsequente à sua consumação integral. Em outros termos, iniciou-se o cálculo no dia 24 de junho, e o quadragésimo quinto dia recaiu no dia 7 de julho, logo, entrou em vigor no dia 8 de julho de 2022. Assim, somente os crimes praticados a partir do dia 8 de julho, inclusive contra menores de 14 anos, serão qualificados em razão da idade da vítima, por se tratar de previsão legal mais grave.

---

41. "I – no âmbito do domicílio ou da residência da criança e do adolescente, compreendida como o espaço de convívio permanente de pessoas, com ou sem vínculo familiar, inclusive as esporadicamente agregadas; II – no âmbito da família, compreendida como a comunidade formada por indivíduos que compõem a família natural, ampliada ou substituta, por laços naturais, por afinidade ou por vontade expressa; III – em qualquer relação doméstica e familiar na qual o agressor conviva ou tenha convivido com a vítima, independentemente de coabitação."

Trata-se de uma previsão específica exclusivamente para os crimes sexuais praticados contra criança e adolescente, tanto para aqueles previstos no Código Penal, como para os constantes em legislação especial. O objetivo da novel norma penal é assegurar maior proteção ao bem jurídico — *dignidade sexual do menor* — pois, como o termo inicial da prescrição punitiva é a data em que este completa 18 anos, quando poderá exercer o *direito de representar*, ainda que a violência sexual tenha ocorrido durante sua *infância ou adolescência*.

Logo, enquanto o *menor* (criança ou adolescente) não completar dezoito anos o *curso prescricional não se inicia*, isto é, a prescrição não corre, "salvo — destaca o texto legal — se já houver sido proposta a ação penal". Em outros termos, a proposta da ação penal impulsiona o curso prescricional, mesmo que o menor não tenha completado dezoito anos. Não se trata de mais uma hipótese de *imprescritibilidade*, até mesmo por sua inconstitucionalidade, e, ademais, atingir a maioridade (18 anos) representa apenas um pequeno lapso temporal que a ordem natural das coisas se encarregará de resolver.

Assim, ante o disposto na Lei n. 14.344/2022, poderemos ter as seguintes hipóteses de início da prescrição, nesses crimes:

a) menor vítima completa dezoito anos, sem haver sido iniciada a ação penal — o marco inicial da prescrição não é a data do fato (art. 111, I, do CP), mas a data em que o menor completa dezoito anos (art. 111, V, do CP). O objetivo da norma é assegurar a *persecução penal*, especialmente porque até essa idade a legitimidade para representar é do representante legal do ofendido, e o direito deste não pode ser desconsiderado ou prejudicado por eventual inércia ou desídia daquele. Afora o fato de, muitas vezes, o *violentador do menor* (criança ou adolescente) ser exatamente aquele que, legalmente, seria o seu representante legal (pai, padrasto, tutor etc.).

No entanto, o legislador preocupou-se somente com o *termo prescricional*, ignorando que, em se tratando de *ação pública condicionada*, não se pode descurar da existência do *instituto da decadência*, que não se confunde com a *prescrição*, e esgota-se em seis meses. Mas abordaremos esse aspecto mais adiante.

b) a ação penal inicia-se antes de o menor completar dezoito anos — nessa hipótese, a *prescrição começa a correr na data do recebimento da denúncia*, ou seja, o marco inicial da prescrição (que seria a partir do fato) confunde-se com aquele que seria seu primeiro marco interruptivo, qual seja, o recebimento da denúncia (art. 117, I, do CP). Antes do recebimento da peça inaugural deveria transcorrer aquele lapso temporal entre o fato e o recebimento da denúncia, que, no entanto, foi suprimido por essa Lei n. 14.344/2022. Dito de outra forma, *não há curso prescricional* entre o fato e a *maioridade* (18 anos) do menor vítima, *salvo se a ação penal houver sido iniciada antes*; mas, nesse caso, já será a prescrição a partir do recebimento da denúncia. Sobre essa ressalva, particularmente sobre o que é "ação penal proposta", constante da segunda parte do dispositivo *sub examine*, nos manifestaremos logo adiante.

Tratando-se de *norma penal material*, que amplia o espectro punitivo do Estado, não pode retroagir para atingir os fatos ocorridos antes de sua vigência, em razão do princípio da *irretroatividade da norma penal mais grave*, além de violar o *princípio da legalidade*. Portanto, a despeito de muitos legisladores ignorarem regras básicas como essa, o novo regramento aplica-se somente a fatos ocorridos após sua entrada em vigor.

Questão interessante a examinar, e que pode gerar alguma desinteligência, refere-se à ressalva constante da segunda parte do novo dispositivo legal que destaca: *salvo se a esse tempo já houver sido proposta a ação penal*.

Poder-se-á questionar, afinal, qual o verdadeiro sentido da locução *"salvo se a esse tempo já houver sido proposta a ação penal"*? Deverá ser considerada como tal o simples *oferecimento de denúncia*[42], ou haverá necessidade de que a mesma seja *recebida* para que se possa considerar a existência de uma ação penal proposta?

Ninguém desconhece que em matéria de direito penal material e processual penal os termos técnicos têm significados claros e precisos e, consequentemente, *oferecimento de denúncia e recebimento de denúncia* são atos processuais absolutamente inconfundíveis, com consequências absolutamente distintas. Certamente, haverá interpretações díspares: uma, a de que o mero *oferecimento da denúncia* representa a *propositura da ação penal pelo Parquet*, que é, indiscutivelmente, o seu titular. Ademais, dá-se, assim, interpretação gramatical respeitando-se a literalidade do texto legal, poder-se-ia acrescentar.

Outra interpretação, certamente, é a de que a *ação penal* somente existe com o "recebimento da denúncia", e não apenas com o seu *oferecimento*, ou seja, *ação penal proposta* é somente aquela reconhecida pelo Judiciário como legitimamente fundada em *justa causa*, que, por isso mesmo, é chancelada pelo recebimento da denúncia. Antes disso não se pode falar em *ação penal proposta*, pois de ação penal não se trata, mas de mera postulação do *Parquet* constituindo simples ato unilateral que objetiva exercer o *ius persequendi* estatal. Enfim, essa manifestação Ministerial unilateral — oferecimento de denúncia — não constitui ação penal proposta, pois esse *status* somente é adquirido com o seu recebimento pelo magistrado. Na verdade, a ação penal somente se perfectibiliza com o recebimento da inicial pelo Juiz, como já tivemos oportunidade de defini-la, nos seguintes termos: "A ação penal propriamente só nascerá em juízo, com o oferecimento de denúncia pelo Ministério Público, em caso de ação pública, ou de queixa, pelo

---

42. A repetição é proposital, mesmo sacrificando nosso vernáculo.

particular, quando se tratar de ação penal privada. *O recebimento, de uma ou de outra, marcará o início efetivo da ação penal*"[43] (grifamos).

Finalmente, tratando-se de ação penal, especialmente de seu exercício, não se pode ignorar que além da *prescrição* existe também a *decadência*, que reclama igualmente alguma atenção do intérprete. Deve-se observar, de plano, que os crimes contra a liberdade e a dignidade sexual são, em regra, de ação *pública condicionada à representação* do ofendido ou de seu representante legal. Nesses crimes, a *legitimidade* para representar criminalmente é do representante legal (pai, padrasto, tutor, curador etc.), enquanto o menor não completar 18 anos. Por razões, as mais variadas, o *interesse* do menor vítima pode não coincidir com o *interesse* do representante legal, sem falar que, não raras vezes, é o próprio violentador de dito menor. É exatamente o que acontece no que denominamos *abuso sexual infantojuvenil intrafamiliar*[44].

Esta lei tratou da *prescrição* e esqueceu-se de estabelecer novo marco também para a *decadência*. Com efeito, deve-se recordar que o *prazo decadencial* para representar é de seis meses, "*contado do dia em que vier a saber quem é o autor do fato*" (art. 38 do CPP). Nessa linha retrospectiva, convém destacar que "decadência é a perda do direito de ação privada ou do direito de representação, em razão de não ter sido exercido dentro do prazo legalmente previsto. A decadência fulmina o *direito de agir*, atinge diretamente o *ius persequendi*"[45]. *Prescrição*, por sua vez, é "a perda do direito de punir do Estado, pelo decurso de tempo, em razão do seu não exercício, dentro do prazo previamente fixado"[46]. Decadência e prescrição são, por conseguinte, institutos distintos com funções igualmente diferentes: aquela extingue o *direito de ação*, esta elimina o *direito de punir* do Estado, isto é, o *ius puniendi*. E ambas, em nosso sistema jurídico, têm tratamentos específicos, com prazos e marcos iniciais e finais igualmente diferenciados. Por isso, independentemente de o prazo prescricional estar apenas começando pode verificar-se a decadência, ou seja, seis meses após o marco inicial, lembrando ainda que o prazo *decadencial* é peremptório, não se interrompe, nem se suspende. Mas, na hipótese de violência sexual contra menor, como este não tem legitimidade para representar, por interpretação analógica, é justo que também o

---

43. Cezar Roberto Bitencourt, *Tratado de Direito Penal*; Parte Geral, 29ª ed., São Paulo, Saraiva, 2023, v. 1, p. 991.
44. Cezar Roberto Bitencourt, *Tratado de Direito Penal*; Parte Especial, 17ª ed., São Paulo, Saraiva, 2023, v. 4, p. 72.
45. Cezar Roberto Bitencourt, *Tratado de Direito Penal*; Parte Geral, 29ª ed., São Paulo, Saraiva, 2023, v. 1, p. 992.
46. Cezar Roberto Bitencourt, *Tratado de Direito Penal*; Parte Geral, 29ª ed., São Paulo, Saraiva, 2023, v. 1, p. 992.

prazo *decadencial*, para ele, só inicie na data em que completar dezoito anos[47]. Não sendo assim, perderia a razão de ser da nova previsão legal.

Por fim, sobre o início de vigência da Lei n. 14.344/2022, cumpre destacar que o seu art. 34 previu um período de *vacatio legis* de 45 dias. Como sua publicação ocorreu em 24 de maio de 2022, entrou em vigor no dia 8 de julho do mesmo ano. Com efeito, a Lei Complementar n. 95/98 determinou que na contagem do prazo para a entrada em vigor de leis que estabeleçam período de vacância incluir-se-ão a data da publicação e o último dia do prazo. Assim, essa lei entrou em vigor no dia subsequente à sua consumação integral. Em outros termos, iniciou-se o cálculo da *vacatio legis* no dia 24 de junho, e o quadragésimo quinto dia recaiu no dia 7 de julho, logo, entrou em vigor no dia 8 de julho de 2022. Assim, somente os crimes praticados a partir do dia 8 de julho, inclusive contra menores de 14 anos, serão qualificados em razão da idade da vítima, por se tratar de previsão legal mais grave.

b) *Da pretensão executória*

I — do dia em que transita em julgado a sentença condenatória, para a acusação;

II — do dia em que se interrompe a execução da pena, salvo quando referido tempo deva ser computado na pena (internação por doença mental);

III — do dia em que transita em julgado a decisão que revoga o *sursis* ou o livramento condicional.

O prazo começa a correr do dia em que transitar em julgado a sentença condenatória para a acusação, mas o *pressuposto básico* para essa espécie de prescrição é o trânsito em julgado para acusação e defesa, pois, enquanto não transitar em julgado para a defesa, a prescrição poderá ser a intercorrente. Nesses termos, percebe-se, podem correr paralelamente dois prazos prescricionais: o da *intercorrente*, enquanto não transitar definitivamente em julgado; e o da *executória,* enquanto não for iniciado o cumprimento da condenação, pois ambos iniciam na mesma data, qual seja, o trânsito em julgado para a acusação.

Em sentido contrário, o STF recentemente definiu, ao julgar o Tema n. 788, que "O prazo para a prescrição da execução da pena concretamente aplicada somente começa a correr do dia em que a sentença condenatória transita em julgado para ambas as partes, momento em que nasce para o Estado a pretensão executória da pena, conforme interpretação dada pelo Supremo Tribunal Federal ao princípio da presunção de inocência (art. 5º, inciso LVII, da Constituição Federal) nas ADC 43, 44 e 54" (STF, ARE 848107, Rel. Min. Dias Toffoli, Tribunal Pleno, julgado em 3/7/2023, publicado em 4/8/2023).

---

47. Embora o STF, através da Súmula 594, tenha considerado a legitimidade concorrente do ofendido e de seu representante legal para o exercício de queixa e de representação.

A revogação do *sursis* e do livramento condicional, igualmente, dão início ao curso prescricional, e, enquanto a decisão revogatória não for cumprida, estará em curso a prescrição executória. Enfim, se a interrupção da execução for devida à fuga, a prescrição começa a correr da data da evasão; se decorrer de internação em hospital de custódia e tratamento, o tempo será computado na pena, não correndo a prescrição.

5. Causas modificadoras do curso prescricional

A prescrição, encontrando-se em curso, poderá ser obstaculizada pela superveniência de determinadas causas, que podem ser *suspensivas* (art. 116) ou *interruptivas* (art. 117). Ou, ainda, o período prescricional poderá simplesmente ser reduzido pela metade (art. 115). Nas *causas suspensivas*, superado o impedimento, a prescrição volta a correr normalmente, somando-se ao lapso anterior, enquanto nas *causas interruptivas* a prescrição não se suspende, desaparece o lapso anterior, e ela volta a correr por inteiro.

6. Causas suspensivas da prescrição (art. 116)

Verificando-se uma *causa suspensiva*, repetindo, o curso da prescrição suspende-se para retomar o seu curso depois de suprimido ou desaparecido o impedimento. Na suspensão o lapso prescricional já decorrido não desaparece, permanece válido. Superada a causa suspensiva, a prescrição recomeça a ser contada pelo tempo que falta, somando-se com o anterior.

6.1. *Enquanto não for resolvida questão prejudicial (inciso I do art. 116)*

A prescrição não corre enquanto não for resolvida, *em outro processo*, questão de que dependa o reconhecimento da existência do crime. São as chamadas *questões prejudiciais*, reguladas pelos arts. 92 a 94 do CPP, cuja relação com o delito é tão profunda que a sua decisão, em outro juízo, pode determinar a existência ou inexistência da própria infração penal.

6.2. *Enquanto o agente cumpre pena no exterior (inciso II do art. 116)*

O fundamento político-jurídico dessa causa suspensiva é que durante o cumprimento de pena no exterior[48] não se consegue a extradição do delinquente. O legislador alterou apenas o vocábulo "estrangeiro" por "exterior", não acrescentando, a nosso juízo, nenhuma alteração significativa. E a pena em execução cumprida no exterior pode ser tão ou mais longa que o próprio lapso prescricional do crime aqui cometido. Por isso, se justifica a suspensão da prescrição.

---

48. A Lei n. 13.964/2019 substituiu a expressão "estrangeiro" por "exterior".

6.3. *Na pendência de embargos de declaração ou de recursos aos Tribunais Superiores, quando inadmissíveis (acrescido pela Lei n. 13.964/2019)*

Esta nova causa de *suspensão da prescrição* — *embargos de declaração ou de recursos aos Tribunais Superiores* — restringe-se aos recursos que não forem admitidos, quer na origem, quer nos tribunais superiores. Esses recursos aos tribunais superiores limitam-se, é bom que se diga desde logo, ao Recurso Especial e ao Recurso Extraordinário, ao STJ e ao STF, respectivamente.

No entanto, "embargos de declaração, quando inadmissíveis", como *causa suspensiva da prescrição*, é, convém destacar, de natureza técnico-processual. Assim, por exemplo, a denominada "rejeição" (termo normalmente utilizado pelos tribunais) de *embargos declaratórios* implica, sob o ponto de vista técnico, um *julgamento de mérito*. Ou seja, o recurso é conhecido, por admissível, mas rejeitado (no sentido de improvido). Ou seja, nessa hipótese, se reconhece que não há o vício alegado, que não se configura o fundamento alegado pela defesa (isso é mérito). Portanto, não se trata de hipótese de *inadmissibilidade*. Assim, só se caracteriza a hipótese de *inadmissibilidade* quando for intempestivo ou quando o embargante sequer alegar um dos vícios suscitáveis para embargar. Nos embargos, para Sérgio Rebouças, segundo a lógica da *teoria da asserção*, só se pode falar de *inadmissibilidade* se o recurso for *intempestivo* ou se o embargante sequer alegar um dos vícios previstos para os embargos (suscitáveis).

Os julgadores, regra geral, não gostam de embargos declaratórios. Independentemente de sua procedência, ignoram que é um direito da parte *inconformar-se* com decisão que contrarie suas pretensões, tanto que é admissível embargos de embargos, mesmo que seja somente para fundamentar o *prequestionamento* que, não raro, os tribunais dificultam sobremodo admiti-lo, esforçando-se para impedir o indispensável prequestionamento, sendo frequente a pecha indevida de "meramente protelatório", pois, via de regra, tudo o que a parte quer é reformar decisão contrária aos seus interesses. Essa postura arredia dos tribunais aos *embargos declaratórios* para fins de *prequestionamento* viola o sagrado *princípio constitucional* que assegura o direito à ampla defesa, sob argumentos puramente *procedimentais*, para restringir *indevidamente* o seu legítimo exercício.

Enfim, resulta muito difícil, por esse fundamento, a *inadmissibilidade*, tecnicamente, de *embargos declaratórios* na seara penal. Por isso, relativamente aos embargos declaratórios nas instâncias ordinárias a possibilidade de se aplicar essa causa suspensiva será muito reduzida. A inclusão deste inciso III decorre de "*política criminal oficial*", que considera os *recursos excepcionais* (RESP e REXT) como *meramente protelatórios* e ignora que, ao contrário do que se afirma, importam na possibilidade/necessidade de reexame de matéria jurídica extremamente relevante para a defesa, que, se tivesse sido bem examinada, poderia mudar radicalmente a decisão recorrida. Houvesse garantia de melhor exame da matéria defensiva na sentença final ou nos tribunais intermediários (estaduais e federais), certamente, diminuiria a necessidade de tais recursos. Ademais, referida matéria pode implicar na absolvição do recorrente, na redução de pena, na prescrição e até na anulação total ou parcial de todo o processado.

Por outro lado, é elementar, caríssimo leitor, como se trata, direta ou indiretamente, de "punição" à defesa, como se esta fosse culpada pela morosidade processual — que é, inegavelmente, restringida por essa previsão legal —, certamente, não haverá referida suspensão quando tais recursos (embargos declaratórios ou recursos excepcionais) forem interpostos pela acusação, ou seja, quando será o próprio Estado que estará causando demora ou atraso na prestação jurisdicional, que é, como afirmamos no início deste capítulo, o fundamento histórico do reconhecimento do caráter público do instituto da prescrição. Além desse fundamento político da origem e subsistência do instituto da prescrição, o Estado estaria descumprindo o princípio consagrado em nosso ordenamento jurídico, da "duração razoável do processo", aliás, diga-se de passagem, o princípio mais desrespeitado neste país, e, só é lembrado quando objetiva restringir o exercício da ampla defesa, que nunca é tão ampla assim, neste país.

O mais grave é a existência de uma "política administrativa", inconfessada, mas adotada pelo Poder Judiciário, que recomenda aos Tribunais Estaduais e Federais Regionais dificultarem ao máximo a subida aos Tribunais Superiores desses recursos excepcionais. E, pior, referidos *recursos* sofrem uma dupla filtragem representada por um duplo *juízo de (in)admissibilidade*, tanto no tribunal de origem quanto no tribunal de destino. Embora a subida obrigatória, em decorrência do agravo de instrumento, que, via de regra, necessita de novo recurso nos tribunais superiores, chega ao relator absolutamente enfraquecido, pois com tais recursos não se admite sustentação oral e, normalmente, são fulminados monocraticamente, sem o exame adequado da matéria *sub judice*.

Para concluir estas considerações, a despeito da injustiça dessa previsão legal, na dificuldade de convencer os Ministros do *Superior Tribunal de Justiça* a ampliar o número de Turmas do Tribunal da Cidadania, admitimos essa previsão legal, de suspender o curso da prescrição, como um "mal necessário". Contudo, espera-se que essa previsão suspensiva da prescrição não leve ao aumento da rejeição dos referidos recursos, que, aliás, já é excessiva e injustificadamente elevada.

6.4. *Enquanto não cumprido ou não rescindido o acordo de não persecução penal (art. 28-A — acrescido pela Lei n. 13.964/2019 no CPP)*

Esse dispositivo legal inclui dentre as novas causas suspensivas da prescrição o "acordo de não persecução penal", que demanda um exame mais cuidadoso sobre a sua natureza, constituição e seus requisitos constitutivos, que passamos a examinar:

A Lei n. 13.964, de 24 de dezembro de 2019, prevê um novo instituto jurídico-processual denominado "acordo de não persecução penal", acrescentando o art. 28-A e seus §§ no vetusto Código de Processo Penal de 1942, ainda em vigor, e, dessa forma, integrando-o a esse diploma legal codificado, nos seguintes termos:

> "Art. 28-A. Não sendo caso de arquivamento e tendo o investigado confessado formal e circunstancialmente a prática de infração penal sem violência ou grave ameaça e com pena mínima inferior a 4 (quatro) anos, o Ministério Público poderá propor acordo de não persecução penal, desde que necessário e suficiente para reprovação e prevenção do crime, mediante as seguintes condições ajustadas cumulativa e alternativamente".

O texto legal condiciona a propositura desse acordo ao cumprimento das condições elencadas nos seus cinco incisos, cumulativa e alternativamente, quais sejam, I — reparar o dano ou restituir a coisa à vítima, exceto na impossibilidade de fazê-lo; II — renunciar voluntariamente a bens e direitos indicados pelo Ministério Público como instrumentos, produto ou proveito do crime; III — prestar serviço à comunidade ou a entidades públicas por período correspondente à pena mínima cominada ao delito diminuída de um a dois terços, em local a ser indicado pelo juízo da execução, na forma do art. 46 do Código Penal; IV — pagar prestação pecuniária, a ser estipulada nos termos do art. 45 do mesmo Código, a entidade pública ou de interesse social, a ser indicada pelo juízo da execução, que tenha, preferencialmente, como função proteger bens jurídicos iguais ou semelhantes aos aparentemente lesados pelo delito; ou V — cumprir, por prazo determinado, outra condição indicada pelo Ministério Público, desde que proporcional e compatível com a infração penal imputada.

Ao mesmo tempo, o legislador teve a cautela de listar as hipóteses em que a previsão do *caput* do art. 28-A não se aplica: I — se for cabível *transação penal* de competência dos Juizados Especiais Criminais, nos termos da lei; II — se o investigado *for reincidente* ou se houver elementos probatórios que indiquem conduta criminal habitual, reiterada ou profissional, exceto se insignificantes as infrações penais pretéritas; III — ter sido o agente *beneficiado nos 5 (cinco) anos anteriores* ao cometimento da infração, em acordo de não persecução penal, transação penal ou suspensão condicional do processo; e IV — nos crimes praticados no âmbito de *violência doméstica ou familiar*, ou praticados *contra a mulher por razões da condição de sexo feminino*, em favor do agressor.

A propositura desse "acordo", no entanto, é condicionada a necessidade e *suficiência* para "a reprovação e prevenção de crime", desde que seja homologada judicialmente, recebendo a chancela do Poder Judiciário, como veremos adiante. Trata-se, inegavelmente, de ousada medida *despenalizadora* não apenas para crimes de *média gravidade*, como também para *crimes graves* (que pode atingir inclusive a pena máxima de 12 anos de prisão, *v. g.*, peculato, corrupção etc.), desde que praticados sem violência ou grave ameaça, e que a *pena mínima cominada seja inferior a quatro anos de prisão*, com a vantagem de *dispensar a instauração de ação penal*, com grande economia de tempo, de diligências, de gastos, além de aliviar a pauta do Poder Judiciário, mas com gravíssimos prejuízos às garantias fundamentais do investigado.

No entanto, não nos entusiasma essa previsão legal que privilegia exageradamente o *órgão acusador* (Ministério Público), o qual, sem assegurar o *contraditório, a presunção de inocência e o devido processo legal*, pode "negociar com o investigado" — fora do âmbito do Poder Judiciário — a sua punição em mais de noventa e quatro por cento[49] de todos os crimes previstos no Código Penal brasileiro. Com efeito, não se trata de infrações penais cuja *pena máxima cominada seja inferior a quatro anos*, como, provavelmente alguns intérpretes imaginaram, à primeira vista, e, talvez, em cima de um erro de interpretação, construíram uma tese insustentável, ao imaginar uma coisa (que a previsão legal refere-se ao limite máximo da pena cominada), quando na realidade era outra (refere-se ao limite mínimo cominado). Realmente, somente um equívoco hermenêutico dessa natureza pode explicar (e não justificar) a afirmação equivocada de que "redundaria nas conhecidas *medidas alternativas*"[50].

É, inegavelmente, uma grande falácia afirmar-se que esse *acordo de não persecução penal* se destina àquelas hipóteses em que a pena aplicável equivaleria as conhecidas *medidas alternativas* (penas alternativas), como se chegou a comentar, apressadamente, na Revista Eletrônica *Conjur*. Confundiu-se, certamente, *"pena mínima cominada inferior a quatro"* com "pena máxima cominada inferior a quatro anos", o que faz uma grande diferença, pois, se de fato fosse o que se interpretou, isto é, infração penal cuja pena máxima fosse inferior a quatro anos, realmente se estaria diante de *infrações de médio potencial ofensivo*, ainda que superiores àquelas de competência do *Juizado Especial Criminal* (que são de pequeno potencial ofensivo), em que as infrações penais não podem ter penas cominadas acima de dois anos de prisão.

6.4.1. Juízo de suficiência da prevenção e reprovação do crime

Observando-se, com certo cuidado, constata-se que o legislador brasileiro, ao elaborar o Código Penal de 1940 e a Reforma Penal de 1984, mantém grande racionalidade e coerência metodológica não só na elaboração desses diplomas legais, regra geral, mas, em particular, na disciplina da aplicação e cálculo da pena (arts. 59 a 68). Nessa linha de raciocínio, constata-se que o legislador, ao

---

49. Existem somente 17 crimes com pena igual ou superior a quatro anos de prisão no Código Penal, afora alguns cujas majorante elevem a pena a esse patamar.
50. Pedro Canário, Lei do "pacote anticrime" cria acordo de não persecução para crimes sem violência. *Revista Consultor Jurídico*, 26 dez. 2019. Disponível em: <https://www.conjur.com.br/2019-dez-26/lei-pacote-anticrime-cria-acordo-nao-persecucao-penal>. Acesso em: 9 jan. 2020.

disciplinar a "aplicação da pena" em seu art. 59, determina que "*o juiz* — observadas as circunstâncias que elenca — *estabelecerá, conforme seja necessário e suficiente para reprovação e prevenção do crime*", os critérios que recomenda. Em outros termos, na "aplicação da pena", o juiz, além dos demais parâmetros estabelecidos, deve observar se a pena escolhida é "necessária e suficiente" para reprovação e prevenção do crime, buscando o equilíbrio e a *proporcionalidade* entre o mal praticado e a sanção aplicada. Por outro lado, quando disciplina a *aplicação das penas alternativas* (que são substitutivas), o legislador de 1984 volta a destacar que devem "as circunstâncias indicarem *que essa substituição seja suficiente*" (art. 44, III, do CP). Curiosamente, décadas após, a previsão da Lei n. 13.964/2019 cria o art. 28-A para o CPP, no qual estabelece que o "Ministério Público poderá propor acordo de não persecução penal, desde que *necessário e suficiente* para reprovação e prevenção do crime...".

Constata-se que *o ponto central* na deliberação e aplicação de pena (art. 59 do CP), inclusive substitutiva (art. 44, III), ou a *suspensão* dela (art. 28-A do CPP), reside na "necessidade e suficiência" da pena para a prevenção e reprovação do crime, que, em termos contemporâneos, podemos entender como o reconhecimento e a adoção do *princípio da proporcionalidade*, que é a pedra de toque orientadora de um *direito penal da culpabilidade* em um Estado constitucional e democrático de direito. Aliás, essa consagração da *proporcionalidade* também está estampada no § 5º do mesmo art. 28-A, que determina expressamente, "Se o juiz considerar *inadequadas, insuficientes ou abusivas as condições* dispostas no acordo de não persecução penal, devolverá os autos ao Ministério Público para que seja reformulada a proposta de acordo, com concordância do investigado e seu defensor".

Por isso a importância da realização do que denominamos, doutrinariamente, de "juízo de suficiência da substituição", que, nesses casos, tanto o legislador quanto o aplicador da lei devem observar com extremo rigor. A seguir faremos algumas considerações sobre esse aspecto, o qual denominamos, examinando a aplicação de penas alternativas, de "prognose de suficiência da substituição"[51] da pena (art. 44, III, do CP), repetindo agora na "ousada" previsão processual da *suspensão da ação penal* (art. 28-A) pelo Ministério Público.

Assim, na nossa concepção, os critérios para a avaliação da *suficiência da substituição*, tanto das penas alternativas (art. 44, III, do CP), como, agora, do "acordo de não persecução penal", são representados, por determinação legal, pela *culpabilidade, antecedentes, conduta social e personalidade do condenado, bem como pelos motivos e as circunstâncias do crime*, todos previstos também no art. 44, III, do Código Penal, que trata da *substituição da pena de prisão*. Percebe-se que de todos os elementos do art. 59 somente "as consequências do

---

51. Cezar Roberto Bitencourt, *Tratado de Direito Penal — Parte Geral*, 29ª ed., São Paulo, Saraiva, 2023, v. 1, p. 671.

crime" e o "comportamento da vítima" foram desconsiderados para a formação desse *juízo de suficiência da substituição da pena* e, sustentamos nós, o mesmo deve ocorrer para a hipótese agora prevista do "acordo de não persecução penal".

No entanto, considerando que a "não persecução penal" é muito maior, mais abrangente, mais profunda e cria, em outros termos, uma "desjudicialização" das demandas penais, isto é, afasta o Poder Judiciário do julgamento dessas infrações graves, a nosso juízo, violando, repetindo, garantias constitucionais individuais consagradas, deve-se fazer um juízo de *necessidade e suficiência* mais rigoroso, mais criterioso e mais cauteloso, inclusive sobre o cabimento ou não da propositura desse "acordo" inédito em nosso país, especialmente para abranger crimes tão graves como os agora previstos e por nós já destacados. Ou, dito de outra forma, é indispensável uma análise bem mais rigorosa da satisfação das condições e requisitos *necessários e suficientes* para a propositura desse "acordo de não persecução penal", além das *condições propostas* pela acusação ao investigado. Nesses casos, o Poder Judiciário deverá estar muito mais atento e exigente no exame da satisfação das condições e dos requisitos legais autorizadores da adoção desse novo instituto processual, e, principalmente, no exame da *razoabilidade*, da *proporcionalidade*, da necessidade e *suficiência* das condições impostas, para só assim equilibrar e evitar eventuais excessos que a nova previsão legal poderá apresentar, quer para a sociedade, quer para o investigado. Na realidade, aqui no *acordo de não persecução penal*, como na "suspensão condicional da pena" e na "substituição da pena de prisão por alternativas", o risco a assumir deve ser, na expressão de Jescheck[52], *prudencial* e, diante de dúvidas razoáveis sobre a *necessidade e suficiência* dessa medida, esta não deve ocorrer, sob pena de o Estado *renunciar* ao seu dever constitucional de garantir a ordem pública e a proteção de bens jurídicos tutelados.

Por fim, ao referir-se à *suficiência* do "acordo de não propositura de persecução penal", o legislador mostra uma certa despreocupação com a *finalidade retributiva da pena* que, na verdade, está implícita na instauração da ação penal, e, quando for o caso, na condenação em si. Sim, porque a simples condenação é uma *retribuição* ao mal cometido e que, de alguma forma, macula o *curriculum vitae* do condenado. Essa *retribuição* é mais de ordem moral e para determinados condenados — aqueles que não necessitam ser *ressocializados* — é a consequência mais grave, mais intensa e indesejada que atinge profundamente sua escala de valores. Por isso, a conclusão que se impõe, se, pelas circunstâncias do caso concreto, o *acordo de não propositura da persecução penal* não se mostrar *recomendável, ou seja, não se mostre necessário* e, principalmente, *não se mostre suficiente à reprovação e prevenção do crime*, o Ministério Público não poderá propor o acordo, e, se o fizer, *o julgador não deverá homologá-lo, invocando, se*

---

52. H. H. Jescheck, *Tratado de Derecho Penal*, cit., p. 1.155.

for o caso, o art. 28 do CPP, por analogia. Dito de outra forma, ainda que todas as *condições e os requisitos relacionados no art.* 28-A e seus parágrafos estejam presentes, é possível que o acordo de não persecução penal, no caso concreto, *não se mostre suficiente à reprovação e à prevenção do crime.* Nessa hipótese, o Ministério Público não pode e não deve fazer uso dessa previsão legal, e, se o fizer, o magistrado, fundamentadamente, não deverá homologá-lo, invocando, repetindo, se for necessário, o disposto no art. 28 do CPP.

6.4.2. A questionável constitucionalidade do "acordo de não persecução penal"

Na nossa primeira avaliação, ainda antes da virada do ano, essa *proposta de acordo de não persecução penal,* praticamente, desloca *o exercício do Poder Jurisdicional* para o Ministério Público, reservando ao Poder Judiciário a *atividade meramente homologatória,* que, já antes, vinha-se constatando na prática, o Ministério Público, basicamente, decidindo tudo, na medida em que, muito raramente, algum julgador decide contrariando a posição do Ministério Público; pois agora virou lei, porque ficará reservada ao judiciário somente a *jurisdição* de menos de dez por cento dos crimes catalogados no Código Penal, qual seja, que tenham a pena mínima cominada a partir de quatro anos de prisão!

Nessa ordem de *inversão de atividades,* espera-se que, necessariamente, alguma instituição representativa deste País interponha uma ADI, para que, nesse caso, o Supremo Tribunal Federal delibere sobre a *(in)constitucionalidade* desse esvaziamento indevido do Poder Judiciário e da desproteção do cidadão, que fica subjugado e à mercê do absurdo, abominável e *inconstitucional* exercício do *Poder Jurisdicional* do país pelo órgão acusador, o Ministério Público, de índole repressivo-acusatória. Com todo o respeito, consideração e reconhecimento que temos — até por termos integrado seus quadros no passado — sobre a importância, grandeza e seriedade da Instituição do Ministério Público, uma das mais importantes, mais respeitadas e admiradas desta República brasileira, não pode acumular as atividades *jurisdicionais e persecutórias,* com gravíssimas e seríssimas consequências sociais, humanas e penais na prestação jurisdicional. No entanto, não se pode ignorar que a sua índole, ou seja, o seu DNA, não é o da *neutralidade,* da *imparcialidade,* da *equidistância das partes* (aliás, ele próprio é parte, e a mais importante e poderosa do processo penal acusatório), consequentemente, não pode assumir o *poder jurisdicional* com tamanha magnitude como a prevista no dispositivo legal ora questionado, que é, repita-se, prerrogativa exclusiva do Poder Judiciário.

Enfim, o exame com a profundidade que exige esta temática da *(in)constitucionalidade* do deslocamento do *poder jurisdicional* para o Ministério Público, assaz importante, e que, por isso mesmo, demanda profunda reflexão, como iniciamos acima, não será desenvolvido neste espaço. Aqui estamos comentando apenas "as novas *causas suspensivas* da prescrição" (art. 116) (no capítulo em que abordamos o instituto da *prescrição* penal em nosso *Tratado de Direito Penal*), inseridas pelo mesmo art. 28-A no Código de Processo Penal, pela Lei n. 13.964.

Ocupar-nos-emos, certamente, desse assunto, oportunamente, quer em artigo específico, quer em outro livro, ainda neste semestre.

6.4.3. A homologação judicial do acordo e a obrigação legal de confessar

O *acordo de não persecução penal, aplicável a crimes com pena mínima inferior a 4 anos, sem violência ou grave ameaça*, deve ser firmado por escrito pelo Ministério Público, pelo investigado e pelo seu defensor (§ 3º), "desde que necessário e suficiente para reprovação e prevenção do crime". Nenhum acordo dessa natureza terá validade se for firmado sem a presença do defensor do investigado. Na hora de homologar, ou não, o magistrado deverá constatar a presença, dentre outros requisitos e condições, a *voluntariedade* do investigado em firmá-lo, bem como a sua *legalidade*, segundo o disposto no § 4º, *verbis*: "*Para a homologação do acordo de não persecução penal, será realizada audiência na qual o juiz deverá verificar a sua voluntariedade, por meio da oitiva do investigado na presença do seu defensor, e sua legalidade*". Homologado judicialmente o acordo de não persecução penal, o juiz devolverá os autos ao Ministério Público para que inicie sua execução perante o juízo de execução penal (§ 6º). Ou seja, o juiz não participa da deliberação e celebração do acordo e tampouco da sua execução!

Com efeito, somente é admissível "acordo de não persecução penal" *devidamente homologado* pelo juiz, como destaca o § 4º do artigo *sub examine*, observando-se o devido processo legal, ao contrário da previsão abusiva, ilegal e inconstitucional da Resolução n. 181 do Conselho Nacional do Ministério Público, por faltar-lhe *atribuição legal e constitucional* para a criação de instituto jurídico-processual, com qualquer finalidade, sem o crivo do Poder Judiciário. Estão excluídas, contudo, dessa possibilidade, nos termos do § 2º e respectivos incisos, as seguintes hipóteses: I — se for cabível transação penal de competência dos Juizados Especiais Criminais; II — se o investigado for *reincidente* ou se houver elementos probatórios que indiquem conduta criminal habitual, reiterada ou profissional, exceto se *insignificantes* as infrações penais pretéritas; III — ter sido o agente beneficiado nos 5 (cinco) anos anteriores ao cometimento da infração, em acordo de não persecução penal, transação penal ou suspensão condicional do processo; e, finalmente, IV — os crimes praticados no âmbito de violência doméstica ou familiar, ou praticados contra a mulher por razões da condição de sexo feminino, em favor do agressor.

Antes de mais nada, deve-se destacar que a "proposição do acordo de não persecução penal", nos termos previstos neste dispositivo legal, deverá ser realizado *pessoalmente* ao investigado e seu advogado, em uma espécie de *audiência conciliatória*, ainda que informal. Ou seja, há necessidade de o Ministério Público "propor o acordo", pessoalmente, ao investigado e seu defensor, possibilitando o aceite ou uma contraproposta, permitindo o diálogo entre o *Parquet*, o investigado e seu defensor, em uma modalidade *sui generis*, repetindo de "oportunidade de conciliação", entre oferta e aceite. Dito de outra forma, é inadmissível a ausência de contato pessoal entre o Ministério Público e o investigado com seu defensor, sob pena de demonstrar um certo menosprezo contra a pessoa investigada, a qual tem seus direitos constitucionais que devem ser preservados.

É inaceitável o procedimento, que já começou a ocorrer em alguns Estados da Federação, no qual o Ministério Público simplesmente encaminha a juízo duas peças, ou seja, a "proposta de acordo de não persecução penal" e a denúncia pelos mesmos fatos. Se o cidadão aceitar essa proposta ocorre acordo, marca-se audiência judicial para sua homologação, caso contrário a denúncia já está protocolada e ponto final. Ora, "acordo" implica em diálogo, proposta e contraproposta, aceite ou recusa dialogando presencialmente, e não, simplesmente, protocolar as duas peças em juízo, até porque isso "soa como uma ameaça, ou aceita essa proposta, sem espaço para diálogo", ou seja, será processado sem discussão. Essa conduta, certamente, não reflete a inteligência do diploma legal que prevê *proposta de acordo de não persecução penal*, posto que sem diálogo não há acordo possível.

Relativamente à natureza dessa previsão legal de "proposição, pelo Ministério Público", de "acordo de não persecução penal" não o interpretamos como *direito público subjetivo do denunciado*, a despeito de entendimento que adotávamos nos juizados especiais criminais, onde admitíamos que *o exercício da transação penal devia ser reconhecido como um direito público subjetivo* do suposto infrator. Na nossa concepção, em uma primeira análise desse instituto, o admitimos como um "poder-dever" do Ministério Público, ao qual, contudo, fazendo-se presentes os requisitos objetivos e subjetivos desse instituto, o titular da ação penal deve propor o acordo de não persecução penal, nos termos do art. 28-A, cujo cumprimento sujeita-se ao recurso próprio do denunciado.

Em outros termos, na nossa ótica, ao contrário de alguns entendimentos já manifestados sobre o tema, essa previsão legal não configura *um direito público subjetivo do infrator*, mas tampouco corresponde a um poder incondicionado do Ministério Público, o qual, na hipótese de não oferecê-lo, deverá fundamentar, adequadamente a negativa de oportunizá-lo, posto que, processualmente falando, trata-se de uma espécie *sui generis* "decisão interlocutória", ainda que manifestada pelo *Parquet*, passível, portanto, de recurso. Exige-se, porém, que o investigado "confesse" a prática do crime para a propositura do referido acordo, violando também o *princípio da presunção de inocência* (inciso LVII do art. 5º da CF), sem o crivo e a presença do Poder Judiciário, e, igualmente, sem a garantia da confissão perante o juiz da causa. Essa exigência de "confissão" da prática do crime pelo investigado (que pode, inclusive, nem conseguir celebrar o acordo, mesmo tendo *confessado*, pela não satisfação de outros requisitos ou condições), que é condição para a admissão do "acordo de não persecução penal", mostra-se, a nosso juízo, absolutamente *inconstitucional*, repetindo, por violação ao princípio da *presunção de inocência*. Exigência de "confissão formal e circunstanciadamente" é absolutamente inconstitucional, violando a presunção de inocência (art. 5º, inciso LVII, CF), A única forma de salvar-se esse texto legal, nesse particular, é considerar-se que a *aceitação do referido acordo* não implica *confissão da matéria de fato* (ou seja, constitucionalidade com supressão de texto?!), além de restringir-se sua aplicação a *infrações penais de médio potencial ofensivo*, qual seja, a *crimes cuja pena máxima* seja inferior a quatro anos de prisão, ao contrário da atual previsão expressa, que prevê a possibilidade de acordo para crimes cuja pena mínima seja inferior a quatro anos.

Mantida a limitação legal, pasmem, como previsto no novo texto (pena mínima cominada inferior a quatro anos), tem uma abrangência absurda, repetindo, atinge mais de 90% (noventa por cento) dos crimes tipificados no Código Penal, inviabilizando a aplicação desse instituto. Por exemplo, dentre os crimes contra a administração pública, os mais graves deles, tais como, *peculato* (art. 312), *concussão* (art. 316), *corrupção passiva* (art. 317), *corrupção ativa* (art. 333), todas essas infrações gravíssimas têm a pena mínima cominada de 2 (dois) anos de prisão, embora todas elas tenham a pena máxima cominada em 12 (doze anos de reclusão), ressalvada a *concussão,* cuja pena máxima cominada é de 8 (oito) anos. Inegavelmente, ninguém ignora que se encontram entre os crimes mais graves catalogados em nosso Código Penal e, pasmem, todos eles, por essa previsão legal, estarão afastados do julgamento pelo Poder Judiciário, cujo *poder jurisdicional*, como afirmamos acima, foi deslocado para o Ministério Público.

Enfim, sem querer empalidecer o entusiasmo apressado de muitos intérpretes otimistas dessa previsão legal, na nossa ótica, mantida a interpretação literal desse texto aprovado, vamos acabar "desempregando" a maioria maciça dos magistrados criminais, pois será deslocada, administrativamente, a "jurisdição" para o *Parquet* negociar "acordo de não persecução penal", em mais de noventa por cento dos crimes previstos no Código Penal. Assim, serão suficientes, na seara criminal do Judiciário, a manutenção dos Juizados Especiais criminais (infrações de menor potencial ofensivo) e as Varas Especializadas do crime organizado e crimes hediondos etc., as demais varas criminais ficarão completamente ociosas, por falta de demanda. Por fim, "descumpridas quaisquer das condições estipuladas no *acordo de não persecução penal*, o Ministério Público deverá comunicar ao juízo, para fins de sua rescisão e posterior oferecimento de denúncia", independentemente do tempo e das condições que já tenham sido efetivamente cumpridos, sem detração (§ 10). Será isso justo?

Para concluir, uma palavra sobre a dificuldade da realização de prisão em flagrante de autores de crimes praticados sem violência ou grave ameaça, por não reincidente, considerando a abrangência da *não persecução penal*, cujas alternativas aplicáveis não envolvem prisão. Será paradoxal prender alguém em flagrante para aplicar-lhe alternativas à prisão, mas não abordaremos esse tema aqui, porque estamos dentro do capítulo da prescrição, último do volume 1 (um) de nosso Tratado de Direito Penal.

Pedimos escusas por não aprofundar, neste espaço e neste momento, nossas considerações sobre o "acordo de não persecução penal", que demanda profunda reflexão, o que faremos em outro espaço e em outro momento, provavelmente em artigo ou livro específico, onde poderemos desenvolver e fundamentar melhor nossos enunciados acima esboçados.

6.5. *Imunidade parlamentar (art. 53, § 2º)*

Às causas previstas pelo Código Penal (art. 116), a Constituição Federal (art. 53, § 2º) acrescentou mais uma: enquanto não houver licença do Congresso Nacional para que o parlamentar seja processado, o prazo prescricional ficará suspenso. Procurando amenizar esse privilégio parlamentar, o Supremo Tribunal Federal, em duas oportunidades, com composição plenária, decidiu que tanto na hipótese de indeferimento do pedido de licença quanto na de *ausência de deliberação* a suspensão da prescrição ocorre da data do despacho do Ministro Relator determinando a remessa do pedido ao Parlamento[53].

6.6. *Delação premiada em crimes praticados por organização criminosa*

Não há prazo fixo para terminar a negociação a respeito da *"colaboração premiada"*, mas poderá ser suspenso o prazo para o oferecimento da denúncia, com concomitante *suspensão do prazo prescricional*, por até seis meses, prorrogáveis por outros seis, para que sejam cumpridas as *medidas da colaboração*, a teor do que prescreve o art. 4º, § 3º. Evidentemente, a *suspensão do processo ou do inquérito* diz respeito unicamente ao *colaborador*, podendo ocorrer, se recomendável, uma cisão no processo, para que prossiga imediatamente contra os demais réus. Convém destacar que essa *suspensão* somente ocorrerá para as hipóteses previstas pela Lei n. 12.850, de 2 de agosto de 2013.

6.7. *Outras causas suspensivas da prescrição*

A prescrição não corre durante o tempo em que o condenado estiver preso por outro motivo. Fica em suspenso. A previsão é lógica: enquanto se encontra preso, não pode invocar a prescrição da pena que falta cumprir, pois sua condição de preso impede a satisfação dessa pretensão executória.

Além das causas suspensivas da prescrição previstas no Código Penal (art. 116) e daquela prevista na Constituição Federal (art. 53, § 2º), as Leis n. 9.099/95 e 9.271/96 preveem novas hipóteses de causas que impedem o curso prescricional. Essas causas são as seguintes:

---

53. DOU de 2-3-1993, p. 2565, e de 16-8-1991, p. 1991.

6.7.1. Suspensão condicional do processo

A Lei n. 9.099/95, que instituiu os Juizados Especiais Criminais e aproveitou para instituir também a *suspensão condicional do processo*, estabelece em seu art. 89, § 6º, que durante o período em que o processo estiver suspenso não corre a prescrição.

Esse dispositivo dispensa um tratamento isonômico à defesa e à acusação: o denunciado é beneficiado pela suspensão do processo, mas em contrapartida a sociedade não fica prejudicada pelo curso da prescrição. Na hipótese de revogação do benefício, o Ministério Público disporá do tempo normal para prosseguir na *persecutio criminis*. Como, de regra, a suspensão do processo deverá ocorrer no momento do recebimento da denúncia, a prescrição voltará a correr por inteiro. No entanto, *em razão dessa fase transitória*, poderá haver suspensão de muitos processos que já se encontravam em curso. Nessas hipóteses, havendo revogação da suspensão do processo, o novo curso prescricional deverá somar-se ao lapso anterior que foi suspenso, uma vez que, como causa suspensiva, o prazo prescricional não recomeça por inteiro.

6.7.2. Citação por edital, sem comparecimento ou constituição de defensor

A Lei n. 9.271/96 deu a seguinte redação ao art. 366 do Código de Processo Penal: "Se o acusado, citado por edital, não comparecer, nem constituir advogado, ficarão suspensos o processo e o curso do prazo prescricional, podendo o juiz determinar a produção antecipada das provas consideradas urgentes e, se for o caso, decretar prisão preventiva, nos termos do disposto no art. 312".

Para que se configure essa *nova causa suspensiva* da prescrição é necessário que estejam presentes, simultaneamente, três requisitos: 1º) citação através de edital; 2º) não comparecimento em juízo para interrogatório; 3º) não constituição de defensor[54]. A ausência de qualquer desses requisitos impede a configuração dessa nova causa suspensiva da prescrição. Contudo, o infrator que houver constituído advogado, durante a fase policial, ainda que venha a ser citado por edital, seu defensor constituído anteriormente impedirá o reconhecimento da causa impeditiva da prescrição.

O curso prescricional suspenso somente recomeçará a correr na data do comparecimento do acusado, computando-se o tempo anterior (art. 366, § 2º). Em outros termos, interrompida a suspensão da prescrição, esta volta a correr, levando-se em consideração o tempo anteriormente decorrido, isto é, somando-se.

A suspensão do curso prescricional é *efeito automático*, sendo desnecessário despacho expresso do juiz. Contudo, como o art. 366 tem natureza mista

---

54. Damásio de Jesus, Notas ao art. 366 do Código de Processo Penal, com redação da Lei 9.271/96, *Boletim IBCCrim*, 42/3.

— processual e material —, podendo verificar-se hipóteses de suspensão do processo, pelo princípio *tempus regit actum*, convém ser mencionado expressamente que a prescrição não está suspensa, em razão de sua *irretroatividade*, quando se tratar de crimes praticados antes da vigência da lei. Damásio de Jesus não admite a aplicação parcial do disposto no art. 366, isto é, suspender o processo e não suspender a prescrição, numa espécie de *retroatividade parcial*[55]. Em sentido contrário manifesta-se Luiz Flávio Gomes; por fatos anteriores à vigência da Lei n. 9.271/96, entende que, satisfeitos os requisitos do art. 366, suspende-se o processo, permanecendo naturalmente o curso prescricional: a suspensão do processo é matéria processual e a prescrição é matéria estritamente penal-material[56].

Inclinamo-nos pelo entendimento adotado por Luiz Flávio Gomes, embora com argumento um pouco diferenciado. Na verdade, a suspensão do processo não significa *parcial retroatividade*, mas a simples aplicação do princípio *tempus regit actum*. Nesse momento, satisfeitos os requisitos, aplica-se a lei nova, mas somente a partir de agora, isto é, o processo fica suspenso a partir da vigência da lei, sem retroagir ao início da relação processual. Já a *suspensão do curso prescricional* fica inviabilizada, por se tratar de norma prejudicial à defesa, não podendo retroagir. Não negamos, é verdade, que, de certa forma, há um tratamento desigual aos dois polos processuais: beneficia-se a defesa com a suspensão do processo e prejudica-se a acusação com a não suspensão da prescrição. No entanto, esses efeitos diferenciados decorrem da natureza distinta das duas normas jurídicas, processual e material, como já referimos.

Como a lei não prevê limite temporal da suspensão da prescrição, deverão surgir várias interpretações sobre o tema. Por ora, uma coisa é certa: a Lei n. 9.271 não criou uma nova hipótese de *imprescritibilidade*, além daquelas previstas no texto constitucional (art. 5º, XLII e XLIV, da CF), como pareceu inicialmente a alguns pensadores[57]. Como destaca Damásio de Jesus, não se trata de nova hipótese de imprescritibilidade, porque, na verdade, a prescrição começa a correr e é suspensa, e na imprescritibilidade não há início do curso prescricional[58].

6.7.3. Citação através de rogatória de acusado no estrangeiro

Acusado que se encontrar no estrangeiro, em lugar sabido, será citado através de carta rogatória, independentemente de a infração penal imputada ser ou não

---

55. Damásio de Jesus, Notas ao art. 366..., *Boletim* cit., p. 3.
56. Luiz Flávio Gomes, *Da retroatividade* (parcial da Lei 9.271/96) (citação por edital), *Boletim IBCCrim*, 42/4.
57. Fauzi Hassan Choukr, A prescrição na Lei n. 9.271/96, *Boletim IBCCrim*, 42/7; Alberto Silva Franco, Suspensão do processo e suspensão da prescrição, *Boletim IBCCrim*, 42/2, embora sugerindo alternativas para corrigi-la.
58. Damásio, Notas ao art. 366, *Boletim* cit., p. 3.

afiançável. No entanto, segundo a nova redação conferida pela Lei n. 9.271/96 ao art. 368 do CPP, o prazo prescricional ficará suspenso até o cumprimento da carta rogatória.

Agora, a citação de quem se encontrar no estrangeiro *somente poderá ser por edital* quando for desconhecido o seu paradeiro. Anteriormente, a citação por edital seria possível quando fosse desconhecida a localização do citando ou quando a infração imputada fosse afiançável.

6.7.4. Suspensão da prescrição nos termos do art. 366 do CPP: correção da Súmula 415 do STJ

No exame da *suspensão da prescrição* prevista no art. 366 do CPP não se pode perder de vista que a regra geral da Constituição Federal é da *prescritibilidade* das infrações penais. Com efeito, nossa Carta Política considerou *imprescritíveis* somente o crime de *racismo* (art. 5º, XLII) e *os crimes decorrentes da ação de grupos armados*, civis ou militares, contra a ordem constitucional e o Estado Democrático de Direito (art. 5º, XLIV). Ademais, a prescritibilidade das infrações penais constitui *garantia fundamental* do cidadão, que não pode ser ignorada pela legislação infraconstitucional.

Determina o dispositivo *sub examine* que, se o acusado for citado por edital, não comparecer e não constituir advogado, ficarão suspensos o processo e o curso do prazo prescricional. Essa previsão pretende evitar que o processo tramite sem o conhecimento do acusado, com irreparáveis prejuízos em sua defesa que deve ser ampla e irrestrita.

O referido art. 366 apenas determinou que a prescrição deve ficar suspensa durante a paralisação do processo, sem, contudo, declinar o limite temporal dessa suspensão, deixando grave lacuna a ser colmatada pela interpretação doutrinária e jurisprudencial. Sensatamente, ambas adotaram entendimento quase unânime que o lapso prescricional deve ficar suspenso pelo prazo da prescrição *in abstracto*, considerando-se as balizas do art. 109 do CP. Consequentemente, se o crime prescreve, abstratamente, em quatro (4) anos, é por esse tempo que a contagem da prescrição deve ficar suspensa, voltando a correr saldo restante. É a orientação conforme a garantia constitucional da prescritibilidade das infrações penais. Esse entendimento — destacam Luiz Flavio Gomes e Silvio Maciel — "além de evitar, na prática, a imprescritibilidade dos delitos, afigura-se proporcional, na medida em que o prazo de prescrição ficará suspenso por mais ou menos tempo, de acordo com a maior ou menor gravidade do delito"[59].

Nessa linha, orientou-se o Superior Tribunal de Justiça, ao editar a Súmula 415, na sessão de 16 de dezembro de 2009, com o seguinte enunciado: "O

---

[59]. Luiz Flavio Gomes e Silvio Maciel. *Contagem da prescrição durante a suspensão do processo: súmula 415 do STJ*.

período de suspensão do prazo prescricional é regulado pelo máximo da pena cominada". A pouca clareza do sucinto texto sumular reclama adequada interpretação, para não desnaturá-lo. Inquestionável, no particular, a afirmação de Gomes e Maciel, *in verbis*: "É preciso ressaltar que a Súmula 415 está a dizer que a contagem da prescrição fica suspensa pelo prazo da *prescrição em abstrato* — consideradas as balizas do art. 109 do CP — e não pelo *prazo da pena máxima cominada* ao delito, conforme pode sugerir uma leitura desavisada do enunciado"[60]. Dito de outra forma, se a pena máxima cominada for de seis (6) anos, a prescrição em abstrato verifica-se em doze (12) anos (art. 109, III do CP), e não pelos seis anos que é o tempo da pena cominada. Essa é a correta interpretação da Súmula 415. Ou seja, ao determinar que a prescrição é regulada pelo máximo da pena cominada, a súmula está a afirmar que se aplica o mesmo lapso prescricional corresponde ao máximo da pena cominada à infração penal imputada, como destaca a seguinte decisão: "*Consoante orientação pacificada nesta Corte, o prazo máximo de suspensão do prazo prescricional, na hipótese do art. 366 do CPP, não pode ultrapassar aquele previsto no art. 109 do Código Penal, considerada a pena máxima cominada ao delito denunciado, sob pena de ter-se como permanente o sobrestamento, tornando imprescritível a infração penal apurada*"[61].

Surpreendentemente, no entanto, o Supremo Tribunal Federal, em uma interpretação reacionária, assumiu durante muitos anos uma posição diametralmente oposta ao entendimento majoritário de doutrina e jurisprudência, inclusive sumulada pelo Superior Tribunal de Justiça. Com feito, segundo afirmava nossa Corte Suprema, a contagem da prescrição poderia ficar suspensa por tempo indeterminado, isto é, poderia perdurar a suspensão da prescrição enquanto durasse a do processo[62]. Ignoravam, *venia concessa*, os senhores Ministros da Corte Superior que entendimento como esse pode tornar imprescritíveis crimes não elencados no texto constitucional. Ademais, confundiam causa suspensiva com causa interruptiva da prescrição, pelo simples fato de se invocar parâmetro semelhante[63].

A nosso juízo, como sustentamos anteriormente, a regra é da prescritibilidade de todas as infrações penais, excluídas as duas relacionadas no texto constitucional (art. 5º, XLII e XLIV, CF). Em recente modificação jurisprudencial, o STF passou a adotar o posicionamento de que o limite de duração da suspensão do prazo prescricional é aquele definido pela pena máxima aplicada ao delito. O posicionamento foi adotado no seguinte julgado, proferido em sede de repercussão geral:

---

60. Luiz Flavio Gomes e Silvio Maciel. *Contagem da prescrição durante a suspensão do processo: súmula 415 do STJ*, cit.
61. STJ, HC 84.982/SP, rel. Min. Jorge Mussi, j. 21-2-2008.
62. Extradição 1.042, Pleno, Rel. Min. Sepúlveda Pertence, j. 19-12-2006.
63. RE 460.971/RS, rel. Min. Sepúlveda Pertence, 1ª Turma, j. 13-2-2007, v.u.

"A vedação de penas de caráter perpétuo, a celeridade processual e o devido processo legal substantivo (art. 5º, incisos XLVII, b; LXXVIII; LIV) obstam que o Estado submeta o indivíduo ao sistema de persecução penal sem prazo previamente definido. 3. Com exceção das situações expressamente previstas pelo Constituinte, o legislador ordinário não está autorizado a criar outros casos de imprescritibilidade penal. 4. O art. 366 do Código de Processo Penal, ao não limitar o prazo de suspensão da prescrição no caso de inatividade processual oriunda de citação por edital, introduz hipótese de imprescritibilidade incompatível com a Constituição Federal. 5. Mostra-se em conformidade com a Constituição da República limitar o tempo de suspensão prescricional ao tempo máximo de prescrição da pena em abstrato prevista no art. 109 do Código Penal para o delito imputado. Enunciado sumular n. 415 do Superior Tribunal de Justiça" (STF, RE 600851, Rel. Min. Edson Fachin, julgado em 07/12/2020, publicado em 23/02/2021).

Como é possível observar, o STF modificou seu entendimento e passou a adotar a orientação sugerida pela Súmula 415 do Superior Tribunal de Justiça, reconhecendo a necessidade de que a suspensão do curso prescricional precisa ter um termo final, sob pena de burlar o texto constitucional. Pensar diferente é ignorar o fundamento político da prescrição, qual seja, impedir a duração desarrazoada (duração irrazoável) de processo, contrariando as determinações dos organismos internacionais de proteção dos direitos humanos, anteriormente citados.

7. Causas interruptivas da prescrição

Ocorrendo uma *causa interruptiva*, o curso da prescrição interrompe-se, desaparecendo o lapso temporal já decorrido, recomeçando sua contagem desde o início. Enfim, uma vez interrompida, a prescrição volta a correr novamente, por inteiro, do dia da interrupção, até atingir seu termo final, ou até que ocorra nova causa interruptiva. O lapso prescricional que foi interrompido desaparece, como se nunca tivesse existido. Excetua-se a hipótese prevista no art. 117, V, isto é, ocorrendo *evasão da prisão* ou *revogação do livramento condicional*, a prescrição não corre por inteiro, mas somente o correspondente ao tempo que restar de pena a cumprir (arts. 113 e 117, § 2º).

Constata-se, afinal, que, ao contrário da suspensão da prescrição, o período anterior à interrupção não se soma ao novo prazo. As causas interruptivas da prescrição elencadas no art. 117 são as seguintes:

7.1. *Recebimento da denúncia ou da queixa (I)*

Recebimento não se confunde com *oferecimento* e caracteriza-se pelo despacho inequívoco do juiz recebendo a denúncia ou queixa. Despacho meramente *ordinatório* não caracteriza seu recebimento. O *aditamento* da denúncia ou queixa somente interromperá a prescrição se incluir a imputação de nova conduta típica, não descrita anteriormente, limitando-se a essa hipótese. A inclusão de novo réu, em aditamento, não interrompe a prescrição em relação aos demais[64]. No entanto, como a reforma processual de 2008 (Lei n. 11.719, de 20-6-2008), trouxe dúvidas razoáveis sobre o momento processual em que efetivamente se deve considerar recebida a denúncia, faremos sua análise em tópico específico.

A rejeição da denúncia ou queixa, à evidência, não interrompe a prescrição. A interrupção ocorrerá na data em que, se em grau recursal, a Superior Instância vier a recebê-la. Igualmente, o recebimento das preambulares referidas, por juiz incompetente, não interrompe o curso prescricional, só o interrompendo o recebimento renovado pelo *juiz natural*.

7.2. *Pronúncia e sua confirmação (II e III)*

A decisão da Instância Superior confirmatória da pronúncia ou mesmo a que pronuncia o réu em razão de recurso também interrompem a prescrição. Uma corrente majoritária entende que, mesmo havendo desclassificação pelo Tribunal do Júri, para competência do juiz singular, ainda assim a pronúncia e a decisão que a confirma constituem causas interruptivas da prescrição[65]. O acórdão confirmatório da condenação, não incluído no art. 117, não interrompe a prescrição, conforme demonstraremos no tópico seguinte.

7.3. *Publicação da sentença ou acórdão condenatório recorríveis (IV)*

A Lei n. 11.596/2007, cumprindo mais uma etapa de uma *política criminal repressora* que procura, desenfreadamente, dizimar o instituto da prescrição, ignorando, inclusive, seu *fundamento político* (item n. 2), tenta eliminar a *prescrição intercorrente* ou *superveniente*. Com esse objetivo, o novo diploma legal alterou a redação do inciso IV do art. 117 do Código Penal, que ficou nos seguintes termos: "pela publicação da sentença ou acórdão condenatórios recorríveis". Constata-se, na verdade, que se pretendeu criar mais uma causa interruptiva da prescrição intercorrente, qual seja, a *publicação de eventual acórdão condenatório*.

A inovação consiste, basicamente, no acréscimo desse novo marco interruptivo, a publicação de acórdão condenatório, que, certamente, demandará criteriosa interpretação, tarefa que nos propomos a fazer, a seguir, concisamente. Quanto à sentença não há maior novidade, a não ser ter deixado expresso que a interrupção prescritiva ocorre com a *publicação da sentença*, aliás, exatamente como interpretavam doutrina e jurisprudência nacionais.

7.4. *Publicação de sentença condenatória recorrível*

A prescrição interrompe-se na data da publicação da sentença condenatória recorrível nas mãos do escrivão, isto é, a partir da lavratura do respectivo termo

---

64. Contra: Mirabete, *Manual de Direito Penal*, São Paulo, Atlas, 1990, v. 1, p. 389.
65. *RT*, 513/427 e 650/264.

(art. 389 do CPP). Antes da sua publicação, a sentença não existe, juridicamente, constituindo simples trabalho intelectual do juiz. Embora atendendo-se aos avanços tecnológicos admita-se sustentar que essa publicação possa ocorrer nos meios eletrônicos ou impressos oficializados para as comunicações judiciais, acreditamos que, por segurança jurídica, deve-se manter a antiga previsão do Código de Processo Penal, que exige a formalidade de ser "publicada em mão do escrivão, que lavrará nos autos o respectivo termo, registrando-a em livro especialmente destinado a esse fim" (art. 389 do CPP). Acrescentando-se, não se pode esquecer, que forma é garantia.

A sentença anulada, a exemplo de outros *marcos interruptivos*, por não gerarem efeitos, não interrompem a prescrição, pois é como se não existissem. Atos nulos são juridicamente inexistentes. A sentença que concede o *perdão judicial*, segundo a Súmula 18 do Superior Tribunal de Justiça (declaratória de extinção da punibilidade), não interrompe a prescrição. Aliás, para reforçar esse entendimento, lembramos que a sentença que concede o *perdão judicial* não aplica sanção e que o parâmetro balizador do lapso prescricional é a pena, aplicada, na hipótese da prescrição executória. Por isso, não convencem as três hipóteses sugeridas por algumas decisões jurisprudenciais, segundo as quais o prazo regular-se-á (a) pelo período mínimo de dois anos, (b) pelo mínimo ou (c) pelo máximo, abstratamente cominados ao delito.

A sentença absolutória, à evidência, também não interrompe a prescrição, porém, o prazo a ser considerado (art. 109) será o indicado pelo máximo da pena cominada ao delito.

7.5. *Publicação de acórdão condenatório recorrível*

Instalaram-se de plano, na doutrina, duas interpretações sobre o significado da locução "acórdão condenatório". Para uma corrente, à qual nos filiamos, *acórdão condenatório* é aquele que reforma uma decisão absolutória anterior, condenando efetivamente o acusado; para a outra, que consideramos uma posição reacionária, é *condenatório* tanto aquele acórdão que reforma decisão absolutória anterior como o que confirma condenação precedente, entendimento sustentado, entre outros, por Rogério Greco[66].

Seria desnecessário invocarmos o velho adágio de que a lei penal material não tem palavras inúteis, e tampouco se podem acrescer palavras inexistentes. Com efeito, em um mesmo processo somente é possível condenar uma vez, e não há a figura processual de *recondenação*, mas apenas a de confirmação. A partir da existência da condenação num determinado processo, todo o esforço conhecido pela dialética processual é a busca de sua reforma, para absolver o condenado. À acusação ainda é permitida a tentativa de agravar a situação do acusado,

---

66. Rogério Greco, *Direito Penal*; Parte Geral, 11ª ed., Niterói, Impetus, 2009, p. 753.

elevando sua pena ou endurecendo o regime de seu cumprimento, com o recurso de apelação.

Em síntese, a existência de uma decisão *condenatória* impede que, no mesmo processo, haja *nova condenação* do réu. Ninguém desconhece que qualquer tribunal, quando aprecia o apelo da defesa de uma decisão condenatória e não acata as razões recursais, *não profere nova condenação*, mas simplesmente *nega provimento ao apelo da defesa*, que não se confunde com acórdão condenatório. O direito penal material não admite *interpretação extensiva*, especialmente para agravar a situação do acusado. Na realidade, esse entendimento ampliativo está fazendo não apenas uma interpretação extensiva, mas analogia *in malam partem*, inadmissível em direito penal material. Ademais, *analogia* não é propriamente forma de *interpretação*, mas de *aplicação* da norma legal. A função da analogia não é, por conseguinte, *interpretativa*, mas *integrativa* da norma jurídica. Com a analogia procura-se aplicar determinado preceito ou mesmo os próprios princípios gerais do Direito a uma hipótese não contemplada no texto legal, como ocorre no presente caso, em que o *entendimento ampliativo* procura colmatar uma lacuna da lei. Enfim, a analogia não é um meio de *interpretação*, mas de *integração* do sistema jurídico, inaplicável na hipótese que ora analisamos.

Distingue-se, na verdade, a analogia da interpretação extensiva porque ambas têm objetos distintos: aquela visa à aplicação de lei em situação lacunosa; esta objetiva interpretar o sentido da norma, ampliando o seu alcance. Nesse sentido, era elucidativo o magistério de Magalhães Noronha, que, referindo-se à *interpretação extensiva*, sentenciava: "aqui o intérprete se torna senhor da vontade da lei, conhece-a e apura-a, dando, então, um sentido mais amplo aos vocábulos usados pelo legislador, para que correspondam a essa vontade; na *analogia* — prosseguia Magalhães Noronha — o que se estende e amplia é a própria vontade legal, com o fito de se aplicar a um caso concreto uma norma que se ocupa de caso semelhante".

Concluindo, realmente, acórdão confirmatório ou ratificatório pode ser semelhante, mas não é igual ao condenatório, e, em sendo diferente, não pode utilizar-se da *analogia* para justificar sua aplicação, pois com ela se supre uma lacuna do texto legal — que não ocorre na hipótese *sub examine*. Por essas singelas razões, *venia concessa*, somente o acórdão (recursal ou originário) que representa a *primeira condenação* no processo tem o condão de interromper o curso da prescrição, nos termos do inciso IV do art. 117 do CP.

7.5.1. Acórdão condenatório não se confunde com acordão confirmatório

No *habeas corpus* 176.473, do ano de 2020, o STF, invocando *interpretação sistemática*, equiparou, a nosso juízo, equivocadamente, *acórdão confirmatório*, não abrangido pelo texto legal, a *acórdão condenatório* expressamente constante do inciso IV do art. 117. Ora se o legislador quisesse poderia tê-lo incluído no texto legal, mas não o fez, não caberá, certamente, ao julgador dar-lhe *interpretação extensiva*, para incluí-lo *contra legem*.

Na *interpretação sistemática* invocada, o intérprete "procura relacionar a lei que examina com outras que dela se aproximam, *ampliando seu ato interpretativo*. Busca encontrar o verdadeiro sentido da lei, em seu aspecto mais geral, dentro do sistema legislativo, afastando eventuais contradições. A essa altura, depara-se o intérprete com o *elemento sistemático*, investigando o sentido do direito, que a lei expressa apenas parcialmente. Assim, busca-se situar a norma no conjunto geral do sistema que a engloba, para justificar sua razão de ser. Amplia-se a visão do intérprete, aprofundando-se a investigação até as origens do sistema, situando a norma como parte de um todo[67].

Venia concessa, nenhuma das circunstâncias acima referidas encontra-se presente para autorizar uma *interpretação sistemática* de um texto legal tão claro quanto o previsto no inciso IV do art. 117 do Código Penal, como causa interruptiva da prescrição, *verbis*: "Pela publicação da sentença ou acórdão condenatório recorríveis". Com todo respeito, reivindicar *interpretação sistemática* de instituto de ordem pública, como é o da *prescrição*, protetor e garantidor dos direitos do acusado, não autoriza, contudo, o *abandono da dicção do texto legal*, para contrariá-lo, *ignorando o seu significado literal*, não é, convenhamos, admitido no âmbito do *direito penal da culpabilidade* de um Estado democrático de direito.

Teria sido menos infeliz, a nosso juízo, houvesse utilizado outro meio interpretativo, v.g., o gramatical, segundo o qual procura-se o sentido da lei através da função gramatical dos vocábulos, do significado literal das palavras utilizadas pelo legislador, ignorando, muitas vezes, que o sentido técnico de determinados termos não corresponde ao literal que a gramática normalmente lhe empresta. Realmente, por esse *método de interpretação*, deve-se atribuir ao texto legal o sentido comum da linguagem, partindo-se da presunção de que o legislador o tenha preferido.

Com efeito, o texto legal prevê expressamente que "publicação de sentença ou acórdão condenatórios recorríveis" interrompem a prescrição. *Acórdão condenatório* é uma coisa e *acordão confirmatório* é outra coisa, completamente diferente, e o legislador brasileiro não ignorou esses significados quando optou pela locução "acórdão condenatório". Acórdão condenatório significa dizer que a decisão anterior não foi condenatória, por isso, segundo a lei, ele estabelece um marco interruptivo da prescrição, exatamente porque não houve o marco interruptivo anterior, qual seja, o da *sentença penal condenatória*, pois ela foi absolutória. E "acórdão confirmatório" significa dizer que referida decisão está confirmando a decisão condenatória anterior, com sentido e significado absolutamente distintos de acórdão condenatório e, certamente, o STF sabe disso, ou deve saber.

---

67. Cezar Roberto Bitencourt, *Tratado de direito penal* — Parte geral. 29ª ed. São Paulo: Saraiva, 2023, p. 171. v. 1.

E mais: nesta hipótese — de *acórdão confirmatório* — já ocorreu o marco interruptório anterior, qual seja, a *sentença condenatória*, que não existe na hipótese do acórdão condenatório, pois é essa ausência que justifica, na ótica do legislador, uma nova causa interruptiva da prescrição.

Recentemente, no entanto, o Plenário do Supremo Tribunal Federal (STF) — naquela linha de criminalizar *por decisão judicial, sem lei anterior*, v.g. a *criminalização da homofobia* e da simples *inadimplência do ICMS*, adotou, por maioria, equivocadamente, o entendimento de que o Código Penal não faz distinção entre acórdão condenatório inicial ou confirmatório da decisão para fins de interrupção da prescrição (HC 176.473). Como não, Excelências? Como não? Quem, na verdade, não quer enxergar essa distinção é a maioria da Corte Suprema, e até poderá se confirmar essa orientação, mas tão somente porque o STF, como se diz, *tem o direito de errar por último*, mas não precisam exagerar Excelências!

Na realidade, ao contrário dessa equivocada decisão majoritária do STF, o texto legal é expresso ao destacar "acórdão condenatório", e a Suprema Corte está aplicando uma *interpretação extensiva*, que não se confunde com *interpretação sistemática*, como se chegou a invocar, sem razão, para interpretar o que a lei não diz, aliás, *interpretação extensiva* que a dogmática penal não admite, principalmente para prejudicar o acusado. Não se questiona que possa ter sido realizado "pleno exercício da jurisdição penal", o fato é que o fez já quando alcançado pela prescrição, e, por isso, tenta contornar a previsão legal, aplicando, equivocadamente, interpretação sistemática *contra legem*".

Venia concessa, reivindicar, *contra legem*, interpretação sistemática de instituto de ordem pública, como é o *instituto da prescrição*, protetora e garantidora dos direitos do acusado, não se pode *abandonar a dicção legal*, para contrariar o texto expresso da lei, *ignorando o seu significado literal*, algo inadmissível no âmbito do direito penal da culpabilidade de um Estado democrático de direito. A rigor, repetindo, nessa decisão, a Augusta Corte adotou, na verdade, *interpretação extensiva* em prejuízo da defesa, o que *é intolerável em um direito penal da culpabilidade*, como é o sistema adotado nos Estados democráticos de direito, como é o caso brasileiro. Aliás, quando se fala sobre essa decisão na *Academia* é motivo de espanto e preocupação com os caminhos que a Suprema Corte parece começar a adotar, ignorando os mandamentos e garantias constitucionais deste país, o qual começou a adotar com a criminalização de condutas sem previsão legal, violando o sagrado princípio *nullum crimen nulla poena sine lege*. Na realidade, a Suprema Corte anda flertando com decisões próprias e mais afeitas aos *Estados totalitários*, ignorando os limites e os princípios garantistas da Constituição Federal de 1988, inclusive invadindo a esfera exclusiva dos outros Poderes da República. Nenhum dos Poderes pode arvorar-se de dono da Constituição e achar-se no direito de reescrevê-la no dia a dia. Caros Ministros, reflitam um pouco sobre isso e a bem do Estado Democrático de Direito vigente neste país, até agora revisem esse caminho transbordantes dos limites de um Estado democrático de direito, enquanto é tempo.

Concluindo, por tudo isso, o acórdão que confirma a sentença condenatória, por revelar pleno exercício da jurisdição penal, *interrompe o prazo prescricional*, nos termos do art. 117, inciso IV, do Código Penal, mas não o acórdão meramente confirmatório, eis que já ocorreu, antes dele, outro marco interruptivo (sentença condenatória). A decisão, por maioria, foi tomada no julgamento do *Habeas Corpus* 176.473, de triste memória, da relatoria do Ministro Alexandre de Moraes.

De acordo com o art. 117 do Código Penal — que, segundo o relator, deve ser interpretado de forma sistemática —, todas as causas interruptivas da prescrição demonstram, em cada inciso, que o Estado não está inerte, mas apenas que a prestação jurisdicional tem limites previstos em lei para ser entregue, inclusive *a duração razoável do processo*. Assim, o recebimento da denúncia (inciso I), a decisão da pronúncia, em que o réu é submetido ao tribunal do júri (inciso II), a decisão confirmatória da pronúncia (inciso III) e "a publicação da sentença ou acórdão condenatórios recorríveis" (inciso IV) interrompem a prescrição. A superação do prazo previsto em lei, em qualquer dessas fases, configura a prescrição, ainda que o processo tenha andado regularmente, e a prestação jurisdicional sendo exercida, mas superando algum desses marcos interruptivos a prescrição configura-se a prescrição. E, como instituto de ordem pública, em prol da defesa, não pode ser ignorado ou *interpretado extensivamente* para prejudicar o cidadão, representando um dos dogmas insuperáveis do direito penal da culpabilidade de um Estado Democrático de Direito.

7.5.2. Início ou continuação do cumprimento da pena (V)

O termo inicial da prescrição da pretensão executória está fixado no art. 112 e incisos e no art. 117, incisos V e VI, do Código Penal. O *início do cumprimento da pena* só pode ocorrer após o trânsito em julgado da sentença penal condenatória, em respeito ao *princípio da presunção de inocência* (inciso LVII do art. 5º da CF), portanto, prisões cautelares ou processuais não têm qualquer relevância para o instituto da prescrição. Com efeito, a prisão do agente, para cumprir pena, interrompe-se a prescrição, iniciada com o trânsito em julgado da sentença, para a acusação. Com a continuação da prisão, interrompida pela fuga, ou decorrente de revogação do livramento condicional, interrompe-se novamente a prescrição. No entanto, nessas duas hipóteses, a prescrição volta a correr, não pela totalidade da condenação, mas pelo resto de pena que falta cumprir (art. 113). Evidentemente, durante o período de prova do *sursis* e do livramento condicional, não corre a prescrição executória, ficando seu curso suspenso, pois é como se estivesse cumprindo a pena.

7.5.3. Início da execução provisória da pena não interrompe a prescrição

Segundo a previsão do inciso V do art. 117 do CP, interrompe-se a prescrição "pelo início ou continuação do cumprimento da pena". Historicamente, ao longo dos anos de vigência do Código Penal de 1940, doutrina e jurisprudência sempre interpretaram, corretamente, que referido dispositivo legal destina-se somente à *pretensão executória*, a qual inicia com o trânsito em julgado da sentença condenatória. O mencionado entendimento consagrou-se com a atual Constituição Federal de 1988, com a garantia da *presunção de inocência* insculpido no inciso LVII do art. 5º ao determinar que "ninguém será considerado culpado até o trânsito em julgado de sentença penal condenatória".

A equivocada decisão no *Habeas Corpus* 126.292 do STF, admitindo a possibilidade de cumprimento da pena com decisão de segundo grau, isto é, com acórdão confirmatório de sentença condenatória, criou uma turbulência na interpretação do dispositivo penal mencionado. Essa interpretação do STF autorizando a possibilidade de *execução antecipada*, não alterou a natureza de execução provisória, na medida em que há recurso pendente. *Cumprimento de pena* propriamente só pode ocorrer após o trânsito em julgado de decisão condenatória, caso contrário será *execução provisória*, na medida em que mesmo iniciando a prisão, será provisória e, consequentemente, poderá ser alterada. *Cumprimento de pena*, isto é, da pretensão executória somente pode iniciar-se com o trânsito em julgado da condenação. Logo, a execução provisória — início ou prosseguimento — não tem o condão de interromper a prescrição, ao contrário do que decidiu o TRF4, no julgamento da apelação 5059948-18.2019.4.04.7000/PR.

Ademais, o julgamento conjunto das ADCs 43, 44 e 54 — que é, logicamente, superior ao interesse individual de um *habeas corpus* — sendo, portanto, universal, restabeleceu a coerência e o *respeito à presunção de inocência* nos termos determinados pela Constituição Federal. Portanto, a entrega da pretensão executória, isto é, o *início de cumprimento de pena só pode ocorrer a partir do trânsito em julgado* de sentença penal condenatória (LVII do art. 5º). No entanto, aquela decisão do HC 126.292, que permitiu a "prisão antecipada", ou seja, *execução provisória*, não implicou em alteração do significado do texto do inciso V do art. 117 do CP. Logo, *o início da execução provisória não é marco interruptivo da prescrição*, e não se confunde com início de *cumprimento de pena* que, repetindo, somente pode ocorrer após o trânsito em julgado. Tanto é verdade que o STF, no julgamento conjunto das ADCs 43, 44 e 54, reconheceu, mais uma vez, a *inconstitucionalidade do cumprimento de pena antes do trânsito em julgado*. Portanto, não se pode afirmar que o início de cumprimento antecipado da prisão provisória tenha o efeito de interromper a prescrição, com fundamento no dispositivo penal mencionado, por se tratar de interpretação *contra legis*, além de violar a *presunção de inocência*.

7.6. *Reincidência (VI)*

A reincidência, enquanto instituto penal material, a rigor, tem dois efeitos: aumentar o prazo prescricional (art. 110, *caput*) e interromper o seu curso (art. 117, VI).

Segundo uma corrente, o momento de interrupção da prescrição não é determinado pela prática do segundo crime, mas pela sentença condenatória que reconhece a prática do ilícito penal, pressuposto daquela[68]. Em sentido contrário, outra corrente, minoritária, entende que a interrupção ocorre na data do novo crime, uma vez que a reincidência seria fática e não jurídica. No entanto, a nosso juízo, a prática do novo fato delituoso, por si só, não configura reincidência, mas apenas a repetição de um fato criminoso, no plano fático, na medida em que configurar a *reincidência*, juridicamente demanda a concorrência de outros fatores, não vislumbrados pela corrente minoritária.

O aumento do prazo prescricional, no entanto, aplica-se tão somente à *prescrição da pretensão executória*. Recentemente, porém, surgiram alguns julgados, inclusive do STJ, admitindo o aumento decorrente da reincidência também para a *prescrição intercorrente*[69]. Deve-se observar, no entanto, que, em caso de crimes conexos — concurso de crimes — objetos do mesmo processo, a interrupção da prescrição relativa a qualquer deles estende-se a todos. Aliás, todas as causas interruptivas da prescrição, com exceção das previstas nos incs. V e VI — prisão e reincidência —, comunicam-se a todos os participantes do crime (art. 117, § 1º).

Os processos de júri teriam as seguintes causas interruptivas da prescrição da *pretensão punitiva*: recebimento da denúncia ou da queixa, publicação da sentença de pronúncia, trânsito em julgado do acórdão confirmatório da pronúncia e publicação da sentença condenatória. Os demais processos têm somente duas causas interruptivas na primeira instância: a data do recebimento da denúncia ou da queixa e a data de publicação da sentença penal condenatória recorrível.

Finalmente, a Lei n. 9.268/96 pretendeu dar nova redação ao art. 117 do Código Penal, acrescentando-lhe uma sétima causa interruptiva da prescrição, qual seja: "pela decisão do Tribunal que confirma ou impõe a condenação". No entanto, no Senado, foi excluída a novidade, mantendo-se os seis incisos anteriores. Mas, por omissão, ainda assim houve uma alteração no referido dispositivo. Ocorre que esqueceram de, após o último inciso do art. 117 (VI), acrescentar uma linha pontilhada, significando que os seus dois parágrafos continuavam em vigor. Assim, a nova redação do art. 117 do Código Penal encerra-se com os seus seis incisos, ficando sem os dois parágrafos originais — o § 1º disciplinava o efeito interruptivo da prescrição em relação ao concurso de pessoas e aos delitos conexos, e o § 2º regulava a forma de contagem do prazo prescricional em razão da interrupção.

Não se pode fazer de conta que tais parágrafos continuam a existir, porque a sua supressão decorreu de um lapso, pois na verdade estão excluídos do texto

---

68. Mirabete, *Manual*, cit., v. 1, p. 391.
69. *Revista do Superior Tribunal de Justiça*, ano 1, 4/1481.

legal. A disciplina que traziam servirá de subsídio para orientar a interpretação da doutrina e da jurisprudência.

8. Considerações especiais sobre as causas interruptivas da prescrição

8.1. *Recebimento da denúncia: causas de rejeição e absolvição sumária*

As novas redações atribuídas pela Lei n. 11.719/2008 aos arts. 396 e 399 do Código de Processo Penal preveem dois momentos distintos para o *recebimento* da denúncia ou queixa. À medida que é inviável, gramaticalmente falando, receber duas vezes o mesmo objeto (rerreceber), é indispensável que se defina em que momento ocorre esse *recebimento*, como marco inicial da prescrição e do próprio recebimento da ação penal. Para uma corrente seria na primeira oportunidade em que o julgador toma conhecimento da exordial acusatória (art. 396)[70], podendo ordenar a citação do demandado; para a outra, seria a segunda, quando o magistrado recebe a *resposta* do acusado (art. 399)[71], e terá condições de examinar todas as *causas de rejeição* ou *de absolvição sumária* da pretensão acusatória. Adotamos esta segunda corrente, que é a minoritária, pelas razões que abaixo declinamos.

A Lei n. 11.719/2008, tratando do *juízo de admissibilidade* da ação penal, enumerou circunstâncias, erigindo-as à condição de *causas de rejeição* (art. 395) da exordial acusatória ou *de absolvição sumária* (art. 397). Não se deve pensar que se trate de uma inovação substancial, pois todas essas possibilidades (arts. 395 e 397) já existiam entre nós, e sua utilização não era tão rara como sabemos. Na verdade, a *inovação*, no particular, não vai muito além do que dividir o conteúdo do revogado art. 43 — fundamentos da *inadmissibilidade da ação penal* — em dois grupos: o primeiro relativo *à forma*, que se denominou *causas de rejeição*; o segundo, relativo ao *mérito*, dizendo-se *causas de absolvição sumária*; a *rejeição* faz coisa julgada formal; a *absolvição sumária* faz coisa julgada material. Mas isso também não é novidade: há anos vem-se entendendo que "rejeição" e "não recebimento" são coisas distintas: na "rejeição" há recusa pelo *mérito*, e no "não recebimento" a recusa dá-se pela *forma*.

Pelo novo sistema, o juízo de (in)*admissibilidade* dar-se-á do seguinte modo: oferecida a denúncia ou queixa, ao juiz é reconhecida, desde logo, a faculdade de *rejeição liminar* (art. 396). Evidente que esse ainda não será o momento definitivo para a *rejeição* propriamente dita, mas apenas uma possibilidade para que o

---

70. Nereu Jose Giacomolli, *Reforma (?) do processo penal,* Rio de Janeiro, Lumen Juris, p. 64-5.
71. Paulo Rangel, *Direito Processual Penal*, Rio de Janeiro, Lumen Juris, 2008, p. 495.

magistrado o faça *inaudita altera pars*, quando a medida mostrar-se estreme de dúvidas, por exemplo; assim, à frente de uma inicial notadamente inepta, poderá o juiz "rejeitá-la" de plano, sem nem mesmo ouvir o denunciado.

A decisão que se contrapõe à "rejeição liminar", sem dúvida alguma, não pode ser confundida com "recebimento", ao menos para os efeitos jurídicos que desse ato podem advir ao acusado, como, por exemplo, *início da ação penal*, interrupção da prescrição, transformação de indiciado em réu etc. Pensamos que o juiz, nessa oportunidade, em não rejeitando a inicial, *inaudita altera pars*, proferirá despacho meramente *ordinatório*, determinando a citação. A *(in)admissibilidade "stricto sensu"* só acontecerá mais tarde, após a manifestação da defesa, quando o juiz poderá, examinados os argumentos defensivos, aí sim *rejeitar a inicial*, ou *absolver sumariamente o acusado*, conforme o caso; ou então receber a exordial, iniciando-se, assim, a ação penal. E, como nos parece totalmente desproposital possa haver *dois juízos de admissibilidade*, temos que o art. 396 cuida tão somente de mera possibilidade de *rejeição "inaudita altera pars"*. Caso contrário seria imperioso afirmar que *recebimento da denúncia* não equivale a *juízo de admissibilidade*. Para isso seria necessário renegar conceitos doutrinários e posições jurisprudenciais consolidados há décadas.

Por outro lado, estivesse já esgotada a possibilidade de *rejeição*, a manifestação obrigatória do acusado (art. 396-A), em que poderá alegar "... *tudo o que interesse à sua defesa...*", tornar-se-ia, no mais das vezes, providência meramente formal, vazia de conteúdo, a exemplo do que antes já ocorria. Portanto, o novo modelo reclama interpretação sistemática dos dispositivos, não se podendo atribuir à expressão *recebê-la-á* um significado puramente textual; trata-se, repetindo, de *receber* para o só efeito meramente ordinatório, isto é, tão somente para mandar citar o demandado, não se podendo confundir com o *recebimento formal* da preambular acusatória. Em outros termos, em não *rejeitando liminarmente* a denúncia ou queixa, o juiz determinará a citação, para que o acusado ofereça sua resposta. Cumprida essa providência defensiva o juiz *deverá*, diz a lei, *absolver sumariamente o acusado* quando verificar presente qualquer das hipóteses dos incisos do art. 397; ou, ainda, parece claro, repita-se por necessário, deverá *rejeitar*, caso só reste convencido com a resposta da defesa da presença de alguma daquelas hipóteses do art. 395.

Quanto ao disposto no art. 397, exceção feita ao inciso IV *(extinta a punibilidade do agente)*, todas os demais *(I — a existência manifesta de causa excludente da ilicitude do fato; II — a existência manifesta de causa excludente da culpabilidade do agente, salvo inimputabilidade; e III — que o fato narrado evidentemente não constitui crime)* são hipóteses de *inadmissibilidade* com alcance de mérito, a que antes denominávamos *rejeição*, e em que se entendia cabível recurso de apelação. A *extinção de punibilidade*, cujo reconhecimento não pode ser confundido com *decisão absolutória*, foi inserida no rol desse dispositivo pelo só fato de que, inadmitida a ação ao amparo de prescrição, por exemplo, outra denúncia ou queixa não pode ser tolerada quando oferecida em razão do mesmo fato.

Sintetizando, a nosso juízo, o recebimento efetivo de denúncia ou queixa ocorrerá somente no segundo momento processual (art. 399 do CPP), e não naquela primeira oportunidade (art. 396), que não passará de *mero despacho ordinatório* para oportunizar a resposta da defesa.

8.2. Recebimento da denúncia: contraditório antecipado e reflexos na prescrição

O grande questionamento que se faz é: afinal, o *recebimento da denúncia* ou *queixa* deve ocorrer antes ou depois da manifestação defensiva preliminar? Essa desinteligência prende-se aos possíveis reflexos que uma ou outra orientação pode produzir diretamente nesse termo prescricional (art. 117, I, do CP).

Os reclamos, que aqui e ali se fazem ouvir, de que um modelo de contraditório antecipado, em que o *recebimento da denúncia* ou *queixa* só aconteça após manifestação defensiva, ensejaria o recrudescimento da prescrição; que a *providência citatória* pode demandar tempo significativo em alguns casos, o que retardaria o *juízo de admissibilidade*, certamente, não podem ser tomados em conta de "argumentos" para a correta aferição do novo sistema. Em primeiro lugar, o eventual retardamento em face da citação, deslocando o marco interruptivo da prescrição para o futuro, tem duplo significado: (1) aumenta, é certo, o lapso temporal entre o fato e o recebimento da denúncia ou queixa; (2) mas, em contrapartida, diminui o lapso entre o juízo de admissibilidade e a sentença condenatória recorrível. Assim, tanto pode contribuir para a prescrição quanto para evitá-la, ou seja, amplia no primeiro *lapso prescricional* (entre o fato e a sentença), mas diminui no segundo (entre o recebimento da inicial e a sentença). De outra parte, lembremos que a possibilidade de defesa preliminar, assegurada nos arts. 514 do diploma processual e 4º da Lei n. 8.038/90, igualmente reclama providência notificatória que pode retardar o juízo de admissibilidade, e nem por isso foi alguma vez questionada à luz da maior ou menor incidência de prescrição.

Afora tudo isso, eventual aumento dos casos de prescrição, ainda que verdadeiro fosse, teria de ser visto como uma *consequência* do novo modelo, não nos parecendo razoável colacioná-lo à guisa de "fundamento" para *interpretar* a lei neste ou naquele sentido. Ouvem-se, igualmente, observações de que seria despropositado citar o acusado antes do recebimento da denúncia ou queixa. Em verdade, como já dissemos anteriormente, é necessário atentar para a redação do *caput* do art. 363[72], introduzida pela reforma, não nos parecendo, diante dessa regra, existir qualquer obstáculo a que a citação aconteça antes da admissibilidade. Aliás, vale repetir que a "revogada" Lei n. 5.250 (Lei de Imprensa), desde o distante ano de 1967, prevê a citação antes do recebimento da denúncia (art.

---

72. "Art. 363. O processo terá completada a sua formação quando realizada a citação do acusado."

43, § 1º), e não temos conhecimento de que a doutrina tenha alguma vez questionado esse dispositivo. De outra parte, igualmente não prospera a alegação de que a admissibilidade deveria acontecer desde logo, pois que seria ilógico o juiz *absolver sumariamente* antes de receber a inicial. Mais uma vez o equívoco está em interpretar as novas regras tomando em conta o modelo anterior (revogado). A *absolvição sumária* contrapõe-se não à condenação, mas sim — e justamente — à admissibilidade da ação; tem-se, com isso, que a *absolvição sumária (art. 397)*, tanto quanto a *rejeição (art. 395)*, não só pode como deve acontecer justo no momento em que o juiz decide sobre o recebimento *ou não* da inicial.

9. Causas redutoras do prazo prescricional

O prazo prescricional é reduzido pela metade quando o agente for, ao tempo do crime, menor de vinte e um anos, ou, na data da sentença, maior de setenta (art. 115). A redução prevista nesse dispositivo aplica-se a qualquer espécie de prescrição, seja da pretensão punitiva, seja da pretensão executória. Logicamente, compreende-se aqui o *acórdão condenatório*, quando a sentença de primeiro grau houver sido absolutória ou quando se tratar de processo de competência originária dos tribunais. Trata-se, enfim, da decisão condenatória, passível ou não de recurso.

O colendo Supremo Tribunal Federal havia começado a dar, acertadamente, interpretação teleológica ao conteúdo do art. 115 do CP, atendendo à finalidade política do instituto da prescrição. Exemplo dessa orientação consta da seguinte ementa, na parte que aqui nos interessa, *verbis*:

"(...)

3. A aplicação do art. 115 do Código Penal reclama interpretação teológica e técnica interpretativa segundo a qual não se pode extrair de regra que visa a favorecer o cidadão razão capaz de prejudicá-lo, restringindo a extensão nela revelada.

4. Consectariamente, há de se tomar a idade do acusado, não na data do pronunciamento do Juízo, mas naquela em que o título executivo penal condenatório se torne imutável na via do recurso (embargos de Declaração nos Embargos de Declaração no Inquérito n. 2.584/SP, relator o Ministro Ayres Britto, sessão de 16 de junho de 2011). A extinção da punibilidade pela prescrição, tendo em conta o benefício decorrente da senilidade (70 anos) — idade completada no dia seguinte à sessão de julgamento, mas antes da publicação e da republicação do acórdão condenatório —, encontra ressonância na jurisprudência do Supremo Tribunal Federal, que preconiza deva ser considerado o benefício, ainda na pendência dos embargos; *Habeas Corpus* n. 89.969-2/RS, rel. Min. Marco Aurélio, DJ de 5-10-2007".

Todavia, o entendimento acima colacionado foi gradativamente superado, sendo jurisprudência majoritária hoje, tanto na Primeira como na Segunda

Turmas do STF, a concepção de que a data a ser considerada para aplicação do art. 115 do CP é aquela de publicação da sentença condenatória[73].

10. Prescrição da pena de multa

As penas mais leves prescrevem com as mais graves, segundo a previsão do art. 118 do Código Penal. Pela previsão da Reforma Penal de 1984, se a pena de multa fosse a única *cominada*, a única *aplicada* ou a que *ainda não tivesse sido cumprida*, prescreveria em dois anos (art. 114). A alteração no art. 109, VI, deste Código, procedida pela Lei n. 12.234, de 5 de maio de 2010, não se aplica à pena de multa, quando isoladamente cominada, aplicada ou, ainda, for a única não cumprida. Dito de outra forma, a prescrição da pena de multa, quando aplicada isoladamente, continua a ocorrer em dois anos. No entanto, quando for cominada ou aplicada cumulativamente com a pena privativa de liberdade, prescreve com esta, que é mais grave (art. 118). Durante o cumprimento da pena de prisão não corre o prazo prescricional em relação à pena de multa.

A Lei n. 13.964/2019 reforça que a competência para a execução da pena de multa é do juiz da execução penal e atribuição do representante do Ministério Público a ela vinculado. No particular, referida lei teve o mérito de pacificar e corrigir a má interpretação que doutrina e jurisprudência majoritárias vinham atribuindo, equivocadamente, à Lei n. 9.268, de 1º-4-1996, segundo as quais, teria alterado a competência para executar a pena de multa, ao declarar a multa penal como *dívida de valor*, conforme demonstramos no capítulo em que examinamos a pena de multa (arts. 49 a 52). Segundo alguns afirmam, equivocadamente, a nova lei teria alterado também o prazo prescricional, o qual deveria ser de cinco anos, conforme a legislação aplicável à Fazenda Nacional.

Contudo, como explicamos no capítulo em que abordamos a pena de multa, referido prazo mantém-se aquele previsto no art. 114 do Código Penal, somente as *causas interruptivas e suspensivas da prescrição* são as relativas a legislação aplicável à dívida ativa da Fazenda Pública, expressamente prevista na nova redação do art. 51 do CP. Essa situação ficou assim: a prescrição penal é prevista pelo art. 114 do Código Penal, mas suas causas suspensivas e interruptivas são as previstas nas "normas da legislação relativas à dívida ativa da Fazenda Pública", por previsão expressa da Lei n. 13.964/2019.

Esse prazo prescricional de dois anos vige, no entanto, somente para as duas primeiras hipóteses, isto é, quando a pena de multa for a única *cominada* ou a única *aplicada*. . Contudo, o prazo prescricional da pena de multa "cumulativamente cominada ou cumulativamente aplicada" corre no mesmo prazo da pena

---

73. *Vide*: RHC 194588 AgR, Rel. Min. André Mendonça, 2ª T., julgado em 16/05/2022, publicado em 31/05/2022; HC 199025 AgR, Rel. Min. Rosa Weber, 1ª T., julgado em 31/05/2021, publicado em 07/06/2021.

privativa de liberdade. Assim, quando a pena de multa for *a única que ainda não foi cumprida*, o prazo prescricional obedecerá ao lapso correspondente à pena privativa de liberdade com a qual a multa foi aplicada.

O lapso prescricional de dois anos (art. 114, I, do CP), tanto pode atingir a pretensão punitiva quanto a pretensão executória. Prescrevendo qualquer das pretensões estatais, seja punitiva, seja executória, a multa não poderá ser executada: estará igualmente prescrita, ao contrário de alguns entendimentos já manifestados. Embora a competência para a execução da pena de multa, agora confirmada pela Lei n. 13.964/2019, permaneça com o Ministério Público, com o procedimento previsto nos arts. 164 a 169 da LEP, e as causas suspensivas e interruptivas da prescrição não serão aquelas previstas no Código Penal (arts. 116 e 117), mas as relacionadas nas normas relativas à dívida ativa da Fazenda Pública. (art. 51, *in fine*, do CP).

11. A anulação parcial de sentença penal condenatória é ilegal e viola a Súmula 401 do STJ

A sentença judicial é um instituto jurídico processual indivisível, isto é, não comporta validade ou nulidade parcial independentemente de sua natureza penal ou cível. Por essa razão, uma sentença condenatória não pode ser parcialmente anulada para, por exemplo, ser prolatada, parcialmente, para refazer o cálculo de aplicação da pena. Dito de outra forma, é impossível anular ou invalidar parcialmente uma sentença judicial, permanecendo hígida somente parte dela. Interpretação diversa violenta esse instituto jurídico-processual e ignora a natureza jurídica da sentença, que não pode ser parcialmente anulada para que seja prolatada novamente apenas uma parte dela. Nesse sentido, aliás, são todos os doze precedentes da Súmula 401 do STJ, que tem o seguinte verbete: "O prazo decadencial da ação rescisória só se inicia quando não for cabível qualquer recurso do último pronunciamento judicial". No entanto, o STJ e o próprio STF têm ignorado tanto a orientação dessa súmula como também a natureza jurídica de uma sentença judicial, tão somente pelo objetivo de impedir possível prescrição penal.

Em outros termos, segundo Flávio Cheim Jorge, "a análise e interpretação dos citados precedentes consolidam o entendimento de que não há possibilidade de fracionamento da sentença ou acórdão, capaz de ensejar o trânsito em julgado parcial. Significa dizer: ainda que exista mais de um capítulo, para efeito de fluência do prazo recursal, a sentença rescindenda será vista como um todo indivisível".

Em síntese, o enunciado da Súmula 401 do STJ consagra o entendimento consolidado do Superior Tribunal de Justiça de que a *coisa julgada* não se configura parcialmente, ante a impossibilidade de fracionamento da sentença. Por esses fundamentos, na nossa concepção, os tribunais superiores têm violentado, abusivamente, o instituto jurídico-processual *sentença penal condenatória* quando decidem anular somente a aplicação da pena, para que o juiz de piso prolate novo pronunciamento somente em relação à aplicação da pena, mantendo válido o restante, somente para não alterar o marco da prescrição penal.

12. A prescrição penal na improbidade administrativa

A Lei n. 8.429/92 de improbidade administrativa prevê seu próprio *sistema de prescrição* para a punição daqueles atos ou fatos caracterizadores de improbidade, que se encontra disciplinado em seu art. 23. Contudo, para aqueles fatos ímprobos que também são definidos como infração penal, presumindo-lhes maior gravidade concreta, o legislador preferiu aplicar-lhes o sistema prescricional previsto no Código Penal (art. 142, § 2º, da Lei n. 8.112/90). Resumindo, há dois *sistemas prescricionais* distintos para as infrações administrativas: um para as *infrações puramente administrativas*, disciplinado no âmbito administrativo, e outro para aquelas infrações que também são tipificadas como crimes, definidos no Código Penal.

Na verdade, sempre que os fatos ou atos caracterizadores de *improbidade administrativa* encontrarem-se também tipificados como crimes, o *instituto da prescrição* a ser-lhes aplicado será aquele previsto no Código Penal, que é mais complexo, mais abrangente e, ao mesmo tempo, mais completo. Esse instituto está disciplinado nos arts. 108 a 118 do Código Penal. Cumpre destacar, desde logo, que o *instituto da prescrição*, no sistema penal, compõe-se de duas grandes vertentes, quais sejam prescrição *in abstracto* e prescrição *in concreto*, acompanhando a garantia constitucional da *individualização da pena*, próprio do sistema penal, que comina penas, abstratamente, às condutas definidas como crimes, as quais devem ser concretizadas na sentença penal condenatória. Em outros termos, a disciplina da prescrição penal acompanha essa dinâmica da cominação e aplicação da pena, em respeito à própria harmonia do sistema penal brasileiro e ao *princípio da individualização da pena*.

Sintetizando, quando o legislador cível adota, para a improbidade administrativa, o *instituto da prescrição* disciplinada no Código Penal (arts. 108 a 118), aplicável às condutas criminosas, o faz por inteiro, não estabelecendo nenhuma restrição ou exclusão, a despeito de saber de sua complexidade e de sua bifrontalidade, quais sejam prescrição da pretensão punitiva abstrata e prescrição da pretensão punitiva *in concreto*, além da prescrição da *pretensão executória*. Logo, quando se fala em prescrição do Código Penal, como o legislador não faz restrição ou ressalva alguma, não cabe ao intérprete fazê-lo, sob pena de deturpar a aplicação desse instituto, com sérios prejuízos à segurança jurídica, ao devido processo legal e às garantias fundamentais insculpidas em nossa Carta Magna. Consequentemente, todas as previsões, ressalvas, divisões, suspensões e interrupções previstas no Código Penal são igualmente aplicáveis no âmbito administrativo, por força do art. 142, § 2º, da Lei n. 8.112/90, inclusive os institutos da prescrição abstrata e da prescrição em concreto.

Com efeito, é absolutamente inadmissível pretender aplicar somente a *prescrição abstrata* ou somente a prescrição *in concreto*, pois essa restrição não existe em nosso ordenamento jurídico. Cabe apenas uma ressalva interpretativa: não se pode pretender que a jurisdição cível/administrativa seja sobrestada à espera de eventual futura decisão em matéria penal. Não havendo, contudo, julgamento em matéria penal, a *prescrição* a ser considerada no âmbito administrativo será aquela conhecida como "abstrata", pois não se poderá falar em prescrição *in concreto* ante a sua inexistência, e tampouco se poderá exigir que a instância cível suspenda seu andamento à espera de uma decisão criminal.

Dito de outra forma, só se poderá falar em prescrição *in concreto* quando já existir tal prescrição na seara penal, isto é, se quando ocorrer o julgamento da *improbidade administrativa* já houver ocorrido o julgamento da matéria penal correspondente. Nessa hipótese, necessariamente, a prescrição a ser considerada será a prescrição pela pena concretizada na sentença penal, porque essa é a pena *justa* e necessária definida no art. 59 do Código Penal. Nesse sentido é a orientação mansa e pacífica do Superior Tribunal de Justiça, *verbis*:

> "Esta Corte possui orientação segundo a qual as infrações funcionais regidas pela Lei n. 8.112/1990, quando, também, capituladas como crime, atraem a aplicação dos prazos prescricionais fixados no art. 109 do Código Penal, sendo irrelevante a existência de apuração criminal. Precedente. IV — Outrossim, na espécie, o Impetrante respondeu à Ação Penal n. 0017943-05.2014.4.01.4000, na qual foi acusado de Falsificação de Documento Público e Falsidade Ideológica, ficando sujeito às penas máximas, em abstrato, de 6 (seis) e 5 (cinco) anos de reclusão, respectivamente, nos termos dos arts. 297 e 299 do Código Penal, sendo, de rigor, a incidência do prazo prescricional de 12 (doze) anos, conforme previsto no art. 109, III, do mesmo Diploma, o que afasta a prescrição da pretensão punitiva, independentemente do marco a ser utilizado" (STJ, AgInt no MS 23.848/DF, Rel. Min. Regina Helena Costa, Primeira Seção, julgado em 25/5/2022, *DJe* de 30/5/2022).

Por outro lado, os prazos prescricionais da pretensão punitiva *in abstracto* estão intimamente ligados à pretensão punitiva *in concreto*, aliás, esse vínculo é estabelecido pelo próprio texto legal, nos termos do art. 109, *caput*, combinado com o art. 110, § 1º, ambos do Código Penal. Com efeito, assim prescreve o *caput* do art. 109:

> "A prescrição, antes de transitar em julgado a sentença final, salvo o disposto no § 1º do art. 110 deste Código, regula-se pelo máximo da pena privativa de liberdade cominada ao crime, verificando-se...".

Em síntese, a aplicação dos mesmos prazos do art. 109 tanto para a prescrição abstrata como concreta integram a essência do instituto da prescrição em matéria penal, tanto que esse dispositivo — que elenca os respectivos prazos —, ressalva sua aplicação na pena concretizada. Em outros termos, a aplicação da *teoria prazal* no instituto da prescrição é da essência desse instituto, e dele é legalmente indissociável, e não pode ser restringida à prescrição da pretensão punitiva abstrata, quando o texto legal não exclui expressamente sua aplicação relativa à pretensão punitiva *in concreto*.

12.1. *Prazo prescricional aplicável ao terceiro*

O art. 23 da Lei n. 8.429/92 estabelece o prazo de 8 (oito) anos para ajuizamento de ação por ato de improbidade administrativa, contados do término do exercício de mandato, cargo em comissão ou função de confiança, ou dentro do prazo prescricional previsto na legislação específica para os casos de demissão de servidor público.

O colendo Superior Tribunal de Justiça possui precedentes no sentido de que o *prazo prescricional aplicável ao terceiro que pratica ato de improbidade administrativa, em conjunto com agente público, rege-se pelo lapso temporal incidente para este último*, senão, leia-se:

> "PROCESSUAL CIVIL E ADMINISTRATIVO. IMPROBIDADE ADMINISTRATIVA. PRESCRIÇÃO. SANÇÕES. RAZOABILIDADE. PROPORCIONALIDADE. REVISÃO DO CONJUNTO FÁTICO-PROBATÓRIO. SÚMULA 7 DO STJ. 1. No tocante à prescrição, o Tribunal local dirimiu a controvérsia em harmonia com o entendimento do Superior Tribunal de Justiça de que o prazo prescricional aplicável ao terceiro que pratica ato de improbidade administrativa, em conjunto com agente público, rege-se pelo lapso temporal pertinente a este. 2. A Corte de origem, com base no conjunto fático-probatório dos autos, assentou que estão presentes os requisitos configuradores do ato ímprobo, bem como as sanções são razoáveis ao dano causado. Rever tal entendimento implica reexame da matéria fático-probatória, o que é vedado em Recurso Especial (Súmula 7/STJ). 3. Agravo Interno não provido" (STJ, AgInt nos EDcl no REsp 1.848.944/PR, Rel. Min. Herman Benjamin, 2ª T., julgado em 25/8/2020, *DJe* de 9/9/2020).

Sendo assim, deve-se buscar, na legislação específica, o prazo prescricional para ajuizamento de demanda objetivando demitir agente público com vínculo estável junto à Administração. Logo, traz-se a lume o disposto no art. 142 da Lei n. 8.112/90, segundo o qual "A ação disciplinar prescreverá (I) – em 5 (cinco) anos, quanto às infrações puníveis com demissão, cassação de aposentadoria ou disponibilidade e destituição de cargo em comissão; (§ 1º) o prazo de prescrição começa a correr da data em que o fato se tornou conhecido". Vale ponderar que a lei não diz que é a data em que o fato foi apurado ou confessado, mas sim conhecido. No entanto, no Recurso Extraordinário n. 852.475 o STF, pelo plenário, em decisão de 8 de agosto de 2018, fixou a seguinte tese: "São imprescritíveis as ações de ressarcimento ao erário fundadas na prática de ato doloso tipificado na Lei de Improbidade Administrativa".

Logicamente, são coisas distintas a ação de improbidade, propriamente, e a ação de ressarcimento ao erário mencionada pelo STF. Esta é imprescritível, aquela prescreve em oito anos da data em que o fato foi conhecido.

BIBLIOGRAFIA

ALCÁCER GUIRAO, Rafael. *La tentativa inidonea. Fundamento de punición y configuración del injusto*, Granada, Comares, 2000.

_____. *Los fines del Derecho Penal. Una aproximación desde la filosofía política*. Anuario de Derecho Penal y Ciencias Penales, 1998.

AMBOS, Kai. *La parte general del derecho penal internacional*. Trad. Ezequiel Malarino. Montevideo, Temis, 2005.

_____. *Direito Penal Internacional*; Parte General. Montevideo, Konrad Adenauer, 2005.

AMBOS, Kai & CARVALHO, Salo (Orgs.). *O Direito Penal no Estatuto de Roma*. Rio de Janeiro, Lumen Juris, 2005.

AMBOS, Kai & JAPIASSU, Carlos Eduardo Adriano (Orgs.). *Tribunal Penal Internacional — possibilidades e desafios*. Rio de Janeiro, Lumen Juris, 2005.

AMERICANO, Odin I. do Brasil. *Manual de Direito Penal*; Parte Geral. São Paulo, Saraiva, 1985. v. 1.

ANCEL, Marc. *La défense sociale*. Paris, PUF, 1985.

_____. Observations sur la Révision der Programme Minimum de la Société Internationale de Défense Sociale. In: *Cahiers de Défense Sociale*, l, 1982.

_____. *A nova defesa social*. Rio de Janeiro, Forense, 1979.

ANDREUCCI, Ricardo Antunes. *Coação irresistível por violência*. São Paulo, Bushatsky, 1973.

ANTTILA, Inkeri. La ideología del control del delito en Escandinavia. Tendencias actuales. CPC, Madrid, n. 28, 1986.

ANTOLISEI, Francesco. *Manual de Derecho Penal*. Buenos Aires, UTCHA, 1960.

ANTON ONECA, José. Las teorías penales italianas en la posguerra. *ADPCP*, 1967.

ARAGÃO, Antonio Moniz Sodré de. *As três Escolas Penais*. São Paulo, Freitas Bastos, 1963.

ARAÚJO JUNIOR, João Marcello. Os grandes movimentos da política criminal de nosso tempo — aspectos. In: *Sistema Penal para o terceiro milênio*. Rio de Janeiro, Forense, 1993.

_____. *Dos crimes contra a ordem econômica*. São Paulo, Revista dos Tribunais, 1995.

AULER, Hugo. *Suspensão condicional da execução da pena*. Rio de Janeiro, 1957.

AZEVEDO, David Teixeira de. A culpabilidade e o conceito tripartido de crime. *Revista Brasileira de Ciências Criminais — IBCCrim*, n. 2, 1993, p. 46-55.

BACIGALUPO, Enrique. *Principios de Derecho Penal*; Parte General. Madrid, Akal, 1990.

_____. *Lineamentos de la teoría del delito*. Buenos Aires, Ed. Astrea, 1974.

_____. *Delitos impropios de omisión*. Buenos Aires, Pannedille, 1970.

BALDÓ LAVILLA, Francisco. *Estado de necesidad y legítima defensa*: un estudio sobre las "situaciones de necesidad". Barcelona, J.M. Bosch, 1994.

BALESTRA, Carlos Fontan. *Tratado de Derecho Penal*. Buenos Aires, 1970.

_____. *Derecho Penal*; introducción y parte general. Buenos Aires, Ed. Arayú, 1953.

BANDRÉS, Rocío Cantarero. *Problemas fundamentales y procesales del delito continuado*. Barcelona, PPU, 1990.

BARATTA, Alessandro. *Integración-prevención — una nueva fundamentación de la pena dentro de la teoría sistémica*. Doctrina Penal, Buenos Aires, 1985.

_____. Criminologia e dogmática penal. Passado e futuro do modelo integral da ciência penal. *Revista de Direito Penal*, n. 31, Rio de Janeiro, Forense, 1982.

BARBERO SANTOS, Marino. Remembranza del Professor Salmantino Pedro García-Dorado Montero en el 50 aniversario de la muerte. In: *Problemas actuales de las Ciencias Penales y la Filosofía del Derecho*. Buenos Aires, Panedille, 1970.

BARBOSA, Marcelo Fortes. *Crimes contra a honra*. São Paulo, Malheiros Ed., 1995.

BARROS, Flávio Augusto Monteiro de. *Direito penal*, parte geral. São Paulo, Saraiva, 1999. v. 1.

BARROSO, Luís Roberto. *O controle de constitucionalidade no Direito brasileiro*. São Paulo, Saraiva, 2004.

BATISTA, Nilo. *Introdução crítica ao Direito Penal brasileiro*. Rio de Janeiro, Revan, 1990.

_____. *Temas de Direito Penal*. Rio de Janeiro, Liber Juris, 1984.

BATISTA, Nilo; ZAFFARONI, E. Raúl; ALAGIA, Alexandro; SIOKAR, Alejandro. *Direito Penal Brasileiro — I*. Rio de Janeiro, Revan, 2003.

BATTAGLINI, Giulio. *Direito Penal*. São Paulo, Saraiva, 1973. v. 1.

_____. *Teoria da infração criminal*. Trad. Augusto Victor Coelho. Coimbra, Coimbra Ed., 1961.

BAUMANN, Jurgen. *Derecho Penal*. Buenos Aires, Depalma, 1981.

BECCARIA, Cesare de. *Dei delitti e delle pene, a cura de Pisapia*. s. d.

_____. *De los delitos y de las penas*. Madrid, Alianza Editorial, 1968.

BELING, Ernst von. *Esquema de Derecho Penal*. La doctrina del delito tipo. Trad. Sebastian Soler. Buenos Aires, Depalma, 1944.

BELLAVISTA, G. *Il problema della colpevolezza*. Palermo, 1942.

BENETI, Sidnei Agostinho. *Execução penal*. São Paulo, Saraiva, 1996.

BENTHAM, Jeremias. *El panóptico — el ojo del poder*. Espanha, La Piqueta, 1979.

_____. *Principios de legislación y jurisprudencia*. Espanha, 1834.

_____. *Teorías de las penas y las recompensas*. Paris, 1826.

Bento de FARIA, Antônio. *Código Penal brasileiro comentado*. Rio de Janeiro, Record Ed., 1961. v. 1.

BETTIOL, Giuseppe. *Direito Penal*. Trad. Paulo José da Costa Jr. e Alberto Silva Franco. 2ª ed. São Paulo, Revista dos Tribunais, 1977. v. 1.

_____. *O problema penal*. Coimbra, Coimbra Ed., 1967.

BIANCHINI, Alice. *Pressupostos materiais mínimos da tutela penal*, São Paulo, Revista dos Tribunais, 2002.

BITENCOURT, Cezar Roberto. *Teoria geral do delito*. Lisboa, Almedina, 2007.

_____. *Erro de tipo e erro de proibição*. 4ª ed. São Paulo, Saraiva, 2007.

_____. *Tratado de direito penal*; Parte Geral. 29ª ed. São Paulo, Saraiva, 2023. v. 1.

_____. *Tratado de direito penal*; Parte Especial. 23ª ed. São Paulo, Saraiva, 2023. v. 2.

_____. *Tratado de direito penal*; Parte Especial. 19ª ed. São Paulo, Saraiva, 2023. v. 3.

_____. *Tratado de direito penal*; Parte Especial. 17ª ed. São Paulo, Saraiva, 2023. v. 4

_____. *Tratado de Direito Penal*; Parte Especial. 17ª ed. São Paulo, Saraiva, 2021. v. 5.

_____. *Juizados Especiais Criminais Federais — análise comparativa das Leis n. 9.099/95 e 10.259/2001*. 2ª ed. São Paulo, 2005.

_____. *Falência da pena de prisão — causas e alternativas*. São Paulo, Revista dos Tribunais, 1993; 3ª ed., 2004.

_____. *Manual de Direito Penal*; Parte Geral. 6ª ed. São Paulo, Saraiva, 2000. v. 1.

_____. *Tratado de Direito Penal* – Crimes contra o patrimônio. 18ª ed. São Paulo: Saraiva, 2022. v. 3.

BITENCOURT, Cezar Roberto & BITENCOURT, Vania Barbosa Adorno. *Em dia de terror, Supremo rasga a Constituição no julgamento de um HC*. Disponível em: <www.conjur.com.br>, 18 de fevereiro de 2016. Acesso em: 9 out. 2016.

BITENCOURT, Cezar Roberto & MUÑOZ CONDE, Francisco. *Teoria Geral do Delito* (bilíngue). 3ª ed. São Paulo, Saraiva, 2007.

BITENCOURT, Cezar Roberto & PRADO, Luiz Régis. *Código Penal anotado e legislação complementar*. 2ª ed. São Paulo, Revista dos Tribunais, 1998.

_____. *Juizados Especiais Criminais e alternativas à pena de prisão*. 3ª ed. Porto Alegre, Livr. do Advogado Ed., 1997.

_____. *Elementos de Direito Penal;* Parte Especial. São Paulo, Revista dos Tribunais, 1996. v. 2.

_____. *Elementos de Direito Penal;* Parte Geral. São Paulo, Revista dos Tribunais, 1995. v. 1.

BITTAR, Walter Barbosa. *As condições objetivas de punibilidade e causas pessoais de exclusão da pena.* Rio de Janeiro, Lumen Juris, 2004.

_____. Algumas reflexões sobre as chamadas condições objetivas de punibilidade. *Revista Jurídica,* Porto Alegre, Ed. Notadez, n. 293, março de 2002, p. 29-40.

BONAVIDES, Paulo. *Curso de Direito Constitucional.* 6ª ed. São Paulo, Malheiros. Ed., 1994.

BONFIM, Edilson Mougenot & CAPEZ, Fernando. *Direito Penal;* Parte Geral. São Paulo, Saraiva, 2004.

BOSCHI, José Antonio Paganella. *Das penas e seus critérios de aplicação.* Porto Alegre, Livr. do Advogado Ed., 2000.

_____. *Ação penal.* Rio de Janeiro, Aide, 1993.

_____. *Execução penal — questões controvertidas.* Porto Alegre, 1989.

BOTTINI, Pierpaolo. Novas regras sobre prescrição retroativa: comentários breves à Lei 12.234/10, *Boletim IBCCRIM.* São Paulo: IBCCRIM, ano 18, n. 211, jun. 2010.

BRANDÃO, Claudio. *Introdução ao Direito Penal.* Rio de Janeiro, Forense, 2002.

_____. *Teoria jurídica do crime.* Rio de Janeiro, Forense, 2000.

BRODT, Luís Augusto Sanzo. *Da consciência da ilicitude no Direito Penal brasileiro.* Belo Horizonte, Del Rey, 1996.

BRUNO, Aníbal. *Direito Penal — Parte Geral.* 3ª ed. Rio de Janeiro, Forense, 1967. v. 1 a 3.

BUSATO, Paulo César. *Direito Penal — Parte Geral.* 2ª ed. São Paulo, Atlas, 2015.

_____. *La tentativa del delito. Análisis a partir del concepto significativo de la acción.* Curitiba, Juruá, 2011.

_____. *Tribunal penal internacional e expansão do direito penal.* In: BUSATO, Paulo César Busato. *Reflexões sobre o sistema penal do nosso tempo.* Rio de Janeiro, Lumen Juris, 2011.

_____. *Direito Penal e Ação significativa.* Rio de Janeiro, Lumen Juris, 2005.

_____. Regime Disciplinar Diferenciado como produto de um direito penal do inimigo. *Revista de Estudos Criminais,* v. 14, Porto Alegre, Ed. Notadez/PUCRS, 2004.

BUSATO, Paulo César & HUAPAYA, Sandro Montes. *Introdução ao Direito Penal;* fundamentos para um sistema penal democrático. Rio de Janeiro, Lumen Juris, 2003.

BUSTOS RAMIREZ, Juan. *Manual de Derecho Penal.* 3ª ed. Barcelona, Ed. Ariel, 1989.

BUSTOS RAMIREZ, Juan & HORMAZÁBAL MALARÉE, H. *Pena y Estado.* In: *Bases críticas de un nuevo Derecho Penal.* Bogotá, Temis, 1982.

CABRAL, Juliana. *Os tipos de perigo e a pós-modernidade.* Rio de Janeiro, Ed. Revan, 2005.

CALHAU, Lélio Braga. *Vítima e Direito Penal.* Belo Horizonte, Mandamentos Ed., 2002.

CAMARGO, Antonio Luis Chaves de. *Culpabilidade e reprovação penal.* São Paulo, Sugestões Literárias, 1994.

_____. *Tipo penal e linguagem.* Rio de Janeiro, Forense, 1982.

CAMPOS, João Mendes. *A inexigibilidade de outra conduta no Júri.* Belo Horizonte, Del Rey, 1998.

CANÍBAL, Carlos Roberto Lofego. Pena aquém do mínimo — uma investigação constitucional-penal. *Revista Ajuris*, Porto Alegre, v. 77, p. 82.

CARRARA, Francesco. *Programa de Derecho Criminal.* Trad. Ortega Torres. Bogotá, Temis, 1971. v. 1.

CANOTILHO, J. J. Gomes. *Direito constitucional e teoria da Constituição.* Coimbra, Almedina, 2008.

CARVALHO, Amilton Bueno de. *Garantismo penal aplicado.* 2ª ed. Rio de Janeiro, Lumen Juris, 2006.

CARVALHO, Amilton Bueno de & CARVALHO, Salo de. *Aplicação da pena e garantismo penal.* Rio de Janeiro, Lumen Juris, 2001; recentemente a 3ª ed., 2004.

CARVALHO, Salo de. *A política criminal de drogas no Brasil — estudo criminológico e dogmático.* 4ª ed. Rio de Janeiro, Lumen Juris, 2007.

_____. *Pena e garantias.* 2ª ed. Rio de Janeiro, Lumen Juris, 2003.

_____. *Penas e medidas de segurança no direito penal brasileiro.* 2ª ed. São Paulo, Saraiva, 2015.

CARVALHO, Salo de & CARVALHO, Amilton de. *Aplicação da pena e garantismo penal.* Rio de Janeiro, Lumen Juris, 2001; 3ª ed., 2004.

CASTILHO, Ela Wiecko V. de. *O controle penal nos crimes contra o sistema financeiro nacional.* Belo Horizonte, Del Rey, 1998.

_____. *Controle da legalidade na execução penal.* Porto Alegre, Sérgio A. Fabris, Editor, 1988.

CAVALCANTI, Eduardo Medeiros. *Crime e sociedade complexa.* Campinas, LZN, 2005.

CEREZO MIR, José. *Estudios sobre la moderna Reforma Penal española.* Madrid, Tecnos, 1993.

_____. *Curso de Derecho Penal español.* Madrid, Tecnos, 1990. v. 2.

_____. O tratamento do erro de proibição no Código Penal espanhol. *RT*, n. 643, 1989.

_____. *Curso de Derecho Penal español*. Madrid, Tecnos, 1985. v. 1.

_____. *Problemas fundamentales del Derecho Penal*. Madrid, Tecnos, 1982.

CERNICCHIARO, Luiz Vicente & COSTA JR., Paulo José da. *Direito Penal na Constituição*. 3ª ed. São Paulo, Revista dos Tribunais, 1995.

CERVINI, Raúl. Macrocriminalidad económica — apuntes para una aproximación metodológica. *Revista Brasileira de Ciências Criminais — IBCCrim*, n. 11, 1995.

_____. *Curso de cooperación penal internacional*. Montevideo, 1994.

_____. *Los procesos de decriminalización*. 2ª ed. Montevideo, Universidad Ltda., 1993.

CHAUNU, Pierre. *El rechazo de la vida*. Madrid, ESPASA-CALPE, 1979.

CHOUKE, Fauzi Hassan. *Garantias constitucionais*. São Paulo, Revista dos Tribunais, 1995.

CLEMMER, Donald. *The prision community*. 2ª ed. New York, 1958.

COBO DEL ROSAL, M. & VIVES ANTÓN, R. S. *Derecho Penal*. 3ª ed. Valencia, Tirant lo Blanch, 1991.

COELHO, Walter Marciligil. *Teoria geral do crime*. Porto Alegre, Sérgio A. Fabris, Editor, 1991.

_____. Erro de tipo e erro de proibição no Código Penal. In: *O Direito Penal e o novo Código Penal brasileiro* (livro coletivo). Porto Alegre, Sérgio A. Fabris, Editor, 1985.

COHEN, Stanley. Un escenario para el sistema penitenciario futuro. *NPP*, 1975.

CORCOY BIDASOLO, Mirentxu. *El delito imprudente. Criterios de imputación del resultado*, Montevideo-Buenos Aires, Editorial B de F, 2005.

CÓRDOBA RODA, Juan. *Una nueva concepción del delito*. Barcelona, Ed. Ariel, 1963.

_____. *El conocimiento de la antijuridicidad en la teoría del delito*. Barcelona, 1962.

CORREIA, Eduardo. *Direito Criminal*. Coimbra, Livr. Almedina, 1968. v. 1.

COSTA, Alvaro Mayrink da. *Direito Penal;* Parte Geral. 6ª ed. Rio de Janeiro, Forense, 1998. v. 1, t. 1 e 2.

COSTA, Carlos Adalmyr Condeixa. *Dolo no tipo*. Rio de Janeiro, Liber Juris, 1989.

COSTA, Fausto. *El delito y la pena en la Historia de la Filosofía*. México, UTEHA, 1953.

COSTA JR., Paulo José da. *Curso de Direito Penal*. São Paulo, Saraiva, 1991. v. 1.

_____. *Comentários ao Código Penal*. São Paulo, Saraiva, 1986. v. 1.

COSTA JUNIOR, Heitor. *Teoria dos delitos culposos*. Rio de Janeiro, Lumen Juris, 1988.

_____. *Teorias acerca da omissão*. Revista de Direito Penal, n. 33, Rio de Janeiro, Forense, 1982.

_____. Elementos subjetivos nas causas de justificação. *Revista de Direito Penal*, n. 23, Rio de Janeiro, Forense, 1978.

COULANGES, Fustel de. *Cidade Antiga*. 8ª ed. Porto, Livraria Clássica Editora, 1954.

COUSO SALAS, Jaime. *Fudamentos del Derecho Penal de la culpabilidad. Historia, teoría y metodología*. Valencia: Tirant lo Blanch, 2006.

CUELLO CALÓN, E. *Derecho Penal*. Barcelona, Bosch, 1980. t. 1.

_____. *La moderna penología*. Barcelona, Bosch, 1958 (reimpresión en 1974).

CUELLO CONTRERAS, Joaquín. *Culpabilidad e imprudencia*. Madrid, Ministerio de Justicia, 1990.

CUNHA, Rogério Sanches. *Manual de direito penal*: parte geral. Salvador: JusPodivm, 2013.

_____. *Manual de direito penal*: parte especial. Volume único. 12ª ed. Salvador: JusPodivm, 2020.

CURY URZÚA, Enrique. *Derecho Penal*; Parte General. Santiago, Ed. Jurídica de Chile, 1982.

_____. *Tentativa y delito frustrado*. Santiago, Ed. Jurídica de Chile, 1977.

DAIEN, Samuel. *Libertad condicional*. Buenos Aires, Ed. Bibliográfica Argentina, 1947.

D'ÁVILA, Fábio Roberto. *Ofensividade e crimes omissivos próprios*. Coimbra, Coimbra Ed. (Universidade de Coimbra), 2005.

_____. *Crime culposo e a teoria da imputação objetiva*. São Paulo, Revista dos Tribunais, 2001.

DE GROOTE. *La locura a través de los siglos*. Barcelona, 1970.

DELMANTO, Celso. *Código Penal comentado*. Rio de Janeiro, Renovar, 1988.

DELMANTO JUNIOR, Roberto. A caminho de um Estado policialesco, em *O Estado de S. Paulo*, de 2 de junho de 2010.

DELMAS MARTY, Mireille. *Pour un Droit Commune*. Librairie du XX Siècle, 1994.

DEL VECCHIO, Giorgio. *Filosofía del Derecho*. Barcelona, 1935.

DIAS, Jorge de Figueiredo. *Direito Penal português*; Parte Geral. Lisboa, Aequitas, 1993. v. 2.

_____. *O problema da consciência da ilicitude em Direito Penal*. 3ª ed. Coimbra, Coimbra Ed., 1987.

_____. *Liberdade, culpa, Direito Penal*. 2ª ed. Coimbra, Biblioteca Jurídica Coimbra Ed., 1983.

DÍAZ PITA, María del Mar. *El dolo eventual*. Valencia, Tirant lo Blanch, 1994.

DÍAZ Y GARCÍA CONLLEDO, Miguel. *La autoría en Derecho Penal*, Barcelona, PPU, 1991.

DÍEZ RIPOLLÉS, José Luis. *Delitos contra bienes jurídicos fundamentales*. Valencia, Tirant lo Blanch, 1993.

_____. *Los elementos subjetivos del delito — bases metodológicas*. Valencia, Tirant lo Blanch, 1990.

DOHNA, Alexander Graf Zu. *La estructura de la teoría del delito*. Trad. Carlos F. Balestra e Eduardo Friker. Buenos Aires, Abeledo-Perrot, 1958.

DORADO MONTERO, Pedro. *Bases para un nuevo Derecho Penal*. Buenos Aires, Depalma, 1973.

_____. *El Derecho protector de los criminales*. Madrid, 1915. 2 v.

DOTTI, René Ariel. *A inconstitucionalidade da Lei 12.234/10, Aberto mais um dos caminhos em direção ao Estado policialesco*, in Informativo Migalhas. Disponível em: <http://www.migalhas.com.br>. Acesso em: 20 jun. 2010.

_____. A incapacidade criminal da pessoa jurídica (uma perspectiva do Direito brasileiro). *Revista Brasileira de Ciências Criminais — IBCCrim*, n. 11, 1995.

_____. *Reforma Penal brasileira*. Rio de Janeiro, Forense, 1988.

_____. Concurso de pessoas. In: *Reforma Penal brasileira*. Rio de Janeiro, Forense, 1988.

_____. *Bases e alternativas para o sistema de penas*. São Paulo, Saraiva, 1980.

_____. *O incesto*. Curitiba, Dist. Ghignone, 1976.

DURKHEIM, E. *Las reglas del método sociológico*. Espanha, Morata, 1978.

FAYERT JUNIOR, Ney. *Do crime continuado*. Porto Alegre, Livr. do Advogado Ed., 2001.

FEIJOO SÁNCHEZ, Bernardo José. *Retribución y prevención general. Un estudio sobre la teoría de la pena y las funciones del Derecho Penal*, Montevideo-Buenos Aires, Editorial B de F, 2007.

_____. *Homicidio y lesiones imprudentes*: requisitos y límites materiales, Zaragoza, Edijus, 1999.

FELDENS, Luciano. *A Constituição Penal*: a dupla face da proporcionalidade no controle de normas penais. Porto Alegre, Livr. do Advogado Ed., 2005.

FERNANDES, Antonio Scarance. *O papel da vítima no processo criminal*. São Paulo, Malheiros Ed., 1995.

FERRAJOLI, Luigi. *Derecho y razón — teoría del garantismo penal*. Madrid, Ed. Trotta, 1995.

_____. *Direito e razão*. Trad. Ana Paula Zomer, Fauzi Hassan Choukr, Juarez Tavares e Luiz Flávio Gomes, São Paulo, Revista dos Tribunais, 2002.

FERRAZ, Esther de Figueiredo. *A codelinquência no moderno Direito Penal brasileiro*. São Paulo, Bushatsky, 1976.

FERRAZ, Nélson. *Dosimetria da pena*. 1992.

FERRI, Enrico. *Principios de Derecho Criminal*. Madrid, Ed. Reus, 1933.

_____. *Sociologia Criminal*. Madrid, Ed. Reus, 1908.

FIGGIS, John Neville. *El derecho divino de los reyes*. Trad. Edmundo O'Orgmann. México, Fondo de Cultura Económica, 1970.

FIGUEIREDO, Ariovaldo Alves de. *Comentários ao Código Penal*. São Paulo, Saraiva, 1985. v. 1.

FISCHER, Félix. A Lei 9.099 e o Direito Penal Militar. In: *Juizados Especiais Criminais* (livro coletivo). 2ª ed. Curitiba, Juruá, 1997.

FLETCHER, George P. *Conceptos básicos de Derecho Penal*. Valencia, Tirant lo Blanch, 1997.

FLORIAN, Eugenio. *Trattato di Diritto Penale*. Milano, 1910. v. 1.

FONSECA, Cezar Lima da. *Direito Penal do Consumidor*. Porto Alegre, Livr. do Advogado Ed., 1996.

FOUCAULT, Michel. *Vigilar y castigar*. México, Siglo XXI, 1976.

FRAGOSO, Heleno Cláudio. *Lições de Direito Penal*; Parte Geral. Rio de Janeiro, Forense, 1985.

_____. *Conduta punível*. São Paulo, Bushatsky, 1961.

FRANCO, Alberto Silva. *Temas de Direito Penal*. São Paulo, Saraiva, 1986.

_____. *Crimes hediondos*. 3ª ed. São Paulo, Revista dos Tribunais, 1994.

FRANCO, Alberto Silva et alii. *Código Penal e sua interpretação jurisprudencial*. São Paulo, Revista dos Tribunais, 1993; 5ª ed. 2005.

FRANK, Reinhard. *Sobre la estructura del concepto de culpabilidad*. Montevideo/Buenos Aires, Editorial IBdeF, 2004.

FREITAS, Ricardo de Brito A. P. *As razões do positivismo penal no Brasil*. Rio de Janeiro, Lumen Juris, 2002.

_____. *Razão e sensibilidade — fundamentos do Direito Penal moderno*. São Paulo, Ed. Juarez de Oliveira, 2001.

FREUDENTHAL, Berthold. *Culpabilidad y reproche en el Derecho Penal*. Trad. de José Luis Guzmán Dalbora. Montevideo/Buenos Aires, Editorial B de F, 2003.

FRISCH, Wolfgang. *Comportamiento típico e imputación del resultado*. Tradução da edição alemã (Heidelberg, 1988) por Joaquín Cuello Contreras e José Luis Serrano González de Murillo. Madrid, Marcial Pons, 2004.

FURQUIM, Luís Doria. *Aspectos da culpabilidade no novo Código Penal*. Rio de Janeiro, Freitas Bastos, 1974.

GALLAS, Wilhelm. La struttura del concetto di illecito penale. Trad. Francesco Angioni. *Rivista Italiana di Diritto e Procedura Penale*, ano 25, 1982.

_____. *La teoría del delito en su momento actual*. Trad. Juan Córdoba Roda. Barcelona, Bosch, 1959.

GALLO, Marcello. *Il concetto unitario di colpevolezza*. Milano, 1951.

GARCIA, Ailton Stropa. A falência da execução penal e a instituição da pena de morte no Brasil. *Revista Brasileira de Ciências Criminais — IBCCrim*, n. 3, São Paulo, Revista dos Tribunais, 1993.

GARCIA, Basileu. *Instituições de Direito Penal*. 6ª ed. São Paulo, Max Limonad, 1982. v. 1.

GARCÍA ARÁN, Mercedes. *Alternativas a la prisión*. Barcelona, PPU, 1986.

_____. *Los criterios de determinación de la pena en el Derecho español*. Barcelona, 1982.

GARCÍA ARÁN, Mercedes & MUÑOZ CONDE, F. *Derecho Penal;* Parte General. Valencia, Tirant lo Blanch, 1996.

GARCÍA-PABLOS, Antonio. *Derecho Penal — introducción*. Madrid, Universidad Complutense, 1995.

GARCÍA-PABLOS DE MOLINA, Antonio & GOMES, Luiz Flávio. *Direito Penal;* Parte Geral, São Paulo, Revista dos Tribunais, 2007, p. 855, v. 2.

GARCÍA VALDÉS, Carlos. *Derecho Penitenciario*. Madrid, Ministerio de Justicia, 1989.

_____. *Estudios de Derecho Penitenciario*. Madrid, Tecnos, 1982.

_____. *Introducción a la penología*. Madrid, Universidad Compostela, 1981.

_____. *Comentarios a la ley general penitenciaria*. Madrid, Civitas, 1980.

GARCÍA VITOR, Enrique. Planteos penales. *Coleción Jurídica* 14, Santa fé (Argentina), 1994.

GAROFALO, Rafael. *Criminologia*. Torino, Fratelli Bocca, 1891.

GARRIDO GUZMAN. *Los permisos penitenciarios*. REP, extra n. 1, 1989.

_____. *Manual de Ciencia Penitenciaria*. Madrid, Edersa, 1983.

_____. *Compendio de Ciencia Penitenciaria*. Universidad de Valencia, 1976.

GIMBERNAT ORDEIG, Enrique. *Delitos cualificados por el resultado y causalidad*. Madrid, Ed. Reus, 1966, e ECERA, 1990.

_____. *Estudios de Derecho Penal*. 2ª ed. Madrid, Civitas, 1981.

_____. *Autor y complice en Derecho Penal*. Madrid, Universidad de Madrid, 1966.

_____. *Conceito e método da ciência do Direito Penal*. Trad. José Carlos Gobbis Pagliuca. São Paulo, Saraiva.

GIORGIO, Marinucci. *El delito como "acción" — crítica de un dogma*. Trad. José Eduardo Sainz-Cantero Caparrós. Madrid, Marcial Pons, 1998.

GOFFMAN, Erving. *Internados;* ensayo sobre la situación social de los enfermos mentales. Argentina, Amorrotu, 1973.

GOLDSCHMIDT, James. *La concepción normativa de la culpabilidad*, 2ª ed. Trad. de Margarethe de Goldschmidt e Ricardo C. Nuñez. Montevideo/Buenos Aires, Editorial B de F, 2002.

GOMES, Abel Fernandes & GAMA, Guilherme Calmon Nogueira da. *Temas de Direito Penal e processo penal*. Rio de Janeiro, Renovar, 1999.

GOMES, Luiz Flávio. *Princípio da ofensividade no Direito Penal*. São Paulo, Revista dos Tribunais, 2002.

_____. CTB: primeiras notas interpretativas. *Bol. IBCCrim*, n. 61, dez. 1997.

_____. *Direito de apelar em liberdade*. 2ª ed. São Paulo, Revista dos Tribunais, 1996.

_____. *Suspensão condicional da pena*. São Paulo, Revista dos Tribunais, 1995.

_____. *Erro de tipo e erro de proibição*. 2ª ed. São Paulo, Revista dos Tribunais, 1994.

_____. Medidas de segurança e seus limites. *Revista Brasileira de Ciências Criminais — IBCCrim*, n. 2, 1993, p. 64-72.

GOMES, Luiz Flávio & BIANCHINI, Alice. *Juizados Criminais Federais, seus reflexos nos Juizados Estaduais e outros estudos*. São Paulo, Revista dos Tribunais, 2002.

GOMES, Luiz Flávio & Cervini, Raúl. *Crime organizado*. São Paulo, Revista dos Tribunais, 1995.

GOMES, Luiz Flávio & GARCÍA-PABLOS DE MOLINA, Antonio. *Direito Penal*; Parte Geral, São Paulo, Revista dos Tribunais, 2007, p. 855, v. 2.

GOMES, Luiz Flávio & YACOBUCCI, Guillermo. *As grandes transformações do direito penal tradicional*. São Paulo, Revista dos Tribunais, 2005.

GOMES, Mariângela Gama de Magalhães. *O princípio da proporcionalidade no Direito Penal*. São Paulo, Revista dos Tribunais, 2003.

GOMEZ BENITEZ, José Manuel. *Teoría jurídica del delito*. Madrid, Civitas, 1988.

GOMEZ RIVERO, Maria del Carmen. *La inducción a cometer el delito*. Valencia, Tirant lo Blanch, 1995.

GONZAGA, João Bernardino. Considerações sobre o pensamento da Escola Positiva. *Ciência Penal*, n. 3, São Paulo, s. d.

_____. *O Direito Penal indígena*. São Paulo, Max Limonad, s. d.

GRAMATICA, Filippo. *Principios de Derecho Penal Subjetivo*. Madrid, Ed. Reus, 1941.

GRECO, Luís. *Direito penal como crítica da pena*. São Paulo, Ed. Marcial Pons, 2012.

GRECO, Rogério. *Direito Penal — lições*. Rio de Janeiro, Impetus, 2001.

GRECO FILHO, Vicente. *Interceptação telefônica*. São Paulo, Saraiva, 1996.

GRISPIGNI, Filipo. *Diritto Penale*. 2ª ed. Milano, 1947. v. 1.

GROSSO GALVAN, Manuel. Nueva Criminología y dogmática jurídico-penal. *CPC*, n. 10, 1980.

GUARAGNI, Fábio André. *As teorias da conduta em Direito Penal*: um estudo da conduta humana do pré-causalismo ao funcionalismo pós-finalista. São Paulo, Revista dos Tribunais, 2005.

HABERMAS, Jürgen. *Teoría de la acción comunicativa*. Trad. Manuel Jiménez Redondo. Madrid, Taurus, 1987. v. 1.

HABIB, Sérgio. *Brasil*: quinhentos anos de corrupção. Porto Alegre, Sérgio A. Fabris, Editor, 1994.

HACKER, Friedrich. *Agresión (la brutal violencia del mundo moderno)*. Espanha, Grijalbo, 1973.

HASSEMER, Winfried. *¿Puede haber delitos que no afecten a un bien jurídico penal?* Trad. de Beatriz Spínola Tártaro. In: Roland Hefendehl (ed.). *La teoría del bien jurídico ¿Fundamento de legitimación del Derecho Penal o juego de abalorios dogmático?* Madrid-Barcelona, Marcial Pons, 2007.

_____. *Persona, mundo y responsabilidad. Bases para una teoría de la imputación en Derecho Penal*. Valencia, Tirant lo Blanch, 1999.

_____. *Três temas de Direito Penal*. Porto Alegre, Publicações Fundação Escola Superior do Ministério Público, 1993.

_____. *Fundamentos de Derecho Penal*. Barcelona, Bosch, 1984.

HASSEMER, Winfried & MUÑOZ CONDE, Francisco. *Introducción a la criminología*. Valencia, Tirant lo Blanch, 1989.

HEFENDEHL, Roland (ed.). *La teoría del bien jurídico ¿Fundamento de legitimación del Derecho Penal o juego de abalorios dogmático?* Madrid-Barcelona, Marcial Pons, 2007.

HERSCHANDER, Herman. Lei 12.234, de 5 de maio de 2010: ofensa a individualização do prazo prescricional. *Boletim do IBCCrim*, ano 18, n. 212, julho de 2010.

HIBBER, Christopher. *Las raíces del mal — una historia social del crímen y su represión*. Espanha, E. Luiz Caralt, 1975.

HIRECHE, Gamil Föppelel. *Análise criminológica das Organizações Criminológicas*. Rio de Janeiro, Lumen Juris, 2005.

_____. *A função da pena na visão de Claus Roxin*. Rio de Janeiro, Forense, 2004.

HONORATO, Cássio Mattos. *Trânsito*: infrações e crimes. Campinas, Millennium Ed., 2000.

HUERTA TOCILDO, Susana. *Sobre el contenido de la antijuridicidad*. Madrid, Tecnos, 1984.

HULSMAN, Louck & BERNAT DE CELIS, J. *Sistema penal y seguridad ciudadana*: hacia una alternativa. Barcelona, Ed. Ariel, 1984.

HUNGRIA, Nélson. *Comentários ao Código Penal*. Rio de Janeiro, Forense, 1949 e 1978. v. 1, 2 e 6.

_____. O arbítrio judicial na medida da pena. *Revista Forense*, n. 90, jan. 1943.

IHERING, Rudolf von. *El fin en el Derecho*. Buenos Aires, Atalaya, 1946.

JAKOBS, Günther. *La imputación objetiva en Derecho Penal*. Madrid, Civitas, 1996.

_____. *Sociedad, normas y personas en un Derecho Penal funcional*. Trad. Cancio Meliá y Feijó Sánchez, Madrid, Civitas, 1996.

_____. *Derecho Penal*; Parte General — *fundamentos y teoría de la imputación*. Madrid, Marcial Pons, 1995.

JAPIASSU, Carlos Eduardo Adriano. *O Tribunal Penal Internacional*. Rio de Janeiro, Lumen Juris, 2004.

JESCHECK, H. H. El Tribunal Penal Internacional. *Revista Penal*, n. 8, 2011.

_____. *Tratado de Derecho Penal*. Trad. da 4ª ed. José Luis Manzanares Samaniego. Granada, Comares, 1993.

_____. *Tratado de Derecho Penal*. Trad. Mir Puig e Muñoz Conde. Barcelona, Bosch, 1981. v. 1 e 2.

JESUS, Damásio E. de. *Imputação objetiva*. São Paulo, Saraiva, 2000.

_____. *Temas de Direito Criminal*, 1ª série. São Paulo, Saraiva, 1998.

_____. Dois temas da parte penal do Código de Trânsito Brasileiro. *Bol. IBCCrim*, n. 61, dez. 1997.

_____. *Código Penal anotado*. 5ª ed. São Paulo, Saraiva, 1995.

_____. *Direito Penal*. 12ª ed. São Paulo, Saraiva, 1988.

_____. *Curso sobre a Reforma Penal* (coletivo). São Paulo, Saraiva, 1985.

JIMÉNEZ DE ASÚA, Luiz. *Principios de Derecho Penal — la ley y el delito*. Buenos Aires, Abeledo-Perrot, 1990.

_____. *Tratado de Derecho Penal*. 3ª ed. Buenos Aires, Losada, 1964. v. 6.

JORGE, Flavio Cheim. O prazo decadencial da ação rescisória só se inicia quando não for cabível qualquer recurso do último pronunciamento judicial. Disponível em: <http://www.cjar.com.br/noticias/flaviocheim-stj-sumula.html>. Acesso em: out. 2017.

JORGE, Wiliam Wanderley. *Curso de Direito Penal*; Parte Geral. 6ª ed. Rio de Janeiro, Forense, 1986.

KANT, Emmanuel. *Fundamentos metafísicos de las costumbres*. 7ª ed. Madrid, ESPASA-CALPE, 1983.

_____. *Principios metafísicos de la doctrina del Derecho*. México, 1978.

KAUFMANN, Hilde. *Principios para la reforma de la ejecución penal*. Buenos Aires, Depalma, 1977.

KELSEN, Hans. *Teoria pura do direito*. Trad. J. Batista Machado. Coimbra, Arménio Amado, Editor, 1974.

KINDÄUSER, Urs. *Derecho Penal de la culpabilidad y conducta peligrosa*. Trad. Claudia Lopez Díaz. Bogotá, Universidad Externado de Colombia, 1996 (1ª reimpr., 1998).

KUEHNE, Maurício. *Lei de Execução Penal*. Curitiba, Juruá, 2004.

_____. *Juizados Especiais Criminais*. 2ª ed. Curitiba, Juruá, 1997.

_____. *Doutrina e prática da execução penal*. 2ª ed. Curitiba, Juruá, 1995.

_____. LARENZ, Karl. *Metodologia da ciência do direito*. Trad. José Lamego. 3ª ed. Lisboa, Calouste Gulbenkian, 1997.

_____. *Metodología de la ciencia del derecho*. Trad. Enrique Gimbernat Ordeig. España, 1966.

LARRAURI, Elena & CID, J. *Penas alternativas a la prisión*. Barcelona, Bosch, 1997.

LEAL, João José. *Crimes hediondos*. São Paulo, Atlas, 1996.

_____. *Curso de Direito Penal*. Porto Alegre, Sérgio A. Fabris, Editor, 1991.

LEIRIA, Antonio José Fabrício. *Teoria e aplicação da lei penal*. São Paulo, Saraiva, 1981.

_____. *Fundamentos da responsabilidade penal*. Rio de Janeiro, Forense, 1980.

LOGOZ, Paul. *Commentaire du Code Pénal suisse*. 2ª ed. Paris, Delachaux & Niestlé, 1976.

LOPES, Jair Leonardo. *Curso de Direito Penal* — livro de aulas. São Paulo, Revista dos Tribunais, 1993.

LOPES JR., Aury Celso. *Introdução crítica ao processo penal (fundamentos da instrumentalidade constitucional)*. 4ª ed. Rio de Janeiro, Lumen Juris, 2006.

LOPES JR., Aury; BADARÓ, Gustavo Henrique. *Direito ao processo penal no prazo razoável*. Rio de Janeiro, Lumen Juris, 2006.

LOPES, Maurício Antonio Ribeiro. *Direito Penal, Estado e Constituição*. IBCCrim, São Paulo, 1997.

_____. *Princípio da legalidade penal*. São Paulo, Revista dos Tribunais, 1994.

LOPES-REY Y ARROJO, Manuel. *Teoría y práctica en las disciplinas penales*. Costa Rica, Ilanud, n. 5, 1977.

LÓPEZ PEREGRÍN, Carmen. *La complicidad en el delito*, Valencia, Tirant lo Blanch, 1997.

LUISI, Luiz. *Os princípios constitucionais penais*. Porto Alegre, Sérgio A. Fabris, Editor, 1991.

_____. *O tipo penal, a teoria finalista e a nova legislação penal*. Porto Alegre, Sérgio A. Fabris, Editor, 1987.

LUNA, Everardo da Cunha. *Estrutura jurídica do crime*. 4ª ed. São Paulo, Saraiva, 1993.

_____. *Capítulos de Direito Penal*. São Paulo, Saraiva, 1985.

_____. O crime de omissão e a responsabilidade penal por omissão. *Revista de Direito Penal e Criminologia*, n. 33, 1982.

LUZÓN PEÑA, Diego-Manuel. *Curso de Derecho Penal;* Parte General. Madrid, Editorial Universitas, 1996.

_____. *Aspectos esenciales de la legítima defensa.* Barcelona, Bosch, 1978.

LYRA, Roberto. *As novíssimas Escolas Penais.* Rio de Janeiro, Borsoi, 1956.

_____. *Introdução ao Estudo do Direito Criminal,* 1946.

_____. *Noções de Direito Criminal — Parte Especial.* Rio de Janeiro, Editora Nacional de Direito, 1944, v.1.

MACHADO, José Roberto. *Direitos humanos*: princípio da vedação do retrocesso ou proibição de regresso. Disponível em: <http://blog.ebeji.com.br/direitos-humanos-principio-da-vedacao-do-retrocesso-ou-proibicao-de-regresso/>. Acesso em: 17 fev. 2016.

MACHADO, Luiz Alberto. *Direito Criminal.* São Paulo, Revista dos Tribunais, 1987.

MADEIRA, Ronaldo Tanus. *Dolo e culpabilidade.* Rio de Janeiro, Liber Juris, 1991.

MAGALHÃES NORONHA, E. *Direito Penal.* 2ª ed. São Paulo, Saraiva, 1963. v. 1; 33ª ed. São Paulo, Saraiva, 1998.

MAGGIORE, Giuseppe. *Diritto Penale.* v. 1 (1949, Bologna) e 2 (Bogotá, Temis, 1954).

_____. *Principii di Diritto Penale.* Bologna, 1937. v. 1.

MALAMUD GOTI, Jaime E. *La estructura penal de la culpa.* Buenos Aires, 1976.

MAÑAS, Carlos Vico. *O princípio da insignificância como excludente da tipicidade no Direito Penal.* São Paulo, Saraiva, 1994.

MANZINI, Vincenzo. *Istituzioni di Diritto Penale italiano.* 9ª ed. Padova, CEDAM, 1958. v. 1.

_____. *Trattato di Diritto Penale.* Torino, 1948. v. 1.

MAPELLI CAFFARENA, Borja. *Las consecuencias jurídicas del delito.* Madrid, Civitas, 1990.

_____. Sistema progresivo y tratamiento. In: *Lecciones de Derecho Penitenciario* (obra coletiva). 2ª ed. Madrid, Universidad de Alcalá de Henares, 1989.

_____. *Principios fundamentales del sistema penitenciario español.* Barcelona, Bosch, 1983.

MAQUEDA ABREU, María Luíza. *Suspensión condicional de la pena y probation.* Madrid, Ministerio de Justicia, 1985.

MARINUCCI, Giorgio. *El delito como "acción" — crítica de un dogma.* Trad. de José Eduardo Sainz-Cantero Caparrós. Madrid, Marcial Pons, 1998.

MARINUCCI, Giorgio & DOLCINI, Emilio. *Corso di Diritto Penale.* 3ª ed. Milano, Giuffrè, 2001.

MARQUES, José Frederico. *Tratado de Direito Penal*. São Paulo, Saraiva, 1965. v. 1 e 2.

_____. *Curso de Direito Penal*. São Paulo, Saraiva, 1954.

MARTINEZ, Milton Cairoli. *Curso de Derecho Penal uruguayo*. Montevideo, Fundación de Cultura Universitaria, 1990.

MARTÍNEZ ESCAMILLA, Margarita. *La imputación objetiva del resultado*, Madrid, Edersa, 1992.

MARTINS, Antonio Luís *et alii*. *Direito penal como crítica da pena*: estudos em homenagem a Juarez Tavares por seu 70.º aniversário em 2 de setembro de 2012. Monografias Jurídicas. São Paulo: Marcial Pons, 2012.

MARTINS, José Salgado. *Direito Penal*. São Paulo, Saraiva, 1974.

MASSARI, Eduardo. *Il momento esecutivo del reato*. Napoli, 1934.

MAURACH, Reinhart *et alii*. *Derecho Penal*. Trad. Jorge Bofill Genzsch e Enrique Aimone Gibson. Buenos Aires, Ed. Astrea, 1994. v. 1.

_____. *Tratado de Derecho Penal*. Trad. Córdoba Roda. Barcelona, Ed. Ariel, 1962. v. 1 e 2.

MAZZUOLI, Valério de Oliveira. *Tribunal Penal Internacional e o Direito Brasileiro*. São Paulo, Ed. Premier, 2005.

_____. O novo § 3º do art. 5º da Constituição e sua eficácia. *Revista de Informação Legislativa*, Brasília, Senado Federal, Secretaria de Editoração e Publicações, n. 167, jul./set. 2005.

_____. O controle jurisdicional da convencionalidade das leis. 2ª ed. São Paulo, Revista dos Tribunais, 2011.

MELLO, Celso de. *Constituição Federal anotada*. 2ª ed. São Paulo, Saraiva, 1986.

MELOSSI, Dario & PAVARINI, Massimo. *Cárcel y fábrica — los orígenes del sistema penitenciario*. Siglos XVI-XIX. 2ª ed. México, 1985.

MENDES, Gilmar Ferreira. *Direitos Fundamentais e Controle de Constitucionalidade*. 3ª ed. São Paulo, Saraiva, 2004.

MERKEL, Adolf. *Derecho Penal*; Parte General, trad. de Pedro Dorado Montero. Montevideo/Buenos Aires, Editorial B de F, 2003.

MESTIERI, João. *Teoria elementar do Direito Criminal*; Parte Geral. Rio de Janeiro, Editora do Autor, 1990.

MESSUTI, Ana. *O tempo como pena*. São Paulo, Revista dos Tribunais, 2003.

MEZGER, Edmund. *Derecho Penal*; Parte General — libro de estudio. Trad. Conrado A. Finzi. Buenos Aires, Ed. Bibliográfica Argentina, 1955.

_____. *Tratado de Derecho Penal*. Trad. José Arturo Rodriguez- Muñoz. Madrid, Revista de Derecho Privado, 1935. t. 1 e 2.

MINAHIM, Maria Auxiliadora. *Direito Penal da Emoção — a inimputabilidade do menor*. São Paulo, Revista dos Tribunais, 1992.

MIOTTO, Armida Bergamini. *Temas penitenciários*. São Paulo, Revista dos Tribunais, 1992.

_____. *A violência nas prisões*. 2ª ed. Goiânia, UFG, 1992.

MIRABETE, Julio Fabbrini. Crimes de trânsito têm normas gerais específicas. *Bol. IBCCrim*, n. 61, dez. 1997.

_____. *Manual de Direito Penal*. São Paulo, Atlas, 1990. v. 1.

MIR PUIG, Santiago. *Derecho Penal;* Parte General. Barcelona, PPU, 1985; 5ª ed., 1998; 6ª ed., 2002; 8ª ed., 2010.

_____. *Direito Penal — fundamentos e teoria do delito*, trad. Claudia Viana Garcia, São Paulo, Revista dos Tribunais, 2007.

_____. *Introducción a las bases del derecho penal*. 2ª ed. Montevideo, Editorial B de F, 2003.

_____. *Función fundamentadora de la prevención general positiva*. ADPC, 1986.

MOCCIA, Sergio. *El derecho penal entre ser y valor — función de la pena y sistemática teleológica*. Montevideo, Editorial B de F, 2003.

MOMMSEN, Teodoro. *Derecho Penal Romano*. Bogotá, Temis, 1976.

MONTEIRO, Washington de Barros. *Curso de Direito Civil*. 33ª ed. São Paulo, Saraiva, 1995. v. 1.

MORAIS, Alexandre de. *Direito Constitucional*. 8ª ed., São Paulo, Atlas, 2000.

MORETTO, Rodrigo. *Crítica interdisciplinar da pena de prisão*. Rio de Janeiro, 2005.

MUÑOZ CONDE, Francisco. *Derecho Penal;* Parte Especial, Valencia, Tirant lo Blanch, 2010.

_____. *Edmund Mezger e o Direito Penal de seu tempo*. São Paulo, Revista dos Tribunais, 2005.

_____. *Edmund Mezger e o Direito Penal do seu tempo*. Rio de Janeiro, Lumen Juris, 2005.

_____. *Edmund Mezger y el derecho penal de su tiempo — estudios sobre el derecho penal en el nacionalsocialismo*. 4ª ed. Valencia, Tirant lo Blanch, 2003.

_____. Principios político-criminales que inspiran el tratamiento de los delitos contra el orden socioeconómico en el proyecto de Código Penal Español de 1994. *Revista Brasileira de Ciências Criminais* — IBCCrim, n. 11, 1995.

_____. *Teoria geral do delito*. Trad. Juarez Tavares e Luiz Régis Prado. Porto Alegre, Sérgio A. Fabris, Editor, 1988.

_____. *Derecho Penal y control social*. Jerez, Fundación Universitaria de Jerez, 1985.

_____. *Introducción al Derecho Penal*. Barcelona, Bosch, 1975.

MUÑOZ CONDE, Francisco & BITENCOURT, Cezar Roberto. *Teoria Geral do Delito* (bilíngue). 2ª ed. São Paulo, Saraiva, 2003.

MUÑOZ CONDE, Francisco & GARCÍA ARÁN, Mercedes. *Derecho Penal;* Parte General. 3ª ed. Valencia, Tirant lo Blanch, 1998, 8ª ed., 2010.

_____. *De la tolerancia cero, al Derecho penal del enemigo.* Managua, Servicios Gráficos, 2005.

MUNHOZ NETTO, Alcides. *A ignorância da antijuridicidade em matéria penal.* Rio de Janeiro, Forense, 1978.

NAVARRETE. *Derecho Penal;* fundamentos científicos del Derecho Penal. Barcelona, Bosch, 1996. v. 1.

NEUMAN, Elías. *Evolución de la pena privativa de libertad y régimenes carcelarios.* Buenos Aires, Pannedille, 1971.

NOGUEIRA, Paulo Lúcio. *Comentários à Lei de Execução Penal.* São Paulo, Saraiva, 1990.

Noronha, E. Magalhães. *Direito Penal.* 16ª ed. São Paulo, Saraiva, 1978. v. 1.

NOVOA MONREAL, Eduardo. *Fundamentos de los delitos de omisión.* Buenos Aires, Depalma, 1984.

_____. *La evolución del Derecho Penal en el presente siglo.* Venezuela, Ed. Jurídica Venezolana, 1977.

NUCCI, Guilherme de Souza. *Individualização da pena.* 2ª ed. São Paulo, Revista dos Tribunais, 2007.

_____. *Leis penais e processuais penais comentadas.* São Paulo, Revista dos Tribunais, 2006.

_____. *Código Penal comentado.* 5ª ed. São Paulo, Revista dos Tribunais, 2006.

_____. *Tribunal do Júri.* São Paulo, Revista dos Tribunais, 2008.

OLIVEIRA, Edmundo. *Comentários ao Código Penal.* Rio de Janeiro, Forense, 1994.

PADOVANI, I. *L'utopia punitiva.* Milano, 1981.

PAVARINI, Massimo & MELOSSI, Dario. *Cárcel y fábrica — los orígenes del sistema penitenciario.* Siglos XVI-XIX. 2ª ed. México, 1985.

PEDROSO, Fernando de Almeida. *Direito Penal.* São Paulo, LEUD, 1993.

PEÑA CABRERA, Raúl. *Tratado de Derecho Penal.* Lima, Ediciones Jurídicas, 1994. v. 3.

_____. *Traición a la patria.* Lima, Jurídica Grijley, 1994.

PEÑARANDA RAMOS, Enrique. *La participación en el delito y el principio de accesoriedad,* Madrid, Tecnos, 1990.

PEREIRA, Flavio Cardoso. *Agente encubierto como medio extraordinario de investigación — Perspectivas desde el garantismo procesal penal,* Bogotá (Colombia), 2013.

PESSINA, Enrique. *Elementos de Derecho Penal.* Madrid, Ed. Reus, 1936.

PETROCELLI, Biaggio. *La colpevolezza.* Padova, 1955.

PICARD, Edmond. *O direito puro.* Lisboa, Ibero-Americana, 1942.

PIEDADE JUNIOR, Heitor. *Direito Penal;* a nova Parte Geral. Rio de Janeiro, Forense, 1985.

_____. *Personalidade psicopática, semi-imputabilidade e medida de segurança.* Rio de Janeiro, Forense, 1982.

PIERANGELI, José Henrique. *Escritos jurídico-penais.* São Paulo, Revista dos Tribunais, 1992.

_____. *O consentimento do ofendido na teoria do delito.* 2ª ed. São Paulo, Revista dos Tribunais, 1989.

PIMENTEL, Manoel Pedro. *O crime e a pena na atualidade.* São Paulo, Revista dos Tribunais, 1983.

_____. *Do crime continuado.* 2ª ed. São Paulo, Revista dos Tribunais, 1969.

PIOVESAN, Flávia. *Direitos Humanos e o Direito Constitucional Internacional.* 7ª ed. São Paulo, Saraiva, 2006.

PITOMBO, Sergio de Moraes. Os regimes de cumprimento de pena e o exame criminológico. *RT,* n. 583, São Paulo, 1984.

POLA, Giuseppe Cesare. *Commento alla legge sulla condanna condizionale.* Torino, Fratelli Bocca, 1905.

PONT, Marco del. *Penología y sistema carcelario.* Buenos Aires, Depalma, 1974. v. 1.

PRADO, Luiz Régis. *Curso de Direito Penal brasileiro.* 3ª ed. São Paulo, Revista dos Tribunais, 2002; 5ª ed., 2005; 6ª ed., 2006.

_____. *Falso testemunho e falsa perícia.* São Paulo, Revista dos Tribunais, 1994.

_____. *Multa penal.* São Paulo, Revista dos Tribunais, 1993.

_____. *Direito Penal Ambiental.* São Paulo, Revista dos Tribunais, 1992.

_____. Falso testemunho. *Revista Brasileira de Ciências Criminais,* número especial de lançamento. São Paulo, Revista dos Tribunais, 1992.

PRADO, Luiz Regis & ARAÚJO, Luiz Alberto. Alguns aspectos das limitações ao direito de extraditar. *RT,* n. 564, São Paulo, 1992.

PRADO, Luiz Regis & BITENCOURT, Cezar Roberto. *Código Penal anotado e legislação complementar.* 2ª ed. São Paulo, Revista dos Tribunais, 1998.

_____. *Elementos de Direito Penal;* Parte Especial. São Paulo, Revista dos Tribunais, 1996.

_____. *Elementos de Direito Penal;* Parte Geral. São Paulo, Revista dos Tribunais, 1995. v. 1.

PRINS, Adolphe. *Science Pénale et Droit Positif.* Bruxelles, Bruylant Ed., 1899.

QUEIRÓS, Narcélio de. *Teoria da "actio libera in causa" e outras teses.* Rio de Janeiro, Forense, 1963.

QUEIROZ, Paulo. *Direito Penal;* Parte Geral, São Paulo, Saraiva, 2005.

_____. Crítica à teoria da imputação objetiva. *Boletim do ICP,* Belo Horizonte, n. 11, dez. 2000.

_____. *Do carácter subsidiário do Direito Penal*. Belo Horizonte, Del Rey, 1998.

QUINTERO OLIVARES, Gonzalo, MORALES PRATS, Fermín & PRATS CANUT, Miguel. *Curso de Derecho Penal; Parte General*. Barcelona, CEDECS Editorial, 1996.

RADBRUCH, Gustav. *Filosofia do Direito*. 6ª ed. Coimbra, Arménio Amado, 1997.

RAMOS, Beatriz Vargas. *Do concurso de pessoas*. Belo Horizonte, Del Rey, 1996.

RANIERI, Silvio. *Manual de Derecho Penal*. Bogotá, Temis, 1975. t. 1.

_____. Orígenes y evolución de la Escuela Positiva. *REP*, 1971.

_____. *Manuale di Diritto Penale*. Padova, 1952. v. 1.

REALE, Miguel. *Lições preliminares de direito*. São Paulo, Saraiva, 1987.

_____. *Novos rumos do sistema criminal*. Rio de Janeiro, Forense, 1983.

_____. *Antijuridicidade concreta*. São Paulo, Bushatsky, 1974.

_____. *O direito como experiência*. São Paulo, Saraiva, 1968.

REALE JÚNIOR, Miguel. *Instituições de Direito Penal; Parte Geral*. Rio de Janeiro, Forense, 2003. v. 2.

_____. *Instituições de Direito Penal; Parte Geral*. Rio de Janeiro, Forense, 2002. v. 1.

_____ et alii. *Penas e medidas de segurança no novo Código*. Rio de Janeiro, Forense, 1985.

_____. *Dos estados de necessidade*. São Paulo, Bushatsky, 1971.

REBELO PINTO, Ruy. *História do Direito Penal brasileiro*. São Paulo, Bushatsky, 1973.

REGHELIN, Elisangela Melo. *Redução de danos*: prevenção ou estímulo ao uso indevido de drogas injetáveis. São Paulo, Revista dos Tribunais, 2002.

RIPOLLÉS, Antonio Quintano. *Compendio de Derecho Penal*. Madrid, Revista de Derecho Privado, 1958.

RIVACOBA Y RIVACOBA, Manuel de. *Función y aplicación de la peña*. Buenos Aires, Depalma, 1993.

_____. *Evolución histórica del Derecho Penal chileno*. Valparaiso, Edeval, 1991.

_____. *El correccionalismo penal*. Argentina, Ed. Córdoba, 1989.

ROCCO, Arturo. *El objeto del delito y de la tutela jurídica penal*. Trad. de Gerónimo Seminara. Montevideo/Buenos Aires, Editorial B de F, 2001.

_____. Il problema e il metodo della scienza del Diritto Penale. *Rivista di Diritto e Procedura Penale*, 1910.

ROCHA, Fernando Galvão da. *Aplicação da pena*. Belo Horizonte, Del Rey, 1995.

RODER, Carlos David Augusto. *Las doctrinas fundamentales reinantes sobre el delito y la pena en sus interiores contradicciones*. Trad. Francisco Giner. Madrid, 1876.

RODRIGUEZ DE SOUZA, Alberto R. *Bases axiológicas da reforma penal brasileira.* In: *O Direito Penal e o novo Código Penal brasileiro.* Porto Alegre, Sérgio A. Fabris, Editor, 1985.

_____. *Estado de necessidade.* Rio de Janeiro, Forense, 1979.

RODRIGUEZ MOURULLO, Gonzalo. *Derecho Penal.* Madrid, Civitas, 1978.

ROMAGNOSI, Giandomenico. *Génesis del Derecho Penal.* Trad. Gonzales Cortina. Bogotá, Temis, 1956.

ROSA, Antonio José Miguel Feu. *Direito Penal;* Parte Geral. São Paulo, Revista dos Tribunais, 1993.

ROXIN, Claus. *¿Es la protección de bienes jurídicos una finalidad del Derecho Penal?* In: Roland Hefendehl (ed.). *La teoría del bien jurídico ¿Fundamento de legitimación del Derecho Penal o juego de abalorios dogmático?* Madrid-Barcelona, Marcial Pons, 2007.

_____. *Funcionalismo e imputação objetiva no Direito Penal.* Tradução e introdução de Luis Greco. Rio de Janeiro, São Paulo, Renovar, 2002.

_____. *Autoría y dominio del hecho en Derecho Penal.* Tradução da 7ª edição alemã por Joaquín Cuello Contreras e José Luis Serrano González de Murillo, Madri, Marcial Pons, 2000.

_____. *Derecho Penal — Fundamentos.* La estructura de la teoría del delito. Trad. Diego-Manuel Luzón Pena, Miguel Díaz y García Conlledo y Javier de Vicente Remensal. Madrid, Civitas, 1997. t. I.

_____. *Política Criminal y estructura del delito.* Barcelona, PPU, 1992.

_____ et alii. *Introducción al Derecho Penal y al Derecho Procesal Penal.* Barcelona, Ariel Derecho, 1989.

_____. *Sentido e limites da pena estatal.* In: *Problemas fundamentais de Direito Penal.* Coimbra, Ed. Veja Universidade, 1986.

_____. *Culpabilidad y prevención en Derecho Penal.* Trad. Muñoz Conde. Madrid, Ed. Reus, 1981.

_____. *Teoría del tipo penal.* Buenos Aires, Depalma, 1979.

_____. *Problemas básicos de Derecho Penal.* Madrid, Ed. Reus, 1976.

_____. *Política Criminal y Sistema del Derecho Penal.* Barcelona, Bosch, 1972.

SAINZ CANTERO, José. *Lecciones de Derecho Penal;* Parte General. Barcelona, Bosch, 1979.

_____. *La ciencia del Derecho Penal y su evolución.* Barcelona, Bosch, 1975.

_____. Ideas Criminológicas en los Estudios Previdenciarios de Concepción Arenal. In: *Problemas actuales de las Ciencias Penales y la Filosofía del Derecho.* Buenos Aires, Panedille, 1970.

_____. Arresto de fim de semana y tratamiento del delincuente. *REP*, 1970.

SALAS, Couso. *Fundamentos del derecho penal de la culpabilidad. Historia, teoría y metodología*, Valencia, Tirant lo Blanch, 2006.

SALDARRIAGA, Victor Roberto Prado. *Comentarios al Código Penal de 1991*. Lima, Alternativas, 1993.

SALES, Sheila Jorge Selim. *Dos tipos plurissubjetivos*. Belo Horizonte, Del Rey, 1977.

SANTOS, Juarez Cirino dos. *Direito Penal;* Parte Geral. Rio de Janeiro, Lumen Juris, 2006.

_____. *Direito Penal*. Rio de Janeiro, Forense, 1985.

SANTOS, Maria Celeste Cordeiro Leite. *Transplante de órgãos e eutanásia — liberdade e responsabilidade*. São Paulo, Saraiva, 1994.

SARAIVA, João Batista. *Adolescente em conflito com a lei — da indiferença à proteção integral*. Porto Alegre, Livr. do Advogado 2003.

SAUER, Guillermo. *Derecho Penal*. Trad. Juan del Rosal e José Cerezo. Barcelona, Bosch, 1956.

SCHMIDT, Andrei Zenkner. *O método do Direito Penal*: perspectiva interdisciplinar. Rio de Janeiro, Lumen Juris, 2007.

_____. *O princípio da legalidade penal no Estado Democrático de Direito*. Porto Alegre, Livr. do Advogado, 2001.

_____. *Da prescrição penal*. Porto Alegre, Livr. do Advogado, 1997.

_____. Considerações sobre um modelo teleológico — garantista a partir do viés funcional normativista. In: Gamil Föppel (Coord.). *Novos desafios do Direito Penal no terceiro milênio*. Estudos em homenagem do Prof. Fernando Santana. Rio de Janeiro, Lumen Juris, 2008.

SCHÜNEMANN, Bernd. *El principio de protección de bienes jurídicos como punto de fuga de los límites constitucionales de los tipos penales y de su interpretación*. In: Roland Hefendehl (ed.). *La teoría del bien jurídico ¿Fundamento de legitimación del Derecho Penal o juego de abalorios dogmático?* Madrid-Barcelona, Marcial Pons, 2007.

_____. *El sistema moderno del Derecho Penal*: cuestiones fundamentales. Madrid, Tecnos, 1991.

SEHER, Gerhard. *La legitimación de normas penales basada en principios y el concepto de bien jurídico*. In: Roland Hefendehl (ed.). *La teoría del bien jurídico ¿Fundamento de legitimación del Derecho Penal o juego de abalorios dogmático?* Madrid-Barcelona, Marcial Pons, 2007.

SHECAIRA, Sérgio Salomão & CORREA JUNIOR, Alceu. *Responsabilidade penal da pessoa jurídica*. São Paulo, Revista dos Tribunais, 1998.

_____. *Pena e Constituição*. São Paulo, Revista dos Tribunais, 1994.

SHINTATI, Tomaz M. *Curso de Direito Penal;* Parte Geral. Rio de Janeiro, Forense, 1993.

SICA, Ana Paula Zomer. *Autores de homicídio e distúrbios da personalidade*. São Paulo, Revista dos Tribunais, 2003.

Sica, Leonardo. *Direito Penal de emergência e alternativas à prisão*. São Paulo, Revista dos Tribunais, 2002.

SILVA, Evandro Lins e. De Beccaria a Filippo Gramatica. *O salão dos passos perdidos*. Rio de Janeiro, Nova Fronteira, 1997.

_____. In: *Sistema Penal para o terceiro milênio*. Rio de Janeiro, Forense, 1993.

SILVA, José Afonso da. *Curso de Direito Constitucional positivo*. 5ª ed. São Paulo, Revista dos Tribunais, 1989.

SILVA, Pablo Rodrigo Alflen da. *Leis penais em branco e o Direito Penal do Risco*. Rio de Janeiro, Lumen Juris, 2004.

SILVA JR., Edison Miguel da. *Crimes de trânsito da competência dos Juizados Especiais Criminais*. Porto Alegre, Síntese, 1998.

SILVA SÁNCHEZ, Jesús María. *Aproximación al Derecho Penal contemporáneo*. Barcelona, Bosch Editor, 1992, 2ª ed., Montevideo-Buenos Aires, Editorial B de F, 2010.

_____. *A expansão do Direito Penal — aspectos da política criminal nas sociedades pós-industriais*. São Paulo, Revista dos Tribunais, 2002.

SILVEIRA, José Francisco Oliosi da. *Da inexigibilidade de outra conduta*. 1975.

SIQUEIRA, Galdino. *Tratado de Direito Penal*. Rio de Janeiro, Konfino, 1947. v. 1.

SOLER, Sebastian. *Derecho Penal argentino*. Buenos Aires, TEA, 1976. v. 1.

_____. Causas de justificação de conduta. *Revista de Direito Penal*, n. 5, Rio de Janeiro, Forense, 1972.

SOUZA, Alberto Rufino Rodrigues de. Bases axiológicas da reforma penal brasileira. In: *O Direito Penal e o novo Código Penal brasileiro* (livro coletivo). Porto Alegre, Sérgio A. Fabris, Editor, 1985.

_____. *Estado de necessidade*. Rio de Janeiro, Forense, 1979.

SOUZA, Moacir Benedito de. *A influência da Escola Positiva no Direito Penal Brasileiro*. São Paulo, LEUD, 1982.

STAMMLER, Rudolf. *Tratado de Filosofía del Derecho*. Trad. de W. Roces. Madrid, Ed. Reus, 1930.

STEVENSON, Oscar. Concurso aparente de normas penais. In: *Estudos de Direito e Processo Penal em homenagem a Nélson Hungria*. Rio de Janeiro, Forense, 1962.

STRATENWERTH, Günther. *Derecho Penal*; Parte General. Trad. Gladys Romero. Madrid, Edersa, 1982.

_____. *El futuro del principio jurídico penal de culpabilidad*. Madrid, PICUCM, 1980.

STRECK, Lenio Luiz. *Hermenêutica e(em) crise*. Porto Alegre, Livr. do Advogado, 2000.

SUÁREZ GONZÁLEZ, Carlos & CANCIO MELIÁ, Manuel. *Estudio preliminar*. In: Günther Jakobs. *La imputación objetiva en Derecho Penal*. Madrid, Civitas, 1996.

TANGERINO, Davi de Paiva Costa. *Culpabilidade*, Rio de Janeiro, 2011.

TAVARES, Juarez. *Teoria do injusto penal*. Belo Horizonte, Del Rey, 1998.

_____. *As controvérsias em torno dos crimes omissivos*. Rio de Janeiro, ILACP, 1996.

_____. *Direito Penal da negligência*. São Paulo, Revista dos Tribunais, 1985.

_____. *Teorias do Delito*. São Paulo, Revista dos Tribunais, 1980.

_____. Espécies de dolo e outros elementos subjetivos do tipo. *Revista de Direito Penal*, n. 6, Rio de Janeiro, Borsoi, 1972.

_____. O consentimento do ofendido no Direito Penal. *Revista da Faculdade de Direito da Universidade Federal do Paraná*, n. 12, Curitiba, 1969.

TAYLOR, I., WALTON, P. & YOUNG, J. *La nueva criminología*. Argentina, Amorrotu, 1977.

TERRADILLOS BASOCO, Juan *et alii*. *Las consecuencias jurídicas del delito*. Madrid, Civitas, 1990.

THOMPSON, Augusto. *A questão penitenciária*. 3ª ed. Rio de Janeiro, Forense, 1991.

_____. *Escorço histórico do Direito Criminal luso-brasileiro*. São Paulo, Revista dos Tribunais, 1976.

TIEDEMANN, Klaus. Responsabilidad penal de personas jurídicas y empresas en Derecho Comparado. *Revista Brasileira de Ciências Criminais — IBCCrim*, n. 11, 1995.

_____. *Lecciones de Derecho Penal Económico*. Barcelona, PPU, 1993.

TOLEDO, Francisco de Assis. Aplicação da pena: pena alternativa ou substitutiva. In: *Penas restritivas de direitos — críticas e comentários às penas alternativas* (obra coletiva). São Paulo, Revista dos Tribunais, 1999.

_____. *Princípios básicos de Direito Penal*. 4ª ed. São Paulo, Saraiva, 1991; 5ª ed., 1994.

_____. *Ilicitude penal e causas de sua exclusão*. Rio de Janeiro, Forense, 1984.

_____. Culpabilidade e a problemática do erro jurídico-penal. *RT*, 1978.

_____. *O erro no Direito Penal*. São Paulo, Saraiva, 1977.

TOLEDO Y UBIETO, Emilio Octavio de. *Sobre el concepto de Derecho Penal*. Madrid, Universidad Complutense, 1981.

TOMAS Y VALIENTE, Francisco. *El Derecho Penal de la Monarquía absoluta*. Madrid, 1969.

TORIO LOPES, Angel. El sustracto antropológico de las teorías penales. *Revista de la Facultad de Derecho de la Universidad Complutense* (separata), n. 11, Madrid, 1986.

TORON, Alberto Zacarias. *Inviolabilidade penal dos vereadores*. São Paulo, Saraiva, 2004.

_____. A Constituição de 1988 e o conceito de bons antecedentes para apelar em liberdade. *Revista Brasileira de Ciências Criminais*, n. 4, São Paulo, 1993, p. 70-80.

TOURINHO NETO, Fernando da Costa. Prisão provisória. *Revista de Informação Legislativa*, n. 122, abr./jun. 1994.

TRAPERO BARREALES, María A. *El error en las causas de justificación*. Valencia, Tirant lo Blanch, 2004.

TUCCI, Rogerio Lauria. *Persecução penal, prisão e liberdade*. São Paulo, Saraiva, 1980.

VALMAÑA OCHAITA, Silvia. *Substitutivos penales y proyectos de reforma en el Derecho Penal español*. Madrid, Ministerio de Justicia, 1990.

VARGAS, José Cirilo de. *Instituições de Direito Penal*; Parte Geral. Belo Horizonte, Del Rey, 1997. t. 1.

VELO, Joe Tennyson. *O juízo de censura penal*. Porto Alegre, Sérgio A. Fabris, Editor, 1993.

VERGARA, Pedro. *Dos motivos determinantes no Direito Penal*. 2ª ed. Rio de Janeiro, Forense, 1980.

VIDAURRI ARÉCHIGA, Manuel. *La culpabilidad en la doctrina jurídico-penal española* (tese de doutorado, inédita). Sevilla, 1989.

VIVES ANTÓN, Tomás S. *Fundamentos del sistema penal*. Valencia, Tirant lo Blanch, 1996.

VON HENTIG, Hans. *La pena*. Madrid, ESPASA-CALPE, 1967. v. 1.

VON LISZT, Franz. *La idea de fin en el Derecho Penal*. México, Universidad Autónoma de México, 1994.

_____. *Teoria dello scopo nel Diritto Penale*. Milano, Giuffrè, 1962.

_____. *Tratado de Derecho Penal*. Madrid, Ed. Reus, 1927 e 1929. t. 2.

_____. *Tratado de direito penal allemão*. Rio de Janeiro, F. Briguiet & Co, 1899.

WELZEL, Hans. *El nuevo sistema del Derecho Penal*. Trad. Cerezo Mir. Montevideo/Buenos Aires, Editorial B de F, 2004.

_____. *Estudios de Derecho Penal*. Montevideo/Buenos Aires, Editorial B de F, 2004.

_____. *Estudios de Filosofía y Derecho Penal*. Montevideo/Buenos Aires, Editorial B de F, 2004.

_____. *Culpa e delitos de circulação*. Revista de Direito Penal, n. 3, Rio de Janeiro, 1971.

_____. *Derecho Penal alemán*. Trad. Juan Bustos Ramirez e Sergio Yáñez Pérez. Santiago, Ed. Jurídica de Chile, 1970.

_____. *El nuevo sistema del Derecho Penal*. Trad. Cerezo Mir. Barcelona, Ed. Ariel, 1964.

WESSELS, Johannes. *Derecho Penal*. Trad. Conrado Finzi. Buenos Aires, 1980.

_____. *Direito Penal*; Parte Geral. Trad. Juarez Tavares. Porto Alegre, Sérgio A. Fabris, Editor, 1976.

WUNDERLICH, Alexandre. O dolo eventual nos homicídios de trânsito: uma tentativa frustrada. In: BITENCOURT, Cezar Roberto (Org.). *Crime e sociedade* (obra coletiva). Curitiba, Juruá, 1999 (p. 15-42).

YACOBUCCI, Guillermo. *El sentido de los principios penales*. Buenos Aires, Editorial Ábaco de Rodolfo Depalma, 2002.

_____. *La deslegitimación de la potestad penal*. Buenos Aires, Editorial Ábaco de Rodolfo Depalma, 2000.

ZAFFARONI, Eugenio Raúl. *Manual de Derecho Penal*. 6ª ed. Buenos Aires, Ediar, 1991.

_____. *Tratado de Derecho Penal*. Buenos Aires, Ediar, 1980. t. 1 a 5.

ZAFFARONI, Eugenio Raúl & Batista, Nilo. *Direito Penal brasileiro — I*. Rio de Janeiro, Revan, 2003.

ZAFFARONI, Eugenio Raúl & PIERANGELI, José Henrique. *Da tentativa*. São Paulo, Revista dos Tribunais, 1992.

ZUGALDÍA ESPINAR, José Miguel. *Fundamentos de Derecho Penal*. Granada, Universidad de Granada, 1990; Valencia, Tirant lo Blanch, 1993.

_____. El tratamiento jurídico-penal del error en el art. 20 del Proyecto de Ley Orgánica del Código Penal Español de 1980. *Cuadernos de Política Criminal*, n. 15, 1981.